친절한 양재백과

시작하며

'양재백과'는 옷 만들기에 관한 여러 가지 정보를 상세하게 해설한 책입니다.
기초 편에서는 형지(옷본, 패턴) 만들기에서부터 기초 바느질에 이르기까지의 내용을
자세히 설명하고, 부분 바느질 편에서는 부분별 바느질법을 꼼꼼하게 소개합니다.
지금이야 뭐 원하는 것을 손쉽게 얻을 수 있는 세상이지만, 입고 싶고,
입히고 싶은 옷을 직접 만드는 시간은 매우 소중합니다.
'양재백과'를 옷 만들기를 위한 지식의 원천으로 삼아 많은 도움을 받기 바랍니다.

Chapter 1
기초 편

Chapter 2
부분
바느질

기초 편

제도법에서부터 원단의 마름질,
가봉과 보정, 기초 바느질에 이르기까지 폭넓게 다룹니다.

도구

치수재기 및 형지 만들기

필요한 도구

모눈자

5mm 모눈의 투명한 자로 평행선을 그릴 때 요긴합니다. 50cm 자를 준비하세요.

줄자

치수를 재거나 곡선 길이를 잴 때 사용합니다. 원형 줄자와 다른 모양의 것이 있는데 취향에 따라 선택하세요.

직각자

직각선을 그리거나 헴 렝스(hem length)*를 잴 때 사용합니다. 내측 커브 부분으로는 밑단선이나 옆솔기선 등을 그릴 수도 있습니다.

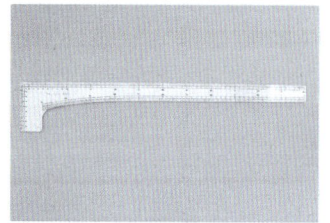

암홀자

진동둘레나 목둘레선 등 곡선이 심한 부분을 그릴 때 사용하는 자입니다.

패턴지

종이가 얇고 비쳐서 선을 그릴 때 손쉽게 베낄 수 있어 편리합니다. 롤 타입의 제품을 사용하면 종이의 낭비를 줄일 수 있습니다.

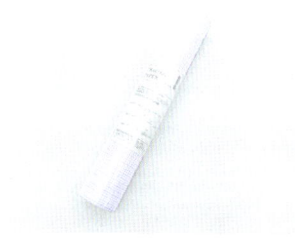

패브릭 웨이트(문진)

재단 시 패턴 종이가 움직이지 않도록 고정할 때 사용합니다. 묵직한 물건으로 대용해도 좋습니다.

직각자 사용법

직각자의 한 변을 바닥에 딱 맞춰서 대면 수직선을 손쉽게 잴 수 있습니다.

암홀자 사용법

암홀자를 조금씩 이동하면서 선을 그리면 깔끔한 목둘레선이나 진동둘레선을 그릴 수 있습니다.

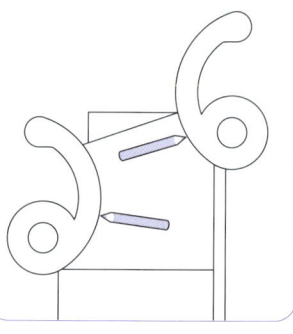

가위

형지 등의 종이를 자를 때 사용합니다. 반드시 원단용 가위와 구분하여 준비해 주세요.

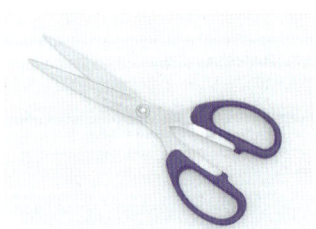

샤프펜슬, 지우개

0.5mm의 HB가 사용감이 좋습니다. 지우개는 잘 지워지는 것으로 준비하세요.

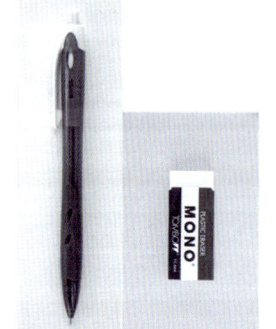

있으면 편리한 도구

곡선자

곡선을 재기에 편리한 구부러지는 자입니다. 진동둘레나 목둘레선 등의 커브를 잴 때 편리합니다.

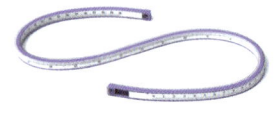

곡선자 사용법

커브에 맞춰 세워서 측정 / 곡선자

※ 줄자를 세워서 재는 것도 가능합니다.

---

* 헴 렝스(hem length): 바닥부터 드레스나 스커트의 단(헴)까지 수직으로 잰 길이. 보통 가봉 시에 측정하여 헴 라인을 가지런히 하는 데에 이용.

표시 도구

필요한 도구

삼각 초크

끝을 가늘게 깎아서 선을 그릴 때 사용합니다. 표시가 쉽게 지워지지 않습니다.

연필초크

연필 모양의 초크로 가는 선은 쉽게 그릴 수 있습니다.

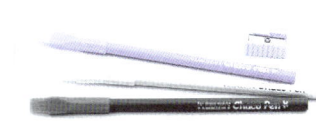

가루 초크(초크 라이너)

가늘고 깨끗한 선을 그릴 수 있는 파우더 형태의 초크입니다.

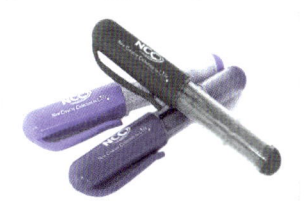

※ 초크에는 여러 가지 종류가 있습니다. 여기서 소개하는 3가지 초크는 가장 일반적인 것입니다. 먼저 취향에 따라 하나를 골라 사용해 보세요.

초크 페이퍼(초크피)

형지를 원단에 베낄 때 사용합니다. 양면 타입과 단면 타입이 있습니다.

소프트 룰렛

톱니 끝이 둥글둥글해서 점 모양이 생깁니다. 초크 페이퍼로 표시할 때 사용합니다.

룰렛

톱니를 굴려서 표시하는 도구입니다. 톱니 끝이 뾰족해서 뚜렷한 구멍이 생깁니다.

룰렛 사용법

① 앞단선에서 접어준 후

② 목둘레선을 따라 룰렛을 굴린다

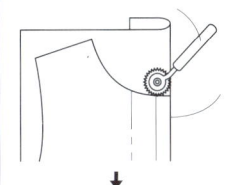

③ 접었었던 종이를 펼치면

④ 안단 쪽 목둘레선이 베껴진다

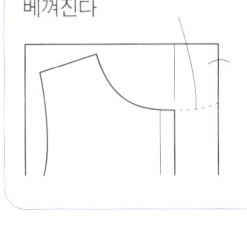

초크 페이퍼 사용법

양면 초크 페이퍼의 경우는 원단 안면끼리 맞대어 초크 페이퍼를 그 사이에 끼워 넣고 표시를 따라 룰렛을 굴립니다.

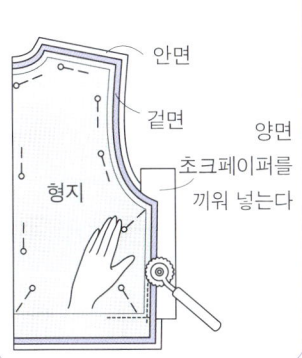

안면

겉면

형지

양면 초크페이퍼를 끼워 넣는다

봉제용 헤라

원단에 갖다 대고 꾹꾹 눌러 표시하는 도구입니다. 힘을 너무 강하게 주면 원단이 찢어질 수 있으므로 주의하세요.

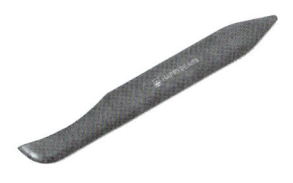

이런 것도 있어요

수성 초크펜

물이나 펜 지우개로 표시가 지워지는 원단용 마커 펜입니다.

펜 지우개

수성 초크펜의 표시를 지울 수 있는 펜입니다. 수성 초크펜과 더불어 사용합니다.

다리미 초크펜

검정이나 짙은 색상의 원단용으로 흰색 초크펜입니다. 다리미의 열이나 물로 표시를 지울 수 있습니다.

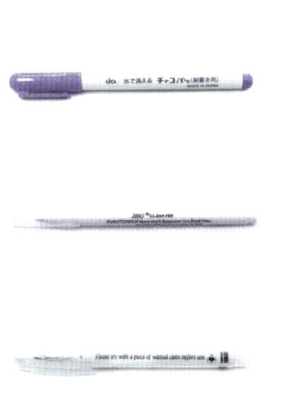

마름질 도구

필요한 도구

원단용 가위

24cm~26cm 정도의 길이로 손에 잘 잡히고 잘 잘리는 것을 준비합니다. 원단을 자를 때 말고는 절대로 사용하지 마세요.

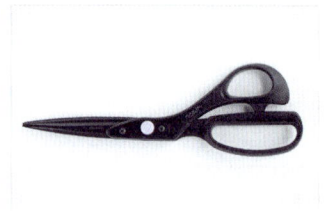

가위 사용법

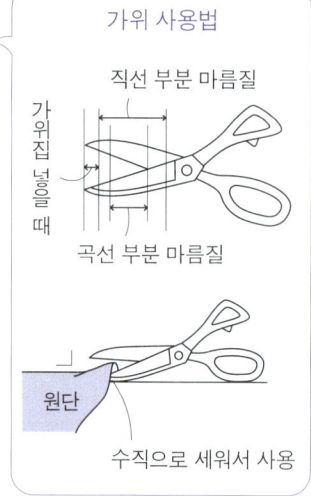

직선 부분 마름질

가위집 넣을 때

곡선 부분 마름질

원단

수직으로 세워서 사용

있으면 편리한 도구

반들반들해서 미끄러지기 쉬운 안감이나 신축성이 있는 니트 원단 등 마름질이 어려운 원단을 재단할 때 매우 요긴합니다.

로터리 커터
둥근 형태의 칼날이 회전하면서 원단을 잘라주는 커터입니다.

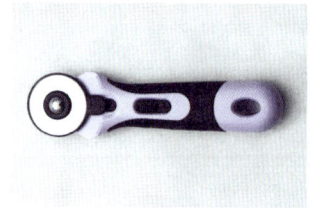

커팅 매트
커터로 원단을 자를 때 바닥에 깔아 사용합니다.(문구 고무판과 다름)

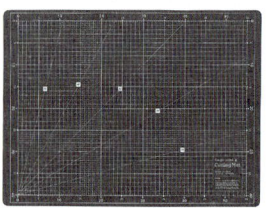

다림질 도구

필요한 도구

다리미

스팀 기능이 있는 것이 편리합니다. 무선 다리미보다 유선 다리미가 온도가 일정해서 사용하기 좋습니다.

다리미 매트

온기를 흡수하기 쉬운 펠트 매트로 너무 부드럽지도 않고 너무 딱딱하지도 않은 것을 고르세요.

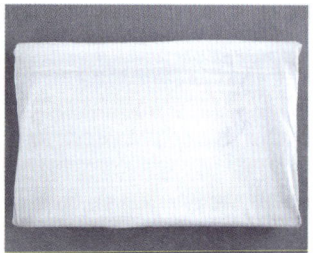

분무기

물 입자가 미세하고 고르게 분사되는 것으로 물방울이 떨어지지 않는 것이 좋아요.

있으면 편리한 도구

아이론 시접자

밑단선 처리나 세 겹으로 접기 등 원단을 접어 다릴 때 사용합니다.

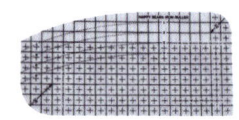

프레스 볼

다트나 허리 부분의 곡선을 입체적으로 마무리하기 위해 사용합니다.

소매용 프레스 볼

소매 모양의 프레스 볼로 소매를 만들 때 사용합니다.

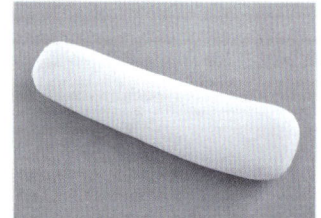

다림질용 덧댐 천 및 덧댐 종이

다리미의 열로 원단이 번들거리지 않도록 원단에 덧대는 천을 덮고 그 위로 다림질합니다.

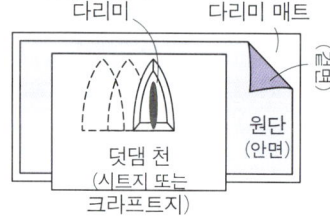

다리미   다리미 매트

원단
(안면)

덧댐 천
(시트지 또는
크라프트지)

풀기가 없는 손수건이나 시트지 또는 크라프트지를 사용합니다.

아이론 시접자 사용법

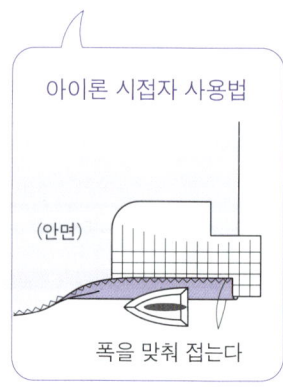

(안면)

폭을 맞춰 접는다

바느질 도구

필요한 도구

손바늘

호수가 작을수록 바늘 굵기가 굵어 두꺼운 원단용이 됩니다. 원단에 맞춰 선택하세요.

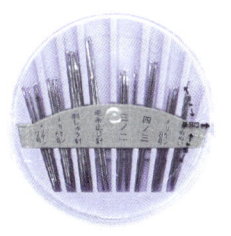

손바느질 실

손바느질 전용으로 만들어진 S 꼬임 실입니다. 꼬인 현상이 잘 반생하지 않으므로 손바느질을 할 때는 손바느질용 실을 사용합니다.

손바느질 실

마찬가지로 손바느질 전용으로 만들어진 S 꼬임 식입니다. 이 실은 카드형으로 되어 있습니다.

구멍용 실

구멍 사뜨기나 단추 달기를 할 때 사용하는 실로, 손바느질용 실보다 굵습니다.

핀 쿠션

바늘꽂이를 말합니다. 손목에 끼워 사용할 수 있도록 고무줄이 달린 것도 있습니다. 취향에 따라 선택하세요.

쪽가위

실을 자를 때나 자잘한 부분을 자를 때 사용합니다. 손에 잘 잡히는 것을 고르세요.

시침실

꼬임 강도가 약한 목면 실입니다. 시침질 이외에 실표뜨기나 가봉을 할 때도 사용합니다. 흰색과 색깔이 있는 것이 있습니다.

시침실을 사용해 편리하게 정리하기

① 시침실의 한쪽을 묶는다

③ 천이나 종이를 감는다

② 다른 쪽을 가위로 자른다

⑤ 고리 부분에서 실을 잡아 빼서 사용

④ 끈을 감아서 묶는다

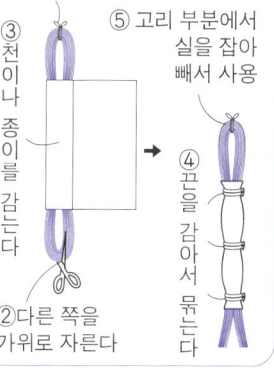

시침핀

천을 고정할 때 사용합니다. 항상 깨끗하게 사용할 수 있도록 구부러진 핀은 새로운 것으로 교체해 주세요.

있으면 편리한 도구

양재용 클립

바늘구멍이 생기기 쉬운 라미네이트 원단이나 합성 가죽 등을 고정할 때 시침핀을 대신해 끼워서 고정하는 클립입니다.

골무

손바느질을 할 때 중지 첫째 마디 관절과 둘째 마디 관절 사이에 끼워 바늘을 누를 때 사용합니다.

실 꿰는 도구

손바느질용 바늘귀에 실을 쉽게 꿸 수 있습니다.

필요한 도구

재봉틀

직선박기 전용 재봉틀과 직선과 지그재그 박음질이나 모양박기를 할 수 있는 재봉틀이 있습니다. 홈 소잉의 경우는 기능이 많이 필요는 없지만, 자동 버튼 홀 스티치가 가능한 재봉틀이 편리하겠죠.

재봉틀 바늘

원단 두께에 따라 여러 가지가 있으며, 니트 원단용이나 가죽용 등 종류가 다양합니다. 호수가 작을수록 바늘은 가늘어지는데, 가는 바늘은 얇은 원단용으로 사용됩니다.

봉제사

일반적으로 폴리에스터 실과 견사가 있습니다. 호수가 작을수록 실은 굵어지며 두꺼운 원단용으로 쓰입니다.

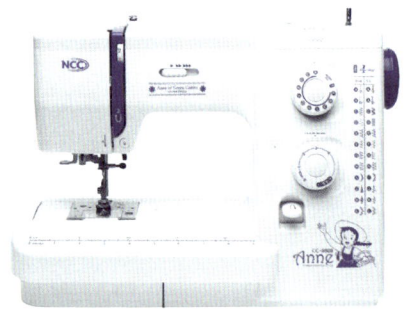

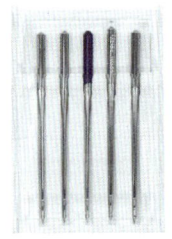

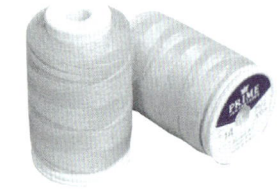

보빈(북)

재봉틀의 밑실을 감아두는 부품입니다. 재봉틀에 따라 보빈의 두께가 다르므로 재봉틀에 맞는 것을 사용하세요.

재봉틀 부속장치

재봉틀에 따라 부속장치는 다릅니다. 각각의 재봉틀에 맞는 부속장치를 구매하세요.

스티치 가이드

일정 간격으로 재봉틀을 박을 때 사용합니다.

숨은 지퍼 노루발

숨은 지퍼(컨실 지퍼)를 달 때 필요합니다.

지퍼 노루발

지퍼를 달 때 필요합니다.

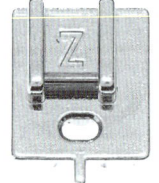

오버로크 재봉틀

재봉틀을 사용해 여러 가지 소품들을 만들다 보면 꼭 갖고 싶어지는 것이 바로 오버로크 재봉틀이죠. 원단 가장자리 처리를 하는 재봉틀로 2올 실은 원단 가장자리 처리 시에만 사용하지만, 3올 실 이상은 시침질도 하면서 가장자리를 처리할 수 있습니다. 니트 바느질도 가능하여 매우 편리합니다.

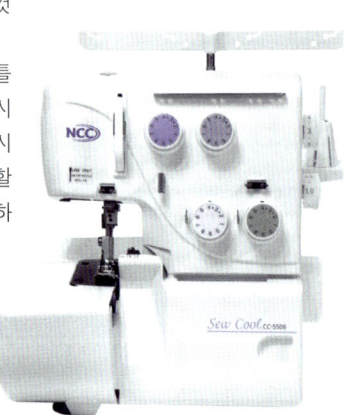

있으면 편리한 도구

끈(고무줄) 끼우개

끈이나 고무줄을 구멍에 뀔 때 사용합니다.

바이어스 메이커

바이어스 테이프를 만들 때 사용합니다.

리퍼

바느질 솔기를 뜯을 때, 단춧구멍을 뚫을 때 사용합니다. U자 안쪽 부분이 칼날로 되어 있으므로 실수로 원단을 자르지 않도록 주의하세요.

송곳

재봉틀로 원단을 박을 때 밀어주는 용도로 사용하거나 모서리를 깔끔하게 정리할 때, 솔기를 뜯을 때 등에 사용합니다.

난춧구빙 만드는 방법

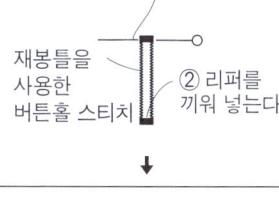

① 넘어가지 못하도록 시침핀으로 고정한다

재봉틀을 사용한 버튼홀 스티치 / ② 리퍼를 끼워 넣는다

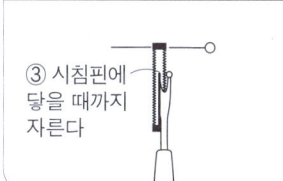

③ 시침핀에 닿을 때까지 자른다

송곳으로 모서리 정리하기

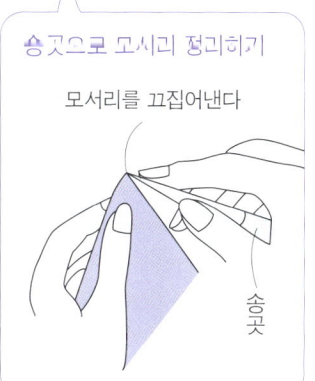

모서리를 끄집어낸다

송곳

솔기 뜯는 방법

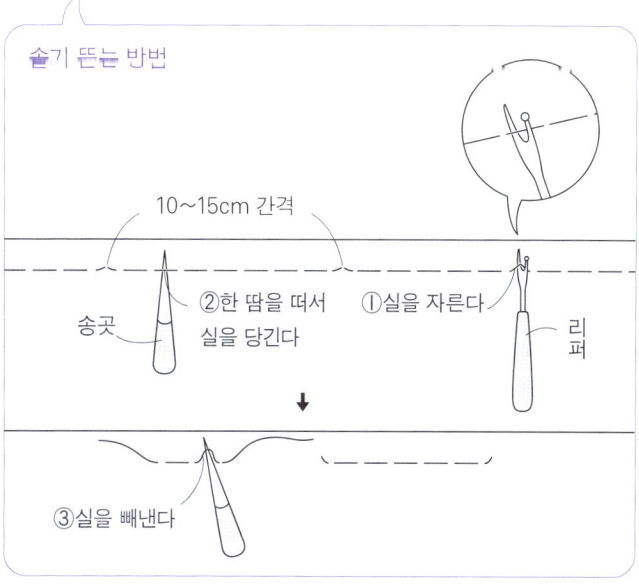

10~15cm 간격

송곳 / ②한 땀을 떠서 실을 당긴다 / ①실을 자른다 / 리퍼

③실을 빼낸다

있으면 편리한 도구

루프 뒤집개

천 루프를 겉으로 뒤집을 때 사용합니다.

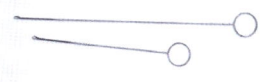

루프 뒤집개 사용법

겉면끼리 맞대어 천 루프를 박아 둡니다.

① 루프 뒤집개를 끼워 가장자리에 갈고리 끝을 겁니다.

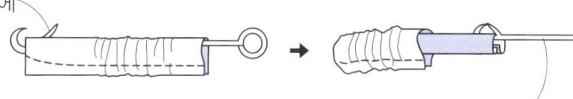

② 갈고리가 천에서 빠지지 않도록 조금씩 당겨서 겉으로 뒤집습니다.

핀셋

실표뜨기를 한 실을 뽑아낼 때 사용합니다. 잘 맞물리는 것을 고르세요.

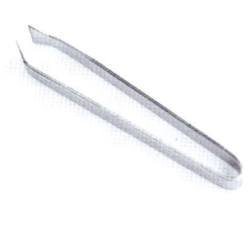

핀셋 사용법

실표뜨기를 한 실을 집어서 빼냅니다.

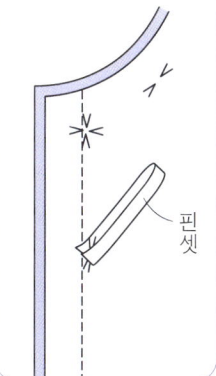

핀셋

구멍펀치

작은 구멍을 뚫을 때 사용합니다. 지름 3mm의 구멍이 뚫립니다.

구멍펀치 사용법

아일릿 홀이 있는 단춧구멍이나 벨트 구멍을 뚫을 때 사용합니다. 밑에 두꺼운 종이나 판자를 깐 후 위에서 아래로 눌러 사용합니다.

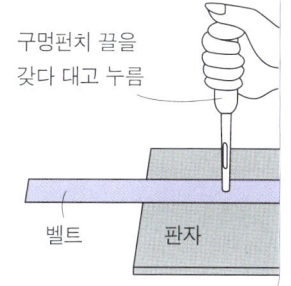

구멍펀치 끝을 갖다 대고 누름

벨트 / 판자

치수재기

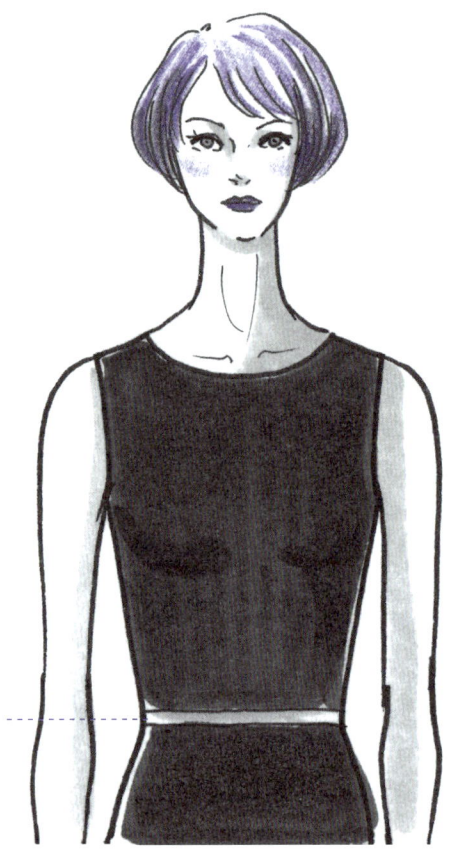

치수재기의 목적

물건을 만들 때 치수가 필요하듯이 옷을 만들 때도 치수가 필요합니다. 그래서 옷을 만들기 전에 치수재기(신체 치수를 측정하는 일)를 합니다. 예를 들어 55 치수의 옷을 입는다고 해도 만들어진 옷에는 여유분(넉넉함)이 들어가므로 여유분을 얼마나 넣느냐에 따라 44 에서 77 치수까지의 사람에게 적용할 수 있습니다.

직접 옷을 만든다는 것은 좋아하는 디자인으로 만드는 일이며 더불어 입는 사람에게 맞는 예쁘고 편안한 옷을 만드는 일입니다. 그러므로 치수재기는 꼭 필요합니다. 올바른 방법을 기억하여 치수재기를 해보세요. 먼저 최소한으로 필요한 부분만 치수재기를 해보기로 하죠. 또한, 치수재기는 반드시 착용할 당사자가 아닌 다른 사람이 재도록 하세요.

허리선

치수재기에 필요한 도구

줄자

끈 형태의 자입니다. 숫자가 잘 보이는 것으로 고르세요.

허리 벨트

허리(몸통에서 가장 오목하게 들어간 부분) 위치를 확실하게 구분하기 위해 사용합니다. 가는 끈을 준비하여 테이프 중앙에 눈에 띄는 선을 표시해 둡니다. 허리에 테이프를 감고, 그 선을 허리선의 기준선으로 삼습니다. 또한, 허리 벨트로서 시판되고 있는 것을 사용해도 좋습니다. 허리 벨트의 길이는 늘 입는 옷을 통해 대체로 치수를 알 수 있는데, 그 치수보다 5~10cm 정도 긴 것을 준비하세요.

필기 도구

표를 그려 측정한 치수를 기재합니다.

여성의 치수 재는 방법

치수 잴 대상의 복장

치수를 잴 대상은 속옷을 입고 그 위에 레오타드 또는 슬립을 착용합니다. 브래지어 등의 속옷도 착용합니다. 몸통의 가장 오목한 위치를 허리선으로 삼아 허리 벨트를 수평 상태를 유지하면서 감아주세요.

신발을 안 신어도 된다고 생각하는 사람도 있는데, 신발을 신었을 때와 달라지는 치수가 있으므로 신발을 신어 주세요. 만들 옷에 맞는 신발 또는 늘 신는 높이의 신발을 신습니다. 조금 불편하더라도 가슴을 젖히거나 하지 말고 자연스러운 자세로 섭니다.

치수를 잴 때 기록할 것들

가슴둘레	cm	엉덩이길이	cm
허리둘레	cm	등길이	cm
엉덩이둘레	cm	밑위길이	cm
미들힙둘레	cm	소매길이	cm

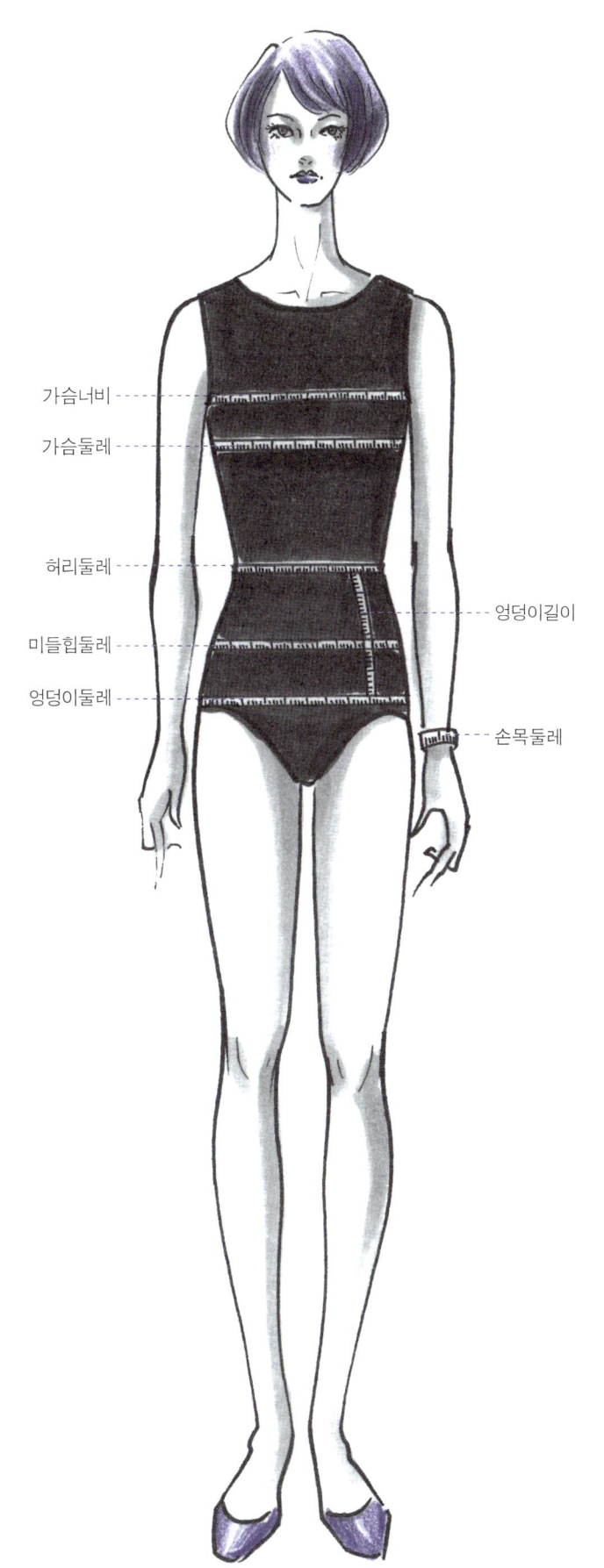

치수를 재는 사람이 주의할 점

치수를 재는 사람은 상대방의 대각선 앞에서 서서 신속 정확하게 차례로 치수를 재어야 합니다. 익숙해지기 전에는 쉽지 않겠지만, 시작하기 전에 어떻게 하면 정확히 치수를 잴 수 있을지 생각한 후 시작해 주세요. 치수를 재는 사람 각자의 습관도 있겠지만, 세로 방향이면 전체적으로 세로 방향을 먼저 재고, 가로 방향이면 전체적으로 가로 방향을 재는 식으로 규칙을 세우는 게 편리합니다.

또한, 치수를 잴 때 체형의 특징도 잘 관찰해 두세요. 치수에는 잘 나타나지 않겠지만, 옷을 만들 때 중요한 요소가 됩니다. 좌우 차이가 심할 때는(손의 길이 등) 좌우를 각각 따로 재도록 하고, 좌우 차이가 거의 없을 때는 우반신을 잽니다.

그리고 그다지 권장할만한 방법은 아니지만, 치수를 잴 때 블라우스 등을 입은 상태에서 측정하는 경우라면 약간 조이는 느낌으로 재주세요.

치수를 잴 위치와 방법

(★ 표시는 반드시 측정해야 하는 위치)

★ 가슴둘레(바스트)

가슴의 가장 돌출된 위치를 지나도록 자를 수평으로 둘러 너무 조이지 않도록 잽니다. 몸 뒤쪽의 튀어나온 견갑골로 인해 줄자가 흘러내리기 쉬우므로 측면에서 줄자가 수평인지를 확인하면서 재세요.

★ 허리둘레(웨이스트)

미리 감아둔 허리 테이프(벨트)를 따라 허리둘레를 잽니다. 숨을 한껏 들이마신 상태와 내뱉은 상태에서의 치수가 다르므로 자연스러운 호흡을 하도록 주의하세요.

★ 엉덩이둘레(힙)

엉덩이의 가장 돌출된 부분을 수평으로 잽니다. 배가 나온 경우나 허벅지가 발달한 경우는 약간 헐렁하게 재세요.

★ 미들힙둘레(허리둘레와 엉덩이둘레의 중간 부분)

허리둘레선과 엉덩이둘레선의 중간 부분, 허리둘레선에서 8~10cm 내려온 골반 상단에 해당하는 위치를 수평으로 잽니다. 엉덩이의 형태는 골반이 튀어나온 정도나 지방의 정도에 따라 개인차가 있으므로 반드시 측정해 주세요.

★ 엉덩이길이

허리둘레선에서 엉덩이둘레선까지의 길이를 잽니다. 배꼽과 옆솔기선의 중간 위치를 측정해 주세요.

★ 손목둘레

손목 위치를 잽니다. 이 치수는 커프스 등을 만들 때 사용합니다.

가슴너비
가슴둘레
허리둘레
미들힙둘레
엉덩이둘레
엉덩이길이
손목둘레

★ 등길이

뒷목점(BNP)에서 허리선까지의 등 중심을 잽니다.
(BNP-고개를 앞으로 숙였을 때 뒷목의 불룩 튀어나온 뼈를 가리킵니다)

어깨너비

오른쪽 어깨점(SP)에서 뒷목점(BNP)을 지나 왼쪽 어깨점까지를 잽니다.
(SP-어깨 끝에 튀어나온 뼈. 어깨 끝이라고도 합니다)

뒤품

뒤쪽 우측 겨드랑이에서 좌측 겨드랑이까지를 잽니다. 견갑골이 있으므로
자를 수평이 되게 주의하면서 측정하세요. 이 치수가 모자라면 착용했을
때 움직이기 불편한 옷이 되고 맙니다.

화장길이

뒷목점에서 어깨점을 지나 약간 구부린 자세의 팔을 따라 팔꿈치를 거쳐
손목의 복숭아뼈 부분까지를 잽니다.

★ 소매길이

팔을 약간 구부려 어깨점에서 손목의 복숭아뼈까지를 잽니다. 화장길이에
서 어깨너비의 절반을 빼면 소매길이가 됩니다.

가슴너비

오른쪽 겨드랑이에서 왼쪽 겨드랑이까지를 잽니다. 가슴의 높이가 있으므
로 줄자가 수평이 되도록 주의하면서 측정하세요.

유두길이

앞목점에서 유두점까지를 잽니다.

유두간격

좌우 유두의 사이를 잽니다.

소매길이 ┈┈

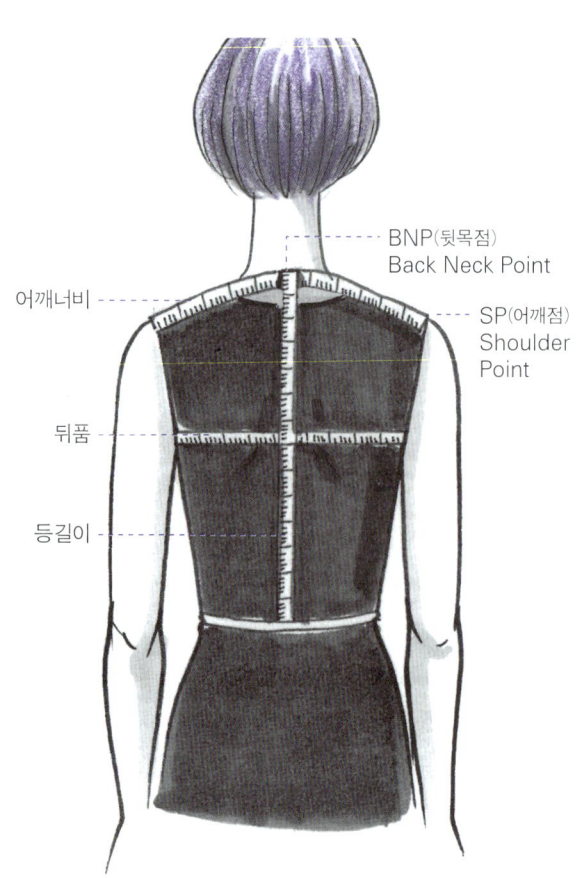

BNP(뒷목점)
Back Neck Point

SP(어깨점)
Shoulder
Point

어깨너비 ┈┈

뒤품

등길이

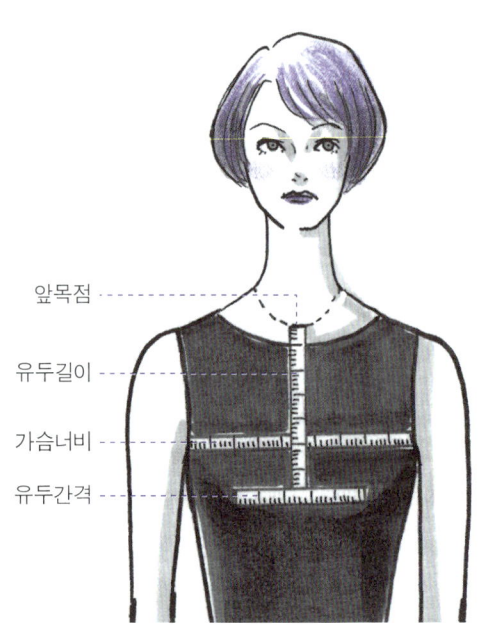

앞목점 ┈┈

유두길이 ┈┈

가슴너비 ┈┈

유두간격 ┈┈

머리둘레

이마 중앙에서 귀 위를 지나 후두부의 가장 튀어나온 부분을 거쳐 또다시 이마 중앙까지의 둘레를 잽니다.

☆밑위길이

평평하고 딱딱한 의자에 앉아 허리선에서 의자까지의 치수를 잽니다. 엉덩이의 둥근 부분에 맞추지 말고 수직으로 측정하세요. 막대 자를 사용하면 재기 쉽습니다.

밑아래길이

바지가랑을 살짝 들어 올려 복사뼈까지의 길이를 잽니다.

목둘레

앞뒤 좌우의 목점을 기준으로 한 바퀴 돌려 잽니다.

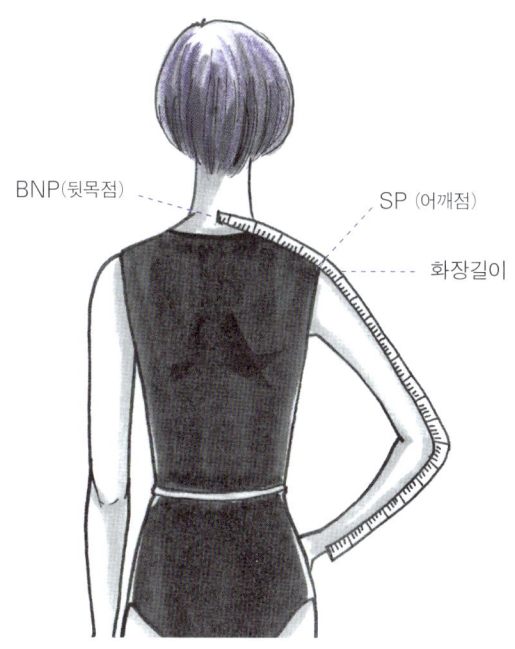

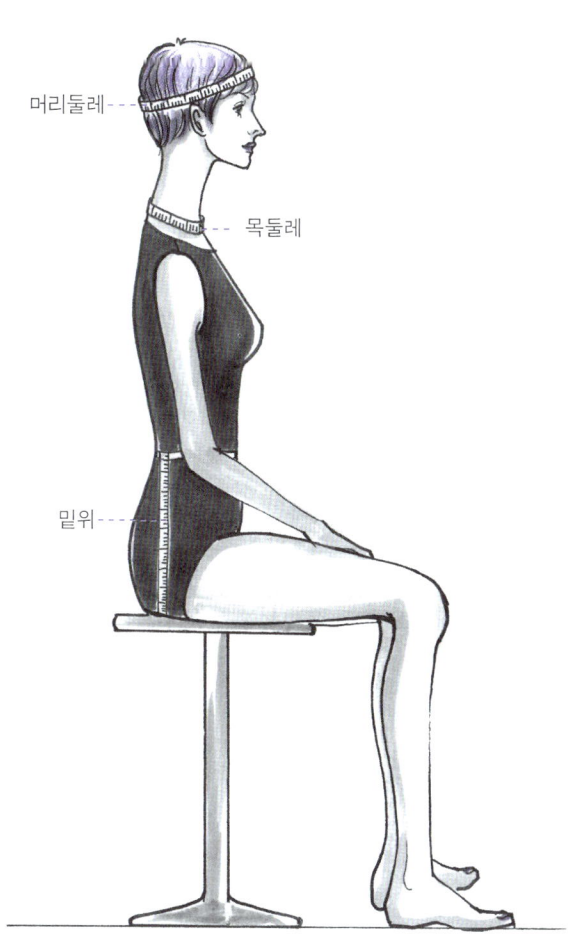

여성복 표준 치수 〈도레메식〉 (단위 cm)

사이즈\부위	7호 (소)	9호 (중)	11호 (대)	13호	15호	17호
목둘레	35	36.5	38	39.5	40.5	41.5
어깨너비	12	12.5	13	13.5	14	14.5
뒤품	33	35	37	38	39	40
등길이	37	38	40	40	41	41
가슴너비	32	33	34	35	36	37
유두길이	16.5	17	18	19	20	21
가슴둘레	80	82	86	90	94	98
허리둘레	60	62	66	70	74	
(미세스 치수)	62	66	70	76	80	
엉덩이둘레	88	90	94	98	102	
엉덩이길이	19.5	20	20.5	21	21.5	
소매길이	51	53	53	56	56	
팔둘레	26	28	30	31	32	
손목둘레	15	16	17	18	18	
손바닥둘레	19	20	21	22	23	
밑위길이	24	27	29	29.5	30	

여성복 참고 치수 〈문화식〉 (단위 cm)

사이즈\부위	7호 (S)	9호 (M)	11호 (ML)	13호 (L)	15호 (LL)	17호 (3L)
가슴둘레	78	82	88	94	100	106
허리둘레	62	66	70	76	80	90
(하이 미세스 치수)	64	68	72	78	82	92
미들힙둘레	84	86	90	96	100	110
엉덩이둘레	88	90	94	98	102	112
엉덩이길이	18	20	21	21	21	22
등길이	37	38	39	40	41	41
소매길이	51	52	53	54	55	56
손목둘레	15	16	17	18	18	18
머리둘레	54	56	57	58	58	58
밑위길이	25	26	27	28	29	30
밑아래길이	60	65	68	68	70	70

어린이의 치수 재는 방법

어린이의 치수를 잴 때는 속옷 차림으로 잽니다. 아이는 허리 부분이 잘록하지 않으므로 치수재기의 목표가 되는 위치가 확실하지 않습니다. 팔을 구부려 팔꿈치 위치를 허리선으로 삼습니다. 허리선을 정했다면 테이프를 감고 재빠르게 필요한 부분만을 측정하세요. 치수를 잴 부분은 여성의 경우와 같습니다.

참고 치수표의 치수를 사용하는 경우에는 성장에 개인차가 있으므로 나이를 기준으로 하지 말고 신장을 기준으로 하는 게 좋겠습니다.

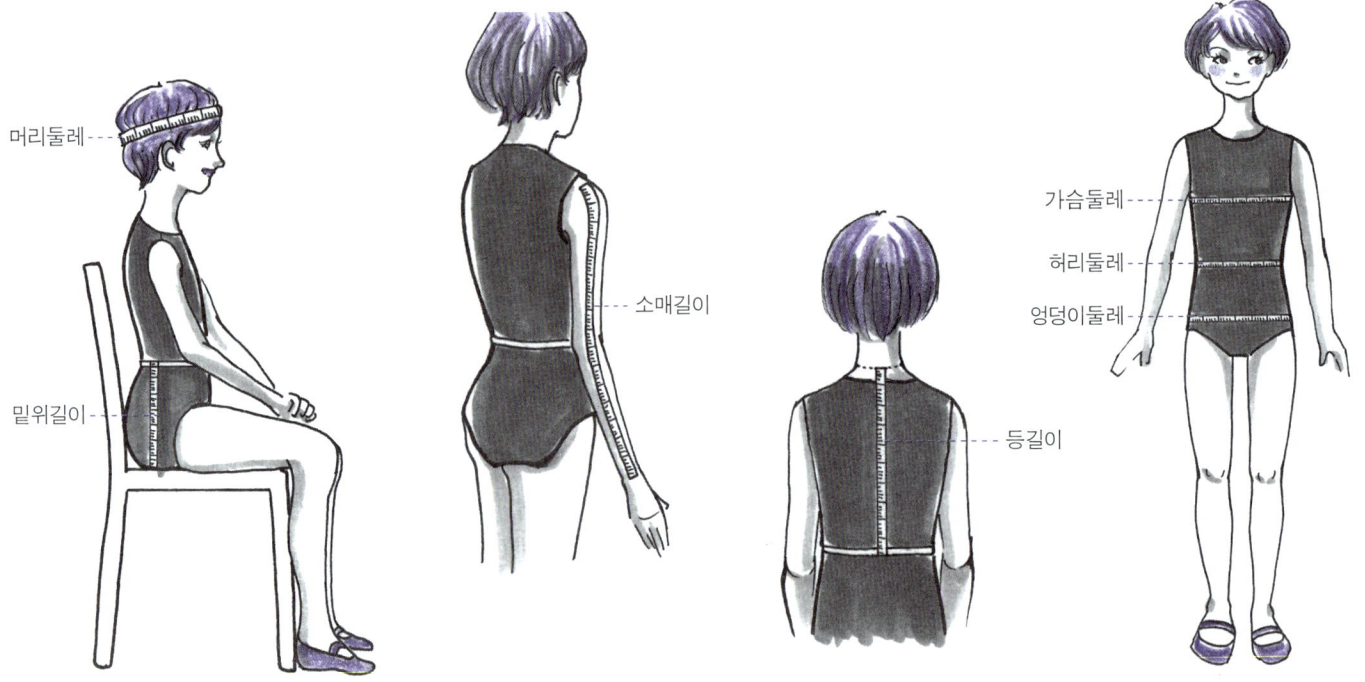

아동복 표준 치수 〈도레메식〉

(단위 cm)

부위 \ 나이	1세	2세	3세	4세	5세	6세	7세	8세	9세	10세	11세	12세	13세	14세
키	80	90	95	102	108	114	남 122	127	132	137	143	150	157	163
							여 120	126	131	138	145	150	154	157
가슴둘레	50	52	53	54	56	58	남 62	64	66	67	69	72	76	80
							여 60	62	64	67	70	74	78	80
허리둘레	48	49	50	51	52	53	남 56	57	58	60	62	63	64	66
							여 54	55	56	58	60	61	62	62
엉덩이둘레	50	52	55	57	59	61	남 65	69	71	73	75	78	81	85
							여 63	66	70	72	75	80	84	86
등길이	19	21	23	25	26	27	남 29	30	32	33	35	37	40	41
							여 28	29	30	31	33	36	37	37
소매길이	24	27	30	32	34	37	남 39	41	43	45	46	49	52	53
							여 39	41	43	45	47	49	50	51
밑위길이	20	20	20	20	21	21	남 21	21	22	22	23	23	23	23
							여 21	22	22	23	24	25	25	26
밑아래길이	24	30	34	38	41	44	남 50	53	56	58	61	65	70	72
							여 48	51	55	57	63	65	68	69
머리둘레	48	50	52	53	53	54	55	55	55	55	56	56	56	56
몸무게(kg)	11	13	14	16	19	20	남 23	26	29	32	36	41	47	52
							여 22	25	28	30	36	41	46	50

남성의 치수 재는 방법

남성이 치수를 잴 때의 복장은 평상시 입는 T셔츠 또는 Y셔츠에 바지를 착용하면 됩니다. 먼저 기본이 되는 허리선을 정해야 하는데, 찾기 어려운 경우에는 팔을 구부려 팔꿈치가 닿는 위치를 허리선으로 정하세요. 측정 방법과 측정 위치는 여성의 경우와 같습니다만, 밑아래와 밑위의 측정 방법이 다릅니다. 밑아래 치수를 잴 때는 평상시 신는 신발을 신고 둔부의 고랑 부분을 살짝 밀어 올려 바닥에서 2cm 올라간 위치까지 잽니다. 밑위길이는 먼저 바지 옆길이를 측정하여 옆길이에서 밑아래 치수를 뺍니다. 이 나머지 치수가 밑위길이가 됩니다.

또한, 남성복 셔츠를 만들 때는 목둘레 치수가 중요하므로 목둘레 치수를 측정해 주세요. 남성복을 손수 만들 때는 캐주얼한 셔츠나 바지 등이 적당합니다. 재킷이나 코트 등의 무거운 소재의 옷은 제대로 만들기 위해 심지를 많이 사용하며 다림질 할 때도 힘이 필요합니다. 그러므로 홈 소잉에는 적합하지 않습니다.

체형의 기호는 drop(드롭)…가슴둘레와 허리둘레의 차이로 결정됩니다. 체형이 가는 차례로 Y체, YA체, A체, B체, BE체, E체가 됩니다. A체가 표준 체형인 사람의 사이즈입니다.

남성복 참고 치수 (단위 cm)

체형	drop	신장 가슴둘레 허리둘레	엉덩이 둘레	어깨 너비	소매 길이	밑위	밑아래	등길이
Y체	16	160-86-70	87	42	52	23	68	44
		165-88-72	88	42	53	23	70	46
		170-90-74	90	43	55	24	71	47
		175-92-76	92	45	57	25	74	48
		180-94-78	96	45	58	25	75	50
YA체	14	160-86-72	88	41	52	23	66	44
		165-88-74	89	42	53	23	69	46
		170-90-76	91	43	55	24	71	47
		175-92-78	93	44	57	25	74	49
		180-94-80	95	45	58	25	76	50
A체	12	160-88-76	89	42	52	23	66	45
		165-90-78	90	42	54	24	69	46
		170-92-80	92	43	54	24	71	47
		175-94-82	94	44	56	25	74	48
		180-96-84	97	45	58	26	76	50
AB체	10	160-90-80	91	42	52	23	66	45
		165-92-82	93	43	54	24	67	46
		170-94-84	96	44	55	24	69	48
		175-96-86	97	45	57	25	71	49
		180-98-88	100	46	58	27	73	50
B체	8	160-92-84	93	42	52	23	66	45
		165-94-86	95	42	53	24	67	47
		170-96-88	97	44	57	25	69	48
		175-98-90	99	45	57	25	71	49
		180-100-92	99	45	58	26	74	50
BE체	4	160-94-90	95	42	52	25	65	46
		165-96-92	98	43	54	26	67	47
		170-98-94	99	44	55	27	68	48
		175-100-96	101	44	57	28	71	49
		180-102-98	102	44	58	29	72	50
E체	0	160-96-96	102	44	54	28	64	46
		165-98-98	104	45	55	29	66	47
		170-100-100	106	46	56	29	68	48
		175-102-102	108	47	57	29	70	49
		180-104-104	110	47	58	30	72	50

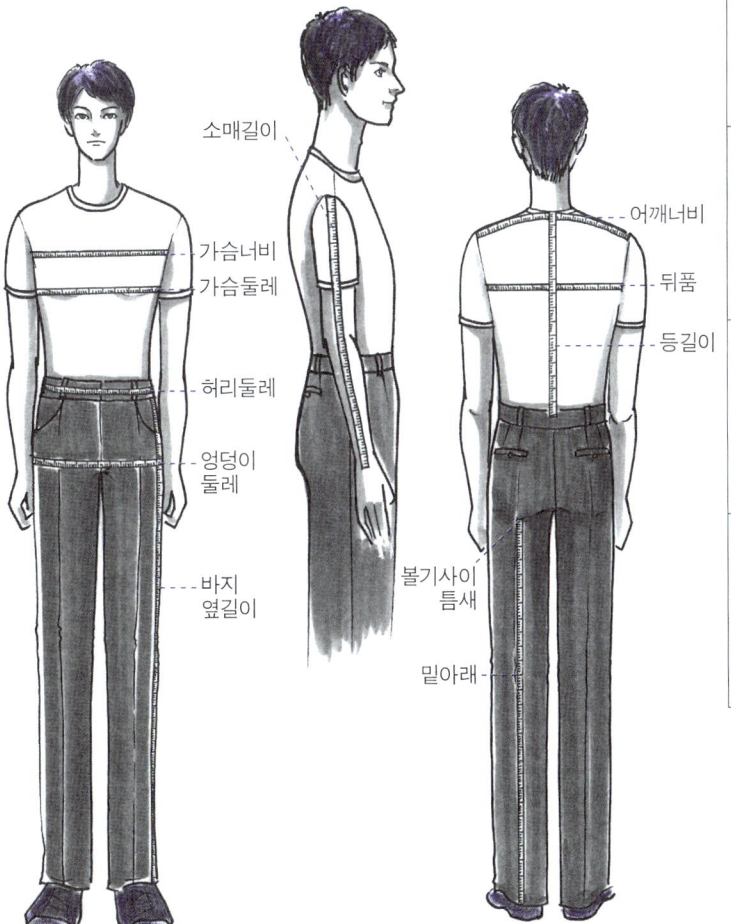

소매길이
가슴너비
가슴둘레
허리둘레
엉덩이둘레
바지 옆길이
어깨너비
뒤품
등길이
볼기사이 틈새
밑아래

제도법

제도 기호

잡지 등에 실린 제도나 실물 크기 형지에 사용되는 기호입니다. 잡지나 실물 크기 형지에 따라 다소 차이가 있습니다만, 아래 표를 참고해 주세요.

완성선	▬▬▬	올 방향선 (식서 방향)	←→
안내선	──	파일(Pile)이 누운 방향	←
원형선(문화식)	──	등분선	⌒⌒
원형선(도레메식)	──	직각 표시	L
안단선	─ ─ ─	심지 표시	
골선	▬ ▬ ▬	단추 표시	+
꺾임선 접는 선	▬ ─ ▬	홈질줄임 표시	

평행하게 잘라서 벌려줌	잘라서 벌려줌	접는 반동으로 벌어짐	접음 / 잘라서 벌려줌
화살표 끝은 움직이지 않고 ○안의 수치만큼 잘라서 벌려줌	③ 잘라서 벌려줌	맞붙임 표시 (패턴 맞춤 표시)	
선 교차 표시		경사가 높은 쪽에서 낮은 쪽으로 천을 접음	주름 접는 방법

◎ 각부 명칭과 약칭

B Bust(바스트) 가슴둘레의 약칭
W Waist(웨이스트) 허리둘레의 약칭
H Hip(힙) 엉덩이둘레의 약칭

BP Bust Point(바스트 포인트) 유두 위치의 약칭
NP Neck Point(넥 포인트) 어깨선 위 목 부분의 약칭
CF Center Front(센터 프런트) 앞 중심의 약칭
SP Shoulder Point(숄더 포인트) 어깨 끝 위치의 약칭
AH Arm Hole(암홀) 진동둘레 치수의 약칭
HS Head Size(헤드 사이즈) 머리둘레의 약칭

KL Knee line(니 라인) 무릎선의 약칭
CB Center Back(센터 백) 뒤 중심
EL Elbow line(엘보 라인) 팔꿈치선의 약칭
BL Bust line(바스트 라인) 가슴둘레선의 약칭
WL Waist line(웨이스트 라인) 허리둘레선의 약칭
HL Hip line(힙 라인) 엉덩이둘레선의 약칭

제도의 종류

제도에는 크게 나눠 '원형 제도'와 '직선 직각을 기준으로 한 기초 제도'가 있습니다. 원형 제도에는 '○○식'이라고 불리는 여러 종류의 원형이 있습니다. 원형 제도의 원형이란 입체적인 인간의 몸을 수치로 환산하여 평면에 만든 일종의 척도입니다. 자신의 치수로 만들어 두면 자신의 체형에 한층 더 잘 맞는 옷을 만들 수 있습니다.

직선 직각을 기준으로 한 기초 제도 제도 방법 → 20~43쪽

직선 직각을 기준으로 한 기초 제도는 가로, 세로, 곡선 등, 정해진 치수대로 선을 그어 제도를 그립니다. 간단하게 제도를 그릴 수 있어 초보자에게 적합하지요. 아이 옷이나 평상복을 만들 때도 편리합니다.

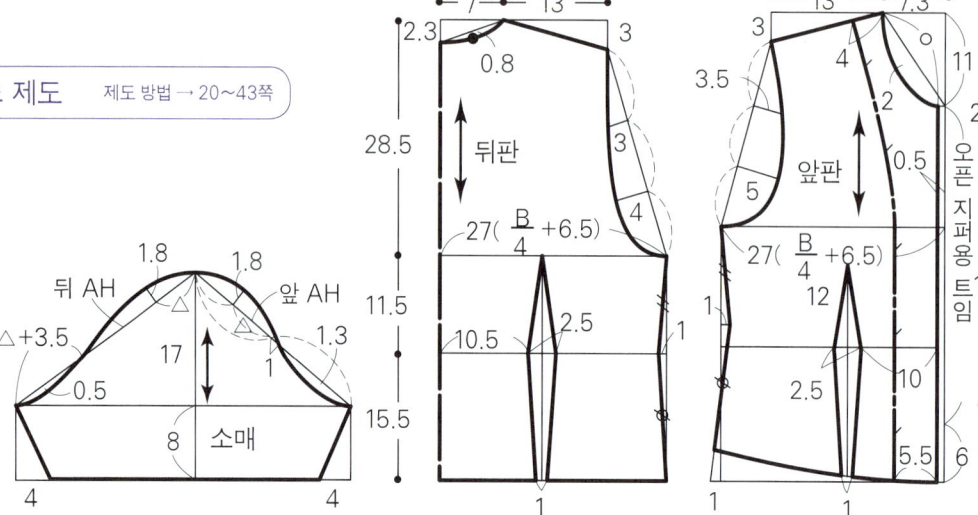

일반적인 원형으로는 문화식(文化式; 일본문화복장학원에서 만든 원형)과 도레메식(ドレメ式; 드레스메이킹의 줄임말로, 1926년 〈Dressmaker School〉이라는 학원을 설립한 스기노 요시코(杉野芳子) 씨가 고안한 원형)이 있습니다. 문화식 제도에는 문화식 원형을 사용하고, 도레메식 제도에는 도레메식 원형을 사용합니다. 문화식과 도레메식의 원형은 치수가 다르므로 반드시 구분하여 사용하세요.

원형은 한 번 만들어 두면 언제든 돌려쓸 수 있으므로 만들고자 하는 옷이 원형 제도로 실려 있다면 꼭 한번 도전해 보세요. 몸에 딱 맞는 원피스나 재킷 등을 만들 때는 역시 원형 제도를 사용하는 것이 안심됩니다.

문화식

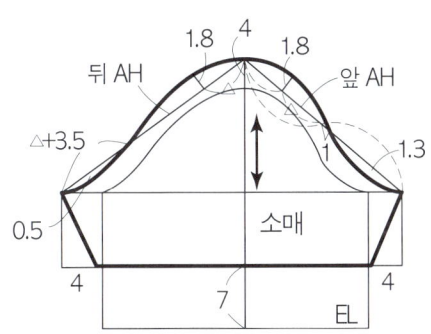

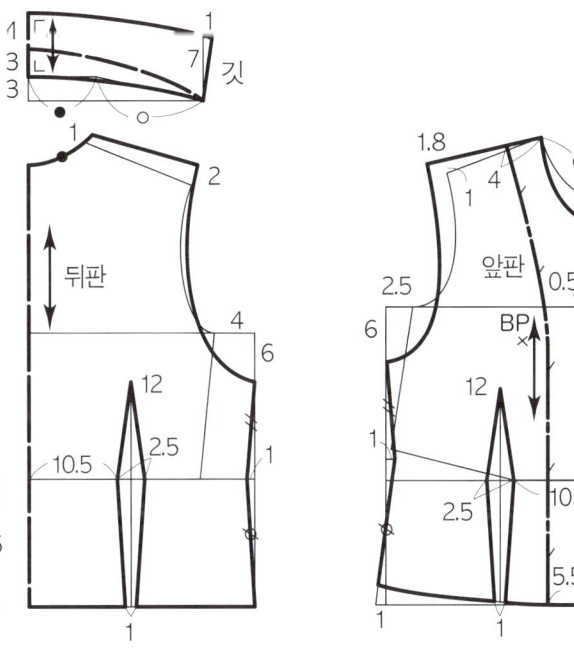

도레메식

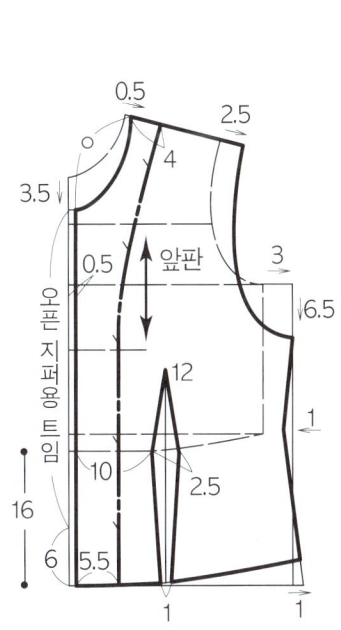

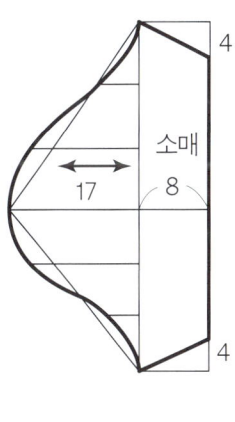

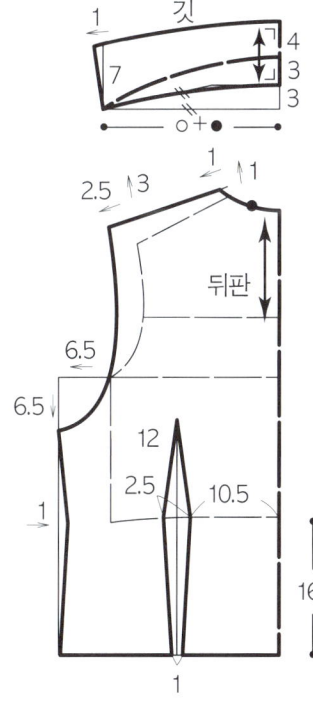

◎ 제도 용어

• 허리 표시에서 (앞) $\frac{W}{4}$+1+4+0.5+1이라고 되어 있는 것은 $\frac{W}{4}$(허리치수의 $\frac{1}{4}$)+1(여유분)+4(다트, 턱, 개더 분량)+0.5(홈질줄임 분량)+1(앞뒤의 차이)의 차례입니다.

• 허리 표시에서 (뒤) $\frac{W}{4}$+1+4+0.5-1이라고 되어 있는 것은 $\frac{W}{4}$(허리치수의 $\frac{1}{4}$)+1(여유분)+4(다트, 턱, 개더 분량)+0.5(홈질줄임 분량)-1(앞뒤의 차이)의 차례입니다.

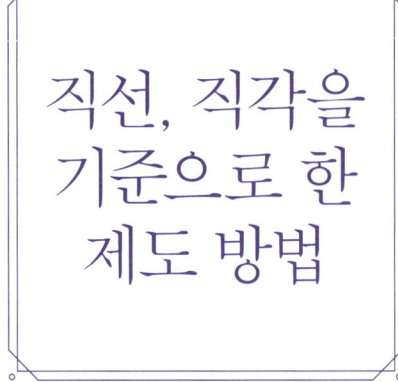

직선, 직각을
기준으로 한
제도 방법

블라우스

1. 뒤판 제도

① 세로선을 그리고
그 선에 직각으로
가로선을 그립니다.

② 측정한 a, b, c의
치수대로 세로선과
직각이 되게
가로선 3개를
그립니다.

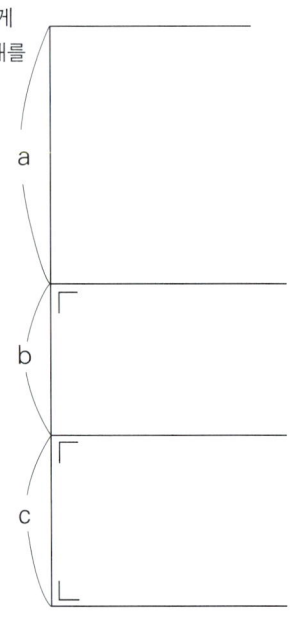

③ 선 위에 d, e 치수대로 안내선을 그립니다.

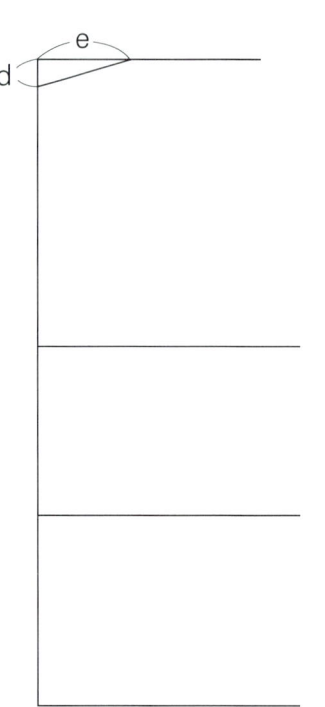

④ 안내선을 따라 곡선을 그리면 뒤판 목둘레
선이 됩니다. 세로선을 맨 밑에 있는 선까
지 그립니다. 이것이 뒤판 중심선이 됩니다.

곡선 그리기

⑤ 맨 위에 있는 선에 g 치수만큼을, 그리고 그
위치에서 수직으로 h 치수만큼을 측정하여
목둘레선 끝에서 A점까지 선을 그리면 어
깨선이 됩니다.

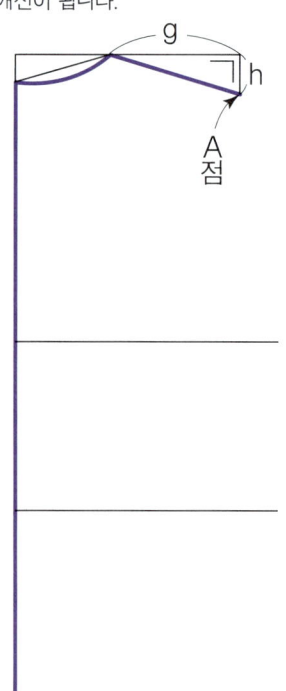

A
점

⑥ 위에서 두 번째 가로선(가슴둘레선)의 i 치수
만큼의 위치에서 수직으로 선을 그려 아래
두 개의 선과 교차시킵니다.

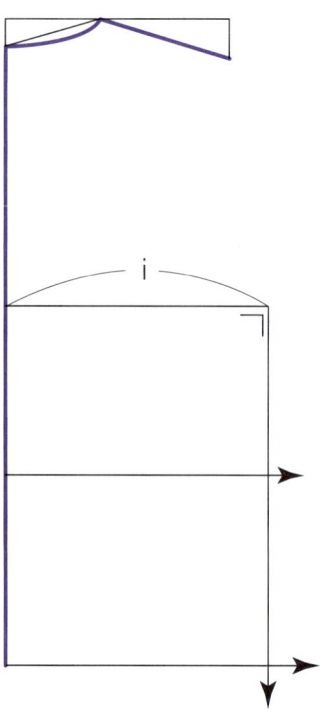

※a, b, c...의 알파벳은 숫자 대신 사용했습니다. 만들려는 작품에 따라 각각에 치수를 적용해 주세요.

⑦ A점과 가슴둘레선의 끝을 선으로 연결합니다.

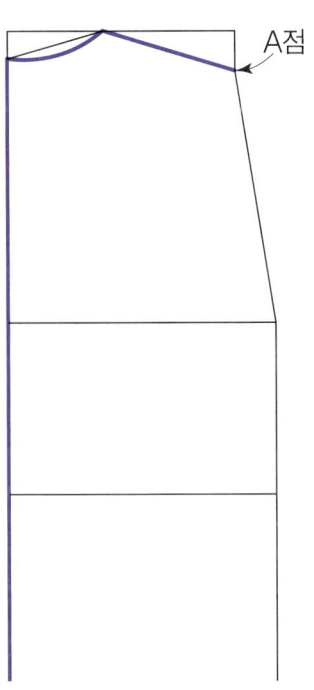

⑧ ⑦에서 그린 선을 3등분 하여 안내선을 그립니다.

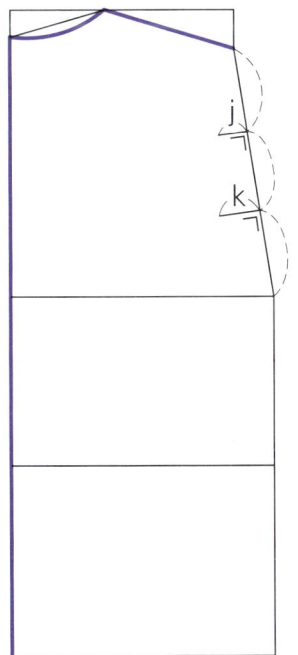

⑨ 안내선을 따라 곡선으로 진동둘레선을 그립니다.

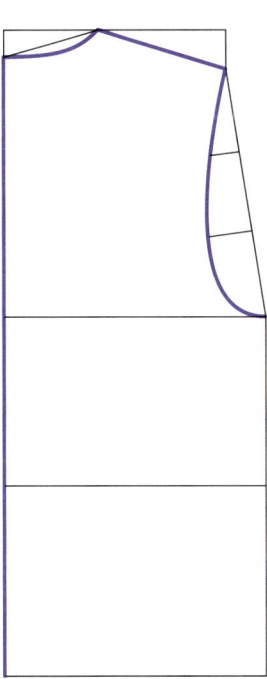

⑩ 아래 두 개의 선 위에 m, n 치수를 각각 재어 옆솔기선의 안내선을 그립니다. 밑단선이 똑바른 경우는 이것이 완성선이 됩니다.

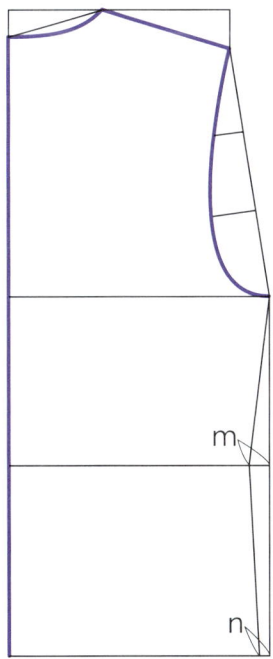

⑪ ⑩에서 그린 선에 o 치수만큼을, 맨 아래 선에 p 치수만큼을 측정하여
　두 점을 연결해 안내선을 그립니다.

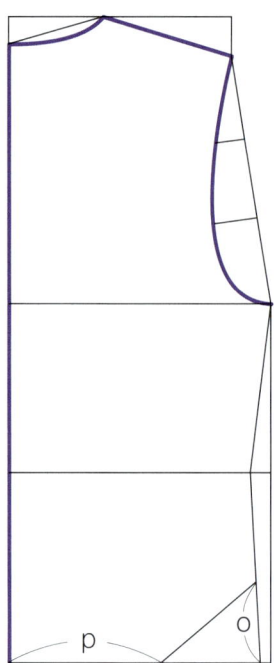

⑫ 안내선에서 q 치수만큼을 표시해 그 선을 기준으로 밑단선을 그리고,
　옆솔기선을 다시 그려줍니다. 이때 옆솔기선의 치수를 측정해 둡니다.
　(☆+★=옆솔기선의 치수)

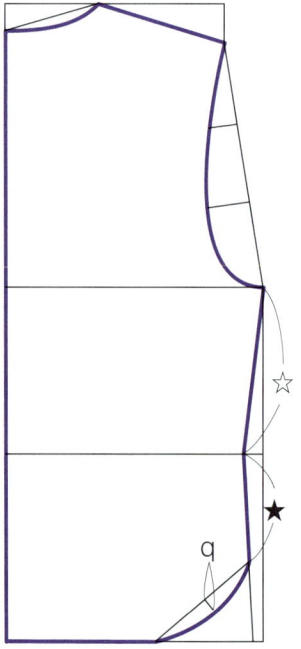

⑬ 지정한 치수에 따라 다트를 그립니다. 이로써 뒤 몸판이 완성됩니다.

2. 앞판 제도

① 세로선을 그리고 그 선에 직각으로 가로선을 그립니다.

② 세로선에 a, b, c 치수만큼을 각각 표시한 후, 세로선과 직각이 되게 가로선 세 개를 그립니다. 이 세로선은 앞 중심선이 됩니다.

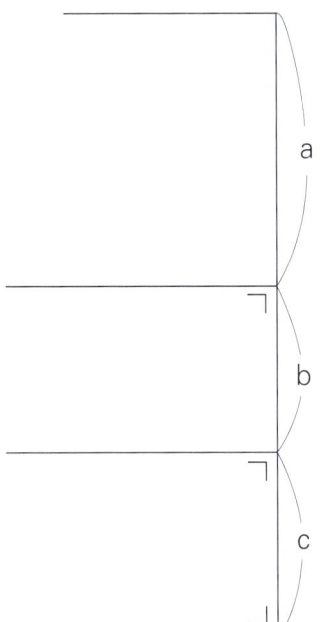

③ 앞 중심선에서 d 치수만큼의 위치에 앞 중심선과 평행한 세로선을 그립니다. 이것이 앞단선이 됩니다. e, f, g 치수를 각각 재어 안내선을 그립니다.

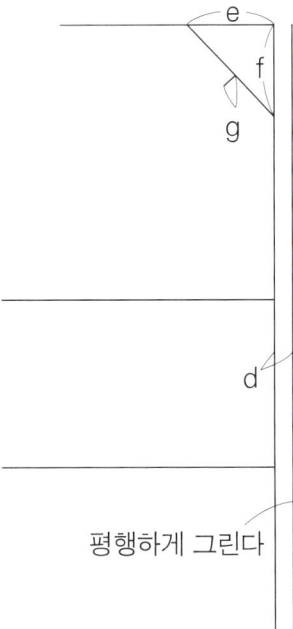

평행하게 그린다

④ 안내선을 따라 곡선을 그립니다. 이것이 앞판 목둘레선입니다.

⑤ 맨 위에 있는 가로선의 h 치수만큼의 위치에서 수직으로 i 치수만큼을 표시한 A점과 목둘레선 끝을 연결하면 어깨선이 됩니다.

h
i
A점

⑥ 위에서 두 번째 가로선(가슴둘레선)의 j 치수만큼의 위치에서 수직으로 선을 그려 아래 두 개의 선과 교차시킵니다.

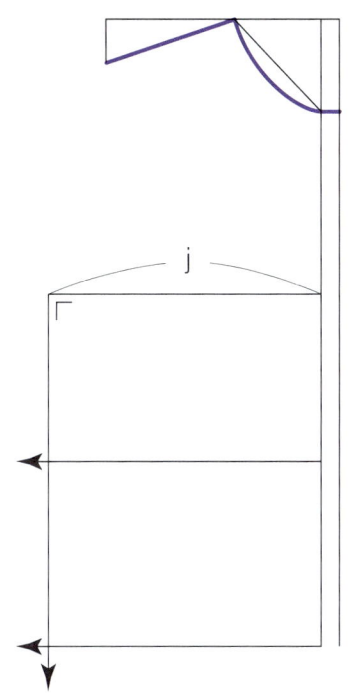

j

⑦ A점과 가슴둘레선의 끝을 선으로 연결합니다.

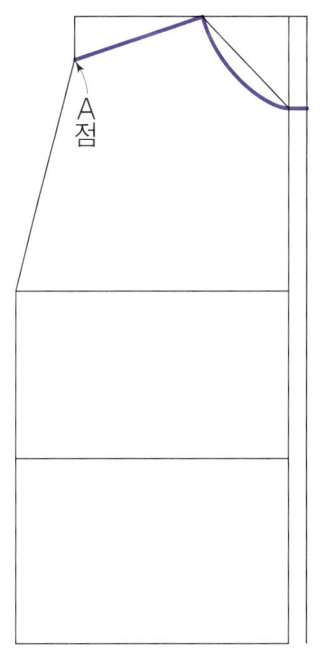

A점

⑧ ⑦에서 그린 선을 3등분 하여 안내선을 그립니다.

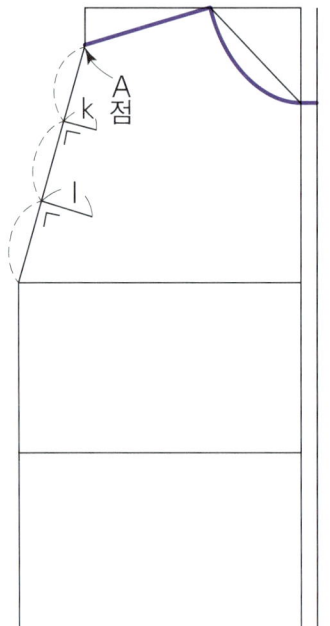

⑩ 아래 두 개의 선 위에 m, n 치수를 각각 재어 옆솔기선의 안내선을 그립니다.

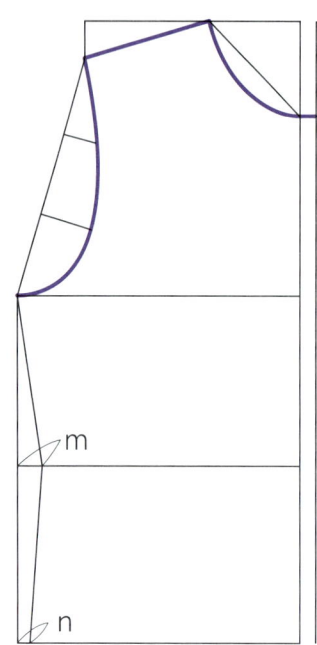

⑫ 안내선에서 q 치수만큼을 표시해 그 선을 기준으로 밑단선과 옆솔기선을 그림과 같이 그려줍니다.

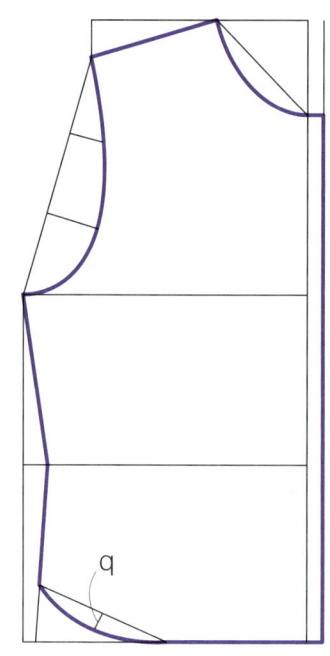

⑨ 안내선을 따라 곡선으로 진동둘레선을 그립니다.

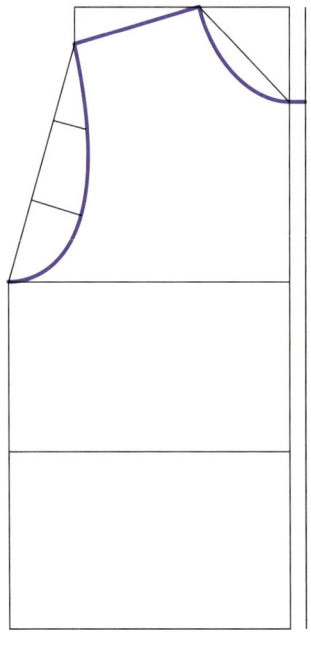

⑪ ⑩에서 그린 선에 뒤판 옆솔기선과 같은 치수를 표시한 위치와 중심선에서 p 치수만큼의 위치를 선으로 연결합니다.

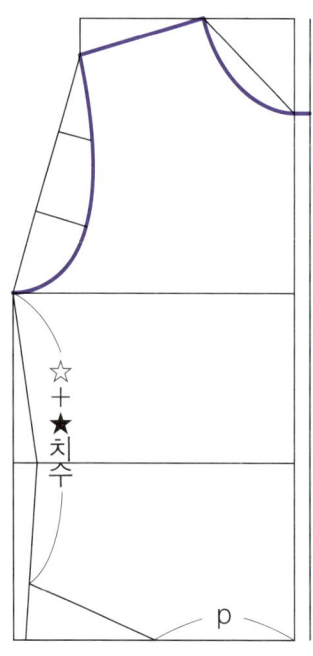

⑬ 지정한 치수에 따라 다트를 그리고 단추 달 위치를 그립니다. 이로써 앞 몸판이 완성됩니다.

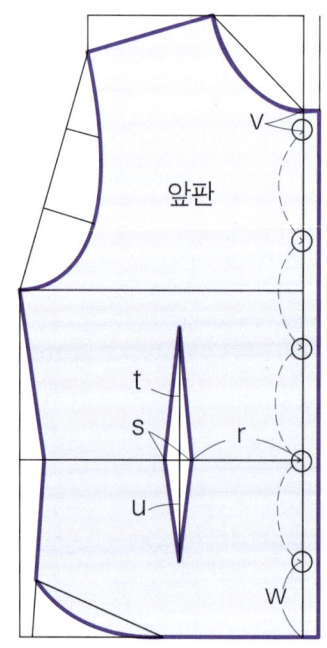

3 소매 제도

① 소매는 뒤 몸판, 앞 몸판의 진동둘레 치수를 토대로 그립니다. 십자로 선을 그리고 교차하는 점에서 a, b 치수를 각각 재어 표시합니다.

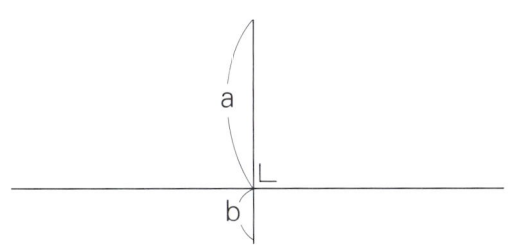

② 꼭짓점에서 가로선을 향해 좌우로 진동둘레 치수만큼을 사선으로 그립니다.

※ AH(암홀) 측정 방법과 그리는 방법의 상세는 30쪽을 참조하세요.

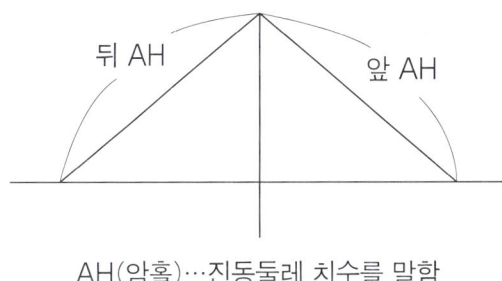

AH(암홀)…진동둘레 치수를 말함

③ ②에서 사선으로 그린 앞 AH 선을 2등분 하여 안내선을 그립니다.

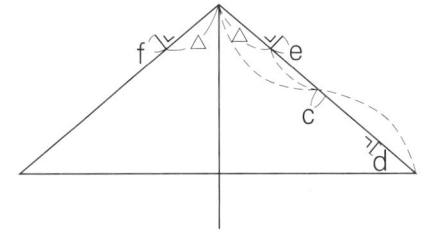

④ 안내선을 따라 곡선으로 소매산선을 그립니다. 꼭짓점에서 좌우로 나누어 그리세요.

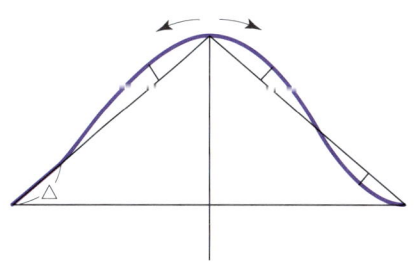

⑤ 소매산선 양 끝에서 수직으로 g 치수만큼을 그리고, 양 끝을 선으로 연결하면 소매 밑선과 소맷부리선이 됩니다.

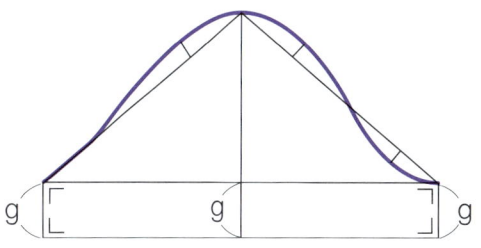

⑥ 소맷부리선에 소매 아래에서 h 치수만큼을 표시해 소매 아랫선을 다시 그리고, 좌우의 h를 연결하여 소맷부리선을 그립니다.

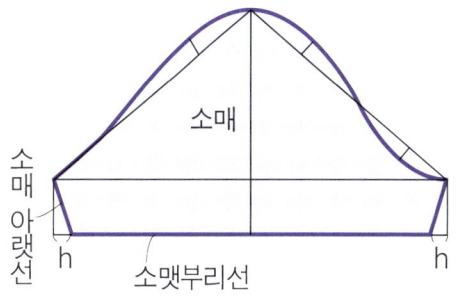

원피스

1. 뒤판 제도

(※ 상세한 그리기 방법은 20쪽 블라우스를 참고하세요.)

① 세로선(뒤 중심선)을 그리고 a, b, c 치수를 재어 기본이 되는 선을 그림과 같이 그립니다.

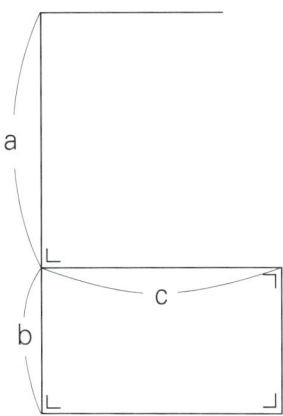

② 지정한 치수대로 뒤 중심선, 목둘레선, 어깨선을 그립니다.

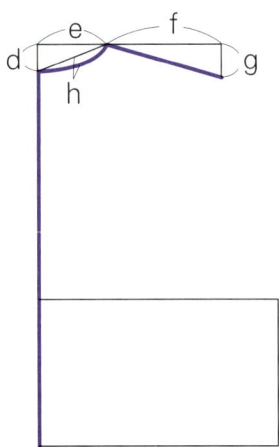

③ 어깨 끝과 가슴둘레선의 끝을 선으로 연결합니다.
④ ③에서 그린 선을 3등분 하여 안내선을 그리고 진동둘레선을 그립니다.

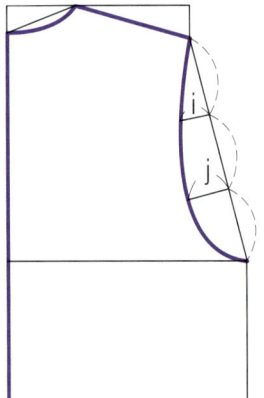

⑤ 허리둘레선에서 k 치수만큼의 위치에 맞춰 옆솔기선, 밑단선을 다시 그립니다.

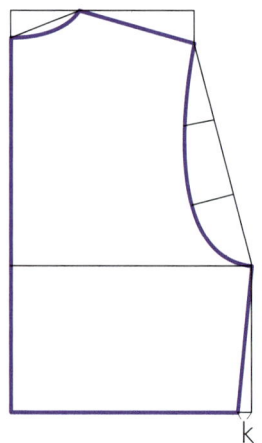

⑥ 뒤 중심선을 연장합니다.

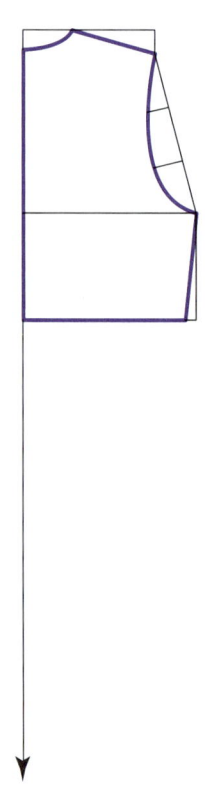

⑦ 뒤 중심선에 직각으로 허리둘레선과 같은 치수의 선을 그립니다.

⑧ 세로선에 m 치수(치마길이)의 선을 그립니다. 치마길이의 끝에서 직각으로 밑단선을 그립니다.

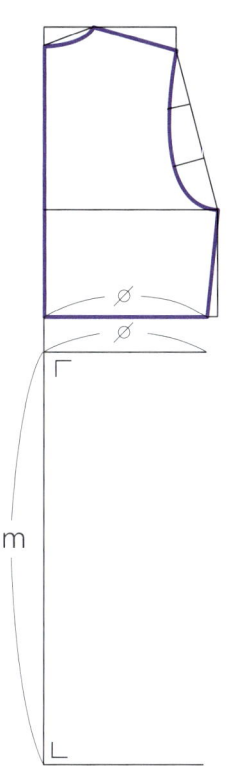

⑨ n 치수를 재어 곡선으로 허리둘레선을 다시 그립니다.

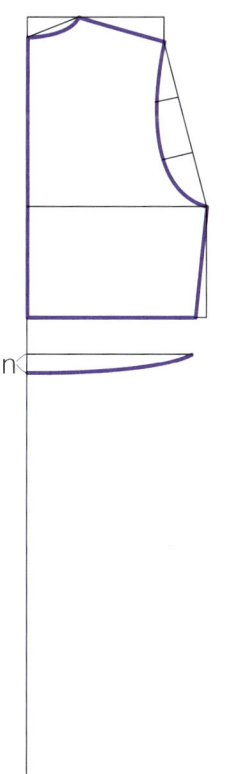

⑩ 허리둘레선의 끝에서 수직으로 선을 그어 장방형을 그립니다.

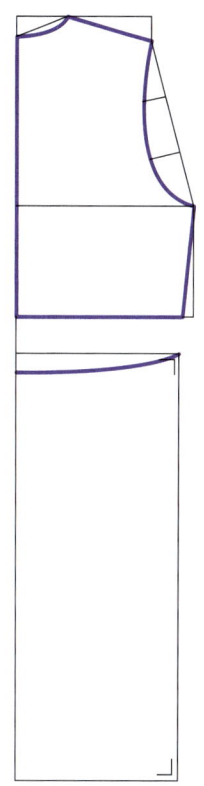

⑪ 치마 밑단선을 p, q 치수만큼 연장하여 치마 부분의 뒤 중심선과 옆솔기선을 그립니다. 뒤 중심선, 옆솔기선과 직각이 되도록 밑단선을 곡선으로 그려줍니다.

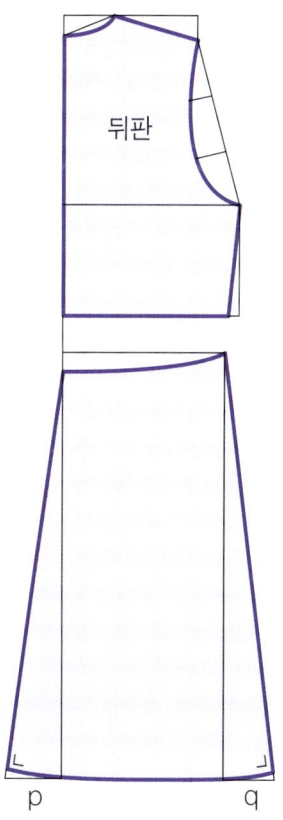

뒤판

2. 앞판 제도

(※그리는 방법의 상세 설명은 22쪽 블라우스를 참고하세요.)

① 세로선(앞 중심선)을 그리고 a, b, c 치수를 재어 기본이 되는 선을 그림
　과 같이 그립니다.

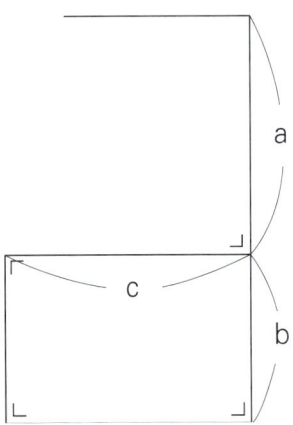

② 지정한 치수대로 목둘레선, 어깨선을 그립니다.

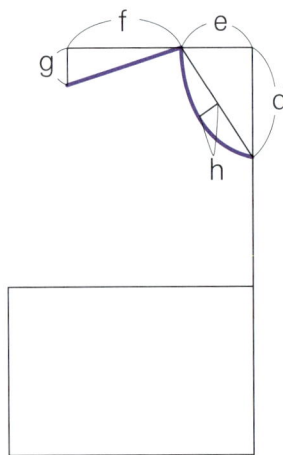

③ 어깨 끝과 가슴둘레선의 끝을 선으로 연결합니다.
④ ③에서 그린 선을 3등분 하여 안내선을 그리고 진동둘레선을 그립니다.

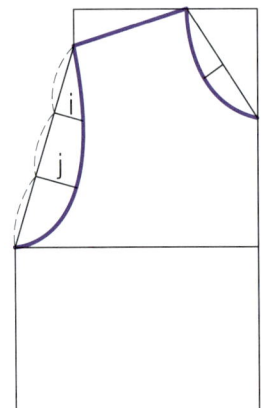

⑤ 허리둘레선에서 k 치수만큼의 위치에 맞춰 옆솔기선, 밑단선, 앞 중심
　선을 그립니다.

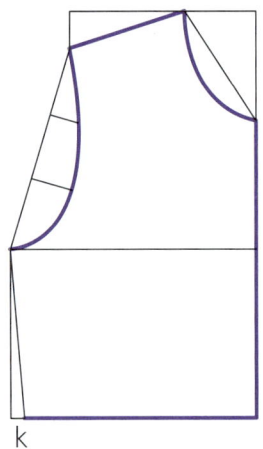

⑥ 지정한 치수대로 다트를 그립니다.

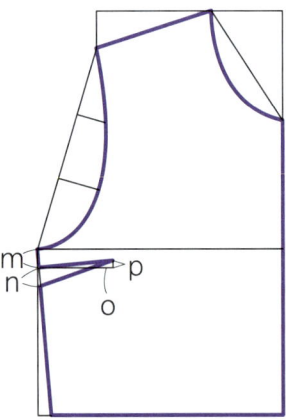

⑦ 앞 중심선을 연장합니다.

⑩ r 치수를 재어 곡선으로 허리둘레선을 다시 그립니다.
⑪ 허리둘레선의 끝에서 수직으로 선을 그어 장방형을 그립니다.

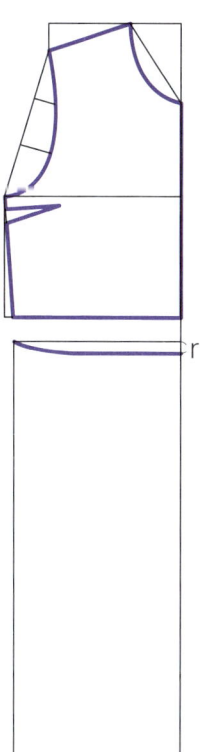

⑧ 앞 중심선에 직각으로 허리둘레선과 같은 치수의 선을 그립니다.
⑨ 세로선에 q 치수(치마길이)의 선을 그립니다. 치마길이의 끝에서 직각
  으로 밑단선을 그립니다.

⑫ s, t 치수를 각각 측정하여 치마 부분의 앞 중심선, 옆솔기선을 그립니
  다. 앞 중심선, 옆솔기선과 직각이 되도록 곡선으로 밑단선을 그립니
  다. 뒤판 옆솔기선과 같은 치수로 되었는지 아닌지 확인합니다.

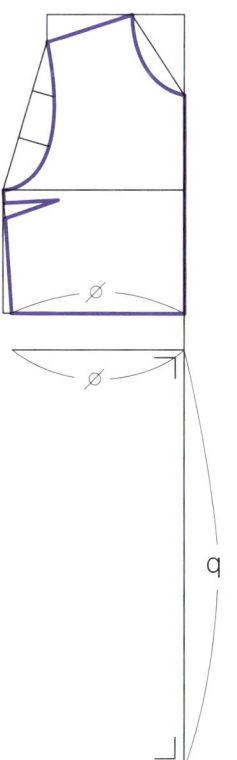

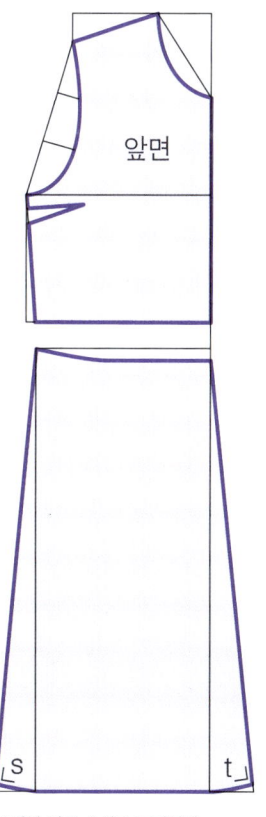

앞면

※ 소매 제도는 30쪽의 소매와 같은 순서로 그립니다.

소매

① A~B와 C~D를 줄자로 측정합니다. A~B는 뒤 AH(뒤 진동둘레 치수),
  C~D는 앞 AH(앞 진동둘레 치수)입니다.

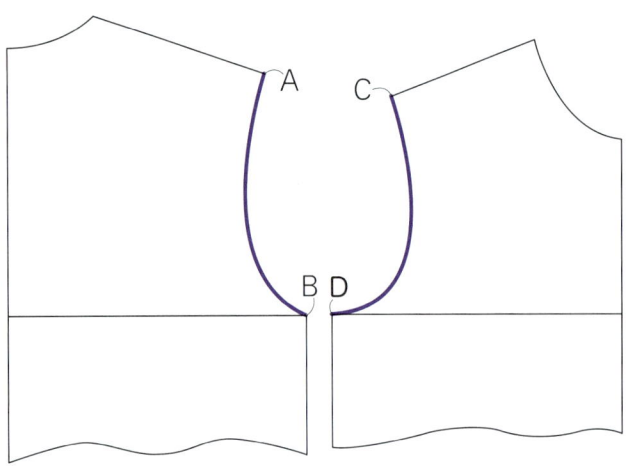

② 십자로 선을 그립니다.

③ 십자 교차점에서 위로 소매산 치수를 재어 P점으로 삼습니다.

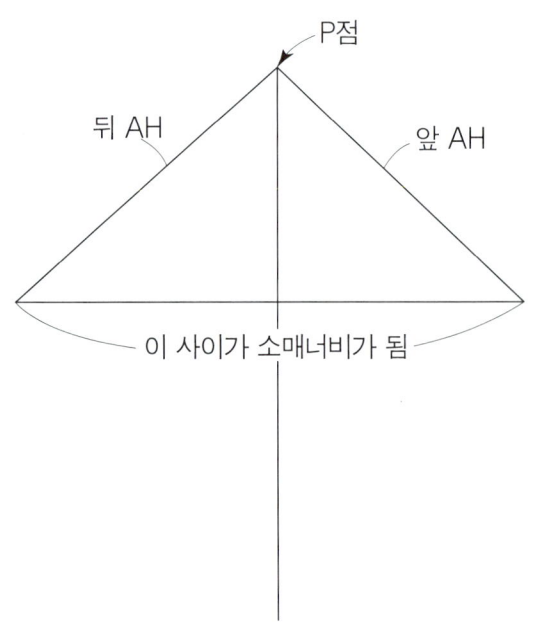

④ P점에서 가로선상에 사선으로 앞 AH, 뒤 AH를 각각 재어 선을 그립
  니다. 이때 가로선의 길이가 소매너비가 됩니다. 제도에 따라서는 진동
  둘레 치수에 몇 cm를 더하거나 빼는 경우가 있으므로 제도에 따라 선
  을 그려 주세요.

❖a, b, c...의 알파벳은 숫자 대신 사용했습니다. 만들려는 작품에 따라 각각에 치수를 적용해 주세요.

⑤ ④에서 사선으로 그린 앞 AH 선을 2등분 하여 지정 치수대로 그림과
   같이 안내선을 그립니다.

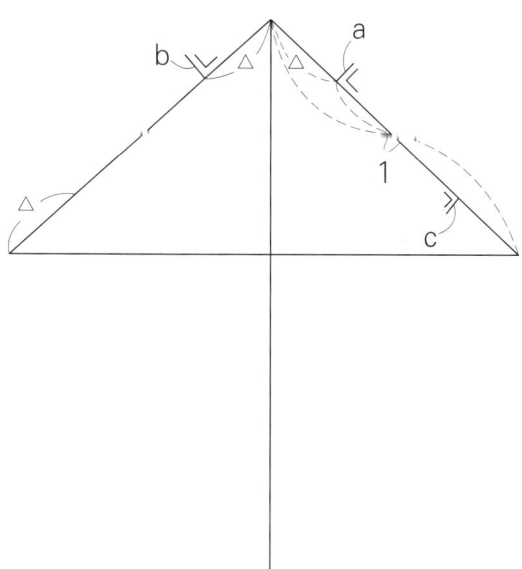

⑥ 안내선을 따라 곡선으로 소매산선을 그립니다. 꼭짓점에서 좌우로 나
   누어 그립니다.

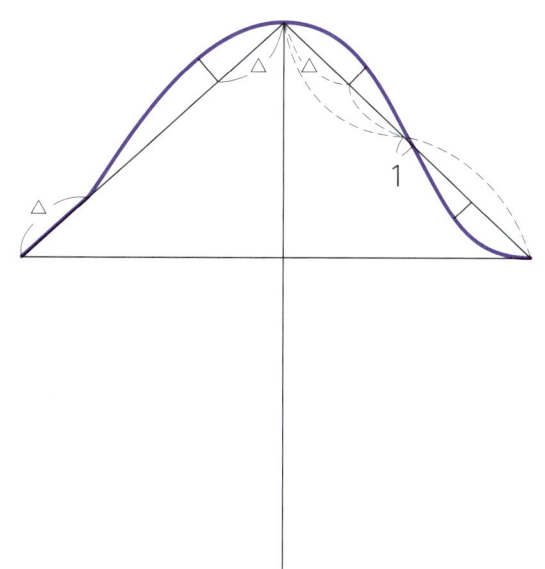

⑦ P점에서 소매길이 치수를 재고, 가로로 소맷부리 치수를 재어 소매너
   비선의 끝과 선으로 연결합니다.

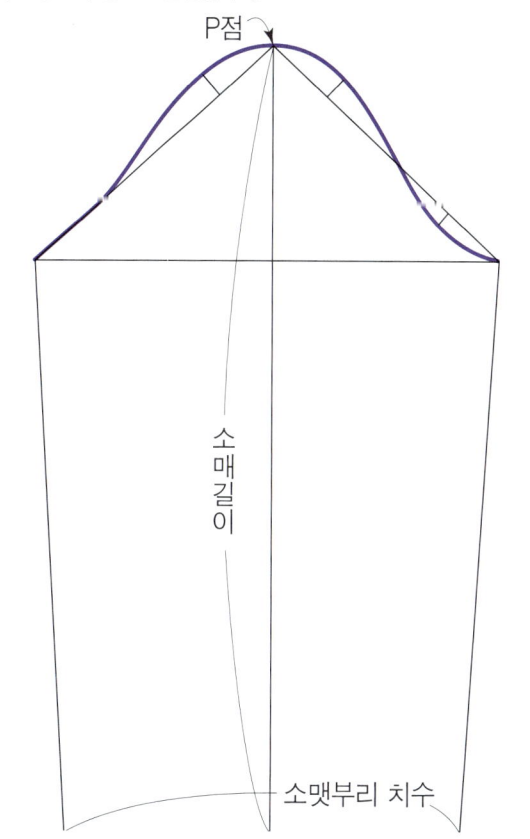

⑧ 소매 아랫선이 곡선인 경우는 안내선을 따라 소매 아랫선을 다시 그
   립니다.
⑨ 소맷부리의 다트를 지정한 치수대로 그립니다.

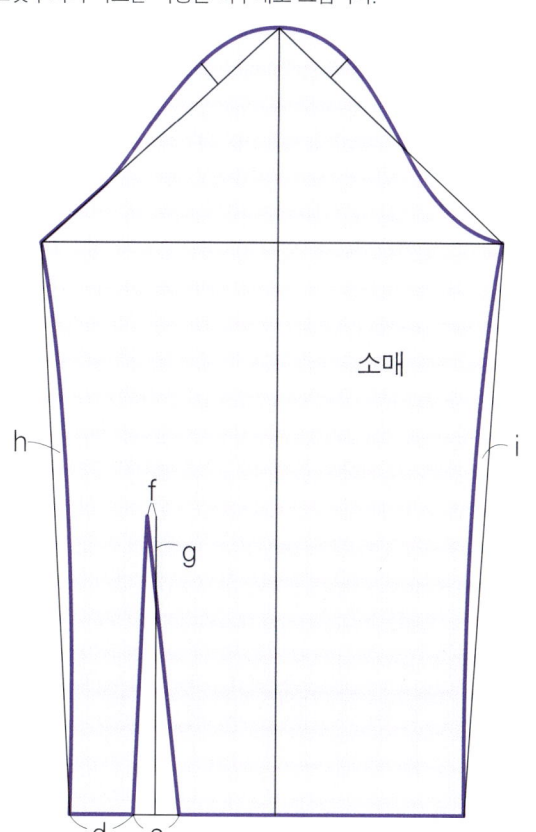

두 장 소매

① 세로로 소매산 치수+b 치수로 선을 그립니다. 세로선에 직각으로 지정 치수의 가로선 세 개를 그립니다.

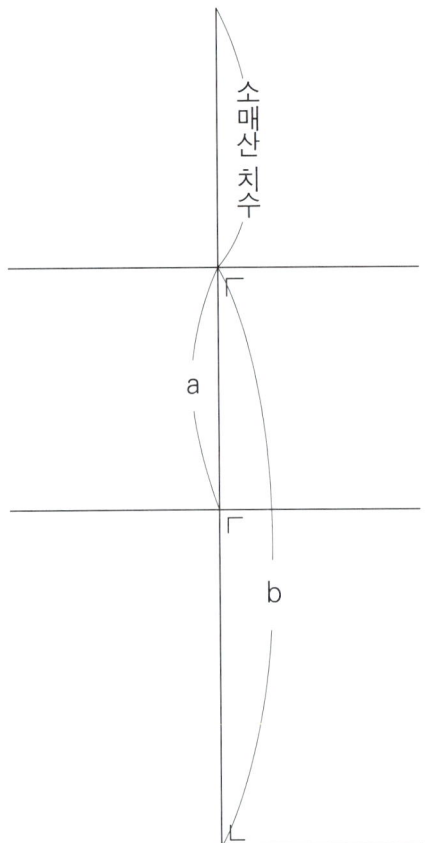

② 앞 AH, 뒤 AH의 치수를 각각 측정하여 꼭짓점에서 가로선까지를 사선으로 연결합니다.

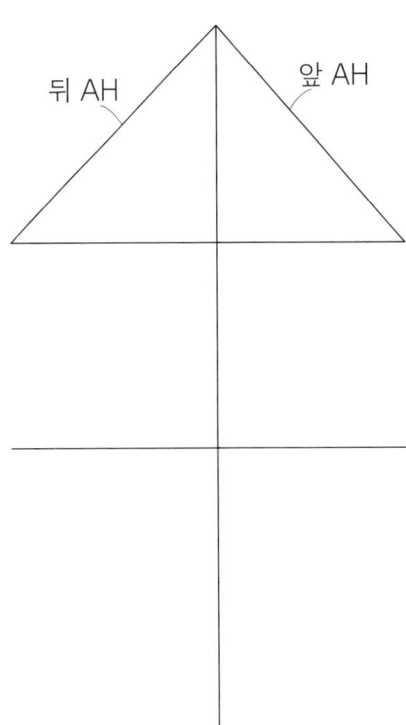

③ ②의 교점에서 소맷부리선(맨 아래 가로선)까지 수직으로 소매 아랫선을 그립니다.

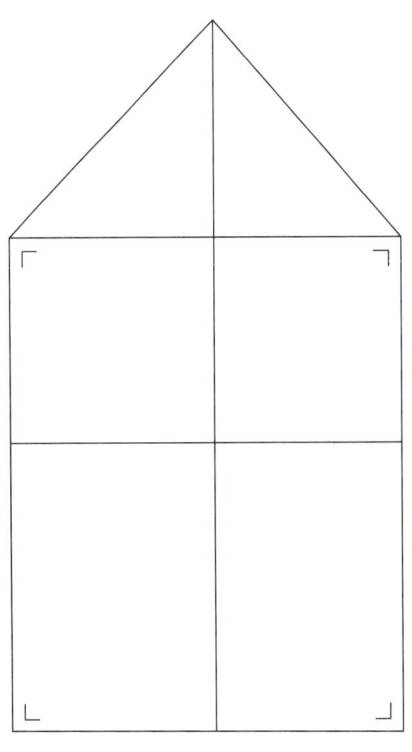

④ 안내선을 따라 소매산선을 그립니다.(상세 그리기 방법은 31쪽의 ⑤를 참조)

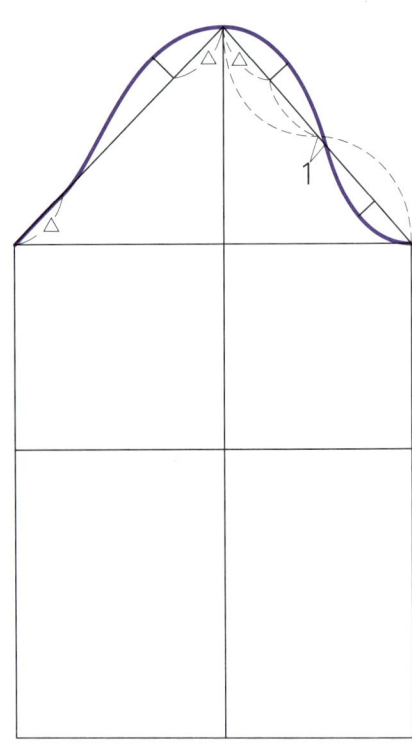

⑤ c, d, e, f의 치수대로 안내선을 그립니다.

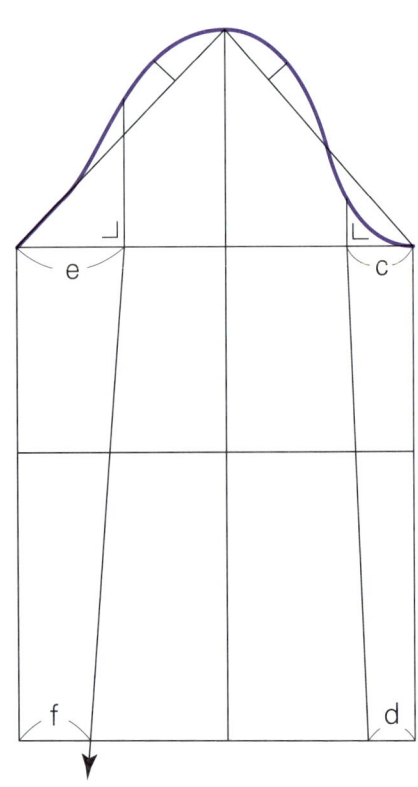

※a, b, c...의 알파벳은 숫자 대신 사용했습니다. 만들려는 작품에 따라 각각에 치수를 적용해 주세요.

⑥ 이번에는 g, h, i 치수를 재어 보조선을 그립니다.

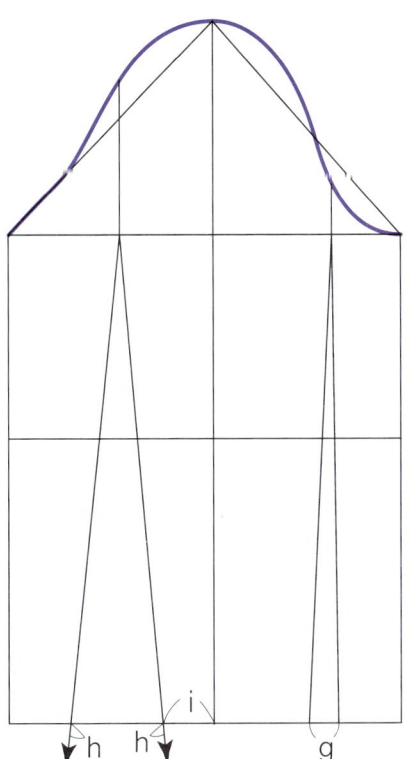

⑦ 소맷부리선은 h의 끝에서 직각이 되도록 소맷부리 안내선을 향해 곡선을 그립니다. 위에서 두 번째 가로선에 j, k 치수를 재어 선을 다시 그립니다. 이로써 안소매가 그려졌습니다.

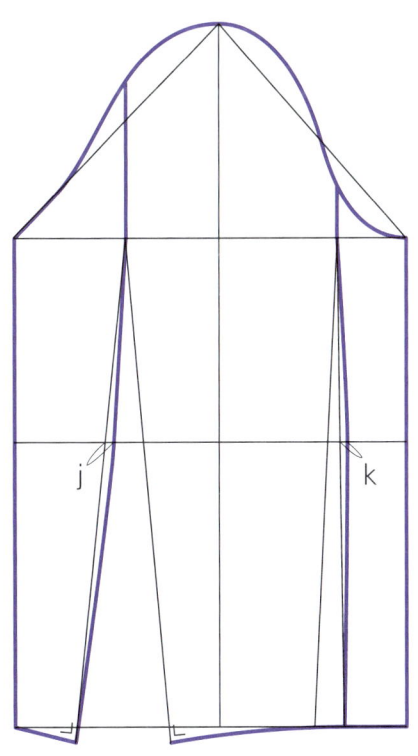

⑧ 마찬가지로 위에서 두 번째 가로선에 j, k 치수만큼을 표시하여 다시선을 그립니다. 이로써 겉소매가 그려졌습니다

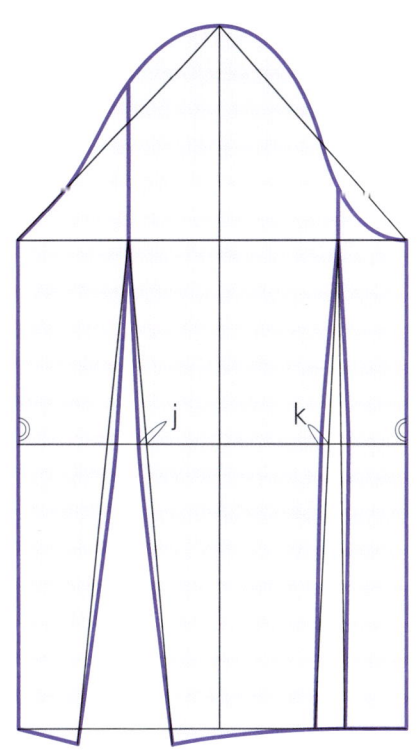

⑨ 안소매를 소매 아랫선에서 그림과 같이 맞붙여 줍니다.

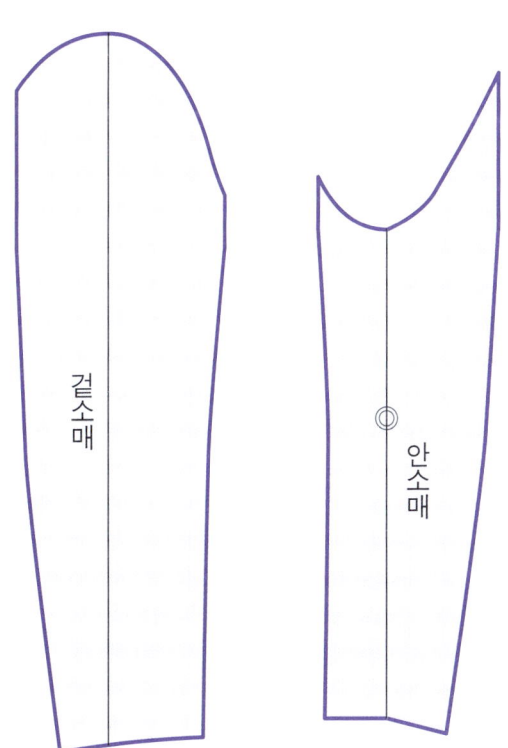

겉소매

안소매

래글런 슬리브

① 몸판을 그리면서 함께 소매도 제도합니다. 세로선(뒤 중심선)을 긋고 그
   선에 직각이 되도록 가로선을 그려 몸판을 그리기 위한 기본이 되는 선
   을 그립니다.

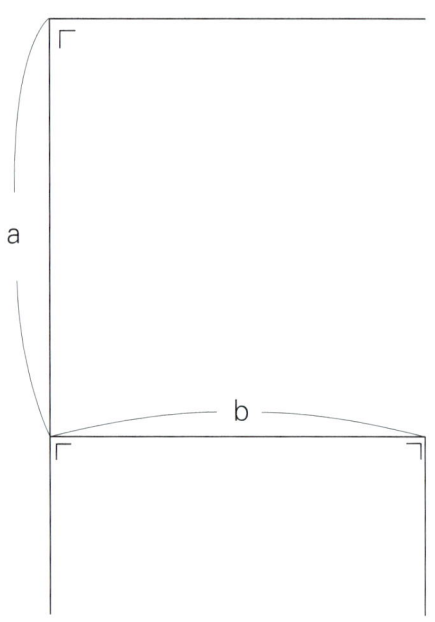

② 지정 치수대로 뒤 중심선과 목둘레선을 그립니다.

③ 목둘레선의 f 치수만큼의 위치에서 가슴둘레선의 끝을 연결합니다. 이
   것이 래글런선의 안내선이 됩니다.

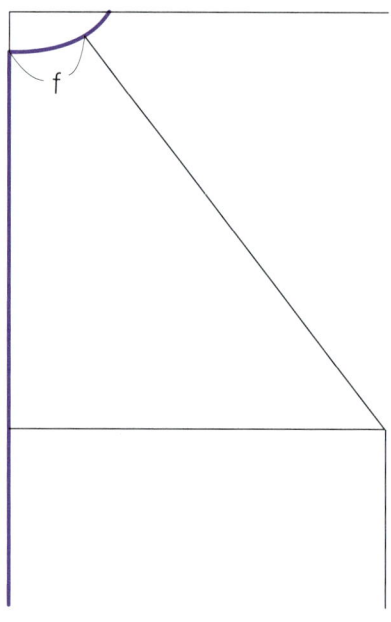

④ 안내선을 이등분한 후 그림과 같이 안내선을 더 그려 그 안내선을 따라
   래글런선, 옆솔기선을 그립니다.

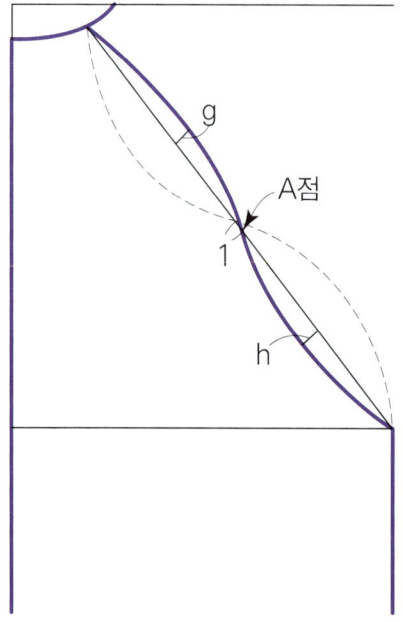

⑤ 맨 위의 선을 연장하여 i, k 치수만큼을 그린 후 그 위치에서 직각으로
   j, l 치수만큼을 각각 그립니다.
⑥ 두 점을 통과하는 선을 긋고, 그 선을 m 치수만큼 연장합니다.

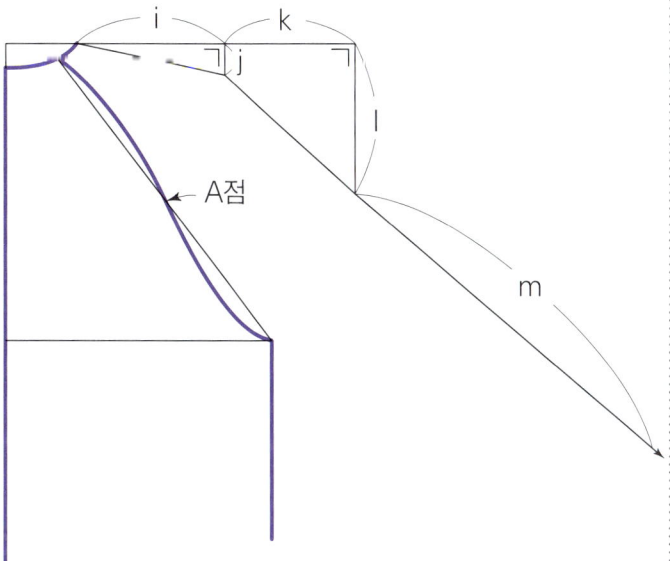

⑨ A점에서 호를 그려 ⑦의 선과의 교점을 구합니다.
⑩ A점에서 교점까지 곡선을 그립니다. A점에서 중간쯤까지는 ④에서
   그린 래글런선을 따라 그리다가 거기서부터 끝까지는 곡선과 반대의
   곡선을 그립니다. 호의 길이는 ④에서 그린 래글런선과 같은 치수로
   합니다.

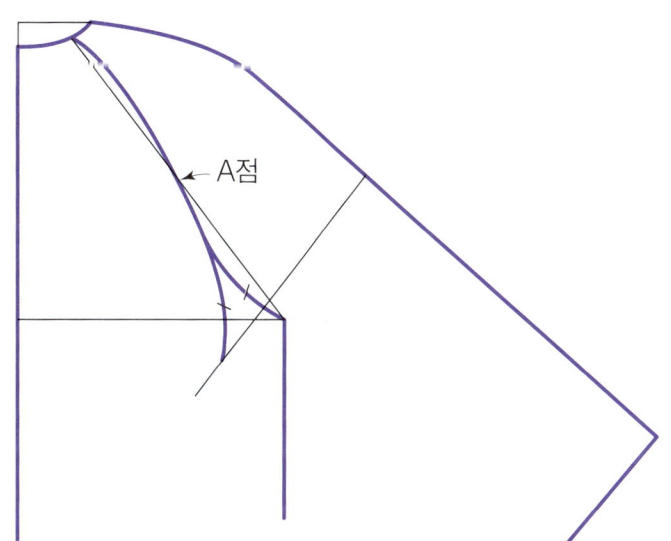

⑦ ⑥의 선에 대해서 B점에서 직각으로 선을 그립니다.
⑧ ⑥의 선 끝에서 직각으로 n 치수만큼 선을 그립니다. 이것이 소맷부
   리선이 됩니다.

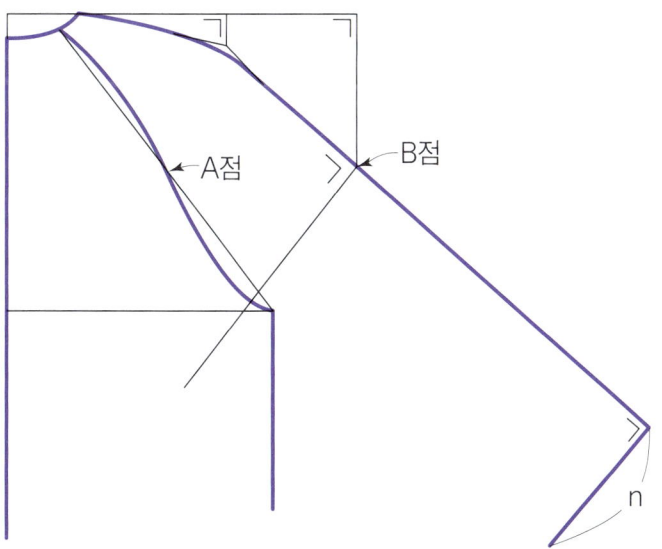

⑪ ⑨의 교점과 소맷부리선의 끝을 직선으로 연결하고, 그리고 중간점 부
   근에서 o의 치수를 재어 그 점을 지나도록 곡선을 다시 그립니다. 앞판
   도 마찬가지 순서로 그려 주세요.

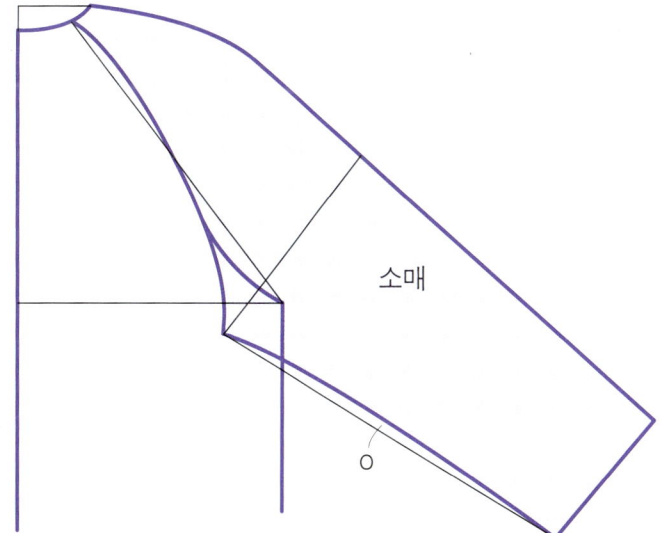

소매

타이트 스커트

① 뒤판부터 제도합니다. 세로에 a 치수를 그리고, 그 선과 직각이 되게 b 치수의 선을 그립니다. 세로선이 뒤 중심선, 가로선이 허리둘레선이 됩니다.

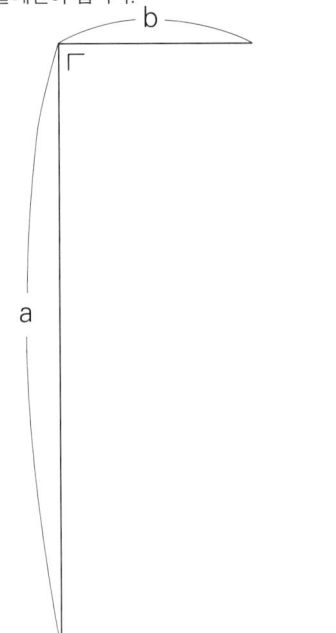

② 뒤 중심선의 c 치수만큼의 위치에서 직각이 되도록 하여 d 치수만큼 가로선을 그립니다. 이 선이 엉덩이둘레선이 됩니다.

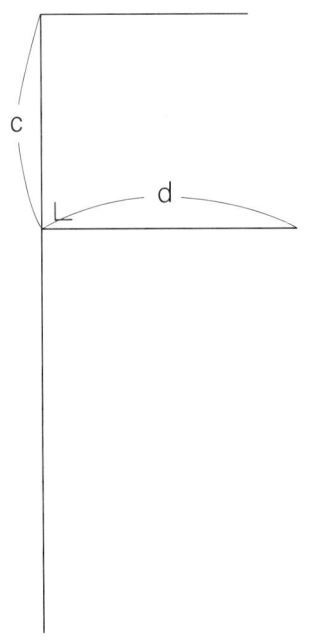

③ 엉덩이둘레선 끝에서 직각이 되도록 아래로 세로선을 그립니다.

④ 뒤 중심선에서 직각으로 가로로 선을 그리면 이 선이 밑단선이 됩니다.

⑤ 뒤 중심선에서 e 치수만큼 내려간 위치에서 곡선으로 허리둘레선을 다시 그립니다.

⑥ 밑단선에서 f 치수만큼을 더 그려 엉덩이둘레선 끝과 연결해 줍니다.

⑦ 밑단선을 3등분 하고 옆솔기선에서 직각이 되게 선을 그립니다. 이 선을 지나도록 곡선으로 뒤 중심선을 향해 선을 그리면 밑단선이 됩니다.

⑧ 밑단선 끝에서 엉덩이둘레선 끝까지는 직선으로 연결합니다. 엉덩이둘레선에서 허리둘레선까지는 매끄럽게 연결되는 완만한 곡선으로 그려줍니다. 이것이 옆솔기선이 됩니다.

완만한 곡선

⑨ 지정 치수대로 다트를 그립니다.

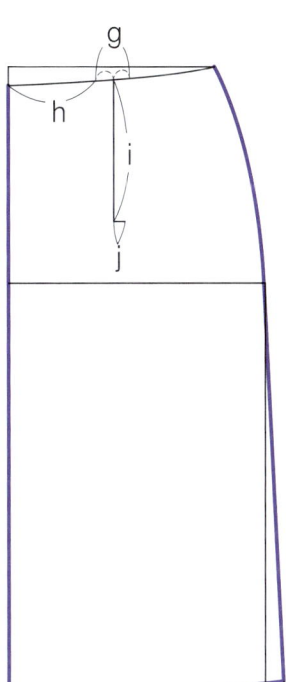

g
h
i
j

⑩ 뒤판이 완성되었습니다. 앞판도 마찬가지 순서로 그려주세요.

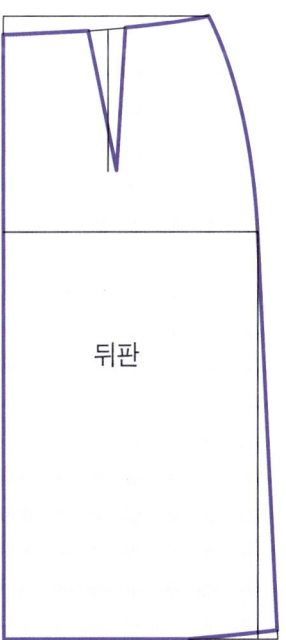

뒤판

플레어 스커트

① 세로선을 그린 후 그 선 상부에 직각으로 가로선을 그립니다. 세로선이
　중심선이 됩니다.

② 세로선에 a, c의 치수를 측정해 표시하고, 가로선의 b의 치수만큼의 위
　치에서 그림과 같이 선을 그려주세요.

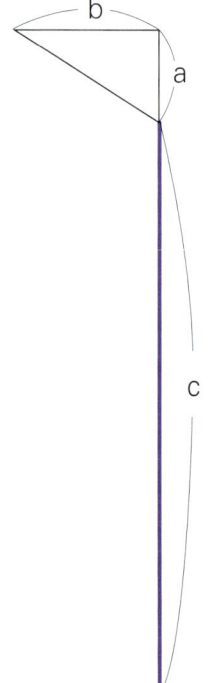

③ ②에서 그린 선을 2등분 하여 중간에서 d 치수만큼 표시한 후 곡선을 그
　립니다. 이것이 앞 허리둘레선이 됩니다.

④ 중심선 하단에서 직각이 되도록 e 치수만큼의 선을 그립니다.

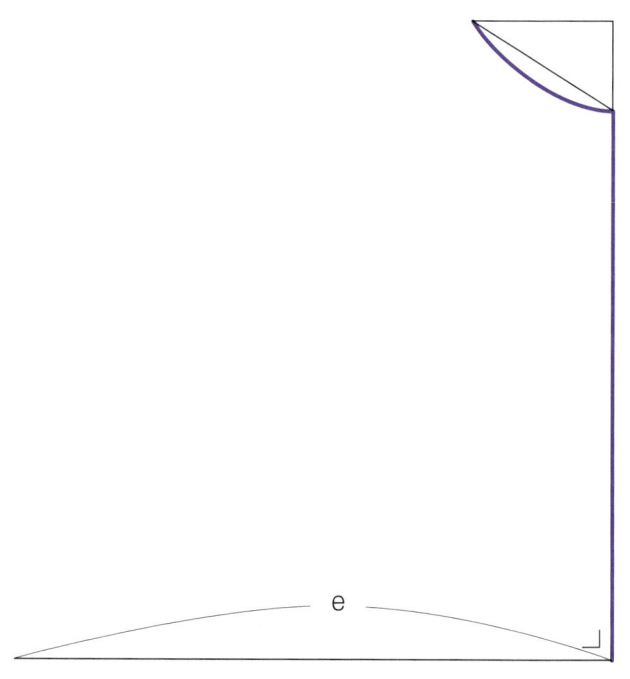

⑤ ④의 선 끝에서 직각으로 f 치수만큼의 선을 그립니다.

⑦ 옆솔기선에서 직각으로 ④의 선까지 선을 그립니다.

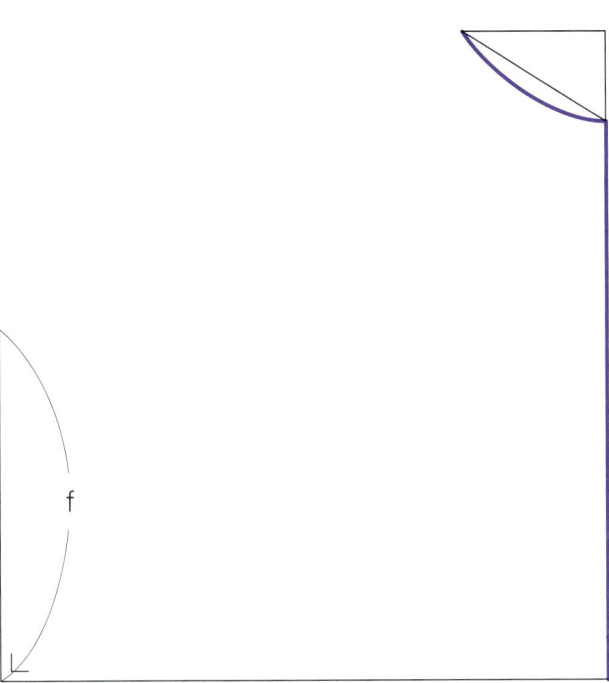

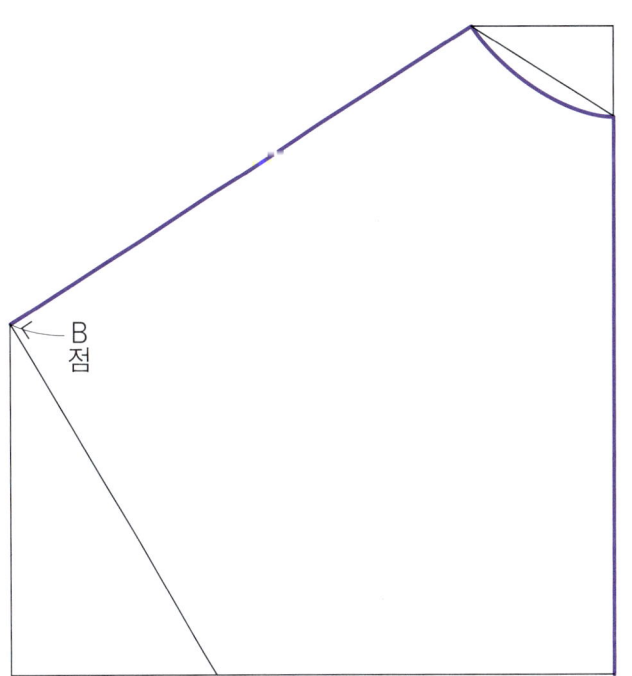

⑥ A점에서 B점까지 선을 그려 연결하면 이 선이 옆솔기선이 됩니다.

⑧ B점에서 중심선까지 곡선을 그려주면 이것이 밑단선이 됩니다.
⑨ 중심선에서 g 치수를 재어 허리둘레선을 하나 더 그려줍니다. 이것이 뒤판의 허리둘레선이 됩니다. 이 제도는 뒤판과 앞판을 겹친 상태로 그려진 것입니다.

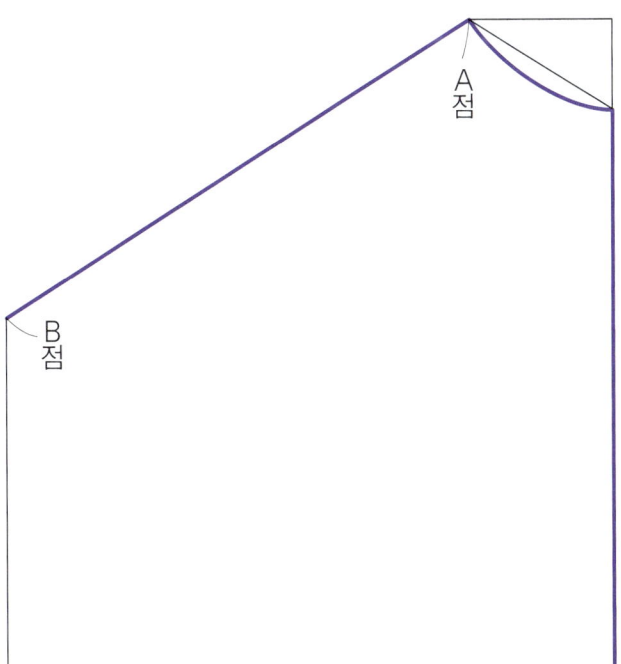

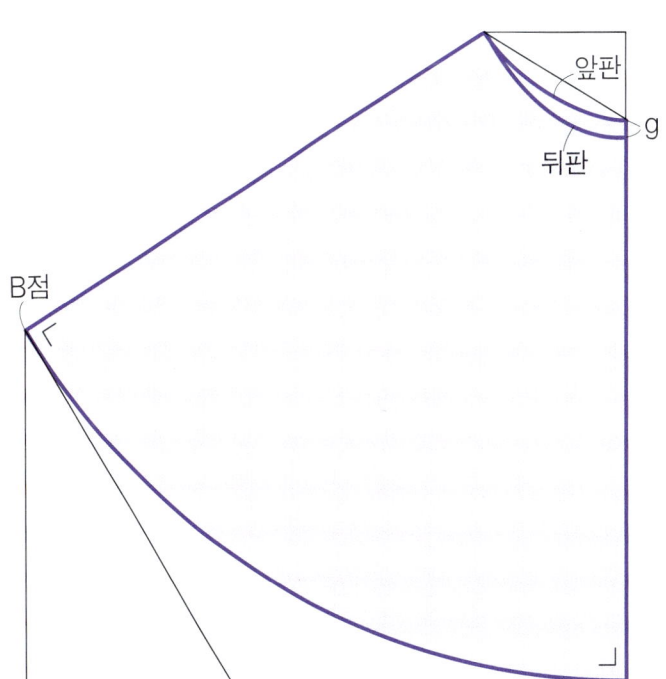

바지

1. 앞판 제도

(※바지는 앞판부터 제도합니다.)

① 세로선을 a 치수로 그리고, 그 선에 직각으로 가로선을 그립니다. a가 바지의 밑위길이가 됩니다.

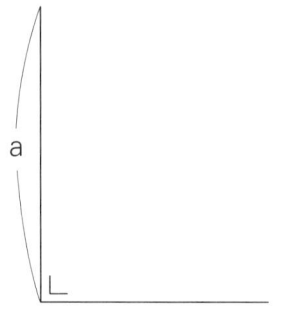

② A점에서 b 치수만큼의 위치에서 직각으로 c 치수의 선을 그립니다. 이 선이 엉덩이둘레선이 됩니다.

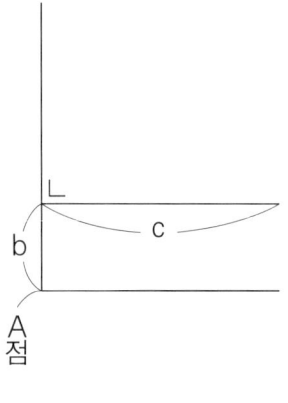

③ 직각으로 선을 더 그어 a, c 치수의 장방형을 그립니다.

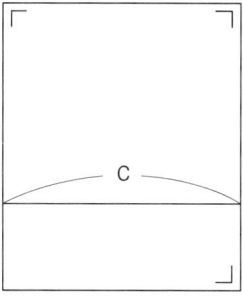

④ 맨 아래의 선을 오른쪽으로 d 치수만큼 연장합니다.

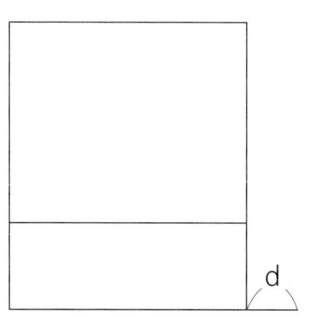

⑤ ④에서 연장한 선 전체를 2등분 하여 중심점에서 e 치수만큼 왼쪽으로 간 위치에 표시를 합니다. 이 점을 B점으로 삼습니다.(이등분한 점이 B점이 되는 경우도 있습니다.)

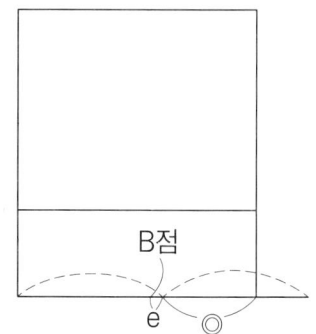

⑥ B점에서 수직으로 선을 그립니다.

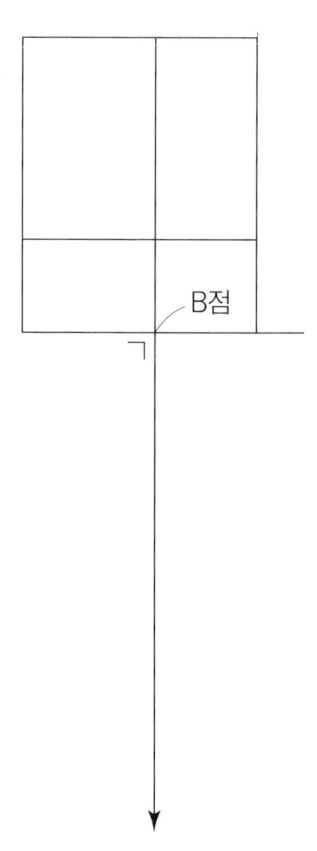

※a, b, c...의 알파벳은 숫자 대신 사용했습니다. 만들려는 작품에 따라 각각에 치수를 적용해 주세요.

⑦ 맨 위에 있는 선의 f 치수만큼의 위치에서 엉덩이둘레선의 끝과 연결합니다.

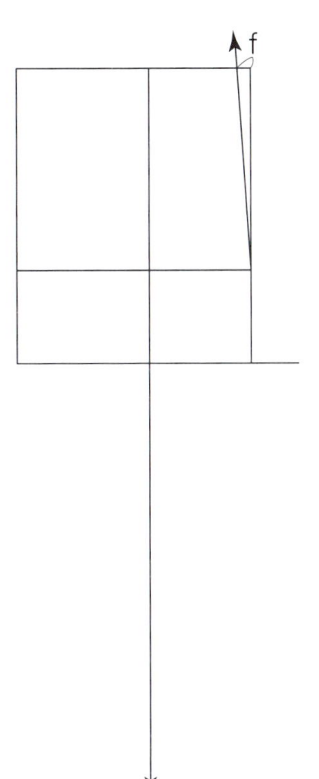

⑧ ⑦에서 그린 선에 h 치수를 재어 표시합니다. ④에서 그린 선에 45°의 각도로 g 치수만큼을 그려 그림과 같이 선을 그립니다. 이것이 가랑이선이 됩니다.

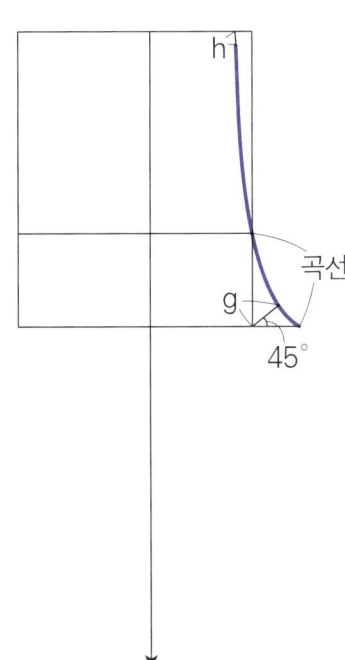

곡선

g

45°

⑨ 가랑이선 끝에서 맨 위에 있는 선의 i 치수만큼의 위치까지를 곡선으로 연결합니다.

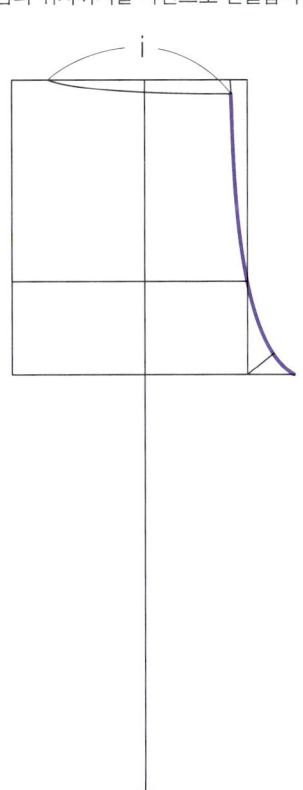

⑩ ⑨에서 그린 선의 끝에서 엉덩이둘레선까지 완만하게 곡선을 그립니다.

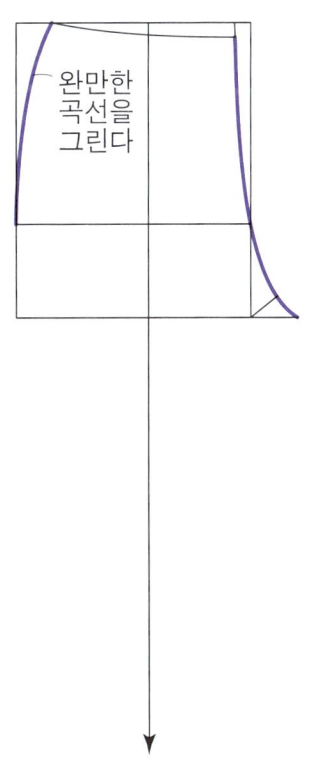

완만한
곡선을
그린다

⑪ ⑥에서 그린 선에 j, k 치수를 재어 표시하고, 선에 대해 직각으로 두 개의 선을 그립니다. j가 바지의 밑아래길이가 됩니다.

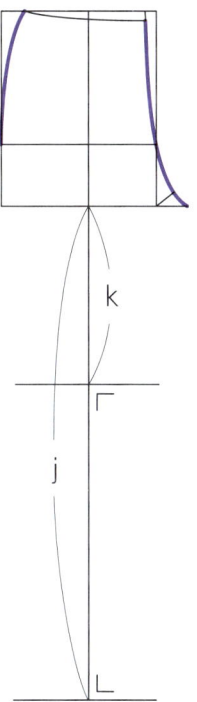

k

j

⑫ ⑪의 선에 l, m 치수를 재어 그립니다.(바지의 형태에 따라서는 k, l의 치수가 없는 것도 있습니다.)

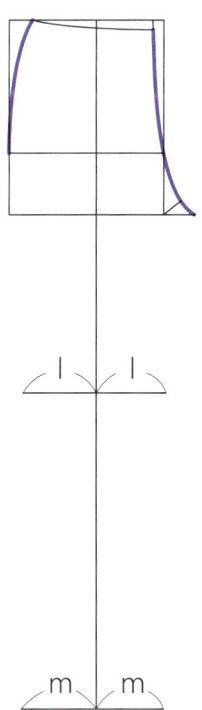

l   l

m   m

⑬ l의 끝과 m의 끝을 선으로 연결하여 밑단선
을 그립니다. l의 끝과 가랑이선의 끝도 직선으
로 연결합니다.

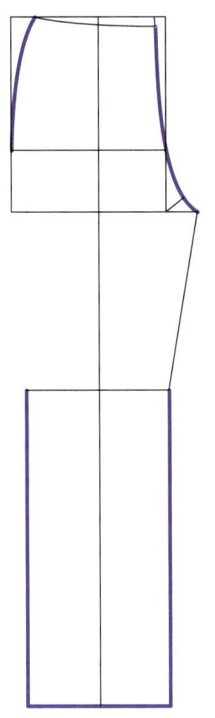

⑭ C점과 l의 끝을 곡선으로 그립니다. 가랑이
선 끝에서 l의 끝까지를 연결한 직선을 이등
분 한 위치에 n 치수만큼을 표시해 그 부분
을 지나는 곡선을 그립니다.

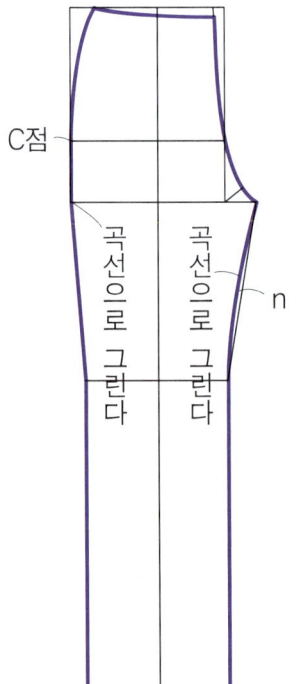

⑮ 지정 치수대로 다트를 그리면 완성입니다.

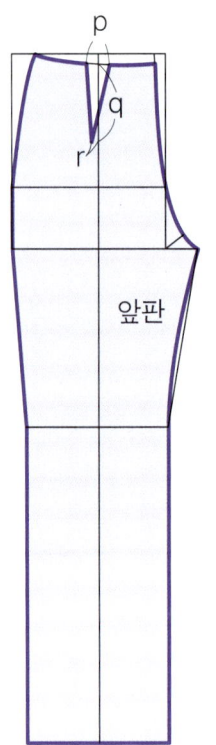

2. 뒤판 제도

① 앞판과 마찬가지로 a, c 치수로 장방형을 그
리고, 엉덩이둘레선을 그려 넣습니다.

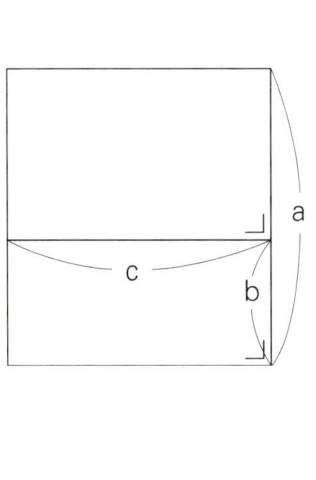

② 아래쪽 선을 d 치수만큼 왼쪽으로 연장합니
다. A점에서 앞판과 같은 치수(◎)의 위치를
기준으로 수직선을 그립니다.

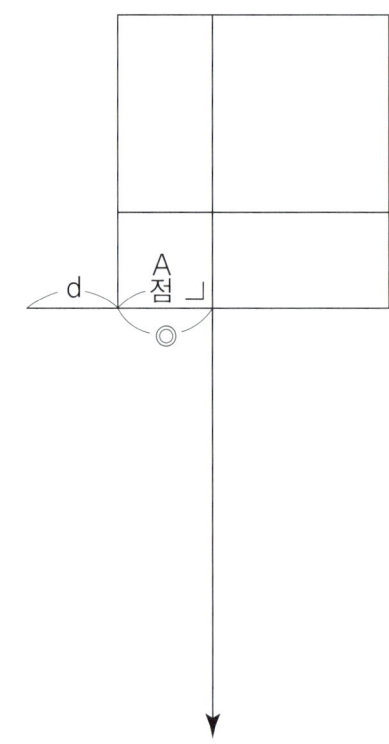

③ 맨 위에 있는 선의 e 치수만큼의 위치에서 A
점까지를 선으로 연결합니다. 이 선의 연장
선상에 f 치수를 재어 표시합니다. g, h 치
수를 각각 측정해 안내선을 그립니다.

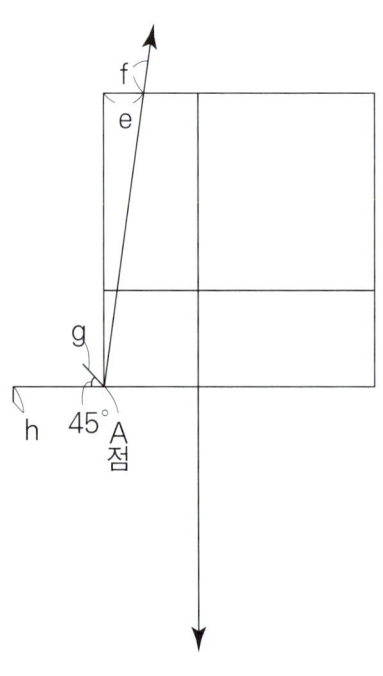

④ 안내선을 따라 선을 그립니다. 뒤판 가랑이
　 선이 됩니다.

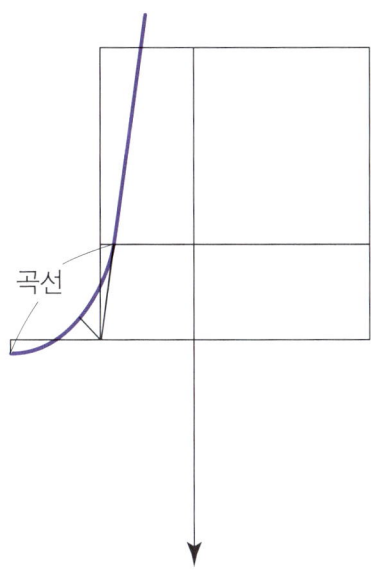

곡선

⑥ ②에서 그린 수직선에 j, k 치수만큼을 표
　 시하고, 그 세로선에 대해 직각으로 l, m
　 치수만큼의 가로선을 그립니다.

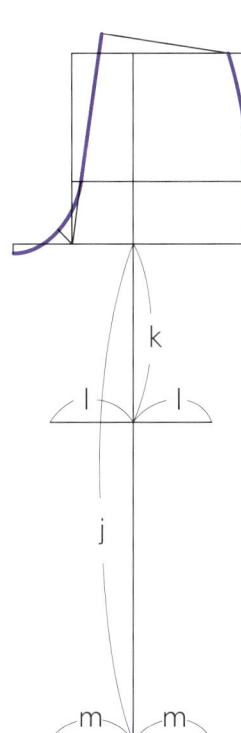

k

l　l

j

m　m

⑧ 지정 치수대로 다트를 그려 넣으면 완성
　 입니다.

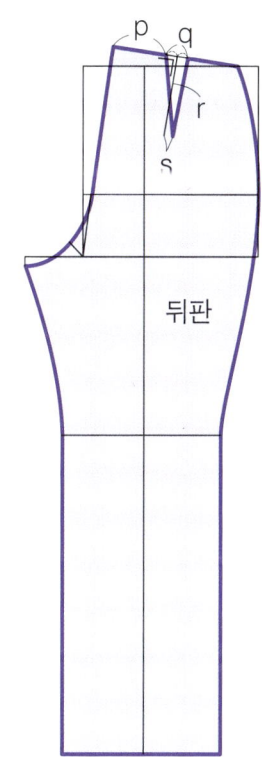

p　q
r
s

뒤판

⑤ 가랑이선 끝과 맨 위 가로선의 i 치수만큼의
　 위치를 연결합니다. 이 선 끝에서 엉덩이둘
　 레선을 향해 곡선을 그려줍니다.

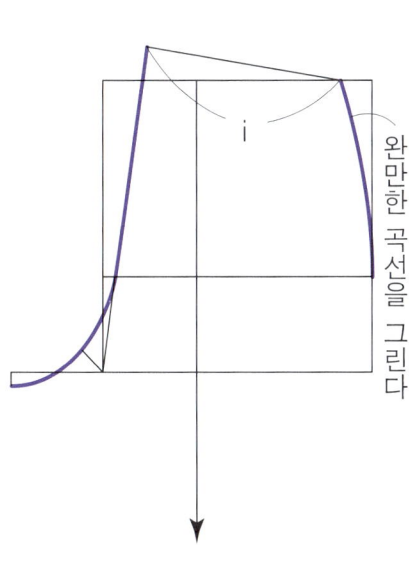

i

완만한 곡선을 그린다

⑦ 앞판과 마찬가지로 옆솔기선, 밑아래선을
　 그립니다.

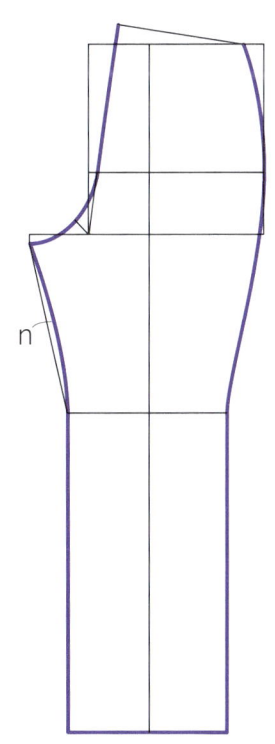

n

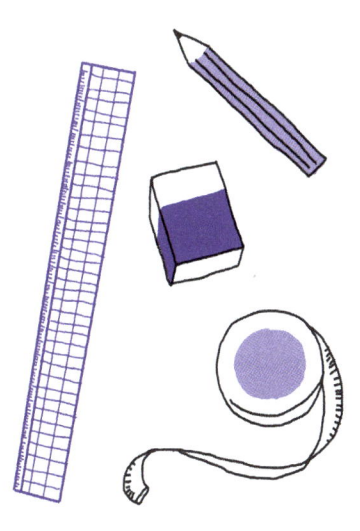

기초 편

직선, 직각을 기준으로 한 제도 방법

바지

문화식
원형 제도법

여기서는 문화식 원형을 그리는 방법에 대하여 설명합니다. 자신의 치수가 바뀌지 않는 한 몇 번이든 반복 사용할 수 있으므로 정확하게 그리세요. 원형을 다 그리면 두껍고 튼튼한 종이에 베껴 둡니다. B(가슴둘레 치수)에 자신의 치수를 적용해서 계산한 수치로 그립니다. 숫자는 규정 치수입니다.

1. 몸판 원형 그리기

① 세로 측에는 등길이, 가로 측에는 $\frac{가슴둘레}{2}$에 여유분 5cm를 더한 치수로 장방형을 그립니다. 왼쪽 세로선이 뒤 중심선, 오른쪽 세로선이 앞 중심선이 됩니다.

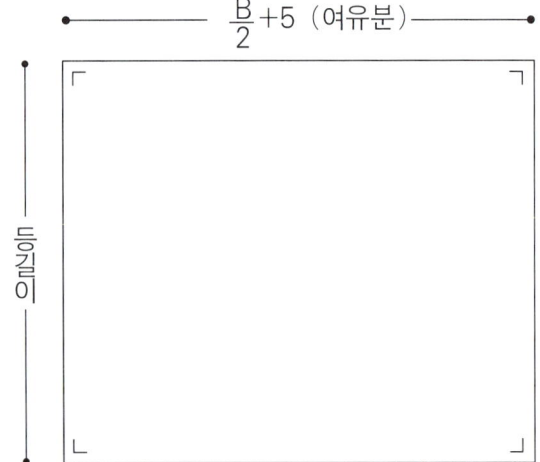

② 맨 위에 있는 선에서 $\frac{가슴둘레}{6}$에 7cm를 더한 치수만큼의 위치를 기준으로 평행하게 가로로 선을 그립니다. 이것이 가슴둘레선이 됩니다.

③ ②에서 그린 선을 이등분 하여 중심점에서 직각으로 맨 아래쪽 선까지 선을 그어줍니다.

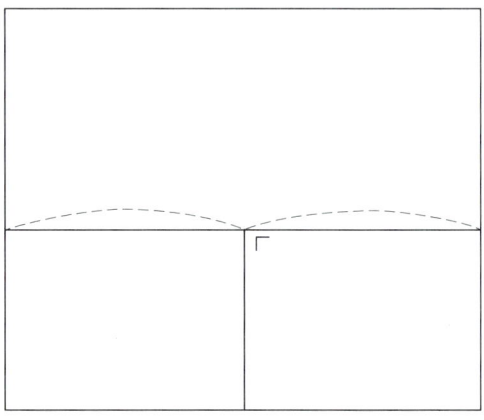

④ 왼쪽 세로선에서 $\frac{가슴둘레}{6}$에 4.5cm를 더한 치수만큼의 위치에서 직각이 되도록 맨 위의 가로선까지 선을 그려 연결합니다. 마찬가지로 오른쪽 세로선에서 $\frac{가슴둘레}{6}$에 3cm를 더한 치수만큼의 위치에서 위쪽으로 선을 그려주세요.

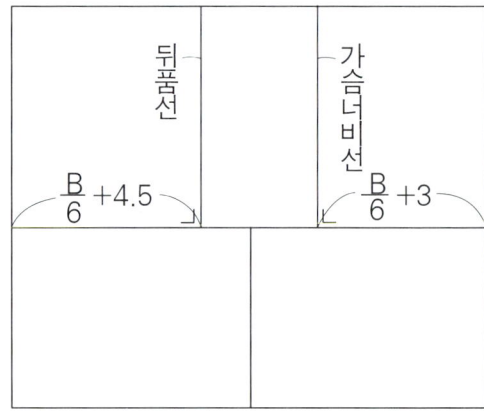

⑤ 뒤 목둘레선과 뒤 어깨선을 그리기 위한 안내선(제도를 쉽게 그리기 위한 선)을 그림과 같이 그립니다.

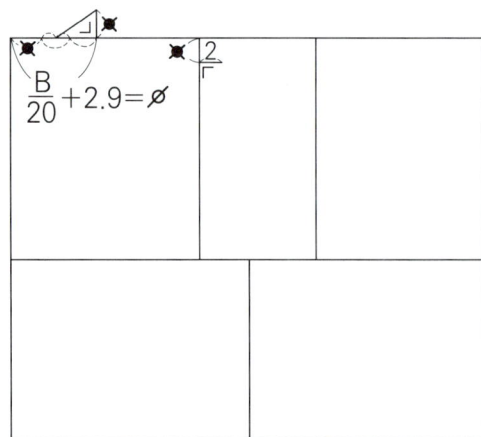

⑥ 앞 목둘레선과 앞 어깨선을 그리기 위한 안내선을 뒤판과 마찬가지로 그립니다.

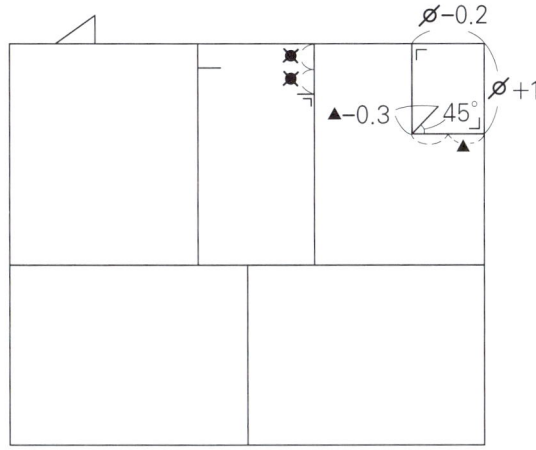

⑦ 안내선을 따라 뒤 어깨선을 그립니다.
⑧ 뒤 어깨선 치수를 측정합니다.
⑨ 뒤 어깨선에서 1.8cm를 뺀 길이로 앞 어깨선을 그립니다.

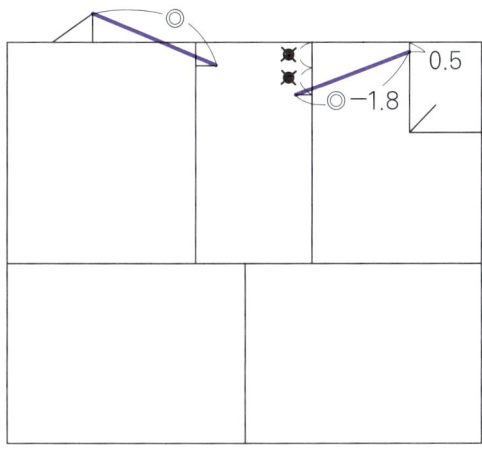

⑩ 안내선을 따라 뒤 목둘레선, 앞 목둘레선을 곡선으로 그립니다.

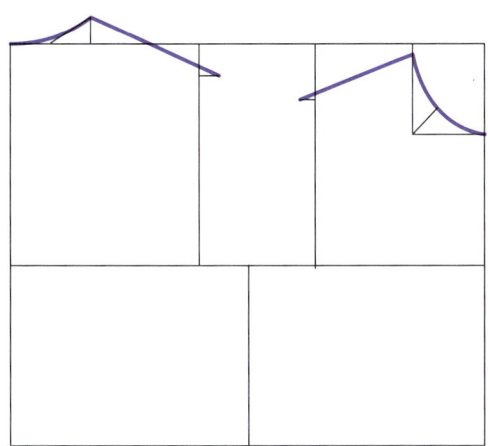

⑪ 진동둘레선을 그리기 위한 안내선을 그립니다.

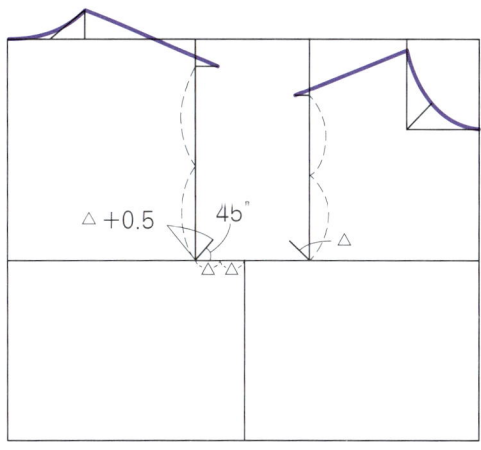

⑫ 진동둘레선을 곡선으로 그립니다.

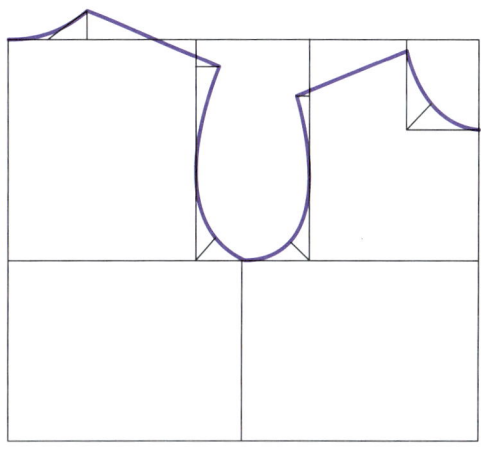

⑬ 유두점(BP) 위치를 정하고 앞 처짐 분량을 그립니다.
⑭ 맨 아래 선의 중심점에서 뒤판 쪽으로 2cm 위치에서 가슴둘레선 중심까지를 사선으로 연결합니다. 이 선이 옆솔기선이 됩니다.
⑮ 앞 밑단선을 그리면 원형이 완성됩니다.

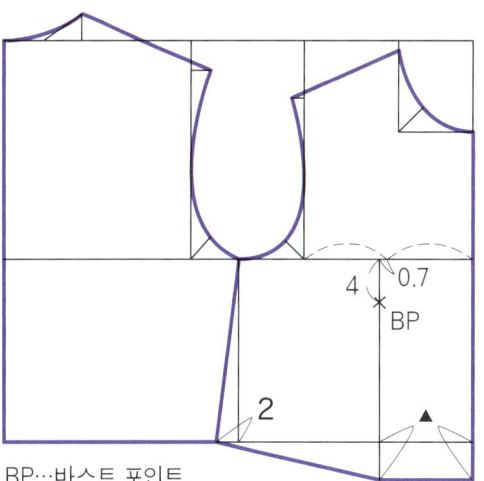

BP…바스트 포인트

⑯ 다른 종이에 앞판과 뒤판을 따로따로 베끼면 완성입니다.

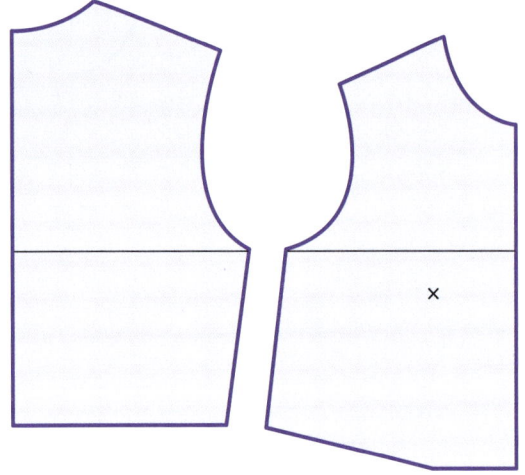

각 부분의 명칭

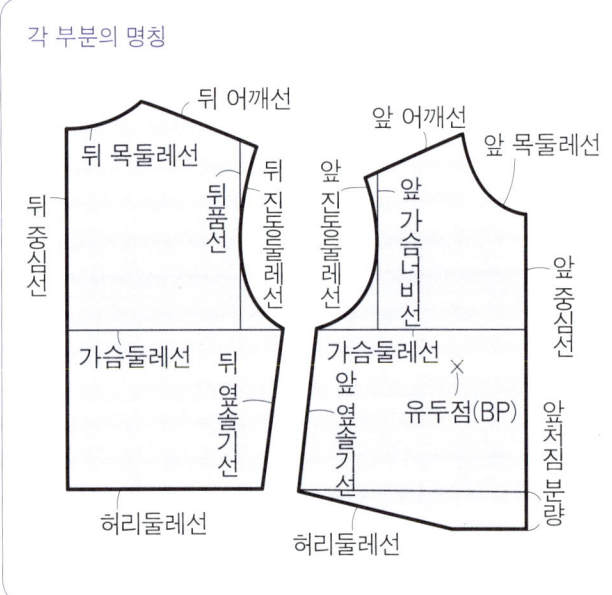

2. 소매 원형 그리기

① A점~B점, B점~C점의 치수를 줄자를 세워서 측정합니다. A점~B점의 치수를 뒤 진동둘레 치수(뒤 AH), B점~C점의 치수를 앞 진동둘레 치수(앞 AH)라고 합니다.

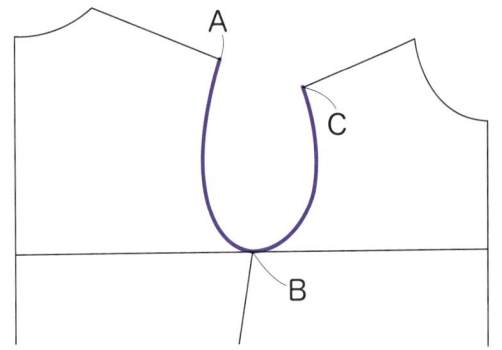

② 세로 측에 소매길이만큼 선을 그립니다.

③ 소매산 치수를 계산하여 꼭짓점에서 그 치수만큼의 위치에 표시합니다.

④ ③에서 표시한 점을 기준으로 직각이 되도록 좌우로 가로선을 그립니다.

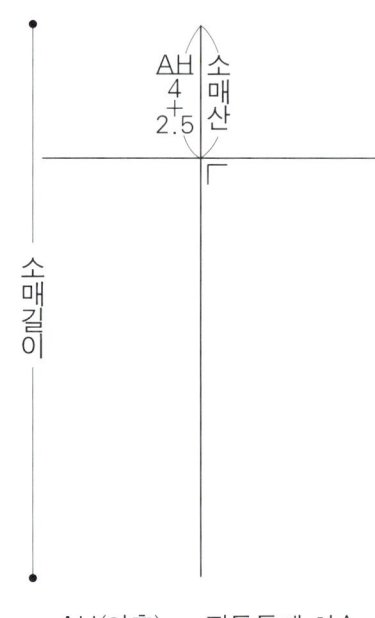

AH(암홀) ··· 진동둘레 치수

⑤ 꼭짓점에서 ④의 선을 향해 오른쪽에 앞 진동둘레 치수를, 왼쪽에 뒤 진동둘레 치수+1cm(홈질줄임 분량)를 측정해 사선으로 그립니다. 이로써 소매너비가 정해집니다.

※ 손은 앞쪽으로 움직이는 동작이 많으므로 뒤판이 앞판보다 홈질줄임(easing) 분량이 더 필요합니다.

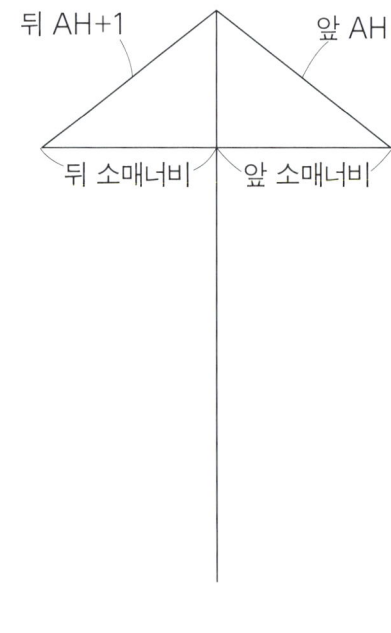

⑥ ⑤의 교점에서 수직으로 선을 그립니다.
⑦ 소매길이 선과의 교점을 구해 장방형을 그립니다.
⑧ 팔꿈치선(EL)을 그립니다.

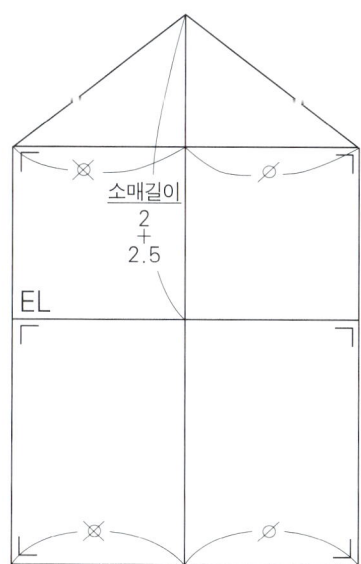

EL(엘보라인) ··· 팔꿈치선

⑨ ⑤에서 그린 선을 각각 지정대로 등분하여 소매산의 안내선을 그립니다.
⑩ 소맷부리선(맨 아래쪽 가로선)도 등분하여 안내선을 그립니다.

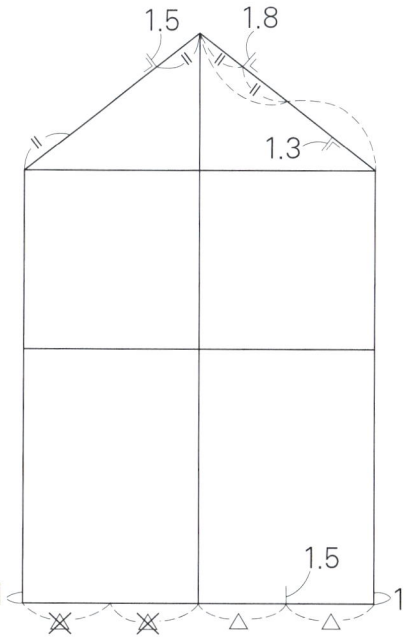

⑪ 안내선을 따라 곡선으로 소매산선과 소맷부리선을 그리고, 소매 아랫선도 다시 그립니다. 이로써 소매 원형이 완성됩니다.

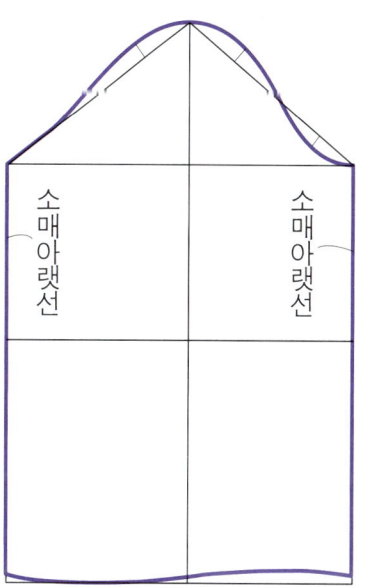

각 부분의 명칭

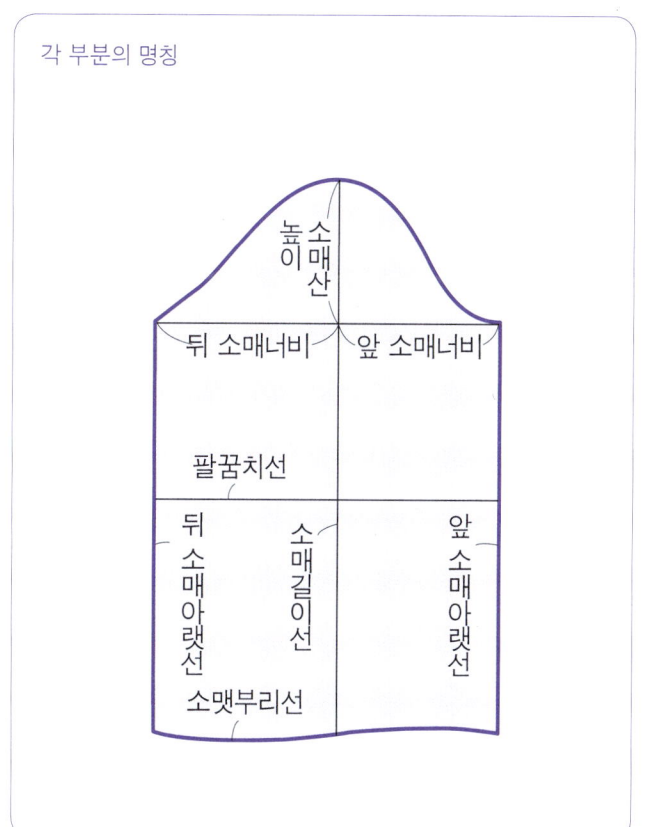

문화식 제도법

블라우스

1. 뒤판 제도

① 뒤판 원형을 패턴 종이에 베낍니다.

② a 치수만큼 뒤 중심선을 연장한 후 그 위치에서 직각으로 선을 그립니다. 그 선이 안내선이 됩니다.

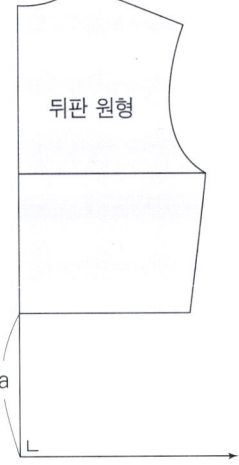

뒤판 원형

③ 가슴둘레선을 b 치수만큼 연장하여 거기서 수직으로 선을 그립니다.

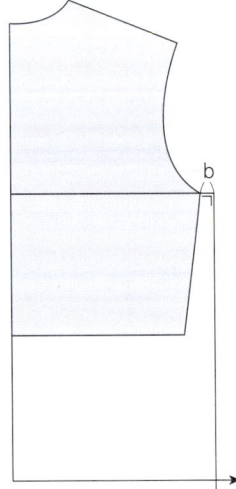

④ c, d 치수만큼 목둘레선을 그립니다. 뒤 중심의 완성선을 그립니다.

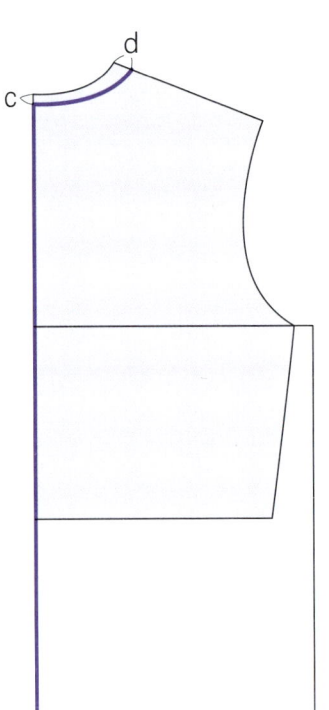

⑤ 어깨선을 그립니다. 어깨 끝에서 위쪽으로 e 치수만큼 측정해 표시하고 목둘레선 끝과 연결합니다.

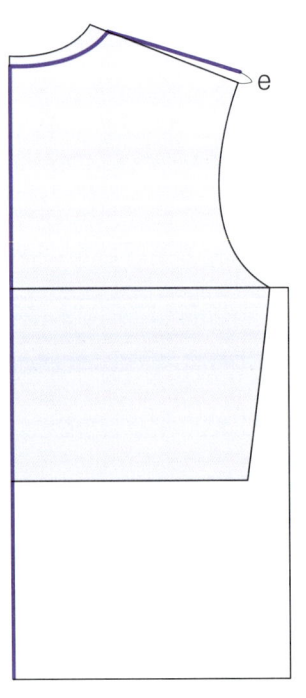

⑥ ③에서 그린 선의 f 치수만큼의 위치에서부터 어깨 끝까지를 곡선으로 연결합니다. 진동둘레선이 됩니다.

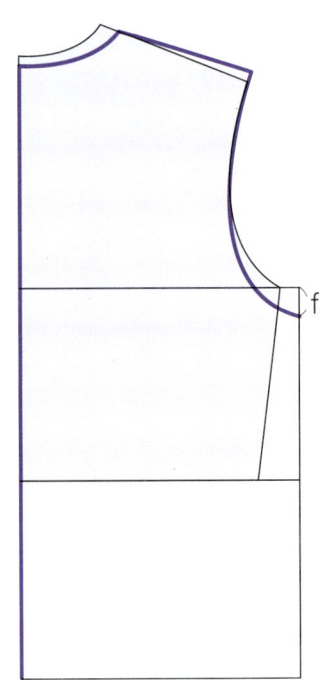

⑦ 허리둘레선과 밑단선에서 g, h 치수만큼 들어간 위치를 기준으로 옆솔기선의 안내선을 그립니다. 밑단선이 직선인 경우는 이 선이 완성선이 됩니다.

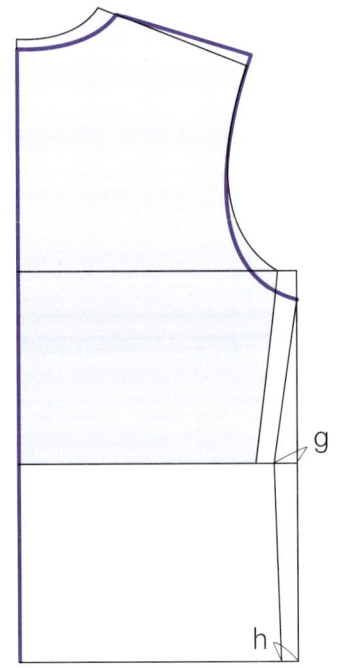

※a, b, c...의 알파벳은 숫자 대신 사용했습니다. 만들려는 작품에 따라 각각에 치수를 적용해 주세요.

⑧ 밑단선을 그리기 위한 안내선을 그립니다.

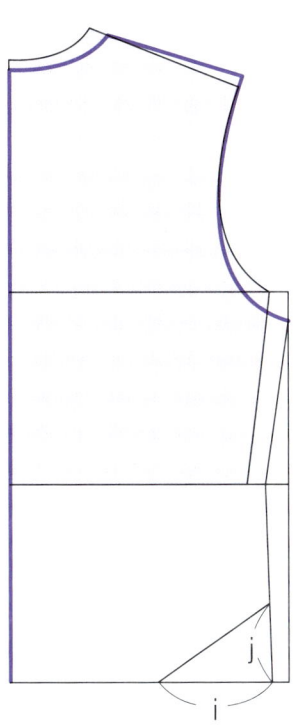

⑨ ⑧의 안내선에서 k 치수를 측정해 표시하고 그 위치에 맞춰 곡선을 그립니다. 밑단선과 옆솔기선을 다시 그려줍니다.

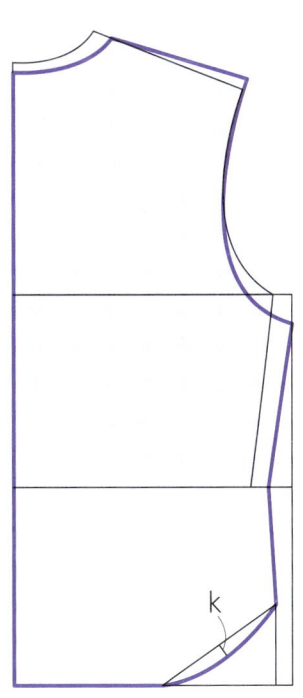

⑩ 지정 치수대로 다트를 그립니다. 뒤판 완성선입니다. 이때 옆솔기선 치수와 뒤 AH 치수를 측정해 둡니다.

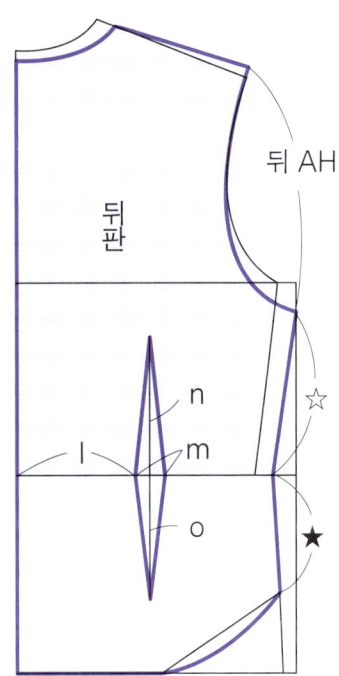

2. 앞판 제도

① 앞판 원형을 패턴 종이에 베낍니다.
② 앞 중심선을 a 치수만큼 연장하여 직각이 되도록 가로선을 그립니다.

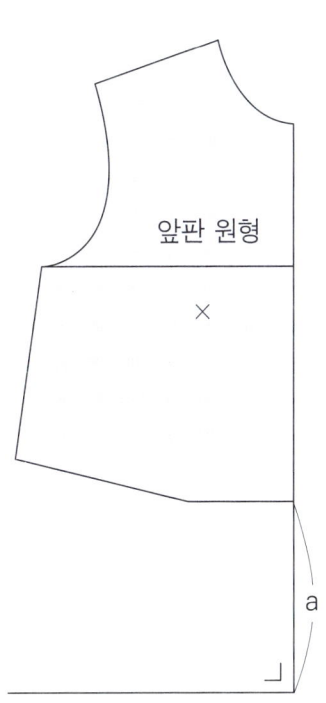

③ 가슴둘레선을 b 치수만큼 연장한 후 거기서 수직으로 선을 그립니다. 앞 중심선에서 c 치수만큼의 위치에 평행하게 세로선을 그립니다.

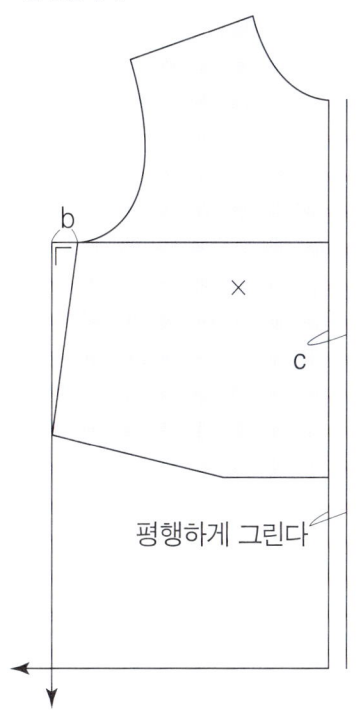

④ d, e 치수를 재어 목둘레선을 그립니다. 앞단선의 완성선도 그립니다.

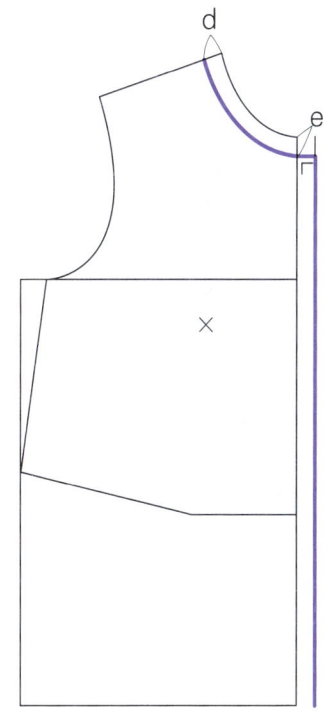

⑤ 어깨선을 그립니다. 어깨 끝에서 위쪽으로 f 치수만큼 올라간 위치에서 g 치수만큼을 연장하여 목둘레선 끝과 연결합니다.

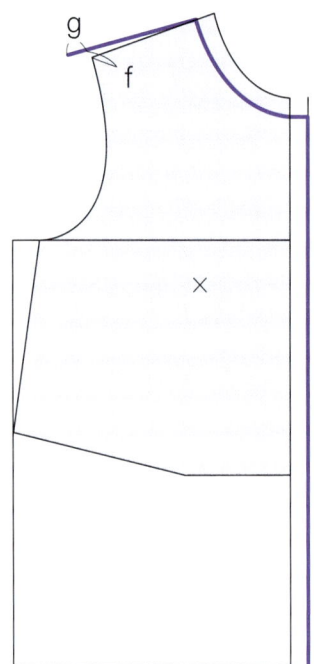

⑥ ③에서 그린 수직선에 h 치수만큼 내려온 위치에서 어깨 끝까지를 곡선으로 연결합니다. 진동둘레선이 됩니다.

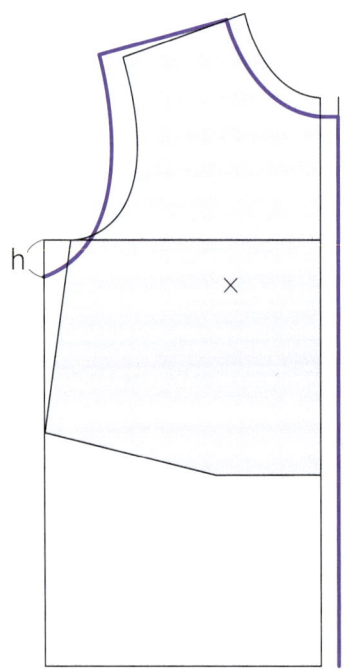

⑦ 옆솔기선에 49쪽 ⑩에서 측정해 두었던 뒤판 옆솔기선 치수와 같은 치수를 재어 수평을 유지하면서 i 치수만큼 위치를 표시해 둡니다.

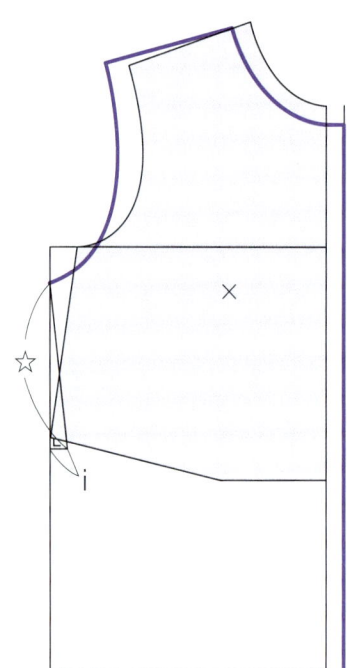

⑧ 밑단선에서 j 치수를 재어 표시하고 ⑦에서 표시해 둔 위치와 연결하여 옆솔기선의 안내선을 그립니다.

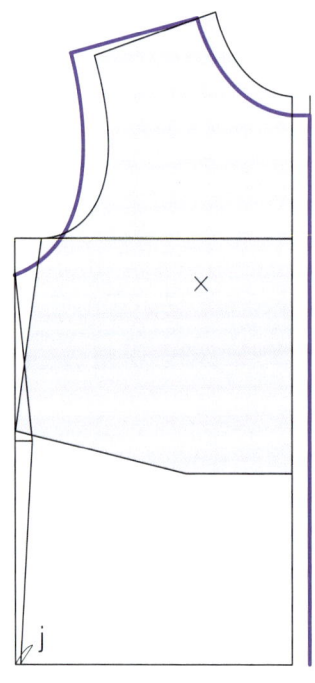

⑨ 옆솔기선 안내선에 뒤판 옆솔기선과 같은 치수를 측정해 표시한 점과 밑단선에 k 치수를 측정해 표시한 점을 연결합니다.

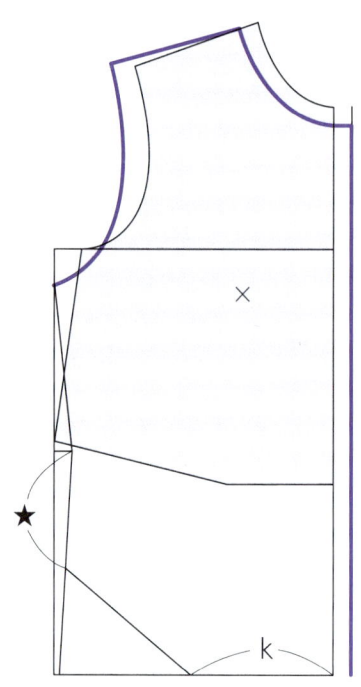

⑩ ⑨의 안내선에서 m 치수를 측정해 표시한 위치를 따라 곡선을 그립니다. 옆솔기선과 밑단선을 다시 그립니다.

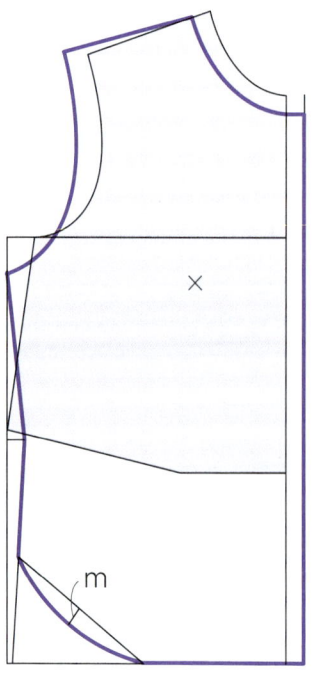

⑪ 원형의 허리둘레선을 연장해 지정 치수대로 다트를 그리고, 단추 달 위치를 그립니다. 이때 앞 AH의 치수를 측정해 둡니다.

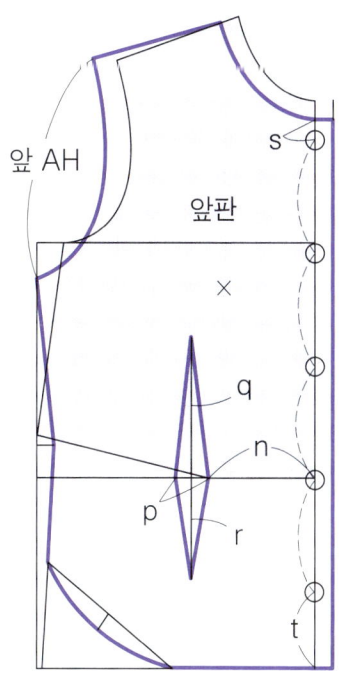

3. 소매 제도

① 소매의 원형을 패턴 종이에 베낍니다. 이 경우는 반소매이므로 팔꿈치선(EL)까지 그려주세요. 긴 소매의 경우는 전부 베낍니다.

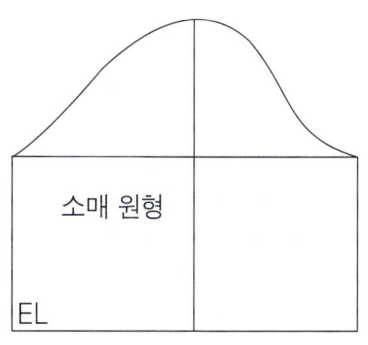

② 소매산선과 소매너비선을 연장합니다.

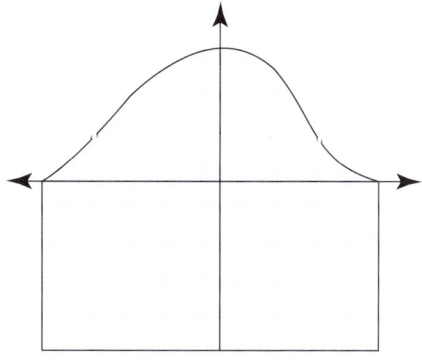

③ 소매산에서 a 치수만큼 위쪽에 표시합니다. 이 점에서 소매너비선 쪽으로 앞 AH, 뒤 AH를 각각 측정해 사선으로 연결합니다.

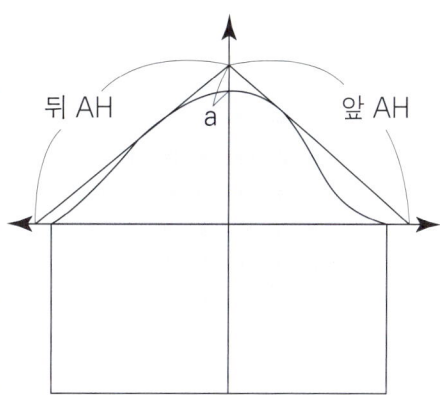

④ 사선을 등분하여 소매산선을 그리기 위한 안내선을 그립니다.

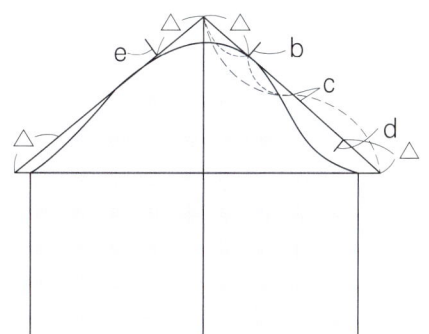

⑤ 안내선을 따라 소매산선을 그립니다.

⑥ 소매 아래에 f 치수를 재어 소매너비선과 평행이 되도록 선을 그립니다. 이것이 소맷부리선입니다.

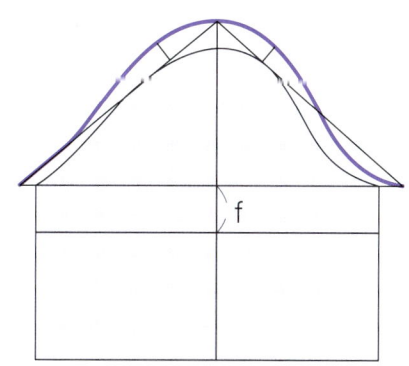

⑦ 소맷부리선에 g, h 치수만큼을 표시한 후 소매 아랫선과 소맷부리선을 다시 그립니다.

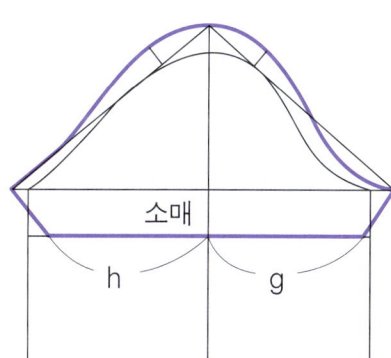

원피스

1. 뒤판 제도

① 뒤판의 원형을 패턴 종이에 베낍니다.

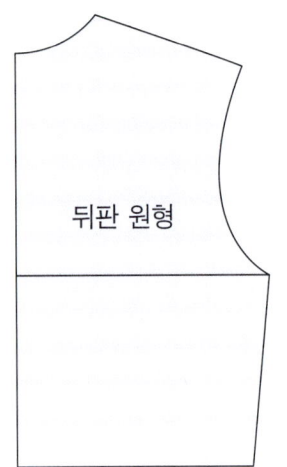

② 가슴둘레선을 a 치수만큼 연장하고 허리둘레선과 연결하여 그림과 같이 장방형을 그립니다.

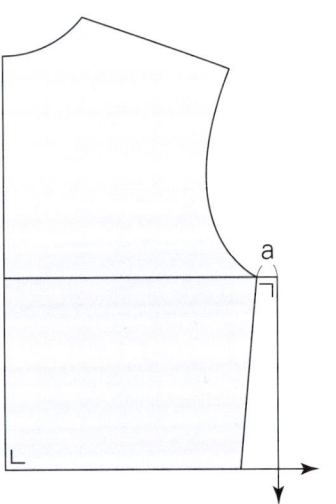

③ 지정 치수대로 각각을 표시하여 목둘레선, 어깨선, 진동둘레선을 그려줍니다.

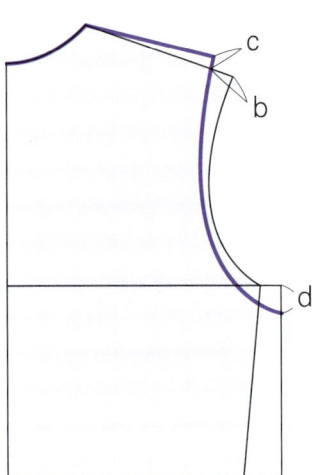

④ 허리둘레선에 e 치수를 측정해 표시한 후 옆솔기선, 허리둘레선, 뒤 중심선을 다시 그립니다.

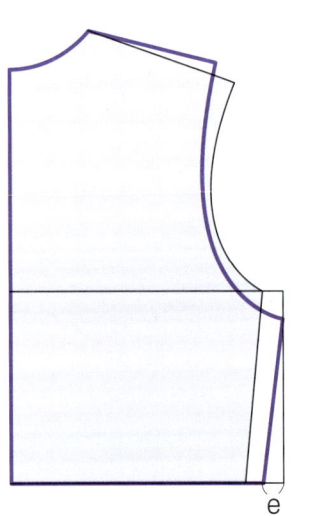

⑤ 뒤 중심선을 연장합니다.

⑥ ⑤의 선에 직각이 되도록 허리둘레선과 같은 치수의 가로선을 그립니다.

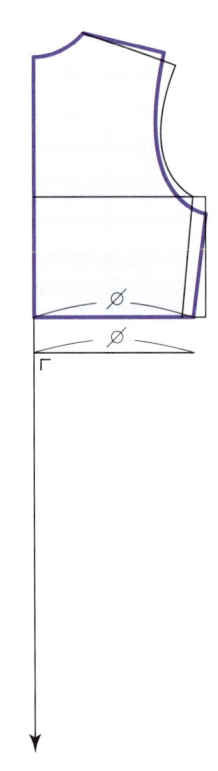

※a, b, c...의 알파벳은 숫자 대신 사용했습니다. 만들려는 작품에 따라 각각에 치수를 적용해 주세요.

⑦ 세로선에 치마길이를 측정해 표시합니다.

⑧ f, g 치수를 측정해 표시하여 곡선으로 허리둘레선을 다시 그리고, 다시 한 번 뒤판 허리둘레선과 같은 치수를 측정합니다.

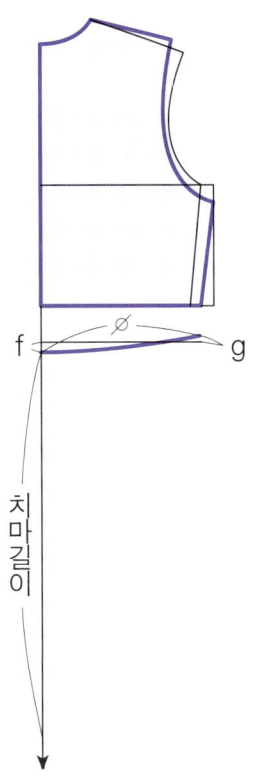

⑨ 치마길이 끝에서 직각이 되도록 밑단선을 그리고, 허리둘레선 끝에서 수직으로 선을 그어 장방형을 그립니다.

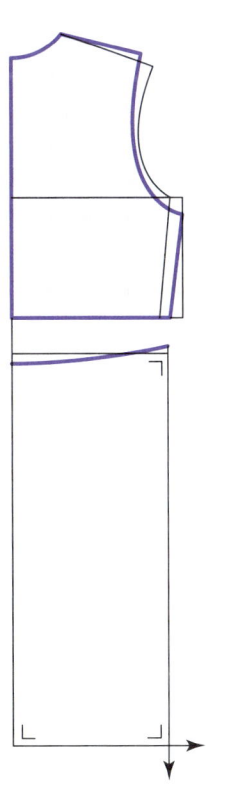

⑩ 치마 밑단선을 h, i 치수만큼 각각 연장하여 치마 뒤 중심선과, 치마 옆솔기선을 그려줍니다. 뒤 중심선, 옆솔기선과 직각이 되도록 곡선으로 밑단선을 그립니다. 뒤판의 옆솔기선과 뒤 AH의 치수를 측정해 둡니다.

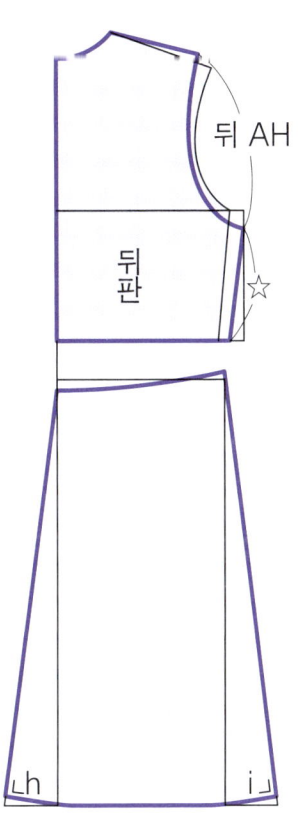

2. 앞판 제도

① 앞판의 원형을 패턴 종이에 베낍니다.

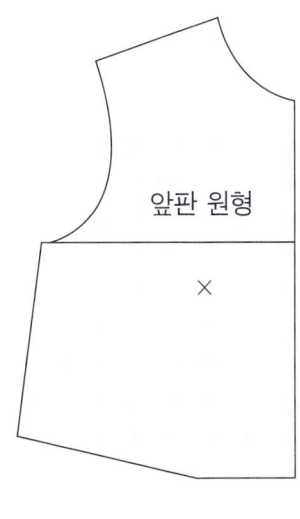

② 가슴둘레선을 a 치수만큼 연장하여 그림과 같이 장방형을 그립니다.

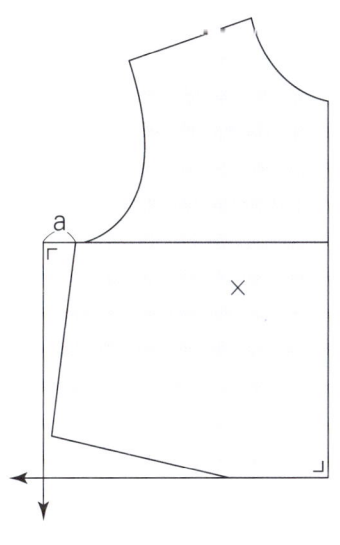

③ 지정 치수대로 목둘레선, 어깨선, 진동둘레선, 앞 중심선을 그립니다.

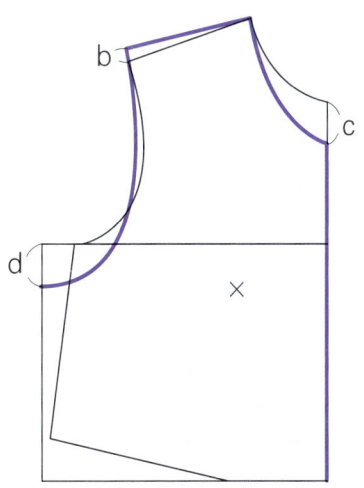

④ 허리둘레선에서 e 치수를 측정해 표시한 후 옆솔기선, 허리둘레선을 다시 그립니다.

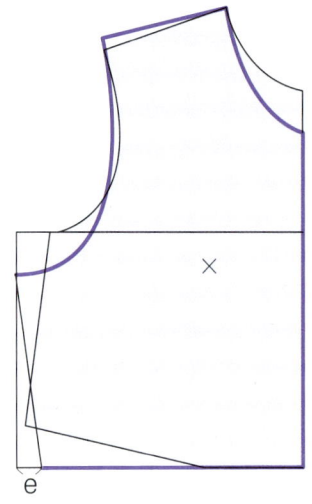

⑤ 앞판 옆솔기선 치수에서 뒤판 옆솔기선 치수를 뺀 차이를 다트 분량으로 삼아 옆솔기선에 다트를 그립니다.

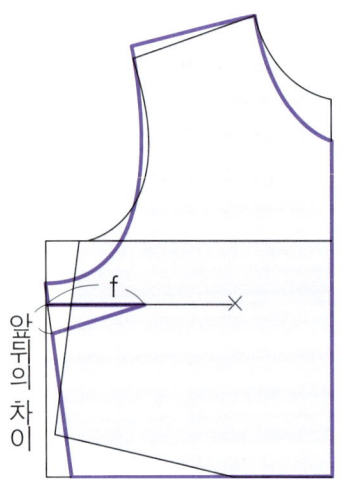

⑥ 앞 중심선을 연장합니다.

⑦ 앞 중심선에 직각으로 허리둘레선과 같은 치수의 가로선을 그립니다.

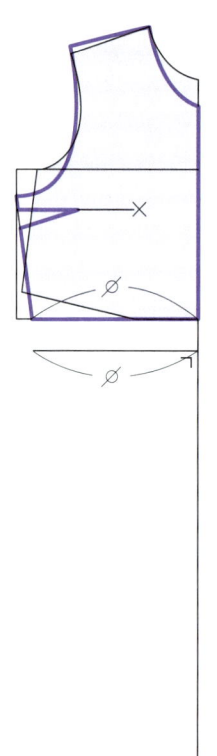

⑧ 허리둘레선 끝에서 g 치수를 측정해 표시한 위치에서 허리둘레선을 다시 곡선으로 그려줍니다.

⑨ 세로선에 치마길이를 측정해 표시합니다.

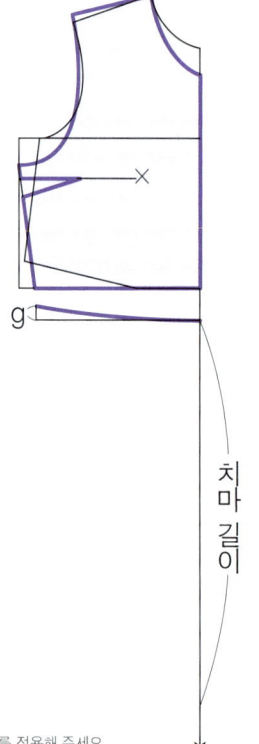

⑩ 치마길이 끝에서 직각으로 밑단선을 긋고, 허리둘레선 끝에서 수직으로 선을 그어 장방형을 그립니다.

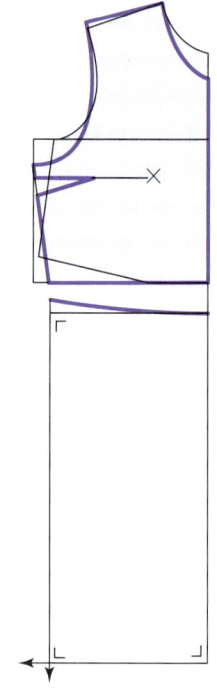

⑪ 치마 밑단선을 h, i 치수만큼 각각 연장하여 치마 앞 중심선과 옆솔기선을 그려줍니다. 앞 중심선, 옆솔기선과 직각이 되도록 곡선으로 밑단선을 그립니다.

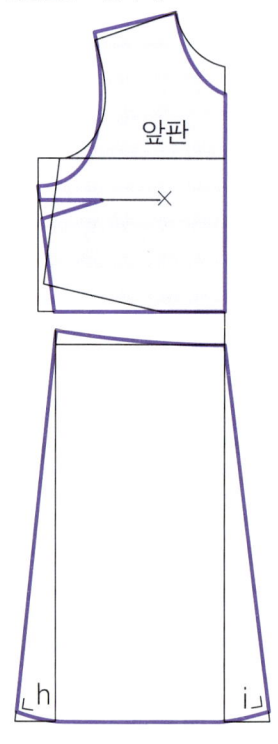

※ 소매 제도는 51쪽의 블라우스 소매와 같은 순서로 그립니다.

바지

1. 앞판 제도

① 세로에 밑위길이, 가로에는 $\frac{엉덩이\ 치수}{4}$에 여유분을 더한 치수로 선을 그립니다.

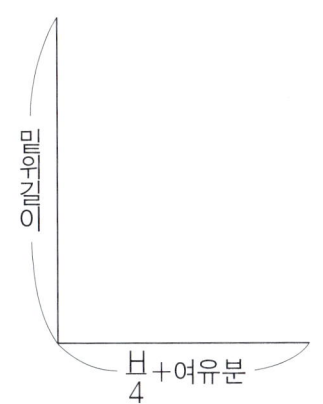

② 선을 더 그어 장방형을 그립니다. 위쪽 선에서 세로선에 엉덩이길이를 측정해 표시한 위치에서 가로로 선을 그어주면 이것이 엉덩이둘레선이 됩니다.

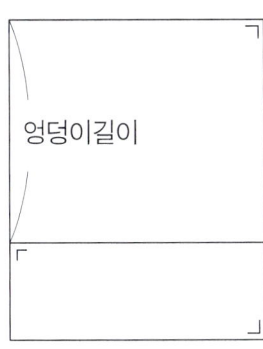

③ 맨 아래 가로선을 오른쪽으로 a 치수만큼 연장합니다.

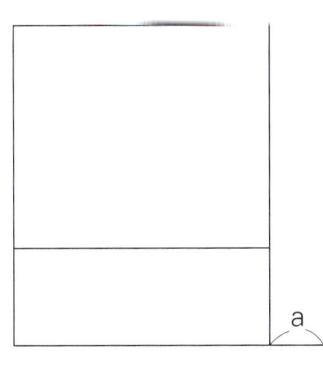

④ 맨 아래 가로선을 등분하여 지정 위치를 기준으로 세로선을 그어주면 중심선(바지주름)이 됩니다.

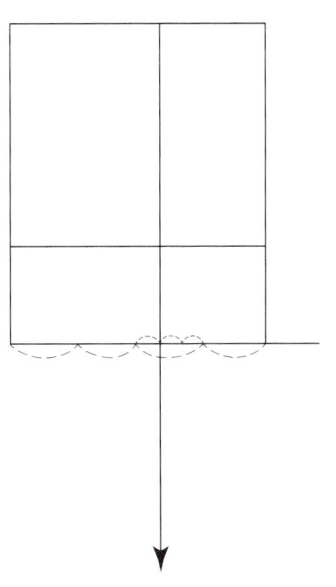

⑤ ③의 선에서 45° 각도로 b 치수만큼을 그려 표시합니다.

⑥ 엉덩이둘레선에서 위쪽 선을 향해 안내선을 그립니다.

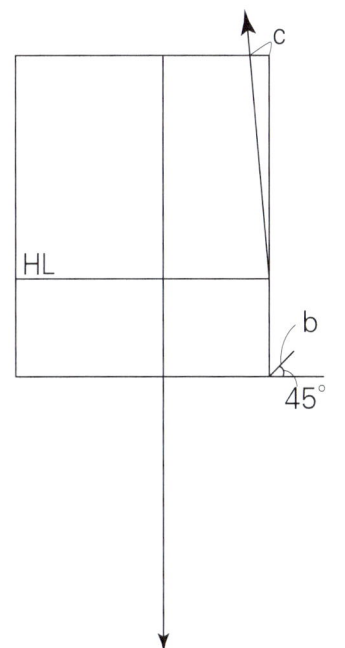

HL…엉덩이둘레선

⑦ 안내선을 따라 가랑이선을 그립니다.

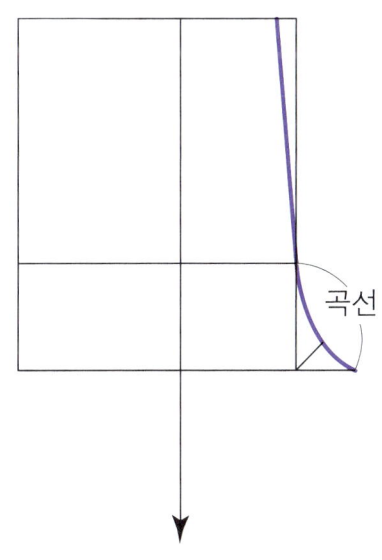

⑧ 가랑이선 끝에서 $\frac{허리치수}{4}$에 다트 분량을 더한 치수로 허리둘레선을 그립니다.

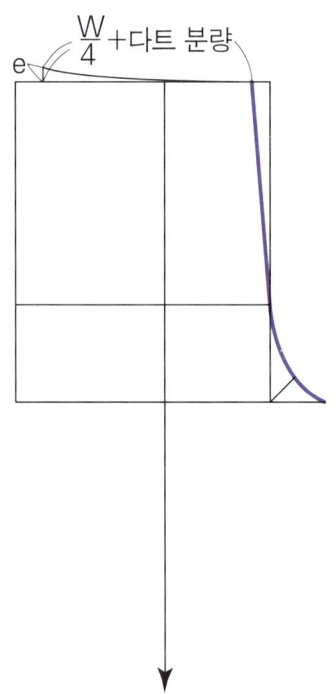

⑨ 허리둘레선 끝에서 엉덩이둘레선 끝까지를 곡선으로 연결해줍니다.

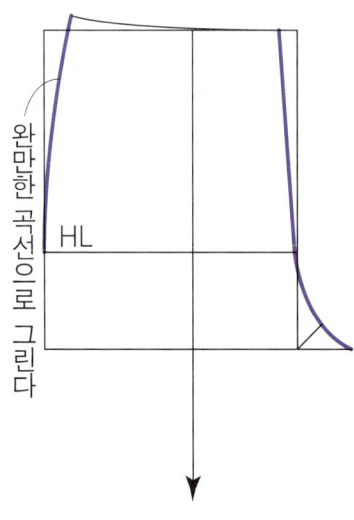

완만한 곡선으로 그린다

HL

⑩ 허리둘레선의 중심선 위치에서 아래로 바지 길이만큼을 그려줍니다. 바지 길이에서 밑위 치수를 뺀 치수가 밑아래 치수가 됩니다.

⑪ 밑아래 치수를 2등분 하고, 이등분한 가운데 점에서 f 치수만큼 위쪽에 표시를 합니다.

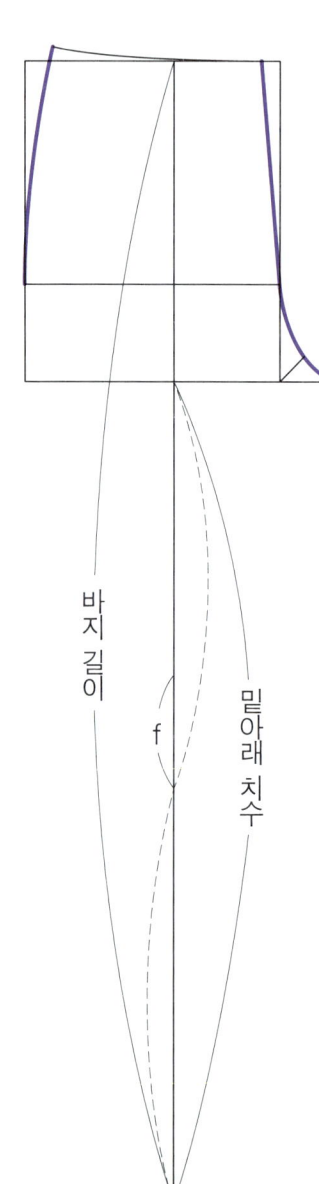

바지 길이

f

밑아래 치수

⑫ ⑪에서 표시한 점에서 지정 치수만큼씩 중심선에 직각이 되도록 선을 그립니다.

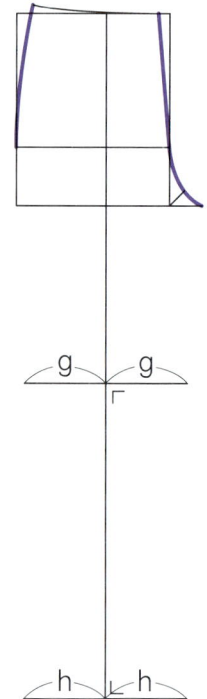

g g

h h

⑬ ⑫의 선을 기준으로 밑아래를 그려주세요. g 치수를 재어 그린 선에서 아래쪽은 직선으로 연결하고 위쪽은 완만한 곡선으로 연결합니다. 그 후 다트를 그려주면 바지 앞판이 완성됩니다.

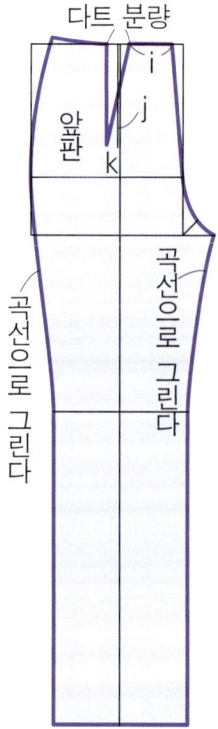

다트 분량

앞판

i
j
k

곡선으로 그린다

곡선으로 그린다

2. 뒤판 제도

① 앞판 제도를 패턴 종이에 베낍니다.

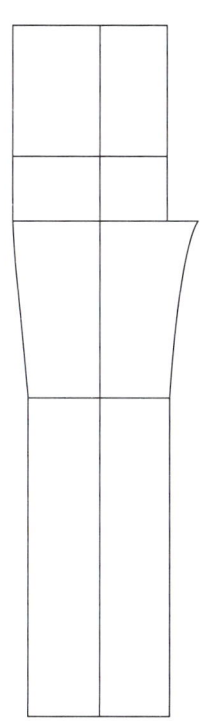

② 위에서 세 번째 가로선을 a 치수만큼 연장하여 안내선을 그립니다.

③ 허리둘레선에서 d 치수만큼을 측정해 표시한 후 A점에서 허리둘레선에 표시한 위치까지 직선으로 연결해줍니다.

④ b, c 치수만큼씩 각각 안내선을 그립니다.

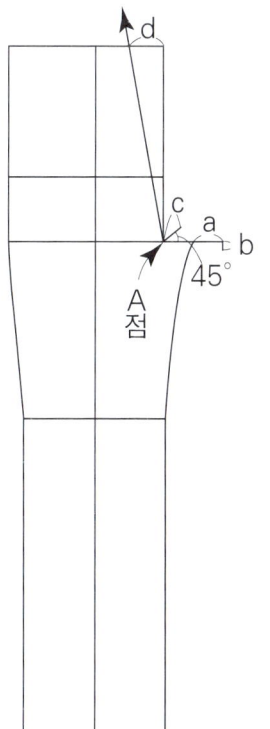

⑤ ②의 안내선을 따라 가랑이선을 그립니다. 엉덩이둘레에서 위쪽은 직선으로 그립니다.

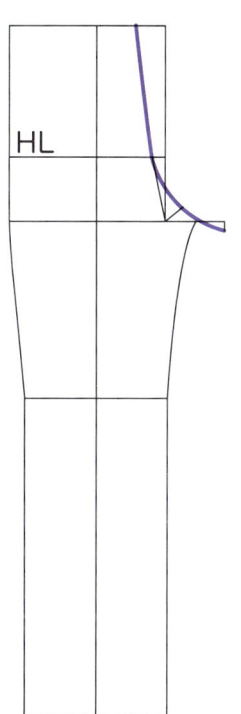

⑥ ⑤의 선을 e 치수만큼 더 연장해서 그린 후 그 위치에서 그림과 같이 허리둘레선을 그립니다.

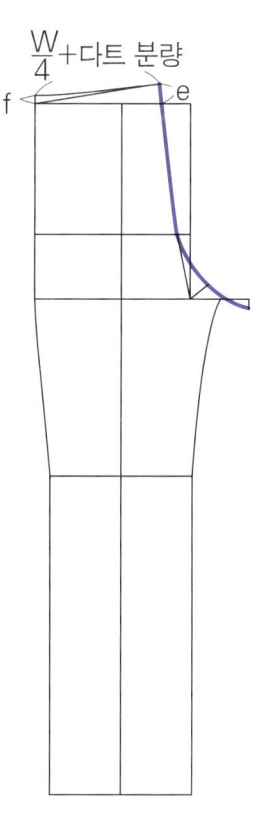

⑦ 가랑이선을 그리면서 부족해진 엉덩이 치수를 옆솔기선 쪽에 보충하여 허리둘레선과 곡선으로 연결해줍니다.

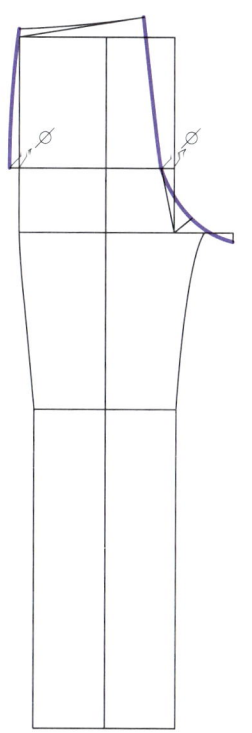

⑧ 지정 치수를 재어 밑아래를 그려주세요. 그후 다트를 그리면 바지 뒤판이 완성됩니다.

(앞판 제도를 사용하지 않는 경우도 있습니다. 그 경우는 앞판과 같은 순서로 그려 주세요.)

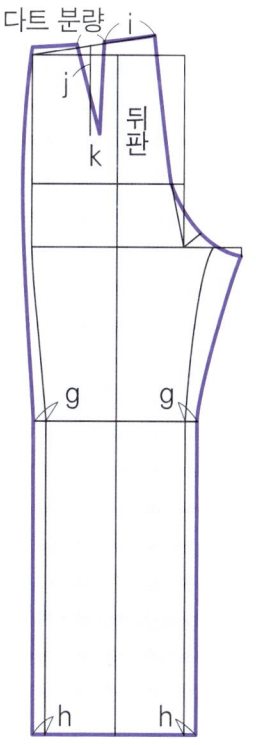

타이트 스커트

치마는 원형을 사용하지 않지만, 문화식
방법이 있으므로 소개합니다.

1. 뒤판 제도

① 세로 측에는 치마길이만큼, 가로 측에는 계
산해서 얻은 치수만큼 선을 그립니다. 이 가
로선이 허리둘레선을 그릴 때의 안내선이 됩
니다.

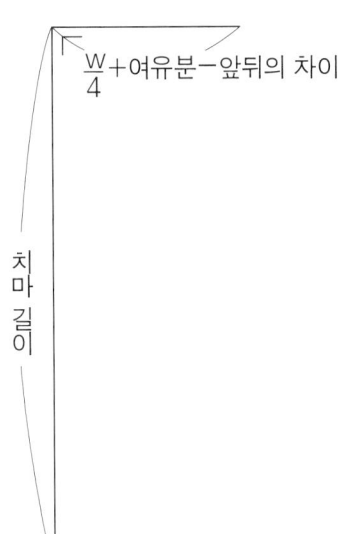

$$\frac{W}{4}+여유분-앞뒤의 차이$$

치마길이

② 세로선에 엉덩이길이만큼을 표시하고 그 위
치에서 가로로 엉덩이둘레선을 그려줍니다.
치수는 계산해서 산출합니다.

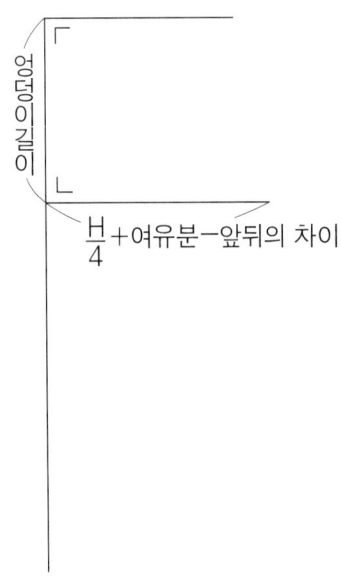

엉덩이길이

$$\frac{H}{4}+여유분-앞뒤의 차이$$

③ 엉덩이둘레선에 수직선을 그려줍니다.

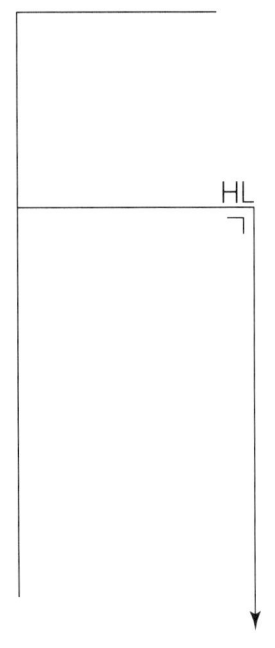

HL

HL…엉덩이둘레선

④ 세로선 하단에서 가로로 선을 그어 ③에서
그린 선과 교차시키면 밑단선의 안내선이 됩
니다.

⑤ 세로선에 a 치수를 표시하고 허리둘레선의
안내선 끝에 b 치수를 재어 표시합니다.

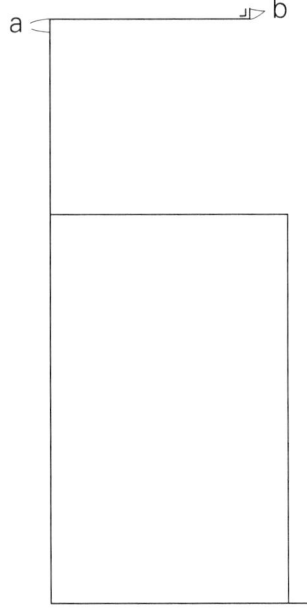

a   b

⑥ 표시에 맞춰 곡선으로 연결해주면 허리둘
레선이 됩니다. 뒤 중심의 완성선을 그려주
세요.

⑦ 밑단선에 c 치수를 측정해 표시한 후 엉덩
이둘레선 끝과 연결합니다.

⑧ 밑단선을 삼등분 하여 $\frac{1}{3}$ 위치와 ⑦에서 그
린 선이 직각이 되도록 밑단선을 그립니다.

⑨ 허리둘레선에서 엉덩이둘레선까지 곡선으
로 선을 그어주고, 그대로 ⑦에서 그린 선
을 따라 그려주면 옆솔기선이 됩니다.

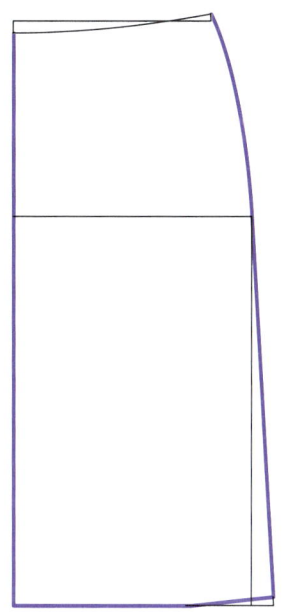

⑩ 지정 치수대로 다트를 그려주면 완성입니
다. 앞판도 마찬가지 순서로 그려주세요.

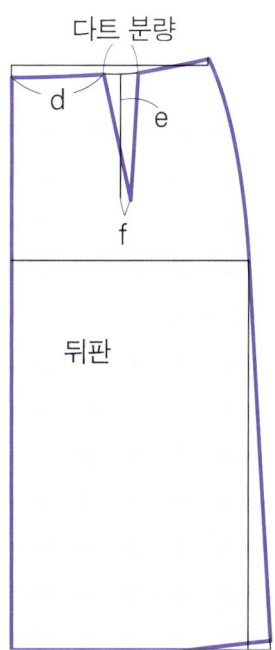

2. 벨트 제도

① 벨트는 완성 치수의 절반 치수로 그립니다.
$\frac{허리치수}{2}$ 로 선을 그려주세요.

② ①에서 그려 놓은 선 양 끝에서 벨트 폭 치
수만큼 수직선을 그어 연결해줍니다.

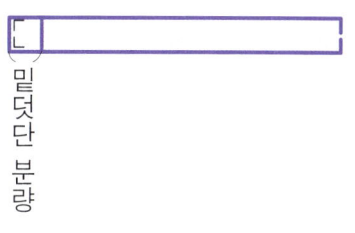

③ ①의 선을 연장하여 밑덧단을 그려줍니다.

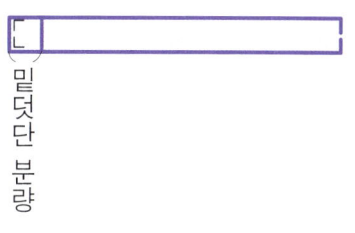

플레어 스커트

① 세로선을 그리고 세로선과 직각이 되도록 가로선을 그립니다. 각각의 선에 같은 치수로 표시한 후 이 점을 선으로 연결해서 이등분 하여 45° 각도로 선을 그립니다.

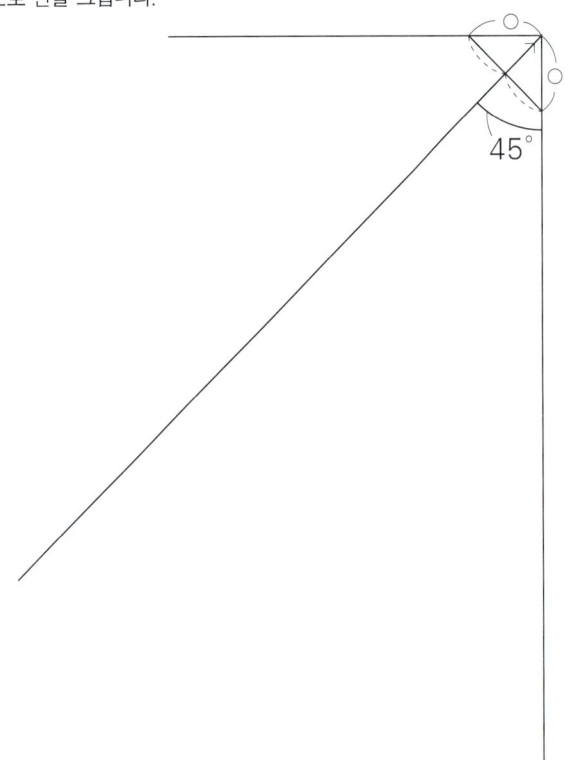

② 세로선과 45° 각도로 그린 선에 $\dfrac{허리치수}{3}$ 와 치마길이를 각각 측정하여 앞 중심선과 옆솔기선을 그립니다.

③ A 점에서 같은 치수가 되도록 각각을 측정해 곡선을 그려주면 허리둘레선과 밑단선이 됩니다.

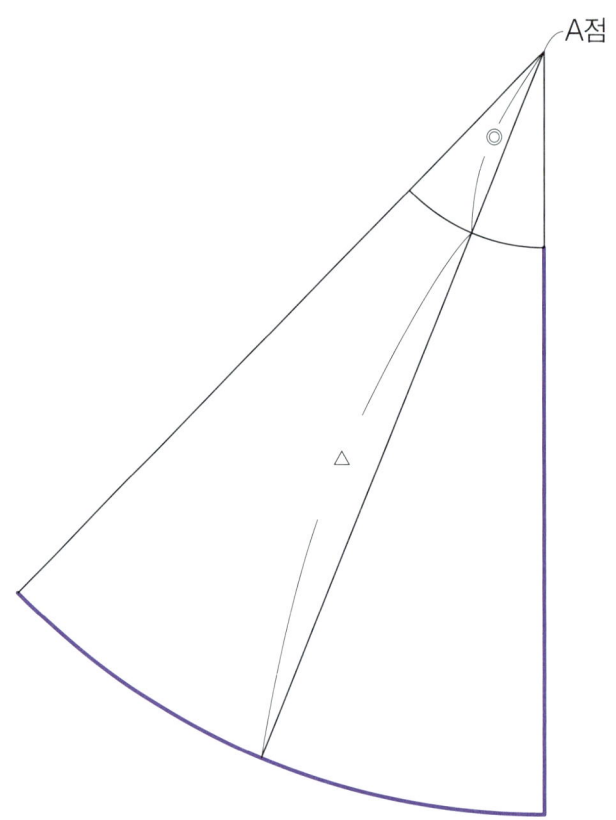

④ 허리둘레선을 $\dfrac{허리치수}{4}$ 로 다시 그리면 완성선이 됩니다.
⑤ 허리둘레선 끝에서 18cm 정도의 위치까지 곡선으로 그려 옆솔기선을 수정합니다.

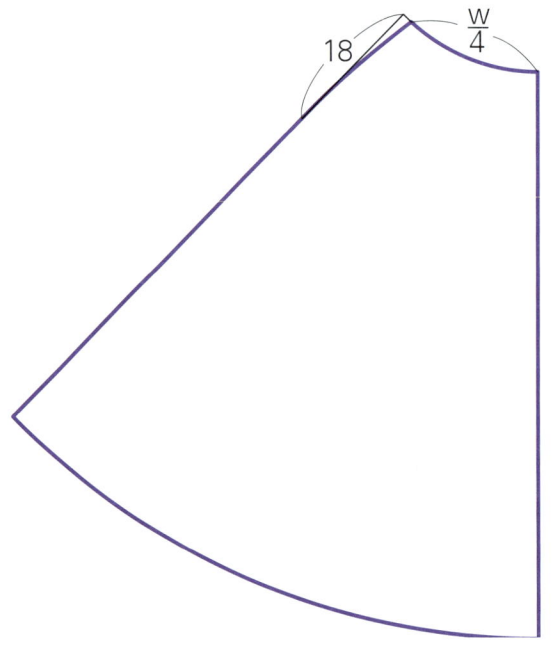

⑥ 그림과 같이 뒤 허리둘레선을 그려줍니다.

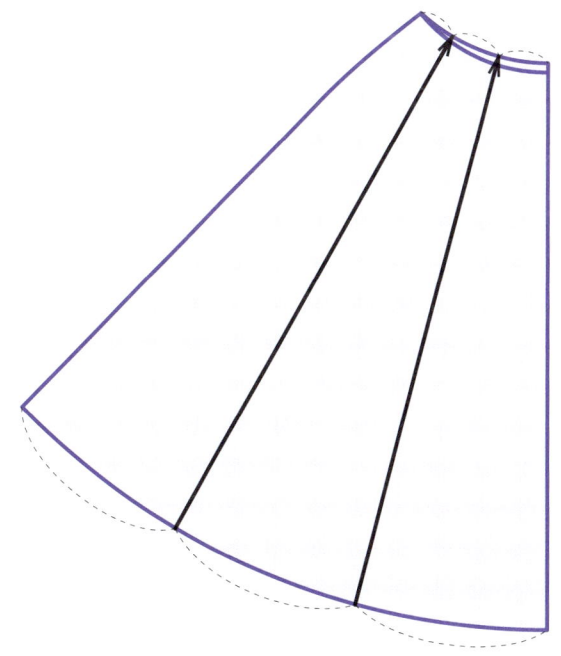

플레어 분량 증감 방법

허리둘레선과 밑단선을 각각 삼등분 하여 절개선을 그립니다.

플레어 분량을 늘리는 경우

A점을 기점으로 밑단을 b 치수만큼 벌려주고 B점을 기점으로 밑단을 b 치수만큼 벌려줍니다.

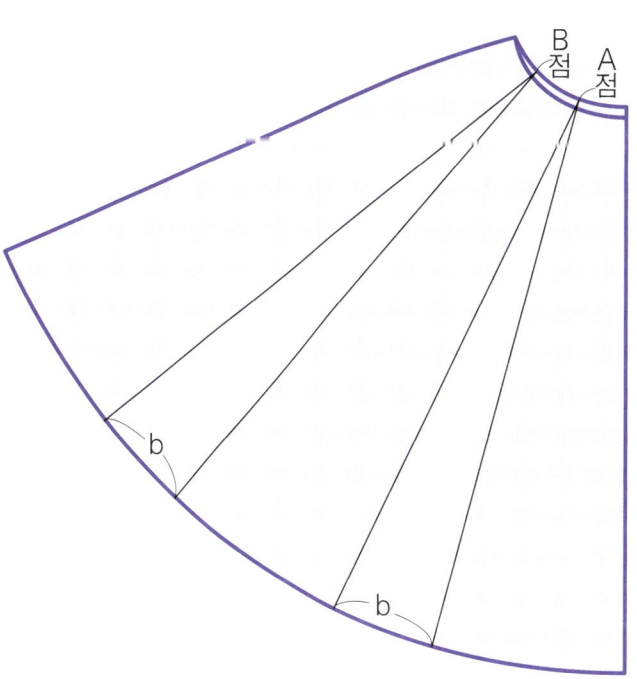

플레어 분량을 줄이는 경우

A점을 기점으로 밑단을 c 치수만큼 겹쳐주고, B점을 기점으로 밑단을 c 치수만큼 겹쳐줍니다.

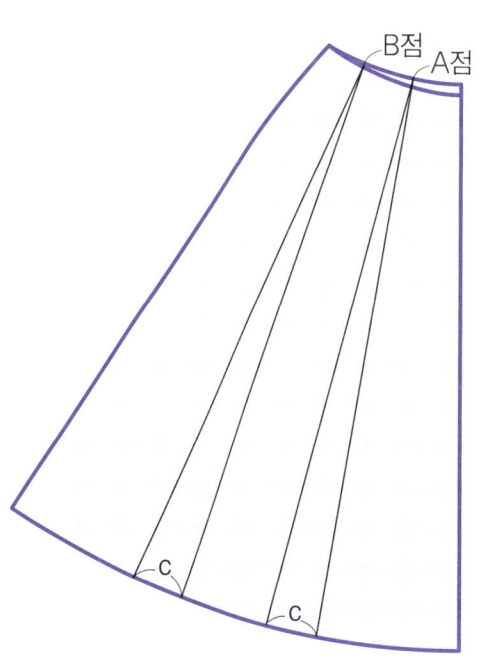

두 장 소매

① 소매 원형을 패턴 종이에 베낍니다. 소매너
비선을 등분합니다.

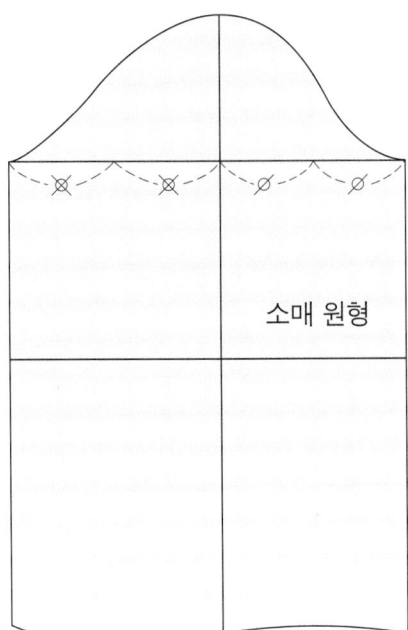

소매 원형

② ①에서 등분한 점을 통과하도록 평행하게
선을 그립니다.

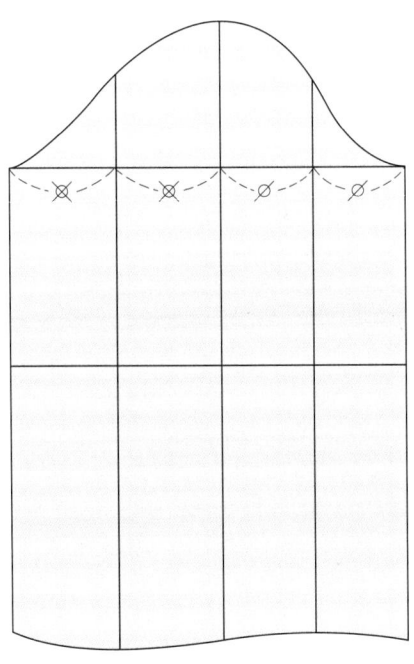

③ EL(엘보라인)에서 a 치수, 소맷부리에서 b
치수만큼을 표시해 안내선을 그립니다.

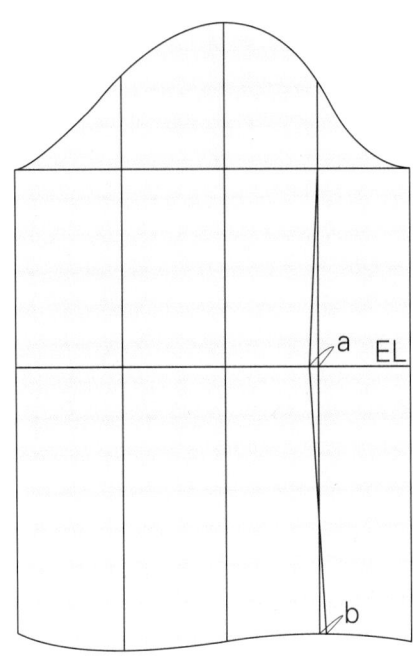

a ── EL

b

EL(엘보라인) ⋯ 팔꿈치선

④ 소맷부리에서 그림과 같이 소맷부리 치수를
재어 표시합니다.

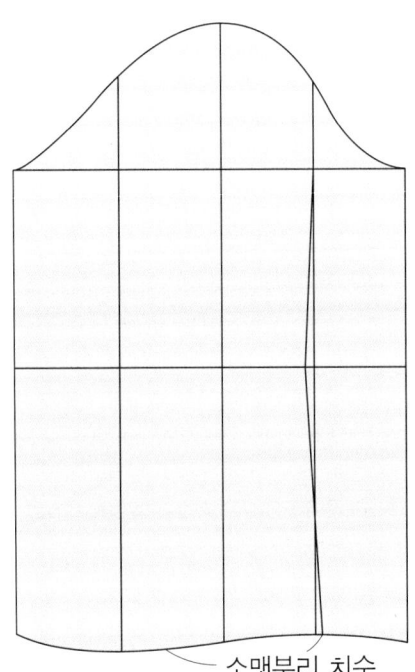

소맷부리 치수

⑤ 뒤판 교점에서 소맷부리선 끝을 연결합니다.

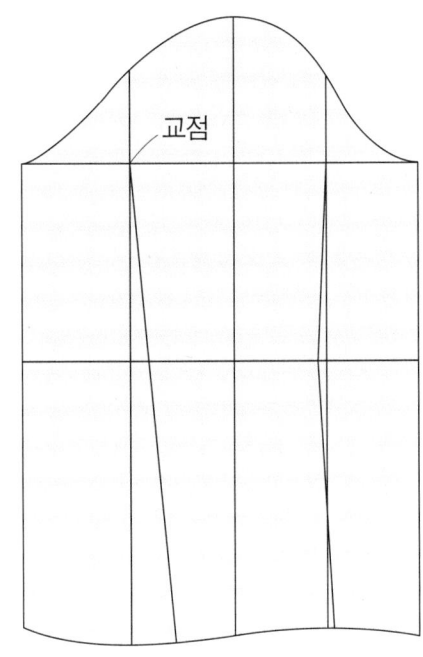

교점

⑥ EL(엘보라인)에서 ⑤에서 그린 선과의 사이
를 이등분 하여 중심선을 지나는 선을 그
립니다.

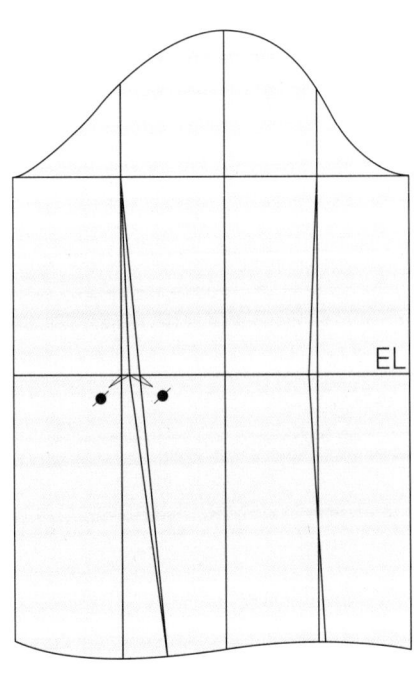

EL

⑦ ②에서 그려 놓은 왼쪽에서 두 번째 선에 맞춰 제도를 접어 뒤 진동둘레선을 베낍니다.

⑧ ②에서 그려 놓은 오른쪽에서 두 번째 선에 맞춰 제도를 접어 앞 진동둘레선을 베낍니다.

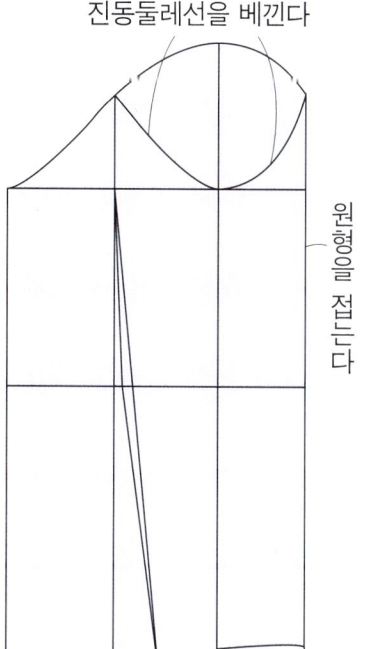

진동둘레선을 베낀다

원형을 접는다

⑨ 이로써 소매의 외형선이 그려졌습니다.

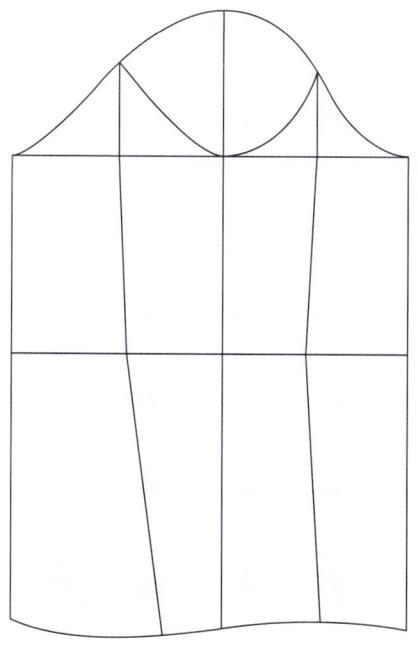

⑩ 지정 치수대로 각각을 표시하여 ③의 선과 평행하게 앞판의 소매 아랫선을 다시 그립니다.

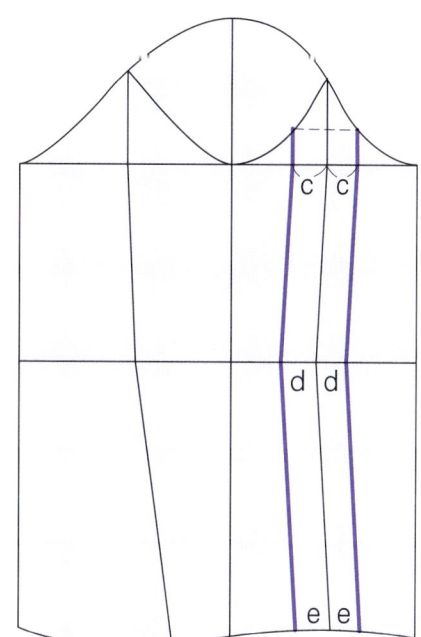

c c

d d

e e

⑪ 지정 치수대로 각각을 표시하여 뒤판 안소매의 소매 아랫선을 다시 그립니다.

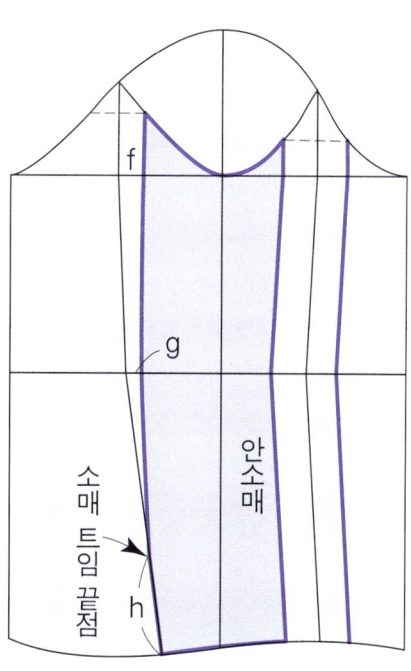

f

g

안소매

소매 트임 끝점

h

⑫ 지정 치수대로 각각을 표시하여 뒤판 겉소매의 소매 아랫선을 그립니다. 소매 트임이 있는 경우는 소매 트임 끝점 위치에서 안소매와 겹치도록 그립니다.

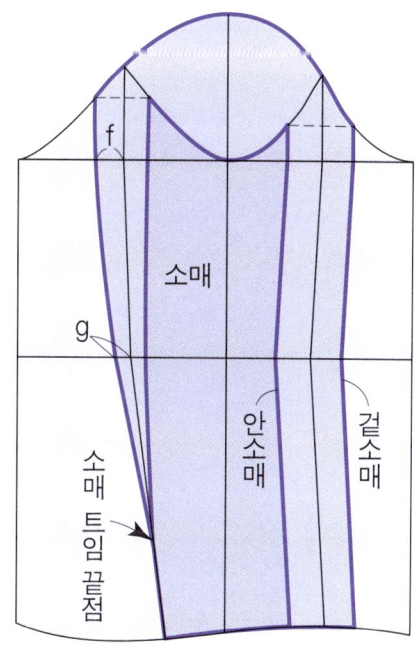

f

소매

g

안소매

겉소매

소매 트임 끝점

⑬ 안소매와 겉소매의 제도가 겹친 형태로 그려졌으므로 안소매를 다른 종이에 베껴주세요.

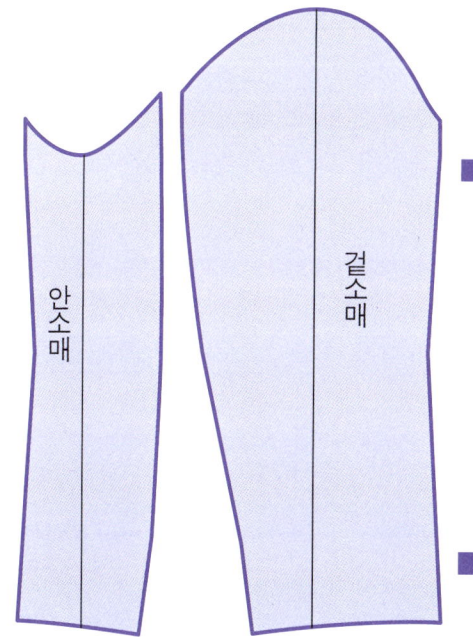

안소매

겉소매

래글런 슬리브

① 원형을 패턴 종이에 베낍니다. 가슴둘레선을 a 치수만큼 연장한 후 직각으로 세로선을 그립니다. 그 선에 b 치수를 측정해 표시합니다.

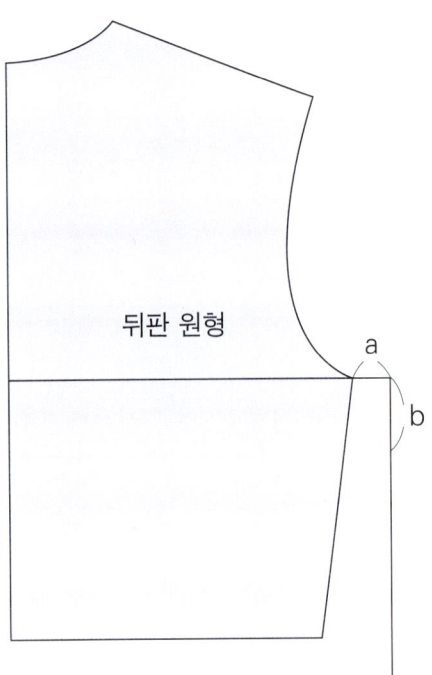

뒤판 원형

a
b

② 목둘레선을 그리고, 목둘레선의 c 치수 위치와 ①에서 표시한 위치를 선으로 연결합니다. 래글런선을 그리는 안내선이 됩니다.

③ 안내선에서 지정 치수만큼 표시한 후 그 표시에 맞춰 래글런선을 그립니다.

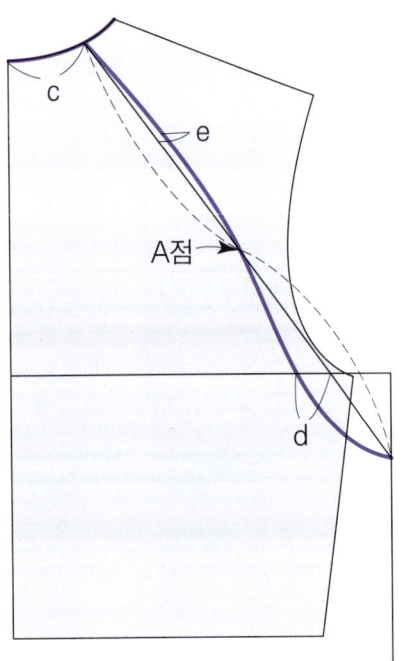

c
e
A점
d

④ 어깨 끝에서 위쪽에 f 치수만큼을 표시한 후 목둘레선의 끝과 연결해 줍니다.

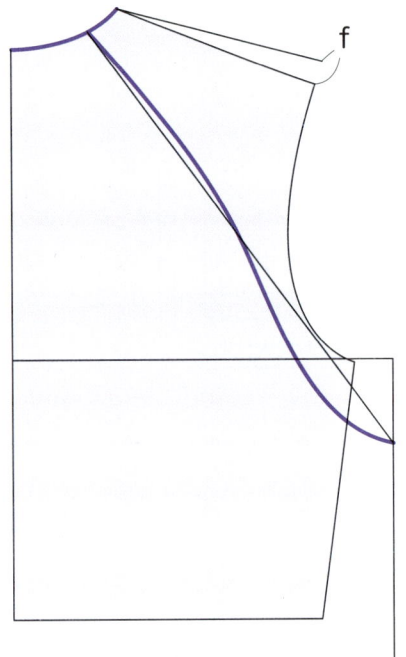

f

⑤ 어깨 끝을 기준으로 뒤 중심선에 평행하고 수직인 이등변삼각형을 그립니다.

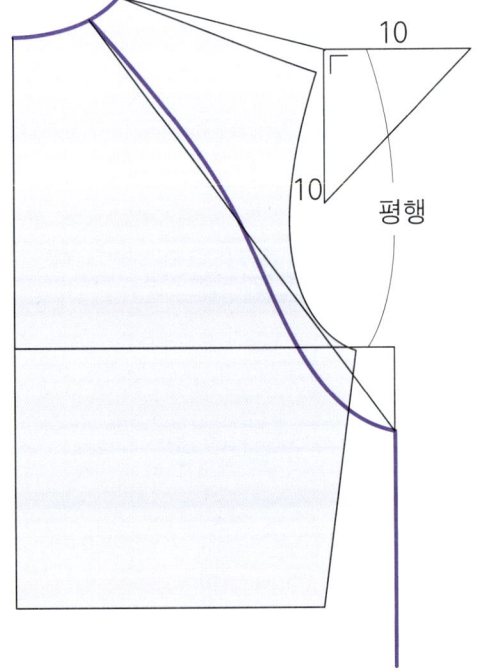

10
10
평행

⑥ 이등변삼각형의 빗변을 등분하여 g 치수만큼을 표시합니다. 어깨 끝과 이 점을 연결하고 소매길이 치수를 연장합니다.

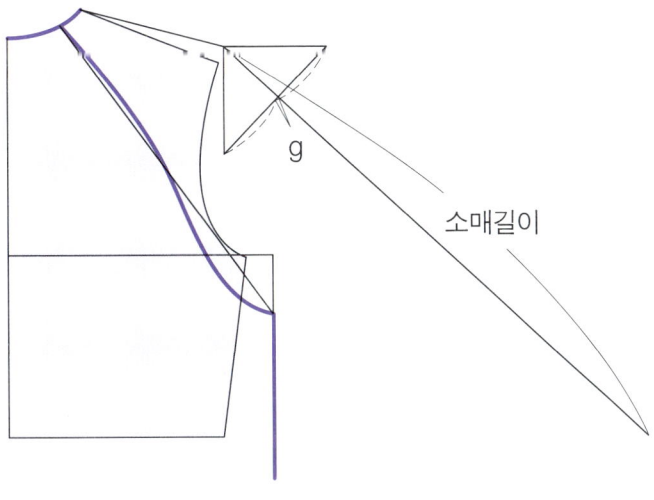

⑦ 어깨 끝에서 h 치수만큼을 표시한 위치에서 직각으로 선을 그립니다. ⑥에서 그린 선 끝에서 직각으로 i 치수의 선을 그립니다. 이 선이 소 맷부리선이 됩니다.

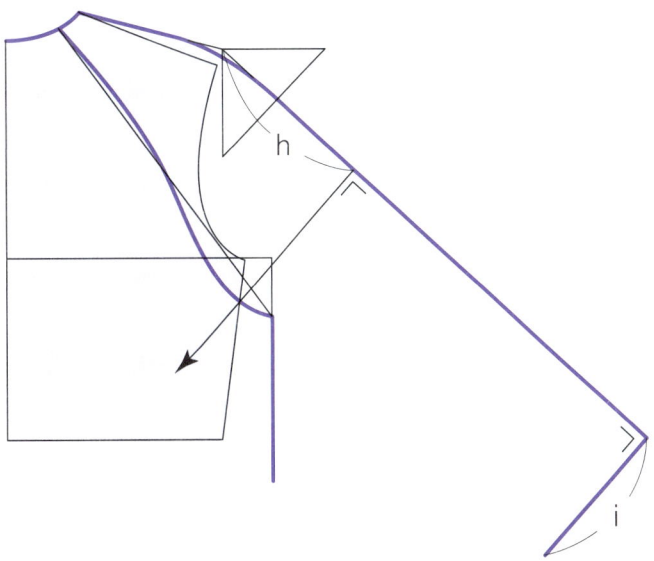

⑧ A점에서 B점까지의 치수를 측정해 이 치수와 같은 길이의 위치를 ⑦의 선에서 찾아 표시해 둡니다.

⑨ A점에서 B점까지 곡선을 그립니다. A점에서 ③의 래글런선을 그대로 따라 그리다가 중간쯤에서부터 반대로 곡선을 그립니다.

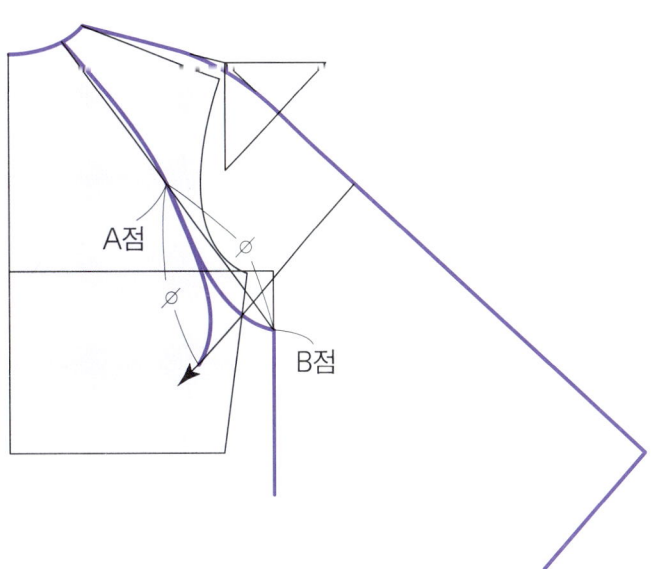

⑩ ⑨의 래글런선 끝과 소맷부리선 끝을 직선으로 연결한 후 중간 부분에 서 j 치수만큼 표시하여 그 점을 지나도록 곡선을 그립니다. 앞판도 마 찬가지 순서로 그립니다.

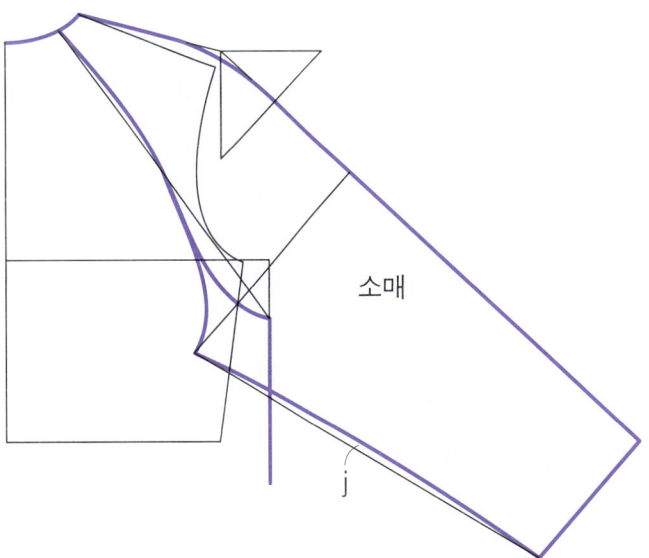

도레메식
원형 Ⅱ 제도법

여기서는 도레메식 원형 Ⅱ 그리
는 방법을 설명합니다. 자신의 치
수가 변하지 않는 한 몇 번이든 반
복해서 사용할 수 있으므로 정확
하게 그려 주세요.

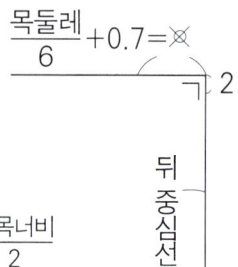

$$\frac{목둘레}{6}+0.7=⊠$$

$$※⊠=\frac{뒷목너비}{2}$$

1. 뒤판 제도

① 세로선을 그리고 그 선에 직각으로
　가로선을 그립니다.
② 치수를 계산해서 가로선에 표시하여
　뒤 목둘레선을 그릴 준비를 합니다.

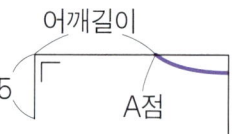

③ A점에서 어깨길이만큼을 가로선에
　표시한 후 거기서 직각으로 5cm의
　선을 그립니다.

④ A점과 5cm 내려간 위치를 선으로
　연결하고 그 선에 어깨너비 치수로
　선을 그립니다.
⑤ B점에서 등길이 치수만큼을 ①에서
　그린 세로선에 표시합니다. 이것이
　뒤 중심선이 됩니다.
⑥ 뒤 중심선 끝에서 직각이 되도록 가
　로선을 그립니다. 이것이 밑단선의
　안내선이 됩니다.
⑦ B점에서 $\frac{등길이}{2}$에 2cm를 더한 치
　수를 재어 거기서 직각으로 가로선
　을 그립니다.

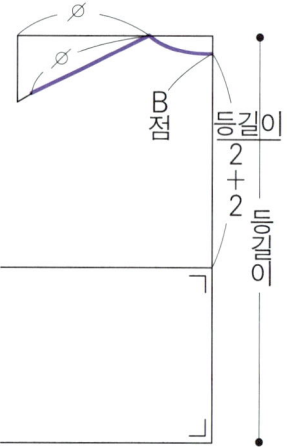

⑧ 위에서 두 번째 선에 가슴 치수만큼을 표시합니다. 이것이 가슴둘레선
　이 됩니다.
⑨ ⑧의 선 끝에서 직각으로 밑단선의 안내선까지 선을 그립니다. 이 선이
　옆솔기선이 됩니다.

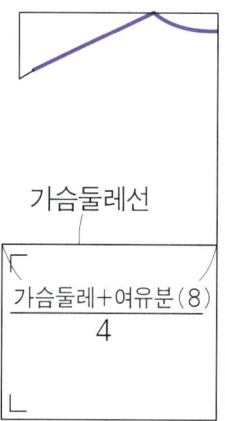

⑩ 옆솔기선으로 0.5cm 연장합니다.
⑪ 0.5cm 연장한 점과 밑단선을 완만한 곡선으로 연결하여 밑단선으로
　삼습니다.

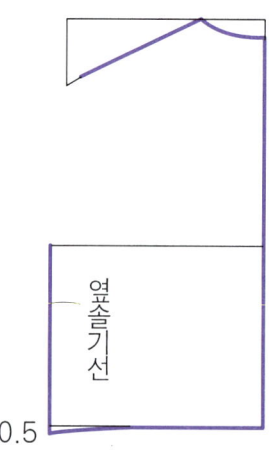

⑫ 뒤 중심선에서 직각으로 뒤품선을 그립니다.
⑬ 옆솔기선에서 뒤품선 끝을 지나 어깨 끝까지 곡선으로 연결하여 진동둘
　레선을 그립니다. 뒤 몸판이 완성됩니다.

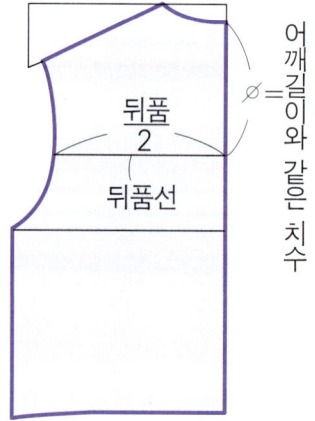

2. 앞판 제도

① 세로선을 그리고 거기에 직각으로 가로선을 그립니다. 세로선이 앞 중심선의 안내선이 됩니다.
② 치수를 계산해서 가로선에 표시하여 앞 목둘레선을 그립니다.
③ 뒤판과 마찬가지로 어깨선을 그립니다.

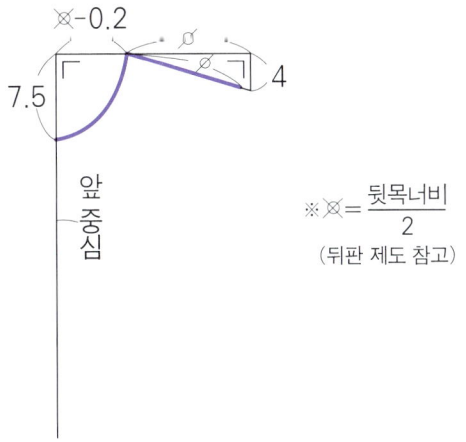

$$※ ⊠ = \frac{뒷목너비}{2}$$
(뒤판 제도 참고)

④ ①의 선에 직각으로 가슴둘레선을 그립니다.

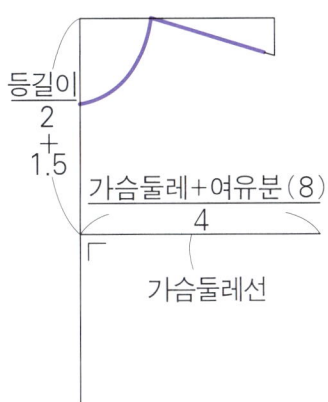

⑤ 가슴둘레선 끝에서 직각으로 뒤판 옆솔기선과 같은 치수의 선을 그립니다. 이것이 앞판 옆솔기선이 됩니다.

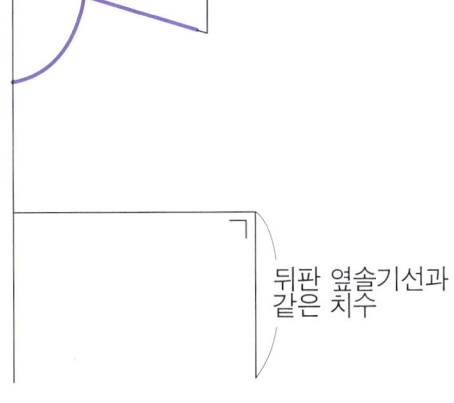

⑥ 옆솔기선 끝에서 앞 중심 쪽으로 가로선을 그려줍니다.

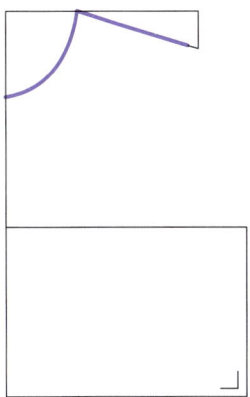

⑦ 앞 중심선에서 앞처짐 분량 3cm를 연장하여 옆솔기선과 완만한 곡선으로 연결합니다.

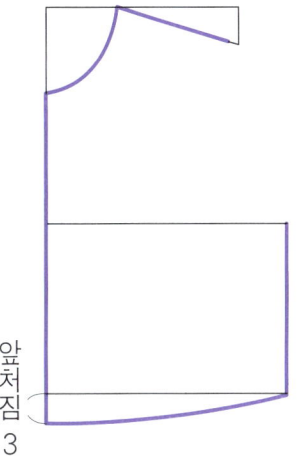

⑧ 중심선에서 직각으로 가슴너비선을 그립니다. 유두길이를 재어 표시한 위치에서 $\frac{유두간격}{2}$ 치수만큼의 선을 그립니다.
⑨ 옆솔기선에서 가슴너비선의 끝을 지나 어깨 끝까지 곡선으로 연결해 주면 진동둘레선이 됩니다. 이로써 앞 몸판이 완성됩니다.

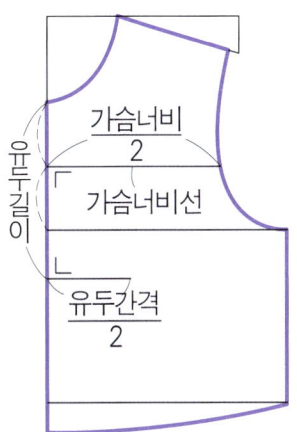

3. 소매 제도

① 소매길이 치수로 가로선을 그립니다.
② 왼쪽 끝에서 소매산 치수만큼의 위치를 표시해 거기서 직각으로 위아래
에 소매너비 치수로 선을 그립니다.

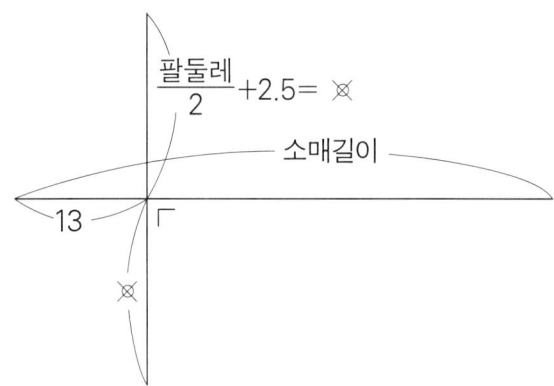

③ 소매산(가로선 왼쪽 끝)에서 사선으로 선을 그립니다. 소매산의 안내선
이 됩니다.

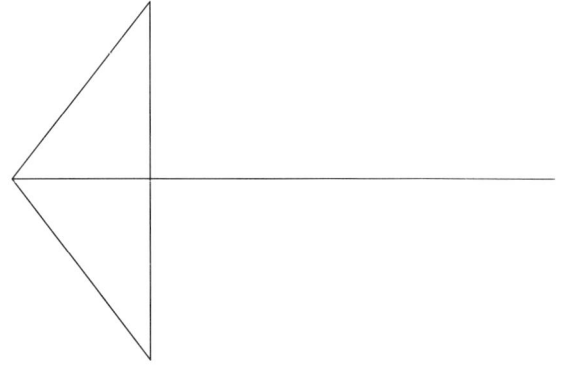

④ 소맷부리(가로선 오른쪽 끝) 쪽에 세로로 선을 그리고 소맷부리 치수를
정합니다.
⑤ 소매너비선 끝에서 소맷부리선 끝까지 선을 그립니다.
⑥ 팔꿈치길이선을 그립니다.

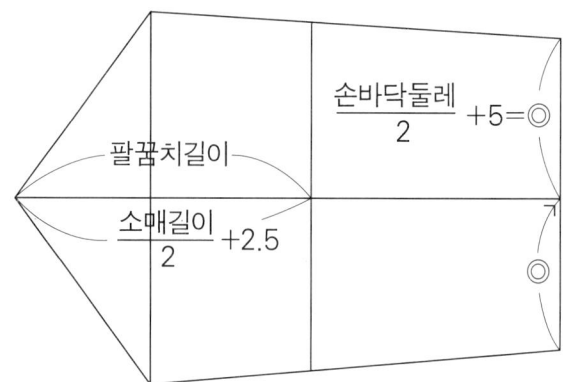

⑦ 소매너비를 육등분 하여 소매산 방향으로 직각의 안내선을 그립니다.
⑧ 그림에 나타낸 위치의 선을 연장합니다.

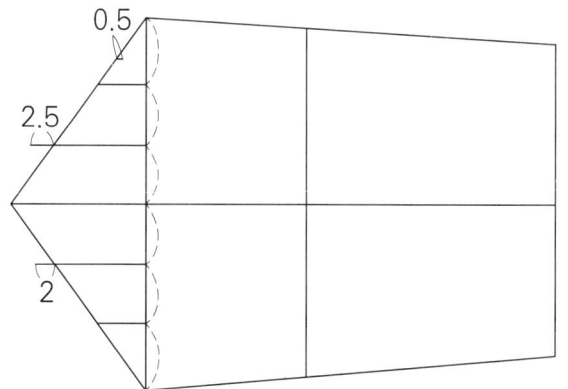

⑨ 안내선을 따라 곡선으로 소매산선을 그립니다.

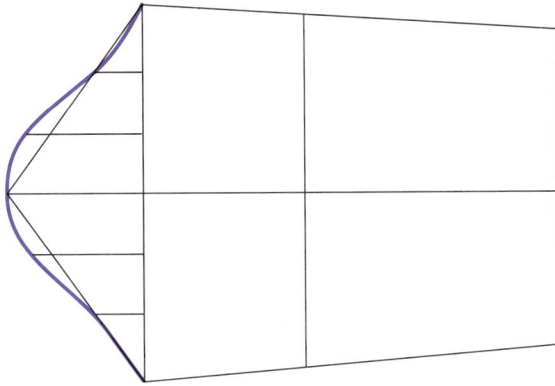

실물 크기의
문화식 여성복 원형,
도레메식 여성복 원형 II 실물본을
별지로 제공합니다.

★ 한 장의 종이 A면에는 도레메식 원형 II, B면에는 문화식 원형이 인
쇄되어 있습니다. 선이 겹쳐져 있으므로 본인 사이즈에 맞는 것을 베
껴 사용하세요.

A면 도레메식 여성복 원형 II(5~17호 사이즈)

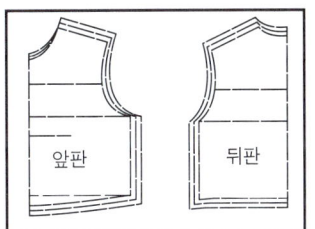

앞판   뒤판

B면 문화식 여성복 원형(7~15호 사이즈)

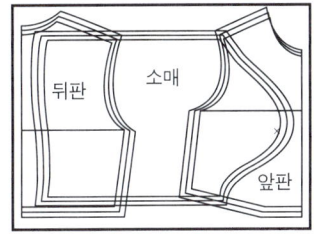

뒤판   소매
앞판

⑩ 팔꿈치선 위치에서 곡선으로 소매 아랫선을 그립니다.

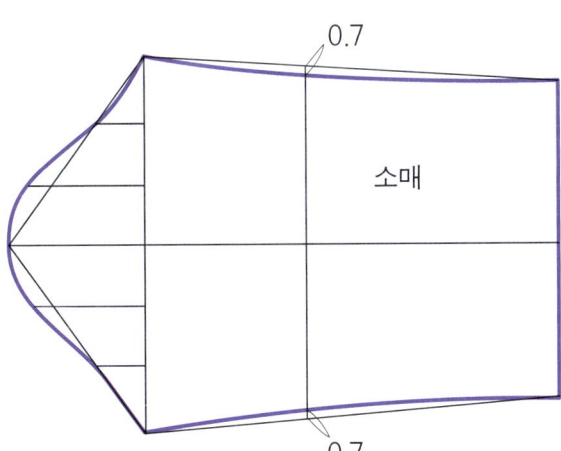

0.7

소매

0.7

도레메식 제도법

블라우스

1. 뒤판 제도

① 뒤 몸판 원형을 패턴 종이에 베낍니다.

② 중심선에서 a 치수를 재어 표시하고 직각으로 가로선을 그립니다.

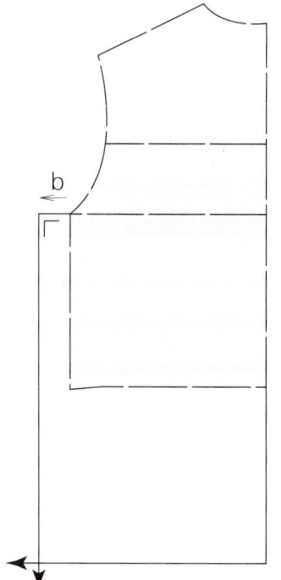

원형

a

③ 가슴둘레선을 b 치수만큼 연장하여 그 끝에서 수직으로 밑단까지 선을 그립니다. 옆솔기선 등을 그릴 때의 안내선이 됩니다.

b

④ 어깨선 등을 그리기 위한 안내선을 그립니다.

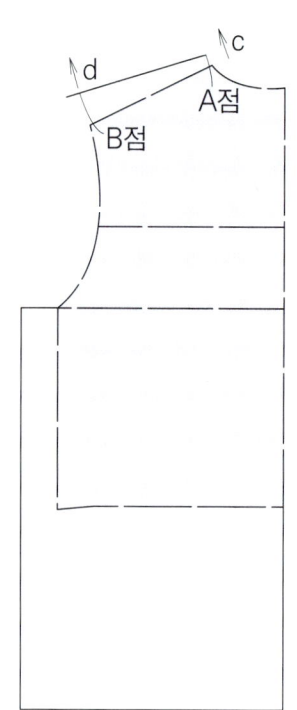

c
d
A점
B점

⑤ B점에서 e 치수를 잰 위치와 f 치수를 잰 위치를 곡선으로 연결합니다. 진동둘레선입니다.

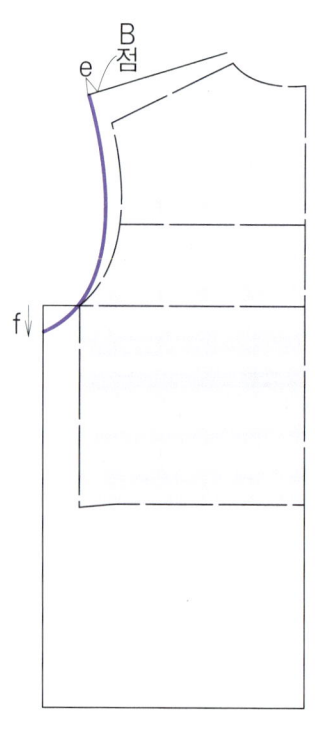

B점
e
f

⑥ A점에서 g 치수를 잰 위치를 표시하여 목둘레선과 어깨선을 그립니다.

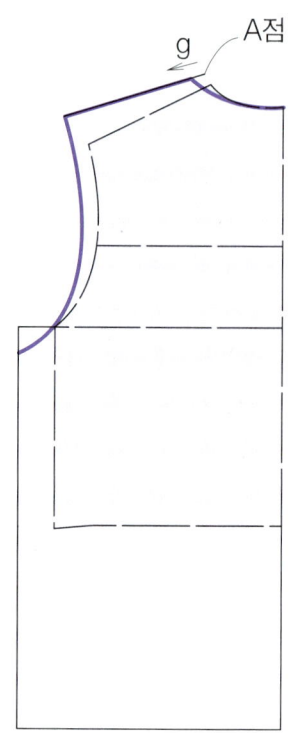

g
A점

⑦ 뒤 중심선을 그립니다. 옆솔기선에서 h, i 치수를 측정해 옆솔기선을 그립니다.(밑단선이 똑바른 경우는 이 선이 완성선이 됩니다.)

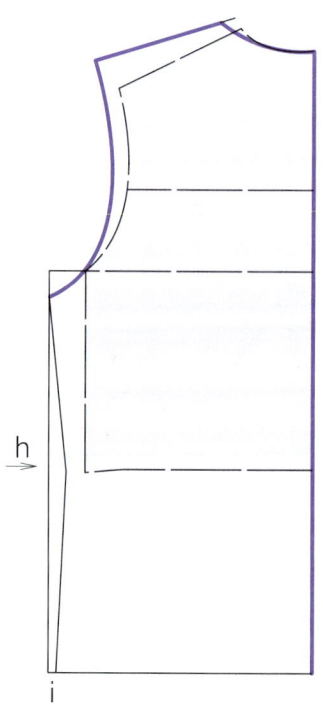

h
i

※a, b, c...의 알파벳은 숫자 대신 사용했습니다. 만들려는 작품에 따라 각각에 치수를 적용해 주세요.

⑧ 밑단선을 그리기 위한 안내선을 그립니다.

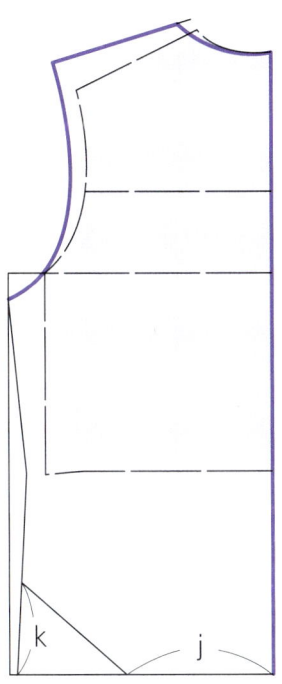

⑨ 안내선을 따라 옆솔기선과 밑단선을 다시 그립니다.

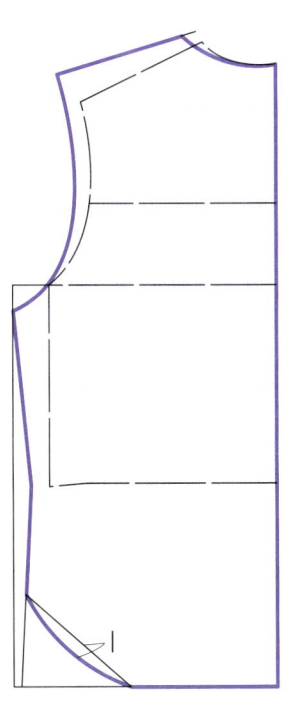

⑩ 지정 치수대로 다트를 그리면 뒤 몸판이 완성됩니다. 이때 뒤 옆길이와 진동둘레 치수를 측정해 둡니다.

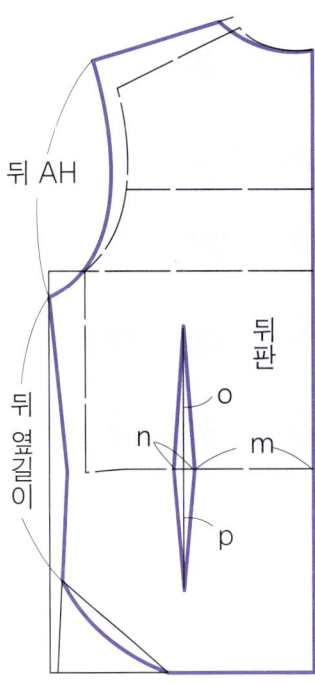

뒤 AH

뒤 옆길이

뒤판

n   m
o
p

2. 앞판 제도

① 앞 몸판의 원형을 패턴 종이에 베낍니다. 중심선에서 a 치수를 측정해 표시합니다. 가슴둘레선을 b 치수만큼 연장하여 그 끝에서 수직으로 선을 그립니다.

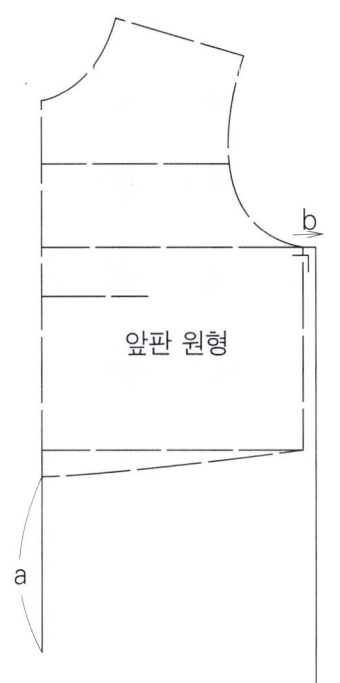

b

앞판 원형

a

② 중심선 끝에서 직각으로 가로선을 그려 가슴둘레선 끝에서 수직으로 그린 선과 교차시킵니다.

③ 어깨선을 c 치수만큼 연장합니다.

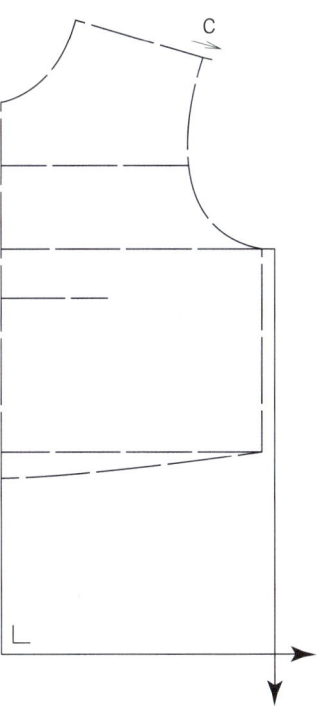

c

다음 페이지에 계속 ▶ 71

④ 어깨 끝과 d 치수만큼 내린 위치를 곡선으로
　연결하여 진동둘레선을 그립니다.

⑤ 중심선과 평행하게 e 치수만큼 간격을 두
　고 선을 그립니다. 이 선이 앞단선이 됩니다.

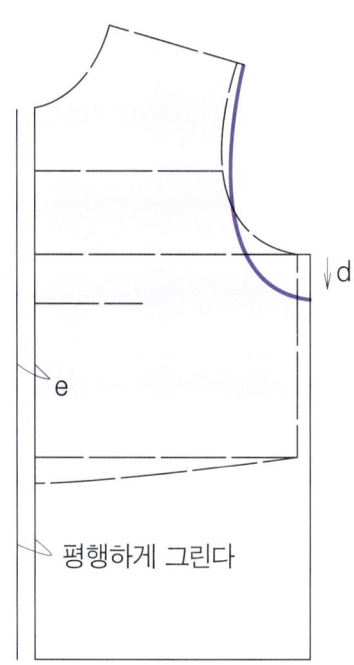

⑥ f, g 치수를 표시하여 진동둘레선을 그립니
　다.

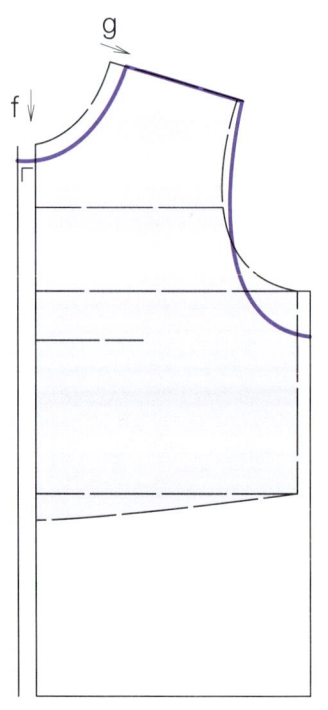

⑦ 원형의 허리둘레선에서 h 치수를 측정해 허
　리둘레선의 안내선으로 삼습니다. i, j 치수
　를 표시하여 옆솔기선의 안내선을 그립니다.

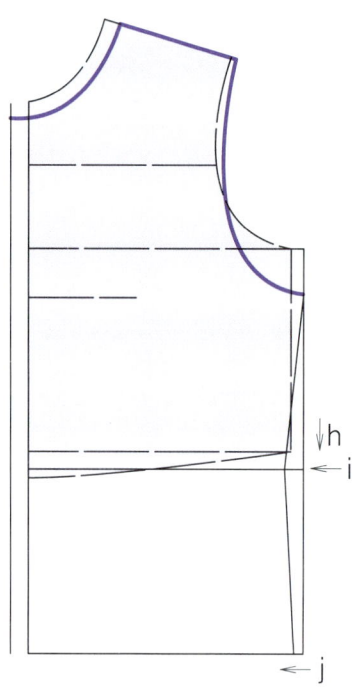

⑧ 옆솔기선 안내선의 뒤판 옆선과 같은 치수
　만큼의 위치와 k 치수의 위치를 선으로 연
　결합니다.

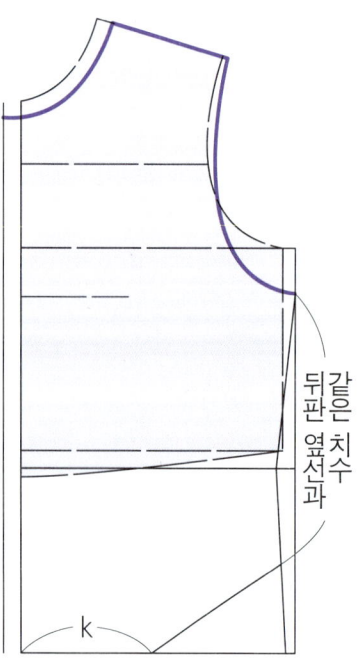

⑨ 안내선을 따라 옆솔기선, 밑단선, 앞단선을
　그립니다.

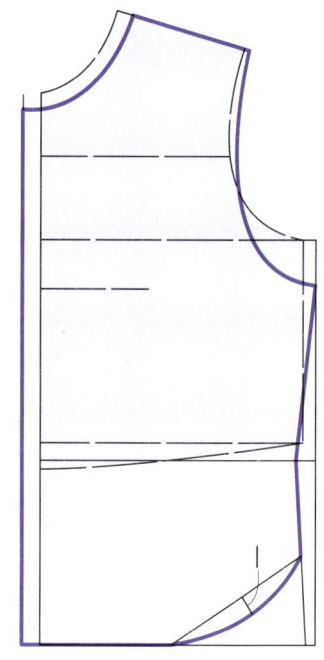

⑩ 지정 치수대로 다트를 그리고, 단추 달 위치
　등을 표시합니다. 이때 앞 진동둘레 치수를
　측정해 둡니다.

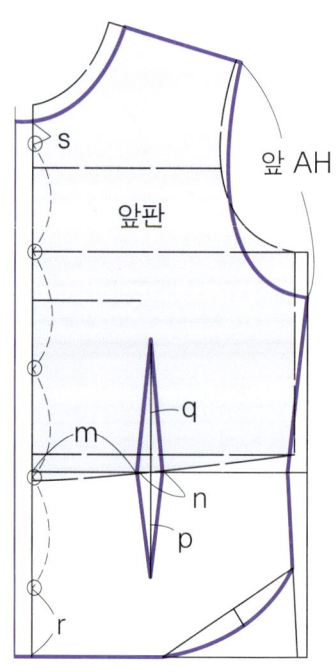

3. 소매 제도

사전에 몸판의 진동둘레 치수를 측정해 둡니다.

① 십자를 그린 후 왼쪽에 소매산 치수를, 오른쪽에 소매너비선 아래쪽의 길이를 표시합니다.

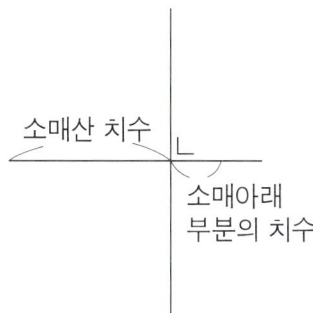

② 소매산(가로선 왼쪽 끝)에서 진동둘레 치수만큼 사선을 그립니다. 소매너비가 정해집니다.

③ 소매너비선에 직각으로 선을 그려 장방형을 그립니다.

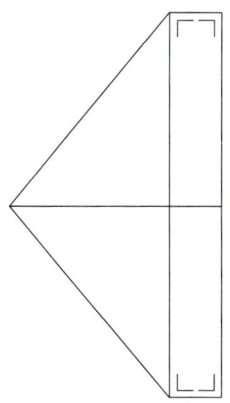

④ 소매 아랫선을 그립니다.

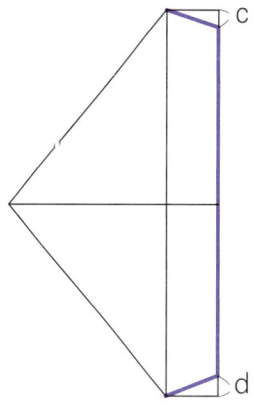

⑤ 소매너비를 등분하여 소매너비선에 직각으로 안내선을 그립니다.

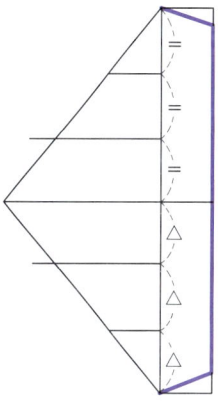

⑥ ⑤의 안내선에 지정 치수를 표시해 그 점을 지나는 선을 그립니다. 이것이 소매산입니다.

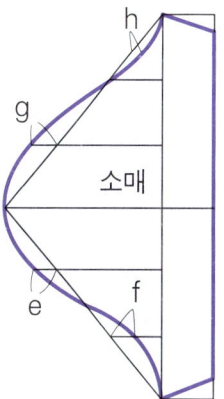

원피스

1. 뒤판 제도

① 뒤 몸판의 원형을 패턴 종이에 베낍니다.

뒤판 원형

② 가슴둘레선 치수를 연장하고 허리둘레선과 연결하여 장방형을 그립니다.

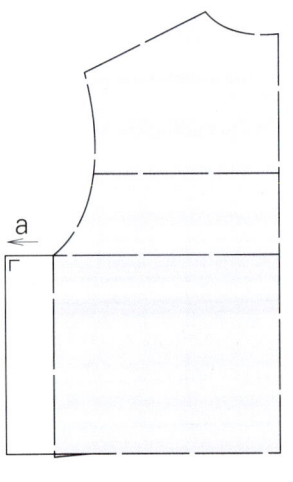

a

③ 지정 치수대로 목둘레선, 어깨선, 진동둘레 선을 그립니다.

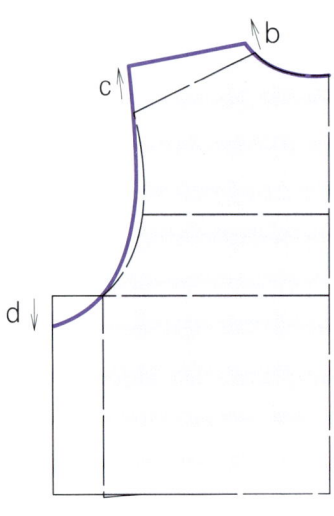

b

c

d

④ 허리둘레선에서 e 치수만큼을 표시해 옆솔 기선, 밑단선을 다시 그리고 뒤 중심선을 그립니다.

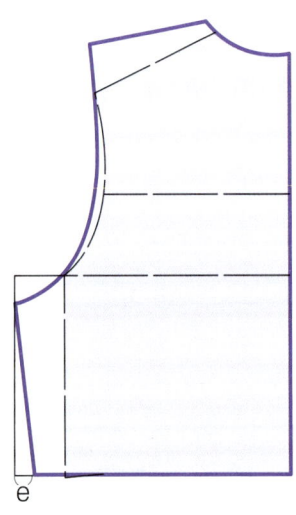

e

⑤ 뒤 중심선을 연장합니다.

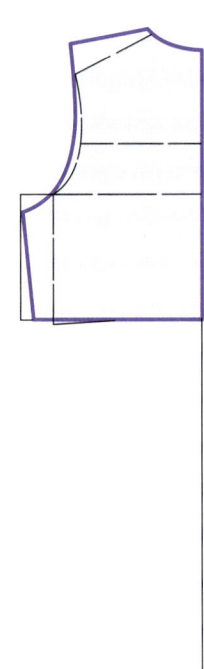

⑥ 치마 부분을 그립니다. ⑤에서 그린 선에 직 각으로 허리둘레선과 같은 치수의 가로선을 그립니다. 몸판과 분리하여 직각으로 선을 그리는 이유는 나중에 분리해서 사용하기 때문입니다.

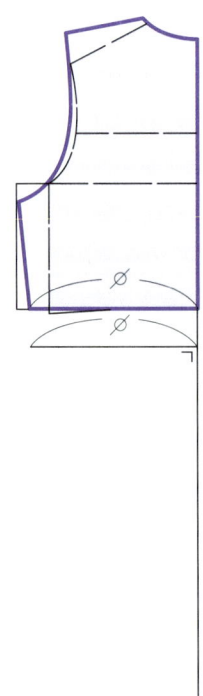

※a, b, c...의 알파벳은 숫자 대신 사용했습니다. 만들려는 작품에 따라 각각에 치수를 적용해 주세요.

⑦ 뒤 중심선에서 f 치수만큼 내려온 위치에서 가로선 끝까지를 곡선으로 연결해 허리둘레선을 그립니다. 그런 다음 f 치수만큼 내려온 위치에서 아래로 g 치수만큼을 재어 표시합니다.

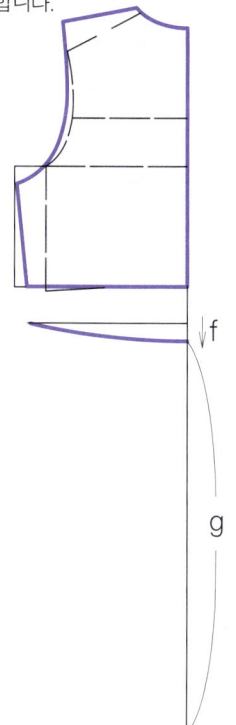

⑧ 세로선 끝에서 직각으로 그린 가로선과 허리선에서 수직으로 그린 세로선을 교차시켜 치마를 그릴 안내선을 그립니다.

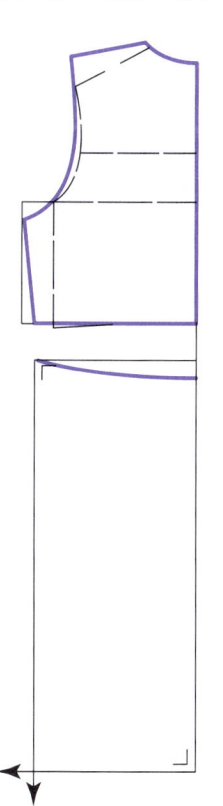

⑨ 치마 밑단선을 i, h 치수만큼 연장하여 치마 뒤판의 중심선, 옆솔기선, 밑단선을 그립니다. 뒤판 옆길이와 뒤 AH의 치수를 측정해 둡니다.

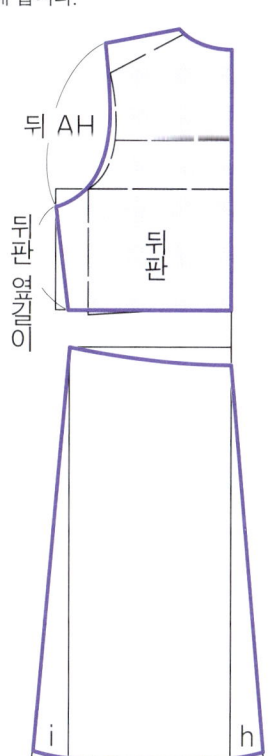

2. 앞판 제도

① 앞 몸판 원형을 패턴 종이에 베낍니다.

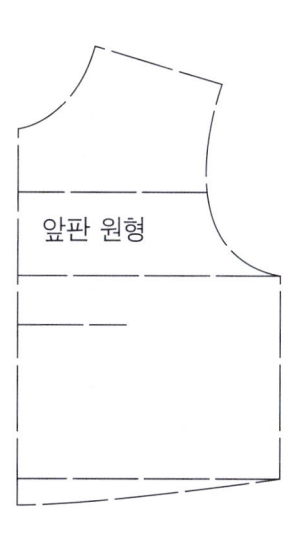

② 가슴둘레선을 연장하여 허리둘레선과 연결해서 장방형을 그립니다.

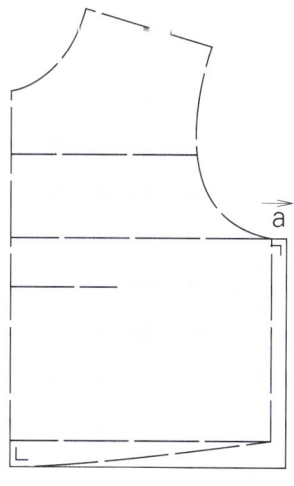

③ 지정 치수대로 목둘레선, 어깨선, 진동둘레선, 앞 중심선을 각각 그립니다.

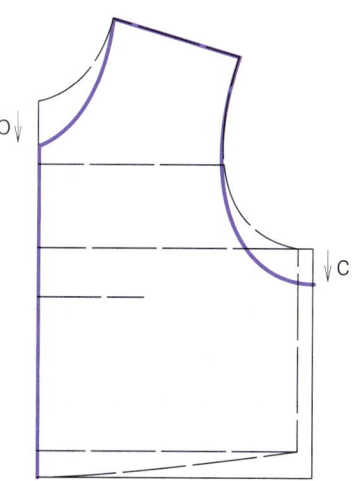

▶원피스(계속)

④ 허리선에서 e 치수만큼을 표시한 위치에 맞춰 옆솔기선, 밑단선을 그립니다.

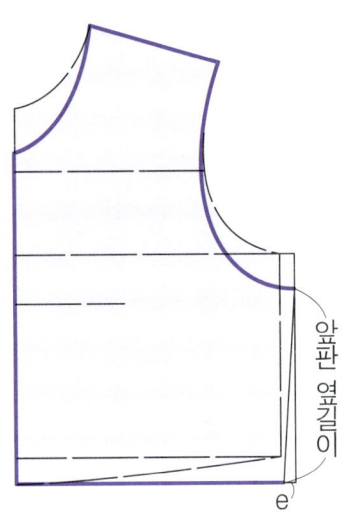

앞판 옆길이

e

⑤ 뒤판 옆길이와 앞판 옆길이의 길이 차이(앞뒤 차이)를 다트 분량으로 삼아 몸판에 그립니다.

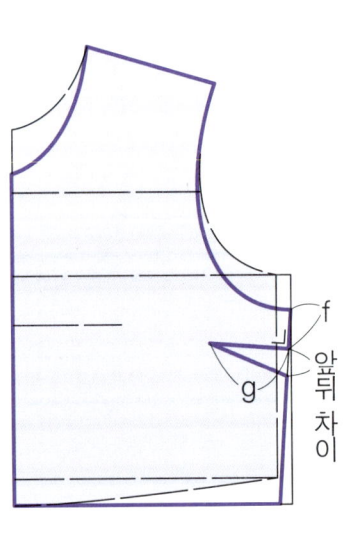

f
g
앞뒤 차이

⑥ 앞 중심선을 연장합니다.

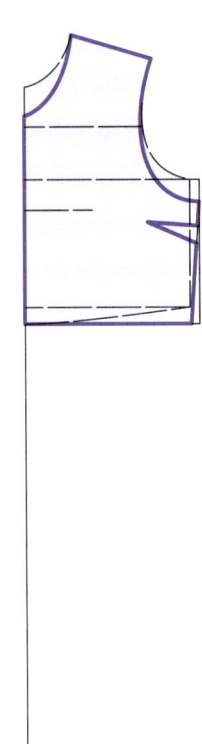

⑦ ⑥의 선에 직각으로 몸판 허리둘레선과 같은 치수의 가로선을 그린 후 그림과 같이 허리둘레선을 그립니다.

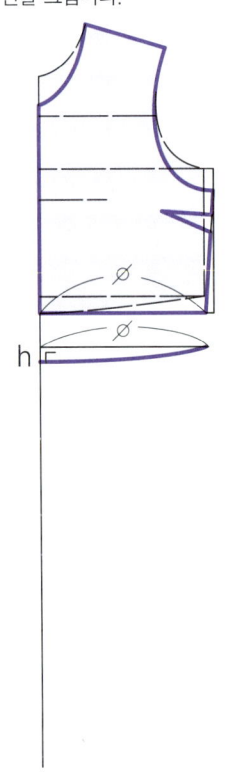

h
∅
∅

⑧ 중심선에 i 치수만큼을 표시한 위치에서 허리둘레선과 같은 치수의 가로선을 그리고 허리둘레선에서 수직으로 그린 세로선과 교차시켜 장방형을 그린 후 치마의 안내선으로 삼습니다.

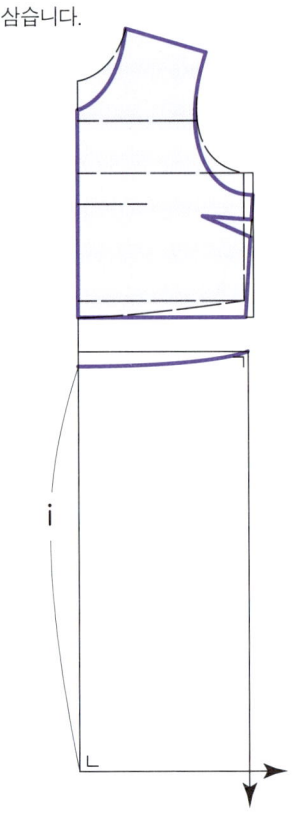

i

⑨ 치마의 완성선을 뒤판과 마찬가지로 그립니다.

※ 소매 제도는 73쪽의 블라우스와 같은 순서로 그립니다.

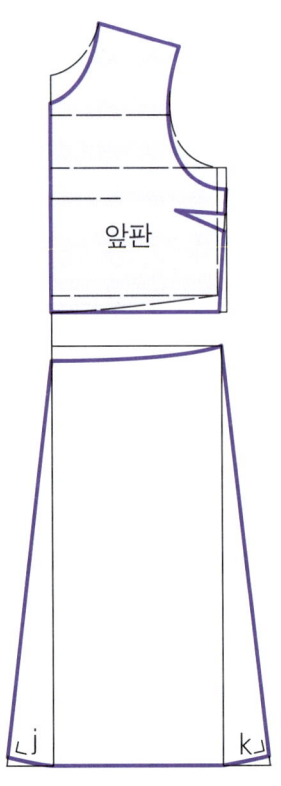

앞판

j
k

※a, b, c…의 알파벳은 숫자 대신 사용했습니다. 만들려는 작품에 따라 각각에 치수를 적용해 주세요.

바지

1. 앞판 제도

① 밑위 치수에 지정 치수를 더한 길이의 선을 세로로 그리고, 그 선에 직각으로 $\frac{엉덩이둘레}{4}$ 에 여유분을 더한 길이의 선을 그립니다.

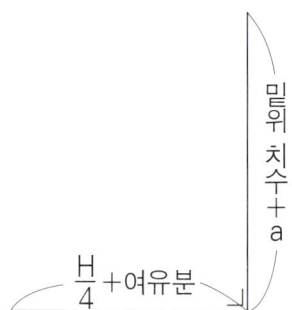

② ①의 선으로 장방형을 그립니다.

③ 위 가로선에 $\frac{허리둘레}{4}$ 에 다트 분량을 더한 치수를 측정해 표시하여 그림과 같이 곡선을 그립니다.

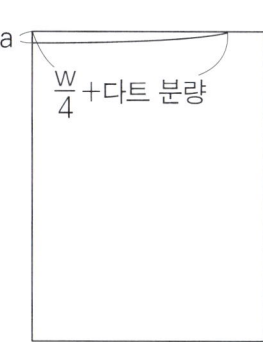

④ 왼쪽 세로선을 삼등분 하여 아래 가로선을 b 치수만큼 연장합니다.

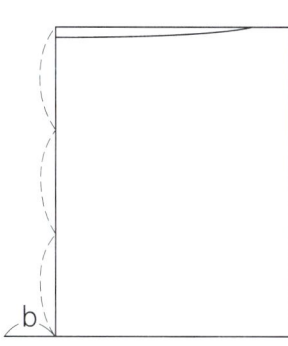

⑤ 안내선을 따라 가랑이선을 그립니다.

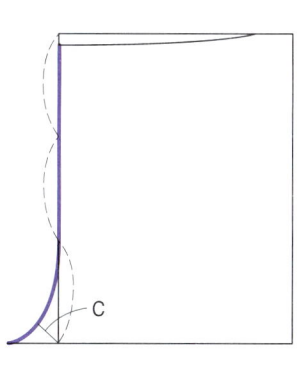

⑥ 아래 선을 이등분 하여 그 중심점에서 직각으로 선을 그리고 밑아래 치수 길이만큼 선을 그립니다. d 치수만큼을 표시한 위치가 무릎 길이가 됩니다.

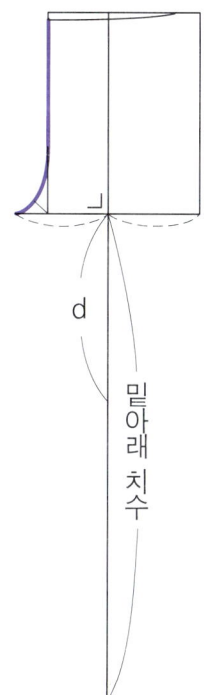

⑦ ⑥에서 그린 선에 직각으로 무릎선을 그립니다.

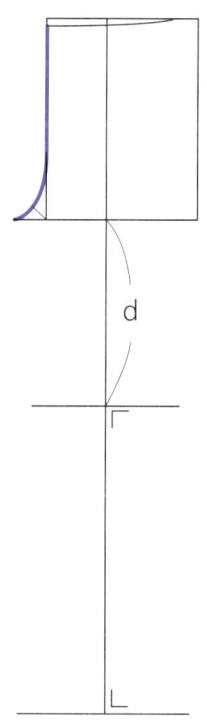

다음 페이지에 계속 ▶ 77

⑧ 지정 치수를 ⑦에서 그린 선에 표시하여 그림과 같이 선을 그립니다.

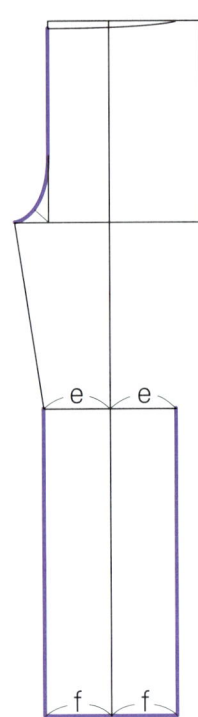

⑨ 안쪽 가랑이 쪽의 밑아래선을 곡선으로 그립니다.

⑩ 옆쪽 밑아래선을 그립니다.

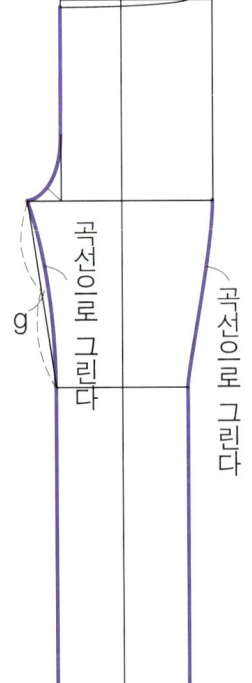

⑪ 허리둘레선 끝에서 ⑩의 옆솔기선까지 곡선으로 그림과 같이 그립니다.

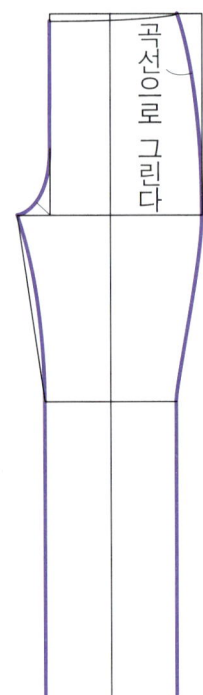

⑫ 지정 치수대로 다트를 그립니다. 바지 앞판이 완성되었습니다.

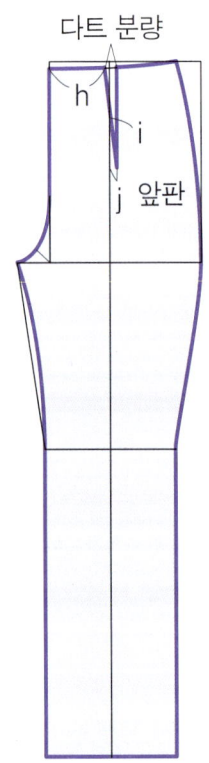

2. 뒤판 제도

① 바지 앞판의 제도를 패턴 종이에 베낍니다.

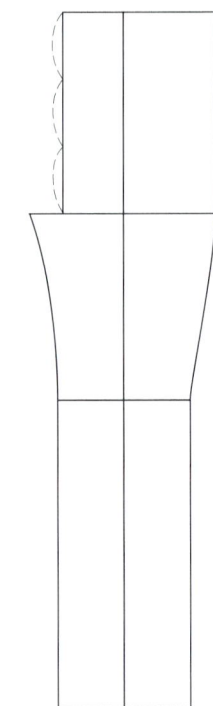

② 가랑이 부분에서 a 치수만큼 연장한 후 b 치수만큼을 표시합니다.

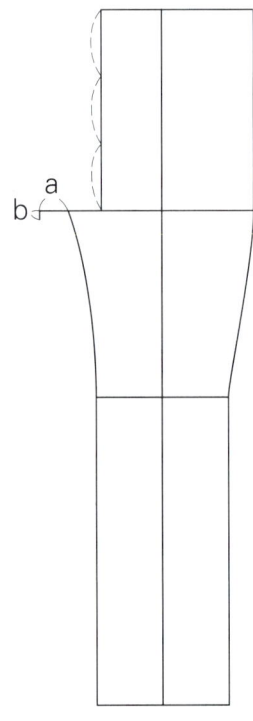

③ 허리둘레선의 안내선에서 c 치수를 측정해 표시한 위치와 삼등분한 위치를 연결합니다. 그 선을 d 치수만큼 연장합니다.
④ 안내선을 따라 가랑이선을 그립니다.

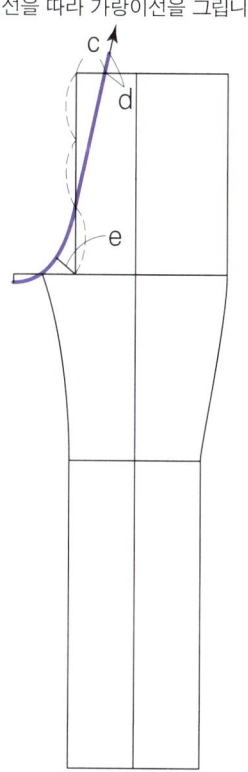

⑤ 가랑이선 상단에서 $\frac{허리둘레}{4}$ 에 다트 분량을 더한 치수를 측정하고 허리둘레선과의 교점을 구해 선을 그립니다.

$$\frac{W}{4}+다트\ 분량$$

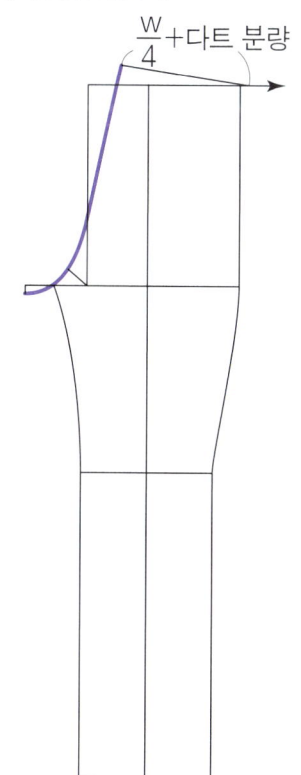

⑥ 그림과 같이 앞판 제도에서 지정 치수를 측정해 무릎 아래 부분을 그립니다.

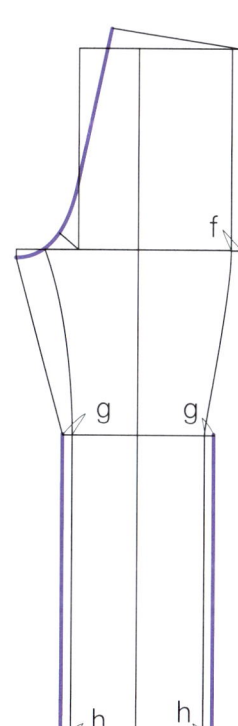

⑦ 안쪽 가랑이 쪽의 밑아래선을 곡선으로 그립니다.
⑧ 옆쪽 밑아래선을 그립니다.

곡선으로 그린다   곡선으로 그린다

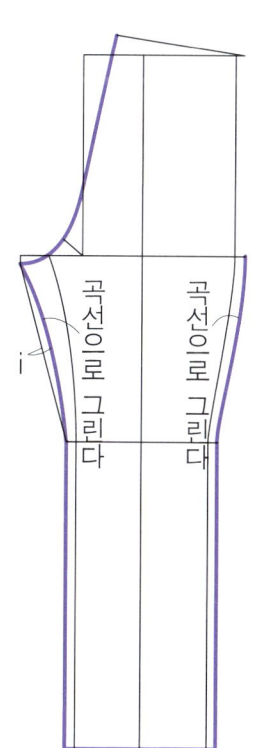

⑨ 허리둘레선 끝에서 ⑧의 옆솔기선까지 곡선으로 그림과 같이 그립니다.

곡선으로 그린다

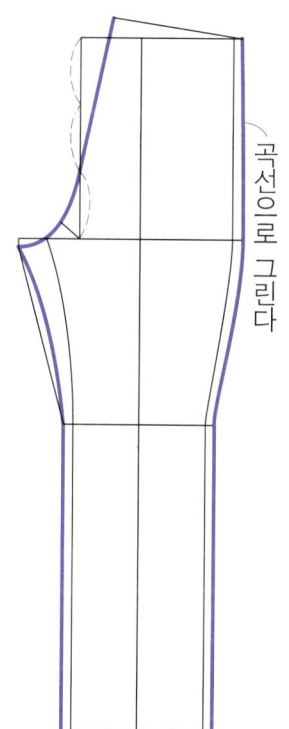

⑩ 지정 치수대로 다트를 그립니다.

j 다트 분량
k
l 뒤판

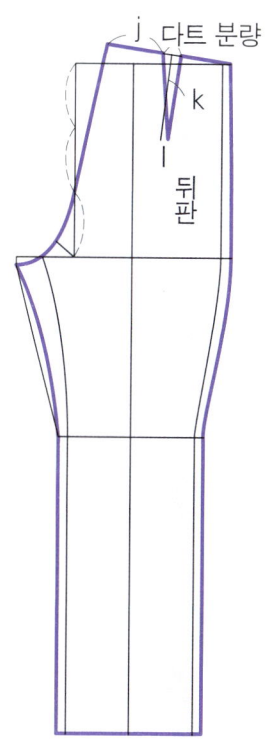

타이트 스커트

1. 뒤판 제도

① 가로선 치수는 $\frac{\text{허리둘레}}{4}$ 에 다트 분량을 더한 치수에서 앞뒤의 차이를 뺀 길이입니다.

$$\frac{W}{4} + \text{다트 분량} - \text{앞뒤 차이}$$

② 세로선의 a 치수의 위치에서 치마길이를 측정해 뒤 중심선을 그립니다.

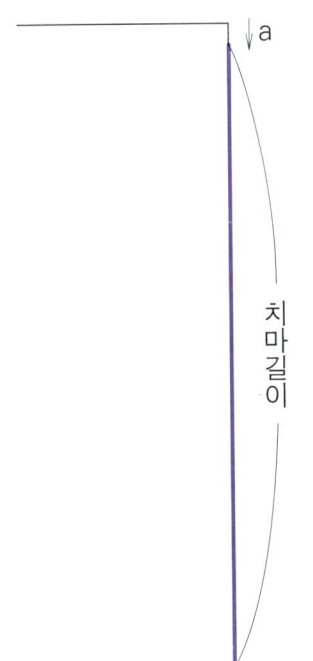

③ a 치수의 위치에서 가로선 끝까지를 곡선으로 연결하면 허리둘레선이 됩니다.

④ 뒤 중심선에서 엉덩이길이만큼을 표시한 위치에서 엉덩이둘레선을 그립니다. 길이는 $\frac{\text{엉덩이둘레}}{4}$ 에 여유분을 더한 치수로 합니다.

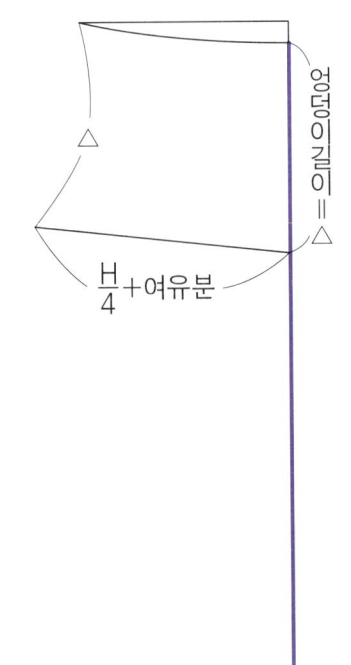

⑤ 허리둘레선 끝에서 엉덩이둘레선 끝을 곡선으로 연결해 그립니다.

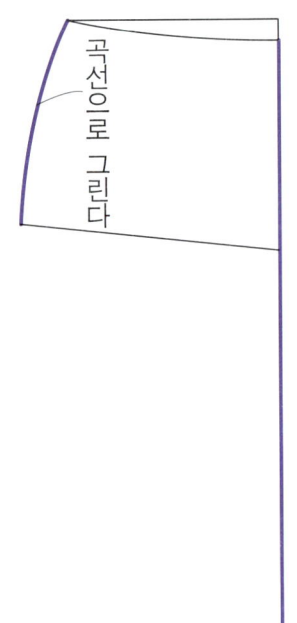

곡선으로 그린다

⑥ 중심선 하단에서 가로로 선을 그립니다. 그런 다음 엉덩이둘레선 끝에서 아래로 중심선과 평행하게 선을 그립니다. 밑단선과 옆솔기선의 안내선이 됩니다.

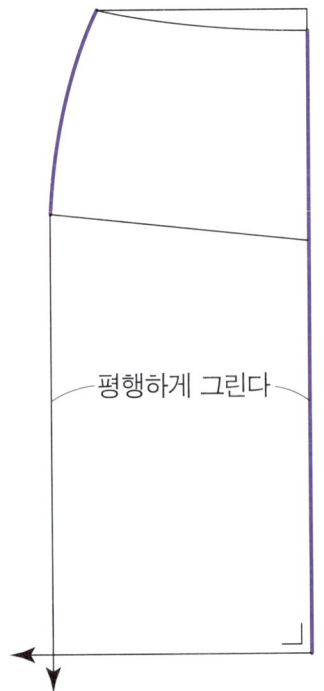

평행하게 그린다

※a, b, c...의 알파벳은 숫자 대신 사용했습니다. 만들려는 작품에 따라 각각에 치수를 적용해 주세요.

⑦ 교점에서 밑단선을 b 치수만큼 연장하여 엉덩이둘레선과 연결해 옆
　솔기선을 그립니다.

HL

b　HL…엉덩이둘레선

⑧ 다트를 그립니다.

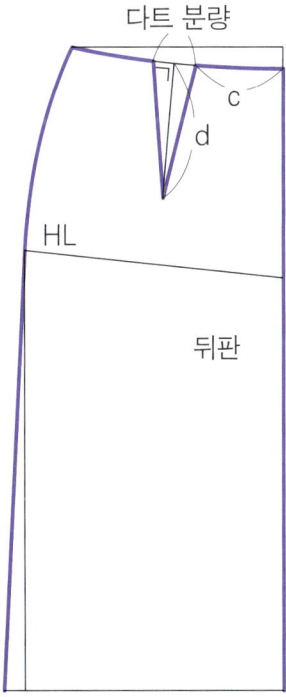

다트 분량

ㄱ
c
d

HL

뒤판

2. 앞판 제도

① 중심선의 방향을 바꿔 앞판도 마찬가지 순서로 그립니다.

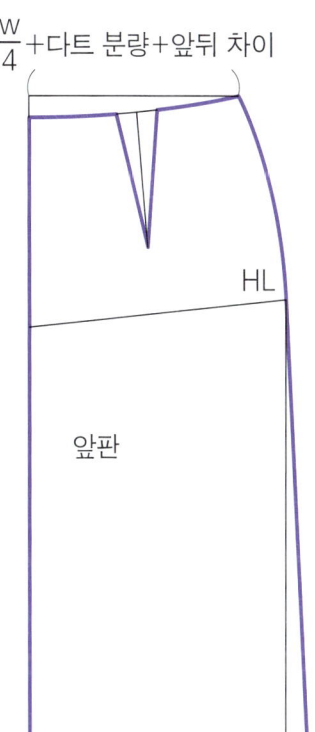

$$\frac{W}{4}+다트\ 분량+앞뒤\ 차이$$

HL

앞판

② 뒤판과 앞판의 옆솔기선을 맞대어 밑단선을 곡선으로 다시 그립니다.

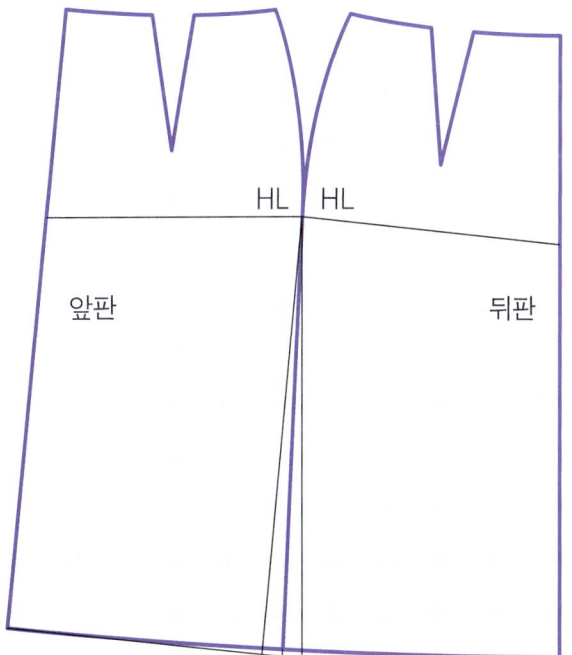

HL　HL

앞판　　　　　　뒤판

플레어 스커트

① 원을 이용해 그리므로 컴퍼스를 사용합니다. 커다란 원을 그리는 경우는 끈을 사용해서 한쪽 끝을 핀으로 고정하고 다른 한쪽 끝에 연필 등을 감아 컴퍼스 대신에 사용합니다. 세로로 선을 그립니다.

> W(허리) ⋯ 66cm
> 치마길이 ⋯ 64cm
> 밑단 둘레 ⋯320cm
> 여기서는 이 치수로 반지름을
> 산출하여 제도했습니다.

② 반지름을 계산식에 따라 산출한 후 꼭짓점에서 반지름 표시를 한 후 거기서부터 치마길이를 측정합니다.

$$반지름 = \frac{\frac{W}{4} \times 치마길이}{밑단\ 둘레 - \frac{W}{4}}$$

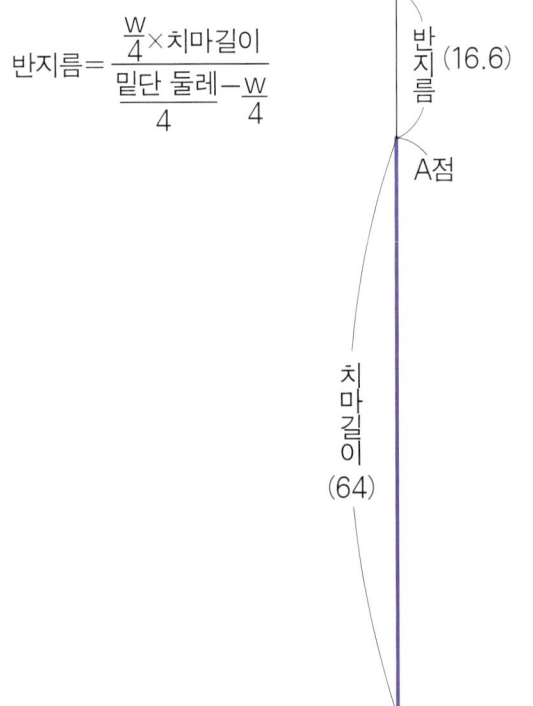

반지름 (16.6)
A점
치마길이 (64)

③ 꼭짓점에서 반지름으로 호를 그립니다. 허리둘레선의 안내선이 됩니다.

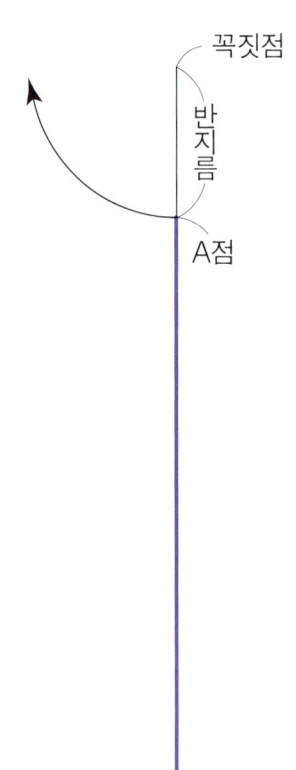

꼭짓점
반지름
A점

④ A점에서 $\frac{허리둘레}{4}$ 를 측정해 허리둘레선을 그립니다.

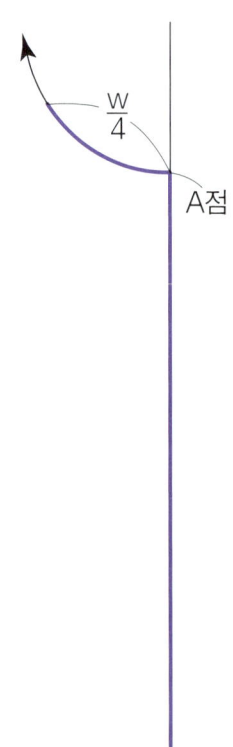

$\frac{W}{4}$
A점

※a, b, c...의 알파벳은 숫자 대신 사용했습니다. 만들려는 작품에 따라 각각에 치수를 적용해 주세요.

⑤ 꼭짓점에서 허리둘레선 끝을 지나는 선을 그립니다.

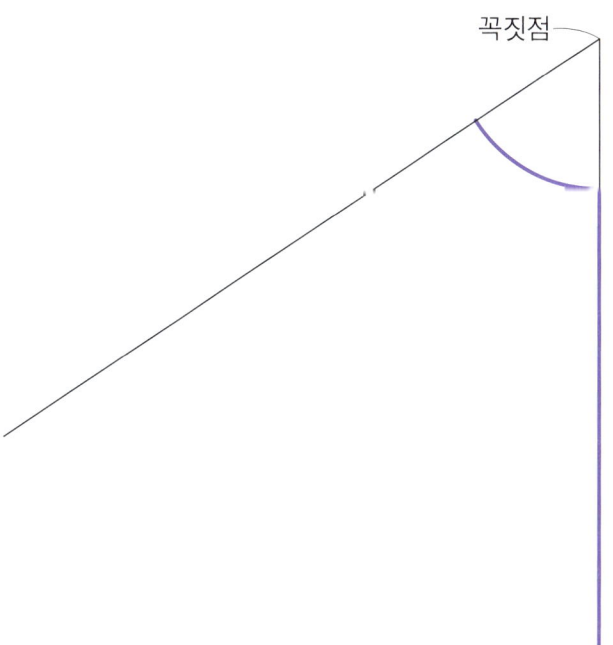

꼭짓점

⑥ ⑤의 선에 치마길이를 측정해 그림과 같이 옆솔기선을 그립니다.

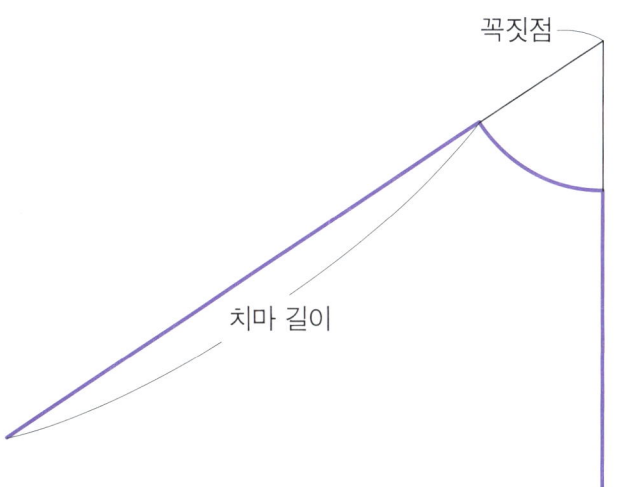

꼭짓점

치마 길이

⑦ 꼭짓점에서 (반지름+치마길이) 치수로 호를 그립니다. 이 선이 밑단선이 됩니다.

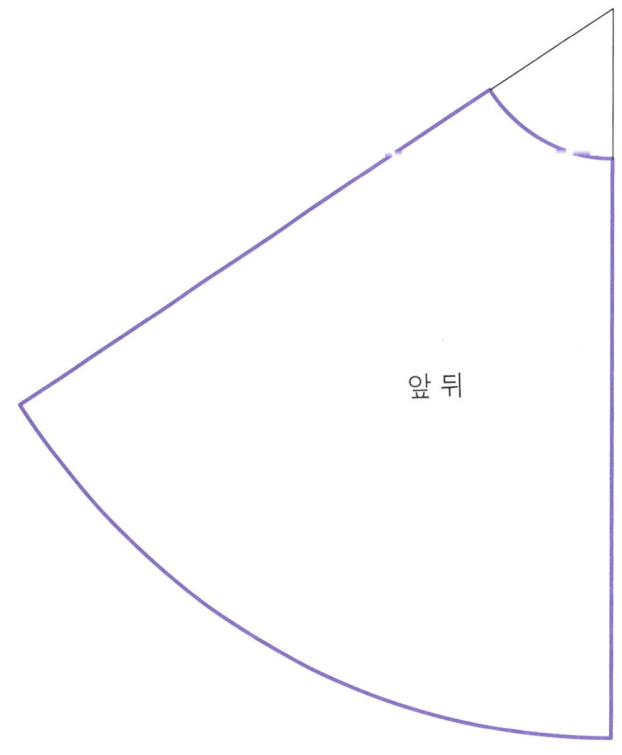

앞 뒤

미니 지식

여러 가지 작품을 만들다 보면 형지가 점점 쌓이게 됩니다. A4 사이즈 정도의 큼지막한 봉투에 그때그때 넣어서 관리하면 다음 번에 또 만들 때 쓱 꺼내 사용할 수 있어 편리합니다.

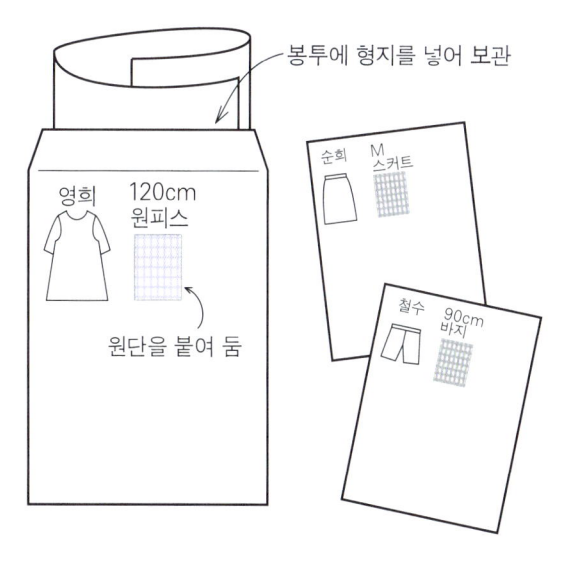

봉투에 형지를 넣어 보관

영희 120cm 원피스

순희 M 스커트

철수 90cm 바지

원단을 붙여 둠

두 장 소매

① 소매길이와 소매산 치수를 측정해 십자로 기초선을 그립니다.

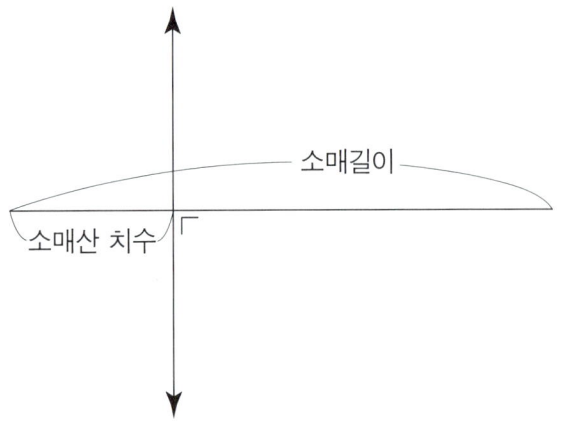

② 가로선 왼쪽 끝에서 세로선을 향해 몸판의 뒤 AH, 앞 AH 치수로 사선을 그립니다.

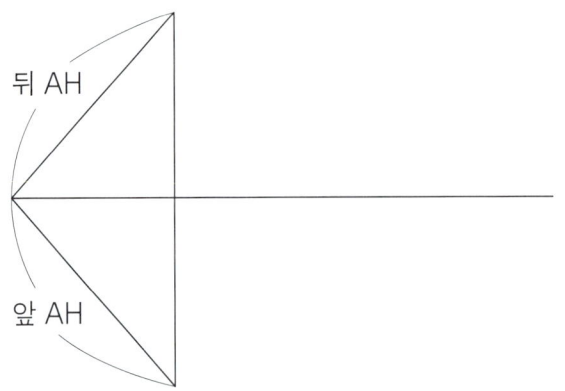

③ 앞뒤 소매너비를 각각 삼등분 하여 소매달선의 안내선을 그리고, 소매달선을 그립니다.

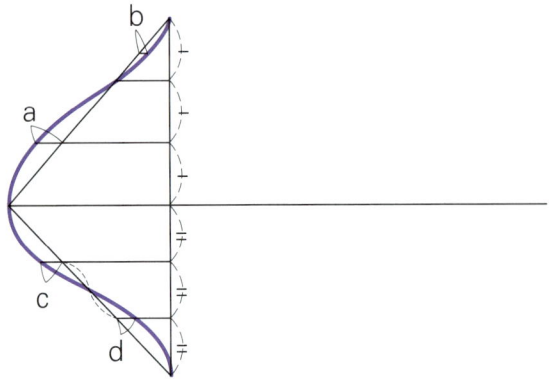

④ 소매 아랫선을 그립니다.

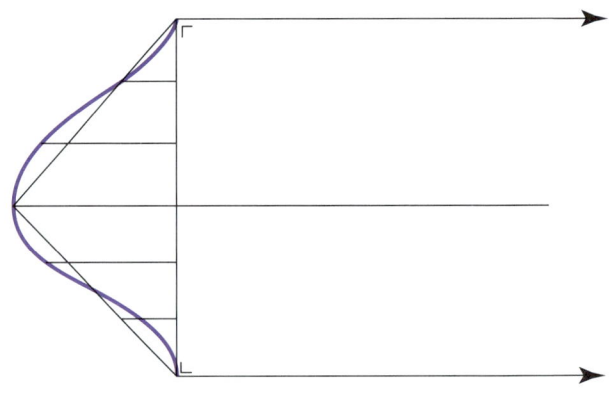

⑤ 소맷부리 안내선을 그립니다.

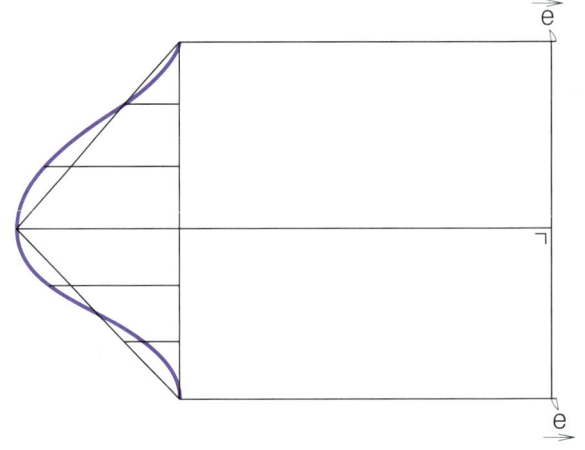

⑥ EL(엘보라인)을 그립니다.

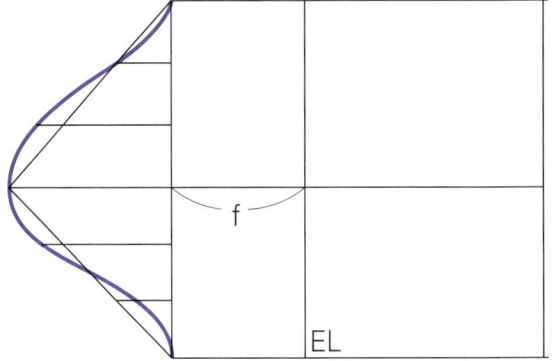

※a, b, c...의 알파벳은 숫자 대신 사용했습니다. 만들려는 작품에 따라 각각에 치수를 적용해 주세요.

⑦ 안소매의 앞 이음선을 그립니다.

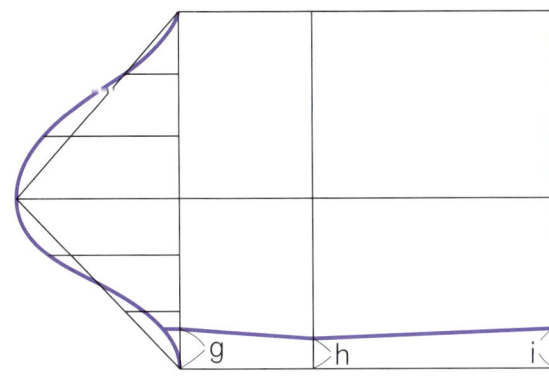

⑩ 소맷부리선을 그립니다.

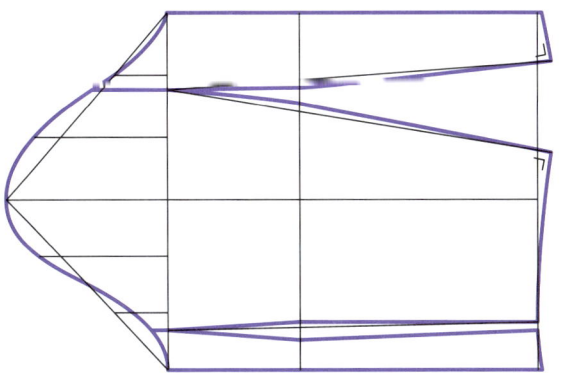

⑧ 앞뒤 이음선의 안내선을 그립니다.

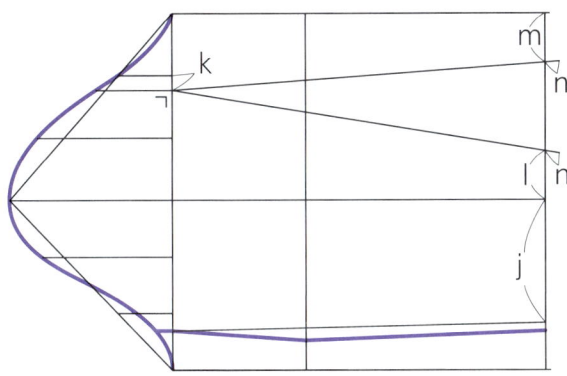

⑪ 소매 트임 끝점을 그립니다.

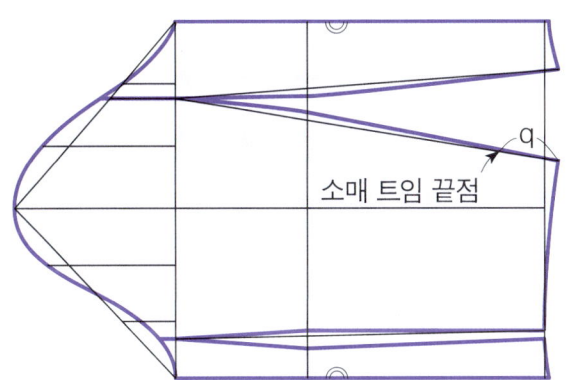

소매 트임 끝점

⑨ 겉소매와 안소매의 이음선을 그립니다.

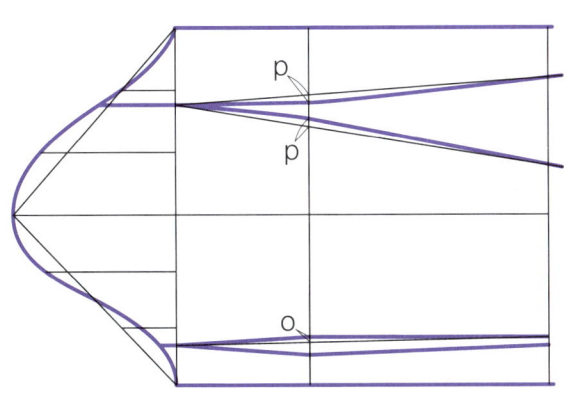

⑫ 안소매를 소매 아랫선에서 그림과 같이 맞댑니다.

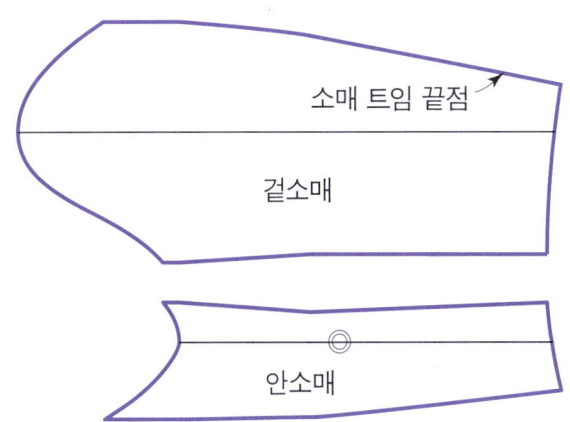

소매 트임 끝점

겉소매

안소매

래글런 슬리브

① 원형을 베낍니다. 가슴둘레선에서 a 치수만큼 연장한 후 직각으로 선을
그려 그 선에 b 치수를 측정해 표시합니다.

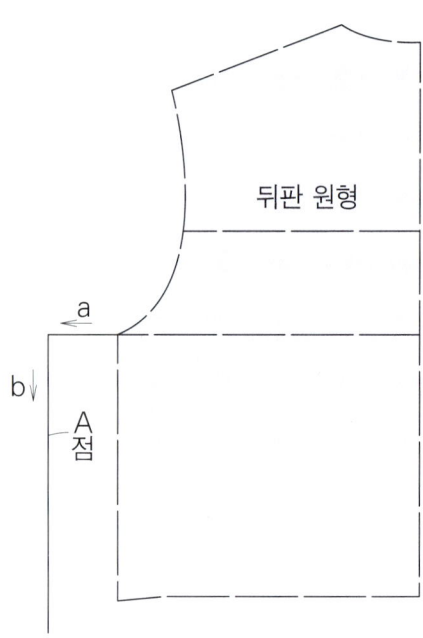

② 목둘레선을 연장해 목둘레선을 그립니다.

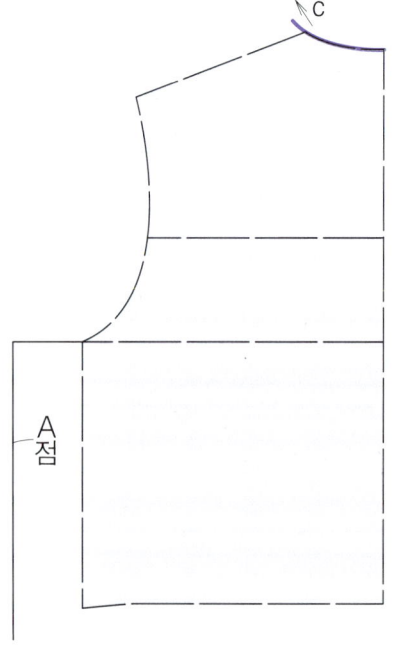

③ 목둘레에서 d 치수를 측정한 위치와 A점을 선으로 연결하여 래글런선
을 그리기 위한 안내선을 그립니다.

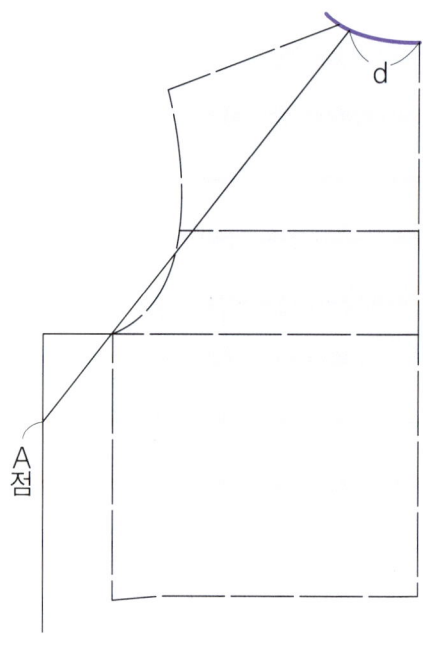

④ 안내선을 따라 곡선으로 그림과 같이 래글런선을 그립니다.
⑤ 어깨 끝에서 g 치수만큼 위쪽에 표시하고 목둘레선 끝에서 선을 그립니
다. g 치수 위치에서 h 치수만큼을 연장한 후 거기서부터 소매길이 치
수만큼 선을 그립니다.

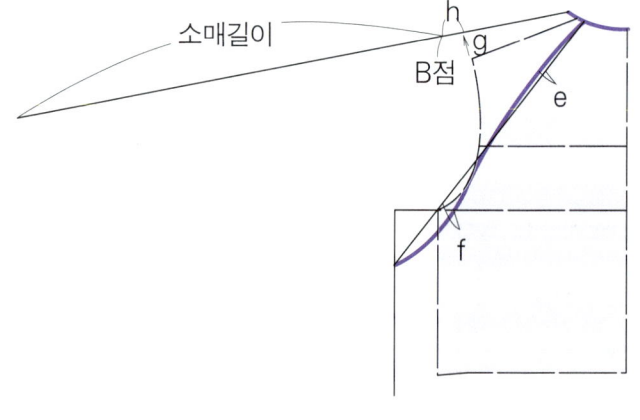

※a, b, c...의 알파벳은 숫자 대신 사용했습니다. 만들려는 작품에 따라 각각에 치수를 적용해 주세요.

⑥ 소매길이 끝에서 직각으로 i 치수만큼을 그립니다. B점에서 i 치수의 선 끝을 연결합니다.

⑦ 그 선 위에 소매길이 치수를 측정해 선을 다시 그립니다.

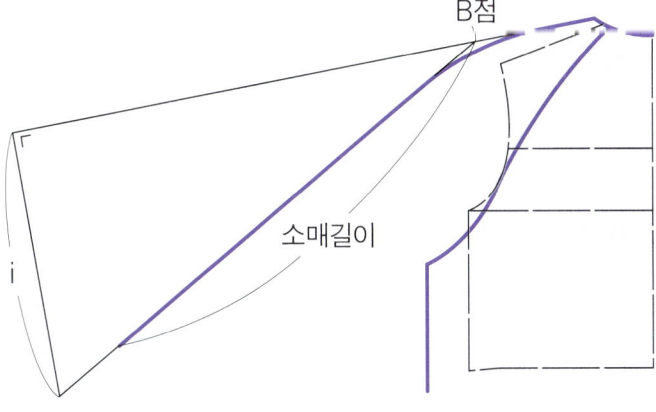

⑨ 컴퍼스를 사용해 원형의 가슴둘레선에서 A점을 지나는 호를 그리고 ⑧의 선과의 교점을 구합니다.

⑩ 가슴둘레선에서 교점까지 곡선으로 선을 그립니다. 그림과 같이 몸판 곡선과 반대로 곡선을 그려주세요.

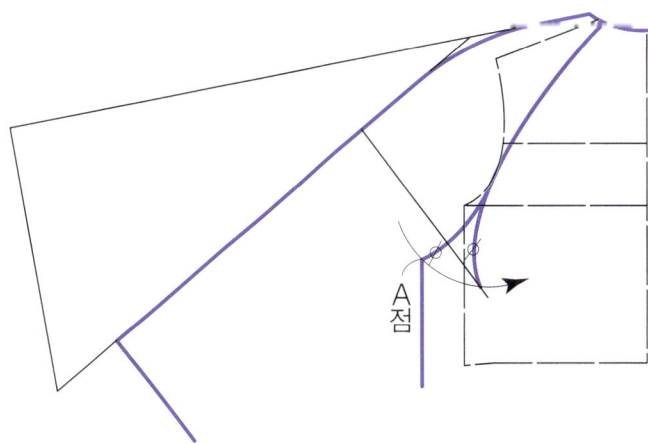

⑧ B점에서 j 치수를 측정해 ⑦의 선에 직각으로 선을 그립니다. 그런 다음 ⑦에서 그린 소매길이 치수 끝에서 직각으로 k 치수만큼의 선을 그립니다. 이 선이 소맷부리선이 됩니다.

⑪ ⑨의 교점과 소맷부리를 직선으로 연결하고 중간점 부근에서 l 치수를 측정해 표시한 점을 지나도록 곡선으로 선을 다시 그립니다. 앞판도 마찬가지 순서로 그립니다.

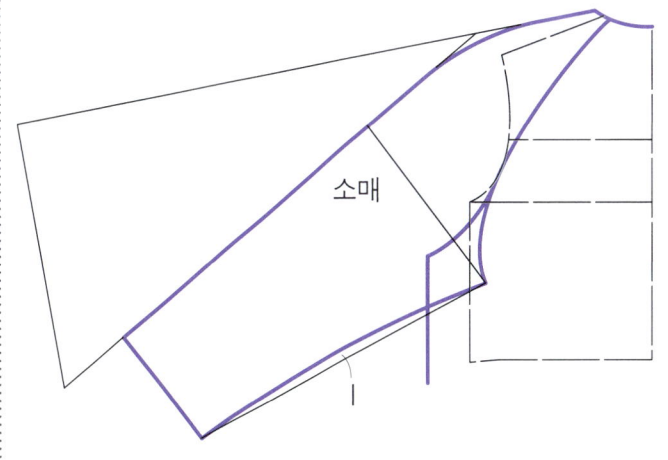

옷깃 제도법

셔츠 칼라

① 목둘레(깃을 달 위치) 치수를 앞 뒤 각각 잽 니다.

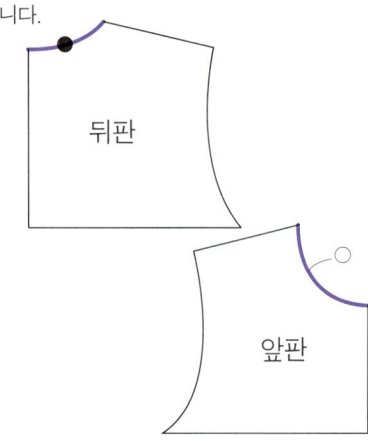

② 세로 측과 가로 측에 직각으로 선을 그립 니다.

③ 세로선에 a 치수를 표시하여 그 위치에서 직각으로 뒤 목둘레 치수의 선을 그립니다.

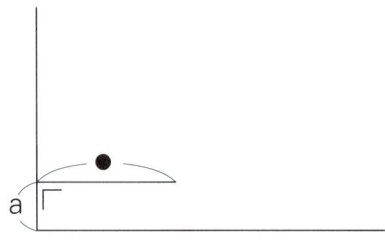

④ ③에서 그린 선 끝에서 ②에서 그린 가로 선에 앞 목둘레 치수대로 사선을 그립니다.

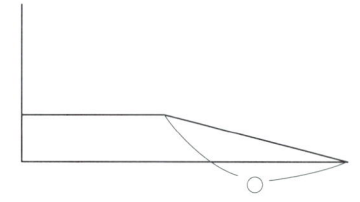

⑤ 뒤 중심선 위에 b 치수를 표시합니다. 이것 이 뒷깃의 너비가 됩니다.

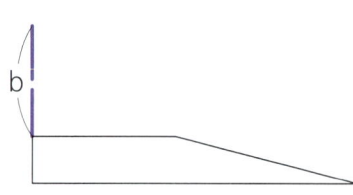

⑥ 앞 목둘레선과 가로선의 교점에서 직각으로 c 치수만큼 선을 긋고 그 끝에서 e 치수만 큼 선을 그립니다.

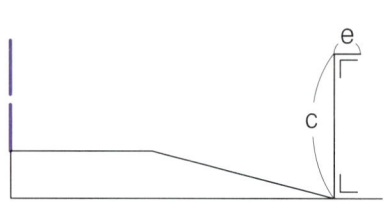

⑦ 뒤 중심선에서 e 치수 끝까지 곡선으로 선 을 그립니다. 뒤 중심선에서 2~3cm 정도 는 직선으로 그립니다.

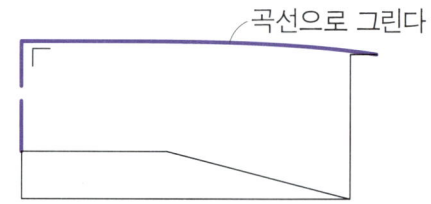

⑧ 앞 목둘레선과 가로선의 교점에서 ⑦의 선 끝까지 그립니다.

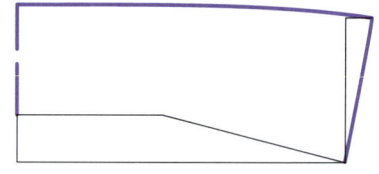

⑨ ④의 선에서 f 치수만큼을 표시해 목둘레선 을 다시 그립니다.
⑩ 깃허리선을 그립니다.

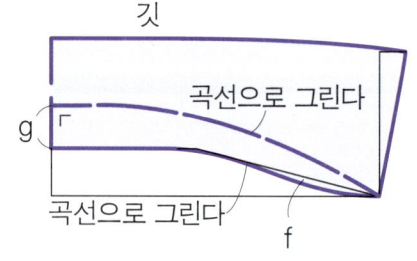

플랫 칼라

① 앞판 제도를 그림과 같이 베낍니다. 어깨 끝에서 a 치수만큼을 표시해 목둘레에서 선을 그립니다.

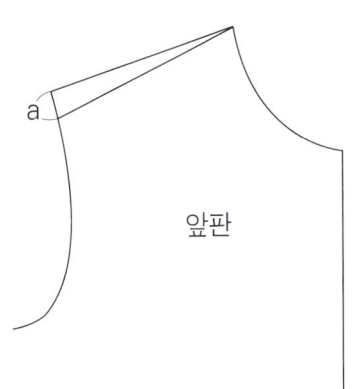

② 뒤판 제도의 어깨선을 ①에서 그린 선에 맞춰 놓고 뒤판 제도를 베낍니다.

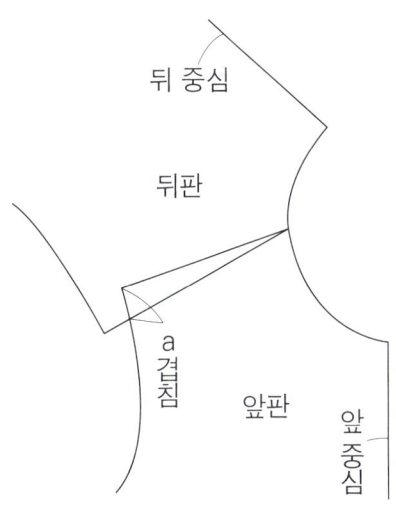

③ 뒤 중심에 뒷깃너비만큼을 표시해 깃의 뒤 중심선을 그립니다.

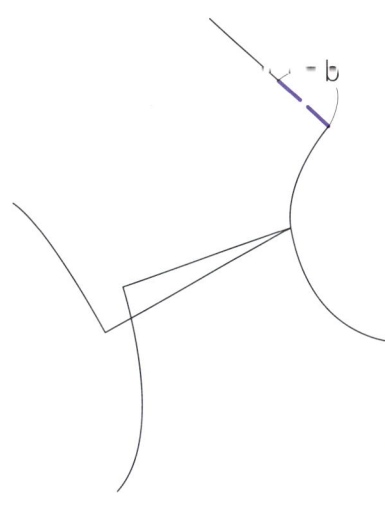

④ c 치수와 d 치수를 재어 앞깃너비의 안내선을 그립니다.

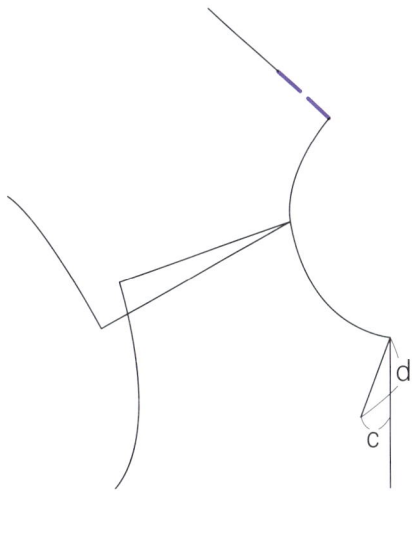

⑤ ③과 ④에서 그린 선에 직각으로 2~3cm 선을 그립니다.

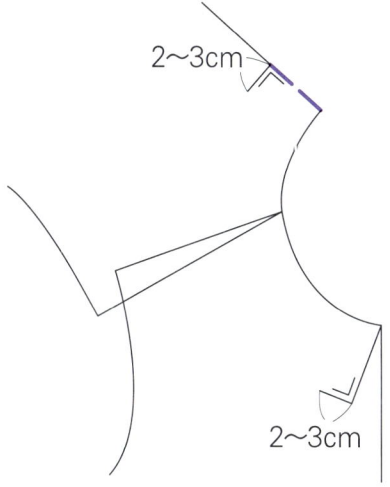

⑥ 어깨선에서 b 치수만큼을 표시하여 뒤에서 앞까지 그림과 같이 곡선을 그립니다.

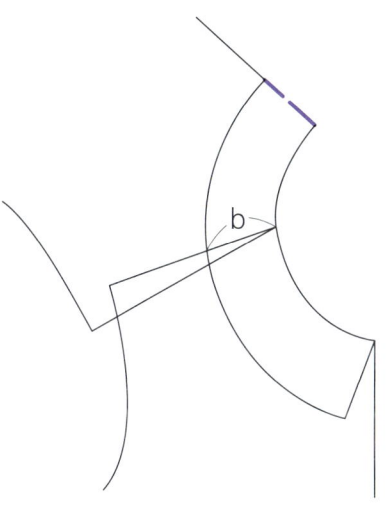

⑦ 깃 끝을 안내선을 따라 다시 그립니다.

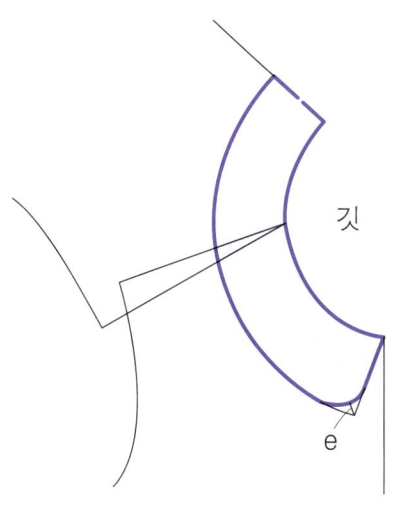

테일러드 칼라

① 뒤판 목둘레 치수를 잽니다.

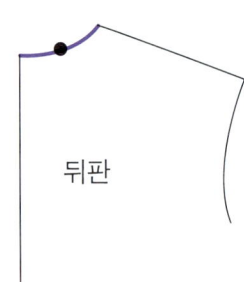

뒤판

② 허리둘레선에서 지정 치수를 재어 앞단선 위치를 정합니다.
③ 어깨선에서 c 치수를 재어 어깨선을 그립니다.

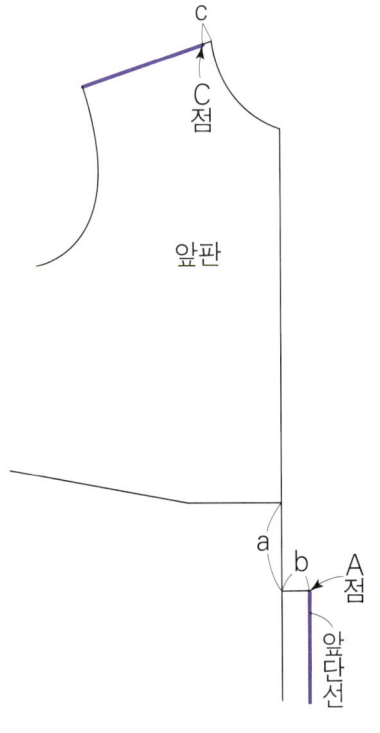

c
C점

앞판

a
b
A점

앞단선

④ 어깨선을 연장해 C점에서 d 치수를 재어 표시하고 A점에서 그림과 같이 선을 그려 A선으로 삼습니다.

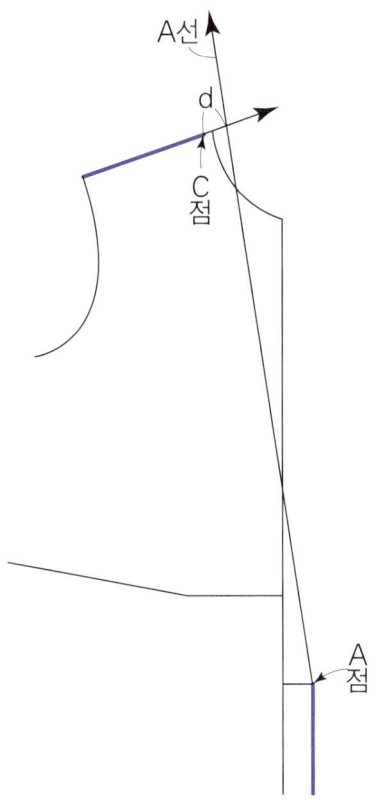

A선

d
C점

A점

⑤ 어깨 끝에서 e 치수만큼을 표시한 위치에서 앞 중심에서 f 치수를 재 표시한 위치를 지나는 선을 그려 B선으로 삼습니다.

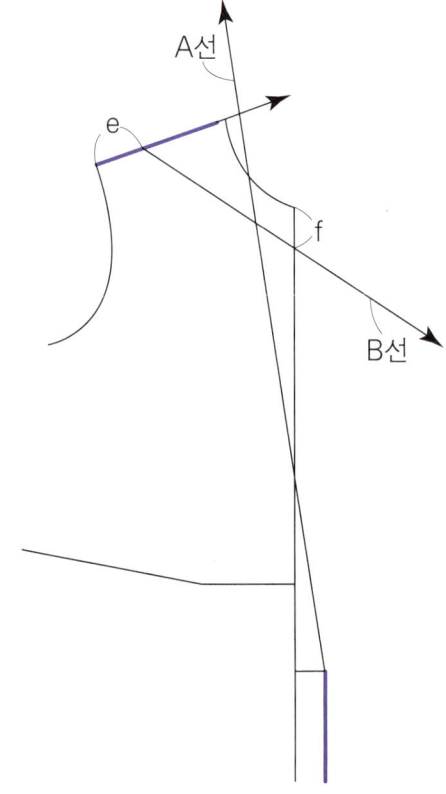

A선

e

f

B선

※a, b, c...의 알파벳은 숫자 대신 사용했습니다. 만들려는 작품에 따라 각각에 치수를 적용해 주세요.

⑥ A선에 직각으로 g 치수를 재어 B선과의 교점을 구합니다.

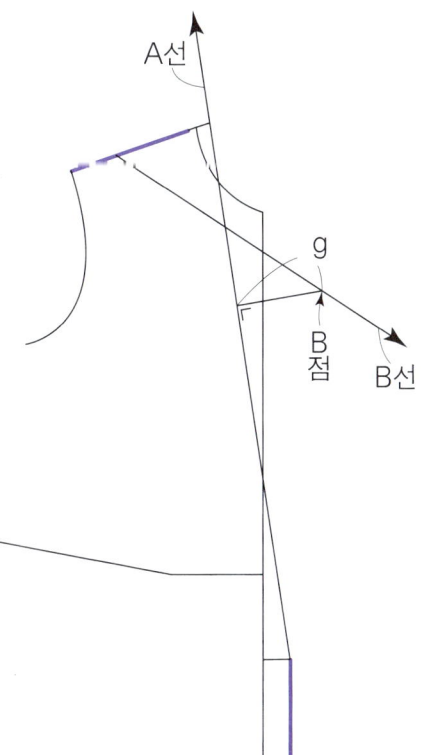

⑧ ⑦에서 그린 선 중간 부근에서 h 치수만큼을 표시한 위치를 지나는 곡선을 그립니다.

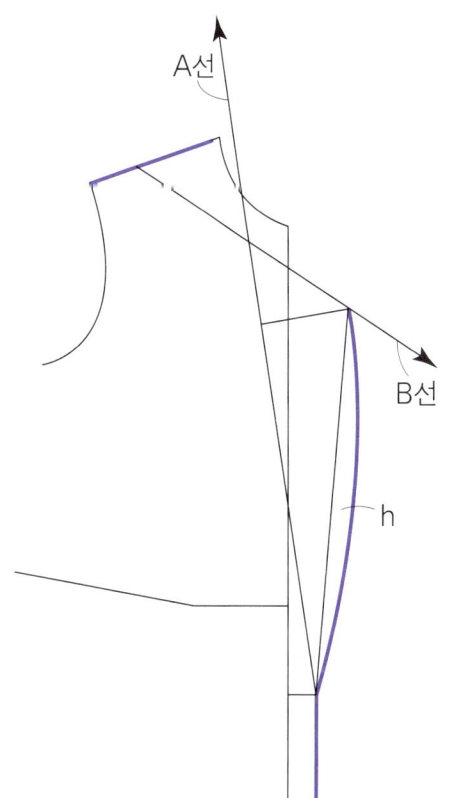

⑦ A점과 B점을 선으로 연결합니다.

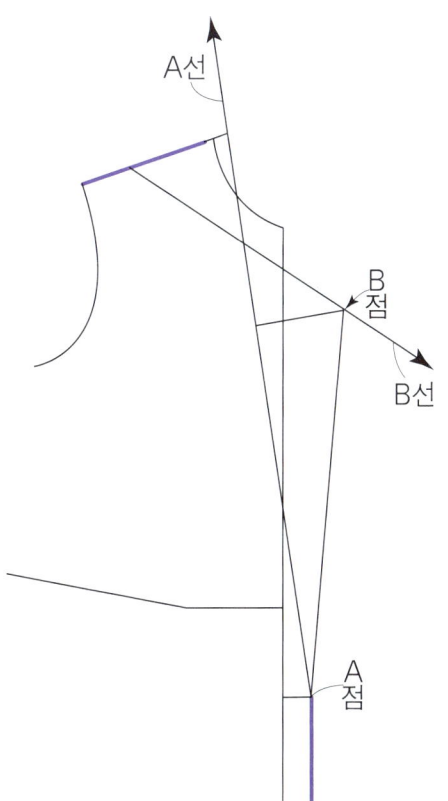

⑨ B선에 i 치수를 표시해 C점과 연결하고 B점과도 연결합니다.

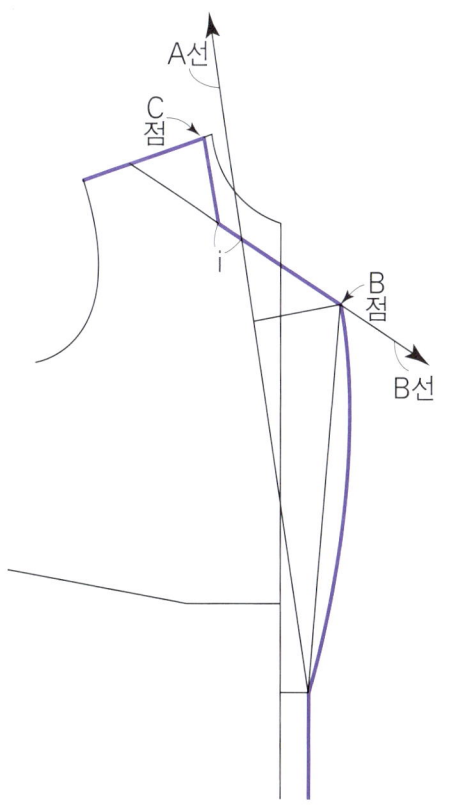

⑩ C점에서 A선에 평행하게 선을 그리고 ● 치수(뒤 목둘레 치수)를 측정
합니다.

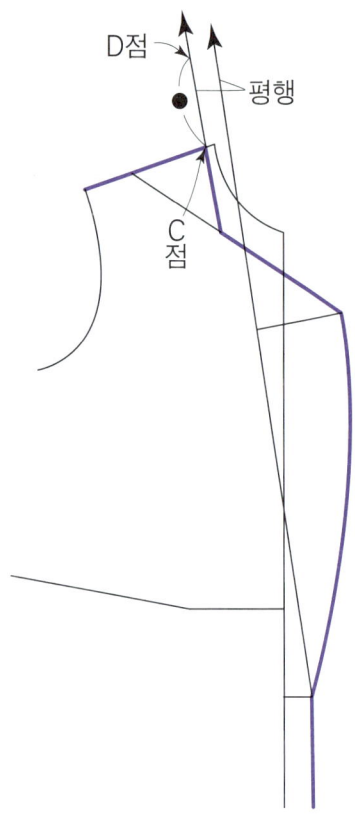

⑪ C점을 중심으로 컴퍼스를 사용해 ● 치수의 호를 그리고, j 치수를 측정
해 ● 치수의 선을 그립니다.

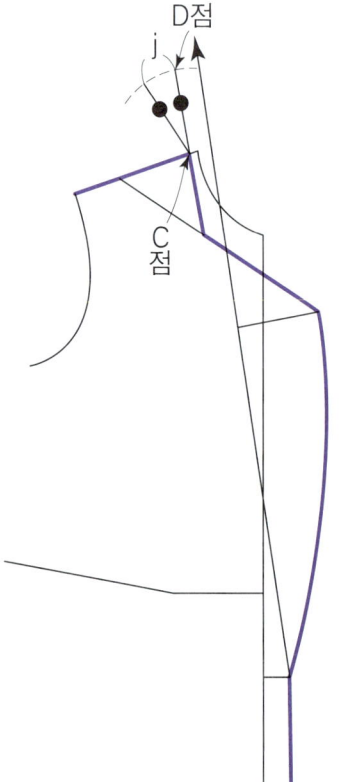

⑫ ⑪에서 그린 선에 직각으로 선을 그립니다.

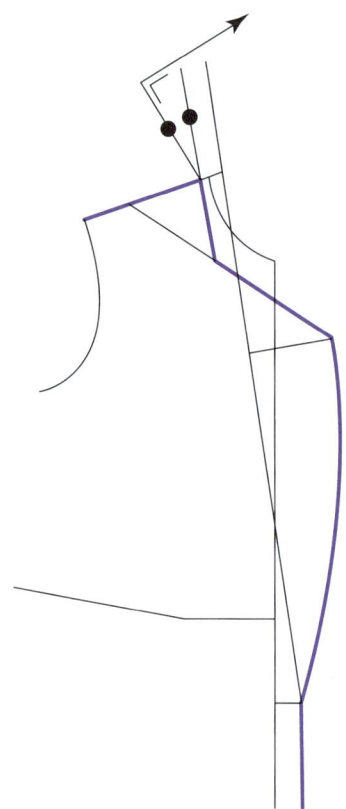

⑬ B점에서 k 치수를 측정해 표시합니다.

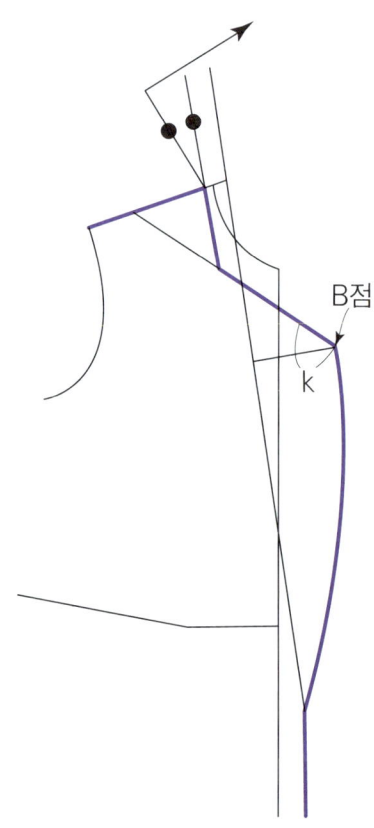

⑭ ⑬에서 표시한 점에서 m 치수로 호를 그립니다. B점에서 l 치수로 호를 그리고 교점을 구합니다.

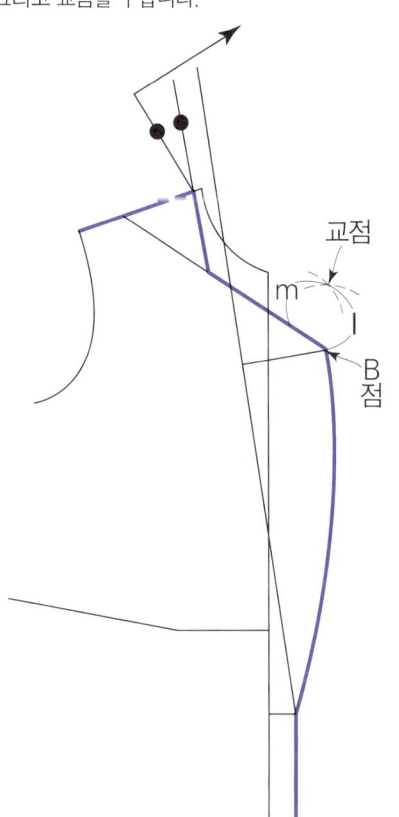

⑮ ⑬에서 그린 표시와 ⑭의 교점을 선으로 연결합니다. ⑫에서 그린 선에 n, p 치수를 측정해 선을 다시 그립니다. 이것이 뒤 중심선입니다.
⑯ 뒤 중심선에 직각으로 선을 그립니다.

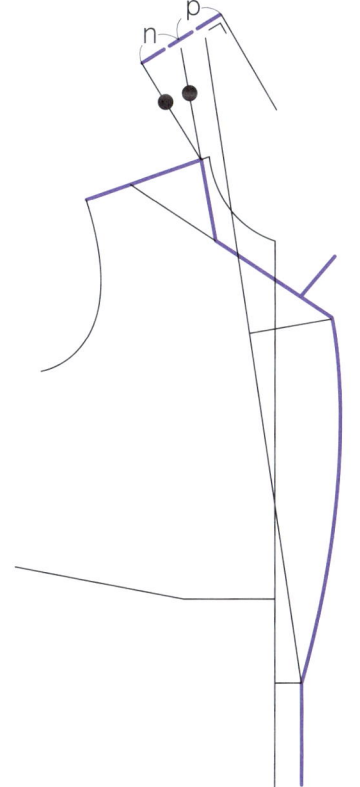

⑰ 뒤 중심선에서 2~3cm는 직각이 되도록 깃 바깥 둘레의 선을 그립니다.
⑱ ⑪에서 그린 뒤 목둘레 치수의 선을 자연스러운 곡선으로 연결합니다.

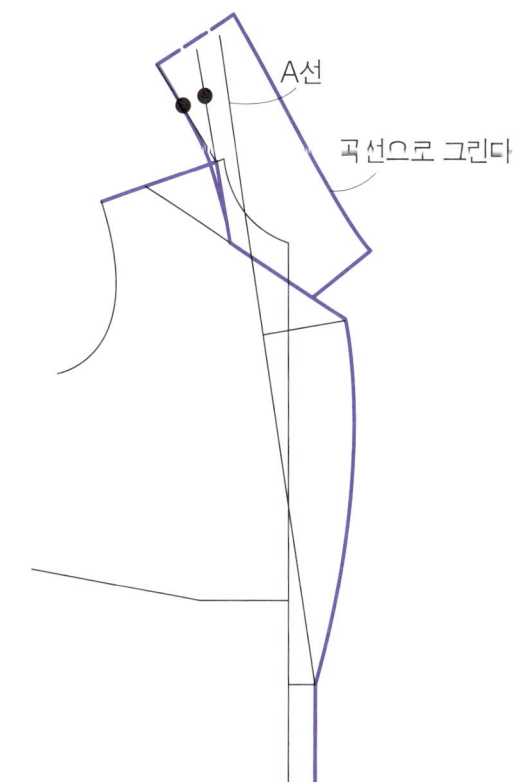

⑲ 뒤 중심선에 n 치수를 측정한 위치에서 자연스럽게 A선에 이어지도록 선을 그립니다.

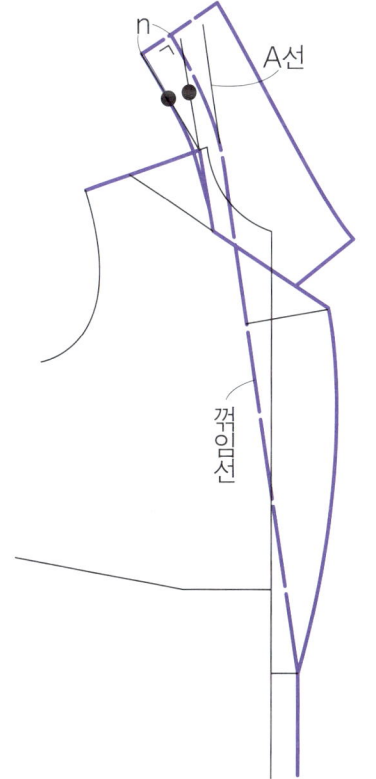

'문화식 원형
성인 여성용'
(신문화식 원형) 소개

'문화식 성인 여성용'의 특징

① '문화식 원형 성인 여성용'(이하 신문화식 원형)은 종래의 문화식 원형을 개정한 원형입니다. 여기서는 신문화식 원형에 대하여 설명합니다.

② 신문화식 원형은 근년의 20~40대 일본인의 체위가 향상하여 입체적인 체형(어깨뼈에서 허리까지의 경사가 커지고, 유방의 볼륨이나 골반의 돌출이 눈에 띄게 되는 등)에 맞추기 위해 유방의 형태에 맞추기 위한 가슴 다트, 어깨뼈에 맞추기 위한 어깨 다트, 몸통 부분에 맞추기 위한 허리 다트가 있습니다.

③ 신문화식 원형의 제도에서는 계산식이 많아집니다만, 100쪽에 나타낸 보기표를 참고하면 비교적 손쉽게 원형을 그릴 수 있습니다.

④ 신문화식 원형은 허리 다트가 들어가면 가슴둘레선에서 허리둘레선까지 몸에 따른 실루엣이 되고, 허리 다트를 넣지 않으면 박스 실루엣이 됩니다.

⑤ 원형의 가슴 다트, 어깨 다트, 허리 다트를 디자인이나 실루엣에 따라 다트 분량을 조정하거나 다트를 이동하는 등으로 제도합니다. 이로 인해 치수의 대소와 관계없이 균형 있는 좋은 패턴을 만들 수 있습니다. 원형의 조작 방법은 옷의 종류나 디자인, 실루엣에 따라 다르므로 제도와 더불어 기재하고 있습니다.

원형 제도법

1. 기초선 그리기

① A에서 세로 방향으로 등길이를 재어 뒤 중심선을 그립니다.
② WL(허리둘레선)을 그려 몸통너비를 확보합니다.

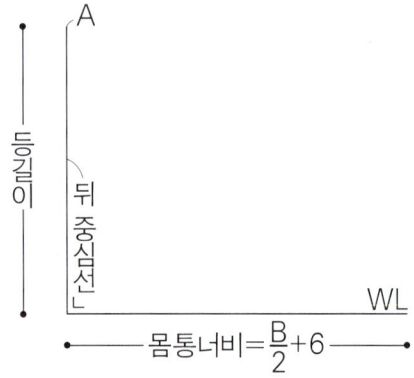

③ BL(가슴둘레선)의 위치를 정합니다.
④ 앞 중심선을 그리고 BL을 수직으로 그립니다.

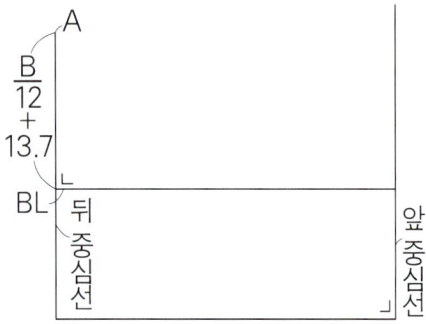

⑤ 뒤 중심선에서 BL에 등너비 치수만큼을 표시해 C로 삼습니다.
⑥ C에서 수직으로 등너비선을 그립니다.

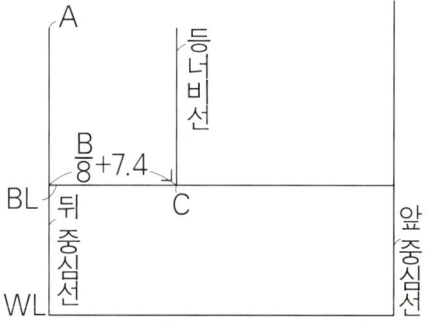

⑦ A에서 수평선을 그립니다.

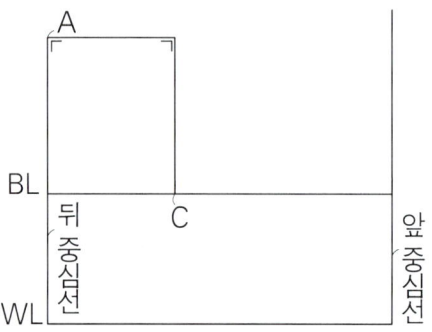

⑧ A에서 8cm 아래 위치에서 수평선을 그려 D, E의 위치를 정합니다.

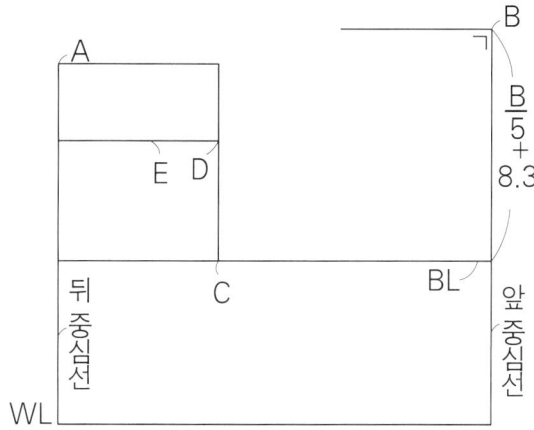

⑨ 앞 중심선의 BL에서 $\frac{B}{5}$+8.3cm를 표시해 B로 삼습니다.
⑩ B에서 수평선을 그립니다.

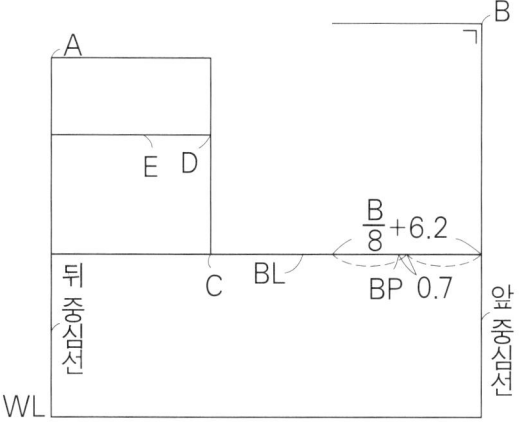

⑪ BL에서 BP(유두점) 위치를 정합니다.

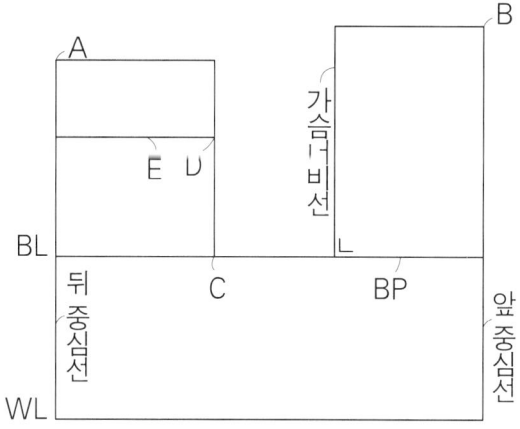

⑫ 가슴너비선을 그립니다.

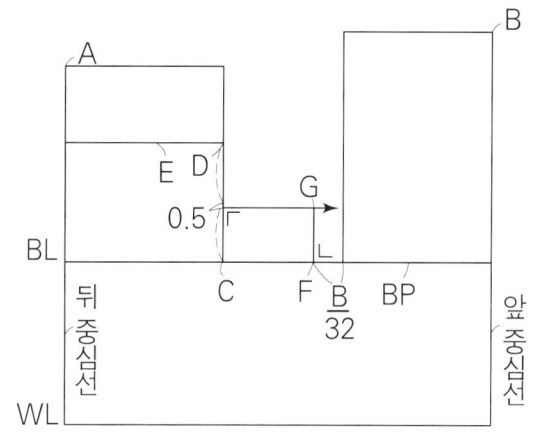

⑬ BL에서 F의 위치를 정하고, G의 위치를 정합니다.

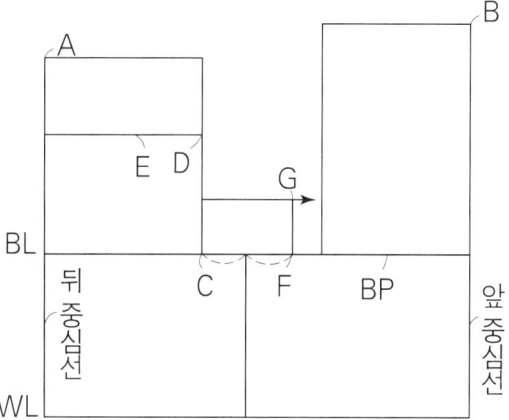

⑭ C와 F의 중앙에 옆솔기선을 그립니다.

다음 페이지에 계속 ▶ 95

2. 윤곽선과 다트 그리기

① 앞 목둘레 안내선을 수평, 수직으로 그립니다. 계산식 치수는 100쪽의 보기표를 참조하세요.

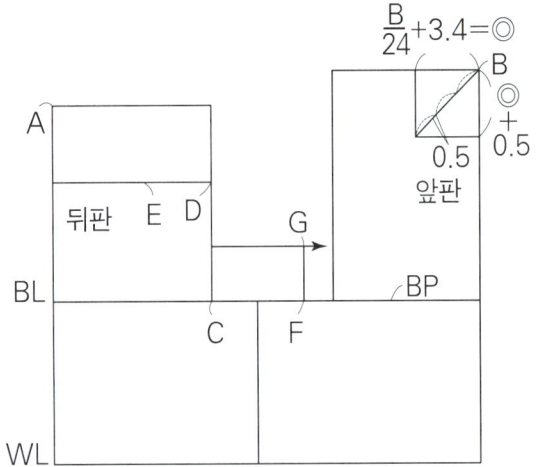

② 안내선을 따라 앞 목둘레선을 그립니다.

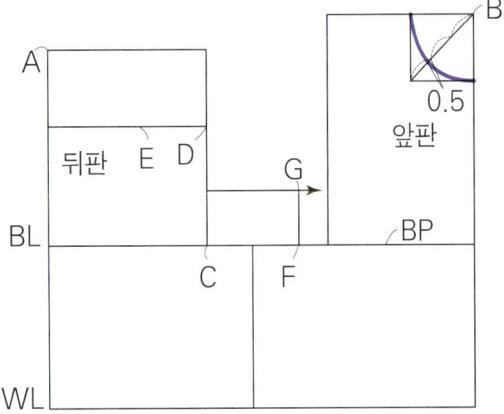

③ SNP에서 22° 각도를 취해 가슴너비선에서 1.8cm를 연장하여 앞 어깨선을 그립니다. 앞 어깨선 치수를 측정해 둡니다.

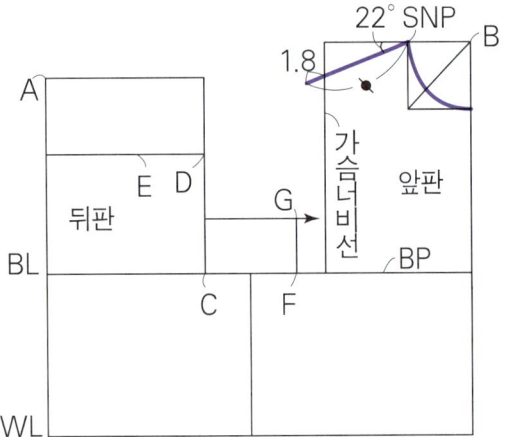

④ G와 BP를 연결하여 $(\frac{B}{4}-2.5)°$의 각도를 취합니다. BP와 연결해서 같은 치수를 측정한 후 가슴 다트를 그립니다. 계산식 치수는 100쪽의 보기표를 참조하세요.

⑤ 앞판 진동둘레선의 윗부분을 그립니다.

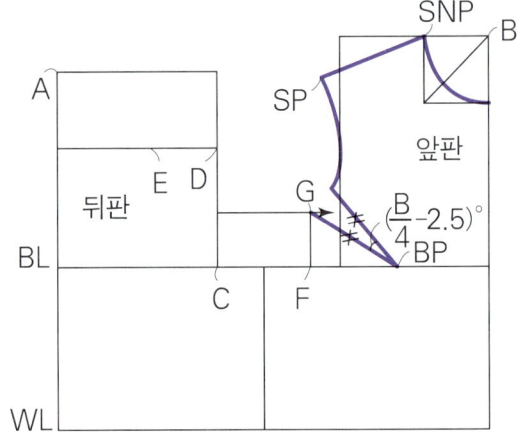

⑥ 앞판 진동둘레 아랫부분의 안내선을 그립니다.

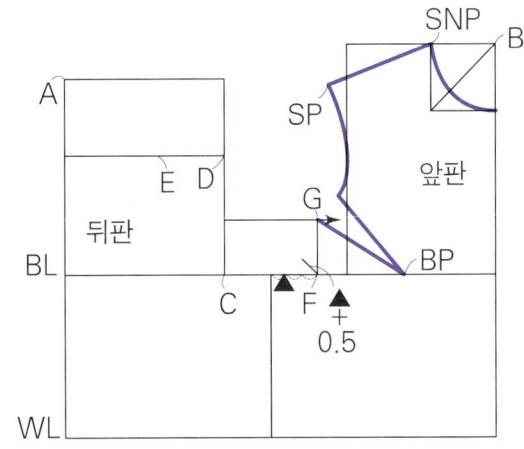

⑦ 앞판 진동둘레 아랫부분의 선을 그립니다.

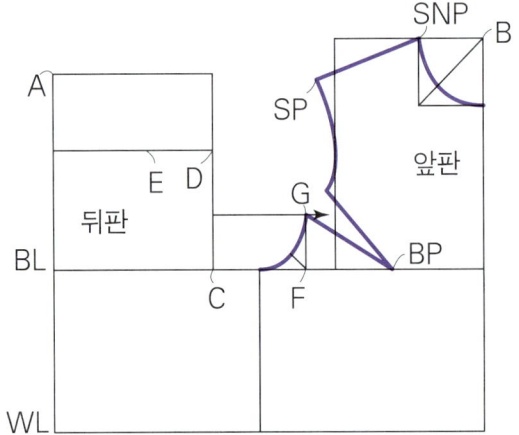

⑧ 뒤 목둘레선을 그립니다. 계산식 치수는 100쪽의 보기표를 참조하세요.

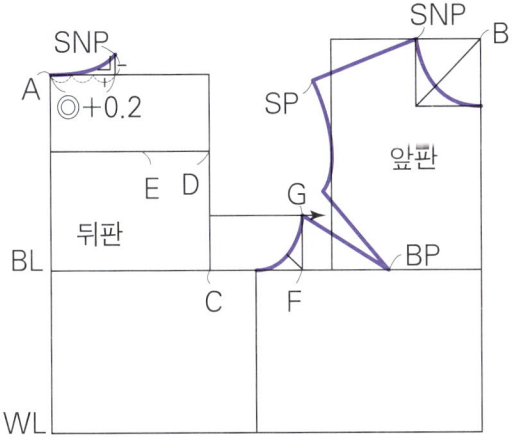

⑨ SNP에서 18°의 각도를 취해 뒤 어깨선의 안내선을 그립니다. 계산식 치수는 100쪽의 보기표를 참조하세요.

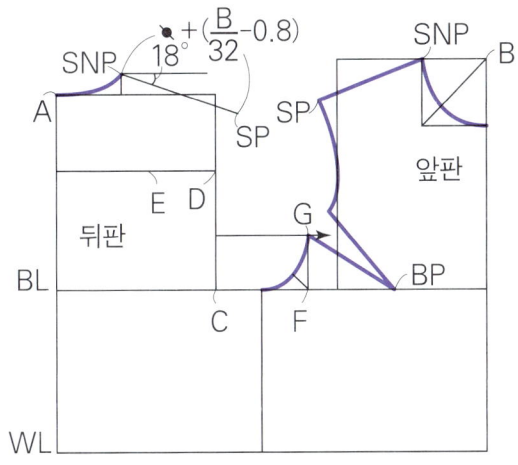

⑩ 안내선을 따라 뒤 어깨선과 어깨 다트를 그립니다. 계산식 치수는 100쪽의 보기표를 참조하세요.

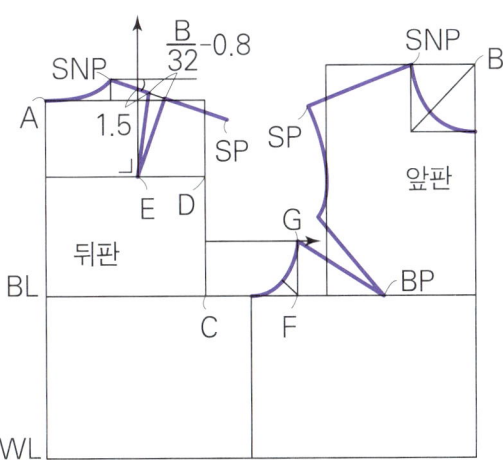

⑪ 뒤 진동둘레선을 그립니다.

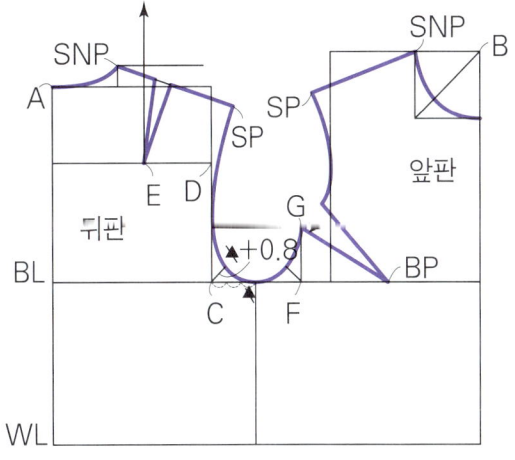

⑫ 앞 중심선, 뒤 중심선, WL(허리둘레선)을 그립니다.

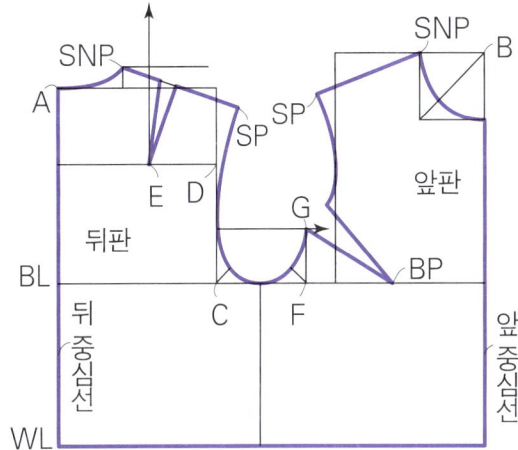

⑬ 허리 다트 a~f를 그립니다.

※ 허리 다트 a~f 각각의 다트 분량은 총 다트 분량에 대한 비율에서 구합니다. 총 다트 분량은 몸통너비-($\frac{W}{2}$+3)이 됩니다. 다트 치수는 100쪽의 보기표를 참조하세요. 치수를 재어 옆솔기선의 안내선을 그립니다. 밑단선이 똑바른 경우는 이것이 완성선이 됩니다.

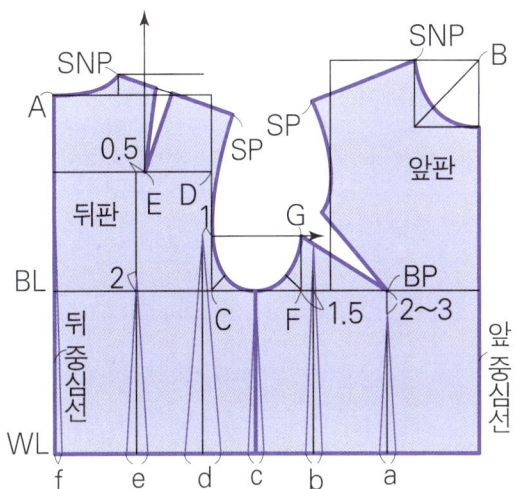

분도기를 사용하지 않고 원형을 그리는 경우

● 앞 어깨 각도 ⋯ SNP에서 수평선 상으로 8cm를 표시하여 직각으로
   3.2cm 내려간 위치와 SNP를 연결해서 앞 어깨선을 그린다.
● 뒤 어깨 각도 ⋯ SNP에서 수평선 상으로 8cm를 표시하여 직각으로
   2.6cm 내려간 위치와 SNP를 연결해서 뒤 어깨선을 그린다.
● 가슴 다트 그리는 방법 ⋯ G와 BP를 연결해서 G에서 -3.2cm를 표시
   하여 가슴 다트 분량으로 삼는다.

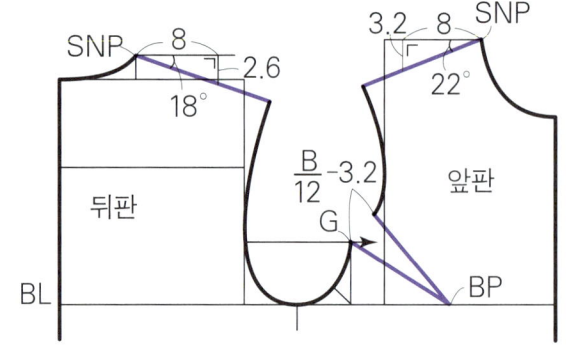

가슴 다트 보기표(분도기를 사용하지 않는 경우)　　　　　　　　　　　　　　　단위(cm)

가슴 치수	77	78	79	80	81	82	83	84	85	86	87	88	89	90	91	92	93	94	95	96	97	98	99	100	101	102	103	104
가슴 다트	3.2	3.3	3.4	3.5	3.6	3.6	3.7	3.8	3.9	4.0	4.1	4.1	4.2	4.3	4.4	4.5	4.6	4.6	4.7	4.8	4.9	5.0	5.1	5.1	5.2	5.3	5.4	5.5

원형을 그릴 때 주의할 점

가슴 치수가 커지면 가슴 다트 분량도 커지는데, 이 경
우 다트를 꿰매면 진동둘레선에 각이 져서 매끄럽게
연결되지 않습니다. 가슴 치수가 커지면 (92cm부터)
그림과 같이 수정이 필요합니다.

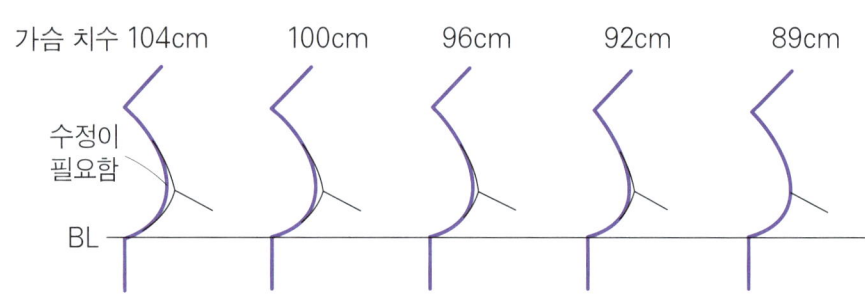

소매 그리는 방법

신문화식 원형에서는 몸판의 목둘레선을 베낀 후 소
매를 그립니다. 여기서는 원형의 진동둘레에 맞춘 소
매 그리는 방법을 소개합니다.

원래의 원형

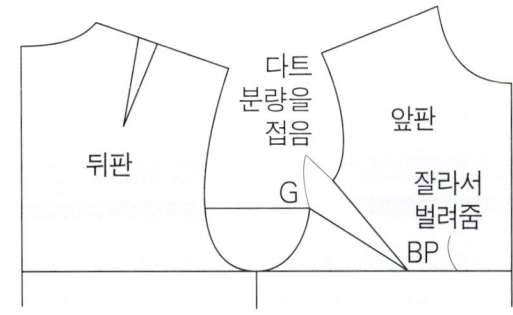

① BL이 수평이 되도록 옆솔기선을 맞대어 앞뒤 진동둘레선을 베낍니다.

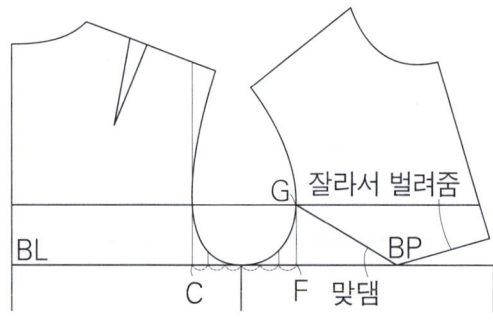

② 소매산 높이를 정합니다.

※ 소매산 높이는 아이템이나 기능 면을 고려해 정하므로 제도에 따라 달라집니다.

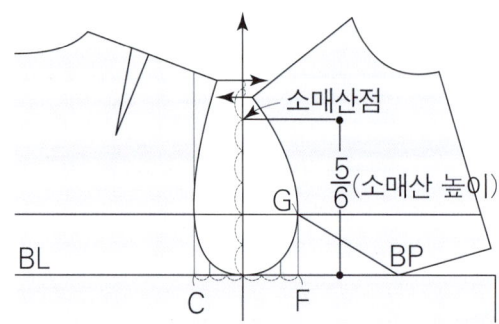

③ 소매산점에서 소매길이 치수만큼을 긋고 소맷부리선을 그립니다.

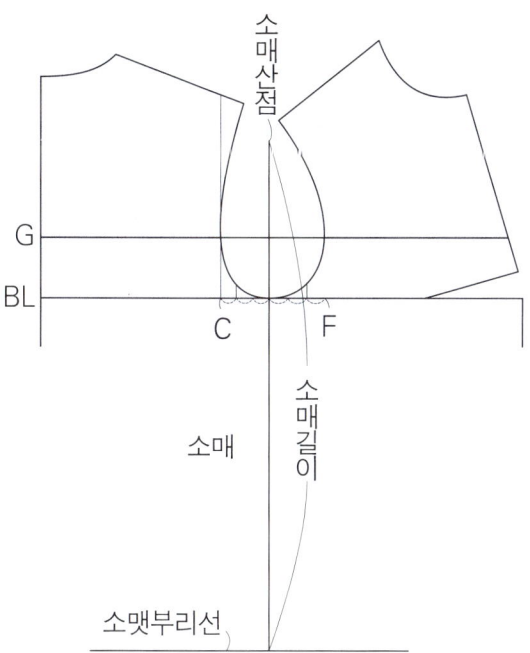

⑤ 소매산의 곡선을 그리기 위한 안내선을 그립니다.
⑥ 소매산 하부의 곡선을 그리기 위한 안내선을 그립니다.

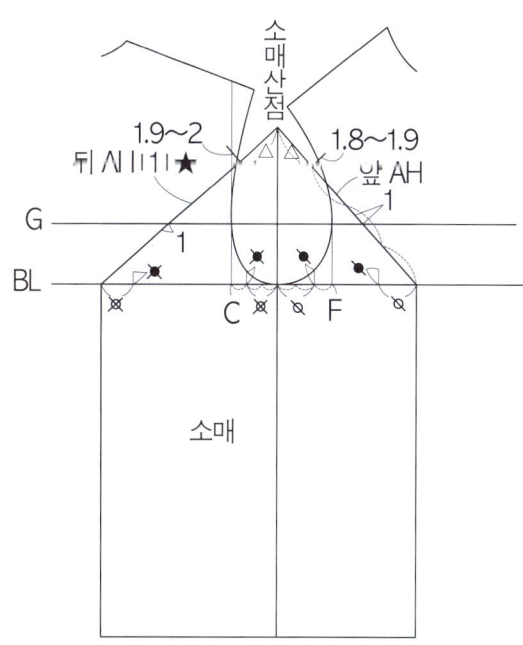

④ 소매너비를 정합니다.

※ 가슴 치수가 커짐에 따라 AH 치수도 커집니다. 뒤 AH 치수에 더하는 치수가 1cm
　라면 뒤 소매너비가 좁아지고 홈질줄임(easing) 분량도 부족하게 되므로 가슴 치
　수 85cm 이상은 ★의 치수(100쪽 참조)를 더합니다.

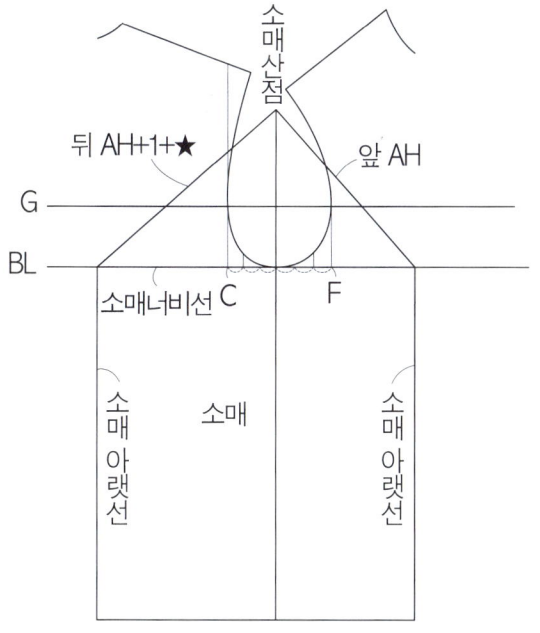

⑦ 안내선을 따라 소매산의 곡선을 그립니다.

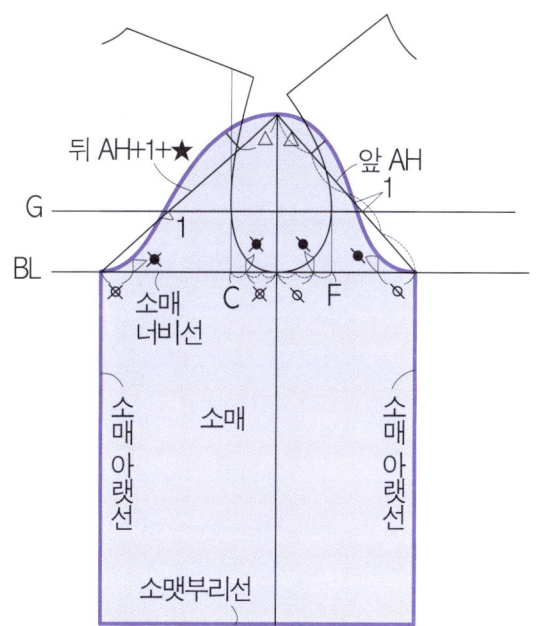

소매산의 홈질줄임 분량에 대해서

소매산 곡선 치수는 진동둘레 치수보다 7~8% 많습니다. 소매를 몸판에
붙였을 때 소매산이 입체적이 되도록 하는 데 필요한 분량입니다.

EL(엘보라인, 팔꿈치선)에 대해서

몸판의 BL에서 WL까지의 높이를 기준으로 삼으면 좋습니다. 소매 아랫
선이 바로 아래인 경우 EL은 그리지 않습니다.

각부 치수 보기표

가슴치수	몸통너비 $\frac{B}{2}+6$	A점~BL $\frac{B}{12}+13.7$	등너비 $\frac{B}{8}+7.4$	BL~B점 $\frac{B}{5}+8.3$	가슴너비 $\frac{B}{8}+6.2$	$\frac{B}{32}$ $\frac{B}{32}$	앞 목둘레 너비 $\frac{B}{24}+3.4=◎$	앞 목둘레 깊이 ◎+0.5	가슴 다트 $(\frac{B}{4}-2.5)$	뒤 목둘레너비 ◎+0.2	뒤 어깨 다트 $\frac{B}{32}-0.8$	★ ★
77	44.5	20.1	17.0	23.7	15.8	2.4	6.6	7.1	16.8°	6.8	1.6	0.0
78	45.0	20.2	17.2	23.9	16.0	2.4	6.7	7.2	17.0°	6.9	1.6	0.0
79	45.5	20.3	17.3	24.1	16.1	2.5	6.7	7.2	17.3°	6.9	1.7	0.0
80	46.0	20.4	17.4	24.3	16.2	2.5	6.7	7.2	17.5°	6.9	1.7	0.0
81	46.5	20.5	17.5	24.5	16.3	2.5	6.8	7.3	17.8°	7.0	1.7	0.0
82	47.0	20.5	17.7	24.7	16.5	2.6	6.8	7.3	18.0°	7.0	1.8	0.0
83	47.5	20.6	17.8	24.9	16.6	2.6	6.9	7.4	18.3°	7.1	1.8	0.0
84	48.0	20.7	17.9	25.1	16.7	2.6	6.9	7.4	18.5°	7.1	1.8	0.0
85	48.5	20.8	18.0	25.3	16.8	2.7	6.9	7.4	18.8°	7.1	1.9	0.1
86	49.0	20.9	18.2	25.5	17.0	2.7	7.0	7.5	19.0°	7.2	1.9	0.1
87	49.5	21.0	18.3	25.7	17.1	2.7	7.0	7.5	19.3°	7.2	1.9	0.1
88	50.0	21.0	18.4	25.9	17.2	2.8	7.1	7.6	19.5°	7.3	2.0	0.1
89	50.5	21.1	18.5	26.1	17.3	2.8	7.1	7.6	19.8°	7.3	2.0	0.1
90	51.0	21.2	18.7	26.3	17.5	2.8	7.2	7.7	20.0°	7.4	2.0	0.2
91	51.5	21.3	18.8	26.5	17.6	2.8	7.2	7.7	20.3°	7.4	2.0	0.2
92	52.0	21.4	18.9	26.7	17.7	2.9	7.2	7.7	20.5°	7.4	2.1	0.2
93	52.5	21.5	19.0	26.9	17.8	2.9	7.3	7.8	20.8°	7.5	2.1	0.2
94	53.0	21.5	19.2	27.1	18.0	2.9	7.3	7.8	21.0°	7.5	2.1	0.2
95	53.5	21.6	19.3	27.3	18.1	3.0	7.4	7.9	21.3°	7.6	2.2	0.3
96	54.0	21.7	19.4	27.5	18.2	3.0	7.4	7.9	21.5°	7.6	2.2	0.3
97	54.5	21.8	19.5	27.7	18.3	3.0	7.4	7.9	21.8°	7.6	2.2	0.3
98	55.0	21.9	19.7	27.9	18.5	3.1	7.5	8.0	22.0°	7.7	2.3	0.3
99	55.5	22.0	19.8	28.1	18.6	3.1	7.5	8.0	22.3°	7.7	2.3	0.3
100	56.0	22.0	19.9	28.3	18.7	3.1	7.6	8.1	22.5°	7.8	2.3	0.4
101	56.5	22.1	20.0	28.5	18.8	3.2	7.6	8.1	22.8°	7.8	2.4	0.4
102	57.0	22.2	20.2	28.7	19.0	3.2	7.7	8.2	23.0°	7.9	2.4	0.4
103	57.5	22.3	20.3	28.9	19.1	3.2	7.7	8.2	23.3°	7.9	2.4	0.4
104	58.0	22.4	20.4	29.1	19.2	3.3	7.7	8.2	23.5°	7.9	2.5	0.4

허리 다트 치수 보기표

총 다트 분량 100%	f 7%	e 18%	d 35%	c 11%	b 15%	a 14%
9	0.6	1.6	3.1	1.0	1.4	1.3
10	0.7	1.8	3.5	1.1	1.5	1.4
11	0.8	2.0	3.9	1.2	1.6	1.5
12	0.8	2.2	4.2	1.3	1.8	1.7
12.5	0.9	2.3	4.3	1.3	1.9	1.8
13	0.9	2.3	4.6	1.4	2.0	1.8
14	1.0	2.5	4.9	1.5	2.1	2.0
15	1.1	2.7	5.2	1.6	2.3	2.1

※a~f의 다트 분량은 소수점 첫 자리까지만 표시합니다.

신문화식 원형 사용 제도 소개

재료

겉감(나일론, 폴리우레탄 혼방) 가로 110cm×세로 1m 40cm, 별도 원단 (모, 아크릴 혼방) 약간, 접착심지 가로 90cm×세로 80cm, 단추 2cm×4개.

조끼

1. 원형 조작

① 뒤 어깨 다트 끝점에서 수평으로 이동선을 그리고, 뒤 어깨 다트의 $\frac{1}{2}$만을 진동둘레 쪽으로 이동합니다.

② 앞가슴 다트 끝점과 어깨선을 이등분한 위치를 연결해 이동선을 그리고, 앞가슴 다트의 만을 어깨 다트 쪽으로 이동합니다.

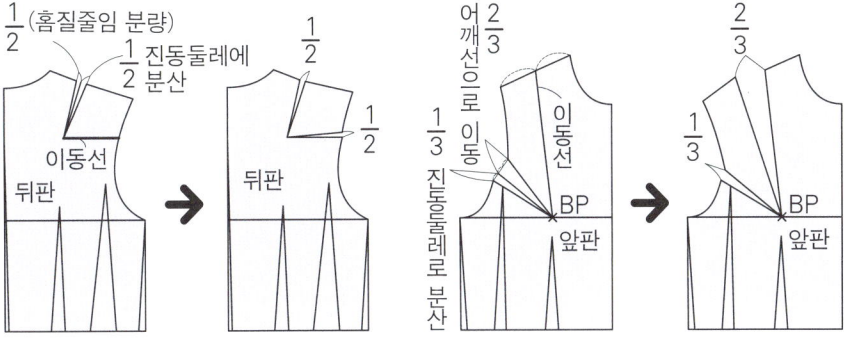

2. 뒤판 제도

① 목둘레선, 어깨선, 진동둘레선을 그립니다.
② 원형의 WL에서 엉덩이길이를 재어 직각으로 HL+여유분을 그립니다.
③ 패널 라인은 원형의 다트 e, d를 기준으로 그립니다.
④ 뒤 중심선, 옆솔기선, 밑단선을 그립니다.

3. 앞판 제도

① 목둘레선, 어깨선, 진동둘레선을 그립니다.
② 원형의 WL에서 엉덩이길이를 재어 직각으로 HL+여유분을 그립니다.
③ 패널 라인은 원형의 다트 a, b를 기준으로 그립니다.
④ 앞단선, 옆솔기선, 밑단선을 그립니다.
⑤ 앞 몸판 어깨선 위의 다트를 꿰매면 패널 라인이 벌어져 그 부분을 다트로 삼습니다.

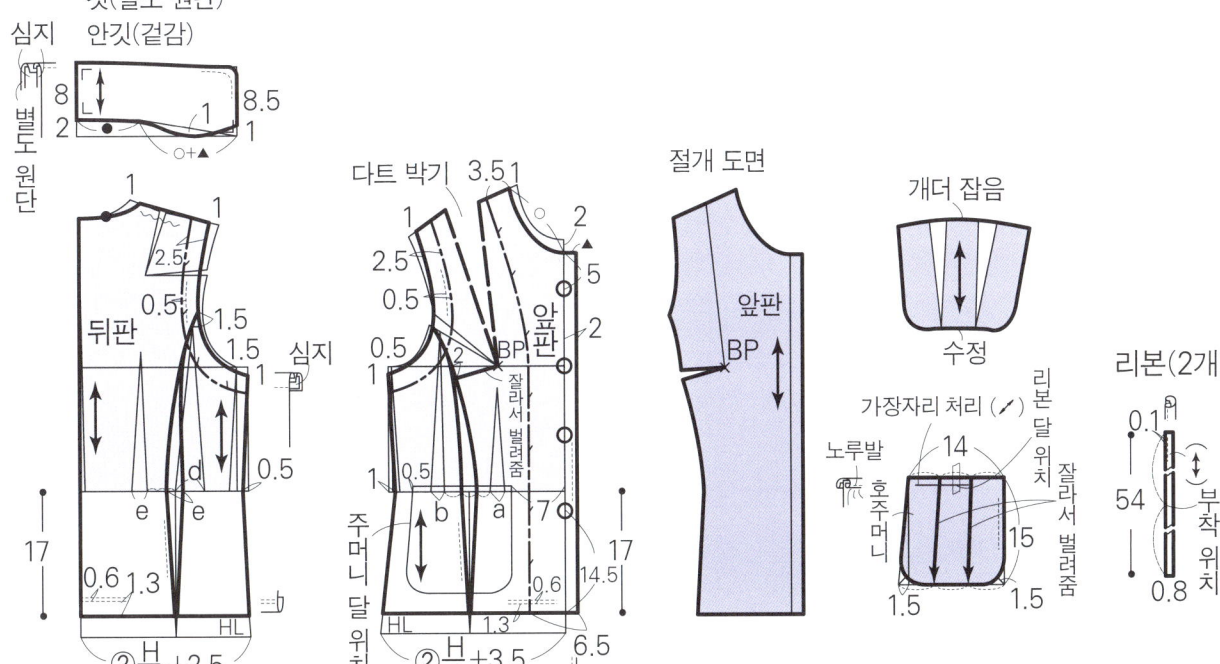

칼라 없는 재킷

재료

겉감(면) 가로 110cm×세로 1m 50cm, 별도 원단(면 레이스) 가로 110cm×세로 1m 40cm, 걸고리단추 1쌍.

1. 원형 조작

① 뒤 어깨 다트 끝점에서 수평으로 이동선을 그립니다.
② 어깨 다트의 $\frac{1}{2}$만큼을 진동둘레 쪽으로 이동합니다.

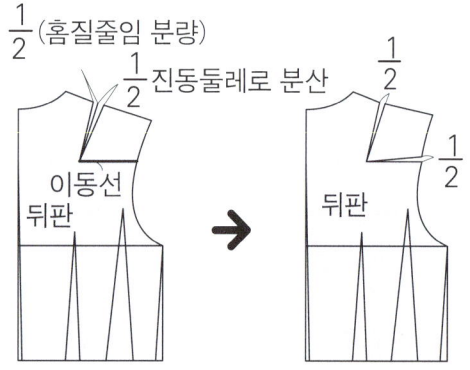

③ 앞가슴 다트 끝점과 어깨선을 이등분한 위치를 연결해 이동선을 그립니다.
④ 앞가슴 다트의 $\frac{2}{3}$만큼을 어깨 다트 쪽으로 이동합니다.

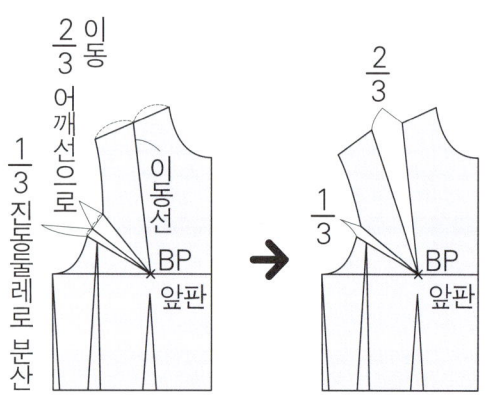

2. 뒤판 제도

① 목둘레선, 어깨선, 진동둘레선을 그립니다.
② 원형의 허리둘레선에서 아래로 엉덩이길이만큼을 표시한 위치에서 직각으로 HL을 그리고, $\frac{H}{4}$+2 길이의 선을 그립니다.
③ 뒤 중심선, 옆솔기선을 그립니다.
④ 패널 라인은 원형 다트 위치에서 e 치수와 같은 치수를 측정해서 그립니다.
⑤ 밑단선, 패널 라인을 그립니다.

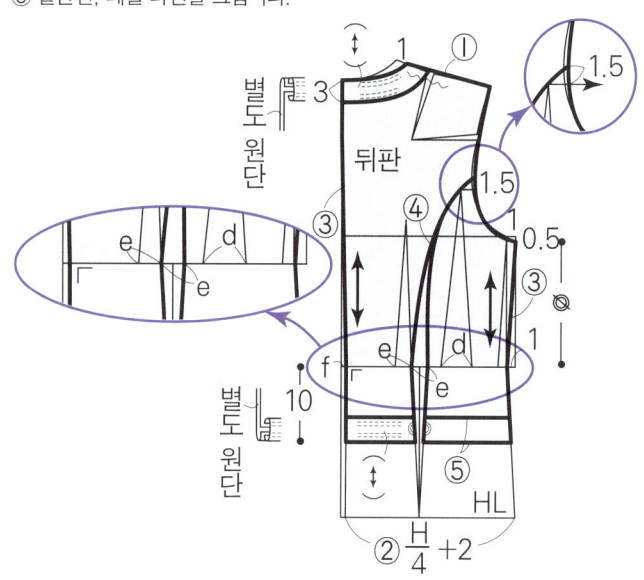

3. 앞판 제도

① 목둘레선, 어깨선, 진동둘레선을 그립니다.
② 원형 허리선에서 아래로 엉덩이길이만큼을 표시한 위치에서 직각으로 HL을 그리고 $\frac{H}{4}$+3 길이의 선을 그립니다.
③ 앞단선, 옆솔기선을 그립니다.
④ 패널 라인은 원형 다트 (a) 위치에서부터 1cm 위치에서 a 치수와 같은 치수를 측정해서 그립니다.
⑤ 밑단선, 패널 라인을 그립니다.

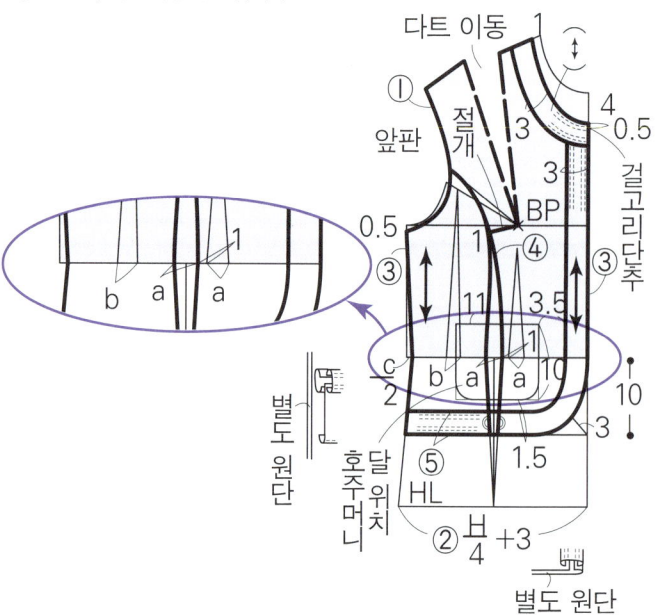

⑥ 앞 몸판 어깨선의 다트를 오므리면 패널 라인이 벌어집니다.
⑦ 벌어진 분량은 홈질줄임 분량으로 봉제할 때 오므려 박아줍니다.

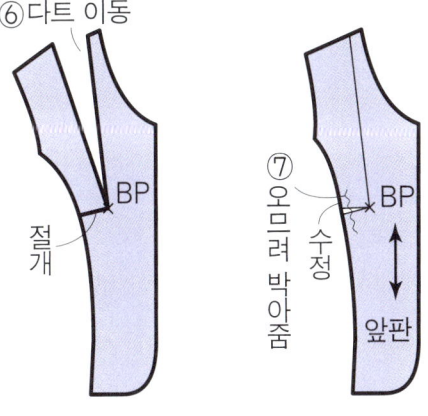

⑧ 호주머니를 제도한 후 절개합니다.
⑨ 벌어진 분량은 개더를 잡습니다.

 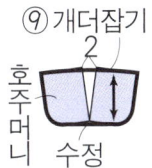

4. 소매 제도

① 몸판 제도를 BL이 수평이 되도록 옆솔기선을 맞춰 앞뒤 진동둘레선을 베낍니다.
② 소매산 높이를 정합니다.

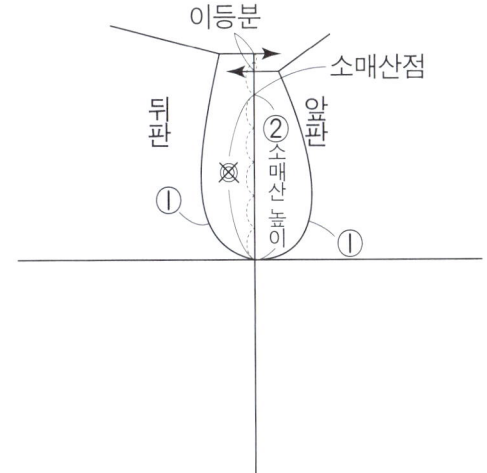

③ 소매산점에서 소매길이 치수를 측정합니다.
④ 몸판 BL에서 WL까지의 높이와 같은 치수를 측정해 EL을 그립니다.
⑤ 앞쪽으로 방향성을 갖게 하기 위해 소매산점을 1cm 뒤쪽에 가깝게 합니다.
⑥ 소매산점에서 앞 AH, 뒤 AH에 홈질줄임 분량을 더한 치수를 각각 사선으로 그려 소매너비를 정합니다.
⑦ 기본이 되는 소매산의 곡선을 그립니다.

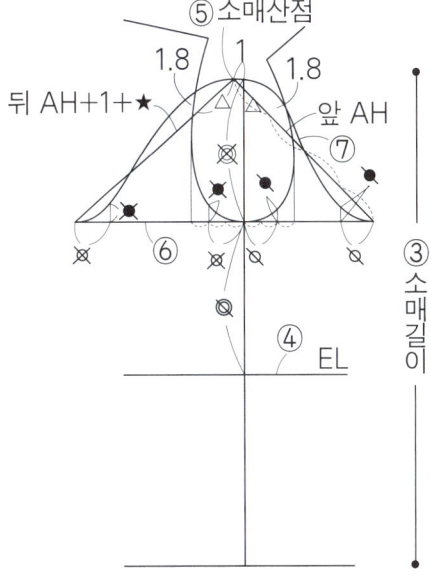

⑧ 앞 소매너비, 뒤 소매너비를 각각 이등분 합니다.
⑨ 안내선을 그립니다.
⑩ 소맷부리 치수를 그립니다.
⑪ 안내선을 그립니다.
⑫ 소매산선의 아랫부분을 베낍니다.
⑬ 앞쪽 소매 아랫선을 그립니다.
⑭ 뒤쪽 소매 아랫선을 그립니다.
⑮ 완성 소매선, 덧단선을 그립니다.

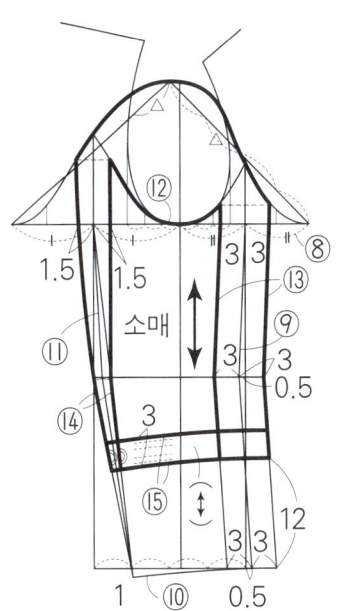

테일러드 재킷

재료

겉감(면) 가로 110cm×세로 2m 10cm, 안감(앞판 분량만큼) 가로 90cm×세로 80cm, 접착심지 가로 90cm×세로 80cm, 단추 2.5cm×3개, 두께 1cm의 삼각패드 1쌍, 바이어스 테이프

1. 원형 조작

① 뒤 어깨 다트 끝점에서 수직으로 이동선을 그립니다.
② 어깨 다트의 $\frac{1}{2}$만큼을 진동둘레 쪽으로 이동합니다.

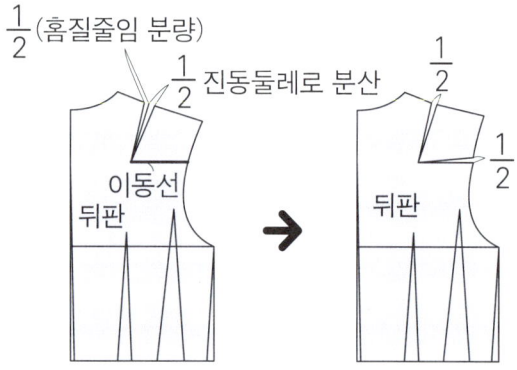

③ 앞 가슴 다트 끝점과 어깨선을 이등분한 위치를 연결해 이동선을 그립니다.
④ 앞 가슴 다트의 $\frac{2}{3}$만큼을 어깨 다트 쪽으로 이동합니다.

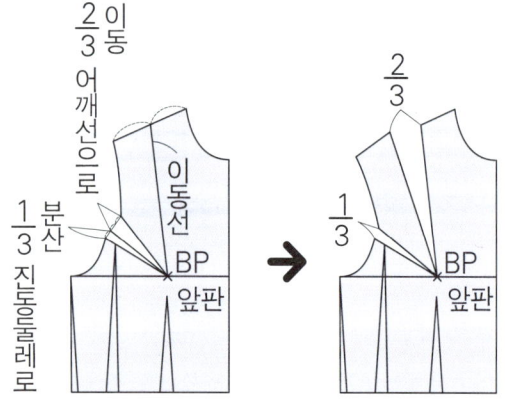

2. 뒤판 제도

① 목둘레선, 어깨선, 진동둘레선을 그립니다.
② 원형의 허리둘레선에서 아래로 엉덩이길이만큼을 표시한 위치에서 직각으로 HL을 그리고 $\frac{H}{4}$+2.5 치수의 선을 그립니다.
③ 뒤 중심선, 옆솔기선을 그립니다.
④ 패널 라인은 원형의 다트(e)와 다트(d) 사이를 삼등분한 위치에서 e 치수와 같은 치수를 측정해 그립니다.
⑤ 밑단선을 그립니다.

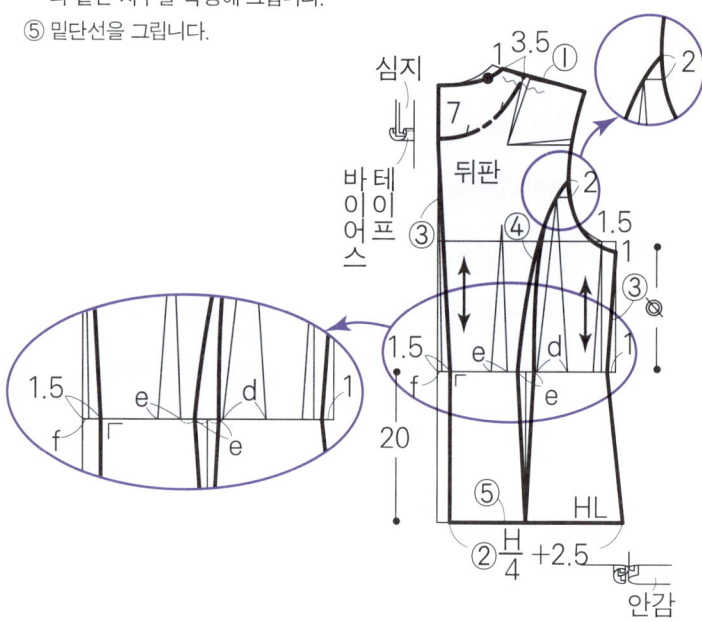

3. 앞판 제도

① 어깨선, 진동둘레선을 그립니다.
② 원형의 허리둘레선에서 아래로 엉덩이길이만큼을 표시한 위치에서 직각으로 HL을 그리고 $\frac{H}{4}$+3 치수의 선을 그립니다.
③ 앞단선, 깃, 옆솔기선을 그립니다.
④ 패널 라인은 원형의 다트(a)를 이등분한 위치에서 a 치수와 같은 치수를 측정해 그립니다.
⑤ 밑단선을 그립니다.

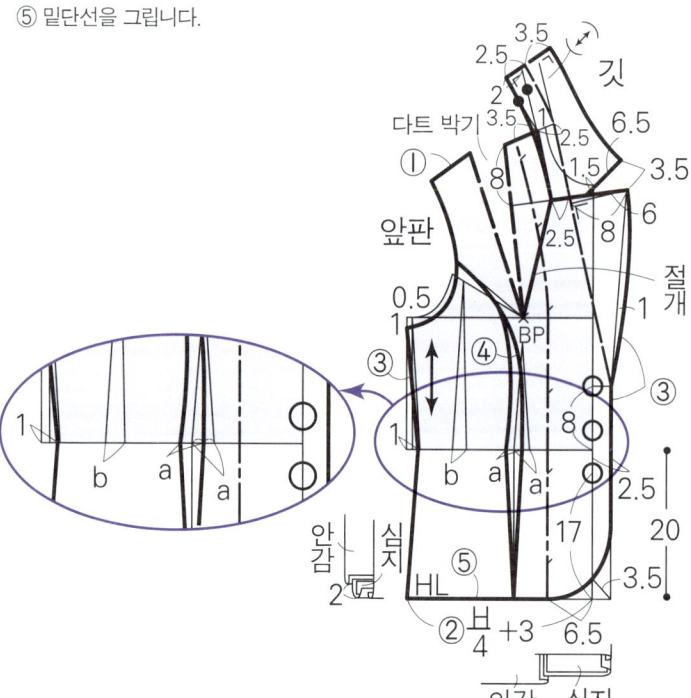

⑥ 앞 몸판의 어깨선 다트를 오므리면 목둘레선이 벌어집니다.

⑦ 벌어진 분량은 다트 끝점을 이동해서 다트로 삼습니다.

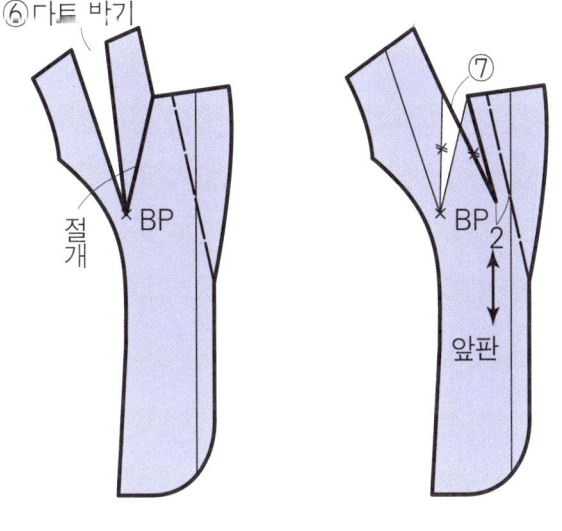

4. 소매 제도

① 몸판 제도를 BL이 수평이 되도록 옆솔기선을 맞춰 앞뒤 진동둘레선을 베낍니다.

② 소매산 높이를 정합니다.

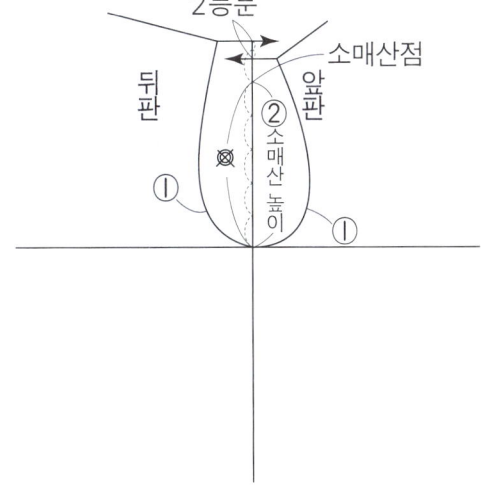

③ 소매산점에서 소매길이 치수를 측정합니다.

④ 몸판의 BL에서 WL까지의 높이와 같은 치수를 측정해 EL을 그립니다.

⑤ 앞쪽으로 방향성을 갖게 하기 위해 소매산점을 1cm 뒤쪽에 가깝게 합니다.

⑥ 소매산점에서 앞 AH, 뒤 AH에 홈질줄임 분량을 더한 치수를 각각 사선으로 그려 소매너비를 정합니다.

⑦ 기본이 되는 소매산의 곡선을 그립니다.

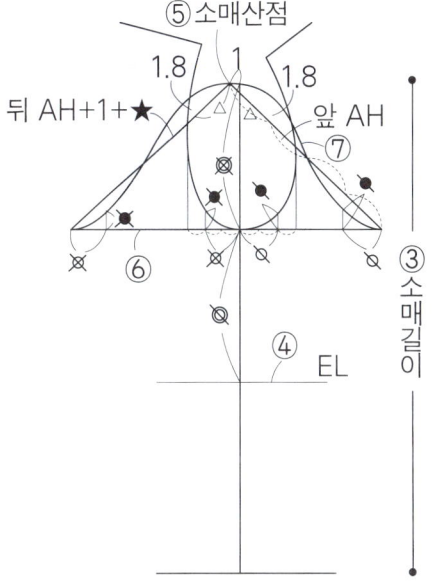

⑧ 앞 소매너비, 뒤 소매너비를 각각 2등분 합니다.

⑨ 안내선을 그립니다.

⑩ 소맷부리 치수를 잽니다.

⑪ 안내선을 그립니다.

⑫ 소매산 아랫부분을 베낍니다.

⑬ 앞쪽 소매 아랫선을 그립니다.

⑭ 뒤쪽 소매 아랫선을 그립니다.

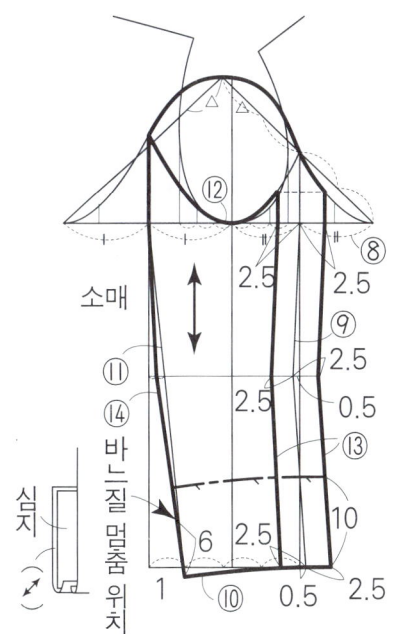

'도레메식 신 원형' 소개

표준 치수	(cm)
명칭	표준 치수
목둘레	36.5
등길이	38
뒤 어깨너비	38
뒤품	35
가슴둘레(바스트 둘레)	84
가슴너비	33
유두 사이	16
소매길이	53
손바닥둘레	20
허리둘레	64
엉덩이길이	18
엉덩이둘레	90

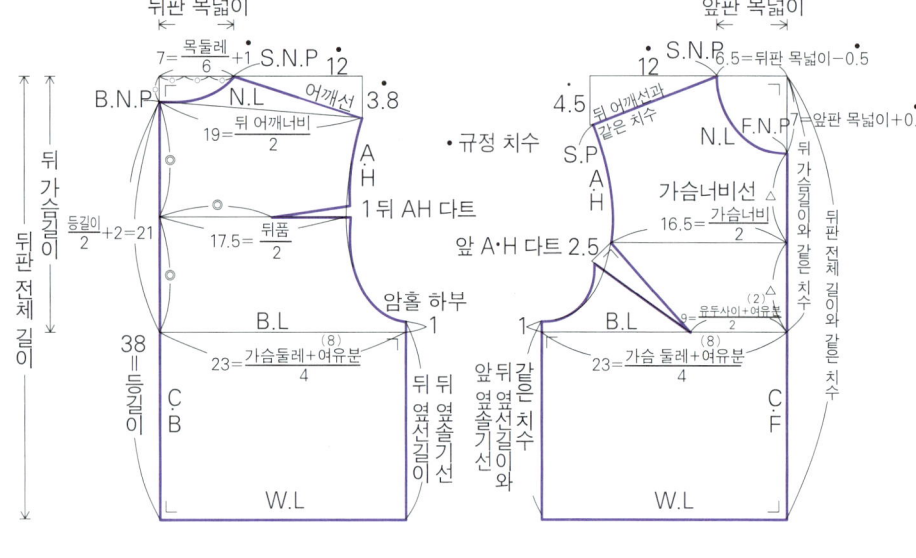

원형 작도법

1. 뒤 몸판 그리기

① 모서리를 왼쪽 위에 위치하도록 직각선을 그립니다. 세로선은 뒤 중심선 (C.B), 가로선은 어깨선의 기본선이 됩니다.

② 가로선에 뒤판 목넓이를 표시하고 세로선에 $\frac{\text{뒤판 목넓이}}{3}$를 표시하여, 그림과 같이 N.L을 곡선으로 그립니다.

③ S.N.P에서 가로선 12cm 위치를 표시하고 거기서 직각으로 3.8cm를 그어 내린 점을 S.N.P와 직선으로 연결해 연장합니다.

④ 연장한 선에 B.N.P에서 $\frac{\text{뒤 어깨너비}}{2}$ 위치를 표시합니다.

⑤ C.B 위에 B.N.P에서 등길이 치수 38cm를 측정해 표시합니다.

• 표시가 붙은 숫자는 도레메식 원형의 규정 치수입니다.

⑥ B.L을 그립니다. C.B 위에 B.N.P에서 $\frac{\text{등길이}}{2}$+2cm 위치를 표시하고, 직각으로 뒤 가슴둘레 치수를 그립니다.

⑦ 뒤품선을 그립니다. C.B 위의 B.N.P에서 B.L까지를 2등분 하여 표시하고, 직각으로 $\frac{\text{뒤품}}{2}$을 그립니다.

⑧ C.B 하단에서 직각으로 허리둘레선(W.L)을 그립니다.

⑨ 옆솔기선은 B.L 끝에서 직각선을 W.L까지 그어 내리고 B.L에서 위로 1cm 그어 올립니다.

※ 소매의 기능성 향상을 위해 B.L에서 1cm 그어 올려 신체에 가까운 곳까지 A.H를 만듭니다.

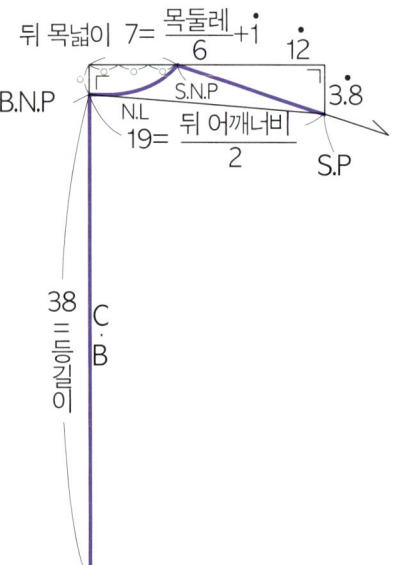

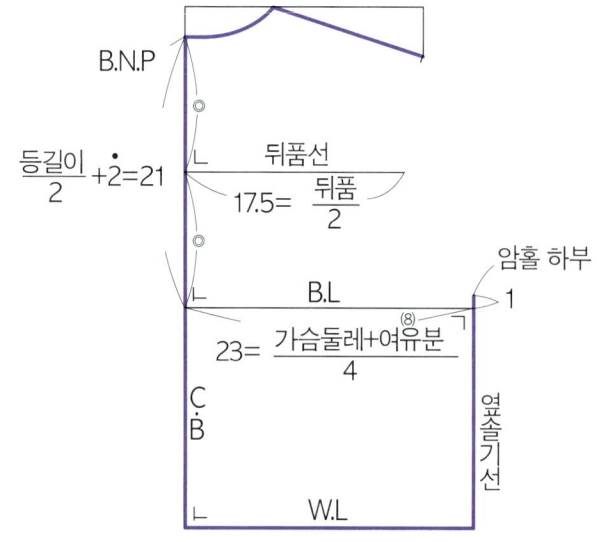

⑩ S.P에서 뒤품선 끝을 지나 암홀 하부까지 그림과 같이 A.H를 그립니다.

※ S.N.P에서 W.L까지 수직으로 그어 내린 선을 뒷기장으로 삼고, S.N.P에서 B.L까지를 뒤 가슴길이로 삼습니다.

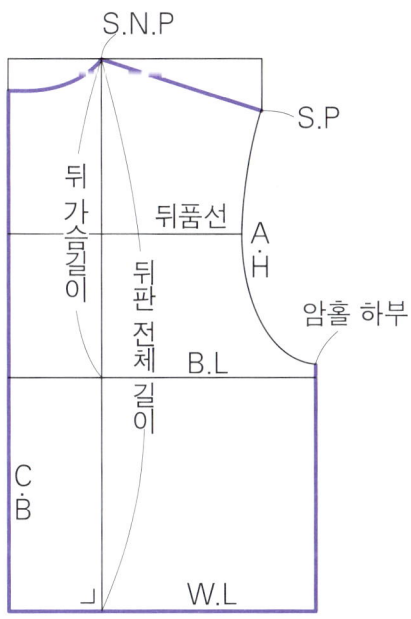

⑪ 뒤품선에 B.N.P에서 뒤품선까지의 치수와 같은 치수를 표시해 다트 포인트로 삼습니다. 뒤품선과 A.H의 교점에서 위로 1cm의 다트 분량을 표시하고 다트 포인트와 직선으로 연결합니다.

⑫ 다트 전개선으로 $\dfrac{어깨선}{2}$ 위치를 표시해 다트 포인트와 직선으로 연결합니다.

⑬ A.H 다트를 접어 A.H를 다시 그립니다.

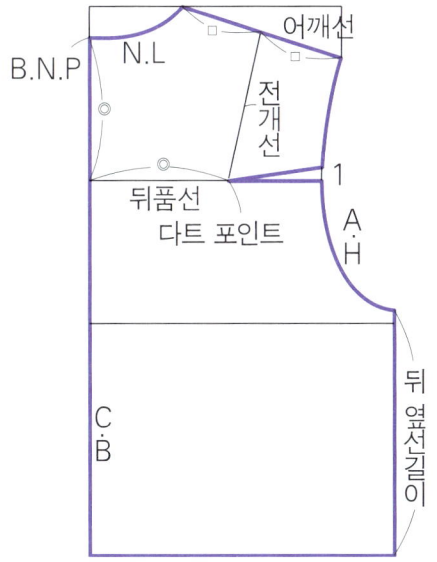

2. 앞 몸판 그리기

① 모서리를 오른쪽 위에 위치하도록 직각선을 그립니다. 세로선은 앞 중심선(C.F), 가로선은 어깨선의 기본선이 됩니다.

② 세로선에 뒤판 전체 길이와 같은 치수를 측정해 표시합니다.

③ 가로선에 앞 목넓이를, 세로선에 앞 목넓이+0.5cm를 표시해 그림과 같이 N.L을 곡선으로 그립니다.

④ S.N.P에서 가로선 12cm를 표시하고 거기서 직각으로 4.5cm를 그어 내린 점을 S.N.P와 연결해 연장한 후 뒤 어깨선과 같은 치수를 표시합니다.

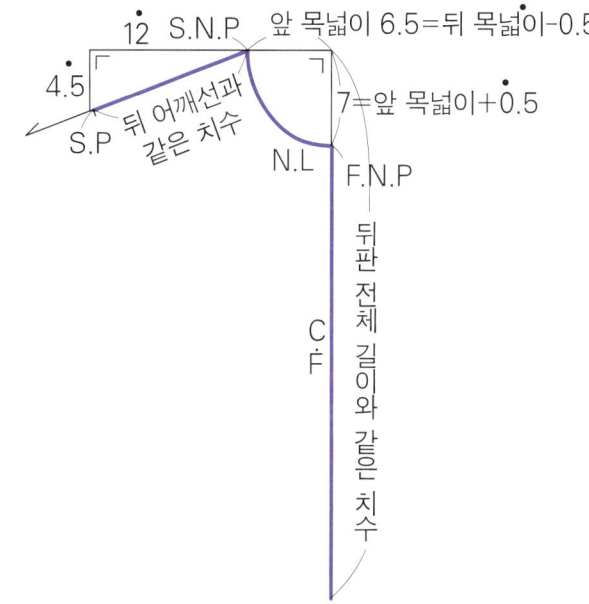

⑤ B.L을 그립니다. C.F 위에 뒤 가슴길이와 같은 치수를 측정해 표시하고, 직각으로 앞 가슴둘레 치수를 그립니다.(뒤 가슴둘레와 같은 치수)

⑥ 가슴너비선을 그립니다. C.F 상에서 F.N.P에서 B.L까지를 이등분 하여 표시하고 직각으로 $\dfrac{가슴너비}{2}$ 를 그립니다.

⑦ C.F의 하단에서 직각으로 W.L을 그립니다.

⑧ 옆솔기선은 B.L 끝에서 W.L까지 직각선을 그어 내리고, B.L에서 위로 1cm 그어 올립니다.(뒤 옆선길이와 같은 치수)

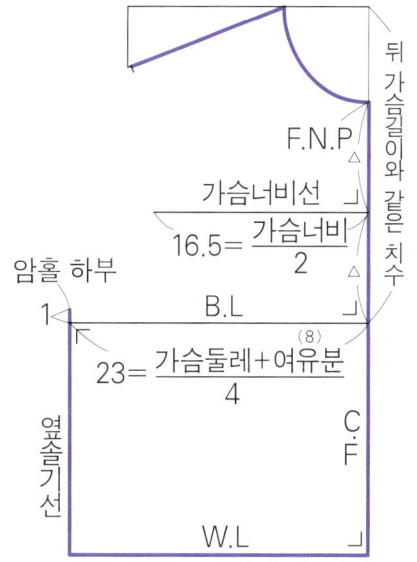

⑨ S.P에서 가슴너비선의 끝을 지나 암홀 하부까지 그림과 같이 A.H를 그립니다.

※ S.N.P에서 W.L까지 수직으로 내린 선을 앞판 전체 길이로 삼고, S.N.P에서 B.L까지를 앞 가슴길이로 삼습니다.

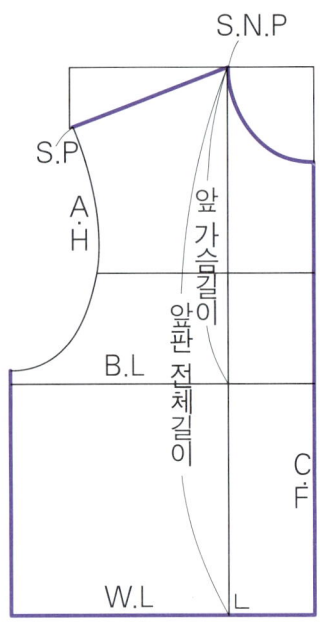

⑩ B.L 위에 유두 사이+여유분 2cm를 이등분한 치수를 표시해 B.P로 삼습니다.

⑪ 가슴너비선과 A.H의 교점과 B.P를 직선으로 연결해 직각으로 2.5cm를 측정한 후 B.P와 연결해서 다트로 삼습니다. 다트 전개선으로 $\frac{어깨선}{2}$ 위치를 표시해 B.P와 직선으로 연결합니다.

⑫ A.H 다트를 접어 A.H를 다시 그립니다.

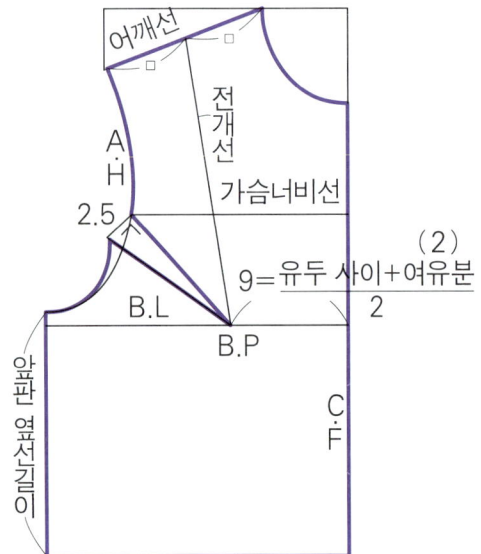

기본 소매 작도법

1. 뒤 몸판 그리기

① 몸판의 A.H 다트를 이동합니다. 앞뒤 각각의 A.H 다트를 접어 어깨선에 전개합니다.

② B.L이 수평이 되도록 옆솔기선을 맞춥니다.

③ B.L과 평행하게 암홀 하부선을 넣고 암홀 하부의 2.5cm 위에 평행선을 그립니다. 이 평행선과 A.H의 교점에 표시를 합니다. 앞쪽 1개, 뒤쪽 2개(간격 0.5cm)를 표시해 주세요.

④ 뒤품선을 앞 A.H까지 연장해 뒤 A.H와의 교점과 앞 A.H와의 교점에 표시를 합니다.

⑤ 앞뒤 S.P를 직선으로 연결해 그 중점에서 수직으로 3cm 내린 위치에 수평선을 그립니다. 암홀 하부에서 옆솔기선을 연장해 수평선까지의 치수를 재어 소매산 높이로 삼습니다.(옆솔기선 암홀 하부에서 W.L까지를 옆선길이로 삼습니다.)

※ 옆솔기, 어깨선을 박아 입체 상태로 한 A.H 형상과 평면 패턴의 형상을 맞추면 아래 그림에서 나타낸 바와 같이 약 3cm 높이의 차이가 나타납니다. 이 입체 형상의 A.H의 차이를 기준 소매 작도의 소매산 높이로 삼습니다.

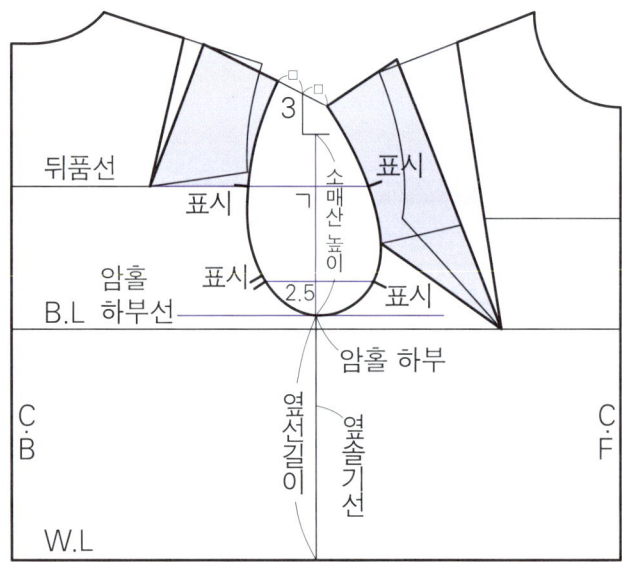

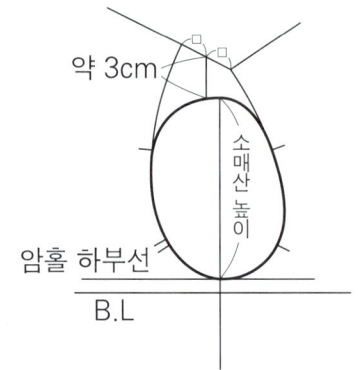

2. 기본 소매 그리기

① 기본소매선을 그린 후 소매길이 53cm+3cm=56cm를 재어 표시합니다.(소매길이 53cm는 S.P에서 손목점까지의 길이입니다. 소매길이로는 짧으므로 3cm를 더해서 작도합니다)
소매산 포인트에서 1에서 구한 소매산 높이만큼 직각으로 소매너비선을 그립니다. 소맷부리선은 기본 소매선에 직각으로 그립니다.

② 몸판의 옆선길이와 같은 치수를 소매너비선에서 기본선 위에 측정해 표시하고 직각으로 팔꿈치선을 그립니다.

③ 몸판 A.H 치수를 재어 소매산 포인트에서 소매너비선 오른쪽에 앞 A.H 치수를, 왼쪽에 뒤 A.H 치수를 표시해 직선으로 연결합니다. 소매너비선 양 끝에서 수직선을 그립니다(소매 아랫선)

④ 앞뒤 소매너비선을 각각 이등분 하여 소맷부리선까지 수직선을 그립니다.

⑤ 앞뒤 이등분한 선과 소매 안내선의 교점에서 소매산 포인트까지의 중점을 표시하고, 소매산 안내선에 대해 직각으로 앞쪽 1.5cm, 뒤쪽 2cm를 표시합니다.
※ 기본 소매 제도에서는 소매산의 선을 그리기 위해 앞쪽 1.5cm, 뒤쪽 2cm의 곡률이 있지만, 디자인에 따라 소매산 높이가 달라지는 경우는 이 치수도 달라집니다.

⑥ 몸판 패턴을 뒤집어 그림과 같이 베낍니다. 소매를 앞쪽으로 이동시키려면 소매 아랫선을 기준으로 몸판 W.L 상의 옆솔기선에서 앞 1cm 안쪽, 뒤 1cm 바깥쪽이 되도록 몸판 패턴을 맞춰 A.H를 베낍니다.

⑦ 앞 소매산선은 소매산 포인트에서 중간점의 1.5cm 나온 위치를 지나 2등분선과 소매산 안내선의 교점까지 곡선으로 그립니다. 소매 아래쪽은 몸판 A.H선의 암홀 하부에서 3~4cm를 그대로 이용하여 위에서 내려오는 곡선에 연결합니다.

⑧ 뒤 소매산선은 이등분선과 소매산 안내선 교점에서 3cm 소매 아래쪽에 표시를 하고, 소매산 포인트에서 중간점의 2cm 나온 위치를 지나 소매 아래쪽 3cm 위치를 표시한 곳까지 곡선으로 선을 그립니다.(3cm는 A.H 및 소매산 형상에 따라 달라질 수 있습니다) 소매 아래쪽은 앞판과 마찬가지로 몸판 A.H선의 암홀 하부에서 3~4cm는 그대로 이용하여 위에서 내려오는 곡선에 연결합니다.

⑩ 옆의 그림과 같이 홈질줄임 분량을 배분하여 표시합니다. 이 제도에서는 홈질줄임 분량이 전체적으로 2.5cm가 되는데, 디자인, 소재에 따라 홈질줄임 분량은 달라집니다.

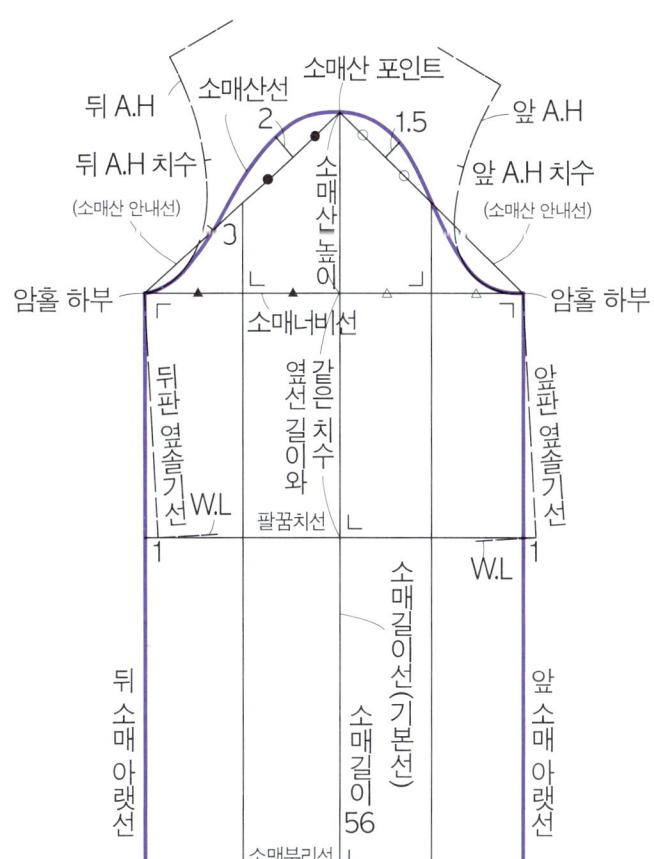

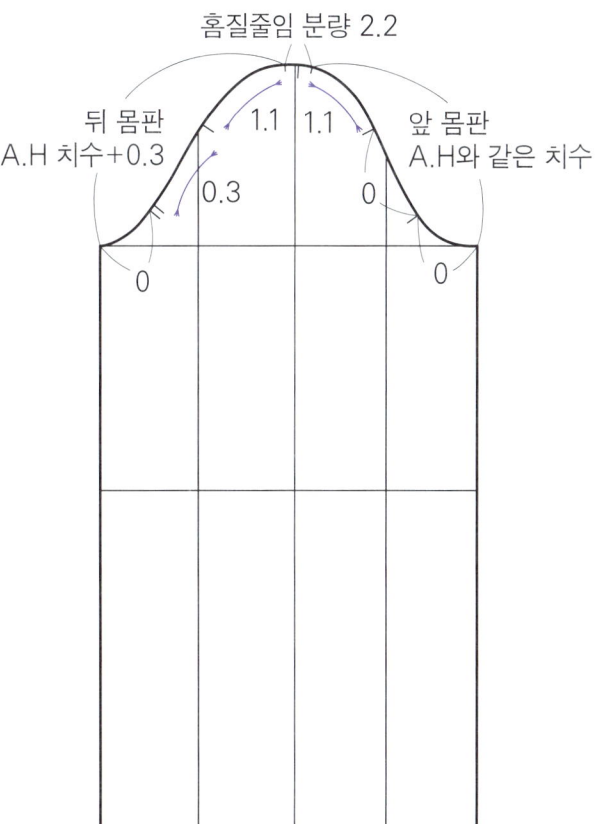

형지 만드는 방법

형지를 실제로 사용할 때는 꿰매 붙일 선끼리 맞춰서 선의 연결을 확인합니다. 제도를 맞대거나 절개하는 등의 수정이 필요한 경우도 있습니다. 이러한 수정이 끝난 제도를 '형지(옷본, 패턴)'라고 부릅니다.

다트의 수정

① 다트는 치수가 부족해지는 경우가 있으므로 사전에 수정합니다.

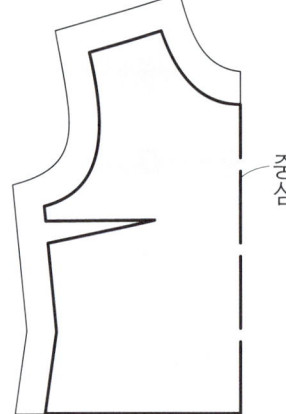

중심

② 다트를 박은 상태와 같게 접습니다. 룰렛을 사용해서 평평한 선이 되도록 다시 그립니다.

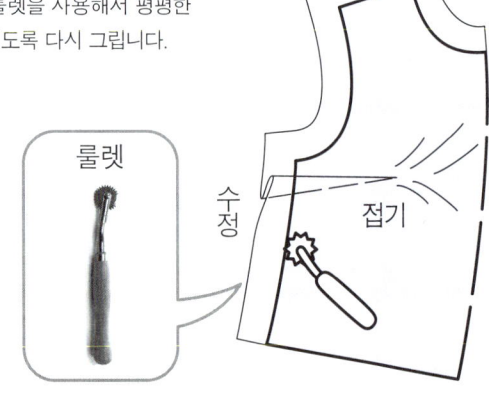

룰렛

수정

접기

③ 다트 부분을 펴서 룰렛 자국대로 연필로 새로운 선을 그립니다. 원래 선에서 튀어나온 부분이 수정된 부분입니다.

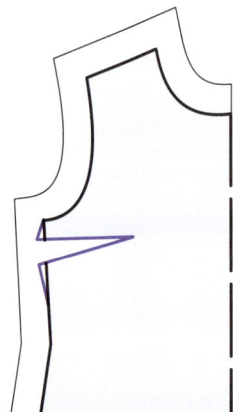

밑단선의 수정

치마 앞판과 뒤판의 옆솔기선끼리 맞춰보면 튀어나오거나 들어가는 부분이 있는데 잘 연결해서 다시 그려 주세요.

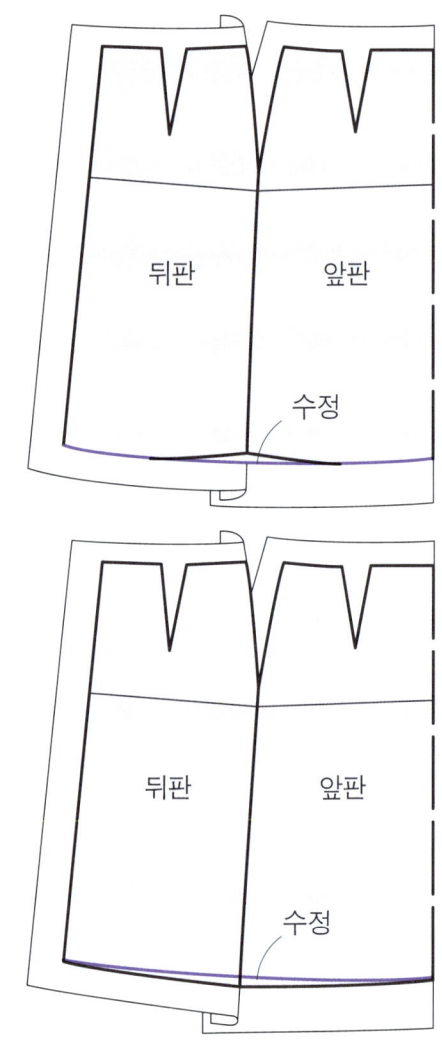

뒤판   앞판

수정

뒤판   앞판

수정

가랑이 부분의 수정

바지의 가랑이 부분도 밑아래 안쪽 부분에 맞추면 연결이 매끄럽지 못한 경우가 있으므로 자연스럽게 연결되도록 다시 그립니다.

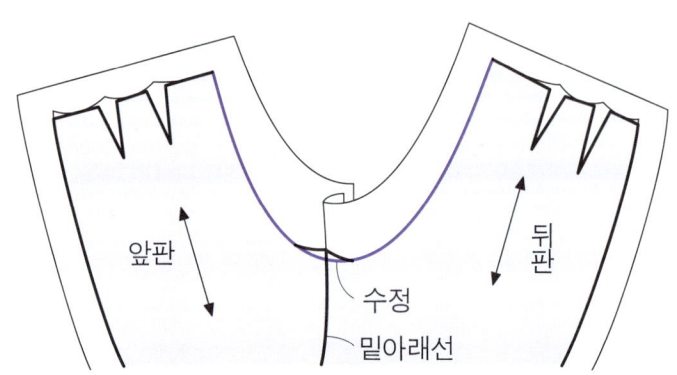

앞판

뒤판

수정

밑아래선

진동둘레선의 수정

다트가 있는 경우는 다트를 접어서 앞판과 뒤판의 옆솔기선끼리 맞춰 진동둘레선이 매끄럽게 연결되도록 다시 그립니다. 어깨선 쪽은 앞뒤 어깨선끼리 맞춰 매끄럽게 연결되도록 다시 그려 주세요.

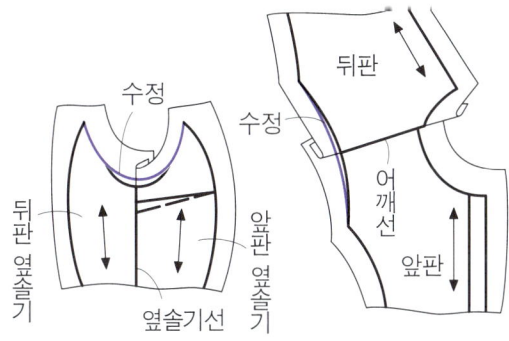

목둘레선의 수정

앞뒤 어깨선끼리 맞춰 매끄럽게 연결되도록 다시 그립니다.

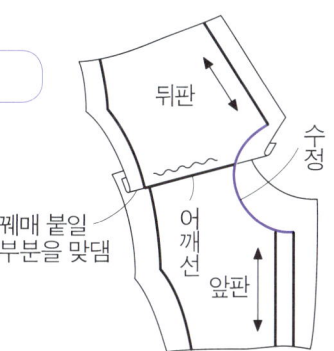

소맷부리, 소매달선의 수정

소매의 소매 아랫선을 맞춰 매끄럽게 연결되도록 다시 그립니다.

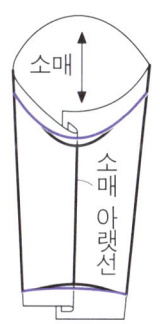

교차하는 경우

교차하는 표시가 있는 경우는 번거롭더라도 한쪽 또는 양쪽을 다른 종이에 각각 옮겨 그려서 형지로 삼습니다.

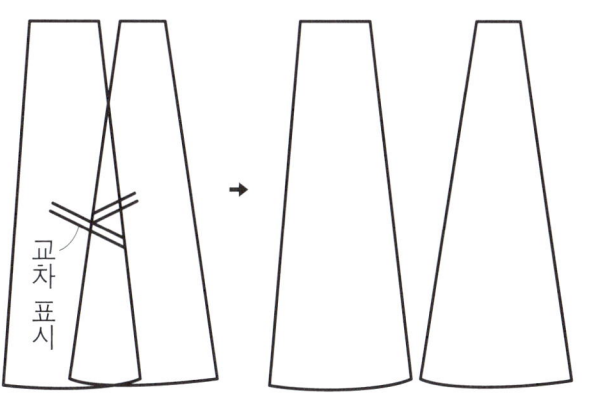

맞대기

① 이처럼 ◎ 표시는 맞댐을 나타내는 표시입니다. 이러한 표시가 있는 경우에는 표시대로 제도를 고쳐줍니다.

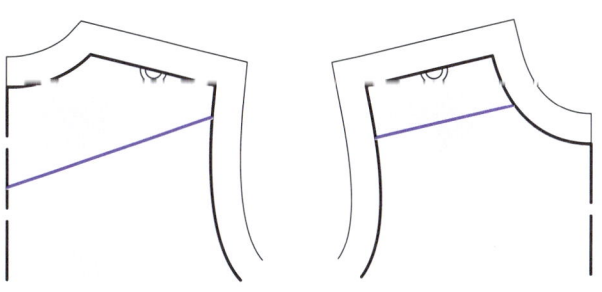

② 표시가 그려진 제도의 완성선을 가위로 자릅니다. 이때 목둘레, 진동둘레는 수정이 발생할 경우를 생각해서 여유롭게 종이를 남겨 둡니다.

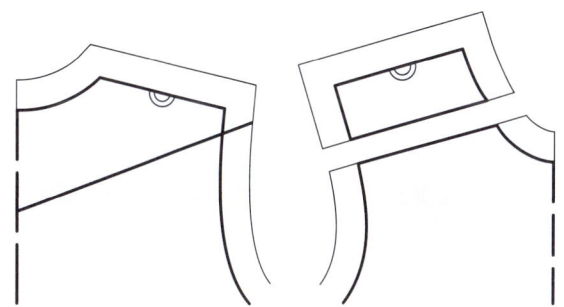

③ 표시가 있는 선(이 경우는 어깨선)을 맞춰 셀로판테이프로 붙입니다.

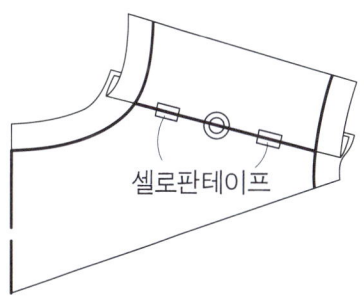

④ 곡선이 매끄럽게 연결되도록 다시 그립니다.

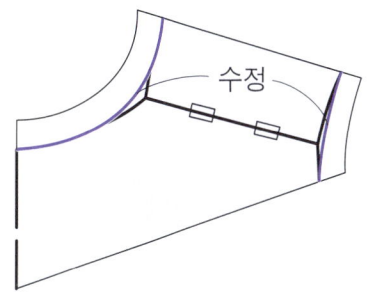

평행하게 절개하기

① 이 그림과 같이 제도에 기재되어 있습니다.
a가 잘라서 벌려줄 치수가 됩니다.

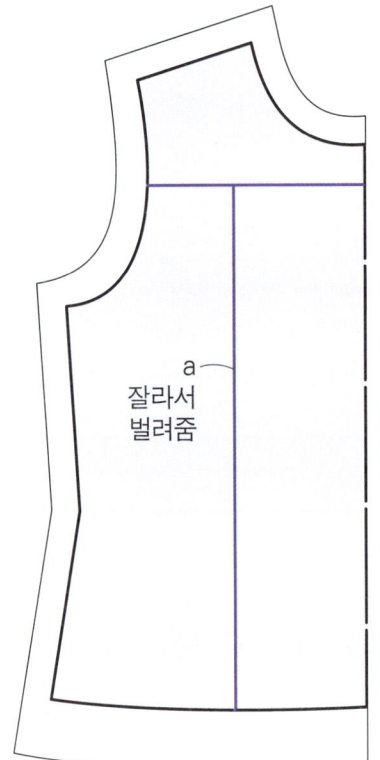

a
잘라서
벌려줌

③ 다른 종이에 직선을 그리고 그 선에 맞춰 한
쪽을 셀로판테이프로 고정합니다.

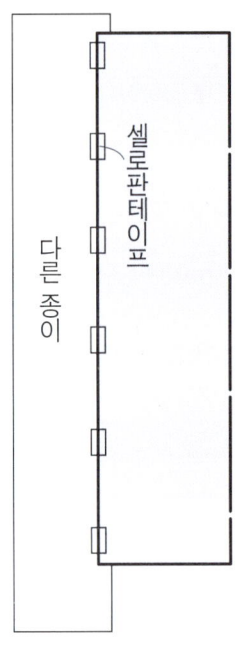

다른 종이

셀로판테이프

⑤ 매끄럽게 연결되도록 선을 다시 그립니다.

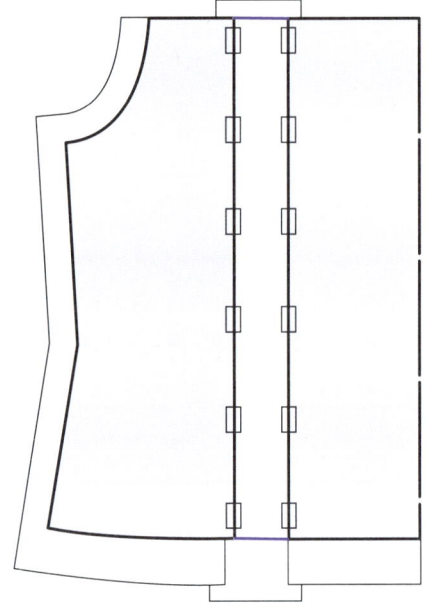

② 제도한 선을 따라 분리합니다.

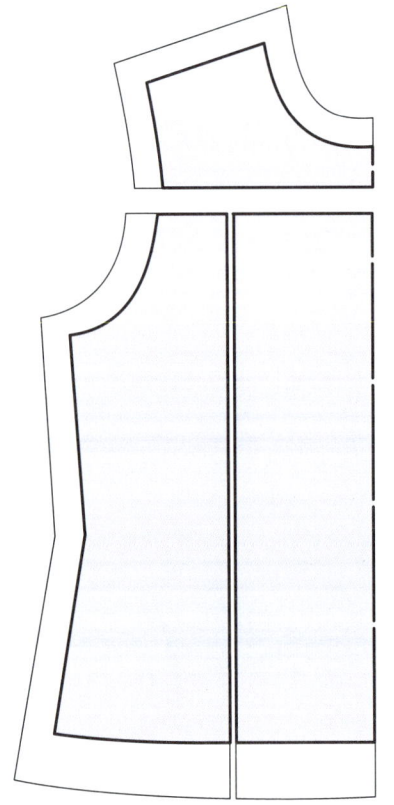

④ a 치수만큼 떼어 놓고 평행하게 선을 그려
다른 한쪽의 선에 맞춰 셀로판테이프로 고
정합니다.

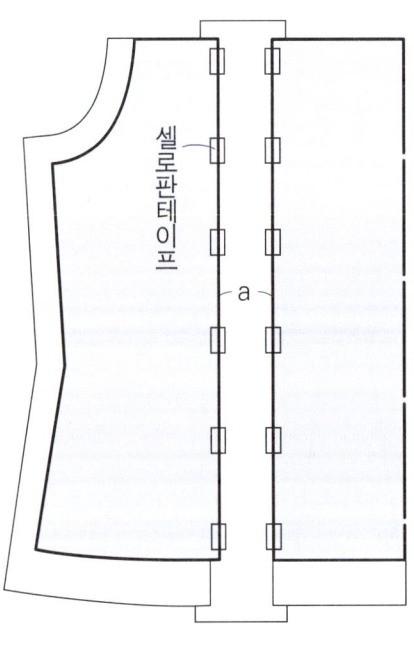

셀로판테이프

a

⑥ 튀어나온 종이를 시접선에 맞춰 자릅니다.

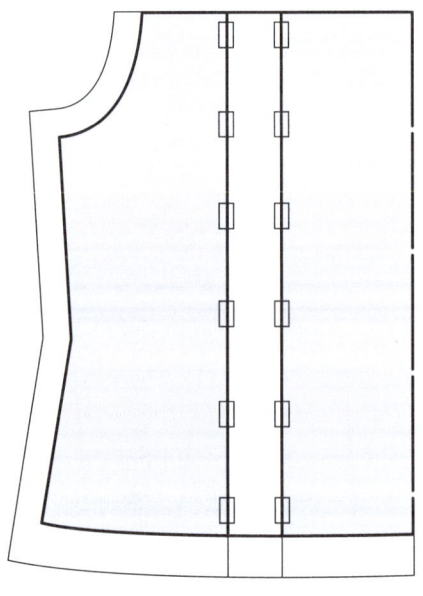

※a, b, c...의 알파벳은 숫자 대신 사용했습니다. 만들려는 작품에 따라 각각에 치수를 적용해 주세요.

접어서 벌려주기

① 이 경우와 같이 '접기'와 '절개'가 하나의 세트가 되어 한 곳의 점을 공유합니다.

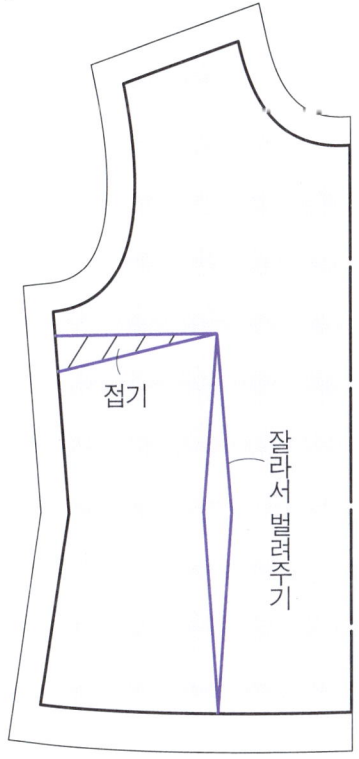

접기

잘라서 벌려주기

② 다트 중심에 직선을 그리고 A점까지 자릅니다.

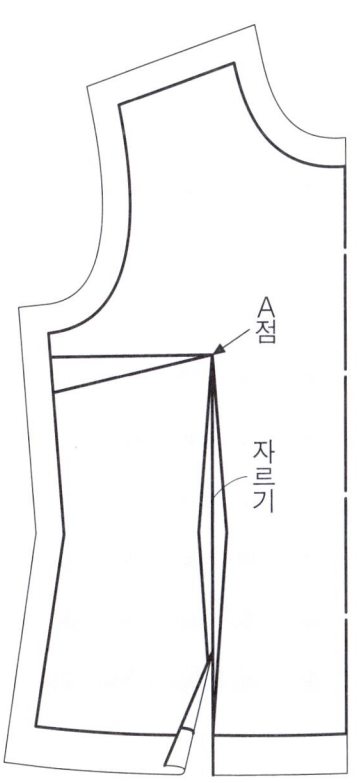

A점

자르기

③ 접을 부분을 표시대로 접어 셀로판테이프로 고정합니다. 그 반동으로 가위집 낸 부분이 부채꼴로 벌어집니다.

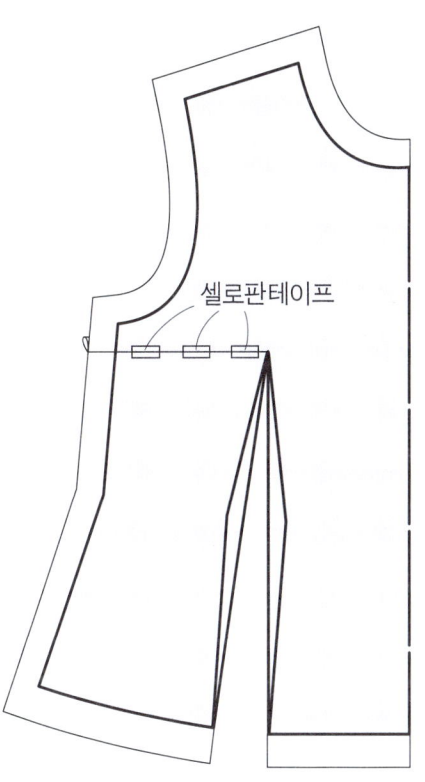

셀로판테이프

④ 벌어진 부분 밑에 다른 종이를 깔아 셀로판테이프로 고정합니다. 밑단선과 옆선이 잘 이어지도록 수정하고 여분의 종이는 잘라냅니다.

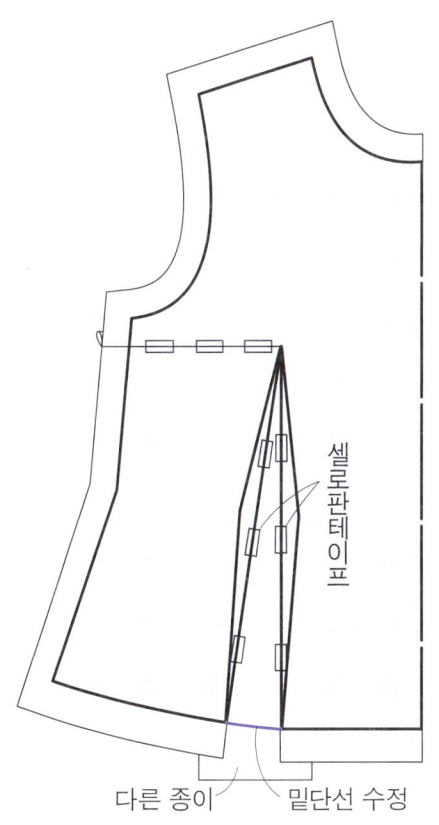

셀로판테이프

다른 종이   밑단선 수정

기점을 잡아 절개하기

① 이 그림과 같이 절개선 끝에 화살표가 있고 반대쪽에 잘라서 벌려줄 치수가 기재되어 있습니다. 화살표 부분이 기점이 되고 a가 벌려줄 치수가 됩니다.

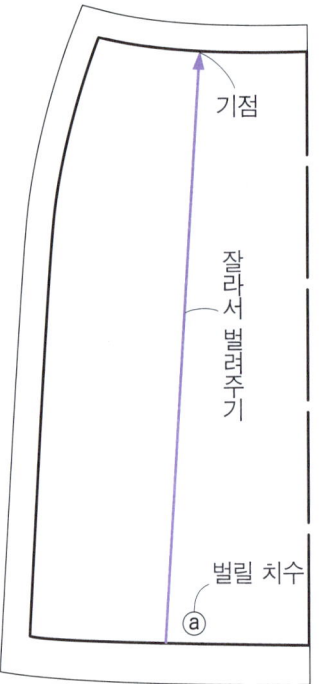

기점

잘라서 벌려주기

벌릴 치수

ⓐ

② 절개선을 자릅니다.

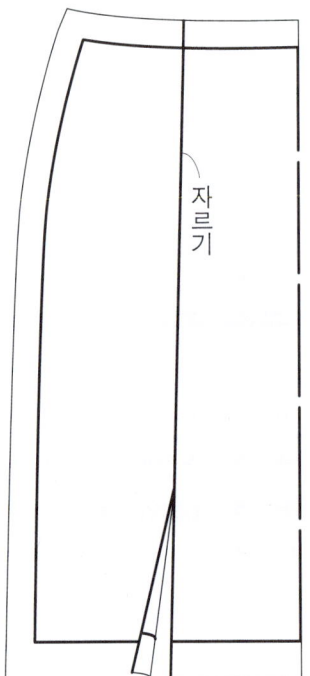

자르기

③ 다른 종이에 직선을 그려 한쪽의 제도를 그 선에 맞춰 셀로판테이프로 고정합니다.

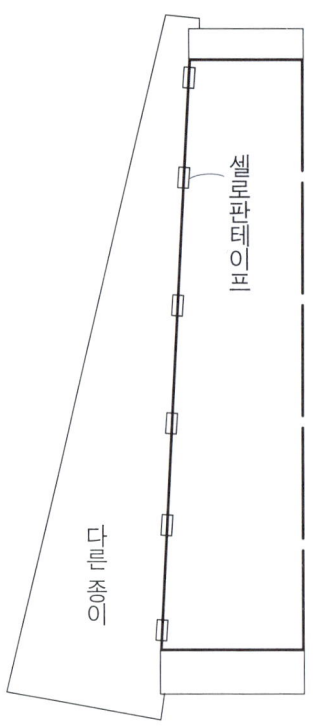

셀로판테이프

다른 종이

④ 기점은 맞붙여 주고 아래쪽에서 a만큼을 벌려 제도를 올려놓고 셀로판테이프로 고정합니다.

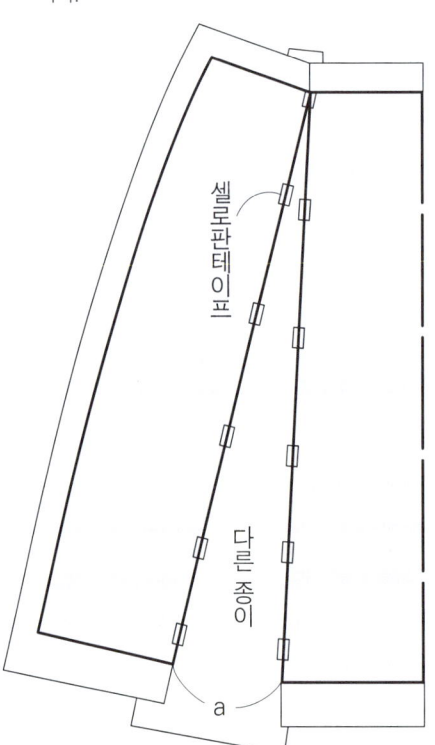

셀로판테이프

다른 종이

a

⑤ 벌어진 부분(여기서는 밑단선과 허리둘레선)의 연결이 매끄럽도록 수정합니다. 여분의 종이는 잘라내세요. 플레어 스커트 등 플레어를 예쁘게 연출하고자 할 때는 허리둘레선의 각(모서리)을 그대로 남겨 둡니다.

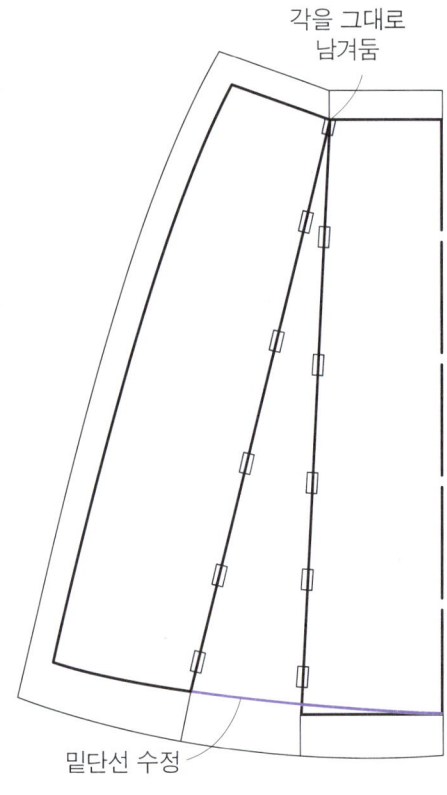

각을 그대로 남겨둠

밑단선 수정

※a, b, c...의 알파벳은 숫자 대신 사용했습니다. 만들려는 작품에 따라 각각에 치수를 적용해 주세요.

주름 접는 방법

① 세로선은 주름을 넣을 위치를 나타냅니다.
a는 주름 치수가 됩니다.

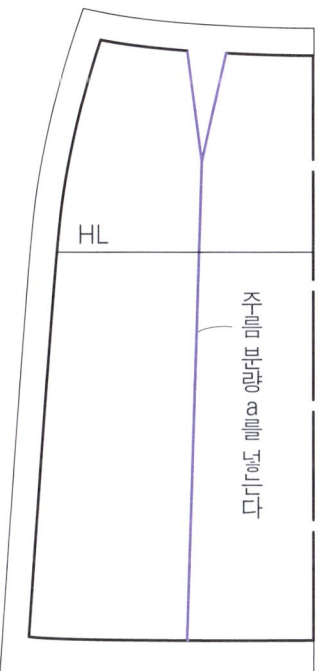

② 주름을 넣을 위치에서 제도를 자릅니다. 허
리둘레선에 수정이 들어가는 것을 고려해
종이에 여유를 줍니다.

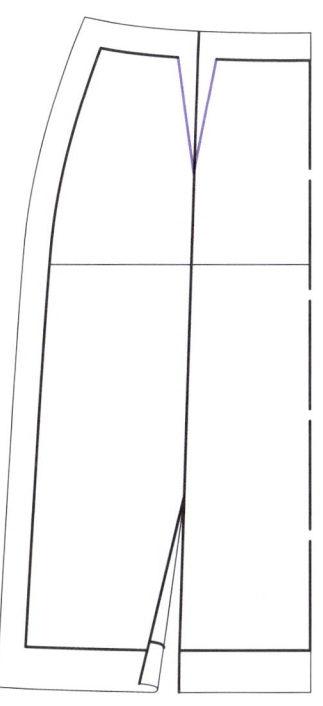

③ 다른 종이에 직선을 그려 그 직선에 맞춰
한쪽 제도를 놓고 셀로판테이프로 고정합
니다.

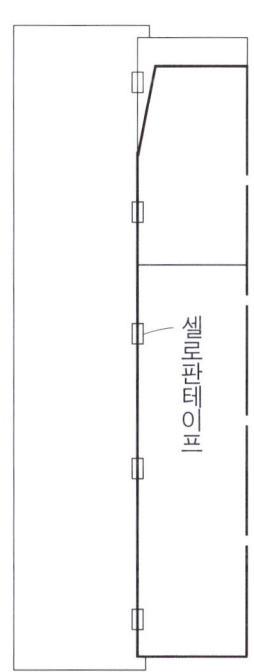

④ 엉덩이둘레선을 연장해 a 치수만큼 떼어
놓은 후 다른 한쪽의 제도를 놓고 셀로판테
이프로 고정합니다.

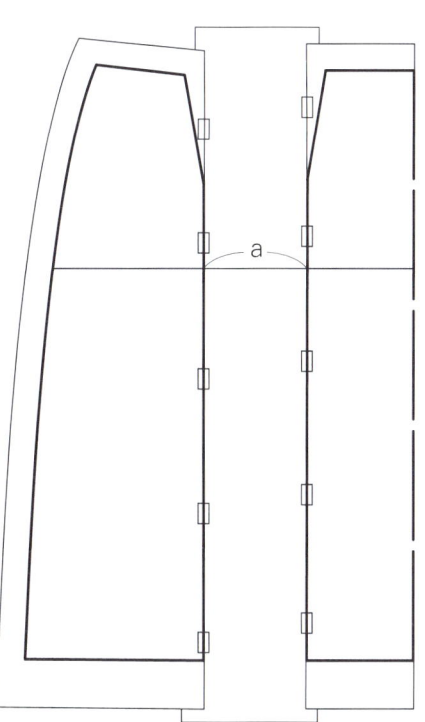

⑤ 주름을 완성 상태로 접어 허리둘레선과 밑
단선에 룰렛을 사용해 표시합니다.

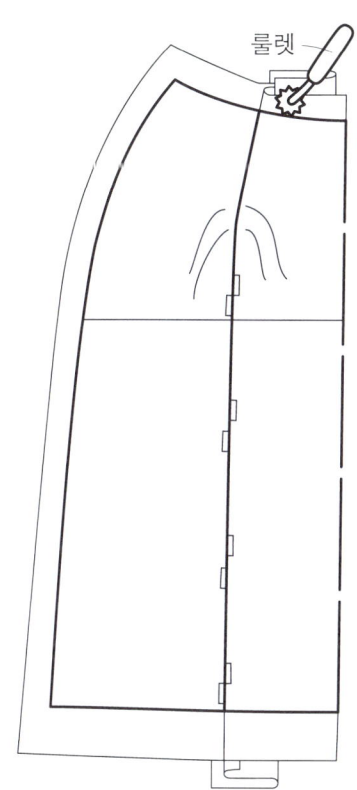

⑥ 접은 주름을 펴서 룰렛 자국대로 선을 다
시 그립니다. 그 후 여분의 종이를 잘라냅
니다.

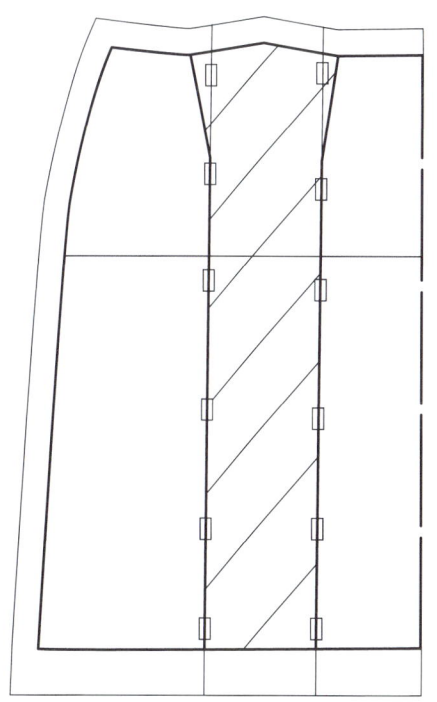

시접 주는 방법

직선, 곡선은 완성선에 평행하게 시접을 줍니다. 각으로 이루어진 부분은 시접도 직각으로 합니다. 밑단선이나 소맷부리선은 주의가 필요합니다. 또한, 가봉하는 경우는 시접에 좀 더 여유를 주세요.

깃, 몸판의 시접

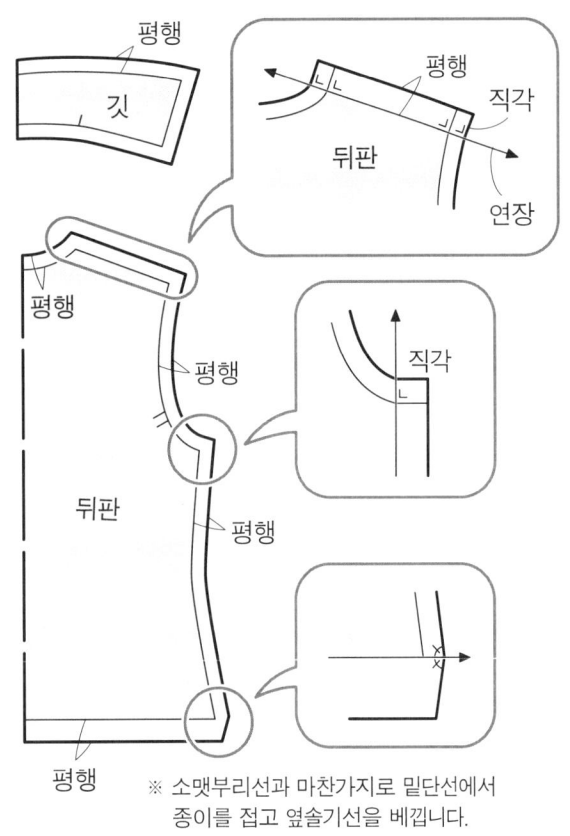

※ 소맷부리선과 마찬가지로 밑단선에서 종이를 접고 옆솔기선을 베낍니다.

소맷부리의 시접

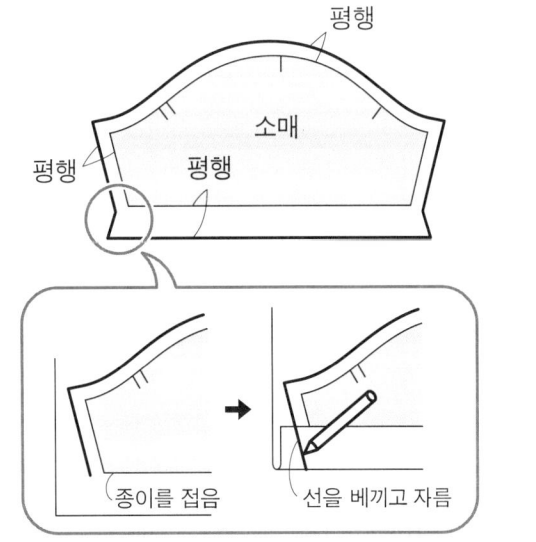

종이를 접음 → 선을 베끼고 자름

시접 폭을 방안자의 눈금에 맞춰 평행하게 선을 그립니다.

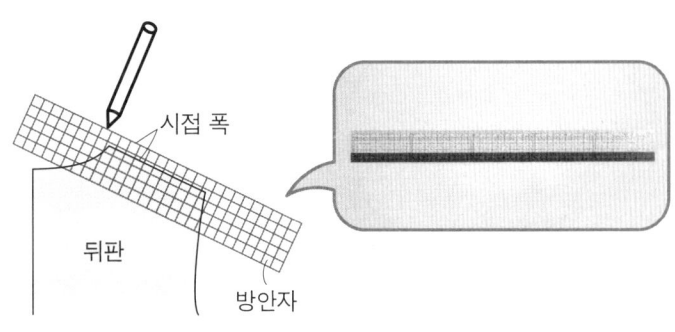

바지의 가랑이선 모서리의 시접

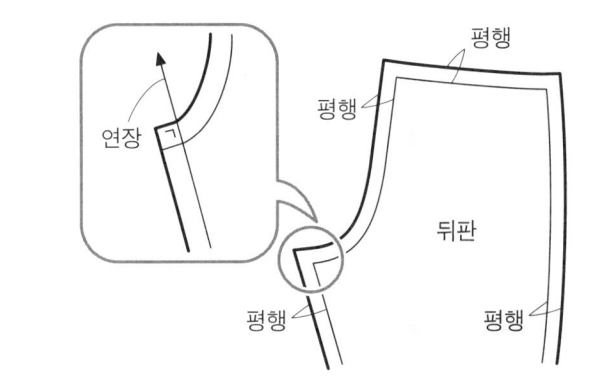

허리 다트의 시접

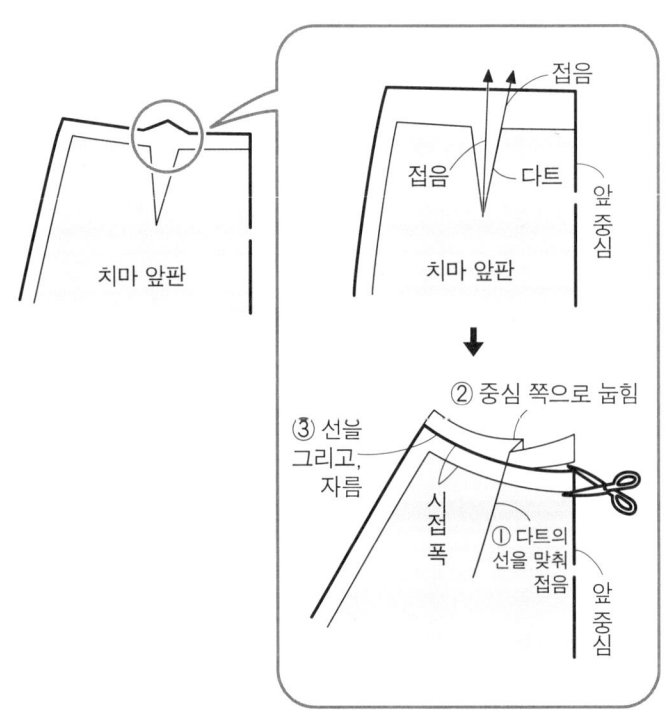

② 중심 쪽으로 눕힘
③ 선을 그리고, 자름
시접 폭
① 다트의 선을 맞춰 접음
앞 중심

원단에
대하여

원단에는 여러 가지 명칭이 있습니다.
꼭 필요한 용어이므로 기억해 두세요.

식서

직물의 올이 풀리지 않도록 짠 천의 양쪽 가장자리를 말합니다. 이 가장자리에 생산 업체명이나 원단 명칭이 쓰여 있습니다. 약간 딱딱한 상태로 색깔이 짙어 보이기도 합니다.

세로 방향

직물의 경사(날실) 방향을 '세로 방향'이라고 하며 '원단 올 방향'이라고 부릅니다. 세로 방향은 늘어나지 않는 성질이 있으며(스트레치 소재 제외), 그 성질로 인해 재단 시의 기본으로 삼습니다. '올 바로잡기'라든가 '올에 평행하게'와 같은 표현이 쓰이기도 합니다. 제도나 형지에 표시된 화살표는 세로 방향을 나타내며 어떤 경우든 화살표 방향에 세로방향을 맞춥니다.

가로 방향

직물의 위사(씨실) 방향을 '가로 방향'이라고 합니다. 세로 방향보다 가로 방향 쪽이 잘 늘어납니다.(신축성이 있는 스트레치 소재 제외)

바이어스

바이어스는 사선을 의미합니다. 직물의 올에 대해서 45°의 각도를 '정 바이어스'라고 하며 그 밖의 바이어스를 '하프 바이어스'라고 말하는데, 단순히 바이어스라고 하는 경우 현재는 정 바이어스를 가리킵니다. 바이어스 천은 늘어나기 쉬우므로 취급 시에는 주의가 필요합니다.

원단폭

식서에서 식서까지의 가로 방향을 '원단폭'이라고 합니다. 다양한 폭의 천이 있으므로 구입 시에는 원단폭을 확인하세요.

절단면

재단한 원단의 가장자리 전체를 나타냅니다.

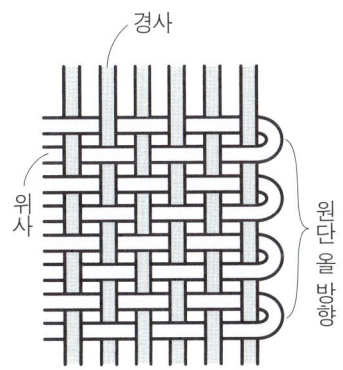

경사

위사

원단 올 방향

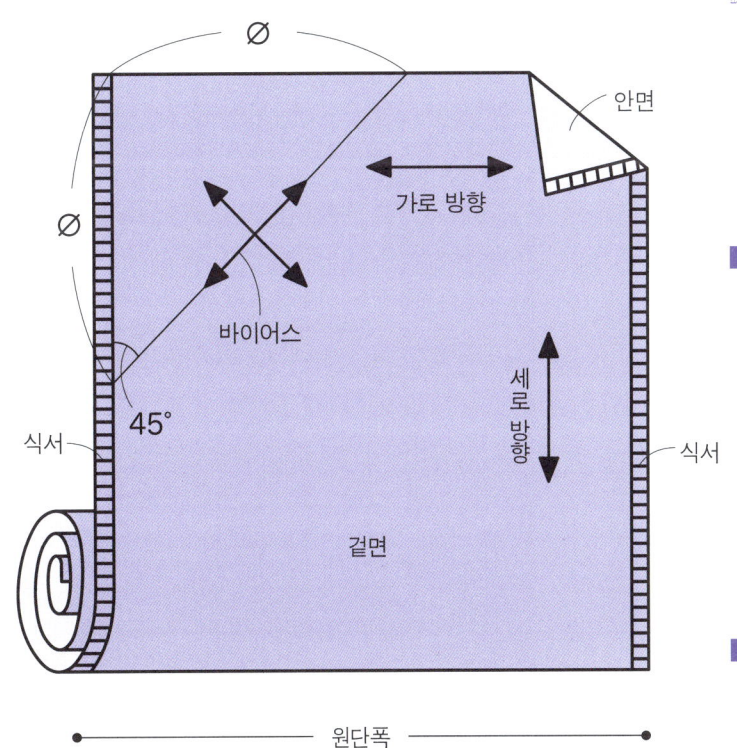

Ø

Ø

안면

가로 방향

바이어스

45°

식서

세로 방향

식서

겉면

원단폭

무늬의 종류

원단에는 무지인 것도 있지만, 무늬가 들어가 있는 것도 있습니다. 무늬에는 다양한 종류가 있는데, 일반적인 것을 아래와 같이 정리해 보았습니다. 무늬에 따라 원단 재단 시에 주의가 필요합니다. 물방울무늬, 작은 꽃무늬 등의 자잘한 무늬는 무지와 마찬가지로 재단할 수 있으므로 다루기 쉬운 천입니다. 스트라이프나 보더무늬, 체크무늬도 줄 간격이 좁으면 비교적 쉽게 무늬 맞추기를 할 수 있습니다. 원단의 식서를 따라 무늬가 있는 경우, 커다란 무늬가 있는 경우도 조금만 주의를 기울이면 비교적 다루기 쉽습니다. 무늬 중에서 가장 테크닉이 필요한 것은 줄 간격이 넓고 방향성이 있는 격자무늬입니다. 이 무늬는 무늬 맞추기를 생각하면서 재단하지 않으면 완성도가 떨어질 수 있습니다.

먼저 자잘한 무늬로 여러 번 시도해 보고 익숙해지면 커다란 격자무늬에 도전해 보세요.

물방울무늬 자잘한 물방울의 경우는 무지와 마찬가지로 재단할 수 있으므로 다루기 쉽습니다.	**큰 무늬, 배치가 불규칙한 무늬** 무늬의 나열, 배치를 보고 어느 위치에 무늬를 넣을지 생각하여 판단합니다. 무늬가 전체적으로 균형 있게 들어가도록 재단하세요.
작은 꽃무늬 자잘한 꽃무늬의 경우는 무지와 마찬가지로 재단할 수 있으므로 다루기 쉽습니다.	**격자(체크무늬)** 상하좌우의 방향성이 없으므로 어느 위치에서든 재단할 수 있습니다. 어디를 중심으로 하느냐에 따라 분위기가 달라집니다. 세로, 가로 모두 격자가 틀리지 않도록 하세요.
줄무늬(스트라이프) 상하좌우의 방향성이 없으므로 어느 위치에서든 재단할 수 있습니다. 중심선이 구부러지면 전체적으로 일그러져 보이므로 올 방향에 주의하면서 재단하세요.	**다른 굵기의 줄이 한 방향으로 차례로 나열된 줄무늬** 줄무늬의 굵기가 달라 좌우 방향성이 발생합니다. 따라서 한 방향으로 재단하세요. 줄무늬가 구부러지지 않도록 주의가 필요합니다.
보더무늬 가로줄을 보더무늬라고 부릅니다. 가는 보더는 무늬 맞추기가 비교적 쉽습니다.	**상하 방향성만 있는 무늬** 격자무늬뿐만 아니라 상하 방향성이 있는 경우는 한 방향으로 재단해야 합니다. 꽃무늬 등의 경우도 확인해보면 상하 방향성이 있기도 합니다. 천을 약간 멀리 떨어뜨려 보면 확실하게 알 수 있는 경우가 있습니다.
식서를 따른 무늬 한쪽 가장자리 또는 양쪽 가장자리의 식서에 올 방향과 평행하게 무늬를 배치한 천입니다. 무늬를 어떻게 사용하느냐에 따라 같은 디자인이라도 분위기가 달라집니다. 무늬를 우선해서 생각하므로 올 방향을 바꾸는 경우가 있습니다.	**각기 다른 가로세로 줄이 한 방향으로 차례로 배치된 체크무늬** 상하 좌우의 방향성이 있으므로 한 방향으로 재단합니다. 다색 체크의 경우는 색깔의 균형도 생각하면서 무늬를 맞춥니다. 체크무늬 원단을 구매했을 때는 방향성이 있는지 없는지 원단을 펼쳐 놓고 잘 확인하세요.

올 바로잡기

새로 구매한 원단은 경사와 위사가 바르게 직각으로 교차되지 않은 경우가 많으므로 원단의 경사와 위사가 바르게 교차하도록 올 바로잡기를 합니다.

① 가로 방향의 실을 뽑습니다. 뽑아낸 선에 맞춰 천을 자릅니다. 손으로 찢을 수 있는 천의 경우는 식서에 가위집을 넣어 가로 방향으로 찢습니다.

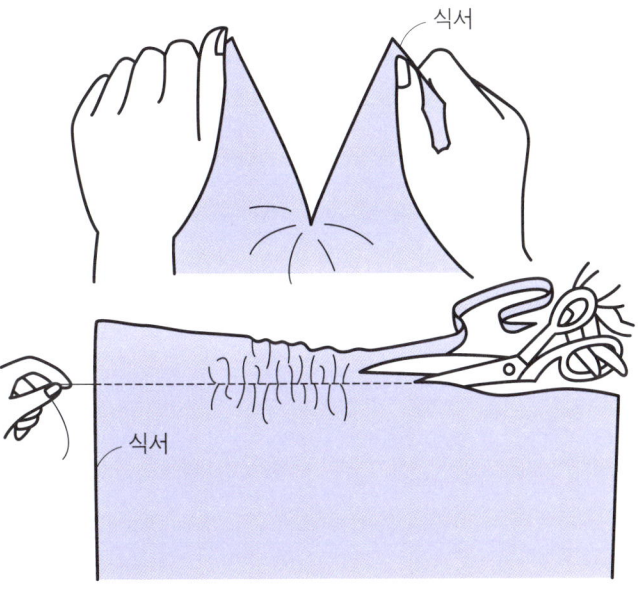

② 원단을 평평한 장소에 놓고 어느 방향으로 돌아갔는지 확인합니다. 직각자를 대보면 잘 알 수 있습니다.

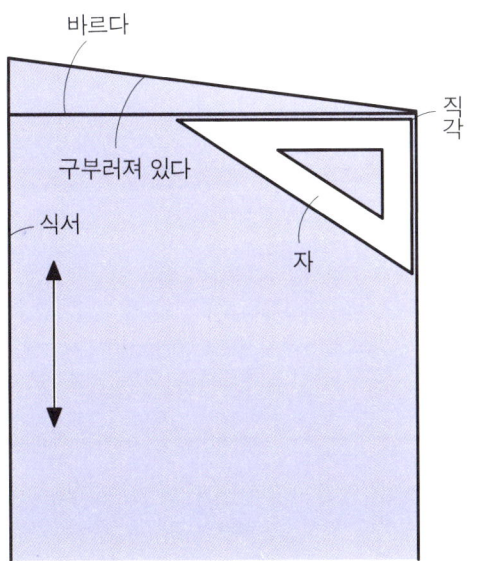

③ 천을 대각선으로 잡고 짧은 쪽을 잡아당깁니다. 조금씩 바르게 되도록 해주세요. 심하게 일그러져 있는 경우는 다리미를 사용해서 바로 잡아줍니다.

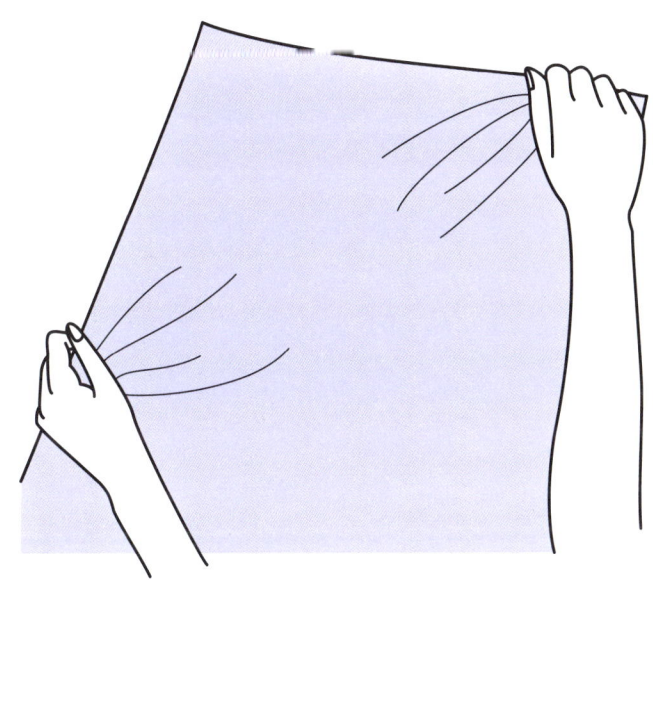

④ 올을 바로잡고 싶은데 식서가 우는 경우는 식서에 가위집을 넣어줍니다. 10cm 정도의 간격으로 식서에만 넣어주세요.

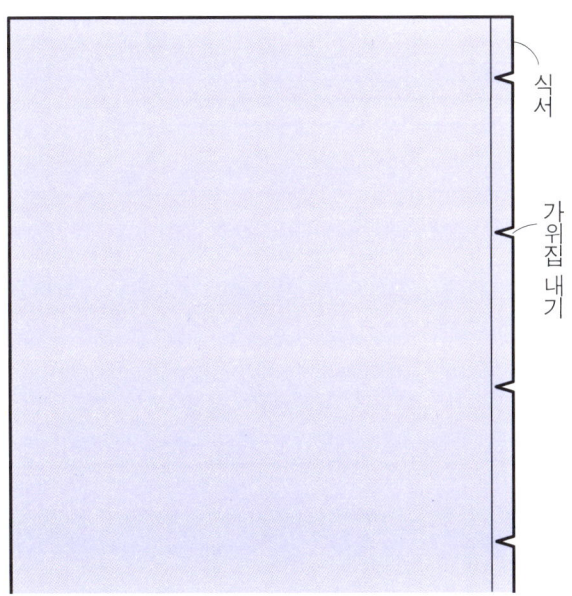

축임질

축임질은 원단을 직조하는 도중에 발생하는 원단의 일그러짐 또는 수축하는 원단을 재단하기 전에 바로잡는 것을 말합니다. 축임질을 하지 않고 옷을 만들면 세탁 시에 치수가 작아지거나 착용 시에 모양이 망가지므로 축임질을 해야 합니다. 하지만 요즘은 사전에 축임질을 해준 상태로 판매되는 원단도 있으므로 구매 시에 확인하세요.

울

① 원단 안면에 골고루 분무기로 물을 뿌려줍니다.

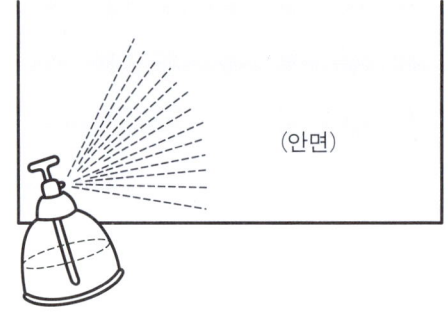

② 원단을 살짝 접어서 습기가 전체적으로 퍼질 때까지 1시간 이상 그대로 둡니다.

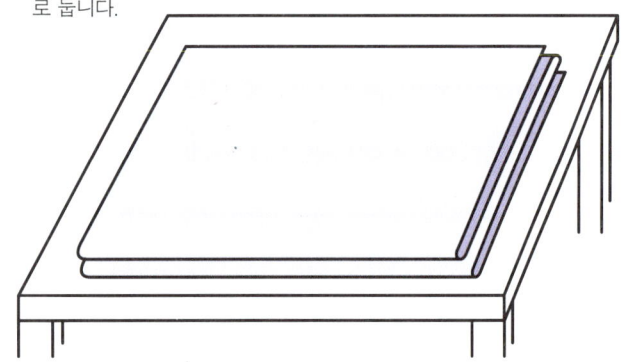

③ 안면에서 스팀 다림질을 합니다. 증기를 접은 자리에 스며들도록 합니다. 원단의 올이 구겨진 것도 펴줍니다. 아주 약간 습기가 남아 있는 상태일 때 다림질을 멈춥니다. 자연스럽게 열이 식고 원단의 습기가 없어진 후에 재단합니다.

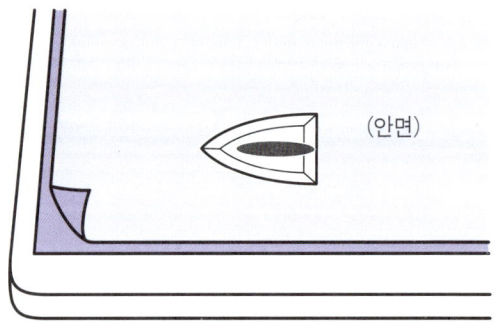

면, 마

① 방축(수축방지) 가공된 천은 다림질을 합니다. 가공되지 않은 천은 물에 한 시간 정도 담가두어 충분히 수분을 흡수시켜 둡니다. 천을 접고 위에서 눌러 수분을 짭니다. 장시간 탈수기를 사용하거나 비틀어 짜면 주름이 남게 됩니다. 프린트 원단은 색이 빠지지는 않는지 원단 가장자리를 물에 적셔 확인한 후 물에 담급니다. 마 원단으로 평상복을 만드는 경우는 물을 여러 차례 바꿔 주면서 천의 풀기를 확실히 빼줍니다.

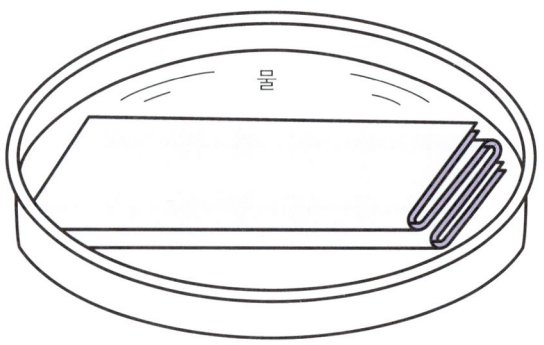

② 겉면을 안쪽으로 해서 주름을 펴고 펼쳐서 말립니다. 반드시 그늘에서 말려 주세요.

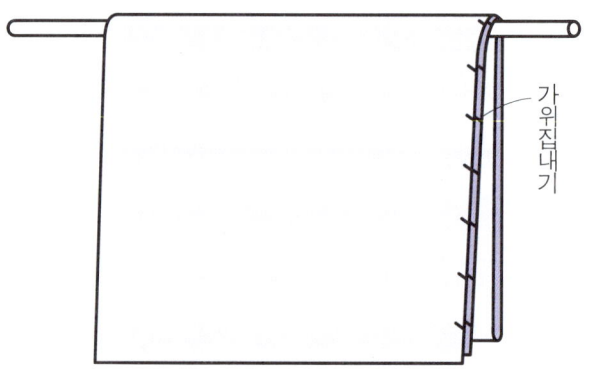

③ 80% 정도 마르면 평평한 곳에 펼쳐서 원단의 안면에서 드라이 다림질을 해주세요.

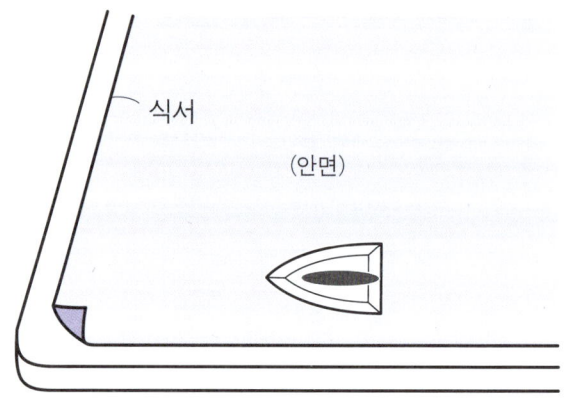

견

견은 열에 약하고 물에 담그면 얼룩이 생기므로 원단 안면에 습기(스팀)를 주지 않는 드라이 다림질하여 올을 바로잡습니다. 접힌 자국 등을 없애는 정도면 괜찮습니다. 다림질 온도는 130~140℃ 정도가 적당합니다.

다리미 받침대

화학섬유

화학섬유는 물에 담가 두어도 대부분의 경우 수축하지 않으므로 물에 담글 필요가 없습니다. 열에 약하므로 견과 마찬가지로 다룹니다.

다림질용 덧댐 천

파일(Pile, 털)이 있는 천

파일이 있는 천은 파일이 뭉개지지 않도록 주의하면서 축임질을 합니다. 원단 겉면을 마주 대어 파일이 맞물리도록 합니다. 다림질 할 때는 파일 모양(파일이 난 방향)에 맞춰 가볍게 해주세요. 또한, 소재에 맞춰 드라이와 스팀을 구분합니다.

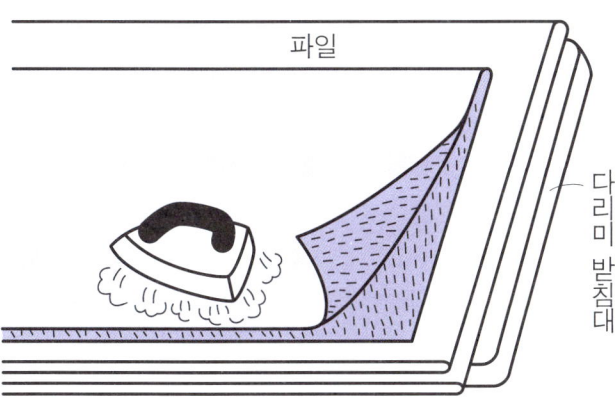

파일

다리미 받침대

격자무늬(체크)나 줄무늬(스트라이프)

무늬가 뒤틀리거나 일그러지는 것을 축임질 과정에서 미리 고쳐두지 않으면 재단 시 또는 완성했을 때 무늬가 맞지 않을 수 있습니다. 원단 겉면끼리 맞대어 무늬와 무늬를 맞추고 성기게 시침질을 합니다. 다림질해서 무늬를 맞춥니다. 다림질은 소재에 따라 드라이와 스팀으로 구분합니다.

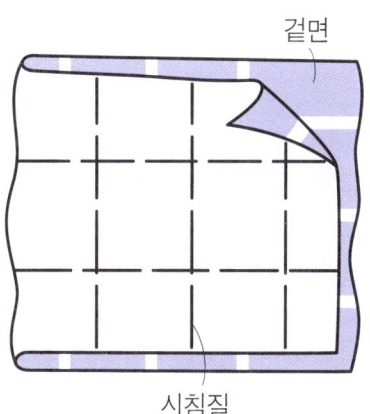

겉면

시침질

기본적인 마름질 방법

마름질

올 방향을 맞추는 방법

원단 가장자리를 올 방향에 맞춰 똑바르게 합니다. 형지를 배치한 후 형지의 올 방향 선에 자를 대고 원단 가장자리에서 형지의 올 방향 선까지의 치수를 두 군데 정도 재보고 형지를 움직여 같은 치수로 합니다.

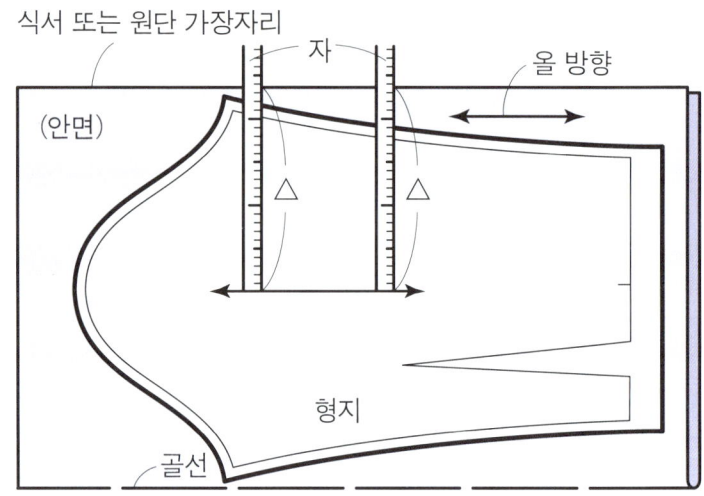

식서 또는 원단 가장자리
자
올 방향
(안면)
형지
골선

한쪽을 골선으로 재단하는 방법

원단을 겉면끼리 마주 대어 그림과 같이 두 겹이 되도록 접습니다. 올 방향은 상하 바르게 맞춥니다. 두 겹으로 접힌 원단의 접은 자국에 형지의 중심을 딱 맞춥니다.

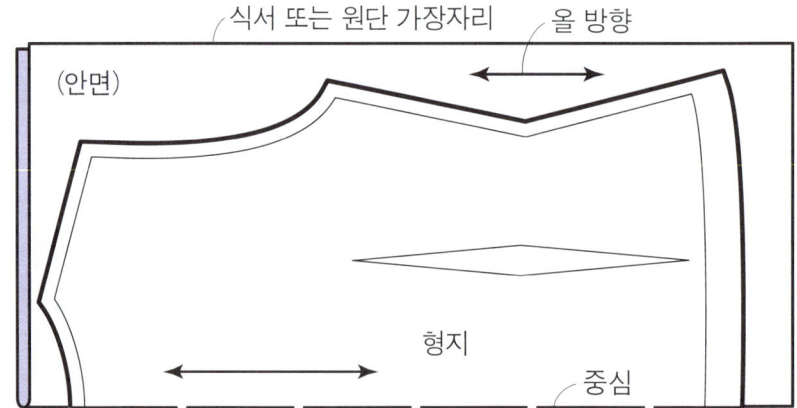

식서 또는 원단 가장자리
올 방향
(안면)
형지
중심

바이어스로 재단하는 방법

골선으로 재단할 때는 천을 이등변삼각형이 되도록 접습니다. 물론 겉면끼리 마주 댑니다. 접은 자국에 형지의 골선을 맞춰 재단합니다. 골선으로 재단하지 않는 경우는 형지의 올 방향 선을 원단 올 방향과 맞춰 재단합니다.

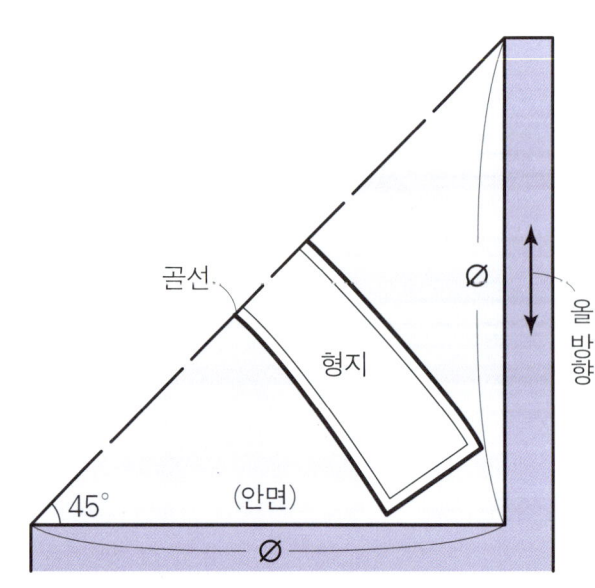

골선
형지
Ø
올 방향
45°
(안면)
Ø

122

시침핀 꽂는 방법

원단을 시침핀으로 고정할 때는 형지를 평평하게 펼치고 시침핀은 핀의 끝을 형지 쪽에서 재단하는 쪽으로 향하게 합니다. 시침핀이 형지보다 원단 쪽을 많이 차지하고 있으면 재단하기 어려우므로 바늘 끝은 형지에 들어가도록 꽂아주세요. 직선은 재단할 선에 직각이 되도록 꽂고 모서리 부분은 사선으로 꽂습니다. 곡선은 곡선에 직각이 되도록 꽂아주세요. 모서리에는 반드시 시침핀을 꽂습니다. 바늘 자국이 남는 원단일 경우는 시접에만 시침핀을 꽂습니다.

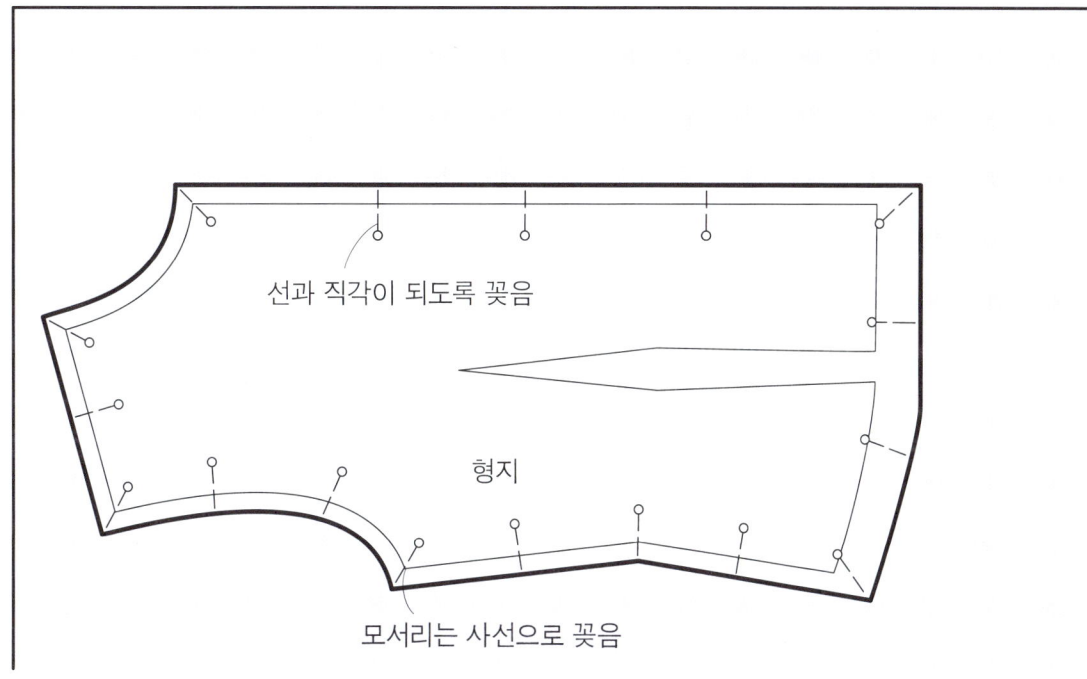

선과 직각이 되도록 꽂음

형지

모서리는 사선으로 꽂음

가위 사용 방법

가위는 마름질용 가위를 사용합니다. 형지 위의 재단선 쪽에 한 손을 올려놓고 다른 한 손으로 가위를 사용합니다. 직선을 자를 때는 가위를 미끄러뜨리듯이 크게 움직여 칼날 전체를 사용합니다. 곡선을 자를 때는 칼날 끝을 이용해 촘촘하게 움직여 주세요. 원단은 작업대에서 떨어지지 않도록 합니다. 잘 드는 가위를 사용하세요.

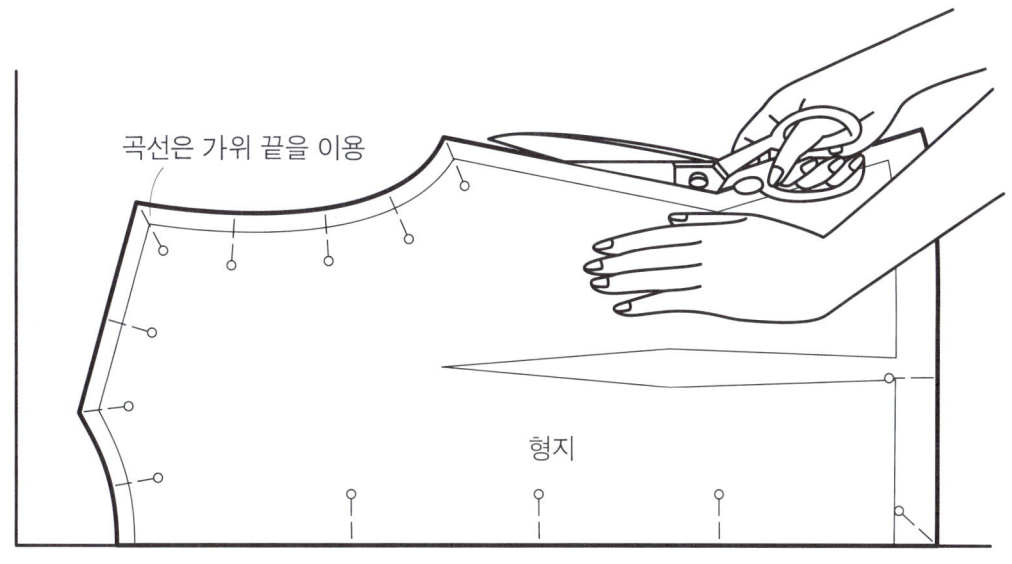

곡선은 가위 끝을 이용

형지

규칙적으로 재단할 때의 형지 배치 방법

천을 원단너비에 맞춰 두 겹으로 접어서 형지의 아래 가장자리를 같은 방향으로 향하도록 차례로 배치한 그림입니다. 형지의 아래 가장자리가 같은 방향이므로 '한 방향으로 재단하기'와 같은 표현이 쓰여 있는 경우는 이 형지 배치 방법을 가리킵니다. 다소 원단의 낭비가 발생해 경제적이지는 않지만, 초보자에게는 좌우 재단의 차이도 알기 쉽고 재단을 깜빡하는 등의 실수를 막을 수 있는 형지 배치 방법입니다.

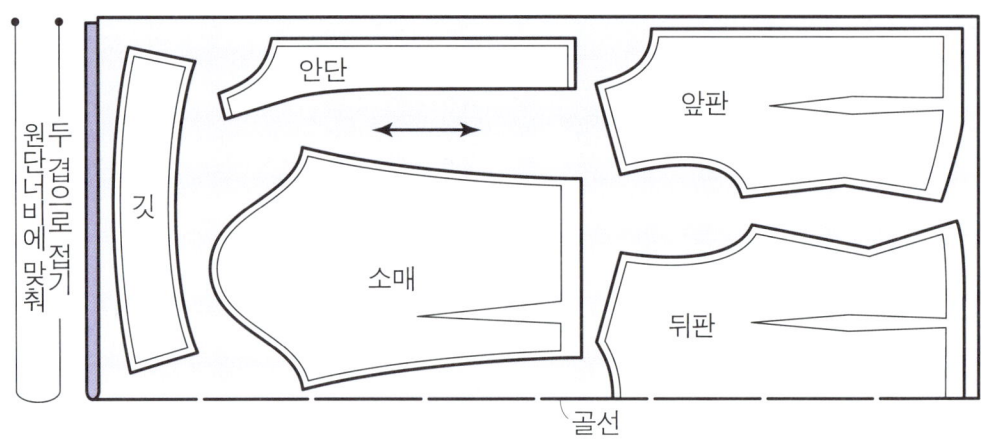

불규칙적으로 끼워 넣어 재단할 때의 형지 배치 방법

위와 같은 형지입니다만, 원단너비가 다르거나 좁아서 위와 같이 재단할 수 없을 때 또는 낭비가 발생하지 않도록 재단하고자 할 때 이용하는 형지 배치 방법입니다. 위와 다른 점은 앞판과 안단의 배치 방법인데, 이처럼 형지 방향을 반대로 배치하거나 사이에 끼워 넣는 것을 '삽입하기' 또는 '끼워 넣기'라고 표현합니다. 단, 방향성이 있는 무늬(118쪽 참조)의 원단에는 사용할 수 없습니다.

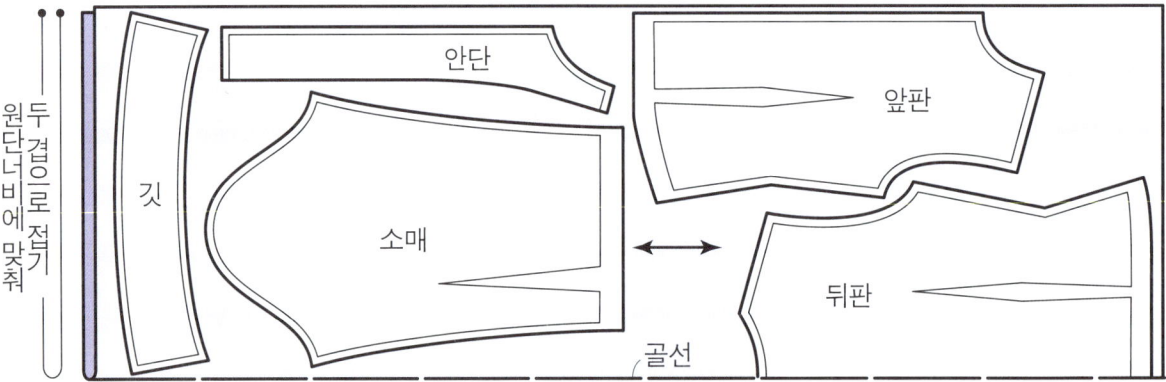

여러 가지 원단 접는 방법

원단너비에 맞춰 두 겹으로 접기

원단의 폭이 넓은 경우는 원단너비에 맞춰 앞 중심과 뒤 중심을 골선 상태로 재단할 수 있는 경우가 있습니다. 식서를 중앙에서 맞대는데, 그것으로는 재단할 수 없는 경우 맞대는 위치를 어느 한쪽으로 이동합니다. 원단 겉면끼리 맞대어 접습니다.

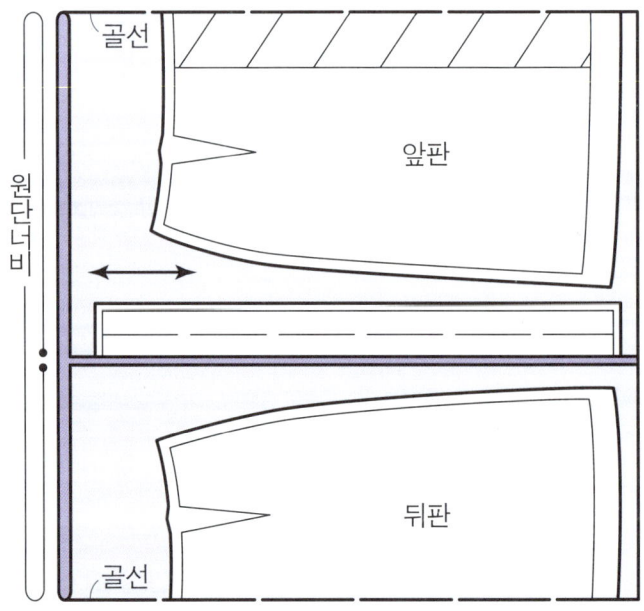

도중에서 한 번 접기

앞 중심과 뒤 중심을 골선 상태로 재단하고 싶은데, 원단너비의 제한으로 재단할
수 없는 경우나 한 장만 재단해도 되는 것이 있을 경우 등에 사용하는 방법입니다.

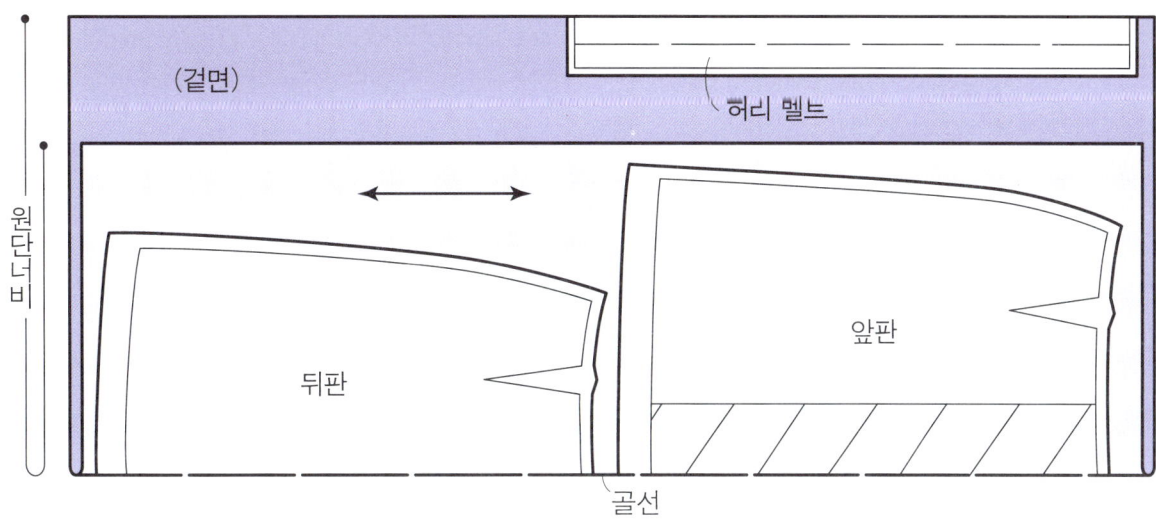

가로 방향에 맞춰 두 겹으로 접기

형지의 폭이 넓어서 한 장씩 재단해야 할 때 이처럼 원단을 접으면 재단하기 쉽습니다. 방향성이 있는 무늬에는 사용할 수 없습니다.

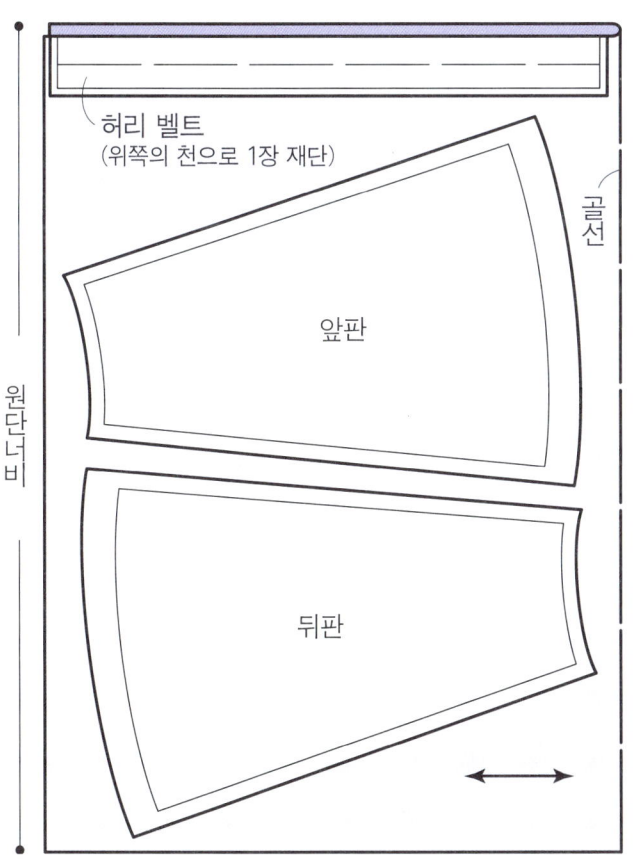

한 장씩 재단하기

바이어스 사용 등으로 원단을 넓게 사용할 때나 방향성이 있는 원단일 때 사용합니다. 한 장씩 재단하므로 재단하는 것을 잊거나 좌우 재단 간 차이가 발생하지 않도록 주의하세요.

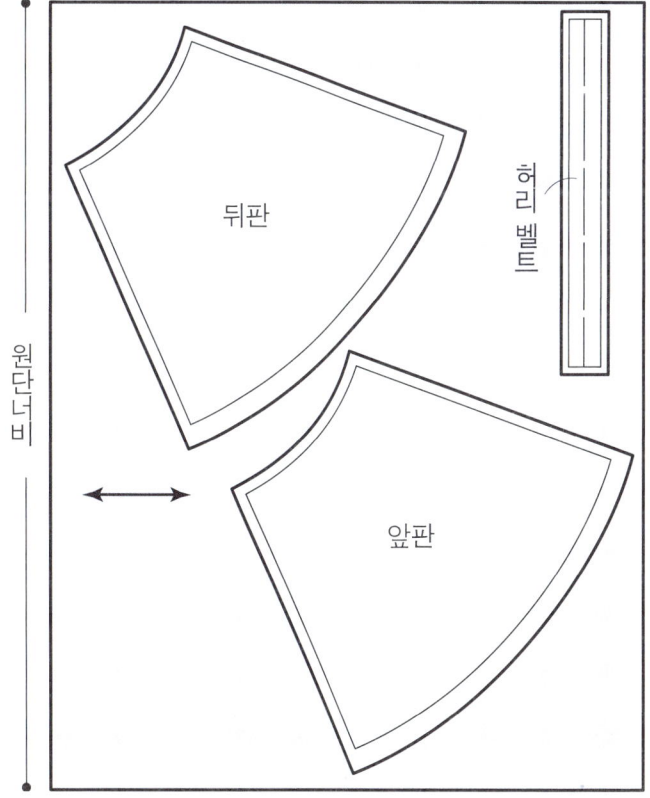

※ 무늬 맞추기가 필요한 원단의 경우는 형지를 원단 겉면에 배치하여 재단합니다.

무늬 맞추는 방법

세로줄 맞추는 방법

앞뒤 중심에 무늬 중심을 맞춥니다. 깃은 뒤 중심에 무늬를 맞추거나 가로 방향으로 재단하도록 합니다. 소매는 중심선에 맞춥니다. 격자무늬나 줄무늬의 경우는 무늬의 어느 위치를 중심으로 결정하느냐에 따라 분위기가 달라지므로 잘 생각한 후 재단하세요.

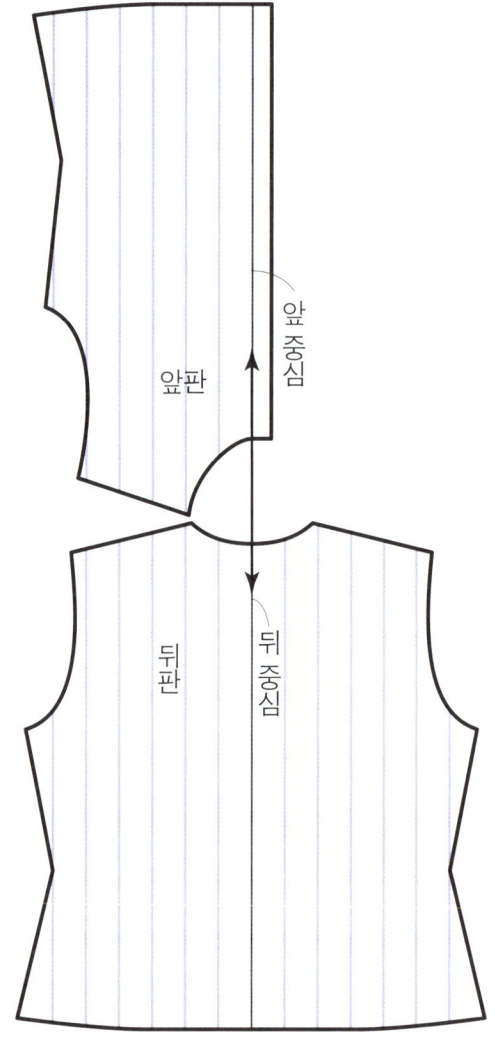

가로줄 맞추는 방법

허리둘레선, 엉덩이둘레선에서 앞뒤의 가로줄을 맞춥니다.

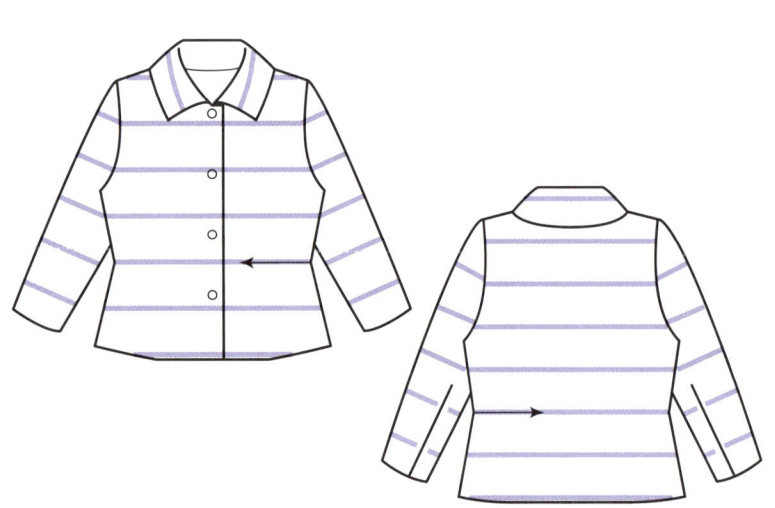

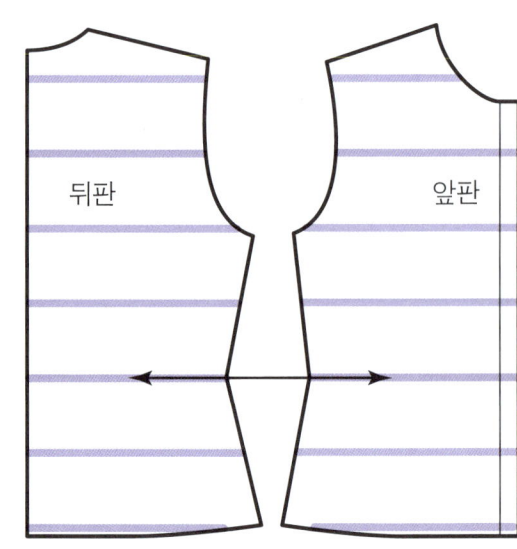

소매 무늬 맞추는 방법

세로줄은 소매산선에 앞 중심과 같은 무늬를 배치합니다.
가로줄은 앞 몸판 진동둘레 맞춤표시 위치에서 맞춥니다.

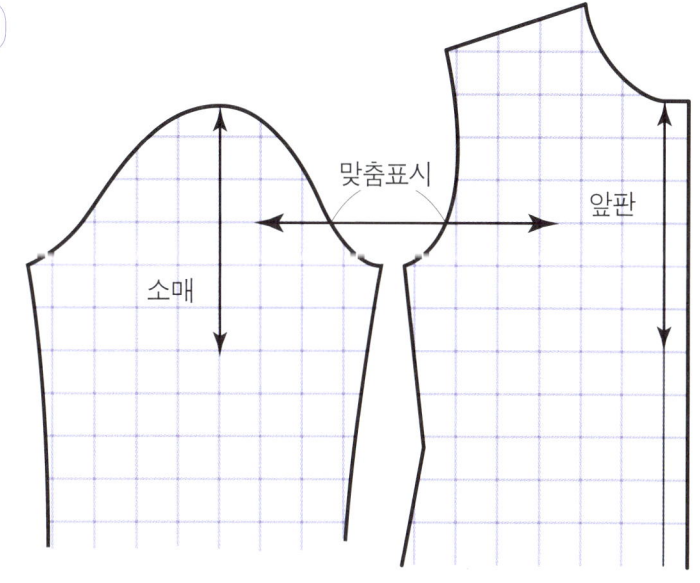

맞춤표시

앞판

소매

호주머니 무늬 맞추는 방법

호주머니와 몸판의 무늬를 맞출 때는 호주머니 부착 위치의 무늬에 맞춥니다. 형지에 무늬를 연필로 베낀 후 재단하면 좋겠지요. 바이어스 방향이나 가로 방향으로 재단하여 몸판과 무늬를 바꿔 디자인 포인트로 삼는 경우도 있습니다.

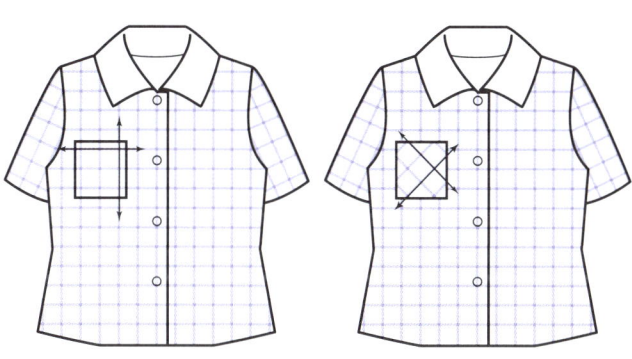

앞판

호주머니

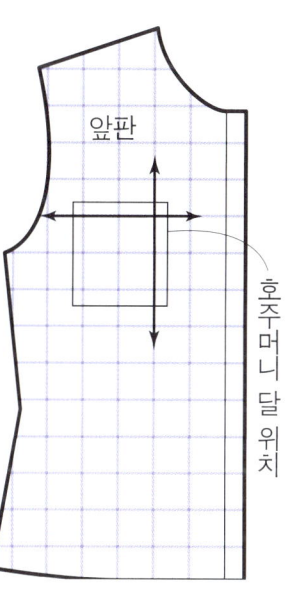

호주머니 달 위치

라펠의 무늬 맞추는 방법

안단이 꺾임선에서 몸판 쪽으로 접혀 겉에서 보이므로 라펠 부분이 깔끔해 보이도록 무늬를 어떻게 할 것인지 생각할 필요가 있습니다.
※라펠(lapel):코트 또는 재킷 등의 몸판이 깃과 하나로 이어져 접어 젖혀진 부분

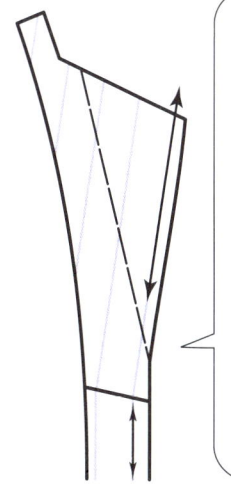

격자무늬나 줄무늬가 큼지막해서 눈에 띄는 경우나 라펠이 넓은 경우는 라펠 가장자리에 평행하게 세로줄을 통과시킵니다. 이때 꺾임선에서 아래는 잇대도록 세로 방향으로 재단합니다. 격자무늬나 줄무늬가 큼지막해서 눈에 띄는 경우나 라펠이 넓은 경우는 라펠 가장자리에 평행하게 세로줄을 통과시킵니다. 이때 꺾임선에서 아래는 잇대도록 세로 방향으로 재단합니다.

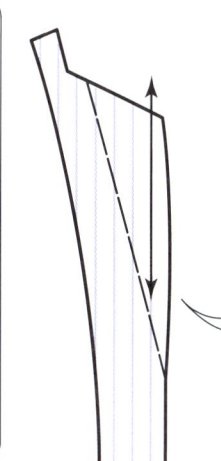

격자무늬나 줄무늬가 작아서 눈에 띄지 않을 때나 라펠이 좁은 경우는 앞 중심에 세로줄을 통과시킵니다.

치마의 무늬 맞추는 방법

앞뒤 중심에 세로줄을 맞춥니다. 가로줄은 엉덩이둘레선에 같은 줄이 오
도록 합니다.

큰 무늬로 슈트를 만드는 경우는 착용했을 때 재킷의 무늬와 치마의 무늬가
이어지는 것처럼 보이도록 재단합니다. 또한, 허리 부분이 다른 천(또는 같
은 천)으로 잇댄 형태의 원피스와 같은 경우는 몸판 부분의 무늬와 매끄럽
게 이어지도록 주의하세요.

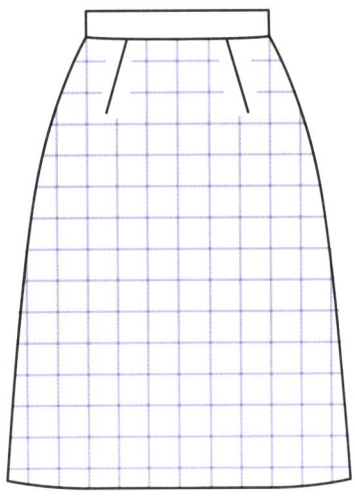

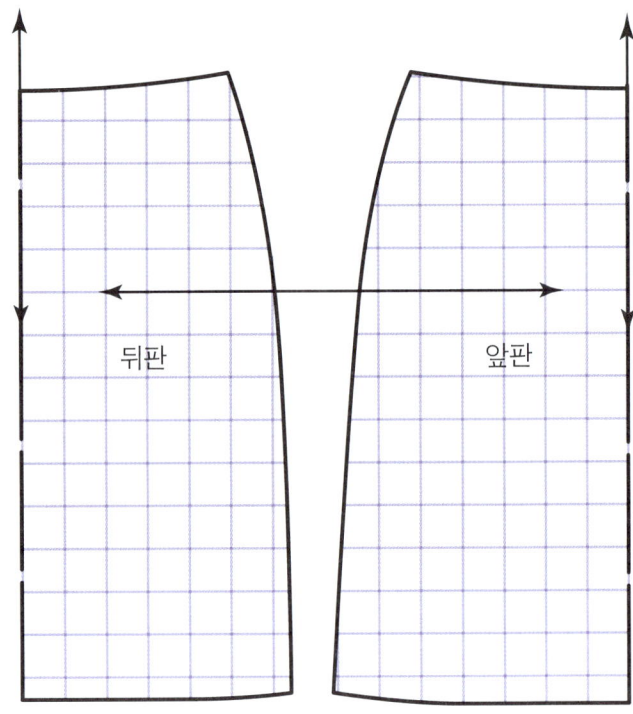

뒤판   앞판

바지의 무늬 맞추는 방법

세로줄은 앞판, 뒤판의 접은 선을 기준으로 합니다. 가로줄은 엉덩이둘레선
또는 밑단선에서 맞춥니다. 큰 무늬일 때는 전체의 균형을 생각하면서 오른
쪽 다리와 왼쪽 다리의 무늬가 같아지도록 합니다.

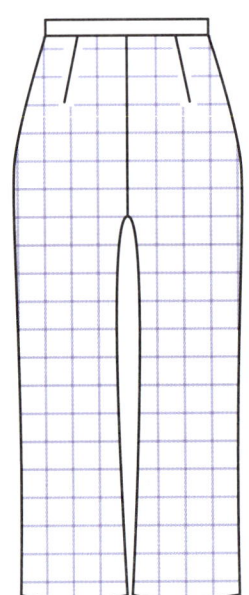

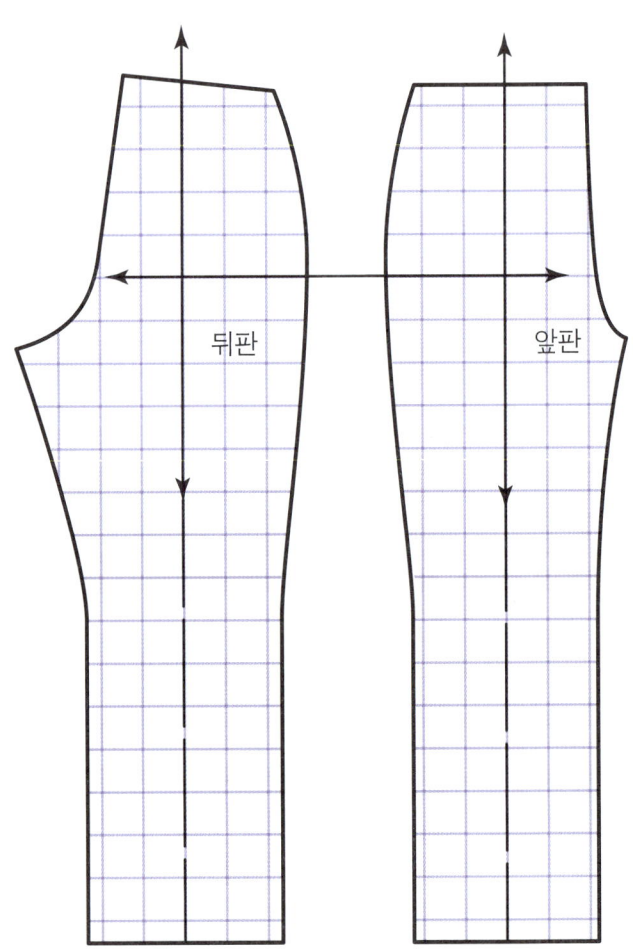

뒤판   앞판

플레어 스커트의 무늬 맞추는 방법

형지를 고를 때 가능하면 앞과 뒤의 옆선 경사가 같은 것을 고르면 무늬 맞추기가 쉽습니다. 여기서는 앞과 뒤가 같은 형태의 형지를 예로 설명하겠습니다. 4장을 잇대는 플레어 스커트의 경우 앞뒤 좌우 4장의 형지를 준비합니다. 원단은 접지 말고 펼친 상태로 사용하세요. 원단에 형지를 놓

아 기준이 되는 줄무늬를 가로세로 각각 형지에 베낍니다. 그것을 기준으로 신중하게 형지를 겹쳐 놓고 앞뒤의 중심, 옆선의 가로세로 줄이 잘 맞는지 아닌지를 최종적으로 확인한 후 재단하세요. 큰 무늬 체크의 경우는 원단을 20~30% 여유 있게 준비합니다.

앞뒤 중심이 바이어스 방향이 되는 경우

밑단 둘레의 치수에 따라 다르기는 하지만, 앞뒤 중심에는 바이어스 무늬가 옆선은 직선에 가까운 무늬가 나타나게 됩니다.

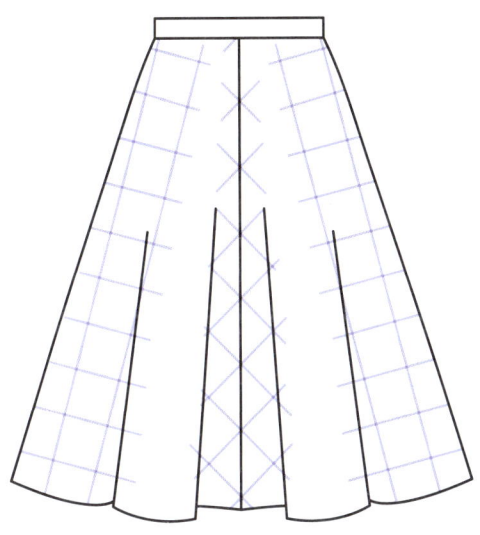

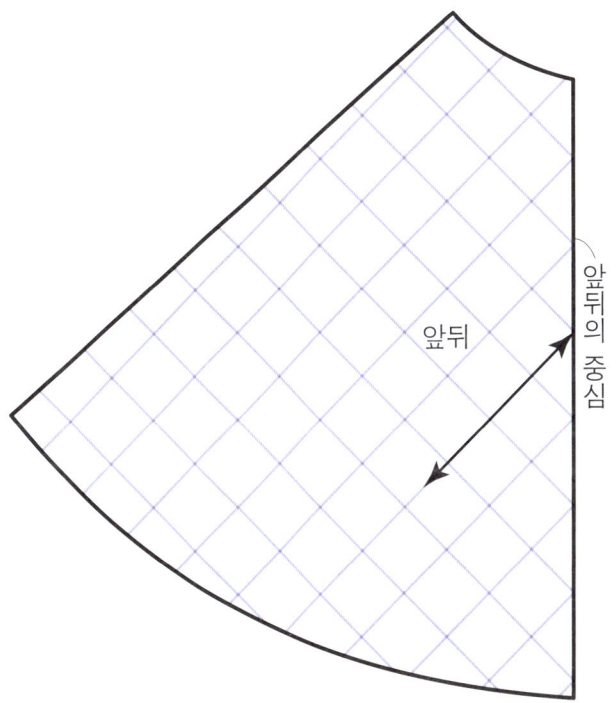

형지 중심이 세로 방향이 되는 경우

허리둘레선 정중앙과 밑단선 정중앙이 세로 방향이 되도록 합니다. 앞뒤의 중심과 옆선에 같은 무늬가 나타나게 됩니다.

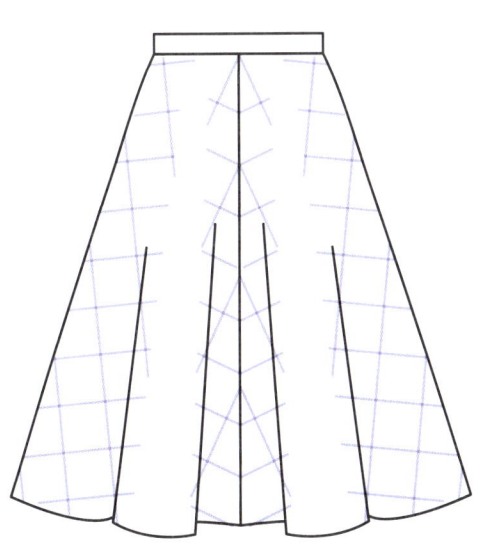

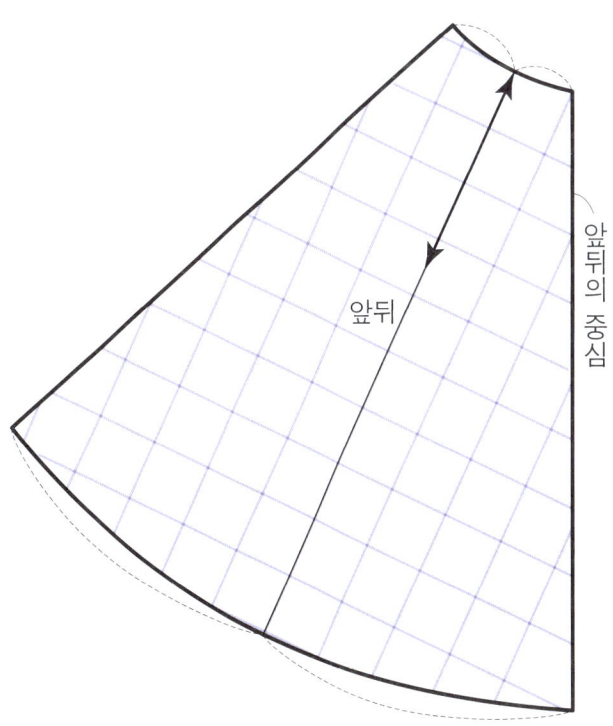

129

세로줄무늬의 경우

세로줄의 경우는 앞 중심, 뒤 중심, 소매 중심에 같은 줄이 지나도록 하여 무늬를 맞춥니다. 앞 중심, 뒤 중심을 골선 상태로 재단하는 경우는 좌우의 무늬가 같은 모양으로 나타나도록 한 번 접어줍니다. 이때 줄이 비뚤지 않도록 주의하세요. 상하좌우의 방향성이 없는 줄의 경우에는 무지와 마찬가지로 '끼워 넣기'식으로 재단할 수 있습니다. 짙은 색 줄을 중심으로 정하는 편이 전체적으로 균형감 있게 완성됩니다. 치마의 경우도 마찬가지로 중심에 줄을 통과시킵니다. 슈트나 원피스의 경우는 위아래의 줄이 어긋나지 않도록 주의합니다.

여기서는 셔츠 칼라의 블라우스를 예로 설명하겠습니다. 이 경우 요크, 커프스, 깃, 깃띠 등을 가로 방향으로 재단하면 무늬 맞추기를 할 필요가 없어지므로 비교적 손쉽게 만들 수 있습니다.

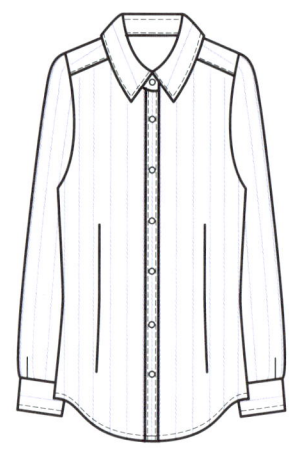

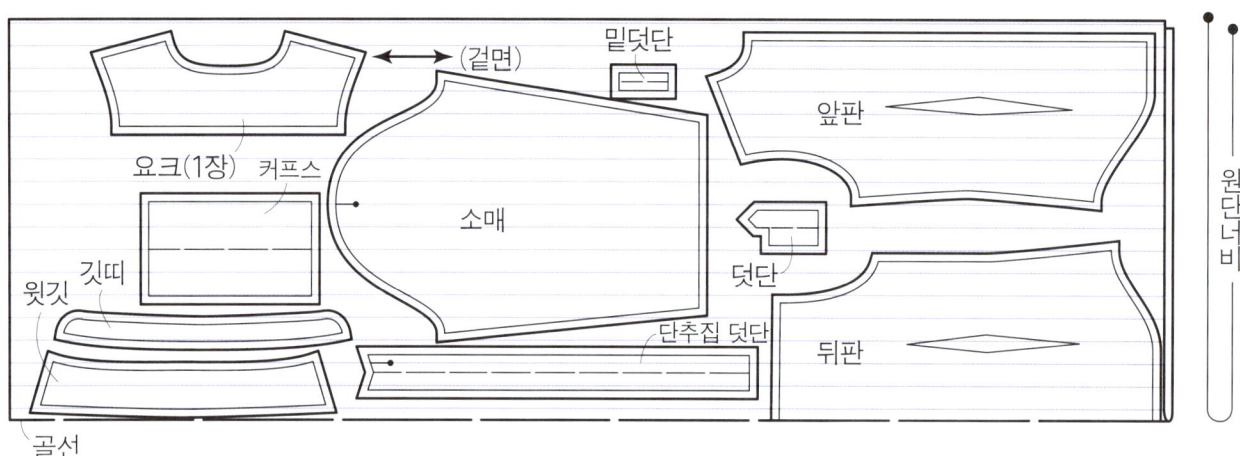

접는 방법은 어떤 방법이든 상관없지만, 좌우 무늬가 대칭을 이루도록 주의합니다.

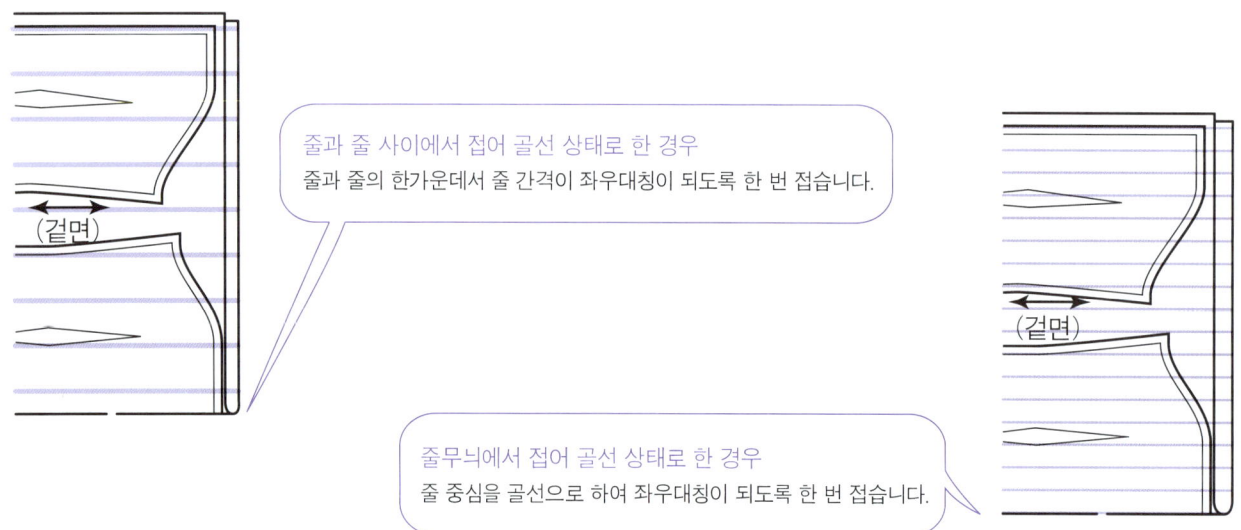

줄과 줄 사이에서 접어 골선 상태로 한 경우
줄과 줄의 한가운데서 줄 간격이 좌우대칭이 되도록 한 번 접습니다.

줄무늬에서 접어 골선 상태로 한 경우
줄 중심을 골선으로 하여 좌우대칭이 되도록 한 번 접습니다.

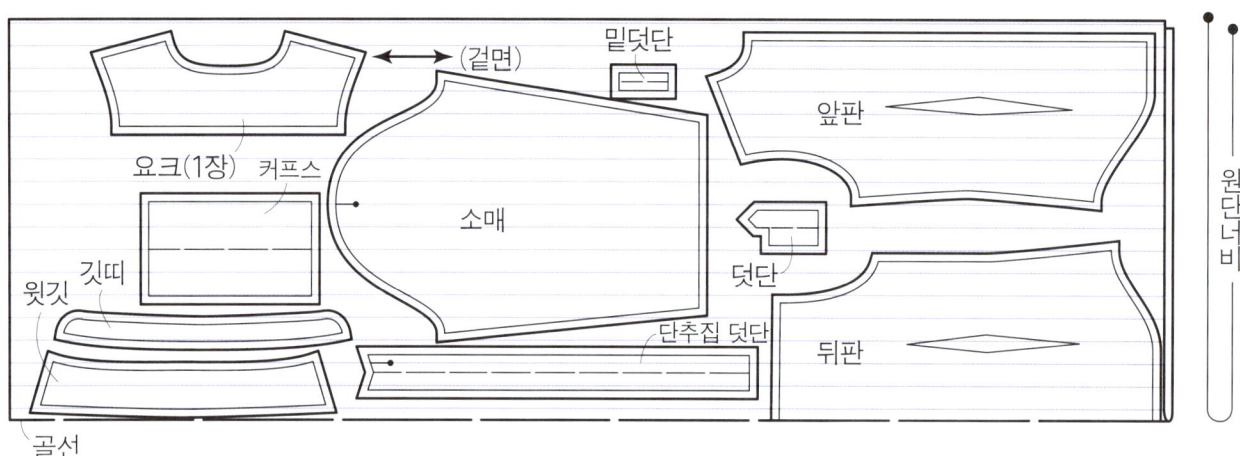 이미지 내 라벨: (겉면), 밑덧단, 앞판, 요크(1장), 커프스, 소매, 덧단, 윗깃, 깃띠, 단추집 덧단, 뒤판, 골선, 원단너비

한 방향으로 무늬가 흐르는 경우

한 방향으로 무늬가 흐르는 경우는 형지를 '끼워 넣기' 형태로 배치할 수 없습니다. 원단의 위아래를 정했다면 반드시 형지도 그에 맞춰 배치합니다. 단, 깃은 입었을 때 몸판과 같은 무늬가 되도록 합니다. 보더 무늬뿐 아니라 다양한 무늬에 이런 사례가 있으므로 원단을 잘 보고 한 방향 무늬이지를 확인하는 것이 중요합니다. 또한, 원단에 낭비가 생기므로 원단을 구매할 때는 20~30% 넉넉하게 준비하세요.

무늬 맞추기 순서

① 앞 몸판, 뒤 몸판, 안단의 형지를 허리둘레선에 같은 줄이 통과하도록 배치합니다.
② 앞 몸판의 진동둘레 맞춤표시와 소매 맞춤표시에 같은 줄이 오도록 소매를 배치합니다.
③ 깃 형지는 무늬가 한 방향으로 흐르도록 몸판에 맞춰 배치합니다.

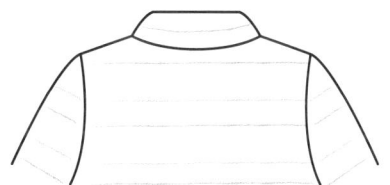

맞춤표시
⑂ 앞 몸판, 뒤 몸판, 안단의 무늬를 맞추기 위한 표시(허리둘레선)
⑂ 몸판과 소매의 무늬를 맞추기 위한 표시. 앞 몸판 진동둘레의 맞춤표시와 앞 소매 쪽 맞춤표시

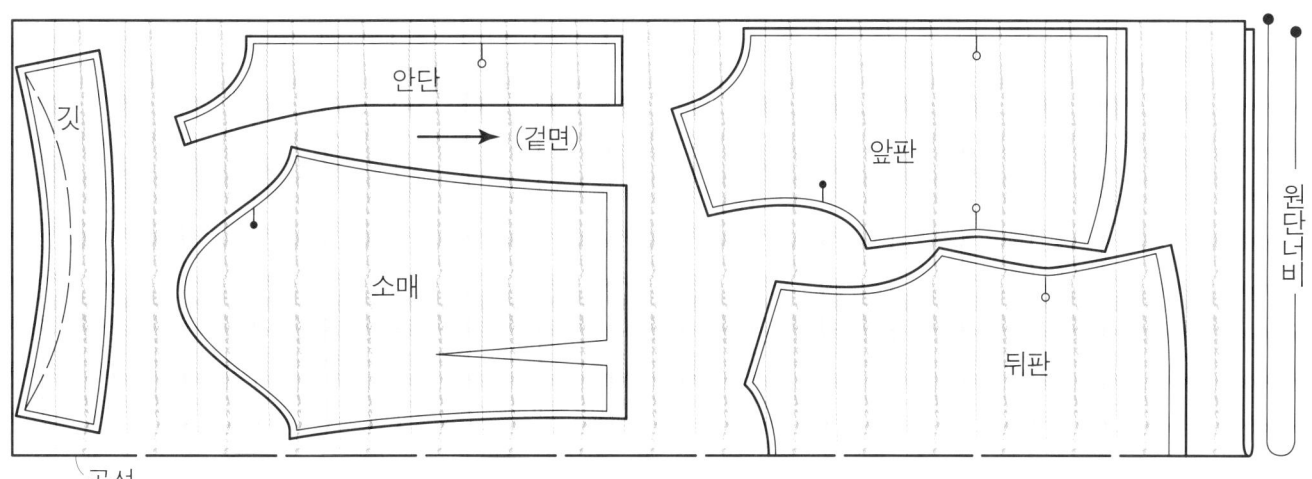

상하좌우에 방향이 있는 무늬의 경우

상하좌우에 방향이 있는 원단의 경우는 좌우를 펼쳐서 형지를 배치합니다. 무늬가 커지면 커질수록 원단에 낭비가 생기므로 원단을 구매할 때 20~30% 여유가 있게 준비합니다.

무늬 맞추기 순서

① 무늬의 흐름이 한 방향이 되도록 생각해서 형지를 한 장 한 장 배치해 봅니다.
② 대충 배치했다면 기준이 되는 줄을 통과하는 위치에 맞춤표시를 넣어 둡니다.
③ 각각의 맞춤표시끼리 같은 줄이 통과하도록 형지를 배치합니다.

맞춤표시

→ 세로줄을 맞추기 위한 표시. 뒤 몸판과 깃의 뒤 중심, 소매의 소매산에 있습니다.
→ 앞판과 뒤판의 세로줄을 맞추기 위한 표시. 앞 몸판과 뒤 몸판의 어깨선 위에 있습니다.
│ 옆줄을 맞추기 위한 표시. 앞 몸판, 뒤 몸판, 안단은 허리둘레선에 있습니다.
│ 몸판과 소매의 옆줄을 맞추기 위한 표시. 앞 몸판과 진동둘레와 소매의 앞 소매산에 있습니다.

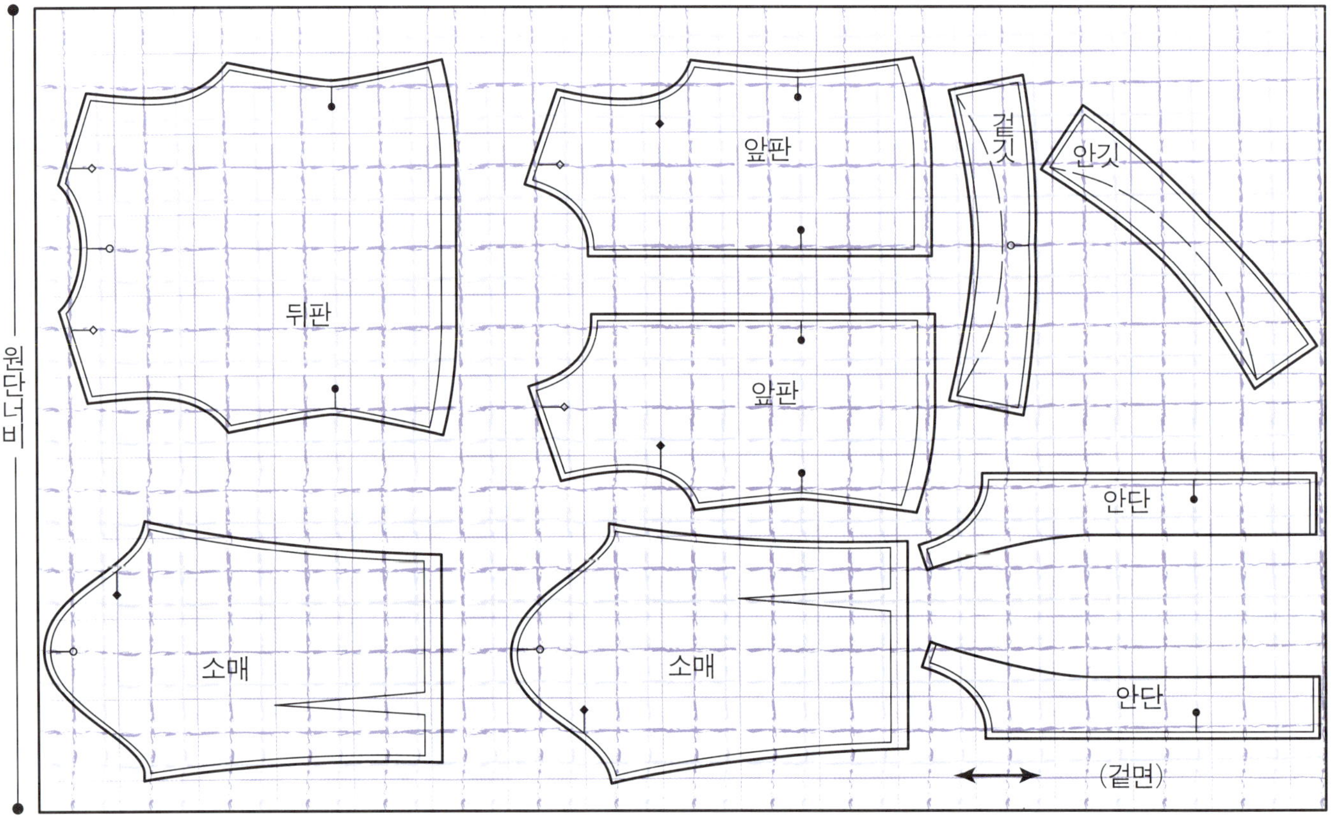

원단너비

뒤판

앞판

앞판

겉깃

안깃

안단

소매

소매

안단

(겉면)

원단의 식서를 따라 무늬가 있는 경우

이런 경우 무늬를 살려 디자인을 생각하는 편이 좋겠지요. 밑단에 무늬를 배치하는 사용 방법이 일반적이지만, 앞트임, 뒤트임 등의 트임 부분에 배치해도 좋습니다. 여기서는 밑단에 무늬가 나타나도록 하는 방법을 설명합니다. 원단 가장자리에 무늬가 있으므로 형지는 가로 방향으로 배치합니다. 형지는 가능하면 밑단선이 직선 또는 직선에 가까운 것을 선택합니다. 밑단선이 직선인 형지를 이용하면 만들기 쉬워 깔끔하게 완성됩니다.

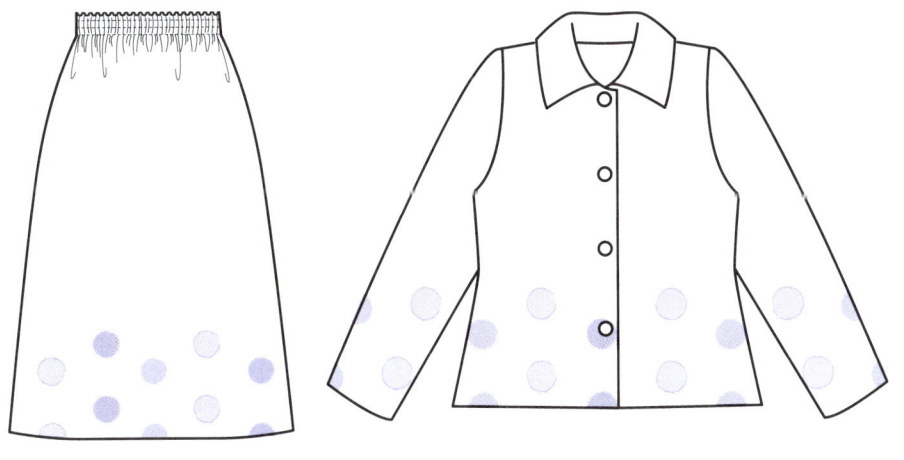

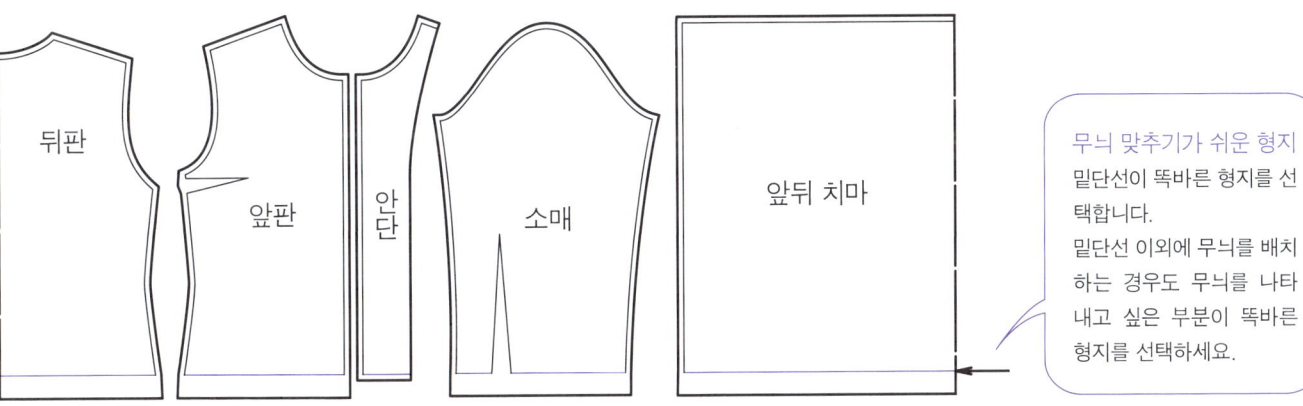

뒤판

앞판

안단

소매

앞뒤 치마

무늬 맞추기가 쉬운 형지
밑단선이 똑바른 형지를 선택합니다.
밑단선 이외에 무늬를 배치하는 경우도 무늬를 나타내고 싶은 부분이 똑바른 형지를 선택하세요.

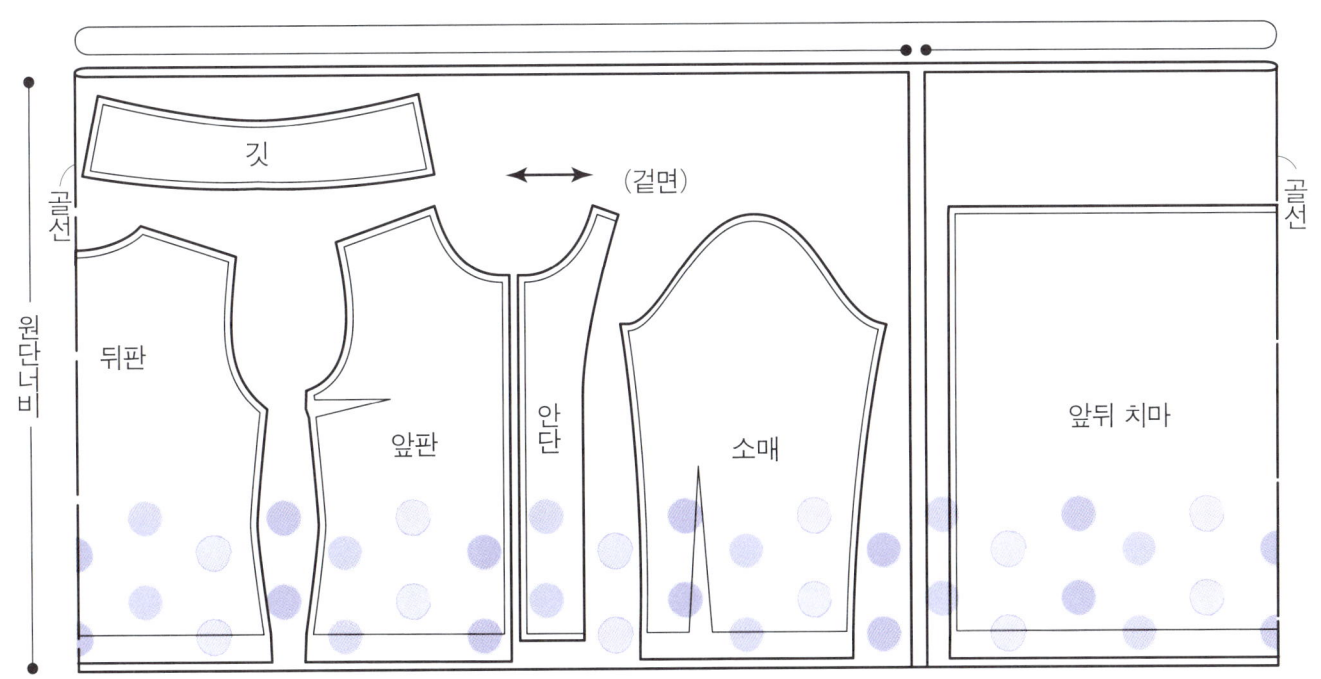

깃

(겉면)

골선

골선

원단너비

뒤판

앞판

안단

소매

앞뒤 치마

표시하기

완성선, 다트선, 맞춤표시 등 형지에 쓰여 있는 것을 모두 원단에 옮깁니다. 원단에 맞춰 적절한 방법을 선택해주세요. 모서리는 반드시 십자로 표시하고 곡선은 촘촘히 표시하고 반대로 직선은 성긴 표시로 해도 괜찮습니다.

양면 초크 페이퍼 사용하기

원단의 안면끼리 맞대어 두 겹으로 접어서 그 사이에 초크 페이퍼를 끼웁니다. 소프트 룰렛을 이용해 표시합니다. 초크페이퍼는 물로 지워지는 타입을 사용하면 나중에 편리합니다.

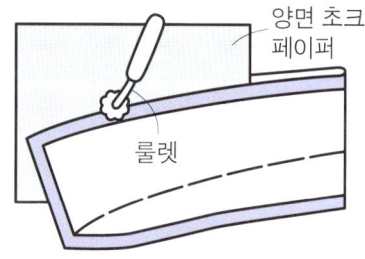

단면 초크 페이퍼 사용하기

원단 안면과 초크 페이퍼 겉면을 맞대어 그 위에 형지를 배치합니다. 소프트 룰렛을 이용해 표시합니다.

봉제용 헤라 이용하기

안감이나 올이 촘촘한 원단에 사용하는 방법입니다. 너무 힘을 줘서 지나치게 문지르면 원단이 상할 수 있으므로 주의하세요.

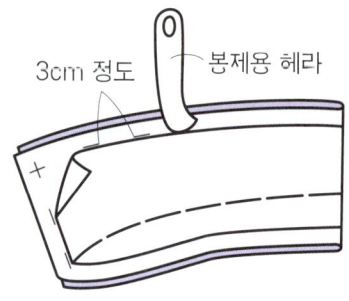

초크로 표시하기

삼각 초크나 초크 펜슬은 앞을 가늘게 깎아 사용합니다.

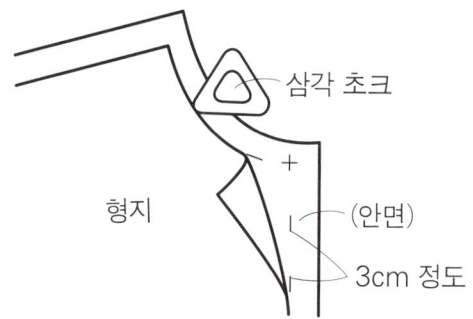

시침실로 표시하기 A

얇은 원단이나 벨벳, 투 페이스(Two Face; 양면 사용이 가능한 원단)에 사용하는 방법입니다. 가는 실을 사용해서 한 장씩 배치하여 보통 시침(202쪽 참조)으로 시침합니다.

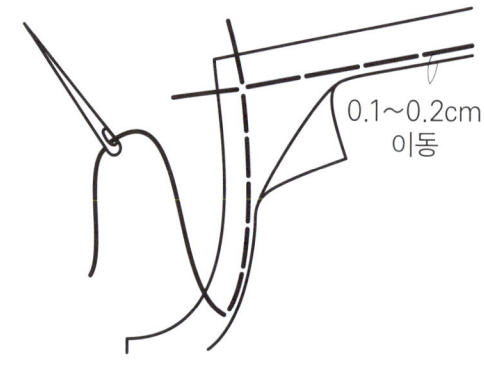

시침실로 표시하기 B

원단이 너무 부드러워 바느질하는 과정에서 실이 빠질 위험이 있는 경우는 그것을 방지하기 위해 두 땀 시침(202쪽 참조)으로 시침합니다.

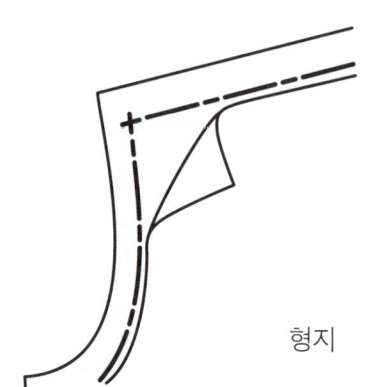

기초 편

실표뜨기

울 원단이나 두꺼운 원단에 사용하는 표시 방법입니다. 본바느질이 끝나면 표시한 실을 제거합니다.

① 원단 겉면끼리 맞대어 그 위에 형지를 배치합니다(재단이 끝난 상태). 시침실 ??가닥을 사용해 부통 시침(202쪽 참조)으로 시침합니다. 곡선은 실을 느슨하게 해서 촘촘하게 꿰매고 모서리는 십자로 꿰맵니다.

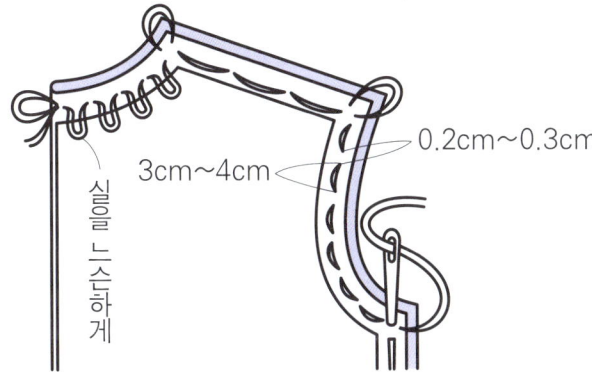

0.2cm~0.3cm

3cm~4cm

실을 느슨하게

② 바느질이 끝나면 형지를 치우고 바느질선의 실 가운데를 가위로 전부 자릅니다.

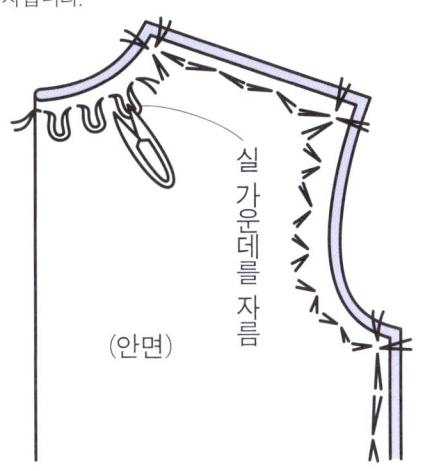

(안면)

실 가운데를 자름

③ 실이 빠지지 않도록 주의하면서 위쪽의 천을 약간 들어 올려 두 장의 원단 사이에 걸쳐 있는 실을 자릅니다.

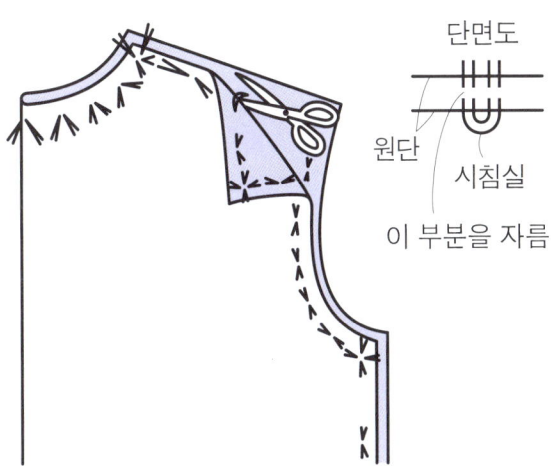

단면도

원단

시침실

이 부분을 자름

④ 위쪽 원단의 실 끝을 밑동에서부터 짧게 자릅니다. 가위를 눕혀 원단을 자르지 않도록 주의하세요.

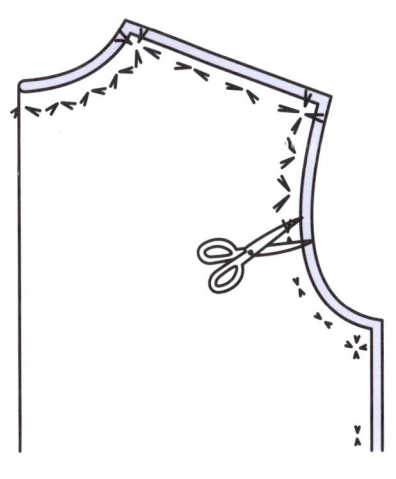

⑤ 다리미로 위에서 눌러 실을 납작하게 해줍니다. 이렇게 하면 실이 잘 빠지지 않습니다.

다리미로 눌러주기

⑥ 바느질이 끝나면 핀셋으로 실을 제거해줍니다.

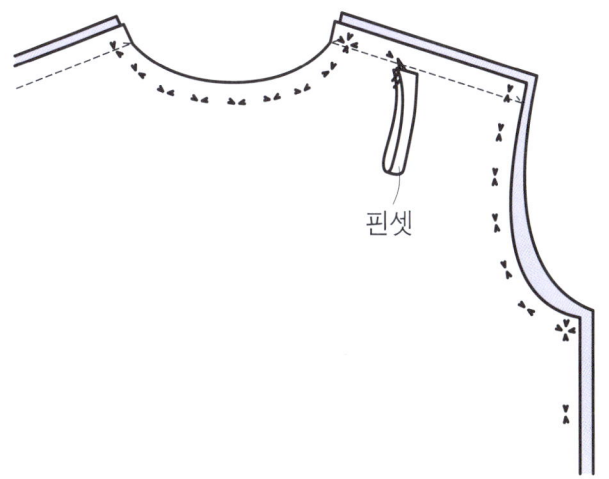

핀셋

가봉과 보정

가봉

표시하기가 끝나면 보정을 위해 일단 만들어 봅니다. 이를 '가봉'이라고 합니다. 보정 시에 실이 잘 풀리도록 시침실(흰색 면실)을 사용하고 전부 손바느질로 3~4mm 간격으로 홈질(200쪽 참조)합니다.

다트는 완성선대로 다트 끝을 향해 꿰매고, 바느질 시작 부분은 되돌아박기를 합니다. 다트는 각각의 방향으로 손으로 접어주세요.

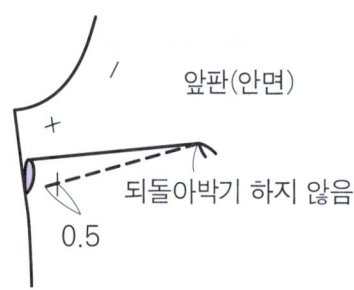

소매는 다트와 소매 아래를 몸판과 마찬가지로 꿰매고 소매 아래 시접은 앞쪽으로 접습니다. 소매산은 흰색 면실 한 가닥으로 2회 홈질하고, 홈질한 두 가닥의 실을 함께 잡아당겨 소매를 달 치수만큼 줄여서 소매산 형태를 잡아줍니다.

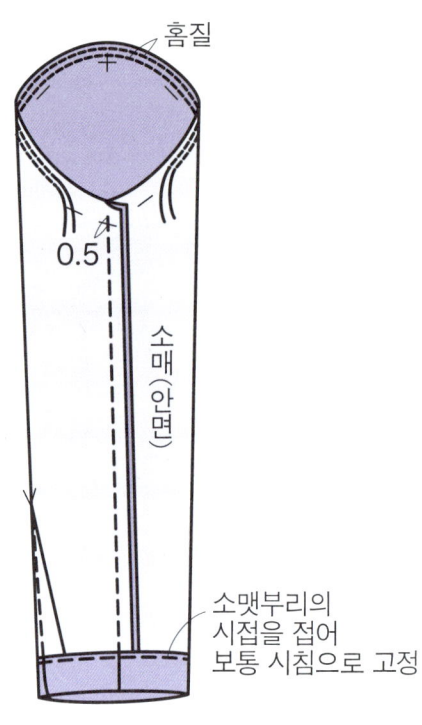

어깨선, 옆솔기선은 0.5cm 시접 쪽에서 바느질을 시작해 0.5cm 시접 쪽에서 바느질을 마칩니다. 바느질 시작 부분과 끝부분에는 되돌아박기를 합니다. 시접은 옆솔기선은 앞쪽으로, 어깨선은 뒤쪽으로 손으로 접습니다. 다트가 있는 부분을 꿰맬 때는 다트를 함께 꿰매면 원단이 울 수 있으므로 다트를 피해서 박습니다.

소매는 몸판과 맞춰 꿰매는데 몸판 쪽 시접을 함께 꿰매면 원단이 울 수 있으므로 시접을 피해서 꿰매주세요. 또한, 재킷 등 두꺼운 원단의 경우는 꿰매지 않고 시침핀으로 고정하는 경우도 있습니다.

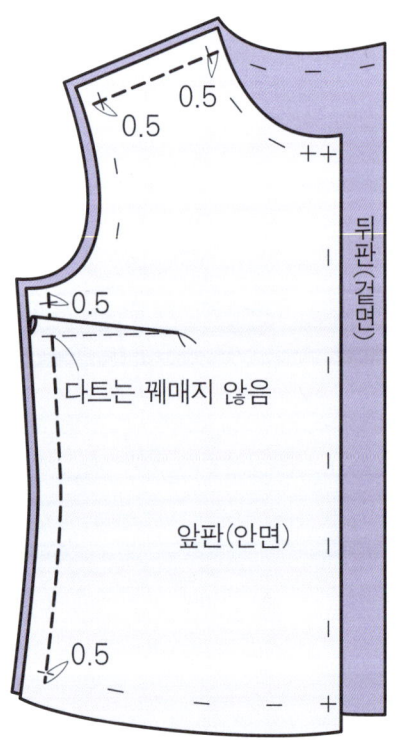

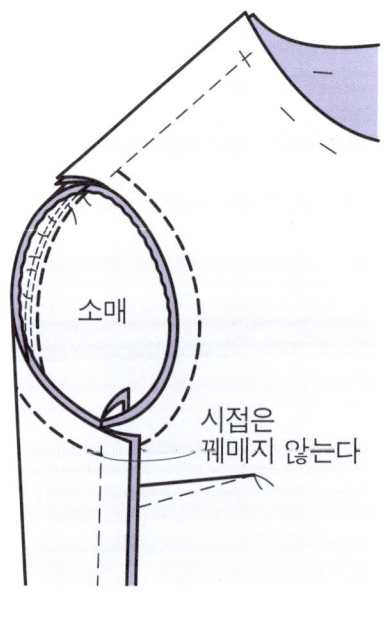

허리 부분에 안단이 있는 원피스 등은 다트나 시접을 함께 꿰매면 원단이 우는 원인이 되므로 시접을 피해서 꿰매주세요.

트임이 있는 경우는 위가 되는 쪽의 시접을 완성선에 맞춰 안면 쪽으로 눕히고 보통 시침(202쪽 참조)을 하여 시접을 고정합니다.

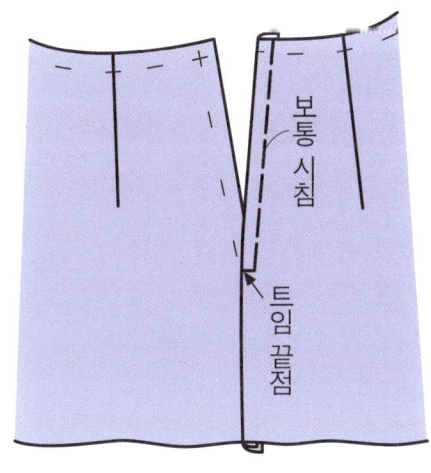

밑단선이나 소맷부리는 완성선을 따라 시접을 안면으로 접어 보통 시침으로 고정합니다.

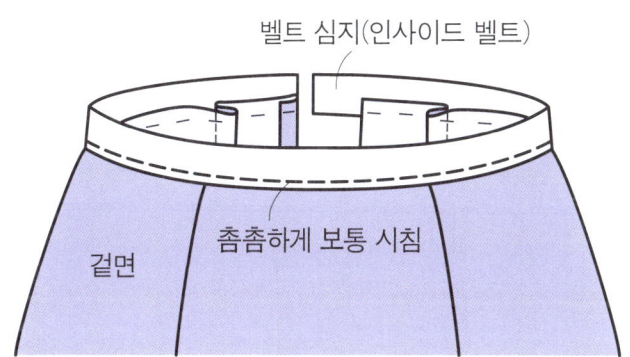

깃이나 소매를 달지 않는 경우는 완성선 위를 홈질하여 윤곽을 또렷하게 해줍니다.

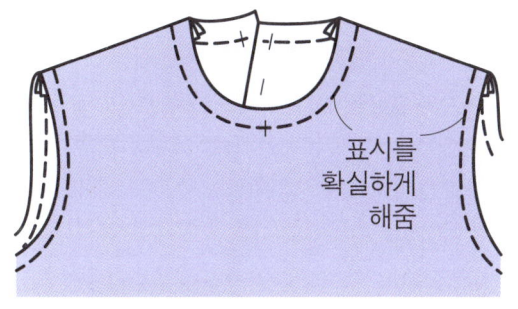

치마나 바지를 만들 때 허리 벨트는 벨트 심지를 그대로 사용합니다.

깃은 겉깃만을 사용해 깃달선을 따라 다는데, 깃의 느낌을 잘 모르겠는 경우나 원단이 두꺼운 경우는 사용할 원단이 아닌 평직의 면직물(시트지)을 사용해 깃을 답니다. 가봉한 깃을 보정하여 형지 대신 사용합니다. 테일러드 칼라의 윗깃은 반드시 이 방법을 사용합니다.

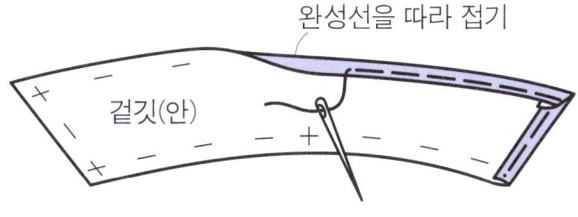

호주머니나 단추, 커프스 등은 별도의 평직 면직물(시트지)을 사용해 부착 위치에 보통 시침으로 고정합니다.

보정 방법

보정은 치수재기와 마찬가지로 자신이 직접 할 수 없으므로 보정을 하는 사람과 보정 대상인 사람 둘이서 작업합니다.

시착

가봉이 완성되면 보정 대상인 사람은 그 옷을 입을 때 속에 착용할 옷을 입고 가봉된 옷을 입습니다. 트임 부분은 시침핀으로 그림과 같이 보정하는 사람에게 고정을 부탁합니다. 착용 시에 신을 신발을 신고 거울 앞에 자연스러운 자세로 섭니다.

보정 대상인 사람은 옷을 착용하면 몸을 약간 움직여 불편하고 답답한 부분이나 옷을 입을 때 어려운 점이 없는지 확인하여 보정하는 사람에게 전달합니다. 보정하는 사람은 거울 속에 비친 보정 대상을 보며 전체적인 균형과 신경 쓰이는 주름 등이 없는지 확인합니다.

실제로 보정을 할 때는 눈앞에 보이는 부분만을 보지 말고 거울을 통해 전체적인 균형도 확인하면서 작업하는 것이 중요합니다. 자잘한 주름 등이 신경 쓰여 그것을 고쳤더니 전체적인 균형이 좋지 않은 옷이 되어 버리기도 하므로, 반드시 눈으로 확인하는 일과 거울을 통해 살펴보는 것을 번갈아 하면서 작업을 진행해 주세요.

보정의 목적

사람마다 생활환경이나 유전적 요소에 따라 신체에 다소의 특징이 있습니다. 그것은 치수재기만으로는 찾아내기 어렵지요. 실제로 만든 옷을 착용해 보면 어디에 주름이 생기고 어디가 우는지를 확인할 수 있습니다. 이러한 것들을 바로잡아서 기능성을 유지하고 균형 잡힌 편안한 옷을 만드는 것이 보정의 목적입니다.

보정을 할 때 신체의 단점을 그대로 전부 수정하다가는 오히려 그런 단점을 강조하는 일이 되기도 합니다. 무엇보다 신체의 단점을 보완할 수 있도록 하여 더욱 예쁘게 보이는 옷을 만드는 것이 중요합니다.

여기서는 기본적인 수정 방법을 설명합니다. 사람에 따라서는 보정이 필요한 부분이 한 곳이 아니라 여러 군데 나타날 수도 있으므로 주의를 기울여 주세요. 보정은 매우 어려운 작업입니다. 몇 번이든 도전해서 숙련시켜야 합니다.

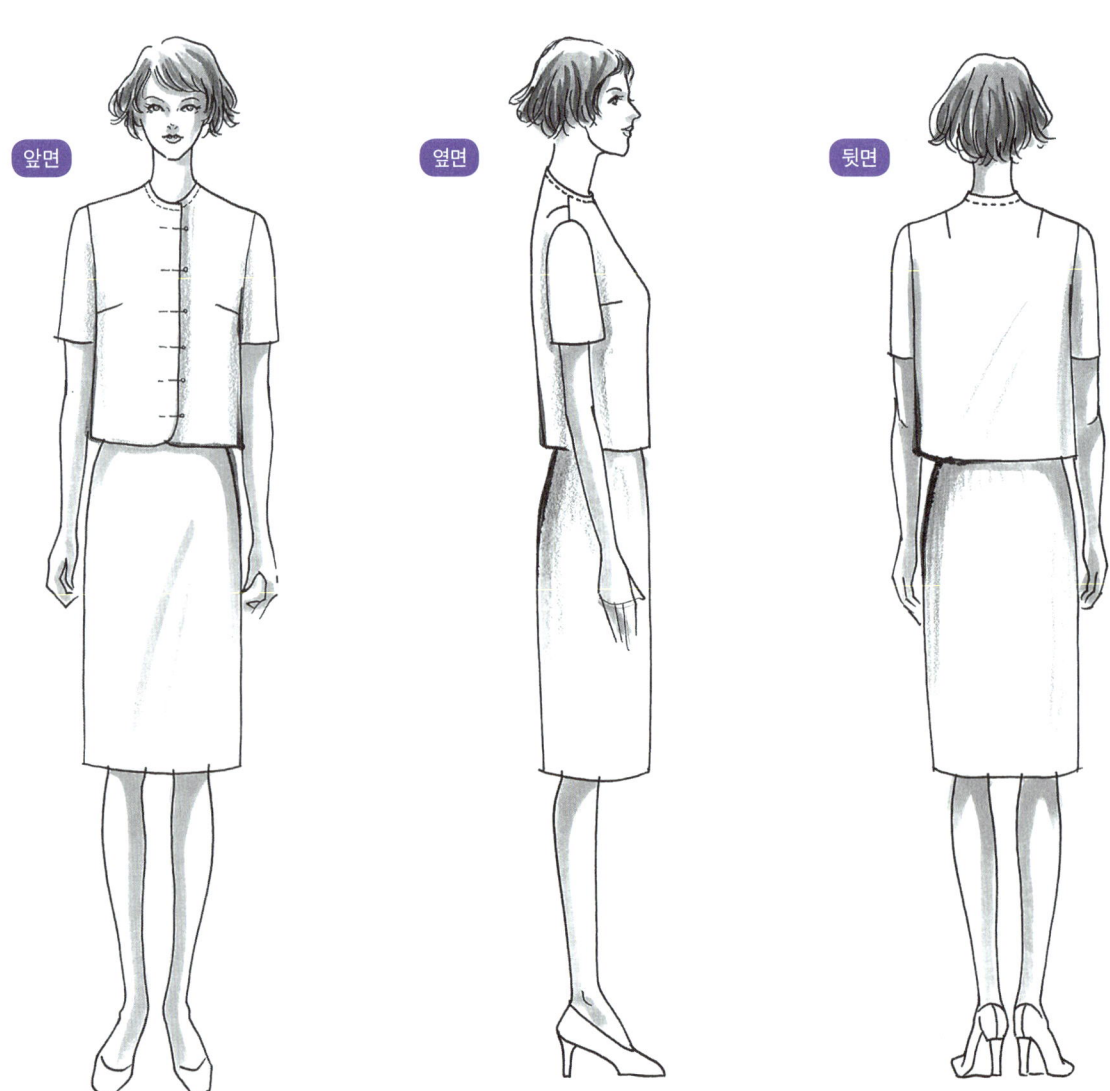

앞면 옆면 뒷면

몸판 보정

어깨 끝에서 중심을 향해 긴 가로 주름이 생긴다

경사가 적고 수평인 네모진 어깨로 '올라간 어깨'라고 불리는 어깨를 한 사람에게서 보이는 현상입니다. 어깨선의 어깨 끝을 풀어 주름이 없어질 때까지 부족분을 보충합니다. 보충한 분량을 형지의 어깨선에서 더하여 어깨선을 다시 그립니다. 이대로는 진동둘레가 커지므로 어깨 끝에서 보충한 분량만큼 소매 아래를 올려 원래의 진동둘레 치수에 가까워지도록 수정합니다.

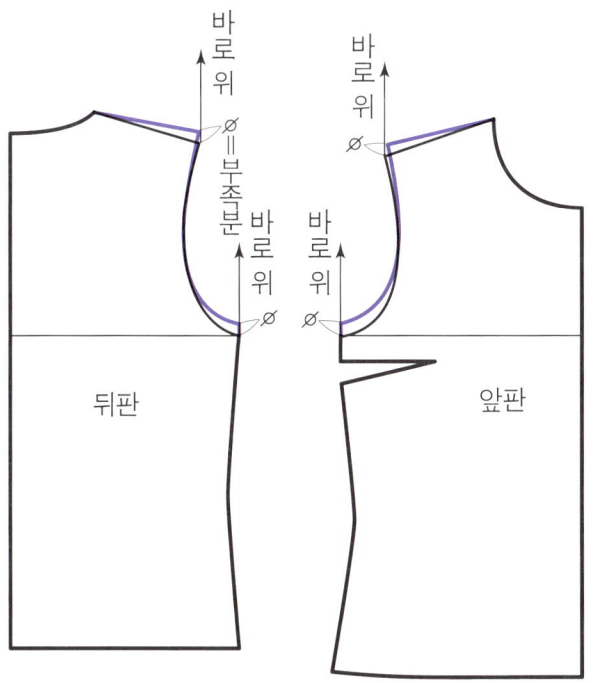

어깨띠를 한 것처럼 어깨에서 사선으로 주름이 생긴다

어깨 경사가 심한 경우로 '처진 어깨'라고 불리는 어깨를 한 사람에게서 보이는 현상입니다. 어깨 끝 주름을 시침핀으로 집어서 그만큼을 형지의 어깨선에 표시하여 어깨선을 다시 그립니다. 이때 주름을 완전히 없애려고 하다 보면 운동량이 부족해지므로 주의하세요. 이대로는 진동둘레가 작아지므로 어깨 끝에서 줄어든 분량만큼 소매 아래를 내려 원래의 진동둘레 치수에 가까워지도록 수정합니다. 또한, 양복의 경우 어깨가 너무 내려가면 균형이 나빠져서 어깨만 눈에 띄게 되므로 어깨 패드를 넣어 균형을 잡는 것도 생각해 볼 수 있습니다.

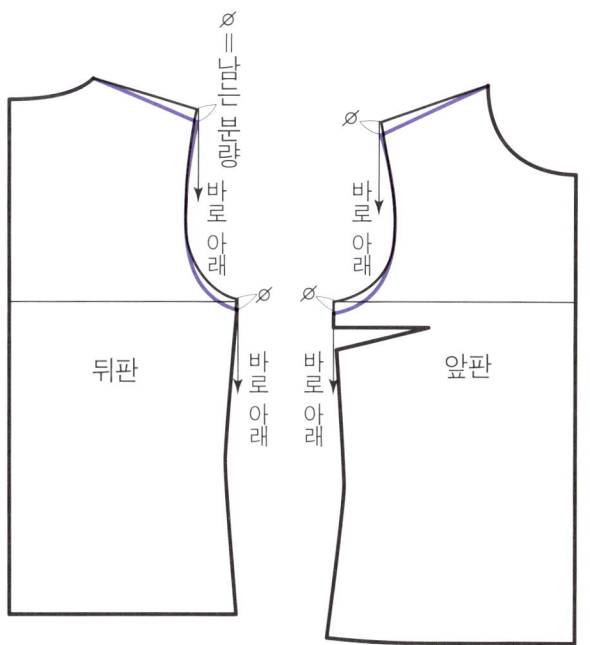

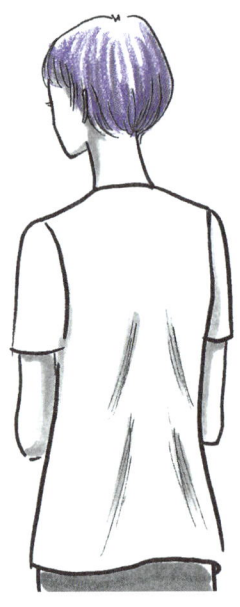

등이 약간 굽은 '고양이 등'이라고 불리는 체형인 사람에게서 보이는 현상
입니다. 가슴둘레선에서 어깨선까지 길이가 충분하지 못해 중심이 올라가
게 됩니다. 등이 굽은 만큼의 분량이 필요하므로 등길이를 늘려 부족분을
보충합니다. 그 치수를 형지에 그림과 같이 다시 그립니다. 또한, 뒤품도 부
족한 경우가 있습니다. 그 경우는 진동둘레선을 다시 그립니다. 특히 등이
둥글게 말린 경우는 어깨 다트의 분량을 많게 합니다.

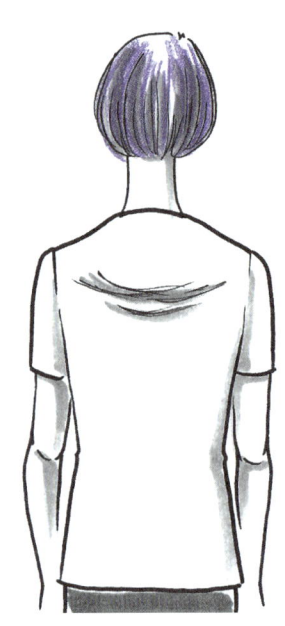

가슴둘레선에서 목둘레 사이에 가로로 주름이 생긴 경우는 그 가로 주름을
평행하게 집어 치수를 확인한 후 형지에 반영합니다. 그러면 뒤 진동둘레 치
수가 짧아지므로 소매도 그림과 같이 수정할 수 있습니다.

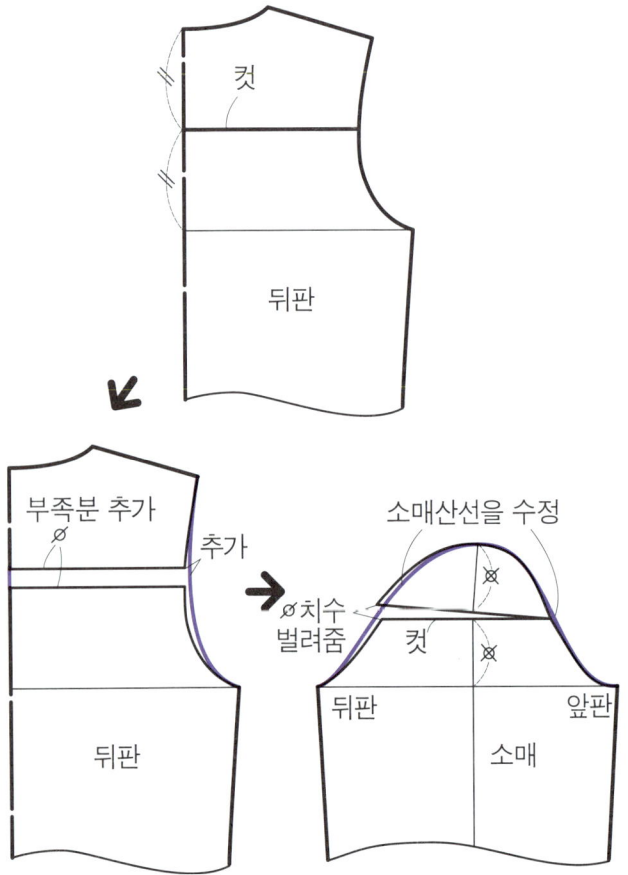

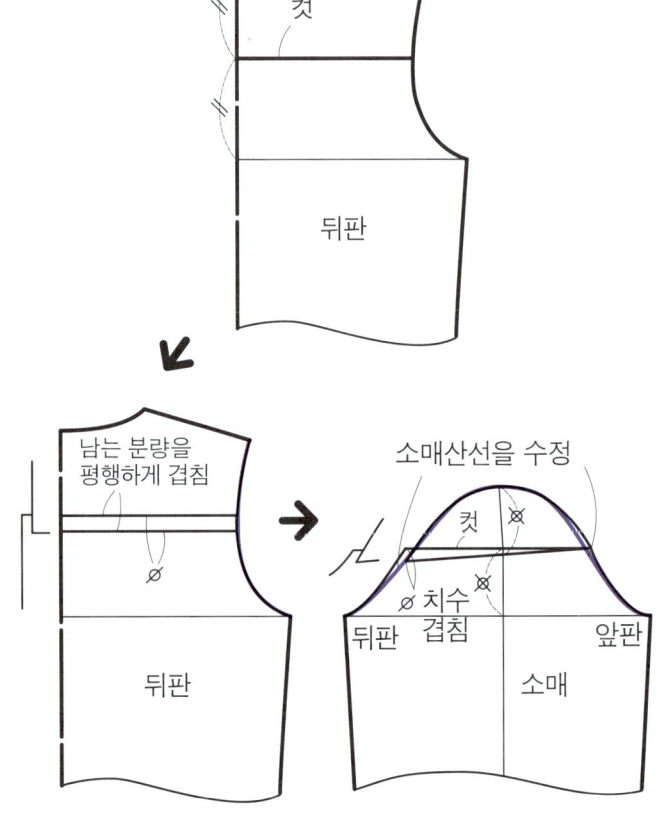

140

뒤 목둘레가 뜬다

목 양옆에 세로 방향의 주름이 생긴다

뒤 목둘레가 뒤판으로 처져서 뒤 중심이 목에서 떨어지는 경우로 두 가지 원인을 생각할 수 있습니다.

하나는 목이 좁아서 목둘레 치수가 큰 경우입니다. 이 경우는 어깨선을 풀어서 목둘레가 뜨지 않는 위치까지 움직여줍니다. 그림1과 같이 목둘레가 큰 분량을 형지의 SNP에서 넣어 어깨너비를 같은 치수로 하기 위해 SP에도 같은 치수를 넣습니다.

또 하나는 뒤판 길이가 부족한 경우입니다. 어깨선을 풀어 목둘레가 뜨지 않는 위치까지 부족분을 보충합니다. 그 치수를 형지에서 그림2와 같이 수정합니다.

이러한 주름이 생길 때는 두 가지 원인을 생각할 수 있습니다. 하나는 앞판 길이가 부족한 경우입니다. 이러한 경우에는 어깨선을 풀어 주름이 없어지는 위치까지 올립니다. 그림1과 같이 형지의 SNP에서 부족분을 보충하여 같은 치수를 FNP에서도 올립니다. 앞 목둘레가 원래의 앞 목둘레와 같은 치수에 같은 형태가 되도록 합니다.

또 하나는 SNP를 목 쪽으로 이동하면 주름이 없어지는 경우입니다. 그림2와 같이 SNP와 SP를 이동합니다. 뒤판 SNP는 그림3과 같이 그대로 해둡니다.

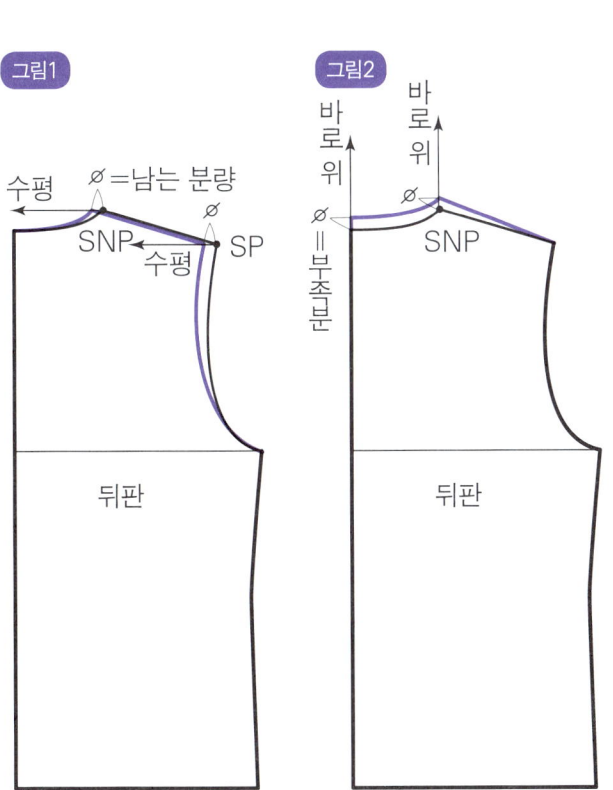

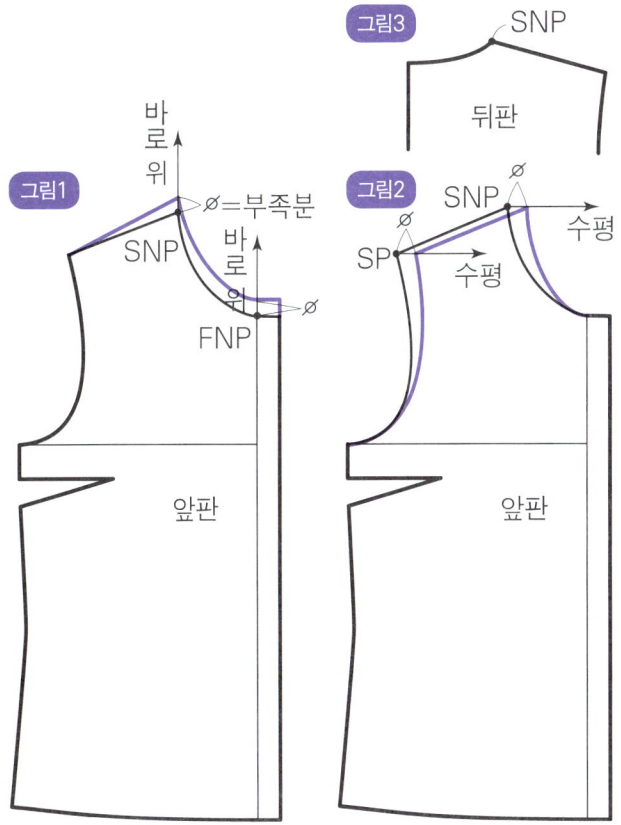

언더바스트와 톱바스트의 차이가 큰 '가슴이 높은' 사람에게서 보이는 현상입니다. 사선 주름과 더불어 진동둘레선이 뜨는 것도 특징입니다. 옆솔기선을 풀어서 주름이 없어질 때까지 다트 분량을 늘리면서 시침핀으로 고정합니다. 늘린 분량을 그림과 같이 형지에서 수정하여 다트 분량을 많이 잡아 앞길을 길게 합니다.

가슴이 낮은 사람에게서 보이는 현상입니다. 가슴 높이에 대해서 다트 분량이 많으므로 옆솔기선과 다트를 풀어 다트를 다시 집습니다. 줄인 다트 분량을 그림과 같이 형지에서 수정하여 다트 분량을 줄여서 앞판 길이를 짧게 합니다. 다트 분량을 너무 많이 줄이면 균형이 나빠지므로 주의하세요.

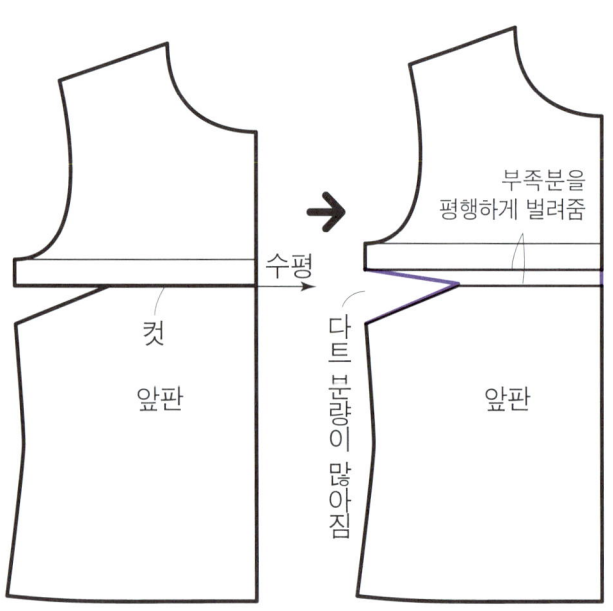

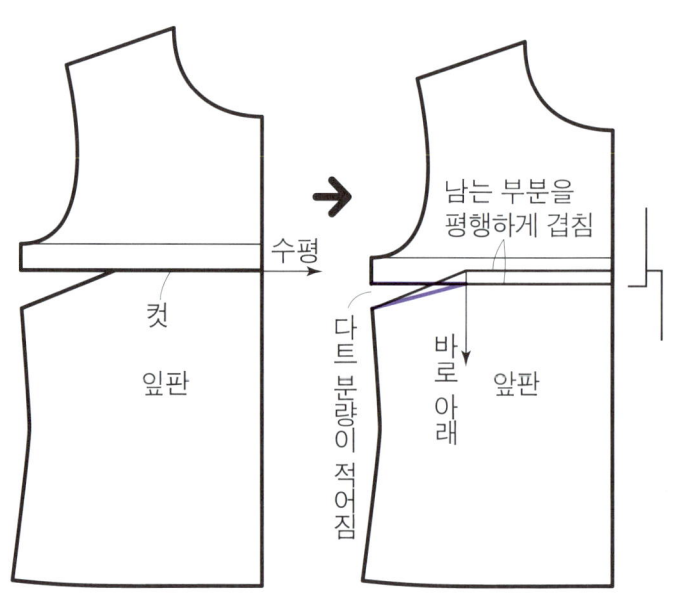

앞판 밑단이 겹쳐져서 밑단이 위로 올라가는 경우

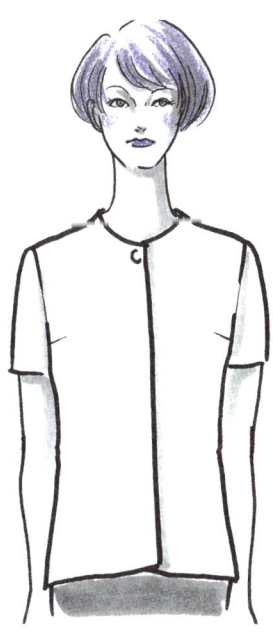

앞 중심선이 똑바로 내려오지 않고 밑단으로 갈수록 겹쳐지는 부분이 많아지는 경우입니다. 길이가 짧은 옷의 경우는 그다지 잘 못 느끼지만, 길이가 긴 코트 등은 확실한 차이를 보입니다. 앞판 길이가 부족하므로 어깨선을 수정하여 부족분을 어깨에서 추가하여 중심선이 똑바로 내려오도록 합니다. 이대로는 앞 목둘레 치수가 길어지게 되므로 앞 중심에도 같은 치수를 추가합니다.

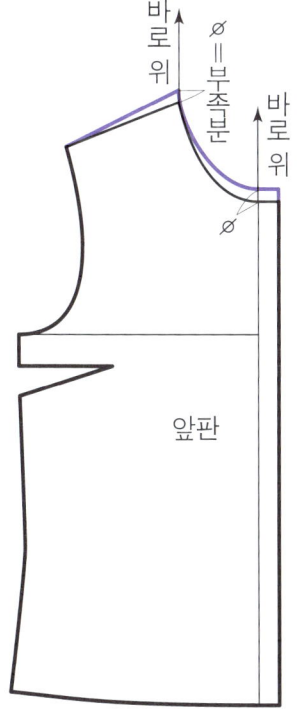

앞판 밑단이 벌어져서 밑단이 아래로 처지는 경우

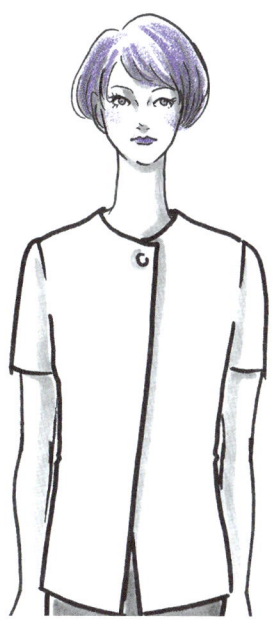

앞 중심선이 올라가는 경우와 반대 상태입니다. 이 현상의 경우도 주로 앞판 길이가 긴 경우에 많이 보입니다. 어깨선을 수정하여 남은 분량을 어깨에서 집어 앞 중심선이 똑바르게 되도록 합니다. 이대로는 앞 목둘레 치수가 짧아지게 되므로 앞 중심에서도 같은 치수만큼을 내립니다.

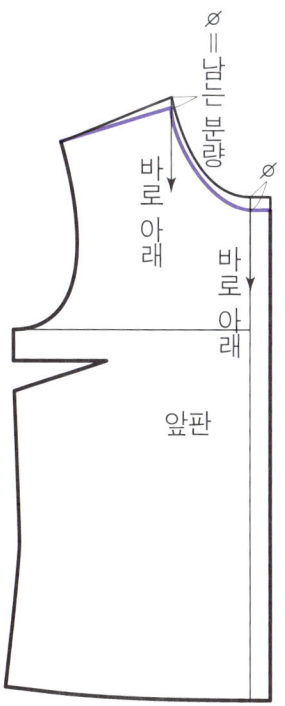

소매 보정

팔이 잘 올라가지 않는다

진동둘레 하부의 위치가 너무 아래로 내려가면 팔이 잘 안 올라가고 팔을 올렸을 때 함께 몸판도 올라가 불편한 옷이 됩니다. 진동둘레선 하부를 수정하여 팔이 올라가기 쉬운 위치를 찾습니다. 몸판의 BL을 부족분만큼 올려 소매의 소매 아랫선도 같은 치수만큼 올립니다.

소매산 주변에 가로 주름이 생길 때

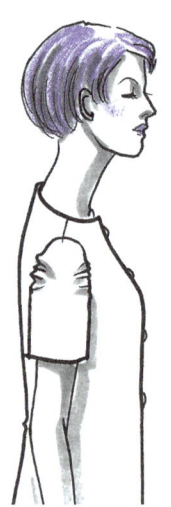

위팔이 굵은 사람에게서 보이는 현상입니다. 이때는 진동둘레선 위쪽을 수정하여 주름이 없어질 때까지 그림 위치에서 부족한 폭만큼 추가해 폭을 넓혀줍니다.

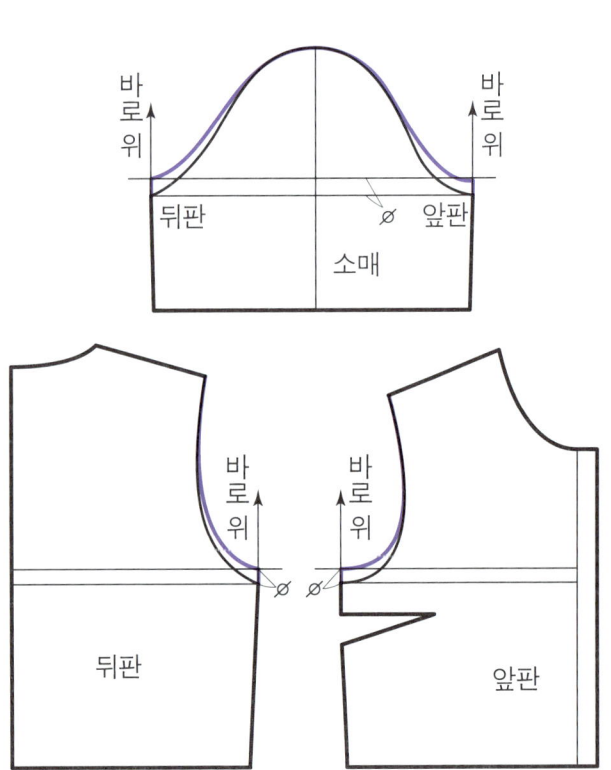

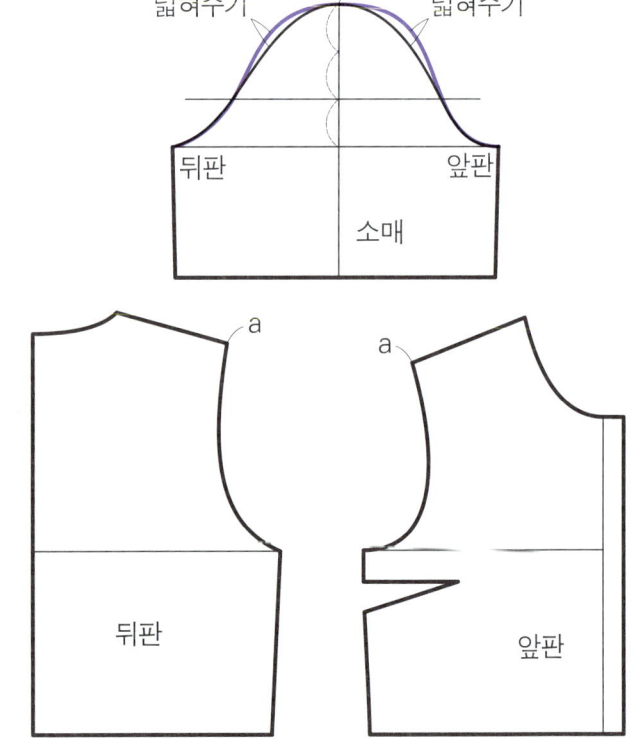

소매 아래에 주름이 생긴다

소매 아래쪽이 불편하고 가로로 주름이 생기는 경우가 있습니다. 진동둘레선의 소매 아래 주변을 수정하여 옆솔기선의 옆구리 아래 위치를 내립니다. 내린 치수를 형지에서 그림과 같이 수정합니다. 또한, 가봉 시의 시접이 너무 많아서 불편한 경우도 있으므로 시접 분량이 너무 많은 것은 아닌지도 확인해 주세요.

겨드랑이 아래쪽 앞뒤로 주름이 생긴다

겨드랑이 아래쪽 앞뒤의 깊은 가로 주름은 가슴둘레 치수가 부족한 탓에 발생합니다. 옆구리 아래를 풀어 주름이 없어질 때까지 앞판 폭과 뒤판 폭을 보충합니다. 부족분을 몸판 형지에 추가할 때는 앞판과 뒤판에 똑같은 치수를 추가하도록 하며 부족한 앞뒤 치수를 2등분한 값을 추가분으로 삼습니다. 또한, 소매도 같은 치수를 추가해 주세요.

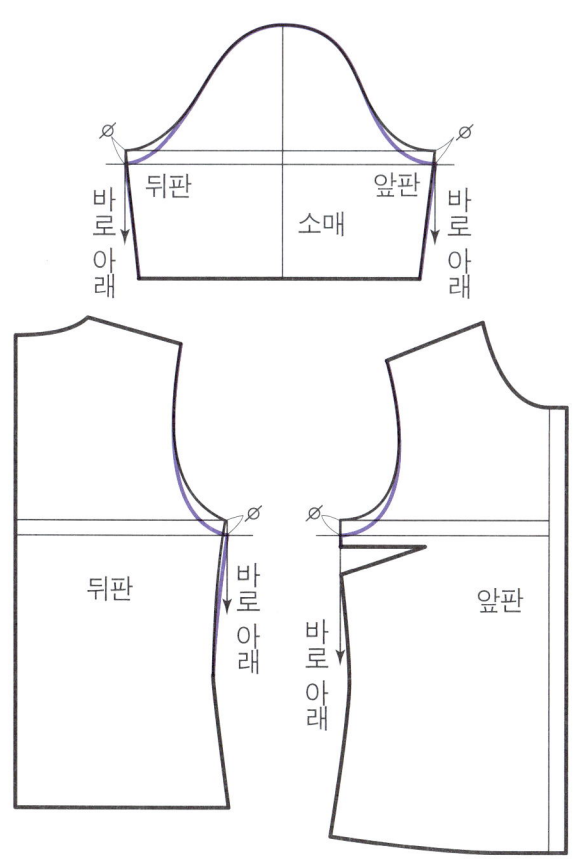

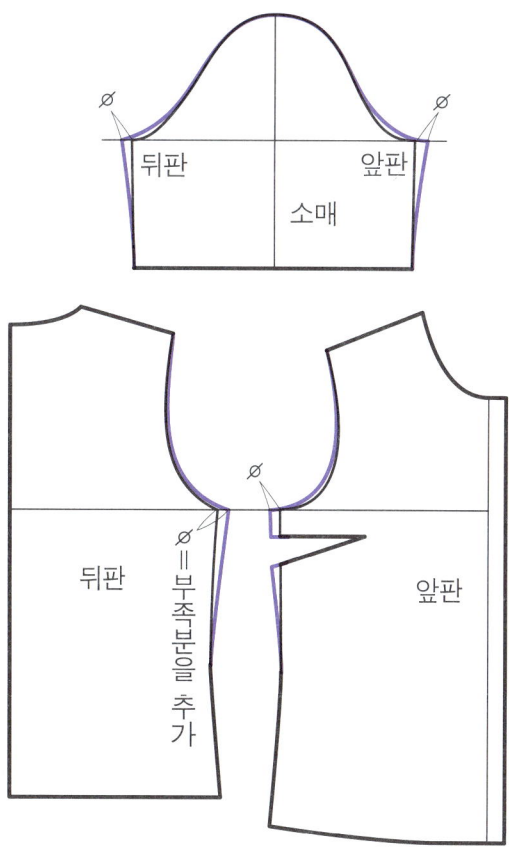

145

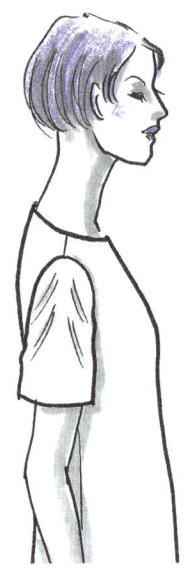

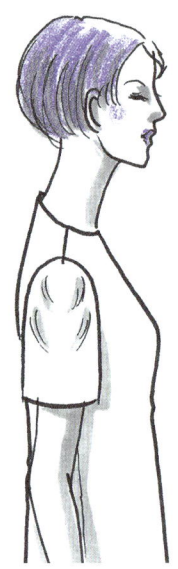

소매산 치수가 부족한 경우에 발생하는 현상입니다. 소매산 주변을 수정하여 주름이 없어질 때까지 소매산 치수를 추가합니다. 추가한 치수를 형지 상에서 그림과 같이 수정하여 소매산을 높여주세요.

팔자 주름이 생길 때와 반대로 소매산이 높을 때 생기는 현상입니다. 소매산 주변을 수정하여 소매산 치수를 주름이 없어질 때까지 줄입니다. 줄인 치수를 형지 상에서 그림과 같이 수정하여 소매산을 낮춰주세요.

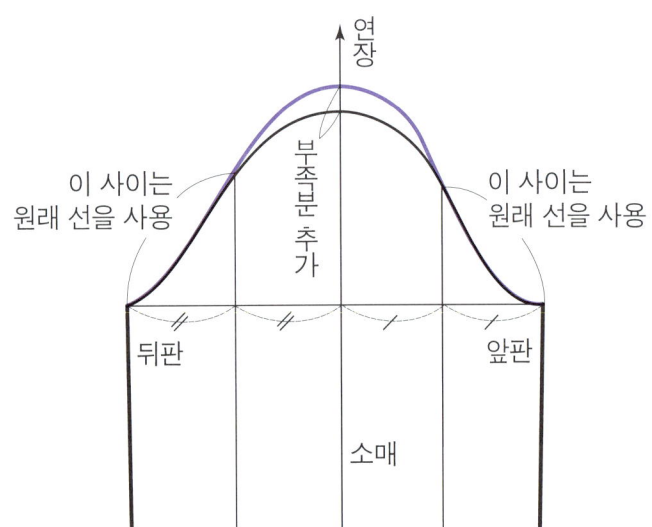

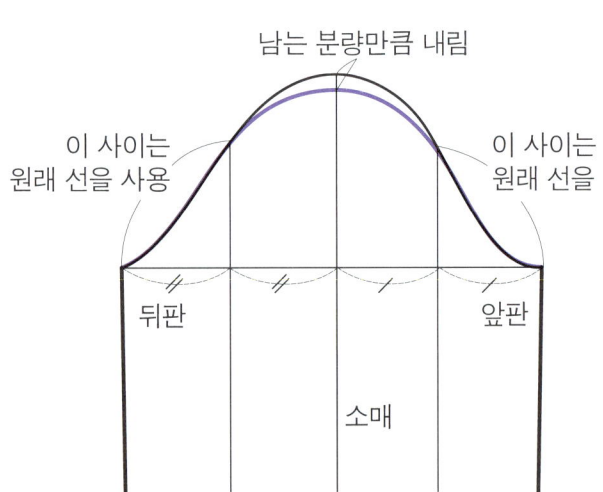

치마 보정

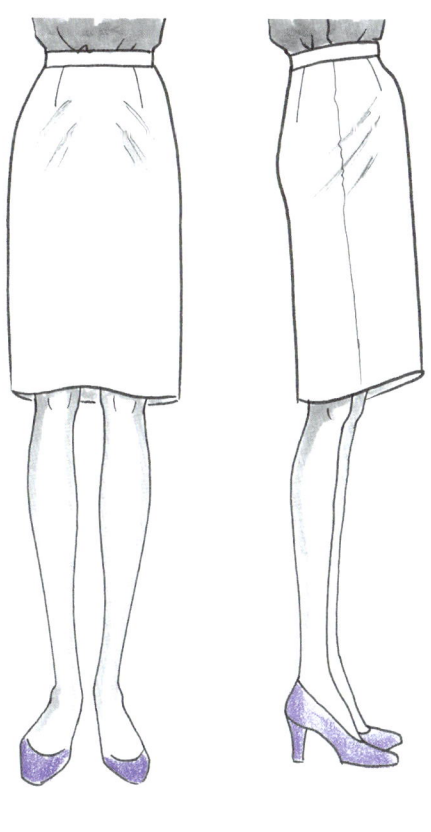

앞 중심이 치켜 올라간다

복부에 살이 많은 중년에게서 흔히 보이는 현상입니다. 복부의 튀어나온 부분으로 인해 치마 앞판의 밑단이 올라가게 되는 것이죠. 허리 벨트 부분을 꿰맨 실을 풀어 밑단선이 수평이 되도록 허리둘레선에서 부족분을 추가합니다. 가로세로 모두 길이가 필요하므로 형지 상에서 가위집을 넣어 부족분을 추가하고 옆솔기선도 깔끔하게 수정합니다. 또한, 다트 분량이 너무 많아졌을 때는 다트를 두 개 만들어도 좋습니다.

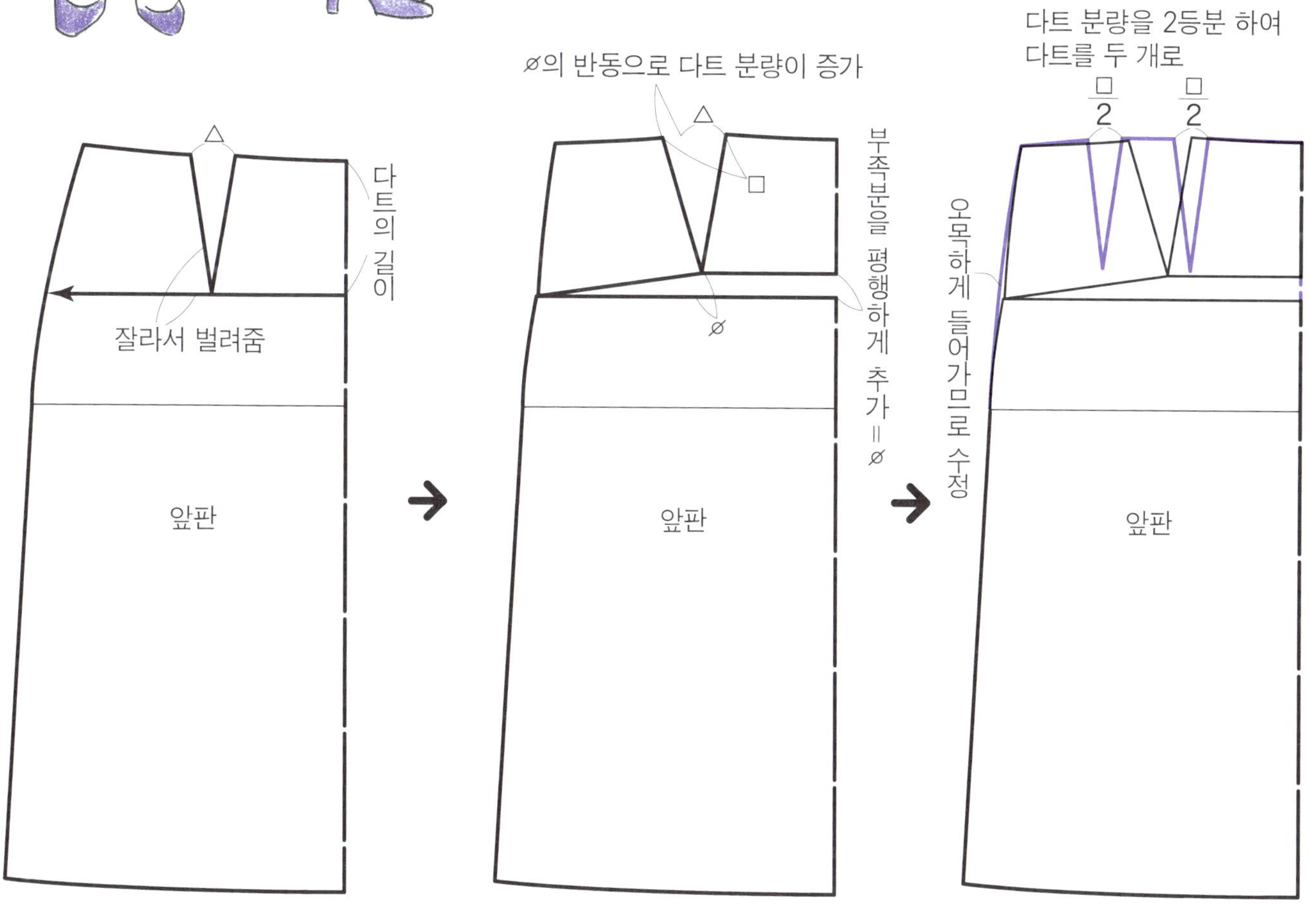

다트의 길이

△

잘라서 벌려줌

앞판

→

∅의 반동으로 다트 분량이 증가

△

□

∅

부족분을 평행하게 추가 = ∅

앞판

→

다트 분량을 2등분 하여 다트를 두 개로

$\frac{□}{2}$ $\frac{□}{2}$

오목하게 들어가므로 수정

앞판

147

골반 주변에 가로 주름이 생긴다

골반이 발달한 체형인 경우에 흔히 볼 수 있는 현상입니다. 당기는 듯한 주름이 생기므로 허리둘레선에서 엉덩이둘레선까지의 옆솔기를 수정하여 주름이 없어질 때까지 옆솔기선에 부족분을 더해줍니다. 보충한 분량을 다트 분량에 추가합니다. 다트의 추가 분량이 많아서 다트 하나로는 처리할 수 없을 때는 다트의 개수를 늘립니다.

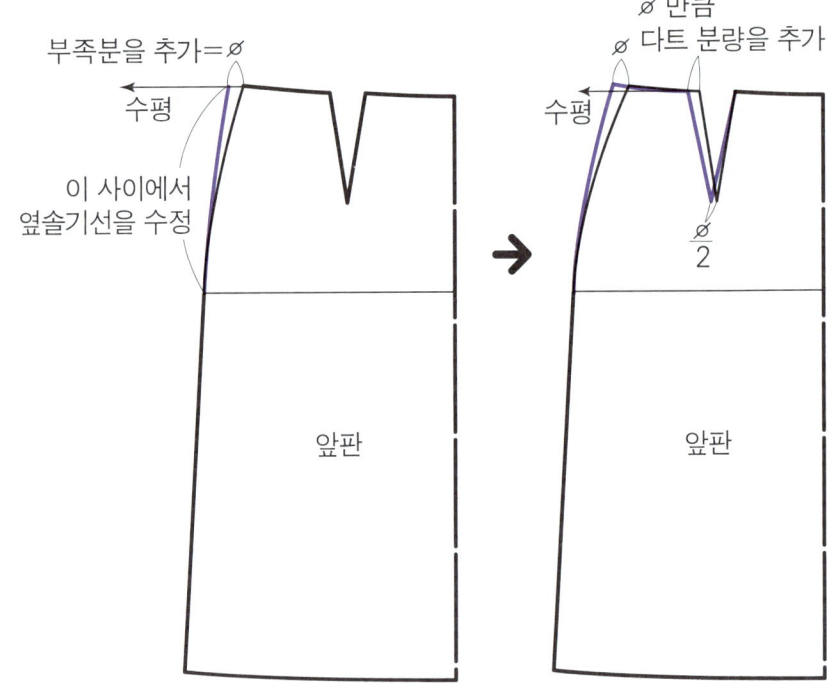

다트 아래쪽에 과잉 주름이 생긴다

골반이 좁은 사람에게서 보이는 현상입니다. 다트 아래쪽에 세로로 주름이 생기므로 남는 분량을 옆솔기선에서 잡아줍니다. 여분의 치수를 그림과 같이 다트 분량에서 줄입니다.

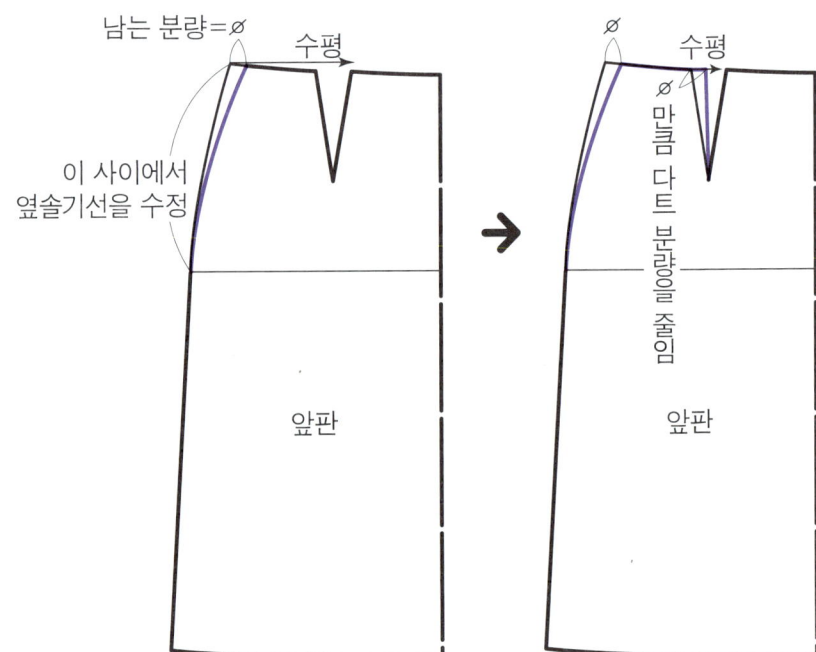

대퇴부 주변에 주름이 생긴다

엉덩이 치수보다 대퇴부 주변 치수가 큰 사람에게서 보이는 주름입니다. 허리둘레선에서 밑단선까지의 옆솔기를 수정하여 부족분을 보충합니다. 부족한 치수를 그림과 같이 추가해 옆솔기선을 수정합니다. 이런 체형인 사람에게 몸에 딱 붙는 타이트 스커트는 대퇴부를 더욱 눈에 띄게 하므로 피하는 것이 좋습니다.

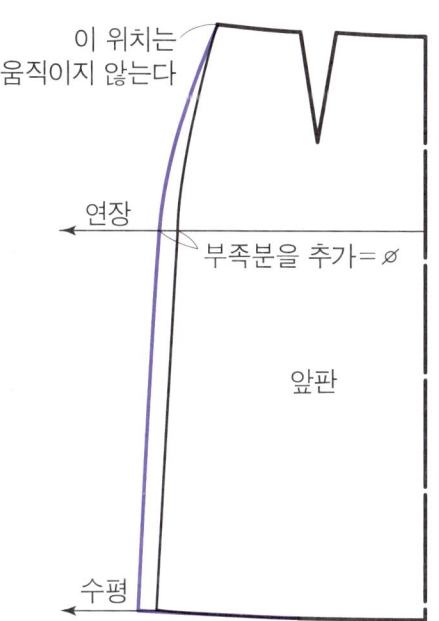

이 위치는 움직이지 않는다

연장

부족분을 추가＝∅

앞판

수평

옆 부분이나 뒤 중심이 치켜 올라간다

허리 주변이 발달한 체형인 경우에 보이는 현상입니다. 옆선이 치켜 올라갈 때는 옆솔기선 부근의 허리둘레선 솔기를 수정하여 밑단선이 수평이 되도록 허리둘레선에 부족분을 추가합니다. 부족한 치수를 그림1과 같이 형지에서 수정합니다. 뒤 중심이 치켜 올라가는 경우는 뒤 중심 부근 허리둘레선의 솔기를 풀어 밑단선이 수평이 되도록 허리둘레선에 부족분을 보충하고 그림2와 같이 형지를 수정합니다.

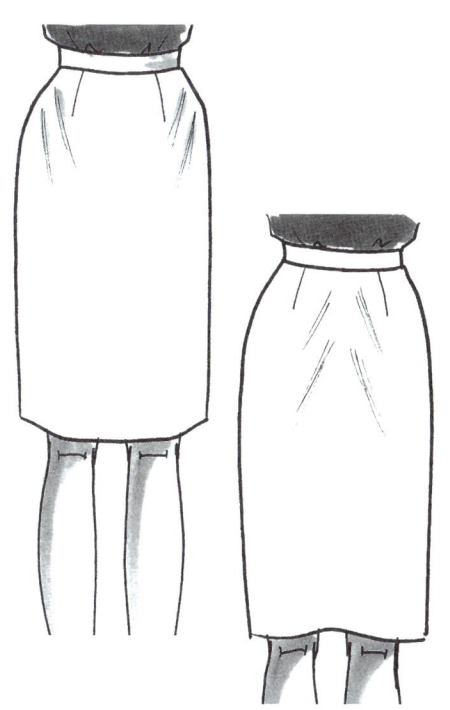

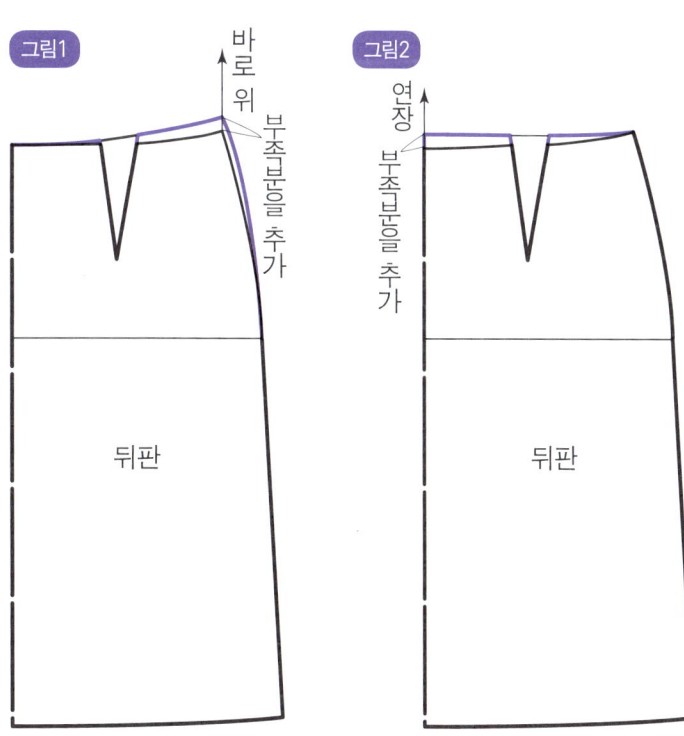

그림1

바로 위

부족분을 추가

뒤판

그림2

연장

부족분을 추가

뒤판

엉덩이 부분에 당김 주름이 생긴다

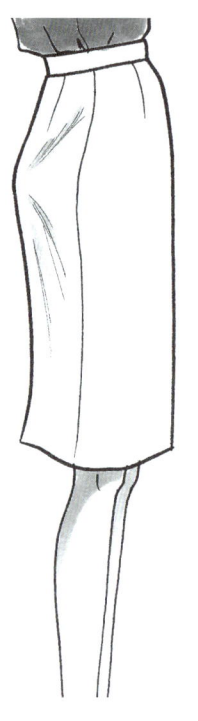

둔부가 발달한 사람에게서 보이는 현상입니다. 옆솔기선에서 뒤 중심을 향해 당김 주름이 생기거나 뒤 중심이 올라가거나 옆솔기선이 뒤판 쪽으로 기웁니다. 허리 벨트 부분의 솔기를 수정하여 밑단선이 수평이 되도록 허리둘레선에 부족분을 보충합니다. 가로세로 모두 길이가 필요하므로 형지 상에 가위집을 넣어 부족분을 추가하고 옆솔기선도 깔끔하게 수정합니다. 또한, 다트 분량이 너무 많아졌을 때는 다트를 두 개로 해도 좋습니다.(147쪽 참조)

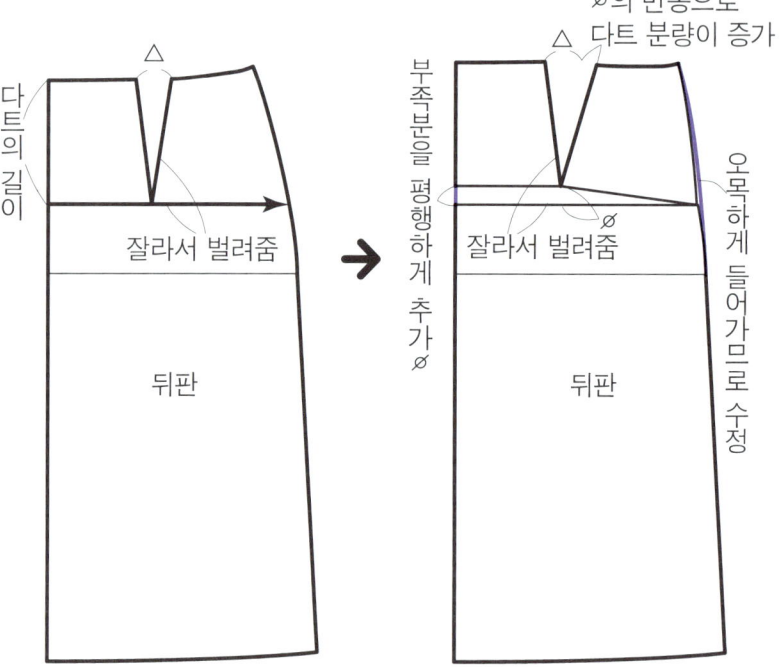

엉덩이 부분에 과잉 주름이 생긴다

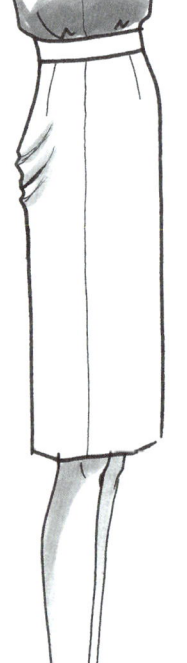

엉덩이에 살집이 없는 경우에 보이는 현상입니다. 과잉 주름이 생기므로 남는 분량을 시침핀으로 집어줍니다. 그 치수를 뒤 중심에서 내려 그림1과 같이 형지를 수정합니다. 또한, 그림2와 같이 볼륨을 줄여 주름을 없애주는 방법도 있습니다. 다트 분량을 줄여 그것과 같은 치수를 옆솔기선에서 잘라 형지를 수정합니다.

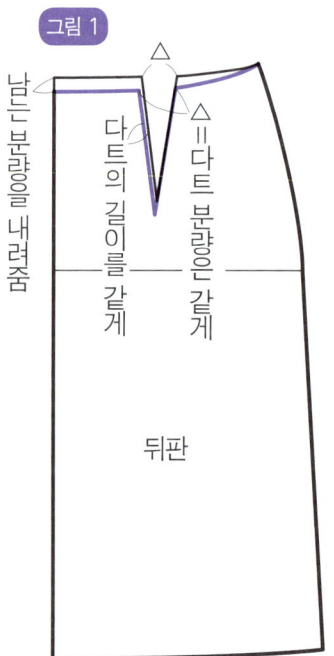

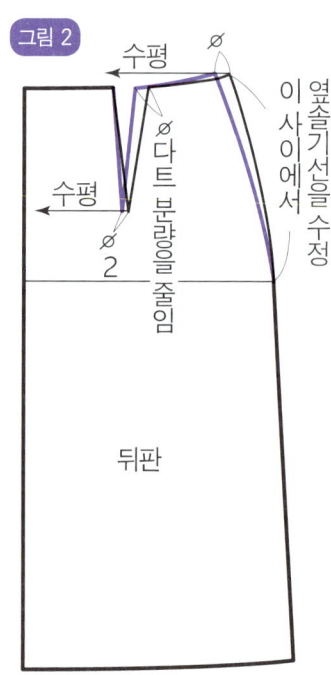

바지 보정

앞뒤 가랑이 주변에 주름이 생긴다

신체 두께에 비해 가랑이 치수, 특히 밑아래 부분의 곡선 치수가 부족한 경우에 많이 보입니다. 앞뒤 가랑이 주변에 당기는 듯한 주름이 생기므로 밑아래와 가랑이 솔기를 수정하여 부족분을 보충합니다. 그 부족 치수를 형지에서 그림과 같이 수정합니다.

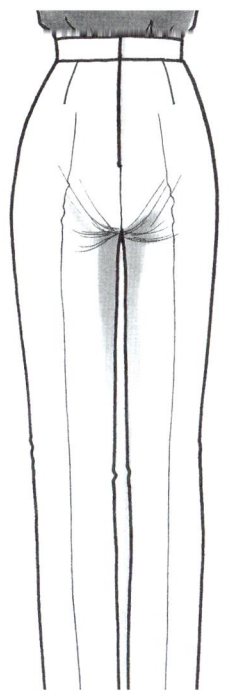

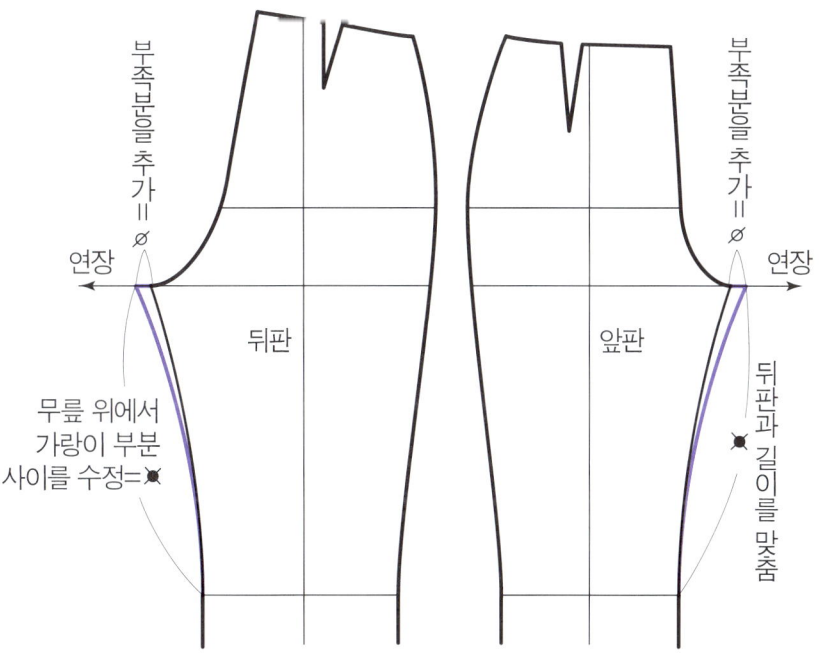

부족분을 추가 = ∅
연장
뒤판
무릎 위에서 가랑이 부분 사이를 수정 = ✹

부족분을 추가 = ∅
연장
앞판
뒤판과 길이를 맞춤 ✹

골반 주변에 사선으로 주름이 생긴다

골반이 발달한 체형인 경우에 많이 보이는 현상입니다. 당기는 듯한 주름이 생기므로 허리둘레선에서 엉덩이둘레선까지의 옆솔기를 수정하여 부족분을 보충합니다. 추가할 분량을 다트 분량에 추가합니다. 다트 분량이 너무 많아졌을 때는 다트 개수를 늘리면 됩니다.

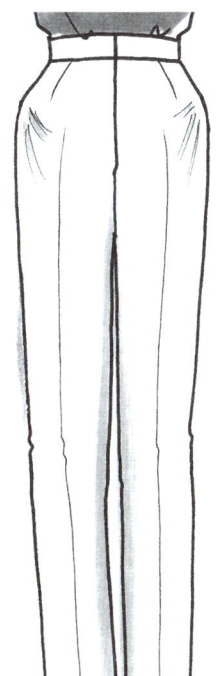

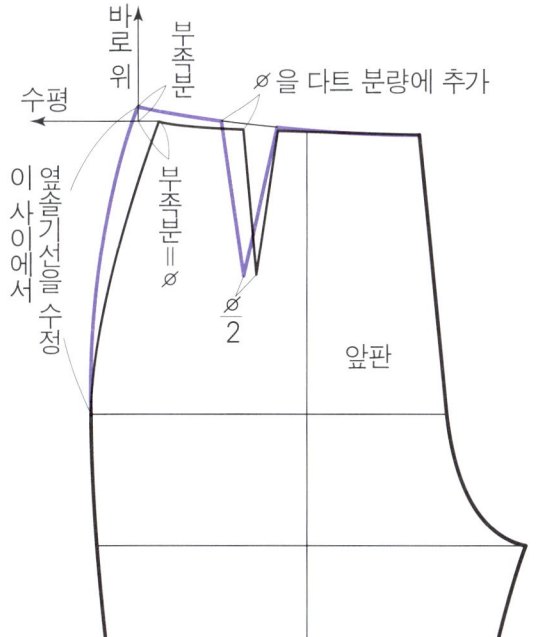

바로 위
수평
이 사이에서
옆솔기선을 수정
부족분
부족분 = ∅
∅을 다트 분량에 추가
∅/2
앞판

엉덩이 치수보다 대퇴부 주변의 치수가 큰 사람에게서 보이는 주름입니다. 허리둘레선에서 무릎 주변까지의 옆솔기를 수정하여 부족분을 보충합니다. 부족한 치수를 형지의 옆솔기선에서 그림과 같이 수정합니다. 그래도 여전히 주름이 생길 때는 앞판 뒤판 모두 허벅지 안쪽을 옆솔기쪽과 같은 치수만큼 보충합니다.

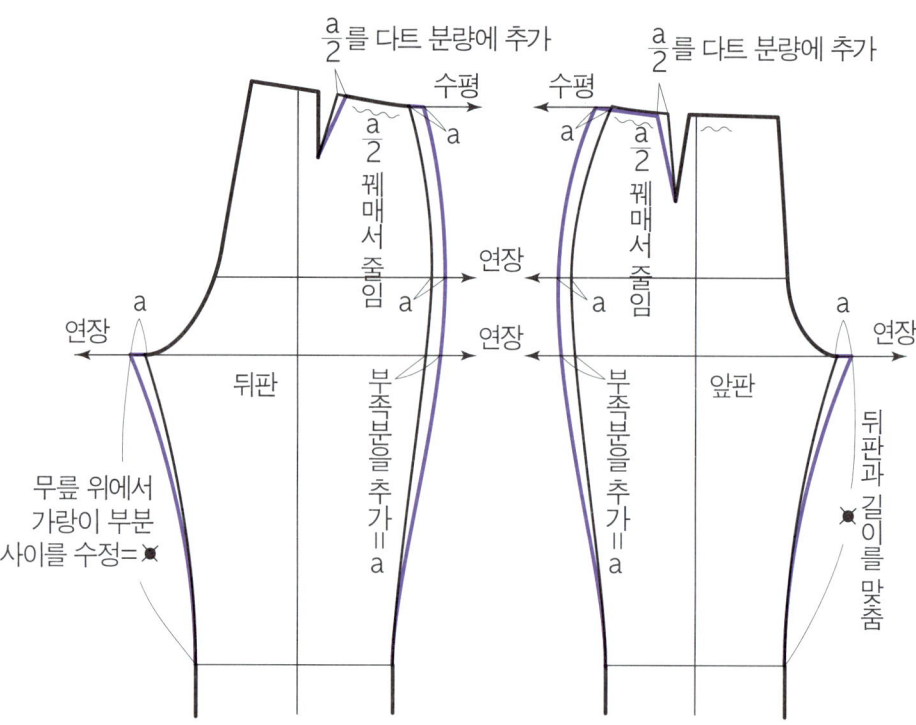

$\dfrac{a}{2}$ 를 다트 분량에 추가

$\dfrac{a}{2}$ 를 다트 분량에 추가

수평

수평

$\dfrac{a}{2}$ 꿰매서 줄임

$\dfrac{a}{2}$ 꿰매서 줄임

a

a

연장

연장

연장

연장

a

a

a

a

연장

연장

뒤판

앞판

부족분을 추가=a

부족분을 추가=a

무릎 위에서 가랑이 부분 사이를 수정=✹

뒤판과 길이를 맞춤 ✹

허리 주변이 발달한 체형인 경우에 나타나는 주름입니다. 둔부 위에서 옆쪽으로 주름이 생기므로 허리둘레선에서 엉덩이둘레선까지의 옆솔기를 수정하여 부족분을 보충합니다. 추가한 분량을 다트 분량에 추가합니다.

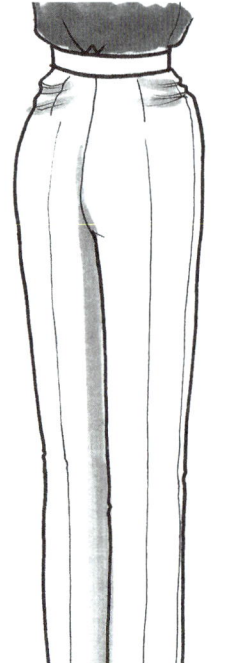

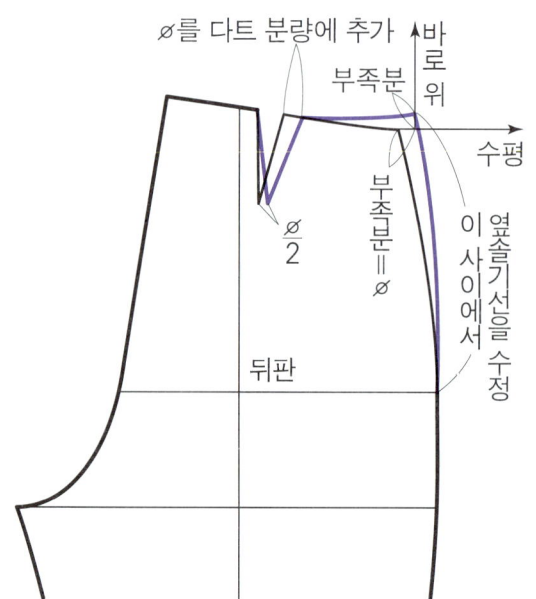

∅를 다트 분량에 추가

부족분

바로 위

$\dfrac{\varnothing}{2}$

수평

부족분=∅

이 사이에서 옆솔기선을 수정

뒤판

뒤쪽 가랑이 부분이 짧을 때

허리 부분이 발달한 체형인 경우에 생기는 주름입니다. 뒤쪽 허리둘레선의 솔기를 풀어 부족분을 보충합니다. 형지 상에서는 그림과 같이 형지를 잘라 부족분만큼 벌려서 수정합니다. 옆선 쪽이 오목하게 들어간 경우 매끄럽게 연결되도록 선을 다시 그립니다.

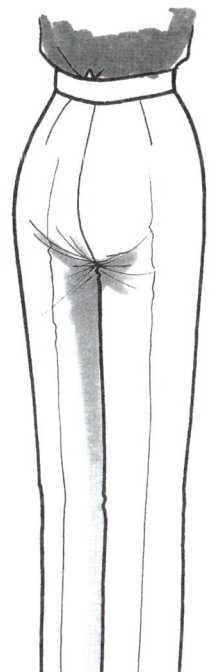

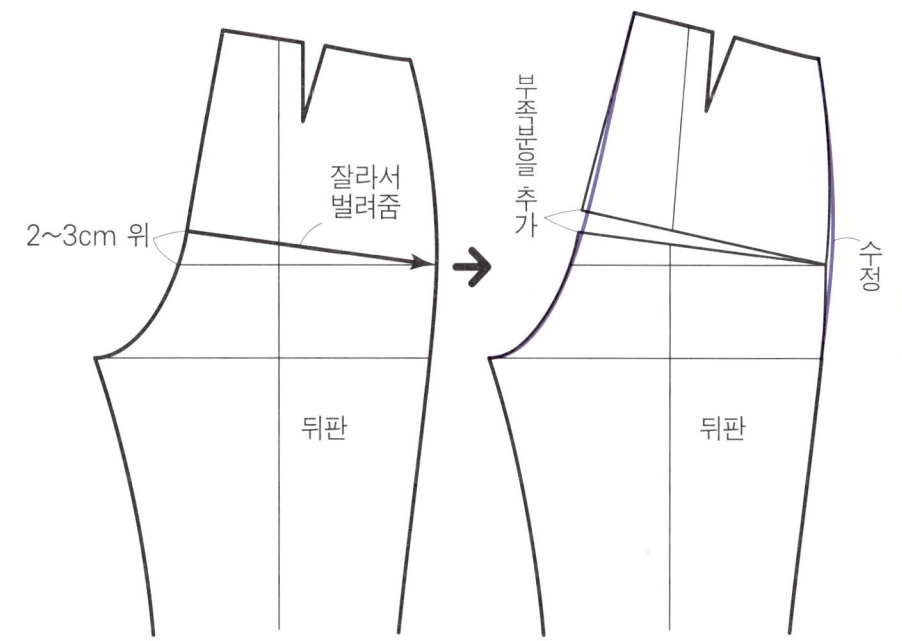

2~3cm 위

잘라서 벌려줌

부족분을 추가

수정

뒤판

뒤판

엉덩이 아래쪽에 가로 주름이 생긴다

일본인에게 많이 볼 수 있는 체형으로 엉덩이 아래에 처진 듯한 가로 주름이 생기는 경우가 있습니다. 주름을 시침핀으로 집어줍니다. 집어준 치수를 형지의 뒤쪽 허리둘레 선과 가랑이 부분에서 그림과 같이 수정합니다. 가랑이 둘레를 깊게 잡으면 형태는 좋아지지만, 쪼그렸을 때 운동량이 부족해 움직이기 어려워지므로 너무 많이 잡지 않도록 주의하세요.

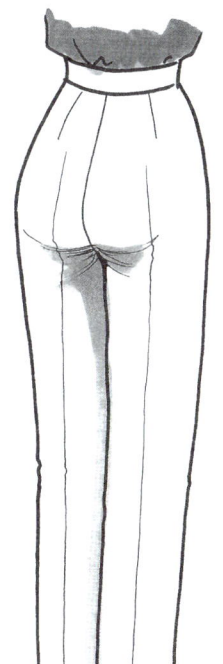

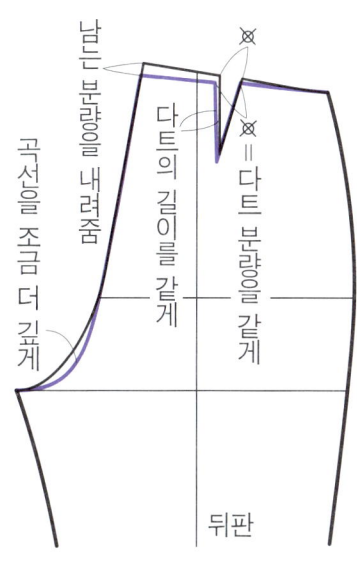

남는 분량을 내려줌

다트의 길이를 같게

⊠＝다트 분량을 같게

곡선을 조금 더 깊게

뒤판

바지주름선이 안쪽 또는 바깥쪽으로 치우친다

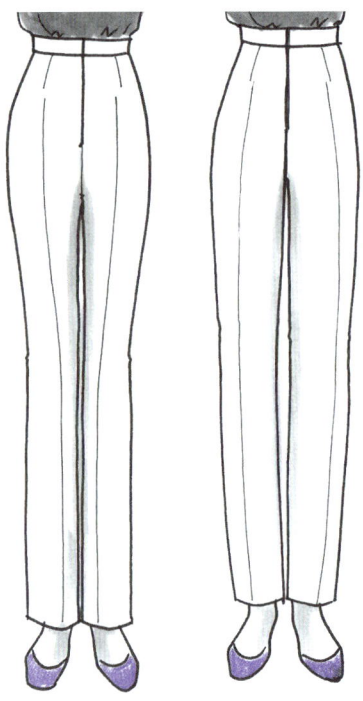

바지주름선이 바깥쪽으로 치우치는 경우는 O형 다리, 반대로 안쪽으로 치우치는 경우는 X형 다리의 체형입니다.

O형 다리는 똑바로 섰을 때 무릎 사이가 서로 떨어져 O자 형태가 되는 것을 말합니다. 이 경우는 앞판 뒤판 모두 아래 그림에 표시한 것처럼 형지를 잘라 다리 휜 정도에 맞춰 벌려주면 바지 주름선이 허벅지 안쪽으로 이동합니다. 원단 올 방향은 이동한 중심선에 맞춥니다. 다리에 너무 맞추다 보면 오히려 O형 다리를 강조하게 되므로 주의하세요.

X형 다리는 반대로 똑바로 섰을 때 무릎이 붙고 안쪽 복사뼈가 벌어져서 X자 형태가 되는 다리를 말합니다. X형 다리의 경우는 O형과는 반대로 형지의 그림 위치를 접어서 X형 다리의 정도에 맞춰 바지주름선을 바깥쪽으로 이동합니다. 원단 올 방향은 이동한 중심선에 맞춥니다.

O형 다리의 경우

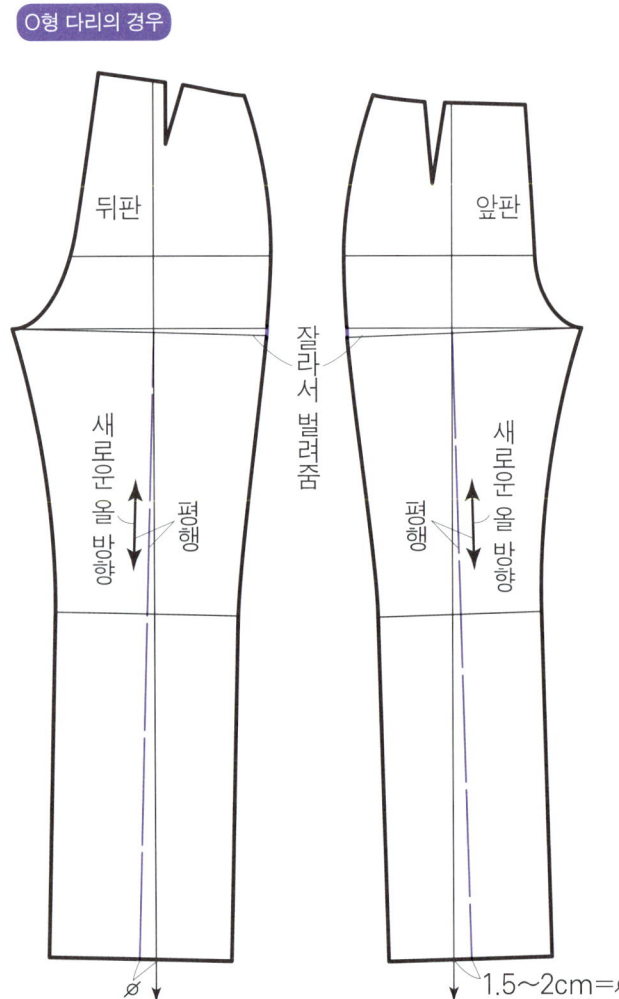

X형 다리의 경우

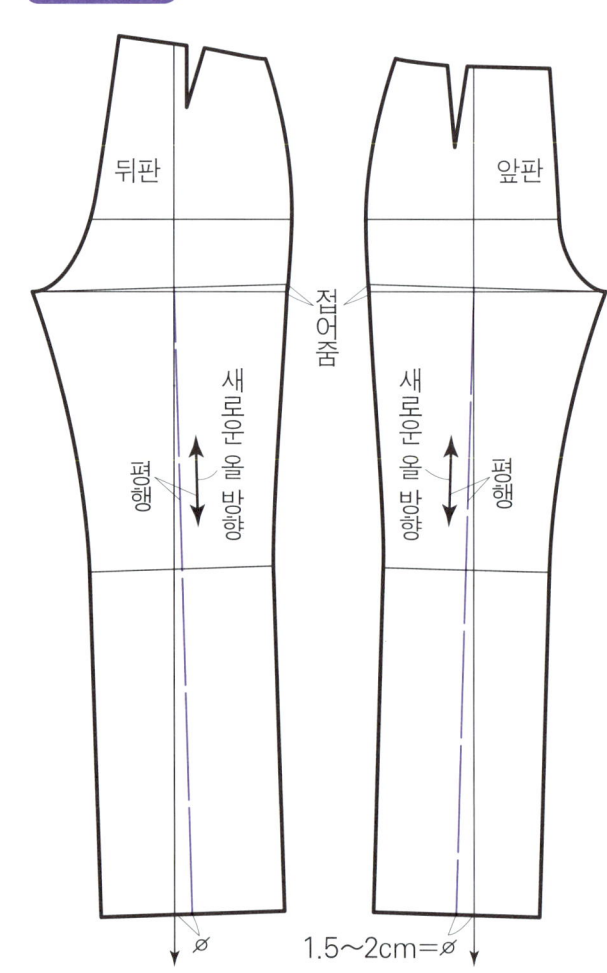

보정 후의 처리

보정한 부분을 형지 상에서 수정하여 보정이 끝나면 시침핀을 꽂고 바느질 솔기를 전부 풉니다. 원단을 다림질하여 시접에 나 있는 접힌 선을 펴서 평평한 원단 상태가 되게 합니다.
수정한 형지를 원단에 올려놓고 수정한 부분을 다시 표시합니다. 보정 전 표시는 지워주세요. 만일 불안한 부분이 있다면 다시 한 번 가봉하여 시험 착용해 보는 것도 좋습니다. 순서는 처음 했던 보정 순서와 같습니다. 여분의 시접을 가지런히 맞춰 잘라서 시접을 정리하고 본바느질(본격적으로 재봉틀로 박기)을 시작합니다.

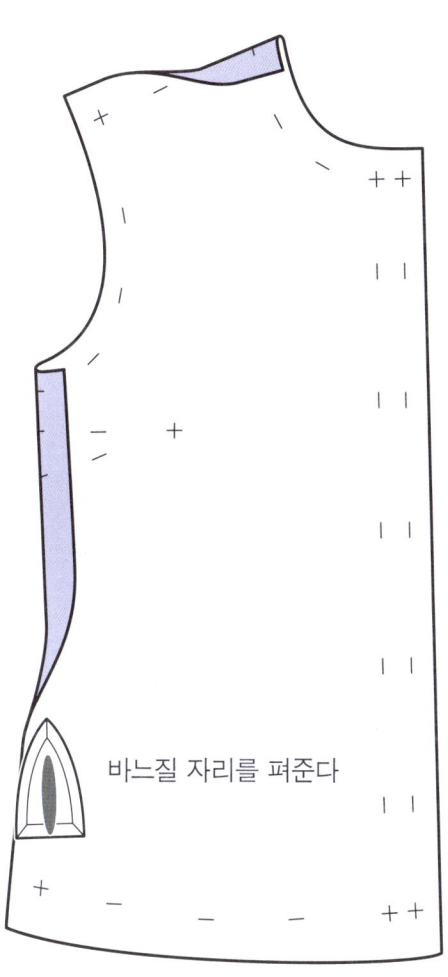

바느질 자리를 펴준다

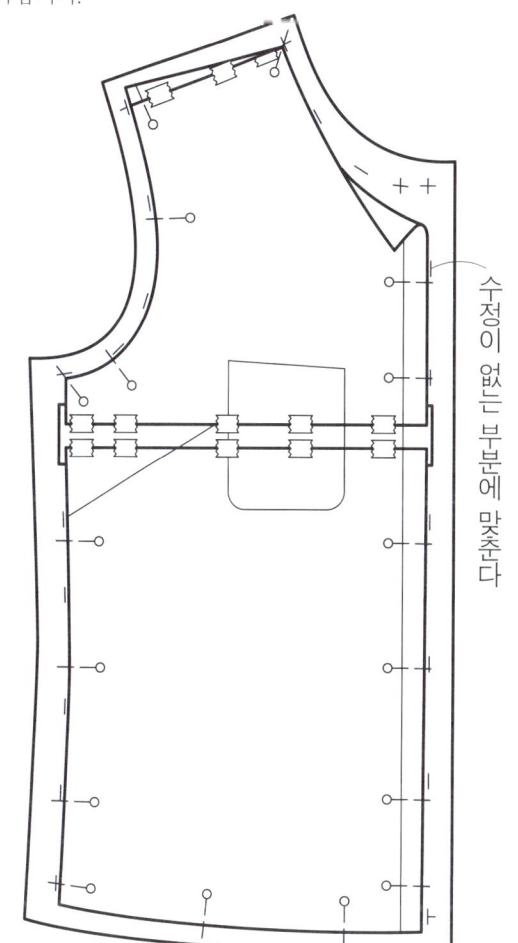

수정이 없는 부분에 맞춘다

이 부분은 시접이 적어지는데 어쩔 수 없다

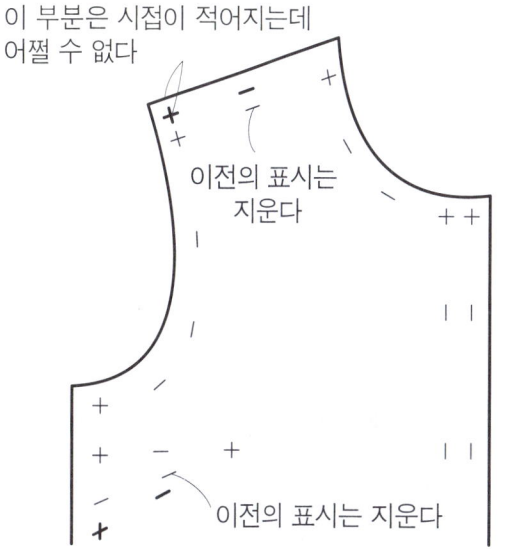

이전의 표시는 지운다

이전의 표시는 지운다

접착심지에 대하여

접착심지는 기본이 되는 원단 안면에 접착 수지를 발라 다리미로 열을 가함으로써 목적하는 장소에 붙일 수 있는 심지입니다. 접착심지를 사용하면 겉감을 팽팽하게 하여 실루엣을 깔끔하게 연출할 수 있습니다. 어깨나 지퍼 트임 등, 힘이 들어가서 늘어나기 쉬운 부분에는 늘어남 방지를 위한 접착테이프(접착심지를 테이프 모양으로 만든 것)를 사용하면 편리합니다.

접착심지의 종류

접착심지는 기본이 되는 원단, 접착 유형, 접착 수지의 형상에 따라 나뉩니다.

기본 원단

평직이 대부분으로 소재는 면이나 화학섬유, 면과 화학섬유의 혼방 등이 있습니다. 성기게 짜진 것에서부터 촘촘하게 짜진 것에 이르기까지 다양합니다. 올 방향이 있으므로 올 방향에 맞춰 재단합니다. 그 밖의 특성으로는 강도가 있으며, 옷감이 모양있게 늘어져 내리는 특성인 드레이프성(Drape)이 있습니다.

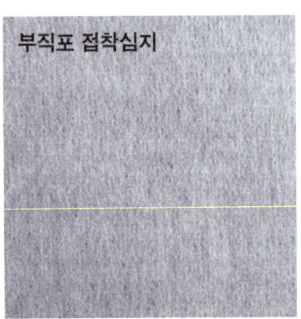

여러 가지 두께의 것이 있으며 만져보면 화선지 같은 감촉이 있습니다. 특성으로는 가볍고 주름이 잘 생기며 않으며 세탁 후의 건조가 빠른 점을 들 수 있습니다. 또한, 올 방향이 없으므로 올 방향에 신경 쓰지 않고 재단할 수 있습니다. 하지만 드레이프성은 부족합니다.

니트는 신축성이 우수합니다. 그 밖의 특성으로는 감촉이 부드럽고 드레이프성이 있습니다. 일반적으로 신축 소재의 겉감으로 사용합니다.

접착 유형

완전 접착

접착력이 강해서 옷의 실루엣을 유지하는 데 광범위하게 사용합니다. 드라이클리닝에도 잘 견딥니다.

임시 접착

원단을 안정시켜 바느질이 쉬워지도록 하는 데 사용합니다. 접착력이 약해 세탁으로 분리되므로 실루엣 형성에는 적합하지 않습니다.

접착 수지의 형상

도트 타입

알갱이 상태의 수지가 규칙적으로 나열되어 도포되어 있습니다. 도트의 간격이 넓고 도트가 클수록 접착력이 강해집니다. 접착 후에는 부드럽고 드레이프성이 있지만, 수지가 많이 번지는 경향이 있으므로 주의하세요.

거미줄 형태, 랜덤 타입

수지를 흩뿌린 듯하거나 거미줄 형태로 수지가 붙어 있습니다. 접착 후에는 도트 타입보다 단단하고 드레이프성은 없지만, 수지가 많이 번지지는 않습니다. 일반적으로 신축성 소재의 겉감에 사용합니다.

접착심지 고르는 방법

심지를 고를 때는 어떤 원단을 사용하고 어느 부분에 어떤 목적으로 사용할 것인지를 생각하여 고릅니다.

먼저 목적에 맞춰 임시 접착 유형과 완전 접착 유형 중에서 선택하고, 직물, 부직포, 편물 중 어느 타입에 사용할 것인지도 겉감에 맞춰 결정합니다. 단단하게 만들 것인지 부드럽게 만들 것인지를 생각하면서 원단을 심지에 겹쳐 보고 두께를 확인합니다. 촉감이 부드러운 천을 골라도 접착제가 많이 붙어 있어 접착력이 강하면 단단하게 완성됩니다.

선택이 어렵다면 재료 판매점의 겉감과 심지를 붙여 놓은 샘플을 참고해도 좋습니다. 아니면 가게 주인이나 판매인에게 상담해도 좋겠지요.

어떤 것을 사용할지 망설여진다면 단단하게 완성되는 것보다 부드럽게 완성되는 것을 선택하는 편이 겉감의 촉감이 손상되지 않으므로 참고하세요.

접착심지의 축임질

기본이 되는 원단이 부직포인 경우는 축임질이 필요 없습니다. 직물이나 편물인 경우는 올 방향이 틀어졌는지 확인한 후 틀어졌다면 바이어스 방향으로 잡아당겨 바로잡아 줍니다. 접착 수지가 붙어 있어서 다리미는 사용할 수 없으므로 손으로 바로잡아 주세요. 또한, 식서(원단 가장자리)가 우는 상태라면 식서에 가위집을 내줍니다. 주름 자국이 신경 쓰이면 분무기로 살짝 물을 뿌려서 긴 막대에 걸어 편 후 완전히 말려서 사용합니다.

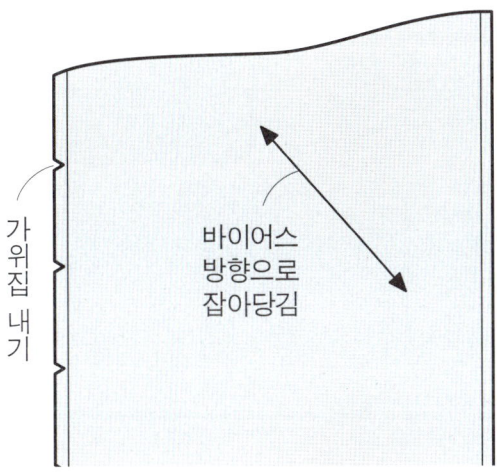

가위집 내기

바이어스 방향으로 잡아당김

재단 방법

기본 원단이 직물이나 편물인 경우는 겉감과 같은 올 방향으로 재단합니다. 부직포인 경우는 올 방향이 없으므로 방향에 상관없이 재단할 수 있습니다. 방향성이 있는 경우는 겉감의 올 방향과 같은 방향으로 맞춥니다. 재단할 때는 접착 수지가 붙어 있는 면을 안쪽으로 가게 접어서 재단합니다. 심지를 붙이는 장소가 부분적으로 겉감과 같은 형태가 아닌 경우는 심지 전용 형지를 만들어 심지를 재단합니다. 깃이나 커프스 등은 겉감과 같은 형태로 심지를 붙이는 경우 겉감의 형지를 사용해서 재단합니다. 표시는 초크 또는 초크 페이퍼를 사용해 겉면(접착 수지가 묻지 않은 쪽)에 해주세요.

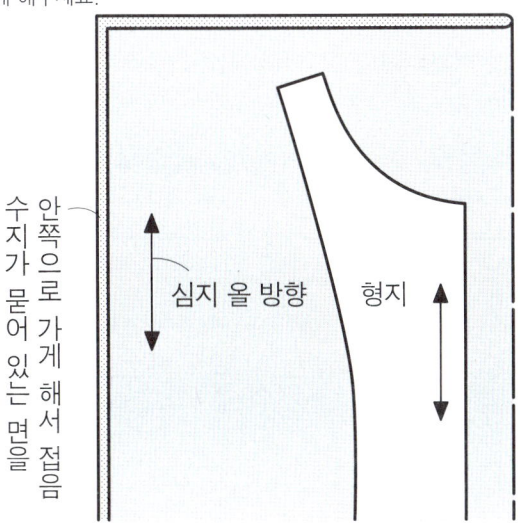

수지가 묻어 있는 면을 안쪽으로 가게 해서 접음

심지 올 방향　　형지

접착심지를 붙이는 위치

일반적으로 앞단선, 안단, 깃, 커프스, 호주머니 입구 등에 붙입니다. 만드는 방법을 보고 어느 부분에 붙일 것인지를 확인해 두세요. 특별한 경우를 제외하고 겉감과 같은 크기로 재단해서 붙입니다. 심지의 두께가 신경 쓰이는 경우는 바느질이 끝난 후 시접 부분에 붙인 심지를 떼어내고 바느질 자리 바로 옆에서 잘라냅니다. 부분별 접착심지 붙이는 방법은 162~175쪽을 참조하세요.

깃(안면)

접착심지

접착 조건

접착에는 세 가지 조건이 필요합니다. 이 조건이 갖춰지지 못하면 다양한 문제가 발생합니다.

· 온도(수지를 녹인다)
· 압력(수지를 겉감에 스며들게 한다)
· 시간(온도와 압력의 효과를 높인다)

발생할 수 있는 문제

· 온도가 너무 높으면 수지가 지나치게 녹아서 접착력이 저하하고 수지가 겉감이나 심지에 스며들게 됩니다.
· 온도가 너무 낮으면 수지가 충분히 녹지 않아 접착력이 저하합니다.
· 압력이 너무 세고 시간이 너무 오래 걸리는 경우 겉감의 감촉이 사라지고 없어져 겉면에서 심지가 보이는 현상이 발생합니다.
· 압력이 너무 약하거나 시간이 너무 짧은 경우는 심지가 겉면에 접착되지 않습니다.

테스트 접착

실제로 사용하기 전에 남는 천을 사용해 테스트 접착을 통해 확인한 후 사용하세요. 원단에 따라서는 접착이 잘 안 되는 경우가 있으니까요.
또한, 접착심지는 기본적으로 한 벌의 옷마다 겉감에 맞춰 구매해서 갖춰 두는 것이 이상적입니다.

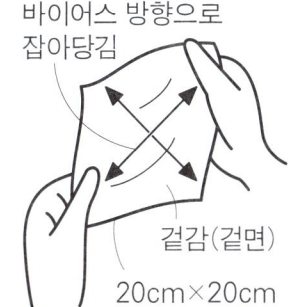

바이어스 방향으로 잡아당김

겉감(겉면)

20cm×20cm

체크 포인트

① 접착한 천을 만져 보고 잡아당겨 봐서 경도가 적당한지 체크한다.
② 겉감의 변색, 수지의 번짐, 감촉이 바뀌지 않았는지. 접착심지를 붙인 부분과 붙이지 않은 부분의 차이는 없는지 체크한다.
③ 접착심지를 붙인 위치가 수축하지 않았는지. 또한, 젖히지 않았는지 체크한다.
④ 천을 살짝 잡아당겨 보고 접착심지가 벗겨지지 않는지, 접착이 안 된 부분은 없는지 체크한다.

접착심지를 붙이는 데 필요한 도구

스팀다리미

무선 제품도 있지만, 유선 제품 쪽이 온도가 안정적이어서 사용하기 좋습니다.

분무기

분무 구멍이 촘촘한 것이 적합합니다.

다리미 매트

평평하고 단단한 것, 열이나 증기를 흡수해주는 것이 좋습니다. 다리미 매트의 두께가 균일한 것을 사용해 주세요.

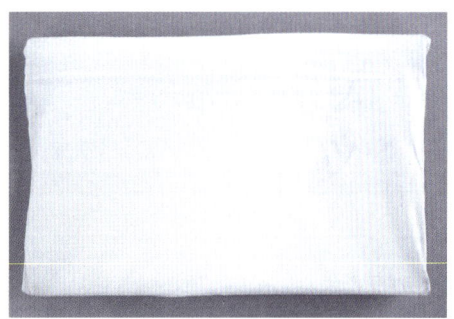

다림질용 덧댐 천 및 덧댐 종이

시트지 또는 크라프트지, 쿠킹 페이퍼 등.

이런 도구도 있어요

프레스식 다리미
다리미와 다리미 받침대가 일체로 이루어진 프레스기. 면적이 넓어서 심지 접착에 매우 적합합니다. 가정용도 있습니다.

직업용 다리미
적당한 무게감으로 깔끔하게 접착할 수 있는 직업용 드라이 다리미.

버큠 다리미 받침대
다리미의 열이나 증기를 진공 흡수해서 다림질이 깔끔합니다.

접착테이프심지

접착심지가 테이프 형태로 이루어진 것으로 보강과 늘어남 방지에 사용합니다.

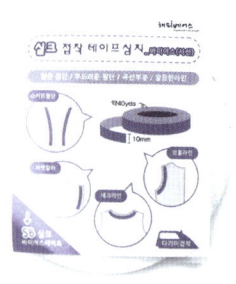
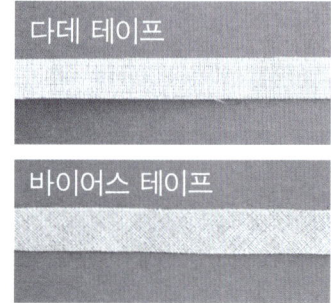

다데 테이프(평 테이프)

기본 원단의 올 방향을 세로 방향으로 한 것으로 거의 늘어나지 않습니다. 라펠의 꺾임선이나 앞단선, 호주머니입구 등 직선으로 늘어나지 않도록 하고자 하는 부분에 사용합니다.

하프 바이어스 테이프

올 방향을 6~8° 이동한 하프 바이어스는 적당하게 늘어나므로 완만한 곡선에 대응하기 쉽습니다. 평 테이프보다는 잘 늘어나고 바이어스 테이프보다는 늘어나지 않는 것으로 이용 범위가 넓은 접착테이프입니다.

페어 테이프(늘어남 방지)

부직포 베이스에 늘어남 방지 테이프가 붙어 있습니다. 늘어남 방지 테이프가 붙어 있지 않은 쪽은 핑킹 컷 상태로 되어 있으며 곡선 추종성이 우수하고 접착 부분이 눈에 띄지 않는 테이프입니다. 재킷이나 코트 등의 진동둘레, 목둘레, 깃허리 등에 이용합니다.

스트레치 테이프

기본 원단에 얇은 신축 소재를 사용하고 있어서 부드럽게 만들고 싶을 때나 니트 원단, 얇은 원단에 사용합니다.

바이어스 테이프

기본 원단을 바이어스 형태로 재단하여 가장 신축성이 좋습니다. 약간 신축성이 필요한 부분이나 평 테이프를 사용하면 가위집을 넣어야 하는 경우 등 급하게 곡진 곡선 부분에 사용합니다.

양면 열 접착테이프

접착 수지만 테이프 상태로 이루어진 것으로 다리미로 열을 가하면 접착하는 양면테이프입니다. 주머니를 달 때 시침질 대신에 사용하거나 지퍼를 달 때도 사용합니다. 풀림 방지 용도로도 쓰입니다.

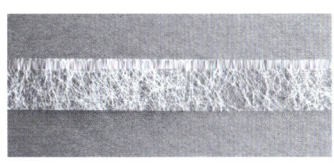

접착테이프심지의 접착 방법 예

각각을 붙이는 장소와 목적에 따라 완성선에 붙이는 경우, 표시 위치에서 시접 쪽에 붙이는 경우, 표시 위치에서 안쪽에 붙이는 경우 등이 있습니다.

기초편

접착심지에 대하여

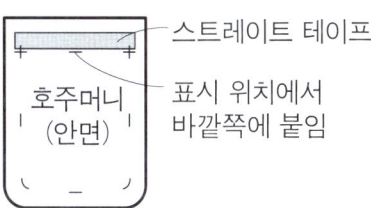

목둘레선

0.5cm

몸판
(안면)

하프 바이어스 테이프
또는 페어테이프

바느실선이 테이프
위를 통과하도록 붙임

호주머니입구

호주머니
(안면)

스트레이트 테이프

표시 위치에서
바깥쪽에 붙임

어깨선

0.5cm

앞 몸판
(안면)

스트레이트
테이프

○ =접착심지
○ =접착테이프

※ 뒤 몸판의 어깨는 홈질줄임 처리하므로
테이프를 붙이지 않습니다.

깃

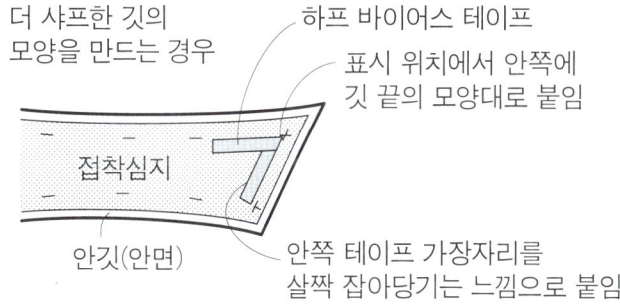

더 샤프한 깃의
모양을 만드는 경우

접착심지

안깃(안면)

하프 바이어스 테이프

표시 위치에서 안쪽에
깃 끝의 모양대로 붙임

안쪽 테이프 가장자리를
살짝 잡아당기는 느낌으로 붙임

진동둘레선

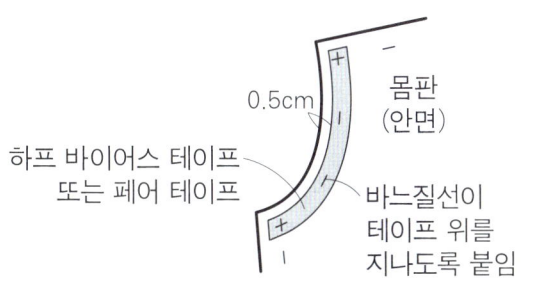

0.5cm

몸판
(안면)

하프 바이어스 테이프
또는 페어 테이프

바느질선이
테이프 위를
지나도록 붙임

치마의 지퍼 트임

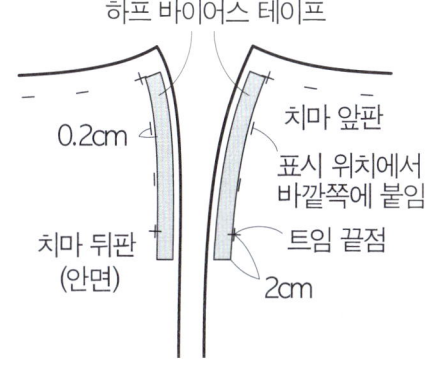

하프 바이어스 테이프

0.2cm

치마 뒤판
(안면)

치마 앞판

표시 위치에서
바깥쪽에 붙임

트임 끝점

2cm

159

① 다리미 받침대 위에 겉감 안면을 위로 향하게 해서 놓습니다. 실밥이나 먼지 등이 묻어 있지 않은지 확인하고 묻어 있으면 제거해 주세요.

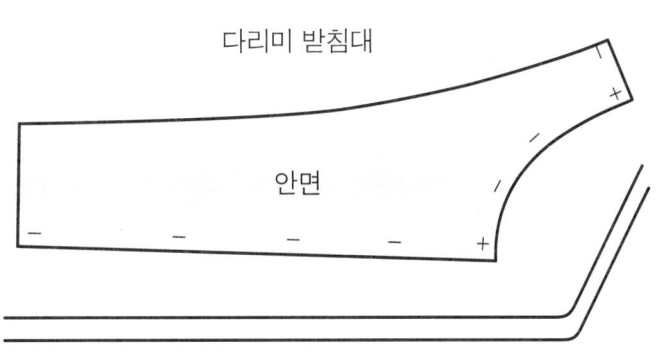

② 겉감 안면에 접착심지 수지가 묻어 있는 면(이하 안면)을 맞춰 놓습니다.

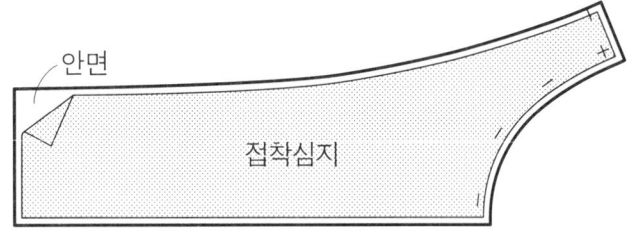

③ 패턴 종이에 물을 뿌려 ② 위에 겹칩니다. 견직물이나 레이온 등 수분을 주면 안 되는 소재는 수분을 적게 합니다.

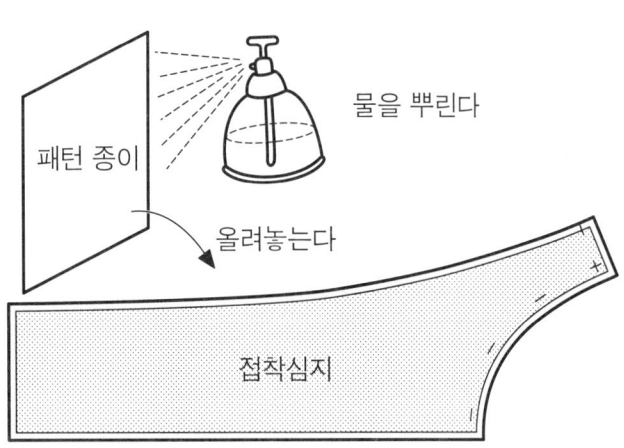

④ 위에서 누르듯이 드라이 다림질을 합니다. 다리미를 미끄러뜨리듯이 사용하지 마세요. 한 곳당 10초 정도 누르는 듯한 느낌으로 다림질합니다. 온도는 140° 정도를 기준으로 해서 겉감에 맞춰 온도와 시간을 가감합니다.

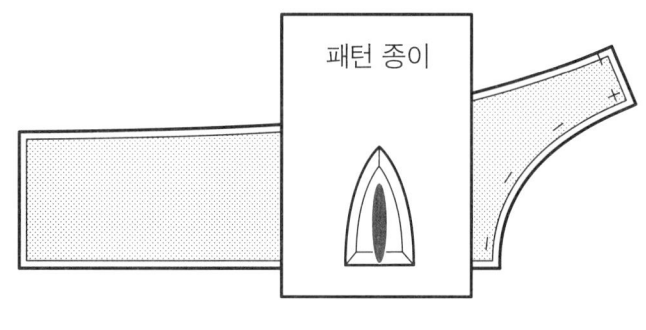

⑤ 접착되지 않은 부분이 없도록 골고루 다리미를 대주세요.

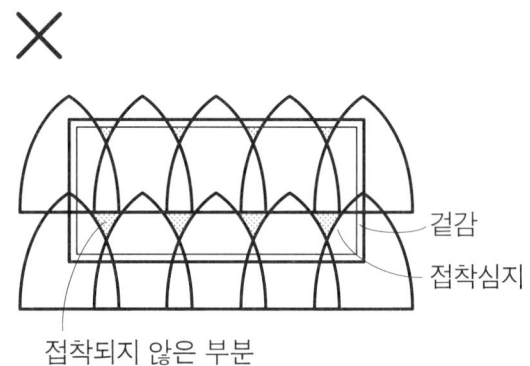

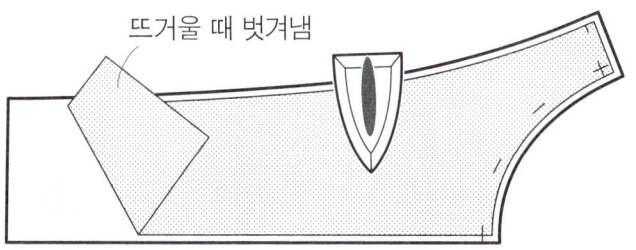

요럴 땐 요렇게!

실수로 잘못 접착해 버렸다면
다시 한 번 드라이 다림질을 하여 뜨거울 때 천천히 벗깁니다. 만일 겉감에 접착 수지가 남았다면 필요 없는 천을 덮고 다리미를 여러 차례 갖다 대어 수지가 필요 없는 천으로 옮겨지도록 합니다.

뜨거울 때 벗겨냄

접착심지의 선이 겉쪽에서 표시날 때
심지 끝에서 1.5cm 정도 붙이지 않고 두면 심지와의 경계가 모호해져서 겉에서 봤을 때 선이 신경 쓰이지 않습니다.

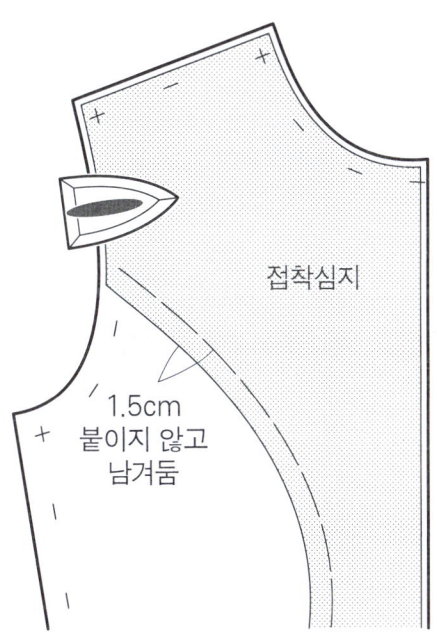

접착심지

1.5cm
붙이지 않고
남겨둠

접착심지의 겉과 안이 구분되지 않을 때
손으로 만져 보고 거칠거칠한 면, 또한 빛을 대어봤을 때 번쩍번쩍 광이 나는 면에 접착 수지가 묻어 있습니다.

접착심지가 주름지게 되면
그대로 사용해도 상관없지만, 너무 신경 쓰일 때는 약간 물을 뿌려 긴 막대에 걸어 두면 주름이 펴집니다. 단, 부직포의 경우는 주름을 펼 수 없습니다

접착심지가 남았을 때는
접착심지는 주름을 펴기 위해 다림질할 수 없으니 사용하다 남은 것은 주름이 생기지 않도록 롤 심지 등에 감아 둡니다.

접착심지 이외의 심지

심지에는 원단에 접착해서 사용하는 유형과 접착하지 않는 유형이 있습니다. 최근에는 원단에 붙이는 접착심지를 사용하는 경우가 많지만, 그 외에도 다음과 같은 심지가 있으므로 소개합니다.

모 심지
양모 등의 실로 짠 심지입니다. 두께가 여러 가지가 있으므로 겉감이나 사용하는 장소에 따라 구분하여 사용합니다. 재킷이나 코트 등에 사용합니다.

마 심지
마사로 직조되어 팽팽함과 청량감이 있는 심지입니다. 모 심지와 사용방법은 같습니다만, 여름 소재에 적합합니다.

팜 크로스(Palm Beach Clothing)
양모 및 양모와 레이온 혼방으로 만들어진 심지입니다. 모 심지보다 올이 거칠고 탄력이 있습니다. 깃의 심지나 실크 소재에 적합합니다.

하이모(Hymonet: 모헤어(Mohair)와 마로 된 얇은 평직물)
면사로 직조된 심지입니다. 얇아서 주름이 잘 생기지 않는 특징이 있습니다. 깃이나 소맷부리에 사용합니다.

슬리크(Sleek)
기본 원단을 바이어스로 해서 가장 신축성이 좋습니다. 약간 신축성이 필요한 부분이나 스트레이트 테이프로는 가위집을 넣지 않으면 안 되는 빡빡한 곡선 부분에 사용합니다.

거즈
화학섬유가 많고 팽팽함이 있으며 두께가 여러 가지입니다. 비치는 소재나 개더에 입체감을 주고 싶을 때 사용합니다.

오건디(Organdy)
화학섬유나 견으로 만들어졌습니다. 거즈보다 튼튼하게 만들어졌습니다. 비치는 소재나 견, 얇은 화학섬유 소재에 사용합니다.

깃

깃띠가 있는 셔츠 칼라

스탠드칼라와 셔츠 칼라를 조합한 깃입니다. 깃띠는 윗깃을 지탱하므로 스탠드칼라와 마찬가지로 심지를 붙입니다.

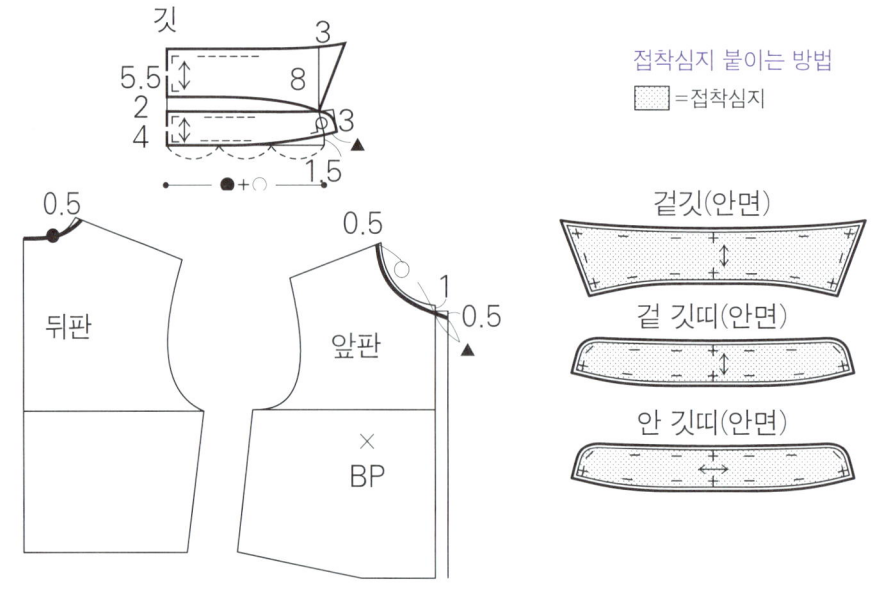

접착심지 붙이는 방법
▢ = 접착심지

겉깃(안면)

겉 깃띠(안면)

안 깃띠(안면)

셔츠 칼라

셔츠에 붙이는 기본 깃입니다. 겉깃에 겉감과 같은 올 방향으로 재단한 얇은 심지를 붙입니다.

접착심지 붙이는 방법 ▢ = 접착심지

겉깃(안면)

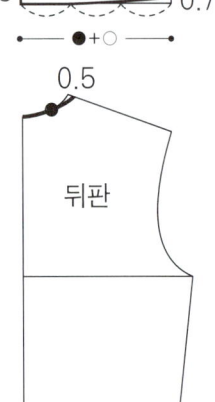

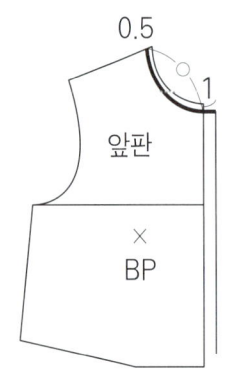

이탈리안 칼라

V자형 네크라인 상부에 붙이며 깃 끝이 모가 난 깃입니다. 셔츠 칼라와 마찬가지로 겉깃에 얇은 심지를 붙입니다.

접착심지 붙이는 방법 ▢ = 접착심지

겉깃(안면)

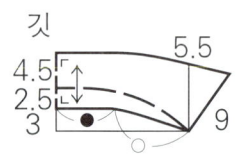

깃 부착 끝점

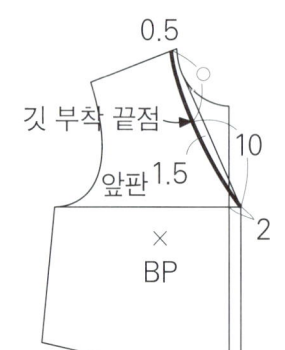

스탠드 칼라

네크라인에서 목을 따라 서는 깃
입니다. 겉깃의 심지는 세로 방향
으로 재단합니다.

접착심지 붙이는 방법 □=접착심지

겉깃(안면)

안깃(안면)

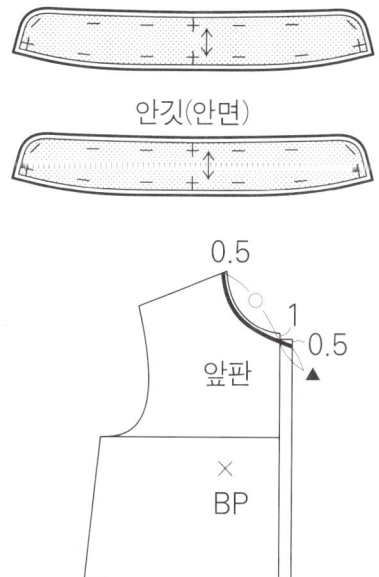

깃

4 ↕ [ ] 3 ▲
●+○ 1.5

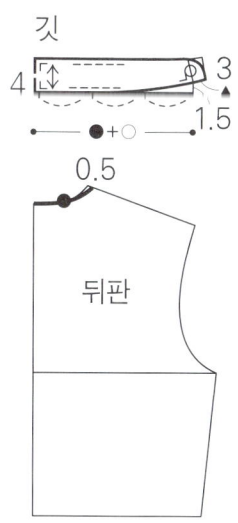

0.5

뒤판

0.5

앞판

×
BP

1
0.5
▲

롤 칼라

앞뒤 깃허리가 높아 목둘레를 감듯
이 부착해 뒤집어 놓은 깃입니다. 폭
신폭신 부드럽게 뒤집히도록 부드러
운 심지를 붙입니다.

접착심지 붙이는 방법 □=접착심지

깃

○
○   ↗ 9
▲
●+○
▲ 0.5

깃(안면)

0.5

뒤판

앞판

×
BP

0.5
1

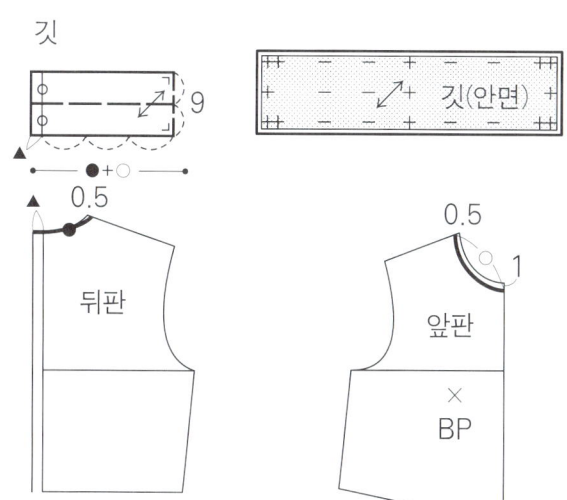

보 칼라

나비 모양으로 묶는 깃입니다. 몸
판에 꿰매 붙이는 부분에만 심지
를 붙입니다. 깃 부착 끝점에 가위
집을 넣으므로 깃 부착 끝점에서
1~1.5cm 보(Bow) 부분까지 심지
를 붙입니다.

접착심지 붙이는 방법 □=접착심지

깃(안면)   겉 보(안면)

1~1.5 +뒤 중심 ↗ 1~1.5
깃 부착 끝점
안 보(안면)

깃   잇대어 붙임(왼쪽만)

7.5 ↕   4   보
●+○ ────── 50 ──────

1

뒤판

1   깃 부착 끝점
1.5

앞판 3.5

×
BP

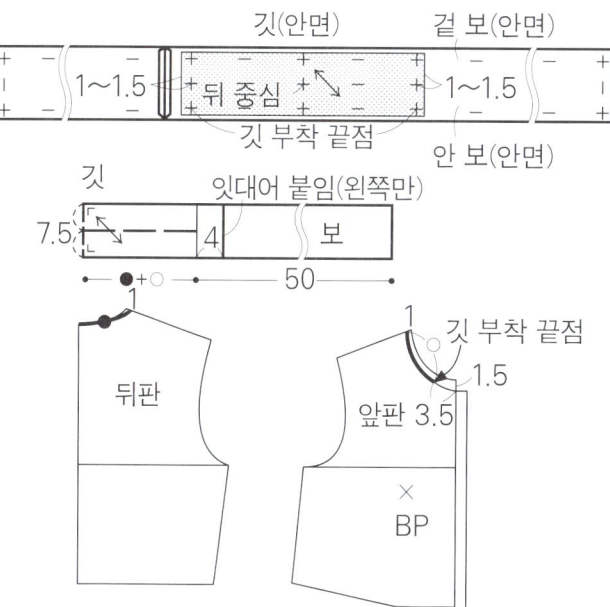

플랫 칼라

깃허리가 전혀 없고 목선에서 바로 젖혀
지는 평평한 깃을 말합니다. 겉깃에 겉
감과 같은 올 방향으로 재단한 얇은 심
지를 붙입니다.

접착심지 붙이는 방법 ▨=접착심지

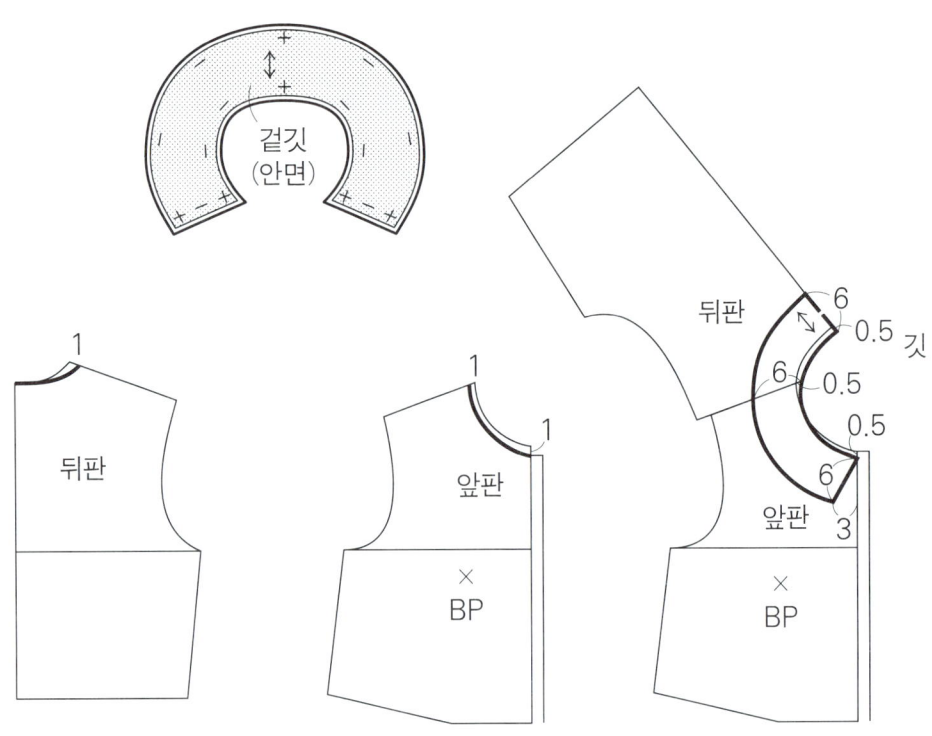

겉깃
(안면)

뒤판

1

뒤판

1

앞판

1

뒤판

6
0.5 깃
6
0.5
0.5
6
앞판
3

× BP

× BP

세일러 칼라

여학생 교복에서 흔히 볼 수 있는 깃으
로, 깃 바깥둘레의 형태가 각이 져 있습
니다. 겉깃에 겉감과 같은 올 방향으로
재단한 얇은 심지를 붙입니다.

접착심지 붙이는 방법 ▨=접착심지

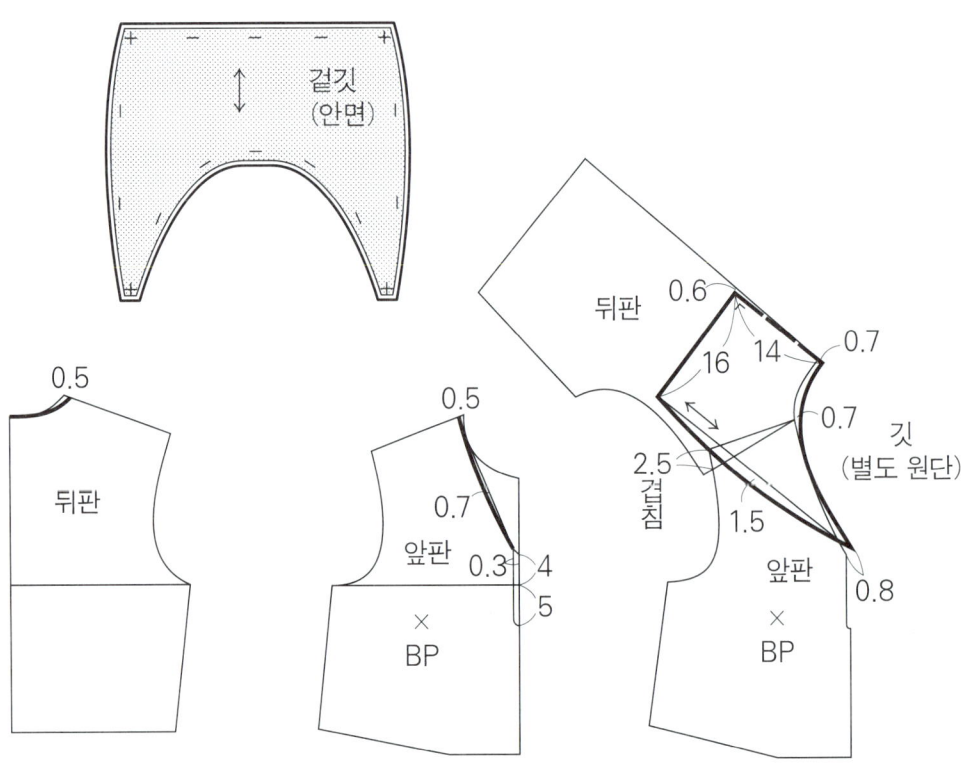

겉깃
(안면)

뒤판

0.5

뒤판

0.5

앞판

0.7

0.3 4
5

× BP

뒤판

0.6
16 14 0.7
0.7
2.5
겹침
1.5

깃
(별도 원단)

앞판

0.8

× BP

164

하이넥 A(스탠드 풍 칼라)

목을 따라 앞 몸판에서 칼라를 재단한 것으로 하이넥이라고 합니다. 이것은 뒤판 깃을 앞판 깃에 이어서 재단한 것입니다. 겉옷의 경우는 몸판과 겉깃 전체 면에 두꺼운 심지를 붙여 탄탄하게 해줍니다. 안단에는 얇은 심지를 붙입니다.

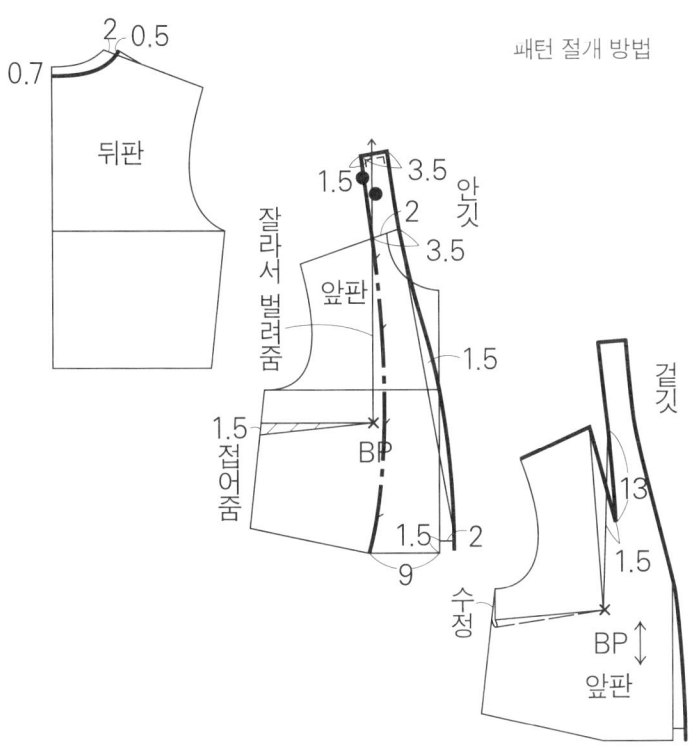

패턴 절개 방법

접착심지 붙이는 방법 ▨=얇은 접착심지 ▨=두꺼운 접착심지

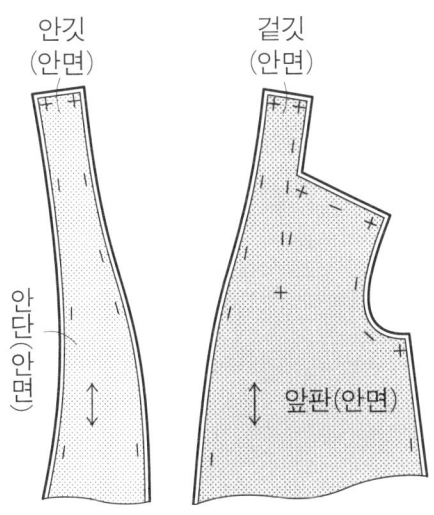

하이넥 B

하이넥의 일종으로 뒤판 깃을 따로 재단하여 만드는 유형입니다. 블라우스의 경우는 뒤판 안깃이나 앞판 안깃, 앞판 안단에 얇은 심지를 붙이는데, 재킷의 경우는 뒤판 겉깃이나 앞판 겉깃, 앞 몸판의 전체 면에두 심지를 붙입니다

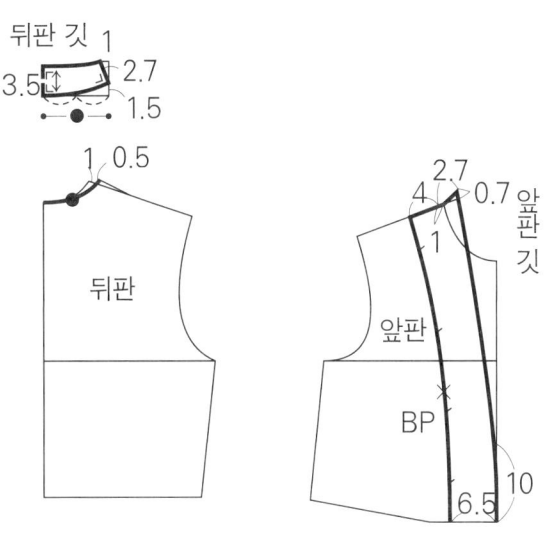

접착심지 붙이는 방법 ▨=접착심지

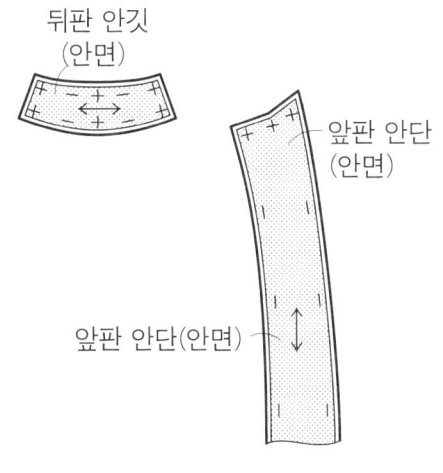

커프스

덧단 트임과 커프스

덧단에는 늘어남 방지를 위해 심지를 붙입니다. 얇고 부드러운 심지를 고르세요. 밑덧단 부분이 너무 딱딱해지는 경우는 심지를 붙이지 않도록 합니다.

접착심지 붙이는 방법
▨ =접착심지

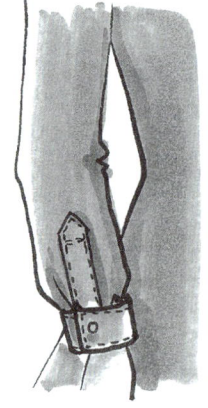

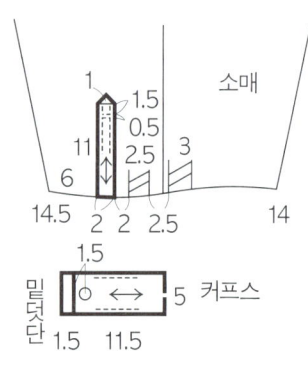

소매

1 1.5
11 0.5
6 2.5 3
14.5 2 2 2.5 14

밑덧단 1.5 5 커프스
1.5 11.5

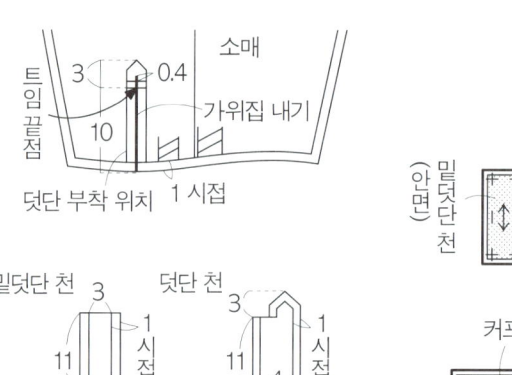

소매

트임끝점 3 0.4
10 가위집 내기
덧단 부착 위치 1 시접

밑덧단 천 3 덧단 천 3
1 시접 1 시접
11 11 4
1 시접 1 시접
밑덧단 폭은 1.5

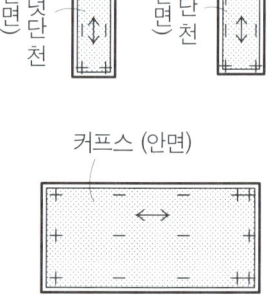

밑덧단 천(안면) 덧단 천(안면)

커프스 (안면)

슬래시 트임과 커프스

소맷부리에 가위집을 넣어 만드는 슬래시 트임입니다. 소맷부리 안단은 가위집을 넣어야 해서 풀리지 않도록 심지를 붙입니다. 커프스는 늘어나지 않도록 올 방향을 가로로 합니다.

접착심지 붙이는 방법 ▨ =접착심지

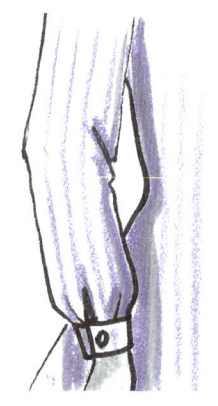

소매 2
6 2 개더 접기
8.5 1

소맷부리 안단

커프스(안면)

밑덧단 1 4 커프스
2 11

꺾어 접는 커프스

커프스는 늘어나면 곤란하므로 올 방향을 가로로 합니다. 얇고 샤프한 감촉이 있는 심지를 골라 사용합니다.

접착심지 붙이는 방법 ▨ =접착심지

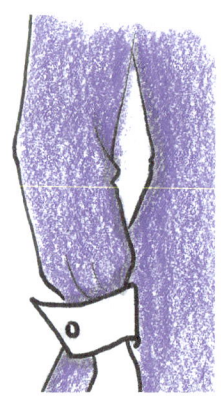

소맷부리 안단(안면)

겉 커프스(안면)

안 커프스(안면)

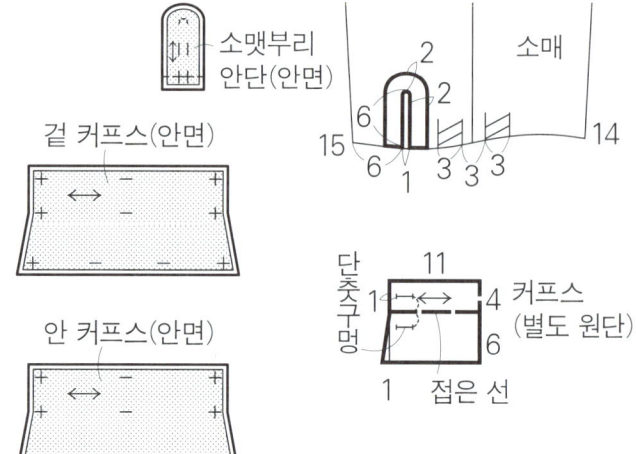

소매
2
6 2
15
6 1 3 3 3 14

단추구멍 11
1 4 커프스
(별도 원단)
6
1 접은 선

별도 재단 커프스

심지는 겉감과 같은 올 방향으로 재단하는데, 겉감이 바이어스인 경우는 올 방향은 가로로 재단합니다.

접착심지 붙이는 방법 ☐=접착심지

커프스(안면)

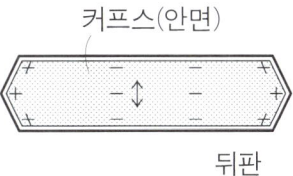

뒤판

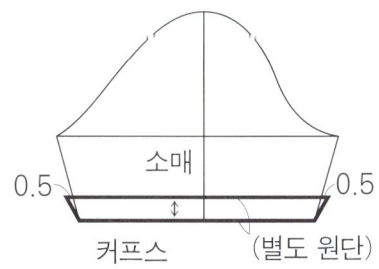

소매

0.5　　　0.5

커프스　　(별도 원단)

스페어 커프스

얇고 샤프한 심지를 골라 겉 스페어 커프스에 붙여 팽팽하게 해줍니다.

맞대어 붙인 그림

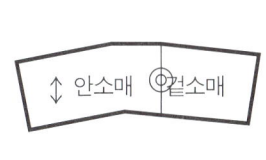

↕ 안소매　◎겉소매

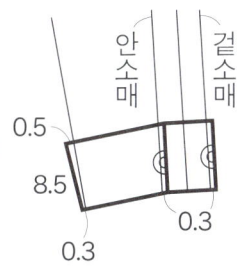

안소매　겉소매

0.5

8.5

0.3

0.3

스페어 커프스(별도 원단)

접착심지 붙이는 방법
☐=접착심지

겉 스페어 커프스
(별도 원단)

이어서 재단한 커프스

소프트하게 완성하기 위해 안단에만 심지를 붙입니다.

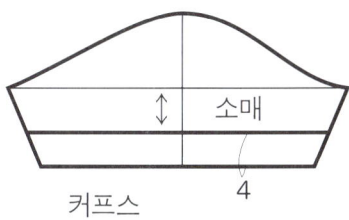

↕　소매

커프스　　4

접착심지 붙이는 방법
☐=접착심지

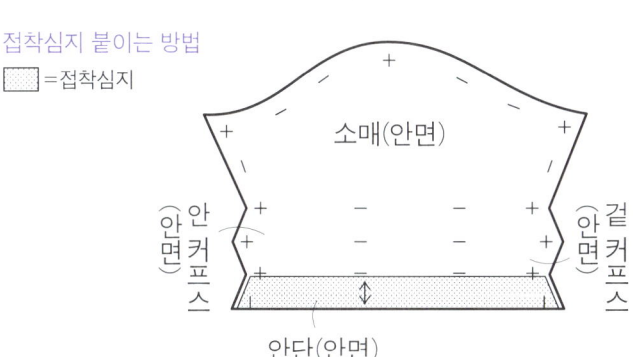

소매(안면)

안커프스
(안면)

겉커프스
(안면)

안단(안면)

벤트 트임 스커트

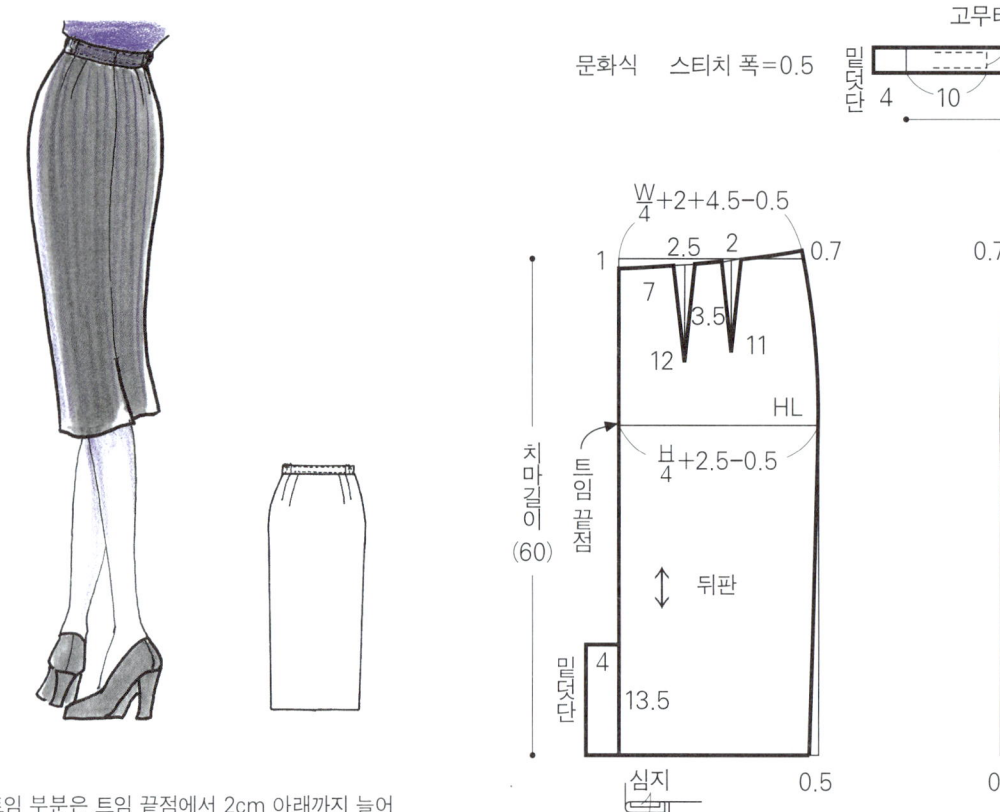

치마길이 (60)

문화식 스티치 폭=0.5

고무테이프를 끼운다

밑덧단
4 10 $\frac{W}{2}$+4 10.5 3

$\frac{W}{4}$+2+4.5−0.5
1 2.5 2 0.7
7 3.5 11
12

트임 끝점
HL
$\frac{B}{4}$+2.5−0.5

뒤판

밑덧단
4 13.5

심지
안감
0.5

$\frac{W}{4}$+2+4.5+0.5
0.7 2 2.5 8
10.5 3.5 11

HL
$\frac{B}{4}$+2.5+0.5

앞판

(60)

0.5

지퍼 트임 부분은 트임 끝점에서 2cm 아래까지 늘어남 방지 테이프를 붙입니다. 벤트 부분은 모양이 망가지는 것을 방지하기 위해 심지를 붙입니다.

접착심지, 접착테이프 붙이는 방법

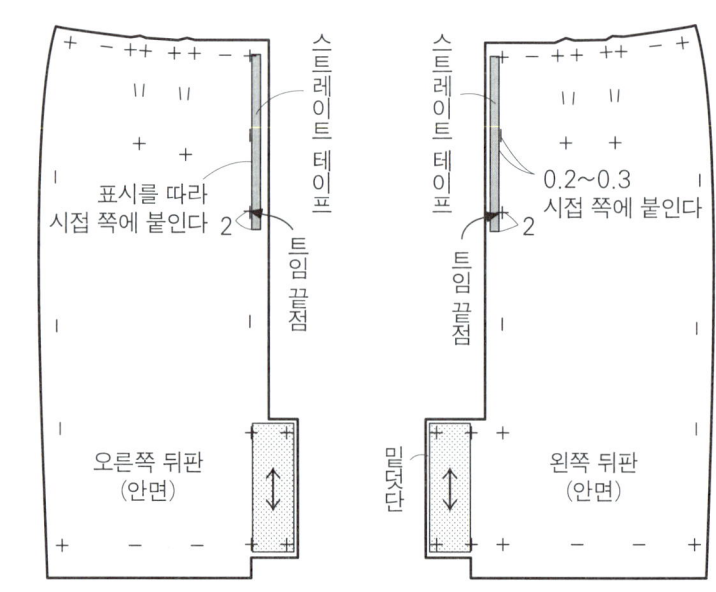

스트레이트 테이프

표시를 따라
시접 쪽에 붙인다 2

트임 끝점

스트레이트 테이프

0.2~0.3
시접 쪽에 붙인다 2

트임 끝점

오른쪽 뒤판
(안면)

밑덧단

왼쪽 뒤판
(안면)

=접착심지
=접착테이프

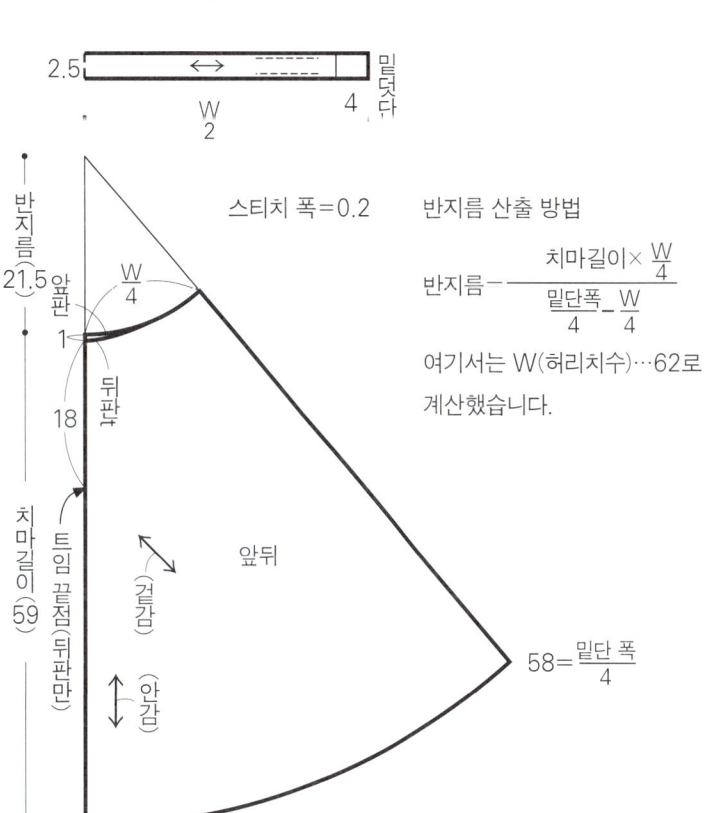

도레메식

2.5

$\frac{W}{2}$ 4

밑덧단

반지름
21.5

앞판

$\frac{W}{4}$

1

18

뒤판

치마길이
(59)

트임 끝점(뒤판만)

(걸감)

(안감)

앞뒤

스티치 폭=0.2

반지름 산출 방법

$$반지름 = \cfrac{치마길이 \times \dfrac{W}{4}}{\dfrac{밑단폭}{4} - \dfrac{W}{4}}$$

여기서는 W(허리치수)…62로
계산했습니다.

$58 = \dfrac{밑단 폭}{4}$

플레어 스커트의 밑단 시접은 바이어스 원단으로 늘어나기 쉬우므로 심지를 테이프 상태로 재단한 것을 붙여 늘어남 방지를 해 둡니다. 지퍼 트임 부분은 트임 끝점에서 2cm 아래까지 늘어남 방지 접착테이프를 붙입니다.

접착심지, 접착테이프 붙이는 방법

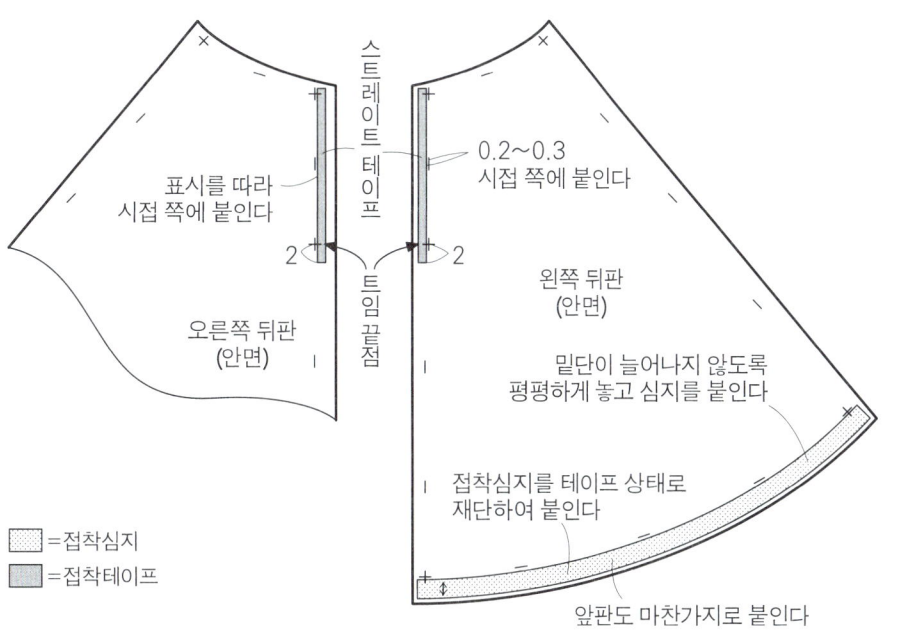

스트레이트 테이프

표시를 따라
시접 쪽에 붙인다

0.2~0.3
시접 쪽에 붙인다

2   2

트임 끝점

오른쪽 뒤판
(안면)

왼쪽 뒤판
(안면)

밑단이 늘어나지 않도록
평평하게 놓고 심지를 붙인다

접착심지를 테이프 상태로
재단하여 붙인다

앞판도 마찬가지로 붙인다

▨ =접착심지
▨ =접착테이프

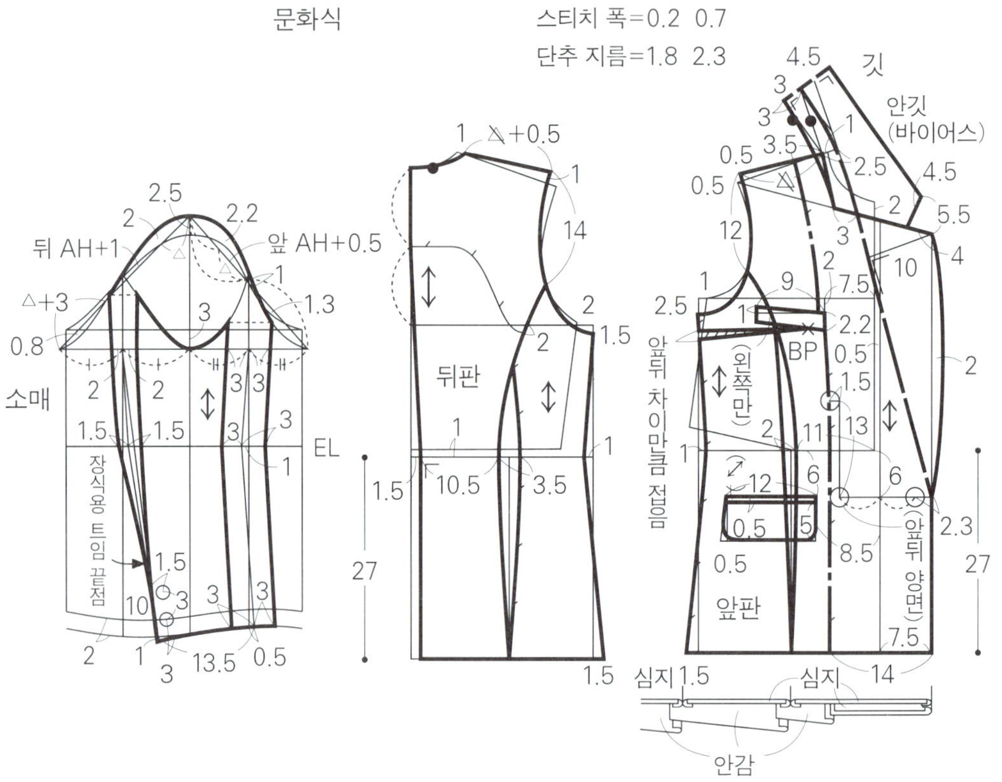

테일러드 칼라

스티치 폭=0.2 0.7
단추 지름=1.8 2.3

깃

소매 (상단 패턴 도식, 치수 표기:)
뒤 AH+1 앞 AH+0.5
2.5 2.2
2 2 2
△+3 0.8
1.3
소매
2 3 3
1.5 1.5 3
3 1
EL
장식용 트임 끝점
1.5
10 ○3 3 3
2 1 3 13.5 0.5

뒤판 (중앙 패턴 도식, 치수 표기:)
1 △+0.5
1
14
2
1.5
뒤판
1 2
1.5
10.5 3.5 1
27
1.5

앞판 / 깃 (우측 패턴 도식, 치수 표기:)
4.5
3 3
3 3.5
0.5 2.5 4.5
0.5 2 5.5
12 3 2 10 4
1 9 7.5
2.5 1 2.2 2
(외쪽만) BP 0.5 1.5 2
앞뒤 차이만큼 접음 11 13
12 6 6
0.5 5 8.5 2.3
0.5
앞판 14 27
심지 1.5 심지
안감 7.5

접착심지를 붙일 때의 다리미 사용 방법

안깃 접착 방법

겉깃은 평평하게 해서 심지를 붙이는데, 안깃은 아래그림과 같이 소매용 다리미판을 사용해서 붙입니다.

앞 몸판 접착 방법

맨 처음에 몸판 부분을 붙입니다. 다리미를 1/2씩 이동하면서 위에서 밑으로 붙입니다. 다음으로 라펠의 접은 선 부분을 목둘레 방향을 향해 붙입니다. 마지막은 라펠 부분에 소매용 다리미판을 대고 둥그스름한 형태를 만들면서 뒤집어 꺾는 부분에서 라펠 끝 쪽에 붙입니다.

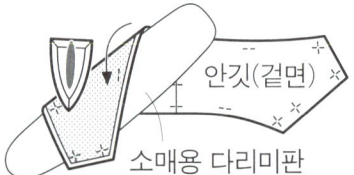

안깃(겉면)
소매용 다리미판

화살표 방향으로 둥그스름한 형태를 만들면서
다리미를 미끄러뜨려 사용하지 말고 심지를 붙임

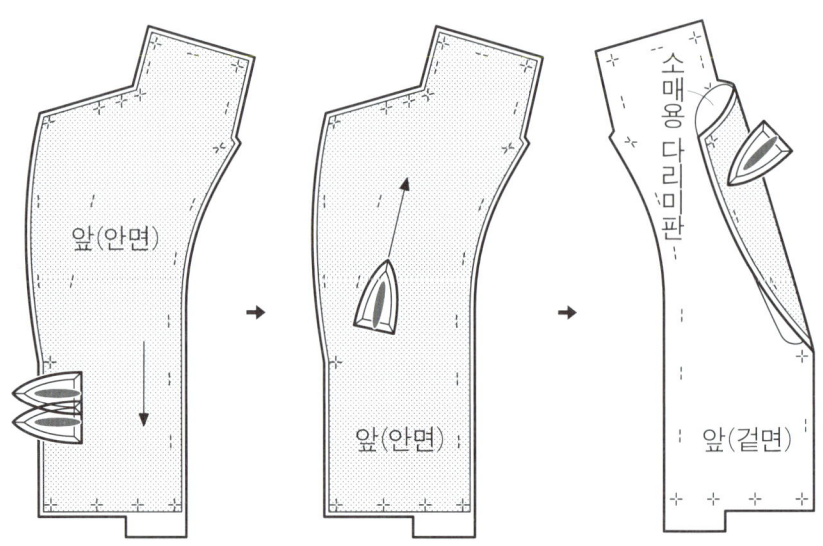

앞(안면) → 앞(안면) → 앞(겉면)
소매용 다리미판

짧은 기모 천^{(플란넬(Flannel), 밀드(Milled), 멜턴(Melton) 등)}에 붙이는 경우

접착심지 고르는 방법

앞 몸판에 붙이는 심지는 확실하게 실루엣을 유지하고 라펠이 자연스럽게 꺾이는 탄력성이 있는 것을 고르는 것이 중요합니다. 실루엣을 유지하기 위해서는 겉감의 가로 방향 신축성을 막고 접착 후의 천이 너무 딱딱해지지 않는 제품을 고르는 것이 포인트입니다.

앞 봄판에 볼륨을 주기 위해 약간 누께가 있는 심지를 고릅니다. 능, 밑단, 옆면 천, 소맷부리에는 겉감의 신축에 맞는 번들거림이 없는 얇은 심지를 고릅니다. 소매산에는 신축성이 있는 심지로 번들거림이 없는 것을 고릅니다.

접착심지 재단 방법

앞 몸판, 안단, 겉깃, 안깃은 겉감의 올 방향에 맞춥니다. 소매산도 겉감에 맞춥니다만, 잘 안 맞을 때는 바이어스로 재단합니다. 움직임이 있는 등, 옆솔기선, 밑단, 소맷부리는 바이어스로 재단합니다. 호주머니는 늘어나지 않도록 가로 방향으로 재단합니다.

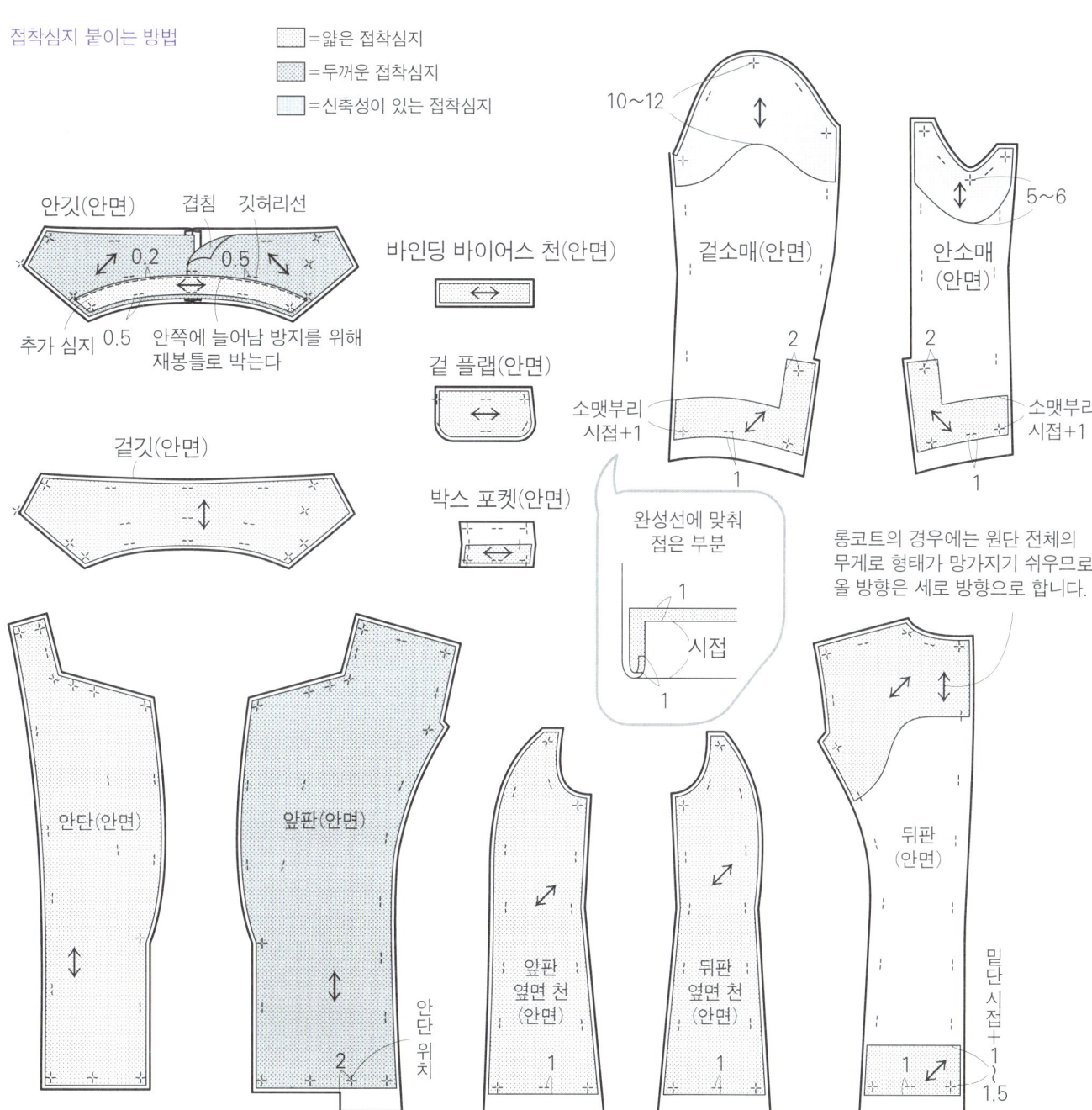

접착심지 붙이는 방법

□ =얇은 접착심지
□ =두꺼운 접착심지
□ =신축성이 있는 접착심지

안깃(안면) 겹침 깃허리선
0.2 0.5
추가 심지 0.5 안쪽에 늘어남 방지를 위해 재봉틀로 박는다

겉깃(안면)

바인딩 바이어스 천(안면)
↔

겉 플랩(안면)
↔

박스 포켓(안면)
↔

10~12
겉소매(안면)
2
소맷부리 시접+1
1

안소매(안면)
5~6
2
소맷부리 시접+1
1

완성선에 맞춰 접은 부분
1
시접
1

롱코트의 경우에는 원단 전체의 무게로 형태가 망가지기 쉬우므로 올 방향은 세로 방향으로 합니다.

안단(안면)

앞판(안면)
2
안단 위치

앞판 옆면 천(안면)
1

뒤판 옆면 천(안면)
1

뒤판(안면)

밑단 시접+1~1.5
1

접착테이프심지 붙이는 방법

바느질할 때나 착용할 때 바느질 자리나 원단의 올이 늘어나기 쉬운 부분에 늘어남 방지와 보강을 위해 접착테이프심지를 붙입니다.
앞단선은 완성선 안쪽에, 라펠의 꺾임선은 꺾임선에서 1~1.5cm 몸판 쪽에 붙여 올이 늘어나는 것을 방지합니다.

밑단이 곡선인 경우는 안쪽에 가위집을 넣어 곡선에 맞춥니다. 라펠 끝이 각지거나 각에 가까울 때는 표시 위치에서 약간 간격을 두고 테이프를 붙여야 깔끔하게 겉으로 꺾입니다.
깃도 마찬가지로 테이프를 붙입니다. 라펠이나 깃이 둥그스름할 때는 바깥쪽을 살짝 늘리듯이 하여 곡선에 맞춰 붙입니다.

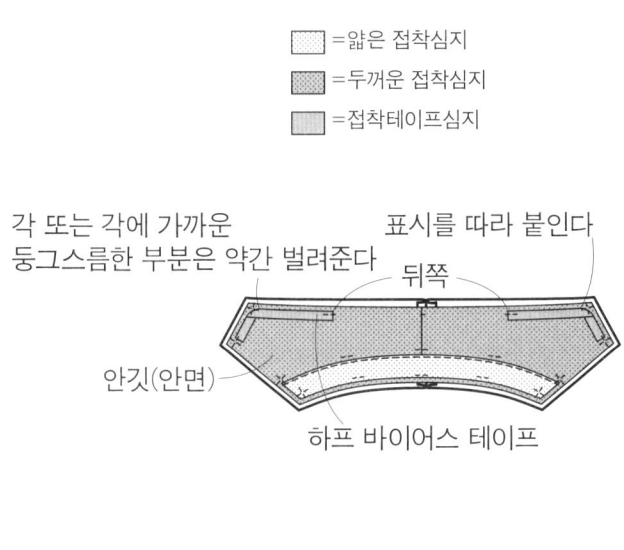

□ = 얇은 접착심지
■ = 두꺼운 접착심지
▨ = 접착테이프심지

각 또는 각에 가까운 둥그스름한 부분은 약간 벌려준다
표시를 따라 붙인다
뒤쪽
안깃(안면)
하프 바이어스 테이프

밑단, 라펠 끝이 곡선인 경우 접착테이프를 붙이는 방법

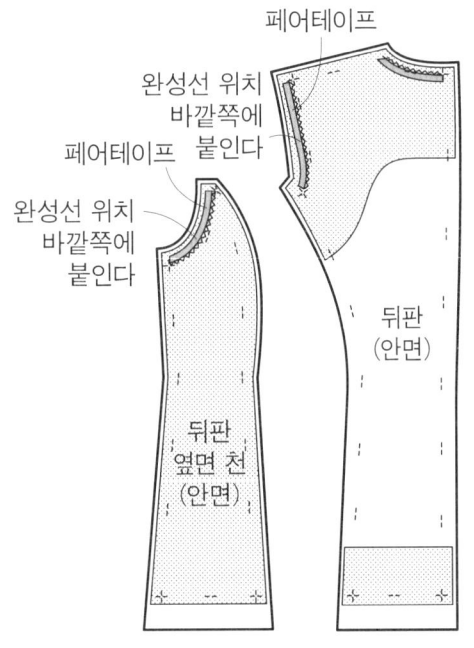

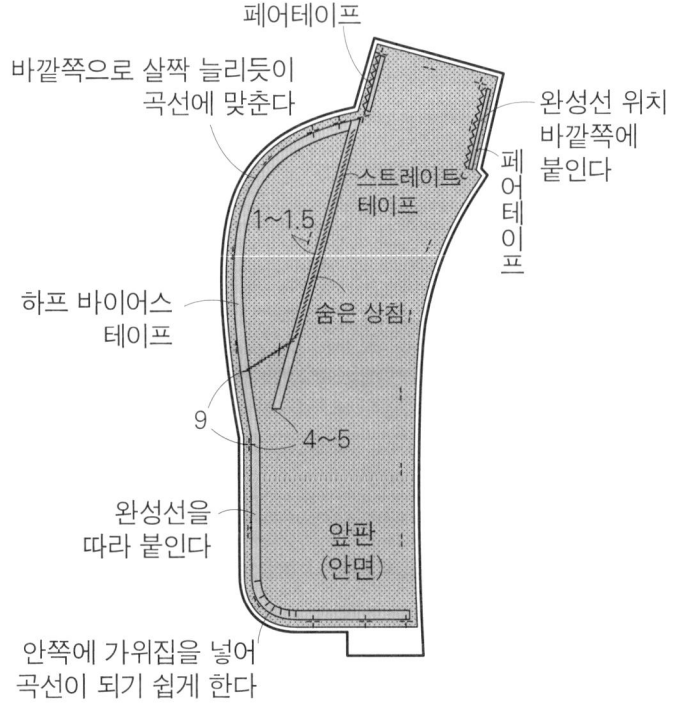

광택감이 강한 원단에 붙이는 경우

서지나 개버딘 등 광택이 나기 쉬운 천을 사용할 때는 앞 몸판, 옆면 원단은 전체 면에 접착하고, 소맷부리와 뒤 몸판의 밑단은 시접 쪽에 심지를 붙입니다. 움직임이 있는 위치(안깃, 등, 옆, 밑단, 소맷부리)는 겉감과 올 방향을 바꿉니다. 소매산에는 고저 차가 눈에 띄므로 접착심지는 붙이지 않습니다. 특히 광택이 나지 않도록 심지를 골라 테스트 붙이기를 한 후 붙이세요.

안깃(안면)   겹친다   깃허리선

0.2   0.5

추가 심지   0.5

안쪽에 늘어남 방지를
위해 재봉틀로 박는다

겉깃(안면)

□ =얇은 접착심지
▨ =두꺼운 접착심지

바이어스 바인딩 천(안면)
←→

겉 플랩(안면)
←→

박스 포켓(안면)
←→

겉소매 (안면)

안소매 (안면)

2   2

1   1

롱코트의 경우에는 원단 전체의 무게로 모양이
망가지기 쉬우므로 올 방향은 세로 방향으로 합니다.

안단 (안면)

앞판 (안면)

안단 위치

2

앞판 옆면 천 (안면)

1

뒤판 옆면 천 (안면)

1

뒤판 (안면)

1~1.5

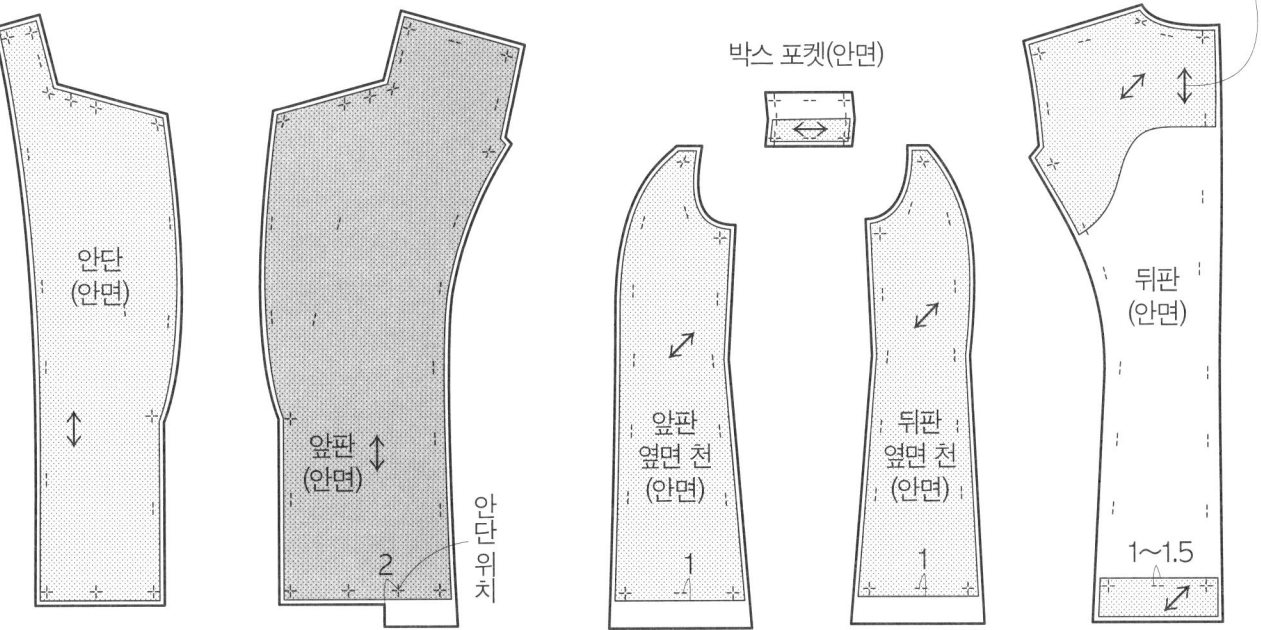

피크트 라펠

접착심지, 접착테이프심지 붙이는 방법

딱 들어맞는 실루엣을 연출하는 디자인입니다. 라벨 끝을 모양 좋게 안정시키고 라펠의 꺾임선을 안정시키므로 라벨의 끝, 흉부에 추가 심지를 붙입니다. 접착테이프는 라벨 끝, 깃둘레, 앞단선, 밑단에 붙입니다.

문화식

▨	=얇은 접착심지
▨	=두꺼운 접착심지
▨	=접착테이프

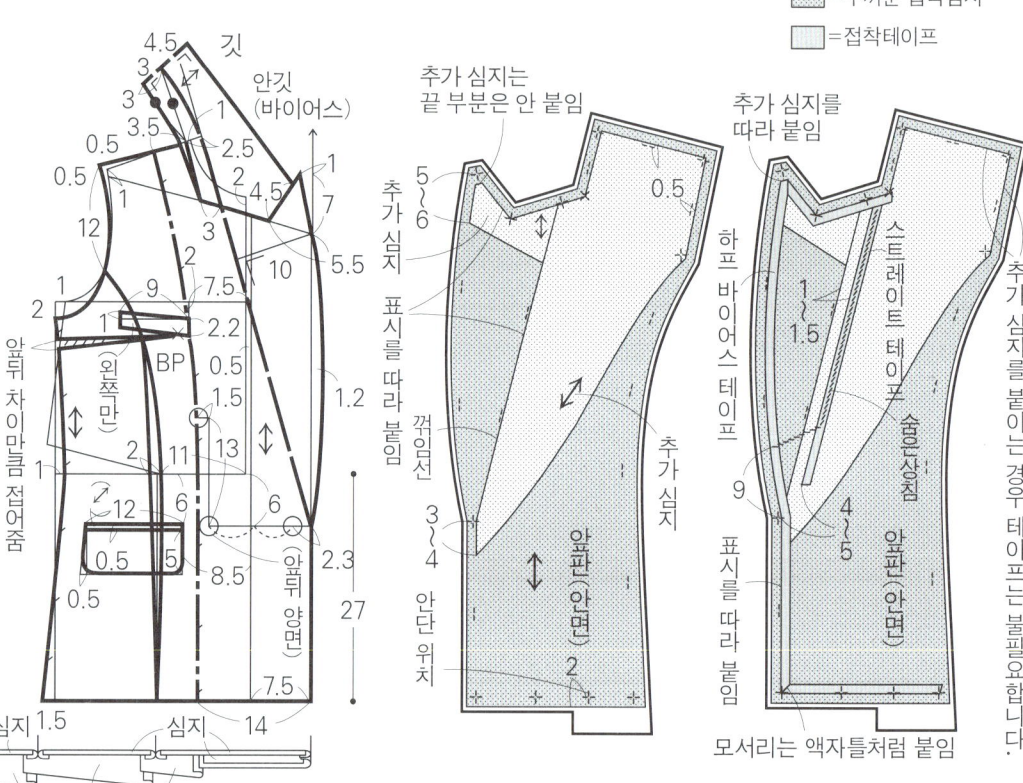

※ 깃, 옆면 천, 뒤 몸판, 소매, 호주머니, 안단의 심지는 테일러드 칼라와 동일하게 붙입니다.

안단과 안감을 꿰매 붙일 때의 문제점

안단과 안감을 잇는 경우 양쪽 모두 올 방향을 세로 방향으로 재단하므로 가슴에서 어깨까지 바이어스 방향이 되며, 봉제 시에 바느질 자리가 늘어나기 쉽고, A 그림과 같이 안단의 형태가 변형될 수 있습니다. 늘어남 방지를 위해 심지의 올 방향을 B 그림과 같이 재단하는 경우도 있습니다.

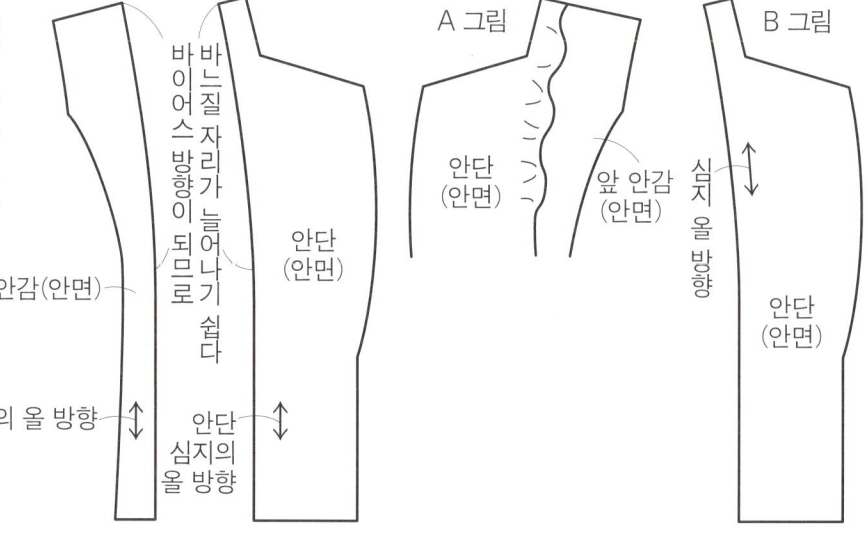

숄 칼라

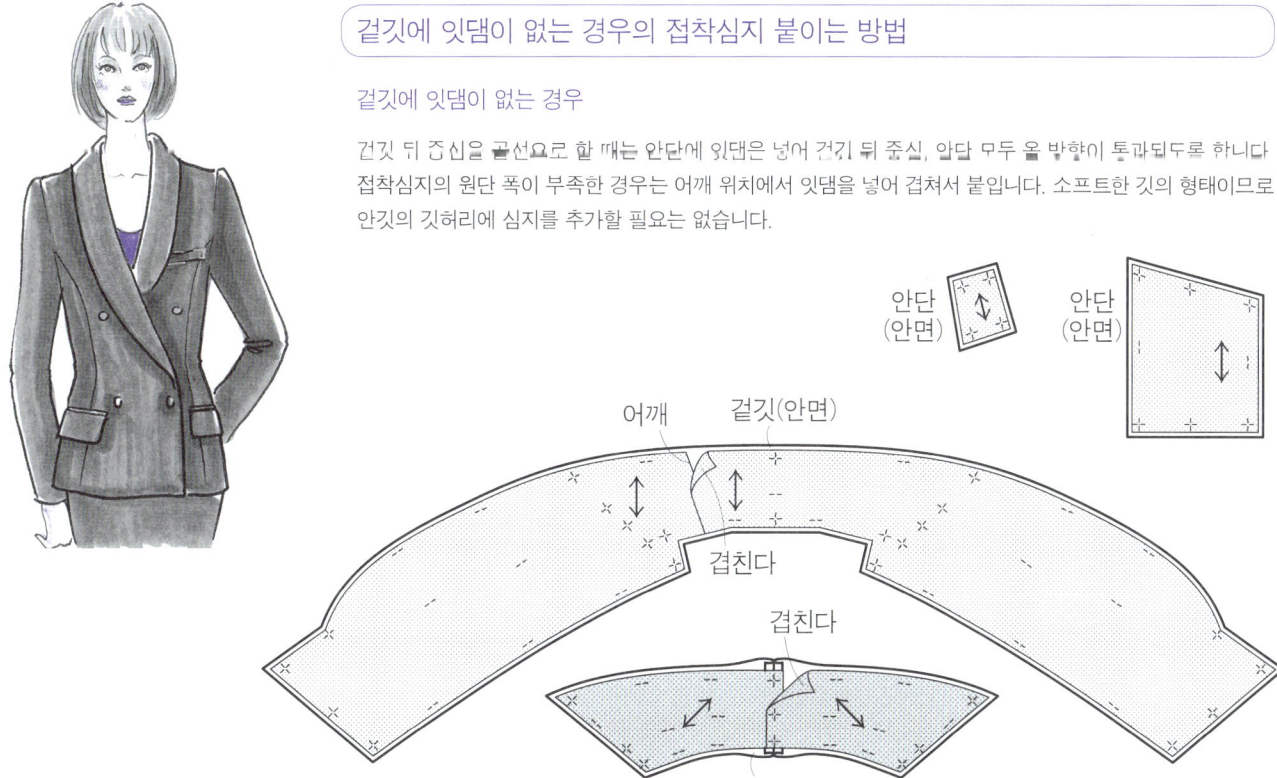

겉깃에 잇댐이 없는 경우의 접착심지 붙이는 방법

겉깃에 잇댐이 없는 경우

겉깃 뒤 중심을 골선으로 할 때는 안단에 잇댐은 넣어 겉깃 뒤 중심, 앞단 모두 올 방향이 통과되도록 합니다. 접착심지의 원단 폭이 부족한 경우는 어깨 위치에서 잇댐을 넣어 겹쳐서 붙입니다. 소프트한 깃의 형태이므로 안깃의 깃허리에 심지를 추가할 필요는 없습니다.

안단
(안면)

안단
(안면)

어깨 겉깃(안면)

겹친다

겹친다

안깃(안면)

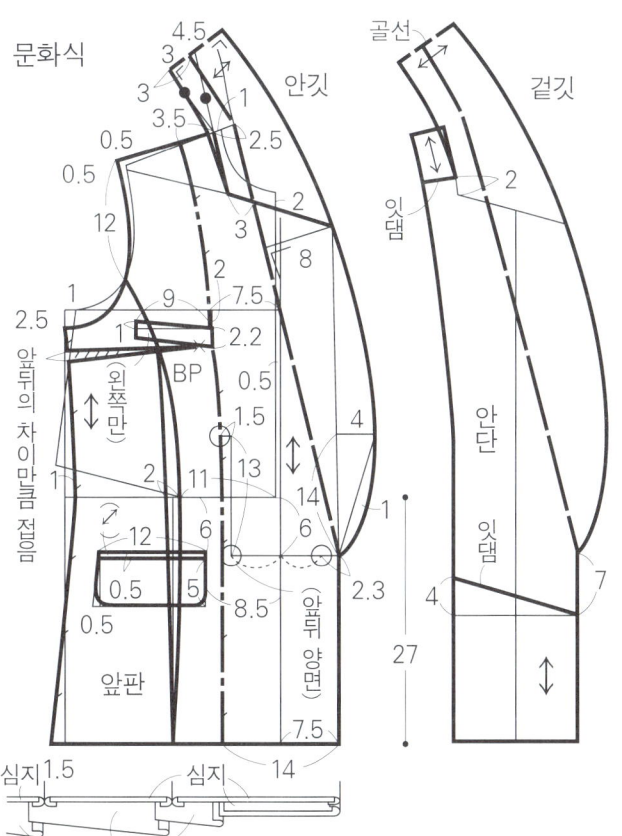

문화식

안깃

골선

겉깃

잇댐

안단

잇댐

27

심지 안감

접착심지, 접착테이프 부착 방법

라펠과 안깃에 잇댐이 있어서 라펠에서 앞단선, 앞 밑단에 붙이는 접착테이프는 안깃을 꿰매 붙인 후 붙입니다. 라펠과 안깃의 시접을 안정시켜 깃 모양을 아름답게 만들기 위해서입니다.

☐ = 얇은 접착심지
☐ = 두꺼운 접착심지
☐ = 접착테이프

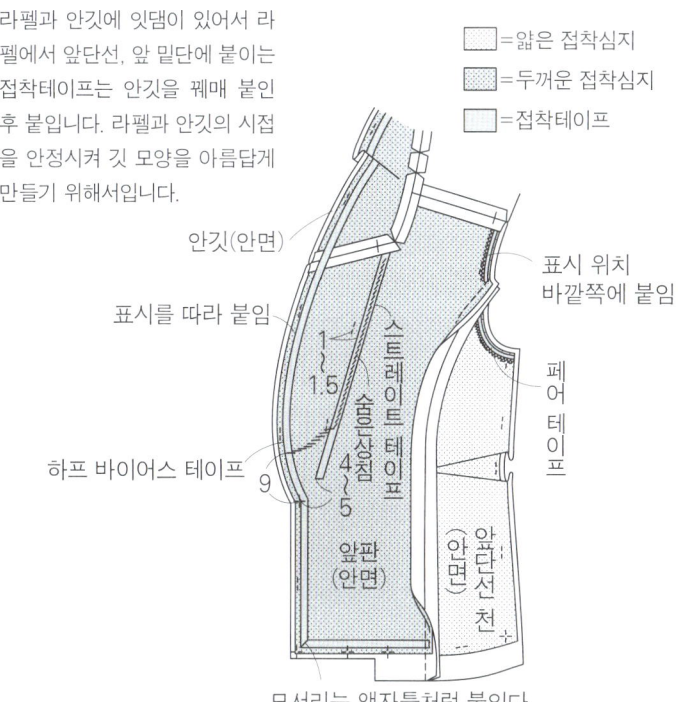

안깃(안면)

표시 위치
바깥쪽에 붙임

표시를 따라 붙임

페어
테이프

스트레이트 테이프

숨은상침

하프 바이어스 테이프

앞판
(안면)

앞단선
천

모서리는 액자틀처럼 붙인다

안감에 대하여

안감은 옷 안쪽에 대는 천을 말합니다. 안감을 붙이는 첫째 목적은 안쪽 시접을 가리기 위해서입니다. 기타 필요성은 다음과 같이 정리할 수 있습니다.

· 미끄러짐을 좋게 하여 입고 벗기를 편안하게 합니다.
· 미끄러짐이 좋으므로 움직이기 쉬워집니다.
· 옷의 실루엣을 유지하고 형태가 망가지는 것을 방지합니다.
· 겉감을 보호하고 땀이나 오염에서 지켜줍니다.
· 겨울철에는 보온효과를 높이고 여름철에는 산뜻한 착용감을 느끼게 해 줍니다.
· 속옷 등이 비치는 것을 방지하고 디자인적으로 효과를 높입니다.

안감

안감의 종류

소재

큐프라
면 씨앗에서 채취한 짧은 파일(Pile)을 사용한 재생섬유. 흡습성, 통기성이 좋고 정전기가 잘 일어나지 않는 특징이 있습니다. 실크와 비슷한 촉감과 광택이 있으며 일본에서는 '벰베르크'라는 상품명의 안감이 많이 사용되고 있습니다.

폴리에스터
석유를 주원료로 한 합성섬유입니다. 주름이 잘 안 생기고 마찰에 강해 튼튼합니다. 흡습성이 약하고 속건성은 있지만, 정전기가 일어나기 쉬운 결점이 있습니다. 기성복에 많이 사용됩니다.

레이온
목재에서 섬유를 채취해 만들어진 재생섬유입니다. 흡습성, 미끄러짐이 좋고, 정전기가 잘 일어나지 않지만, 주름이 생기기 쉬운 결점이 있습니다.

실크
광택과 촉감이 있어 최고급 여성복의 안감으로 흔히 이용됩니다. 흡습성이 좋고 산뜻한 피부 촉감이 특징입니다. 오트쿠튀르(haute-couture)에 사용됩니다. 그 밖에 아세테이트, 나일론 등이 있습니다.

직조방법

평직(태피터, 하부타에, 크렙데신 등)
미끄러짐이 좋고 기장 많이 시용되는 티입입니다.

능직(트윌 등)
팽팽하게 탄력이 있고 두꺼운 것이 많으므로 재킷이나 코트에 적합합니다.

수자직(새틴)
미끄러짐이 좋고 두꺼운 소재로 광택과 드레이프성이 있으므로 코트나 모피, 언더드레스에 사용됩니다.
편직(트리코) 신축성이 있으므로 니트 소재의 옷에 사용됩니다.

홈 소잉 시 구하기 쉬운 안감 중 하나로 벰베르크 안감이 있습니다. 코튼에서 만들어진 벰베르크 안감은 실 한 가닥 한 가닥 안에 많은 수분을 흡수하는 것이 가능하여 정전기도 잘 안 생기고 착용감이 좋은 것이 특징입니다. 일반적인 네 가지를 소개합니다.

벤윌드
중간 두께로 사계절 고루 적합한 안감. 폭넓은 소재, 아이템에 적합합니다.

벤이리아
중간 두께로 사계절 고루 어울리는 안감. 프랑스 실크로 드레이프성이 뛰어나고 바느질하기 쉬운 안감입니다. 중간 두께 이상인 겉감의 재킷이나 코트 등에 적합합니다.

벤후루후루
중간 두께로 알맞게 탄력이 있는 산동견(山東絹)의 세련된 안감. 중간 두께 이상의 겉감으로 만들어진 재킷이나 코트 등에 적합합니다.

벤파드너(트리코)
스트레치성이 있는 편직 안감. 신축성이 있어 겉감과 안감으로 사용합니다.

안감 고르는 방법

겉감 소재와 색깔에 맞춰 고릅니다.

먼저 겉감이 두꺼운 경우는 안감도 수자직이나 능직의 튼튼하고 두꺼운 것을 고릅니다. 직조가 같아도 소재가 다르면 특성이 달라지므로 주의하여 고르세요. 안감을 고를 때 겉감을 지참하는 것은 철칙입니다. 지참한 겉감을 안감 위에 올려놓고 만져 봅니다. 위화감이 없고 겉감과 안감이 조화로운지를 확인합니다. 또한, 두 상을 함께 사선으로 낭겨보거나 쉽어 보거나 하여 똑같이 움직인다면 괜찮습니다.

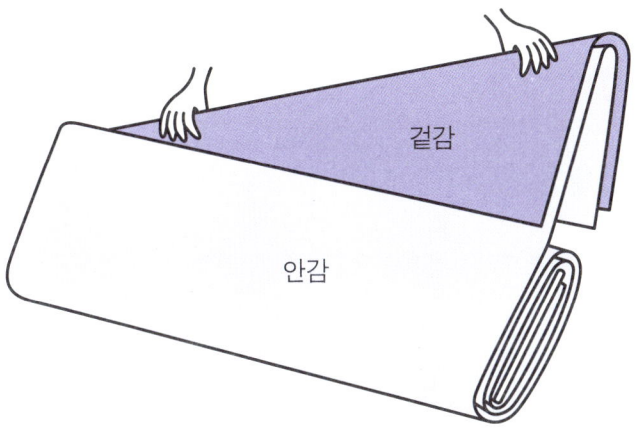

겉감 색깔에 따라 고르는 방법

겉감이 비치지 않는 원단일 때는 기본적으로는 어떤 색을 골라도 상관없지만, 약간 비치는 원단이거나 여러 가지 색을 사용한 원단일 때는 다음을 참고하여 고르세요.

무지인 경우

겉감과 같은 색깔의 것을 고릅니다. 딱 어울리는 색이 없는 경우는 같은 계열의 색으로 약간 옅은 색을 고릅니다. 완전히 비치지 않는 원단인 경우는 상관 없습니다.

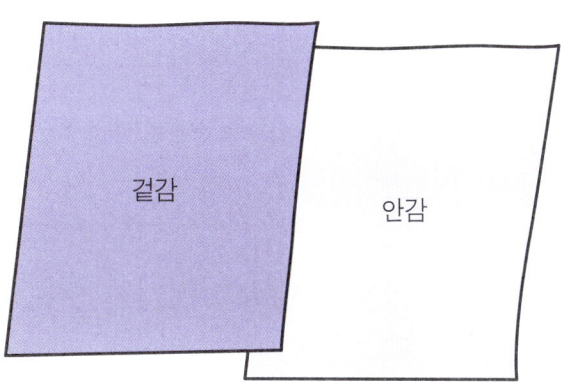

여러 가지 색을 사용한 원단의 경우(프린트, 체크 등)

겉감 중에서 가장 분량이 많은 색깔과 같은 색의 안감을 고릅니다. 색깔 분량에 차이가 없을 때는 여름용은 옅은 색, 겨울용은 짙은 색을 한 가지 골라서 그 색에 맞춰 고릅니다.

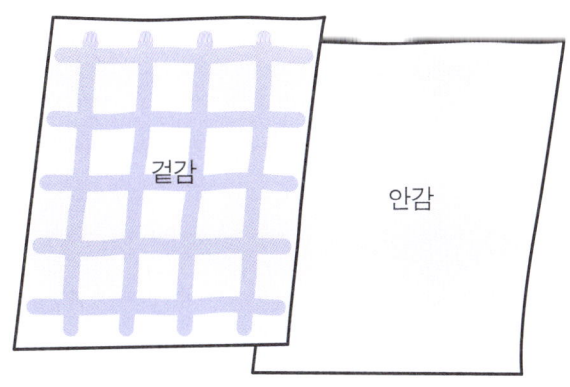

비치는 원단인 경우

안감의 색에 따라 겉감의 색이 달라집니다. 반드시 겉감과 안감을 겹쳐서 몸에 걸쳐 보고 색감이 얼굴색에 맞는지 어떤지를 보고 고릅니다.

흰색 또는 광목색인 경우

겉감이 흰색일 때는 안감도 흰색 계열의 안감을 고르게 되는데, 투명감이 있는 겉감인 경우에는 약간 피부색이 도는 베이지나 아이보리를 고르는 편이 겉감을 예쁘게 보이게 합니다. 2매 겹쳐서 팔에 감아 보고 팔의 윤곽을 희미하게 알 수 있는 것을 고릅니다. 비치지 않는 경우는 흰색 안감이 좋겠지요.

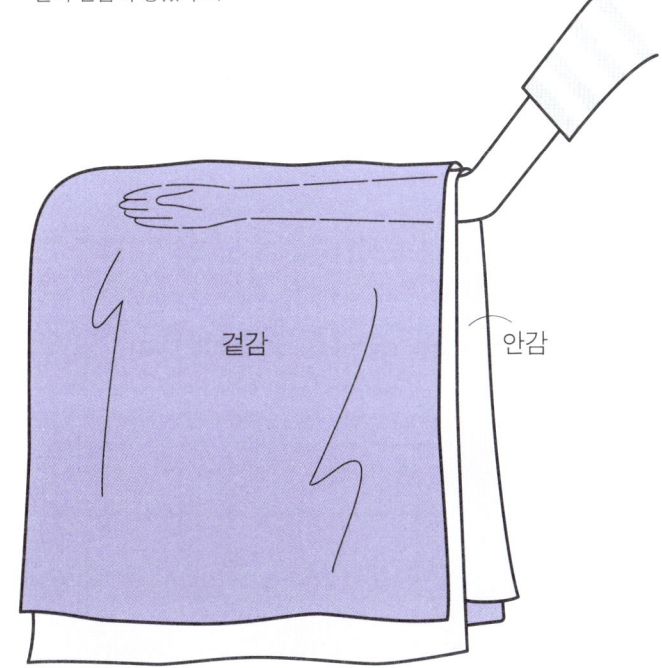

축임질

올 방향을 따라 안면에서 드라이 다림질을 합니다. 다리미 온도는 소재에 따라 달라지지만, 120~140℃의 저~중온으로 합니다. 식서가 쭈글쭈글우는 경우는 식서에 가위집을 넣습니다. 나일론 소재의 경우는 열에 녹거나 줄어드는 일이 있으므로 원단 가장자리에 시험 삼아 다림질을 해보고 문제가 없으면 전체적으로 다림질합니다.

안감은 겉면끼리 맞대어 접습니다. 원단에 형지를 올려놓고 시침핀으로 고정합니다. 시침핀은 겉감을 재단할 때보다 많이 꽂아주세요. 안감이 미끄러져 재단이 쉽지 않은 경우 작업대를 면 원단(시트지)으로 덮어 놓으면 잘 안 미끄러집니다. 로터리 커터를 사용하면 원단이 뜨지 않아서 편리하지요. 표시를 할 때는 봉제용 주걱, 초크, 초크 페이퍼 등을 사용합니다. 원단이 얇아서 힘을 너무 가하면 찢어질 수 있으므로 주의하세요. 룰렛은 소프트 룰렛을 사용합니다.

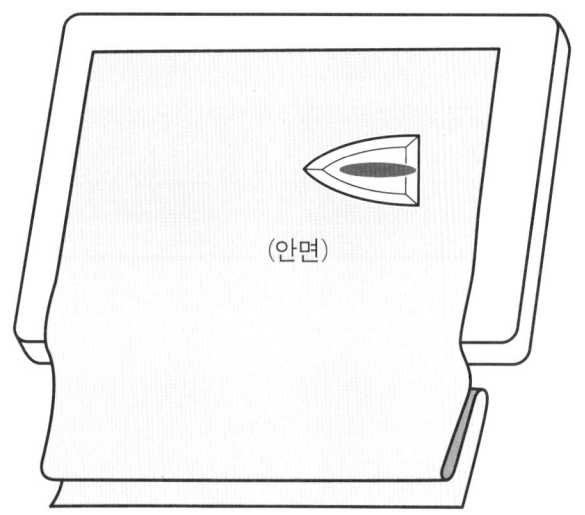

(안면)

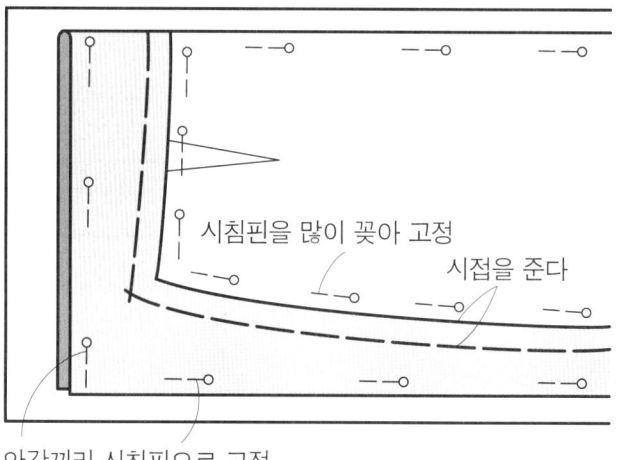

시침핀을 많이 꽂아 고정

시접을 준다

안감끼리 시침핀으로 고정

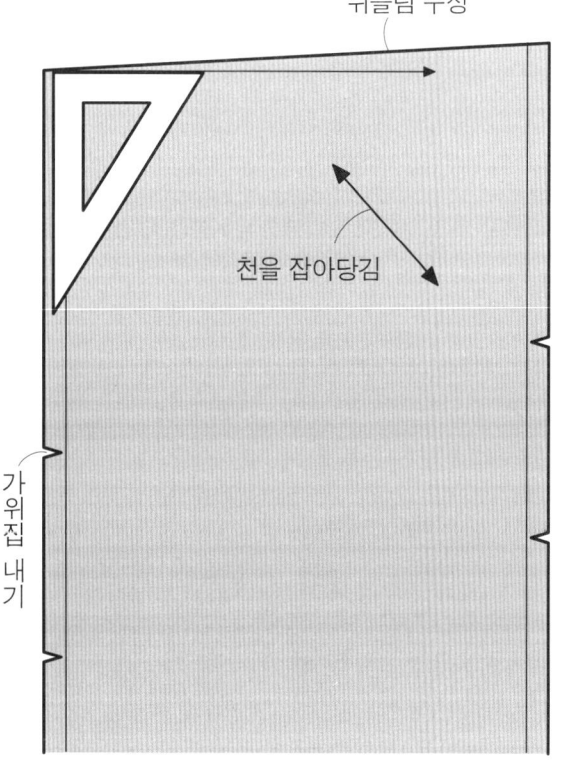

뒤틀림 수정

천을 잡아당김

가위집 내기

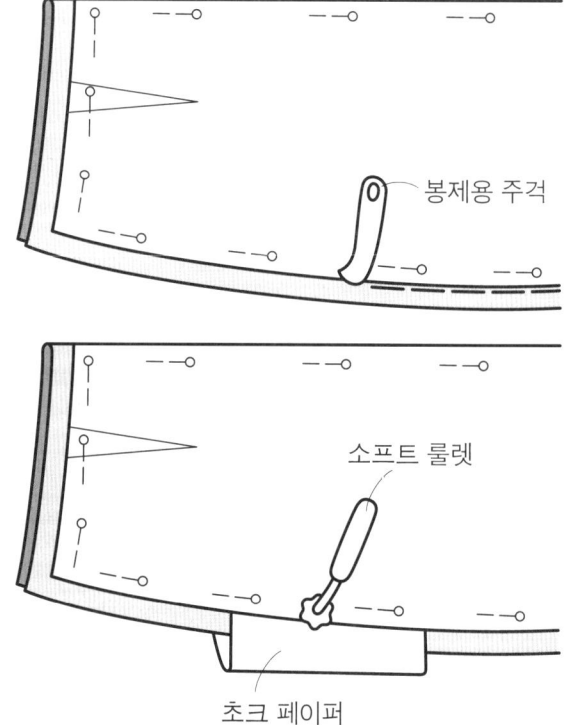

봉제용 주걱

소프트 룰렛

초크 페이퍼

바느질 방법

안감을 박을 때는 가는 바늘과 가는 실을 사용합니다. 재봉틀용 바늘은 9호와 11호, 재봉틀용 실은 60수 2합이나 45수 2합사를 사용합니다. 시침핀을 촘촘하게 꽂아 원단 밑에 패턴 종이를 깔고 패턴 종이와 함께 재봉틀로 박습니다. 재봉틀은 가능하면 같은 방향으로 박도록 합니다. 패턴 종이를 깔고 박으면 바느질 솔기가 우는 것을 방지하고, 원단의 움직임이 최소화되어 바느질이 쉽고, 바느질 솔기도 깔끔하게 마무리됩니다. 바느질이 끝나면 패턴 종이를 봉제선에서 뜯어내고 분리합니다.

지그재그박기를 할 때는 침판 구멍이 가로로 크므로 바늘이 내려오는 위치를 한가운데가 아니라 약간 오른쪽이 되도록 조절합니다.

다림질 방법

봉제선을 드라이 다리미로 다려 봉제선이 안정되도록 합니다. 또한, 안감의 경우는 시접을 다리미로 가르지 않고 한 방향으로 먹여 다립니다. 안감은 겉감보다 신축성이 없으므로 '봉제선이 겉에서 보이지 않도록 봉제 시접보다 폭을 넓게 접어 다림' 작업을 하여 늘어난 만큼을 보충합니다. 만일 이 작업을 하지 않고 겉감에 안감을 붙이면 완성되었을 때 쭈글쭈글 우는 원인이 됩니다.

지그재그 박음질을 할 때 바늘이 내려오는 위치

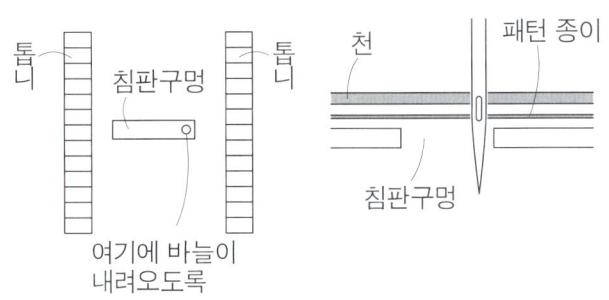

톱니
침판구멍
톱니
천
패턴 종이
침판구멍
여기에 바늘이
내려오도록

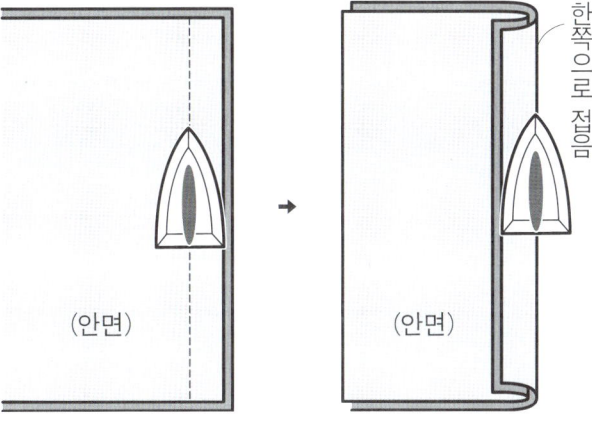

한쪽으로 접음

(안면)　→　(안면)

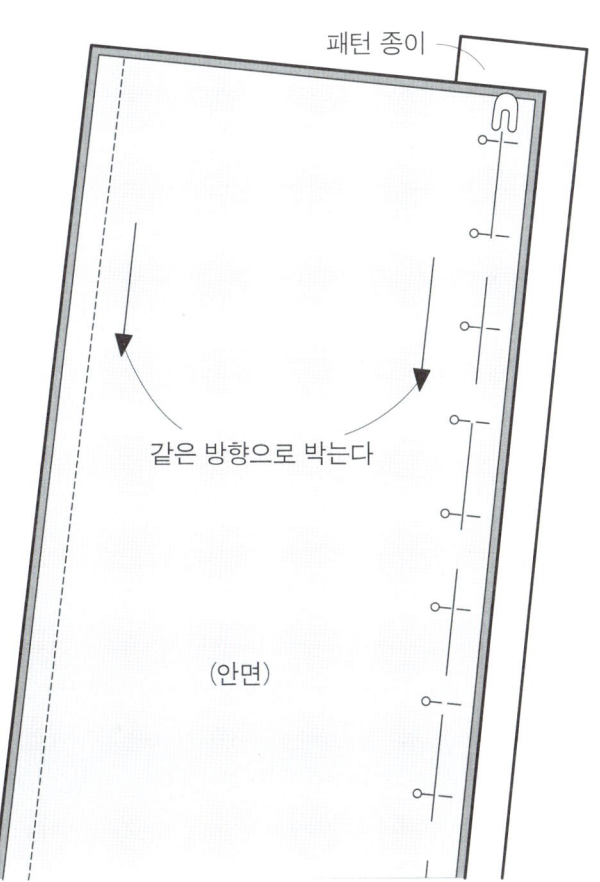

패턴 종이

같은 방향으로 박는다

(안면)

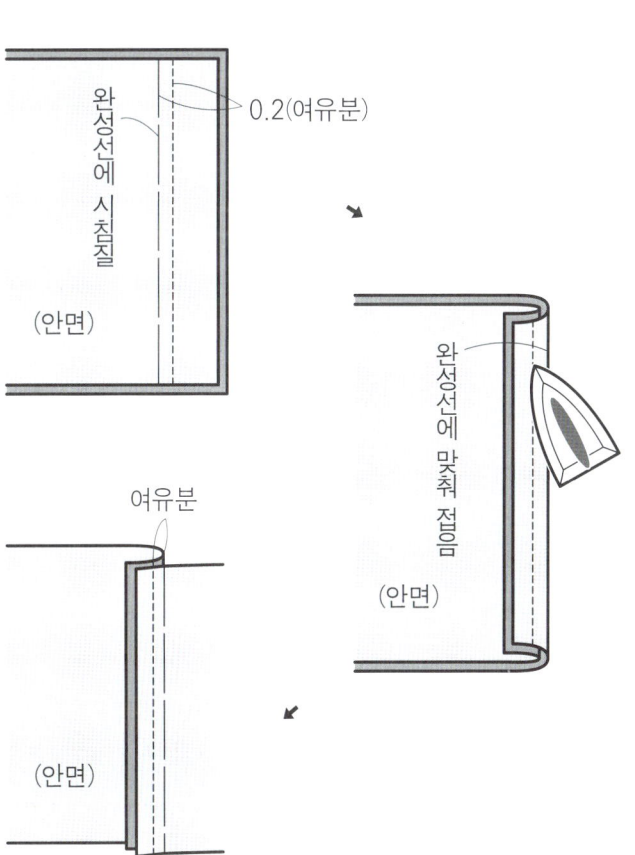

완성선에 시침질

0.2(여유분)

(안면)

여유분

(안면)

완성선에 맞춰 접음

(안면)

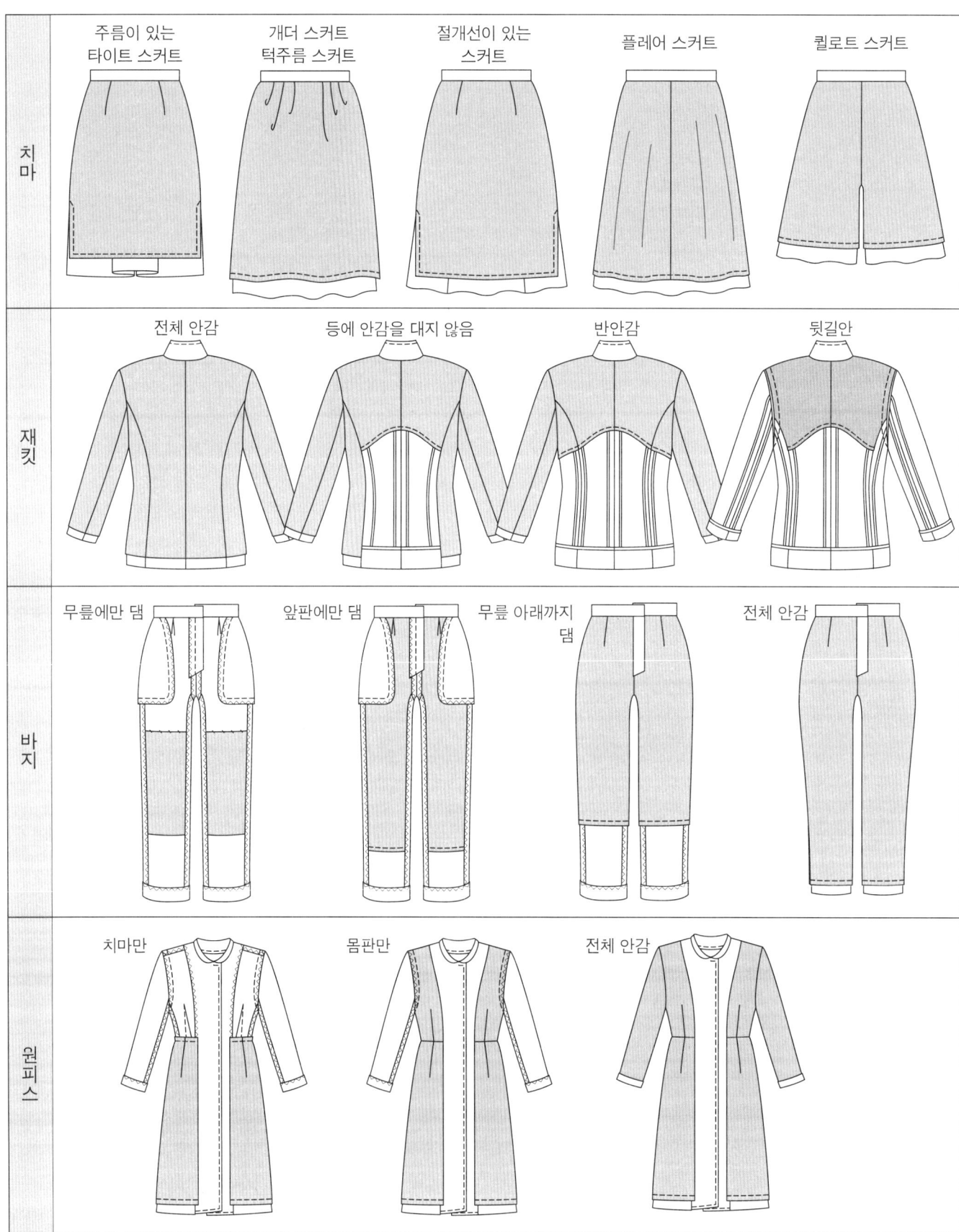

치마
- 주름이 있는 타이트 스커트
- 개더 스커트 턱주름 스커트
- 절개선이 있는 스커트
- 플레어 스커트
- 퀼로트 스커트

재킷
- 전체 안감
- 등에 안감을 대지 않음
- 반안감
- 뒷길안

바지
- 무릎에만 댐
- 앞판에만 댐
- 무릎 아래까지 댐
- 전체 안감

원피스
- 치마만
- 몸판만
- 전체 안감

치마

주름이 있는 타이트 스커트

겉감의 옷본을 사용해 안감 형지를 만듭니다. 걸을 때의 운동량이 필요하므로 뒤 중심선이나 양 옆솔기선에 슬릿를 넣습니다. 실이는 움직였을 때 겉에서 보이지 않도록 겉감보다 3cm 정도 짧게 합니다. 총 플리츠 스커트는 플리츠 분량을 넣지 않고 보통의 타이트 스커트와 마찬가지로 안감을 댑니다.

 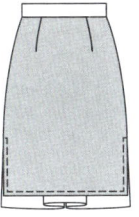

개더 스커트, 타이트 스커트

개더 분량이나 턱 분량이 많이 들어간 경우는 개더 분량이나 턱 분량을 줄여 워다의 폭에서 안감은 재단할 수 있도록 안감 옷본을 다시 그립니다.

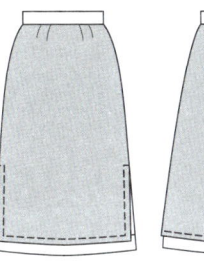 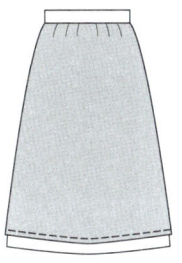

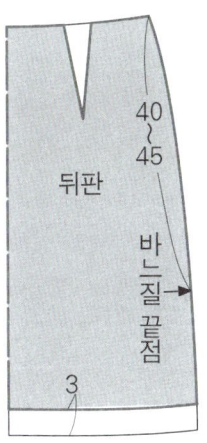

뒤판
40~45
바느질 끝점
3

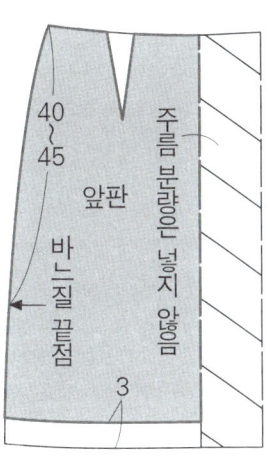

40~45
앞판
주름 분량0은 넣지 않음
바느질 끝점
3

A 타입

적당한 턱 분량이나 여유분을 더하여 세미 타이트 스커트의 제도를 그립니다. 걷기 편하도록 양 옆선에 슬릿을 넣습니다.

B 타입

밑단 폭을 안감의 원단너비에 들어가는 치수로 하여 허리선까지 옆솔기선을 평행하게 자릅니다. 허리치수를 재어 나머지를 턱 분량이나 개더 분량으로 삼습니다. 안감의 턱은 겉감과 반대쪽으로 접어주세요.

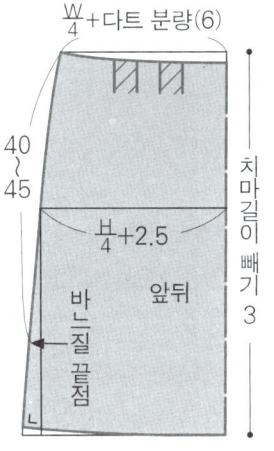

$\frac{W}{4}$+다트 분량(6)
40~45
$\frac{H}{4}$+2.5
앞뒤
바느질 끝점
치마길이 빼기 3

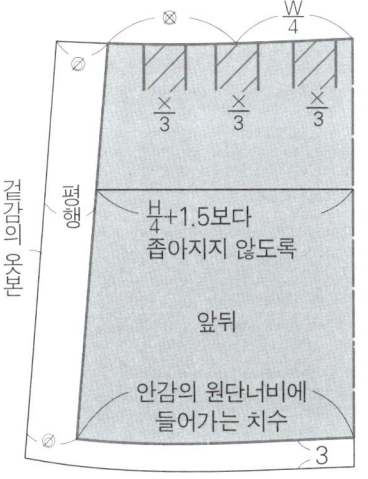

$\frac{W}{4}$
$\frac{×}{3}$ $\frac{×}{3}$ $\frac{×}{3}$
평행
$\frac{H}{4}$+1.5보다 좁아지지 않도록
앞뒤
겉감의 옷본
안감의 원단너비에 들어가는 치수
3

절개선이 있는 치마

겉감의 옷본을 사용해 이음선, 교차분량을 넣지 않고 다트로 해서 재단합니다. 움직임이 편하도록 양 옆선에 슬릿을 넣습니다.

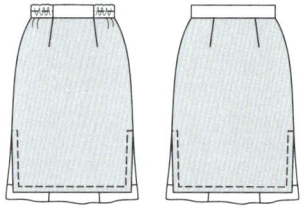

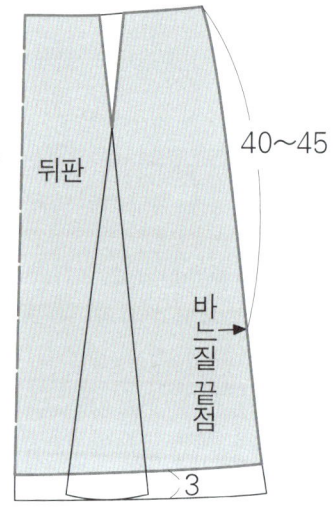

40~45

뒤판

바느질 끝점

3

퀼로트 스커트

밑단 폭이 안감 원단너비에 들어가는 경우는 길이만 짧게 합니다. 밑단이 넓은 디자인인 경우는 안감의 옷본을 옆선과 밑아래에서 플레어 분량을 줄여 안감의 원단폭에 들어가는 치수로 수정합니다.

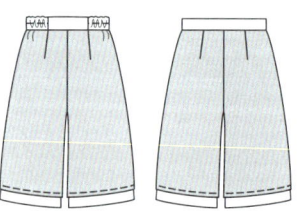

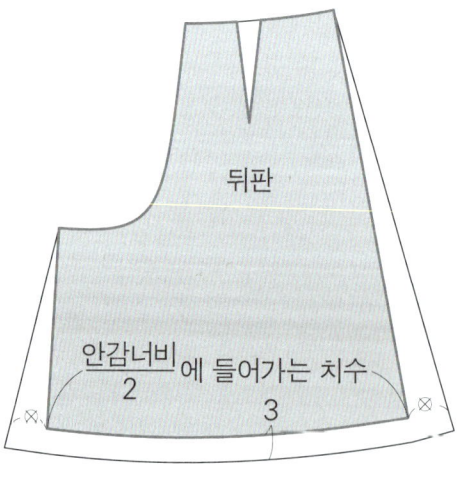

뒤판

$\dfrac{안감너비}{2}$에 들어가는 치수

3

플레어 스커트

엉덩이 부분에서 필요 치수(엉덩이 치수
+여유분 전체에서 8~12cm)를 재어
나머지 플레어 분량을 모두 줄여 안감
옷본을 만듭니다.

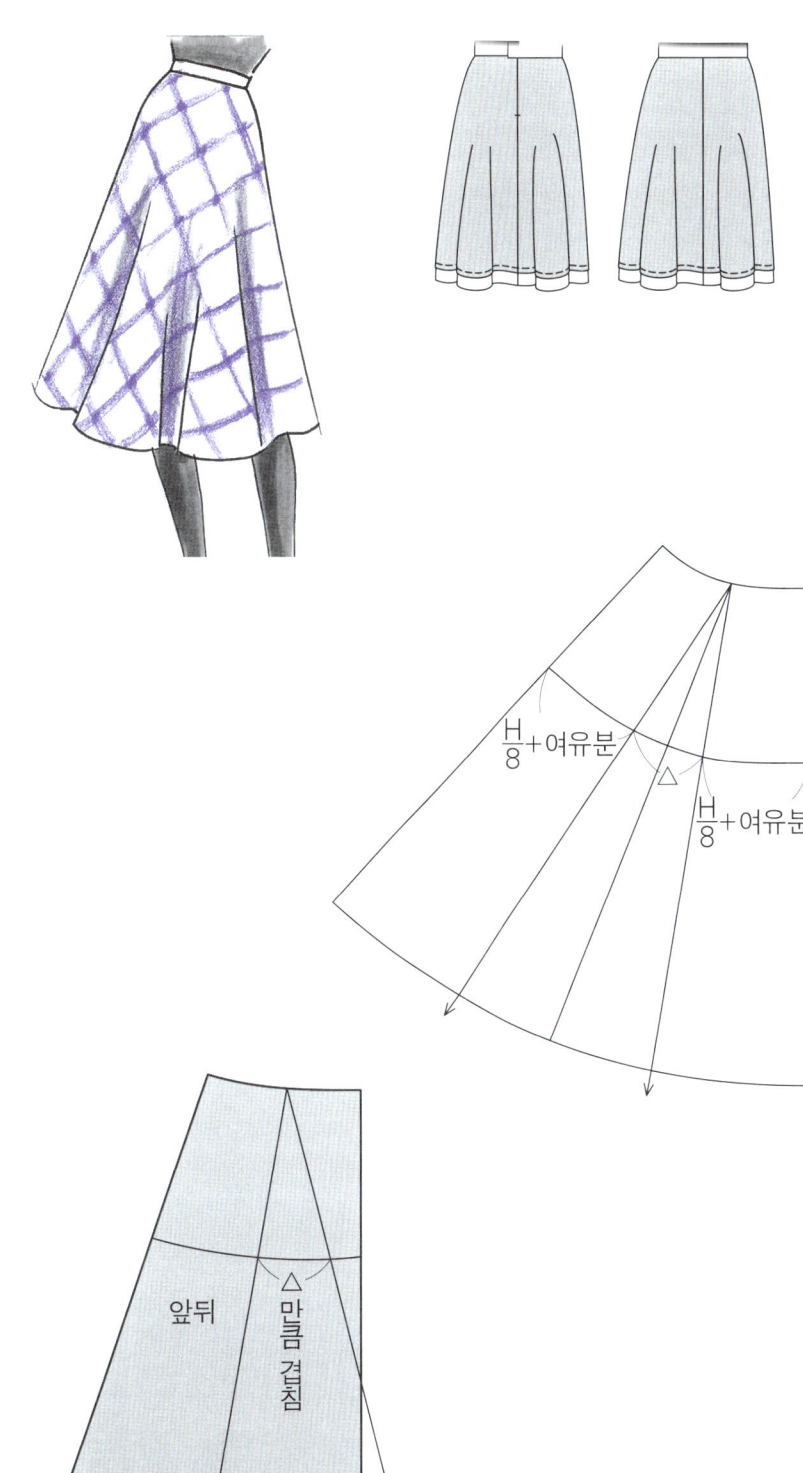

40~45

앞판

바느질 끝점

3

$\dfrac{H}{8}$+여유분

$\dfrac{H}{8}$+여유분

앞판

$\dfrac{\text{안감너비}}{2}$에 들어가는 치수

3

앞뒤

△ 마큼 겹침

3

바지

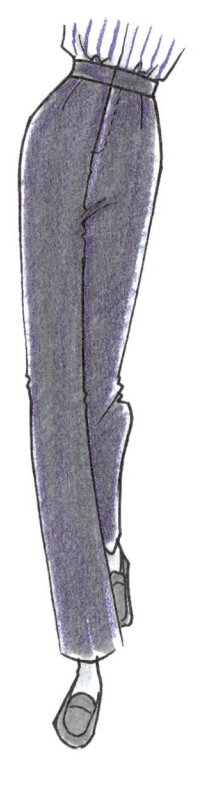

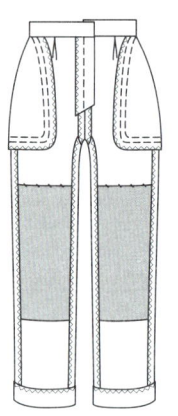

무릎만

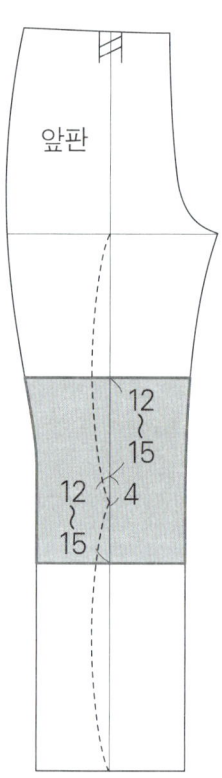

앞판

12
~
15

12
~
15

4

바지 앞판의 무릎 부분에만 안감을 댑니다. 두꺼운 소재나 튼튼하게 직조된 원단의 경우에 이 방법을 사용합니다.

바지 앞판에만

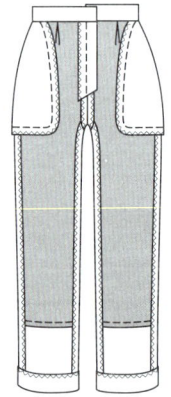

바지 앞판에만 안감을 댑니다. 걸을 때 미끄러짐이 좋고 통기성이 좋으므로 여름옷에 적합합니다. 뒤판을 박을 때 겉감과 함께 박습니다.

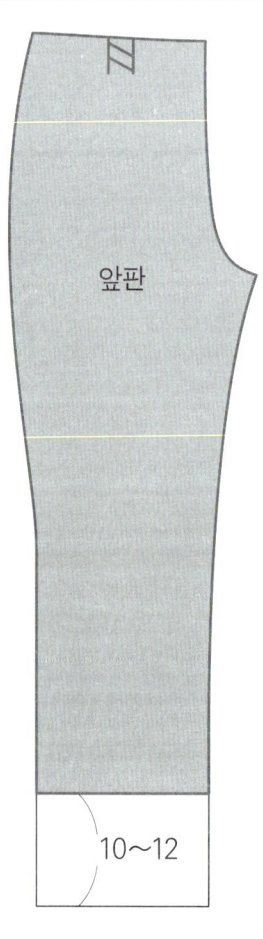

앞판

10~12

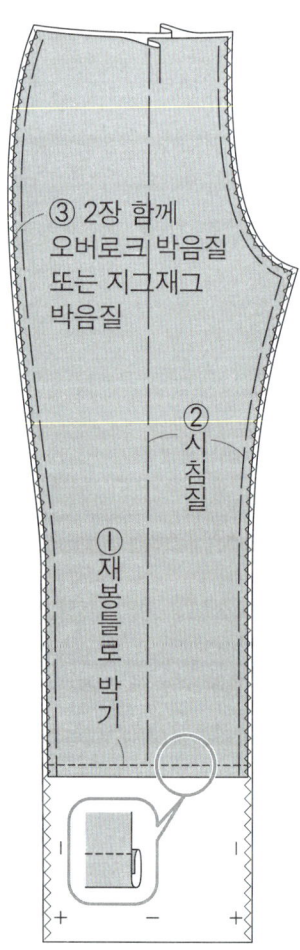

③ 2장 함께 오버로크 박음질 또는 지그재그 박음질

② 시침질

① 재봉틀로 박기

184

무릎 아래까지

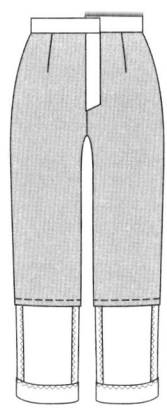

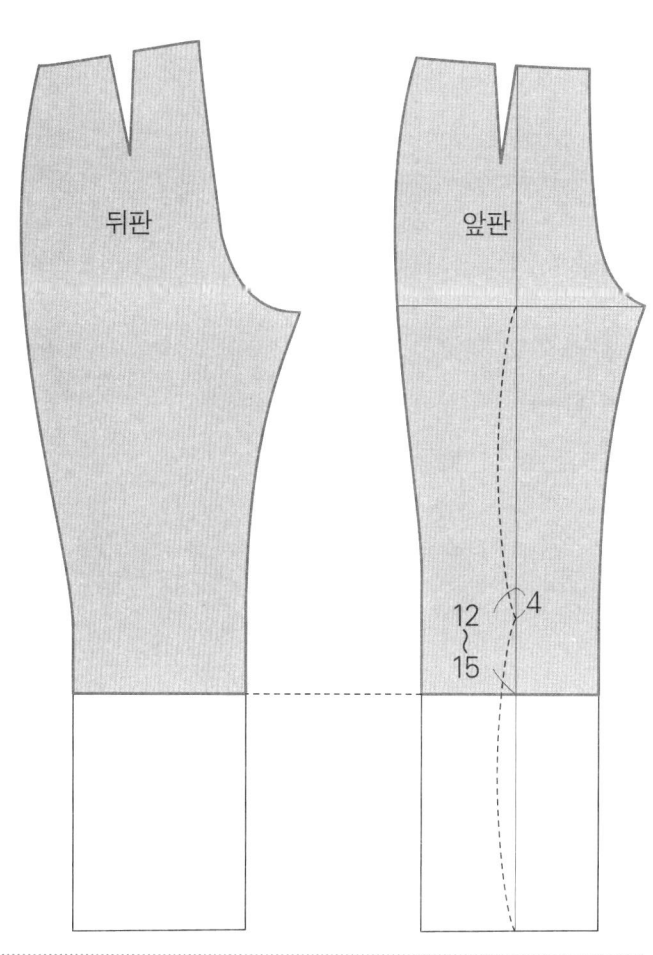

12
~
15

4

무릎 살짝 아래까지 안감을 대는 방법입니다. 두꺼운 소재나 비치지 않는
원단의 경우에 사용합니다.

전체 안감

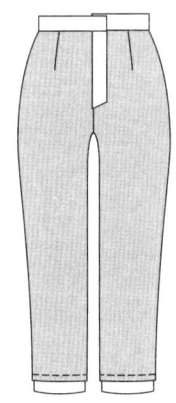

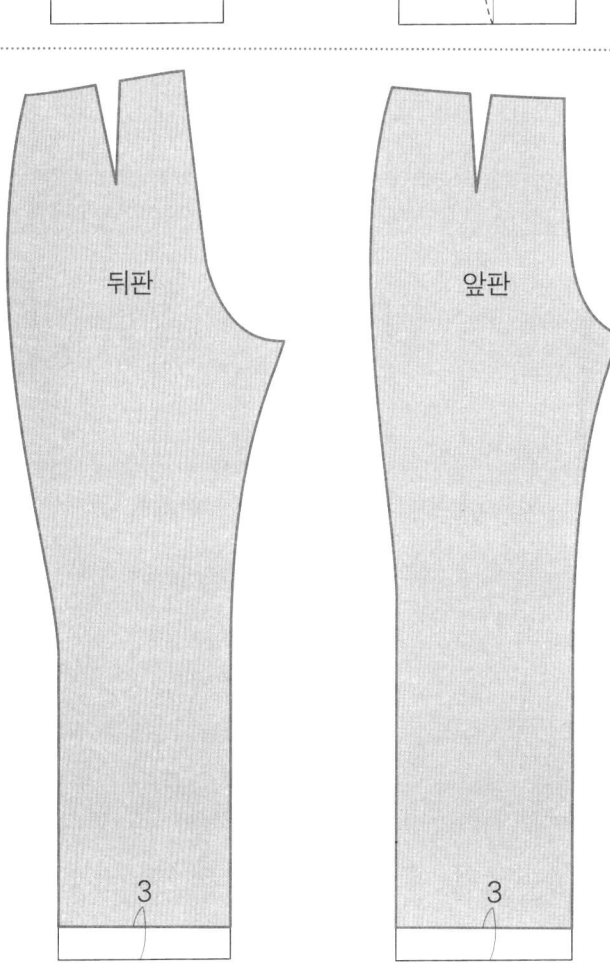

3

3

바지 겉감보다 길이만 짧게 해서 만듭니다. 보온성도 높고 착용감도 좋으
므로 가장 많이 사용되는 방법입니다.

반안감

앞뒤 몸판 모두 안감 길이를 짧게 해서 댑니다. 여름옷에 적합한 방법입니다. 겉감의 시접 처리는 안감을 대지 않을 때와 같은 방법을 사용합니다.
(오버록 또는 바이어스 처리)

뒷길안

뒤 몸판의 등 부분에만 안감을 댑니다. 통기성이 우수하므로 여름용에 적합합니다.

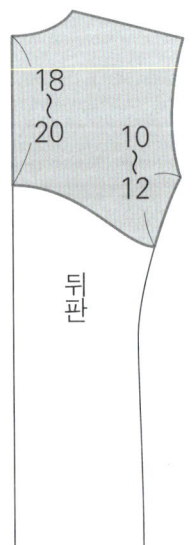

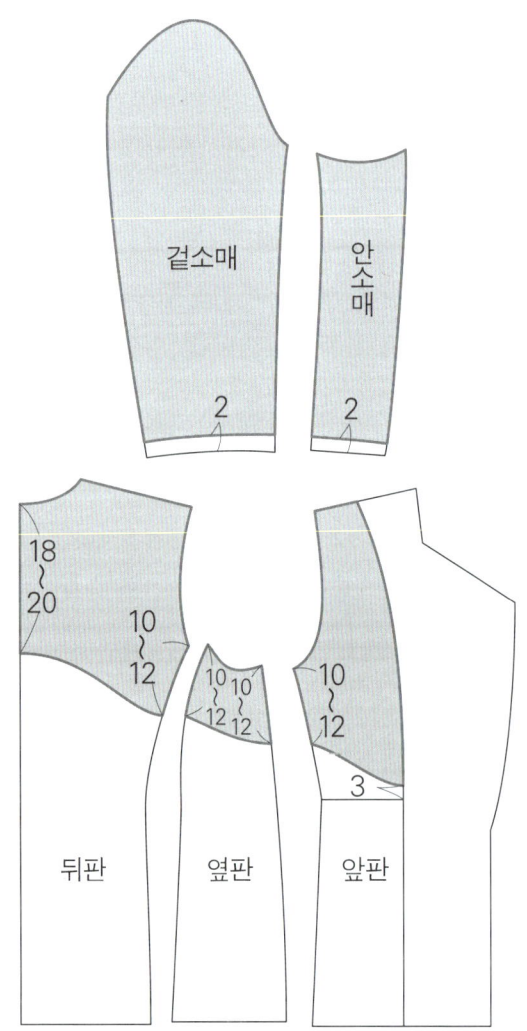

등에 안감을 대지 않음

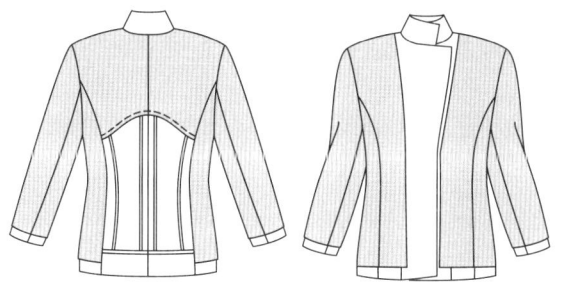

뒤 몸판의 안감 길이를 짧게 해서 댑니다. 봄 여름 옷에서 많이 볼 수 있는 방법입니다.

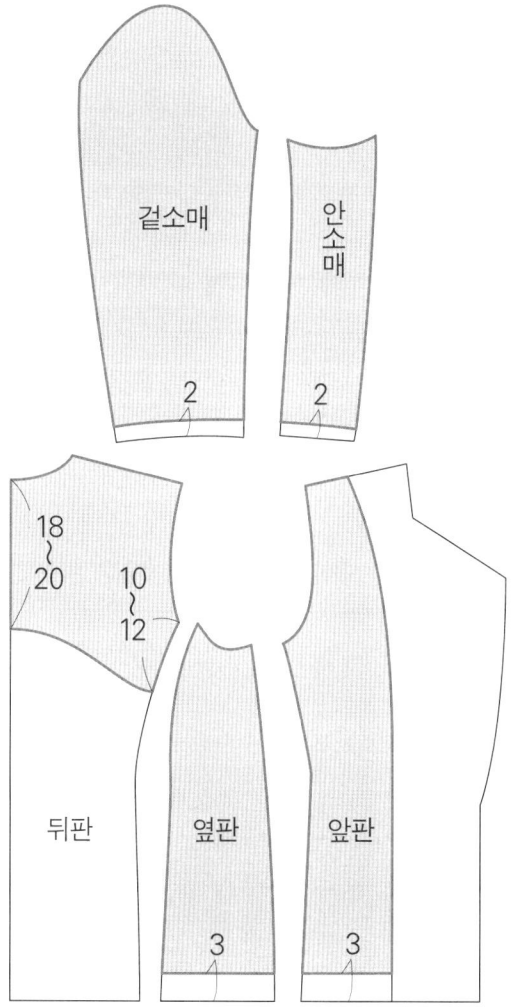

전체 안감

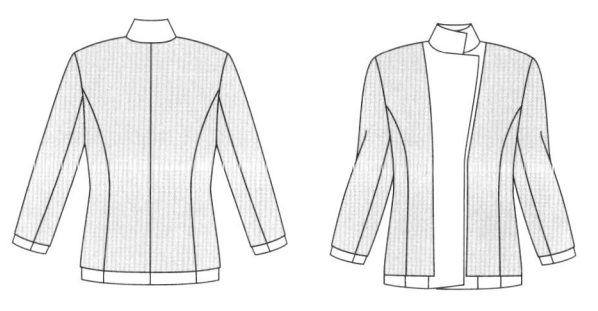

가을 겨울옷, 비치는 소재인 경우에 사용하는 방법입니다. 착용감도 좋고 보온성도 우수합니다.

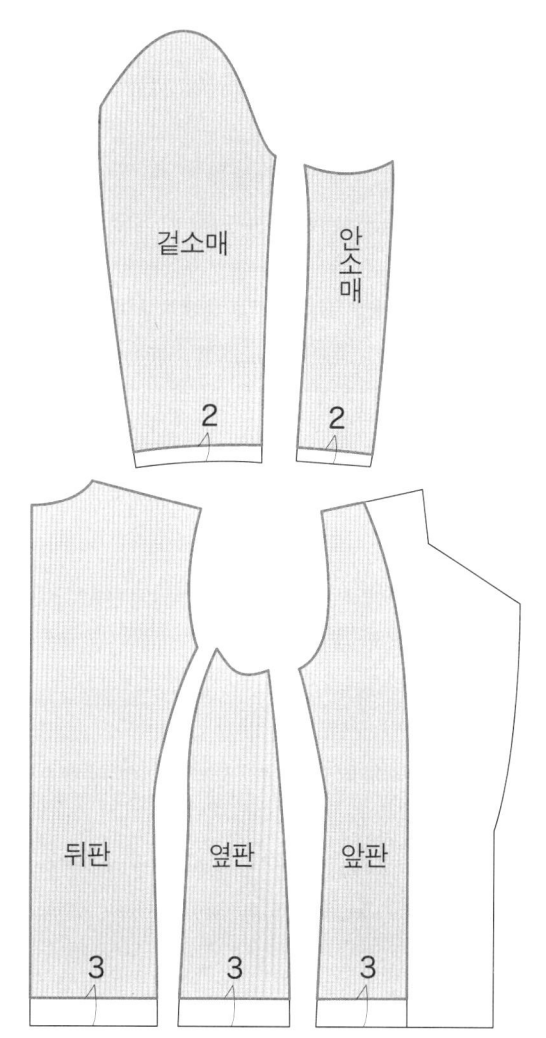

전체 안감

보온성이 우수하고 착용감도 좋으며 형태가 망가지는 것도 방지합니다. 가을 겨울옷에서 많이 볼 수 있습니다. 타이트한 소매인 경우에도 착용감을 좋게 하려고 사용합니다.

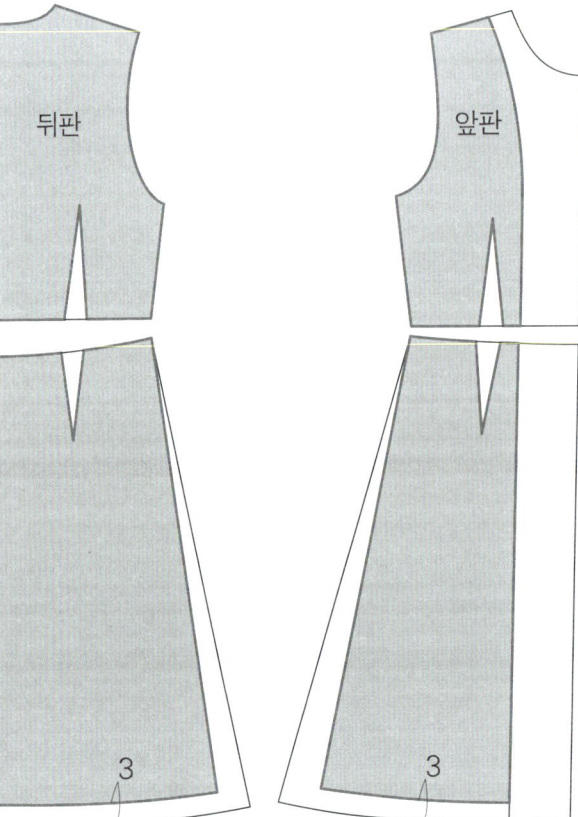

뒤판

앞판

3

3

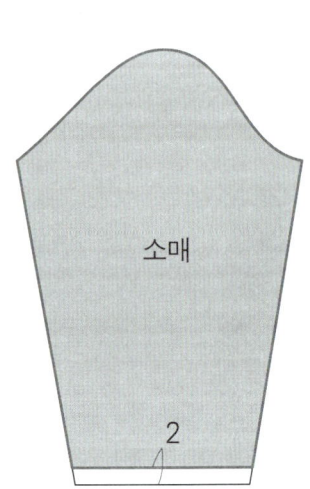

소매

2

몸판에만

소매만 안감을 대지 않고 마무리합니다. 소매를 가볍게 완성하고자 할 때, 비치는 소재일 때 소매만 비치게 하여 디자인 효과를 노리는 경우에 사용합니다.

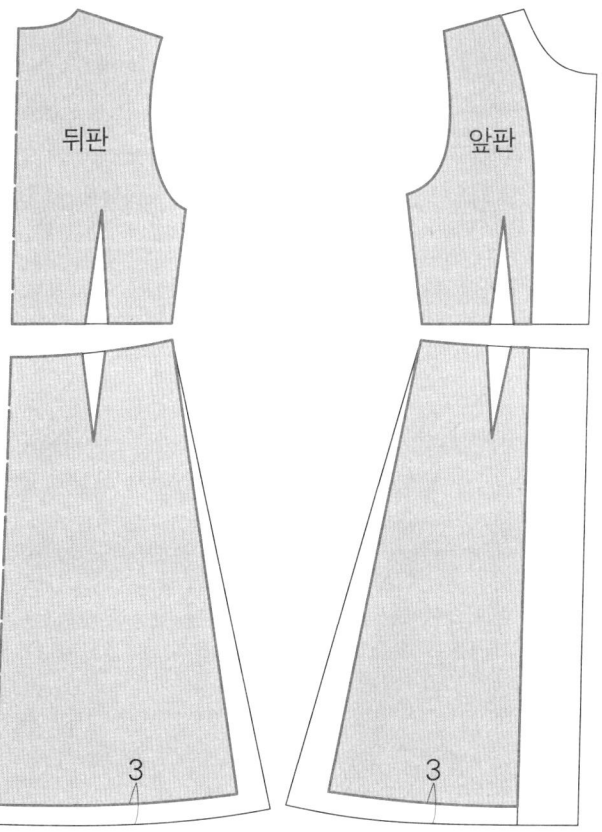

뒤판

앞판

3

3

치마에만

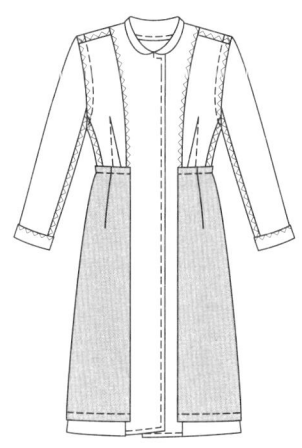

허리둘레선에 이음선이 있는 경우에 치마 부분에만 안감을 댑니다. 여름 옷이나 가볍게 완성하고자 할 때 사용하는 방법입니다. 치마 부분의 미끄러짐이 좋아지므로 안감을 대지 않았을 때보다 움직임이 편안해집니다.

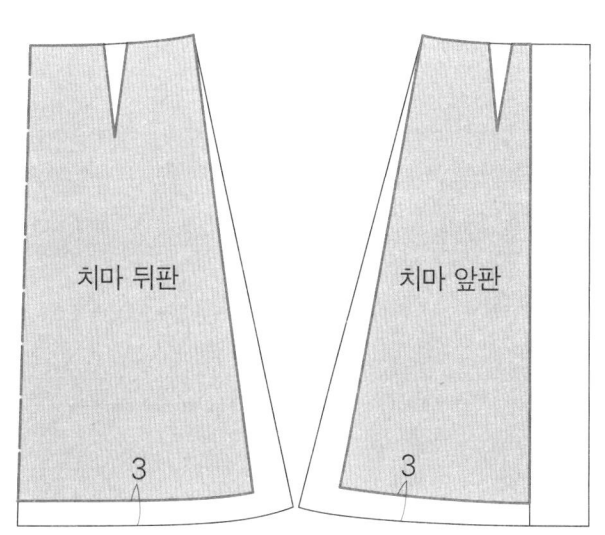

치마 뒤판

치마 앞판

3

3

다림질 방법

다림질의 기초

다림질에는 '기초 다림질'과 '마무리 다림질' 두 가지가 있습니다.

기초 다림질

옷 만들기의 완성을 좌우하는 매우 중요한 작업입니다. 재봉틀로 박을 때는 다리미를 옆에 두고 바느질을 마칠 때마다 다림질해서 솔기를 차분하게 안정시켜 다음 과정으로 진행하면 완성도가 훨씬 높아집니다.

마무리 다림질

옷이 완성된 후 주름을 펴주거나 실루엣을 잡아주기 위해 다림질합니다.

주의할 점

다림질 전에 시침핀이나 시침실은 제거합니다. 시침핀으로 원단이나 다리미가 손상되지 않도록 주의하고, 시침실로 인해 원단에 실 자국이 남지 않도록 주의하면서 제거해주세요. 아무래도 시침이 필요한 경우는 견사를 사용합니다.

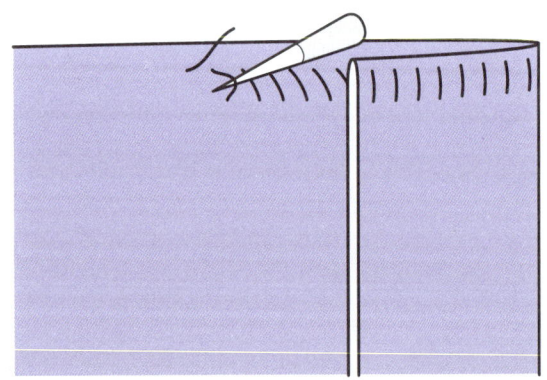

다림질에 필요한 도구

다리미

스팀 기능이 있는 다리미가 편리합니다. 무선 다리미보다 유선 다리미의 온도가 일정해서 사용하기 편리합니다.

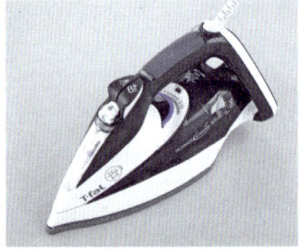

다리미 매트

습기를 흡수하기 쉬운 펠트 매트로 너무 부드럽지 않고 단단한 것을 고르세요.

분무기

물방울이 작고 균일하게 나와서 물방울이 떨어지지 않는 것을 고르세요.

있으면 편리한 도구

프레스 볼(마무리 다리미판)

다트나 허리 부분의 곡선을 입체적으로 마무리하는 데 사용합니다.

소매용 다리미판

소매 형태의 프레스 볼로 소매를 만들 때 사용합니다.

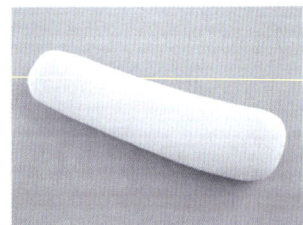

다림질 전의 체크 포인트

1 원단에 맞는 온도인지 확인한다.
2 다림질할 부분을 평평하게 한다.
3 다림질은 항상 안쪽 면에서 한다.
4 면과 마 소재 이외의 원단에는 다림질용 덧댐 천을 사용한다.

직선 솔기를 다리는 경우

① 바느질한 솔기 위를 원단을 살짝 잡아당기면서 다림질합니다. 솔기가 쭈글쭈글 우는 현상이 없어지고 실이 원단에 잘 스며듭니다. 그리고 다림질할 때는 천을 덮어줍니다.

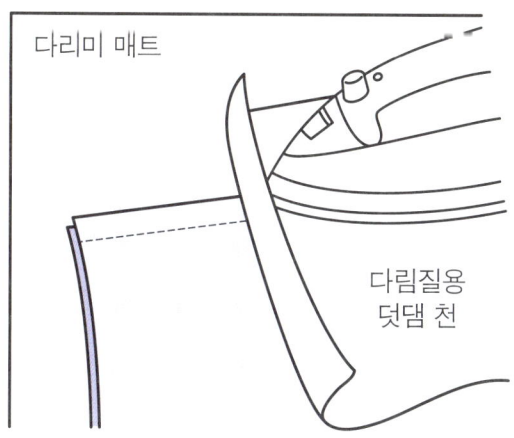

② 솔기 부분을 다리미판 중심에 놓고 손으로 시접을 편 후 다리미 끝을 이용해 눌러줍니다.

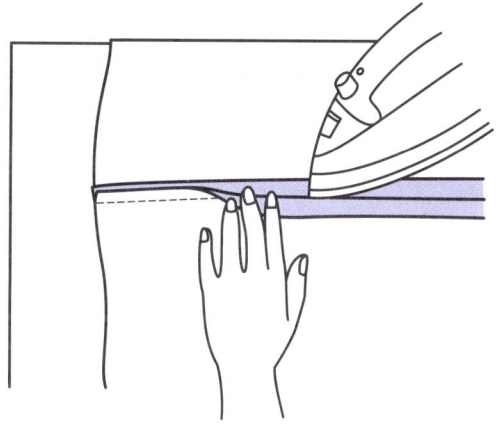

③ 시접 위에 천을 덮고 다시 다림질합니다. 다리미의 온도, 증기(스팀) 분량은 원단 소재에 맞춰주세요.

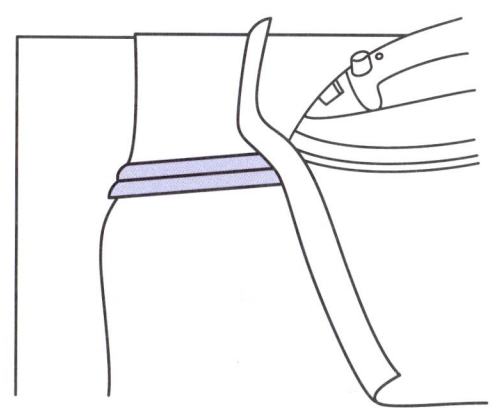

곡선 솔기를 다리는 경우

① 시접에 가위집을 넣습니다.

가위집 내기

② 직선일 때와 마찬가지로 다림질하세요. 다리미판은 마무리용 다리미판을 사용합니다.

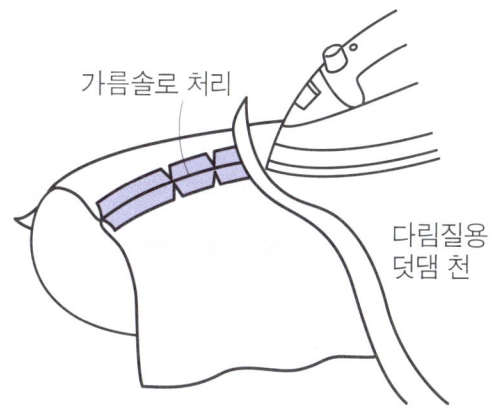

곡선 다트를 다리는 경우

겉감이 울지 않도록 허리둘레선에 가위집을 넣어줍니다. 이 다트의 경우 가위집 낸 위치를 경계로 삼아 2회로 나눠 다림질합니다. 다림질용 덧댐 천을 사용합니다. 다트 끝은 마무리 다리미판의 둥근 부분을 이용하면 깔끔하게 완성됩니다.

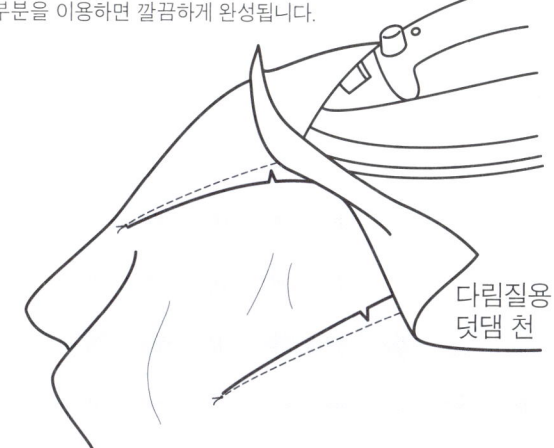

시접을 가르는 다트 다리는 방법

① 바느질이 끝난 상태에서 그대로 솔기를 다립니다. 다림질용 덧댐 천을 사용해주세요.

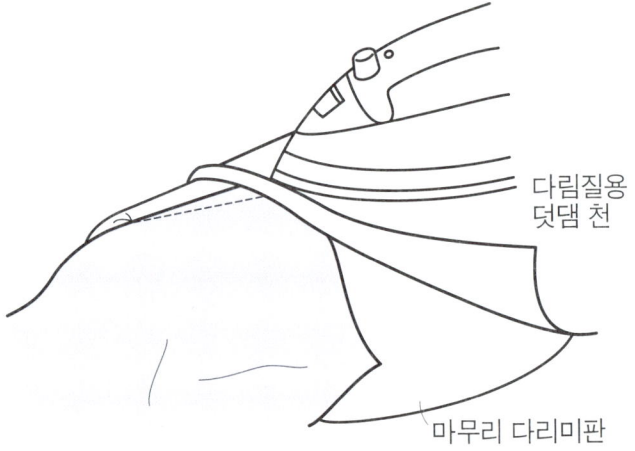

다림질용 덧댐 천

마무리 다리미판

② 시접의 접은 선에 가위집을 넣고 다리미 끝을 사용해 시접을 가릅니다.

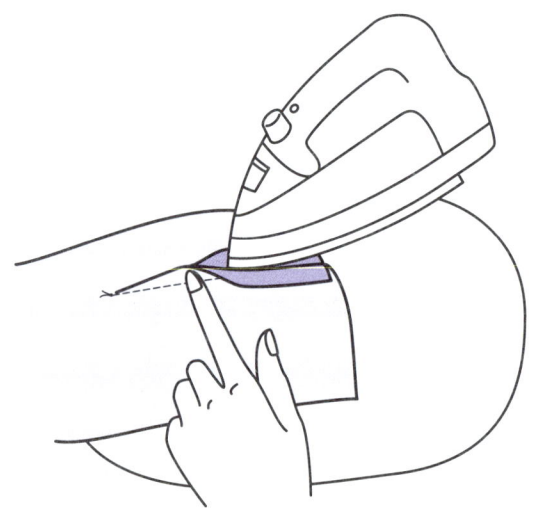

③ 두꺼운 종이를 그림과 같이 양쪽에 끼워 다트 끝까지 다려주세요. 다트 끝은 중심 쪽을 눕히거나 중심에서 다리미로 눌러줍니다.

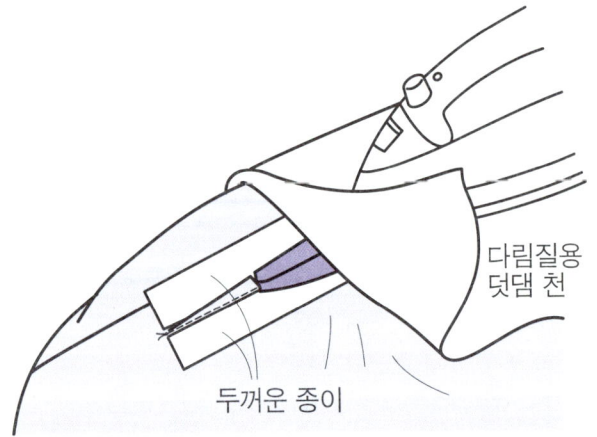

다림질용 덧댐 천

두꺼운 종이

한쪽으로 눕히는 다트 다리는 방법

① 바느질이 끝난 상태에서 그대로 솔기를 다립니다. 다림질용 덧댐 천을 사용해주세요.

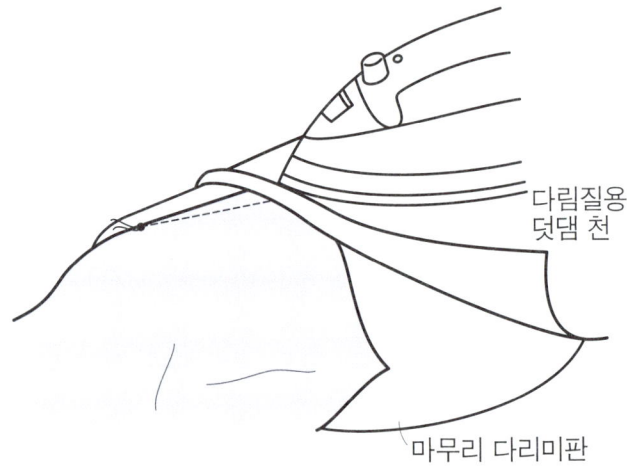

다림질용 덧댐 천

마무리 다리미판

② 마무리 다리미판 위에 다트 부분을 놓고 다트를 한쪽으로 눕혀서 다립니다.

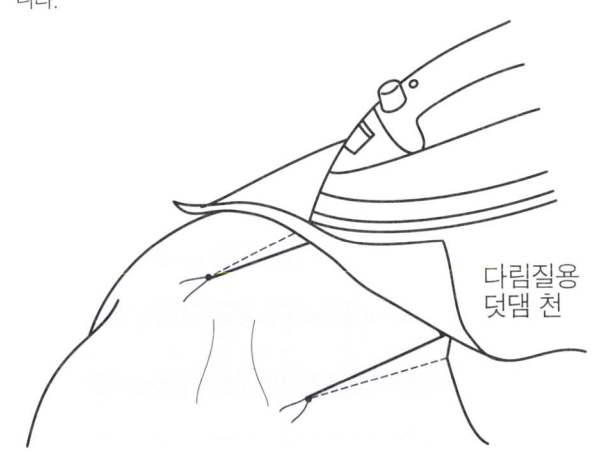

다림질용 덧댐 천

랩 심(Lapped seams) 다리는 방법

① 시접을 접고 안면에서 접은 자리를 다립니다. 이때 다리미 끝을 사용합니다.

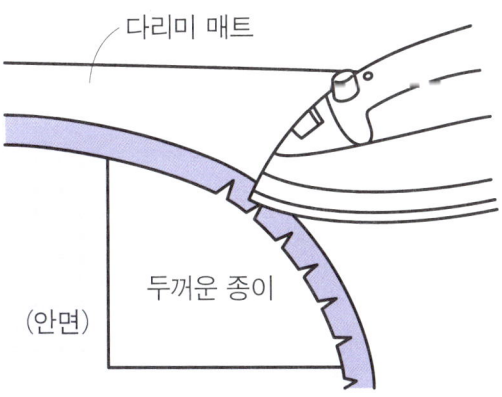

다리미 매트

두꺼운 종이

(안면)

② 원단에 ①의 원단을 올려놓고 접은 선 바로 옆을 재봉틀로 박습니다.

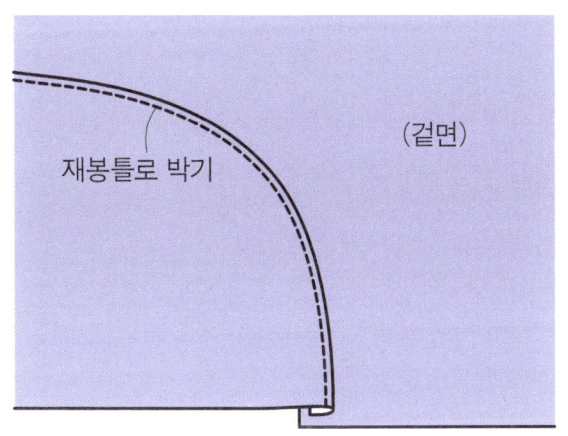

(겉면)

재봉틀로 박기

③ 바느질한 상태 그대로 안면에서 봉제선을 다립니다.

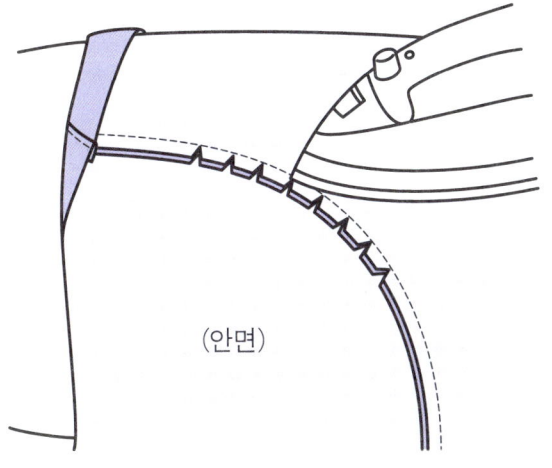

(안면)

지퍼 트임을 다리는 방법

① 트임 부분은 성긴 땀으로 박고 시접을 다리미로 가릅니다.

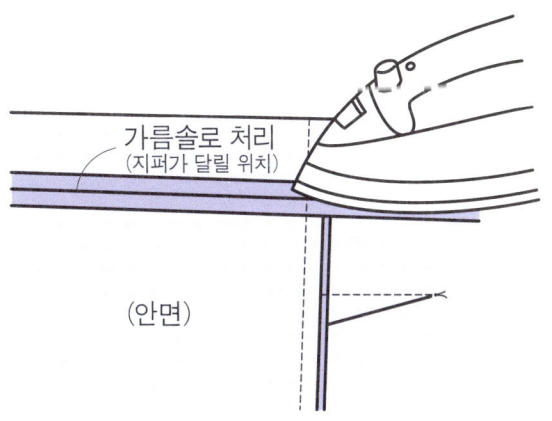

가름솔로 처리
(지퍼가 달릴 위치)

(안면)

② 지퍼를 꿰매 붙인 후 솔기 부분을 겉면에서 다립니다. 반드시 다림질용 덧댐 천을 사용하세요.

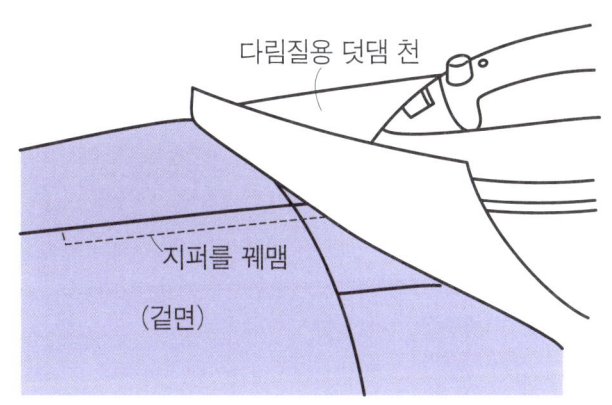

다림질용 덧댐 천

지퍼를 꿰맴

(겉면)

③ 성긴 봉제선의 실을 풀어 지퍼를 열어 놓습니다. 위가 되는 원단과 지퍼 사이에 종이를 끼우고 다림질용 덧댐 천을 덮어 봉제선을 다시 한 번 다립니다.

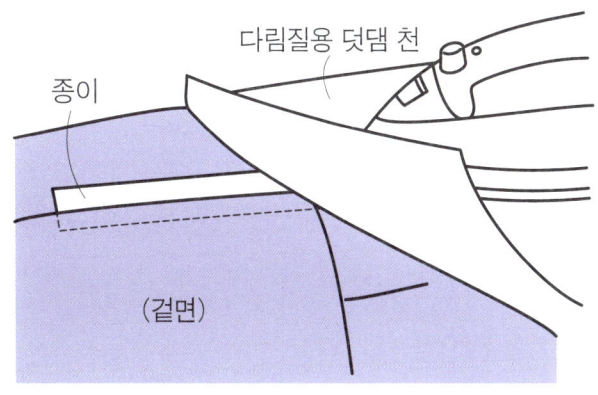

다림질용 덧댐 천

종이

(겉면)

통솔 다리는 방법

① 바느질한 상태의 솔기를 다립니다. 겉면에서 다리는데 반드시 덧댐 천을 사용해주세요.

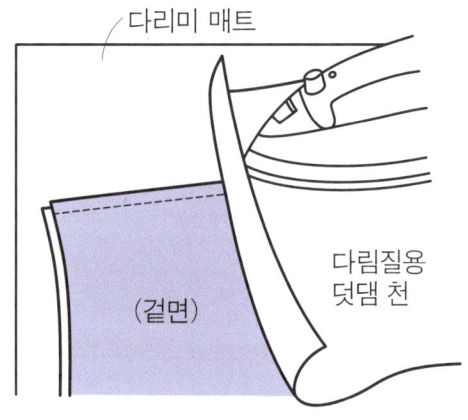

다리미 매트

다림질용 덧댐 천

(겉면)

② 다리미 끝을 사용해 시접을 가릅니다.

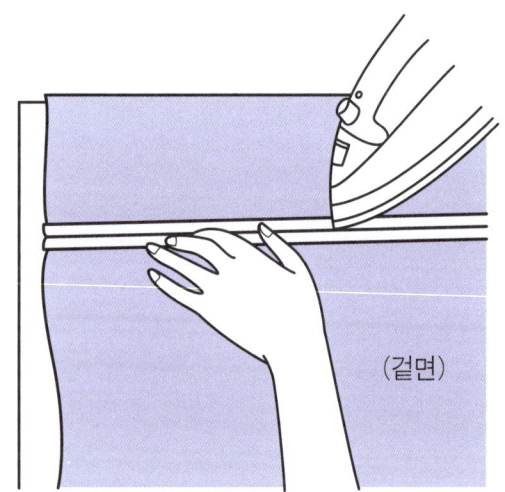

(겉면)

③ 겉면끼리 맞대어서 봉제선에서 접고 봉제선 위를 다시 한 번 다립니다. 그 후 재봉틀로 박습니다.

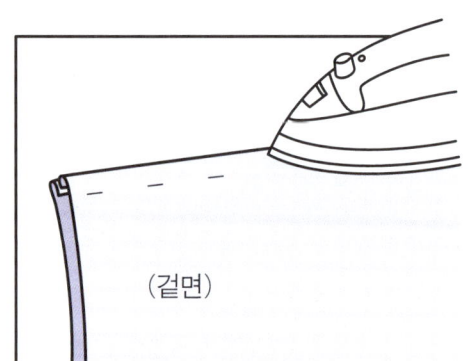

(겉면)

④ 봉제선을 다립니다.

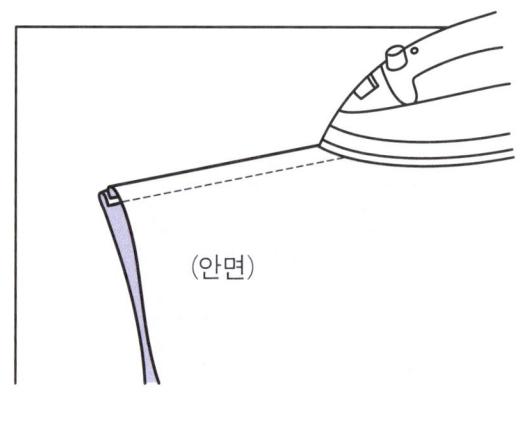

(안면)

쌈솔 다리는 방법

① 한쪽 시접을 잘라내어 시접을 가릅니다.

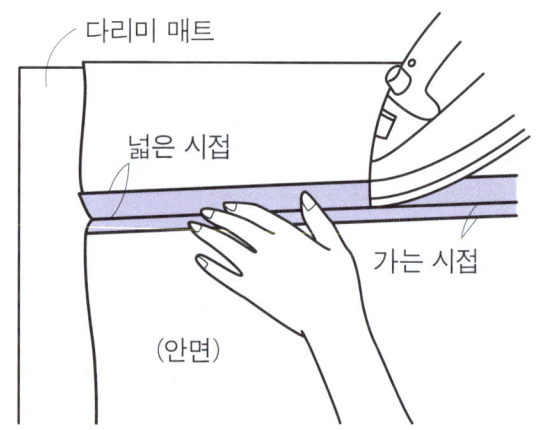

다리미 매트

넓은 시접

가는 시접

(안면)

② 시접이 넓은 쪽이 위로 가도록 시접을 한쪽으로 눕혀 시접을 다립니다.

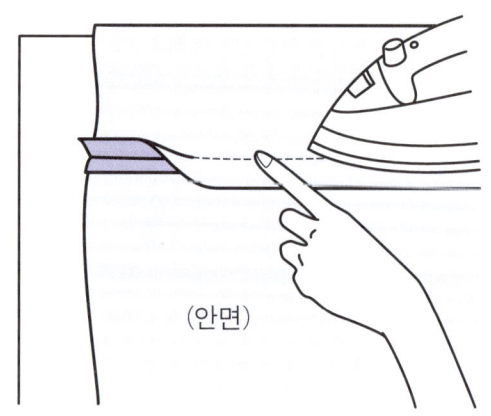

(안면)

③ 폭이 넓은 쪽의 시접으로 좁은 쪽의 시접을 감싸듯이 접어서 다림질합
니다. 그 후 재봉틀로 박습니다.

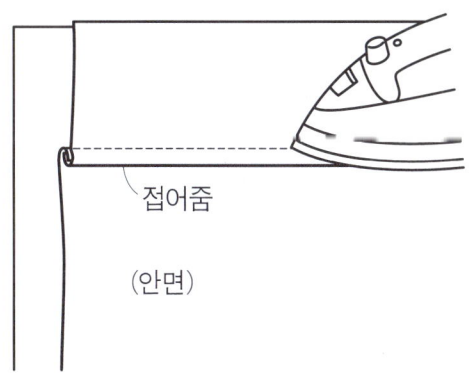

접어줌

(안면)

④ ③의 봉제선을 안면에서 다립니다.

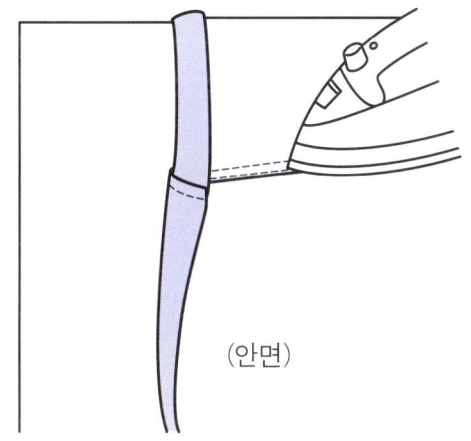

(안면)

개더 다리는 방법

개더의 부푼 부분을 찌그러뜨리지 않도록 다리미 끝을 사용해서 조금씩
다립니다. 안면에서 직접 다려줍니다.

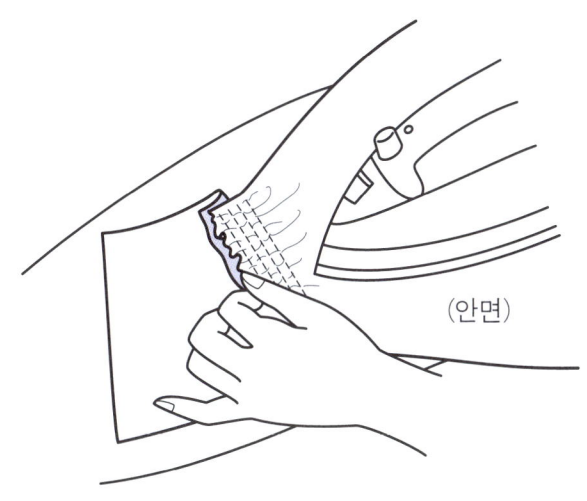

(안면)

턱 다리는 방법

턱을 잡은 선을 먼저 다립니다. 그런 다음 턱을 접어야 하는 방향에 맞게
다립니다. 바느질한 부분에만 다림질해주세요.

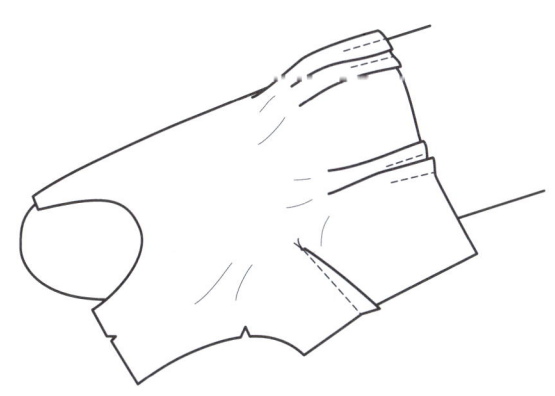

호주머니 다리는 방법

호주머니를 다릴 때는 몸판과 호주머니 천 사이에 종이를 끼워서 다립니
다. 겉면에 호주머니 천의 윤곽이 나타나는 것을 방지합니다. 겉면에서 다
려야 하는 경우는 같은 천을 덧댐 천으로 사용해주세요. 패치 포켓의 경
우는 호주머니입구 방향으로 다려줍니다.

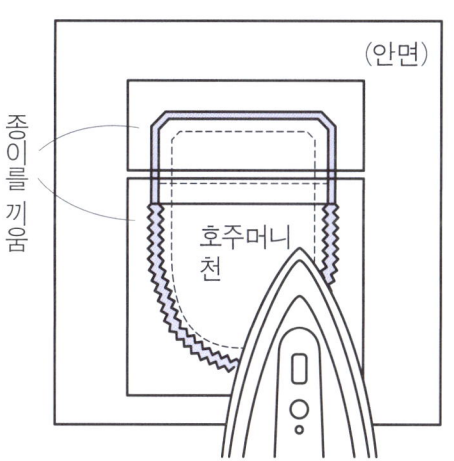

(안면)

종이를 끼움

호주머니 천

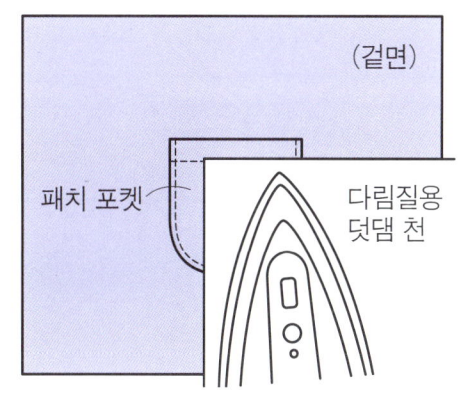

(겉면)

패치 포켓

다림질용 덧댐 천

앞단선과 목둘레를 다리는 방법

① 여분의 시접을 잘라냅니다. 봉제선을 다립니다.

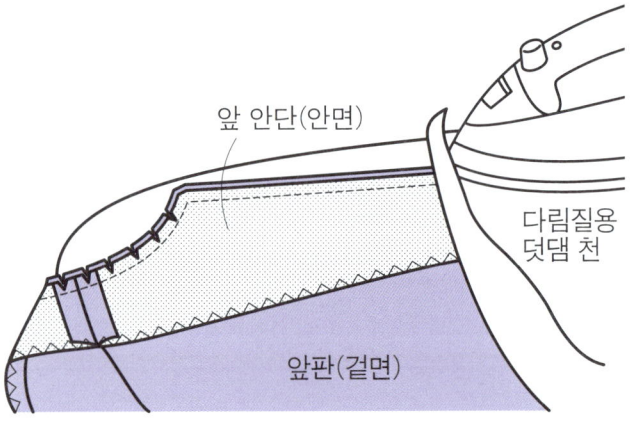

② 손가락을 사용해 시접을 가르고 다리미 끝을 사용해서 다립니다. 다리미 온도에 주의하세요.

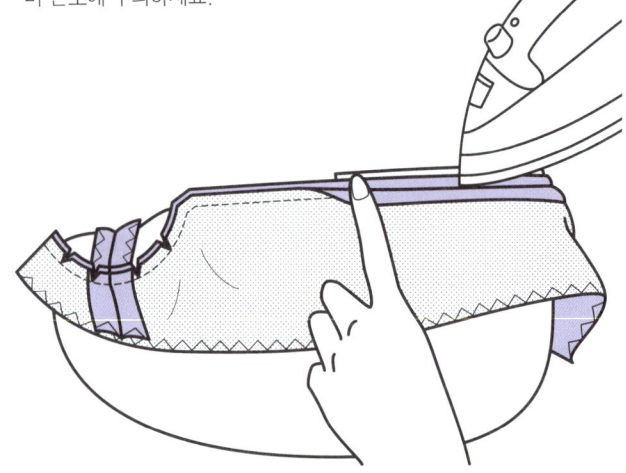

③ 목둘레의 곡선 부분을 다릴 때는 늘어나지 않도록 조금씩 다리미로 누르듯이 다림질합니다. 다리미를 밀면서 다리지 말고 누르듯이 다립니다.

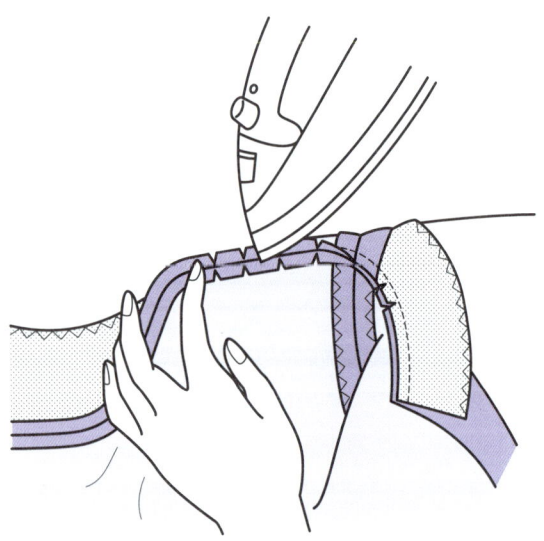

④ 안단을 겉면으로 뒤집어줍니다. 안단 쪽을 위로 하고 덧댐 천을 덮어 봉제선을 다립니다.

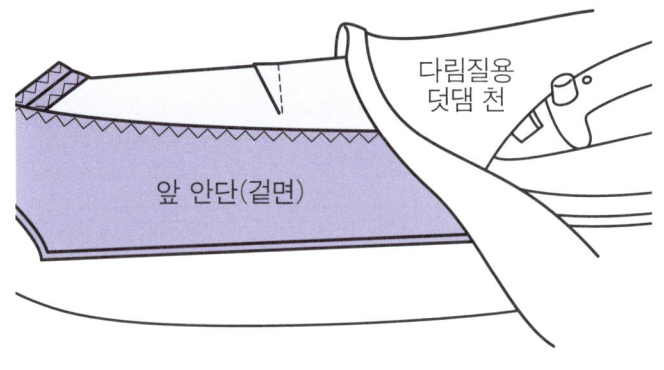

⑤ 두껍고 튼튼한 원단인 경우는 깃이나 앞단선에 충분히 스팀을 댑니다. 원단이 아직 뜨거운 상태일 때 재빨리 누름 판자나 필요 없는 책을 올려놓아 스팀을 흡수시킵니다. 그러면 깔끔하게 선이 생깁니다.

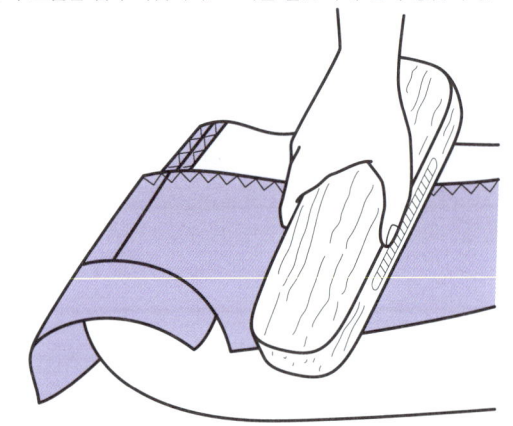

헴(밑단선)을 다리는 방법

헴을 접어 다리미판 가장자리 쪽에 안쪽을 위로 하여 올려놓고 그 위에 덧댐 천을 갖다 댑니다. 다리미를 위에서 누르듯이 다림질합니다. 다리미를 문지르지 마세요. 두꺼운 원단인 경우는 헴 라인에 충분히 스팀을 댑니다. 그런 다음 재빨리 누름 판자나 필요 없는 책을 올려놓아 스팀을 흡수시킵니다.

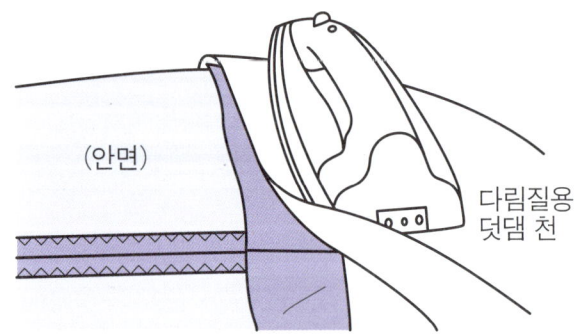

플레어 스커트의 헴(밑단선)을 다리는 방법

① 옆솔기선을 박는 방법에 따라 다소 조절이 가능하지만, 밑단 시접에 여유분이 생깁니다. 밑단 시접 가장자리를 홈질하여 개더가 골고루 잡히도록 홈질한 실을 당겨 몸판에 맞춰 다리미로 눌러줍니다.

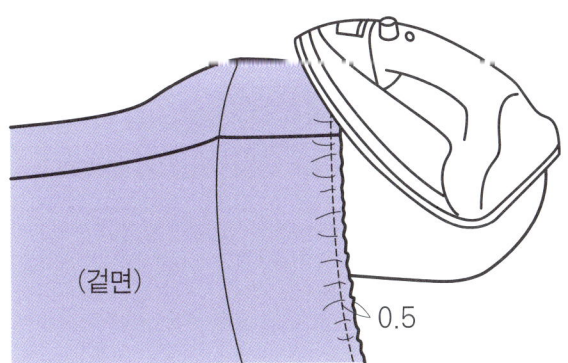

(겉면) 0.5

② 밑단을 감칩니다. 감침질이 끝나면 다시 한 번 밑단 선에서 위쪽으로 다림질합니다.

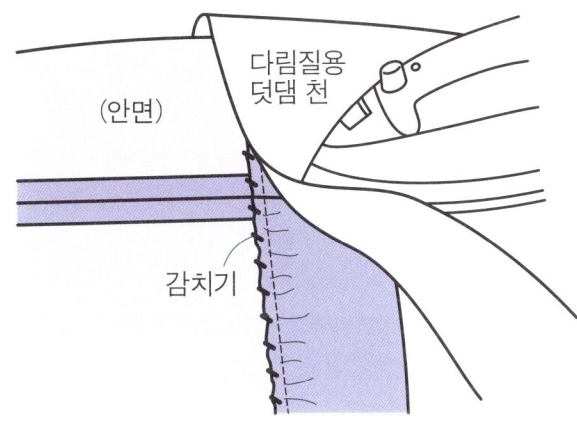

다림질용 덧댐 천

(안면)

감치기

③ 두꺼운 원단의 경우는 감치기 전에 겉감과 접단 사이에 두꺼운 종이를 끼워 다림질 합니다.

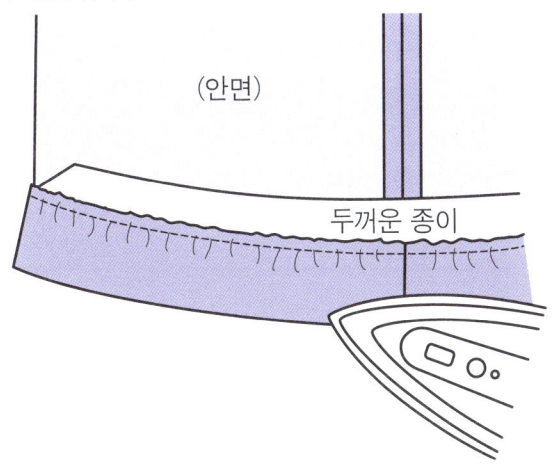

(안면)

두꺼운 종이

소매를 다리는 방법

세트인 슬리브를 다리는 방법을 소개합니다.
다른 소매도 기본은 같습니다.

① 소매산을 홈질한 실을 몸판의 진동둘레 치수까지 당깁니다.

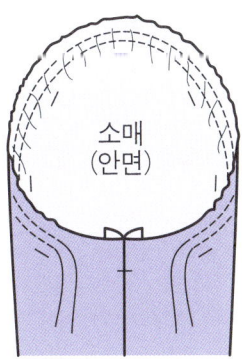

소매
(안면)

② 소매산 부분을 소매용 다리미판의 둥근 부분에 올려놓습니다. 다리미 끝을 사용해 둥그렇게 형태를 만듭니다. 이때 시접 이외에 다리미가 닿지 않도록 주의합니다. 이를 가리켜 '소매산을 줄인다'고 말합니다.

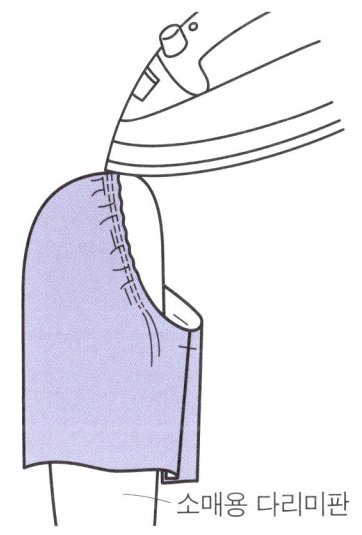

소매용 다리미판

③ 몸판과 소매를 꿰매 붙이면 시접 쪽에서 봉제선을 다립니다. 시접은 손으로 소매 쪽으로 눕혀주세요.

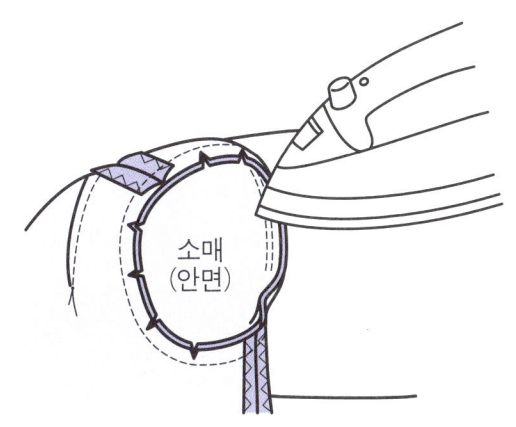

소매
(안면)

197

소재 및 원단별 다림질 포인트

섬유에 따라 각각 특징이 있습니다. 그러므로 소재에 따라 적절한 다리미 온도가 다릅니다.
또한, 원단의 직조방법에 따라서도 다리미를 다루는 포인트가 있습니다.

소재 및 원단명	포인트	다리미
면·마	고온(180℃~210℃)으로 주름을 펴고자 할 때, 제대로 다리고자 할 때는 분무기나 스팀다리미를 사용합니다. 고온에도 견딜 수 있지만, 한 번에 지나치게 오랜 시간 다리다가는 탈 수도 있으므로 조심하세요.	고온
울	중간 정도의 온도(140℃~160℃)로 안쪽에서 덧댐 천을 대고 다림질합니다. 겉감에 직접 다리미를 대면 번들거리게 되므로(다리미의 열로 인해 원단의 겉면에 광택이 생김) 주의하세요. 기모 원단을 다리는 경우는 아무래도 파일(Pile)이 눕게 되므로 다림질 후에 브러시로 파일(Pile)을 세워줍니다.	중온
견	중간 정도의 온도(130℃~140℃)로 안쪽에서 덧댐 천을 대고 드라이 다림질을 합니다. 온도가 너무 높으면 타서 변색할 수 있습니다. 또한, 분무기나 스팀다리미를 사용하면 물 얼룩이 생기기 쉬우므로 사용하지 마세요.	중온
나일론 아크릴	저온(80℃~120℃)으로 안쪽에서 덧댐 천을 대고 드라이 다림질합니다. 열에 약해서 녹는 경우가 있으므로 테스트 다림질을 하면 안심할 수 있습니다. 스팀다리미는 사용하지 않지만, 필요할 때는 물에 적신 면을 마른 덧댐 천에 올려놓고 다립니다.	저온
레이온	중간 정도의 온도(140℃~160℃)로 안쪽에서 덧댐 천을 대고 드라이 다림질합니다. 물에 줄어들기 쉬운 성질이 있으므로 스팀다리미는 사용하지 마세요. 수분이 필요한 경우는 적신 면을 마른 덧댐 천에 올려놓고 다림질합니다.	중온
혼방 소재	혼방된 소재에 따라 다르지만, 저온으로 해두면 안심할 수 있습니다. 혼방된 소재와 그 비율에 맞춰 다리미 온도를 조절하여 덧댐 천을 안쪽에서 대고 다려줍니다.	
구김원단·엠보싱원단	크레이프직 및 와플직 등 원단에 구김이나 凹凸이 있는 경우 수분을 머금고 있으면 줄거나 누르면 늘어나기 쉬우므로 다림질 방법에는 충분히 주의합니다. 봉제 과정에서 다림질하는 경우는 그 공정 부분에만 다림질하도록 합니다. 그 이외에는 원단의 감촉이 손상되지 않도록 가능하면 다리지 않습니다. 다리미 온도는 소재에 맞춰 조절해 주세요.	
벨베틴 벨벳	원단의 파일(Pile)이 눌리지 않도록 하는 것이 무엇보다 중요합니다. 봉제 과정에서 다림질하는 경우는 핀 보드(가는 바늘이 무수히 나와 있는 판자 상태의 것)나 같은 천을 깔아 그 부분에만 수분을 주어 다림질합니다. 그 이외를 다리는 경우는 스팀다리미를 살짝 띄워 증기만을 갖다 대도록 합니다. 다리미 온도는 원단의 토대가 된 소재의 온도에 맞춥니다.	

손바느질

손바늘의 명칭

실을 끼우는 구멍을 바늘귀, 바늘의 뾰족한 부분을 바늘 끝이라고 합니다.

바늘귀

바늘 끝

골무 끼는 방법

골무는 바늘이 손가락에 파고드는 것을 방지함과 동시에 바늘을 눌러 원단에 바늘이 잘 들어가도록 돕습니다. 골무에는 금속으로 된 제품과 가죽으로 된 제품이 있으며, 프리사이즈와 치수가 정해진 것이 있으므로 자기 취향에 맞게 골라 쓰세요. 골무는 중지 첫마디 관절과 둘째 마디 관절 중간에 끼웁니다. 오목한 부분이 손등으로 가게 합니다.

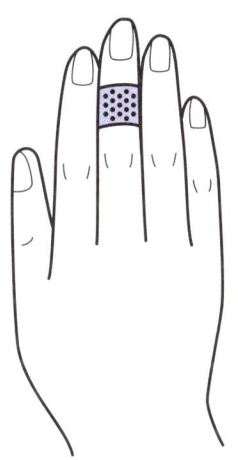

골무

바늘 잡는 방법

손바늘의 바늘귀를 골무의 오목한 부분에 대어 엄지와 검지로 살짝 집습니다. 집는 위치는 대체로 바늘 끝에서 0.5cm 정도의 부분입니다. 손바늘의 굵기는 원단에 맞춥니다만, 길이는 짧은 바늘이든 긴 바늘이든 본인이 사용하기 편리한 것을 고르면 됩니다. 일반적으로 감침질할 때는 긴 바늘을 사용하고, 그 밖에는 짧은 바늘을 사용합니다.

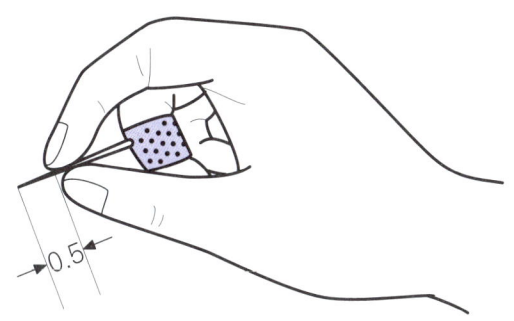

0.5

실 꿰는 방법

① 왼손에 바늘귀를 위로 가게 해서 잡고 오른손에 실 끝을 0.5~1cm 나오게 잡아 앞에서 뒤로 바늘귀에 꿰입니다(왼손잡이는 반대로). 실 끝을 사선으로 잘라두면 꿰기 쉽습니다.

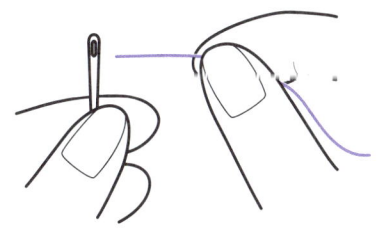

② 실을 꿰면 적당한 길이로 실을 자르고 실 끝을 매듭짓습니다. 감침질을 할 때는 1올을 사용하고, 단추를 달 때 등 튼튼하게 꿰맬 때는 2올을 사용합니다.

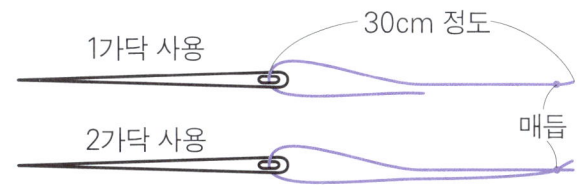

1가닥 사용

2가닥 사용

30cm 정도

매듭

바느질 시작할 때 매듭 짓는 방법

손바느질을 시작하기 전에 바느질한 실이 빠지지 않도록 실 끝을 묶어줍니다.

① 검지에 실을 한 번 감습니다.

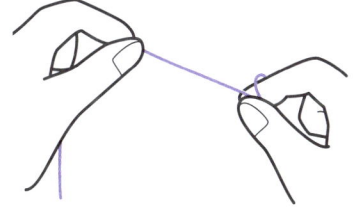

② 검지를 엄지 위에서 움직이면서 고리 모양으로 만든 실을 꼬아 합칩니다.

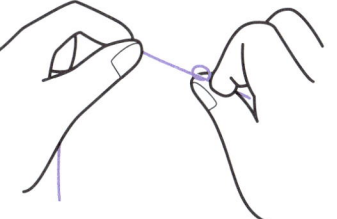

③ 꼬아 합친 부분을 중지로 누르면서 실 끝을 그대로 당깁니다. 이때 만들어진 매듭을 '매듭'이라고 합니다.

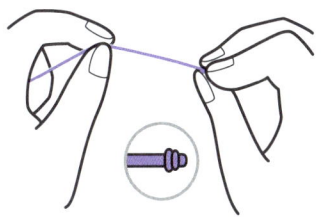

바느질 마칠 때 매듭짓는 방법

바느질이 끝난 실을 그대로 두면 풀릴 수 있으므로 바느질 끝점에서 실을 묶어 풀리지 않도록 합니다.

① 바느질이 끝난 자리에 바늘을 대고 바늘에 실을 2~3회 감습니다.

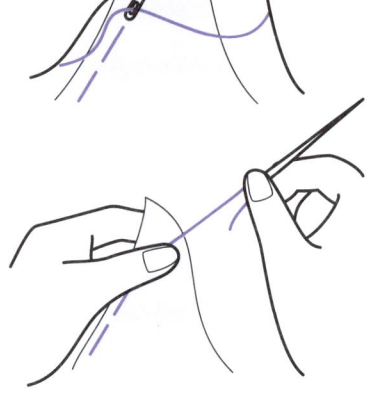

② 그림과 같이 엄지와 검지로 감은 부분을 원단과 함께 누르면서 반대 손으로 바늘을 빼냅니다.

시침핀 꽂는 방법

시침핀은 바느질 방향의 직각으로 핀 끝을 시접 쪽으로 향하게 해서 꽂습니다. 꿰맬 방향에 평행하게 꽂게 되면 바느질할 때 손을 찔릴 수 있어 방해가 되며, 고정한 부분이 움직이기 쉬우므로 반드시 직각으로 꽂아주세요. 시침핀을 사용해 고정하는 것을 '시침핀 꽂기'라고도 표현합니다.

직선을 고정

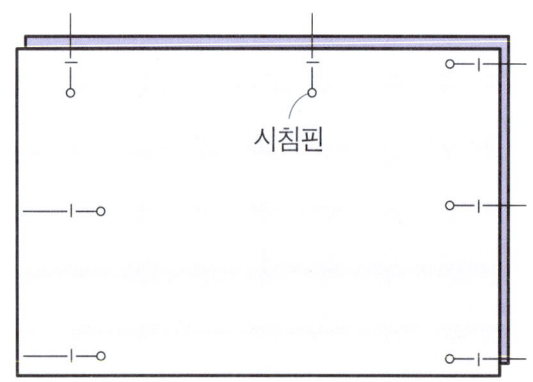

시침핀

곡선을 고정

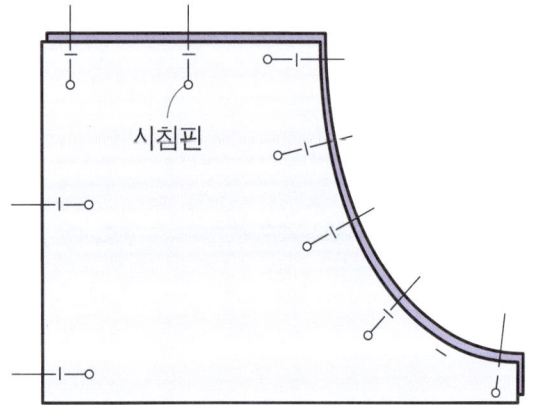

시침핀

성긴 홈질

기본적인 바느질 방법으로 '운침(handling of a needle)'이라고도 합니다.

① 오른손(왼손잡이는 왼손)에 바늘을 잡고 바느질할 부분의 천을 엄지와 검지로 끼우듯이 양손으로 잡습니다. 천은 팽팽하게 잡아당기세요.

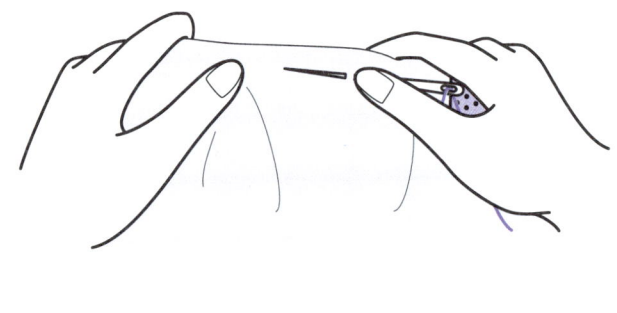

② 바늘을 움직이기보다 천을 앞뒤로 움직이면서 5~6 땀 진행한 후 골무로 바늘을 누릅니다. 바늘이 눌려 나오면 바늘을 빼고 또다시 5~6 땀 진행합니다. 이 작업을 반복하세요. 바늘땀 크기는 0.4~0.5cm 정도로 합니다.

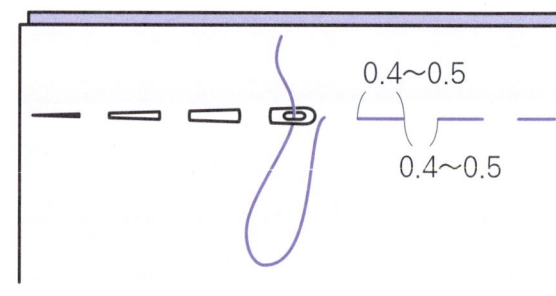

0.4~0.5
0.4~0.5

시침실로 바느질하는 경우

시침질할 때는 재봉틀로 박은 후에 시침실을 제거하기 쉽도록 완성선에서 0.2cm 정도 시접 쪽에 홈질합니다.

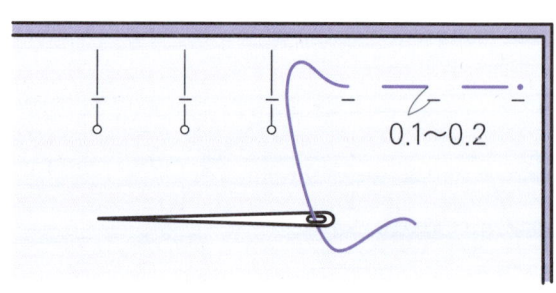

0.1~0.2

촘촘한 홈질

바늘 끝만 움직이도록 하여 촘촘하게 바느질하는 방법입니다. 개더를 잡거나 할 때 사용됩니다. 바늘땀의 크기는 성긴 홈질 바늘땀 크기의 절반 (0.2~0.3cm) 정도입니다.

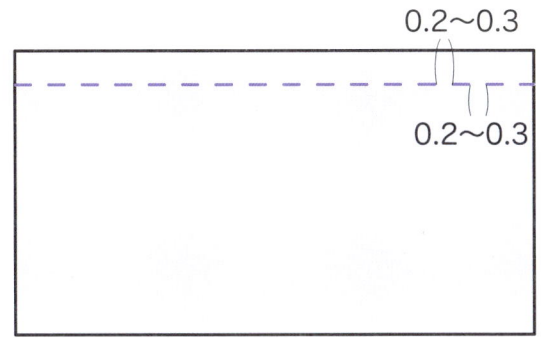

소매산의 형태를 만들 때

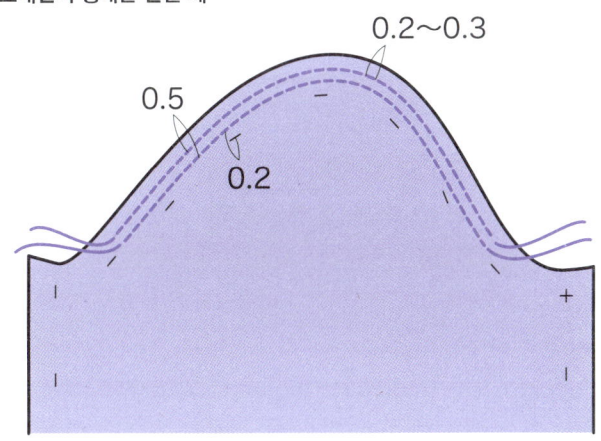

개더를 잡을 때

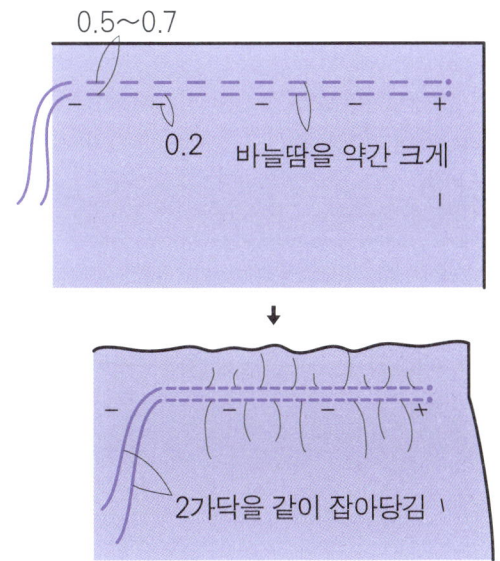

온박음질

바늘 한 땀의 크기만큼을 그대로 뒤로 되돌아 뜨는 방법입니다. 손바느질 중에서는 가장 튼튼한 방법이므로 재봉틀 바느질 대신으로 사용하는 경우가 있습니다. 겉면에서는 재봉틀로 박은 것처럼 보이지만, 안면의 바늘땀은 겉면과 달리 실이 길게 엉켜 있는 것처럼 보입니다. 2장 이상의 천을 꿰맬 때 사용합니다.

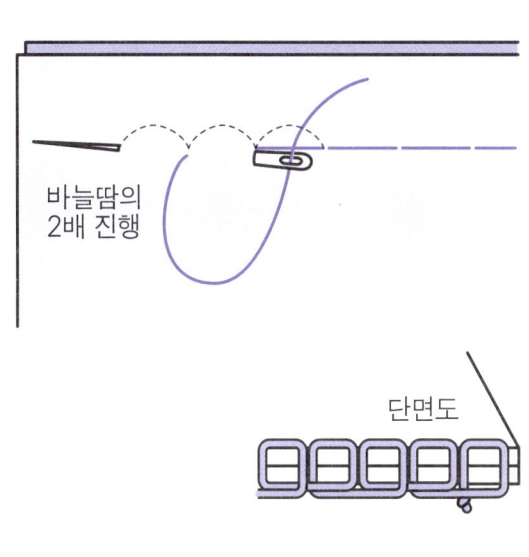

반박음질

바늘땀의 절반만큼을 그대로 뒤로 돌아 뜨는 것을 반복합니다. 온박음질과 같은 목적으로 사용합니다.

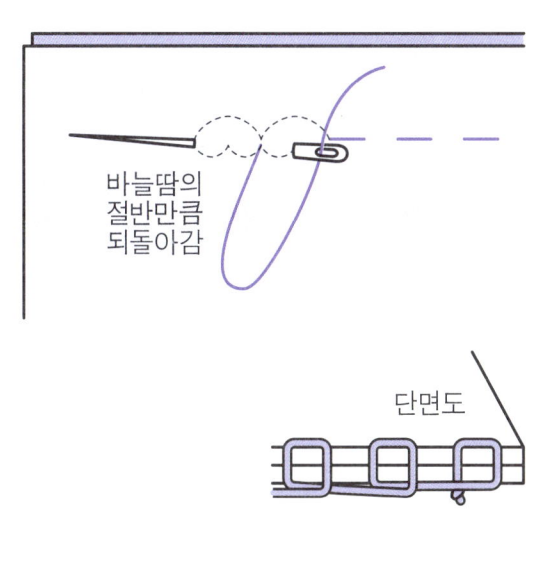

보통시침

평평한 바닥에 원단을 놓고 한 손으로 천을 누르면서 한 땀씩 뜨면서 바느질해 나갑니다. 재봉틀로 박을 때 천이 어긋나지 않도록 하기 위해서 사용됩니다.

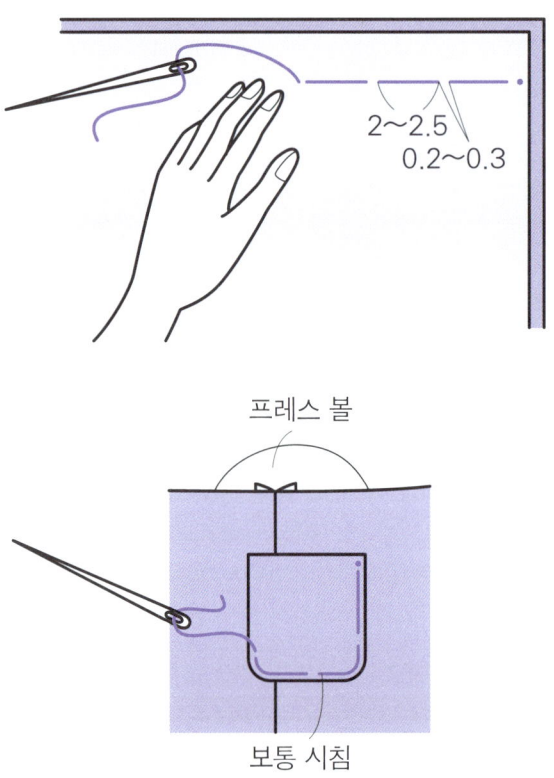

프레스 볼

보통 시침

어슷시침

2장 이상의 천이 어긋나지 않도록 할 때 이용합니다. 실을 사선으로 해서 시침질합니다. 그림의 경우에는 바늘 끝은 오른쪽에서 왼쪽으로 움직여 세로 방향으로 바느질합니다. 확실하게 고정하고자 할 때는 바늘땀을 촘촘하게 합니다.

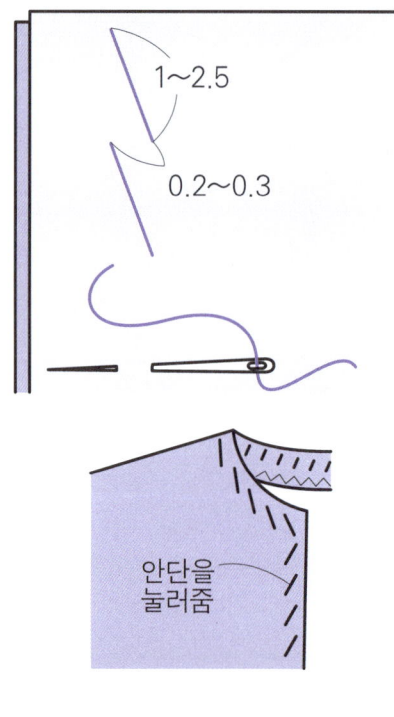

1~2.5

0.2~0.3

안단을
눌러줌

두 땀 시침

보통시침과 바느질 방법은 같습니다. 또는 한 땀의 크기는 같게 하고 큰 바늘땀과 작은 바늘땀이 번갈아 나타나는 것이 특징입니다. 이 방법으로 시침하면 확실하게 고정되므로 두꺼운 원단이나 어긋나기 쉬운 원단에 사용하면 좋습니다.

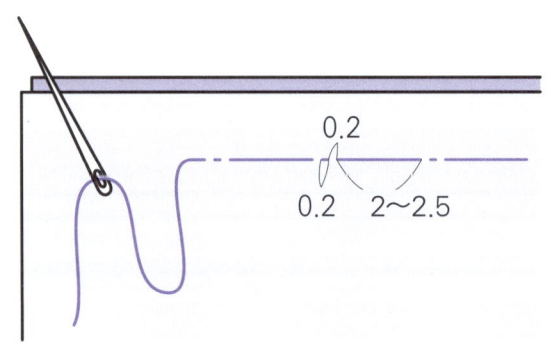

0.2

0.2 2~2.5

감아시침

평평한 바닥에 원단을 놓고 바늘을 움직이는 방법은 어슷시침과 같습니다. 라펠의 꺾임선이나 깃허리 등 두꺼운 원단을 가봉할 때 사용합니다.

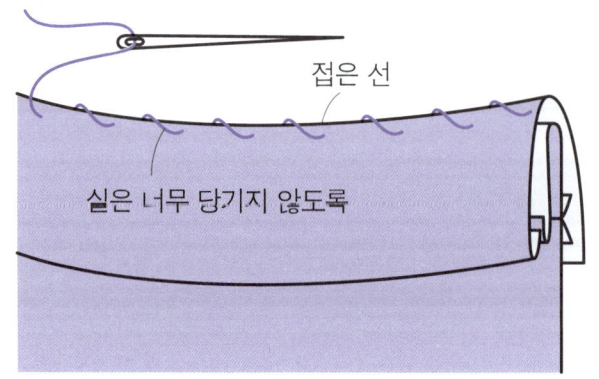

접은 선

실은 너무 당기지 않도록

한 땀 시침

바느질선 위나 바느질선 바로 옆에 시침하는 것을 말합니다. 보통시침과 같은 요령으로 바느질합니다. 시침실을 사용해서 한 땀씩 바늘을 꽂았다가 빼냅니다.

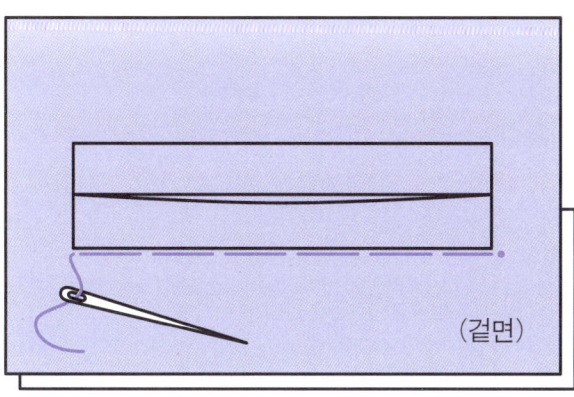

(겉면)

말아감침

재킷 밑단 안단의 가장자리 등에 사용되는 바느질 방법입니다. 천 가장자리로 실을 빼면서 촘촘하게 바늘을 움직입니다.

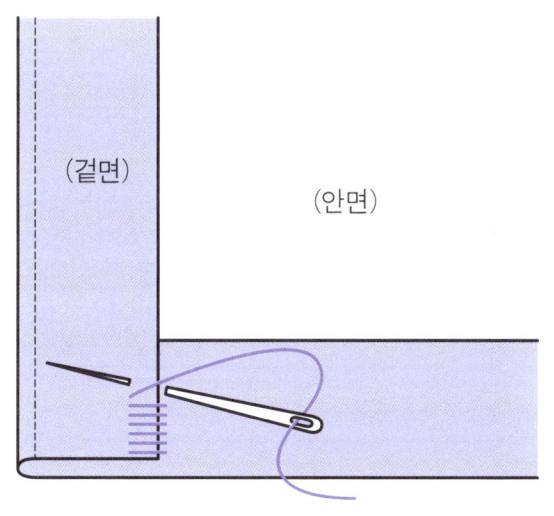

(겉면)

(안면)

숨은상침

겉에서 바느질선이 거의 보이지 않게 하는 방법입니다.

A 안쪽의 바느질선이 보이게 하면서 안감 등을 위에서 붙여 고정할 때 이용하는 방법입니다. 지퍼를 달 때도 이용합니다.

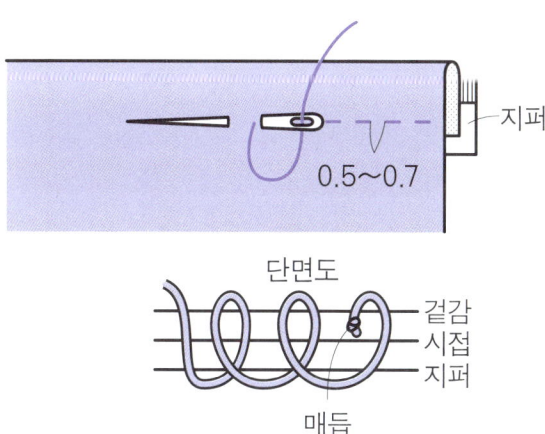

0.5~0.7

지퍼

단면도

겉감
시접
지퍼

매듭

B 안쪽 바느질선이 보이지 않게 하는 방법입니다. 안단을 시접에 확실하게 붙이고자 할 때 이용됩니다. 가장 많이 이용되는 유형입니다.

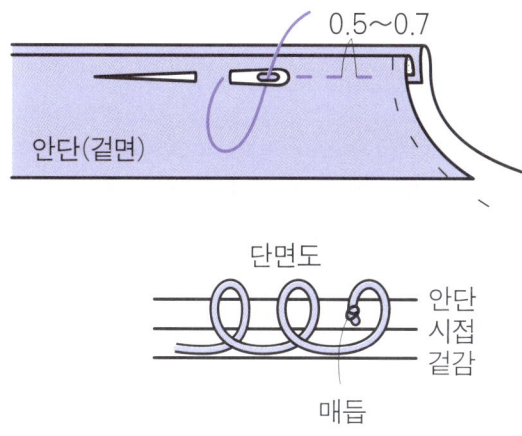

0.5~0.7

안단(겉면)

단면도

안단
시접
겉감

매듭

C 겉면에서도 안면에서도 작은 바늘땀이 보이도록 하는 방법입니다. 실이 교차하므로 튼튼하게 처리됩니다.

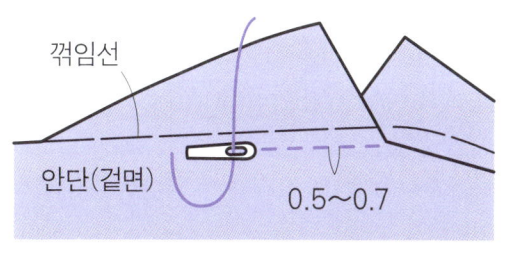

꺾임선

안단(겉면)

0.5~0.7

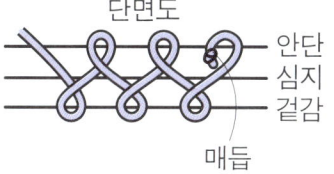

단면도

안단
심지
겉감

매듭

사다리 감침질

접은 선과 접은 선을 맞대어 바느질선이 보이지 않도록 할 때 사용하는 방법입니다. 촘촘한 땀으로 접은 선을 떠서 직각으로 실을 넘겨 한 땀씩 조여 줍니다.

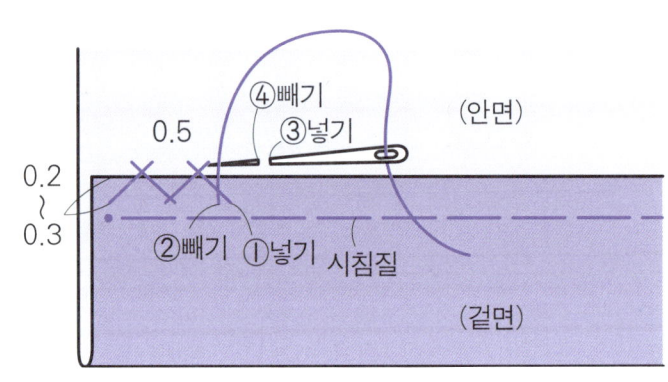

새발뜨기

접어 올린 원단 가장자리를 처리할 때 사용합니다. 새 발자국과 닮았다고 해서 이런 명칭이 붙었습니다. 홈질과는 반대로 왼쪽에서 오른쪽으로 바느질해 나갑니다. 위아래 번갈아 작은 바늘땀으로 천을 뜨면서 바느질합니다.

팔자뜨기 방법

어슷시침을 반복하면 바늘땀이 팔자로 보여서 이러한 명칭이 붙었습니다. 최근에는 접착심지를 사용하는 일이 많아 그다지 사용하지 않지만, 심지를 겉감에 붙일 때 사용합니다.

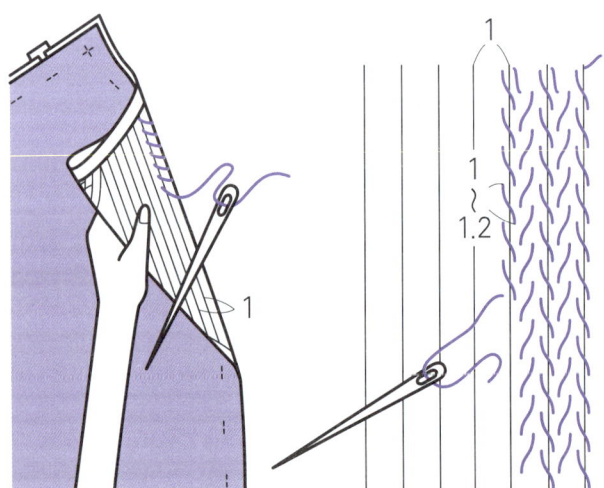

바늘땀이 큰 새발뜨기

테이프나 심지를 붙일 때 이용합니다. 성긴 홈질과 마찬가지로 오른쪽에서 왼쪽으로 바느질을 진행합니다. 겉감 두께의 절반만을 뜹니다. 실은 감침질용 실을 사용합니다.

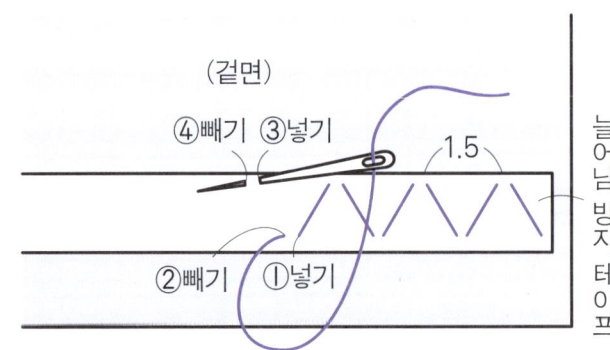

실 루프를 이용한 벨트 고리 만드는 방법 A

① 구멍 사뜨기와 같은 방법입니다. 먼저 심이 되는 실을 2회 통과시킵니다. 실은 재봉틀용 목면사나 세 겹 꼬임 견사를 사용합니다.

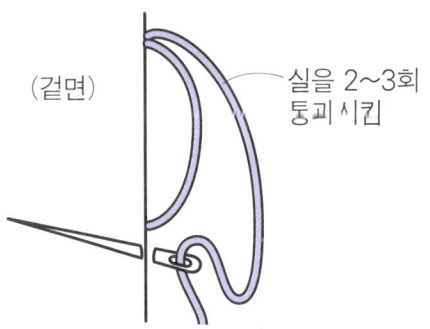

(겉면)　실을 2~3회
통과시킴

② 고리 아래로 실을 통과시킵니다.

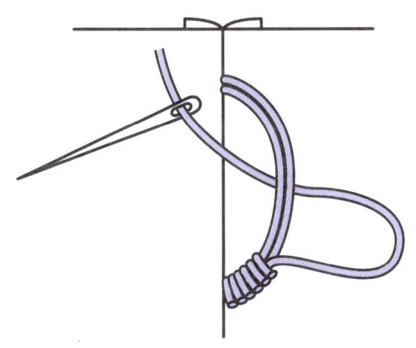

③ ②에서 만든 고리 아래에서 바늘을 넣어 실을 잡아당깁니다. 통과시킨 실이 숨겨질 때까지 ②, ③을 반복합니다.

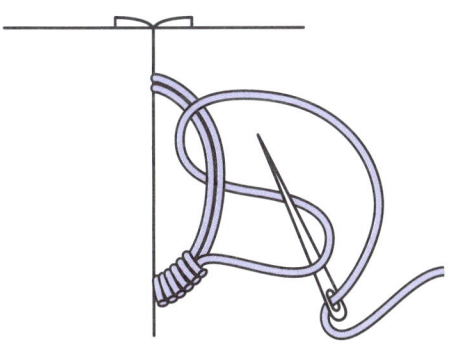

④ 안면에서 본 그림입니다.

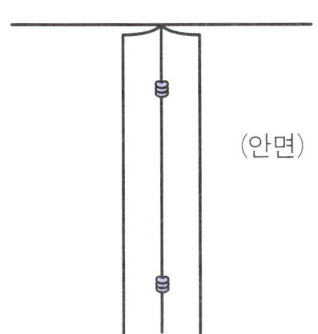

(안면)

실 루프를 이용한 벨트 고리 만드는 방법 B

① 사슬뜨기로 만드는 방법입니다. 안면에서 실을 빼고 다시 한 번 같은 위치에 바늘을 넣습니다.

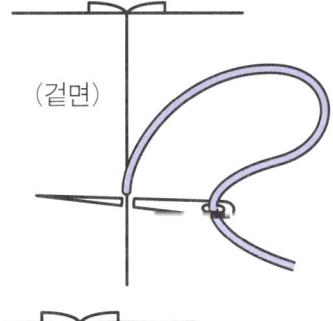

(겉면)

② 왼손의 엄지와 검지로 고리 모양을 만들고 오른손으로 실을 잡습니다.

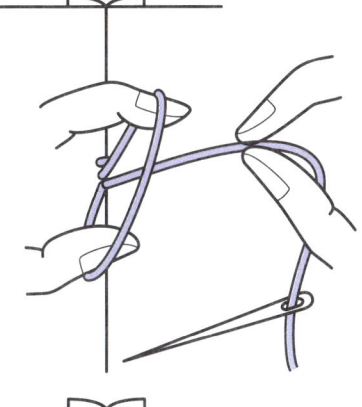

③ 고리 안을 통과시킨 후 중지로 오른손의 실을 잡아 뺀 후 새로운 고리를 만듭니다.

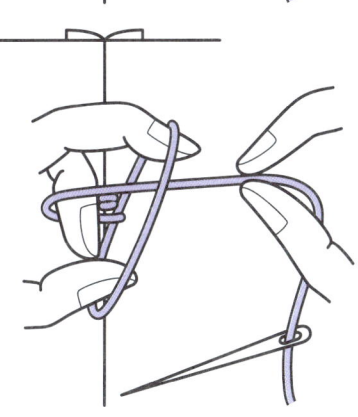

④ 이 고리 안을 통과시켜 오른손의 실을 뺀 후 새로운 고리를 만듭니다. 이것을 몇 차례 반복합니다. 코바늘을 사용해서 짜도 됩니다.

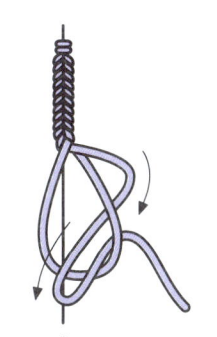

⑤ 벨트를 꿸 수 있는 치수까지 만들어지면 실을 빼내어 안면에서 확실하게 매듭을 짓습니다.

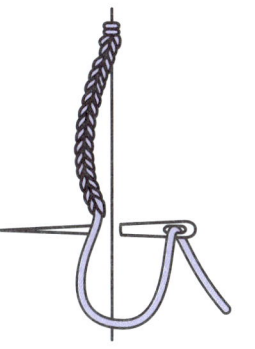

실과 바늘 선택 방법

실에는 재봉틀용 실과 손바느질용 실이 있습니다. 재봉틀용 실은 Z꼬임, 손바느질용 실은 S꼬임으로 꼬임의 방향이 다르므로 손바느질을 할 때 재봉틀용 실을 사용하면 꼬임이 풀리면서 실이 엉켜 바느질하기 어려워집니다. 재봉틀용 실과 손바느질용 실 양쪽을 준비하세요. 실 색깔은 원단과 같은 계열 색으로 눈에 띄지 않는 것을 고릅니다.

원단	재봉틀 실	재봉틀 바늘	손바느질 실	손바늘
얇은 원단 론, 보일, 조젯, 시폰	폴리에스터 실 90번	9번	손바느질용 방적사	얇은 원단용 양재 바늘 9, 8번
보통 원단 시트지, 브로드, 깅엄, 서커	폴리에스터 실 60번 견사 50번	11번	손바느질용 방적사	보통 원단용 양재 바늘 7번
두꺼운 원단 데님, 코듀로이, 트위드	폴리에스터 실 30번 견사 50번	14, 16번	손바느질용 방적사, 사뜨기용 굵은 견사	두꺼운 원단용 양재 바늘 6. 5번
니트 원단 저지, 스웨트, 트리코	니트용 실 50번	니트용 바늘 9. 11번	손바느질용 방적사	얇은 원단~두꺼운 원단용 양재 바늘 9~6번

재봉틀 실

폴리에스터 실
면, 화학섬유, 울 소재에 사용합니다.
얇은 원단← →두꺼운 원단
90 · 60 · 30번
견사 50번 울이나 실크 소재에 사용합니다.
니트용 실 50번 니트 원단에 사용합니다.

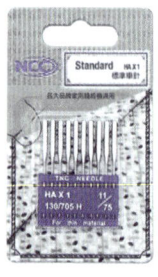

재봉틀 바늘

가정용 재봉틀 바늘
면, 화학섬유, 울 소재에 사용합니다.
얇은 원단 ← → 두꺼운 원단
9 · 11 · 14 · 16번

니트용 재봉틀 바늘
두꺼운 원단용, 보통 원단용, 얇은 원단용이 있으며, 보통 재봉틀 바늘보다 바늘 끝이 둥글어 원단에 쉽게 얽히지 않게 되어 있습니다.

손바느질 실

손바느질용 방적사(spun yarn)
면, 화학섬유, 울 소재에 사용합니다.

구멍 사뜨기용 굵은 견사
단추, 걸고리단추, 실 고리, 단춧구멍을 만들 때 사용합니다. 실이 굵으므로 튼튼하게 마무리됩니다.

손바늘

손바늘
얇은 원단용, 보통 원단용, 두꺼운 원단용이 있으므로 원단의 두께에 맞춰 선택합니다.

양재 바늘 원단 두께에 맞춰 고릅니다.
얇은 원단 ← →두꺼운 원단
9 · 8 · 7 · 6번

재봉틀

재봉틀에는 크게 나눠 직선박기를 하는 재봉틀과 원단 가장자리를 감치는 오버로크 재봉틀이 있습니다.

직선박기 가정용 재봉틀

직선박기뿐만 아니라 지그재그 박음질, 간단한 단춧구멍도 만들 수 있는 전자 재봉틀, 자수 등도 가능한 컴퓨터 재봉틀, 지그재그박기 등의 기능은 없지만, 가정용보다 힘이 있어 어떤 천도 깔끔하게 박을 수 있는 직업용 재봉틀 등이 있습니다.

부분 명칭

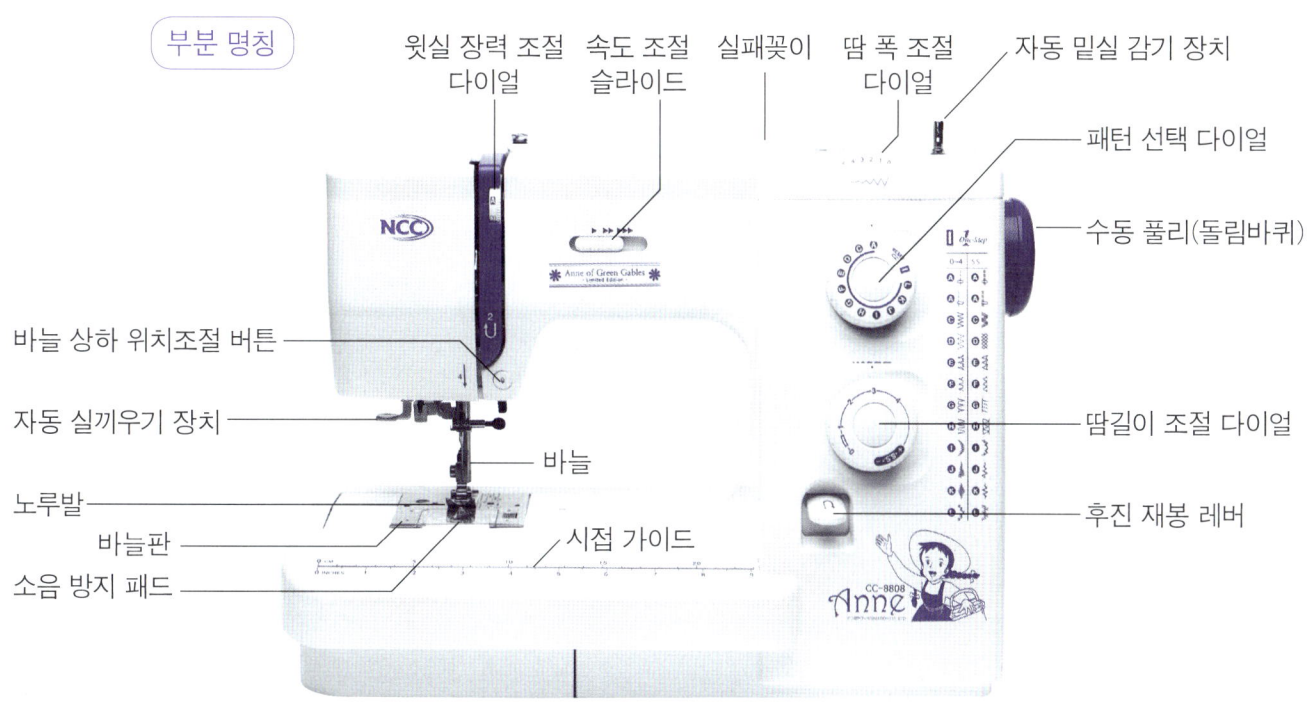

윗실 장력 조절 다이얼 / 속도 조절 슬라이드 / 실패꽂이 / 땀 폭 조절 다이얼 / 자동 밑실 감기 장치 / 패턴 선택 다이얼 / 수동 풀리(돌림바퀴) / 땀길이 조절 다이얼 / 후진 재봉 레버

바늘 상하 위치조절 버튼 / 자동 실끼우기 장치 / 바늘 / 노루발 / 바늘판 / 시접 가이드 / 소음 방지 패드

뒤쪽 / 발판 / 오른쪽 측면

노루발 올림 레버

발부리 쪽 / 풋 컨트롤러 / 뒤꿈치 쪽

오버로크 재봉틀

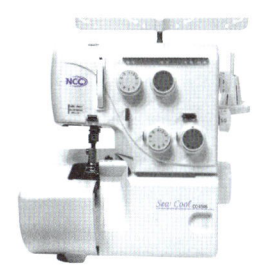

시중에 판매하는 오버로크 재봉틀에는 천 가장자리 감치기 전용 1개 바늘과 2가닥 실을 사용하는 오버로크 재봉틀과 시침질하면서 가장자리를 감칠 수 있는 1개 바늘 3가닥 실, 2개 바늘 4가닥 실을 사용할 수 있는 제품 등이 있습니다. 자동 실 끼우기 기능이나 자동 실 장력 조절 기능이 달린 것도 있습니다. 용도와 예산에 맞춰 자신에게 맞는 재봉틀을 선택하세요. 니트 원단을 박아야 하는 일이 없다면 가장자리 감침 전용 오버로크 재봉틀로 충분하며, 니트 바느질을 원한다면 3가닥 실 이상의 것을 선택하는 것이 좋겠지요.

보빈(북, 실토리)

밑실을 감는 실패를 보빈이라고 합니다. 보빈은 재봉틀의 종류에 따라 크기가 다르므로 재봉틀을 구매했을 때 붙어 있던 보빈과 같은 크기의 것을 골라 주십시오. 보빈에 실을 감을 때는 실패의 80% 정도까지 일정하게 감도록 합니다. 실이 균일하게 감겨 있지 않으면 실 장력 조절이 이루어지지 않아 고장의 원인이 되기도 합니다.

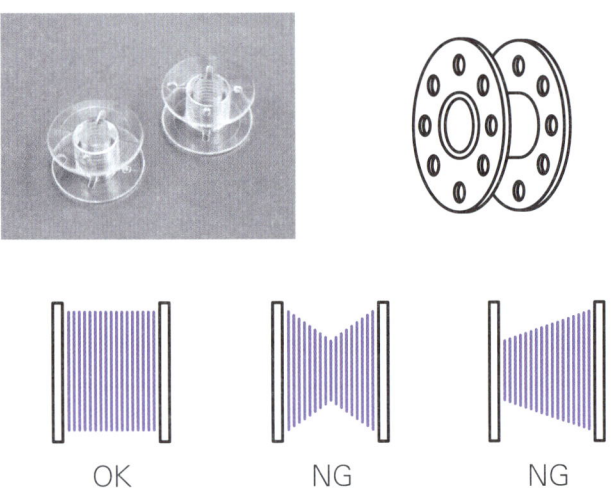

밑실 감는 방법

보빈에 실을 감는 방법은 재봉틀에 따라 실을 거는 위치가 다르므로 자신이 사용할 재봉틀의 설명서에 따라 실을 겁니다. 대부분의 재봉틀은 돌림바퀴(플라이휠) 안에 있는 스톱 모션을 느슨하게 하여 재봉틀을 움직여도 바늘이 움직이지 않도록 합니다. 이때 실을 감는 장치만이 움직입니다. 이 상태에서 실을 감기 시작합니다. 실을 다 감으면 자동으로 장치가 멈춥니다. 실을 다 감았다면 스톱 모션을 원래 상태로 복귀시키고 풀리를 돌렸을 때 바늘이 움직이는지 확인합니다.

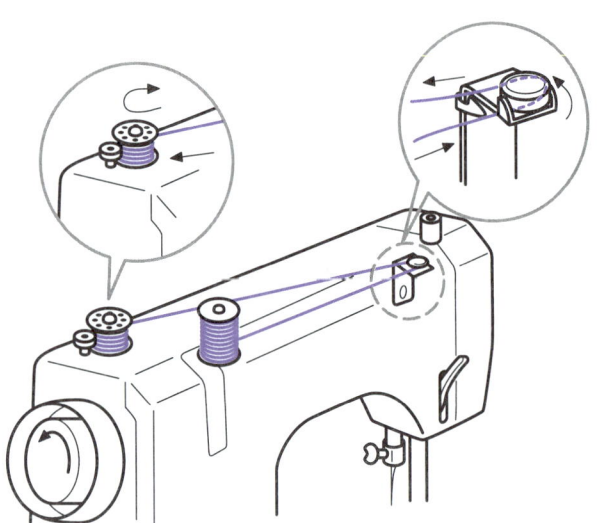

보빈 케이스(북집)

재봉틀에 따라서는 필요 없는 것도 있습니다. 보빈 케이스가 필요한 경우는 보빈 케이스에 보빈을 넣습니다. 실 끝을 손으로 잡고 보빈 케이스를 내려 봅니다. 이때 실이 쉽게 나오지 않고 약간 걸리는 것 같은 느낌으로 보빈케이스의 용수철을 조절합니다.

보빈을 보빈 케이스에 넣는 방법
① 보빈에서 실 끝을 반대쪽으로 5cm 정도 빼내어 보빈 케이스에 넣습니다.

실 감는 방향이 시계방향

② 실 끝을 홈에 넣습니다.

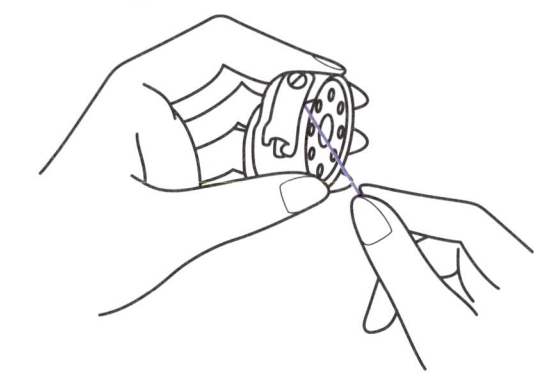

③ 실을 용수철 아래로 통과시켜 10cm 정도 빼냅니다. 실을 당겨 보빈이 시계방향이 되는지를 확인합니다.

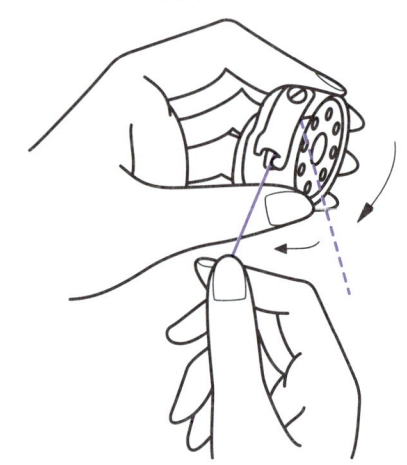

밑실 넣는 방법

보빈 케이스를 사용하는 경우(수직 가마)

① 실 끝을 보빈 케이스
바닥 쪽으로 이동합니다.

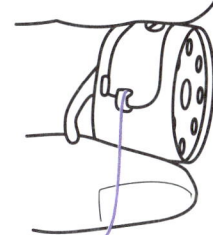

② 보빈 케이스의 손잡이를 최대한 올립니다.

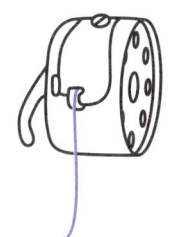

③ 바늘이 위로 올라간 것을
확인하여 재봉틀의 가마(
밑실을 넣는 위치)에 옆에
서 집어넣습니다.

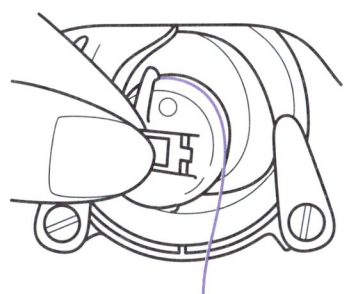

④ 돌림바퀴를 움직여 보빈
케이스가 움직이는 것을
확인합니다.

손잡이

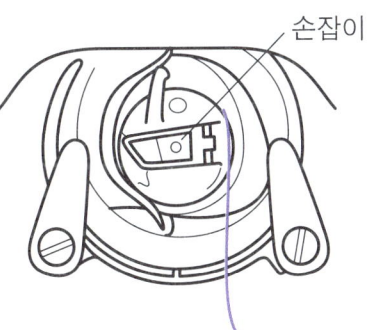

보빈 케이스를 사용하지 않는 경우(수평 가마)

① 실 끝을 상단으로 빼냅니다.

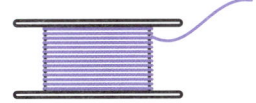

② 구멍에 보빈을 위에서부
터 넣습니다.

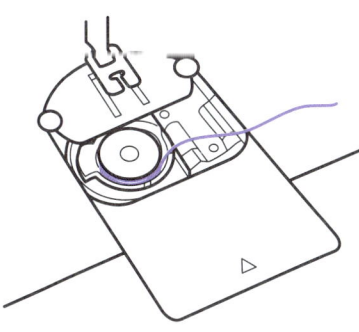

③ 실을 약간 당겨 갈고리에
실을 겁니다.

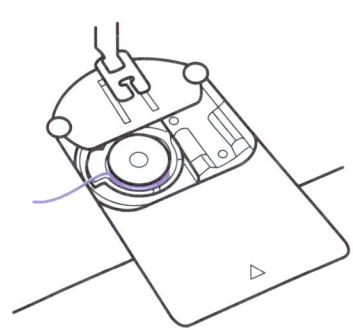

④ 실 끝을 미끄럼판 위로
내놓습니다. 재봉틀에
따라 넣는 방법이 다르
므로 사용하는 재봉틀
의 설명서를 잘 읽어주
세요.

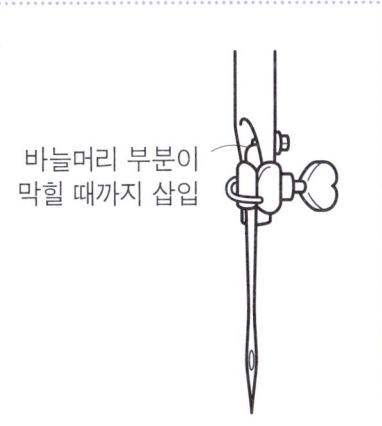

올바른 바늘 장착 방법

몇 차례 사용한 바늘은 바늘이 구부러져 있는지, 바늘 끝이 닳지 않았는지 확인한 후 사용합니다.
이러한 바늘을 사용하면 봉제선이 고르지 못하거나 실이 잘리는 원인이 됩니다.

① 풀리를 돌려서 바늘대를 맨 위쪽까지 올려 바늘을 고정하는 나사를 느슨하게 풀고 기존 바늘
을 제거합니다.
② 바늘의 바늘귀를 재봉틀에 맞는 방향이 되도록 하여 바늘머리를 홈에 깊이 삽입합니다.
③ 바늘을 고정하는 나사를 조여서 단단하게 고정합니다.
④ 바늘이 바늘판 구멍 가운데 바르게 내려가는지 확인합니다.

바늘머리 부분이
막힐 때까지 삽입

밑실 빼내는 방법

① 윗실 끝을 왼손에 잡고 오른손으로는 풀리를 슬며시 앞으로 돌려 바늘이 맨 아래까지 내려가면 윗실을 느슨하게 합니다.

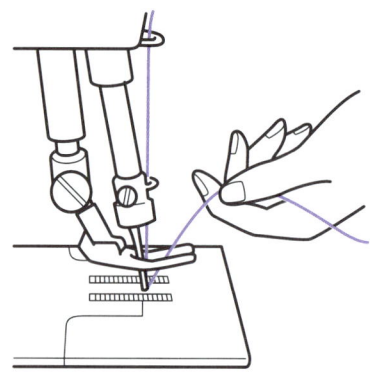

② 풀리를 앞으로 돌려 바늘을 0.5~0.6cm 정도 올린 후 느슨하게 푼 윗실을 당깁니다. 그러면 고리 모양이 된 밑실이 나옵니다.

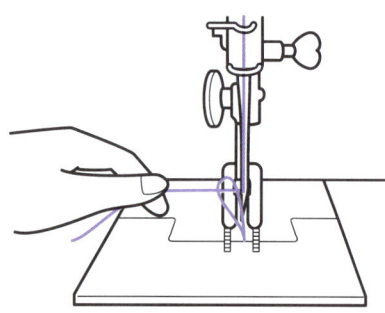

③ 나온 밑실을 손으로 잡아 뺍니다.

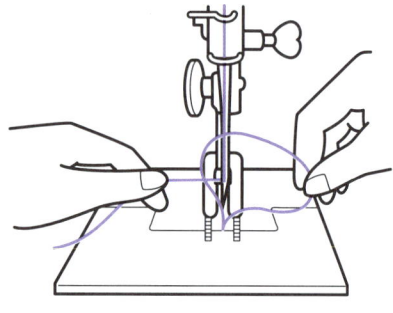

④ 5~6cm 잡아당겨 윗실과 함께 노루발 아래를 통과시켜 뒤쪽으로 이동합니다.

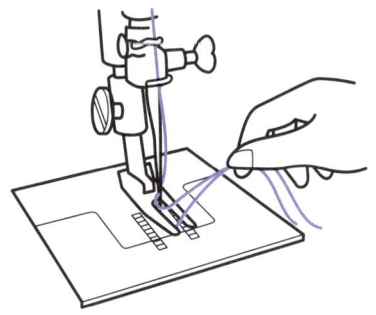

올바른 실 장력 확인 방법

재봉틀로 바느질한 자리는 천을 사이에 두고 윗실과 밑실이 서로 얽혀 있습니다. 위아래 실의 균형이 맞으면 천의 겉면과 안면이 같은 점선 상태가 됩니다. 반드시 본바느질에 사용할 천과 같은 여분의 천을 이용해 재봉틀을 박아본 후에 본바느질로 진행하세요. 이 작업을 '테스트 바느질'이라고 합니다.

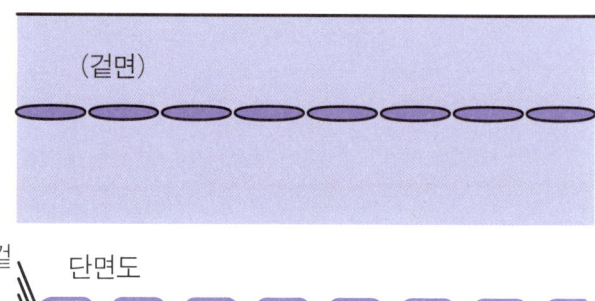

윗실의 장력이 센 경우

안면에서는 봉제선이 깔끔하게 보이지만, 겉면의 봉제선과 봉제선 사이에 고리 상태의 밑실이 보입니다. 또한, 윗실이 하나의 막대기처럼 보입니다. 이 경우는 윗실의 장력을 약하게 해보세요.

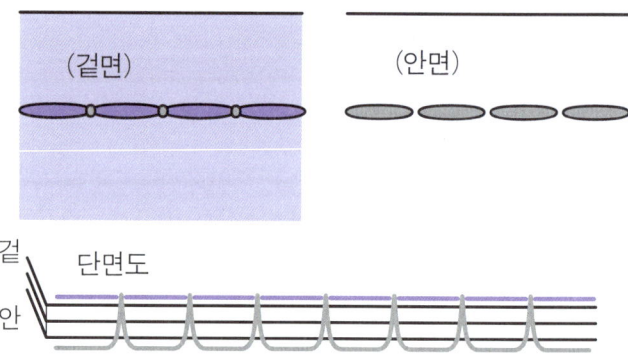

윗실의 장력이 약한 경우

겉면에서는 봉제선이 깔끔하게 보이지만, 안면의 봉제선과 봉제선 사이에 고리 상태의 윗실이 보입니다. 또한, 밑실이 하나의 막대기처럼 보입니다. 이 경우는 윗실의 장력을 세게 해보세요.

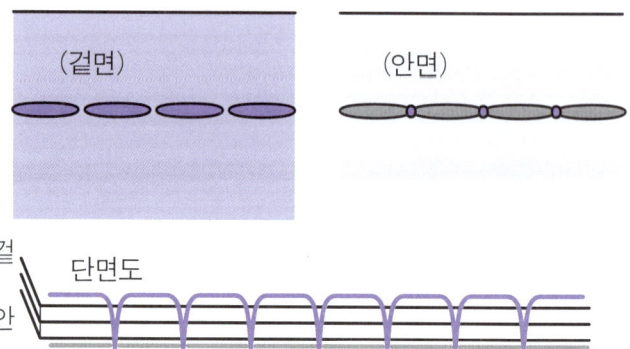

바느질 시작과 끝

① 윗실과 밑실을 함께 노루발 밑에서 반대쪽으로 5~6cm 정도 빼내고 노루발은 올려 둡니다.

② 천을 놓고 풀리를 돌려 바느질 시작 위치에 바늘을 내립니다.

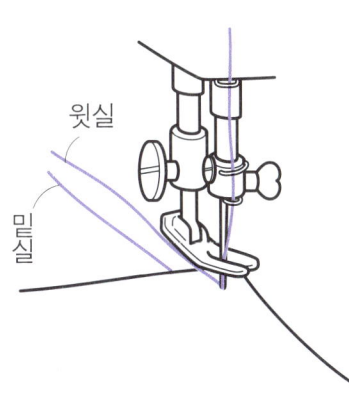

③ 노루발을 내려 천에 가볍게 손을 대고 박습니다.

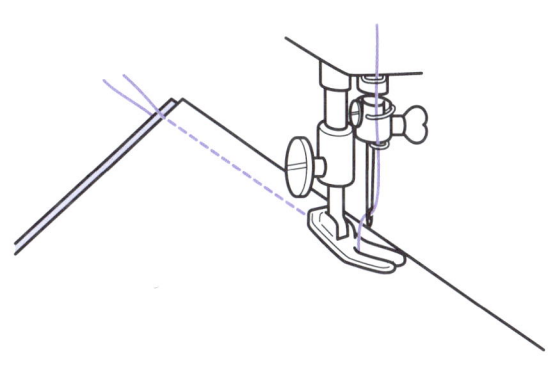

④ 바느질 땀의 크기, 실 장력이 바른지 확인합니다.

⑤ 바느질이 끝나면 바늘을 맨 위로 위치시키고 멈추고 노루발을 올립니다.

⑥ 천을 바늘판 위에서 뒤쪽으로 빼내고 위아래 실을 5~6cm 남긴 후 자릅니다.

⑦ 바느질 시작할 때와 끝낼 때는 되돌아박기를 하든지 윗실을 뒤쪽으로 빼내어 밑실과 함께 매듭지어 실을 처리합니다.

직선박기

노루발을 내린 후 천이 늘어지지 않도록 왼손으로 반대쪽 천을 살짝 잡아당기는 느낌으로 잡고, 앞쪽의 천은 오른손으로 살짝 누르면서 박기 시작합니다. 천을 너무 잡아당기지 않도록 주의하고, 재봉틀 속도에 맞춰주세요.

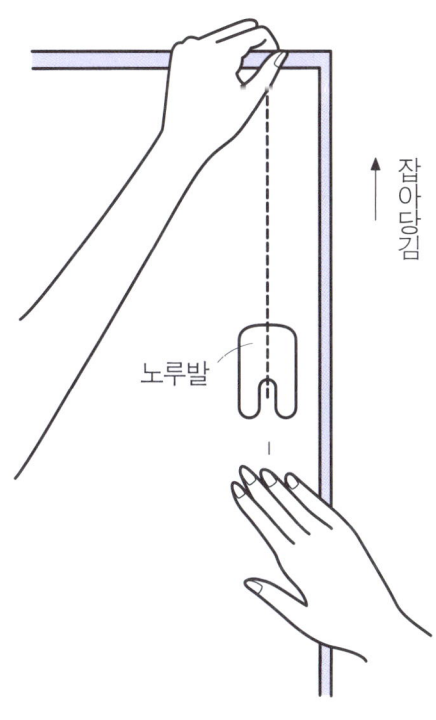

되돌아박기

바느질 시작 부분과 바느질 끝부분을 그대로 두면 봉제선이 풀리게 되므로 고정해야 합니다. 먼저 시작할 때 3~4 땀을 박은 뒤 되돌아박기 기능을 이용해 원래 위치로 돌아가서 다시 바느질을 진행합니다. 다음 그림에서는 이해하기 쉽도록 봉제선에서 벗어난 모습으로 보여주고 있지만, 실제로는 같은 선 위를 왕복합니다. 바느질을 끝낼 때도 마찬가지로 해주세요.

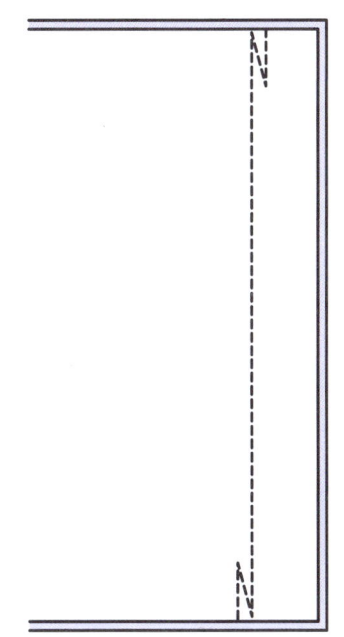

곡선박기

곡선이 완만한 경우

곡선과 반대로 천을 잡아당겨 봉제선을 직선 상태와 같게 한 후 재봉틀로 박습니다. 천을 살살 당겨 봉제선이 늘어나지 않도록 주의합니다.

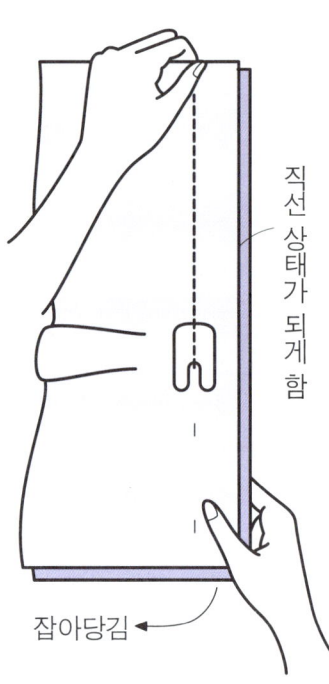

직선 상태가 되게 함

잡아당김

곡선이 심하거나 작은 경우

왼손으로 천을 돌려가면서 중간중간 서서히 방향을 바꿔줍니다. 방향을 바꿀 때는 바늘이 꽂힌 상태에서 노루발을 살짝 들어 방향을 바꿔줍니다.

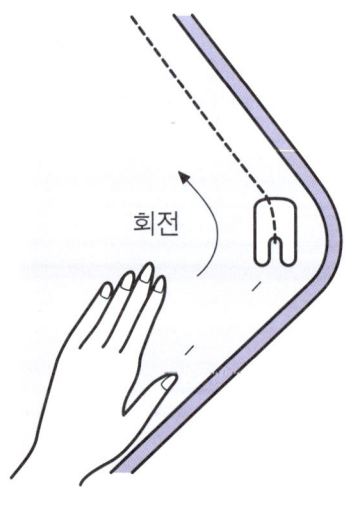

회전

모서리박기

① 모서리에 이르기 전에 한 땀을 남겨두고 멈춥니다. 바늘이 천에 꽂혀 있는 상태로 노루발을 올립니다.

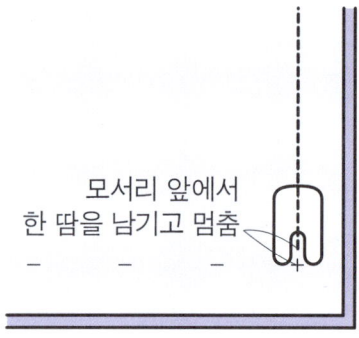

모서리 앞에서 한 땀을 남기고 멈춤

② 천을 45° 회전시켜 노루발을 내린 후 어슷하게 한 땀을 박습니다.

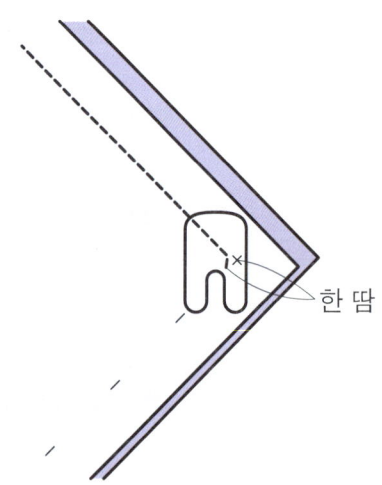

한 땀

③ 바늘을 꽂은 상태로 노루발을 올려 또다시 천을 45° 회전시킵니다.
④ 노루발을 내리고 계속 박습니다.
⑤ 바느질이 끝나면 모서리 시접을 잘라냅니다.

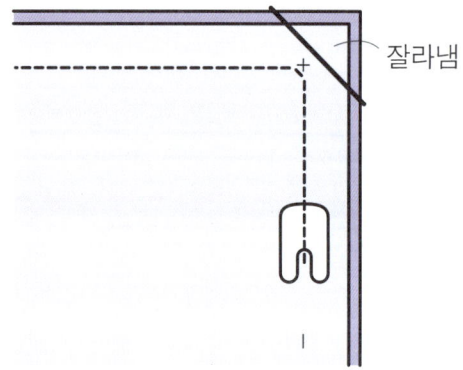

잘라냄

시접꺾어박기

봉제한 시접을 한쪽으로 넘겨 접고, 접은 선에서 0.1~0.2cm 위치를 겉면에서 박습니다. 시접을 한쪽으로 단단히 접고자 할 때 사용합니다.

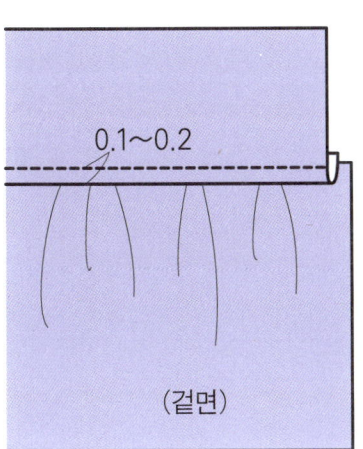

숨겨박기

시접을 갈라 그 봉제선 위를 재봉틀로 박는 것을 '숨겨박기'라고 합니다.

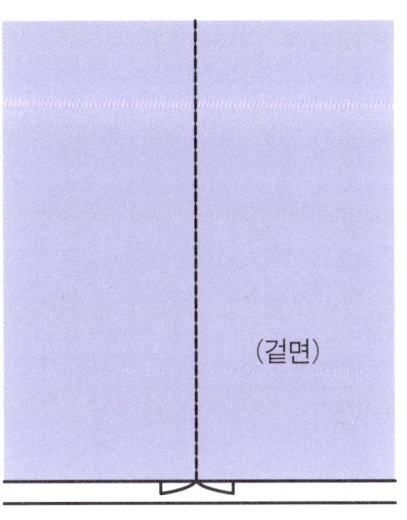

가장자리 처리를 위해 바이어스 천을 달 때 봉제선 바로 옆을 박는 것도 숨겨박기의 일종입니다.

쌍줄솔박기

가름솔로 다린 시접을 겉쪽에서 상침하여 몸판에 시접을 고정하는 방법으로 '쌍줄솔박기'라고 합니다. 봉제선 양쪽에 일종의 장식 삼아 박는 경우도 있습니다.

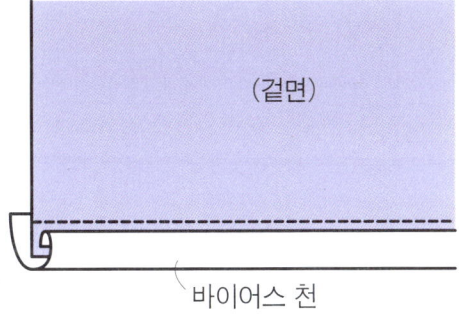

바이어스 천

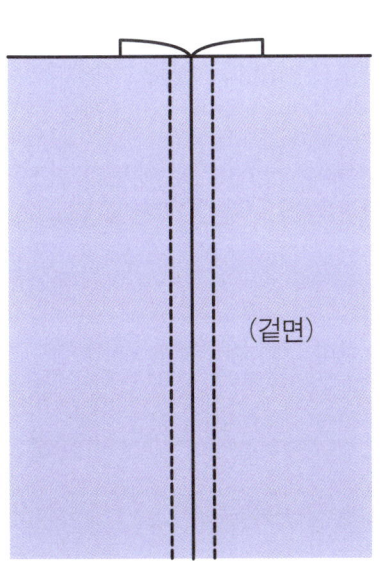

실 연결 방법

박는 도중 실이 모자란 경우는 5cm 정도 봉제선을 겹쳐서 박습니다. 봉제선 겹침을 눈에 띄게 하고 싶지 않을 때는 2~3cm 정도만 겹쳐서 박아주세요. 그런 다음 실밥을 살짝 풀어 안면에서 4가닥의 실을 함께 묶어줍니다.

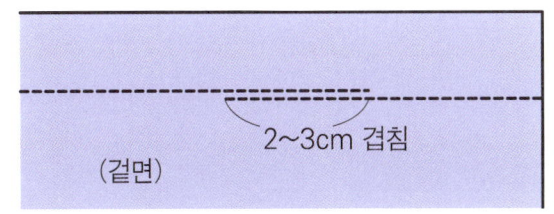

2~3cm 겹침

(겉면)

스티치에 대하여

장식으로써 사용하는 봉제선을 말합니다만, 시접 처리나 봉제선을 튼튼하게 하는 목적으로도 사용됩니다. 시침할 때와 같은 실을 사용하는 경우가 많지만, 눈에 띄게 하고자 할 때는 스티치 실이나 자수 실을 사용하기도 합니다. 스티치 실이나 자수 실 등을 사용할 때는 윗실만 사용하고 밑실은 일반실을 사용해주세요. 바느질 땀은 일반 재봉을 할 때보다 크게 합니다.

깔끔하게 스티치 하는 방법

스티치 폭이 좁을 때(1cm 정도까지)는 노루발 폭을 기준으로 박습니다. 항상 땀의 위치를 안정되게 해주세요. 스티치를 넣을 위치에서 0.2~0.3cm 안쪽을 시침하여 그것을 기준으로 스티치 하는 것도 하나의 방법입니다. 시침실 위를 박으면 나중에 시침실을 제거하기 어려우므로 주의합니다.

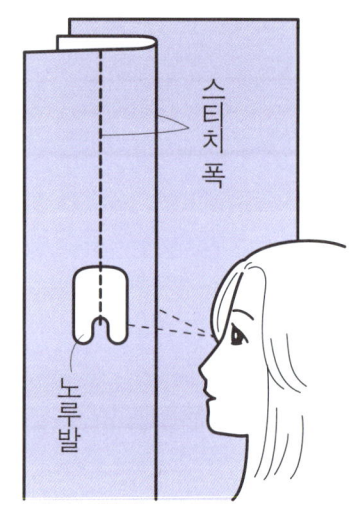

폭이 넓은 장식박기를 할 때는 재봉틀 노루발(부속장치)의 '스티치자'를 이용하면 바느질하기가 쉽습니다. 스티치 폭을 정했다면 기준이 되는 바느질선 또는 원단 가장자리에 확실하게 맞춰서 박습니다.

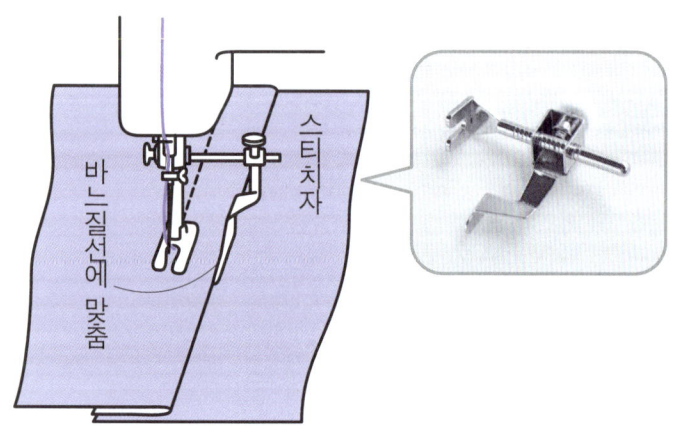

모서리 스티치

모서리 위치까지 박았다면 모서리에서 바늘을 꽂은 상태로 노루발을 올려 천을 회전시켜 방향을 바꿔줍니다. 그 후 다시 박습니다.

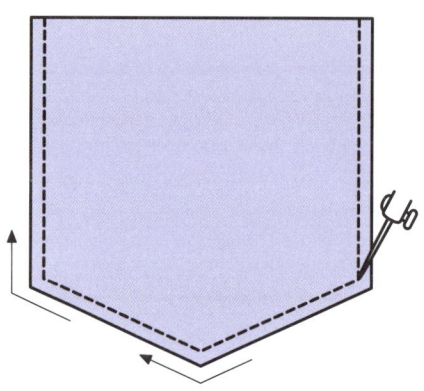

곡선 스티치

곡선을 박을 때는 천을 천천히 회전시키면서 위아래의 천이 어긋나지 않도록 주의하면서 박습니다.

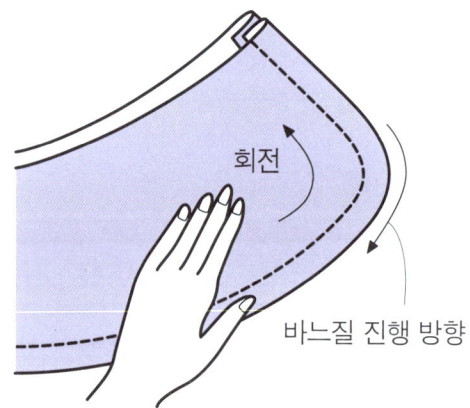

스티치의 실 연결 방법

① 바느질이 끝난 부분에서 한 땀을 벌려 박습니다.

② 안면에서 한쪽 밑실을 당기고, 윗실을 안면으로 빼내어 매듭을 짓습니다.

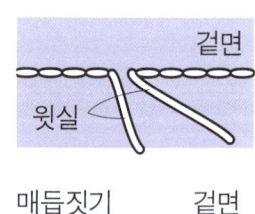

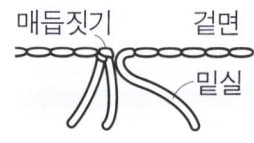

③ 다시 한 쪽의 윗실을 바늘에 끼워 한 땀을 박습니다.

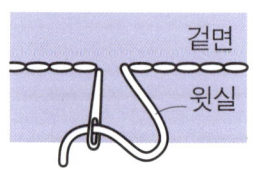

④ ③의 윗실을 안면에서 매듭짓습니다.

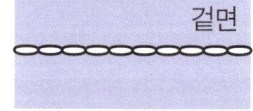

시접 처리

핑킹가위로 처리하는 방법

핑킹가위로 시접 가장자리를 잘라서 처리합니다. 올이 잘 풀리지 않는 천에 적합합니다. 거기에 한층 시접 가장자리를 박아주면 더더욱 올이 안 풀리겠지요.

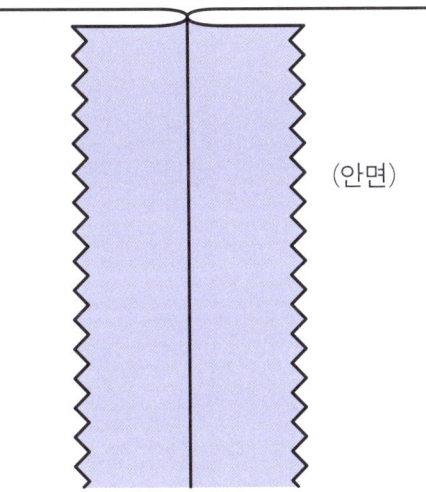

(안면)

지그재그 박음질로 처리하는 방법 A

가정용 재봉틀의 지그재그 박음질 기능을 사용해서 처리합니다. 처음부터 천 가장자리를 감쳐도 되고, 그림과 같이 지그재그 박음질은 한 후 여분의 시접을 봉제선 바로 옆에서 잘라내도 좋습니다.

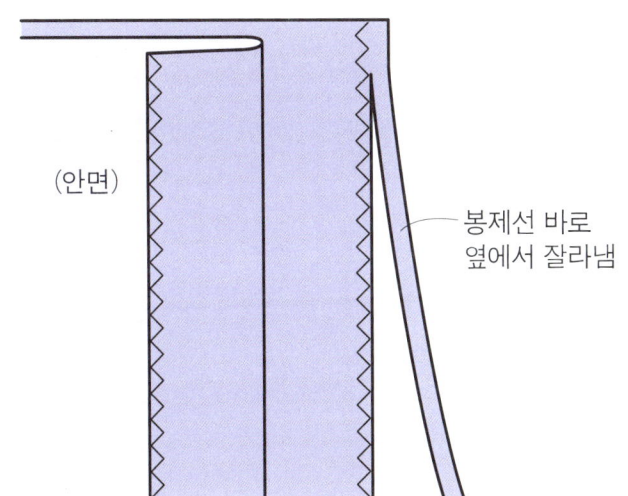

(안면)

봉제선 바로 옆에서 잘라냄

오버로크 박음질로 처리하는 방법

오버로크 박음질은 원단 가장자리를 감치는 바느질 방법을 말합니다. 여분의 시접을 잘라내면서 시접을 처리하므로 매우 합리적입니다.

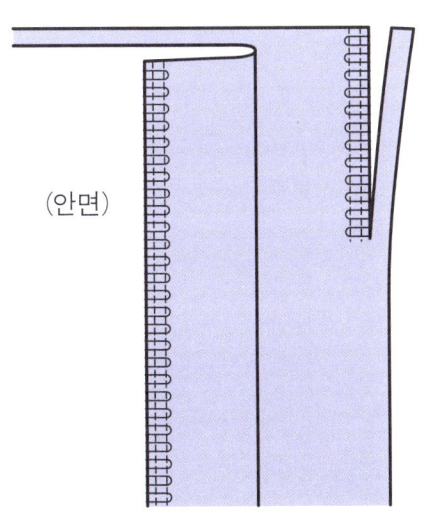

(안면)

지그재그 박음질로 처리하는 방법 B

원단이 얇은 경우는 바느질이 쉽지 않으므로 한 번 접어서 가장자리를 지그재그 박음질 합니다. 그 후 그림과 같이 여분의 시접을 봉제선 바로 옆에서 잘라냅니다.

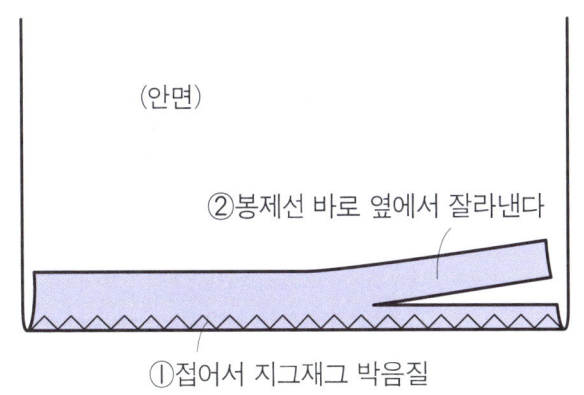

(안면)

②봉제선 바로 옆에서 잘라낸다

①접어서 지그재그 박음질

시침박기

① 올이 잘 안 풀리는 원단의 시접 처리에 사용합니다. 시접 가장자리를 접
  지 않고 그대로 재봉틀로 박습니다. 반드시 시접에만 사용합니다.

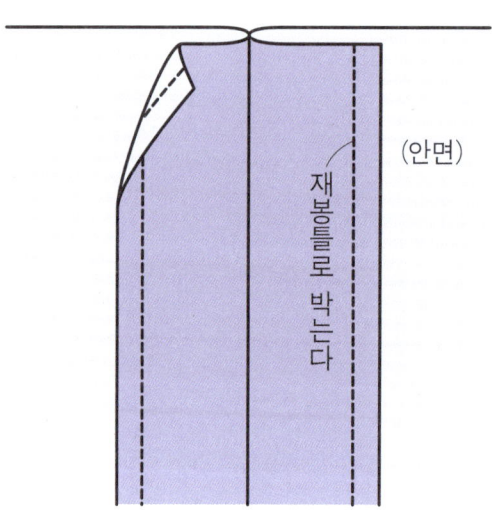

끝단접어박기

① 얇은 원단일 때 사용합니다. 두꺼운 원단은 시접이 동글동글 말리므로
  피하는 것이 좋습니다. 시접 가장자리에서 0.5cm 정도를 다리미를 사
  용해 안면으로 접어줍니다.

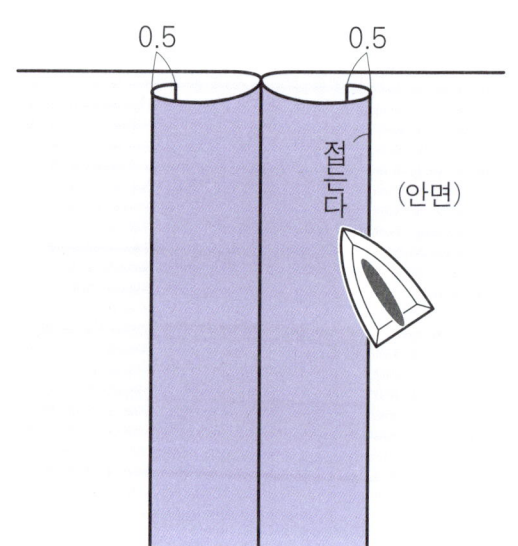

② 바느질이 끝나면 봉제선 바로 옆에서 여분의 시접을 잘라냅니다. 시접
  처리 이외에 원단 가장자리를 감아서 공그르기(222쪽 참조) 할 때나 감
  침질할 때도 이용됩니다.

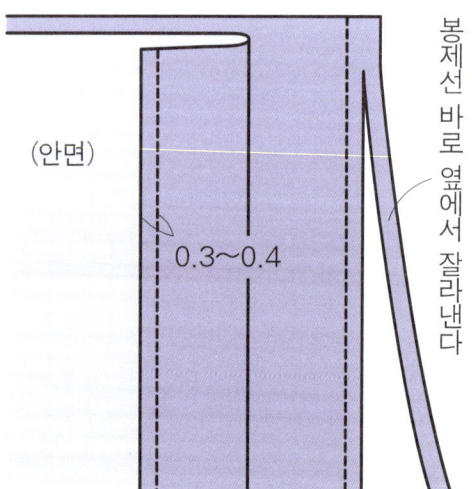

② ①에서 접은 부분의 시접만을 재봉틀로 박습니다. 곡선은 시접이 울게
  되므로 시접 폭을 좁게 합니다.

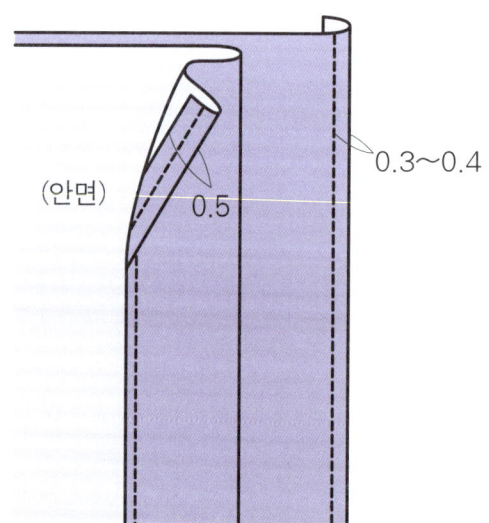

휘갑치기 A

원단 가장자리 두 장을 함께 손바느질로 감쳐서 처리하는 방법입니다. 올이 잘 안 풀리는 원단인 경우에 사용합니다.

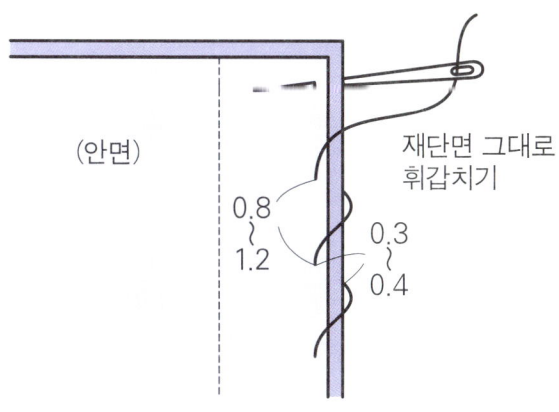

(안면)

재단면 그대로
휘갑치기

0.8
~
1.2

0.3
~
0.4

휘갑치기 B

원단에 시침박기를 한 후 재단면을 휘갑치기 합니다. A보다 더 올이 잘 풀리지 않습니다.

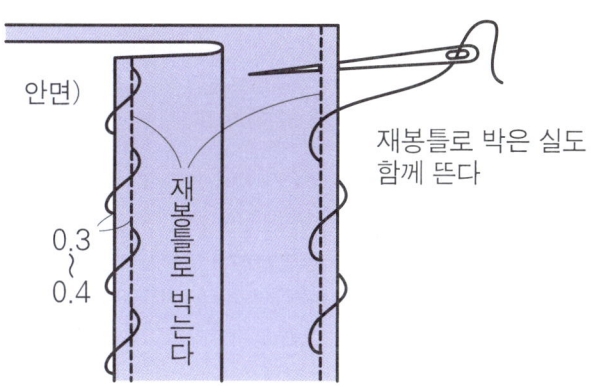

안면)

재봉틀로 박은 실도
함께 뜬다

재봉틀로 박는다

0.3
~
0.4

■ 휘갑치기 C

특히 올이 잘 풀리는 원단에 적합한 방법입니다. 오른쪽 가장자리를 시침박기 한 후 왕복해서 휘갑치기 합니다. 이 방법은 얇은 원단이나 비치는 원단에는 적합하지 않습니다.

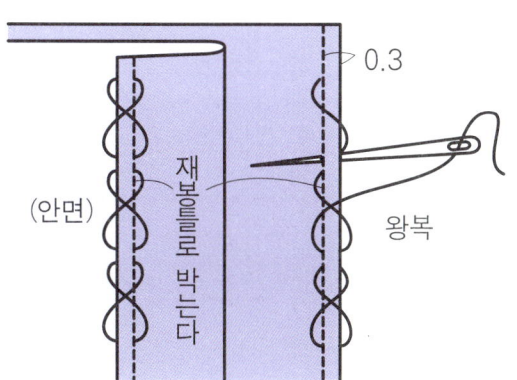

(안면)

재봉틀로 박는다

0.3

왕복

통솔박기

시접이 비치거나 풀리기 쉬운 원단인 경우, 튼튼하게 처리하고 싶을 때 적합한 방법입니다. 비치는 원단일 때는 통솔 폭을 0.5cm 정도의 크기로 합니다.

① 원단 안면끼리 맞대어 완성선에서 0.5~1cm의 시접 쪽에 재봉틀을 박습니다.

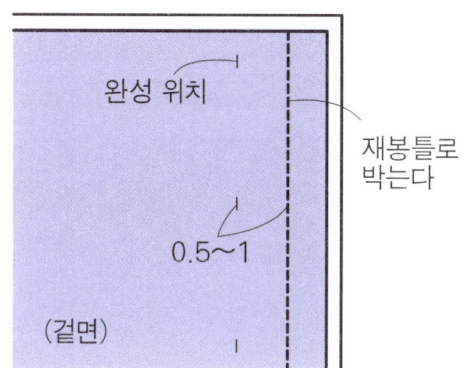

완성 위치

재봉틀로
박는다

0.5~1

(겉면)

② 처음에 박은 봉제선 바깥쪽(시접 쪽)을 0.3cm 폭으로 맞춰서 나머지를 잘라낸 후 다리미로 시접을 가릅니다.

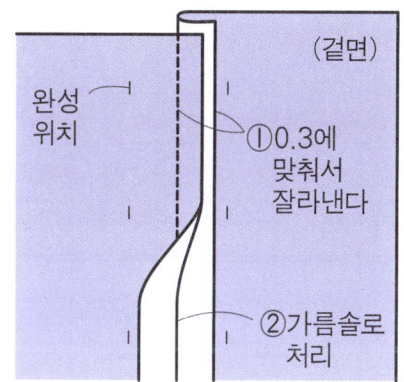

(겉면)

완성
위치

①0.3에
맞춰서
잘라낸다

②가름솔로
처리

③ 이번에는 겉면끼리 맞대어 안면에서 완성선을 따라 재봉틀로 박습니다.

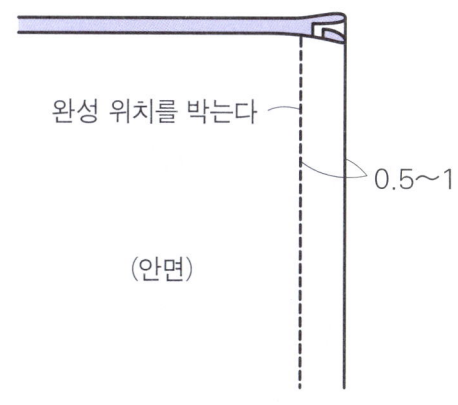

완성 위치를 박는다

0.5~1

(안면)

가름솔박기

두꺼운 원단에 세탁을 심하게 해야 하거나 스포티한 디자인으로 스티치를 포인트로 삼고자 하는 경우에 적합합니다.

① 원단 겉면끼리 맞대어 완성선을 재봉틀로 박습니다.

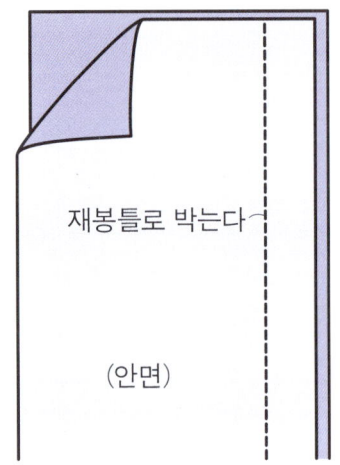

② 시접을 다리미로 가른 후 시접 가장자리를 0.5cm 정도 접습니다.

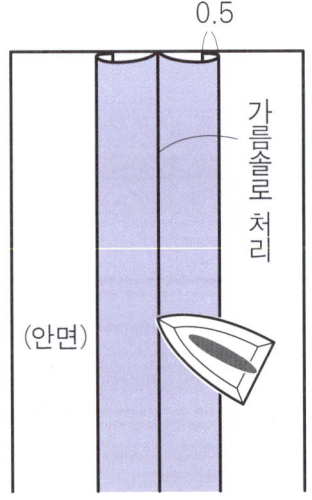

③ 겉면에서 시접 가장자리에 맞춰 재봉틀을 박아 시접을 겉감에 붙여줍니다. 스티치도 겸하므로 시접 폭을 맞춘 후에 박아주세요.

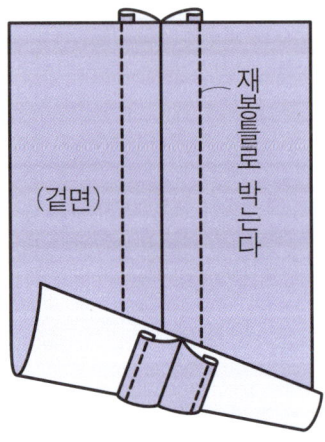

쌈솔박기

면 소재나 스포티한 디자인에 적합합니다.

① 원단 겉면끼리 맞대어 완성선을 재봉틀로 박습니다. 시접의 폭을 그림과 같이 차이를 두어 자릅니다.

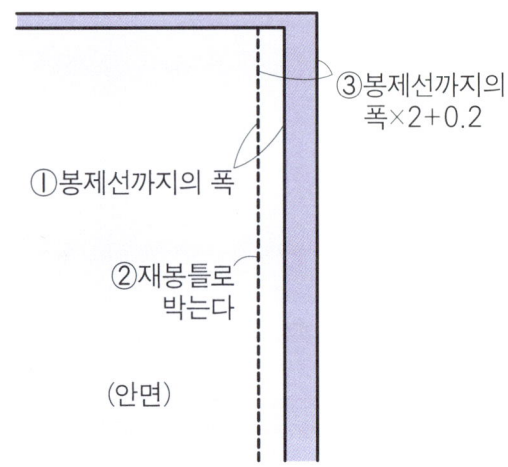

② 폭이 넓은 시접으로 다른 한쪽의 시접을 감싸듯이 접어서 다림질합니다.

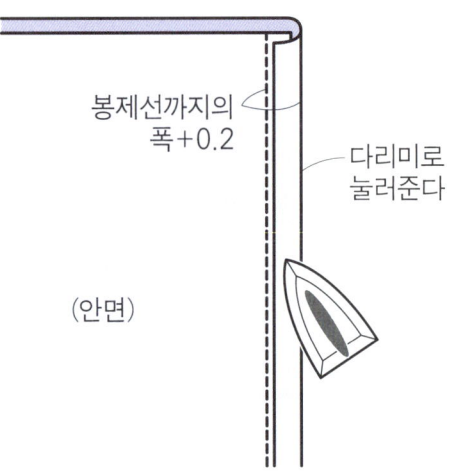

③ 시접을 한 번 더 접어서 겹쳐 놓았던 원단을 편 후 겉면에서 시접의 접은 선 바로 옆을 재봉틀로 박습니다.

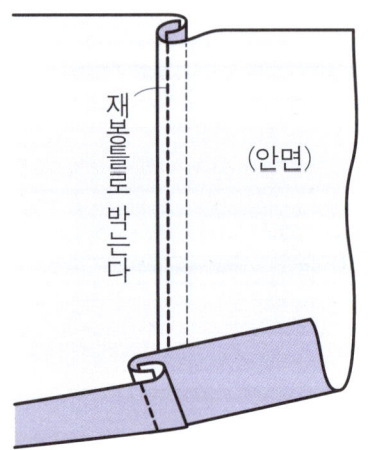

넘솔박기 A

스포티한 디자인의 옷에서 많이 볼 수 있는 시접 처리 방법입니다.

※넘솔: 시접을 싸서 박음질하지 않고 펼친 후에 겉으로 장식상침으로 박음질하는 방법으로 쌈솔과 비슷한 방법

① 원단을 겉면끼리 맞대어 완성선을 재봉틀로 박습니다. 시접 가장자리 는 2장을 함께 오버로크 박음질 또는 지그재그 박음질 합니다.

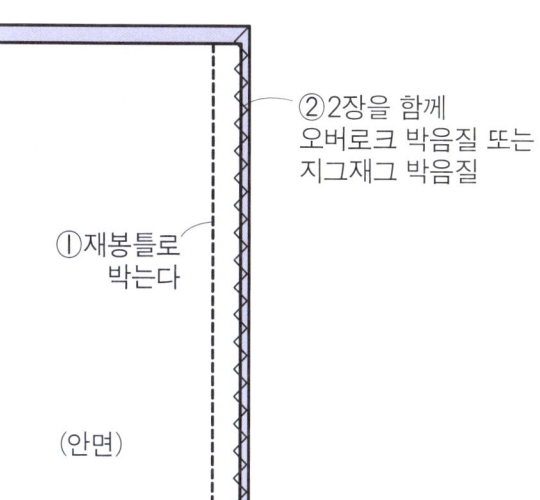

②2장을 함께 오버로크 박음질 또는 지그재그 박음질

①재봉틀로 박는다

(안면)

② 다리미로 시접을 한쪽으로 눕히고 겉면에서 재봉틀로 박아 시접을 겉 면에 고정합니다. 스티치를 겸하므로 시접 폭을 맞춰 주세요.

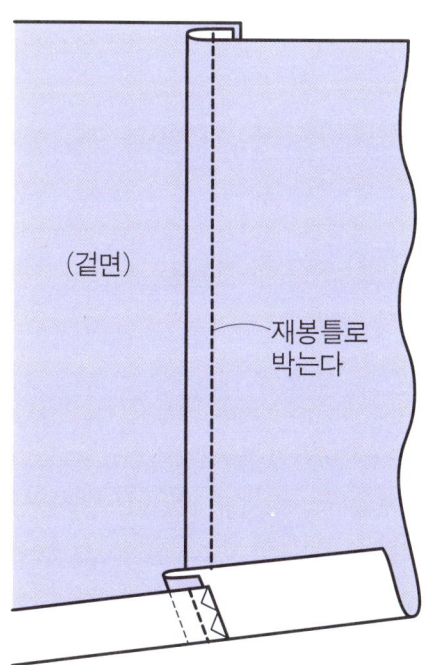

(겉면)

재봉틀로 박는다

넘솔박기 B

최종 바느질할 때는 원단이 세 겹이 되어서 두꺼운 소재인 경우 바느질이 쉽지 않으므로 시접 폭에 차이를 줍니다.

① 원단 겉면끼리 맞대어 완성선을 재봉틀로 박습니다. 시접 폭에 차이를 주어 한쪽만 잘라냅니다. 폭이 넓은 시접 가장자리를 오버로크 박음질 또는 지그재그 박음질 합니다.

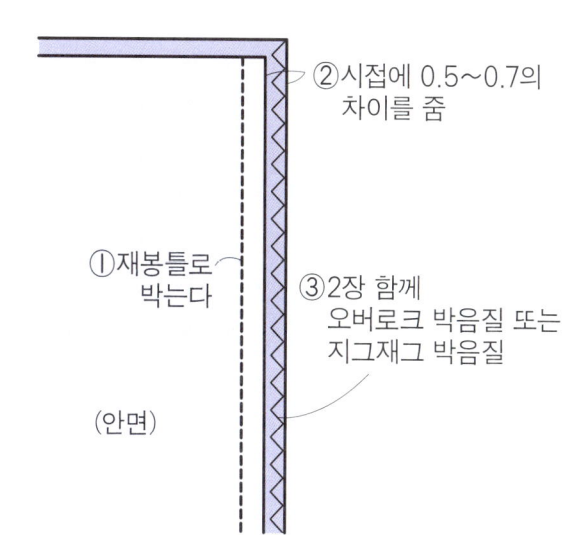

②시접에 0.5~0.7의 차이를 줌

①재봉틀로 박는다

③2장 함께 오버로크 박음질 또는 지그재그 박음질

(안면)

② 다리미로 시접을 한쪽으로 눕히고 겉면에서 재봉틀로 박아 시접을 겉 면에 고정합니다. 1장의 시접이 다른 1장의 시접 안에 들어가므로 최 종적으로는 2장을 박는 셈이 됩니다.

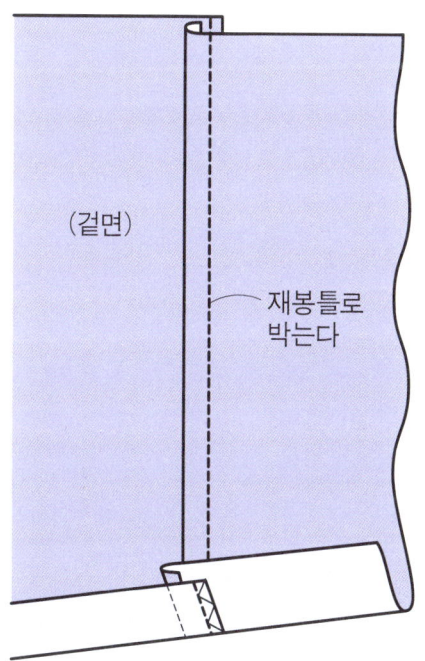

(겉면)

재봉틀로 박는다

세 겹 박기 A

원단을 세 겹으로 해서 접은 선 바로 옆을 재봉틀로 박는 방법입니다. 봉제선이 겉면에서 보이므로 봉제선이 보여도 상관없는 경우에 사용합니다.

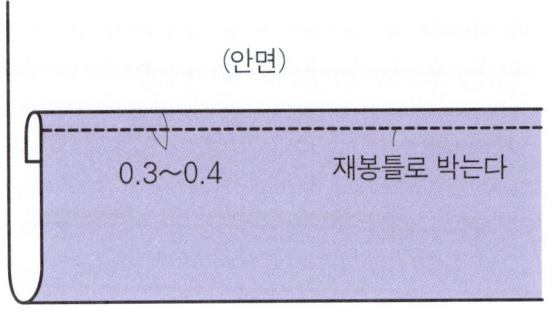

(안면)

0.3~0.4   재봉틀로 박는다

두 번 접어박기

끝단(소맷부리 따위의 접어 올린 부분 또는 그 시접 분량)을 가늘게 만들고자 할 때 사용합니다.

① 원단을 접어서 접은 선 바로 옆을 재봉틀로 박고, 봉제선 바로 옆에서 여분의 원단을 잘라냅니다. 이때 겉감을 자르지 않도록 주의하세요.

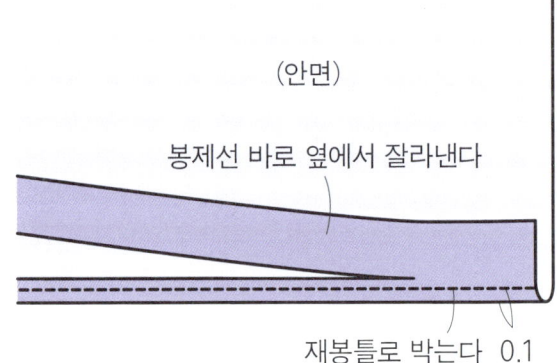

(안면)

봉제선 바로 옆에서 잘라낸다

재봉틀로 박는다   0.1

세 겹 박기 B

원단을 완전한 세 겹으로 해서 접은 선 바로 옆을 재봉틀로 박는 방법입니다. 비치는 원단인 경우는 겉면에서 되접은 시접이 보이므로 완전한 세 겹으로 합니다.

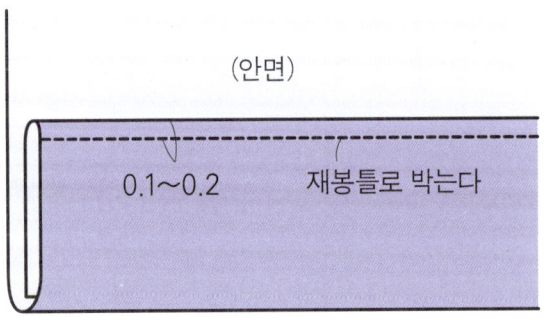

(안면)

0.1~0.2   재봉틀로 박는다

② 잘라낸 부분에서 같은 방향으로 다시 한 번 접어 최초의 봉제선에 겹쳐서 재봉틀을 박습니다.

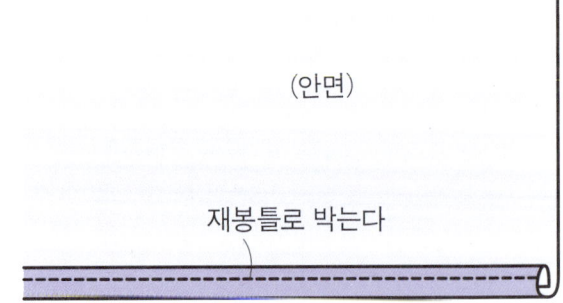

(안면)

재봉틀로 박는다

보통감침

접단의 가장자리를 접어 접은 선을 꿰매 붙이는 데 사용합니다. 단단하게 감치고자 할 때 적합합니다.

① 그림과 같이 접어서 시침질합니다. 시접 안면에서 바늘을 앞쪽으로 빼냅니다.

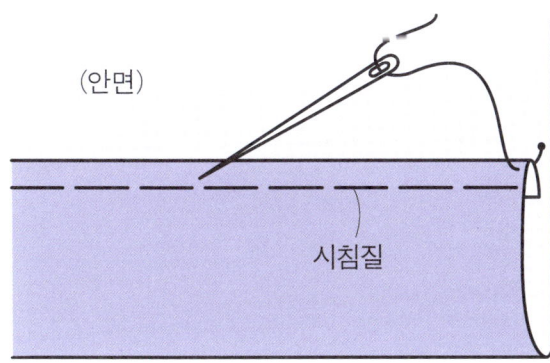

② 겉감을 작은 바늘땀(직물의 올을 한 땀씩 뜨는 느낌으로)으로 떠서 0.3~0.5cm 간격으로 접은 선 안면에서 바늘을 넣어 실을 빼냅니다. 이것을 반복합니다.

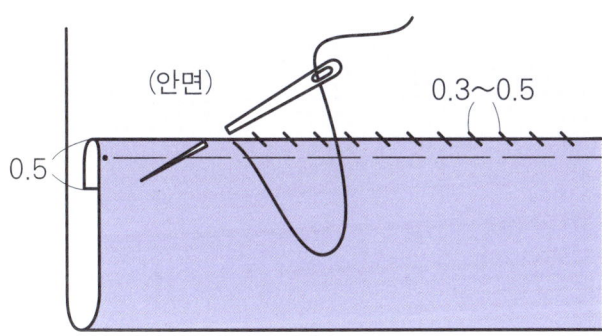

③ 겉면에서 본 그림입니다. 실을 너무 당기지 않도록, 또 봉제선이 일직선이 되도록 주의하세요.

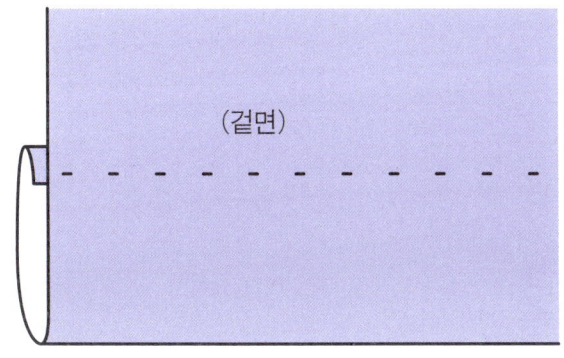

어슷감침

바늘이나 실을 움직이는 방법은 보통감침과 같습니다만, 실이 사선이 되도록 0.5cm 정도의 간격으로 겉감을 작은 바늘땀으로 뜹니다. 실이 느슨하게 감쳐지므로 부드러운 원단에 적합합니다. 접은 선에 걸쳐지는 실이 길어서 마찰이 심한 부분은 실이 닳아 끊어질 수 있으므로 주의하세요.

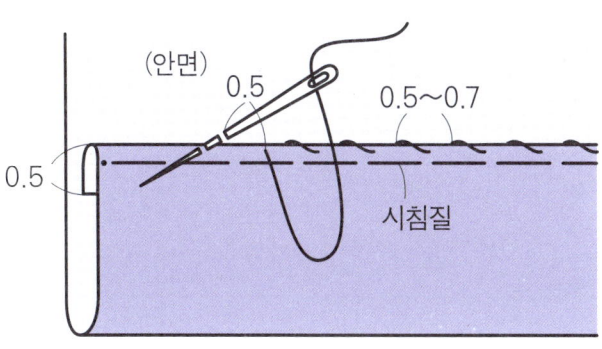

세로감침

접단 안면에서 바늘을 꽂아 앞으로 빼내면서 바로 위의 겉감을 뜹니다. 그 밖에는 보통감침과 같은 요령으로 작업합니다. 바느질로 고정하고자 하는 부분에 직각으로 실이 걸립니다.

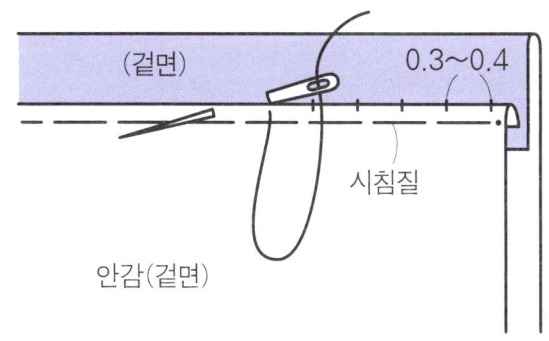

속감침

밑단 안쪽을 감치는 방법입니다. 감침 실은 접은 선 안쪽에 가 있습니다. 시침질한 후 시접의 가장자리를 앞쪽으로 뒤집어 보통감침으로 감쳐줍니다.

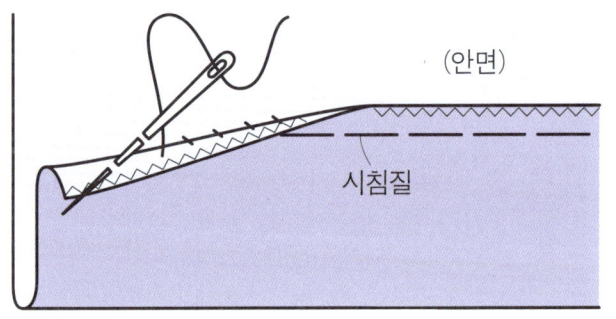

(안면)

시침질

안감이 있는 재킷이나 코트 등의 밑단 처리
① 겉감 시접을 처리하고 안감 시접을 접어서 보통시침을 합니다.

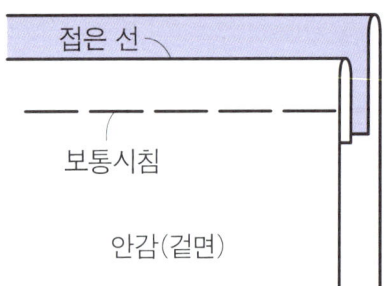

접은 선

보통시침

안감(겉면)

② 안감의 접은 선을 앞쪽으로 뒤집어 속감침으로 감쳐주세요.

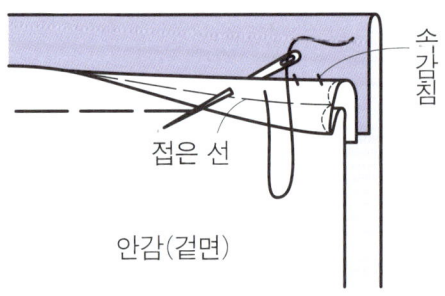

소 감 침

접은 선

안감(겉면)

말아박기

말아박기는 밑단을 가늘게 처리하고자 할 때 사용합니다. 그런 의미에서는 한 번 접어박기와 같습니다만, 봉제선이 겉면에서 보이지 않도록 할 때 또는 접단을 부드럽게 처리하고자 할 때 사용합니다.

① 재봉틀을 박아 봉제선 바로 옆에서 시접을 잘라냅니다. 말아박기를 하는 원단은 얇은 원단인 경우가 많으므로 봉제선이 울지 않도록 주의합니다.

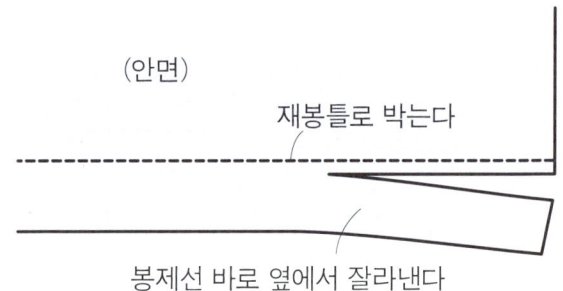

(안면)

재봉틀로 박는다

봉제선 바로 옆에서 잘라낸다

② 봉제선을 심지 삼아 촘촘하게 엄지와 검지로 둥그렇게 말면서 어슷감침으로 감쳐 나갑니다. 천은 팽팽하게 잡아당기면서 감치면 작업하기가 쉽습니다. 처음에 박은 봉제선은 안으로 들어가게 되므로 겉에서 보이지 않습니다.

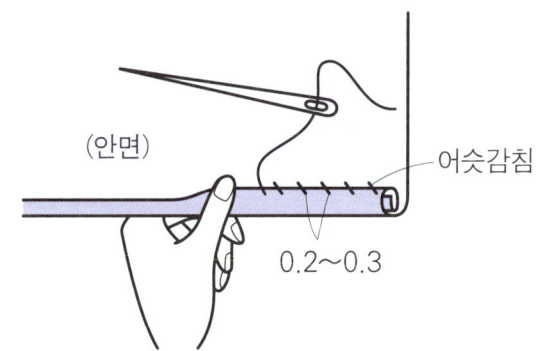

(안면)

어슷감침

0.2~0.3

바이어스 처리

바이어스 테이프 만드는 방법

원단 재단 방법

바이어스 테이프는 원단을 바이어스 방향(올 방향에 대해서 45°의 각도)으로 해서 테이프 상태로 재단한 것을 말합니다.

양 가장자리를 마주 보게 접는 바이어스 테이프(Single-fold Bias Tape)는 완성 폭의 2배가 필요하며, 가장자리를 두르는 바이어스 테이프는 완성 폭의 4배+0.2cm가 필요합니다.

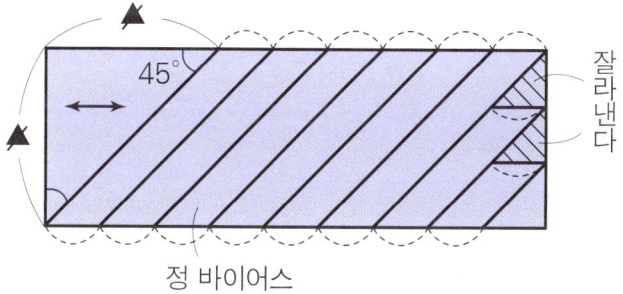

정 바이어스

원단 잇는 방법

바이어스 테이프를 이어 붙일 때는 박을 위치의 원단 가장자리를 맞춰줍니다. 이어붙이기가 끝나면 시접을 가름솔 처리하고 삐져나온 시접은 잘라내서 정돈해줍니다.

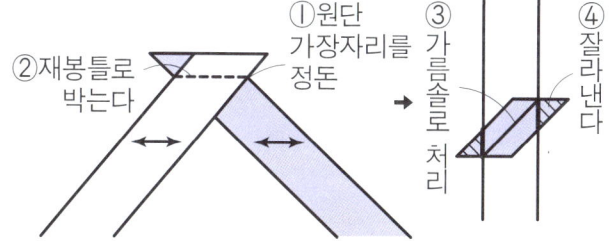

②재봉틀로 박는다　①원단 가장자리를 정돈　③가름솔로 처리　④잘라낸다

긴 바이어스 테이프 만드는 방법

원단에 바이어스 테이프 폭으로 선을 그리고, 그 선을 1개씩 어긋나게 해서 겉면끼리 맞춰 박습니다. 그 후 선대로 잘라줍니다.

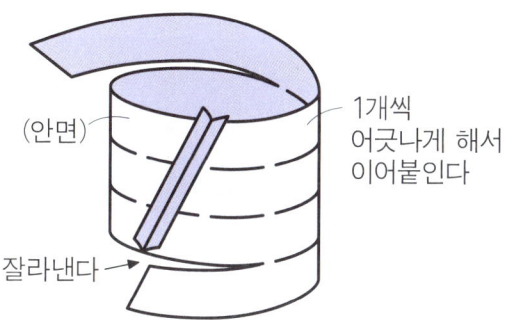

(안면)

1개씩 어긋나게 해서 이어붙인다

잘라낸다

양 가장자리를 마주 보게 접는 바이어스 테이프 만드는 방법

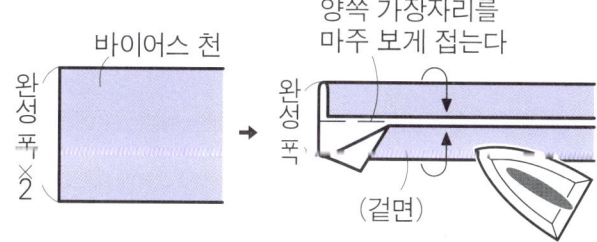

바이어스 천　양쪽 가장자리를 마주 보게 접는다

완성 폭×2　완성 폭　(겉면)

가장자리를 두르는 바이어스 테이프 만드는 방법

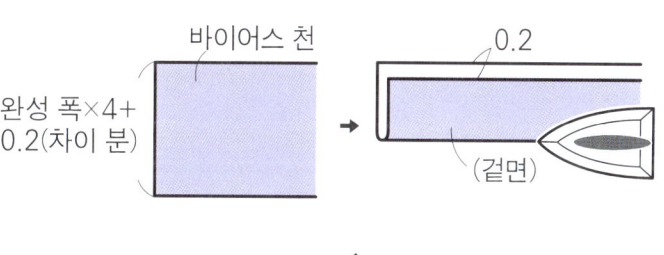

바이어스 천　0.2

완성 폭×4+0.2(차이 분)　(겉면)

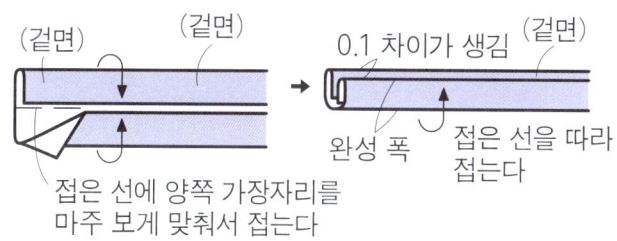

(겉면)　(겉면)　0.1 차이가 생김　(겉면)

완성 폭　접은 선을 따라 접는다

접은 선에 양쪽 가장자리를 마주 보게 맞춰서 접는다

시중에서 판매하는 바이어스 메이커를 사용하면 손쉽게 바이어스 테이프를 만들 수 있습니다.

바이어스 메이커

잡아당긴다

겉감(안면)

감침질로 처리

① 가장자리 처리 바이어스 테이프의 폭이 좁은 쪽 가장자리와 겉감 가장자리를 겉면끼리 맞대어 놓고 바이어스 테이프의 접은 선을 재봉틀로 박습니다.

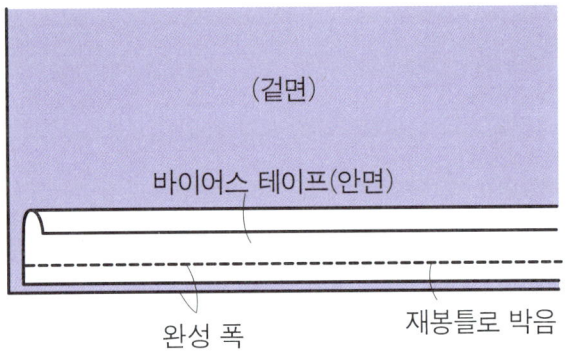

② 바이어스 테이프를 되접습니다.

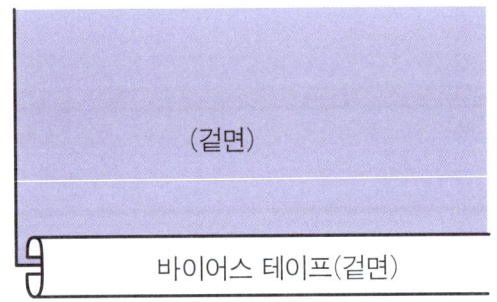

③ 원단 가장자리를 감싸듯이 바이어스 테이프를 접어 감칩니다.

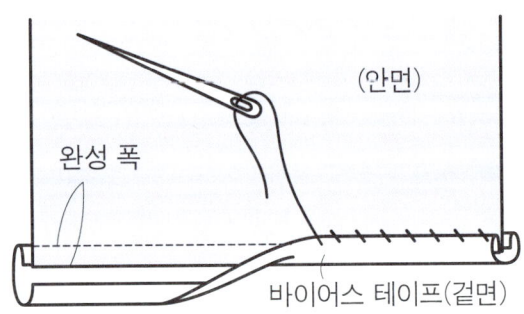

끝단접어박기로 처리하기

가장자리 처리 바이어스 테이프와 겉감을 겉면끼리 맞대어 바이어스 완성 폭에 맞춰 재봉틀로 박고 바이어스 테이프를 되접어줍니다.(감침질로 처리할 때의 ①, ②를 참조) 원단 가장자리를 감싸면서 바이어스 테이프를 접어 시침질하고 겉면에서 재봉틀로 박습니다. 뒤쪽 바이어스 테이프까지 잘 박아주세요.

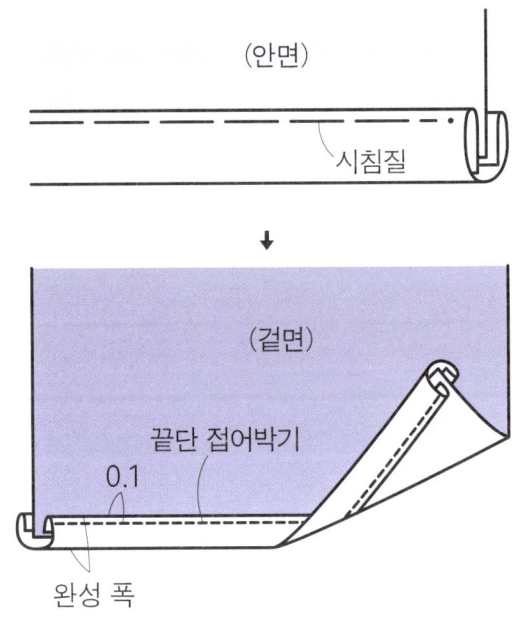

숨겨박기로 처리하기 A

가장자리 처리 바이어스 테이프와 겉감을 겉면끼리 맞대어 바이어스 완성 폭에 맞춰 박은 후 바이어스 테이프를 되접습니다.(감처서 처리할 때의 ①, ②를 참조) 원단 가장자리를 감싸면서 바이어스 테이프를 접어 시침질하고 겉면에서 숨겨박기(213쪽) 합니다. 뒤쪽 바이어스 테이프까지 잘 박아주세요.

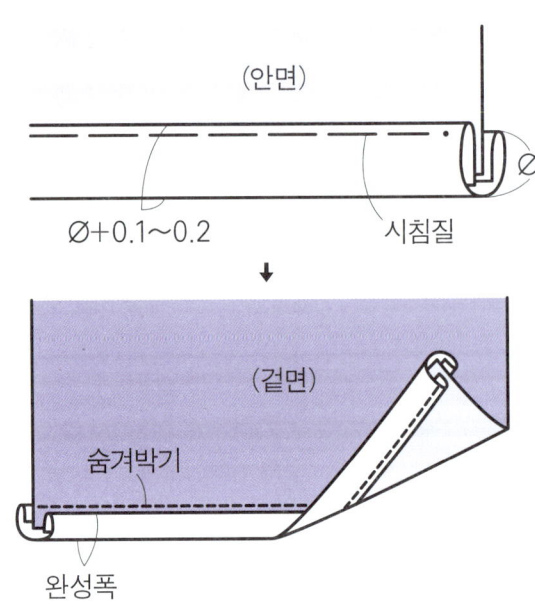

숨겨박기로 처리하기 B

두꺼운 원단인 경우에 사용합니다. 안감을 대지 않는 경우 바이어스 테이프의 시접 처리를 오버로크 박음질 또는 지그재그 박음질 합니다. 안감을 대는 경우는 숨겨박기를 한 바로 옆에 안감을 감쳐 붙입니다.

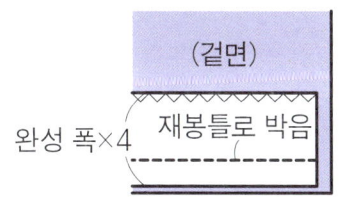

완성 폭×4

(겉면)

재봉틀로 박음

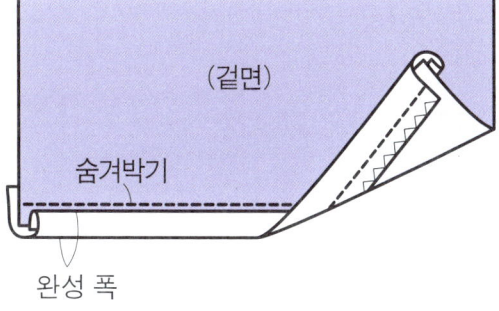

(겉면)

숨겨박기

완성 폭

두 겹으로 감쳐서 처리하기

비치는 얇은 원단의 경우 시접이 비치면 보기가 좋지 않으므로 바이어스 테이프를 두 겹으로 해서 감쳐 붙입니다. 완성 폭의 6배 너비의 바이어스 테이프를 사용합니다.

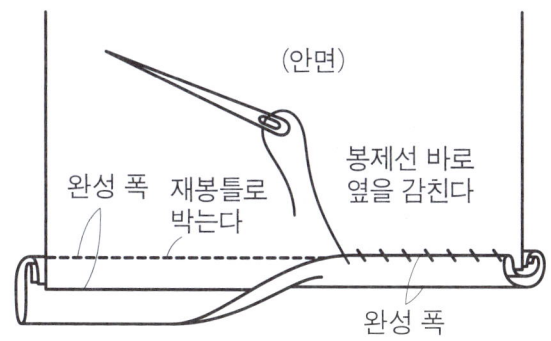

(안면)

완성 폭 재봉틀로 박는다

봉제선 바로 옆을 감친다

완성 폭

바깥쪽 모서리에 바이어스 두르는 방법

① 가장자리 처리 바이어스 테이프의 폭이 좁은 쪽과 겉감을 겉면끼리 맞대어 모서리 표시까지 재봉틀로 박습니다.

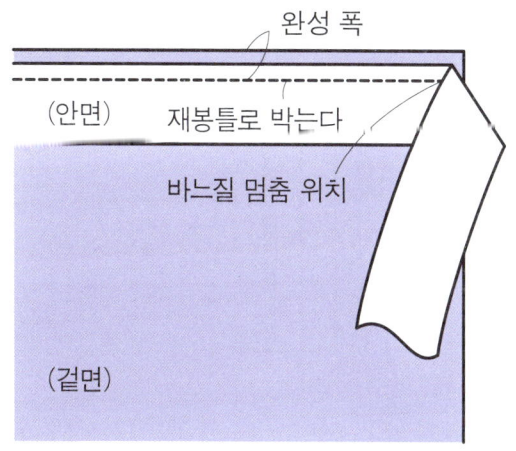

완성 폭

(안면)

재봉틀로 박는다

바느질 멈춤 위치

(겉면)

② 바이어스 테이프를 모서리에 맞춰 접습니다. 남는 시접을 피해 ①의 봉제선에 이어서 재봉틀로 박습니다.

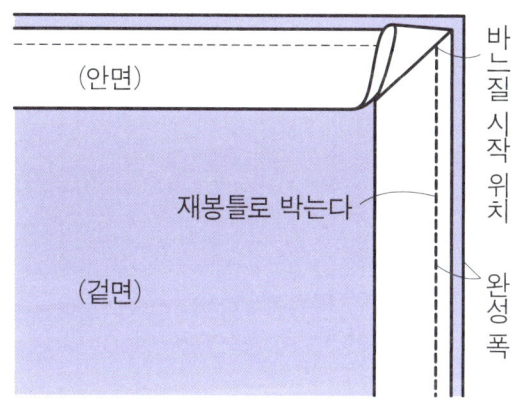

(안면)

재봉틀로 박는다

(겉면)

바느질 시작 위치

완성 폭

③ 바이어스 테이프를 겉감 안면 쪽으로 눕혀 감침질합니다. 모서리 부분은 맞대는 식으로 모양을 잡아주고 나서 감쳐 주세요.

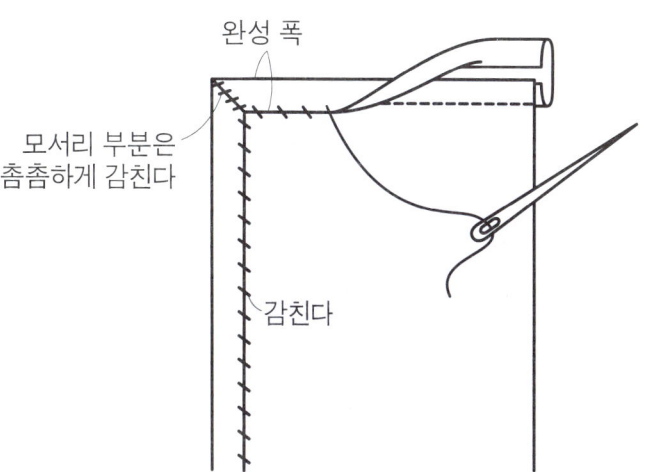

완성 폭

모서리 부분은 촘촘하게 감친다

감친다

안쪽 모서리에 바이어스 두르는 방법

① 가장자리 처리 바이어스 테이프의 폭이 좁은 쪽과 겉감을 겉면끼리 맞춰
   모서리 표시 위치까지 재봉틀로 박습니다.

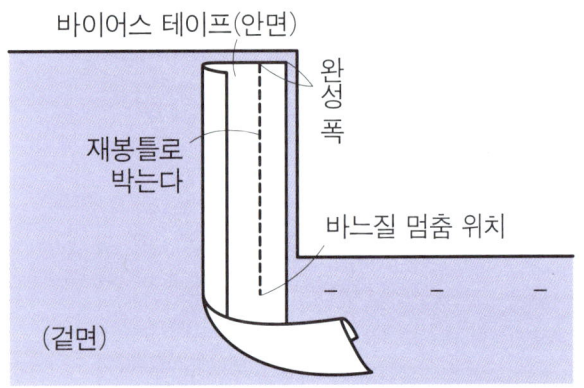

바이어스 테이프(안면)
완성폭
재봉틀로 박는다
바느질 멈춤 위치
(겉면)

② 겉감의 모서리 시접에 가위집을 넣어줍니다.

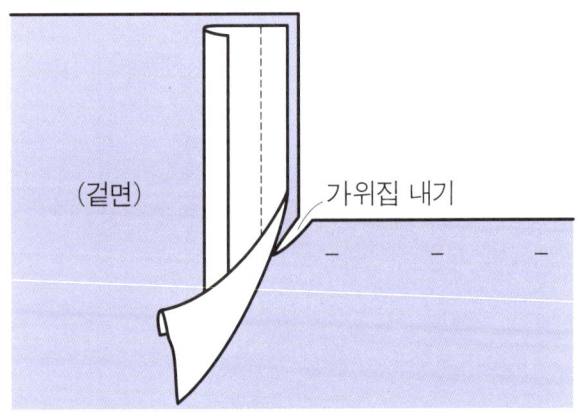

(겉면)
가위집 내기

③ 가위집 낸 부분을 벌려서 똑바른 상태로 하여 ①의 봉제선에 이어 재
   봉틀로 박습니다.

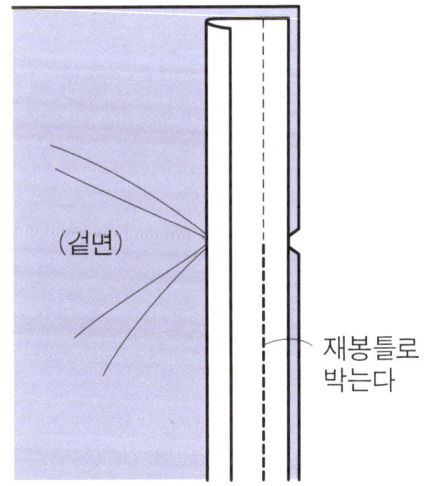

(겉면)
재봉틀로 박는다

④ 바이어스 테이프를 바깥쪽으로 접은 후 대각선으로 접어줍니다.

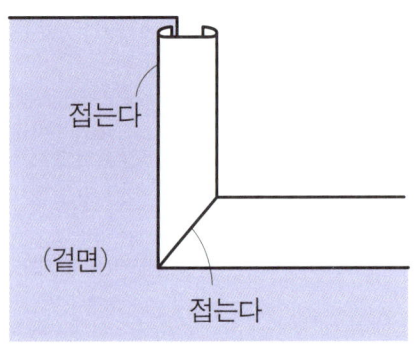

접는다
(겉면)
접는다

⑤ 안쪽에서 ④에서 접어놓은 선에 맞춰 재봉틀로 박습니다.

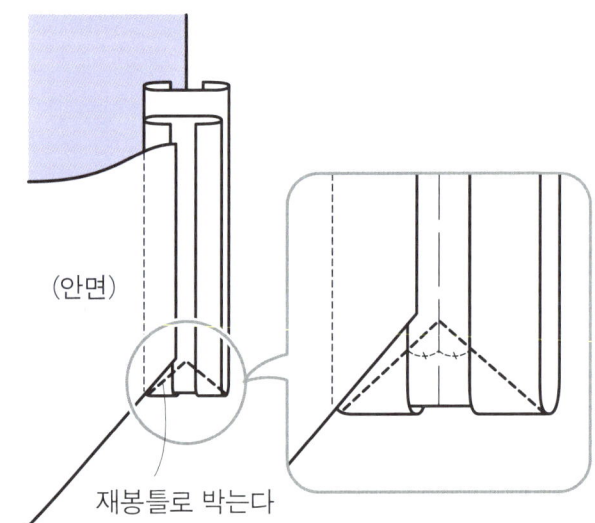

(안면)
재봉틀로 박는다

⑥ 바이어스 테이프를 안면 쪽으로 접어서 감칩니다.

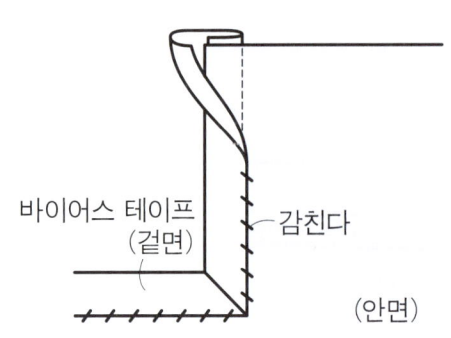

바이어스 테이프
(겉면)
감친다
(안면)

안쪽 곡선 부분에 바이어스 두르는 방법

① 가장자리 처리 바이어스 테이프의 폭이 좁은 쪽과 겉감의 겉면을 맞대어 재봉틀로 박습니다. 굴곡이 심한 부분은 약간 늘려주는 느낌으로 작업합니다.

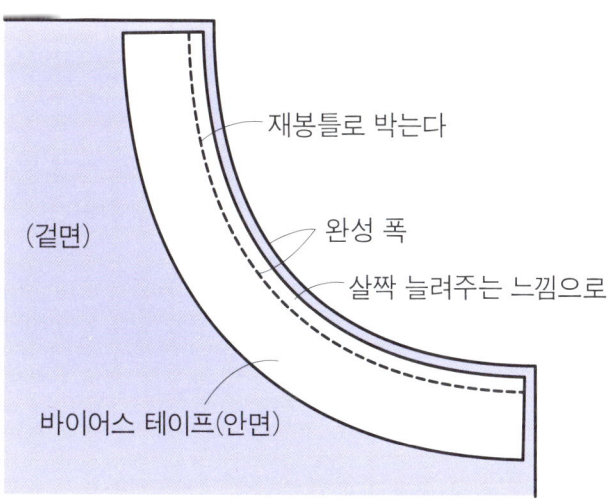

재봉틀로 박는다

완성 폭

(겉면)

살짝 늘려주는 느낌으로

바이어스 테이프(안면)

② 겉감의 겉면 쪽에서 봤을 때 바이어스 테이프 폭이 같아지도록 원단을 감싸 안면 쪽으로 바이어스 테이프를 접어서 감쳐주세요.

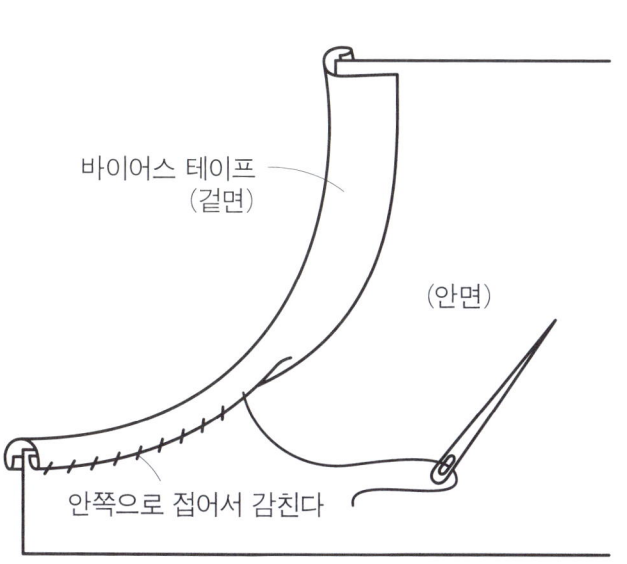

바이어스 테이프
(겉면)

(안면)

안쪽으로 접어서 감친다

바깥쪽 곡선 부분에 바이어스 두르는 방법

① 가장자리 처리 바이어스 테이프의 폭이 좁은 쪽과 겉감의 겉면을 맞대어 재봉틀로 박습니다. 곡선 부분은 줄이는 느낌(살짝 여유를 준다)으로 합니다.

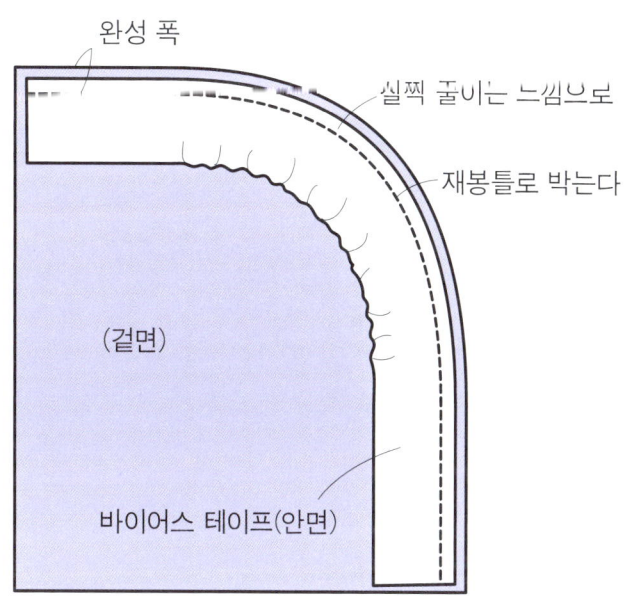

완성 폭

실찍 줄이는 느낌으로

재봉틀로 박는다

(겉면)

바이어스 테이프(안면)

② 겉감 겉면 쪽에서 봤을 때 바이어스 테이프의 폭이 같아지도록 천 가장자리를 감싸 안면 쪽으로 바이어스 테이프를 눕혀서 감칩니다.

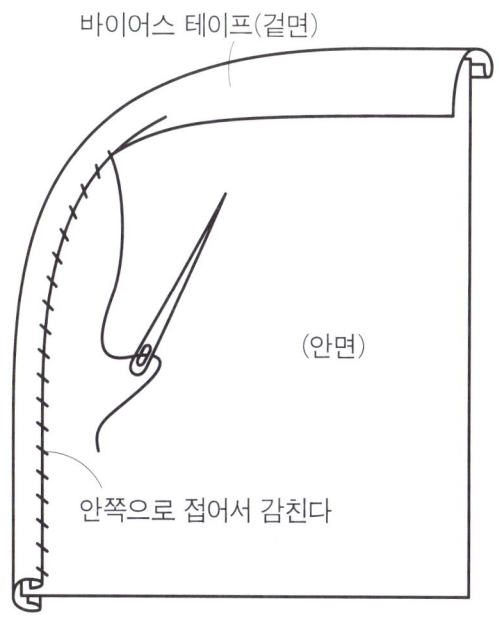

바이어스 테이프(겉면)

(안면)

안쪽으로 접어서 감친다

다트 처리

얇은 원단~중간 두께의 원단일 때

① 다트를 표시에 맞춰 시침핀을 꽂고 뾰족한 쪽을 향해 박습니다. 다트 끝부분의 0.5cm 정도는 가장자리에 거의 맞춰서 박아주고, 실을 5cm 정도 남겨 둡니다. 다트 끝은 되돌아박기를 하지 않습니다.

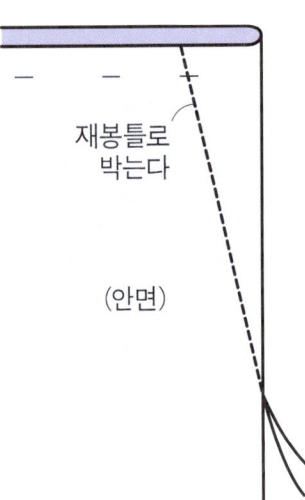

② 다트 끝부분에서 남겨 두었던 실을 매듭짓고 짧게 자릅니다. 매듭짓기 어려울 때는 시침핀을 이용하면 쉽게 할 수 있습니다.

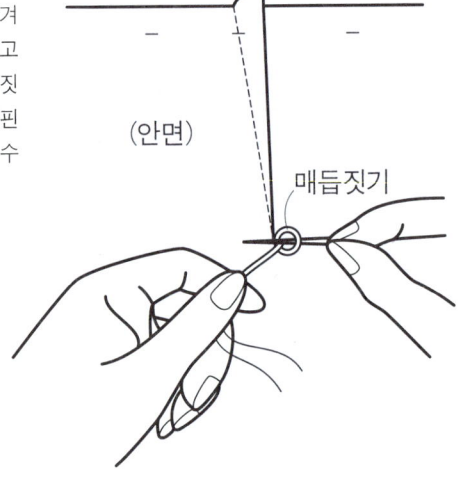

③ 바느질한 자리를 다린 후 다트를 한쪽으로 눕힙니다. 프레스 볼을 사용하면 깔끔하게 다려집니다.

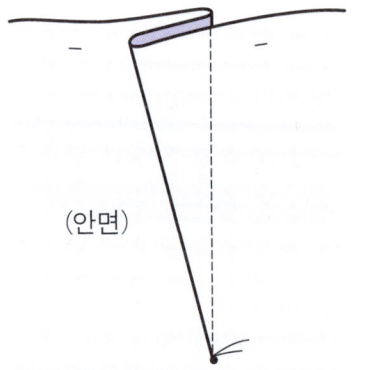

두꺼운 원단일 경우 다트 박는 방법

① 다트를 표시대로 박아 다트 끝의 실을 매듭짓습니다.(얇은 원단 ①, ②를 참조)

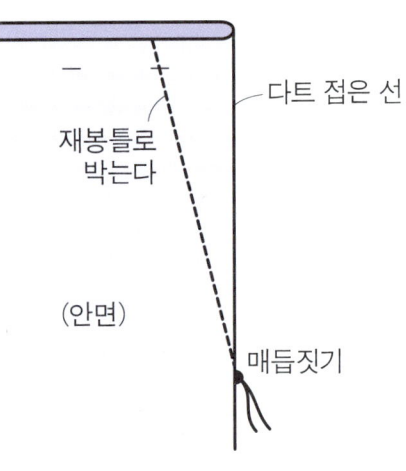

② 바느질한 자리를 다리고, 다트를 접은 선과 봉제선이 잘 맞도록 접어서 다시 다려줍니다. 다림질로 인한 번들거림이 생기지 않도록 다트와 겉감 사이에 두꺼운 종이를 끼워 다리면 좋습니다.

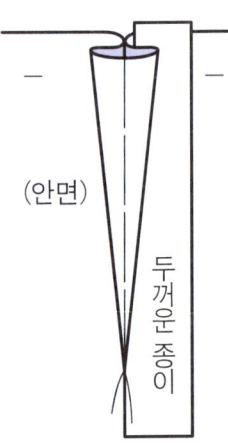

③ 다트를 접은 선 위에 숨은상침(203쪽 참조)을 합니다. 숨은상침은 봉제선 옆으로 안쪽 실이 나오도록 합니다.

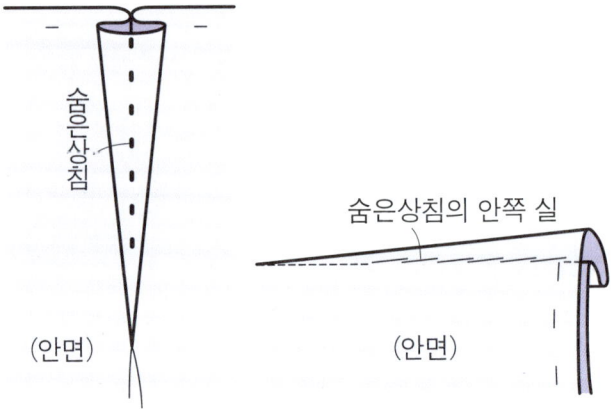

매우 두꺼운 원단일 경우 다트 박는 방법

① 다트를 표시대로 박고, 다트 끝의 실을 매듭짓습니다.(얇은 원단 ①, ②를 참조)

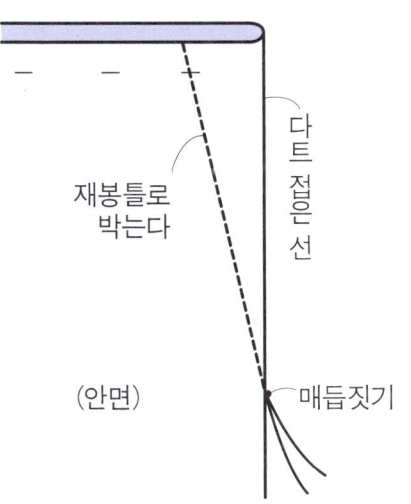

재봉틀로 박는다

다트 접은 선

(안면)

매듭짓기

② 바느질한 자리를 다리고, 다트를 접은 선과 봉제선이 잘 맞도록 송곳을 사용해 접어준 후 다시 다림질합니다.

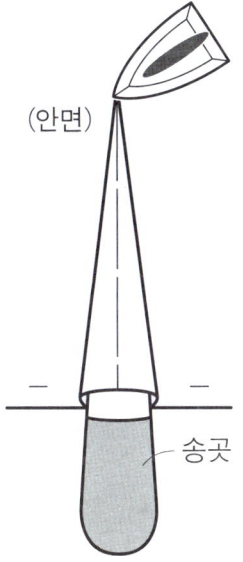

(안면)

송곳

③ 다트가 동글동글해지므로 다트 시접에 가위집을 넣습니다. 가위집 넣을 위치는 위에서 위치로 해주세요.

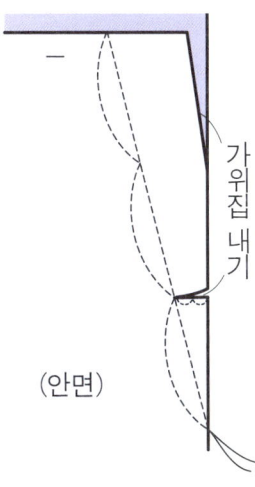

가위집 내기

(안면)

④ 가위집 낸 위치에서 위쪽 시접은 가름솔 처리하고, 가위집 낸 위치에서 다트 끝 쪽은 포개줍니다.

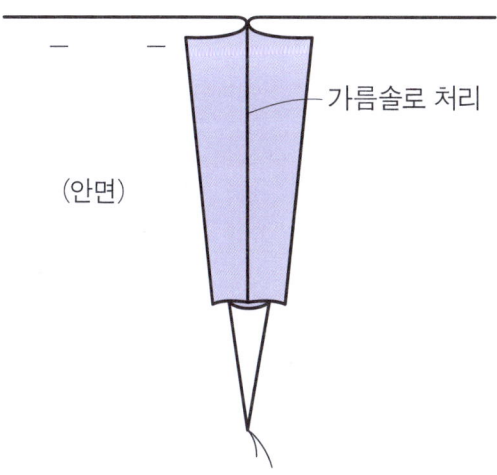

가름솔로 처리

(안면)

※ 원단이 매우 두꺼운 경우는 ③, ④의 방법으로는 시접을 접기가 어려우므로 위에서 $\frac{1}{2}$ 위치에 가위집을 넣어 시접을 가름솔 처리하고 가위집 낸 위치에서 다트 끝 쪽은 숨은상침(203쪽)을 하여 시접을 차분하게 합니다.

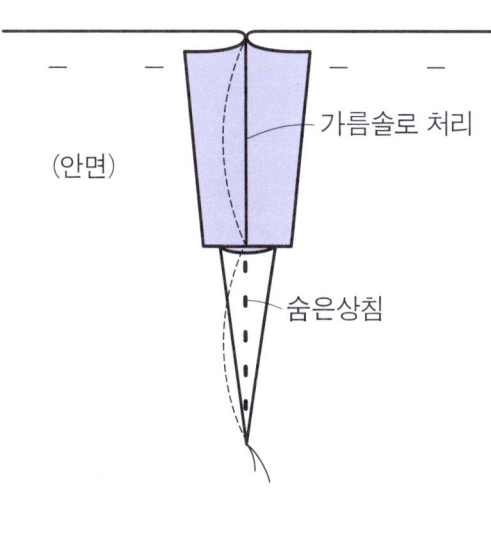

가름솔로 처리

(안면)

숨은상침

비치는 원단일 경우 다트 박는 방법

다트를 박고 시접을 0.7~0.8cm로 맞춰 자른 후 2장을 함께 오버로크 박음질 또는 지그재그 박음질 하여 처리합니다. 시접은 한쪽으로 눕혀 주세요.

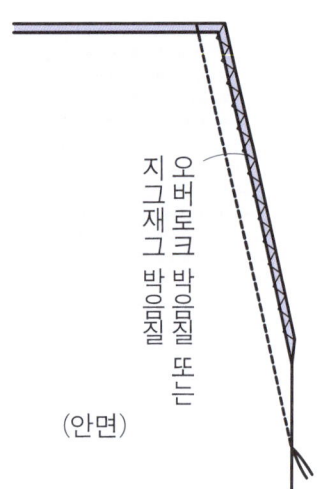

지그재그 박음질

오버로크 박음질 또는

(안면)

올이 잘 풀리는 원단일 경우 다트 박는 방법

① 겉면에서 봤을 때 평평하게 완성하고 싶지만, 올이 풀리기 쉬운 천이라서 가위집을 넣을 수 없는 경우는 바이어스 방향으로 재단한 겉감과 함께 박습니다. 바이어스 천은 다트 끝 위치에서 2cm 더 긴 것을 준비합니다.

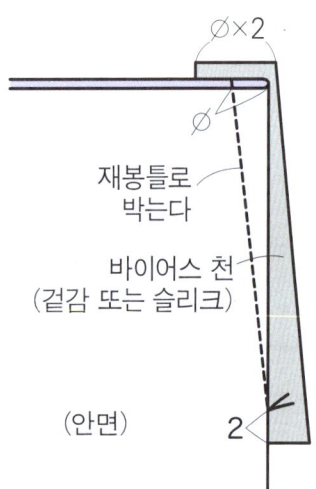

∅×2

∅

재봉틀로 박는다

바이어스 천 (겉감 또는 슬리크)

(안면)

2

② 바느질이 끝나면 바이어스 천과 다트 사이를 다리미로 가릅니다. 다트 분량이 적어 시접을 가르기 어려울 때도 이용하는 방법입니다.

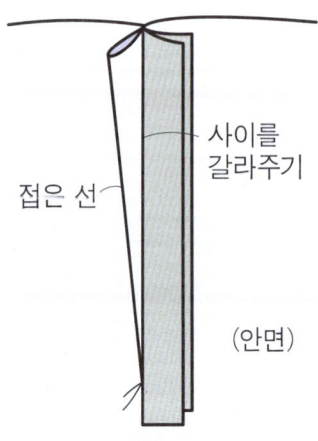

접은 선

사이를 갈라주기

(안면)

허리 다트 박는 방법

허리둘레선(WL)에서 가장 굵고 상하 방향으로 긴 다트를 허리 다트라고 부릅니다. 다트의 끝이 양쪽에 있습니다.

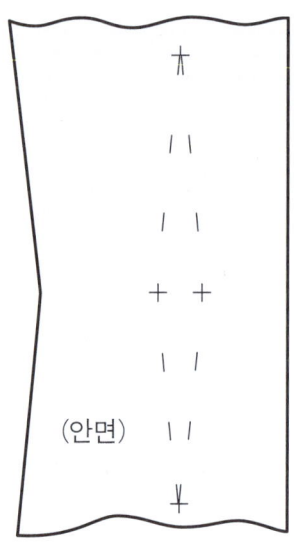

(안면)

① 이 다트는 두 번에 걸쳐 박습니다. 허리둘레선에서 한쪽 끝을 향해 박고 나면 다른 한쪽의 끝을 향해 다시 박습니다. 허리둘레선에서 2cm 정도 봉제선이 겹치도록 합니다. 각 다트의 끝은 다른 다트와 마찬가지로 되돌아박기 하지 않고 실을 매듭짓습니다.

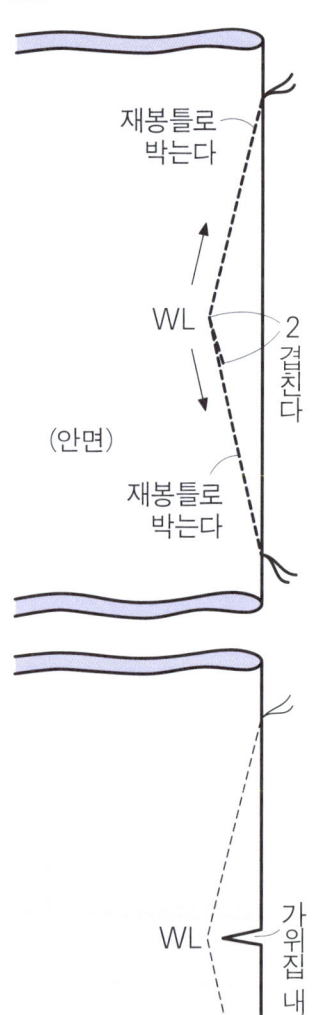

재봉틀로 박는다

WL

2 겹친다

(안면)

재봉틀로 박는다

② 바느질이 끝나면 허리둘레선에서 다트 시접에 가위집을 넣습니다. 그 후 원단 두께에 맞춰 시접을 처리합니다.

WL

가위집 내기

(안면)

개더 처리

개더 잡는 방법

개더는 홈질(201쪽 참조)을 하거나 재봉틀을 이용해서 잡아줍니다. 여기서는 재봉틀을 이용해 개더를 잡는 방법을 소개합니다.

① 재봉틀의 윗실 장력을 느슨하게 하고 땀을 길게 하여 2줄을 평행하게 박습니다.

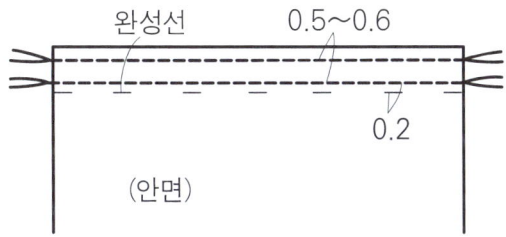

완성선　0.5~0.6
0.2
(안면)

② 밑실이 끊어지지 않을 정도로 잡아당겨 개더를 잡습니다. 완성 치수에 맞춰 줄였다면 실을 두 가닥 함께 묶어 둡니다.

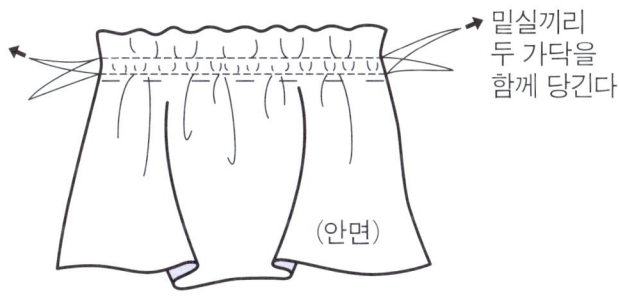

밑실끼리 두 가닥을 함께 당긴다
(안면)

③ 시접의 개더를 다리미로 눌러줍니다. 시접에만 다림질하세요.

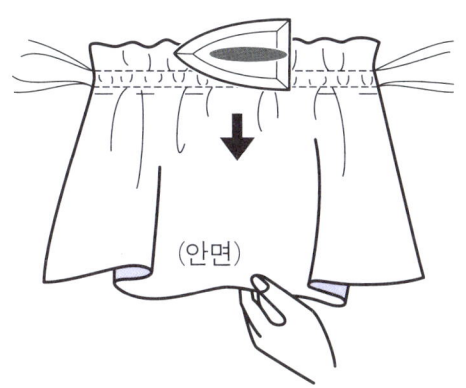

(안면)

④ 개더를 잡은 파트와 다른 파트를 꿰매 붙일 때는 개더가 있는 쪽이 위에 위치하도록 하여 송곳으로 개더를 밀어 보내면서 박습니다.

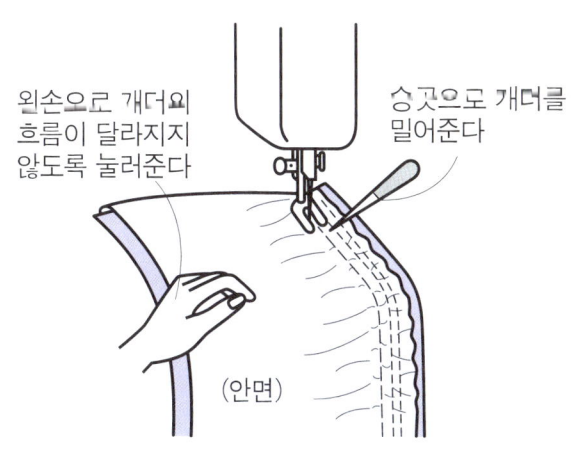

왼손으로 개더의 흐름이 달라지지 않도록 눌러준다
송곳으로 개더를 밀어준다
(안면)

입체적인 개더를 잡는 방법

개더를 입체적으로 보이고자 할 때는 파도 모양으로 홈질하거나 재봉틀로 박습니다. 그러면 개더가 더욱 강조됩니다.

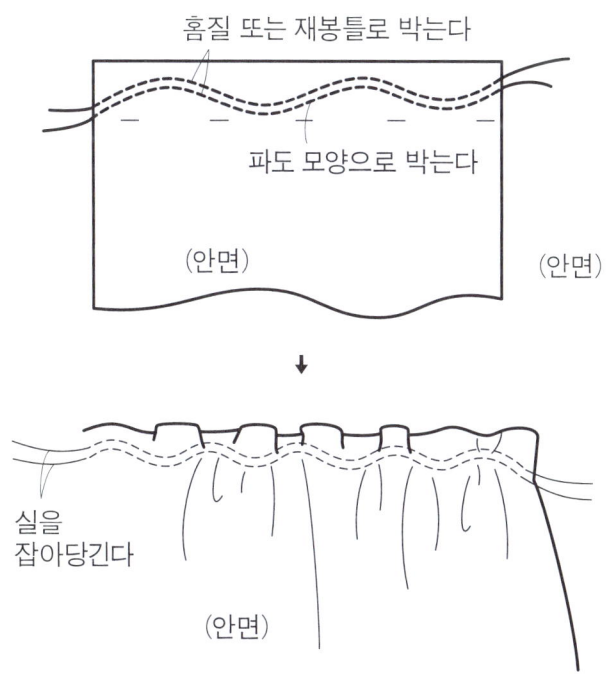

홈질 또는 재봉틀로 박는다
파도 모양으로 박는다
(안면)　(안면)

실을 잡아당긴다
(안면)

테이프 붙이는 방법

장식을 목적으로 사용하지만, 원단 가장자리 처리를 겸하는 용도로 쓰이기도 합니다. 봉제 시의 속도 향상으로도 이어지므로 더불어 소개하겠습니다.

본체를 평소대로 완성선에 맞춰 만든 후 테이프를 위에 놓고 재봉틀로 박습니다.

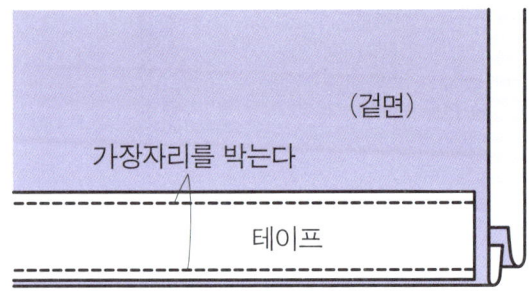

곡선 부분에 테이프 붙이는 방법

완만한 곡선에 테이프를 붙일 때는 붙일 위치에 맞춰 사전에 다리미를 사용해 테이프를 굴곡에 맞춰둡니다.

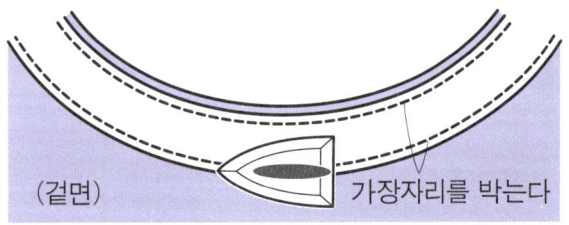

곡선이 심한 부분은 안쪽 곡선 쪽 테이프 가장자리를 홈질하여 그 실을 잡아당겨서 주름을 잡은 후 재봉틀로 박아줍니다.

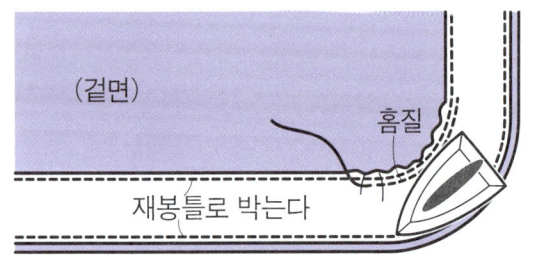

모서리에 테이프 붙이는 방법

처음부터 테이프를 박아서 모서리를 만듭니다.

① 테이프를 겉면끼리 맞대어 접은 후 비스듬하게 재봉틀을 박습니다. 테이프의 골선 부분을 0.3cm만 남기로 가위집을 넣어줍니다.

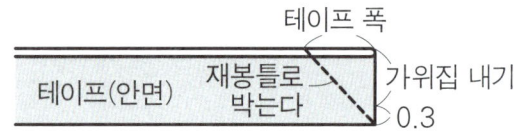

② 가위집 낸 부분을 갈라 바느질한 자리를 다려줍니다.

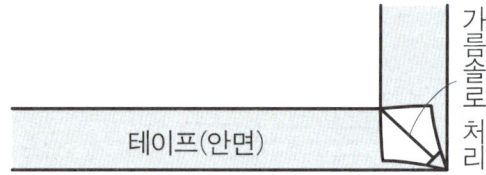

③ 테이프 모서리와 본체 모서리를 맞춰서 본체 위에 테이프를 얹은 후 양가장자리를 재봉틀로 박습니다.

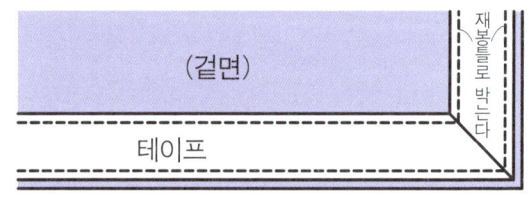

물결무늬 테이프를 붙이는 방법

가는 폭의 물결무늬 테이프를 붙일 때는 테이프 한가운데를 재봉틀로 박아줍니다.

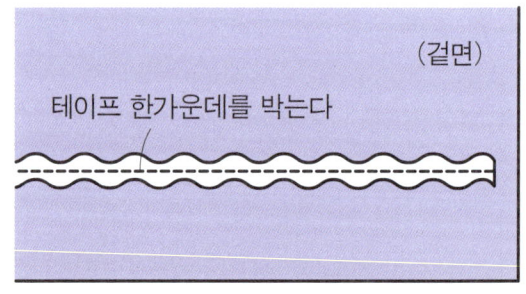

굵은 폭의 물결무늬 테이프를 붙일 때는 한가운데를 한 줄만 박을 경우 젖혀지거나 구부러질 수 있으므로 테이프 양 가장자리를 박아주세요.

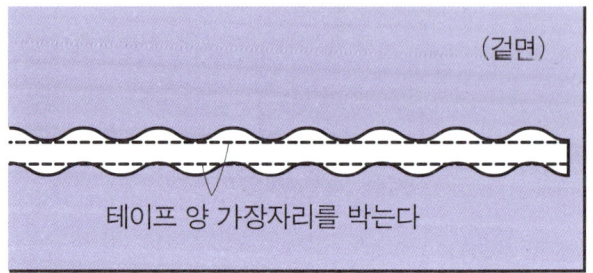

블레이드 다는 방법

블레이드는 테이프와 달리 두께가 있고 올록볼록하므로 같은 색 계열의 실을 사용해서 감침질합니다.

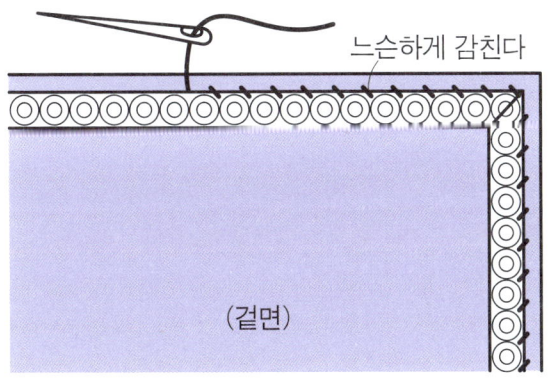

느슨하게 감친다

(겉면)

바인더 테이프(중앙에 홈이 있는 가장자리 처리용 테이프) 사용하기

① 안단과 본체는 완성선에 맞춰 재단해 둡니다. 2장이 어긋나지 않도록 원단 가장자리를 재봉틀로 박습니다.

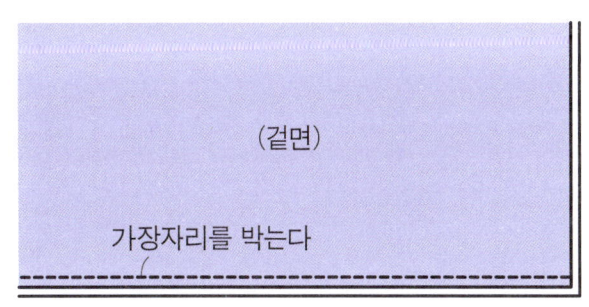

(겉면)

가장자리를 박는다

원단 가장자리 처리를 겸한 사용법

테이프를 달아줌으로써 동시에 원단 가장자리 처리도 되는 합리적인 방법입니다.

① 두꺼운 원단에는 적합하지 않지만, 얇은 원단에는 편리합니다. 본체는 시접을 주지 않고 재단하여 안단 시접으로 본체를 감싸서 시침질합니다.

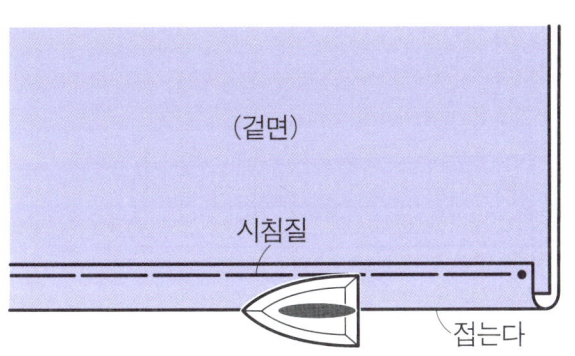

(겉면)

시침질

접는다

② 테이프 가장자리를 본체 가장자리에 맞춰 테이프 양 가장자리를 재봉틀로 박습니다.

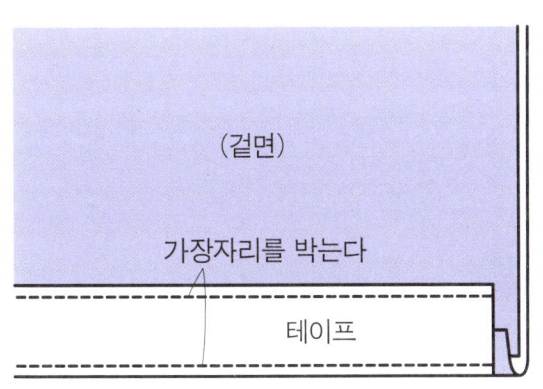

(겉면)

가장자리를 박는다

테이프

② 바인더 테이프 중앙에 있는 홈이 원단 가장자리에 위치하도록 얹어 시침질합니다.

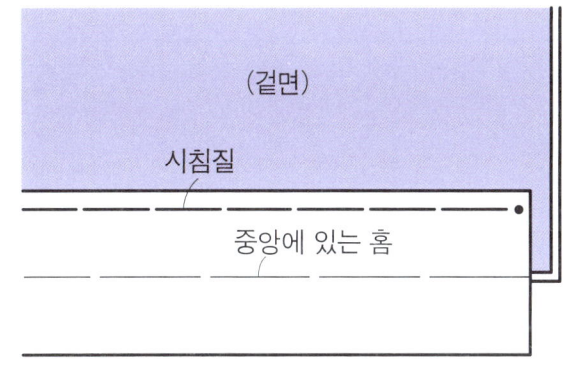

(겉면)

시침질

중앙에 있는 홈

③ 바인더 테이프를 반으로 접어서 뒤집은 후 가장자리를 재봉틀로 박습니다. 봉제선이 안면 바인더 테이프에서 어긋나지 않도록 주의하세요.

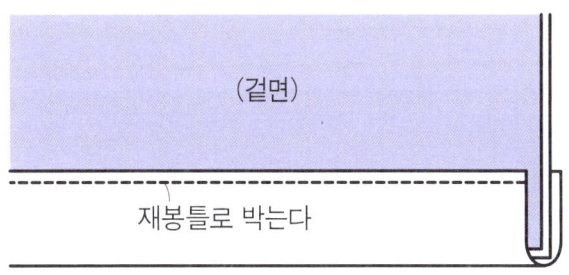

(겉면)

재봉틀로 박는다

파이핑

파이핑은 깃 둘레나 몸판의 이음선 등 봉제선 위에 장식으로 이용되는 가는 선 상태의 천을 말합니다. 바이어스 천을 두르는 것과는 달리 2장의 천과 천 사이에 바이어스 천을 끼워 박습니다. 심이 들어 있는 파이핑 테이프를 사용하는 경우는 지퍼 노루발을 이용합니다. 시중에 판매되는 코드 파이핑(Cord Piping)을 사용하면 더욱 손쉽게 만들 수 있습니다.

원단 가장자리에 파이핑 다는 방법(지퍼 노루발을 사용합니다)

① 바이어스 천을 한 번 접어서 코드를 감싸는 형태로 코드 가장자리를 재봉틀로 박아서 파이핑 테이프를 만듭니다.

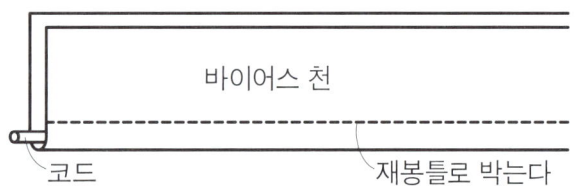

② 안쪽이 되는 원단 겉면의 시접에 파이핑 테이프를 얹어 시침질합니다. 재봉틀로 성기게 박아도 좋습니다.

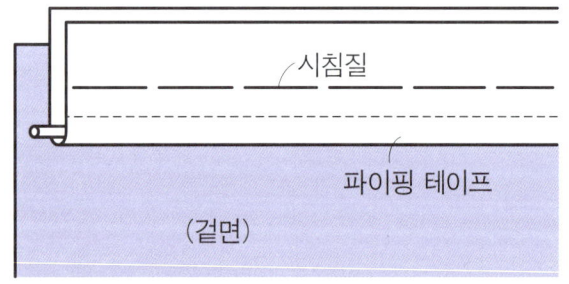

③ 겉쪽이 되는 원단을 파이핑 테이프 위에 안면을 위로 가게 해서 놓고 완성선에 맞춰 재봉틀로 박습니다.

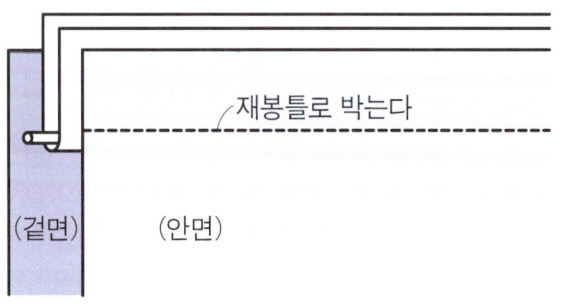

④ 겉쪽이 되는 원단을 봉제선에서 접어 올려 다리미로 확실하게 접어서 자국을 내줍니다.

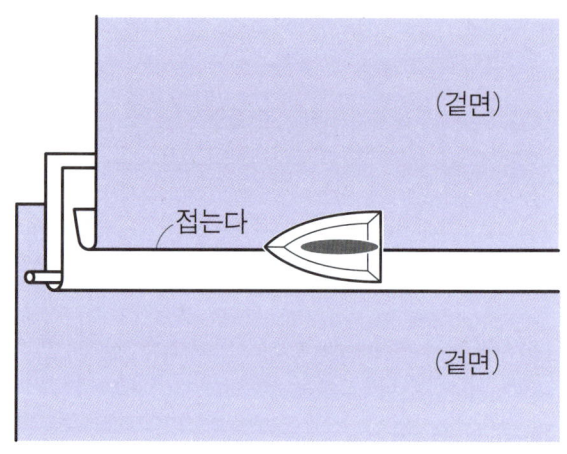

⑤ 안쪽이 되는 원단을 접어 올립니다.

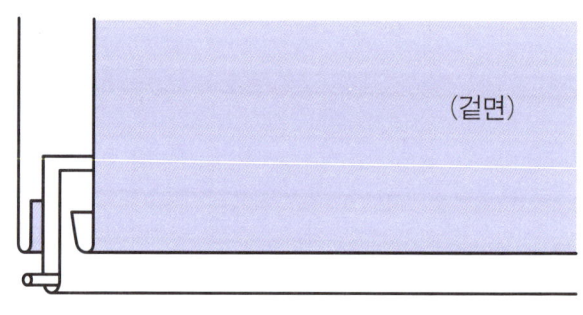

⑥ 겉면에서 접은 선 가장자리를 재봉틀로 박습니다.

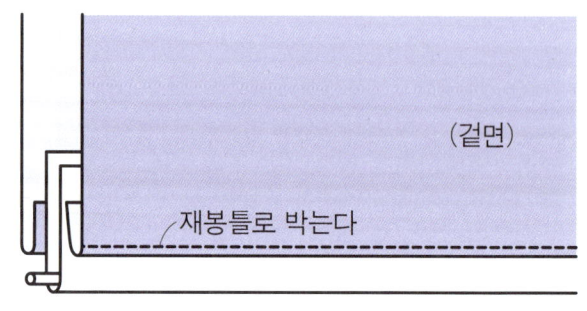

이음선 상에 파이핑 다는 방법

① 토대가 되는 겉면에 파이핑 테이프를 얹어 시침질합니다.

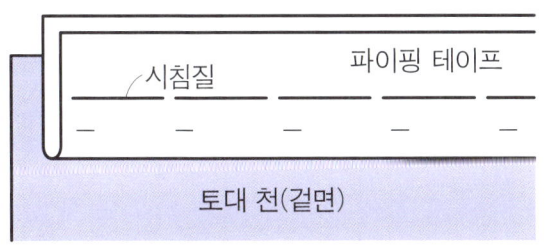

② 파이핑 위에 얹을 천의 시접을 완성선에 맞춰 접습니다.

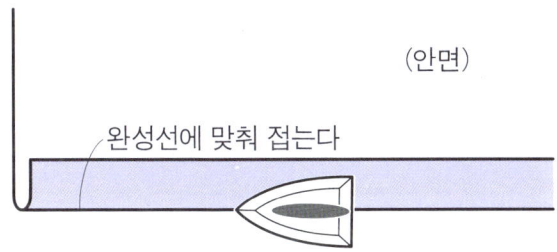

③ 파이핑 테이프 위에 ②의 천을 얹어 시침질하여 확실하게 고정합니다.

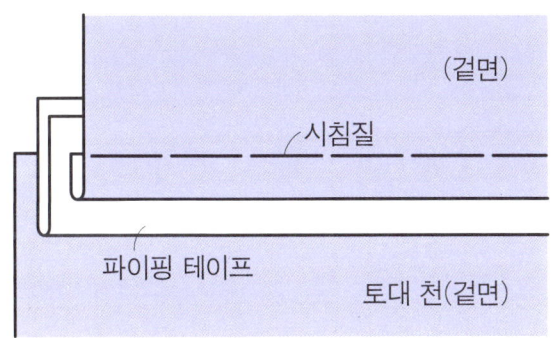

④ 겉쪽에서 가장자리를 3장 함께 재봉틀로 박습니다. 그 후 시침한 실을 제거합니다.

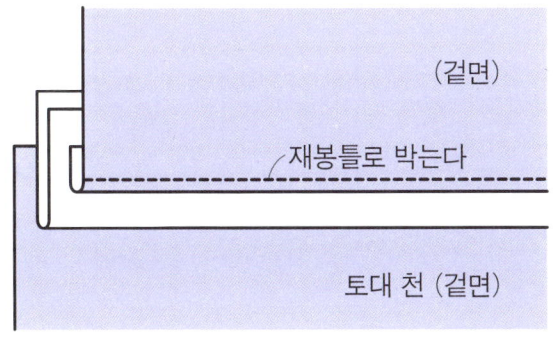

곡선 부분에 파이핑 다는 방법

곡선으로 인해 파이핑 테이프가 부족하지 않도록 충분히 여유를 줍니다.

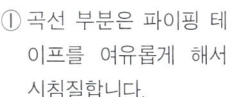

① 곡선 부분은 파이핑 테이프를 여유롭게 해서 시침질합니다.

② 파이핑 테이프를 사이에 끼워 본체를 겉면끼리 맞대어 재봉틀로 박습니다.

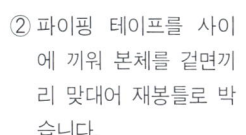

③ 본체를 겉으로 뒤집으면 완성입니다.

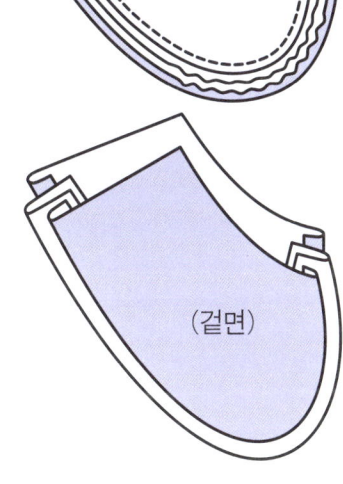

지퍼 노루발

파이핑 테이프 중앙에 코드(심)가 들어가 있는 경우는 본체와 높이가 달라 박기 어려우므로 지퍼 노루발을 이용하면 재봉틀을 박기 쉬워집니다.

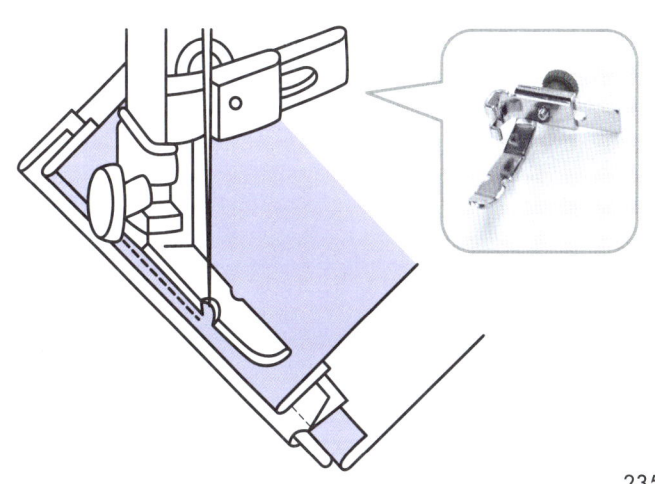

턱과 핀턱

턱(Tuck)은 원단 일부를 손가락을 집는 것을 말하는 것으로, 집어서 박기만 하고 나머지는 주름으로써 남겨둡니다. 그중에서도 핀처럼 가는(0.2~0.3cm 정도) 폭을 일정 간격으로 집어서 박은 턱을 핀턱이라고 부릅니다. 핀턱은 두꺼운 원단에는 적합하지 않은 기법이므로 가능하면 얇은 원단에 이용하세요.

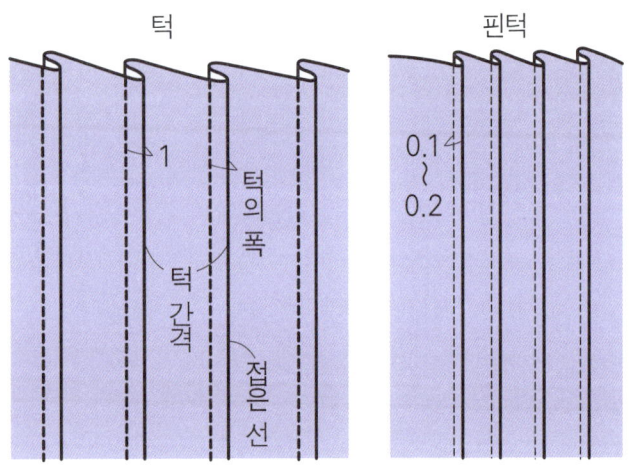

턱

1
턱의 폭
턱 간격
접은 선

핀턱

0.1 ~ 0.2

턱 박는 방법

① 표시할 위치에 턱이 어떤 식으로 꿰매지는지 전개해 놓은 그림입니다.

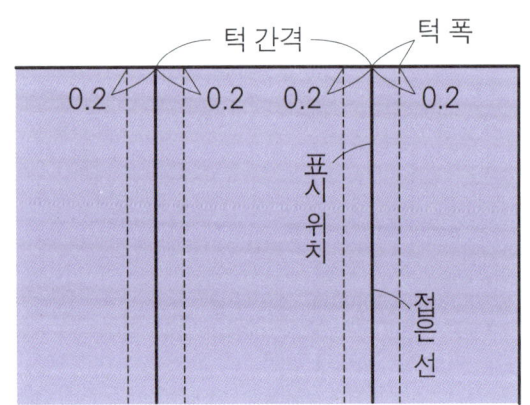

턱 간격   턱 폭
0.2   0.2   0.2   0.2
표시 위치
접은 선

② 올 방향을 바르게 하여 안면에서 봉제용 주걱으로 접은 선에 표시를 합니다.

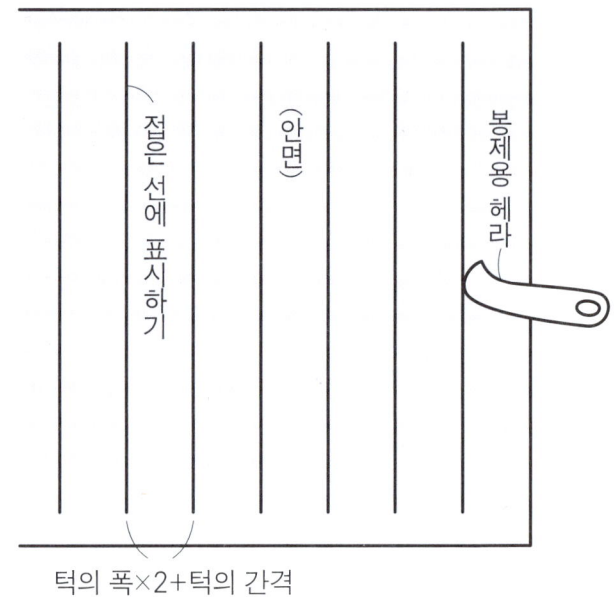

접은 선에 표시하기
(안면)
봉제용 헤라

턱의 폭×2+턱의 간격

③ 겉면에서 선을 따라 하나하나 다림질하여 접습니다.

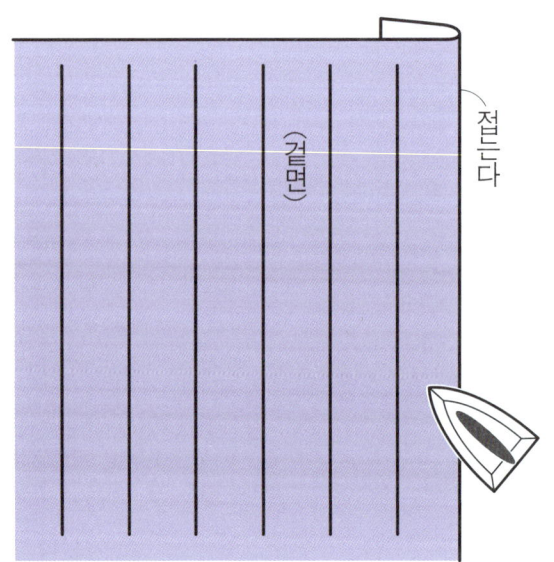

(겉면)
접는다

④ 선을 따라 천을 접으면서 턱의 폭 부분을 재봉틀로 박습니다.

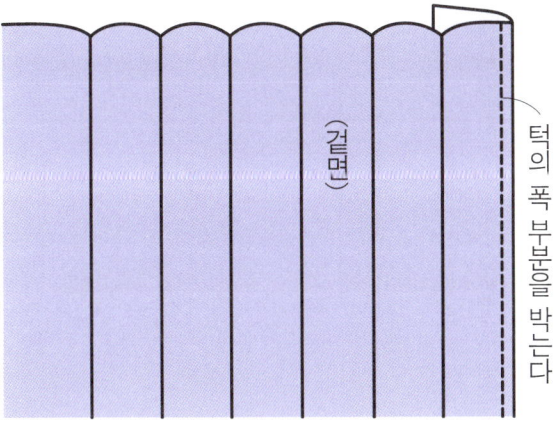

턱의 폭 부분을 박는다

(겉면)

⑤ 턱을 전부 박고 난 후의 모습입니다. 턱의 폭이 일정하도록 해주세요.

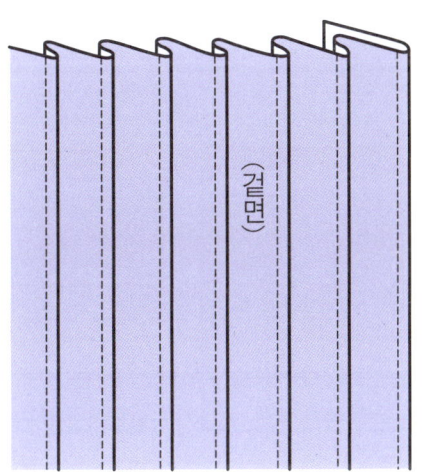

(겉면)

⑥ 다시 한 번 턱을 접은 선과 봉제선을 다려줍니다.

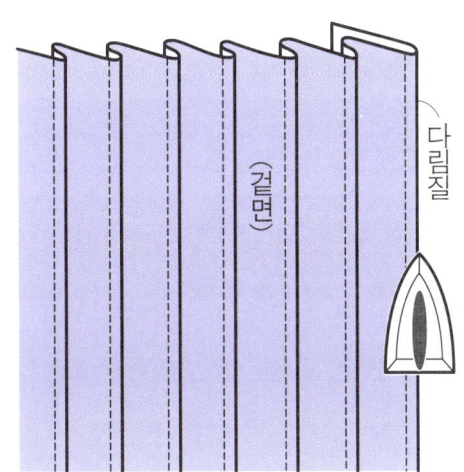

(겉면)

다림질

※ 몸판 전체에 턱을 잡는 경우, 정확한 재단을 위해 필요한 시접보다 더 시접을 더해 재단한 후 먼저 턱을 만들고 나서 재단합니다. 이처럼 재단하는 것을 가리켜 가재단이라고 합니다.

① 먼저 형지를 사용해 절개할 곳 한 곳을 정한 후 형지를 자릅니다.

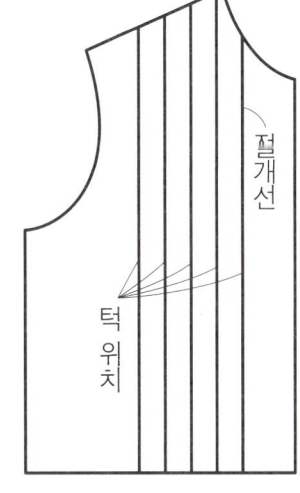

절개선

턱 위치

② 그림과 같이 형지를 필요한 턱 개수만큼 간격을 떼어 원단에 올려놓은 후 대략의 치수로 재단합니다.

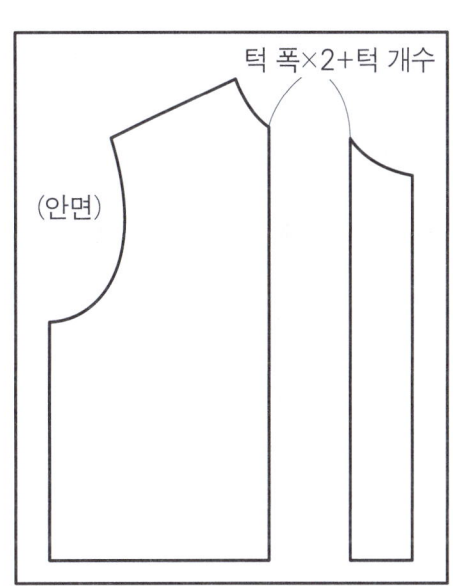

턱 폭×2+턱 개수

(안면)

③ 턱을 박는 방법에 따라 박기 시작하여 다 박은 후에는 형지를 다시 원단에 올려놓고 시접을 표시한 후 재단합니다.

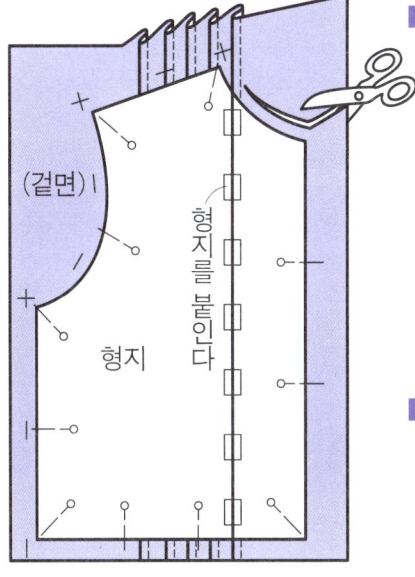

(겉면)

형지를 붙인다

형지

플리츠

주름, 접은 자국을 말하는 것으로 끝에서 끝까지 접은 자국이 사라지지 않도록 확실하게 접힌 것을 말합니다.

플리츠의 종류

원 웨이 플리츠(One way Pleats)
한쪽 방향으로 접힌 플리츠로, '외주름'이라고도 합니다.

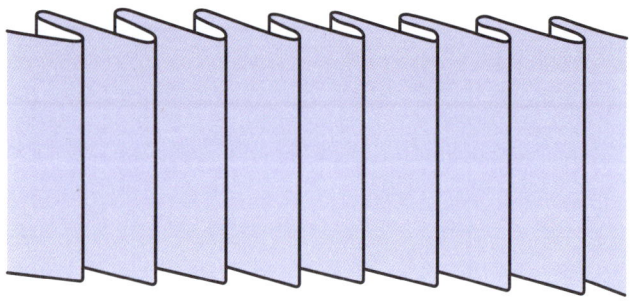

박스 플리츠(Box Pleats)
앞쪽에서 볼 때는 주름산이 좌우 바깥쪽으로 접혀 있고, 뒤쪽에서 볼 때는 안주름산이 마주보는 형태로 된 플리츠를 말합니다. '상자 주름'이라고도 불립니다.

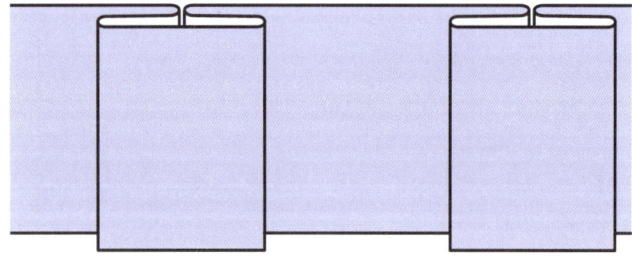

인버티드 플리츠(Inverted Pleats)
앞쪽에서 볼 때는 주름산이 마주보는 형태로 되어 있고 뒤쪽에서 볼 때는 안주름산이 좌우로 바깥을 향하듯이 접힌 플리츠를 말합니다. 안쪽이 박스 플리츠와 같은 형태입니다.

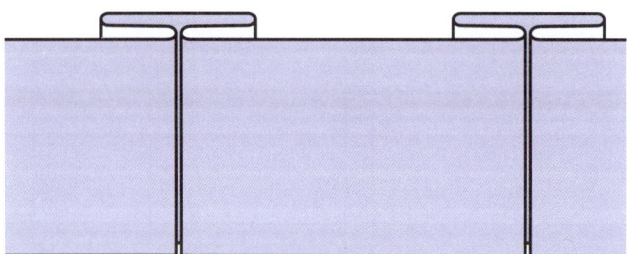

아코디언 플리츠
주름산이 거의 똑바로 서 있는, 가는 플리츠를 말합니다. 아코디언의 주름 상자와 비슷하다고 해서 이런 명칭이 붙었습니다.

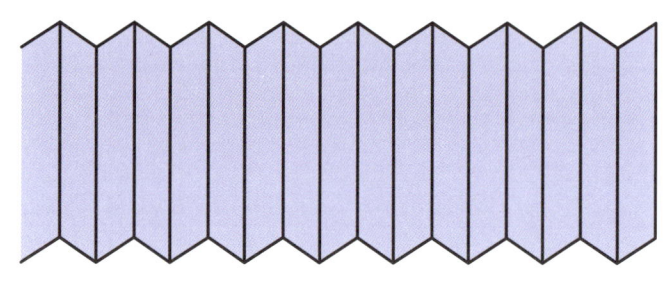

부분 명칭

겉주름산…앞쪽에서 보이는 접은 자국.
안주름산…뒤쪽에서 보이는 접은 자국.
안주름…주름을 접었을 때 겉면에 나타나지 않는 부분을 말함. 제도에서는 빗금 쳐진 부분을 가리킵니다.

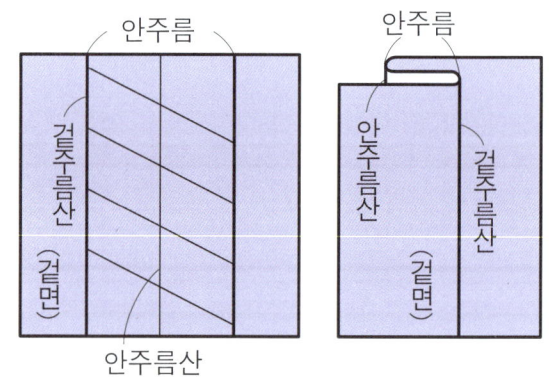

표시하기

얇은 원단의 경우는 봉제용 헤라를 이용하고, 두꺼운 원단의 경우는 실표 뜨기를 이용해 표시합니다.

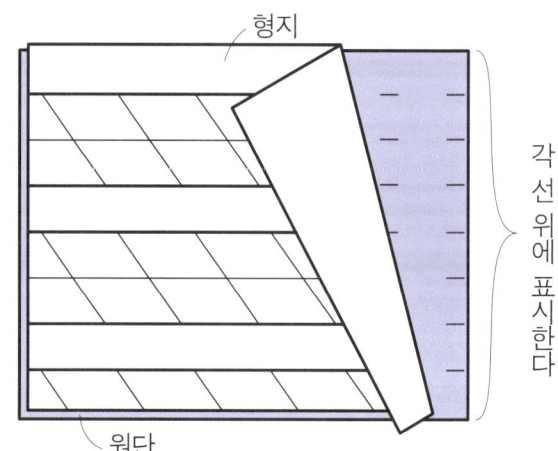

플리츠 접는 방법

① 다리미 매트 위에 안면을 위로 가게 해서 놓고 겉주름산 표시 위치에서 안면끼리 맞대어 접습니다.

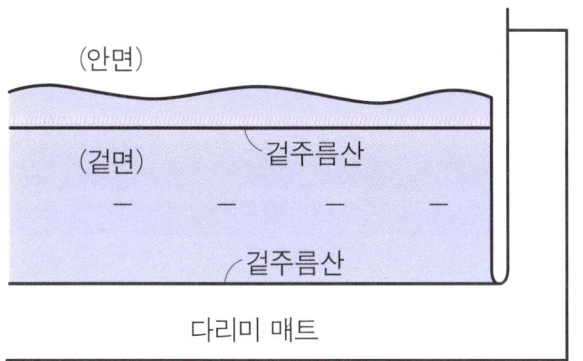

② 겉주름산의 천을 팽팽하게 잡아당겨 몇 군데 시침핀을 꽂아 다리미 매트에 고정합니다.

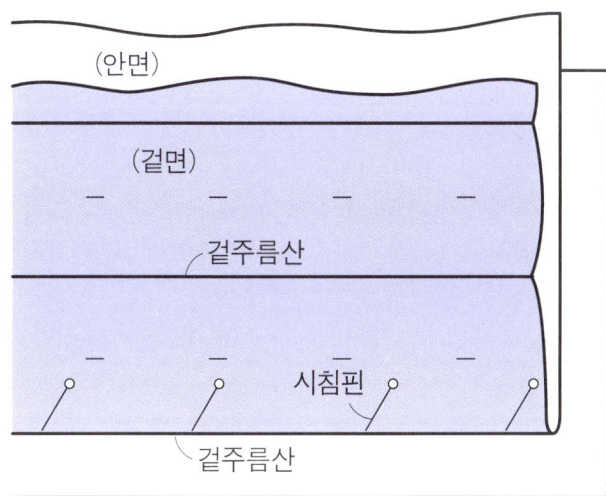

③ 주름산에 수분을 살짝 주어 다리미로 접어서 자국을 냅니다. 다리미를 사용할 때는 조금씩 이동하면서 누르듯이 사용해주세요.(물 얼룩이 생기는 원단에는 수분 없이 다림질합니다)

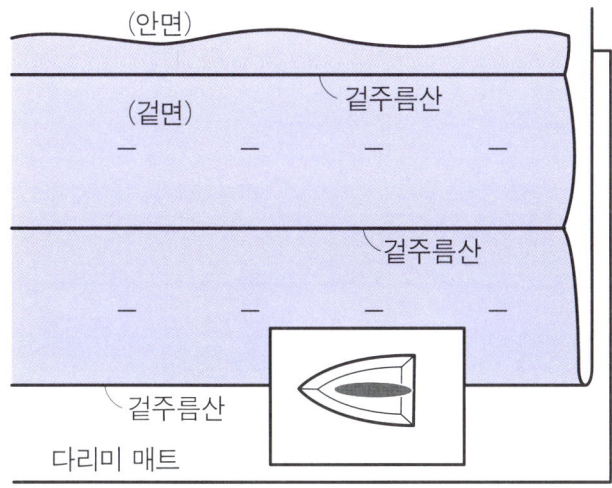

④ 겉면을 위로 가게 하여 천을 놓고 안주름산에 접은 자국을 내줍니다. (②~③ 참조)

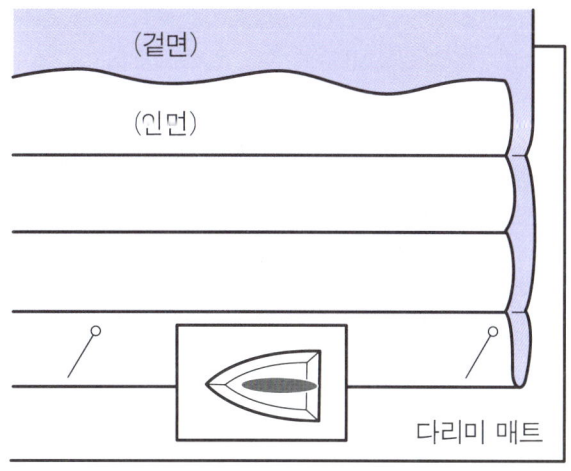

⑤ 지정된 방향으로 주름을 접고 안면에서 다시 한 번 다림질합니다.

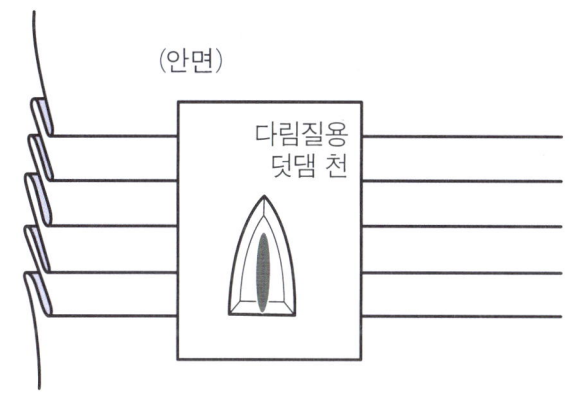

⑥ 이 상태로는 옷을 만드는 동안 주름이 풀어져서 만들기 어려우므로 그림과 같이 몇 군데를 안주름까지 실을 통과시켜 시침질해 둡니다.

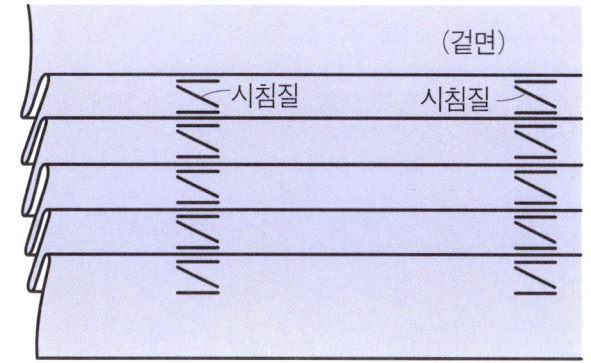

셔링

원하는 간격으로 몇 개의 개더를 잡아 입체적인 음영을 주는 장식 기술입니다. 셔링은 손바느질이나 재봉틀을 이용해 만드는 신축성이 없는 타입과 고무테이프나 셔링 테이프를 사용해서 만드는 신축성이 있는 타입이 있습니다. 용도에 맞춰 만들어 보세요.

손바느질 또는 재봉틀을 이용한 셔링 방법

홈질 또는 재봉틀로 박는 방법입니다. 이 방법으로 만든 셔링은 신축성이 없이 만들어집니다. 이 경우도 옷을 만들 때는 원단을 가재단(Rough Cutting)하여 셔링을 잡아준 후에 다시 바르게 재단합니다.(재단 방법은 237쪽을 참조)

① 초크를 사용해 같은 간격으로 셔링의 개수를 표시합니다.

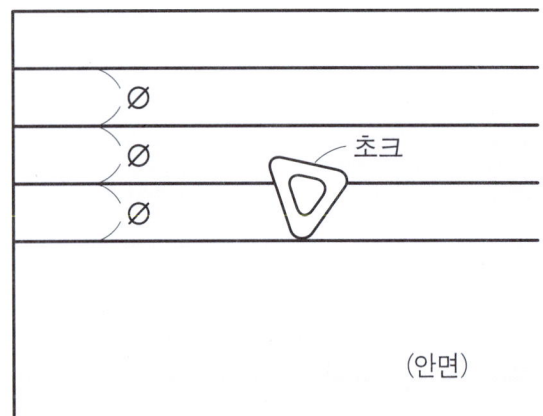

(안면)

② 표시한 부분을 홈질하거나 재봉틀로 박습니다. 재봉틀로 박을 때는 땀을 크게 하고 윗실 장력을 느슨하게 합니다.

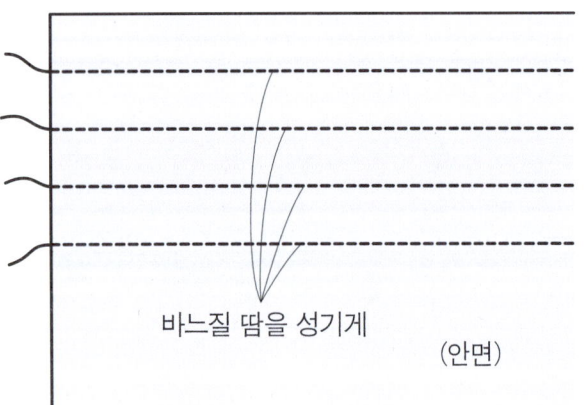

바느질 땀을 성기게

(안면)

③ 지정 치수까지 실을 잡아당겨 개더를 잡습니다. 실을 한데 모아 잡아당기면 흐름이 일정해서 예쁘게 완성됩니다.

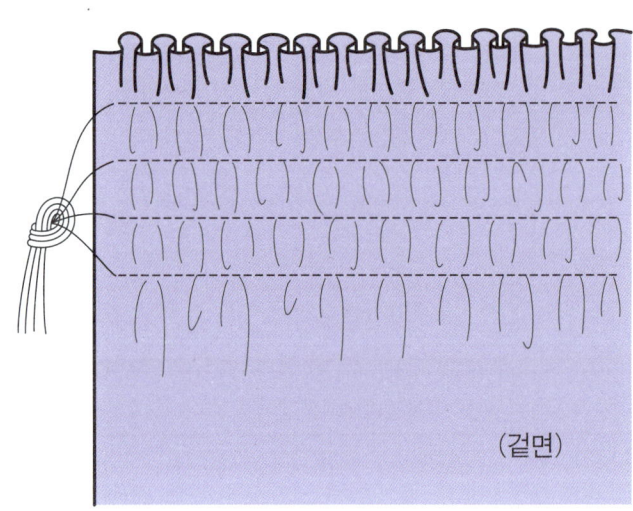

(겉면)

④ 개더를 잡은 후에는 개더 천이 삐져나온 부분을 안면에서 반박음질(201쪽)하여 고정합니다. 장식적인 효과를 주고자 한다면 잘 어울리는 색깔의 실을 사용해 겉면에서 박아도 좋습니다.

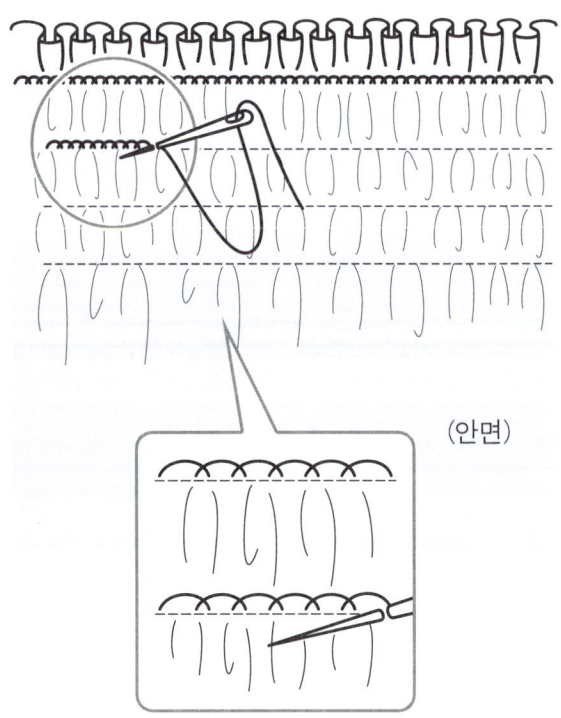

(안면)

고무테이프를 끼우는 셔링 방법

이 방법은 고무테이프를 끼워서 만들므로 신축성이 좋습니다.

① 덧댐 천을 재단합니다. 셔링을 할 폭에 시접을 주어 재단합니다. 덧댐 천의 폭은 본체와의 균형이나 고무테이프의 굵기에 따라 달라집니다.

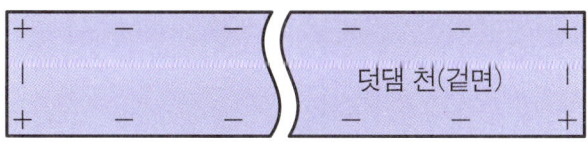

② 덧댐 천의 시접을 완성선에 맞춰 다리미로 접습니다.

③ 본체의 안면 셔링 위치에 덧댐 천을 놓고 고무테이프를 끼울 간격으로 재봉틀로 박습니다.

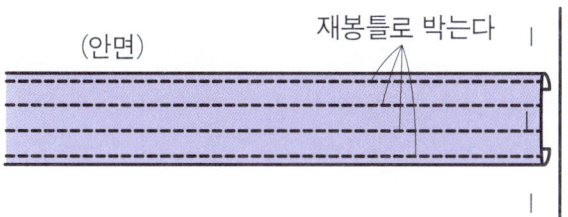

④ 각각에 고무테이프를 끼웁니다.

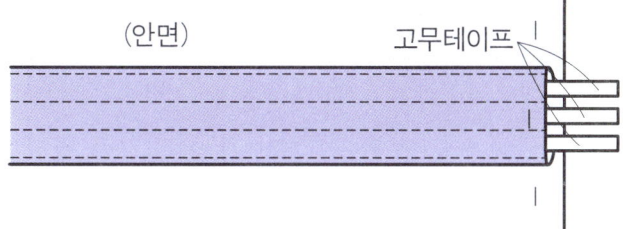

⑤ 고무테이프를 균등하게 잡아당겨 개더를 잡고 고무테이프의 가장자리를 시접에 재봉틀로 박아 붙입니다.

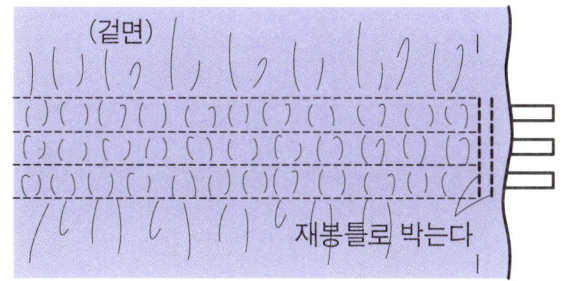

시중에 판매되는 셔링 테이프를 사용하는 방법

이 방법도 신축성이 좋습니다. 셔링 테이프는 테이프 상태로 된 고무테이프를 말하는 것으로, 늘려가면서 원단에 꿰매 붙이면 손쉽게 셔링이 완성됩니다.

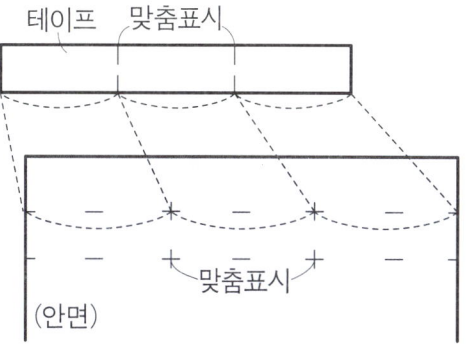

① 테이프와 원단에 맞춤표시를 해둡니다.

② 테이프를 원단 안면에 올려놓고 맞춤표시를 맞춰서 시침핀으로 고정합니다.

③ 테이프를 늘려가면서 테이프 양 가장자리를 재봉틀로 박습니다.

셔링 테이프를 여러 개 사용할 때

테이프를 여러 개 사용할 때 테이프와 테이프 간격은 적어도 테이프 폭만큼 벌려 주세요.

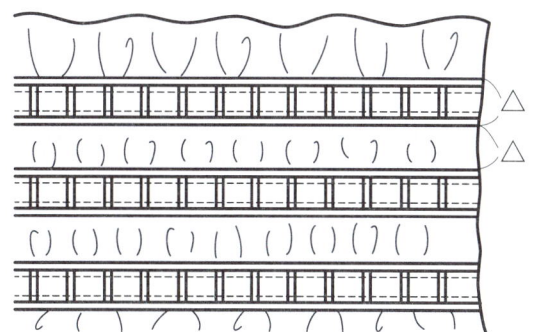

단추와 단춧구멍

단춧구멍 크기를 결정하는 방법

단춧구멍은 단추지름에 두께를 더한 크기로 합니다. 둥근 형태가 아닌 단추는 가장 긴 부분의 치수에 두께를 더합니다. 두께가 있는 단추는 단추지름에 두께의 $\frac{1}{3}$을 더해 단춧구멍의 크기로 삼습니다.

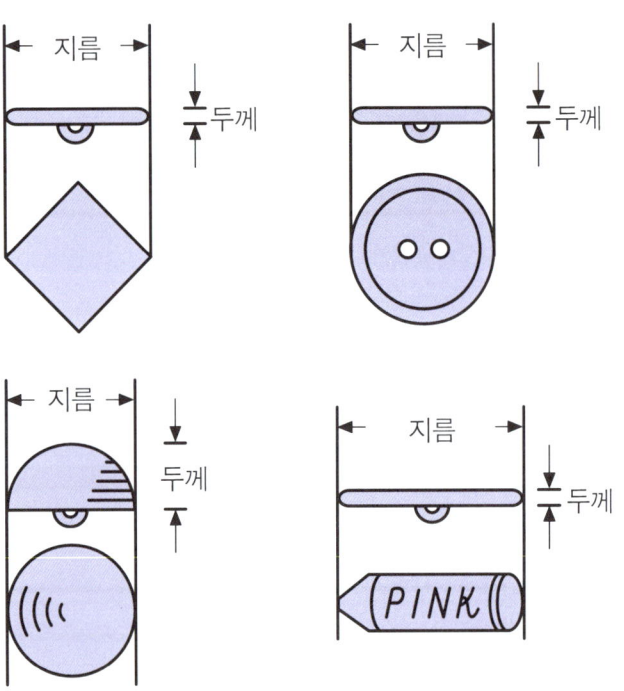

단춧구멍의 위치를 결정하는 방법

단춧구멍에는 가로 구멍과 세로 구멍이 있습니다. 가로 구멍인 경우가 많지만, 디자인에 따라서는 세로 구멍으로 만들기도 합니다. 앞길을 겹칠 때 여성복은 오른쪽이 위에 위치하고, 남성복은 왼쪽이 위에 위치하는데 남녀 겸용인 경우는 왼쪽을 위로 가게 합니다. 위쪽 몸판에 단춧구멍을 만듭니다.

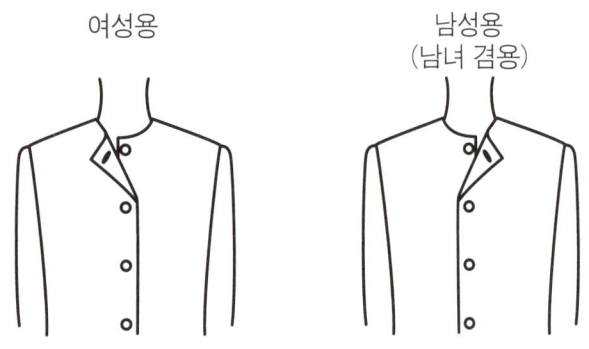

가로 구멍의 경우

단추 부착 위치와 같은 선상에 구멍을 만듭니다. 앞 중심에서 앞단선 쪽으로 0.2~0.3cm 나온 위치를 기준으로 해서 단춧구멍의 치수를 잽니다.

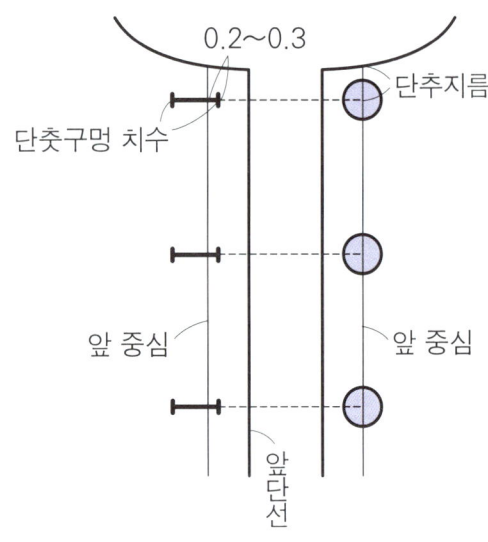

세로 구멍의 경우

단추 부착 위치와 같은 선상에 직각으로 구멍을 만듭니다. 단추 부착 위치에서 0.2~0.3cm 위로 올라간 위치를 기준으로 해서 단춧구멍 치수를 잽니다.

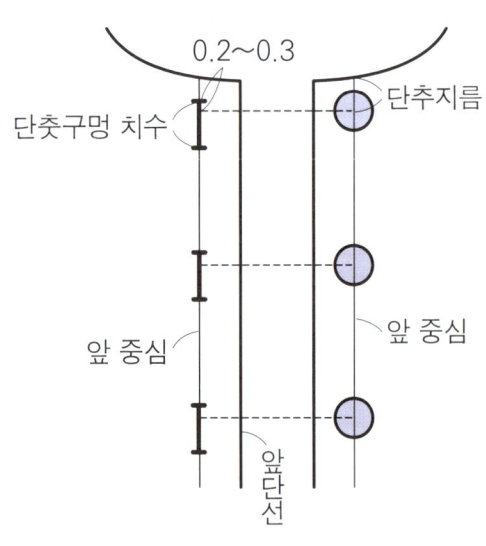

단추 다는 방법

단추를 달 때 실기둥을 만들어 다는 방법

단추와 원단 사이를 실로 감아서 실기둥을 만듭니다. 단추를 원단에 딱 붙여서 달면 원단 두께만큼 부족하게 되어 단추를 끼우기가 힘들어지는데, 실기둥을 만들어 주면 단추 끼우기가 쉬워집니다.

① 안면에서 바늘을 넣으면 단추 부착 위치가 어긋나기 쉬우므로 겉면에 서 바늘을 첫섬사로 넣어서 위치를 정합니다.

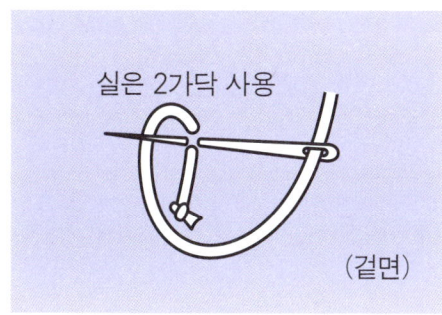

실은 2가닥 사용

(겉면)

② 단추 뒤쪽에서 바늘을 넣고 실을 통과시켜 원단을 바늘에 꽂아 실을 당기면 되는데, 실기둥을 만들기 위해 원단 두께만큼 실을 느슨하게 해둡니다.

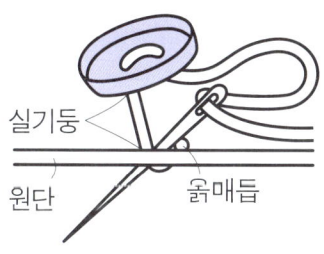

실기둥

원단   옭매듭

③ ②를 3~4회 반복합니다.

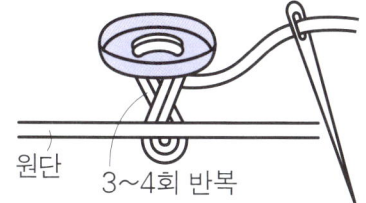

원단   3~4회 반복

④ 단추와 원단 사이의 실기둥에 위에서부터 틈새가 생기지 않도록 하여 감아 나갑니다.

틈새 없이   원단
여러 차례 감아준다

⑤ 실을 아래까지 다 감으면 실로 고리를 만들어 그 고리에 바늘을 통과시켜 단단히 고정합니다.

다 감은 후에는 실을
고리에 통과시켜 고정

⑥ 바늘을 안면으로 빼냅니다.

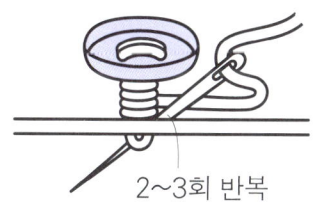

2~3회 반복

⑦ 매듭을 지어준 후 바늘을 겉면으로 빼내어 매듭이 원단으로 쏙 들어가도록 단단히 잡아당긴 후 실을 잘라줍니다.

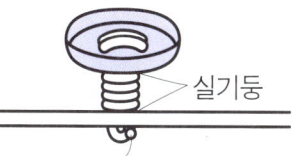

실기둥

매듭을 한 후,
원단 안에 쏙 박히도록
실을 잡아당긴 후 잘라준다

꼬다리 단추(Shank Button) 다는 방법

단추 뒷면에 실을 꿰는 돌출부가 있는 단추를 '꼬다리 단추'라고 합니다. 그대로 딱 맞게 달아도 되지만, 움직임이 없으면 단추를 끼우기 불편하므로 살짝 실기둥을 만들어 줍니다.

① 바늘은 겉면에서 넣고 실이 열십자가 되도록 꿰매서 위치를 정합니다. 매듭은 짓지 않습니다.

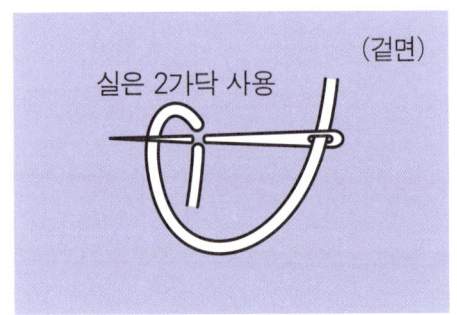

② 단추 뒷면 돌출 구멍에 실을 꿰어 바늘을 천에 꽂아 실을 잡아당기면 되는데, 실기둥을 만들기 위해 실을 조금 느슨하게 해둡니다.

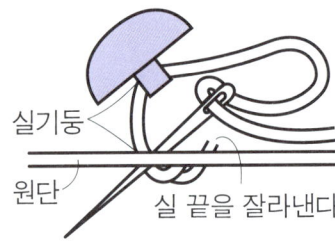

실기둥
원단
실 끝을 잘라낸다

③ ②를 2~3회 반복합니다.

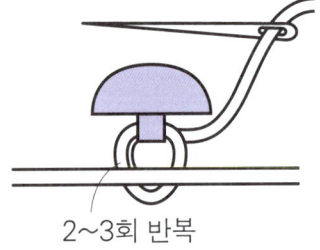

2~3회 반복

④ 단추와 원단 사이의 실에 2~3회 실을 감아줍니다.

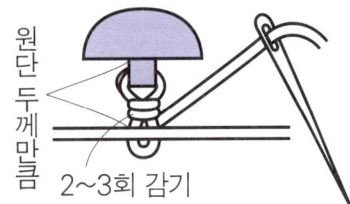

원단 두께 만큼
2~3회 감기

⑤ 실로 고리를 만들고 그 고리에 실을 통과시켜 확실하게 고정합니다.

다 감은 실을
고리에 통과시켜 고정

⑥ 바늘을 안면으로 빼내어 매듭을 지은 후 바늘을 겉면으로 빼내어 매듭이 원단 안에 박히도록 단단히 잡아당겨 실을 자릅니다.

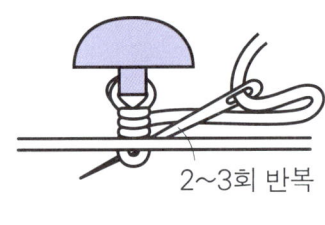

2~3회 반복

매듭을 만들어 원단 안에
박히도록 한 후 실을 자른다

장식 단추 다는 방법

장식 단추를 달 때는 실기둥을 만들지 않습니다. 실기둥을 만들면 단추의 무게로 아래로 처지게 됩니다. 단추의 구멍에 실을 통과시키는 방법은 다른 단추를 달 때와 같습니다.

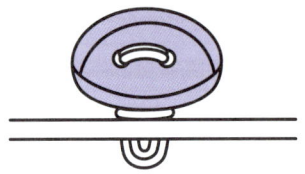

보강 단추를 다는 경우

두꺼운 원단에 단추를 달 때 원단이 상하지 않도록 작은 단추(보강 단추)를 안단 쪽에 함께 달아줍니다.

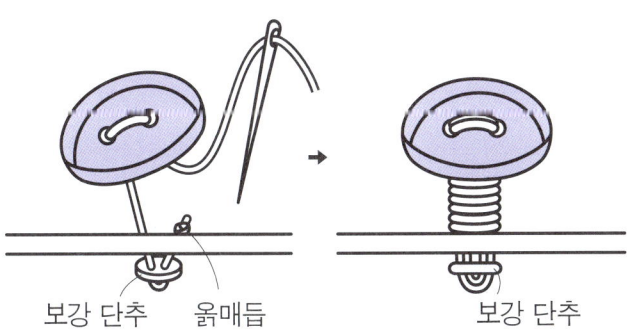

보강 단추   옭매듭   보강 단추

4구 단추 다는 방법

4구 단추를 달 때 구멍에 실을 통과시키는 방법으로는 여러 가지가 있습니다. 일반적으로는 겉감과 같은 계열 색의 실로 나란히 두 줄로 달기도 하지만, 색이 다른 실을 사용해서 포인트를 주는 것도 좋습니다.

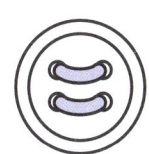  

싸개단추 만드는 방법

싸개단추는 시중에 판매되는 재료를 사용하면 손쉽게 만들 수 있지만, 여기서는 시판 세트 제품을 사용하지 않고 단추를 천으로 싸서 만드는 방법을 소개합니다.

① 단추 지름 2배의 치수로 원단을 준비하여 0.2cm 안쪽을 한 바퀴 빙 그르르 홈질해 줍니다.

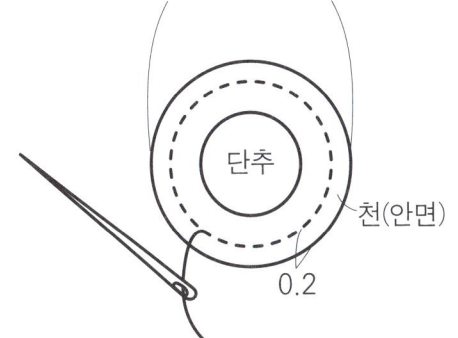

단추 지름의 2배

단추

천(안면)

0.2

② 실을 잡아당겨 조인 후 단추 바깥 둘레에서 0.2cm 정도 들어간 부분에서 바늘을 빼냅니다.

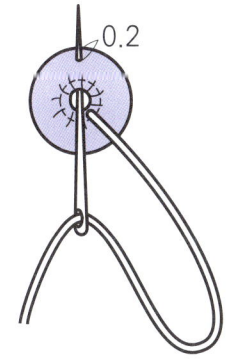

0.2

③ 그림과 같은 순서로 안면을 실로 메꿔 나갑니다.

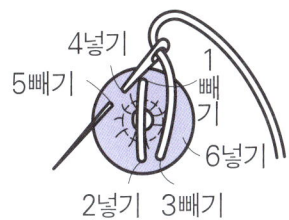

4넣기   1빼기
5빼기
        6넣기
2넣기   3빼기

④ 실을 고정하면 완성입니다. 다른 단추를 달 때와 마찬가지로 실기둥을 만들어 주세요.

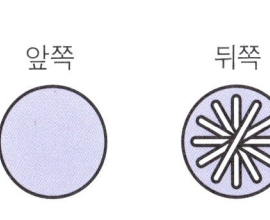

앞쪽   뒤쪽

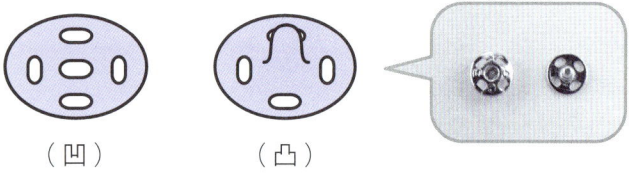

스냅단추 다는 방법

스냅단추(똑딱이단추)는 일반 단추보다 쉽게 끼우고 풀 수 있어서 아동복 등에 흔히 사용됩니다. 겹쳤을 때 위가 되는 쪽에 스냅의 凸부를, 아래가 되는 쪽에 凹부를 달아 주세요.

（凹）　　　（凸）

① 매듭을 하여 한 땀을 작게 뜹니다. 이 부분을 스냅 중심으로 삼습니다.

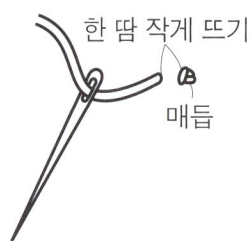

한 땀 작게 뜨기

매듭

② 한 번씩 실 고리에 바늘을 통과시켜 고정합니다. 하나의 구멍에 3회 정도씩 실을 통과시키도록 하세요.

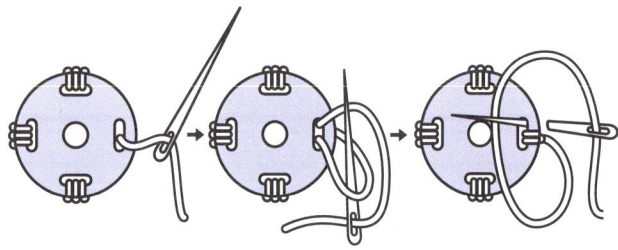

③ 모든 구멍을 실로 감친 후에는 매듭을 지어 고정합니다.

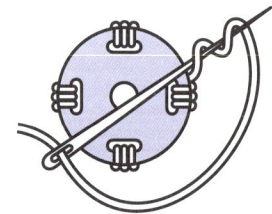

④ 스냅단추 밑을 지나 반대쪽으로 바늘을 뺀 후 매듭을 스냅단추 밑으로 가게 해서 실을 자릅니다. 凸부도 마찬가지 방법으로 달아 주세요.

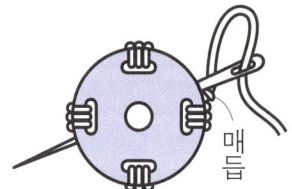

매듭

스냅단추를 천으로 감싸는 경우

스냅단추의 색깔이 눈에 띄지 않게 하고자 할 때 사용하는 방법으로, 얇은 천이나 비치는 천일 때 사용합니다. 겉감과 같은 색깔의 안감 등 얇은 천으로 스냅단추를 감쌉니다.

① 스냅단추 2배 크기의 천을 준비하여 0.2cm 안쪽을 한 바퀴 홈질해주세요. 천 중심에 송곳으로 구멍을 뚫습니다.

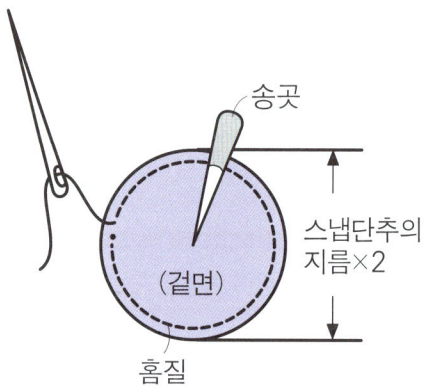

송곳

스냅단추의 지름×2

（겉면）

홈질

② 凸부는 송곳으로 뚫은 구멍을 통해 凸부의 돌출부가 나오도록 하고, 凹부는 구멍을 오목한 부분에 맞춥니다.

송곳으로 뚫은 구멍에 끼워 넣음

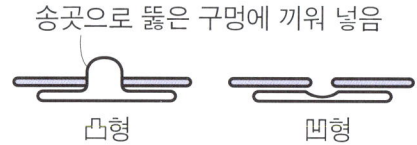

凸형　　　凹형

③ 홈질한 실을 조여서 고정합니다.

실을 잡아당긴다

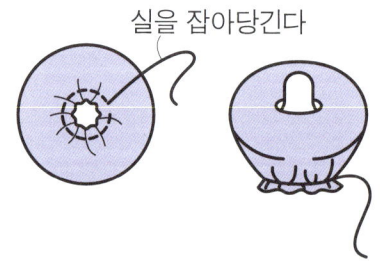

④ 스냅단추를 달 때는 천 두께만큼 뜨기 쉬우므로 실을 세게 잡아당겨 뜨지 않도록 주의합니다.

걸고리 다는 방법

걸고리에는 금속판으로 이루어진 커다란 것과 철사로 이루어진 작은 것(스프링 훅)의 2종류가 있습니다. 금속판으로 이루어진 것을 '훅앤아이'라고도 합니다. 겹쳤을 때 위가 되는 쪽에 갈고리 모양의 것을 달고 아래가 되는 쪽에 I형의 금속 고리를 답니다.

훅앤아이 다는 방법

위 앞쪽   아래 앞쪽

① 허리 벨트 등에 단단히 붙이려면 실은 2가닥을 사용하세요.

실은 2가닥 사용

② 꿰매 붙일 때는 한 땀 한 땀 바늘을 실 사이로 통과시킵니다.

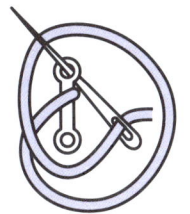

③ 실을 조여 줍니다. 가장자리에서 차례로 ②③을 반복하세요.

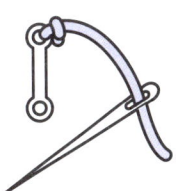

④ 갈고리 모양인 경우는 겉에 바느질 땀이 나타나지 않도록 하고, I 형태인 경우엔 안으로 실을 통과시켜 꿰매 붙입니다.

겉에 바느질 땀이
나타나지 않도록 한다

안쪽까지
바늘을 통과시킨다

스프링 훅 다는 방법

스프링 훅 다는 방법

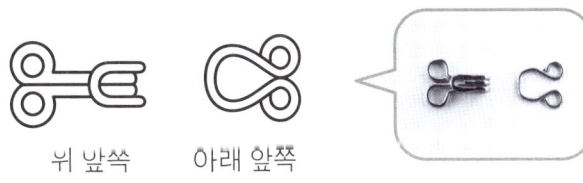

위 앞쪽   아래 앞쪽

스프링 훅도 걸고리단추와 마찬가지로 달아주세요. 구멍 부분에만 실을 통과시키면 안정적이지 못하므로 그림과 같이 옆으로 실을 통과시켜 고정합니다.

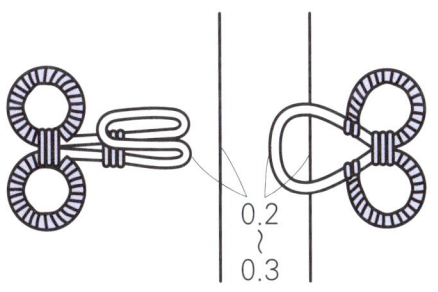

0.2
~
0.3

원단이 얇은 경우 등은 아래가 되는 쪽에 실 루프를 사용하기도 합니다. 실 루프의 크기는 걸고리단추의 폭에 0.3cm 정도를 더한 폭으로 합니다.(실 루프 만드는 방법은 205쪽 참조)

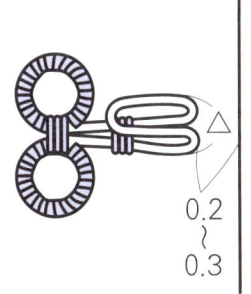

0.2
~
0.3

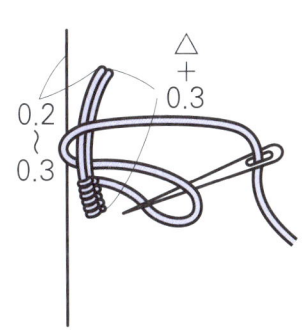

0.2
~
0.3

△
+
0.3

247

단춧구멍 만드는 방법

실은 구멍 사뜨기용 굵은 건사를 사용하고, 실의 길이는 단춧구멍 크기의 25~30배 정도면 됩니다.

한쪽막이 단춧구멍 사뜨기

흔히 사용되는 단춧구멍으로, 가로 구멍일 때 사용합니다.

① 단춧구멍 크기로 재봉틀을 박아 중심에 가위집을 냅니다. 올이 풀리기 쉬운 원단일 때는 봉제선 안쪽도 재봉틀로 박아 메워줍니다.

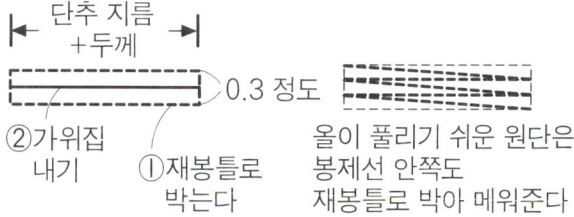

단추 지름
+두께

②가위집
내기

①재봉틀로
박는다

0.3 정도

올이 풀리기 쉬운 원단은
봉제선 안쪽도
재봉틀로 박아 메워준다

② ①과 같이 봉제선을 따라 그림과 같은 순서로 실을 꿰매 테두리로 삼습니다.

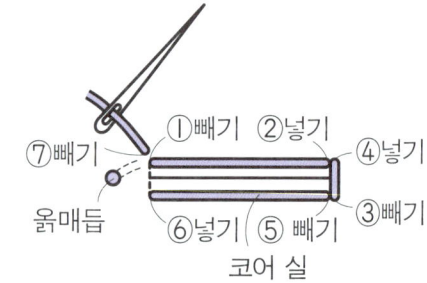

⑦빼기

옭매듭

①빼기 ②넣기 ④넣기 ③빼기 ⑤빼기 ⑥넣기

코어 실

③ 가위집을 낸 구멍 아래서 바늘을 넣고 코어 실 바로 옆으로 빼냅니다. 그리고 바늘 끝에 실을 걸어 잡아당겨서 매듭이 이루어진 부분이 가위집 구멍 위치로 오게 합니다.

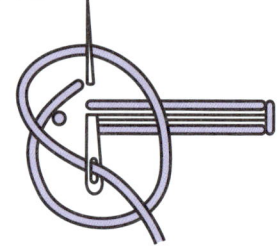

④ 이 작업을 반복하여 한쪽 모서리까지 진행합니다.

매듭을 세워가면서
사뜨기 한다

⑤ 모서리와 모서리 사이는 3~4 땀을 방사상으로 사뜨기 합니다.

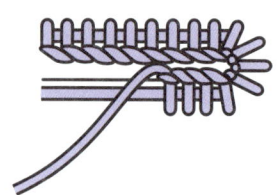

⑥ 반대쪽을 ③의 요령으로 다음 모서리까지 사뜨기 합니다. 마지막까지 사뜨기를 마치면 최초의 땀을 떠서 마지막 땀 바로 옆으로 바늘을 빼내 실을 조여줍니다.

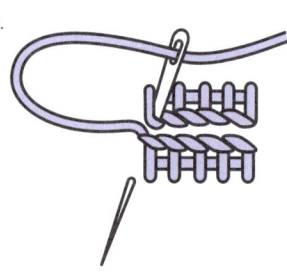

⑦ 구멍 사뜨기한 폭에 맞춰 세로로 평행하게 2줄을 꿰입니다.

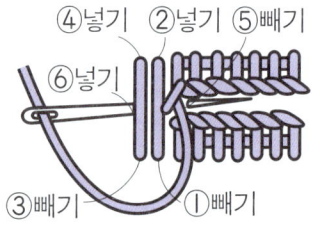

④넣기 ②넣기 ⑤빼기
⑥넣기
③빼기 ①빼기

⑧ 다음은 세로로 꿴 2줄의 실을 가로로 두 번 감아줍니다.

⑨ 실은 안면으로 빼내 구멍 사뜨기한 실 사이를 통과시킨 후 한 땀을 박음질하여 실을 자릅니다.

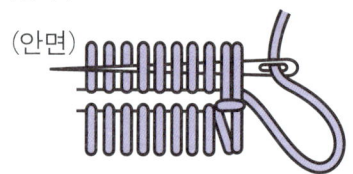

(안면)

양쪽막이 단춧구멍 사뜨기

세로 구멍일 때 이용하는 방법입니다. 양쪽 가장자리를 단단히 고정하므로 튼튼하게 완성할 수 있습니다.

① 단춧구멍 크기로 재봉틀을 박아 중심에 가위집을 냅니다. 올이 풀리기 쉬운 원단일 때는 봉제선 안쪽도 재봉틀로 박아 메워줍니다.

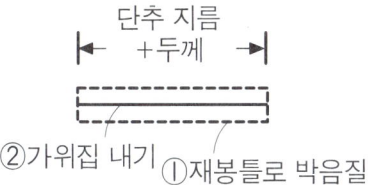

② ①과 같이 봉제선을 따라 긴 변에만 겉면에서 실이 보이도록 실을 꿰니다. 이것이 테두리가 됩니다.

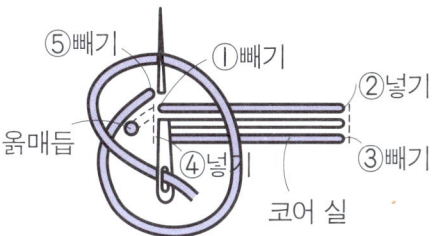

③ 모서리까지 사뜨기 합니다. 방법은 248쪽의 ③과 같습니다.

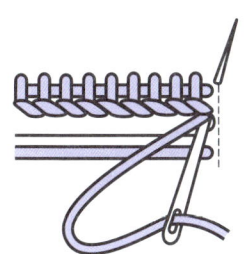

④ 모서리까지 사뜨기를 한 후에는 사뜨기 폭에 맞춰 2줄로 실을 꿰니다.

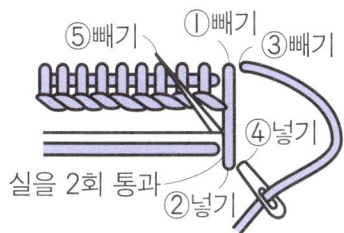

⑤ 다음은 ④의 2줄의 실을 가로로 두 번 감아줍니다.

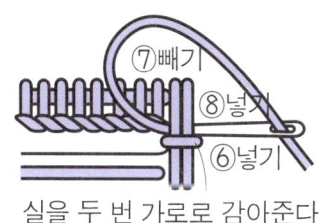

실을 두 번 가로로 감아준다

⑥ 사뜨기한 모서리의 땀에 겉면에서 바늘을 넣어 빼냅니다.

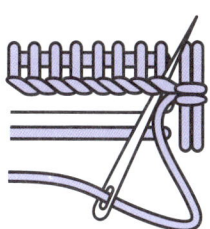

⑦ 바늘을 아래쪽 가로 실 밑으로 통과시킵니다.

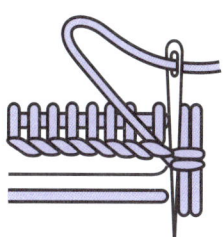

⑧ 실을 빼내어 사뜨기를 시작합니다.

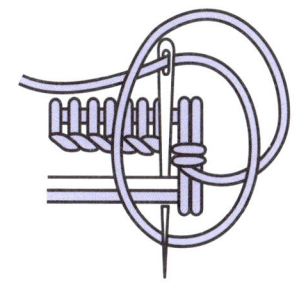

⑨ 마지막까지 사뜨기를 한 후에는 실을 고정합니다. 고정 방법은 248쪽 ⑧⑨와 같습니다.

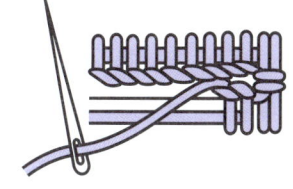

아일렛 단춧구멍 사뜨기

두꺼운 원단의 코트나 재킷 등에 가로 구멍을 만들 때 이용됩니다. 새눈구멍 끌을 사용해 구멍을 뚫습니다.

① 단춧구멍 크기로 재봉틀을 박아 봉제선 안쪽을 메우는 편이 튼튼해서 작업하기 쉽습니다.

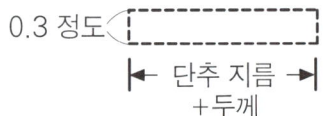

0.3 정도
단추 지름
+두께

② 구멍을 뚫은 후 중심에 가위집을 넣습니다. 자연스러운 원이 되도록 모서리를 잘라냅니다. 구멍의 위치는 앞단선 쪽으로 합니다.

가위집 내기 구멍
모서리를 잘라낸다
구멍펀치

③ 실을 그림과 같이 꿰입니다. 구멍 둘레는 촘촘하게 꿰맵니다. 이것이 테두리가 됩니다.

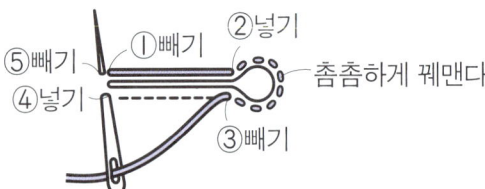

⑤빼기 ①빼기 ②넣기
④넣기 ③빼기 촘촘하게 꿰맨다

④ 테두리를 따라 사뜨기를 합니다. 방법은 248쪽 ③과 같습니다.

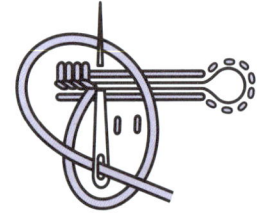

⑤ 구멍 부분은 방사상으로 틈새 없이 사뜨기 합니다.

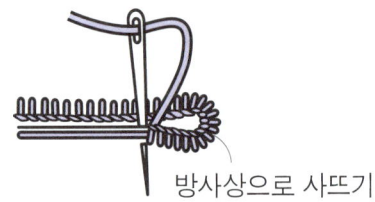

방사상으로 사뜨기

⑥ 마지막까지 사뜨기를 한 후에는 최초의 땀에 바늘을 통과시켜 마지막 땀 옆으로 바늘을 빼냅니다.(248쪽 ⑥ 참조)

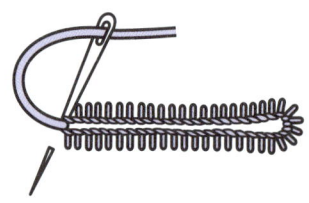

⑦ 사뜨기 폭에 맞춰 세로로 2줄을 꿰입니다.

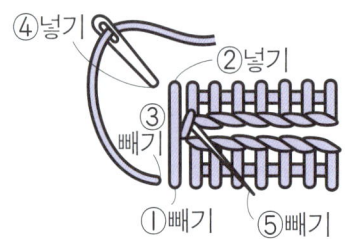

④넣기 ②넣기
③빼기
①빼기 ⑤빼기

⑧ ⑦의 2줄의 실을 가로로 두 번 감아줍니다.

가로로 두 번 감아준다

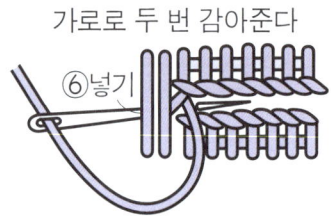

⑥넣기

⑨ 완성된 모습입니다.

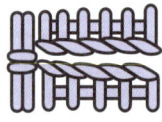

⑩ 실을 인면으로 삐니어 시뜨기한 땀에 통과시킨 후 한 땀을 바음질합니다.

안면의 바느질 땀에 통과시켜 박음질한 후 자름

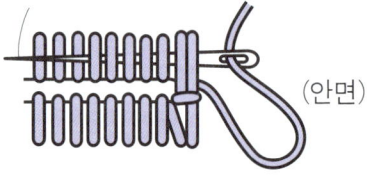

(안면)

장식용 구멍 만드는 방법

구멍을 뚫지 않고 사뜨기 하는 장식용 구멍입니다. 테일러드 칼라 재킷 (Tailored Collar Jacket)의 소맷부리 등에서 볼 수 있습니다.

장식용 구멍 A
중심에 가위집을 내지 않고 구멍 사뜨기와 마찬가지로 만듭니다.

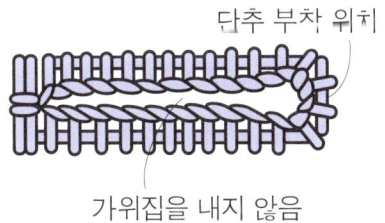

단추 부착 위치

가위집을 내지 않음

장식용 구멍 B
자수의 체인 스티치 기법을 이용하여 만듭니다.
실은 사뜨기용 굵은 견사를 사용합니다.

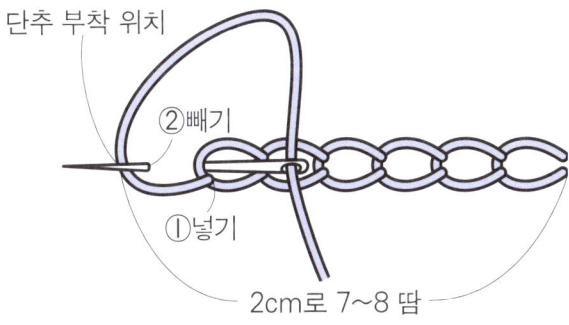

단추 부착 위치

②빼기

①넣기

2cm로 7~8 땀

아일렛 만드는 방법

아일렛은 벨트 구멍 등에 이용됩니다. 단춧구멍을 만들 때와 마찬가지로 만듭니다.
① 아일렛 끌로 구멍을 뚫고 구멍 둘레를 촘촘하게 꿰맵니다. 이것을 코어 실로 삼습니다.
② 코어 실을 따라 방사상으로 사뜨기 합니다. 사뜨기 방법은 앞에서 소개한 방법과 같습니다.

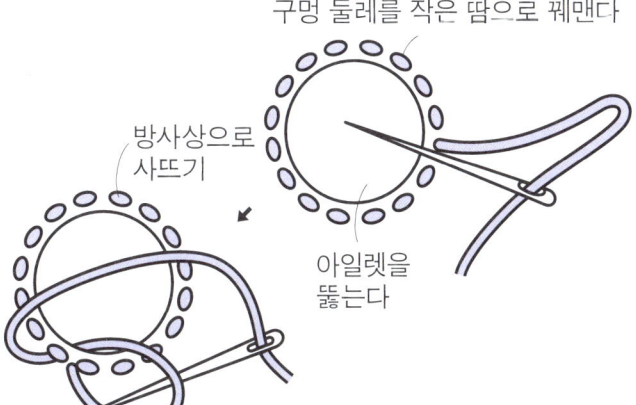

구멍 둘레를 작은 땀으로 꿰맨다

방사상으로 사뜨기

아일렛을 뚫는다

지그재그 박음질을 이용한 구멍 사뜨기

재봉틀의 지그재그 박음질을 이용해 만드는 단춧구멍입니다. 재봉틀 진폭은 양끝 부분에서 0.5cm, 다른 부분은 0.2cm 정도로 조절하면서 박습니다. 봉제선은 매우 촘촘하게 합니다. 한 번 테스트 바느질을 한 후에 본격적으로 박아주세요.

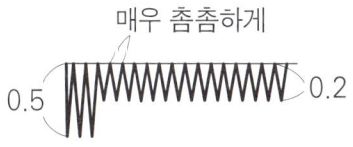

매우 촘촘하게

0.5   0.2

① 처음에 시작 부분을 박습니다. 0.5cm 폭으로 촘촘하게 2~3회 박습니다.

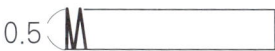

0.5

② 0.2cm 정도의 땀폭으로 화살표 방향으로 단춧구멍 크기만큼을 박습니다.

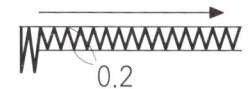

0.2

③ 땀폭을 0.5cm로 하여 다른 한쪽의 멈춤 부분을 박습니다.

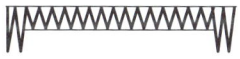

④ 원단 방향을 바꿔 진폭을 0.2cm로 하여 화살표 방향으로 박습니다.

⑤ 중심에 가위집을 넣습니다. 봉제선을 자르지 않도록 주의하세요.

가위집 내기

입술 단춧구멍 Bound Buttonhole

단춧구멍을 부드럽고 고급스럽게 만들고자 할 때 사용됩니다. 바대(덧붙이는 천)로는 바이어스 천을 사용합니다.

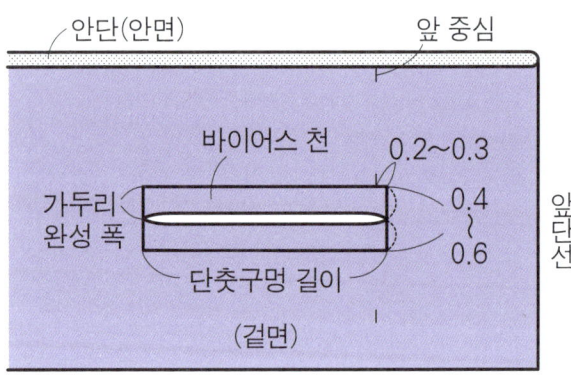

① 안단은 옆으로 제쳐 둡니다. 바이어스 천은 겉감과 같은 천을 사용해 그림에 나타낸 크기로 재단한 후 겉감 구멍 위치에 시침질하여 붙입니다.

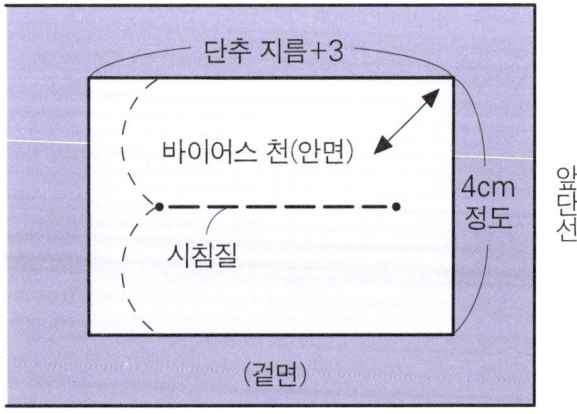

② 단춧구멍 크기로 재봉틀을 박습니다. 재봉틀을 박을 때는 변 중간에서 시작하여 마지막에는 2~3 땀 겹쳐 박아줍니다.

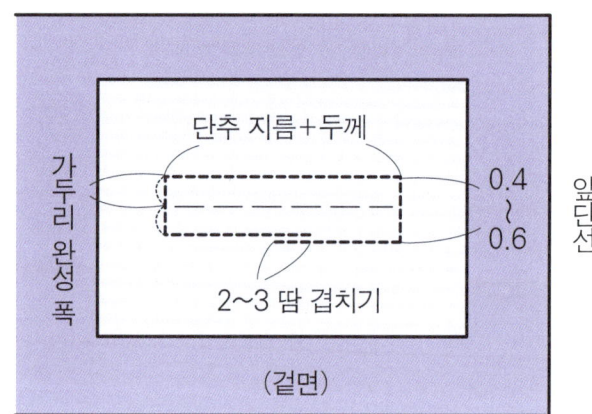

③ 아래까지 통과시켜 그림과 같이 가위집을 넣습니다. 모서리까지 확실하게 가위집을 넣어주세요.

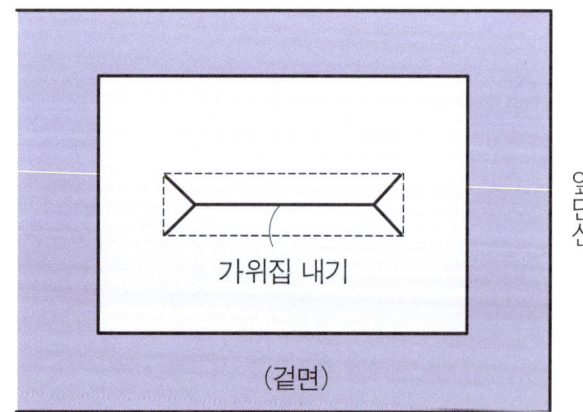

④ 가위집 낸 구멍에서 안면으로 바이어스 천을 빼냅니다.

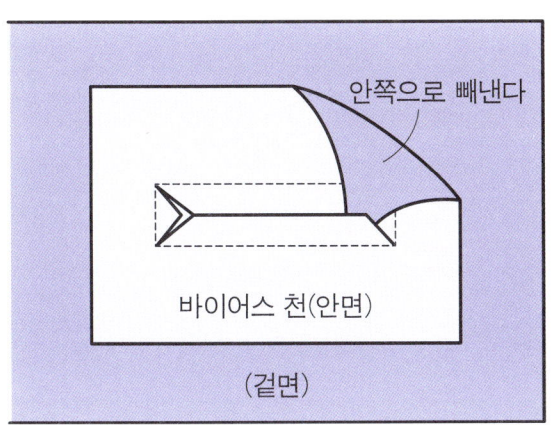

안쪽으로 빼낸다

바이어스 천(안면)

(겉면)

앞단선

⑥ 겉감과 바이어스 천의 시접을 다리미로 가릅니다.

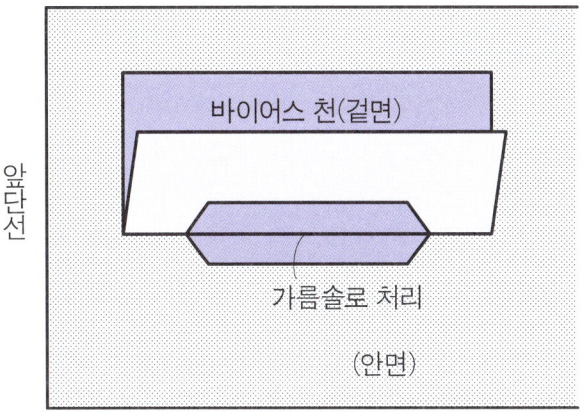

바이어스 천(겉면)

가름솔로 처리

(안면)

앞단선

⑤ 안면으로 빼낸 바이어스 천을 겉감이 보일 때까지 확실하게 잡아당겨 모양을 잡아줍니다.

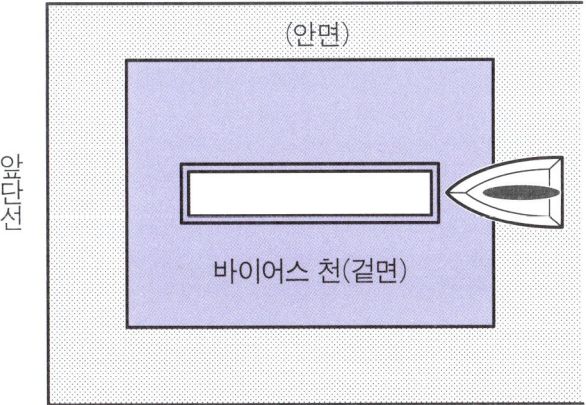

(안면)

바이어스 천(겉면)

앞단선

⑦ 단춧구멍 완성 폭에 맞춰 바이어스 천을 다리미로 접습니다. 위아래 입술 완성 폭이 같아지도록 주의합니다.

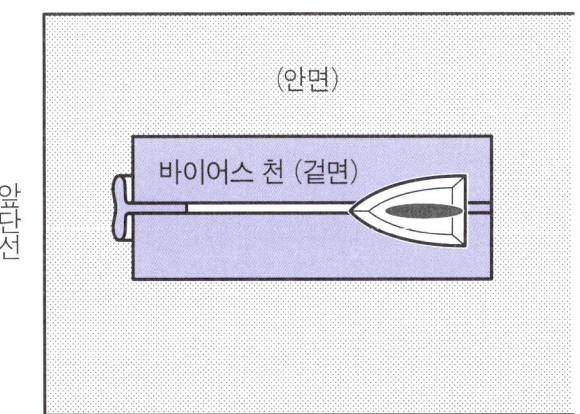

(안면)

바이어스 천 (겉면)

앞단선

⑧ 겉면에서 봉제선을 따라 한 땀 시침(203쪽 참조)을 합니다.

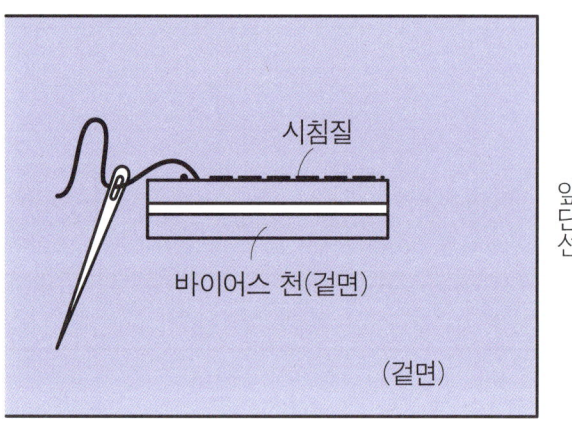

⑨ 입술이 벌어지지 않도록 새발뜨기(204쪽 참조)를 합니다.

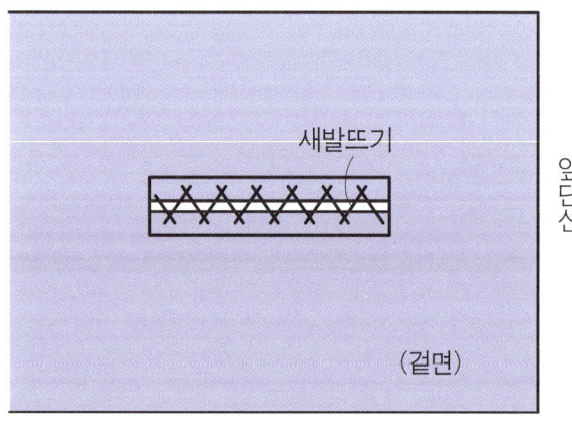

⑩ 겉감을 피하면서 바이어스 천과 겉감 시접을 재봉틀로 박습니다. 시침한 바로 옆에 겉면 시접 쪽에서 재봉틀로 박아주세요. 양쪽 모두 박습니다.

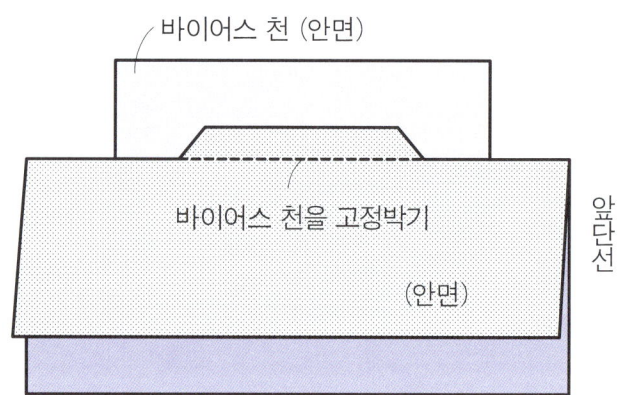

⑪ 삼각형 천에 바이어스 천까지 통과시켜 재봉틀로 3회 박습니다. 양쪽 가장자리도 박아주세요.

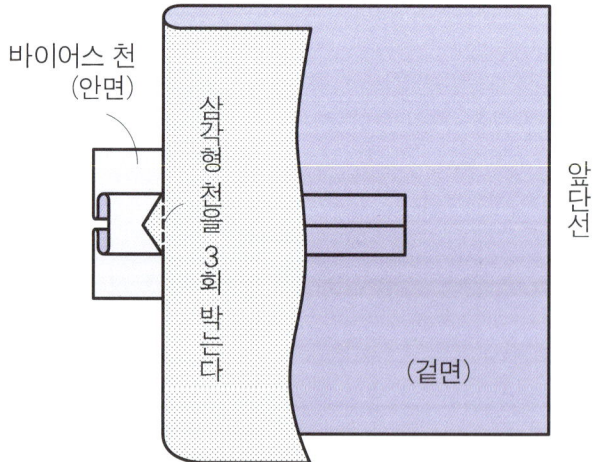

⑫ 바느질이 끝나면 바이어스 천을 잘라내고 모양을 잡아줍니다. 모서리 부분은 둥글게 잘라주세요.

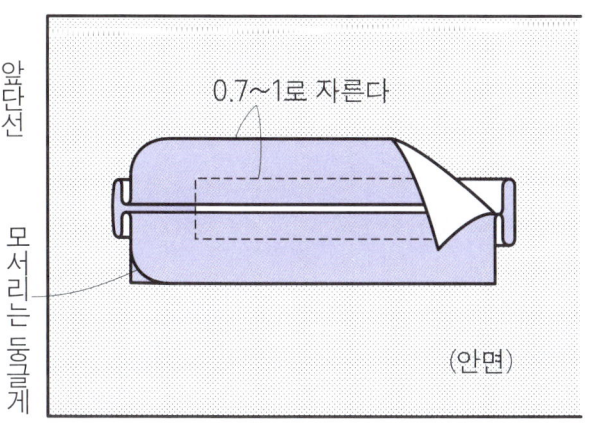

앞단선

0.7~1로 자른다

모서리는 둥글게

(안면)

⑭ 표시한 안단에 ③과 마찬가지로 가위집을 내어 안단 안면으로 접어서 모양을 잡아줍니다.

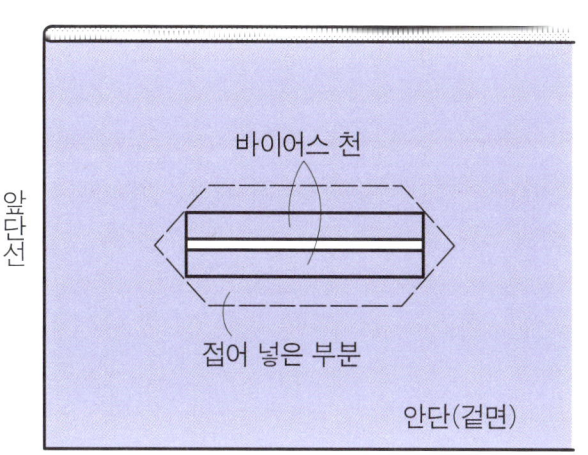

앞단선

바이어스 천

접어 넣은 부분

안단(겉면)

⑬ 안단을 대고 시침핀을 그림과 같이 꽂아 안단에 바이어스 천 구멍 모양대로 표시합니다.

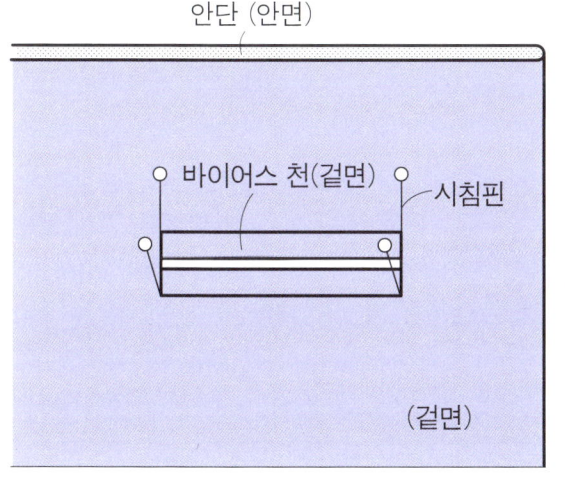

안단 (안면)

바이어스 천(겉면)

시침핀

앞단선

(겉면)

⑮ 안단을 바이어스 천 안면 쪽 봉제선 바로 옆에 감쳐서 붙입니다.

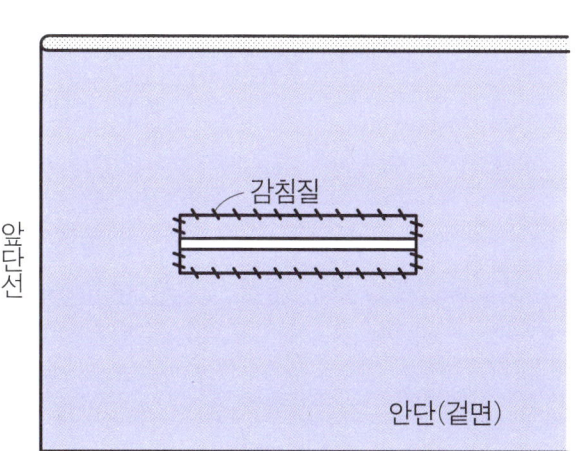

앞단선

감침질

안단(겉면)

아일렛 입술 단춧구멍

재킷이나 코트 등 두꺼운 원단의 옷에 많이 사용됩니다. 앞단선 쪽 바이어스 천을 삼각형으로 만들어줌으로써 단추를 끼우기가 쉬워집니다.

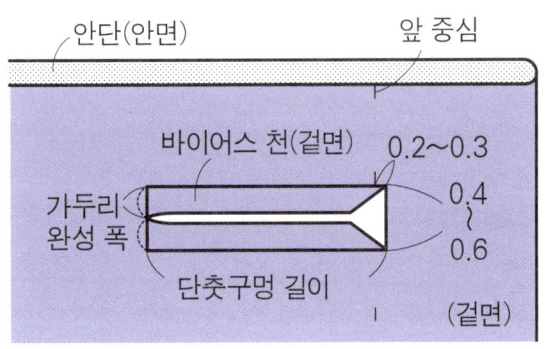

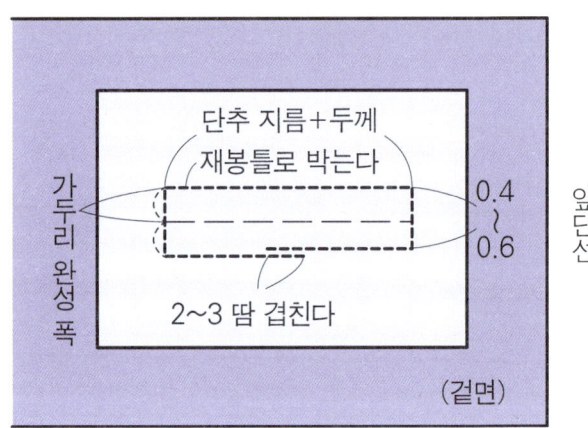

② 단춧구멍 크기로 재봉틀을 박습니다. 박을 때는 변 중간에서부터 시작하여 2~3 땀 겹치도록 하세요.

① 안단은 옆으로 제쳐둡니다. 바이어스 천을 재단하여 단춧구멍 위치에 시침해서 붙입니다.

③ 아래까지 통과시켜 그림과 같이 가위집을 넣습니다. 모서리까지 확실하게 가위집을 넣어주세요.

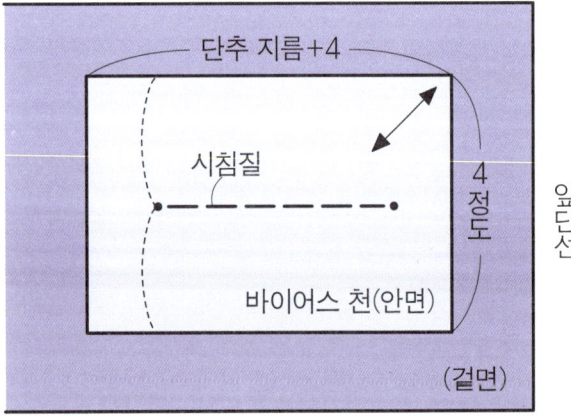

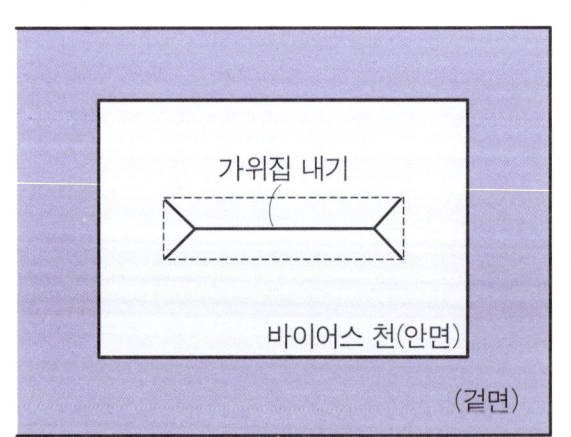

④ 가위집 낸 구멍을 통해 안쪽으로 바이어스 천을 빼냅니다.

⑥ 겉감과 바이어스 천의 시접을 다리미로 가릅니다.

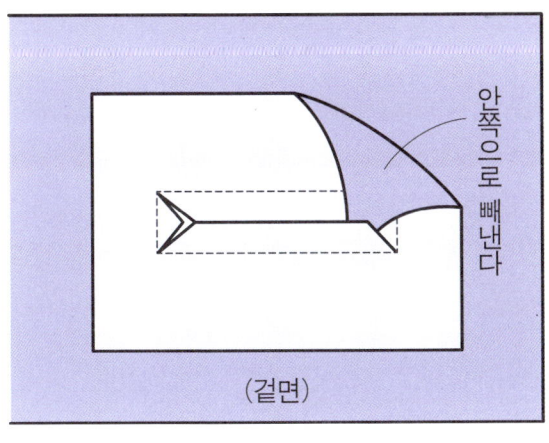

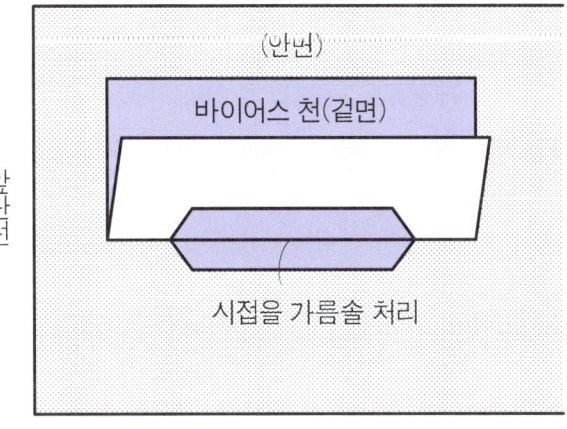

⑤ 안면으로 빼낸 바이어스 천을 겉감이 보일 때까지 확실하게 잡아당겨 모양을 잡아줍니다.

⑦ 입술을 완성 폭에 맞춰 다리미로 접습니다.

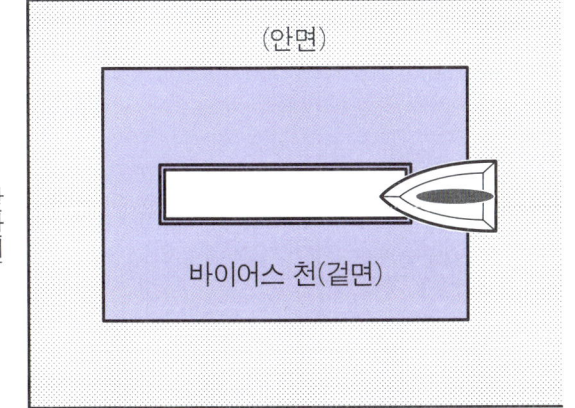

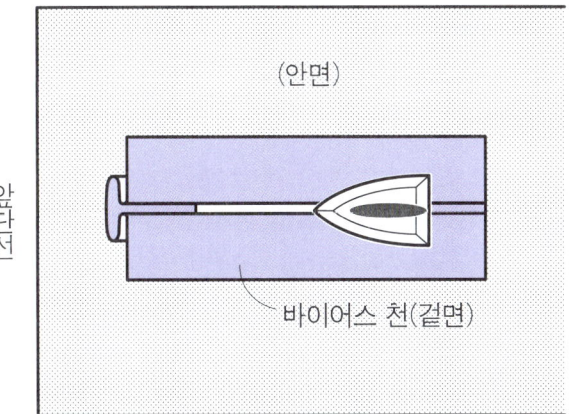

⑧ 앞단선 쪽의 모서리가 삼각형이 되도록 바이어스 천에 가위집을 넣고, 다리미를 사용해 접은 후 감침질하여 모양을 잡아줍니다.

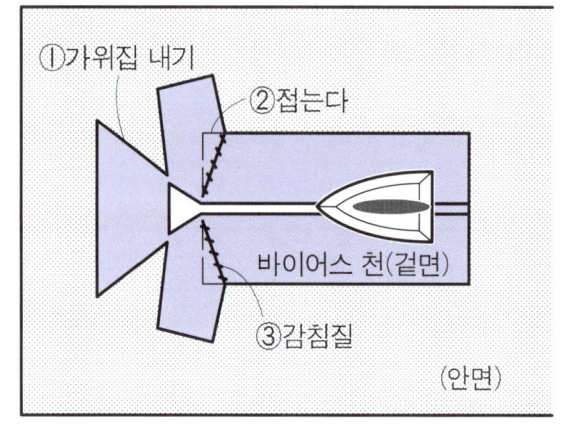

⑩ 겉감을 피하면서 바이어스 천과 겉감 시접을 재봉틀로 박습니다. 시침한 자리 바로 옆을 겉면 시접 쪽에서 재봉틀로 박아주세요. 양쪽 모두 박습니다.

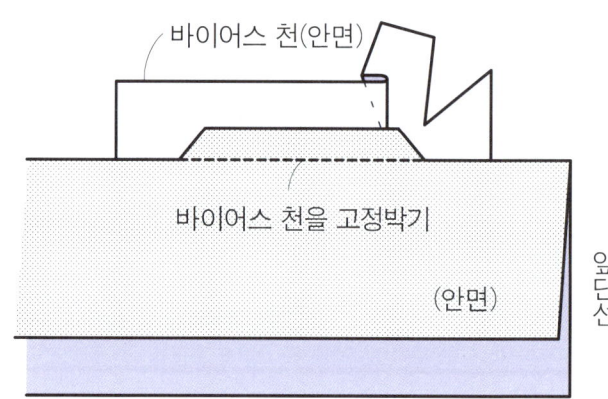

⑨ 겉면에서 봉제선을 따라 한 땀 시침(203쪽 참조) 해주세요.

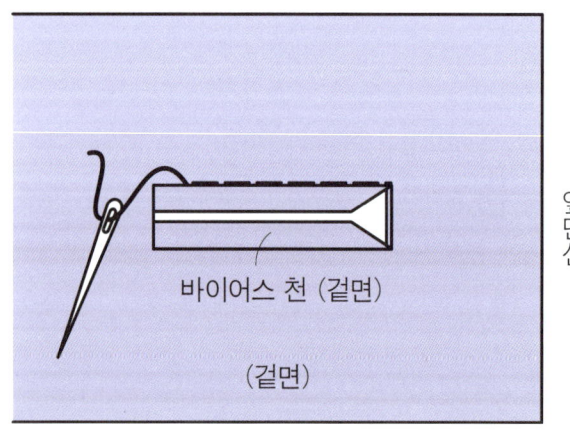

⑪ 아일렛의 반대쪽 삼각형 천에 바이어스 천까지 통과시켜 재봉틀로 3회 박습니다. 아일렛 쪽은 재봉틀로 박지 않습니다.

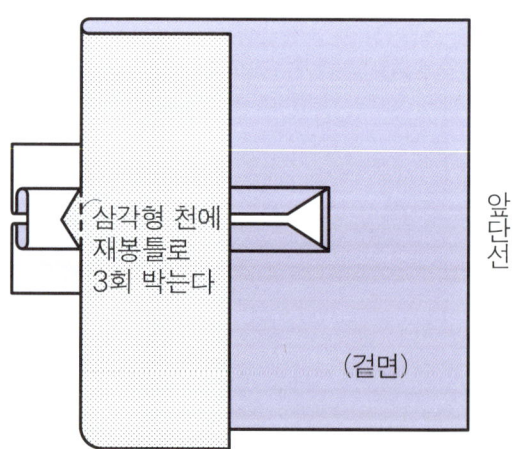

⑫ 바느질이 끝나면 바이어스 천을 잘라서 맞춰줍니다. 모서리 부분은 둥글게 처리하세요.

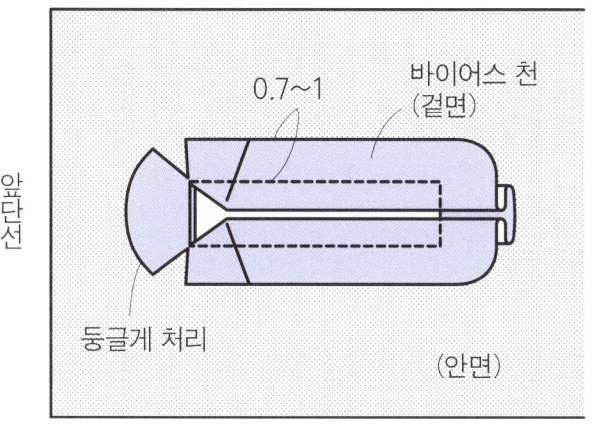

⑬ 안단을 대고 시침핀을 그림과 같이 꽂아 안단에 바이어스 천 구멍 모양대로 표시합니다.

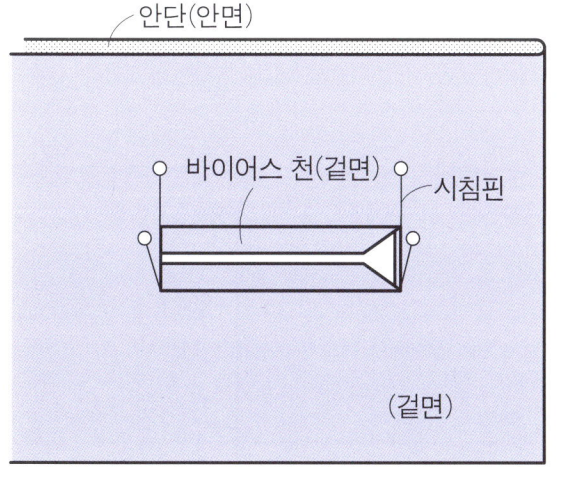

⑭ 표시한 안단에 ③과 마찬가지로 가위집을 넣고 가위집 낸 부분을 안단 안면으로 접어 넣어 모양을 잡아줍니다.

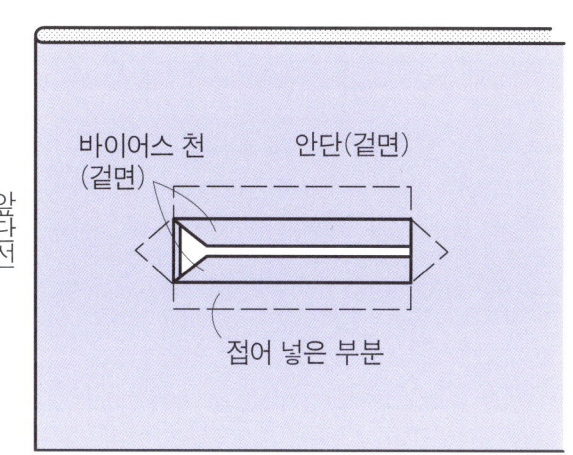

⑮ 안단을 입술 천 안면 쪽 봉제선 바로 옆에 감쳐서 붙입니다.

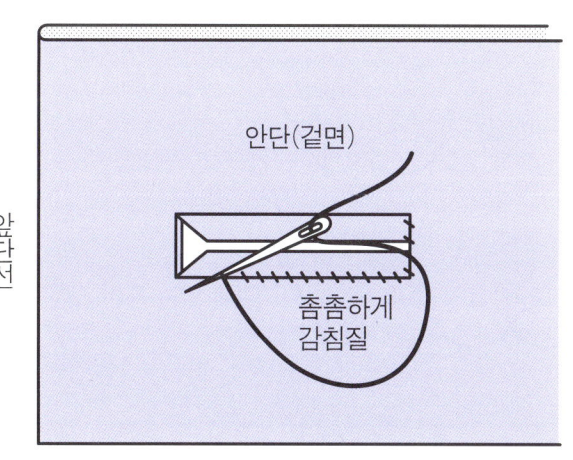

원단별 취급 방법

퀼팅 원단

원단에 대하여

2장의 원단 사이에 솜(폴리에스터 솜이나 도멧 플란넬(Domett Flannel) 심지)을 끼워 넣고 재봉틀로 박아 놓은 천을 말합니다. 면이나 화학섬유로 이루어진 것도 있으며, 백이나 재킷, 코트 안감으로 쓰이기도 합니다. 최근에는 직선박기를 한 것 이외에 하트 모양으로 퀼팅한 것까지 다양합니다.

디자인적인 측면에서 주의할 점

이음선이 많은 디자인에는 적합하지 않습니다. 원단 두께에 따라 다르기는 하지만, 원단에 탄력이 있어서 직선적인 디자인에 잘 어울립니다.

축임질 방법

원단이 뒤틀린 경우는 올을 바르게 잡아 주세요.

재단 시 주의할 점

봉제선이 큰 경우 무늬 맞추기를 할 필요가 있습니다. 원단이 두껍고 탄력도 있으므로 날이 잘 드는 가위를 사용해 원단 두께에 직각으로 가위 날을 대도록 합니다.

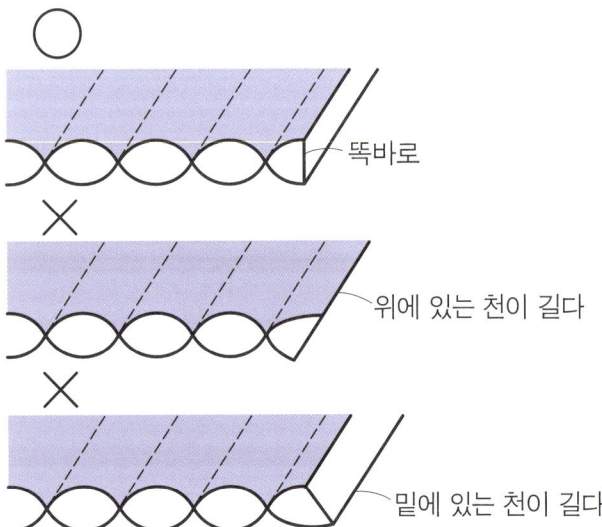

○

똑바로

× 위에 있는 천이 길다

× 밑에 있는 천이 길다

표시하는 방법

실표뜨기를 하면 원단 속에 실이 들어가게 되므로 초크나 초크 페이퍼를 사용해서 표시합니다.

다림질하는 방법

다림질할 때는 원단의 볼륨을 죽이지 않도록 장시간 한 곳에 압력을 가하지 마세요.

바느질 포인트

재봉틀 바늘은 11번, 재봉틀 실은 폴리에스터 실 60번을 사용합니다. 특히 더 두꺼운 원단인 경우는 재봉틀 바늘 14번, 폴리에스터 실 50번을 사용하세요.
시접 처리는 오버로크 박음질 또는 지그재그 박음질을 합니다. 시접이 동글동글 말려서 신경이 쓰일 때는 시접 부분의 솜을 빼면 좋습니다.

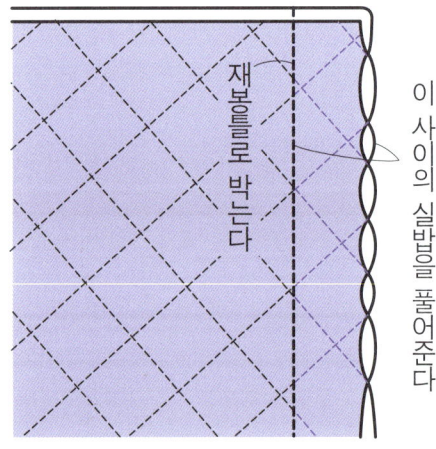

재봉틀로 박는다

이 사이의 실밥을 풀어준다

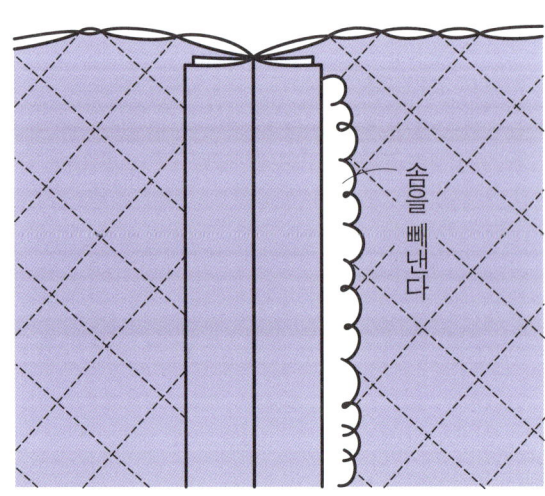

솜을 빼낸다

플리스

원단에 대하여

플리스(Fleece)는 양면 기모 천으로 소재는 폴리에스터로 된 것이 많습니다. 보온성, 속건성이 뛰어나며 피부에 닿는 감촉이 좋고 가볍고 따뜻해서 아웃도어용에 적합한 소재로 인기가 많습니다. 최근에는 다양한 아이템에 이용되고 있으며 취급이 쉬워 수제 작품의 소재로도 적합합니다.

디자인적인 측면에서 주의할 점

보온성이 우수하므로 겨울용으로 적합합니다. 가볍다는 점도 이 원단의 매력이므로 가볍게 만들 수 있도록 안감은 사용하지 않고 심지도 가능하면 사용하지 않습니다.

축임질 방법

올 방향이 틀어져 있을 때 손으로 바로잡아주는 정도로 충분합니다. 물에 적시거나 스팀 다림질을 할 필요는 없습니다.

재단 시 주의할 점

기모 상태이지만 딱히 파일(Pile; 털)의 흐름이 있는 것은 아니므로 '끼워 넣기'(p. 124 참고) 방식으로 재단할 수도 있지만, 파일이 긴 경우는 한 방향으로 재단합니다. 원단의 겉과 안을 구분할 수 없을 때는 색깔이 짙고 파일이 가지런한 쪽이 겉입니다.

표시하는 방법

가루 형태의 초크나 수성 초크 펜을 사용해서 표시하는 것이 빠르고 좋습니다. 하지만 원단이 두꺼우므로 두 장을 겹쳐서 표시하기는 어렵습니다. 한 장씩 따로따로 확실하게 표시해 주세요.

다림질하는 방법

폴리에스터 소재에 맞는 온도로 다림질합니다. 또한, 너무 넓은 범위로 압력을 가하면 파일(Pile)이 눌릴 수 있으므로 다리미 끝을 이용합니다.

심지에 대하여

거의 사용하지 않지만, 사용하는 경우는 스트레치 소재용 심지를 사용합니다.

바느질 포인트

재봉틀 바늘은 11번, 재봉틀 실은 폴리에스터 실 60번을 사용합니다. 특히 더 두꺼운 원단의 경우는 재봉틀 바늘 14번, 폴리에스터 실 50번을 사용하세요. 신축성이 강한 경우에는 니트용 바늘 11번, 니트용 실 50번을 사용합니다.
원단이 풀리지 않으므로 오버로크 박음질 또는 지그재그 박음질을 하여 시접 처리를 할 필요는 없지만, 시접 가장자리를 바이어스 처리하면 한층 깔끔하게 완성됩니다.
원단이 볼륨감이 있으므로 한 겹으로 양면을 이용할 수 있는 리버서블(Reversible) 스타일로 만들어도 좋습니다. 단춧구멍은 단춧구멍 보강심지를 사용하여 만듭니다.

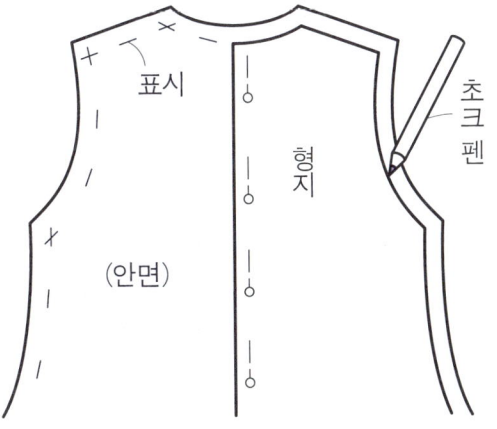

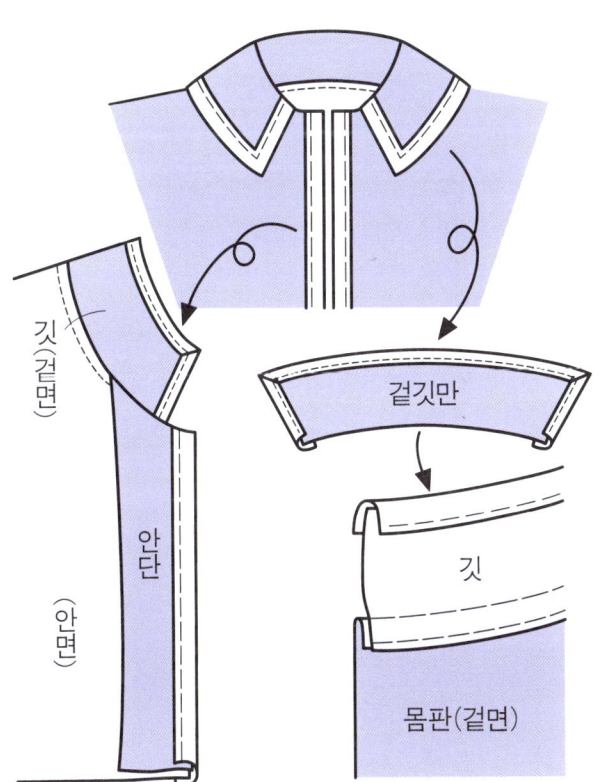

벨벳

원단에 대하여

벨벳은 광택감과 우아함을 지닌 원단으로 포멀한 원피스나 슈트 등에 이용됩니다. 예전에는 벨벳이라면 비단 소재의 것이 주를 이루었는데, 최근에는 비단뿐 아니라, 레이온이나 폴리에스터 소재, 견직물과의 혼방 소재 등 다양하지요. 가공해서 무늬를 입힌 벨벳 등도 있습니다. 첨모직물의 하나인 벨베틴(Velveteen)이나 코듀로이도 소재는 다르지만, 취급 방법은 같습니다.

디자인적인 측면에서 주의할 점

취급이 번거로운 점은 바느질 도중에 원단이 어긋나기 쉽다는 점, 봉제선이 울기 쉬워 주름이 생긴다는 점, 한 번 찌부러진 파일(털)은 원래 상태로 복귀되지 않아 다시 바느질할 수 없다는 점. 이에 따라 다림질할 때도 주의가 필요합니다. 하지만 벨벳 중에도 비교적 바느질하기 쉬운 것도 있습니다. 이러한 특징을 염두에 두고 원단을 고를 때는 판매하는 분과 잘 상담해서 바느질하기 쉬운 원단을 고르도록 하세요. 이음선은 최소한으로 하고 벨벳의 음영을 살리는 디자인을 궁리하면 좋겠지요. 트임의 경우 단추 트임은 가능하면 피하고 루프 트임이나 숨은 지퍼 트임으로 합니다. 호주머니도 이음선이나 옆솔기선을 이용해서 만드는 편이 만들기 쉽습니다.

축임질 방법

원단을 구매하면 접은 자국이 생기지 않도록 주의합니다. 재단할 때까지 자국이 생기지 않도록 적당한 폭으로 접어서 한쪽 식서에 3~4곳 실을 꿰어 고리를 만든 후 그림과 같이 걸어 두세요. 주름이 없으면 축임질을 할 필요가 없지만, 주름이 있는 경우는 스팀다리미를 사용해 원단 안면에 증기를 살짝 씌워줍니다.

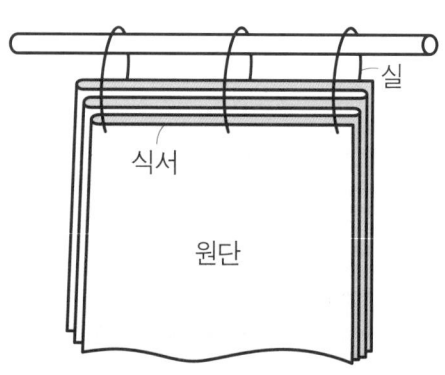

재단 시 주의할 점

파일이 있는 원단이므로 한 방향으로 재단합니다. 보통은 원단의 색이 짙게 보이는 역모로 재단합니다. 역모로 재단한다는 것은 착용했을 때 파일이 아래서 위로 흐른다는 것을 말합니다. 겹쳐서 재단하면 어긋나게 되므로 한 장씩 재단합니다.

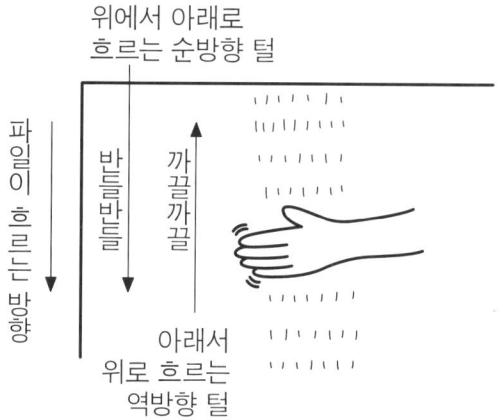

표시하는 방법

표시는 초크로 원단 안면에 파일이 찌부러지지 않도록 주의하면서 합니다. 초크로는 표시가 지워져서 선명하지 않은 경우 1장씩 안면에서 시침질합니다.

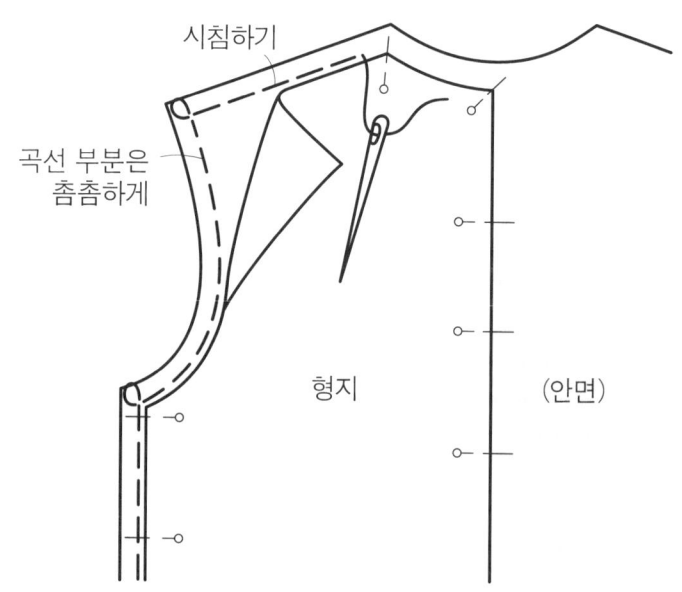

시침하는 방법과 바느질 포인트

원단을 겉면끼리 맞대어 시침핀으로 고정합니다. 원단이 어긋나지 않도록 꿰매 붙이기 위해 표시한 곳을 손가락 끝으로 눌러 원단의 파일이 서로 맞물리게 한 후 시침질합니다. 시침 실은 한쪽으로만 꼰 시침용 가는 견사나 재봉틀용 견사를 사용해 3 땀에 1번의 꼴로 되돌아박기 합니다. 또한, 바늘 자국이 남게 되므로 시침 위치는 완성선 표시에서 0.2cm 시접 쪽으로 합니다.

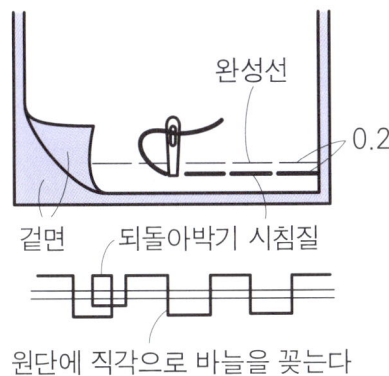

재봉틀 바늘은 9번 또는 11번, 실은 재봉틀용 견사 50번을 사용하세요. 바느질 땀은 약감 큼직하게(3cm에 10 땀 정도) 합니다. 재봉틀의 노루발 조절이 가능한 경우 압력을 약하게 하고 실 장력도 위아래 모두 느슨하게 합니다. 원단 밑에 패턴 종이를 깔고 원단을 당겨 가면서 털이 위에서 아래로 흐르는 방향에 재봉틀을 박습니다. 다 박은 후에는 종이를 제거해주세요. 한 번에 박을 수 있는 부분은 도중에 중단하지 말고 단번에 박습니다.

또한, 벨벳 전용 바느질 어긋남 방지 장치(Sewing slippage preventive device)를 이용하면 더욱 바느질하기 쉬워집니다. 안감을 달지 않는 경우는 시접을 오버로크 박음질 또는 지그재그 박음질하여 처리합니다.

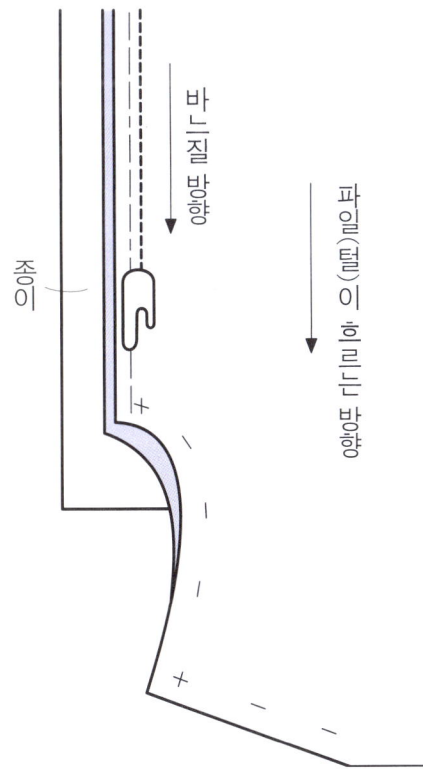

다림질하는 방법

다림질에서 가장 중요한 것은 파일이 눕지 않도록 하는 것입니다. 전용 다림질 도구인 핀 보드(Pin Board)를 준비해 주세요. 시접을 가를 때는 핀 보드 또는 옷감과 같은 천을 깔고 그 위에 원단을 안면이 위로 가도록 놓습니다. 안면에서 봉제선에만 수분을 뿌려 다리미 끝을 사용해 다림질합니다. 시접 번들거림이 생기지 않도록 시접 사이에 두꺼운 종이를 끼워 다려주세요. 그 밖의 부분은 안면에 스팀다리미를 살짝 띄운 상태로 다림질합니다. 다리미 본노는 토내가 뇌는 뭔난 온노에 낮춥니다.

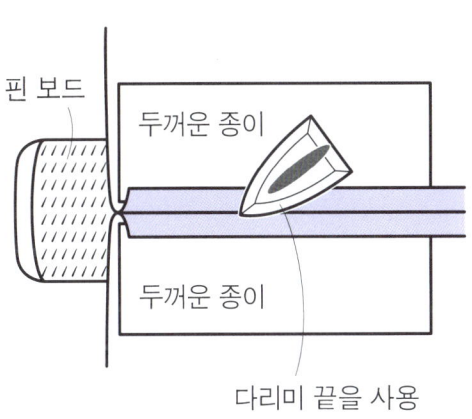

263

니트 원단

원단에 대하여

이 원단의 특징은 뭐니 뭐니 해도 신축성이 뛰어나다는 점입니다. 티셔츠 등에 이용하는 스웨트(Sweat)나 싱글(평짜기; Jersey Stitch) 니트, 소맷부리 등에 이용하는 립 조직 니트(Ribbed Knit), 저지(Jersey), 인터록 니트 등이 있으며, 소재도 면 100%에서 혼방에 이르기까지 다양합니다. 원단 두께도 얇은 것에서부터 두꺼운 것까지 있으며 원단 폭도 평편(Plain Knitting)의 비교적 폭이 넓은 것이 있는가 하면 환편(Circular Knitting)의 것도 있으므로 원단 폭에 맞춰 필요한 치수를 가늠합니다. 신축 방법도 다양해서 만들고자 하는 디자인에 따라서는 오버로크 재봉틀이 아니면 만들 수 없는 것도 있습니다.

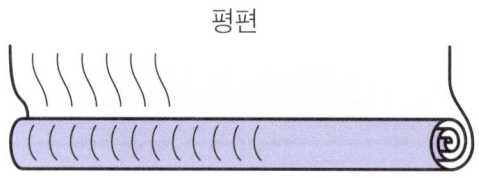

평편

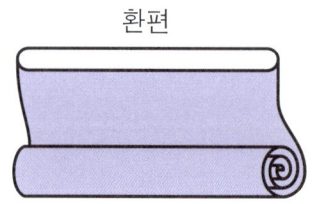

환편

디자인적인 측면에서 주의할 점

올이 촘촘한 신축성이 적은 것은 보통 원단과 마찬가지로 생각하면 됩니다. 신축성이 있는 원단을 가정용 재봉틀로 만드는 경우 몸에 딱 맞는 디자인은 피하는 것이 좋습니다. 신축성이 있는 니트용 실을 사용해도 신축률이 높으면 원단이 늘어나는 것에 실이 따라가지 못해 실이 끊어지고 마니까요. 몸에 딱 맞는 디자인으로 만들고자 할 때, 트임이 없는 티셔츠와 같은 것을 만들고자 할 때는 3가닥 실 또는 4가닥 실의 오버로크 재봉틀을 사용하면 쉽고 예쁘게 만들 수 있습니다.

표시하는 방법

신축성이 있어 뒤틀리기 쉬우므로 형지에는 맞춤표시를 넣어 두고, 원단에도 확실하게 표시합니다. 초크나 초크 펜을 사용하세요. 시접에 0.2~0.3cm 크기로 가위집을 넣어 맞춤표시로 삼아도 좋습니다.

축임질 방법

일반적으로 평편 니트와 환편 니트가 있고 축임질은 필요 없지만, 틈새가 늘어난 경우가 있으므로 일단 평평한 곳에 펼쳐 놓고 늘어난 부분을 자연스럽게 원상태로 복구시킵니다.

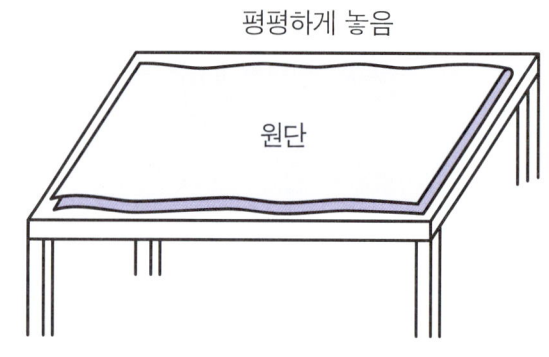

평평하게 놓음

원단

재단 시 주의할 점

실 끝을 잡아당겨 보고 잘 안 풀리는 쪽을 밑단이 되게 해서 한 방향으로 재단합니다. 올 방향이 움직이기 쉬우므로 원단 전체를 펴놓을 수 있는 평평한 곳에서 원단을 놓고 형지를 배치해 늘리거나 줄이지 않도록 조심하면서 차분히 재단합니다. 특히 원단 가장자리가 말리기 쉬운 원단은 로터리 커터와 커팅매트를 사용하면 재단하기 쉽습니다.

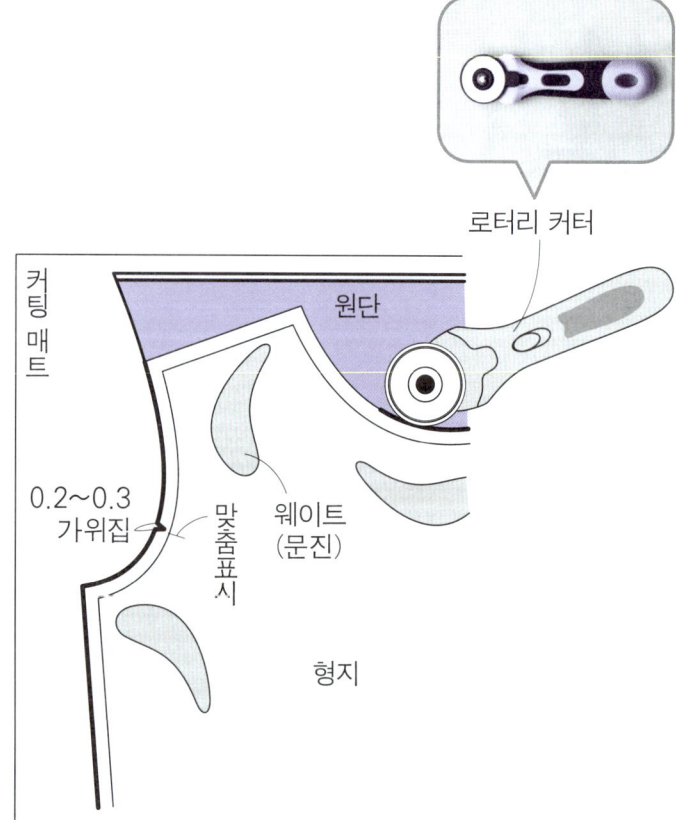

로터리 커터

커팅매트

원단

0.2~0.3 가위집

맞춤표시

웨이트 (문진)

형지

심지와 안감 고르는 방법

겉감이 신축성이 있으므로 심지, 안감 모두 신축성이 있는 것을 고릅니다. 심지는 안단이나 커프스 등 겉감이 신축하는 것을 방지하고자 하는 곳에 사용합니다. 어깨선에는 늘어남 방지 테이프를 사용해 모양이 망가지는 것을 막습니다.

다림질하는 방법

다리미 온도는 소재 온도에 맞춰 누르듯이 다림질합니다. 다리미를 밀듯이 사용하면 원단이 늘어나게 되므로 주의하세요. 원단에 직접 다리미를 대면 번들거리게 되므로 반드시 다림질용 덧댐 천을 사용합니다.

바느질 포인트

가정용 재봉틀로 만드는 경우

품에 여유가 있는 재킷이나 조끼 등 걸치는 옷의 경우는 가정용 재봉틀을 사용해도 좋습니다. 신축성 있는 원단이므로 실은 니트용 실 50번을 사용하세요. 재봉틀 바늘은 얇은 원단일 때는 니트용 바늘 9번, 두꺼운 원단일 때는 니트용 바늘 11번을 사용합니다. 바늘 끝이 손상된 경우 원단이 손상되기 쉬우니 주의하세요. 또한, 니트용 바늘은 보통의 재봉틀용 바늘과 구별하기 어려우므로 잘 구별해서 보관하도록 합니다.
실 장력은 위아래 모두 느슨하게 합니다. 노루발은 원단을 부드럽게 밀어주는 테플론 노루발을 사용하면 좋습니다. 또한, 노루발의 압력을 조절할 수 있는 기종인 경우는 압력을 약하게 합니다. 바느질 속도를 일정하게 유지하고 실에 여유를 주기 위해 원단을 살짝 잡아당기면서 보통의 땀(3cm에 15 땀 정도)으로 박습니다.

어깨선이나 진동둘레 등 늘어남을 방지하고 싶은 부분의 바느질 방법
① 접착테이프심지의 중심이 어깨선이 되도록 붙입니다.
② 겉면끼리 맞대어 몸판 어깨선을 박습니다.

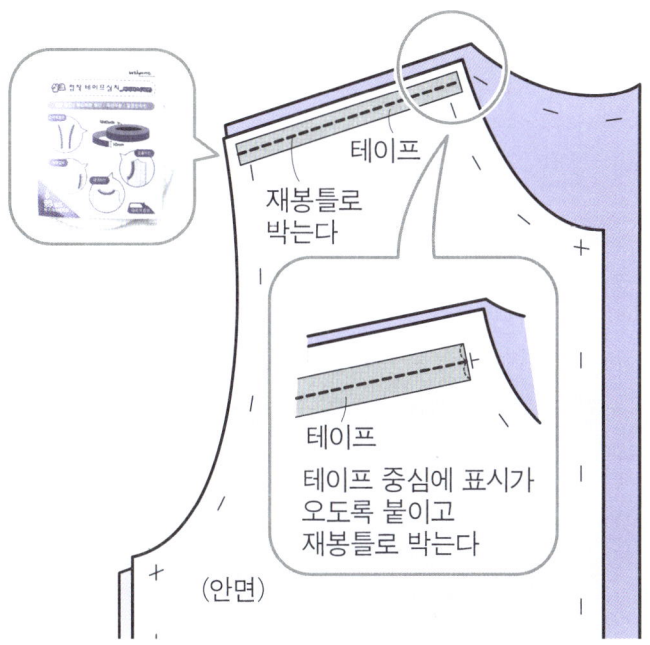

테이프
재봉틀로 박는다

테이프
테이프 중심에 표시가 오도록 붙이고 재봉틀로 박는다
(안면)

시접 처리

잘 풀리지 않는 원단이라면 시접 처리가 필요 없지만, 오버로크 박음질 또는 지그재그 박음질 해도 상관없습니다. 얇은 원단은 2장 함께 시접을 처리합니다.

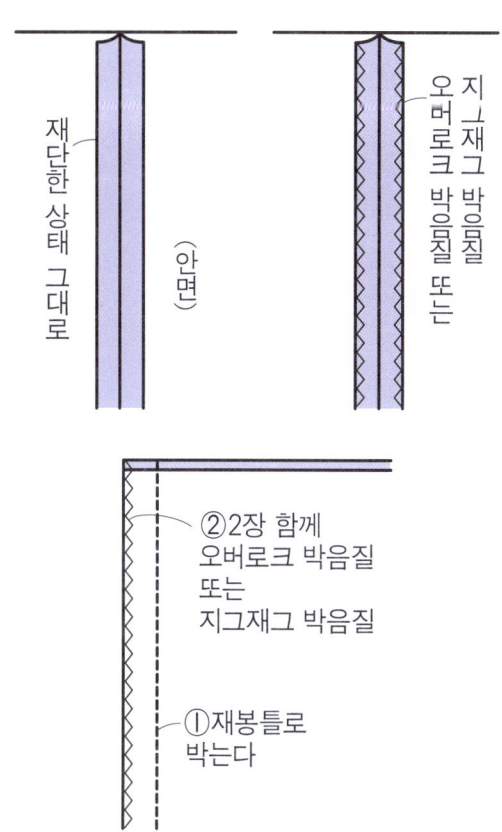

재단한 상태 그대로
(안면)

지그재그 박음질 또는 오버로크 박음질

② 2장 함께 오버로크 박음질 또는 지그재그 박음질

① 재봉틀로 박는다

밑단 처리

재단선에 오버로크 박음질 또는 지그재그 박음질을 한 후 안쪽을 느슨하게 감치거나 재봉틀로 박아서 처리합니다.

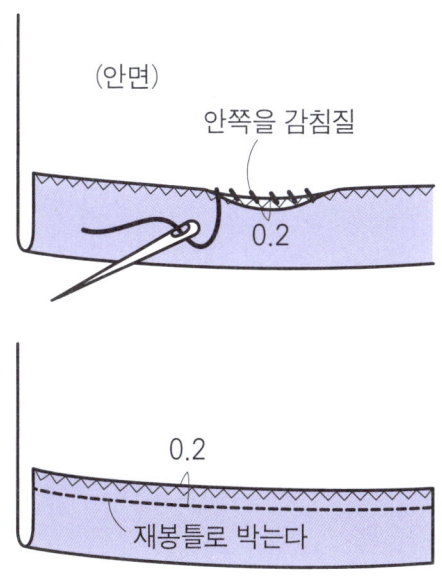

(안면)
안쪽을 감침질
0.2

0.2
재봉틀로 박는다

다음 페이지에 계속 ▶

오버로크 재봉틀로 만드는 경우

원단의 시접이 풀리지 않도록 3가닥 실이나 4가닥 실을 사용하는 오버로크 재봉틀을 사용합니다.

〈시침핀 대신에 클립을〉

오버로크 재봉틀로 바느질할 때는 시침핀 대신에 양재용 클립을 사용합니다. 오버로크 재봉틀은 원단을 잘라내면서 박으므로 시침핀 제거를 잊고 박게 되면 원단을 잘라내는 칼날이 손상되어 고장의 원인이 됩니다.

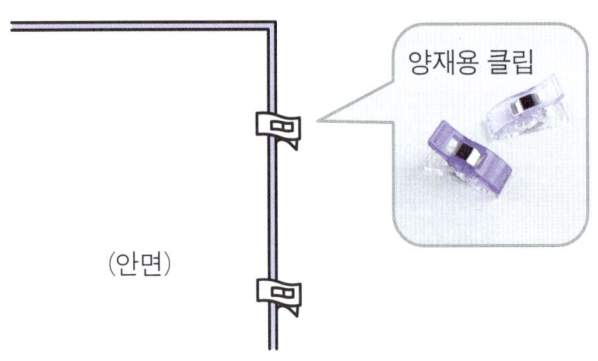

바느질 방법의 기초

〈바느질 시작할 때〉

① 노루발을 내리고 그 상태로 몇 땀을 박습니다. 원단 없이 박은 상태에서 생긴 바늘땀을 실꼬리(Blank Loop)라고 합니다.

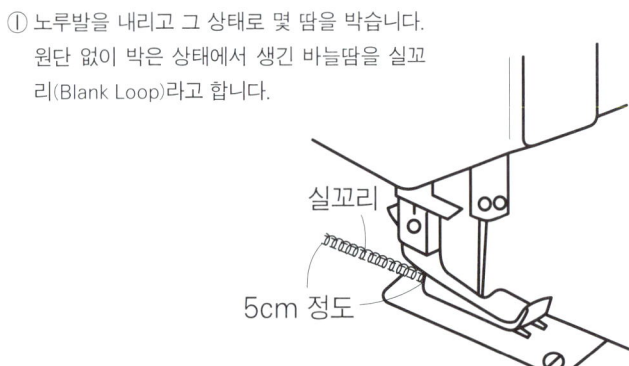

② 내린 상태의 노루발 앞쪽을 손가락으로 들어올려 노루발 밑에 원단을 끼워 박기 시작합니다.

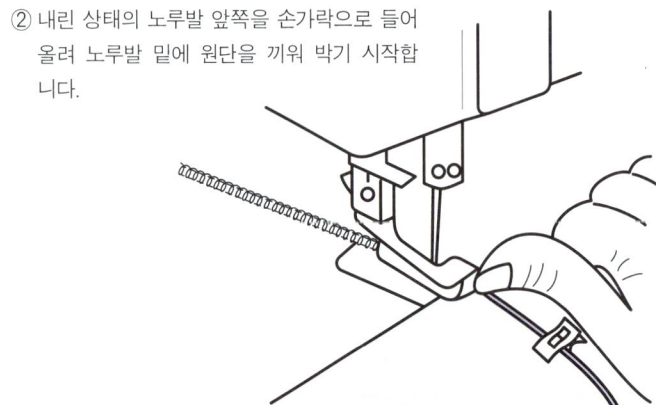

〈바느질 끝낼 때〉

원단을 다 박은 후에도 그 상태에서 몇 땀을 박아 10cm 정도의 실꼬리를 만든 후 절반 정도 남긴 상태에서 실을 자릅니다.

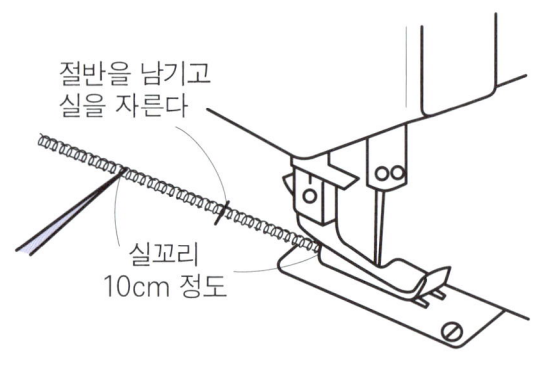

〈실꼬리 처리〉

실꼬리를 바늘귀가 큰 자수용 바늘에 끼워 바느질 땀에 2~3cm 통과시킨 후 바늘을 겉으로 빼낸 다음 공환을 잘라냅니다.

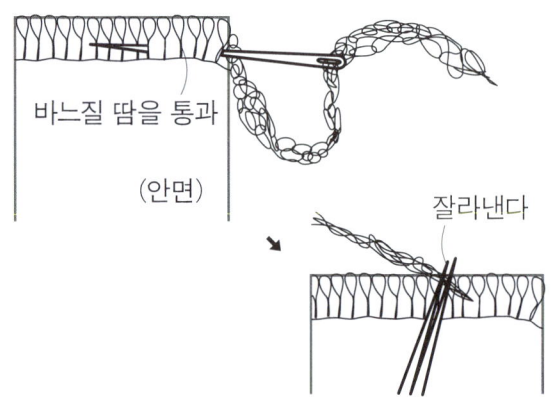

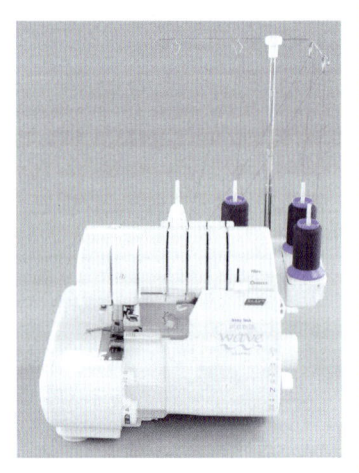

오버로크 재봉틀

3가닥 실, 4가닥 실을 사용하는 오버로크 재봉틀은 재단선의 시접이 풀리는 것을 막고 봉제도 할 수 있는 매우 편리한 재봉틀입니다. 몸에 딱 맞는 디자인이나 트임이 없는 티셔츠 등 대부분을 박을 수 있습니다. 한편, 2가닥 실을 사용하는 오버로크 재봉틀은 오버록 기능만 되고 봉제는 할 수 없습니다.

투 페이스

원단에 대하여

투 페이스(Two Face)는 양면을 사용할 수 있는 원단입니다. 직조 방식, 색깔, 무늬 등이 서로 다른 2장의 천, 또는 같은 천 2장이 실로 꿰매 붙여지거나 접착제로 붙여져서 1장의 원단이 된 것이지요. 대체로 접착된 부분을 떼서 2장의 천으로 나눌 수 있는데 원단에 따라서는 그렇게 안 되는 것도 있으므로 구매 시에 확인하세요.

디자인적인 측면에서 주의할 점

2장의 원단 양쪽을 효과적으로 살리는 디자인을 구상합니다. 양면 모두 겉면으로 입을 수 있도록 만들 것인지 아니면 한쪽만을 겉면으로 입을 수 있도록 만들 것인지를 정합니다. 그에 따라 바느질 방법이 달라집니다. 양쪽 모두를 겉면으로 삼아 입을 수 있게 만든 것을 '리버서블 스타일'이라고 합니다.

축임질 방법

다림질용 덧댐 천을 대고 스팀다리미를 살짝 갖다 대면서 올을 바로 잡습니다.

재단 시 주의할 점

만드는 방법에 따라 시접 폭이 달라지므로 어떻게 만들 것인지를 정한 후에 재단합니다.

표시하는 방법

실표뜨기는 2장으로 분리했을 때 실이 빠질 수 있으므로 겉면으로 정한 쪽에 1장씩 형지를 놓고 겉면 원단만을 떠서 실로 시침질(134쪽 참조)합니다. 실은 재봉틀용 또는 손바느질용 방적사(Spun Yarn)를 사용합니다.

바느질 포인트

투 페이스 원단은 원단을 떼 가면서 만들어가는 독특한 방법을 이용합니다. 시접 처리 방법에 따라 분리할 위치나 치수가 달라집니다. 지나치게 분리하면 완성된 후 분리한 위치가 떠서 깔끔하지 못하므로 지나치게 분리하지 않도록 하세요. 한쪽만을 겉면으로 삼아 입을 경우는 안감 없는 보통의 바느질 방법으로 만들어 시접 처리를 깔끔하게 하면 좋겠지요.

원단 분리 방법

① 분리하기 전에 완성선에서 안쪽으로 시접 폭에 0.5cm(천 두께 분량)를 더한 치수만큼의 위치를 성긴 땀으로 박습니다. 이 봉제선은 완성되면 제거합니다.

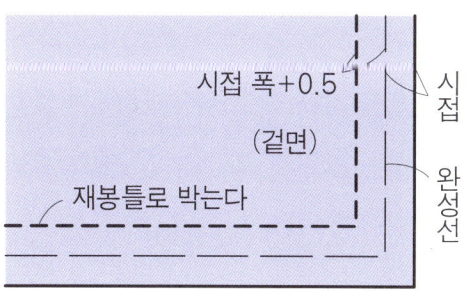

② 세로 방향 원단을 분리할 때는 2장의 천을 맞붙인 실을 봉제선 위치까지 손으로 1~2 땀씩 뽑아냅니다. 접착제로 붙여 놓은 경우도 봉제선까지 천천히 조금씩 떼 주세요.

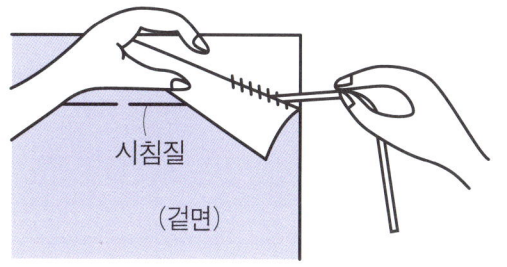

③ 가로 방향 원단을 분리할 때는 작은 가위를 사용해 맞붙인 실을 봉제선 위치까지 자릅니다. 원단까지 자르지 않도록 또, 원단이 늘어나지 않도록 조심스럽게 천천히 사이의 실을 잘라 주세요. 원단에 붙어 있는 실은 제거합니다. 접착제로 붙여 놓은 경우도 봉제선까지 천천히 조금씩 떼 냅니다.

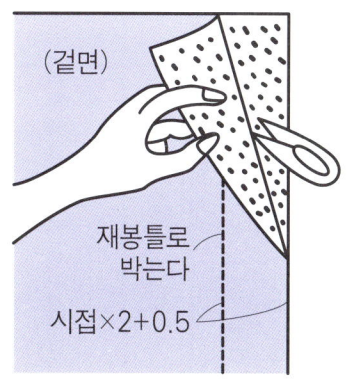

리버서블 스타일로 만드는 방법

시접을 가름솔로 처리하기

① 완성선에서 안쪽으로 시접 폭에 0.5cm(원단 두께 분량)를 더한 치수만큼을 성긴 땀으로 박습니다.

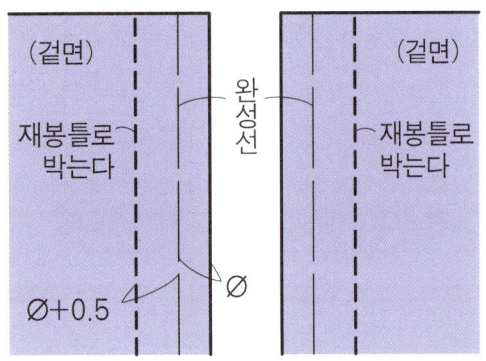

② 봉제선 위치까지 원단을 분리합니다.

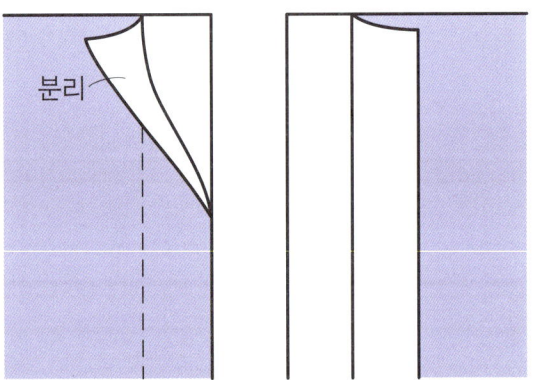

③ 1장의 원단의 한쪽을 A면, 다른 한쪽을 B면으로 삼아, A면의 겉면끼리 맞대어 B면을 피하면서 재봉틀로 박습니다.

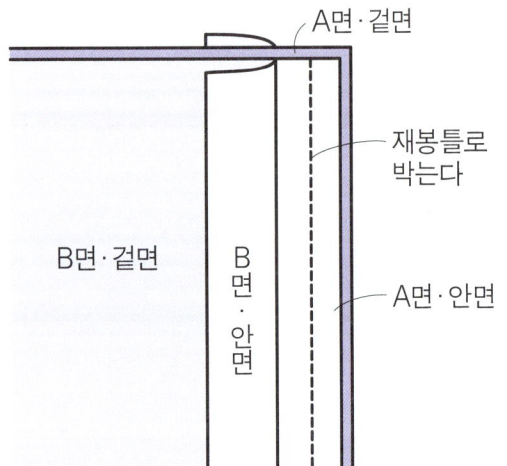

④ 시접을 가릅니다. 다리미를 사용해서 시접이 뜨지 않도록 하세요.

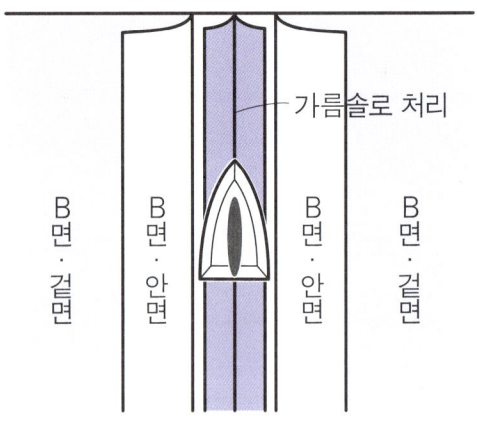

⑤ B면의 분리한 천을 안쪽으로 접습니다. 좌우 B면 천의 접은 선이 A면 봉제선에 위치하도록 접어서 다리미로 확실하게 접은 자국을 내줍니다.

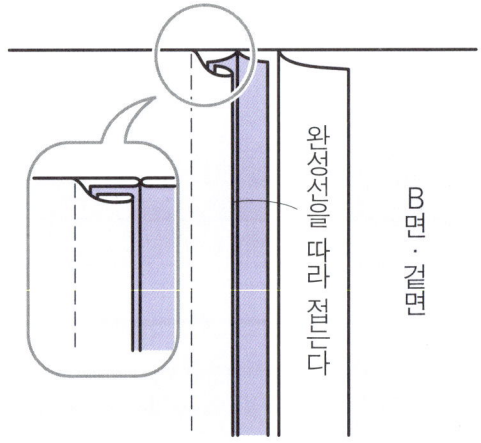

⑥ 접은 선을 촘촘하게 사다리감침으로(204쪽) 처리합니다. 그 후 ①의 봉제선을 제거합니다.

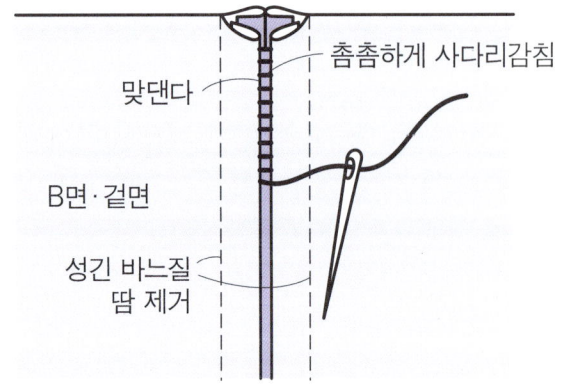

시접을 쌈솔로 처리하기

① 그림과 같이 시접을 싸는 쪽의 시접 폭을 넓게 하여 원단을 재단하고 A면끼리 맞대어 재봉틀로 박습니다.

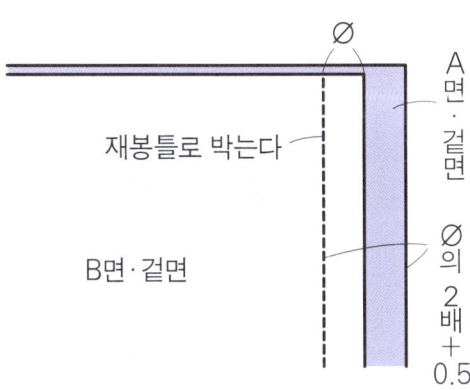

② 시접을 다리미로 가릅니다.

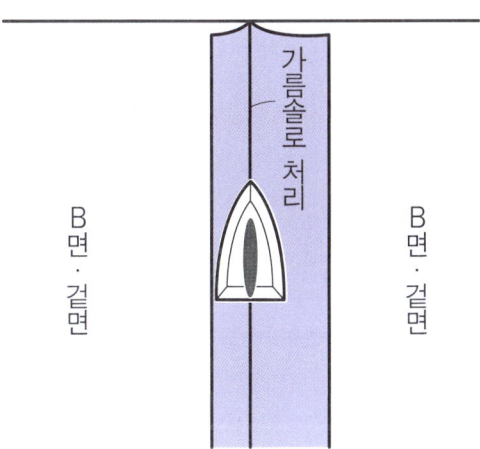

③ 폭이 넓은 쪽의 시접만 부분적으로 원단을 분리합니다.

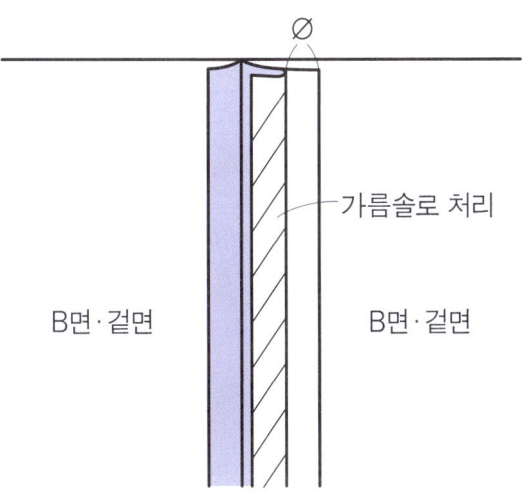

④ ③에서 분리한 부분의 시접만을 잘라냅니다.

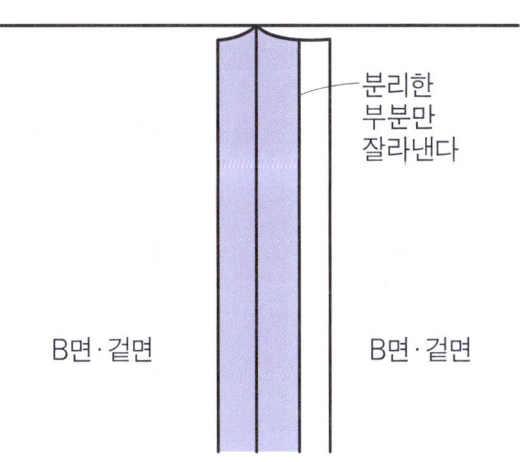

⑤ A면 쪽에서 다림질하여 시접을 한쪽으로 눕힙니다.

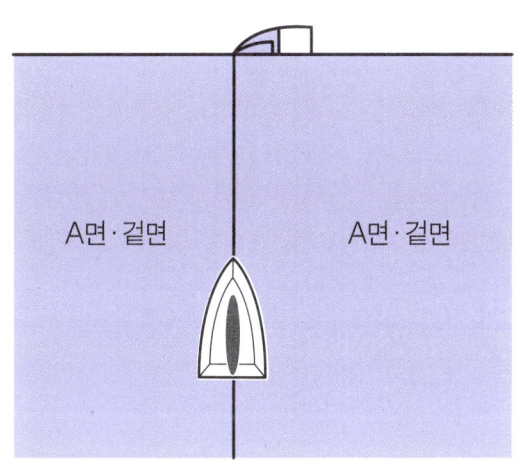

⑥ B면으로 뒤집어 넓은 시접으로 다른 쪽 시접을 감싼 후 시접 폭을 정돈하면서 재봉틀로 박습니다.

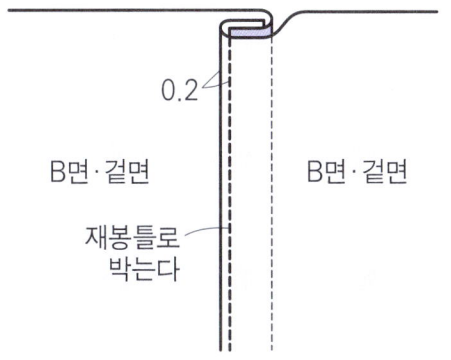

다음 페이지에 계속 ▶ 269

시접을 한쪽으로 눕혀서 처리하기

① 시접을 끼워 넣을 쪽을 정해 그림과 같이 성긴 땀으로 박습니다.

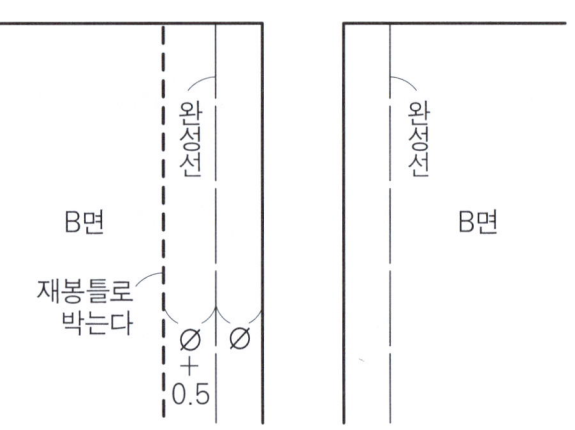

② 재봉틀로 박은 원단 쪽만 봉제선 위치까지 천을 분리합니다.

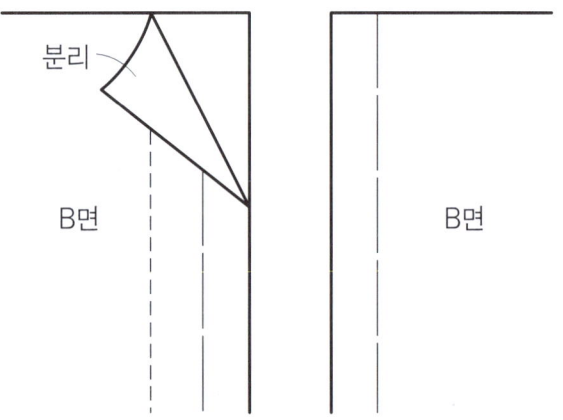

③ A면끼리 맞대어 분리한 천을 피하면서 재봉틀로 박습니다.

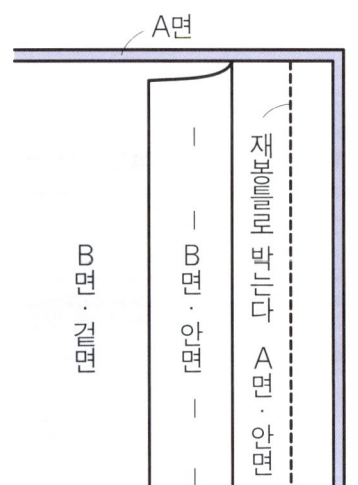

④ A면 쪽에서 다리미를 사용해 시접을 분리한 쪽으로 눕혀줍니다.

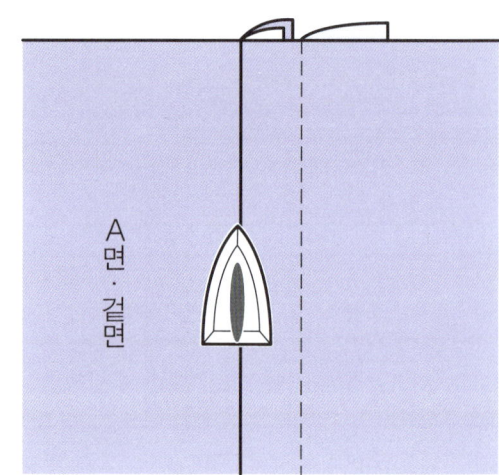

⑤ B면으로 뒤집어 남겨둔 천을 봉제선을 따라 안쪽으로 접습니다.

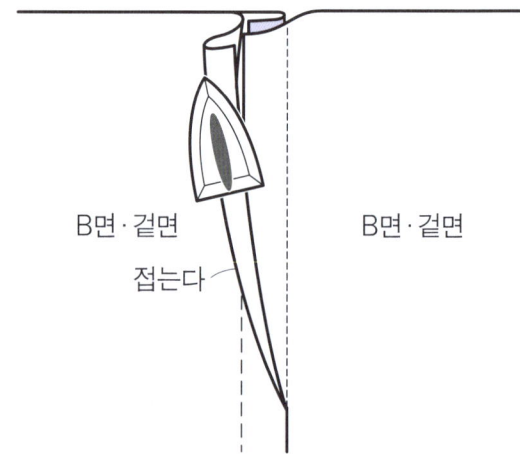

⑥ 봉제선 바로 옆을 바느질 땀이 겉면으로 나오지 않도록 촘촘하게 감쳐서 붙입니다. 그 후 ①의 봉제선을 제거합니다.

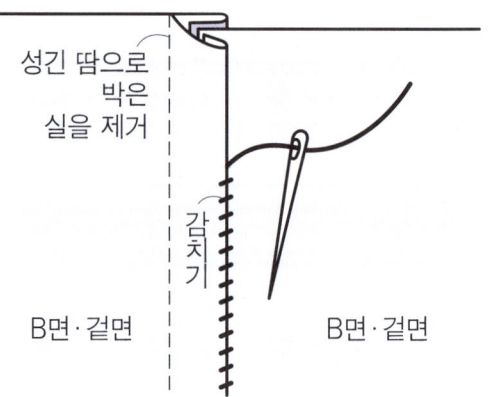

붙여박기

A면, B면 어느 쪽에서 봐도 원단 가장자리가 딱 들어맞는 처리 방법으로, 소맷부리나 밑단 등의 처리에 이용합니다.

① 완성선에서 안쪽으로 시접 폭에 0.5cm(원단 두께 분량)를 더한 만큼의 위치를 성긴 땀으로 박습니다.

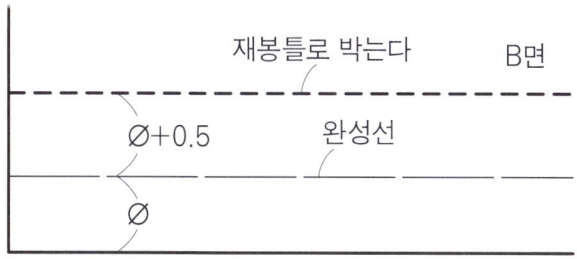

② 봉제선 위치까지 원단을 분리합니다.

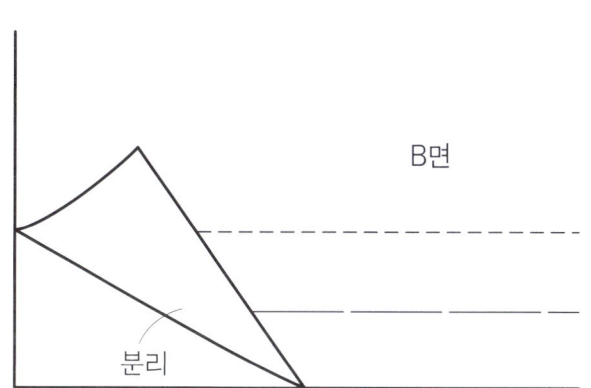

③ 가장자리를 튼튼하게 처리하려면 A면 안쪽에 접착테이프심지(접착심지를 테이프 형태로 자른 것)를 다리미로 붙입니다.

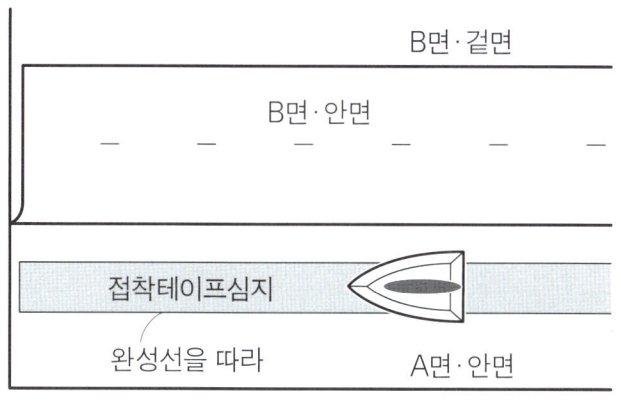

④ A면을 완성선을 따라 다리미를 사용해 안면 쪽으로 접습니다.

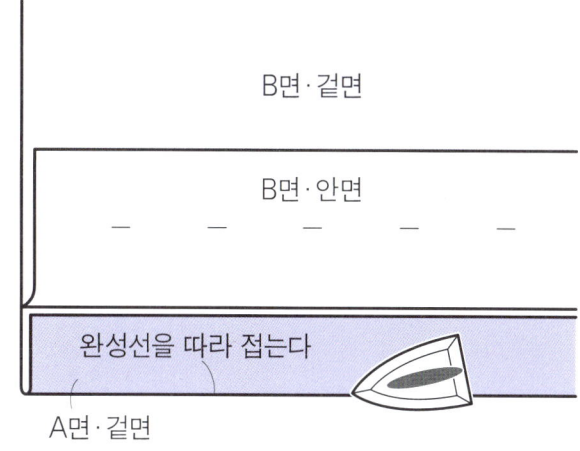

⑤ B면을 완성선에서 안쪽으로 접습니다. A면, B면의 접은 선을 가지런히 맞춥니다.

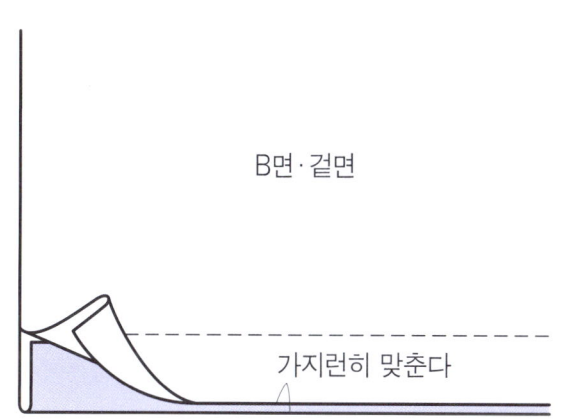

⑥ 접은 선을 뜨면서 촘촘하게 사다리감침(204쪽 참조) 합니다. 그 후 ①의 봉제선을 제거합니다.

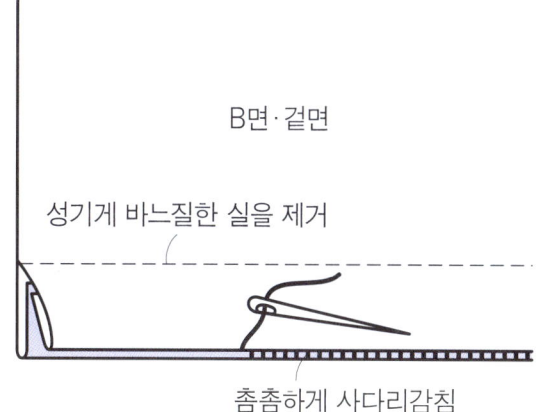

가장자리 접어박기 처리 A

B면을 두 겹으로 해서 가장자리를 처리하는 방법입니다. 소맷부리, 밑단 등에 이용합니다.

① 완성선에서 파이핑 폭의 2배에 0.4cm를 더한 치수만큼을 재단합니다.
② 완성선에서 0.2~0.5cm 안쪽으로 들어간 위치를 성긴 땀으로 박습니다.

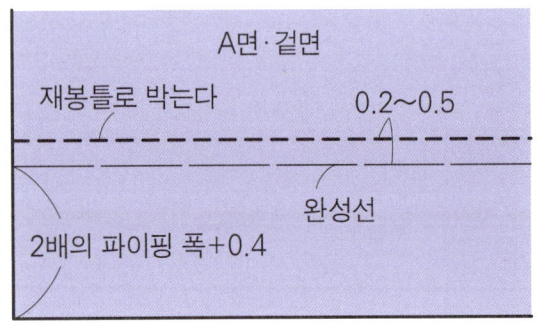

③ 재봉틀로 박은 위치까지 천을 분리합니다.

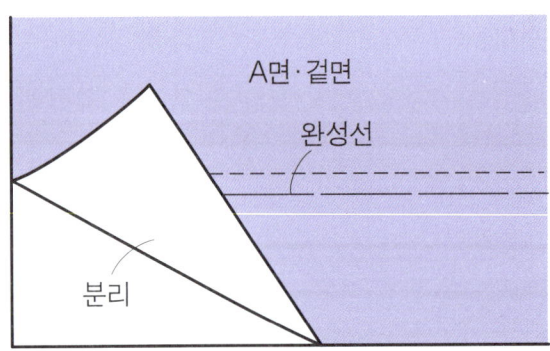

④ A면의 분리한 천을 완성선을 따라 잘라냅니다.

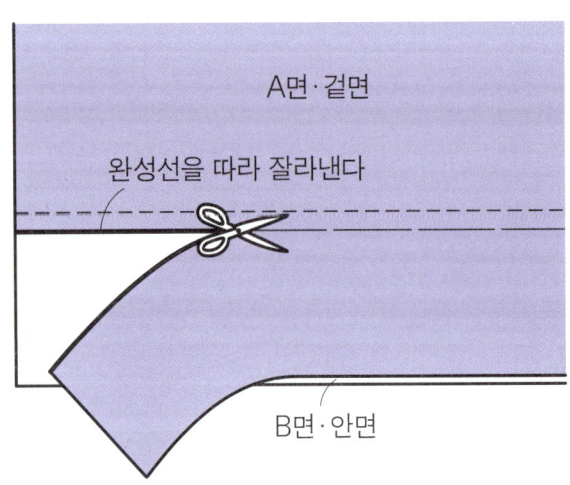

⑤ B면의 안면에 완성선을 따라 파이핑 폭으로 재단한 접착테이프심지를 다리미로 붙입니다.

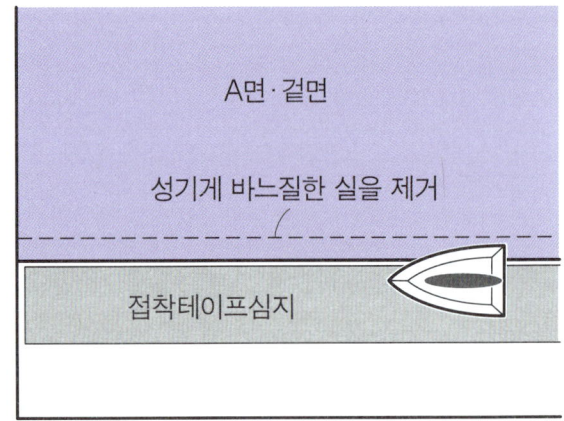

⑥ B면의 천을 A면 쪽으로 완성선에서 접습니다. 파이핑 완성 폭으로 감싸는 형태로 접어주세요.

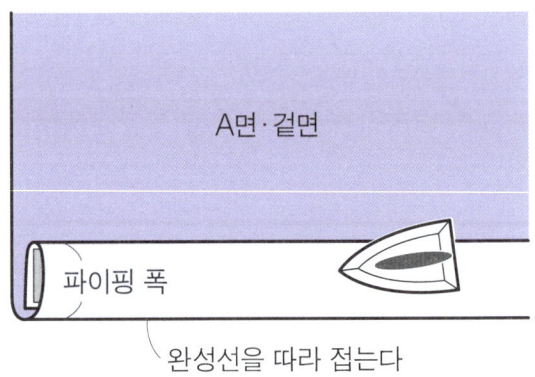

⑦ 접은 선 가장자리를 재봉틀로 박습니다.

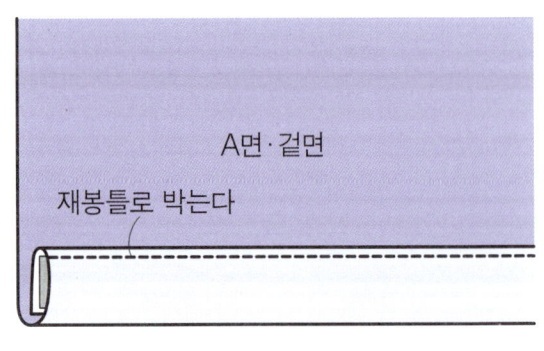

가장자리 바이어스 처리 B

분리할 수 없는 천이나 다른 천을 포인트로 사용하고자 할 때 신속하게 만들 수 있는 방법입니다. 소맷부리, 밑단 등의 가장자리 처리에 이용합니다.

① 가장자리 처리에 사용할 천을 준비하여 바이어스 처리 폭으로 접습니다. 올이 풀리기 쉬운 천일 때는 약간의 시접을 주어 그림과 같이 접이주세요.

바이어스 처리　두 겹으로 접기

② 본체는 시접을 주지 않고 완성선에 맞춰 재단합니다.

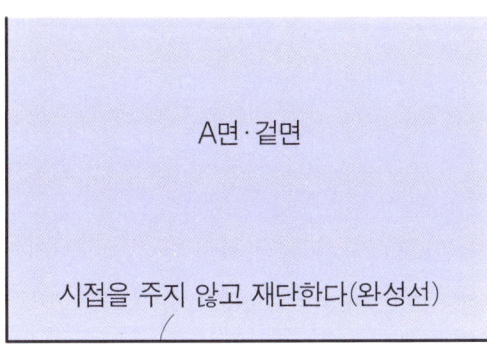

A면·겉면

시접을 주지 않고 재단한다(완성선)

③ 본체를 파이핑 천으로 감싸 재봉틀로 박습니다. 뒤쪽 파이핑 천에서 봉제선이 벗어나지 않도록 주의하면서 박아주세요.

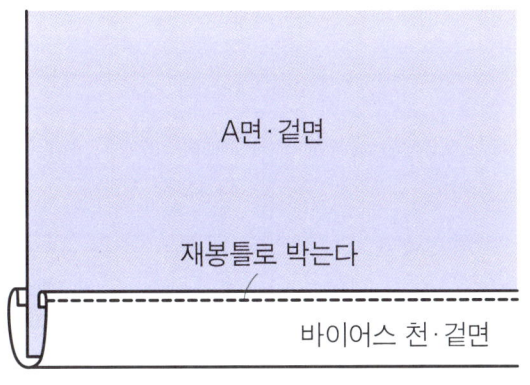

A면·겉면

재봉틀로 박는다

바이어스 천·겉면

가장자리 테이핑 처리 C

테이프를 이용해 가장자리를 처리합니다. 테이프는 한쪽에서만 보입니다. 소맷부리, 밑단 등의 가장자리 처리에 이용합니다.

① 시접 폭은 테이프 폭보다 0.5cm 정도 적은 폭으로 합니다.
② 완성선에서 0.2~0.5cm 정도 안쪽을 성긴 땀으로 박습니다.
③ 봉제선까지 천을 분리하여 A면을 완성선을 따라 잘라냅니다.

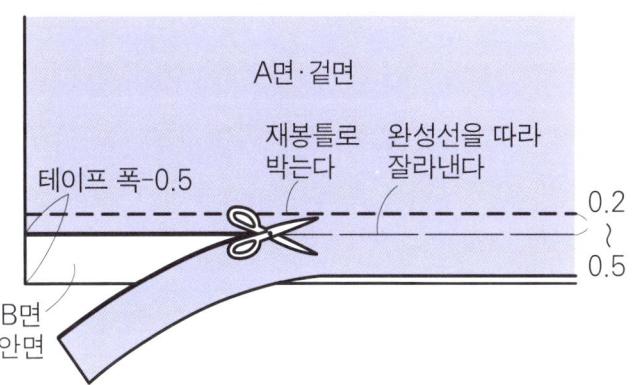

A면·겉면

재봉틀로 박는다　완성선을 따라 잘라낸다

테이프 폭-0.5

0.2 ~ 0.5

B면 안면

④ B면을 완성선을 따라 A면 쪽으로 확실하게 접습니다.

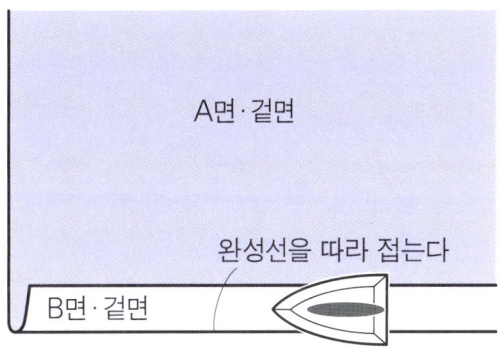

A면·겉면

완성선을 따라 접는다

B면·겉면

⑤ 테이프 가장자리를 접은 선에 맞춰 겹친 후 재봉틀로 박습니다. ②의 봉제선을 제거합니다.

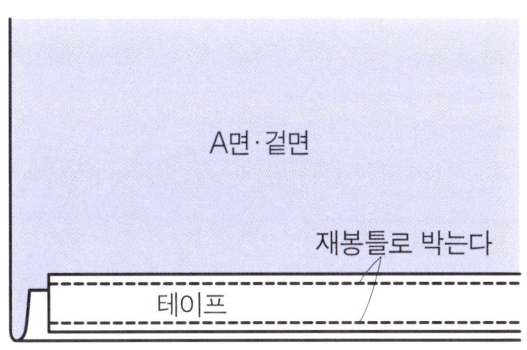

A면·겉면

재봉틀로 박는다

테이프

다트 처리

양쪽으로 가르는 다트

① 완성선에서 1~1.5cm 정도의 간격을 두고 다트 둘레를 재봉틀로 성기게 박습니다.

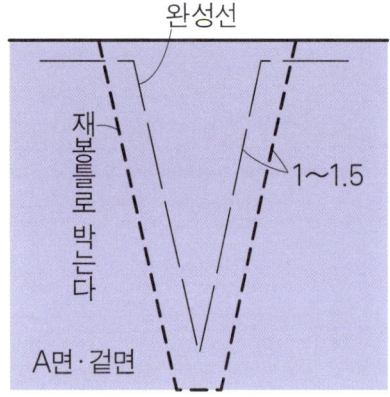

② 다트 끝에서 0.5cm를 남긴 위치까지 가위집을 넣습니다.

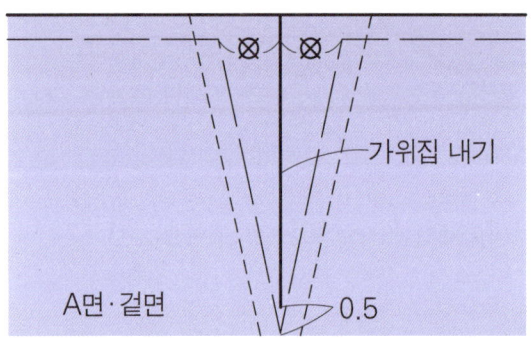

③ 봉제선 위치까지 천을 분리합니다.

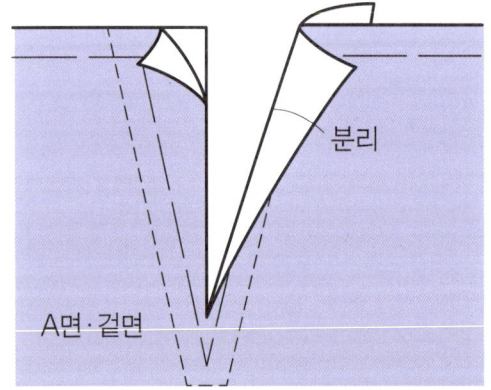

④ 분리한 B면을 피하면서 A면끼리 맞대어 재봉틀로 박습니다. 다트 끝부분은 쉽지 않지만 꼼꼼하게 박아주세요.

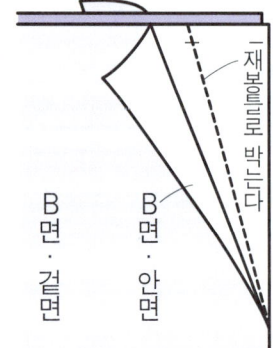

⑤ A면의 다트 시접을 0.5cm 정도 잘라 시접을 다리미로 가릅니다.

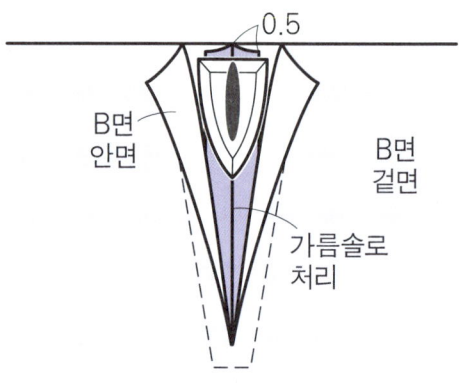

⑥ B면의 시접을 0.5cm 정도로 자릅니다.

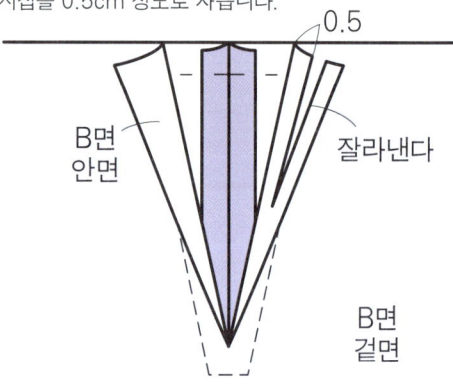

⑦ B면의 시접을 완성선을 따라 안쪽으로 접습니다. 접은 선이 ⑤의 봉제선 위에 오도록 합니다.

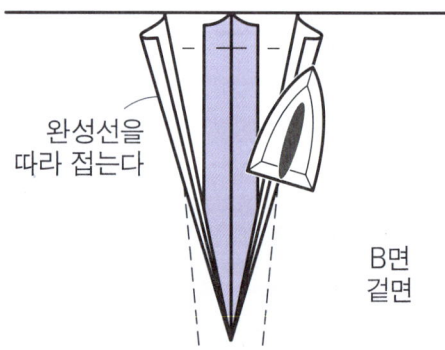

⑧ 촘촘하게 사다리감침(204쪽 참조)을 합니다. 그 후 ①의 봉제선을 제거합니다.

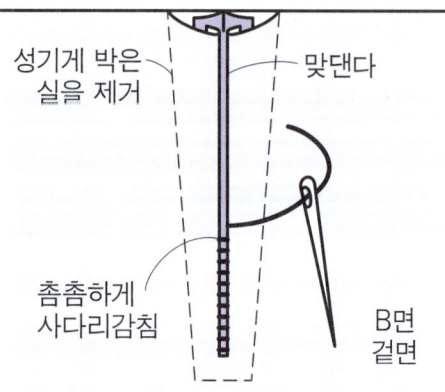

한쪽으로 눕히는 다트

① A면끼리 맞대어 다트를 박습니다.

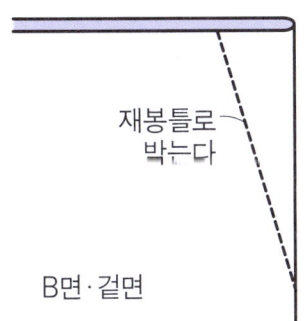

재봉틀로
박는다

B면·겉면

② 다트를 접은 선에 가위집을 넣습니다. 다트 끝부분에서 0.5cm를 남긴 위치까지만 자릅니다.

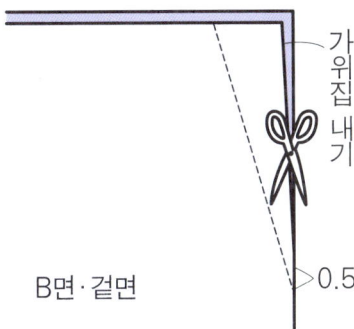

가위집 내기

B면·겉면

▷0.5

③ 한쪽 천의 다트 부분을 그림과 같이 분리합니다.

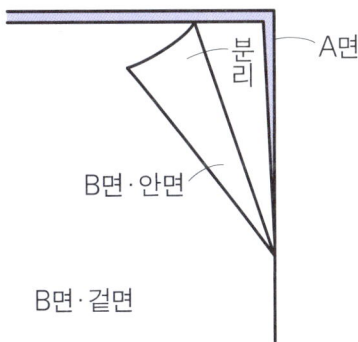

분리

A면

B면·안면

B면·겉면

④ B면의 가장 바깥쪽이 되는 천을 남기고 0.7~1cm의 폭으로 봉제선에 평행하게 시접을 잘라냅니다.

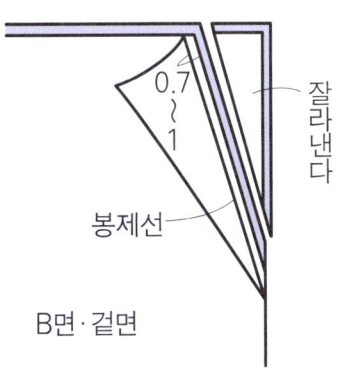

0.7~1

잘라낸다

봉제선

B면·겉면

⑤ A면에서 다림질하여 가장 폭이 넓은 시접이 바깥쪽에 오도록 접습니다.

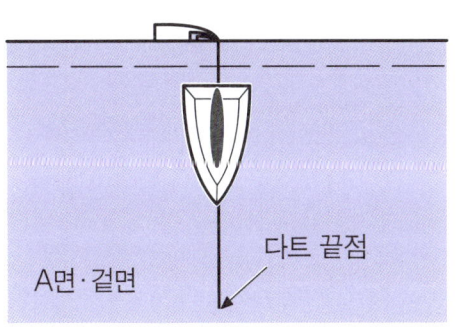

A면·겉면

다트 끝점

⑥ B면으로 뒤집어 남겨 두었던 천을 다리미를 사용해 안쪽으로 접어서 다트 형태를 잡아줍니다.

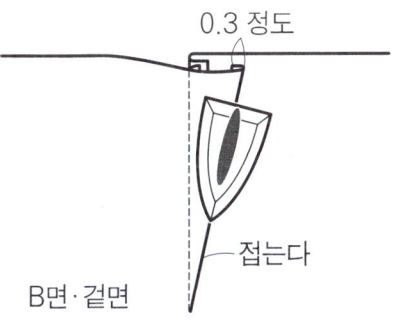

0.3 정도

접는다

B면·겉면

⑦ 접은 선에서 0.1cm 들어간 위치를 재봉틀로 박습니다. 감침질도 좋겠지요.

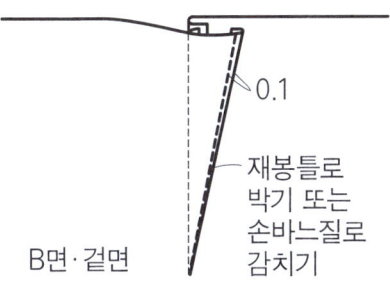

0.1

재봉틀로
박기 또는
손바느질로
감치기

B면·겉면

합성피혁

원단에 대하여

가죽처럼 보이는 진짜 가죽 이외의 것을 가리킵니다. 토대 천에 특수한 가공을 해서 가죽처럼 보이게 하는 것입니다. 천연피혁에 비해 가볍고 얼룩지지 않는다는 점이 이점이지만, 통기성은 없습니다. 또한, 합성피혁은 아니지만, 비닐 코팅된 원단도 같은 취급을 합니다.

디자인적인 측면에서 주의할 점

합성피혁은 유연성이 없으므로 드레이프성 등과 같은 유연함을 표현하는 디자인에는 적합하지 않습니다.

축임질 방법

축임질은 필요 없습니다. 주름이 눈에 띄는 부분만 안면에서 천을 덧댄 후 드라이 다림질을 해주세요.

재단 시 주의할 점

바늘이 구멍 자국을 남기므로 시트지로 가봉하여 보정하여 완전한 형지로 만든 후 재단합니다. 원단이 풀릴 걱정은 없으므로 시접은 최소한의 폭으로 하고 한 장씩 재단합니다.

표시하는 방법

1장씩 초크나 사인펜으로 표시합니다. 룰렛이나 헤라로 표시하면 자국이 남게 되므로 절대로 삼가십시오.

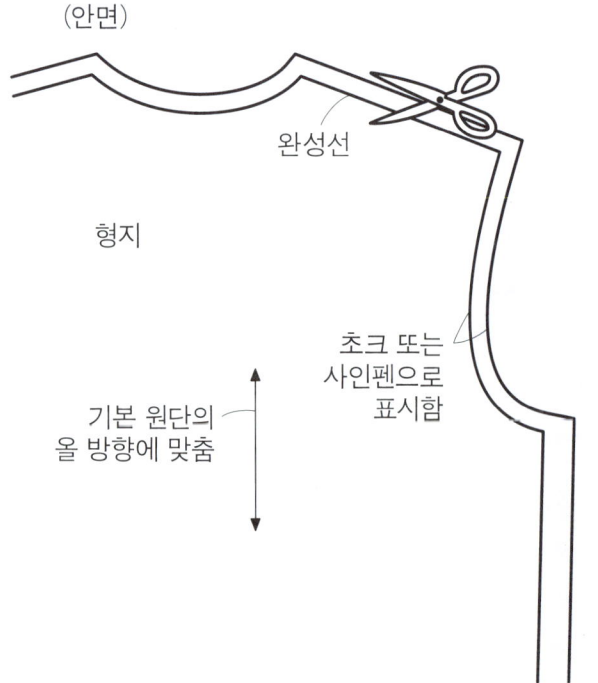

바느질 포인트

합성피혁은 바늘구멍 자국이 남아 다시 바느질하기 어려우므로 신중하게 작업하세요. 실은 폴리에스터 60번 또는 재봉틀용 견사 50번을 사용합니다. 바늘은 14번 또는 가죽 전용 바늘을 사용하세요. 봉제선은 보통의 원단보다 큼직하게 하고, 바느질 시작과 끝은 되돌아박기를 하지 않으므로 실을 잡아당겨 매듭을 짓습니다. 노루발은 테프론 가공한 노루발을 사용하고 크라프트지를 깔아서 박으면 작업이 쉽습니다. 바느질하는 방향으로 조금씩 잡아당기면서 박으면 좋겠지요. 워킹풋 노루발(Even Feed Foot)을 사용하면 박기 쉬워집니다. 시침은 불가능하므로 셀로판테이프로 고정하여 시침 대신으로 삼습니다. 양재용 클립도 편리하므로 사용하기 쉽습니다.

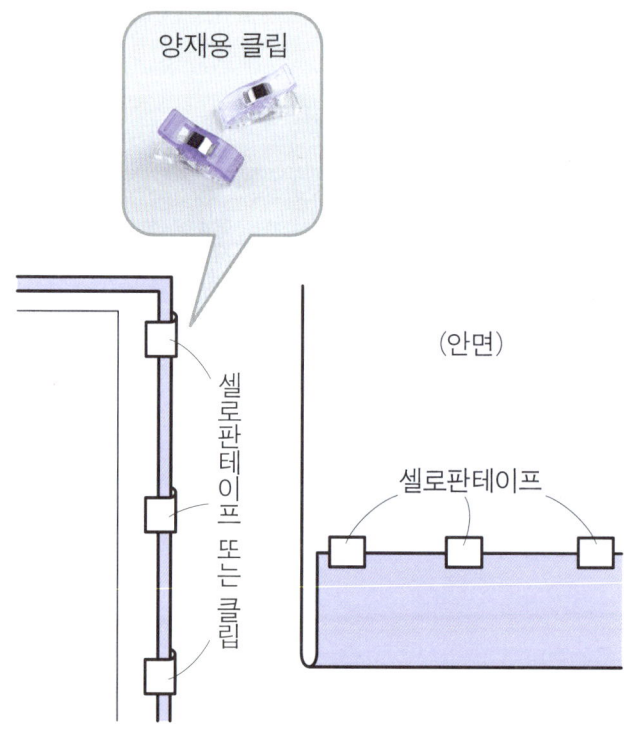

다림질하는 방법

다리미 온도는 기본 천과 도포된 소재에 따라 다르므로 그 온도에 맞춰 사용해 주세요. 대부분은 저온에서의 스팀 없는 다림질이 적합합니다. 저온의 다림질도 불가능하면 시접을 손가락으로 펴서 나무망치로 두드려 평평하게 합니다. 시접이 되돌아가지 않도록 고무풀이나 양면접착테이프로 붙입니다.

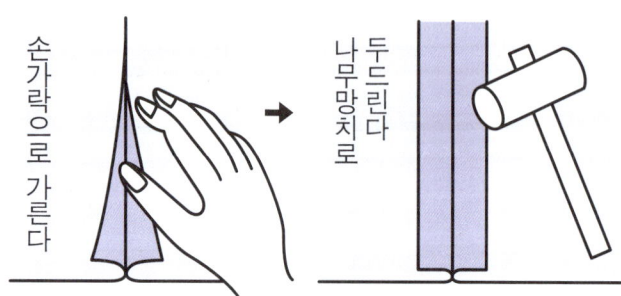

인조 모피

원단에 대하여

천연피혁 이외의 것을 모두 이렇게 부릅니다. 봉제 인형 등에 사용하는 보아 원단도 이 종류에 포함됩니다. 토대가 천으로 이루어져 있어 취급이 쉽고 모피보다 가격이 싸므로 부담 없이 사용할 수 있습니다. 모피와 비슷한 것 이외에 천연의 것에서는 볼 수 없는 새삼이 것 등 인조 모피나름의 매력이 있습니다.

디자인적인 측면에서 주의할 점

표면의 털이 지닌 매력을 잘 살리려면 이음선이 많은 디자인은 적합하지 않습니다. 볼륨이 있으므로 길이 등을 정할 때는 털의 길이도 고려합니다.

축임질 방법

축임질은 필요 없습니다. 위에서 무게를 가하면 털이 찌부러지므로 보관할 때는 주의하세요.

재단 시 주의할 점

털 방향을 확인하여 한 방향으로 재단합니다. 일반적으로 입었을 때 털이 위에서 아래로 흐르는 순방향으로 재단하세요. 원단은 겹쳐 재단하지 않고 각각 좌, 우를 형지를 대고 재단합니다. 털이 잘리지 않도록 주의하면서 안면에서 커터칼로 토대 천만을 재단합니다. 커터칼을 잡은 손으로 원단을 누르고 반대 손으로 원단을 잡아당기면서 칼날을 대고 자르면 자르기 쉽습니다.

표시하는 방법

기본 원단에 연필 또는 초크로 표시합니다.

다림질하는 방법

다림질은 할 수 없으므로 손으로 잘 펴줍니다.

심지에 대하여

거의 사용하는 일이 없지만 사용할 때는 스트레치 소재용 심지를 사용합니다

바느질 포인트

토대 원단에 따라 다르지만, 실은 폴리에스터 실 60번을 사용하고, 바늘은 진짜 모피에 가까운 인조 모피의 경우는 가죽 전용 바늘을, 그렇지 않은 경우는 11번 재봉틀 바늘을 사용합니다.

송곳으로 털을 안으로 집어넣으면서 재봉틀로 박습니다. 천이 어긋나기 쉬우므로 반드시 시침질합니다. 게다가 시침핀까지 꽂아주면 쉽게 어긋나지 않겠지요. 재봉틀을 박을 때는 털의 흐름과 같은 방향으로 박으면 작업이 쉽습니다.

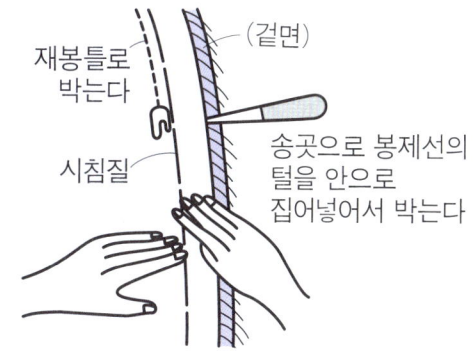

재봉틀로
박는다

(겉면)

시침질

송곳으로 봉제선의
털을 안으로
집어넣어서 박는다

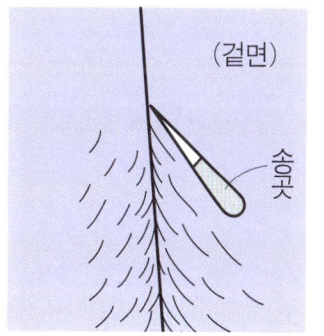

(겉면)

송곳

다 박은 후에는 겉쪽에서 함께 박아 버린 털을 송곳이나 모피 브러시를 사용해서 빼냅니다.

봉제선이 두꺼워진 경우는 시접의 털을 잘라냅니다.

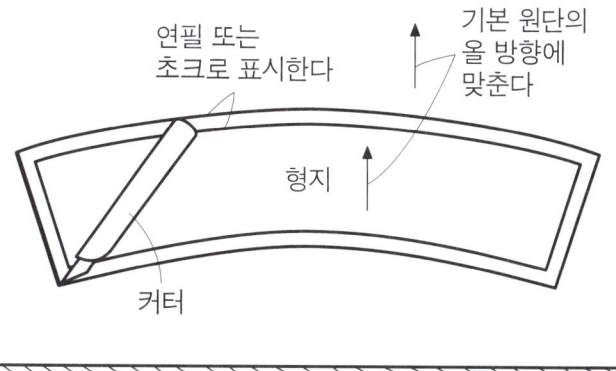

원단(안면)

연필 또는
초크로 표시한다

기본 원단의
올 방향에
맞춘다

형지

커터

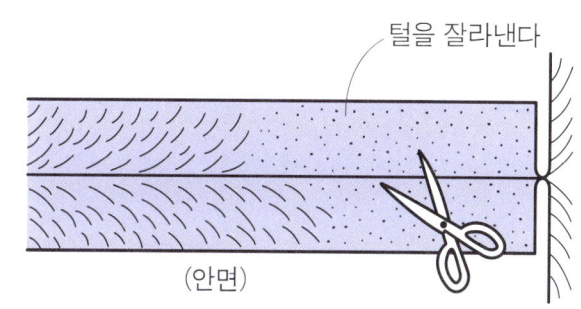

털을 잘라낸다

(안면)

비치는 소재

원단에 대하여

조젯(Georgette)이나 시폰(Chiffon)과 같이 부드럽고 비치는 원단과 오건디(Organdy)나 튈(Tulle)과 같이 탄력이 있으며 비치는 것들이 있습니다. 모두 견이거나 화학섬유거나 소재는 다양합니다. 포멀 웨어(예복이나 정장) 뿐 아니라 평상복 등 다양한 스타일의 옷에 사용되고 있습니다.

디자인적인 측면에서 주의할 점

가벼운 느낌과 투명감을 살린 디자인을 구상해 보세요. 언더드레스와 조합해서 투명감을 즐겨 보는 것도 좋겠지요.

축임질 방법

올 방향이 틀어져 있다면 살짝 손으로 잡아당겨 올 방향을 바로잡는 정도면 충분합니다.

재단 시 주의할 점

패턴 크라프트지에 올 방향을 맞춰 형지를 배치하여 베낍니다. 올 방향을 맞춰 패턴 종이 위에 겉감을 올려놓고 시침핀을 꽂습니다. 재단할 때는 패턴 종이와 함께 잘라냅니다.

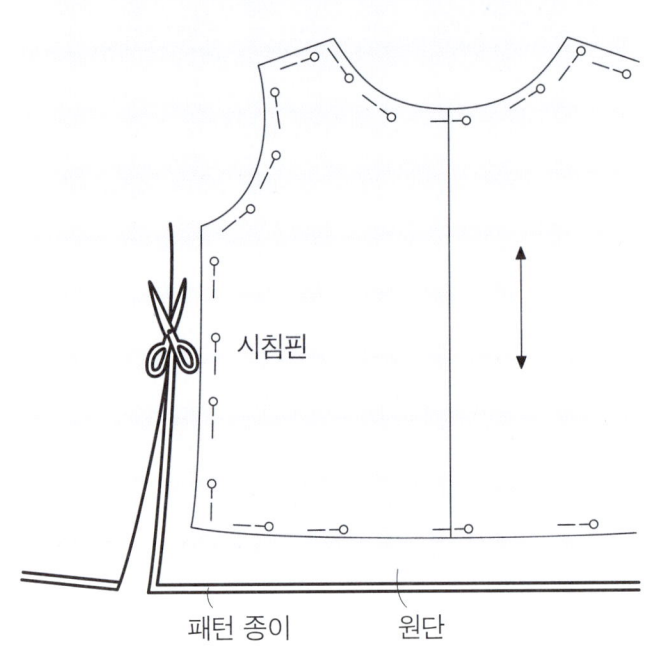

시침핀

패턴 종이   원단

표시하는 방법

패턴 종이에 원단을 고정한 상태로 시침질(134쪽 참조)하여 표시합니다. 바느질이 끝나면 패턴 종이를 제거합니다.

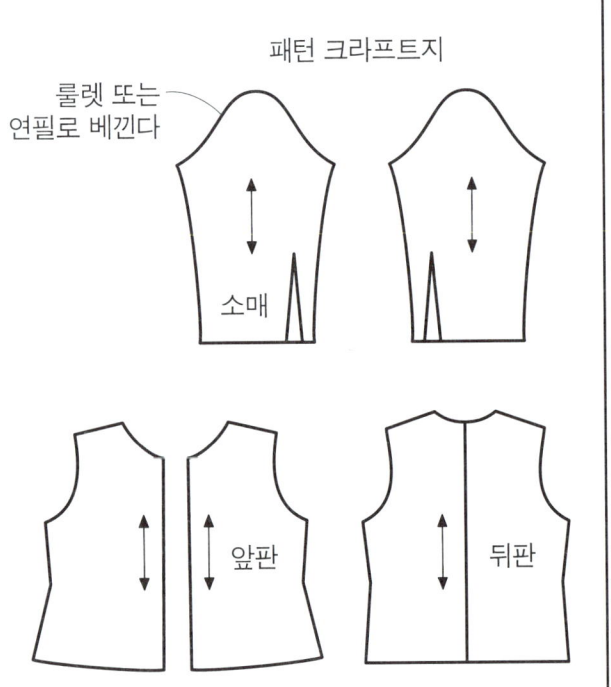

룰렛 또는 연필로 베낀다

패턴 크라프트지

소매

앞판   뒤판

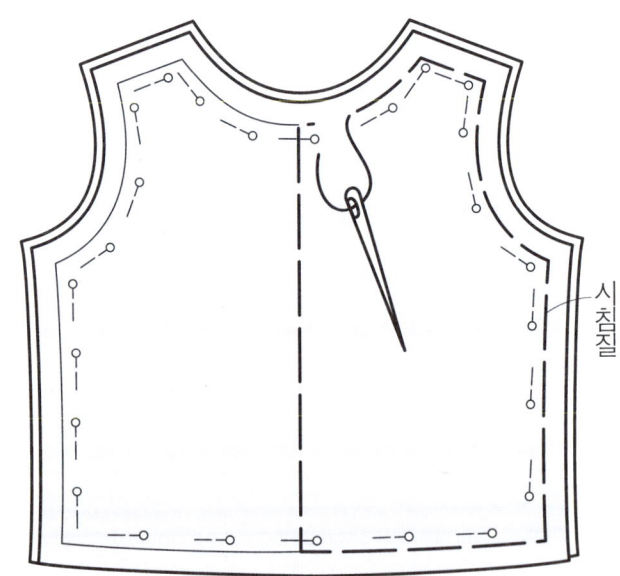

시침질

바느질 포인트

재봉틀 실은 폴리에스터 실 90번을 사용하고 재봉틀 바늘은 9번을 사용합니다. 재봉틀 실의 장력은 느슨하게 하고 봉제선은 촘촘하게 합니다. 재봉틀로 박을 때는 반드시 패턴 종이를 깔고 함께 박습니다. 바느질이 끝나면 종이는 제거합니다. 시접이 비치므로 깔끔하게 시접 처리를 하는 것이 중요합니다.

통솔로 처리하기

① 시접을 0.7~0.9cm로 자릅니다.

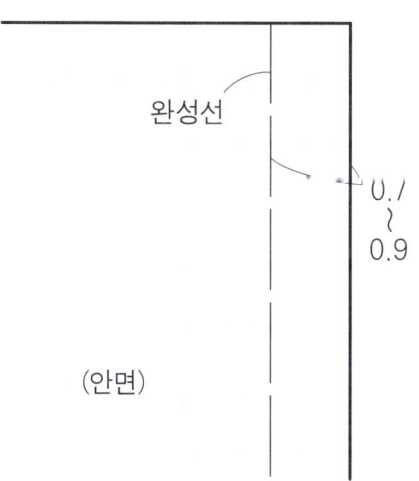

② 안면끼리 맞대어 완성선에서 0.4~0.5cm 시접 쪽에 재봉틀을 박습니다.

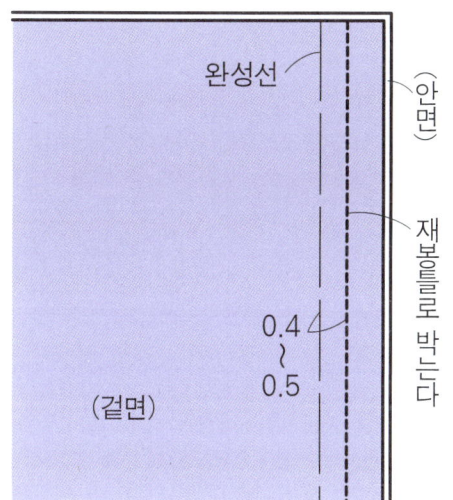

③ 겉면끼리 맞대어 접고, 완성선을 재봉틀로 박습니다.

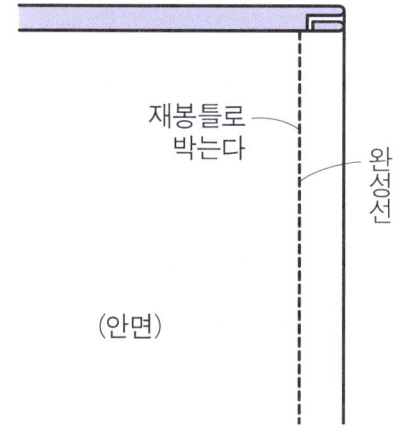

시접을 싸서 처리하기

① 한쪽의 시접 폭을 0.4~0.5cm로 하고, 다른 한쪽을 1.2~1.5cm로 합니다.

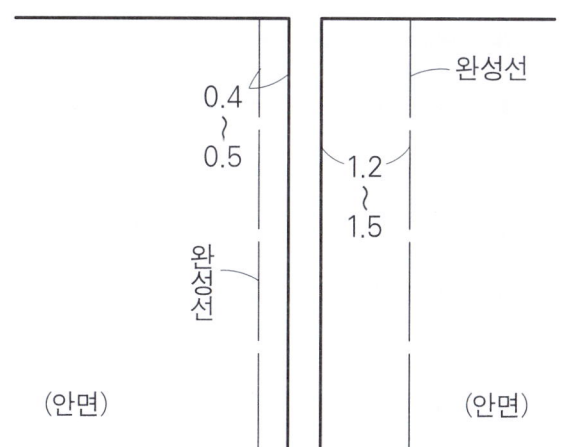

② 겉면끼리 맞대어 완성선을 재봉틀로 박습니다.

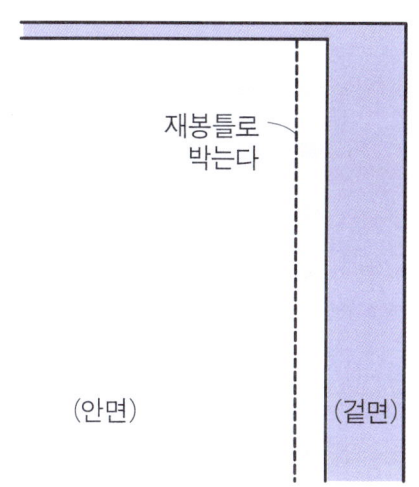

③ 폭이 넓은 쪽의 시접을 접어 봉제선 바로 옆에 감쳐서 붙입니다.

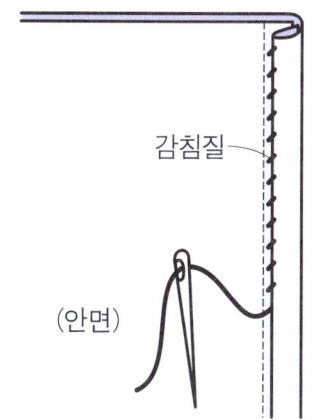

다음 페이지에 계속 ▶

다른 천으로 감싸서 처리하기

① 시접 폭 6배의 바이어스 테이프를 준비하여 안면끼리 맞대어 두 겹으로 접습니다. 시접 폭은 0.5cm 정도로 합니다.

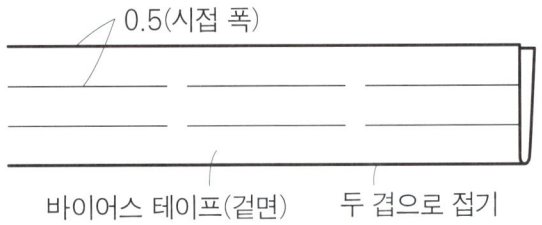

② 겉면끼리 맞대어 재봉틀로 박을 때 바이어스 테이프도 함께 박습니다.

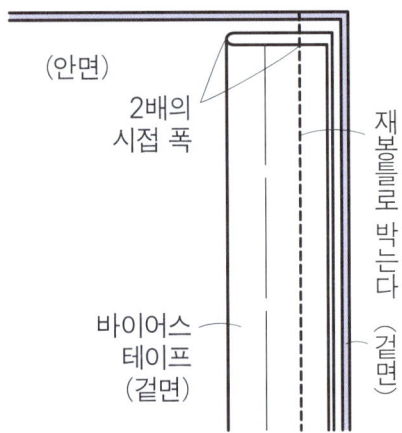

③ 원단 가장자리를 감싸듯이 바이어스 테이프를 접어 봉제선 바로 옆에 감쳐서 붙입니다.

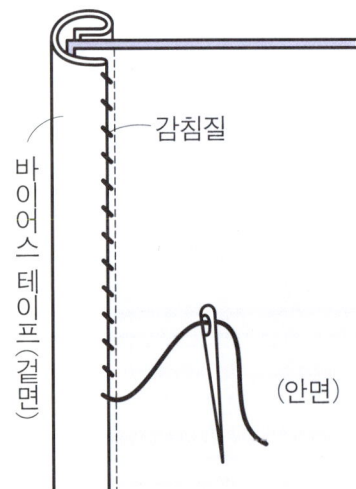

다림질하는 방법

소재에 맞춰 다리미 온도를 조절합니다. 다림질용 덧댐 천을 대고 다리미로 문지르기보다 누르듯이 다림질합니다.

오버로크 박음질 또는 지그재그 박음질 처리하기

① 겉면끼리 맞대어 완성선을 재봉틀로 박습니다.

② 시접 가장자리에 2장을 함께 오버로크 박음질 또는 지그재그 박음질을 합니다. 시접 폭은 0.4~0.5cm로 합니다.

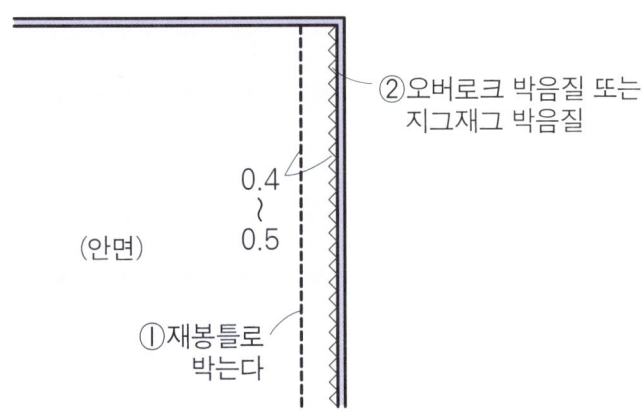

심지와 안감 고르는 방법

비친다는 점을 고려해 심지도 같은 색의 오건디나 같은 원단을 사용합니다.

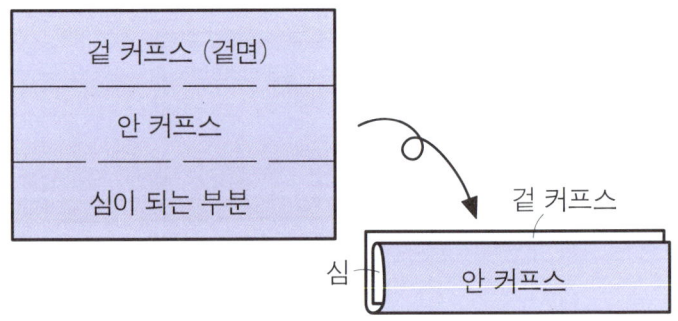

안감은 비치지 않게 하고 싶은 부분에 답니다. 겉감보다 짙은 같은 계열 색상의 안감을 사용하는 것이 일반적이지만, 겉감과 겹쳐 보고 취향에 따라 선택하세요. 보통 안감의 시접은 착용했을 때 몸에 붙지 않도록 처리하는데 비치는 원단의 경우는 시접이 비치는 것을 방지하기 위해 몸쪽으로 처리합니다. 입고 벗을 때 안감 시접이 몸에 닿으므로 꼼꼼하게 마무리하세요.

부분 바느질 편

옷 만들기에 자주 나오는 바느질 방법을 8가지 부분으로
분류하여 각각의 바느질 방법을 하나하나 상세히 설명합니다.
각 부분의 명칭과 기초 지식도 소개하므로 참고하세요.

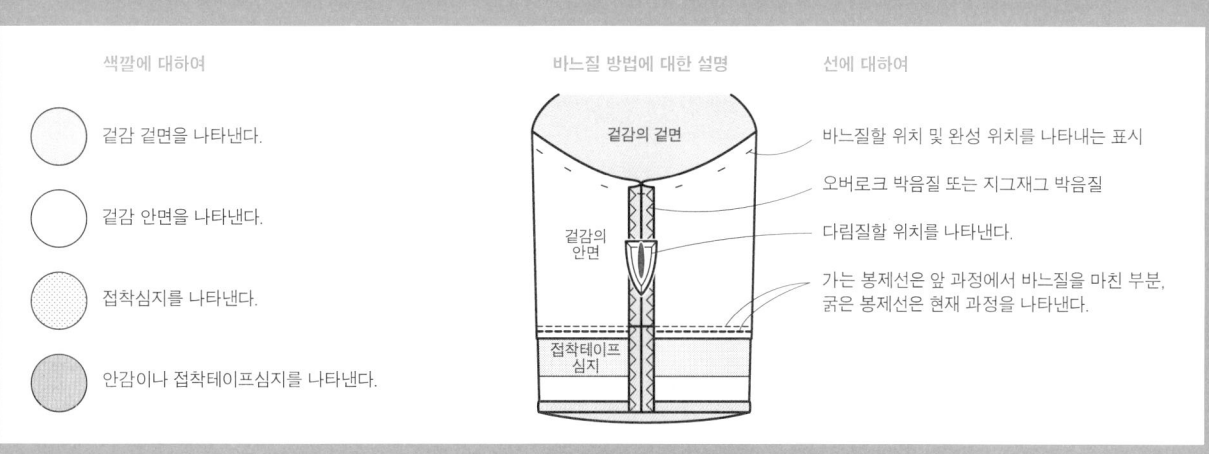

색깔에 대하여

겉감 겉면을 나타낸다.

겉감 안면을 나타낸다.

접착심지를 나타낸다.

안감이나 접착테이프심지를 나타낸다.

바느질 방법에 대한 설명

겉감의 겉면

겉감의
안면

접착테이프
심지

선에 대하여

바느질할 위치 및 완성 위치를 나타내는 표시

오버로크 박음질 또는 지그재그 박음질

다림질할 위치를 나타낸다.

가는 봉제선은 앞 과정에서 바느질을 마친 부분,
굵은 봉제선은 현재 과정을 나타낸다.

각 부분의 명칭과 기초 지식

목둘레와 깃

부분 바느질 편 → 286~359쪽

목 주변의 디자인을 좌우하는 중요한 부분으로 목둘레나 깃의 디자인에 따라 옷의 분위기와 입은 사람의 표정이 달라집니다. 여기서는 대표적인 3가지 깃을 예로 각 부분의 명칭을 설명합니다.

종류

셔츠 칼라
깃 뒤쪽 부분이 높고 앞 중심으로 올수록 서 있는 부분이 자연스럽게 펴지는 옷깃

스탠드 칼라
목선에서 목을 따라 서 있는 옷깃

테일러드 칼라
몸판이 꺾인 부분에 이어서 윗깃을 달아 붙이는 옷깃

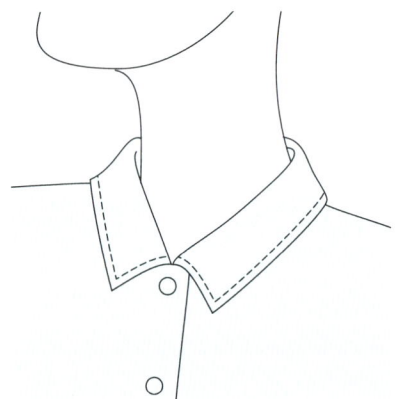

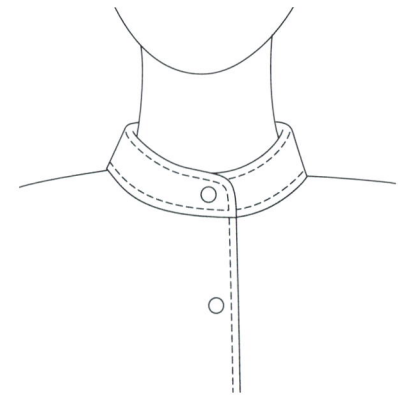

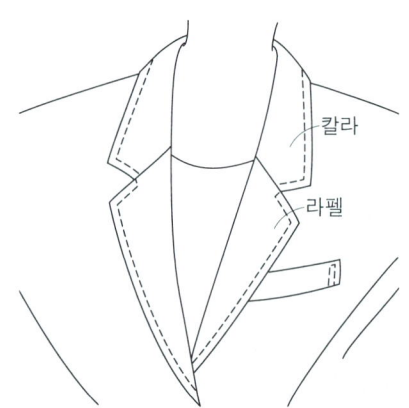

각 부분의 명칭

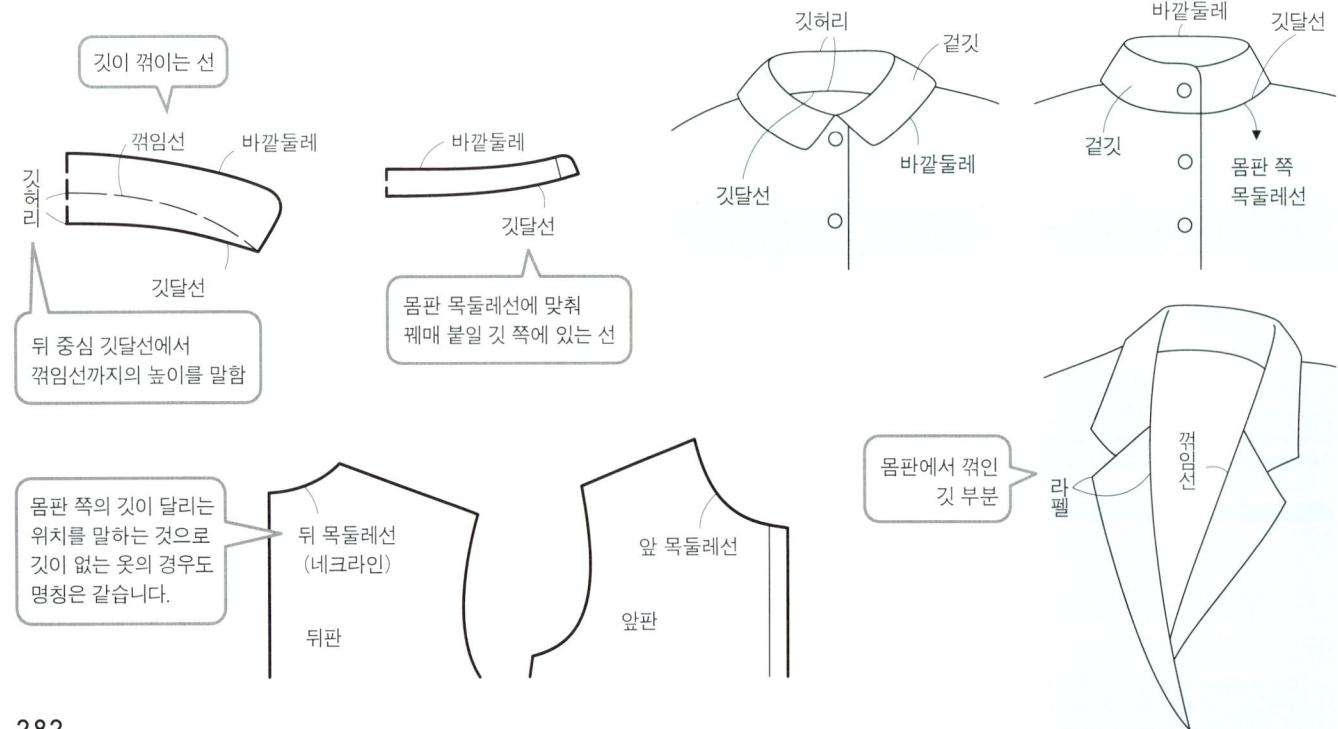

깃이 꺾이는 선

꺾임선 · 바깥둘레 · 깃허리 · 깃달선

뒤 중심 깃달선에서 꺾임선까지의 높이를 말함

바깥둘레 · 깃달선

몸판 목둘레선에 맞춰 꿰매 붙일 깃 쪽에 있는 선

깃허리 · 겉깃 · 깃달선 · 바깥둘레

바깥둘레 · 깃달선 · 겉깃 · 몸판 쪽 목둘레선

몸판 쪽의 깃이 달리는 위치를 말하는 것으로 깃이 없는 옷의 경우도 명칭은 같습니다.

뒤 목둘레선 (네크라인) · 뒤판 · 앞 목둘레선 · 앞판

몸판에서 꺾인 깃 부분 · 라펠 · 꺾임선

트임

부분 바느질 편 → 360~425쪽

트임은 입고 벗는 것을 쉽게 하기 위한 옷의 일부분입니다. 전체적으로 트임이 있는 경우, 일정한 부분까지 트임이 있는 경우, 단추를 다는 경우, 지퍼를 다는 경우 등 트임을 만드는 위치에 따라 만드는 방법은 다양합니다. 여기서는 기본적인 트임 겹침 방법에 대하여 설명합니다.

앞트임

여성용은 오른쪽이 위, 왼쪽이 아래로 가게 합니다.
남성용은 왼쪽이 위, 오른쪽이 아래로 가게 합니다.

※ 최근의 기성복은 여성용도 남성용과 같은 트임 겹침 방법을 사용한 경우가 있습니다.

여성용

우 좌

남성용

우 좌

뒤트임

여성용은 오른쪽이 위, 왼쪽이 아래로 가게 합니다.

좌 우

옆트임

하의의 트임을 옆에 만드는 경우는 기본적으로 왼쪽 옆솔기에 트임을 만듭니다.

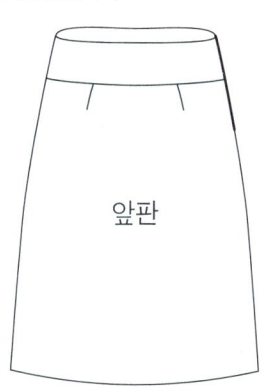

앞판

밑단

부분 바느질 편 → 426~439쪽

밑단은 재봉틀로 처리하는 경우와 손바느질로 감쳐서 처리하는 경우가 있습니다.

사용하는 소재나 밑단으로 이어지는 트임이 있느냐 없느냐 등 다른 부분의 바느질을 어떻게 하는가에 따라 만드는 방법이 달라집니다. 각각의 바느질 방법에 맞춰 깔끔하게 만들어보세요.

재봉틀로
처리하기

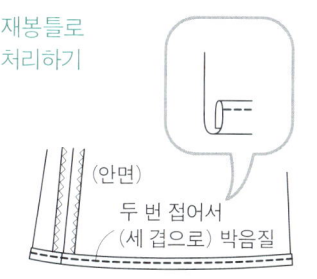

(안면)
두 번 접어서
(세 겹으로) 박음질

손바느질로
감쳐서 처리하기

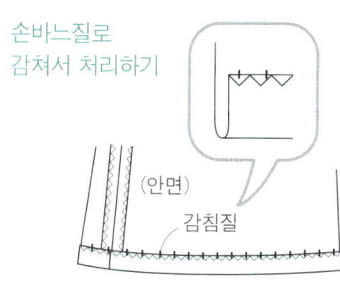

(안면)
감침질

허리

부분 바느질 편 → 490~521쪽

하의의 허리 처리는 벨트용 천을 따로 재단해서 벨트심지를 넣어 단단하게 만드는 경우와 심지를 붙여서 약간 부드럽게 만드는 경우가 있습니다. 또한, 벨트용 천을 따로 재단하지 않는 하이 웨이스트의 경우는 안단으로 처리합니다.

허리 벨트

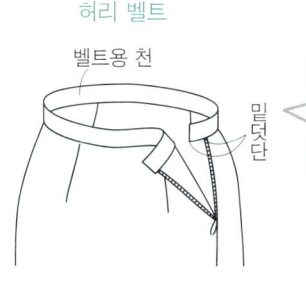

벨트용 천

밑덧단

트임 부분의 벨트용 천이 겹치는 부분을 말하며, 옆트임의 경우 뒤쪽 벨트 끝에 달립니다.

하이 웨이스트

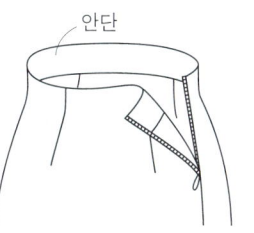

안단

소매

부분 바느질 편 → 440~489쪽

소매는 몸판에서 이어진 프렌치 슬리브나 래글런 슬리브, 몸판에
소매를 다는 셔츠 슬리브, 셋인 슬리브 등이 있습니다. 디자인적
으로 소매산이나 소맷부리에 개더나 턱을 잡을 수도 있습니다.
여기서는 소매 각 부분의 명칭을 설명합니다.

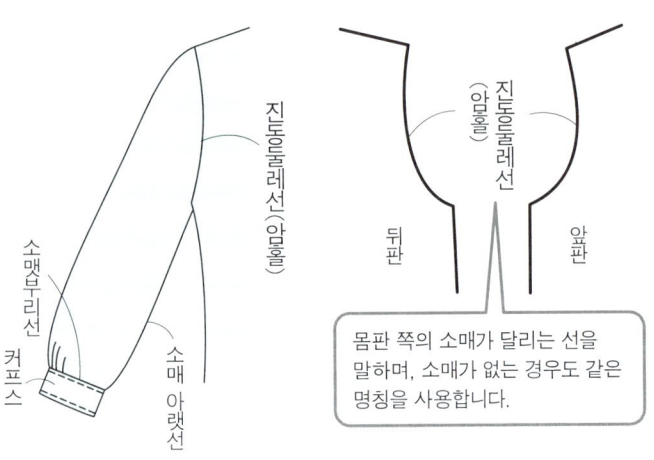

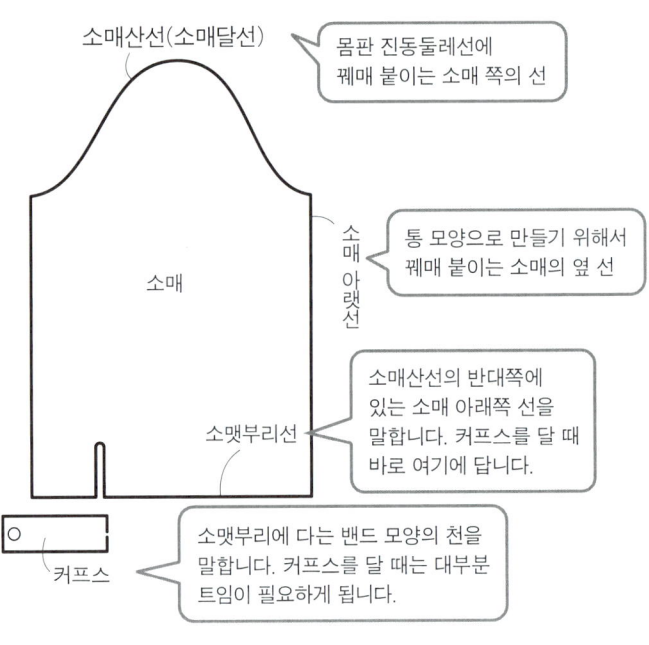

소매산선(소매달선)

몸판 진동둘레선에
꿰매 붙이는 소매 쪽의 선

소매
아랫선

통 모양으로 만들기 위해서
꿰매 붙이는 소매의 옆 선

소매산선의 반대쪽에
있는 소매 아래쪽 선을
말합니다. 커프스를 달 때
바로 여기에 답니다.

소매부리선

커프스

소맷부리에 다는 밴드 모양의 천을
말합니다. 커프스를 달 때는 대부분
트임이 필요하게 됩니다.

몸판 쪽의 소매가 달리는 선을
말하며, 소매가 없는 경우도 같은
명칭을 사용합니다.

립조직 니트

부분 바느질 편 → 594~599쪽

고랑이 있는 니트 원단으로 고랑이 굵은 것에서부터
가는 것까지 있습니다. 고랑을 세워 가로 방향으로
당기면 잘 늘어나는데, 반대 방향으로는 전혀 늘어
나지 않습니다.
세로 방향 원단에 고랑이 있는 원단과 가로 방향 원
단에 고랑이 있는 원단이 있는데 올 방향보다 고랑의
방향에 주의하여 재단합니다.

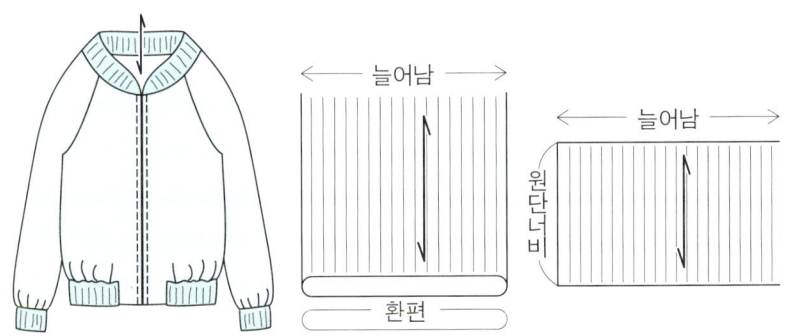

고랑의 방향

아동복

부분 바느질 편 → 600~617쪽

아이는 몸은 작지만, 머리는 커서 목둘레에 트임이
없는 옷인 경우 입고 벗기가 어려울 뿐 아니라 최악
의 경우 머리가 들어가지 않을 수도 있습니다.
그러므로 트임이 없는 옷을 만들 때는 반드시 머리
둘레 치수가 충분한지 어떤지를 확인하도록 하세요.
충분하지 않으면 목둘레에 트임을 만들어줍니다.

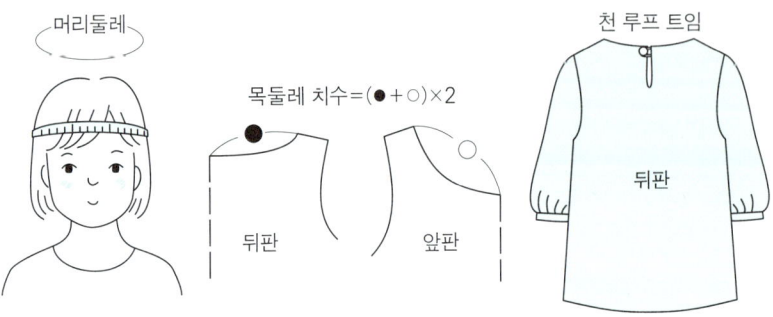

머리둘레

목둘레 치수=(●+○)×2

천 루프 트임

뒤판

뒤판

앞판

호주머니

부분 바느질 편 → 522~593쪽

호주머니는 디자인 하는 방법도 다양하고 만드는 방법도 다양합니다.
여기서는 3종류로 나누어 소개하고 각 부분의 명칭을 설명합니다.

종류

패치 포켓(patch pocket)

겉에 천을 덧붙여서 만드는 호주머니를 말합니다.

이음선을 이용한 포켓

이음선이나 다트 등의 봉제선을 이용한 호주머니로, 심 포켓(seam pocket)의 일종입니다.

슬릿 포켓(slit pocket)

겉감의 포켓 위치에 가위집을 내서 만드는 호주머니로, 박스 포켓(box pocket), 파이핑 포켓(piping pocket) 등도 같은 종류입니다.

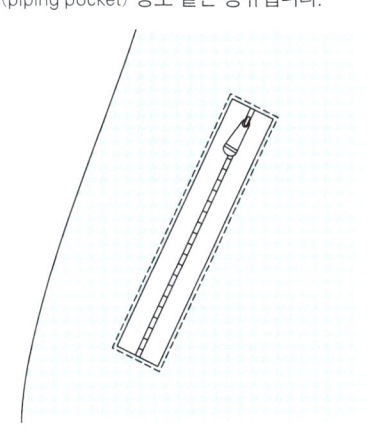

각 부분의 명칭

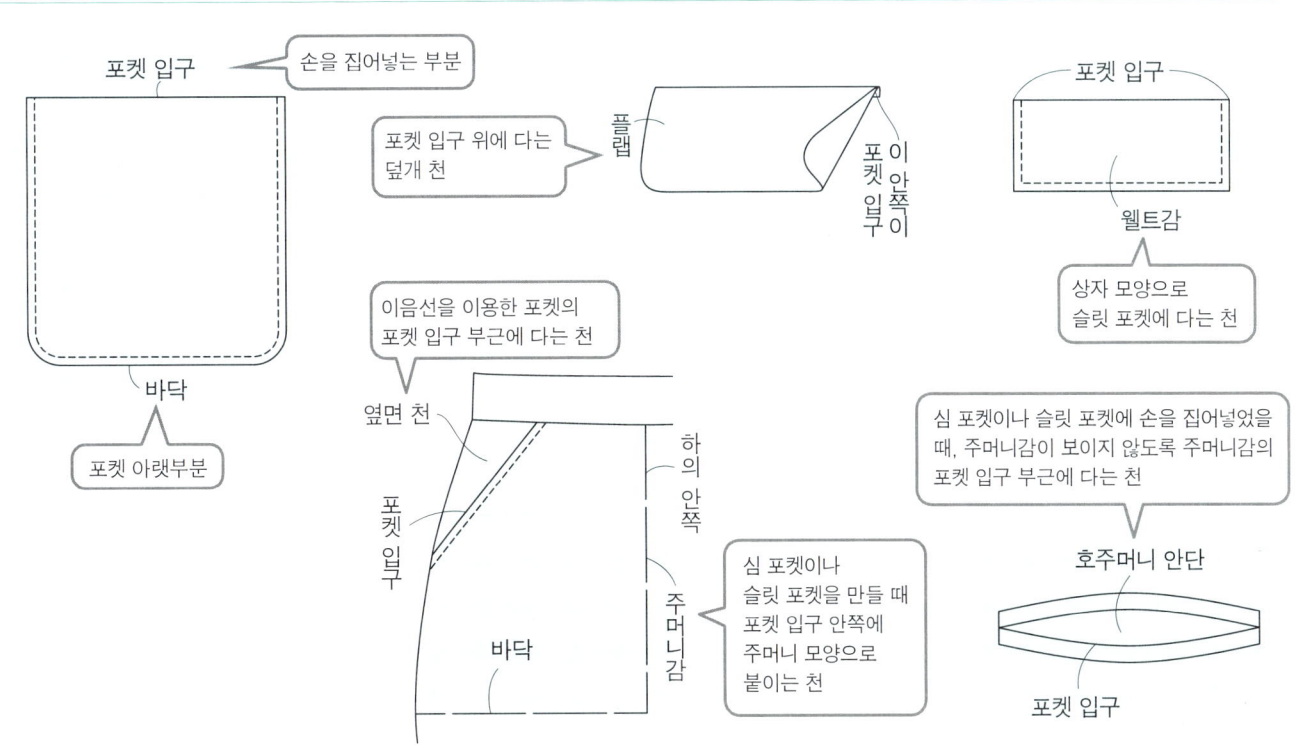

포켓 입구 — 손을 집어넣는 부분

바닥 — 포켓 아랫부분

포켓 입구 위에 다는 덮개 천 → 플랩

포켓 입구 / 포켓 안쪽이

이음선을 이용한 포켓의 포켓 입구 부근에 다는 천

옆면 천

포켓 입구

바닥

하의 안쪽

주머니감

심 포켓이나 슬릿 포켓을 만들 때 포켓 입구 안쪽에 주머니 모양으로 붙이는 천

포켓 입구 — 웰트감

상자 모양으로 슬릿 포켓에 다는 천

심 포켓이나 슬릿 포켓에 손을 집어넣었을 때, 주머니감이 보이지 않도록 주머니감의 포켓 입구 부근에 다는 천

호주머니 안단

포켓 입구

목둘레와
깃 만드는 방법

민깃, 민소매 A안단으로 처리

목둘레 안단, 진동둘레 안단을 사용해 목둘레, 진동둘레를 처리하는 방법입니다. 바이어스테이프보다 튼튼하게 마무리됩니다. 어깨 폭이 좁으면 겨드랑이와 목둘레 안단이 겹치게 되므로 안단 폭에 주의하세요.

1. 몸판 재단하기

목둘레, 진동둘레에는 1cm의 시접을 주어 재단합니다.

앞판(겉면)

2. 안단을 재단하여 박기

2-① 안단은 어깨선에 봉제선을 넣게 되면 두꺼워지므로 어깨선을 연결한 상태로 안단을 재단합니다.

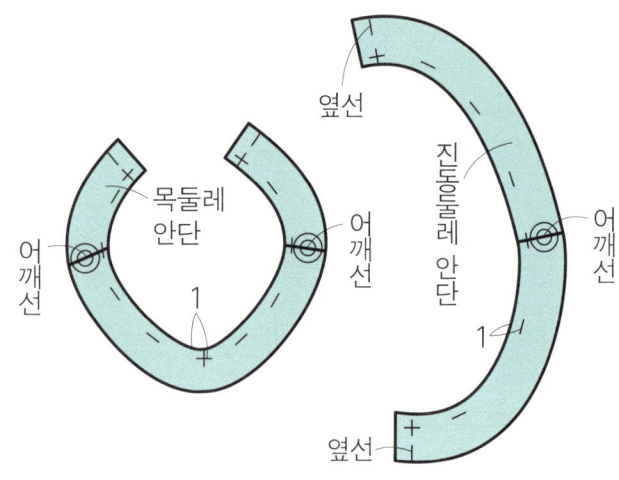

옆선
목둘레 안단
어깨선
어깨선
진동둘레 안단
어깨선
어깨선
1
옆선

2-② 안단 안면에 다리미를 사용해 접착심지를 붙입니다.
2-③ 재단선을 오버로크 박음질 또는 지그재그 박음질 하여 처리합니다.

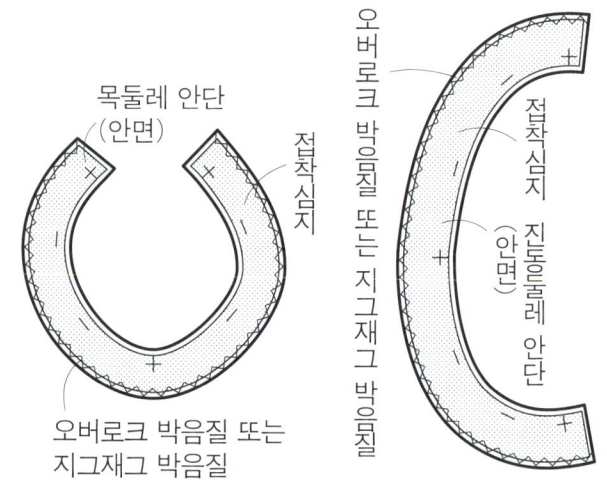

목둘레 안단
(안면)
접착심지
오버로크 박음질 또는
지그재그 박음질
오버로크 박음질 또는 지그재그 박음질
접착심지 (안면)
진동둘레 안단

3. 몸판 어깨선 박기

3-① 앞 몸판과 뒤 몸판을 겉면끼리 맞대어 어깨선을 박습니다.
3-② 다리미로 시접을 가름솔 처리합니다.

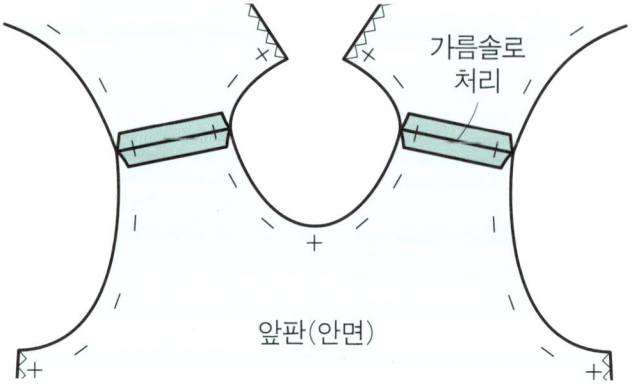

가름솔로 처리

앞판(안면)

4. 몸판과 안단을 박기

4-① 진동둘레 안단, 목둘레 안단과 몸판을 각각 겉면끼리 맞대어 재봉
틀로 박습니다.

4-② 곡선 부분의 시접에 가위집을 넣습니다.

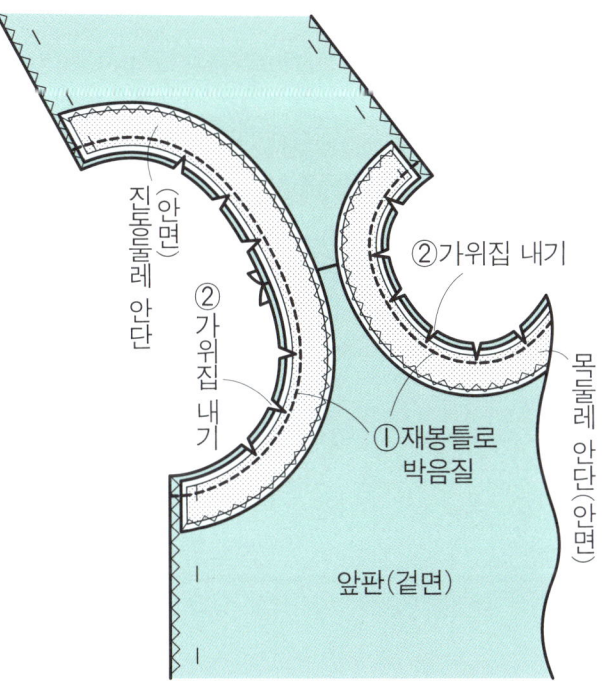

5. 안단을 몸판 안면으로 뒤집기

5-① 4-①의 봉제선을 다림질합니다.

5-② 시접을 다리미로 가름솔 처리합니다.

5-③ 안단을 몸판 안쪽으로 뒤집습니다. 안단은 겉에서 보이지 않도록
1~2mm 줄여서 정리합니다.

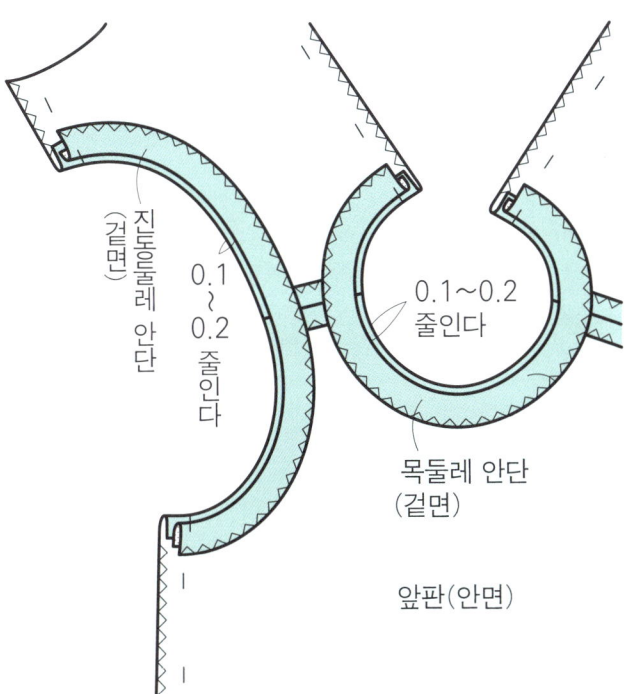

6. 옆솔기선 박기

6-① 앞 몸판과 뒤 몸판을 겉면끼리 맞대어 안단까지 이어서 옆솔기선을
박습니다. 이때 진동둘레 시접은 안단 쪽에 한쪽으로 접어줍니다.

6-② 옆솔기선 시접은 다리미로 가름솔 처리합니다.

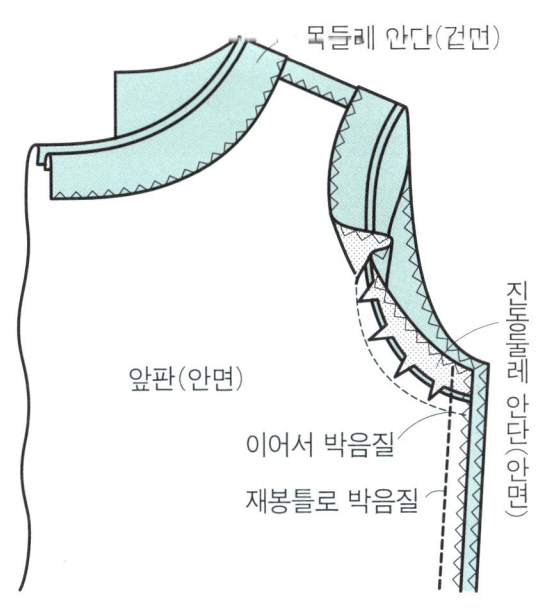

7. 재봉틀로 박은 후 안단을 감쳐서 고정하기

7-① 목둘레, 진동둘레를 재봉틀로 박아 안단을 몸판에 붙입니다.

7-② 어깨선 시접과 옆솔기선 시접에 안단을 살짝 감쳐 고정해 줍니다.

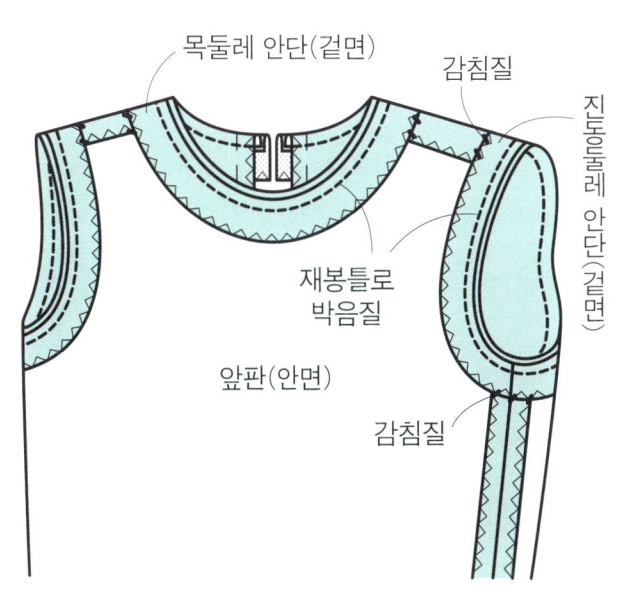

민깃, 민소매 B 바이어스 테이프로 처리

목둘레, 진동둘레를 바이어스 테이프를 사용해서 처리하는 방법입니다. 바이어스 테이프는 같은 천으로 만들어도 좋고 시중에 판매되는 것을 사용해도 상관없습니다. 얇은 원단에 적합하며 가볍게 마무리됩니다.

1. 바이어스 테이프 만들기

바이어스 테이프에 다리미로 곡선을 만들어줍니다. 너무 세게 잡아당겨서 바이어스 테이프가 가늘어지지 않도록 주의하세요.

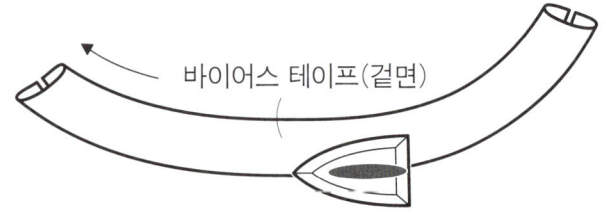

바이어스 테이프(겉면)

2. 몸판 재단하기

목둘레, 진동둘레에 0.5cm의 시접을 주어 몸판을 재단합니다. 재단할 때 원단이 늘어나지 않도록 주의하세요.

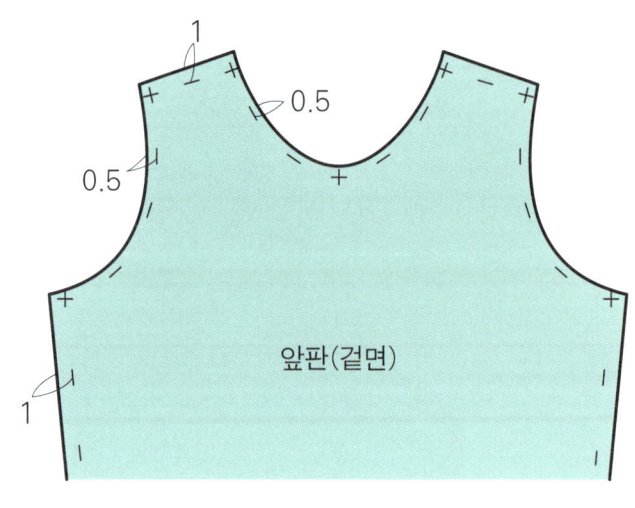

1
0.5
0.5
앞판(겉면)
1

3. 몸판 어깨선과 옆솔기선 박기

3-① 앞 몸판과 뒤 몸판을 겉면끼리 맞대어 어깨선과 옆솔기선을 재봉틀로 박습니다.

3-② 시접을 다리미로 가름솔 처리합니다.

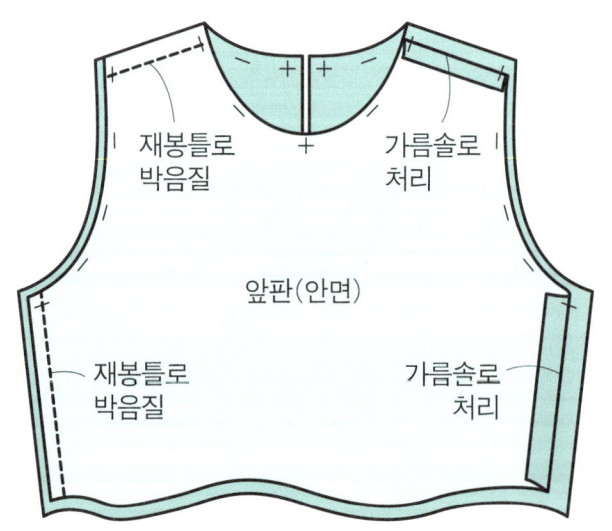

재봉틀로 박음질
가름솔로 처리
앞판(안면)
재봉틀로 박음질
가름솔로 처리

4. 바이어스 테이프 달기

4-① 몸판 완성선과 바이어스 테이프의 접은 선을 맞춥니다. 이때 곡선
은 바이어스 테이프를 살짝 늘려서 맞춰 주세요. 진동둘레 바이어
스 테이프는 옆솔기선에서 겹칩니다.

4-② 바이어스 테이프의 접은 선을 재봉틀로 박습니다.

5. 바이어스 테이프를 몸판 안면으로 뒤집기

5-① 4-②의 봉제선에서 바이어스 테이프를 몸판 안면 쪽으로 뒤집습
니다.

5-② 목둘레, 진동둘레 완성선을 다림질하여 바이어스 테이프가 겉에서
보이지 않도록 0.1~0.2cm 줄여 정리합니다.

바이어스 테이프

재봉틀로 박음질

0.5

앞판(겉면)

1cm 접어서
겹친다

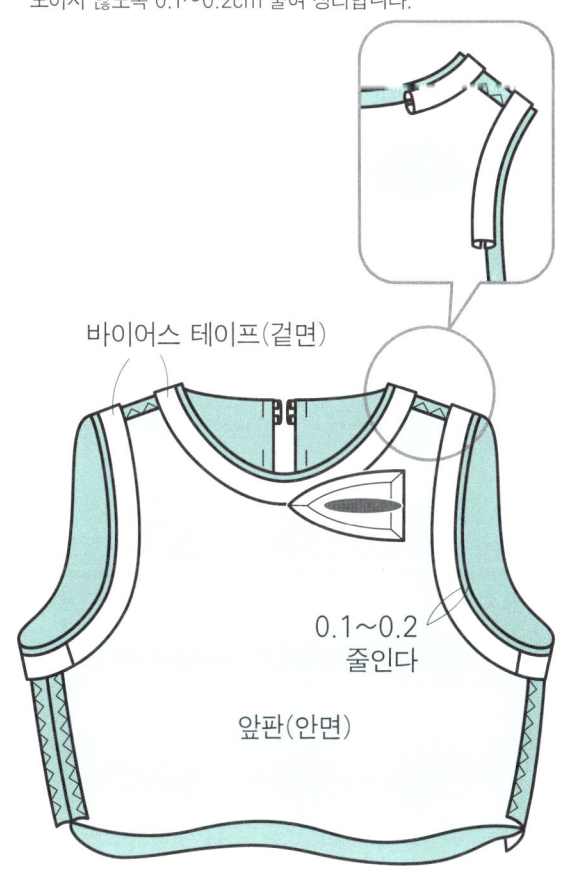

바이어스 테이프(겉면)

0.1~0.2
줄인다

앞판(안면)

4-③ 진동둘레, 목둘레의 시접에 가위집을 넣습니다. 곡선이 심한 부분
에는 많이 넣어주세요.

5-③ 바이어스 테이프의 가장자리를 몸판에 감쳐서 붙입니다.(겉에서 바
이어스 테이프의 가장자리에 봉제선이 위치하도록 재봉틀로 박아도 좋습니다)

가위집 내기

바이어스 테이프(안면)

앞판(겉면)

바이어스 테이프
(겉면)

감침질

앞판(안면)

민깃, 민소매 C 이어서 재단한 안단으로 처리

목둘레와 진동둘레의 안단을 이어서 재단한 안단을 이용해 처리하는 방법입니다. 튼튼하게 마무리됩니다. 앞판, 뒤판 중 어느쪽이든 전부 트여 있어야 만들 수 있으므로 주의하세요.

1. 앞 안단에 접착심지 붙이기

1-① 앞 안단 안면에 다리미로 접착심지를 붙입니다.
1-② 안단의 재단선을 처리합니다.

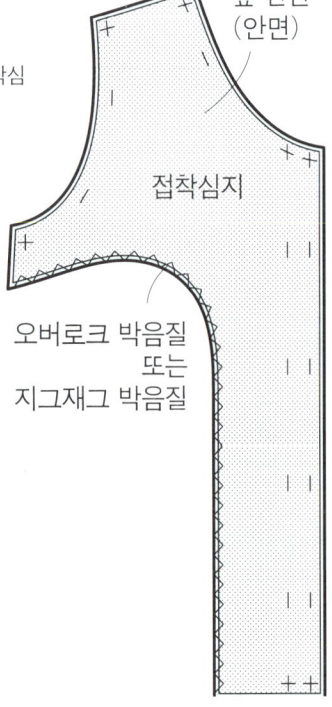

2. 뒤 안단에 접착심지 붙이기

뒤 안단도 앞 안단과 마찬가지로 접착심지를 붙여 재단선을 처리합니다.

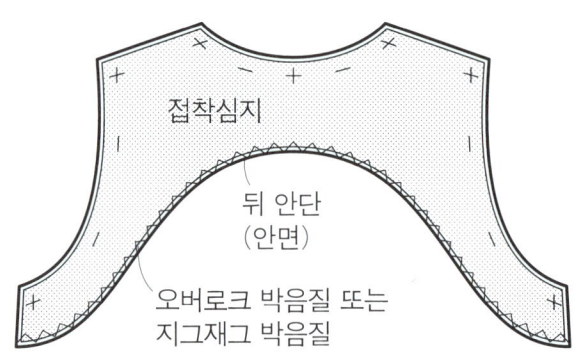

3. 안단 어깨선 박기

3-① 안단을 겉면끼리 맞대어 어깨선을 박습니다.
3-② 시접을 다리미로 가름솔 처리합니다. 몸판 어깨선도 마찬가지로 박습니다.

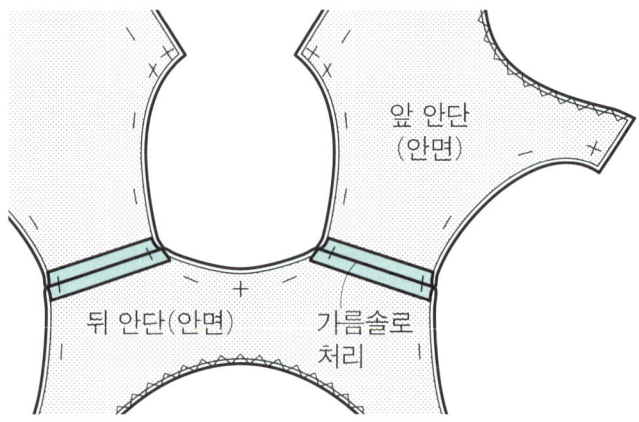

4. 안단과 몸판을 박아서 연결하기

안단과 몸판을 겉면끼리 맞대어 목둘레, 진동둘레를 완성선대로 박습니다.

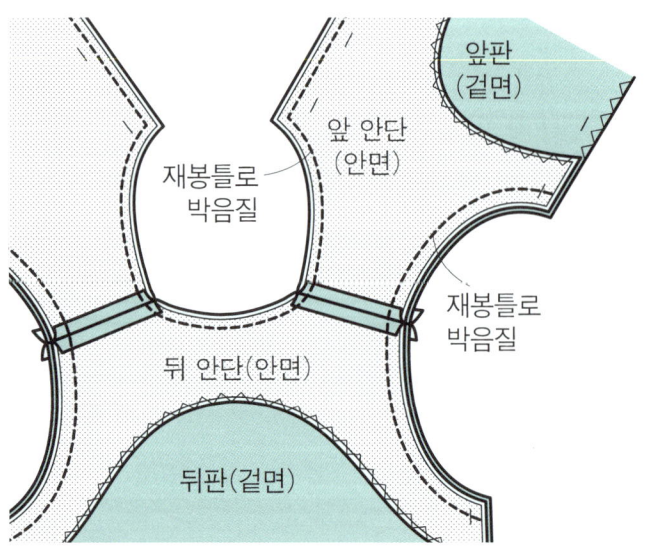

5. 시접 접기

5-① 시접에 가위집을 넣습니다.

5-② 완성선을 따라 다리미를 사용해 시접을 안단 쪽으로 접습니다.

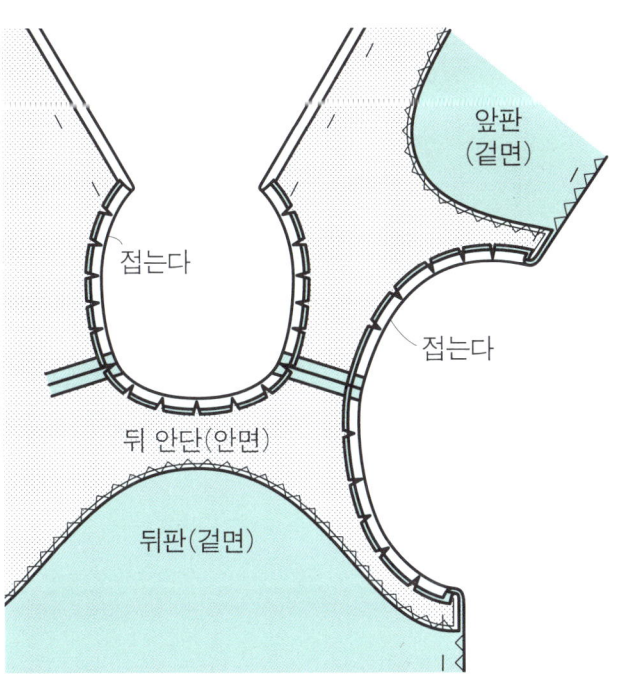

접는다

접는다

뒤 안단(안면)

앞판
(겉면)

뒤판(겉면)

6-② 양쪽 안단을 겉으로 뒤집은 후 다리미로 모양을 잡아줍니다. 안단이 몸판 겉에서 보이지 않도록 하세요.

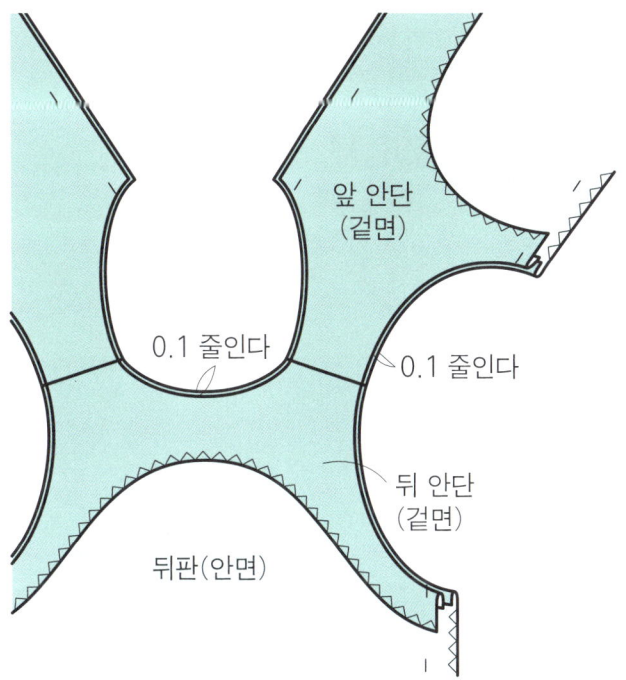

앞 안단
(겉면)

0.1 줄인다

0.1 줄인다

뒤 안단
(겉면)

뒤판(안면)

6. 안단을 겉으로 뒤집기

6-① 뒤 몸판을 그림과 같이 어깨선 사이로 통과시켜 빼냅니다.

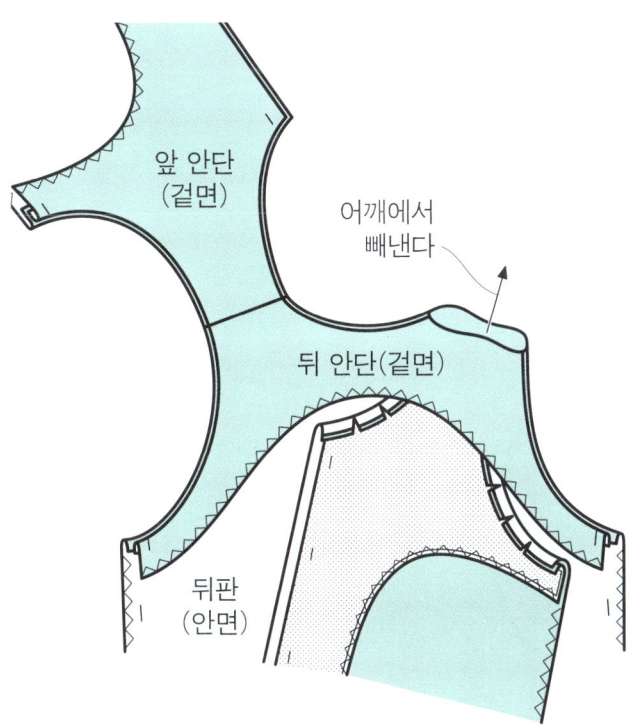

앞 안단
(겉면)

어깨에서
빼낸다

뒤 안단(겉면)

뒤판
(안면)

7. 옆선을 박고 목둘레, 진동둘레를 박기

7-① 앞 몸판과 뒤 몸판을 겉면끼리 맞대어 안단까지 이어서 박습니다.

7-② 시접을 다리미로 가름솔 처리합니다.

7-③ 안단이 제대로 자리 잡히도록 목둘레, 진동둘레를 바깥쪽에서 재봉틀로 박아줍니다.

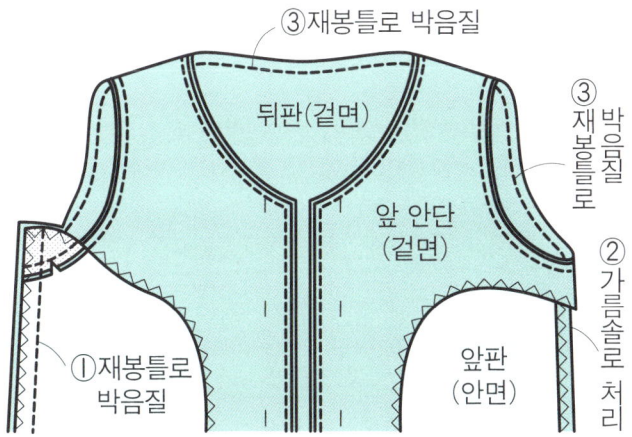

③재봉틀로 박음질

뒤판(겉면)

③
재봉틀로
박음질

앞 안단
(겉면)

③
재봉틀로
박음질

②
가름솔로
처리

①재봉틀로
박음질

앞판
(안면)

민깃, 민소매, 트임 없음 A

목둘레, 진동둘레를 재봉틀로 박을 수 있어서 손바느질로 감치는 수고를 줄일 수 있습니다. 원단이 얇아 어깨 폭이 넓은 디자인인 경우에 이 방법을 이용할 수 있습니다. 원단이 두꺼운 경우나 어깨 폭이 좁은 경우는 뒤집어지지 않으므로 다른 방법으로 만듭니다.

1. 앞 안단 만들기

1-① 앞 안단의 안면에 다리미로 접착심지를 붙입니다.
1-② 안단 재단선에 오버로크 박음질 또는 지그재그 박음질을 합니다.

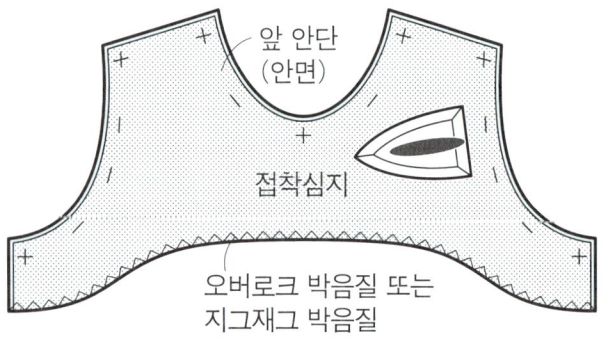

2. 뒤 안단 만들기

뒤 안단에도 앞 안단과 마찬가지로 접착심지를 붙이고, 오버로크 박음질 또는 지그재그 박음질을 합니다.

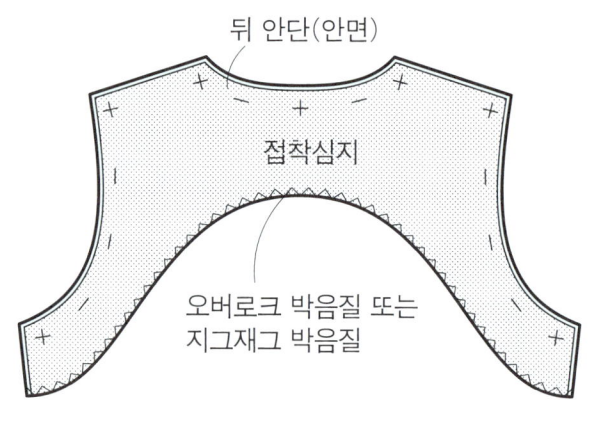

3. 앞 안단과 뒤 안단을 박아 연결하기

3-① 앞 안단과 뒤 안단을 겉면끼리 맞대어 어깨선을 박습니다.

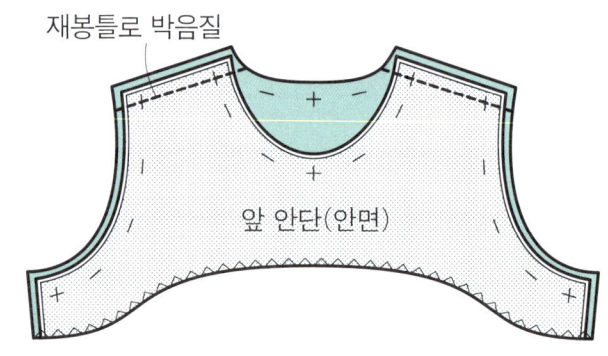

3-② 시접을 다리미로 가름솔 처리합니다.

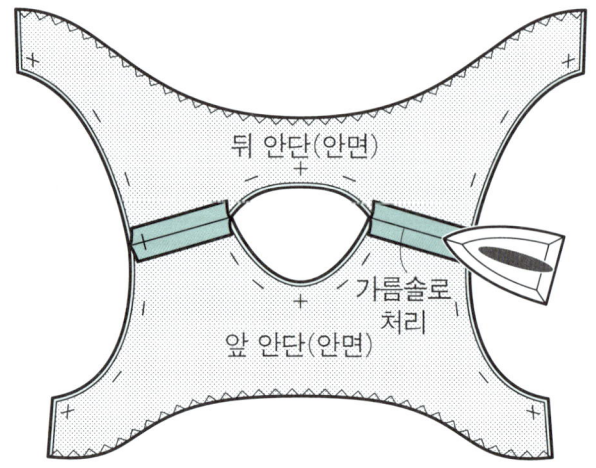

4. 몸판의 어깨선을 박아 연결하기

4-① 앞 몸판과 뒤 몸판을 겉면끼리 맞대어 어깨선을 재봉틀로 박습니다.

4-② 시접을 다리미로 가름솔 처리합니다.

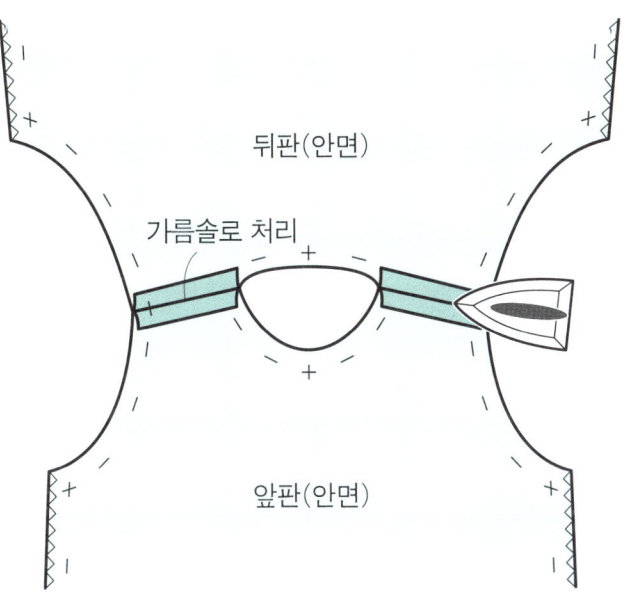

6. 안단을 겉으로 뒤집기

6-① 안단을 몸판 안면으로 뒤집습니다.

6-② 목둘레를 다림질하여 모양을 잡아줍니다. 이때 겉에서 안단이 보이지 않도록 주의하세요.

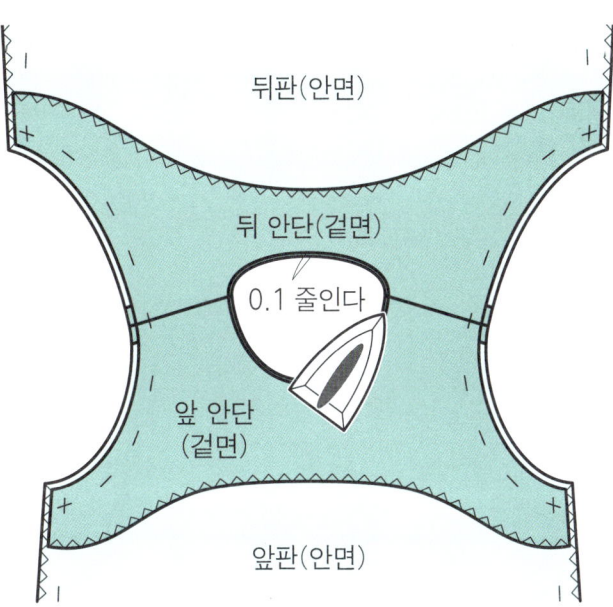

5. 안단과 몸판을 박아 연결하기

5-① 안단과 몸판을 겉면끼리 맞대어 목둘레를 재봉틀로 박습니다.

5-② 시접에 가위집을 넣습니다.

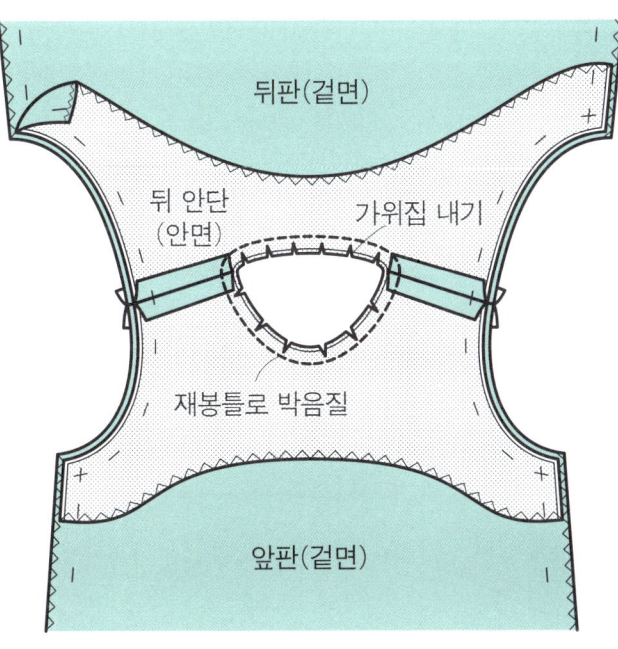

7. 왼쪽 진동둘레를 겉면끼리 맞대기

오른쪽 진동둘레를 감싸는 형태로 천을 돌려 A점, B점의 겉면끼리 각각 맞춰줍니다.

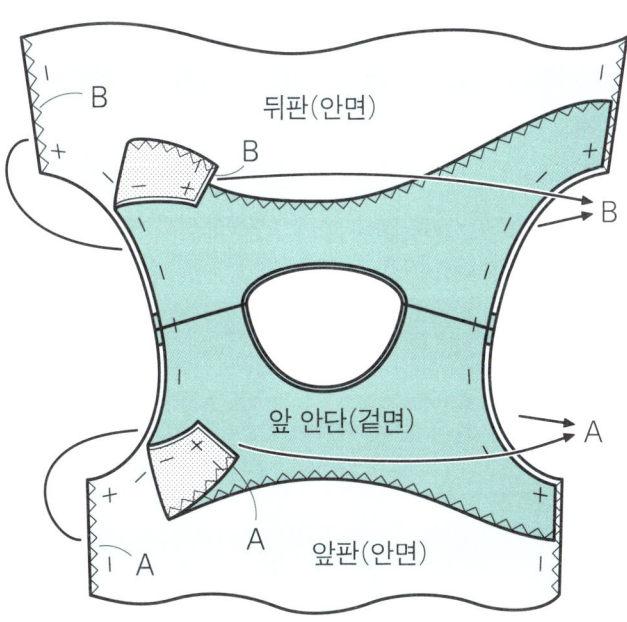

다음 페이지에 계속 ▶

8. 오른쪽 진동둘레 박기

8-① 7에서 맞춘 진동둘레
　　를 재봉틀로 박습니
　　다. 이때 오른쪽 본체
　　나 안단을 박지 않도
　　록 주의하세요.

8-② 곡선 시접에 가위집
　　을 넣습니다.

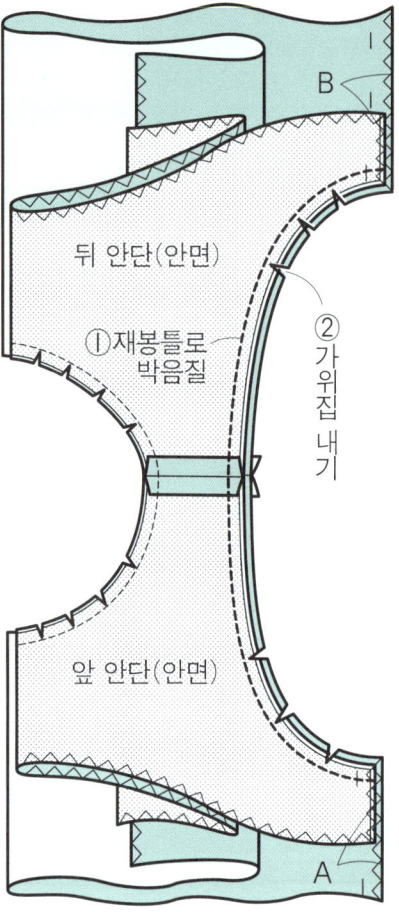

10. 다리미로 모양 잡아주기

겉으로 뒤집은 후 왼쪽 진동둘레를 다리미로 정돈해줍니다. 이때 겉에서 안
단이 보이지 않도록 주의하세요.

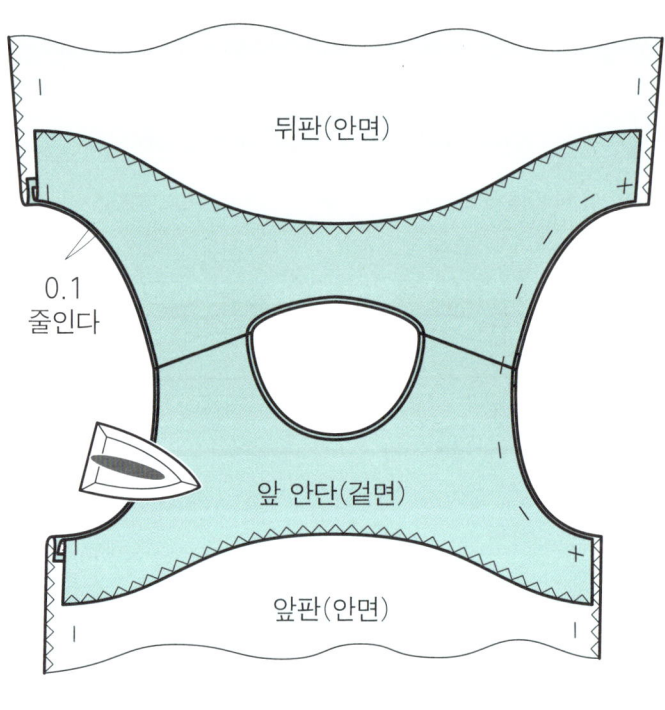

9. 안단을 겉으로 뒤집기

화살표 방향으로 사이를 지
나 겉면으로 뒤집습니다.

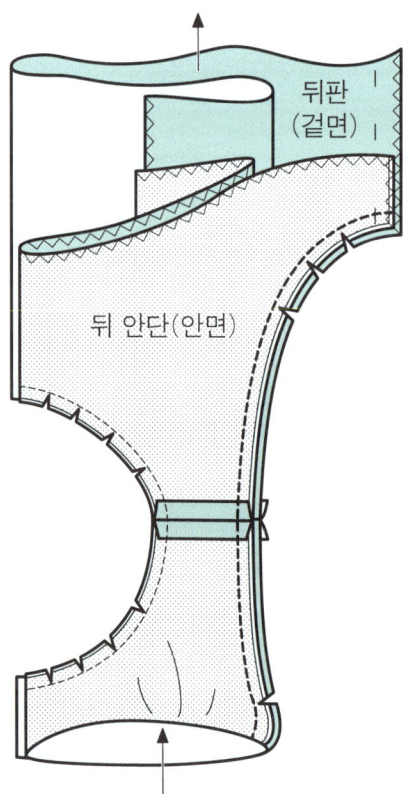

11. 오른쪽 진동둘레 박기

11-① 아까와는 반대로 왼쪽 진동둘레를 감싸는 형태로 C점, D점을 겉면
　　끼리 각각 맞춥니다.

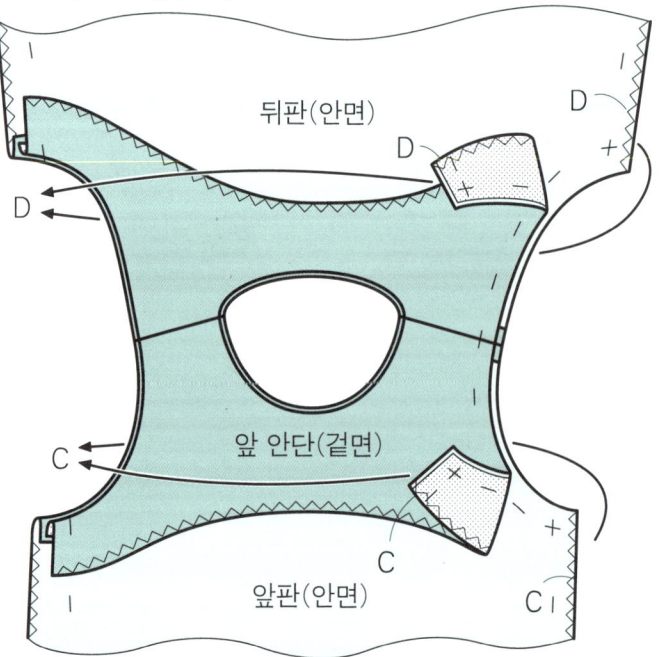

11-② ①에서 맞춘 진동둘레를 재봉틀로 박습니다. 곡선 시접에 가위집을 넣습니다.

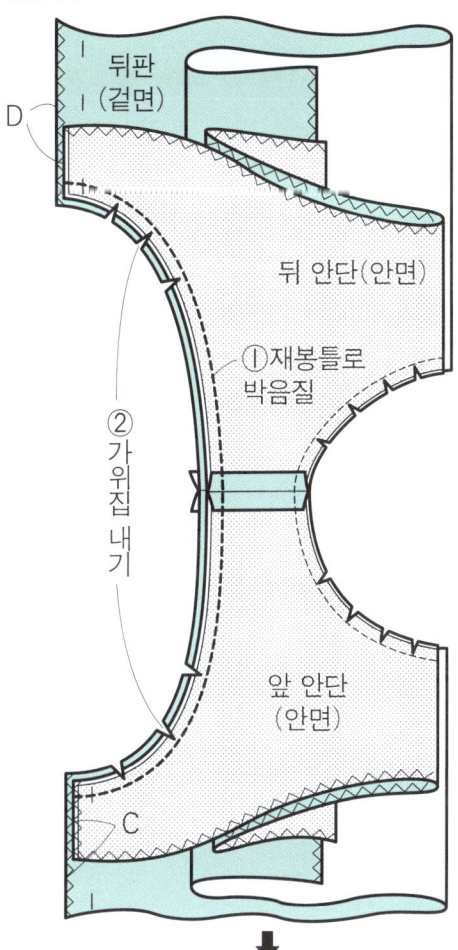

뒤판
(겉면)

D

뒤 안단(안면)

①재봉틀로
박음질

②
가
위
집
내
기

앞 안단
(안면)

C

11-③ 9와 마찬가지로 몸판을 빼내어 겉으로 뒤집고 다리미로 진동둘레의 모양을 잡아줍니다. 이때 겉에서 안단이 보이지 않도록 주의하세요.

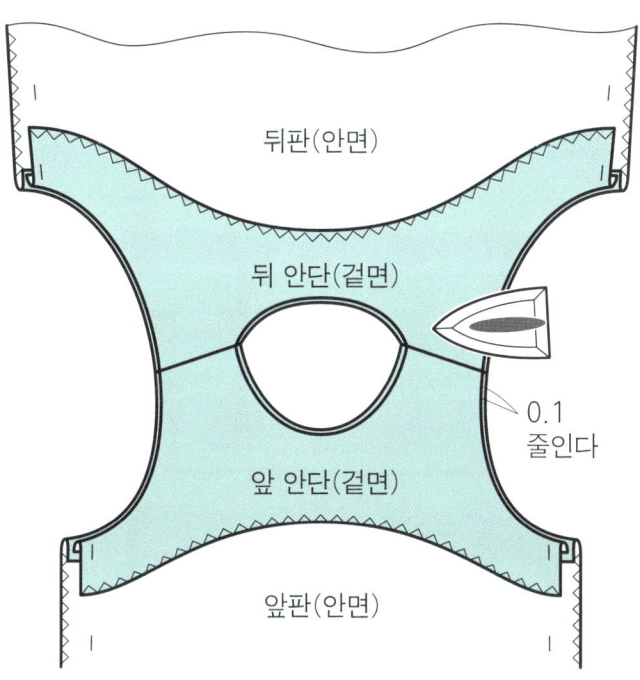

뒤판(안면)

뒤 안단(겉면)

앞 안단(겉면)

0.1
줄인다

앞판(안면)

12. 옆솔기선 박기

12-① 앞판과 뒤판을 겉면끼리 맞대어 옆솔기선을 안단까지 이어서 박습니다.

12-② 시접을 다리미로 가름솔 처리합니다.

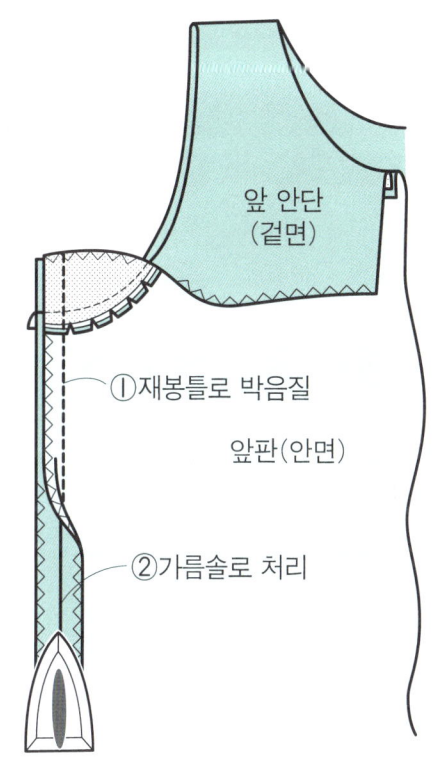

앞 안단
(겉면)

①재봉틀로 박음질

앞판(안면)

②가름솔로 처리

13. 목둘레, 진동둘레를 박기

안단이 제대로 자리 잡히도록 목둘레와 진동둘레를 겉에서 재봉틀로 박습니다. 아래 그림은 알기 쉽게 안면에서 봤을 때의 모습입니다만, 재봉틀을 박을 때는 겉에서 박습니다.

재봉틀로
박음질

앞 안단(겉면)

앞판(안면)

민깃, 민소매, 트임 없음 B

목둘레와 진동둘레가 이어진 안단으로 처리하는 방법입니다. 이 방법이라면 트임이 없고 어깨 폭이 좁은 디자인이라도 이어서 재단한 안단으로 처리할 수 있습니다.

1. 앞 안단 만들기

1-① 앞 안단의 안면에 다리미로 접착심지를 붙입니다.
1-② 안단 재단선에 오버로크 박음질 또는 지그재그 박음질을 합니다.

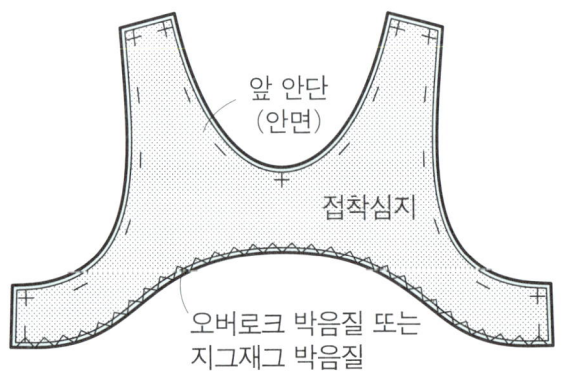

2. 뒤 안단 만들기

앞 안단과 마찬가지로 접착심지를 붙이고 재단선을 처리합니다.

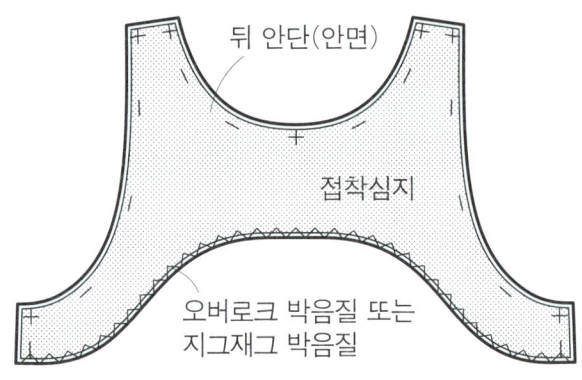

3. 안단의 옆솔기선 박기

3-① 안단을 겉면끼리 맞대어 옆솔기선을 박습니다.
3-② 다 박은 후에는 시접을 다리미로 가름솔 처리합니다.

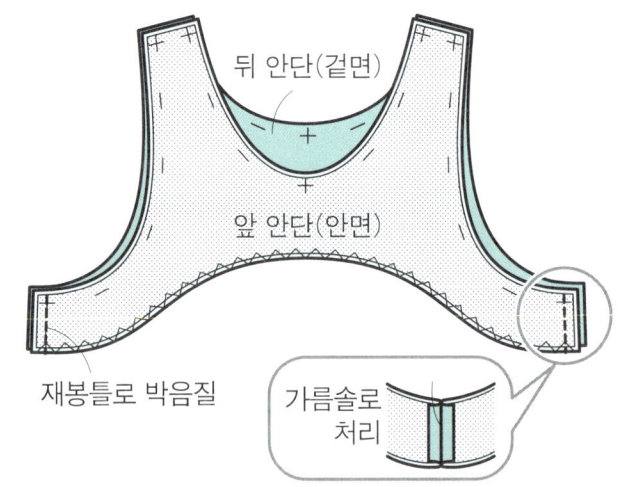

4. 몸판의 옆솔기선 박기

4-① 몸판을 겉면끼리 맞대어 옆솔기선을 박습니다.
4-② 시접을 다리미로 가름솔 처리합니다.

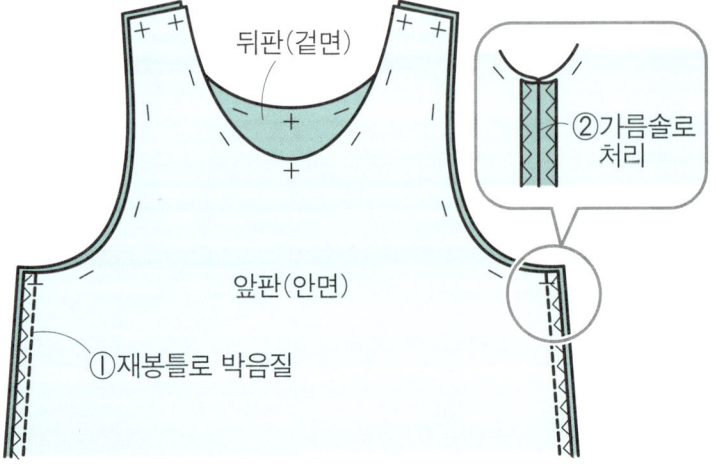

5. 안단과 몸판을 박아 연결하기

5-① 안단과 몸판을 겉면끼리 맞대어 목둘레와 진동둘레를 박습니다. 어깨선에서 5cm 정도는 박지 말고 남겨두세요.

5-② 목둘레, 진동둘레의 시접에 가위집을 넣습니다.

7. 몸판 어깨선 박기

7-① 앞 몸판과 뒤 몸판을 겉면끼리 맞대어 어깨선을 박습니다.

7-② 어깨선 시접을 다리미로 가름솔 처리합니다.

7-③ 목둘레와 진동둘레의 시접을 완성선에 맞춰 다시 접습니다.

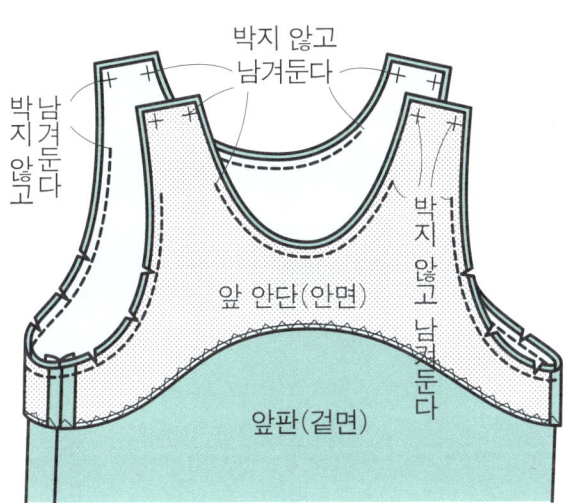

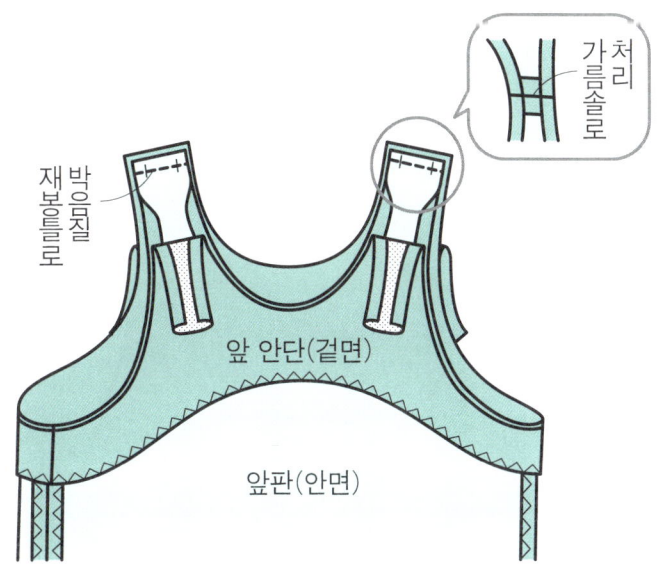

6. 안단을 겉으로 뒤집기

6-① 안단을 겉으로 뒤집어 다리미로 모양을 잡아줍니다.

6-② 박지 않고 남겨둔 부분도 완성선을 따라 접어서 모양을 잡아줍니다.

8. 안단의 어깨선 감치기

8-① 안단 어깨선을 완성선에 맞춰 접은 후 마주 대어 감칩니다.

8-② 목둘레, 진동둘레를 박지 않고 남겨 두었던 부분을 촘촘하게 감쳐 주세요.

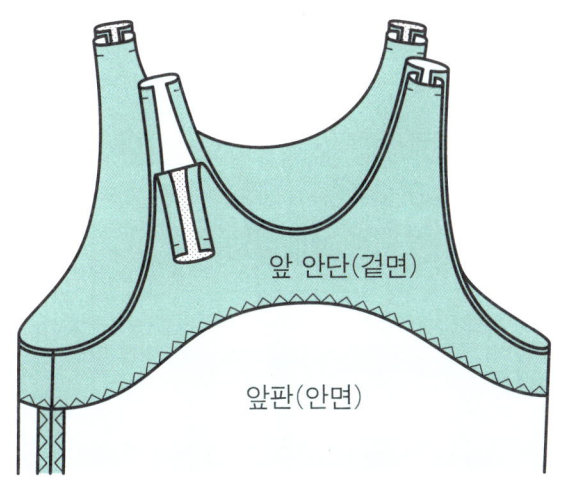

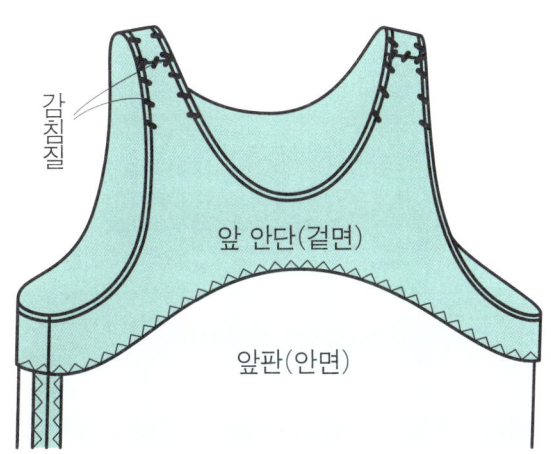

라운드 네크라인

둥근 목둘레선을 말합니다. 목선이 깊게 파인 것에서부터 얕게 파인 것까지 다양합니다. 여기서는 앞트임 디자인의 옷을 만드는 방법에 관해서 설명합니다.

1. 뒤 목둘레 안단 만들기

1-① 뒤 목둘레 안단을 재단합니다.
1-② 안단의 안면에 다리미로 접착심지를 붙입니다.
1-③ 안단 가장자리에 오버로크 박음질 또는 지그재그 박음질을 합니다.

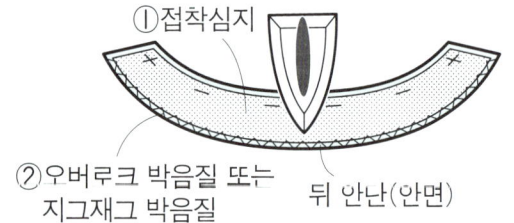

①접착심지

②오버로크 박음질 또는 지그재그 박음질

뒤 안난(안면)

2. 앞 안단 만들기

앞 안단도 뒤 안단과 마찬가지로 만듭니다.

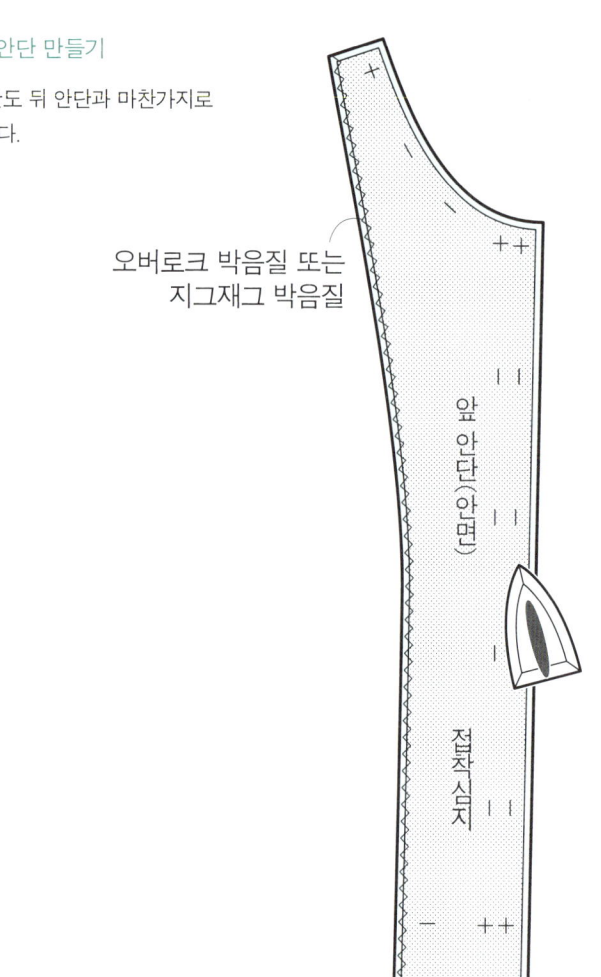

오버로크 박음질 또는 지그재그 박음질

앞 안단(안면)

접착심지

3. 앞 안단과 뒤 안단을 박아 연결하기

3-① 앞 안단과 뒤 안단을 겉면끼리 맞대어 어깨선을 박습니다.
3-② 시접을 다리미로 가름솔 처리합니다.

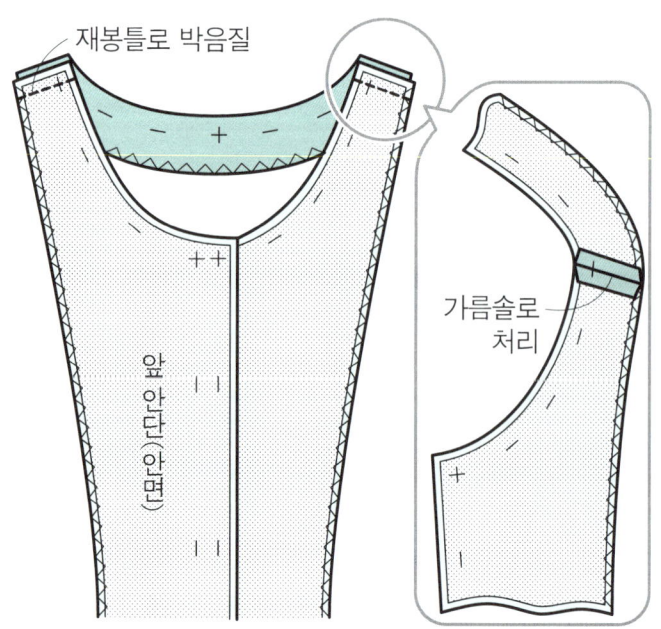

재봉틀로 박음질

앞 안단(안면)

가름솔로 처리

4. 안단과 몸판을 박아 연결하기

4-① 몸판 어깨선을 박습니다.

4-② 시접을 다리미로 가름솔 처리합니다.

4-③ 안단과 몸판을 겉면끼리 맞대어 밑단에서, 앞단선, 목둘레까지 한 바퀴 쭉 재봉틀로 박습니다.

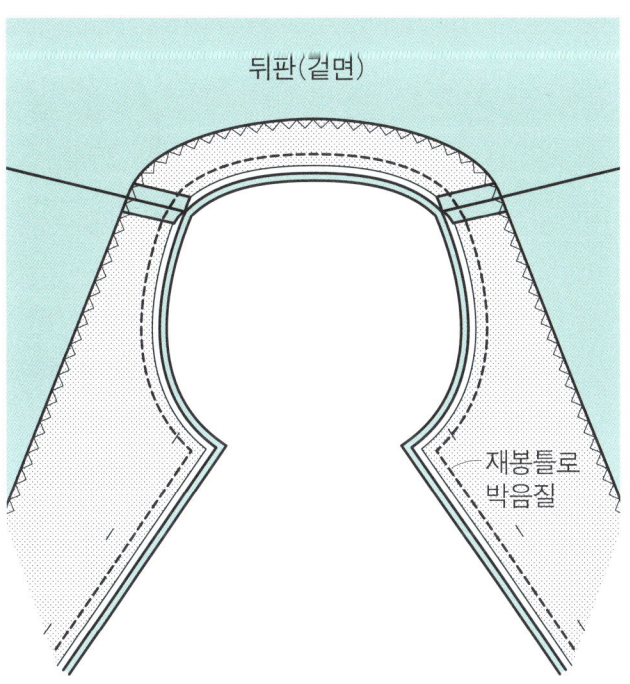

뒤판(겉면)

재봉틀로
박음질

5. 봉제선 다림질하기

5-① 4-③의 봉제선을 다림질합니다.

5-② 시접에 가위집을 넣습니다. 곡선이 심한 부분은 간격을 좁게 해서 가위집을 넣어주세요.

5-③ 다리미로 시접을 가름솔 처리합니다.

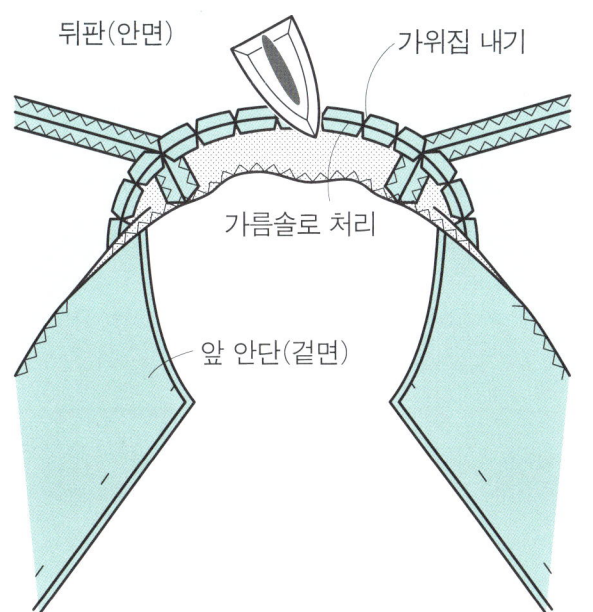

뒤판(안면)

가위집 내기

가름솔로 처리

앞 안단(겉면)

6. 앞 안단을 겉으로 뒤집기

6-① 안단을 겉으로 뒤집습니다.

6-② 앞단선, 목둘레의 모양을 다리미로 잡아줍니다. 이때 안단이 겉에서 보이지 않도록 주의하세요.

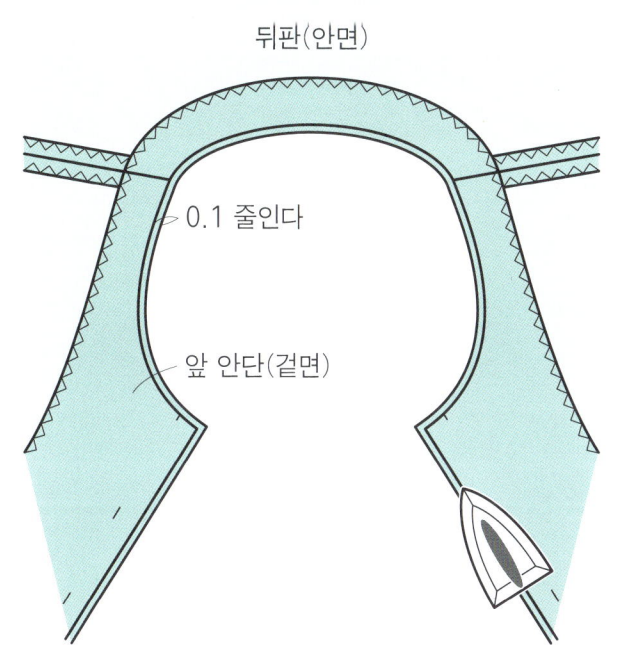

뒤판(안면)

0.1 줄인다

앞 안단(겉면)

7. 안단 고정하기

안단이 제대로 자리 잡히도록 재봉틀을 박습니다. 아래 그림은 알기 쉽도록 안면에서 봤을 때의 모습을 나타내고 있지만, 재봉틀로 박을 때는 겉에서 박아주세요. 재봉틀로 박지 않는 경우는 안단 쪽에서 숨은상침을 합니다. 숨은상침 방법은 301쪽을 참고하세요.

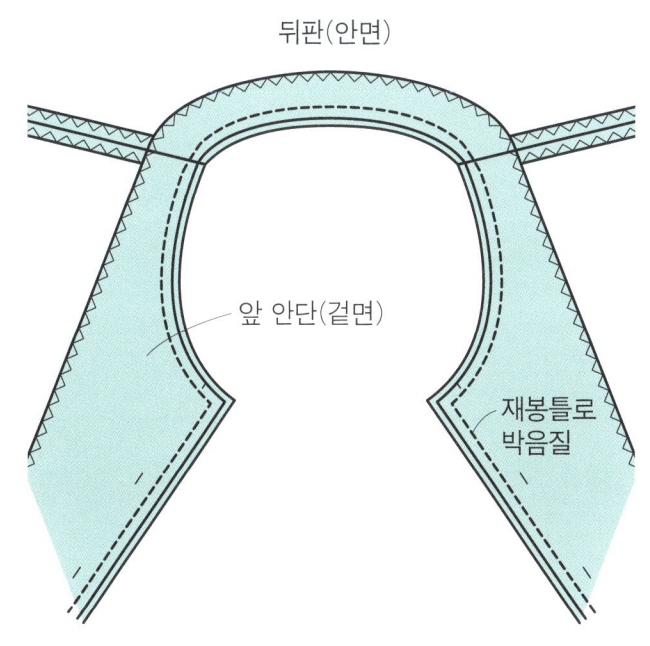

뒤판(안면)

앞 안단(겉면)

재봉틀로
박음질

299

V 네크라인

V자 모양의 목둘레선을 말합니다. 올 방향이 바이어스 방향이 되는 부분이 많으므로 늘어나지 않도록 주의하면서 만듭니다.

2. 안단 만들기

2-① 앞 안단과 뒤 안단을 재단합니다.
2-② 안단 안면에 접착심지를 다리미로 붙입니다.
2-③ 재단선에 오버로크 박음질 또는 지그재그 박음질을 합니다.

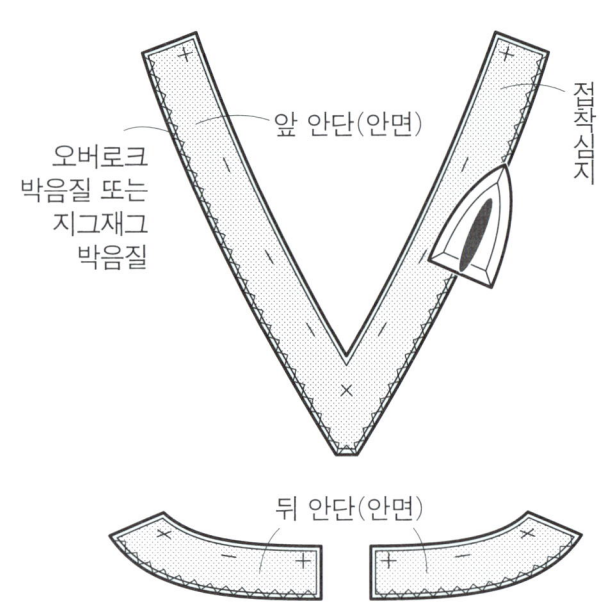

오버로크 박음질 또는 지그재그 박음질

앞 안단(안면)

접착심지

뒤 안단(안면)

1. 목둘레에 접착테이프심지 붙이기

몸판 안면에 접착테이프심지(테이프 상태로 된 접착심지)를 다리미로 붙입니다. 접착테이프는 시접에 붙이는 것이 아니라 완성선 위에 붙입니다. V자 끝부분에는 보강 원단으로써 접착심지를 붙입니다.

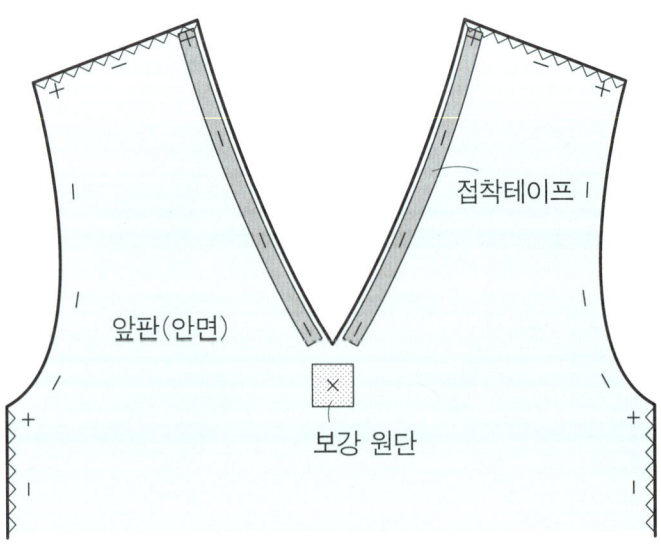

앞판(안면)

접착테이프

보강 원단

3. 앞 안단과 뒤 안단을 박아 연결하기

3-① 앞 안단과 뒤 안단을 겉면끼리 맞대어 어깨선을 박습니다.
3-② 시접을 다리미로 가름솔 처리합니다.

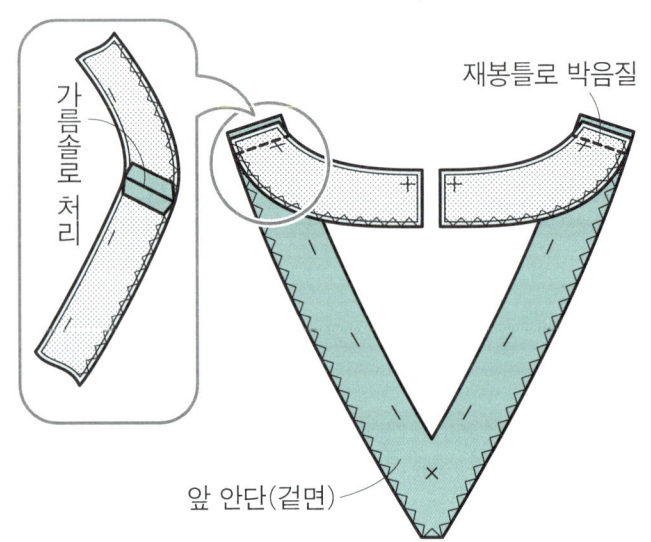

가름솔로 처리

재봉틀로 박음질

앞 안단(겉면)

4. 몸판 어깨선 박기

몸판 어깨선을 안단과 마찬가지로 박아 연결합니다. 트임이 있는 경우는
이 과정에서 트임을 만듭니다.

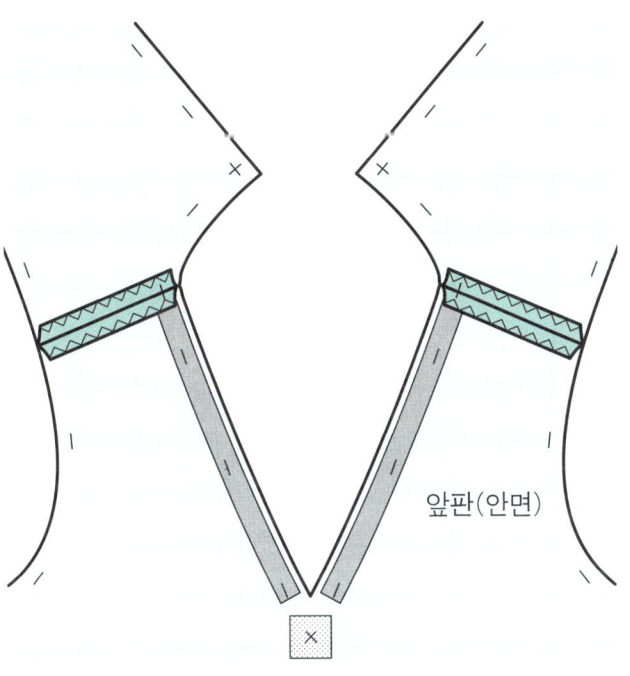

앞판(안면)

5. 안단과 몸판을 박아 연결하기

5-① 안단과 몸판을 겉면끼리 맞대어 목둘레를 재봉틀로 박습니다.
5-② V 끝의 시접에 봉제선에 바짝 붙여 가위집을 넣습니다. 곡선 시접
에도 가위집을 넣어주세요.

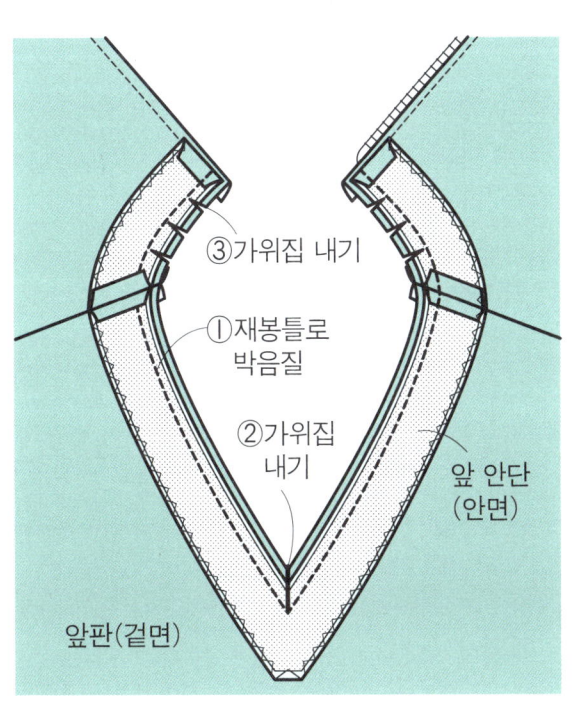

③가위집 내기

①재봉틀로
박음질

②가위집
내기

앞 안단
(안면)

앞판(겉면)

6. 안단 뒤집기

6-① 안단을 몸판 안면으로 뒤집습니다.
6-② 다리미로 목둘레 모양을 잡아줍니다. V자 끝부분은 안단을 가볍게
잡아당기면서 다림질하면 깔끔하게 완성됩니다.

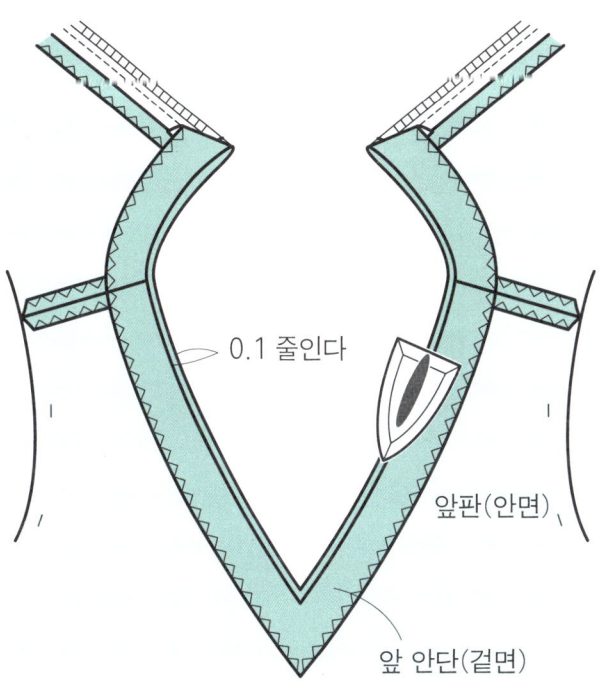

0.1 줄인다

앞판(안면)

앞 안단(겉면)

7. 안단 고정하기

이 상태로는 안단이 뜨게 되므로 시접에 숨은상침을 합니다. 목둘레를 한
바퀴 빙그르르 재봉틀로 박아도 좋습니다.

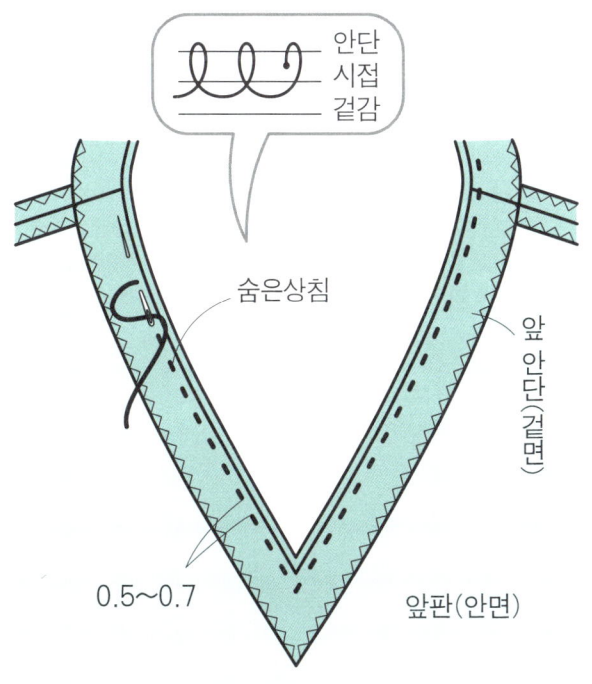

안단
시접
겉감

숨은상침

앞 안단(겉면)

0.5~0.7

앞판(안면)

스퀘어 네크라인

사각으로 이루어진 목둘레입니다. 목둘레의 깊이는 앞쪽을 깊게 파도 좋고 뒤쪽을 깊게 파도 상관없습니다. 모서리 처리를 깔끔 하게 마무리하여 모서리를 확실하게 만들어줍니다.

2. 안단 만들기

2-① 앞 안단과 뒤 안단을 재단합니다.
2-② 안단 안면에 접착심지를 다리미로 붙입니다.
2-③ 재단선에 오버로크 박음질 또는 지그재그 박음질을 합니다.

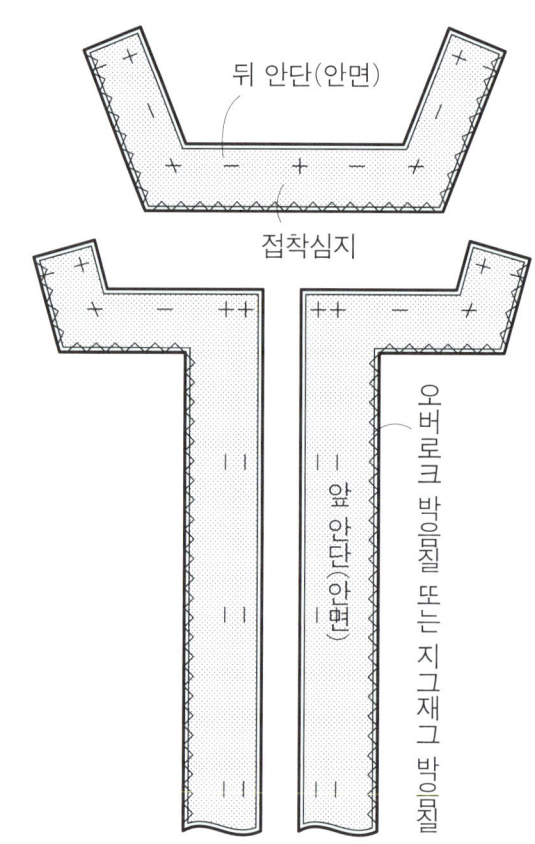

뒤 안단(안면)

접착심지

앞 안단(안면)

오버로크 박음질 또는 지그재그 박음질

1. 모서리에 보강 원단 붙이기

목둘레 모서리가 되는 부분에 보강 원단으로써 접착심지를 다리미로 붙 입니다.

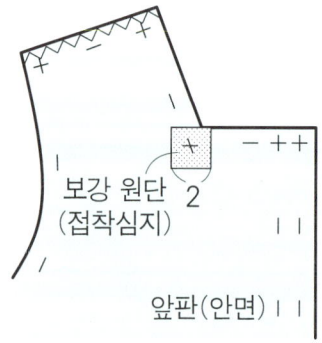

보강 원단
(접착심지)

앞판(안면)

3. 안단 어깨선 박기

앞 안단과 뒤 안단을 겉면끼리 맞대어 어깨선을 박습니다.

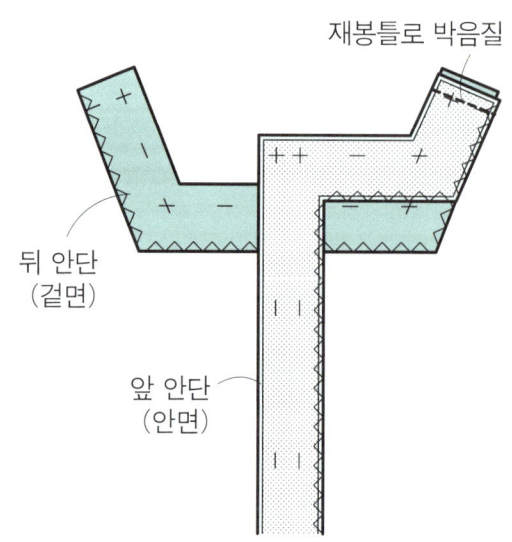

재봉틀로 박음질

뒤 안단
(겉면)

앞 안단
(안면)

4. 안단 시접을 가름솔로 처리하기

3의 봉제선을 다림질하고 시접을 가름솔 처리합니다.

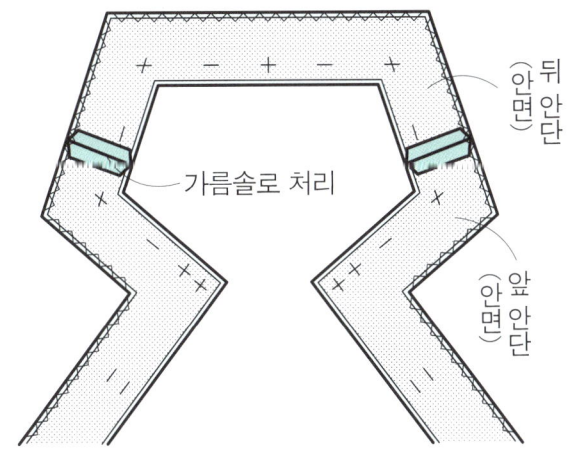

5. 몸판 어깨선 박기

몸판 어깨선도 안단과 마찬가지로 박습니다.

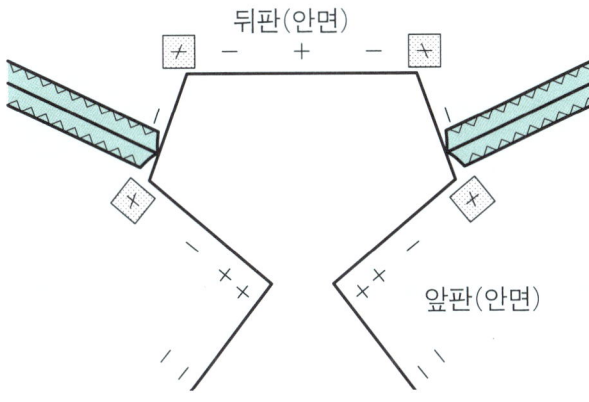

6. 안단과 몸판을 박아 연결하기

6-① 몸판과 안단을 겉면끼리 맞대어 밑단에서부터 앞단선, 목둘레까지
   쭉 재봉틀로 박습니다.
6-② 모서리 시접에 봉제선에 바짝 붙여 가위집을 넣습니다. 이것이 모서
   리를 깔끔하게 완성하는 포인트가 됩니다.

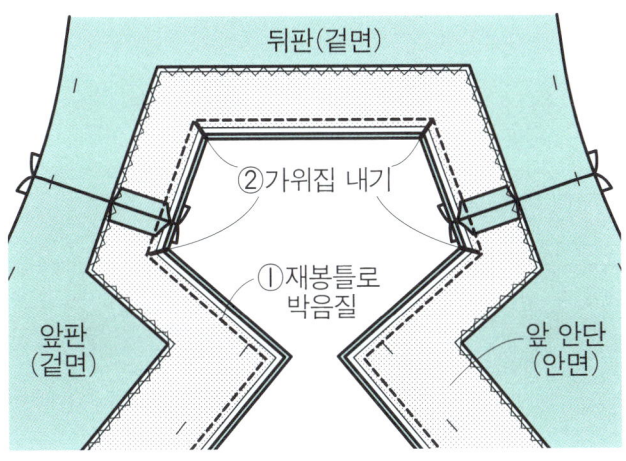

7. 안단 뒤집기

7-① 안단을 몸판의 안면 쪽으로 뒤집습니다.
7-② 다리미로 목둘레 모양을 잡아줍니다. 모서리 부분은 살짝 잡아당기
   는 느낌으로 다림질하면 깔끔하게 완성됩니다. 또한, 안단은 몸판
   겉에서 보이지 않도록 합니다.

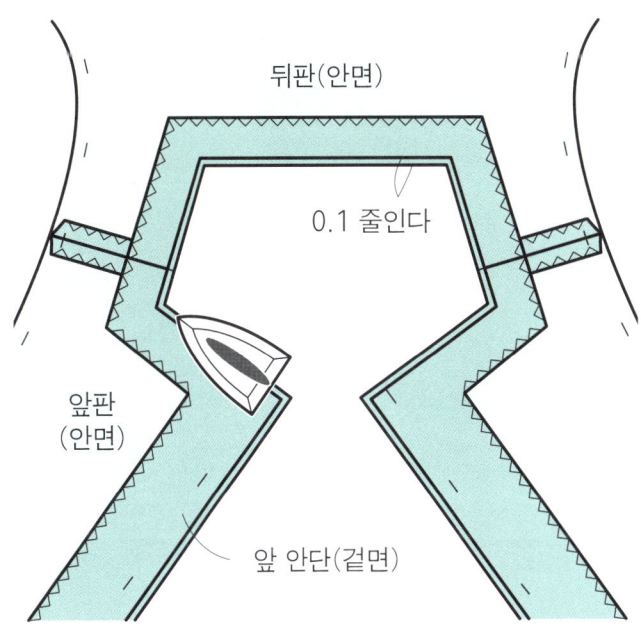

8. 안단 고정하기

안단이 제대로 자리 잡히도록 겉면에서 재봉틀을 박습니다. 재봉틀로 박
고 싶지 않은 경우는 숨은상침을 해도 좋습니다.

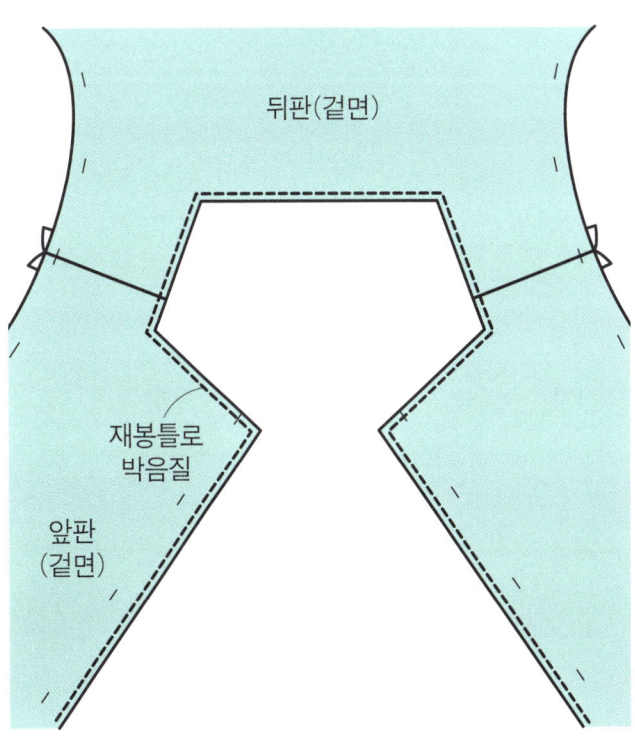

보트 네크라인

옆으로 길게, 앞뒤로 얕게 파인 보트 바닥 모양의 목둘레를 말합니다. 쇄골 곡선을 따른 가로에 일직선에 가까운 모양이 예쁩니다. 모서리가 생기지 않도록 목둘레선을 다시 그립니다.

1. 목둘레선의 연결을 수정하기

형지 어깨선을 마주 대어 네모져 있다면 형지 상에서 예쁜 곡선이 되도록 다시 그립니다.

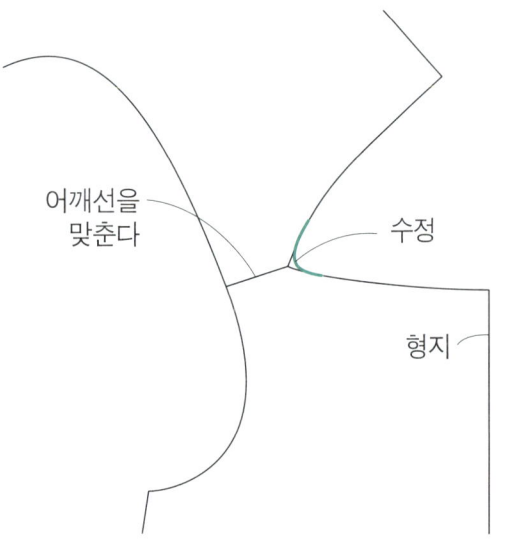

어깨선을 맞춘다

수정

형지

2. 안단 만들기

2-① 앞 안단과 뒤 안단을 재단합니다.

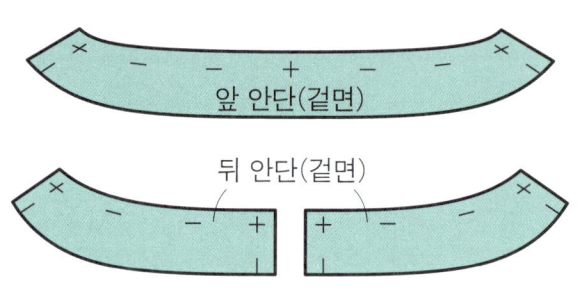

앞 안단(겉면)

뒤 안단(겉면)

2-② 안단 안면에 접착심지를 다리미로 붙입니다.
2-③ 재단선에 오버로크 박음질 또는 지그재그 박음질을 합니다.

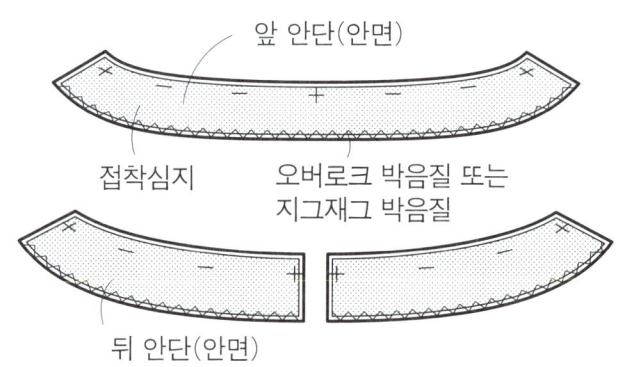

앞 안단(안면)

접착심지

오버로크 박음질 또는 지그재그 박음질

뒤 안단(안면)

3. 안단 어깨선을 박아 연결하기

3-① 앞 안단과 뒤 안단을 겉면끼리 맞대어 어깨선을 박습니다.
3-② 시접을 다리미로 가름솔 처리합니다.

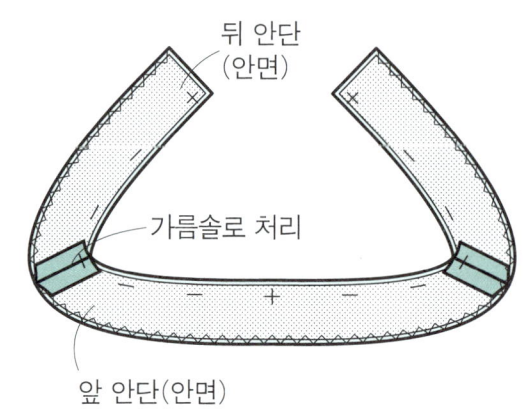

뒤 안단 (안면)

가름솔로 처리

앞 안단(안면)

4. 몸판 어깨선 박기

몸판 어깨선을 안단과 마찬가지로 박습니다. 지퍼를 다는 경우는 이 과정에서 달아주세요.

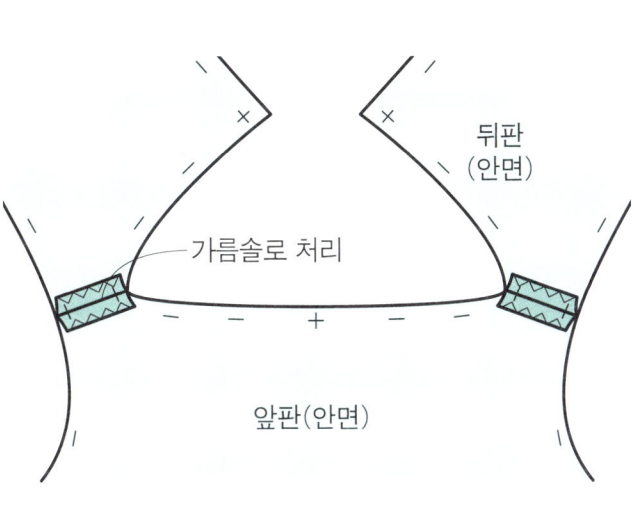

가름솔로 처리
뒤판(안면)
앞판(안면)

5. 안단과 몸판을 박아 연결하기

5-① 안단과 몸판을 겉면끼리 맞대어 목둘레를 박습니다.
5-② 곡선 부분의 시접에 가위집을 넣습니다.

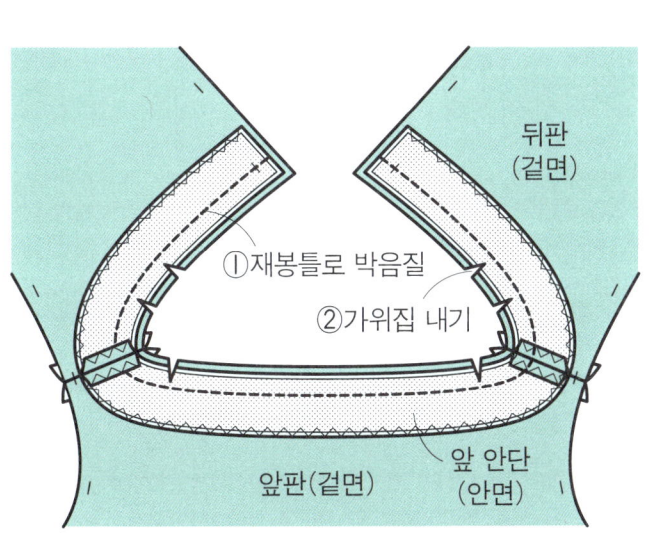

뒤판(겉면)
①재봉틀로 박음질
②가위집 내기
앞판(겉면)
앞 안단(안면)

6. 안단 뒤집기

6-① 안단을 몸판 안면 쪽으로 뒤집습니다.
6-② 다리미로 목둘레 모양을 잡아줍니다. 몸판 겉에서 안단이 보이지 않도록 합니다.

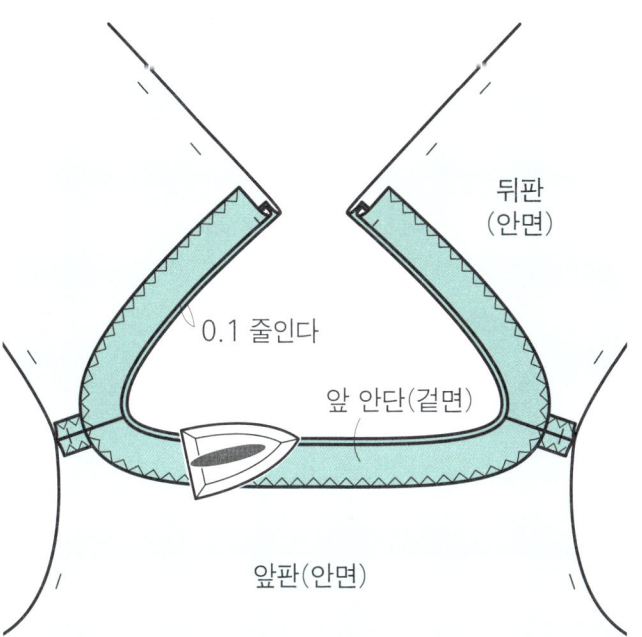

뒤판(안면)
0.1 줄인다
앞 안단(겉면)
앞판(안면)

7. 안단 고정하기

안단이 제대로 자리 잡히도록 숨은상침을 합니다. 재봉틀을 박아도 좋습니다.

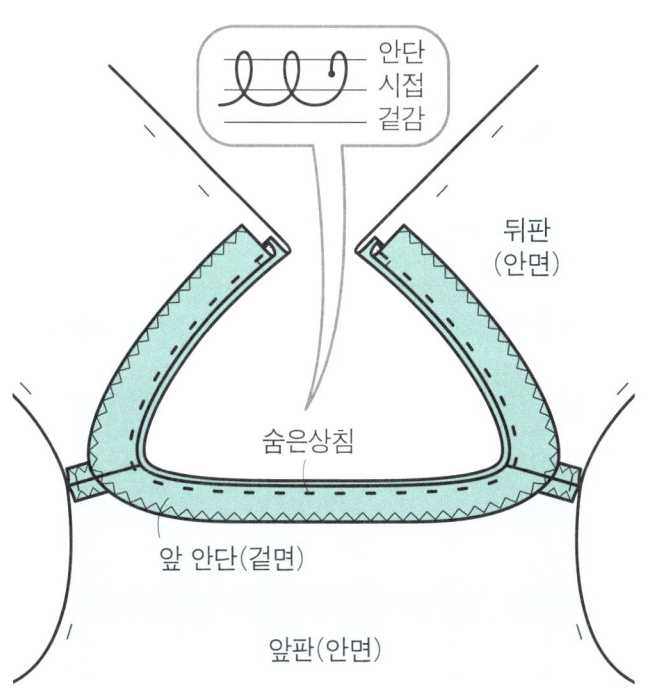

안단
시접
겉감
뒤판(안면)
숨은상침
앞 안단(겉면)
앞판(안면)

하이 네크라인

몸판에서 목을 따라 이어서 재단하여 만듭니다. 스탠드 칼라와 비슷한 모양이지만, 목둘레에 봉제선이 없습니다. 여기서는 두꺼운 원단을 사용하는 경우의 만드는 방법을 소개합니다.

1. 안단 재단하기

1-① 앞 안단을 재단합니다.

앞 안단
(안면)

1-② 뒤 안단을 재단합니다.

뒤 안단(안면)

2. 안단에 접착심지 붙이기

2-① 앞 안단 안면에 다리미로 접착심지를 붙입니다.

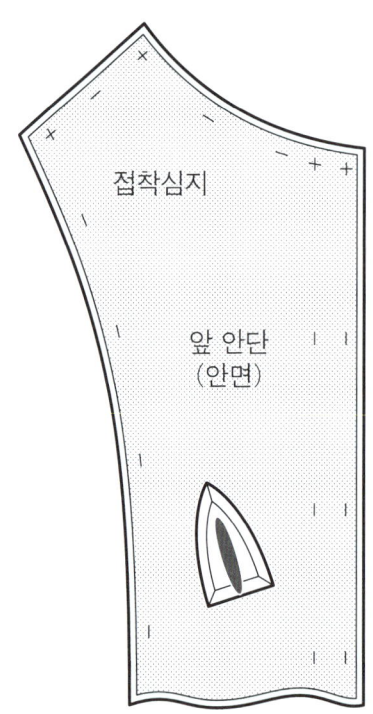

접착심지

앞 안단
(안면)

2-② 뒤 안단도 앞 안단과 마찬가지로 다리미로 접착심지를 붙입니다.

뒤 안단(안면)

접착심지

3. 몸판 어깨선의 모양 잡기

한손에 다리미를 잡고 다른 한손으로 원단을 잡습니다. 원단을 앞쪽으로 당김과 동시에 다리미를 앞쪽으로 호를 그리듯이 움직여 어깨 곡선을 펴 줍니다. 이것을 '모양 잡기'라고 합니다.

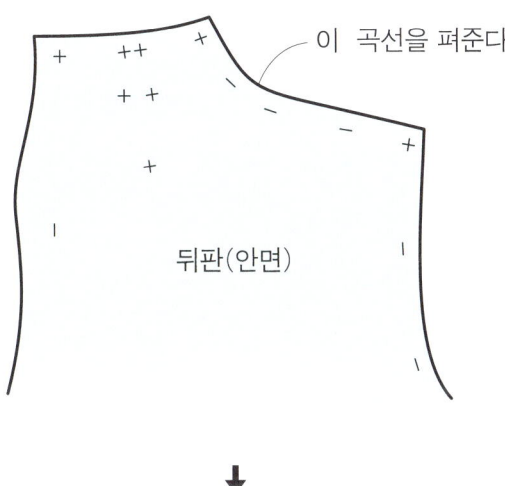

이 곡선을 펴준다

뒤판(안면)

잡아당긴다

다리미를 움직인다

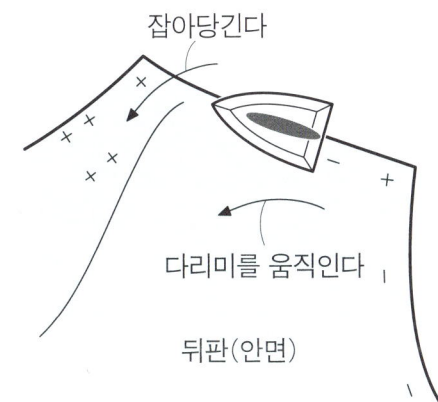

뒤판(안면)

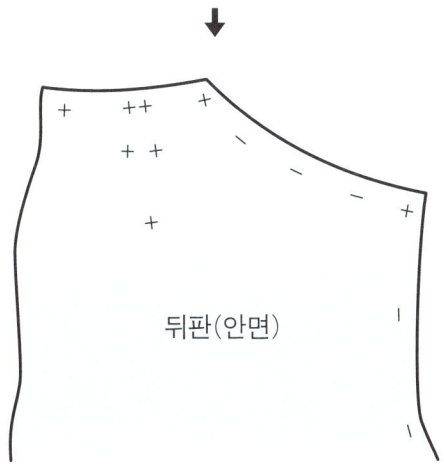

뒤판(안면)

4. 앞 안단의 다트 박기

4-① 앞 몸판의 다트를 목선에서 아래로 박아줍니다. 다트의 끝 0.5cm 정도는 접은 선에 바짝 붙여 박습니다. 바느질 마무리 실은 매듭 짓습니다.

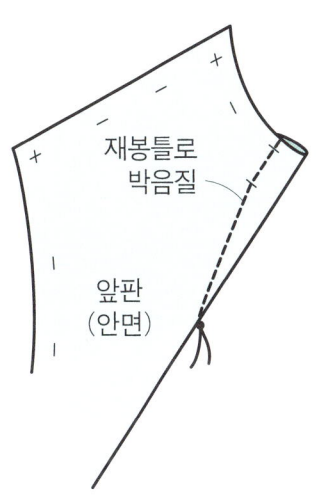

재봉틀로 박음질

앞판 (안면)

4-② 바느질을 마치면 봉제선을 다림질합니다.
4-③ 다트를 접은 선에 가위집을 다트 길이의 $\frac{2}{3}$ 정도까지 넣어 시접을 가 르고 다트 끝은 다트 봉제선과 접은 선이 맞도록 송곳을 사용해 다 리미로 접어줍니다.

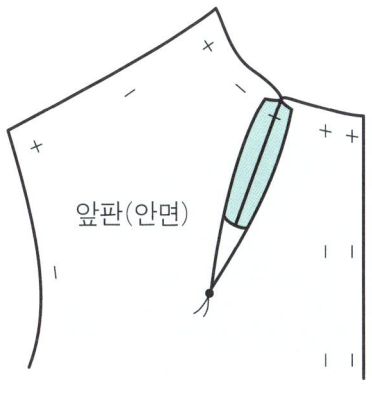

앞판(안면)

5. 뒤 몸판의 다트 박기

뒤 몸판의 다트도 앞 몸판과 마찬가지로 박아서 다림질한 후 다트를 접은
선에 가위집을 넣습니다. 시접을 가른 후 다트 끝은 다리미로 접어주세요.

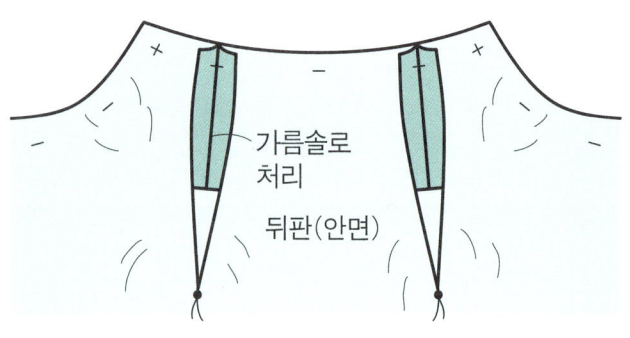

6-② 봉제선을 다림질합니다.

6-③ 시접을 가름솔 처리합니다.

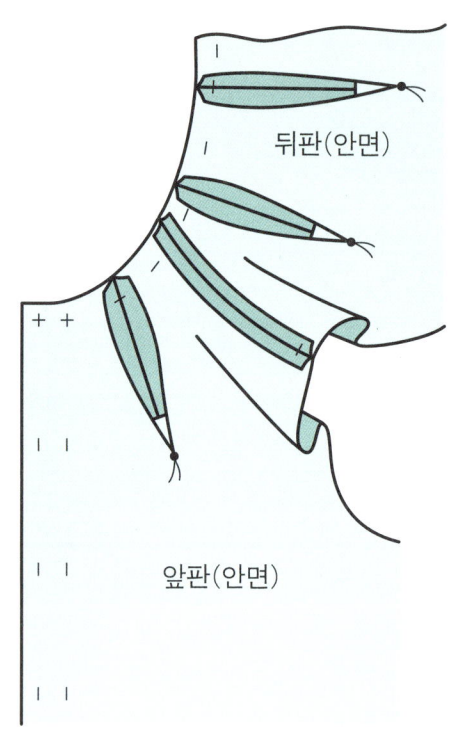

6. 몸판 어깨선 박기

6-① 앞 몸판과 뒤 몸판을 겉면끼리 맞대어 어깨선을 재봉틀로 박습니다.

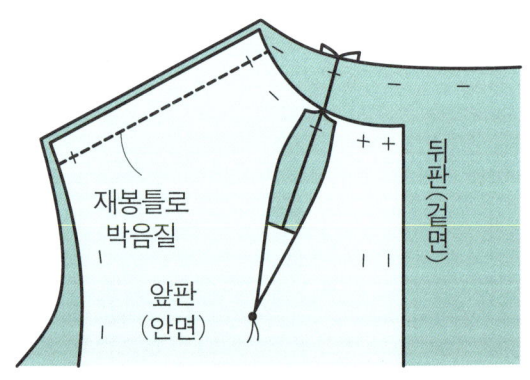

7. 안단의 다트 박기

7-① 뒤 안단의 다트를 몸판과 마찬가지로 박습니다.

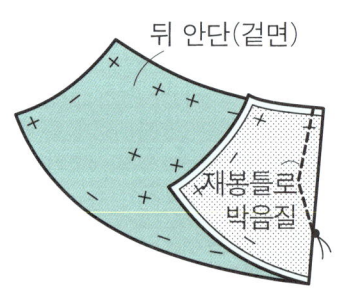

7-② 시접을 가름솔 처리합니다. 앞 안단도 마찬가지로 박습니다.

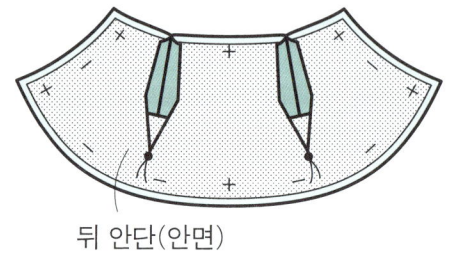

뒤 안단(안면)

8. 안단 어깨선 박기

8-① 앞 안단과 뒤 안단을 겉면끼리 맞대어 어깨선을 박습니다.

8-② 봉제선을 다림질합니다.

8-③ 시접을 가름솔 처리합니다.

8-④ 안단 재단선에 오버로크 박음질 또는 지그재그 박음질을 합니다.

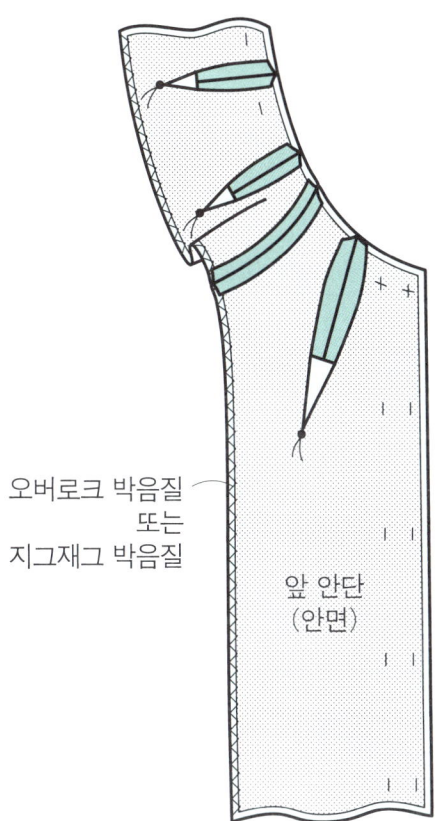

오버로크 박음질
또는
지그재그 박음질

앞 안단
(안면)

9. 안단과 몸판을 박아 연결하기

안단과 몸판을 겉면끼리 맞대어 앞단선에서 목둘레까지 쭉 재봉틀로 박습니다.

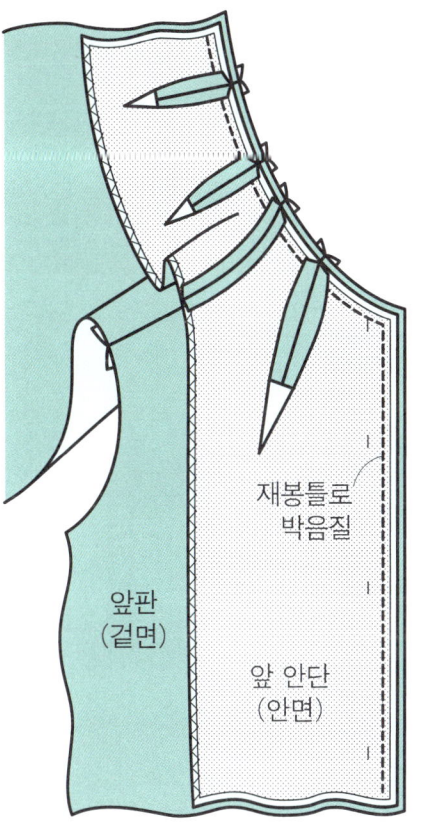

재봉틀로
박음질

앞판
(겉면)

앞 안단
(안면)

10. 안단 고정하기

10-① 안단을 몸판 안면으로 뒤집습니다.

10-② 안단 쪽에서 숨은상침을 하여 시접에 고정합니다. 재봉틀로 박아 붙여도 좋습니다.

숨은상침

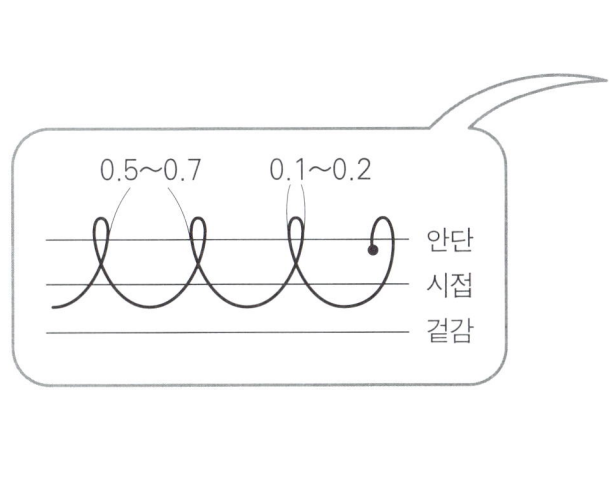

0.5~0.7   0.1~0.2

안단
시접
겉감

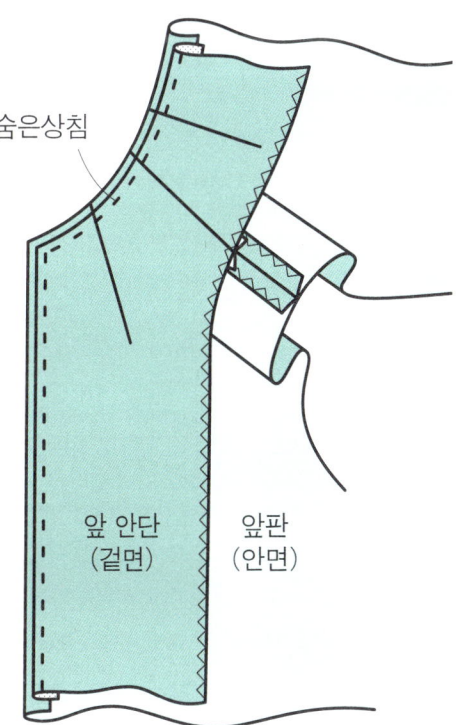

앞 안단
(겉면)

앞판
(안면)

셔츠 칼라 A

신사복 셔츠에 붙여졌던 깃입니다. 지금은 나이 때, 성별에 상관 없이 다양한 옷에 이용되고 있습니다. 깃의 폭을 넓게 하거나 깃 부착 끝점 위치를 내리는 등 변화를 줄 수 있습니다. 여기서는 시접 처리에 바이어스 테이프를 이용해 만드는 방법을 소개합니다.

1. 깃 재단하기

깃을 2장 재단합니다. 시접은 2장 모두 같은 치수로 합니다. 1장을 겉깃, 다른 1장을 안깃으로 정합니다.

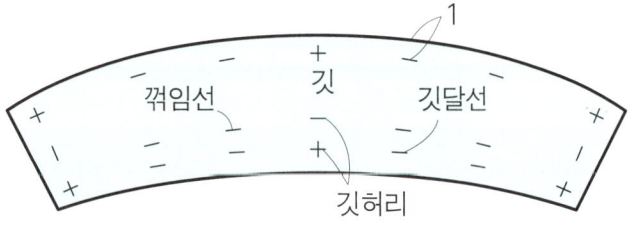

2. 안깃에 접착심지 붙이기

안깃 안면에 접착심지를 다리미로 붙입니다. 겉깃에는 접착심지를 붙이지 않습니다.

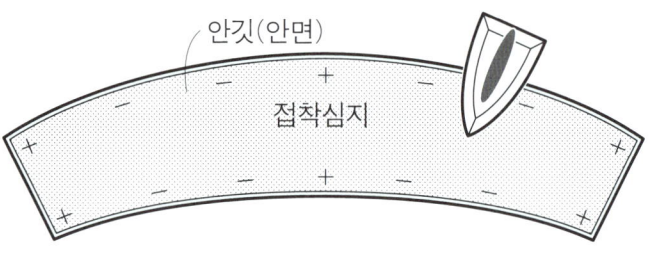

3. 겉깃과 안깃 맞추기

겉깃과 안깃을 겉면끼리 맞대어 완성선 표시대로 시침핀을 꽂습니다.

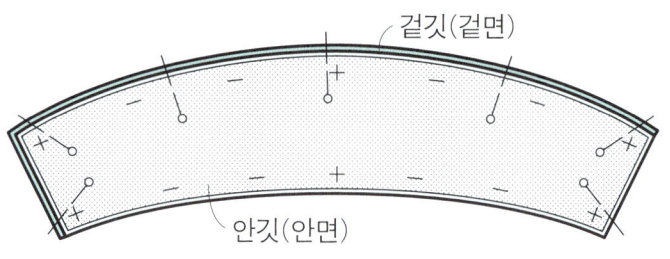

4. 깃 박기

4-① 깃달선(깃과 몸판이 붙는 부분) 부분을 남겨 놓고 둘레를 박습니다.
4-② 다 박은 후에는 완성선을 따라 다리미로 시접을 안깃 쪽으로 접습니다.

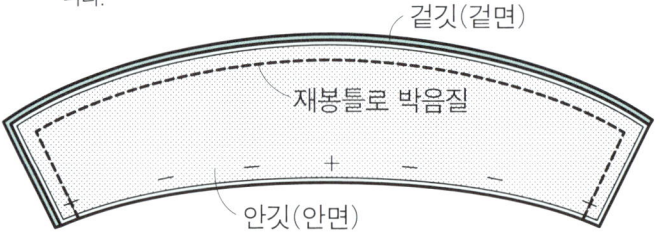

4-③ 모서리는 시접이 겹쳐 겉으로 뒤집었을 때 깔끔하게 완성되지 않으므로 그림과 같이 어슷하게 시접을 잘라냅니다. 시접을 다리미로 안깃 쪽으로 접어주세요.

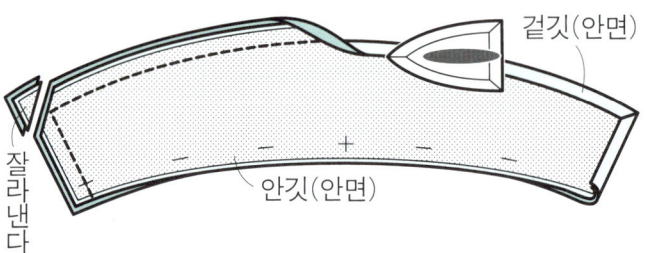

5. 깃을 겉으로 뒤집기

5-① 깃을 깃달선 부분에서 뒤집습니다. 모서리는 송곳이나 굵은 바늘로 잡아당겨서 빼냅니다.

5-② 안깃이 겉깃 쪽에서 보이지 않도록 주의하면서 다리미로 모양을 잡아줍니다.

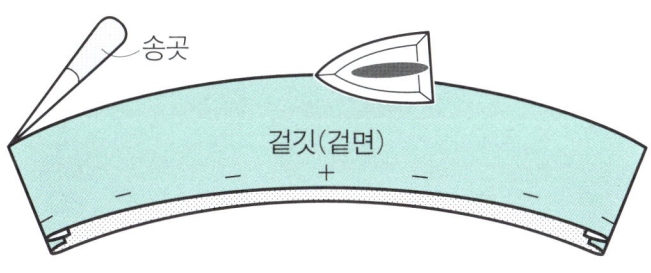

6. 깃 둘레를 재봉틀로 박기

원단 가장자리의 치수가 일정해지도록 주의하면서 깃 둘레를 재봉틀로 박습니다.

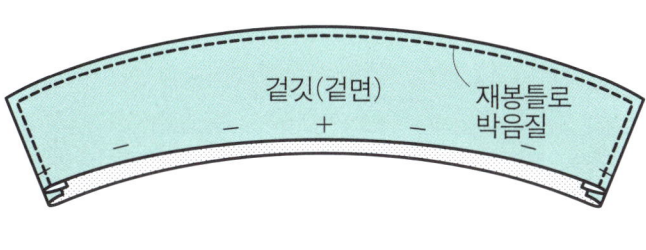

7. 깃과 몸판을 박아 연결하기

7-① 안깃과 몸판을 겉면끼리 맞대어 표시를 맞춰가면서 시침핀을 꽂습니다.

7-② 표시에서 0.2cm 시접 쪽을 재봉틀로 박습니다.

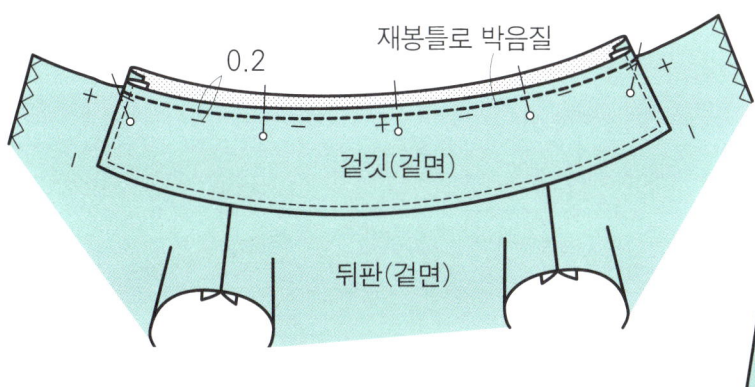

7-③ 안단을 앞단선에 맞춰 접고 안단으로 깃을 끼웁니다.

7-④ 겉깃과 바이어스 테이프를 겉면끼리 맞닿도록 바이어스 테이프를 배치하고, 깃 표시와 바이어스 테이프의 접은 선을 맞춰 시침핀을 꽂습니다.

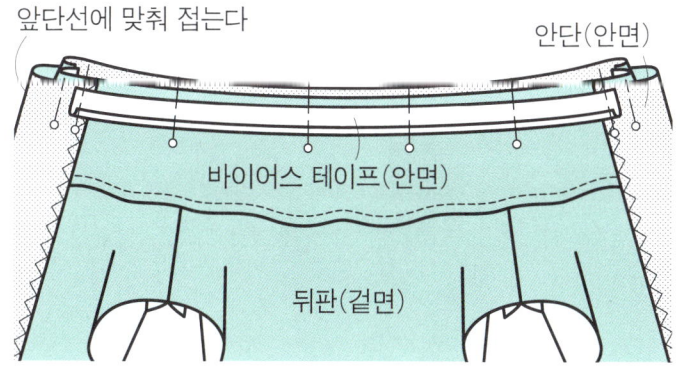

7-⑤ 재봉틀로 가장자리에서 가장자리까지를 박습니다. 바느질 시작과 끝은 되돌아박기 합니다.

7-⑥ 시접에 가위집을 넣습니다.

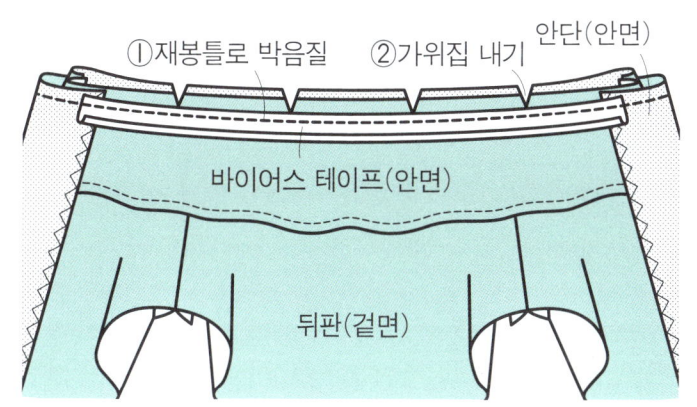

8. 바이어스 테이프를 감쳐서 붙이기

8-① 안단을 몸판 안쪽으로 뒤집습니다.

8-② 바이어스 테이프를 겉으로 뒤집어 목둘레 시접을 감싼 후 몸판에 감쳐서 붙입니다. 바이어스 테이프가 울지 않도록 주의하세요.

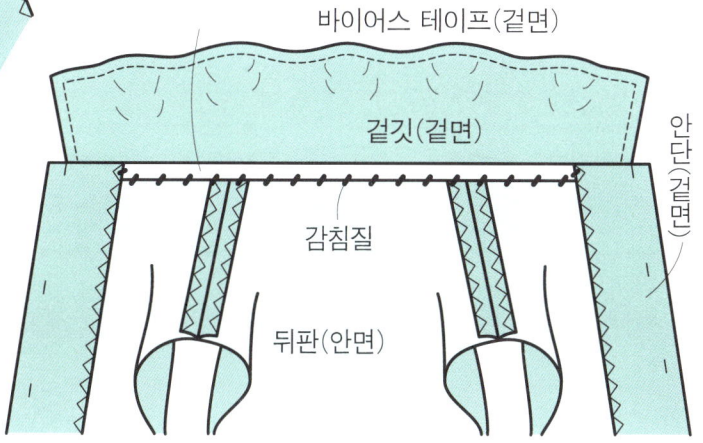

셔츠 칼라 B

겉으로 보이는 완성된 모습은 310쪽의 셔츠 칼라 A와 같지만, 시접 처리에 바이어스 테이프를 사용하지 않는 것이 차이점입니다. 덜 수고스러운 방법이긴 하지만 두꺼운 원단에는 적합하지 않습니다.

1. 깃 재단하기

깃을 2장 재단합니다. 시접은 2장 모두 같은 치수로 합니다. 1장을 겉깃, 다른 1장을 안깃으로 정합니다.

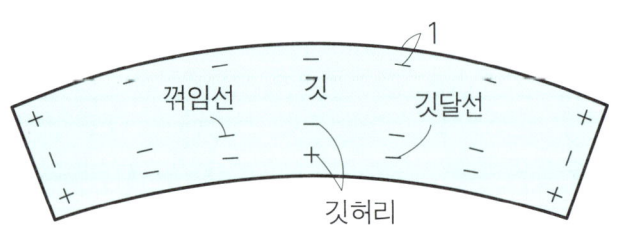

2. 접착심지 붙이기

안깃 안면에 접착심지를 다리미로 붙입니다.

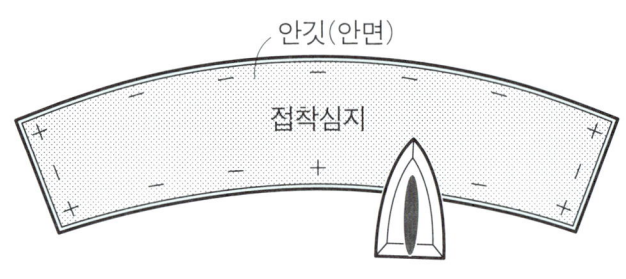

3. 겉깃의 시접 처리

3-① 그림에 나타낸 위치에 가위집을 넣습니다.
3-② 가위집 낸 위치에서 완성선을 따라 다리미로 시접을 겉깃 안면으로 접습니다.

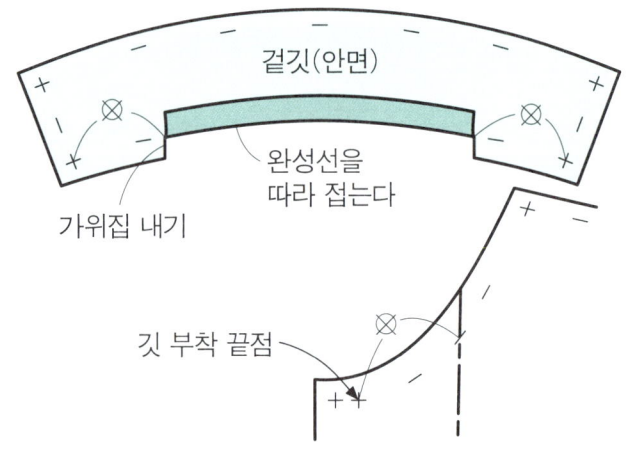

4. 깃 둘레 박기

4-① 겉깃과 안깃을 겉면끼리 맞대어 시침핀을 꽂거나 시침질하여 고정합니다.
4-② 완성선을 따라 박습니다.

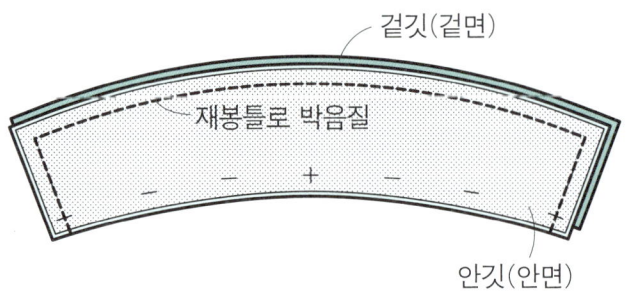

※ 재봉틀로 박을 때는 바느질 시작과 끝을 되돌아박기 합니다.

5. 봉제선을 다림질하기

5-① 4-②에서 박은 봉제선을 다림질합니다.

5-② 깃 끝의 시접을 그림과 같이 잘라냅니다.

5-③ 다리미로 시접을 안깃 쪽으로 접습니다.

7-③ 안단을 앞단선에 맞춰 접습니다.

7-④ 앞단선에서 안단 가장자리까지 재봉틀로 박습니다.

7-⑤ 그림의 위치에 가위집을 넣습니다.

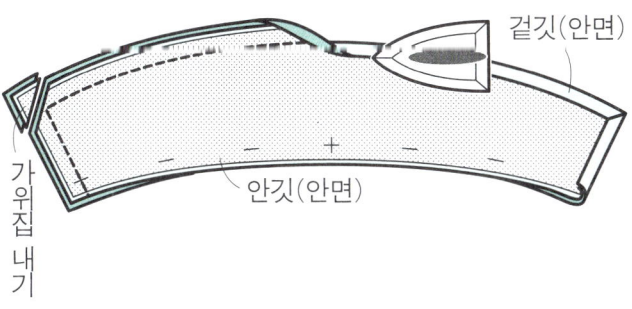

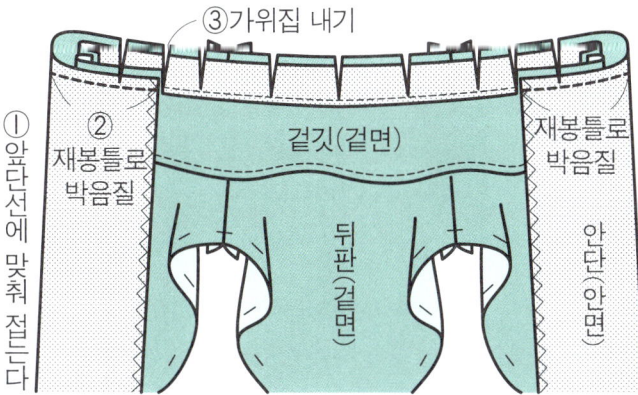

6. 깃을 겉으로 뒤집기

깃을 겉으로 뒤집어 둘레를 재봉틀로 박습니다.

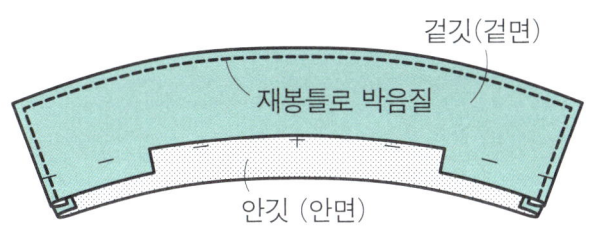

8. 목둘레를 재봉틀로 박기

8-① 안단을 겉면으로 뒤집습니다.

8-② 시접을 깃 안에 넣고 봉제선이 가려지도록 겉깃을 씌워 다리미로 모양을 잡아줍니다.

8-③ 접은 선에 바짝 붙여 재봉틀로 박습니다.

7. 깃을 몸판에 달기

7-① 안깃과 몸판을 겉면끼리 맞대어 놓습니다.

7-② 깃 가장자리에서 가장자리까지 재봉틀로 박습니다.

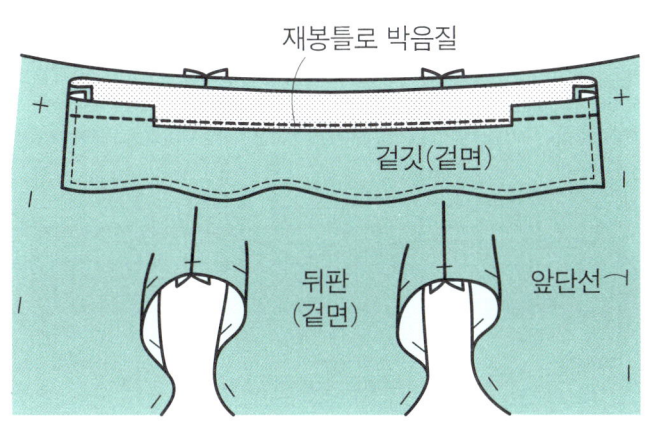

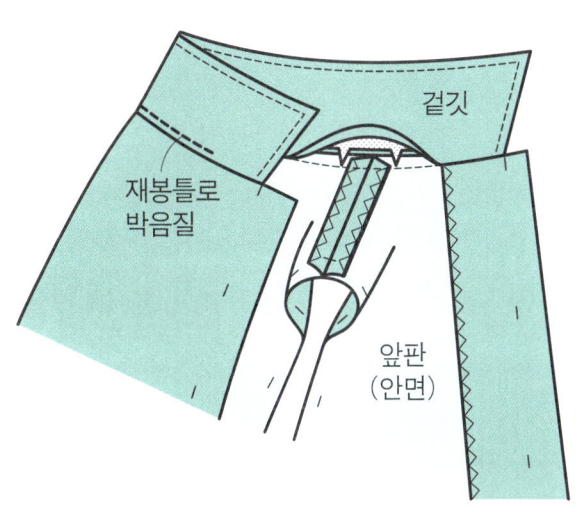

오픈 칼라

오픈칼라의 개방형 깃으로 아래 깃 상단에 단춧고리가 달린 형태를 말함

오픈 칼라는 옷깃 언저리에 달린 루프에 단추를 끼우면 셔츠 칼라가 되고 단추를 풀면 오픈칼라가 됩니다. 안단을 어깨선까지 연결하는 것이 포인트입니다.

1. 깃 재단하기

깃을 2장 재단합니다. 시접은 2장 모두 같은 치수로 합니다. 1장을 겉깃, 다른 1장을 안깃으로 정합니다.

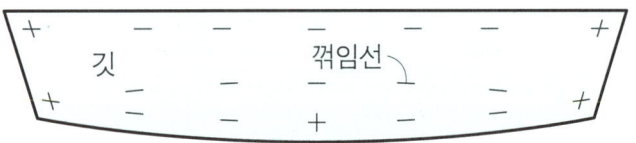

2. 안깃에 접착심지 붙이기

안깃 안면에 다리미로 접착심지를 붙입니다.

3. 겉깃과 안깃 박기

3-① 겉깃과 안깃을 겉면끼리 맞대어 시침핀을 꽂거나 시침질하여 고정합니다.

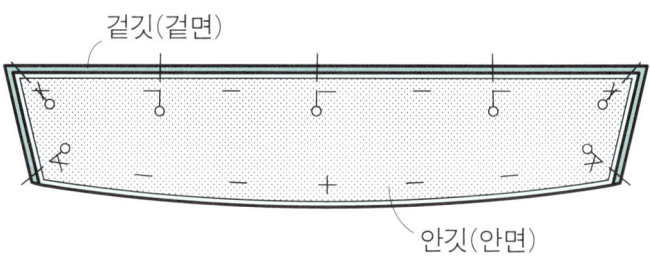

3-② 깃달선(깃과 몸판이 붙는 선)을 남기고 깃 둘레를 재봉틀로 박습니다.

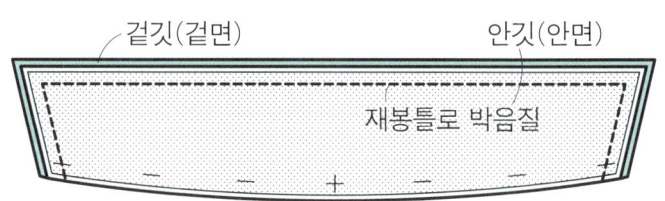

3-③ 모서리 시접이 겹쳐 동그랗게 말리는 것을 막기 위해 모서리 시접을 잘라냅니다.

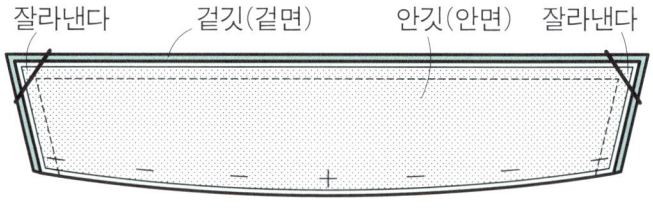

3-④ 시접을 완성선에 맞춰 다리미로 안깃 쪽으로 접습니다.

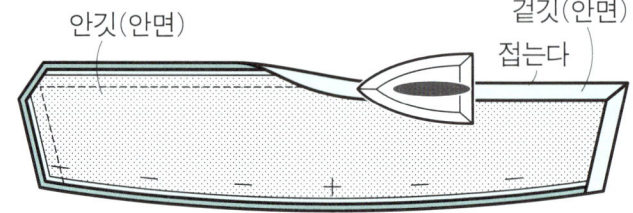

4. 깃을 겉으로 뒤집기

깃을 깃달선 부분에서 뒤집습니다. 모서리는 송곳이나 굵은 바늘을 사용해 빼냅니다.

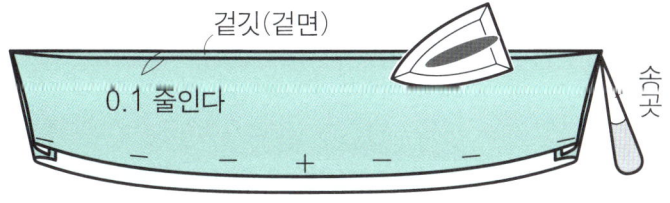

겉깃(겉면)
0.1 줄인다
송곳

5. 몸판에 깃 달기

5-① 오른쪽 앞판 앞단선 바로 옆에 천 루프(368쪽)를 시침질하여 고정합니다.

5-② 안깃 겉면과 몸판을 겉면끼리 맞대어놓고 깃달선에 감침질하여 붙입니다.

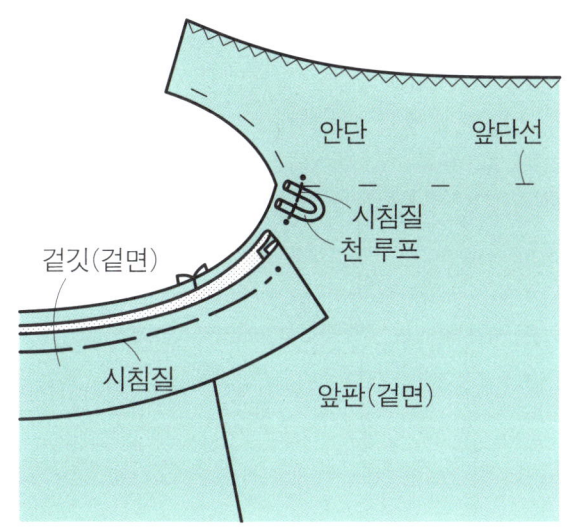

안단 앞단선
겉깃(겉면)
시침질
천 루프
시침질
앞판(겉면)

5-③ 안단과 겉 몸판을 겉면끼리 맞대어 앞단선에서 접습니다.

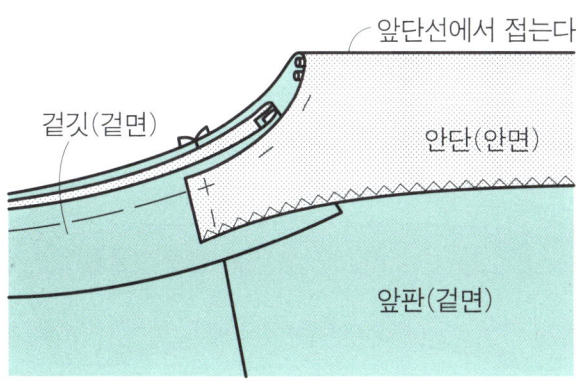

앞단선에서 접는다
겉깃(겉면)
안단(안면)
앞판(겉면)

5-④ 안단의 어깨 시접을 완성선에 맞춰 접습니다.

5-⑤ 겉깃의 겉면과 바이어스 테이프의 겉면을 맞춰 바이어스 테이프를 얹습니다.

5-⑥ 목둘레선의 앞단선에서 앞단선까지 재봉틀로 박습니다.

5-⑦ 목둘레의 곡선 시접에 가위집을 넣습니다.

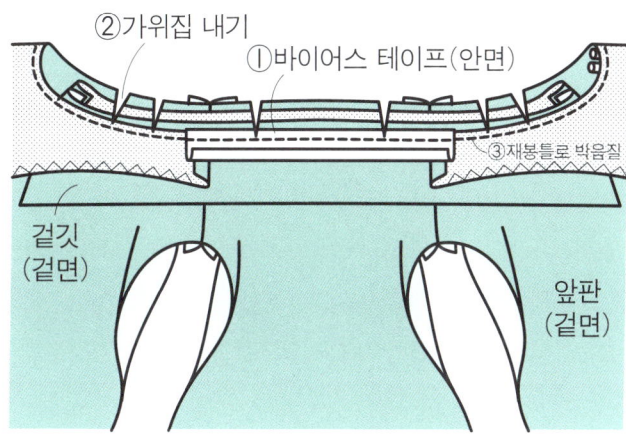

②가위집 내기 ①바이어스 테이프(안면)
③재봉틀로 박음질
겉깃(겉면)
앞판(겉면)

6. 안단을 겉으로 뒤집기

6-① 안단이 겉이 되도록 뒤집습니다.

6-② 안단과 깃을 다림질하여 모양을 잡아줍니다.

6-③ 바이어스 테이프는 뒤 목둘레 시접을 감싸 몸판에 감쳐 붙입니다.

6-④ 안단의 어깨선도 시접에 감쳐 붙입니다.

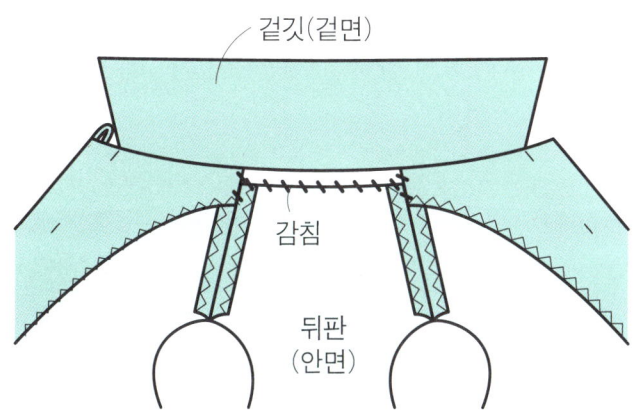

겉깃(겉면)
감침
뒤판(안면)

이탈리안 칼라

V 네크라인 상부에 깃을 단 것이 이탈리안 칼라입니다. 샤프한 인상을 주는 깃이지요.
목둘레가 늘어나지 않도록 주의하면서 만들어보세요.

1. 깃 재단하기

깃을 2장 재단합니다. 시접은 2장 모두 같은 치수로 합니다. 1장을 겉깃, 다른 1장을 안깃으로 정합니다.

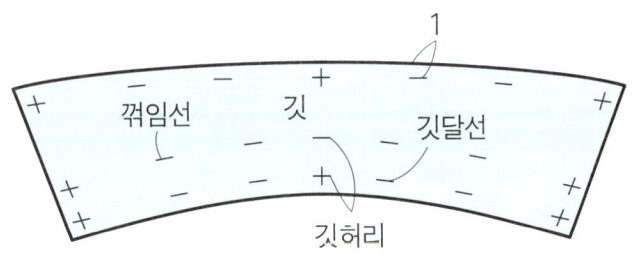

꺾임선 깃 1
깃달선
깃허리

2. 안깃에 접착심지 붙이기

안깃 안면에 다리미로 접착심지를 붙입니다.

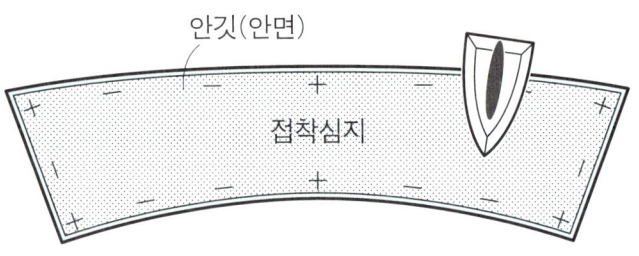

안깃(안면)
접착심지

3. 안단에 접착심지 붙이기

3-① 앞 안단 안면, 뒤 안단 안면에 다리미로 접착심지를 붙입니다.
3-② 재단선에 오버로크 박음질 또는 지그재그 박음질을 하여 처리합니다.

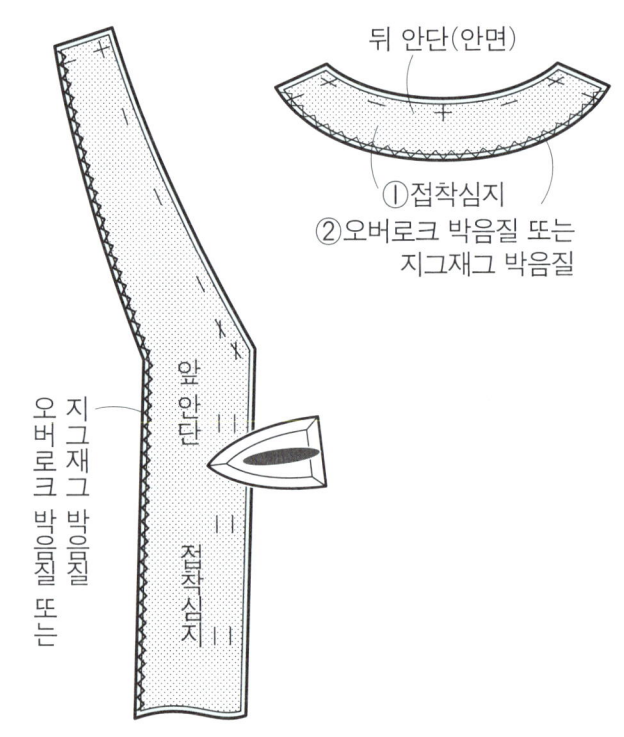

뒤 안단(안면)
①접착심지
②오버로크 박음질 또는
지그재그 박음질

앞 안단
오버로크 박음질 또는
지그재그 박음질
접착심지

4. 깃 둘레 박기

4-① 겉깃과 안깃을 겉면끼리 맞대어 깃달선을 남기고 둘레를 재봉틀로 박습니다.
4-② 모서리 시접은 겹쳐서 깔끔하게 완성되지 않으므로 그림과 같이 잘라냅니다.

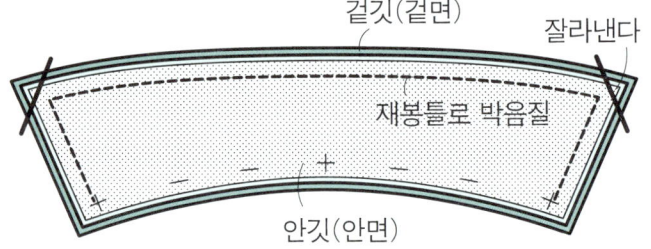

겉깃(겉면) 잘라낸다
재봉틀로 박음질
안깃(안면)

4-③ 완성선을 따라 다리미로 시접을 안깃 쪽으로 접습니다.

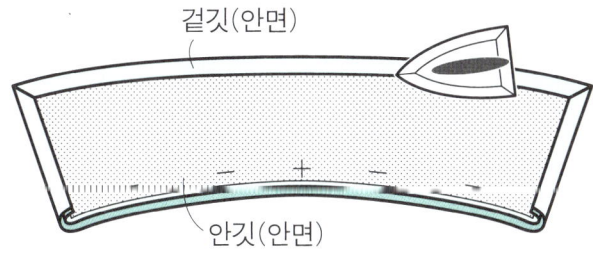

겉깃(안면)

안깃(안면)

5. 깃을 겉으로 뒤집기

5-① 겉으로 뒤집습니다.
5-② 4-①의 봉제선을 다림질합니다.
5-③ 겉에서 재봉틀을 박습니다.

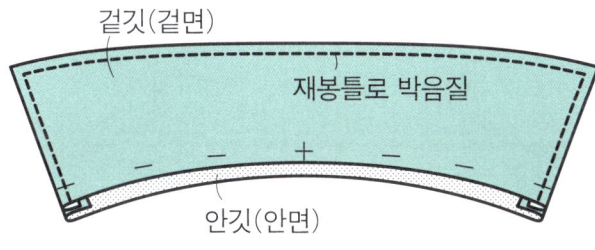

겉깃(겉면)

재봉틀로 박음질

안깃(안면)

6. 안단의 어깨선 박기

6-① 앞 안단과 뒤 안단을 겉면끼리 맞대어 어깨선을 재봉틀로 박습니다.
6-② 시접은 다리미로 가름솔 처리합니다.

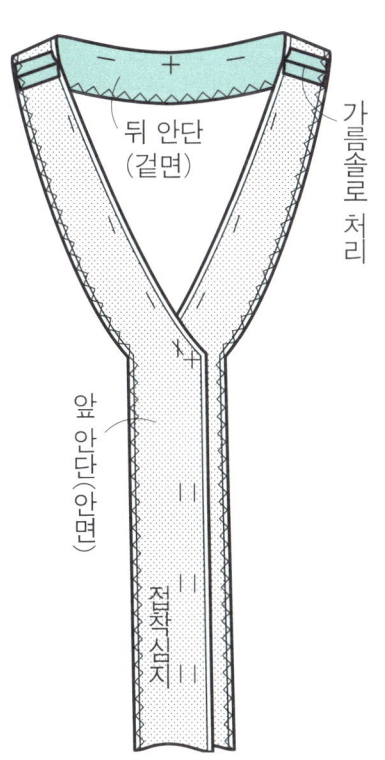

뒤 안단
(겉면)

가름솔로 처리

앞 안단(안면)

접착심지

7. 몸판에 깃 달기

7-① 몸판 겉면에 그림과 같이 깃을 배치한 후, 거기에 앞단과 몸판을 겉
면끼리 맞대어 배치합니다.
7-② 시침핀을 꽂거나 시침질하여 고정합니다.
7-③ 밑단에서 앞단선, 목둘레선을 한 바퀴 쭉 재봉틀로 박습니다. 곡선
시접에는 가위집을 넣어주세요.

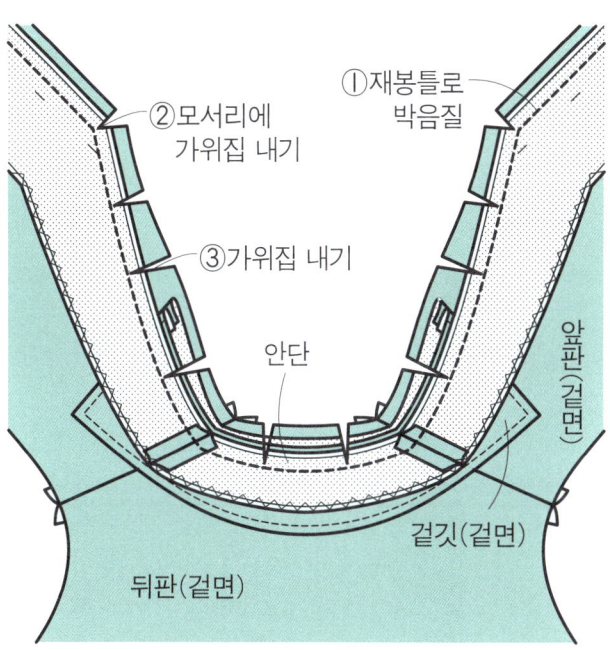

①재봉틀로
박음질

②모서리에
가위집 내기

③가위집 내기

안단

앞판(겉면)

겉깃(겉면)

뒤판(겉면)

8. 안단을 겉으로 뒤집기

8-① 안단을 몸판 안면 쪽으로 뒤집습니다.
8-② 앞단선, 목둘레선을 밑단에서부터 쭉 재봉틀로 박습니다.

재봉틀로
박음질

앞판(겉면)

플랫 칼라

깃허리가 거의 없고 목선에서 바로 젖혀지는 깃을 말합니다. 귀여운 느낌이므로 아이 옷에 흔히 사용됩니다. 깃 폭이나 바깥둘레에 변화를 주어 다양한 형태를 만들 수 있습니다.

1. 깃 재단하기

깃을 2장 재단합니다. 시접은 2장 모두 같은 치수로 합니다. 1장을 겉깃, 다른 1장을 안깃으로 정합니다. 올 방향이 바이어스 방향이 되는 부분이 많으므로 표시할 때 늘어나지 않도록 주의하세요.

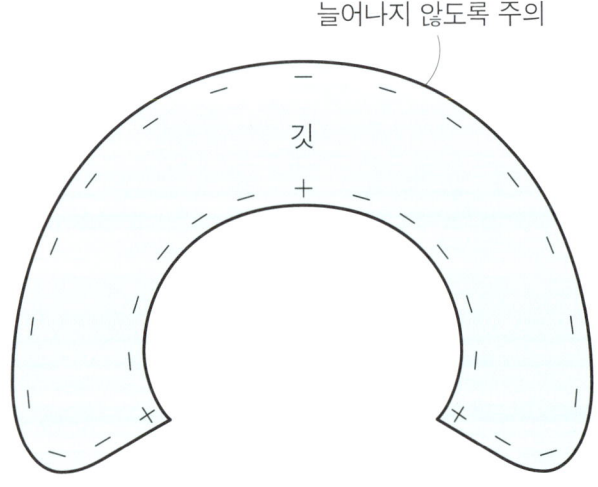

2. 깃 안면에 접착심지 붙이기

안깃 안면에 다리미로 접착심지를 붙입니다. 접착심지를 붙일 때는 뒤 중심부터 붙인 후 좌우로 다리미로 눌러가면서 붙여주세요.

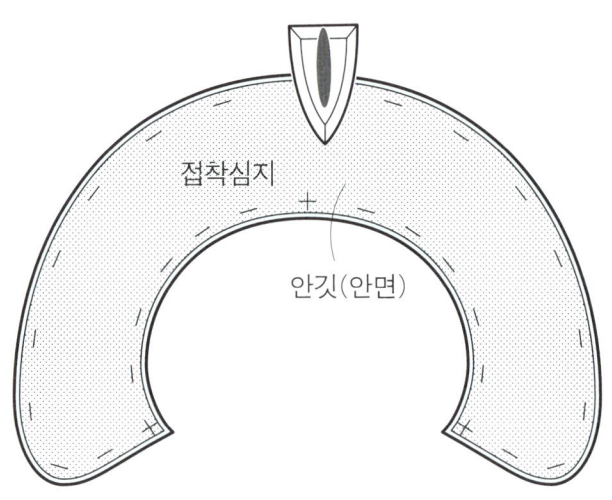

3. 깃끼리 박아 연결하기

3-① 겉깃과 안깃을 겉면끼리 맞대어 깃달선을 남기고 둘레를 재봉틀로 박습니다. 곡선 부분은 천을 돌려가면서 박아주세요.

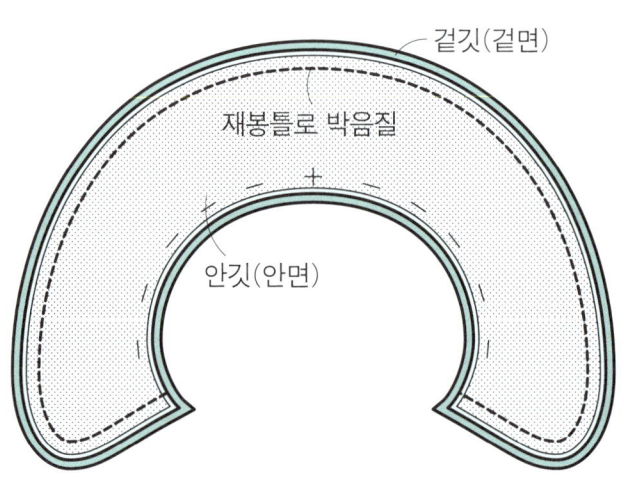

3-② 봉제선을 다림질합니다.

3-③ 시접을 가늘게(0.5cm 정도) 자릅니다. 다리미로 안깃 쪽으로 접습
니다. 깃 끝의 곡선 부분은 두꺼운 종이로 만든 형지를 대어서 접
어주세요.

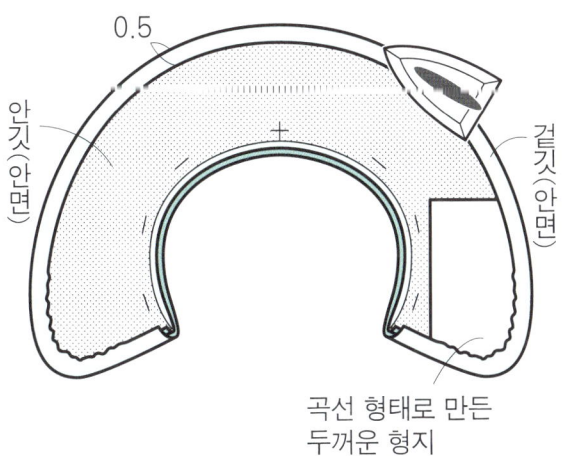

4. 깃을 겉으로 뒤집기

4-① 깃을 겉으로 뒤집습니다.

4-② 다시 한 번 완성선을 다림질하여 모양을 잡아줍니다.

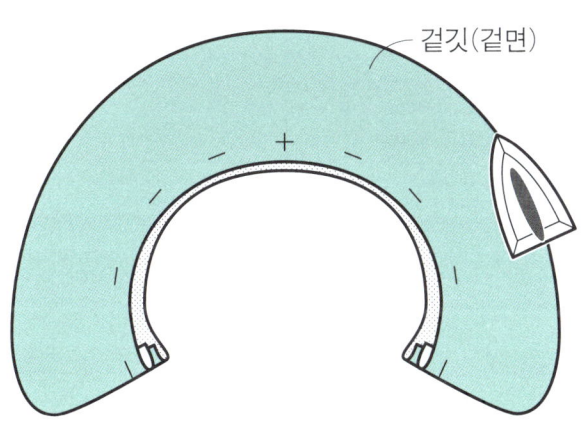

5. 재봉틀 박기

깃 둘레를 재봉틀로 박습니다. 곡선이 많은 깃이므로 천천히 박아주세요.

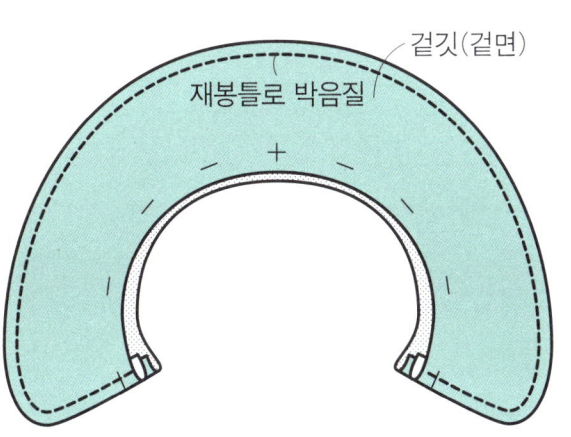

6. 몸판에 깃 달기

6-① 몸판 겉면과 안깃을 맞추고 표시에 맞춰 시침핀을 꽂습니다.

6-② 안단을 앞단선에서 몸판 쪽으로 접습니다.

6-③ 남은 부분에 바이어스 테이프를 배치합니다.

6-④ 깃달선을 시침질합니다.

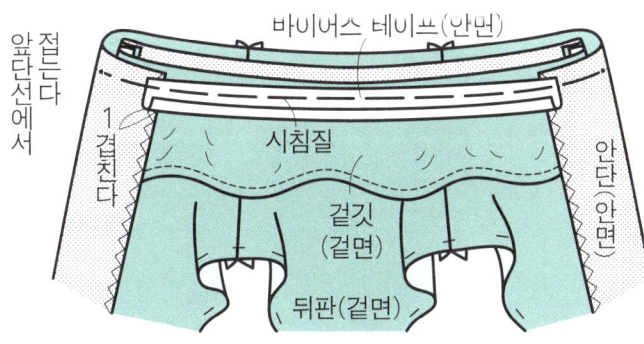

6-⑤ 시침한 위치를 재봉틀로 박습니다.

6-⑥ 곡선 부분의 시접에 가위집을 넣습니다.

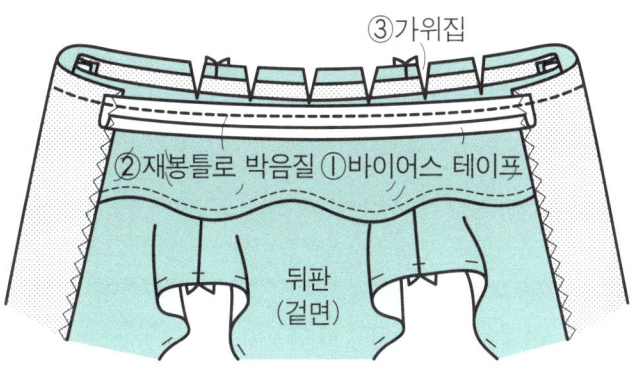

7. 안단을 겉으로 뒤집기

7-① 안단이 겉이 되도록 뒤집습니다.

7-② 바이어스 테이프를 접어 목둘레 시접을 감싼 후 몸판에 감쳐서 붙
입니다.

7-③ 깃 부착 끝점에서부터 앞단선까지 재봉틀로 박습니다.

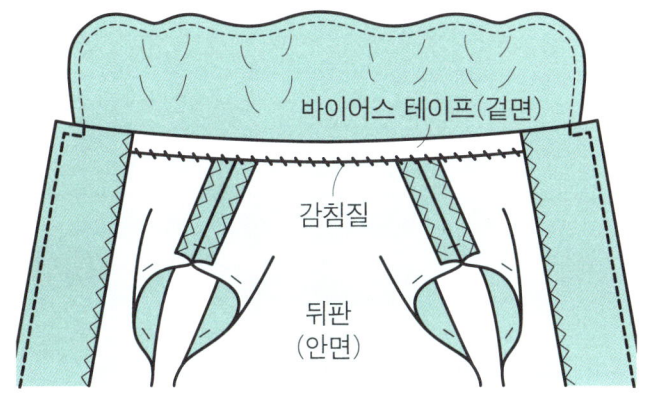

케이프 칼라

케이프와 같은 형태를 한, 어깨 끝에서 내려올 정도로 큰 깃입니다. 보통의 깃과 같은 방법으로 만들면 무거우므로 1장으로 가볍게 만듭니다.

1. 깃 재단하기

이 바느질 방법은 뒤 중심에 봉제선이 있는 경우입니다. 좌우 1장씩 재단합니다. 중심은 오버록 처리합니다.

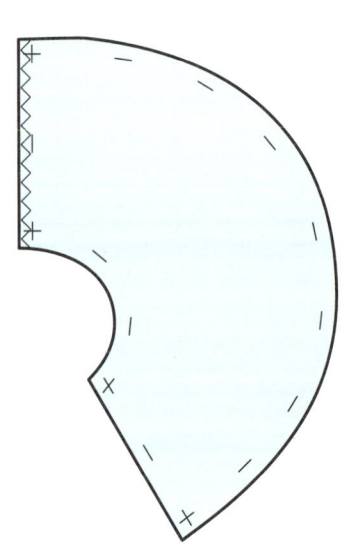

2. 깃의 뒤 중심 박기

2-① 깃 겉면끼리 맞대어 뒤 중심을 박습니다.

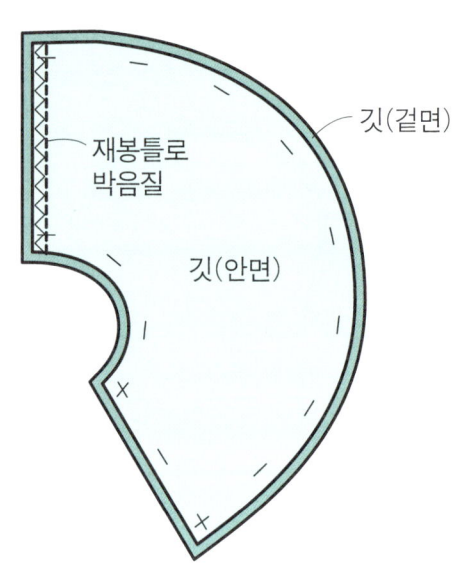

재봉틀로 박음질

깃(겉면)

깃(안면)

2-② 그 상태로 봉제선을 다림질합니다.
2-③ 시접을 가름솔 처리합니다.

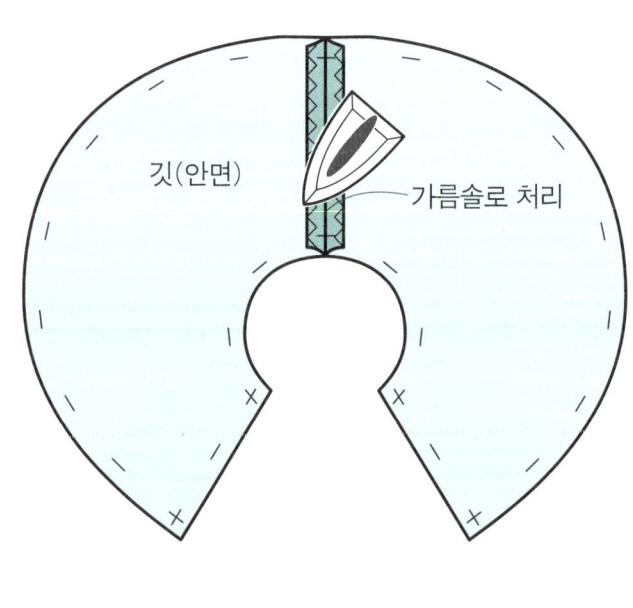

깃(안면)

가름솔로 처리

3. 깃 둘레 박기

3-① 깃 둘레를 두 번 접어 끝단 접어박기(220쪽 참조)로 박습니다.
3-② 모서리를 깔끔하게 처리하기 위해 모서리 시접은 잘라냅니다.

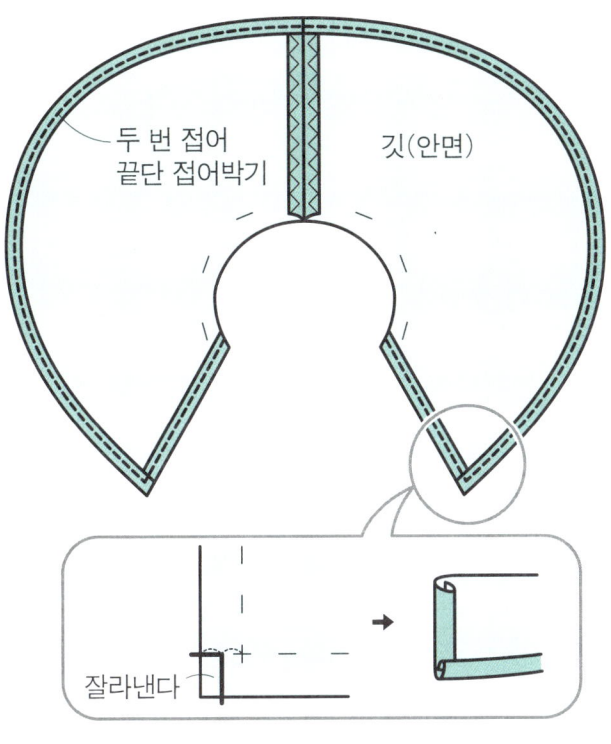

두 번 접어
끝단 접어박기

깃(안면)

잘라낸다

4. 다림질하기

3에서 박은 부분을 다림질합니다. 원단이 늘어나지 않도록 위에서 누르
듯이 다립니다.

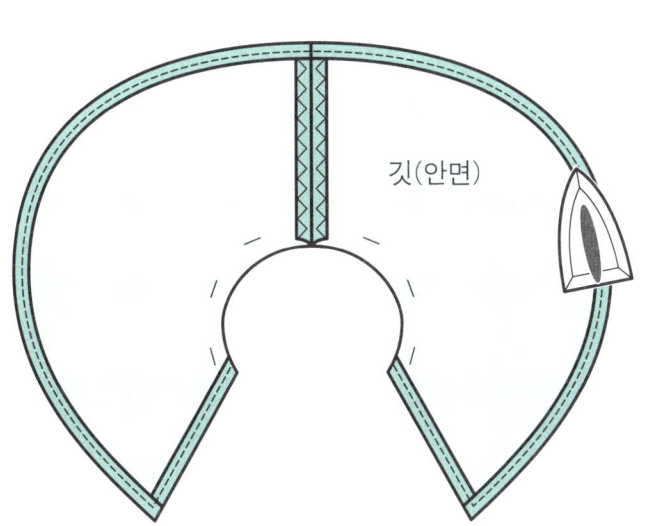

깃(안면)

5. 깃을 몸판에 달기

5-① 몸판의 겉면과 깃의 안면을 맞춰 놓고 안단은 깃 쪽으로 접습니다.
5-② 바이어스 테이프를 깃 둘레에 얹습니다.
5-③ 깃의 표시와 바이어스 테이프의 접은 선을 맞춰 앞단선에서 앞단선
까지를 재봉틀로 박습니다.

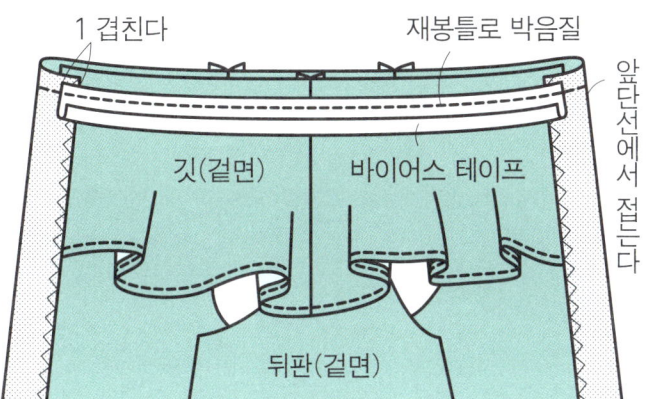

1 겹친다   재봉틀로 박음질

깃(겉면)   바이어스 테이프

뒤판(겉면)

앞단선에서 접는다

6. 안단을 겉으로 뒤집기

6-① 안단을 몸판 안쪽으로 뒤집어 깃을 세웁니다.
6-② 바이어스 테이프로 시접을 감싸서 접습니다.
6-③ 바이어스 테이프 가장자리를 몸판에 감쳐 붙입니다. 땀은 가능하
면 촘촘하게 합니다.

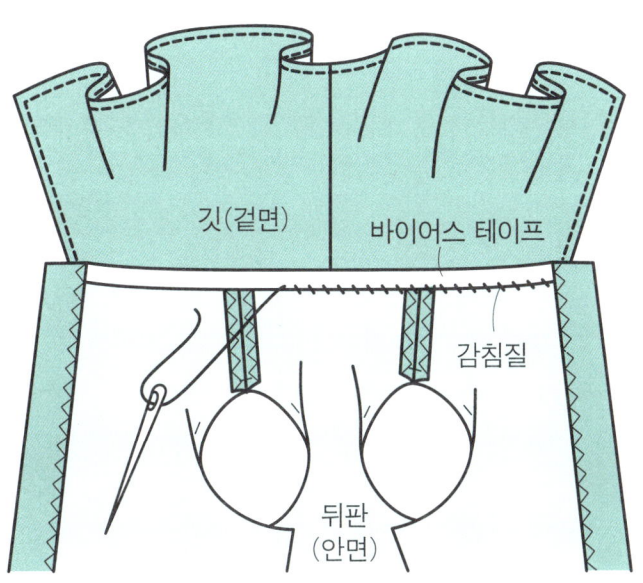

깃(겉면)   바이어스 테이프

감침질

뒤판
(안면)

스탠드 칼라

깃이 곧게 서 있으며 접어 넘기지 않은 칼라의 총칭입니다. 마오칼라(mao collar), 차이니즈칼라도 이 종류에 속합니다. 깃의 폭은 다양하며 블라우스나 재킷 등에 이용됩니다.

1. 깃 재단하기

깃을 2장 재단합니다. 시접은 2장 모두 같은 치수로 합니다.
1장을 겉깃, 다른 1장을 안깃으로 정합니다.

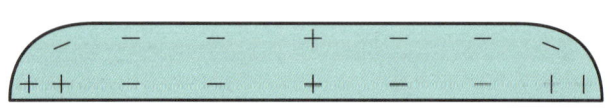

2. 깃에 접착심지 붙이기

깃 안면에 다리미로 접착심지를 붙입니다.

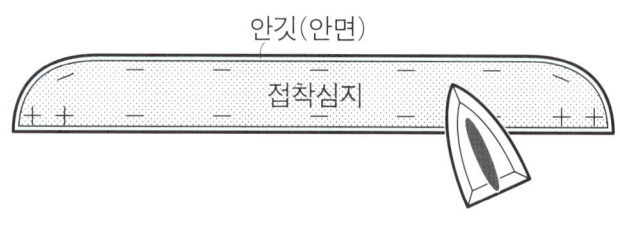

안깃(안면)

접착심지

3. 깃 박기

겉깃과 안깃을 겉면끼리 맞대어 깃 둘레를 박습니다. 깃을 달 쪽의 시접은 남기고 완성선을 따라 재봉틀로 박습니다.

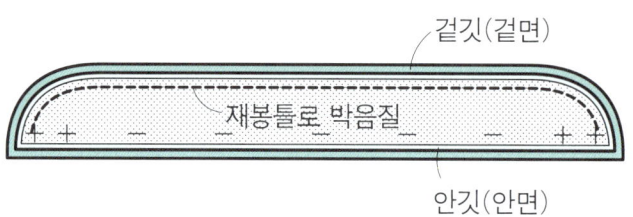

겉깃(겉면)

재봉틀로 박음질

안깃(안면)

4. 안깃 깃달선의 시접 접기

안깃 깃달선의 시접을 다리미로 그림과 같이 접습니다.

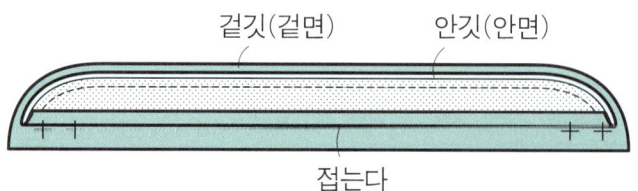

겉깃(겉면)   안깃(안면)

접는다

✿ 재봉틀로 박을 때는 바느질 시작과 끝을 되돌아박기 합니다.

5. 안깃 뒤집기

5-① 깃 둘레의 시접을 다리미로 완성선을 따라 안깃 쪽으로 접습니다.

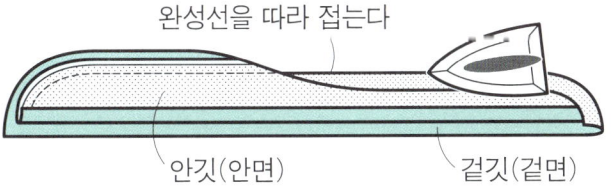

완성선을 따라 접는다
안깃(안면)
겉깃(겉면)

5-② 깃을 겉으로 뒤집습니다.
5-③ 다리미로 모양을 잡아줍니다.

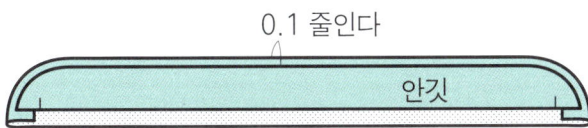

0.1 줄인다
안깃

6. 몸판에 깃 달기

6-① 몸판과 겉깃을 겉면끼리 맞대어 놓고 목둘레를 재봉틀로 박습니다.
　　안깃은 피하면서 겉깃만 재봉틀로 박아주세요.
6-② 시접에 가위집을 넣습니다.

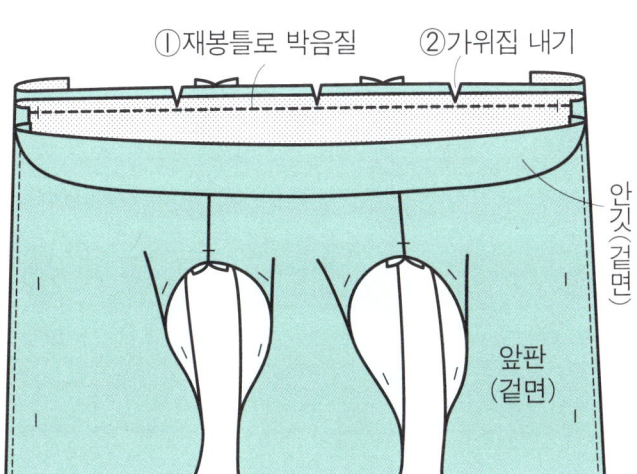

①재봉틀로 박음질　②가위집 내기
안깃(겉면)
앞판(겉면)

7. 안깃을 몸판에 감쳐서 붙이기

7-① 깃을 세웁니다.
7-② 목둘레 시접을 깃 안으로 넣습니다.
7-③ 안깃을 6에서 박은 봉제선에 바로 옆에 감쳐 붙입니다.

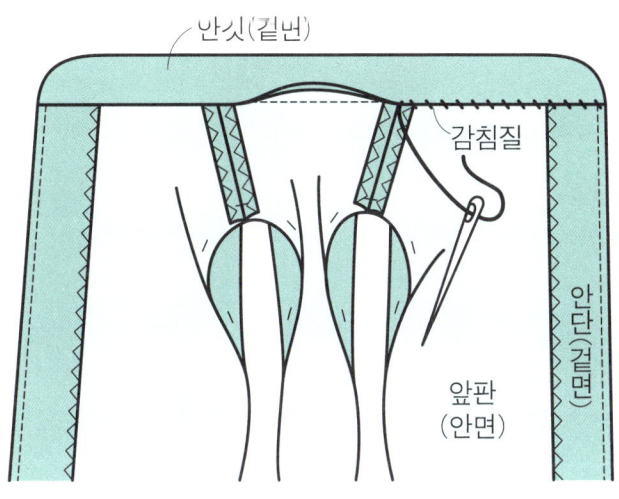

안깃(겉번)
감침질
안단(겉면)
앞판(안면)

7-④ 깃 둘레를 재봉틀로 박습니다.

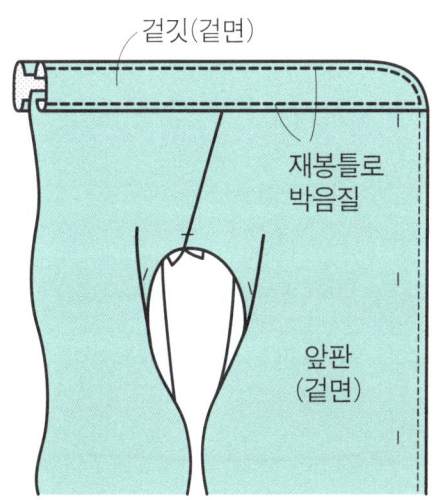

겉깃(겉면)
재봉틀로 박음질
앞판(겉면)

밴드 달린 셔츠 칼라

신사복 와이셔츠에 사용되는 깃으로 밴드와 윗깃의 두 부분으로 이루어집니다. 신사복뿐 아니라 여성복에서부터 아동복에 이르기까지 폭넓게 이용되고 있는 디자인입니다.

1. 깃 재단하기

이 깃은 윗깃 부분과 밴드(깃띠) 부분으로 구성됩니다. 윗깃 2장, 밴드 2장을 재단합니다.

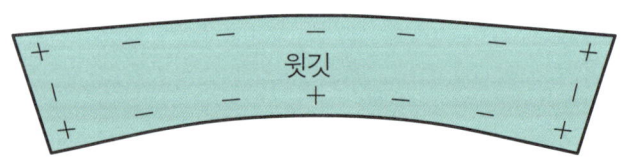

2. 깃에 접착심지 붙이기

안 윗깃 안면과 겉 밴드 안면에 다리미로 접착심지를 붙입니다.

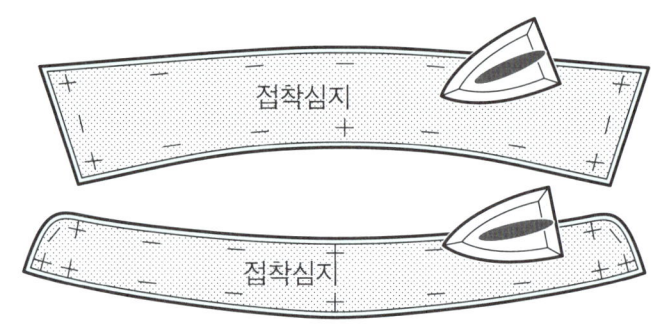

3. 윗깃 박기

3-① 윗깃을 겉면끼리 맞춰 깃 둘레를 재봉틀로 박습니다. 깃을 달 부분은 박지 않습니다.

3-② 모서리 시접을 그림과 같이 어슷하게 잘라냅니다.

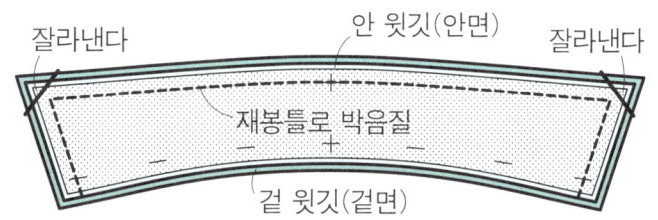

4. 윗깃을 겉으로 뒤집기

4-① 3에서 박은 봉제선을 다림질합니다.

4-② 시접을 완성선을 따라 안 깃 쪽으로 접습니다.

4-③ 겉으로 뒤집습니다.

4-④ 다림질하여 모양을 잡아줍니다.

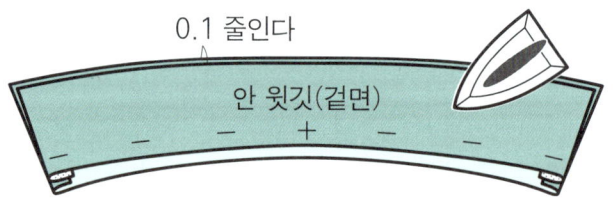

4-⑤ 겉 윗깃에서 재봉틀을 박습니다.

5. 윗깃과 밴드를 박아 연결하기

5-① 안 밴드의 깃달선 시접을 완성선을 따라 안쪽으로 접습니다.

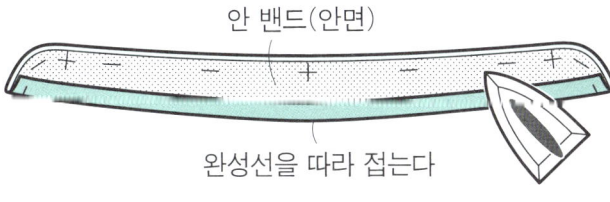

안 밴드(안면)

완성선을 따라 접는다

5-② 겉 밴드와 안깃을 겉면끼리 맞춰 둡니다.
5-③ 그 위에 겉 윗깃과 안 밴드의 겉면끼리 맞춰 둡니다.

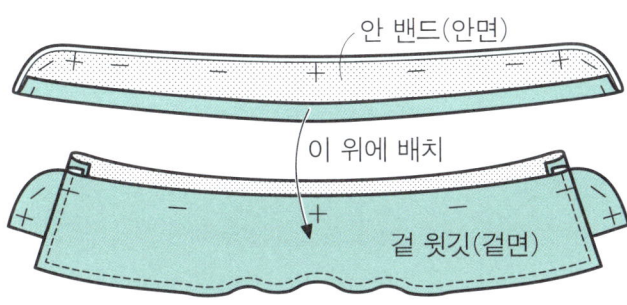

안 밴드(안면)

이 위에 배치

겉 윗깃(겉면)

5-④ 밴드 둘레를 박습니다. 깃달선의 완성선까지 박아주세요.

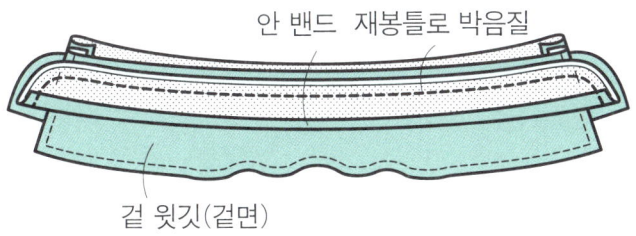

안 밴드 재봉틀로 박음질

겉 윗깃(겉면)

6. 밴드를 겉으로 뒤집기

6-① 봉제선을 다림질합니다.
6-② 밴드를 겉으로 뒤집습니다.

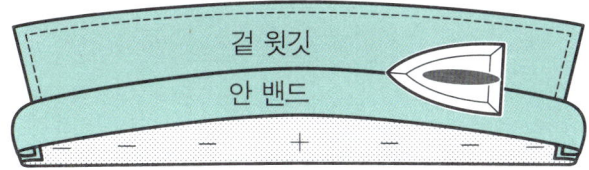

겉 윗깃

안 밴드

7. 깃을 몸판에 달기

겉 밴드와 몸판을 겉면끼리 맞대어 깃달선을 박습니다.
가장자리에서 가장자리까지 박아주세요.

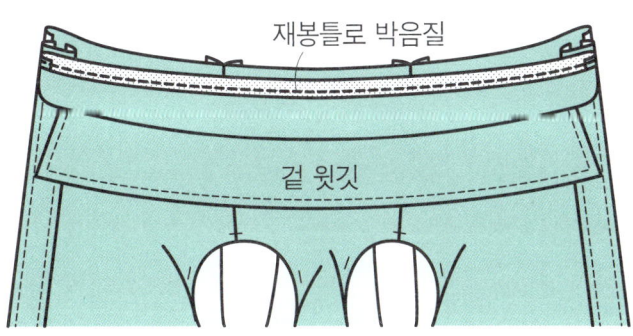

재봉틀로 박음질

겉 윗깃

8. 밴드를 몸판에 달기

8-① 밴드를 세웁니다.
8-② 안 밴드를 목둘레의 시접에 씌우듯이 올려놓습니다.
8-③ 시침질합니다.

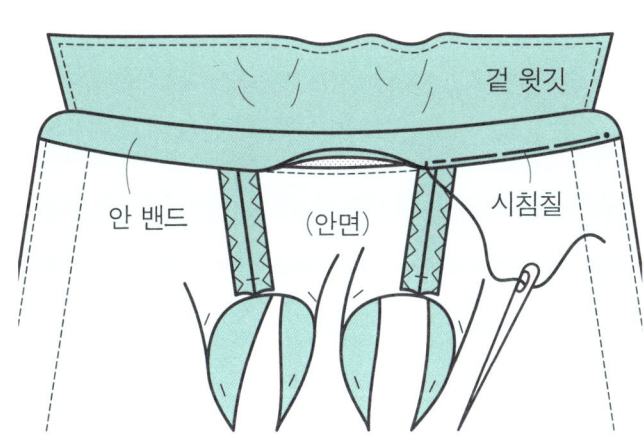

겉 윗깃

안 밴드

(안면)

시침칠

8-④ 밴드 둘레를 재봉틀로 박아줍니다. 재봉틀로 박을 때 안 밴드도 함께 박습니다. 이때 안 밴드도 제대로 꿰매지도록 주의하세요.

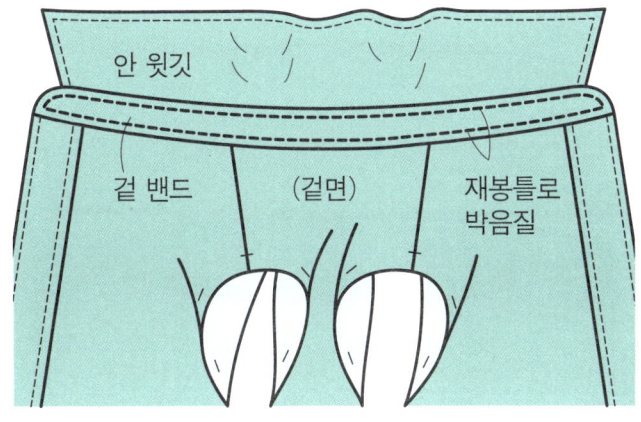

안 윗깃

겉 밴드

(겉면)

재봉틀로
박음질

변형 밴드 달린 셔츠 칼라

깃허리 부분을 다른 천으로 바꿔 만드는 깃입니다. 보기에는 보통의 셔츠 칼라와 다르지 않지만, 천을 바꿔 달므로 깃 허리를 더욱 튼튼하게 완성할 수 있습니다. 중간 두께의 원단에서 두꺼운 원단에 적합합니다.

1. 깃 재단하기

이 깃은 윗깃 부분과 밴드 부분으로 구성됩니다. 윗깃 2장, 밴드 2장을 재단합니다.

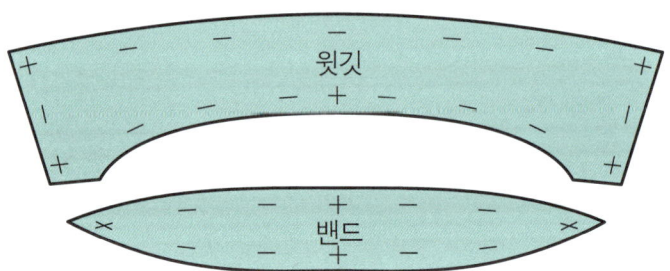

2. 접착심지 붙이기

2-① 안 윗깃 안면에 다리미로 접착심지를 붙입니다.

2-② 튼튼하게 만들고자 할 때는 안 밴드에 완성선 크기로 재단한 접착심지를 붙입니다. 그 위에 안 밴드와 같은 크기의 접착심지를 붙입니다.

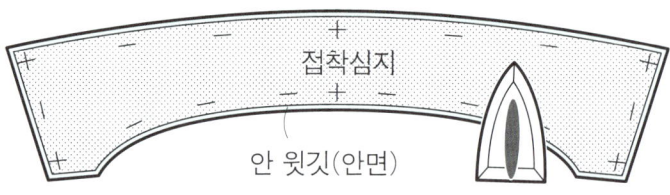

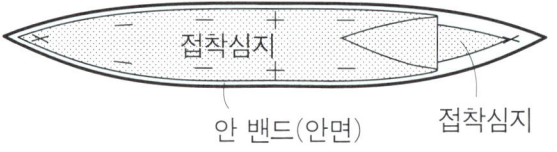

3. 윗깃과 밴드 박기

3-① 안 윗깃과 안 밴드를 겉면끼리 맞대어 절개선을 박습니다.(이하, 안깃이라고 함)

3-② 마찬가지로 겉 윗깃과 겉 밴드를 박습니다. (이하, 겉깃이라고 함)

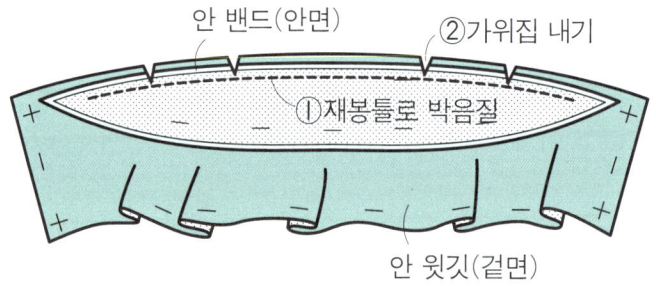

4. 시접을 가름솔 처리

4-① 봉제선을 다림질합니다.

4-② 겉깃, 안깃의 시접을 다리미로 가름솔 처리합니다.

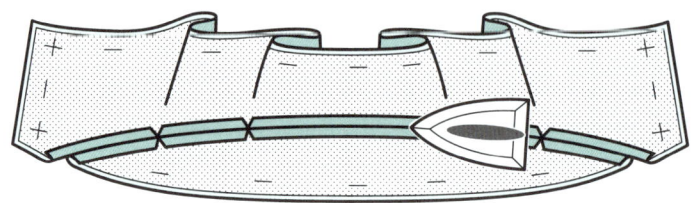

5. 밴드 박기

겉깃, 안깃의 밴드 부분 봉제선 바로 옆을 재봉틀로 박습니다.

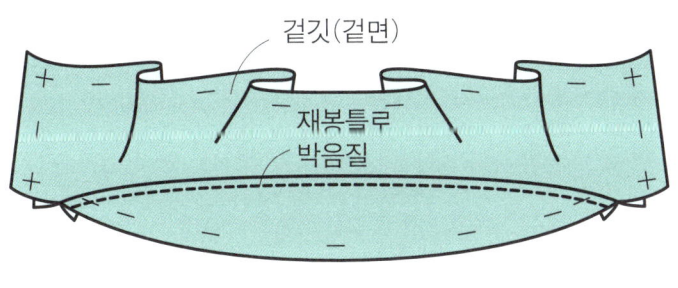

겉깃(겉면)
재봉틀로 박음질

6. 겉깃과 안깃 박기

겉깃과 안깃을 겉면끼리 맞대어 깃 둘레를 박습니다.

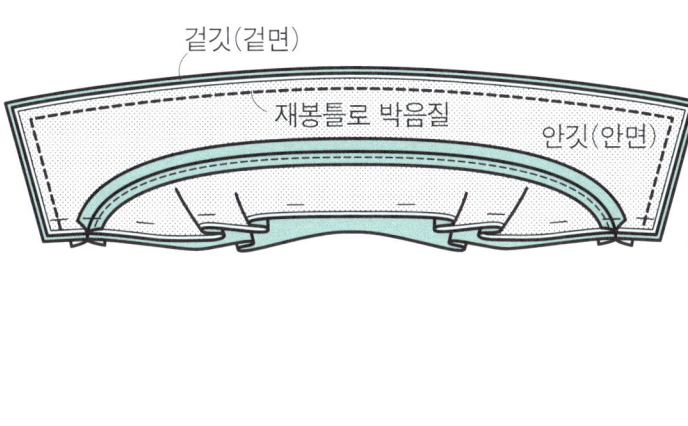

겉깃(겉면)
재봉틀로 박음질
안깃(안면)

7. 깃을 겉으로 뒤집어 재봉틀로 박기

7-① 봉제선을 다림질합니다.
7-② 깃을 겉으로 뒤집습니다.
7-③ 다리미로 깃의 모양을 잡아줍니다.
7-④ 깃 둘레를 겉깃 쪽에서 재봉틀로 박습니다.

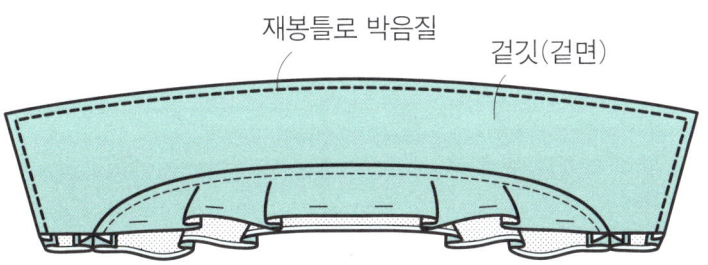

재봉틀로 박음질
겉깃(겉면)

8. 안단 만들기

안단 어깨선을 박고 시접을 가름솔 처리합니다. 몸판 어깨선도 마찬가지로 박아 시접을 갈라둡니다.

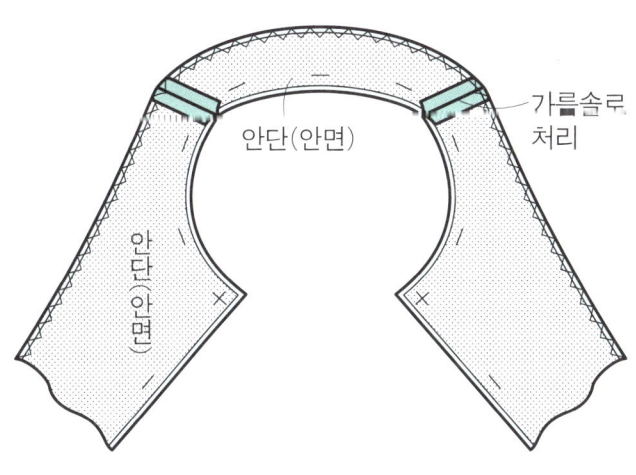

안단(안면)
가름솔로 처리
안단(안면)

9. 깃 달기

9-① 몸판과 안단을 겉면끼리 맞대어 그 사이 겉깃 위에 안단이 오도록 한 후 깃을 끼워서 박습니다.
9-② 앞단선, 목둘레로 이어서 박아주세요.
9-③ 시접에 가위집을 넣습니다.

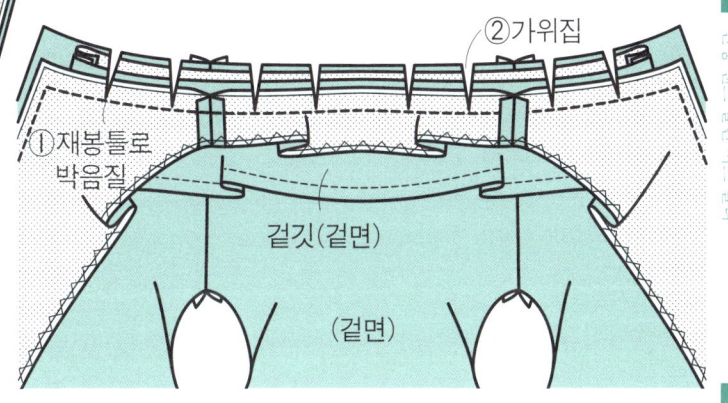

②가위집
①재봉틀로 박음질
겉깃(겉면)
(겉면)

10. 목둘레 박기

10-① 9의 봉제선을 다림질합니다.
10-② 안단을 몸판 안면으로 뒤집습니다.
10-③ 앞단선에서 이어서 목둘레 봉제선 바로 옆을 재봉틀로 박습니다.

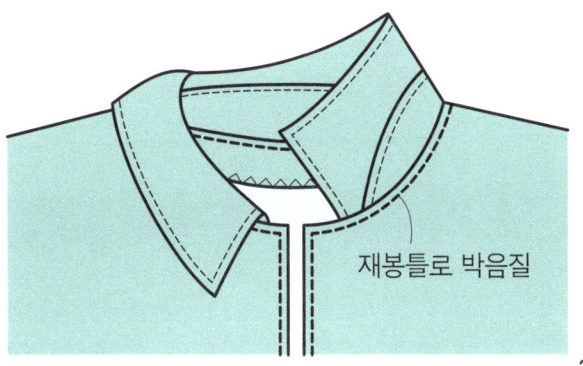

재봉틀로 박음질

보 칼라 A

깃에서 이어서 나온 원단을 리본 매듭으로 하여 입는 보 칼라입니다. 타이 칼라보다 화려한 느낌이 드는 깃으로 얇고 부드러운 원단에 적합한 디자인입니다.

1. 깃 재단하기

같은 치수로 2장을 재단합니다.

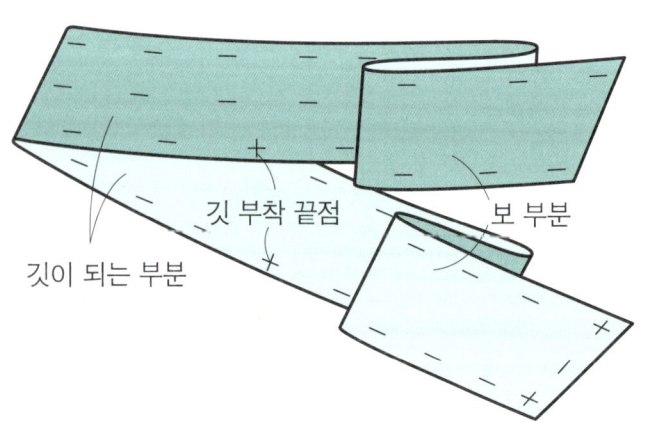

깃이 되는 부분
깃 부착 끝점
보 부분

2. 깃 부분에 접착심지 붙이기

안깃 안면의 몸판에 달리는 부분(깃 부착 끝점까지)에 다리미로 접착심지를 붙입니다. 접착심지는 부드럽게 완성되는 것을 고르세요.

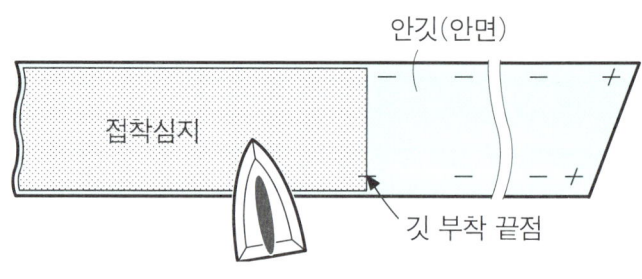

접착심지
안깃(안면)
깃 부착 끝점

3. 깃 박기

3-① 겉깃과 안깃을 겉면끼리 맞대어 깃 둘레를 박습니다. 재봉틀을 쭉 박다가 깃 부착 끝점 위치에서 멈춥니다.

3-② 다 박은 후에는 모서리 부분의 시접을 잘라내고 깃 부착 끝점 위치의 시접에 가위집을 넣습니다.

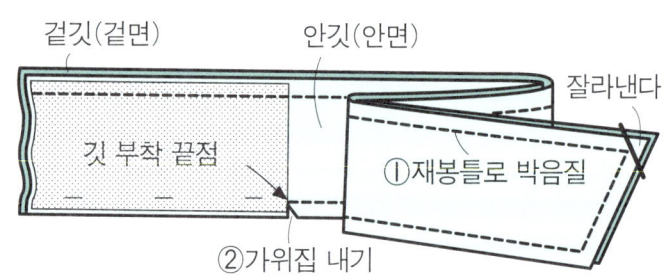

겉깃(겉면)
안깃(안면)
잘라낸다
깃 부착 끝점
①재봉틀로 박음질
②가위집 내기

3-③ 봉제선 위를 다림질합니다.

3-④ 봉제선을 따라 시접을 안깃 쪽으로 접습니다.

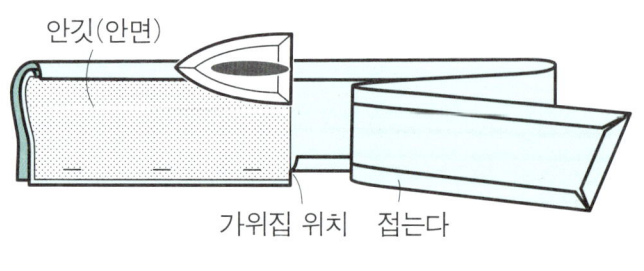

안깃(안면)
가위집 위치   접는다

※ 재봉틀로 박을 때는 바느질 시작과 끝을 되돌아박기 합니다.

4. 깃을 겉으로 뒤집기

4-① 겉으로 뒤집습니다.

4-② 겉깃과 안깃의 봉제선을 딱 맞추면서 다림질합니다.

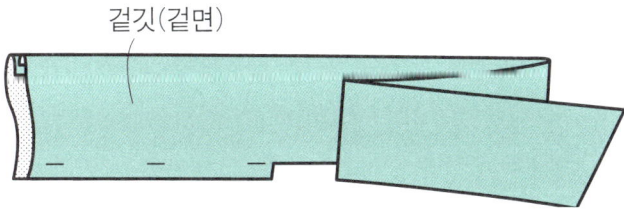

겉깃(겉면)

5. 몸판의 목둘레 박기

5-① 안단과 몸판을 겉면끼리 맞대어 앞단선에서 접습니다.

5-② 앞단선에서 깃 부착 끝점까지 재봉틀로 박습니다.

5-③ 깃 부착 끝점 위치에 가위집을 넣습니다.

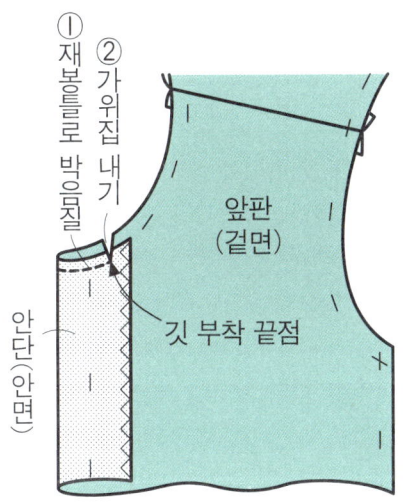

① 재봉틀로 박음질
② 가위집 내기
안단(안면)
앞판(겉면)
깃 부착 끝점

5-④ 안단을 몸판 안면으로 뒤집습니다.

5-⑤ 목둘레와 앞단선을 다림질하여 정돈합니다.

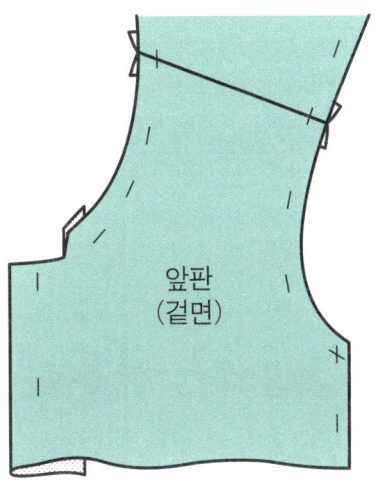

앞판(겉면)

6. 깃을 몸판에 달기

몸판과 안깃을 겉면끼리 맞대어 좌우 깃 부착 끝점 사이를 재봉틀로 박습니다. 이때 겉깃은 피하면서 안깃(접착심지를 붙인 부분)만을 박아주세요.

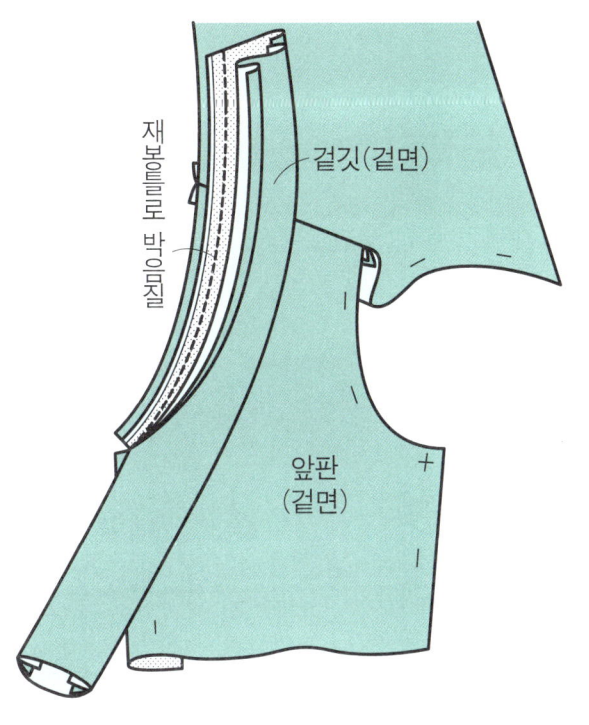

재봉틀로 박음질
겉깃(겉면)
앞판(겉면)

7. 겉깃을 몸판에 감쳐 붙이기

7-① 시접을 모두 깃 쪽으로 넣어 시접을 끼우는 형태로 합니다.

7-② 봉제선 바로 옆에 겉깃을 촘촘하게 감쳐서 붙입니다.

겉깃(겉면)
감침질
뒤판(안면)
보
안단(겉면)

보 칼라 B

보의 폭이 넓으므로 리본 매듭으로 만들어주면 볼륨이 있어 화려한 분위기를 연출합니다. 보 부분은 1장으로 만듭니다. 얇은 원단에 적합합니다.

1. 깃 재단하기

1-① 원단너비로 재단할 수 있을 때는 이어서 1장으로 재단하지만, 재단할 수 없는 경우는 뒤 중심에 봉제선을 넣습니다. 여기서는 뒤 중심에 봉제선을 넣는 방법으로 설명합니다.

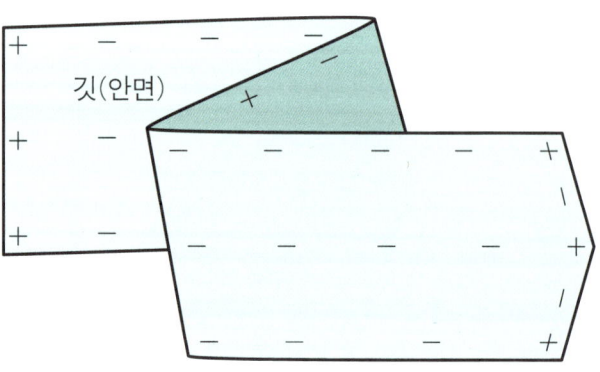

2. 깃의 뒤 중심 박기

2-① 깃을 겉면끼리 맞대어 뒤 중심을 재봉틀로 박습니다.

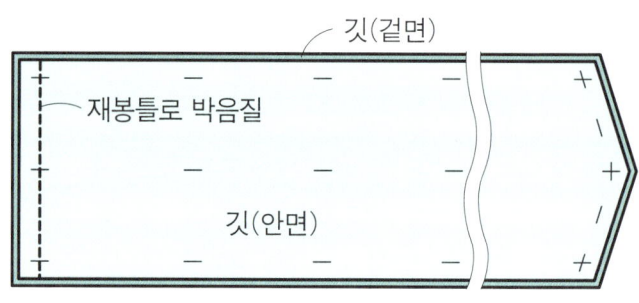

2-② 그 상태에서 다림질합니다.

2-③ 시접을 다리미로 가름솔 처리합니다.

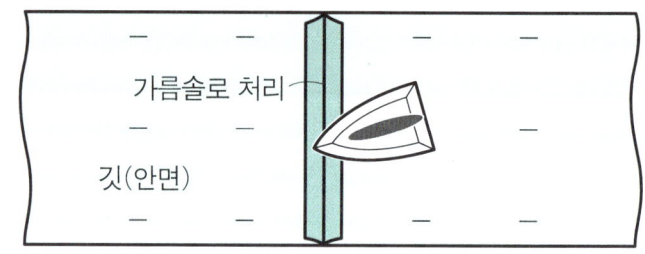

3. 접착심지 붙이기

접착심지를 깃 부착 끝점 위치까지 다리미로 붙입니다. 심지는 부드럽게 완성되는 것을 고르세요.

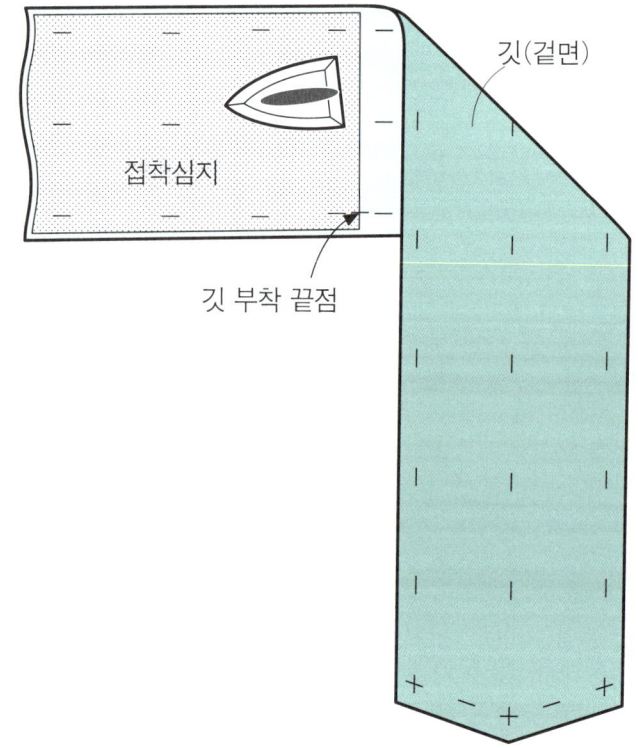

4. 보 부분 박기

보 부분의 깃 부착 끝점 위치에서 3cm 앞쪽까지 두 번 접어 끝단접어박기(220쪽 참조)를 합니다.

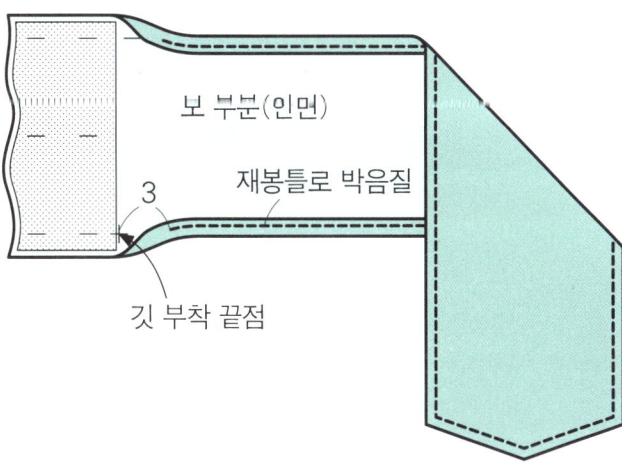

5. 몸판 목둘레 박기

5-① 안단과 몸판을 겉면끼리 맞대어 앞단선에서 접은 후 깃 부착 끝점 위치까지 재봉틀로 박습니다.
5-② 깃 부착 끝점 위치에 가위집을 넣습니다.

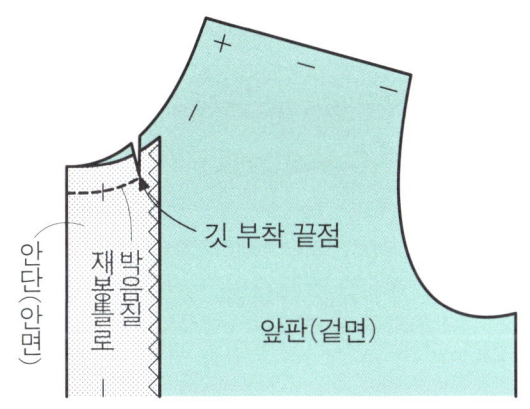

5-③ 안단을 몸판 안쪽으로 뒤집습니다.
5-④ 깃 부착 끝점까지의 목둘레와 앞단선을 다리미로 정돈합니다.

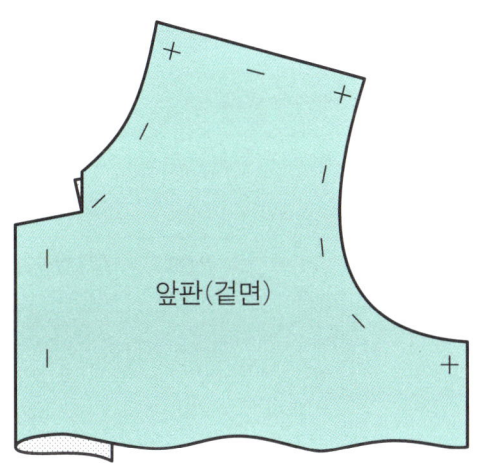

6. 몸판에 깃 달기

몸판과 깃을 겉면끼리 맞대어 양쪽 깃 부착 끝점 위치까지 재봉틀로 박습니다.

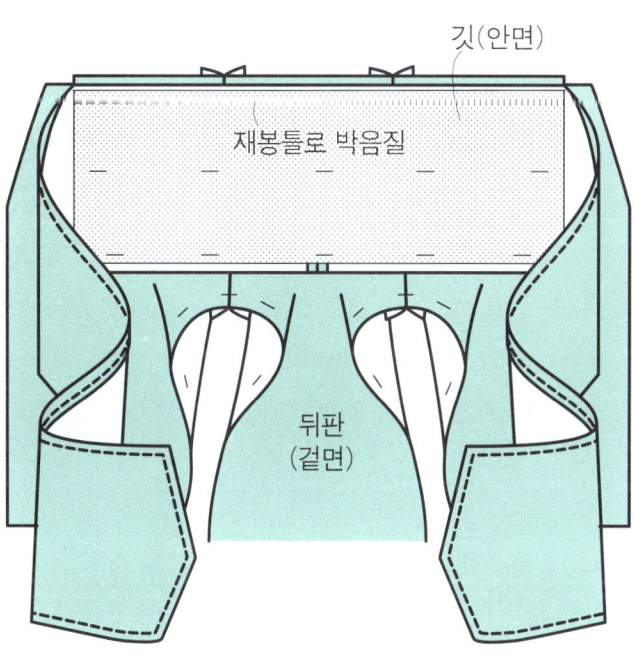

7. 깃을 몸판에 감쳐 붙이기

7-① 깃을 몸판 안쪽으로 접습니다.
7-② 보 부분의 박지 않고 남겨 놓은 부분에서 겉깃을 몸판에 감쳐 붙입니다.

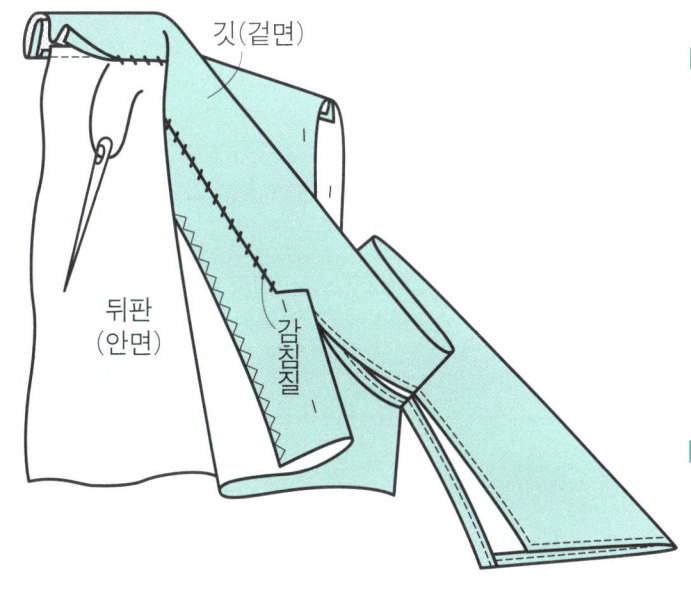

타이 칼라

타이 칼라의 타이는 넥타이를 말하는 것으로 깃에 이어서 타이를 만들고 앞에서 묶어 착용합니다. 원단이나 타이의 크기에 따라 분위기가 달라지므로 다양한 옷에 사용할 수 있습니다.

1. 깃 재단하기

깃을 2장 재단합니다. 시접은 2장 모두 같은 치수로 합니다.
1장을 겉깃, 다른 1장을 안깃으로 정합니다.

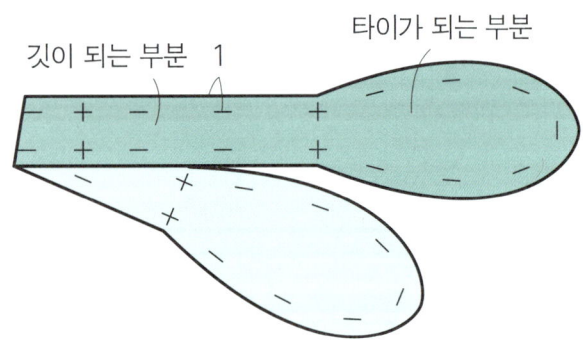

깃이 되는 부분 1

타이가 되는 부분

2. 접착심지 붙이기

안깃 안면의 깃이 되는 부분에 다리미로 접착심지를 붙입니다. 타이가 되는 부분은 부드럽게 만들어야 하므로 접착심지를 붙이지 않습니다.

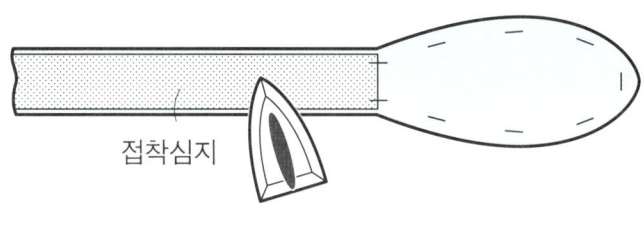

접착심지

3. 깃 박기

3-① 겉깃과 안깃을 겉면끼리 맞대어 깃 둘레를 재봉틀로 박습니다. 이때 몸판에 꿰매 붙일 부분은 남겨 둡니다.

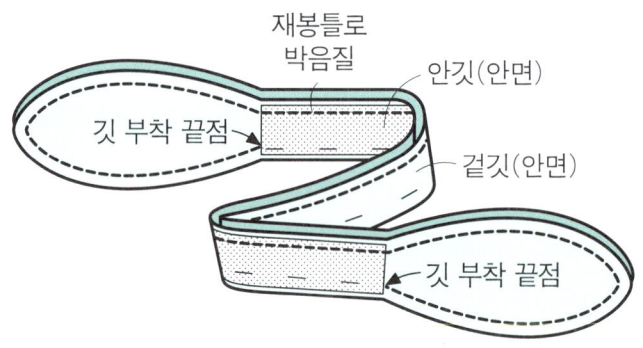

재봉틀로
박음질

안깃(안면)

깃 부착 끝점

겉깃(안면)

깃 부착 끝점

3-② 시접에 가위집을 넣습니다. 깃 부착 끝점 위치에는 반드시 가위집을 넣어주세요.

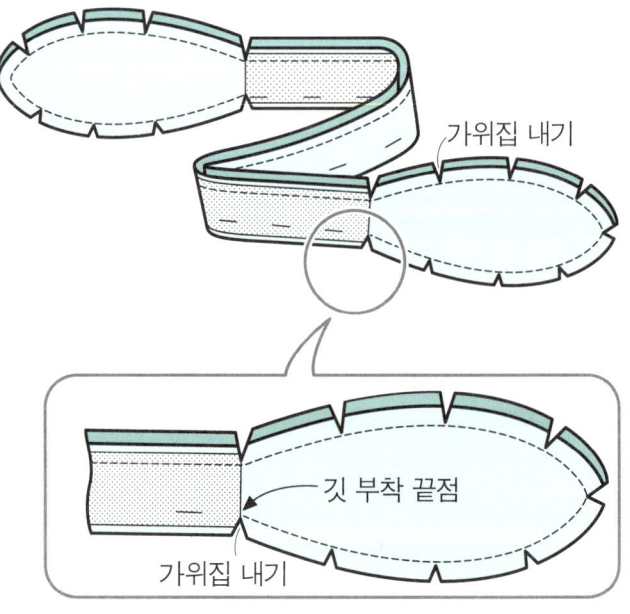

가위집 내기

깃 부착 끝점

가위집 내기

4. 깃을 겉으로 뒤집기

깃을 겉으로 뒤집어 다리미로 모양을 잡아줍니다.

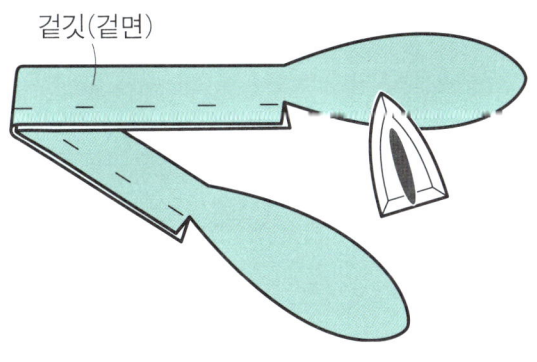

겉깃(겉면)

5. 몸판의 목둘레 박기

5-① 안단과 몸판을 겉면끼리 맞대어 앞단선에서 접은 후 깃 부착 끝점
　　위치까지 재봉틀로 박습니다.
5-② 깃 부착 끝점 위치에 가위집을 넣습니다.
5-③ 안단을 몸판 안쪽으로 뒤집습니다.
5-④ 깃 부착 끝점까지의 목둘레, 앞단선을 다리미로 정돈합니다.

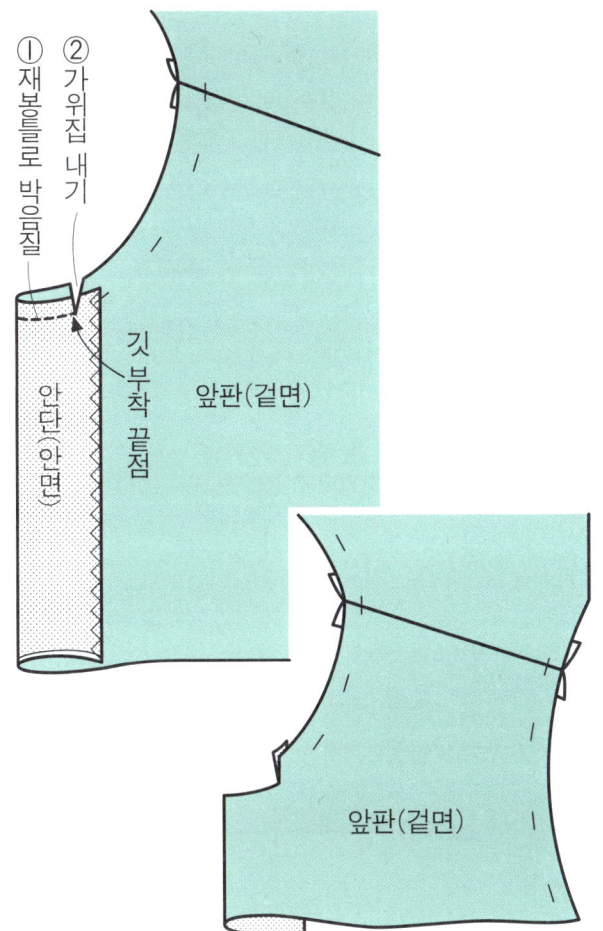

① 재봉틀로 박음질
② 가위집 내기
깃 부착 끝점
안단(안면)
앞판(겉면)

앞판(겉면)

6. 몸판에 깃 달기

몸판과 겉깃을 겉면끼리 맞대어 양쪽 깃 부착 끝점까지 재봉틀로 박아줍니다. 이때 겉깃만을 몸판과 박아 연결하고 안깃은 제쳐 둡니다.

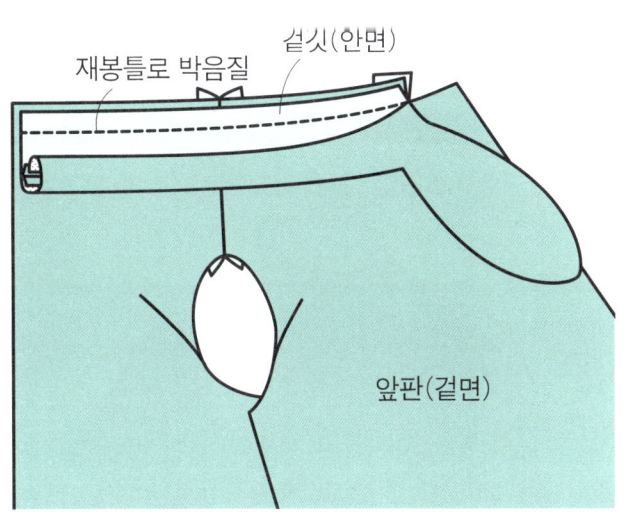

재봉틀로 박음질
겉깃(안면)
앞판(겉면)

7. 안깃을 몸판에 감쳐 붙이기

7-① 깃을 세워 시접을 겉깃과 안깃 사이에 넣습니다.
7-② 안깃 시접을 다리미로 접습니다.
7-③ 봉제선 바로 옆에 촘촘하게 감쳐 붙입니다.

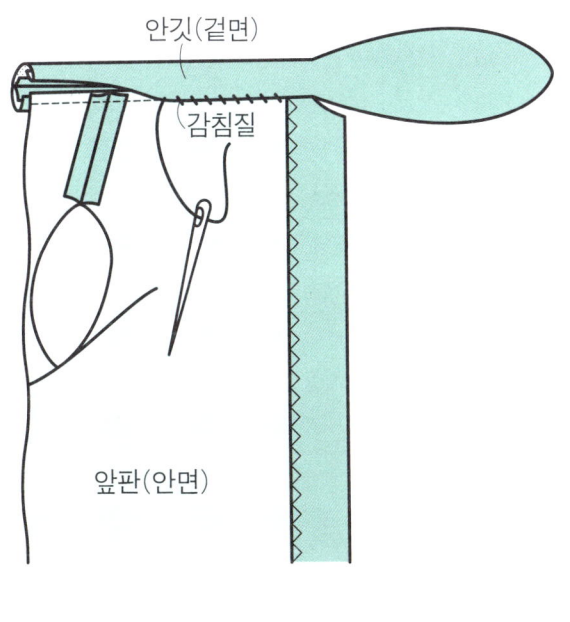

안깃(겉면)
감침질
앞판(안면)

롤 칼라

목을 감듯이 깃허리가 서 있고 꺾을 수 있는 옷깃을 말합니다. 여기서는 부드러운 깃을 만드는 방법을 소개합니다. 깃은 바이어스 방향으로 재단하고 심지를 사용하지 않습니다.

1. 깃 재단하기

목선에 잘 감기도록 하고자 하므로 깃은 바이어스 방향으로 재단합니다. 또한, 깃 바깥둘레에 봉제선이 나타나지 않도록 겉깃과 안깃을 이어서 재단합니다.

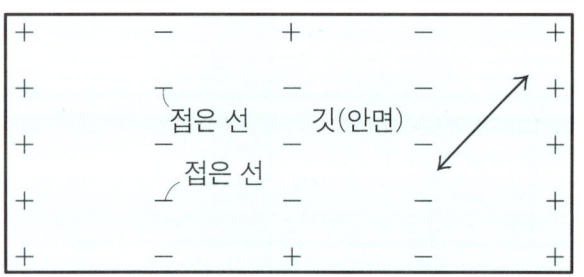

2. 깃 박기

2-① 깃을 겉면끼리 맞대어 두 겹으로 접습니다.
2-② 깃을 달 쪽의 시접을 2장 함께 시침실로 홈질(201쪽 참조)합니다.
2-③ 홈질한 실을 약간(1cm 정도) 당기고, 원단이 우는 부분은 다리미를 위에서 누르듯이 하여 평평하게 합니다.
2-④ 그 후 홈질한 실을 제거합니다.

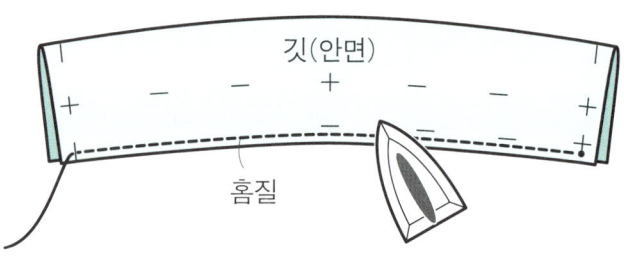

2-⑤ 다리미로 깃 바깥둘레를 살짝 늘려줍니다. 앞쪽으로 천을 당기면서 다림질합니다.

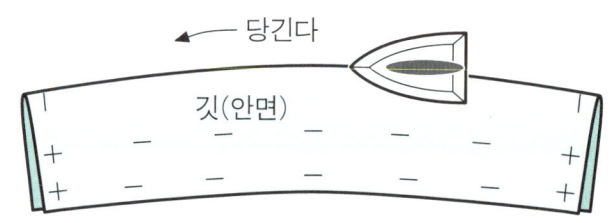

2-⑥ 깃 양쪽 가장자리를 완성선까지 재봉틀로 박습니다.

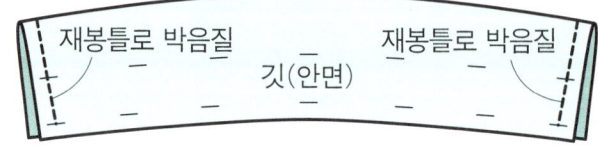

3. 겉깃의 시접 접기

겉깃 시접을 완성선을 따라 접습니다.

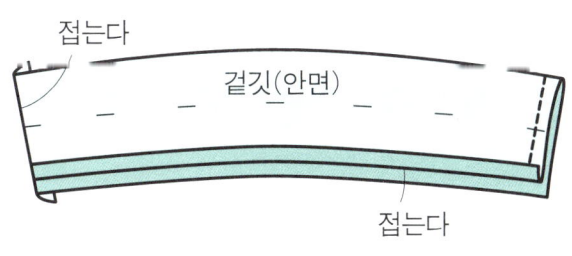

접는다
겉깃(안면)
접는다

4. 깃을 겉으로 뒤집기

깃을 겉으로 뒤집어 다리미로 모양을 잡아줍니다.

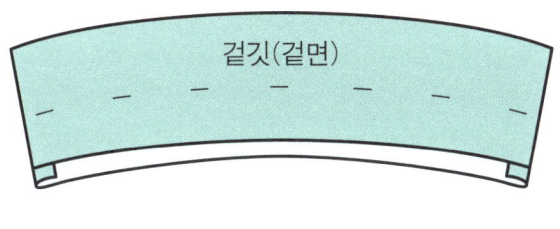

겉깃(겉면)

5. 깃을 몸판에 달기

5-① 몸판과 안감을 겉면끼리 맞대어 목둘레를 박습니다. 몸판의 트임은
이 과정 전에 만들어 둡니다.

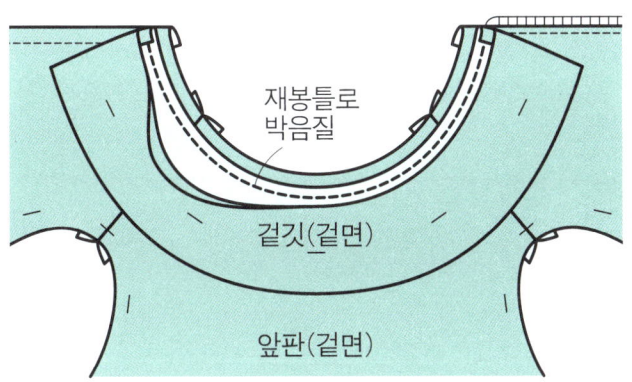

재봉틀로
박음질
겉깃(겉면)
앞판(겉면)

5-② 깃을 세워 접은 선에서 몸판 겉쪽으로 접습니다.

5-③ 접은 선에 감아시침(202쪽 참조)을 하여 접은 선을 고정한 후 겉깃
의 여유를 확인합니다.

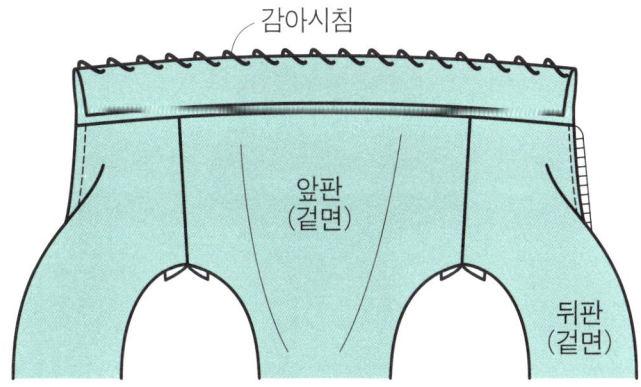

감아시침
앞판(겉면)
뒤판(겉면)

6. 겉깃을 몸판에 달기

6-① 겉깃의 여유를 확인하면서 봉제선 바로 옆에 촘촘하게 감쳐 붙입
니다.

6-② 감침질이 끝난 후 접은 선에 감아시침한 실을 제거합니다.

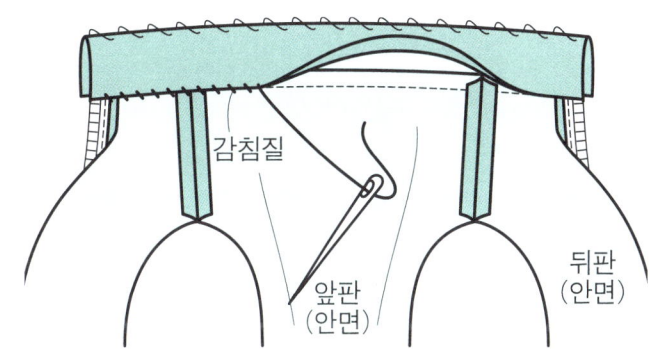

감침질
앞판(안면)
뒤판(안면)

7. 걸고리단추 달기

이 상태로는 깃이 벌어지므로 뒤 중심에 걸고리단추를 답니다.

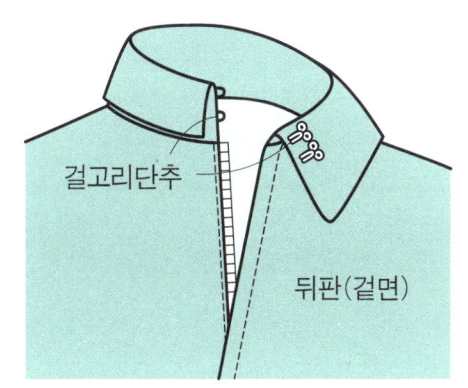

걸고리단추
뒤판(겉면)

오픈 칼라

벌어진 칼라로 나이, 성별을 불문하고 오랫동안 폭넓게 애용되어 온 옷깃입니다. 여기서는 1장으로 만들어 블라우스에 다는 방법을 소개합니다. 울 소재인 경우는 테일러드 칼라 만드는 방법 (348~351쪽 참조)을 참고하세요.

2. 안깃에 접착심지 붙이기

안깃 안면에 다리미로 접착심지를 붙입니다.

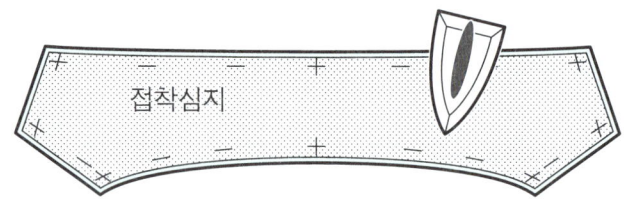

3. 깃 박기

겉깃과 안깃을 겉면끼리 맞대어 A점에서 B점까지 재봉틀로 박습니다.

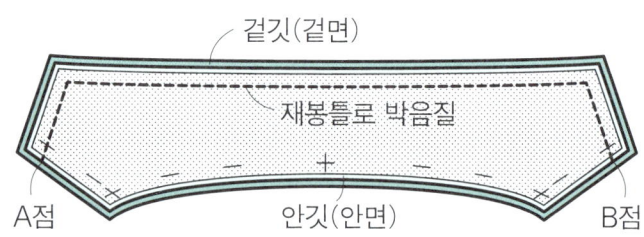

1. 깃 재단하기

깃을 2장 같은 치수로 재단합니다.

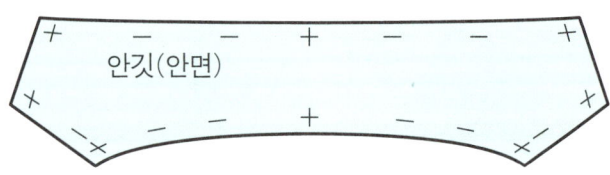

4. 깃을 겉으로 뒤집기

4-① 3의 봉제선을 다림질합니다.
4-② 겉으로 뒤집고, 안깃이 겉깃에서 보이지 않도록 다림질하여 정돈합 니다.

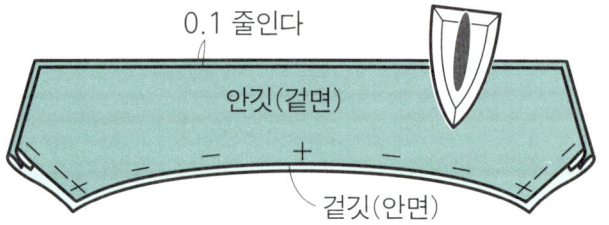

5. 몸판과 안단을 박기

5-① 몸판과 안단을 겉면끼리 맞대어 표시한 부분까지 재봉틀로 박습니다.

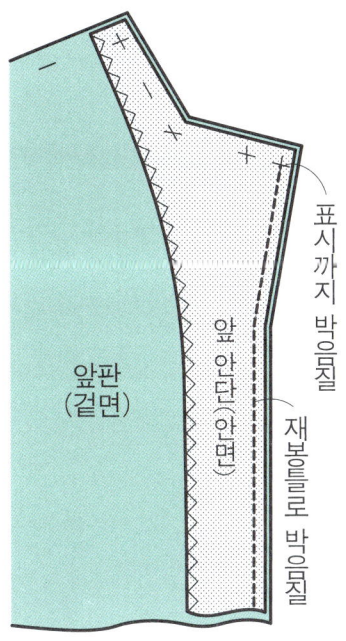

앞판(겉면)

앞 안단(안면)

표시까지 박음질

재봉틀로 박음질

5-② 시접을 다리미로 가름솔 처리합니다.
5-③ 안단을 몸판 안쪽으로 뒤집습니다.
5-④ 겉쪽에서 안단이 보이지 않도록 다리미로 정돈합니다.

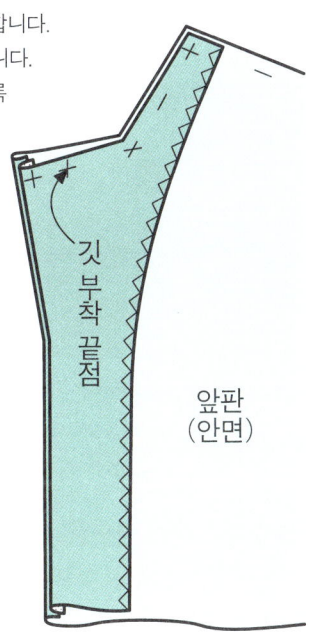

깃 부착 끝점

앞판(안면)

6. 안단 어깨선 박기

6-① 뒤 목둘레 안단과 앞 안단의 어깨선을 박아 연결합니다.
6-② 시접을 다리미로 가름솔 처리합니다.

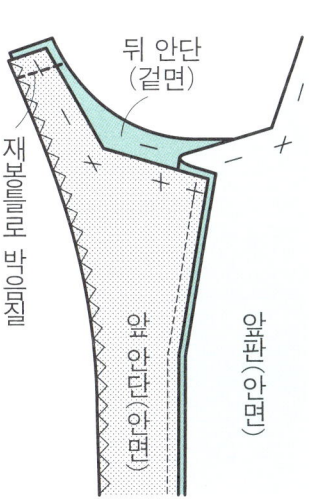

뒤 안단(겉면)

재봉틀로 박음질

앞 안단(안면)

앞판(안면)

7. 깃을 몸판에 달기

7-① 몸판 어깨선을 박습니다.
7-② 몸판의 겉면과 안깃을 맞춰 놓습니다.
7-③ 그 위에 안단 안면이 위에 위치하도록 놓고 시침질합니다.
7-④ 가장자리에서 가장자리까지 목둘레를 재봉틀로 박습니다.
7-⑤ 시접에 가위집을 넣습니다.

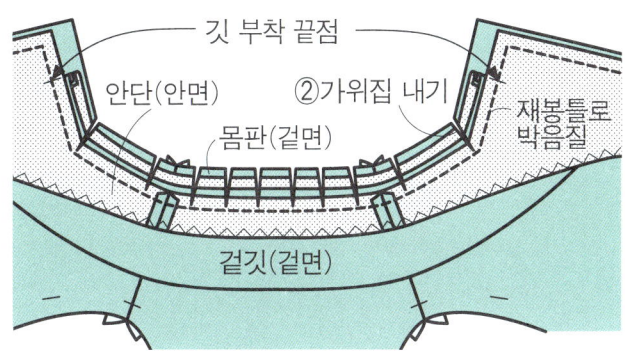

깃 부착 끝점

안단(안면)   ②가위집 내기

몸판(겉면)

재봉틀로 박음질

겉깃(겉면)

8. 안단을 겉으로 뒤집기

8-① 7-④의 봉제선을 다림질합니다.
8-② 깃, 안단의 시접을 몸판 쪽으로 눕힙니다.
8-③ 안단을 몸판 안쪽으로 뒤집습니다.
8-④ 그림과 같이 재봉틀로 박습니다.

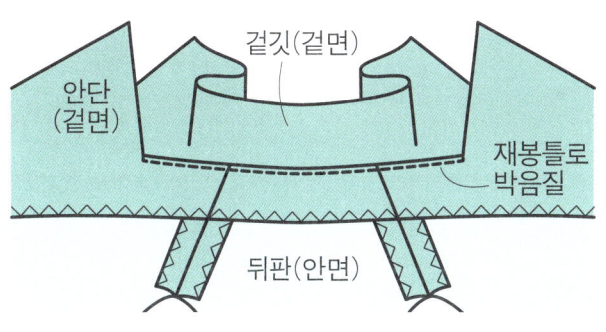

겉깃(겉면)

안단(겉면)

재봉틀로 박음질

뒤판(안면)

9. 깃 둘레를 재봉틀로 박기

앞단선부터 깃 둘레를 연결하여 재봉틀로 박습니다.

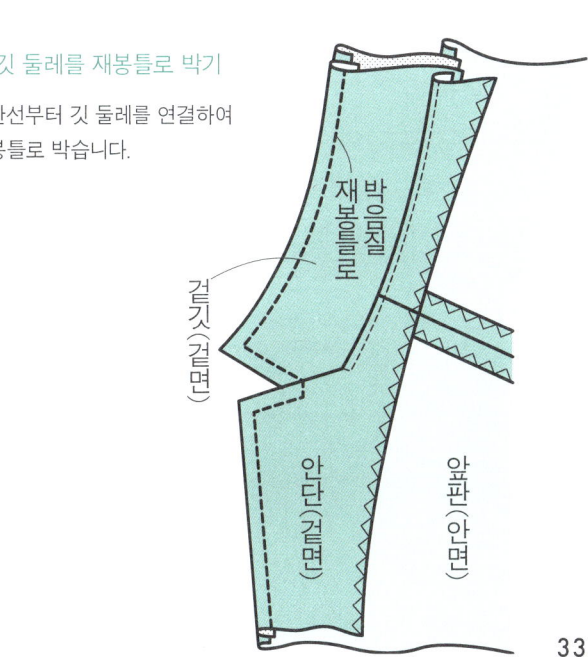

재봉틀로 박음질

겉깃(겉면)

안단(겉면)

앞판(안면)

오블롱 칼라

오블롱(oblong)이란 장방형을 의미하는 것으로 깃 둘레가 하나로 이어져서 개방형으로 된 깃입니다. 깃 언저리에 솔기선이 보이는 것이 특징입니다.

1. 겉깃과 안깃 재단하기

1-① 겉깃은 뒤 중심을 골선으로 하여 재단합니다.
1-② 안깃은 바이어스 방향으로 2장 재단합니다.

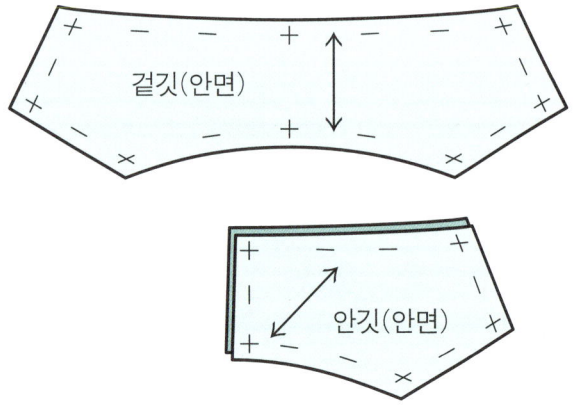

2. 안깃의 뒤 중심선 박기

2-① 안깃을 겉면끼리 맞대어 뒤 중심을 재봉틀로 박습니다.

2-② 뒤 중심의 봉제선을 다리미로 가름솔 처리합니다.

3. 겉깃에 접착심지 붙이기

겉깃 안면에 다리미로 접착심지를 붙입니다.

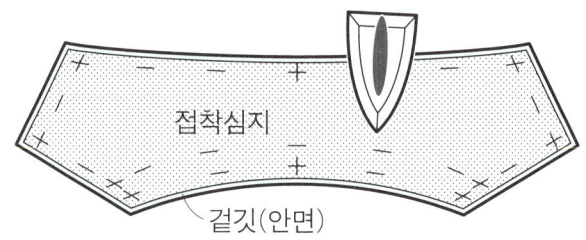

4. 안단에 접착심지 붙이기

4-① 앞 안단 안면에 다리미로 접착심지를
    붙입니다.
4-② 안단 가장자리는 오버로크 박음질 또
    는 지그재그 박음질을 하여 처리합니
    다.(안감을 붙일 때는 필요 없습니다.)

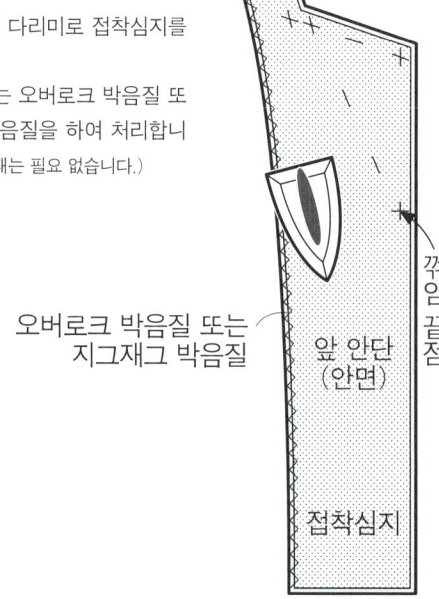

5. 몸판과 안깃 박기

5-① 몸판과 안깃을 겉면끼리 맞대어 시침질합니다.
5-② 가장자리에서 가장자리까지 재봉틀로 박습니다.

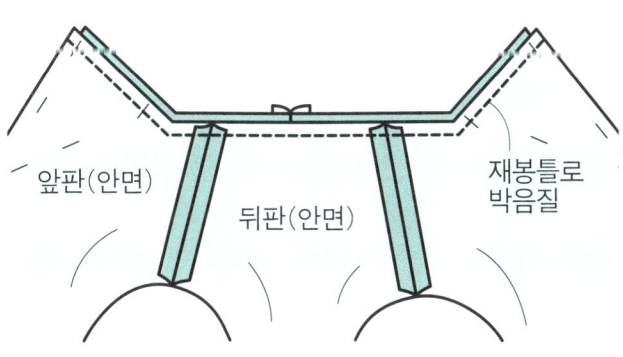

앞판(안면)
뒤판(안면)
재봉틀로 박음질

6. 시접을 가름솔로 처리하기

6-① 5-②에서 박은 봉제선을 다림질합니다.
6-② 시접을 가름솔로 처리합니다.
6-③ 모서리가 되는 시접에 가위집을 넣습니다.

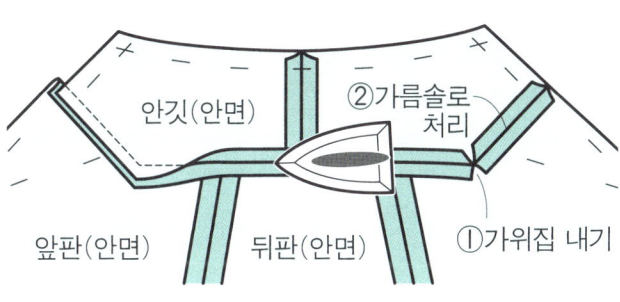

안깃(안면)
②가름솔로 처리
앞판(안면)
뒤판(안면)
①가위집 내기

7. 안단과 겉깃 박기

7-① 안단과 겉깃을 겉면끼리 맞대어 새봉틀로 박습니다.
7-② 다리미로 시접을 가름솔 처리합니다.

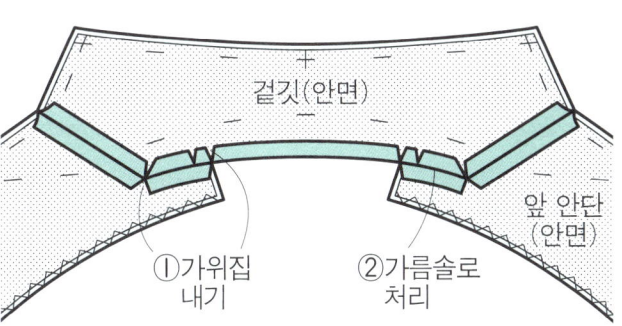

겉깃(안면)
앞 안단(안면)
①가위집 내기
②가름솔로 처리

8. 겉깃과 안깃을 박아 연결하기

안깃, 몸판과 겉깃, 안단의 겉면끼리 맞춰 밑단에서부터 목둘레를 한 바퀴 쭉 재봉틀로 박음질합니다.

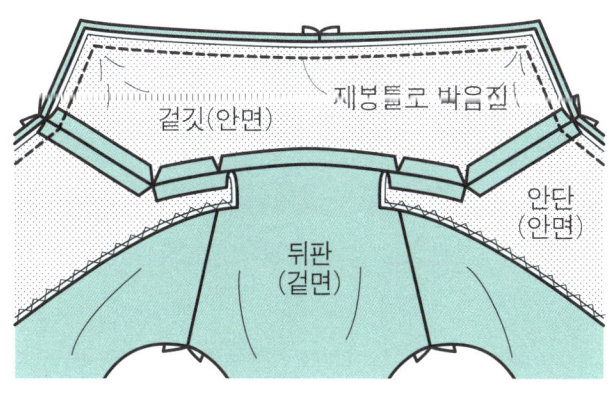

겉깃(안면)
재봉틀로 박음질
안단(안면)
뒤판(겉면)

9. 안단, 깃을 겉으로 뒤집기

9-① 8에서 박은 봉제선을 다림질합니다.
9-② 안단, 겉깃을 겉으로 뒤집습니다.
9-③ 꺾임 끝점에서 위쪽은 겉깃 쪽에서 안깃이 보이지 않도록, 꺾임 끝점에서 아래쪽은 겉에서 안단이 보이지 않도록 다리미로 모양을 잡아줍니다.

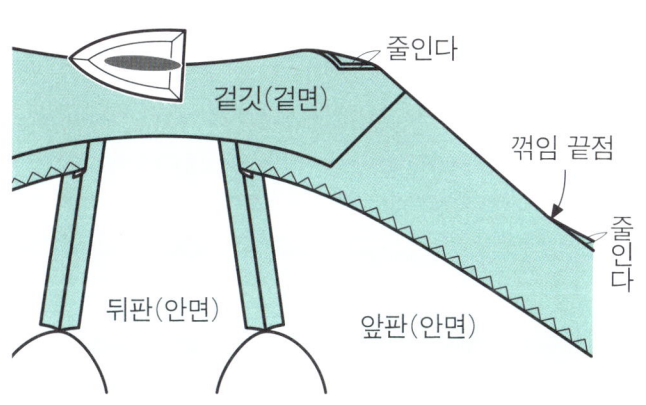

줄인다
겉깃(겉면)
꺾임 끝점
줄인다
뒤판(안면)
앞판(안면)

10. 안단을 감쳐 붙이기

겉깃의 뒤 목둘레와 안단의 어깨선을 몸판에 감쳐서 붙입니다.

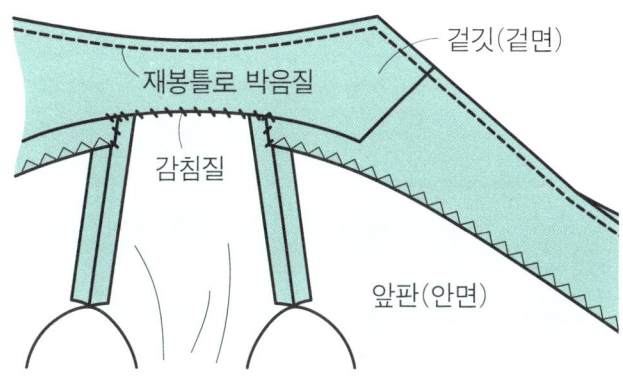

겉깃(겉면)
재봉틀로 박음질
감침질
앞판(안면)

프릴 칼라

목둘레에 폭이 넓은 프릴을 달아 만듭니다. 가능한 한 얇은 원단을 골라 1장으로 만듭니다. 원단에 따라 프릴의 폭이나 개더 분량을 조절하세요.

1. 프릴 재단하기

바이어스 방향, 세로 방향, 가로 방향 등 올 방향에 따라 분위기가 달라지므로 디자인에 맞춰 올 방향을 선택하세요.

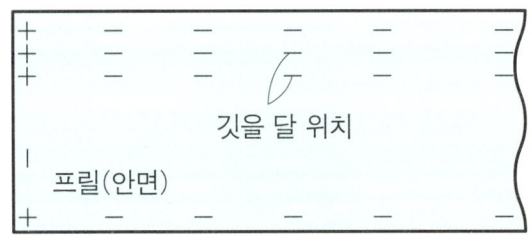

2. 프릴 재단선 처리하기

2-① 완성선 표시에서 0.2cm 바깥쪽을 재봉틀로 박습니다.
2-② 봉제선에 바짝 붙여서 시접을 잘라냅니다.

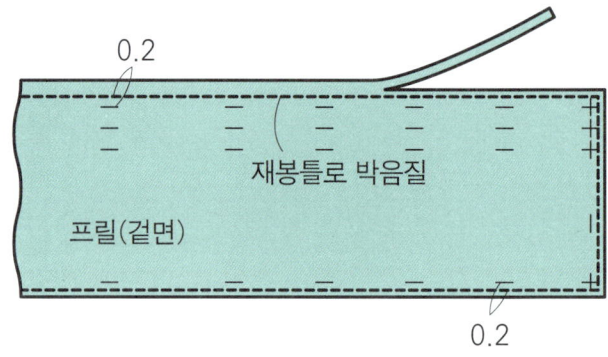

2-③ 봉제선을 심지 삼아 촘촘하게 말아박기(222쪽 참조) 합니다. 겉으로 나오는 봉제선은 가능한 한 작게 합니다.

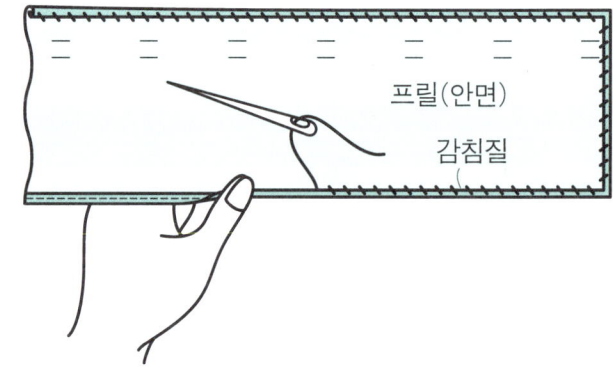

3. 프릴을 달 치수에 맞춰 줄이기

3-① 깃달선의 시접을 홈질합니다. 재봉틀의 바늘땀을 가장 크게 해서 박아도 좋습니다.2-② 봉제선에 바짝 붙여서 시접을 잘라냅니다.

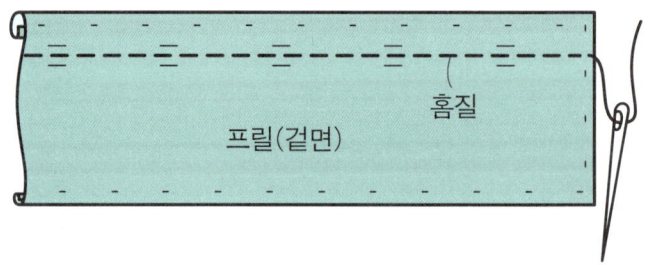

3-② 홈질한 실을 당겨 프릴을 목둘레에 달 치수에 맞게 줄입니다. 주름을 균등하게 잡히도록 하세요.

균등하게 주름을 잡는다

프릴(겉면)

4. 몸판 어깨선 박기

4-① 몸판 어깨선을 박아 뒤 중심의 트임을 처리해 둡니다.
4-② 목둘레는 오버로크 박음질 또는 지그재그 박음질을 하여 처리합니다.

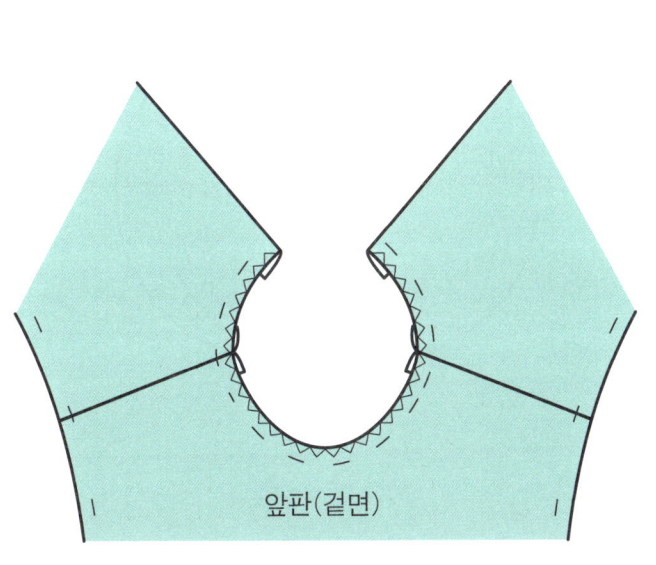

앞판(겉면)

5. 몸판에 프릴 달기

5-① 프릴 안면과 몸판 겉면을 맞춰 둡니다.
5-② 프릴을 목둘레의 형태에 맞춰 얹고 전체의 개더 모양을 보면서 시침핀으로 고정해 나갑니다.
5-③ 시침질합니다.

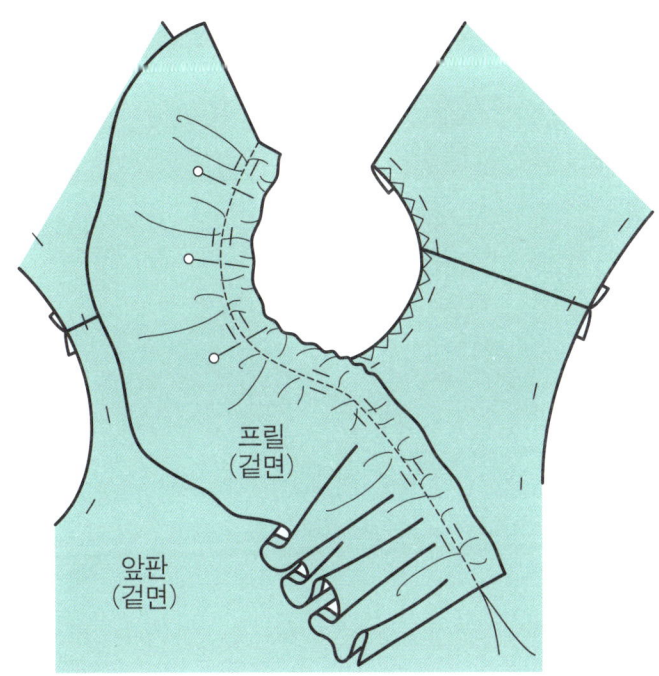

프릴
(겉면)

앞판
(겉면)

5-④ 프릴의 개더가 어긋나지 않도록 주의하면서 재봉틀로 박습니다.
5-⑤ 다 박은 후에는 시침한 실, 홈질한 실을 제거합니다.

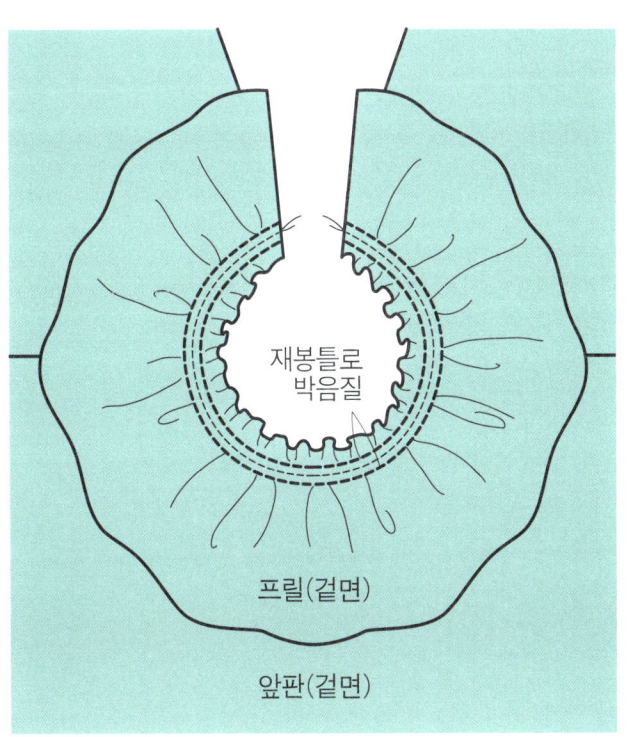

재봉틀로
박음질

프릴(겉면)

앞판(겉면)

캐스케이드 칼라

캐스케이드란 폭포라는 뜻으로 목둘레에서 나타나는 드레이프
가 폭포가 흐르는 듯한 분위기를 연출합니다. 1장으로 가볍게
만듭니다. 부드러운 원단에 적합한 디자인입니다.

1. 깃 재단하기

뒤 중심을 골선으로 하여 재단할 수는 없으므로 좌우 대칭으로 2장을 재
단합니다.

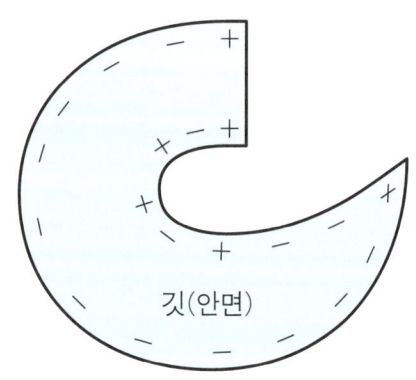

2. 깃의 뒤 중심 박기

2-① 깃을 겉면끼리 맞대어 뒤 중심을 재봉틀로 박습니다.

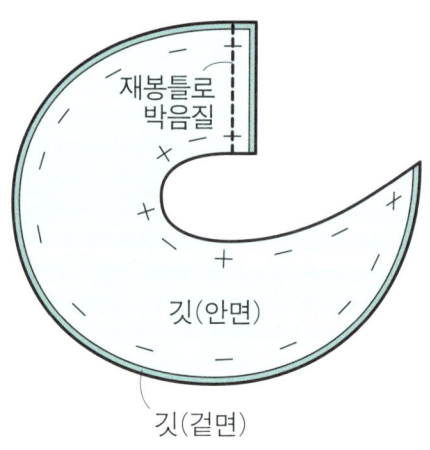

2-② 봉제선을 다림질합니다.
2-③ 그 후 다리미로 시접을 가름솔 처리합니다. 원단이 얇은 경우 등에는
　　 다리미 온도에 주의하세요.

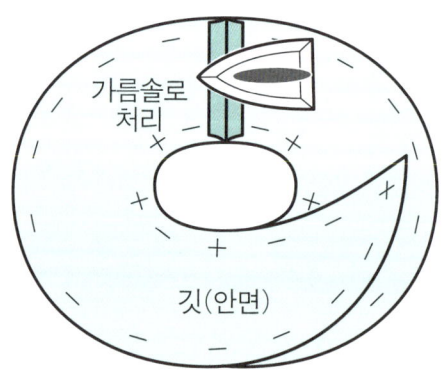

3. 깃 바깥둘레 박기

깃 바깥둘레를 두 번 접어 끝단 접어박기(220쪽 참조)로 처리합니다. 특히 바이어스 방향으로 되어 있는 부분은 늘어나지 않도록 주의하세요.

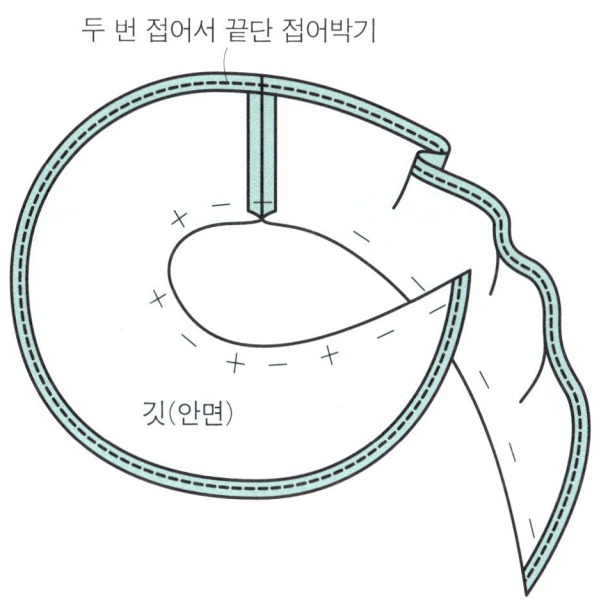

두 번 접어서 끝단 접어박기

깃(안면)

5. 몸판에 깃 달기

5-① 깃 위에 바이어스 테이프를 얹습니다.
5-② 목둘레를 재봉틀로 박습니다. 목둘레가 늘어나지 않도록 주의하세요.

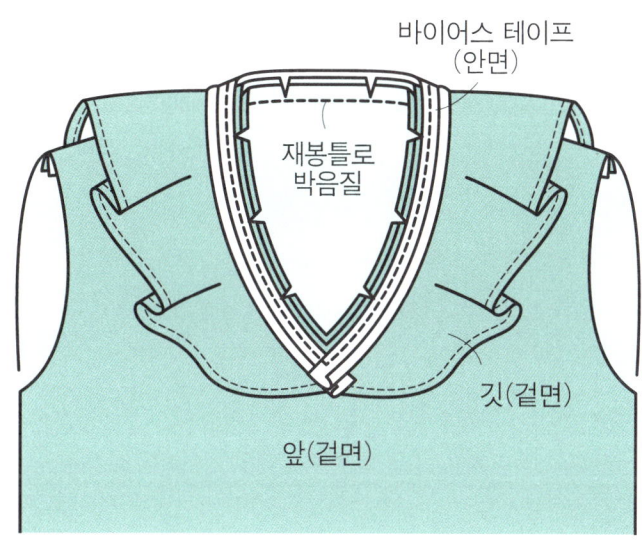

바이어스 테이프
(안면)

재봉틀로
박음질

깃(겉면)

앞(겉면)

4. 몸판에 깃을 배치

4-① 몸판 어깨선을 박습니다.
4-② 몸판의 겉면과 깃의 안면을 맞춰 시침핀으로 고정합니다.
4-③ 플레어의 느낌을 살피면서 완성선에서 0.2cm 시접 쪽을 재봉틀로 박습니다.
4-④ 깃이 우는 부분에 가위집을 넣고 목둘레에 맞춥니다.

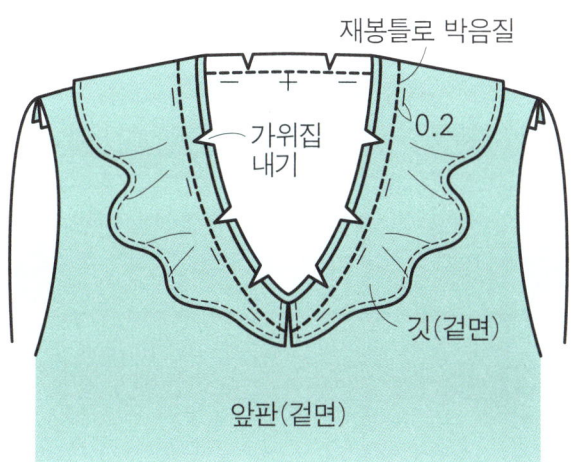

재봉틀로 박음질

가위집
내기

0.2

깃(겉면)

앞판(겉면)

6. 바이어스 테이프를 몸판에 감쳐 붙이기

6-① 바이어스 테이프를 몸판 안면 쪽으로 접어 시접을 감쌉니다.
6-② 촘촘하게 감침질합니다.

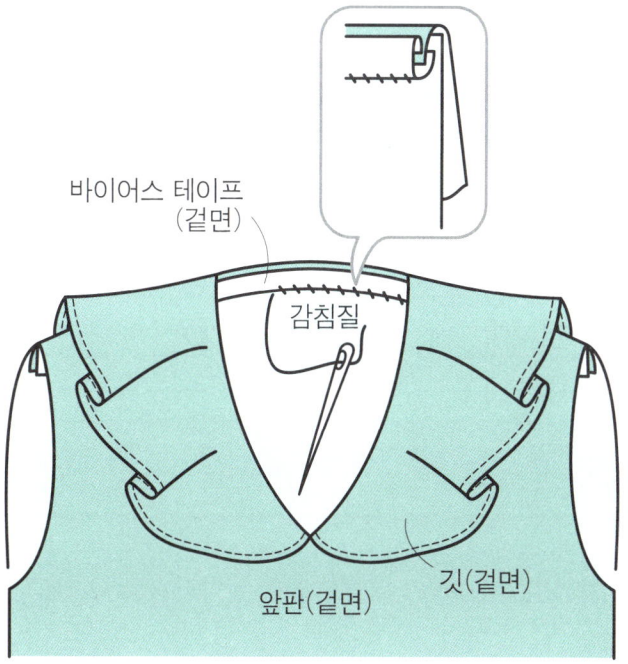

바이어스 테이프
(겉면)

감침질

앞판(겉면)

깃(겉면)

윙 칼라

윙은 날개라는 뜻으로 마치 날개를 편 것처럼 보인다는 점에서 이런 명칭이 붙었습니다. 꺾임 끝점 밑에서 안단에 잇대어 마무리합니다.

1. 안깃 재단하기

뒤 중심에 봉제선을 안으로 집어넣듯이 바이어스 방향으로 좌우 대칭 2장을 재단합니다.

2. 안단 및 겉깃 재단하기

이 깃은 안단과 겉깃을 이어서 만드는 깃입니다. 뒤 중심을 골선으로 하여 재단하면 안단 부분이 바이어스 방향이 됩니다. 형태가 망가지는 원인이 되므로 꺾임 끝점에서 약간 아래에서 잇대도록 하여 안단 부분은 세로 방향으로 재단합니다.(잇대는 위치는 제도에 지시되어 있습니다.)

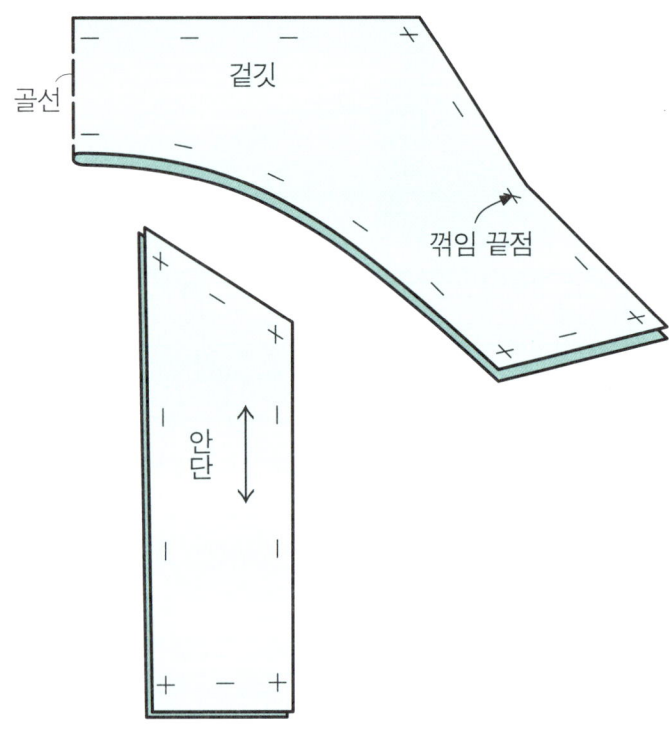

3. 안단 및 겉깃에 접착심지 붙이기

안단 및 겉깃의 안면에 접착심지를 붙입니다.

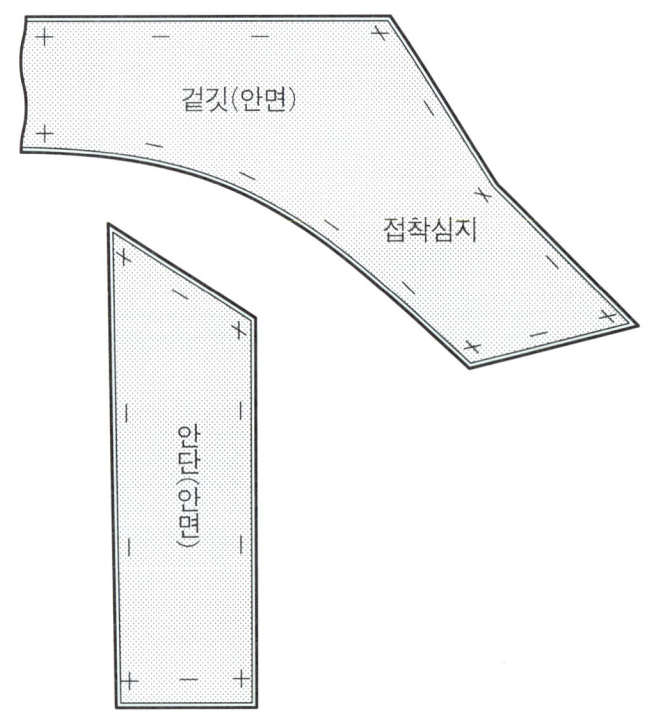

4. 안단과 깃을 박아 연결하기

4-① 안단과 겉깃을 겉면끼리 맞대어 재봉틀로 박습니다.

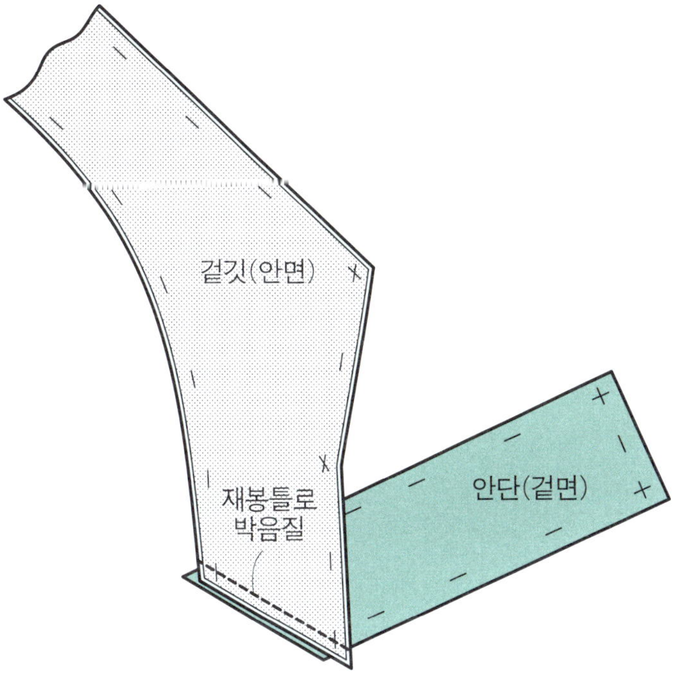

겉깃(안면)

재봉틀로
박음질

안단(겉면)

4-② 봉제선을 다림질합니다.
4-③ 다리미로 시접을 가름솔 처리합니다.
4-④ 안단 가장자리를 오버로크 박음질 또는 지그재그 박음질로 처리합니다.

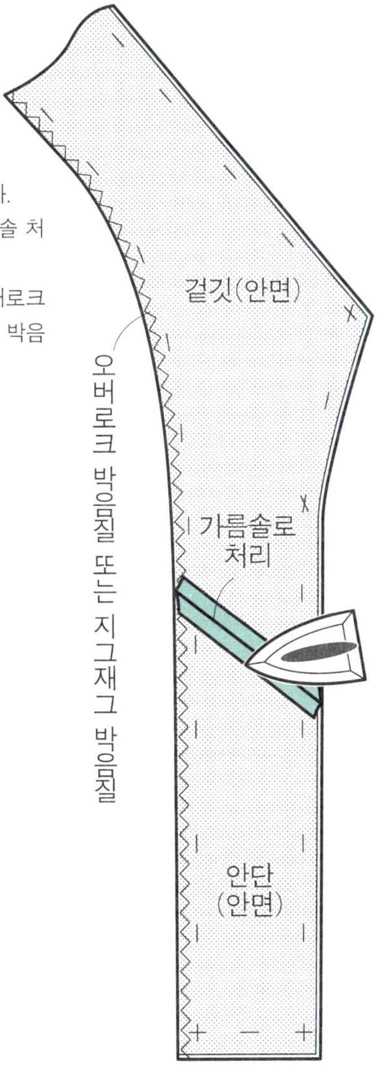

오버로크 박음질 또는 지그재그 박음질

겉깃(안면)

가름솔로 처리

안단
(안면)

5. 안깃의 뒤 중심 박기

5-① 안깃을 겉면끼리 맞대어 뒤 중심을 재봉틀로 박습니다. 바이어스 방향이므로 늘어나지 않도록 주의하세요.

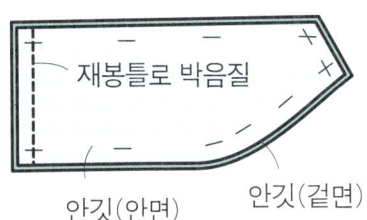

재봉틀로 박음질

안깃(안면)   안깃(겉면)

5-② 봉제선을 다림질합니다.
5-③ 다리미로 시접을 가름솔 처리합니다.

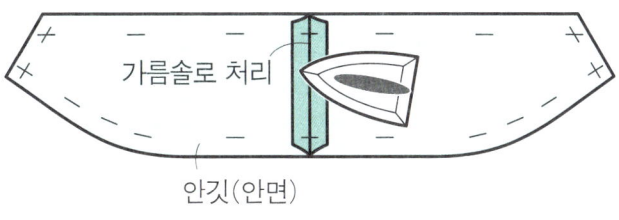

가름솔로 처리

안깃(안면)

6. 몸판과 안깃 박기

6-① 몸판과 안깃을 겉면끼리 맞댑니다. 몸판과 안깃의 곡선이 반대이므로
　　확실하게 시침질하세요.

6-③ 다 박은 후에는 곡선 부분의 시접에 가위집을 넣습니다.

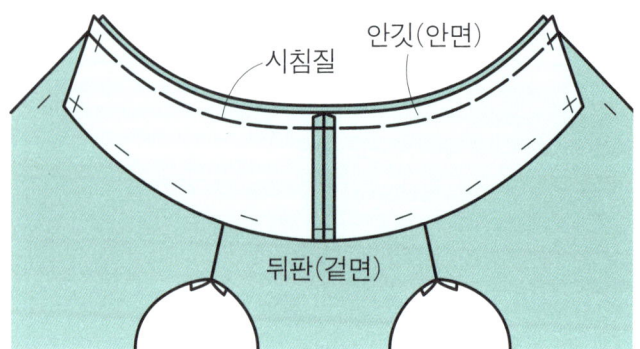

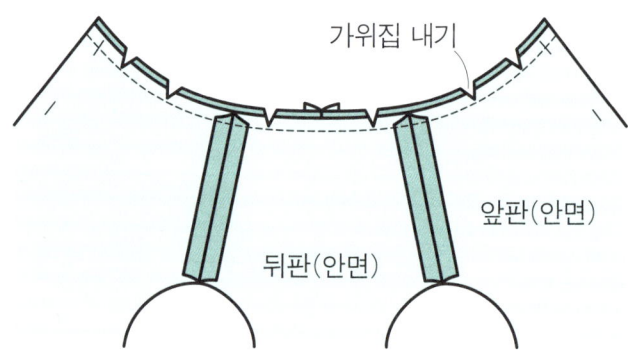

6-② 몸판과 안깃을 재봉틀로 박습니다. 가장자리에서 가장자리까지 매끈
　　한 곡선으로 박아주세요.

6-④ 6-②의 봉제선을 다림질합니다.
6-⑤ 다리미로 시접을 가름솔 처리합니다.

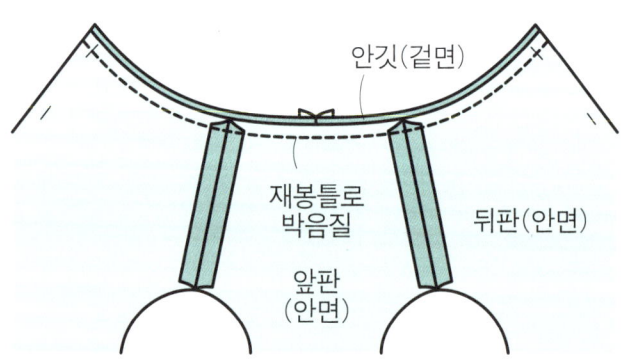

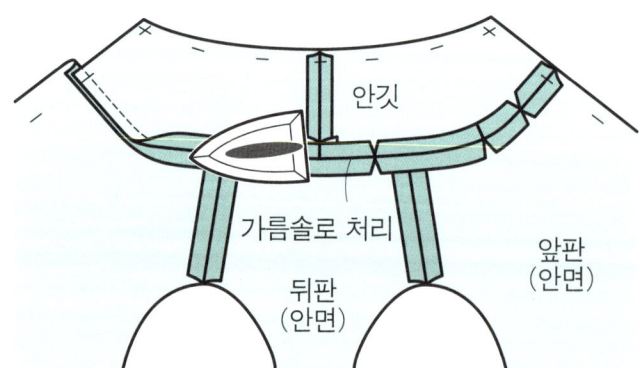

7. 안깃 및 몸판과 겉깃 및 안단을 박기

7-① 안깃 및 몸판과 겉깃 및 안단을 겉면끼리 각각 맞대어 시침질합니다.

7-② 재봉틀로 박습니다. 꺾임 끝점에서 위쪽은 겉깃을 완성선에서 0.1cm 바깥쪽, 안깃은 0.1cm 안쪽을 맞춰 박고, 꺾임 끝점에서 아래쪽은 몸판 쪽을 완성선에서 0.1cm 바깥쪽, 안단은 0.1cm 안쪽을 맞춰 박습니다.

7-⑤ 시접을 다리미로 겉깃 쪽으로 접습니다.

7-⑥ 모서리가 말끔하게 마무리되도록 겹치는 시접은 잘라냅니다.

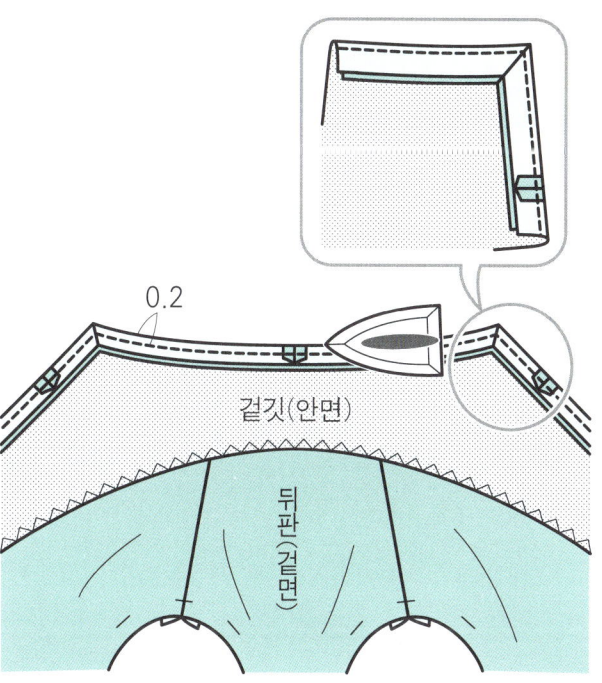

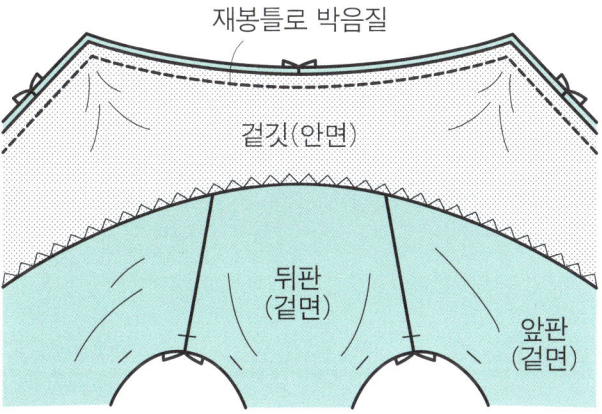

7-③ 봉제선을 다림질합니다.

7-④ 다리미로 시접을 가름솔 처리합니다.

8. 깃을 겉으로 뒤집기

8-① 깃을 겉으로 뒤집습니다.

8-② 꺾임 끝점에서 위쪽 부분은 안깃 쪽을 겉깃에서 0.1cm 줄이고, 꺾임선에서 아래는 안단 쪽을 0.1cm 줄여서 다리미로 정리합니다.

8-③ 깃의 바깥둘레를 재봉틀로 박습니다.

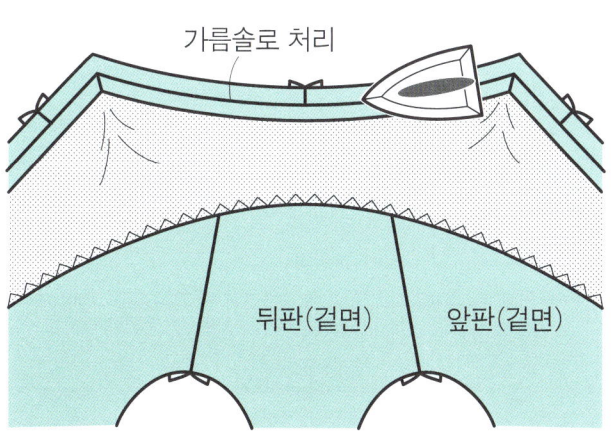

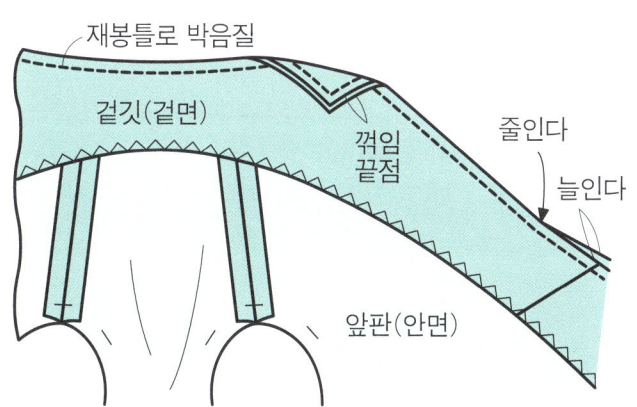

347

테일러드 칼라

재킷의 깃에서 흔히 볼 수 있는 형태입니다. 샤프하게 완성하기 위해 중간 두께나 두꺼운 원단을 사용해 심지를 붙여서 만듭니다.

1. 겉깃 재단하기

겉깃을 재단합니다.

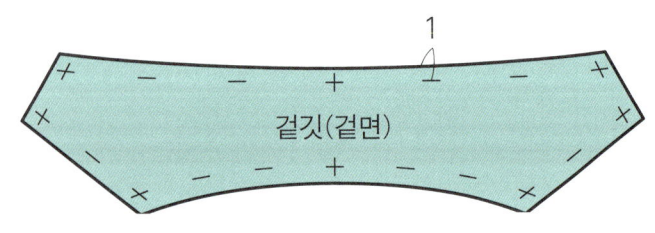

2. 안깃 재단하기

겉깃에 여유가 필요하므로 겉깃보다 시접 폭을 0.2cm 작게 합니다.

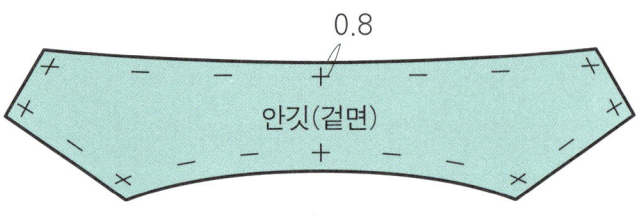

3. 깃에 접착심지 붙이기

3-① 접착심지를 안깃 안면에 다리미로 붙입니다. 조금 단단한 접착심지를 골라 사용하세요. 겉깃도 마찬가지로 붙입니다.

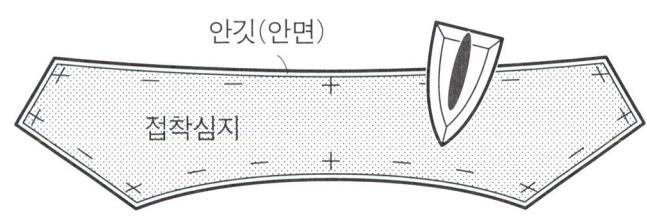

3-② 깃 모양을 단단하게 완성하기 위해 깃허리 부분에도 1장 더 접착심지를 겹쳐 붙입니다. 이것을 '보강심지(보강, 두께, 탄력 등을 위해 기초 심지 위에 덧붙이는 심지)'라고 합니다.

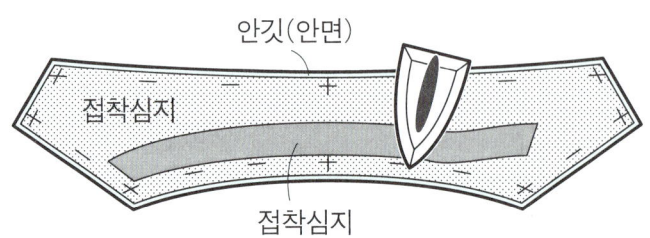

4. 깃허리를 재봉틀로 박기

깃허리의 접은 선 부분에 0.1cm 간격으로 두 줄을 박고 심지를 안깃에 꿰매 붙입니다.

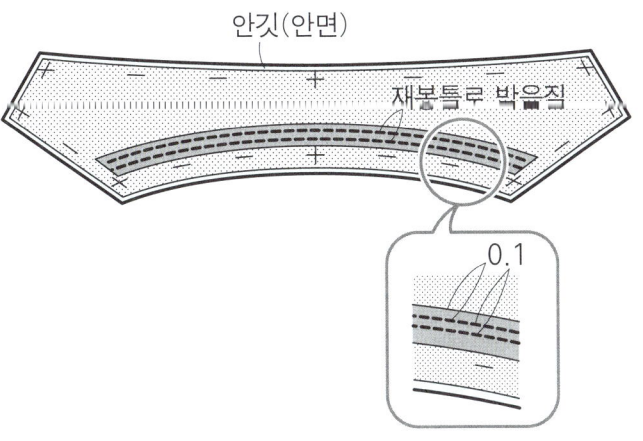

안깃(안면)

재봉틀로 박을짓

0.1

5. 라펠에 접착심지 붙이기

5-① 몸판의 라펠(앞 몸판에 이어져서 꺾인 부분)에 접착심지를 붙입니다. 접착심지는 꺾임선에서 3cm 안쪽, 그리고 꺾임 끝점에서 3cm 아래의 크기로 재단합니다. 접착심지는 평평하게 붙이면 라펠이 완성되었을 때 깔끔하게 꺾이지 않으므로 소매용 다리미판이나 수건을 방망이 모양으로 두껍게 만 것을 사용해서 다리미로 붙입니다.

5-② 접착심지 붙이기가 끝나면 그림과 같이 재봉틀로 박아 접착심지를 고정합니다.

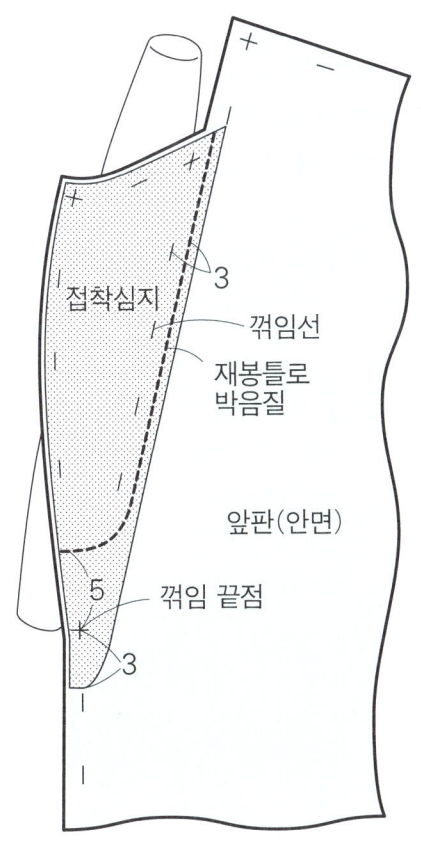

접착심지

3

꺾임선

재봉틀로 박음질

앞판(안면)

5

꺾임 끝점

3

6. 안단에 접착심지 붙이기

안단 안면에 접착심지를 다리미로 붙입니다.

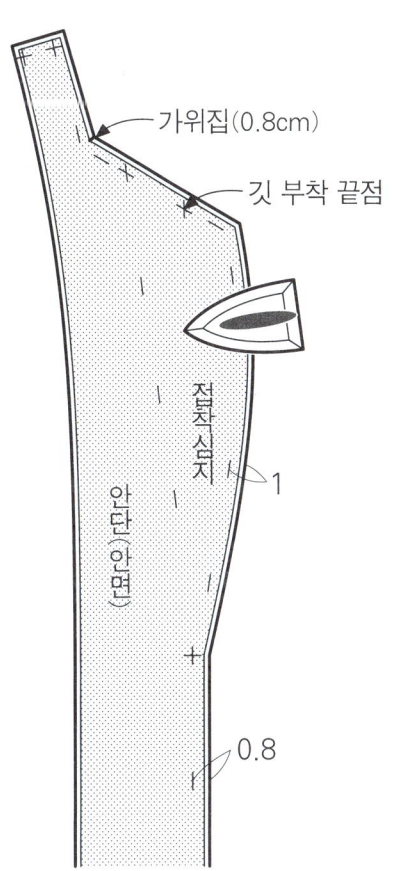

가위집(0.8cm)

깃 부착 끝점

접착심지

안단(안면)

1

0.8

7. 겉깃과 안단을 박아 연결하기

겉깃과 안단을 겉면끼리 맞대어 재봉틀로 박습니다.

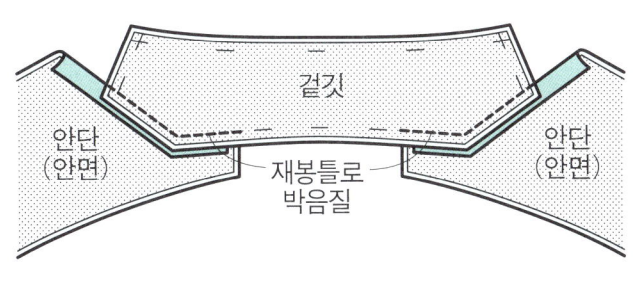

겉깃

안단(안면)

안단(안면)

재봉틀로 박음질

8. 시접을 가름솔로 처리하기

8-① 7의 시접을 다리미로 가름솔 처리합니다.
8-② 모서리 부문은 울지 않도록 가위집을 넣습니다.
8-③ 안단 가장자리까지 완성선을 따라 접습니다.

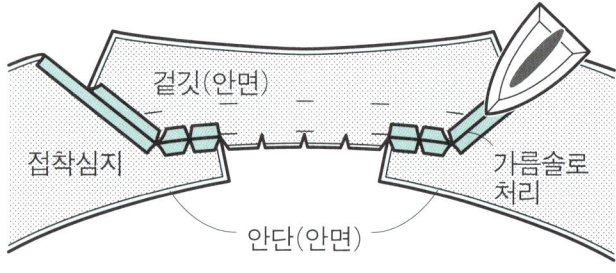

9. 몸판과 안깃을 박아 연결하기

9-① 몸판과 안깃을 겉면끼리 맞대어 깃 부착 끝점 위치까지 재봉틀로 박습니다. 모서리 부분은 바늘을 내린 상태에서 노루발을 올려 방향을 바꿔줍니다.

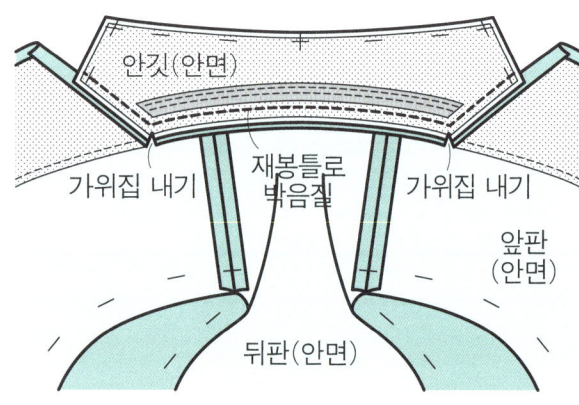

9-② 시접에 가위집을 넣습니다.
9-③ 시접을 다리미로 가름솔 처리합니다.

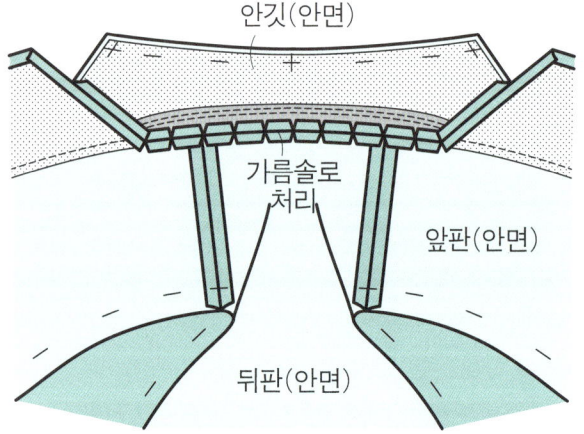

10. 겉깃과 안깃을 박을 준비하기

겉깃과 안깃을 겉면끼리 맞대어 박을 때 서로 어긋나지 않도록 '4점 고정(윗깃과 라펠의 움푹 들어간 점을 실로 연결해서 고정함)'을 합니다. 깃 부착 끝점 위치를 맞춰 그림에 표시한 차례대로 0.1cm 정도의 작은 땀으로 천을 떠서 실을 잡아당겨 움직이지 않도록 단단히 묶습니다. 실은 재봉틀용 실 2가닥을 사용합니다.

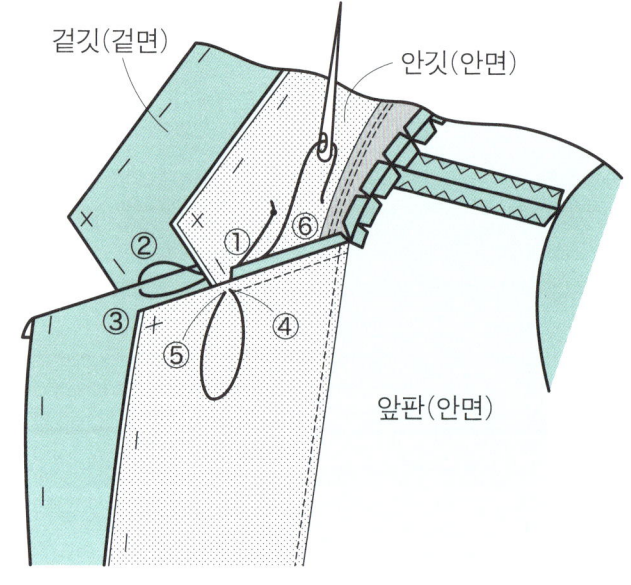

11. 안깃과 겉깃을 박기

11-① 겉깃과 안깃을 겉면끼리 맞대고, 안단과 라펠을 겉면끼리 맞댑니다.
11-② 재단선을 가지런히 맞춰 시침질합니다. 이때 겉깃 끝과 라펠 끝이 여유가 없지는 않은지 주의하면서 시침하세요.

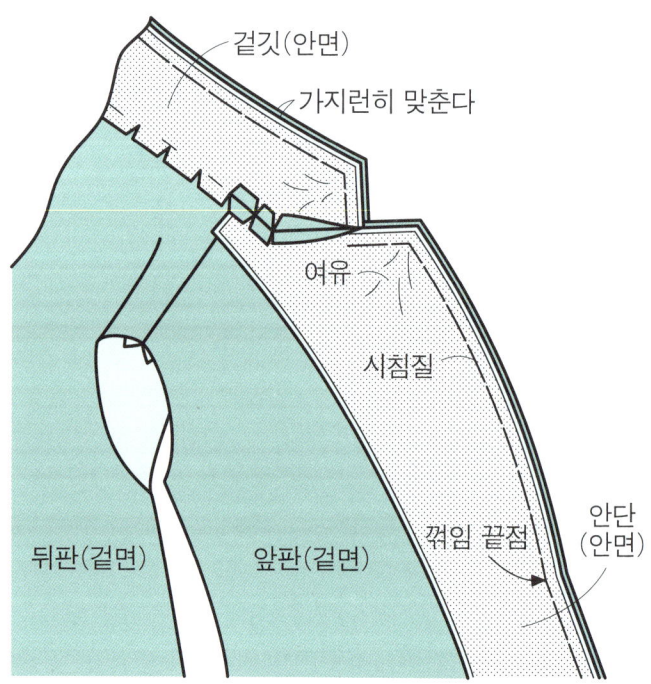

11-③ 안깃 쪽에서, 깃 둘레와 라펠의 꺾임 끝점에서 위쪽은 완성선대로 박고, 그보다 아래쪽은 완성선에서 0.2~0.3cm 시접 쪽을 박음질해줍니다.

13. 깃 둘레에서 앞단선을 박기

꺾임 끝점에서 위쪽은 겉깃 쪽에서부터, 꺾임 끝점에서 아래쪽은 몸판 쪽에서부터 재봉틀을 박습니다.

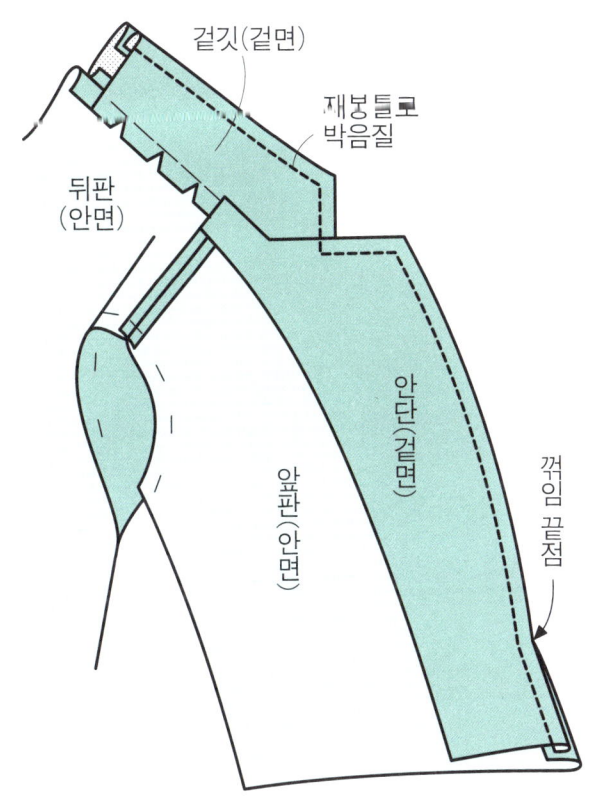

12. 깃과 몸판을 겉면으로 뒤집기

12-① 안깃과 몸판의 시접을 0.3~0.5cm 정도 폭으로 맞춰 잘라냅니다.
12-② 겉으로 뒤집습니다.
12-③ 안깃과 라펠을 줄이고, 꺾임 끝점에서 아래쪽은 안단을 줄여 다림질합니다.(339쪽 9 참조)
12-④ 안단과 몸판의 어깨를 시접끼리 시침하여 고정합니다.

14. 안감 달기

몸판 안감을 만들어 몸판 안감의 안면과 몸판 겉감의 안면을 맞대어 박고, 안단과 뒤 목둘레를 촘촘하게 감침질합니다.

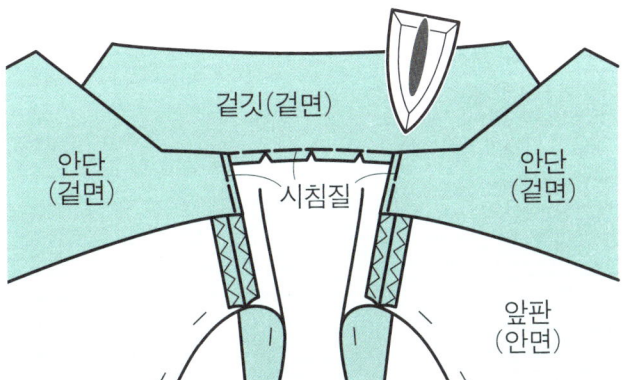

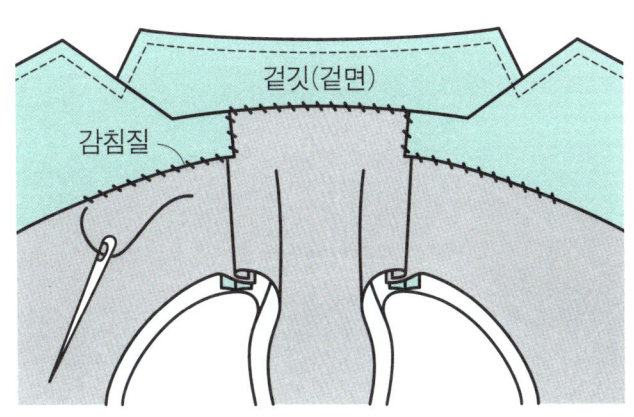

숄 칼라

숄을 걸친 것처럼 보이는 깃입니다. 턱시도의 깃에서도 볼 수 있습니다. 얇은 원단은 피하고 중간 두께의 원단이나 두꺼운 원단으로 단단하게 만들어보세요.

1. 안깃 재단하기

안깃은 바이어스 방향으로 뒤 중심을 봉제선으로 삼아 좌우 대칭 2장을 재단합니다. 깃 둘레의 시접은 겉깃에서 0.2cm 적은 0.8cm로 합니다.

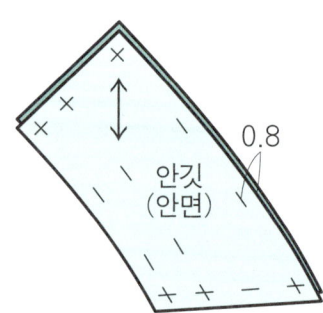

2. 겉깃 및 안단 재단하기

뒤 중심을 세로 방향으로 하여 겉깃과 안단을 이어서 재단합니다.

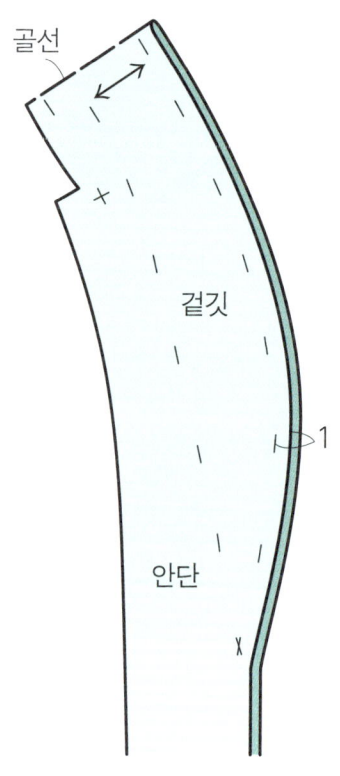

3. 뒤 목둘레 안단 재단하기

뒤 중심을 세로 방향으로 하여 뒤 목둘레 안단을 재단합니다.

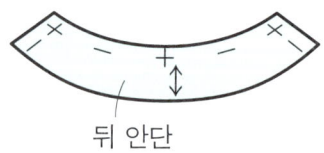

4. 뒤 목둘레 안단에 접착심지 붙이기

뒤 목둘레 안단에 다리미로 접착심지를 붙입니다.

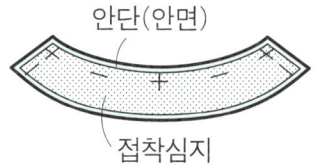

5. 겉깃 및 안단에 접착심지 붙이기

겉깃 및 안단의 안면에 다리미로 접착심지를 붙입니다.

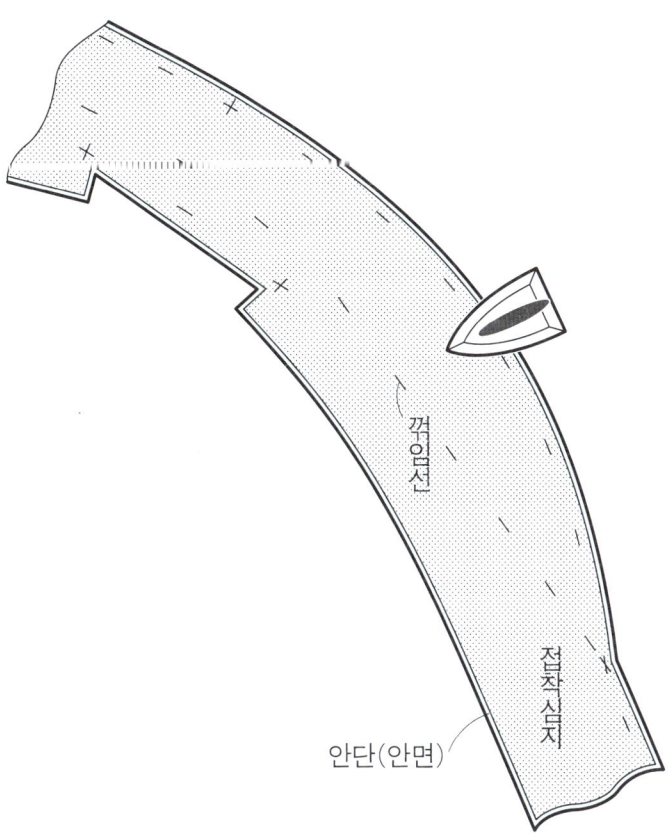

꺾임선

안단(안면)

접착심지

7. 안깃 중심 박기

7-① 안깃을 겉면끼리 맞대어 뒤 중심을 재봉틀로 박습니다.

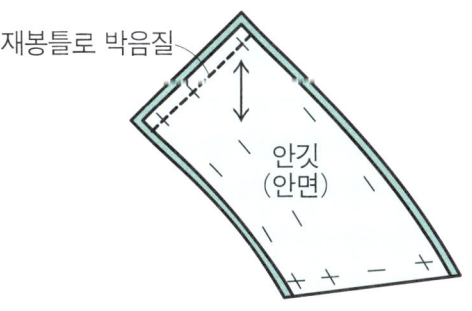

재봉틀로 박음질

안깃
(안면)

7-② 뒤 중심의 시접을 다리미로 가름솔 처리합니다.

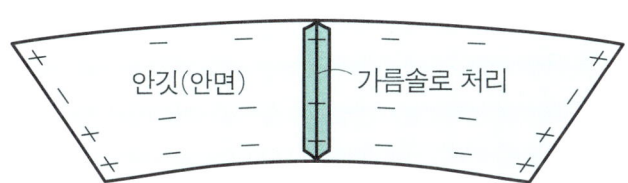

안깃(안면)   가름솔로 처리

6. 몸판에 접착심지 붙이기

몸판 앞단선 및 라펠 부분에 접착심지를 다리미로 붙입니다. 꺾임선에서 몸판 쪽은 평평하게 하여 붙이고, 라벨 부분은 소매용 다리미판 등에 감아가면서 붙입니다.

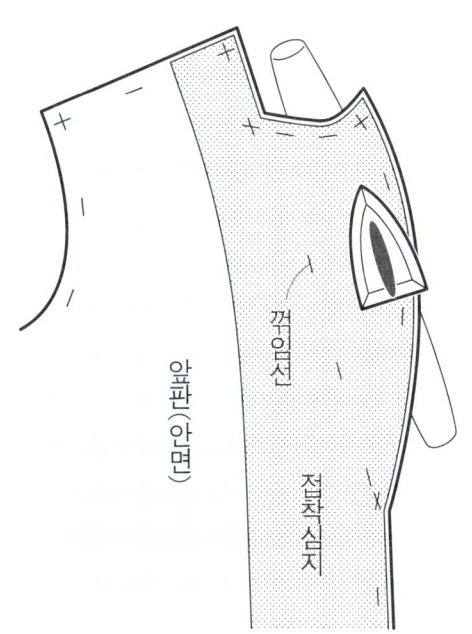

앞판(안면)

꺾임선

접착심지

8. 안깃에 접착심지 붙이기

안깃 안면에 다리미로 접착심지를 붙입니다.

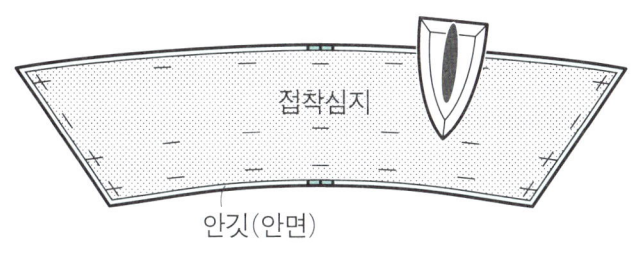

접착심지

안깃(안면)

9. 안깃과 몸판을 박아 연결하기

9-① 안깃과 몸판을 겉면끼리 맞대어 재봉틀로 박습니다. 모서리 부분은
바늘을 내린 상태에서 노루발을 올려 원단의 방향을 바꿔줍니다. 모
서리 시접에 가위집을 넣습니다.

10. 겉깃 및 안단과 뒤 목둘레 천을 박기

10-① 겉깃 모서리가 이 상태로는 약하므로 보강 원단(접착심지)을 붙입
니다.
10-② 겉깃 및 안단과 뒤 목둘레 안단을 겉면끼리 맞대어 재봉틀로 박아
줍니다.

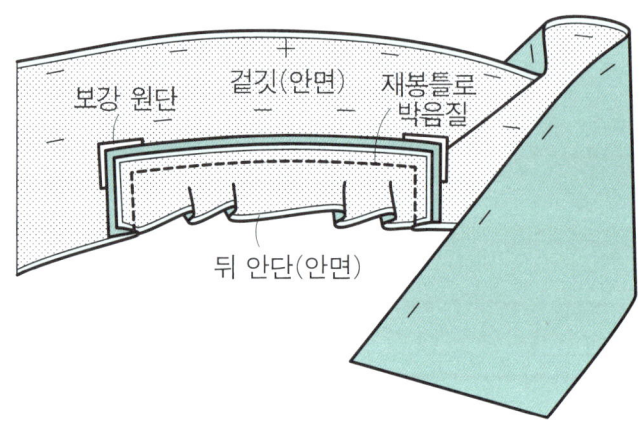

9-② 목둘레 시접에 가위집을 넣습니다.
9-③ 시접을 다리미로 가름솔 처리합니다.

10-③ 시접에 가위집을 넣습니다.
10-④ 다리미로 시접을 가름솔 처리합니다.

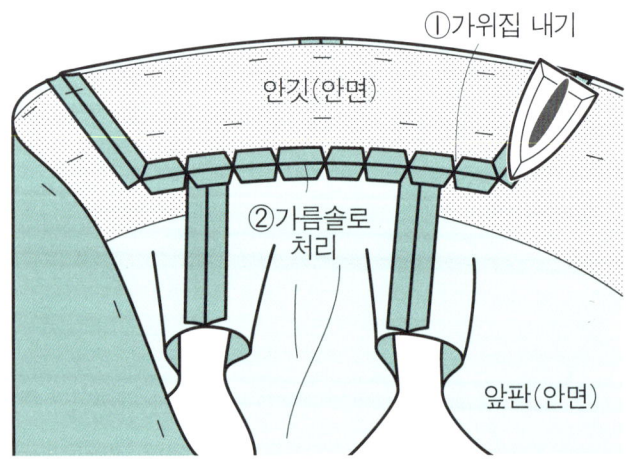

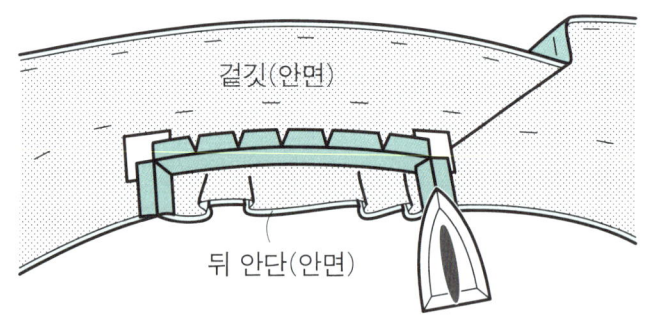

11. 겉깃과 안깃을 박기

11-① 겉깃과 안깃을 겉면끼리 맞댑니다. 겉깃은 완성선에서 0.1cm 바깥쪽, 안깃은 0.1cm 안쪽을 맞춰주세요. 또한, 꺾임 끝점에서 아래쪽의 경우 앞 몸판은 완성선에서 0.1cm 바깥쪽, 안단은 0.1cm 안쪽을 맞춥니다.

11-② 재봉틀로 박아줍니다.

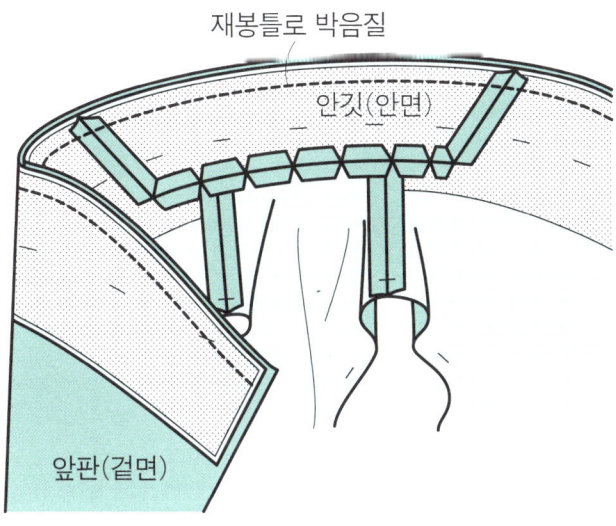

재봉틀로 박음질
안깃(안면)
앞판(겉면)

12. 깃을 겉으로 뒤집기

12-① 깃을 겉으로 뒤집습니다.

12-② 다리미로 모양을 잡아줍니다. 꺾임 끝점에서 위쪽은 안깃 쪽을 0.2cm 줄이고, 꺾임 끝점에서 아래쪽은 안단 쪽을 0.2cm 줄여 모양을 정돈합니다.

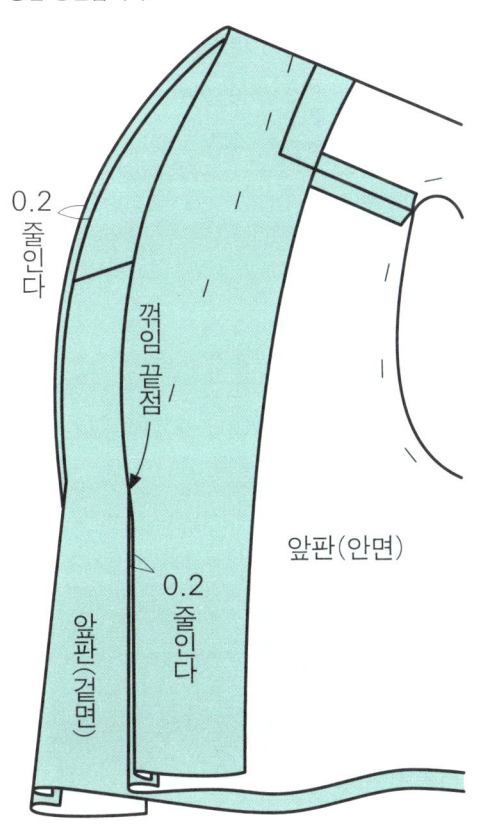

0.2 줄인다
꺾임 끝점
0.2 줄인다
앞판(겉면)
앞판(안면)

13. 숨은상침 하기

이 상태로는 깃이 안정적이지 못하므로 뒤 목둘레 안단의 봉제선 바로 옆을 숨은상침(203쪽 참조)으로 고정합니다.

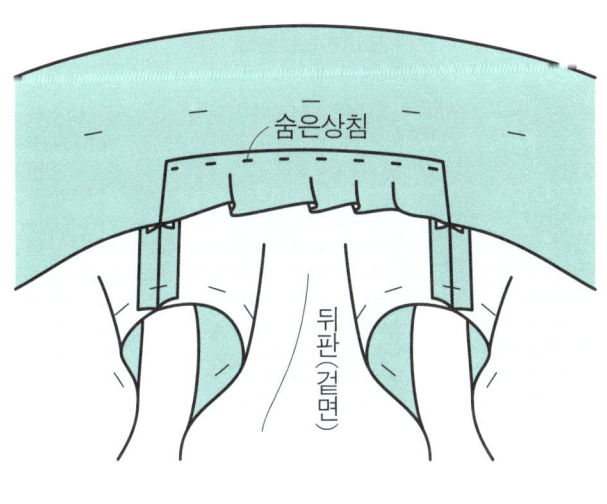

숨은상침
뒤판(겉면)

14. 깃 둘레를 재봉틀로 박기

깃 둘레 및 앞단선을 재봉틀로 박습니다.

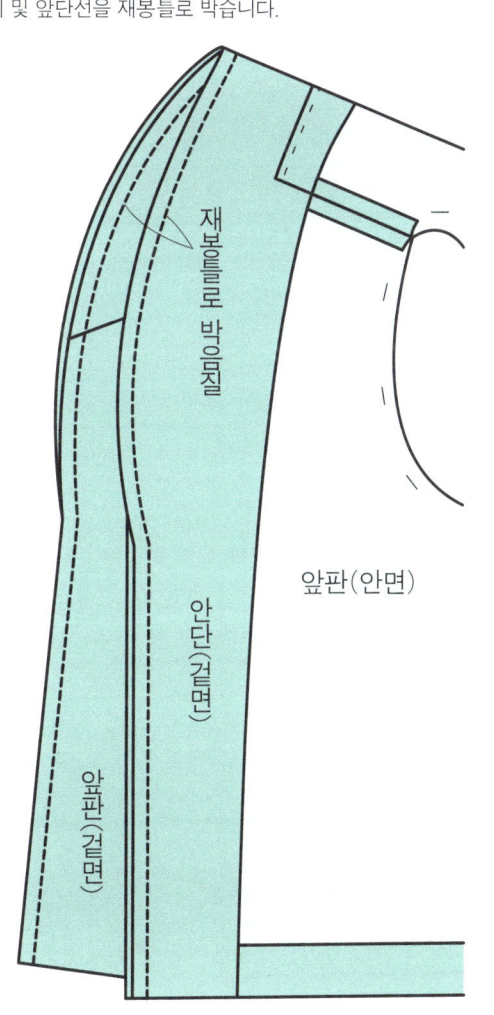

재봉틀로 박음질
안단(겉면)
앞판(안면)
앞판(겉면)

후드

후드는 머리 전체를 덮어 싸는 부드러운 모자를 말하며, 목둘레에 연결된 것과 탈부착 가능한 것이 있습니다. 여기서는 목둘레에 연결된 타입의 바느질 방법을 소개합니다.

1. 후드 재단하기

후드를 좌우 대칭으로 2장 재단합니다.

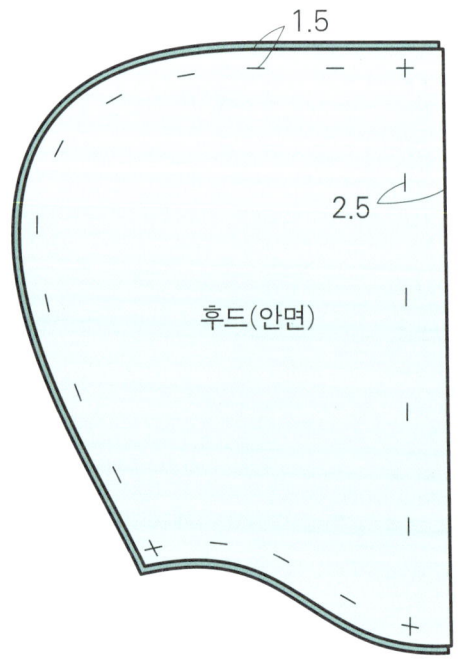

1.5

2.5

후드(안면)

2. 후드 중심 박기

2-① 후두를 겉면끼리 맞대어 재봉틀로 박습니다.
2-② 2장 함께 오버로크 박음질 또는 지그재그 박음질을 하여 시접을 처리합니다.

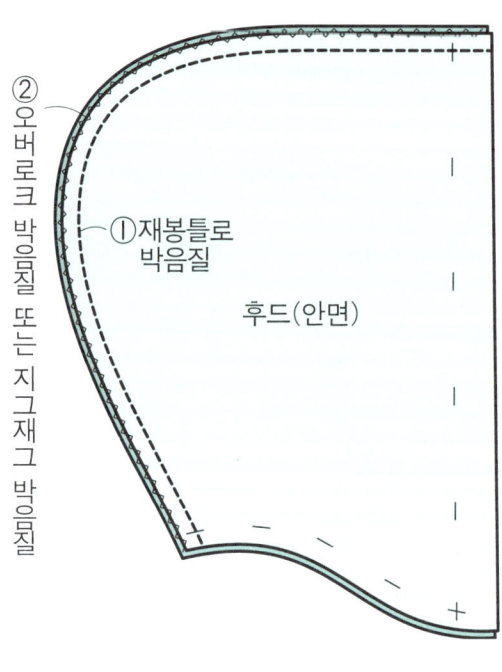

② 오버로크 박음질 또는 지그재그 박음질

① 재봉틀로 박음질

후드(안면)

2-③ 시접은 겉에서 봤을 때 오른쪽으로 다리미를 사용해 접습니다.
2-④ 시접이 제대로 자리 잡히도록 겉에서 재봉틀로 박아주세요.

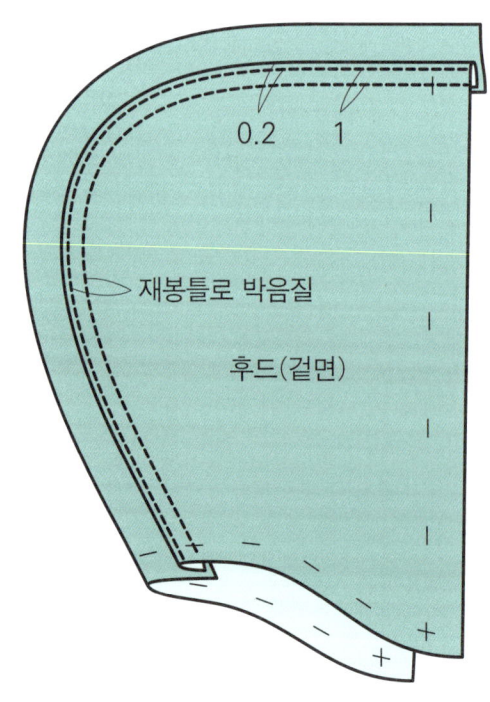

0.2   1

재봉틀로 박음질

후드(겉면)

3. 끈을 꿸 구멍 만들기

3-① 끈을 꿸 구멍을 만들 위치에 보강 원단(접착심지)을 붙입니다. 보강 원단은 안단을 완성선에 맞춰 접었을 때 숨겨지는 크기로 합니다.

3-② 아일렛을 만듭니다.(251쪽 참조)

3-③ 앞단선에 오버로크 박음질 또는 지그재그 박음질을 하여 재단선을 처리합니다.

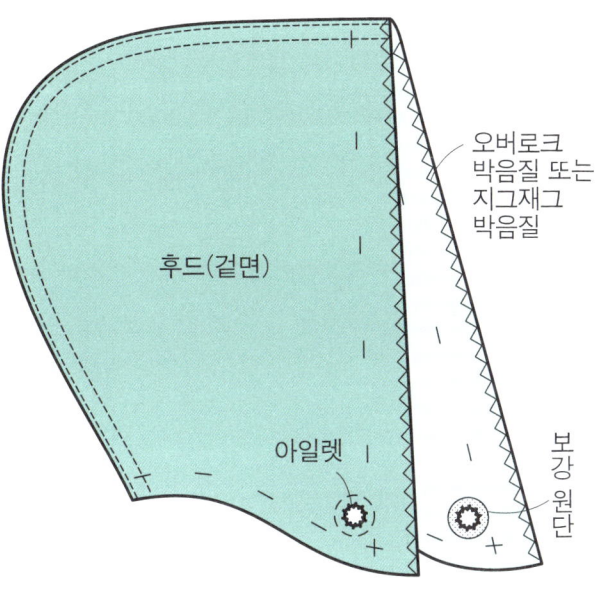

오버로크 박음질 또는 지그재그 박음질

후드(겉면)

아일렛

보강 원단

4. 앞단선 박기

4-① 앞단선 시접을 완성선을 따라 안쪽으로 접습니다.

4-② 시접 바로 옆을 재봉틀로 박습니다.

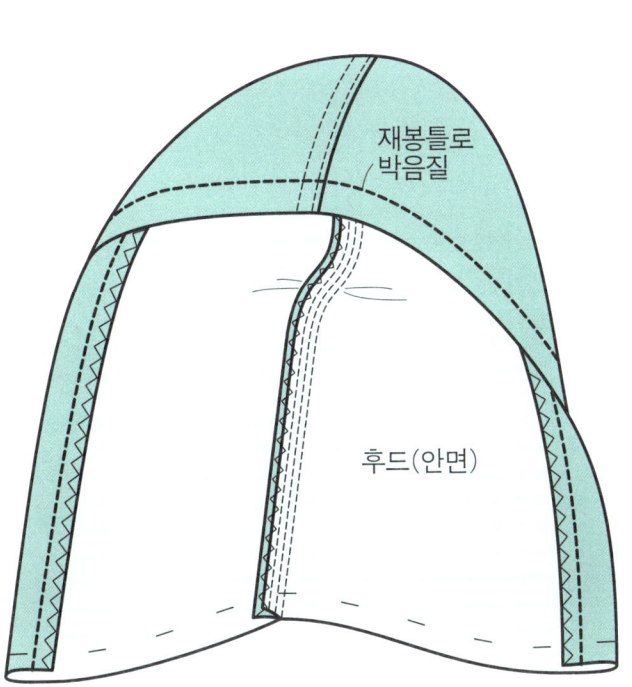

재봉틀로 박음질

후드(안면)

5. 몸판에 후드 달기

5-① 몸판과 후드를 겉면끼리 맞대어 시침핀으로 고정합니다.

5-② 안단을 앞단선에서 후드 쪽으로 접습니다.

5-③ 목둘레를 한 바퀴 쭉 재봉틀로 박습니다.

5-④ 두 장의 시접을 함께 오버로크 박음질 또는 지그재그 박음질 하여 처리합니다.

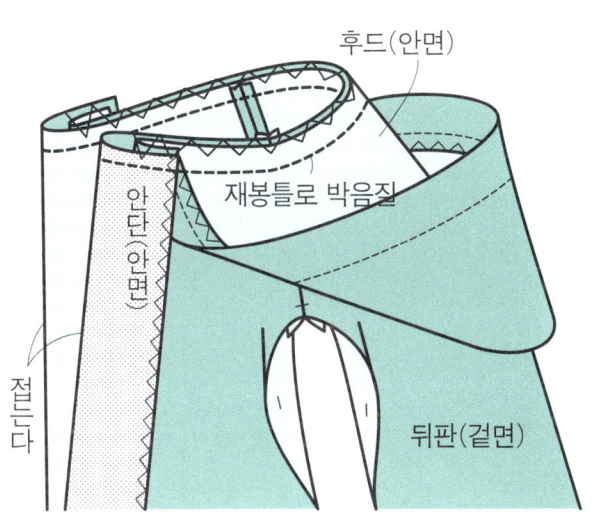

후드(안면)

재봉틀로 박음질

안단(안면)

접는다

뒤판(겉면)

5-⑤ 후드를 세워 시접을 몸판 쪽으로 접습니다.

5-⑥ 앞단선에서 목둘레까지 이어서 재봉틀로 박습니다.

5-⑦ 끈을 꿸 구멍에 끈을 꿰ㅂ니다.

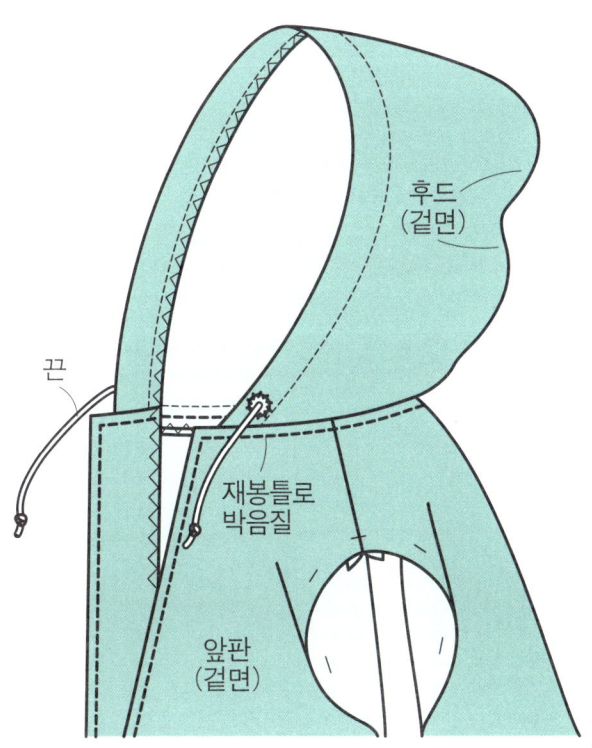

후드(겉면)

끈

재봉틀로 박음질

앞판(겉면)

스페어 칼라

붙였다 뗐다 할 수 있게 만든 깃으로 깃이 없는 옷에 다는 경우
나 몸판에 붙어 있는 깃 위에서 다시 한 장 겹쳐 다는 경우가 있
습니다. 여기서는 깃이 없는 옷에 다는 경우의 만드는 방법을 소
개합니다.

1. 깃 형지 만들기

1-① 깃을 달고자 하는 옷의 뒤 목둘레 치수(뒤 중심에서 어깨선까지)와 앞 목
　　둘레 치수(어깨선에서 깃 부착 끝점까지)를 각각 잽니다. 직접 만든 옷의
　　형지를 가지고 있는 경우는 그 형지를 이용해서 만들어보세요.
1-② 이것을 토대로 깃을 제도합니다.(깃 제도법은 88~89쪽 참조)

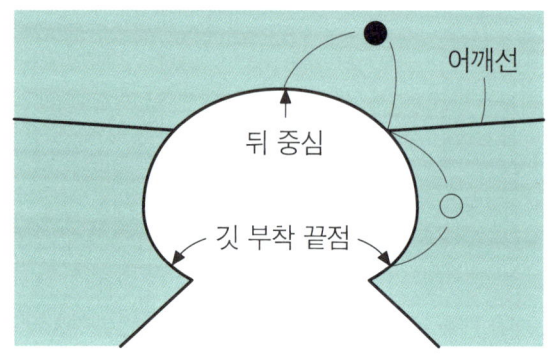

2. 깃 재단하기

일반적으로 깃을 만들 때와 마찬가지로 같은 형태를 2장 재단합니다.(여
기서 소개하는 깃 외에 다른 깃으로 만들 때는 그 디자인에 맞는 방법으로 바느질합니
다. 깃의 형태가 완성되면 6, 7의 바느질 방법으로 바이어스 테이프를 달아 몸판에 붙
입니다)

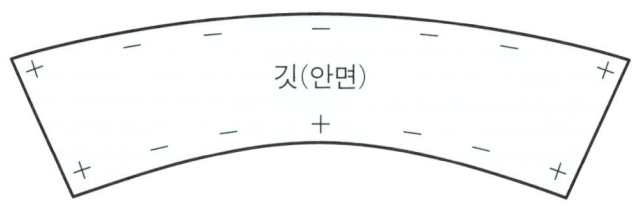

3. 안깃에 접착심지 붙이기

안깃의 안면에 다리미로 접착심지를 붙입니다.

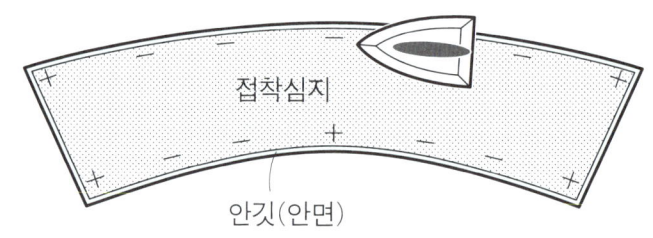

4. 깃 박기

4-① 깃을 겉면끼리 맞대어 둘레를 재봉틀로 박습니다.
4-② 다 박은 후에는 모서리 시접을 잘라냅니다.

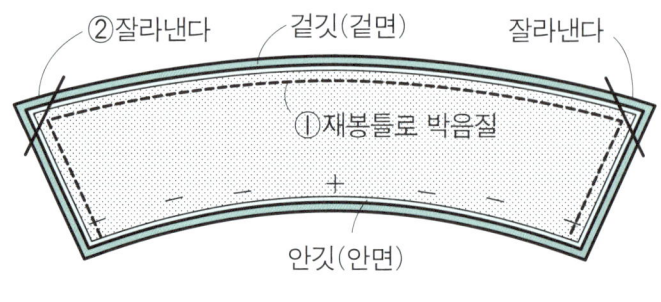

5. 깃을 겉으로 뒤집기

5-① 4-①의 봉제선을 다림질하여 시접을 접습니다.
5-② 겉으로 뒤집어 다림질하여 모양을 잡아줍니다.

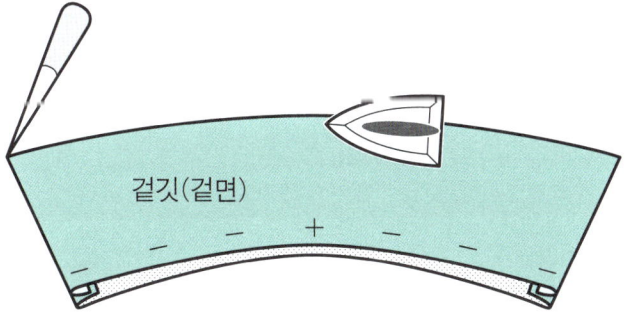

겉깃(겉면)

6. 바이어스 테이프 붙이기

6-① 바이어스 테이프는 시접 폭으로 완성되는 것을 준비합니다.(여기서는
　　1cm의 입술 바이어스 테이프를 사용합니다.)
6-② 겉깃의 깃달선에 바이어스 테이프의 겉면을 맞춰 얹습니다.
6-③ 완성선 위치를 재봉틀로 박습니다.

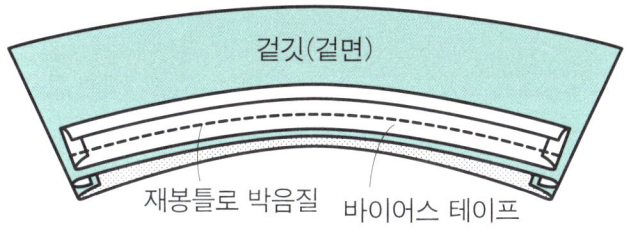

겉깃(겉면)

재봉틀로 박음질　바이어스 테이프

6-④ 바이어스 테이프를 시접 쪽으로 접습니다.

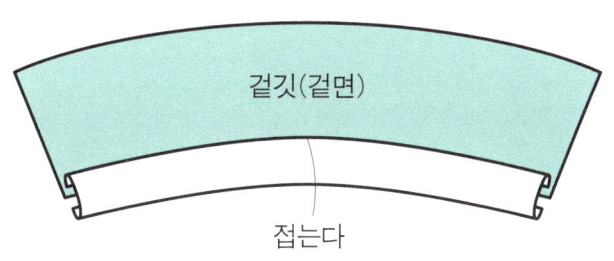

겉깃(겉면)

접는다

6-⑤ 바이어스 테이프를 시접을 감싸듯이 하여 안깃 쪽으로 접습니다.
6-⑥ 바이어스 테이프를 촘촘하게 감칩니다. 이제 스페어 칼라가 완성
　　되었습니다.

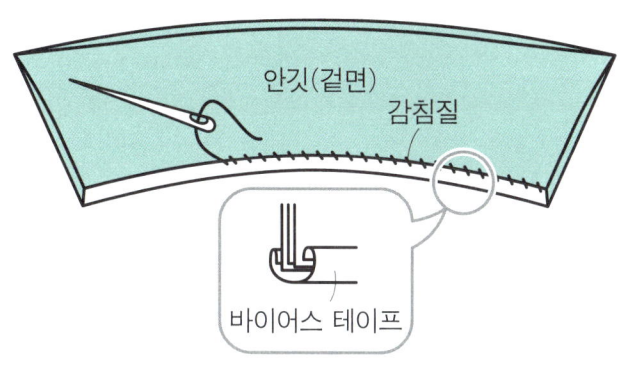

안깃(겉면)　감침질

바이어스 테이프

7. 스페어 칼라를 몸판에 달기

바이어스 테이프 부분이 겉에 보이지 않도록 옷 목둘레 안단에 감쳐서 붙
입니다.(스냅단추를 달아 손쉽게 붙였다 뗐다 할 수 있도록 해도 좋습니다.)

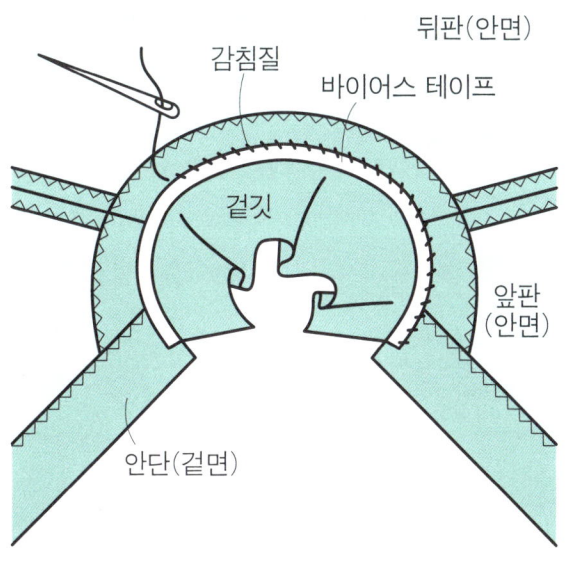

감침질　뒤판(안면)

바이어스 테이프

겉깃

앞판
(안면)

안단(겉면)

트임 만드는 방법

일반적인 트임

블라우스나 원피스 등에서 흔히 볼 수 있는 트임 만드는 방법입니다. 여기서는 안단을 따로 재단했는데, 앞단선을 골선으로 하여 안단을 이어서 재단해도 좋습니다.

1. 안단 재단하기

안단을 재단합니다. 안단 가장자리는 시접을 주지 않고 재단합니다. 그 이외에는 1cm 시접을 줍니다.

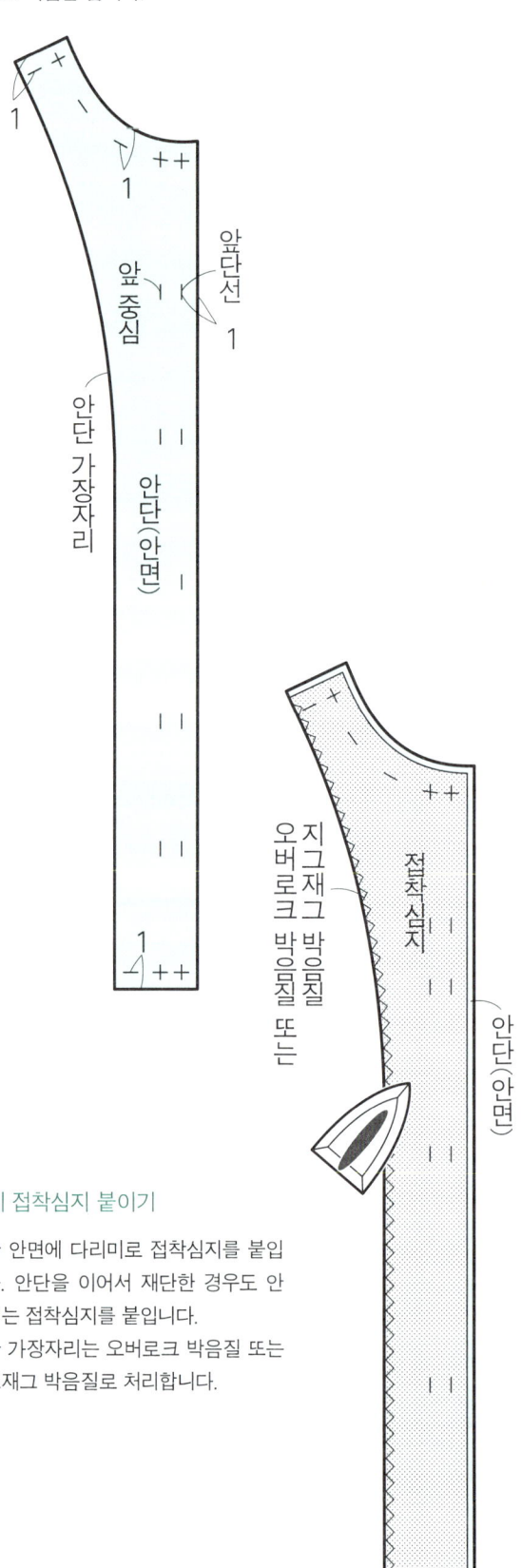

2. 안단에 접착심지 붙이기

2-① 안단 안면에 다리미로 접착심지를 붙입니다. 안단을 이어서 재단한 경우도 안단에는 접착심지를 붙입니다.

2-② 안단 가장자리는 오버로크 박음질 또는 지그재그 박음질로 처리합니다.

3. 몸판과 안단을 박아 연결하기

3-① 몸판과 안단을 겉면끼리 맞대어 앞단선과 밑단선을 재봉틀로 박 습니다.

3-② 몸판 밑단의 시접을 그림과 같이 잘라냅니다.

4. 안단을 몸판 안면으로 뒤집기

4-① 봉제선을 다림질하여 시접을 가름솔 처리합니다.

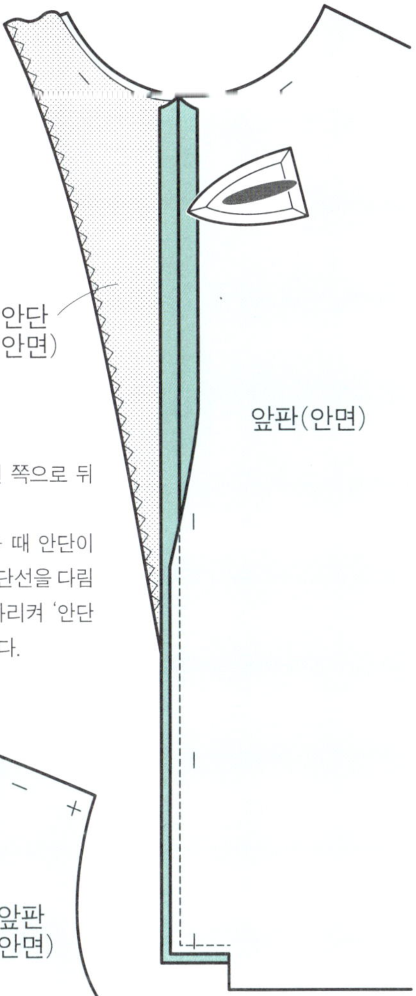

재봉틀로 박음질

안단(안면)

앞판(겉면)

잘라낸다

1.5

안단 (안면)

앞판(안면)

4-② 안단을 몸판 안면 쪽으로 뒤 집어줍니다.

4-③ 몸판 쪽에서 봤을 때 안단이 보이지 않도록 앞단선을 다림 질합니다. 이를 가리켜 '안단 줄이기'라고 합니다.

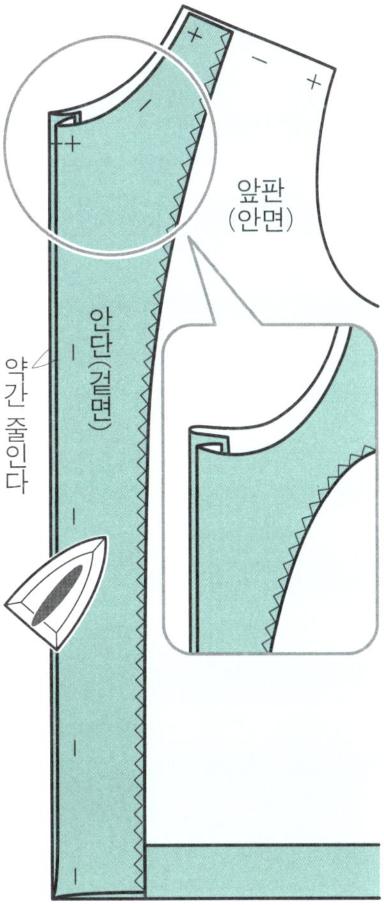

앞판 (안면)

약간 줄인다

안단(겉면)

단추집덧단 트임 A

단추집덧단은 위쪽에 위치하는 앞 몸판 앞단선에 다는 가늘고 긴 천을 말합니다. 여기서는 단추집덧단을 따로 재단하여 만드는 방법을 설명합니다.

* 단추집덧단은 패션 업계에서 '단자크'라고 합니다.

1. 위 앞 몸판 재단하기

위에 위치하는 앞 몸판을 재단합니다. 앞단선에서 1cm 시접을 줍니다.

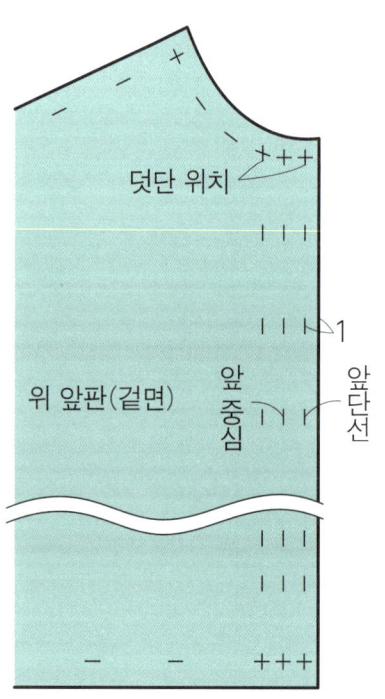

덧단 위치

위 앞판(겉면)

앞중심

앞단선

1

2. 단추집덧단 재단하기

단추집덧단을 재단합니다. 덧단 둘레에 1cm의 시접을 줍니다.

3. 단추집덧단에 접착심지 붙이기

3-① 단추집덧단 안면에 다리미로 접착심지를 붙입니다.

3-② 덧단 시접을 그림과 같이 완성선을 따라 다리미로 확실하게 접어줍니다.

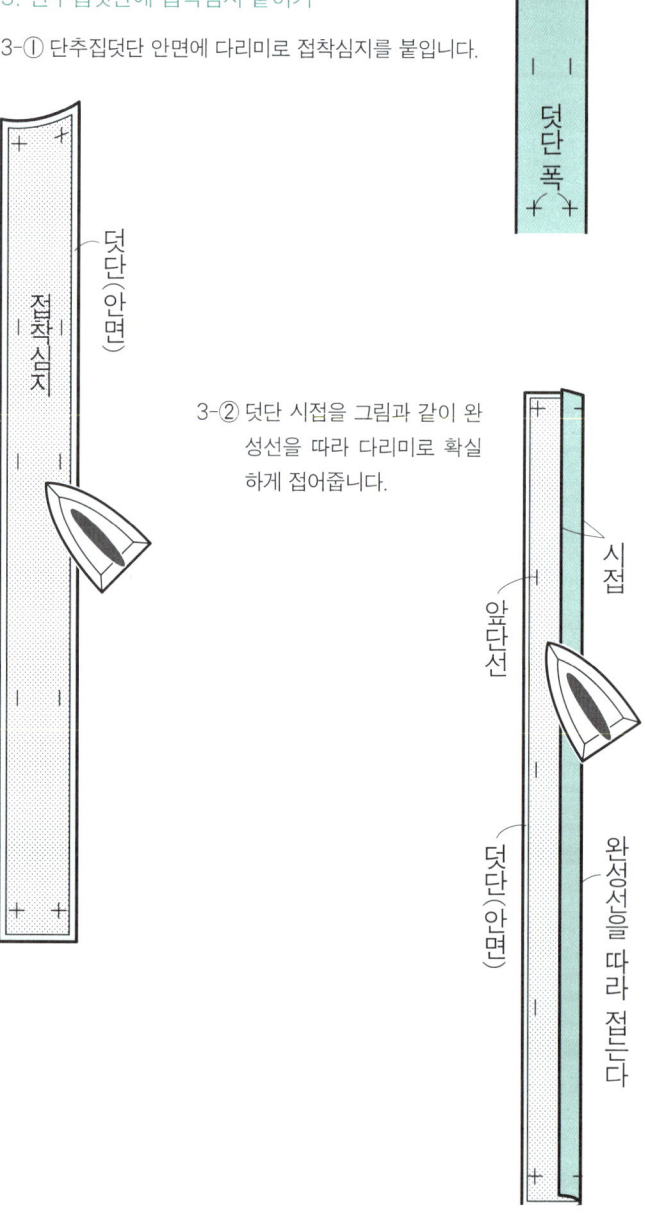

앞단선

덧단(겉면)

덧단 폭

덧단(안면)

접착심지

시접

앞단선

덧단(안면)

완성선을 따라 접는다

4. 단추집덧단과 몸판을 박아 연결하기

4-① 몸판 안면과 단추집덧단 겉면을 맞춰 앞단선에 재봉틀을 박습니다.

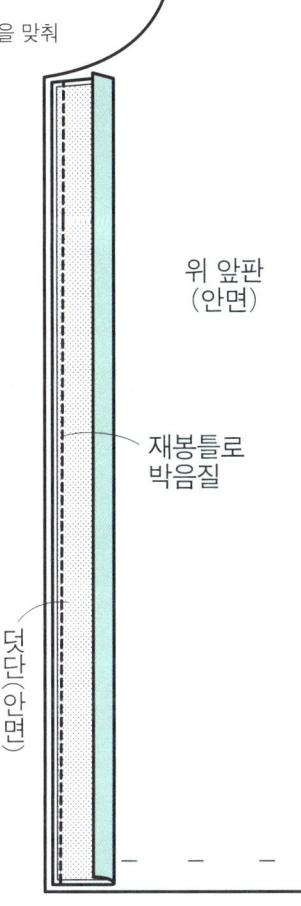

위 앞판
(안면)

재봉틀로
박음질

덧단(안면)

4-② 봉제선을 다림질하여 시접을 가름솔 처리합니다.

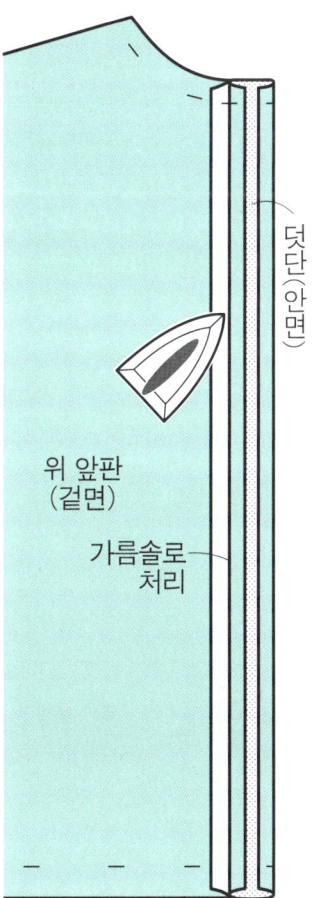

덧단(안면)

위 앞판
(겉면)

가름솔로
처리

5. 단추집덧단을 몸판 겉면으로 뒤집기

5-① 단추집덧단을 몸판 겉면으로 뒤집어 다림질합니다.

5-② 단추집덧단 양쪽 가장자리를 재봉틀로 박아 몸판 시접에 꿰매 붙입니다.

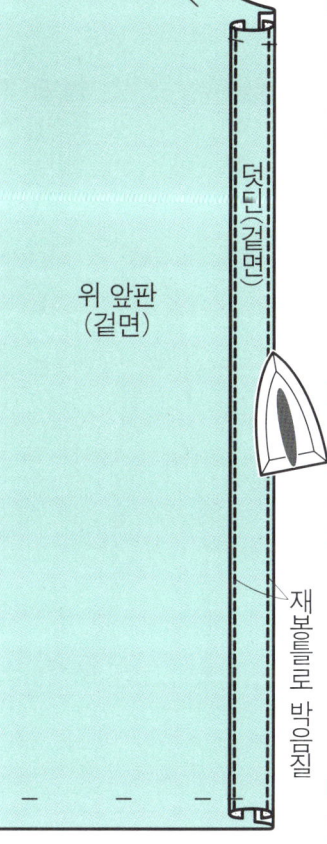

덧단(겉면)

위 앞판
(겉면)

재봉틀로 박음질

6. 아래 앞 몸판 만들기

6-① 아래에 위치하는 앞 몸판에는 그림과 같이 안단을 이어서 재단하여 접착심지를 붙입니다.

6-② 안단을 다리미로 안면 쪽으로 접고, 안단 가장자리를 재봉틀로 박습니다.

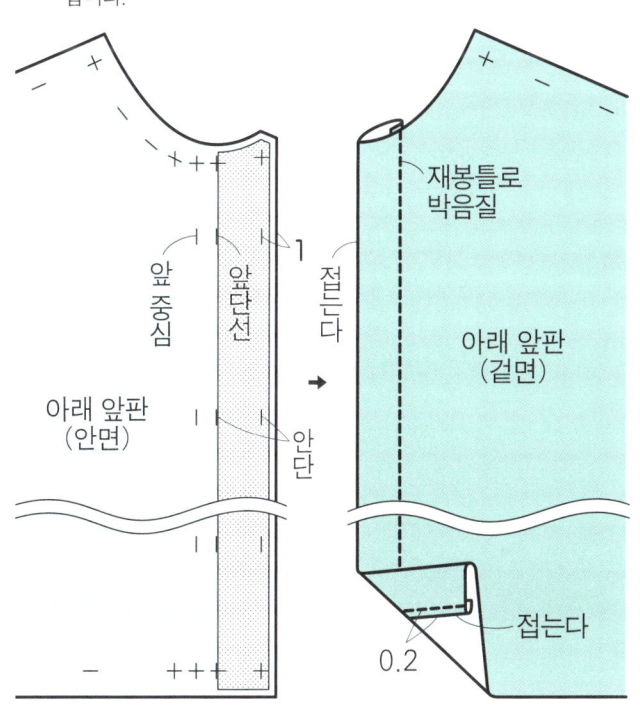

앞 중심

앞단선

아래 앞판
(안면)

안단

접는다

재봉틀로
박음질

아래 앞판
(겉면)

접는다

0.2

단추집덧단 트임 B

단추집덧단을 앞 몸판과 이어서 재단해 만드는 방법을 설명합니다. 접으면서 만들어 나가므로 접는 폭을 틀리지 않도록 주의하세요. 블라우스 등 얇은 원단에서 보통 두께의 원단에 적합한 방법입니다. 아래 앞판은 위 앞판과 마찬가지로 만들어도 좋고, 363쪽 6과 같이 만들어도 좋습니다.

1. 위 앞 몸판 재단하기

위 앞판을 재단합니다. 그림과 같이 단추집덧단 위치의 몸판 쪽을 1cm 이동하여 재단합니다. 안단은 덧단 폭과 같은 폭으로 합니다.

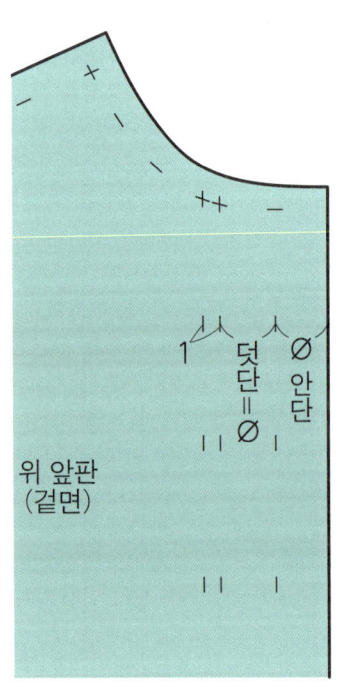

덧단=∅
안단
1

위 앞판
(겉면)

2. 단추집덧단에 접착심지 붙이기

단추집덧단 위치의 안면에 다리미로 접착심지를 붙입니다. 접착심지는 덧단 폭과 같게 합니다.

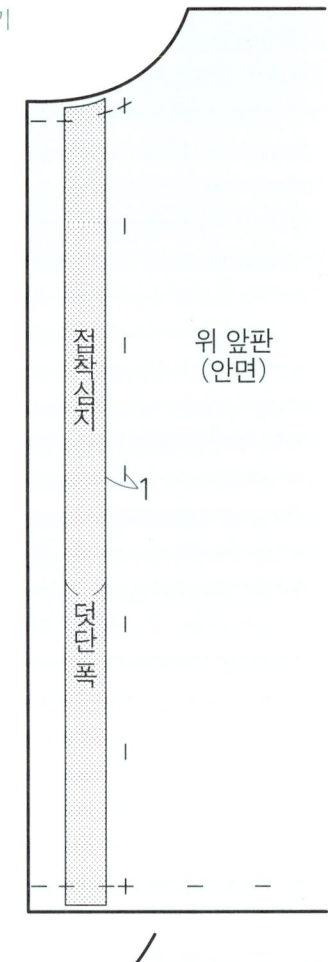

접착심지

덧단 폭

위 앞판
(안면)

1

3. 단추집덧단 만들기

3-① 안단 폭을 다리미로 몸판 안면으로 접습니다.

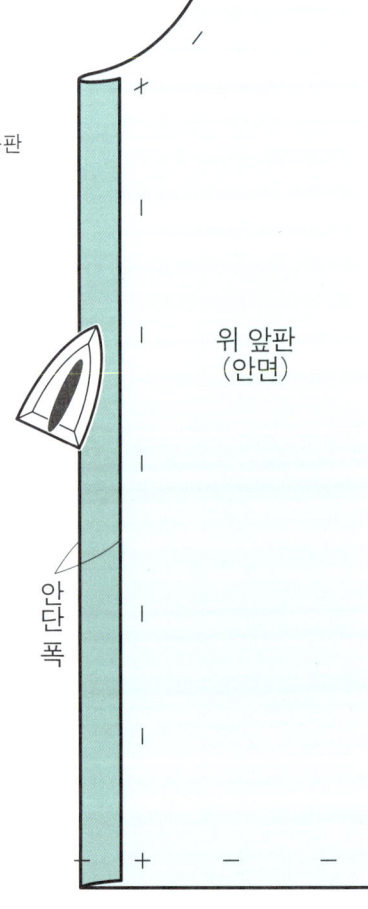

위 앞판
(안면)

안단 폭

3-② 다시 한 번 안단을 감듯이 덧
단 폭에서 다림질하여 접은 선
이 생기도록 확실하게 접어줍
니다.

위 앞판
(안면)

덧단 폭

위 앞판
(겉면)

0.5
재봉틀로
박음질

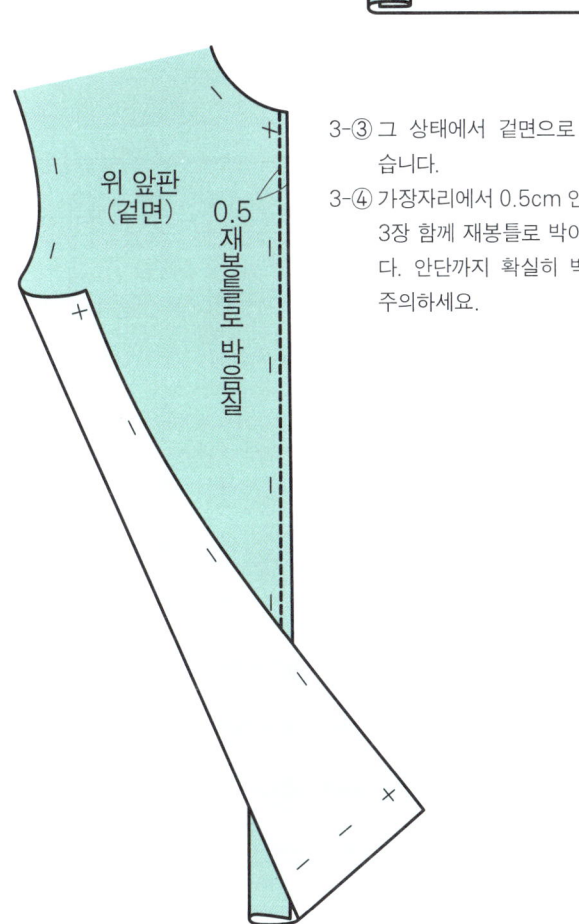

3-③ 그 상태에서 겉면으로 뒤집
습니다.

3-④ 가장자리에서 0.5cm 안쪽을
3장 함께 재봉틀로 박아줍니
다. 안단까지 확실히 박도록
주의하세요.

4. 단추집덧단 가장자리 박기

4-① 그림과 같이 덧단 부분을 위
앞판 겉면 쪽으로 접으면 덧
단이 완성됩니다.

덧단 폭

위 앞판
(겉면)

1

4-② 앞단선에서 0.5cm 안쪽을
재봉틀로 박습니다.

위 앞판
(겉면)

재봉틀로 박음질

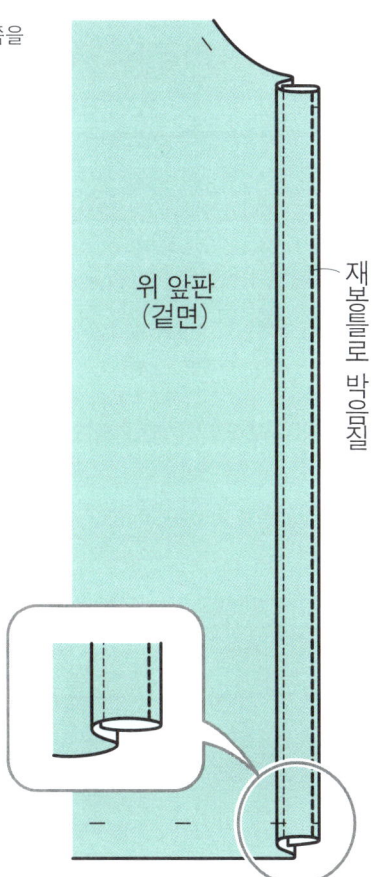

365

단추집덧단 트임 C

364쪽의 단추집덧단 트임 B와 마찬가지로 덧단을 앞 몸판에서부터 이어서 재단하여 만드는 방법입니다. 안단을 붙이므로 튼튼하게 완성됩니다. 아래 앞판은 위 앞판과 마찬가지로 만들어도 좋고 363쪽 6과 같이 만들어도 좋습니다.

1. 위 앞판 재단하기

1-① 덧단 위치에서 2cm 이동하여 덧단, 안단을 이어서 재단합니다.
1-② 밑단 시접을 그림과 같이 잘라냅니다.

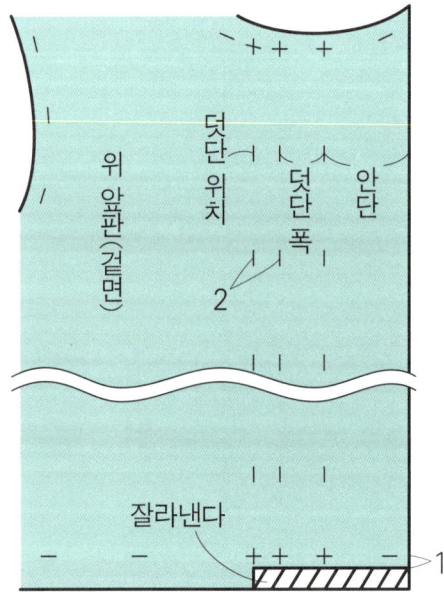

위 앞판(겉면)

덧단 위치

덧단 폭

안단

2

잘라낸다

1

2. 단추집덧단에 접착심지 붙이기

2-① 덧단 폭 위치의 안면에 다리미로 접착심지를 붙입니다. 접착심지는 덧단 폭과 같게 합니다.
2-② 안단 가장자리, 밑단의 재단선을 오버로크 박음질 또는 지그재그 박음질로 처리합니다.

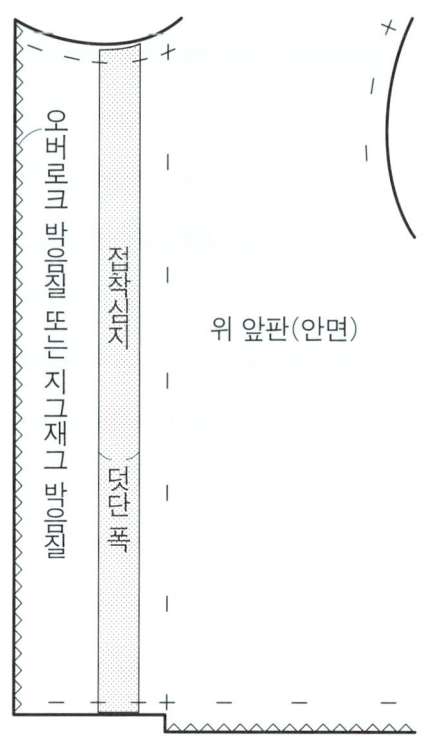

오버로크 박음질 또는 지그재그 박음질

접착심지

덧단 폭

위 앞판(안면)

3. 덧단 만들기

3-① 안단과 몸판을 겉면끼리 맞댑니다.
3-② 살짝 이동해서 재단한 부분을 맞춰 0.5cm의 폭으로 재봉틀을 박습니다.

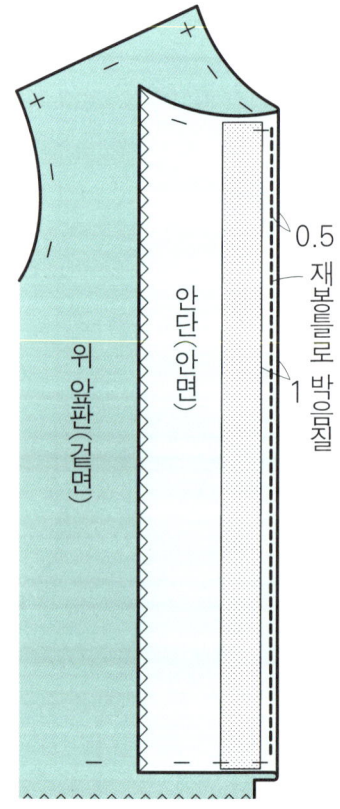

위 앞판(겉면)

안단(안면)

0.5

재봉틀로 박음질

1

3-③ 덧단 겉면이 겉이 되도록 접습니다.

3-④ 덧단 가장자리를 접은 선이 생기도록 다리미로 확실하게 접습니다.

5. 안단을 몸판 쪽으로 접기

5-① 안단을 안면으로 다리미로 접습니다.

5-② 안단의 밑단을 촘촘하게 감침질합니다.

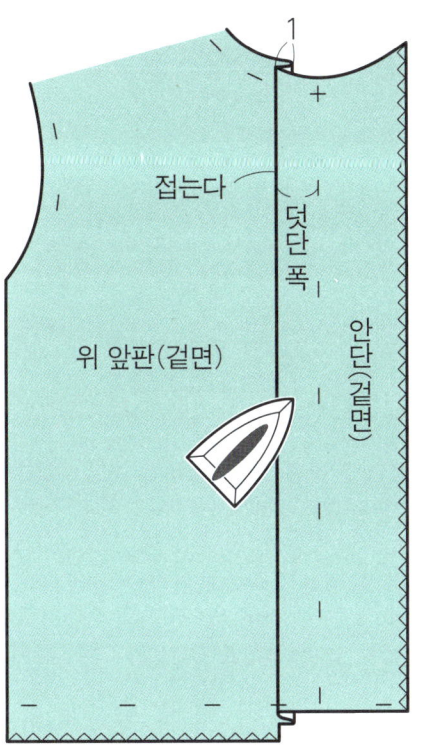

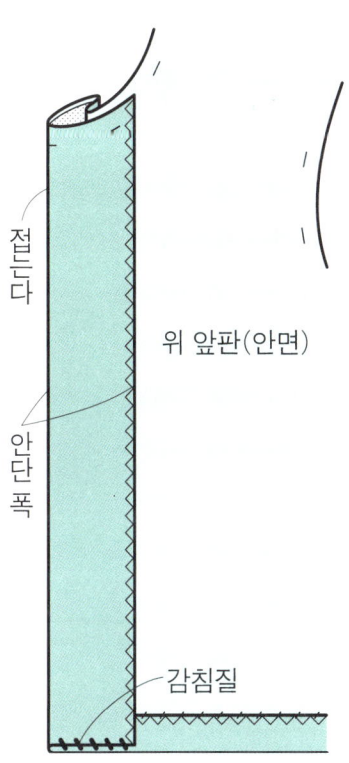

4. 밑단 박기

4-① 밑단을 완성선에 맞춰 접습니다. 밑단은 안단 가장자리까지 접어
주세요.

4-② 3의 봉제선까지 밑단을 감칩니다.

6. 단추집덧단을 재봉틀로 박기

덧단을 재봉틀로 박습니다. 깃 형태에 따라서는 깃을 단 후에 박기도 합
니다.

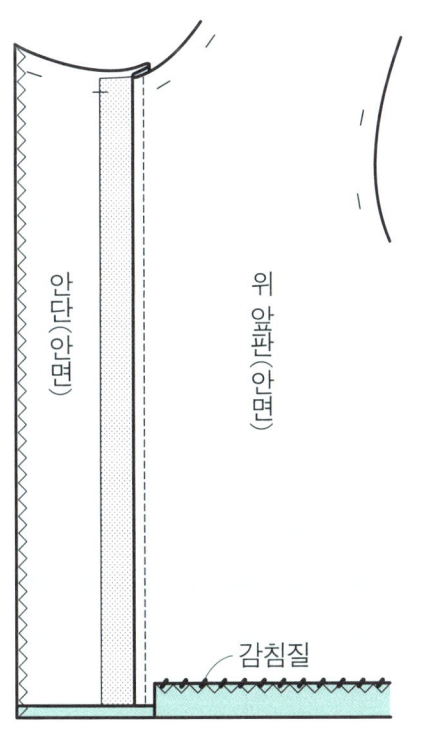

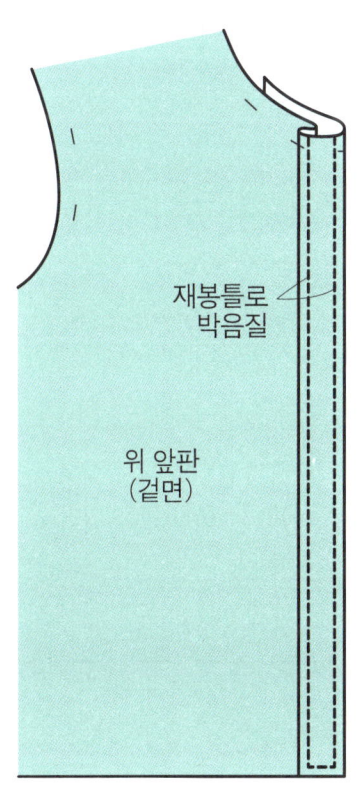

루프 트임

단춧구멍 대신에 천 루프를 이용한 옷에서 볼 수 있는 루프 트임입니다. 단추는 두께가 있는 것이나 싸개단추를 이용하면 입고 벗기가 쉽습니다. 아래 앞판은 360쪽을 참조하여 안단을 달아 완성합니다.

1. 천 루프 만들기

1-① 바이어스 방향으로 재단한 천(223쪽 참조)으로 천 루프를 만듭니다. 이 때 천이 뒤틀리지 않도록 주의합니다. 사용할 모든 천 루프의 길이를 하나로 이어서 만들어놓고 나중에 사용할 길이로 잘라 사용합니다.

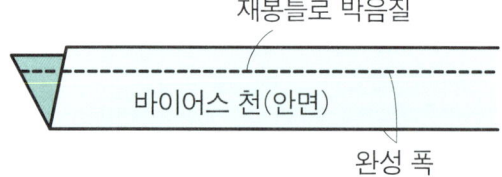

재봉틀로 박음질
바이어스 천(안면)
완성 폭

1-② 시접을 가늘게 자릅니다.
1-③ 천 루프 가장자리에 그림과 같이 실을 꿰매 붙입니다.

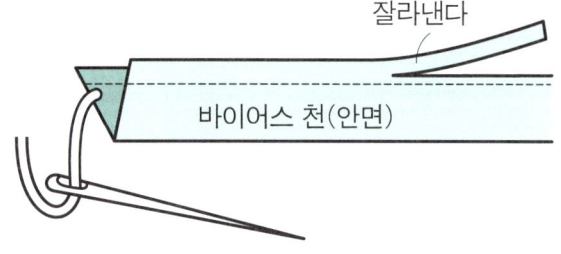

잘라낸다
바이어스 천(안면)

1-④ 바늘귀 쪽에서부터 루프 안을 통과시켜 반대쪽으로 빼냅니다.

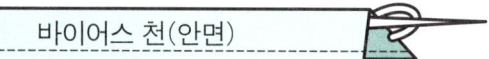

바이어스 천(안면)

1-⑤ 실을 잡아당겨 천 루프를 뒤집습니다. 시중에 판매하는 '루프 뒤집개'를 사용하면 한층 손쉽게 완성됩니다. (11쪽 참조)

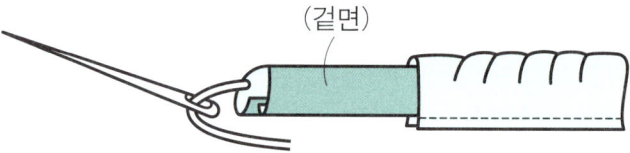

(겉면)

1-⑥ 천 루프를 1개의 길이로 자릅니다.
1-⑦ 봉제선이 있는 쪽을 안쪽으로 가게 해서 다리미를 사용해 구부려줍니다.

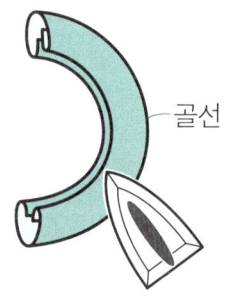

골선

2. 위 앞판과 위 앞 안단 재단하기

위 앞판과 위 앞 안단을 재단합니다. 천 루프를 끼우므로 위 앞 안단은 따로 재단하여 접착심지를 붙입니다.

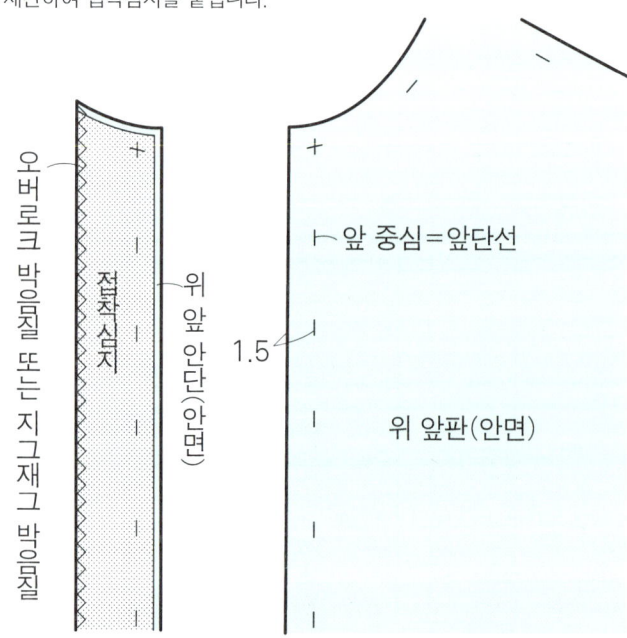

오버로크 박음질 또는 지그재그 박음질
접착심지
위 앞 안단(안면)
앞 중심=앞단선
1.5
위 앞판(안면)

3. 천 루프를 몸판에 시침하여 고정하기

천 루프를 달 위쪽 앞판 위치에 천 루프를 놓고 시침질합니다. 천 루프 안쪽 치수를 단추 지름에 맞추고, 곡선 끝을 앞단선에서 0.2cm 나오게 합니다

4. 몸판과 안단을 박아 연결하기

4-① 위 앞 안단과 위 앞판 겉면을 안쪽에 맞춰 앞단선에서 0.3cm 바깥쪽을 재봉틀로 박습니다.

4-② 안단을 겉으로 뒤집습니다.
4-③ 안단 바로 옆을 재봉틀로 박습니다. 천 루프를 두 번 박는 셈이므로 튼튼하게 완성됩니다.

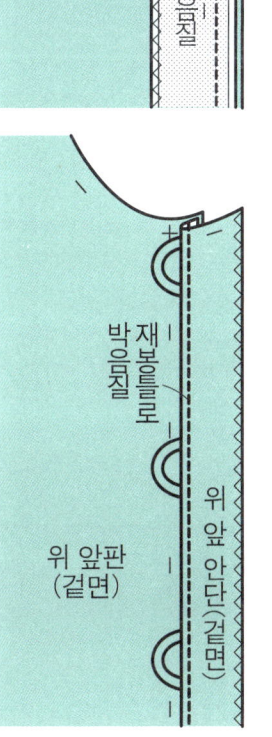

5. 안단을 몸판 안면 쪽으로 뒤집기

안단을 앞단선에서 0.3cm 줄여 앞단선에서 접습니다.

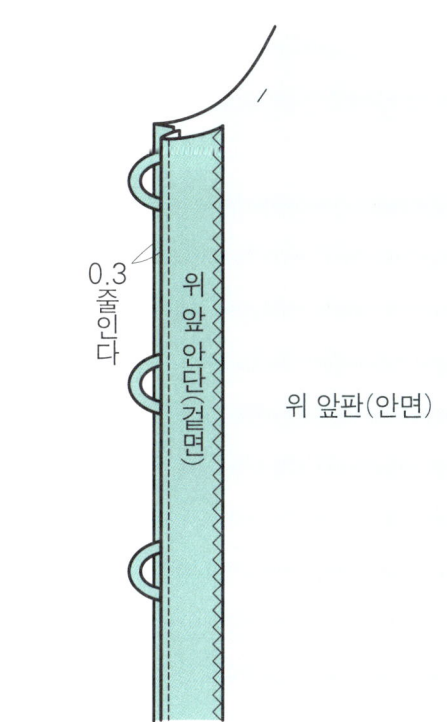

6. 단추 달기

아래 앞 몸판을 만들고, 단추를 답니다.

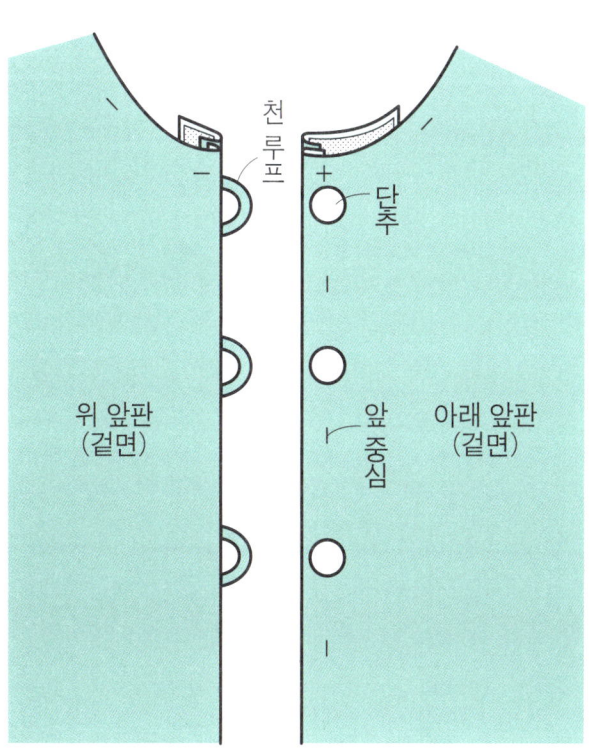

루프 뒤트임

뒤판에 가위집을 넣어 천 루프를 다는 트임을 만들어 완성합니다. 블라우스나 튜닉과 같은 디자인에 적합합니다. 트임의 길이를 짧게 하면 머리가 들어가지 않게 될 수도 있으므로 반드시 치수가 충분한지 확인하세요.

1. 트임의 길이 정하기

트임의 길이와 천 루프를 달 위치를 정합니다.

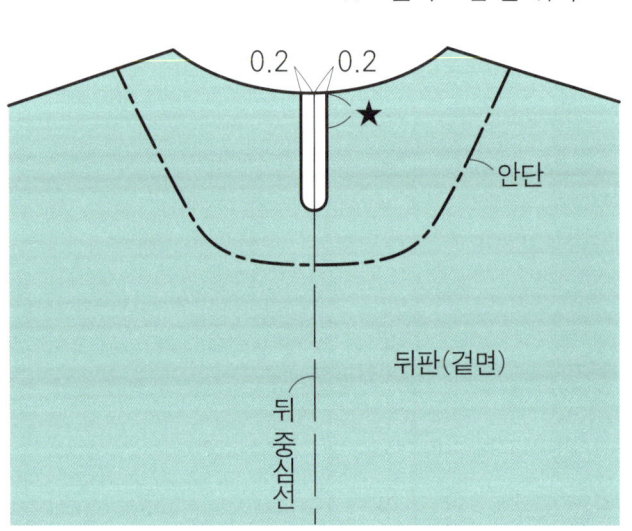

★=천 루프를 달 위치

0.2 0.2

안단

뒤판(겉면)

뒤 중심선

2. 안단을 재단하여 접착심지 붙이기

2-① 안단을 몸판과 같은 올 방향으로 재단합니다.
2-② 안단 안면에 다리미로 접착심지를 붙입니다.

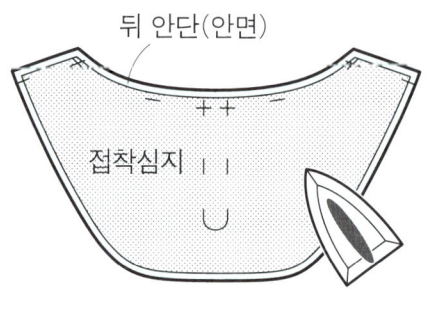

뒤 안단(안면)

접착심지

※앞 안단도 마찬가지

3. 안단 만들기

3-① 앞 안단과 뒤 안단을 겉면끼리 맞대어 어깨선을 재봉틀로 박습니다.
3-② 시접을 가름솔 처리합니다.
3-③ 안단 둘레를 오버로크 박음질 또는 지그재그 박음질 하여 재단선을 처리합니다.

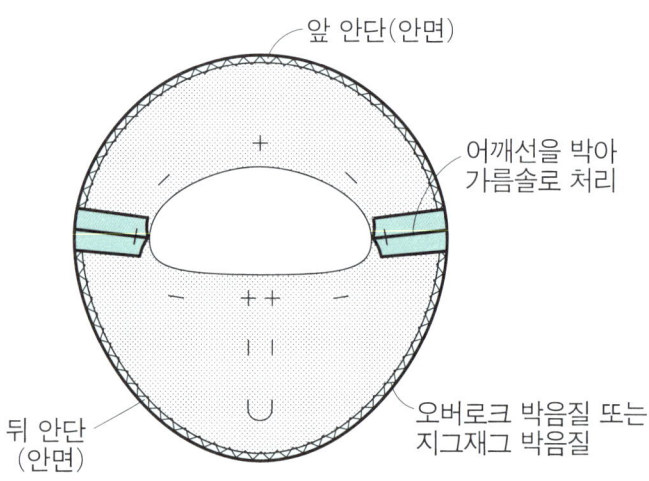

앞 안단(안면)

어깨선을 박아
가름솔로 처리

뒤 안단
(안면)

오버로크 박음질 또는
지그재그 박음질

4. 몸판과 안단을 박아 연결하기

4-① 천 루프를 만들어(368쪽 1 참조) 부착 위치를 시침하여 고정합니다.
4-② 몸판 어깨선을 박습니다.

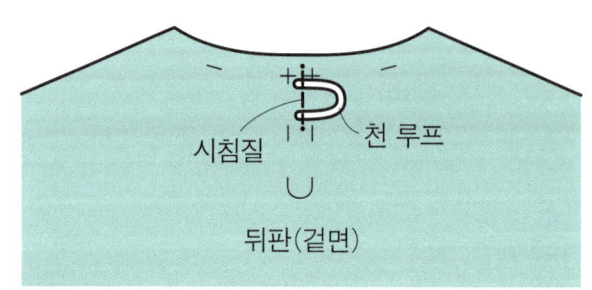

시침질

천 루프

뒤판(겉면)

4-③ 몸판과 안단을 겉면끼리 맞대어 목둘레와 트임 부분을 재봉틀로 박
　　 습니다. 트임 부분은 촘촘하게 박아주세요.
4-④ 시접에 가위집을 넣습니다.

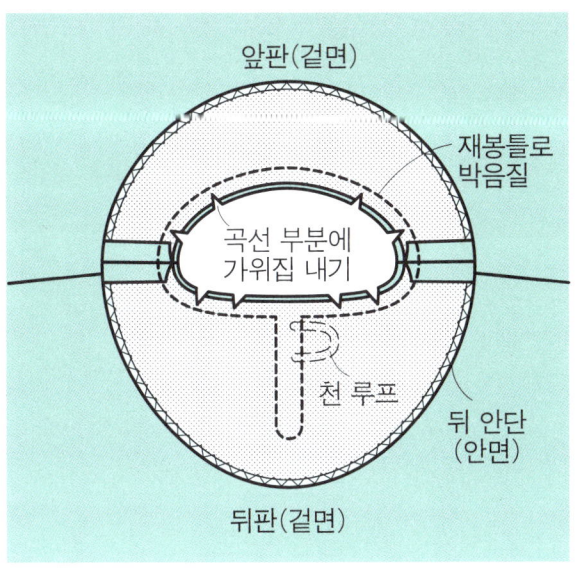

5. 트임 위치에 가위집 넣기

뒤트임 위치에 가위집을 넣습니다. 봉제선을 자르지 않도록 주의하여 끝
부분까지 확실하게 내주세요.

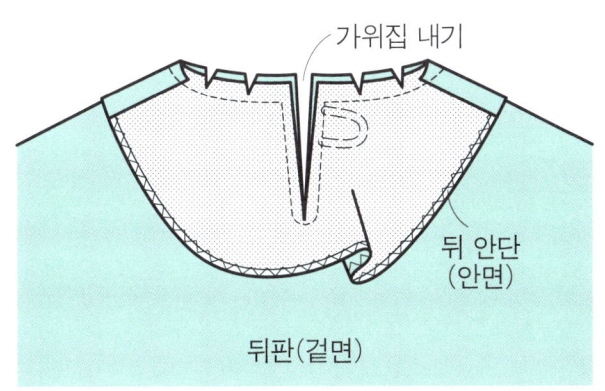

6. 안단을 몸판 안면으로 뒤집기

6-① 안단을 몸판 안면으로 뒤집습니다.
6-② 다리미로 정리하여 목둘레와 트임 부분을 재봉틀로 박습니다.

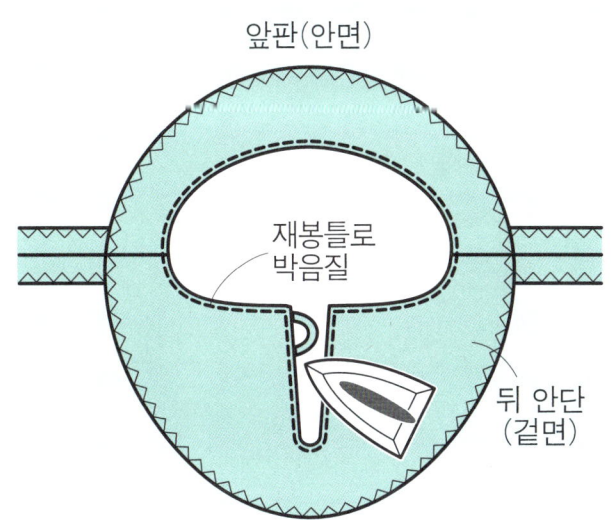

6-③ 안단이 젖히지 않도록 부분적으로 감쳐줍니다.

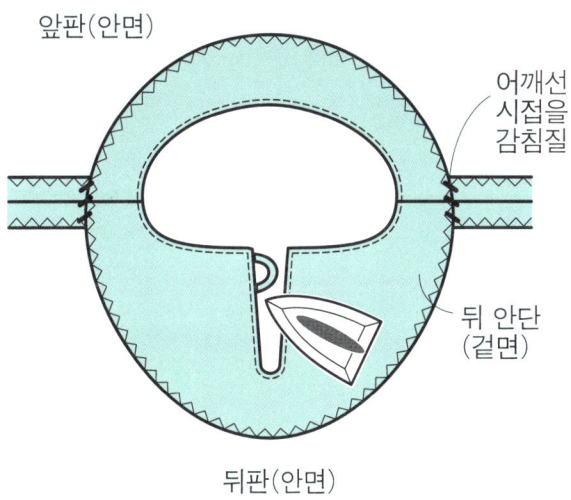

7. 단추 달기

천 루프에 맞춰 단추를 답니다.

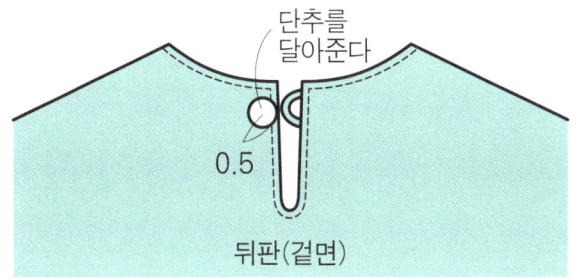

한 장의 덧댐 천을 이용한 트임 A

몸판에 가위집을 넣고 따로 재단한 별도의 천으로 밑덧단(양복의 앞섶 따위의 속으로 겹쳐 여유를 남겨 깁는 부분)과 안단을 만들어 다는 덧단 트임처럼 보이는 트임입니다. 스포티한 디자인에 흔히 이용됩니다.

1. 트임 위치 확인하기

덧단 트임처럼 보이기 위해 트임 위치를 아래 앞판 쪽에 앞길이 겹치는 부분만큼 이동합니다.

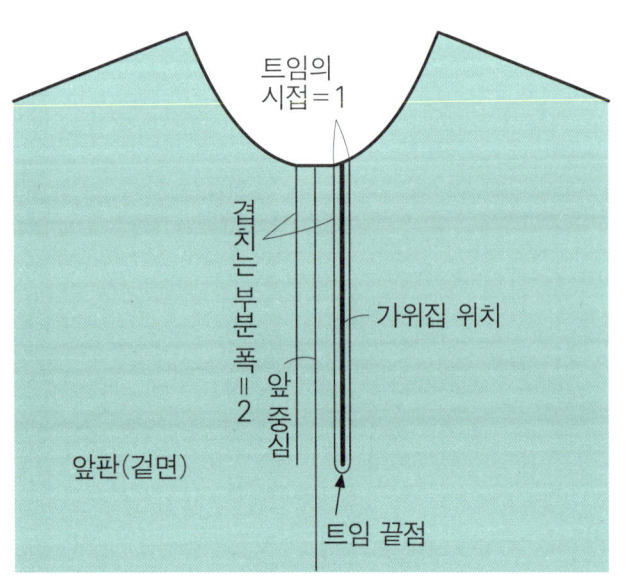

2. 덧댐 천 재단하기

덧댐 천은 앞길이 겹치는 부분의 폭의 약 5배, 길이는 트임 끝점까지의 치수에 4cm를 더한 길이로 재단합니다. 천은 겉감을 사용합니다.

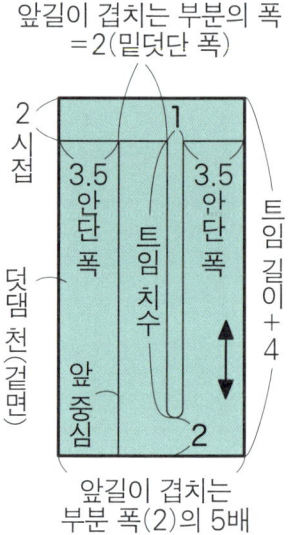

3. 덧댐 천에 접착심지 붙이기

덧댐 천 안면에 다리미로 접착심지를 붙입니다.

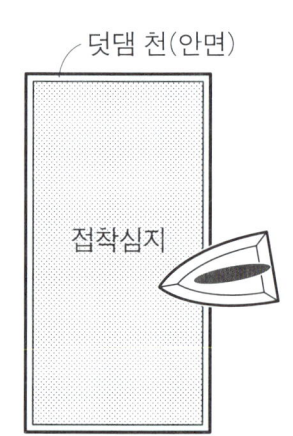

4. 덧댐 천의 재단선 처리하기

덧댐 천의 재단선을 오버로크 박음질이나 지그재그 박음질로 처리합니다.

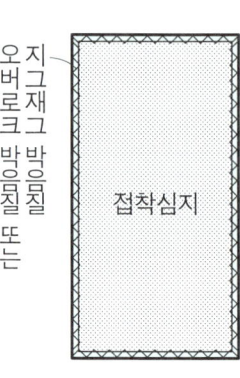

5. 덧댐 천과 몸판을 박아 연결하기

5-① 덧댐 천과 몸판을 겉면끼리 맞댑니다.

5-② 덧댐 천의 트임 위치를 그림과 같이 배치합니다.

5-③ 트임 위치를 중심으로 하여 0.5cm의 폭으로 재봉틀을 박습니다.

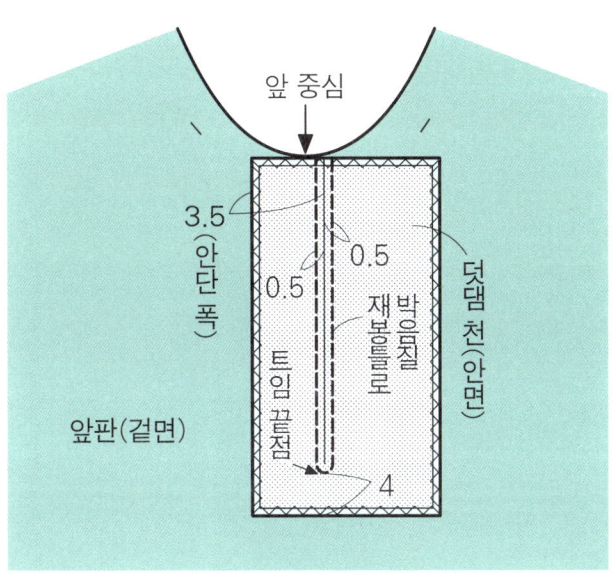

앞 중심

3.5 (안단 폭)

0.5

0.5 재봉틀로 박음질

트임 끝점

4

덧댐 천(안면)

앞판(겉면)

6. 트임 위치에 가위집 넣기

트임 끝점의 0.2cm 앞쪽까지 2장 함께 가위집을 넣습니다.

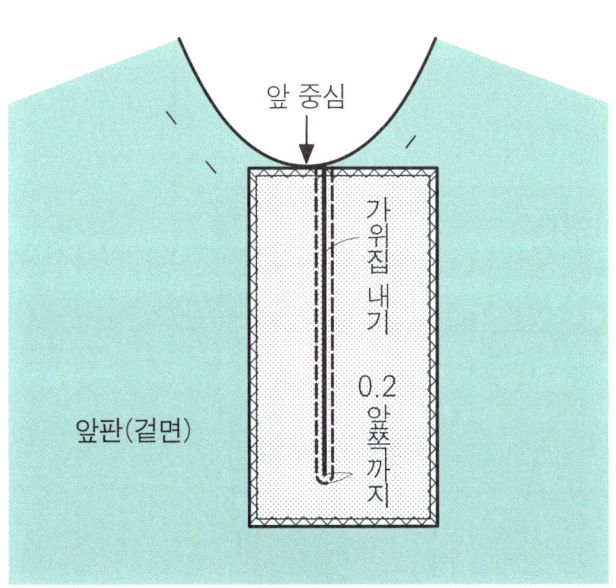

앞 중심

가위집 내기

0.2 앞쪽까지

앞판(겉면)

7. 위 앞판 쪽의 덧댐 천을 접기

7-① 위 앞판(오른쪽)의 덧댐 천을 왼쪽으로 봉제선 바로 옆에서 다리미를 사용해 확실하게 접어줍니다.

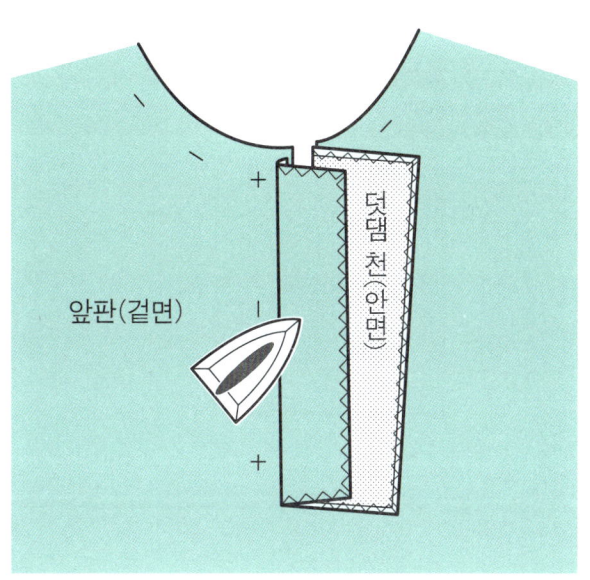

앞판(겉면)

덧댐 천(안면)

7-② 접은 선 바로 옆을 재봉틀로 박습니다. 박을 위치는 목둘레에서 트임 끝점까지입니다.

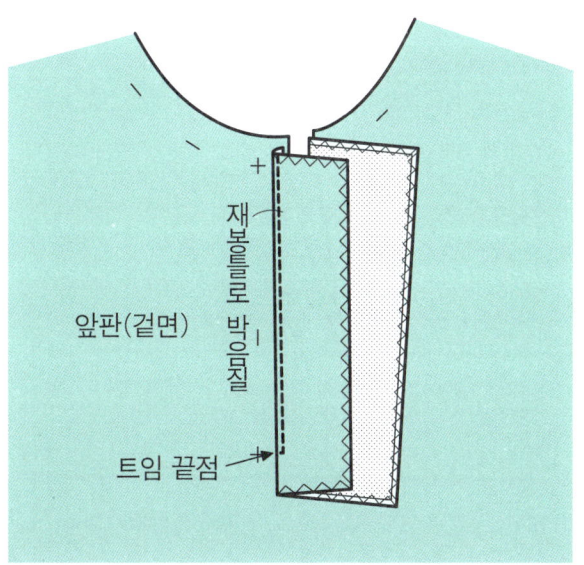

재봉틀로 박음질

앞판(겉면)

트임 끝점

9-② 9-①의 봉제선을 다림질합니다.

8. 덧댐 천을 앞판 안면 쪽으로 뒤집기

덧댐 천 전체를 몸판 안면으로 뒤집어 다리미로 정돈합니다.

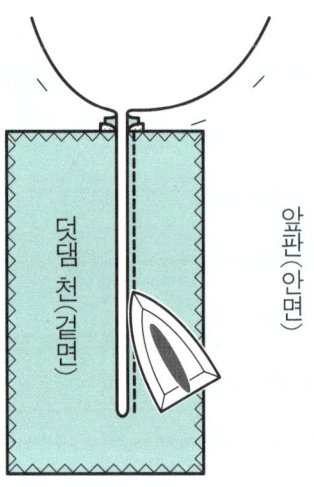

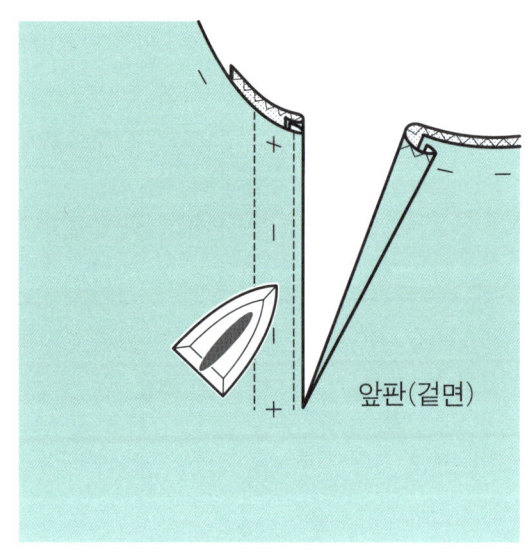

9. 위 앞판 쪽 덧댐 천을 고정하기

9-① 위 앞판 쪽에 겉에서 재봉틀을 박아 덧댐 천을 고정합니다. 앞단선과 앞길이 겹치는 부분의 폭 위치를 박습니다.

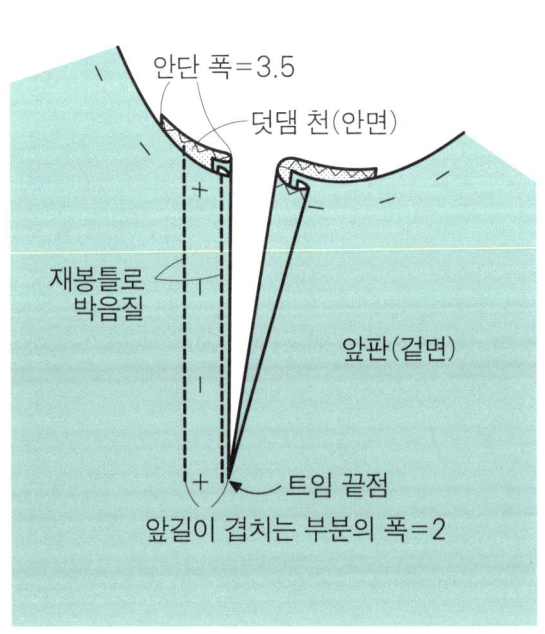

10. 아래 앞판 쪽 덧댐 천을 접기

10-① 아래 앞판 쪽 덧댐 천을 겹치는 부분의 폭으로 삼아 다리미로 접습니다.

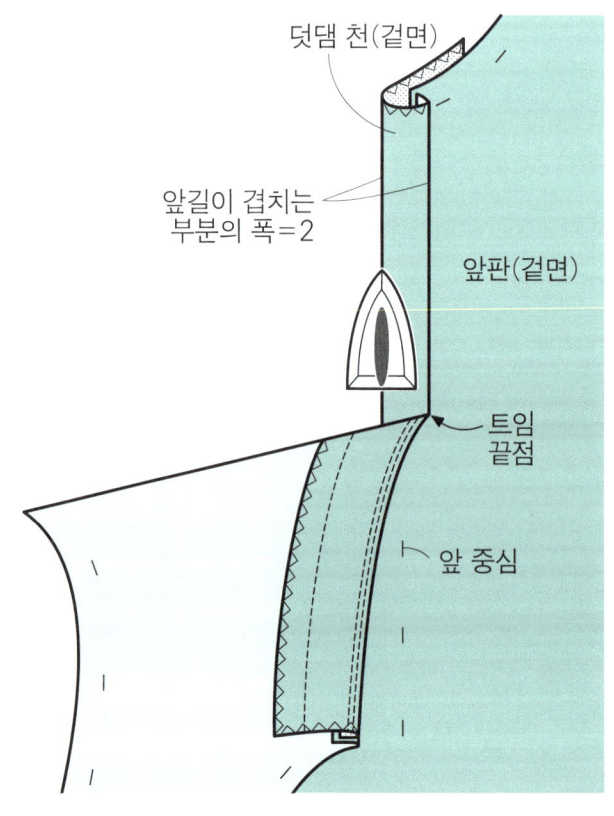

10-② 덧댐 천 바로 옆을 아래까지 쭉 박습니다. 이 부분이 밑덧단이 됩니다.

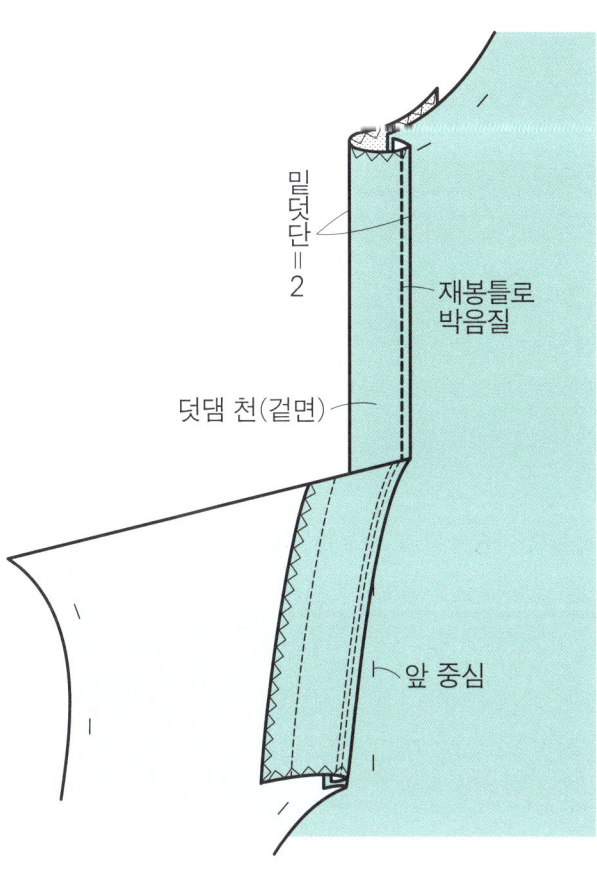

밑덧단=2

재봉틀로
박음질

덧댐 천(겉면)

앞 중심

트임 만드는 방법

한 장의 덧단 접음 이용한 트임 A

11. 트임 끝점 위치를 박기

11-① 위 앞판, 아래 앞판을 겹쳐서 트임 끝점 위치에 4장을 함께 재봉틀로 박습니다. 그림에 나타낸 차례로 박으면 도중에서 실을 끊지 않고 깔끔하게 박을 수 있습니다.

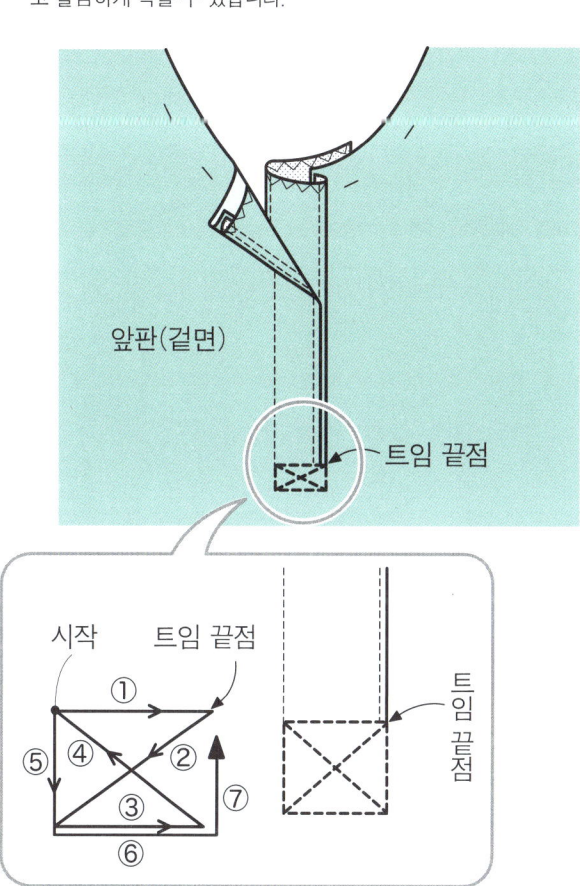

앞판(겉면)

트임 끝점

시작   트임 끝점

① ② ③ ④ ⑤ ⑥ ⑦

트임 끝점

10-③ 밑덧단의 접은 선 바로 옆을 아래까지 쭉 박습니다.

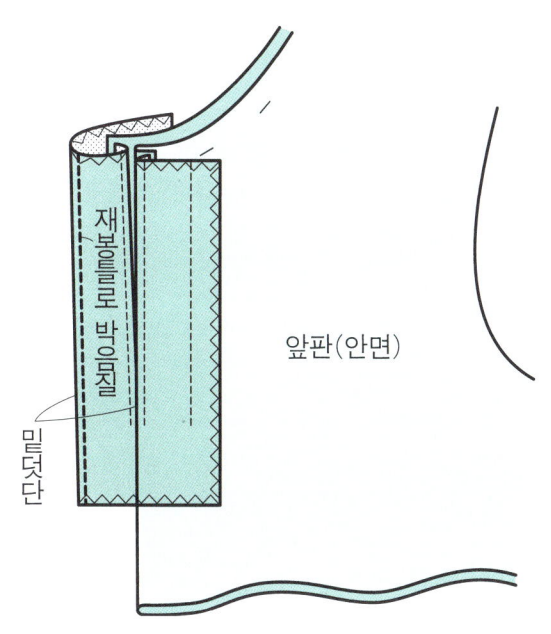

재봉틀로 박음질

앞판(안면)

밑덧단

11-② 완성된 모습을 안면에서 봤을 때의 그림입니다. 덧댐 천을 접어서 트임을 만들었습니다.

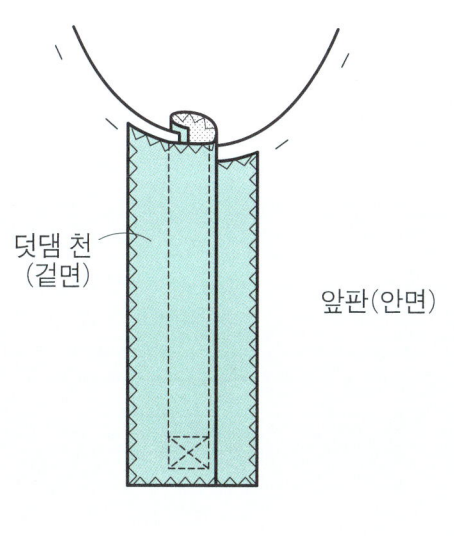

덧댐 천
(겉면)

앞판(안면)

한 장의 덧댐 천을 이용한 트임 B

안단에 밑덧단만큼의 치수를 더한 크기로 재단하여 가위집을 넣어 만듭니다. 가위집이 중심에 들어가는 것이 포인트입니다. 여기서는 뒤트임을 예로 설명합니다만, 앞트임에도 이용할 수 있습니다.

미니상식

수제 다리미 자

옷을 깔끔하게 만들려면 다림질이 매우 중요합니다. 빈 상자 등의 두꺼운 종이를 0.5cm 단위로 선을 그어 만들어 두면 시접을 같은 폭으로 접을 때 매우 편리합니다.

10~15cm

0.5
1
1.5
2
2.5
3

5cm 씩

연필이나 볼펜으로 선을 그린다

① 접을 폭에 맞춰 원단 가장자리를 맞춘다

2cm ②접는다

1. 슬래시* 위치의 제도

(Slash: 의복의 일부분을 속옷이 보이게 길게 터놓은 것을 말함)

뒤 안단의 제도를 나타냅니다. 뒤 중심은 골선으로 되어 있으므로 밑덧단만큼 빼내서 그렸습니다. 2-② 안단 안면에 다리미로 접착심지를 붙입니다.

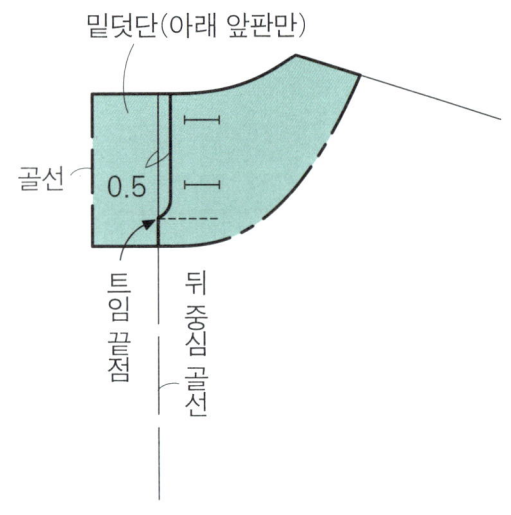

밑덧단(아래 앞판만)

골선 0.5

트임 끝점 뒤 중심 골선

2. 안단 재단하기

뒤 중심에 2배의 밑덧단 분량을 추가해서 그림과 같이 안단을 재단합니다.

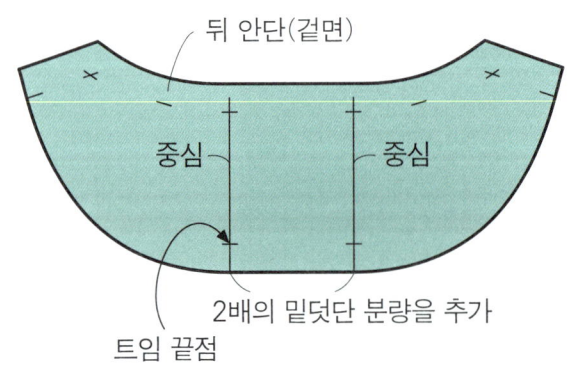

뒤 안단(겉면)

중심 중심

2배의 밑덧단 분량을 추가

트임 끝점

3. 안단에 접착심지 붙이기

안단 안면에 다리미로 접착심지를 붙입니다.

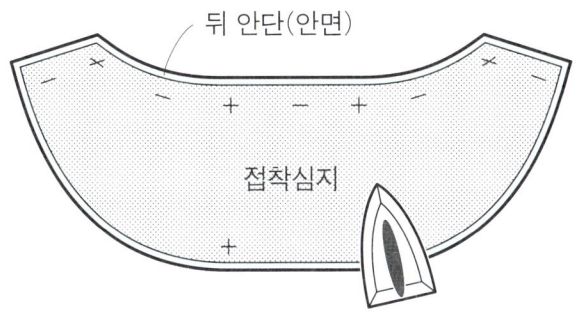

뒤 안단(안면)

접착심지

4. 안단 가장자리와 어깨 시접을 처리하기

안단 가장자리와 어깨 시접을 오버로크 박음질 또는 지그재그 박음질 하여 처리합니다.

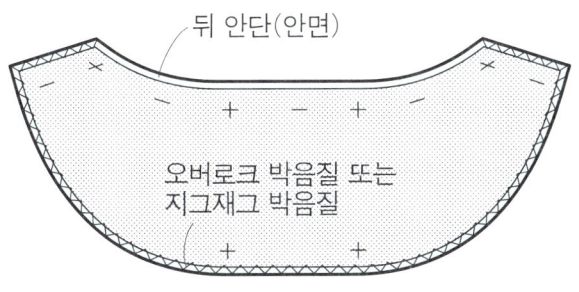

뒤 안단(안면)

오버로크 박음질 또는
지그재그 박음질

5. 뒤 중심 박기

5-① 뒤 안단과 뒤판을 겉면끼리 맞댑니다.

5-② 뒤 안단의 중심과 뒤판의 중심을 맞춰줍니다.

5-③ 중심선을 따라 0.5cm 폭으로 재봉틀을 박습니다.

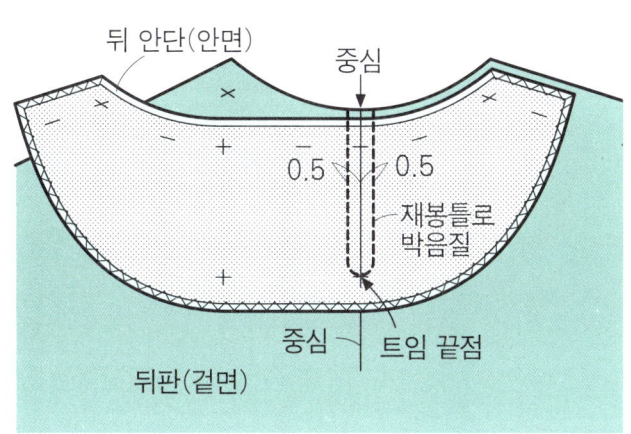

뒤 안단(안면)   중심

0.5   0.5

재봉틀로
박음질

중심   트임 끝점

뒤판(겉면)

6. 중심에 가위집 넣기

6-① 5-③의 봉제선을 다림질합니다.

6-② 트임 끝점 위치의 0.2cm 앞쪽까지 가위집을 넣습니다.

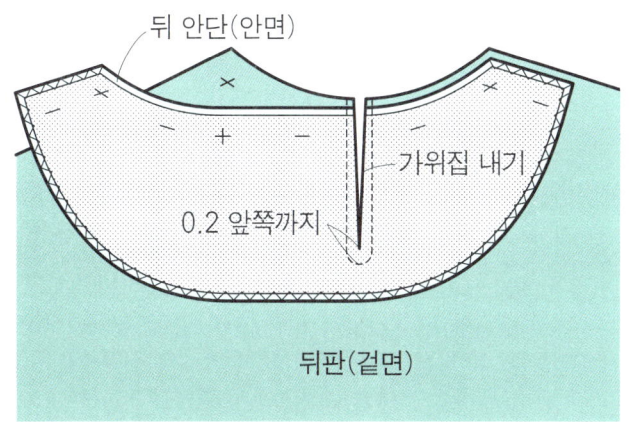

뒤 안단(안면)

가위집 내기

0.2 앞쪽까지

뒤판(겉면)

7. 안단 뒤집기

안단을 몸판 안면 쪽으로 뒤집어 다리미로 정돈합니다.

9. 밑덧단 접기

9-① 안단을 다시 한 번 몸판 겉면으로 뒤집습니다.

9-② 밑덧단 부분을 그림과 같이 겉면이 안쪽이 되도록 한 번 접습니다.

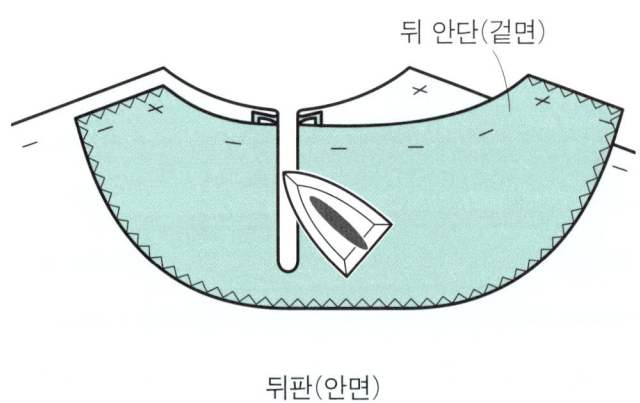

뒤 안단(겉면)

뒤판(안면)

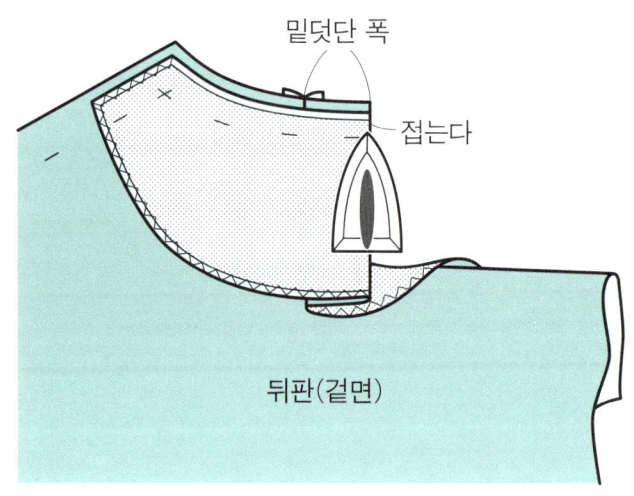

밑덧단 폭

접는다

뒤판(겉면)

8. 왼쪽 뒤판 쪽의 시접 처리

왼쪽 뒤판 쪽의 안단을 오른쪽 뒤판 쪽으로 움직여 왼쪽 뒤판 쪽 시접을 다리미로 가름솔 처리합니다.

10. 목둘레 박기

목둘레를 재봉틀로 박습니다. 이때 어깨선에서 4~5cm는 박지 않고 남겨둡니다.

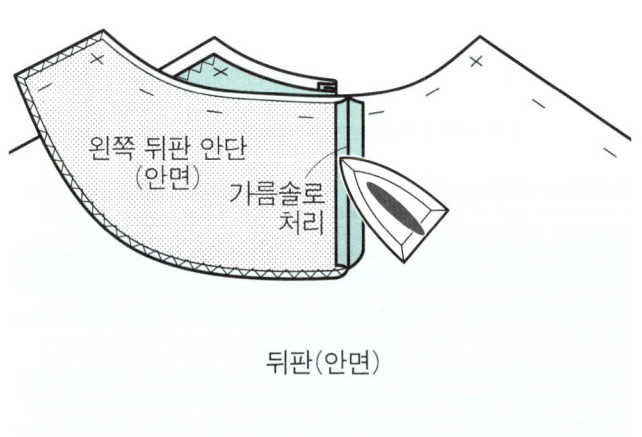

왼쪽 뒤판 안단
(안면)

가름솔로
처리

뒤판(안면)

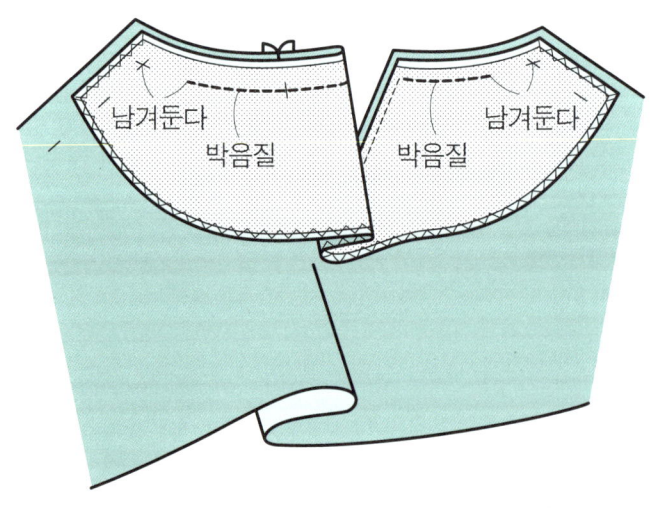

남겨둔다

박음질

남겨둔다

박음질

11. 안단 뒤집기

11-① 10의 봉제선을 다림질합니다.

11-② 안단을 몸판 안면으로 뒤집습니다.

11-③ 다림질하여 목둘레를 깔끔하게 정돈합니다.

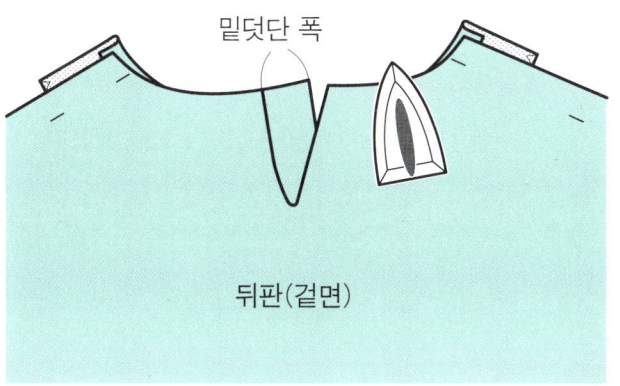

13. 트임 끝점 위치 박기

안단과 밑덧단을 겹쳐서 트임 끝점 위치를 재봉틀로 박습니다.

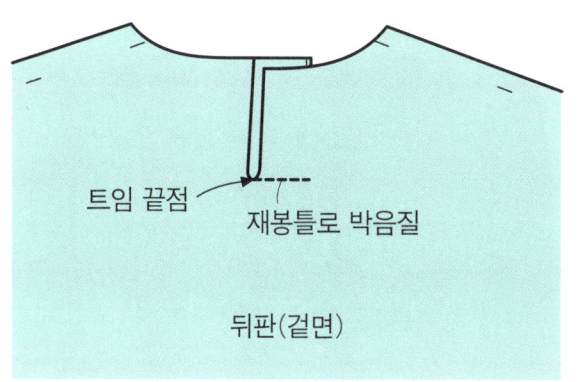

12. 밑덧단 박기

오른쪽 뒤판 쪽을 피하면서 밑덧단 가장자리를 재봉틀로 박습니다.

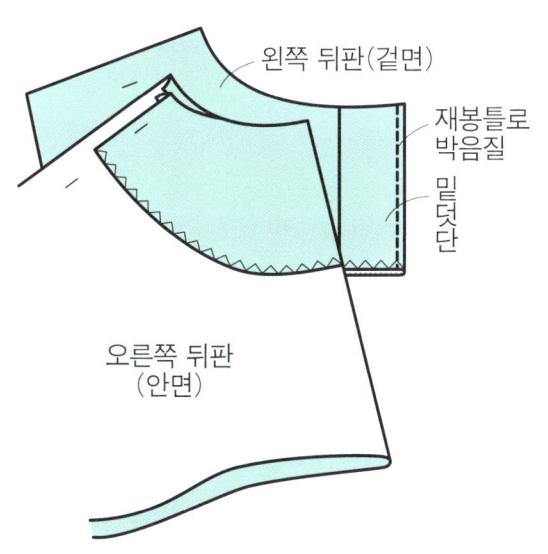

14. 단춧구멍과 단추 달기

위 뒤판 쪽에 단춧구멍을 만들고 아래 뒤판 쪽에 단추를 답니다.

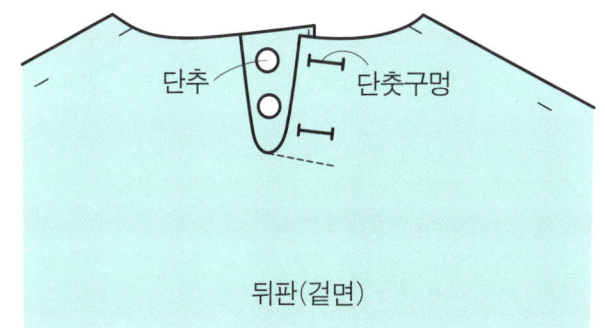

덧단 트임 A

트임 위치에 가늘고 긴 천을 붙여 만듭니다. 단춧구멍은 세로 형태로 하며, 스포티한 디자인에 잘 어울립니다.

1. 덧단 크기 정하기

덧단의 폭과 길이를 정합니다. 폭은 앞 중심에서 좌우 치수를 같게 하고, 길이는 트임 끝점 위치에서 1.5cm 더 길게 합니다.

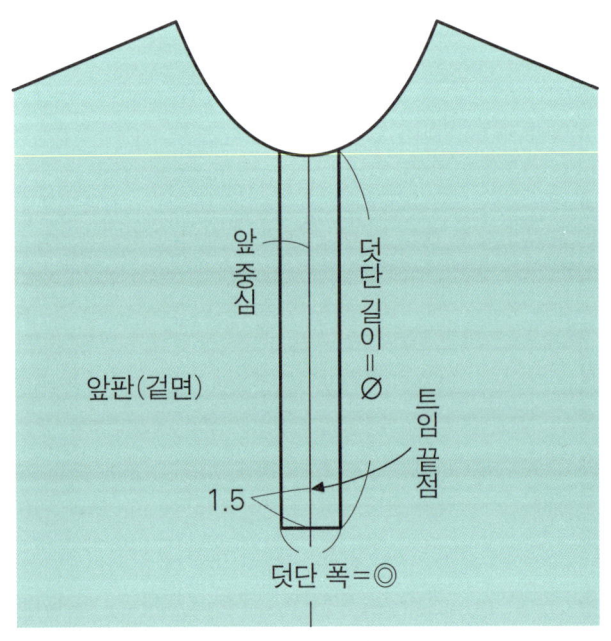

2. 덧댐 천 재단하기

덧단 천을 2장 재단합니다. 2배의 덧단 폭으로 하여 재단하므로 주의하세요.

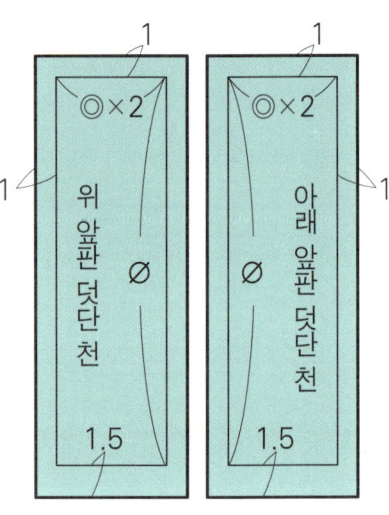

3. 덧단 천에 접착심지 붙이기

덧단 천 안면에 완성선 크기로 재단한 접착심지를 다리미를 사용해 붙입니다.

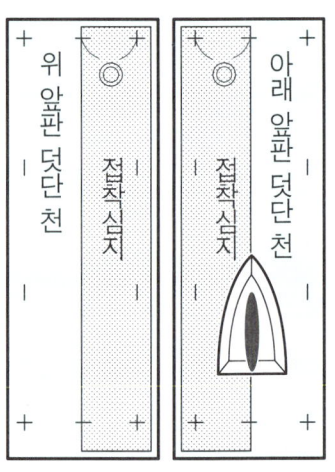

4. 덧단 천의 가장자리를 접기

4-① 접착심지를 붙인 반대쪽을 완성선을 따라 다리미로 접습니다.
4-② 위 앞판 덧단 천의 시접을 그림과 같이 잘라냅니다.

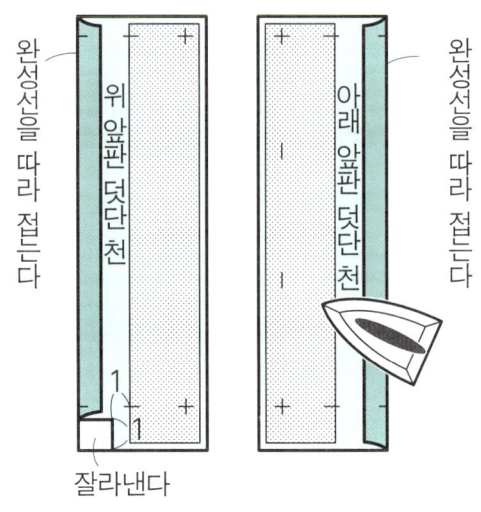

:: 재봉틀로 박을 때는 바느질 시작과 끝을 되돌아박기 합니다.

5. 덧단 천과 몸판을 박아 연결하기

몸판의 부착 위치에 덧단 천 겉면을 맞춰 박습니다. 아래쪽은 표시까지 박습니다.

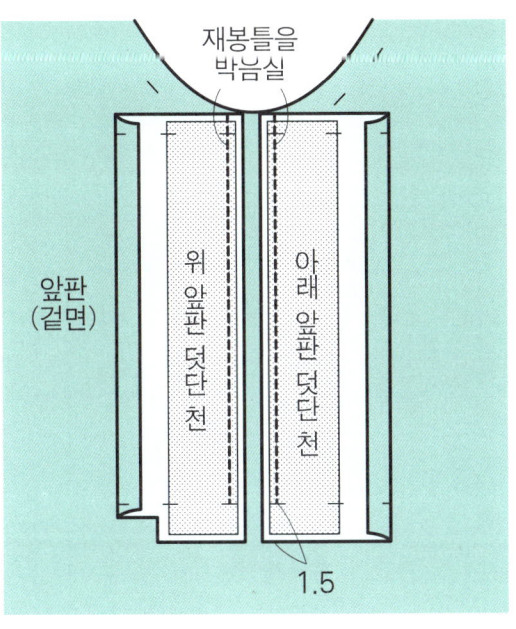

6. 몸판에 가위집 넣기

6-① 덧단 천 시접을 피하면서 몸판 중심에 역 Y자 형태로 가위집을 넣습니다. 가위집은 5의 바느질 끝점 위치까지 넣어주세요.

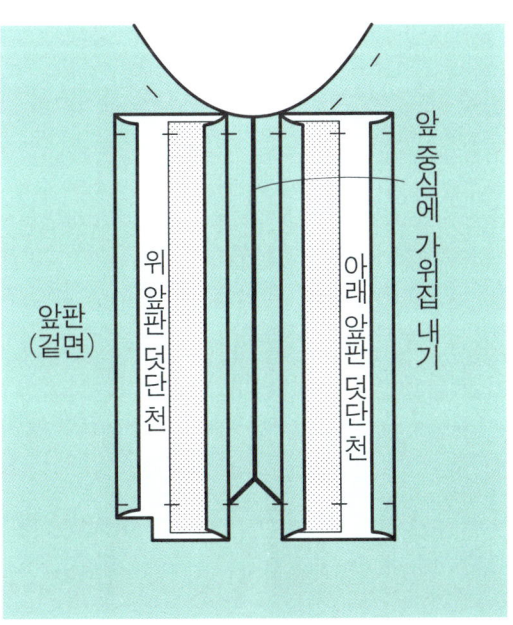

6-② 가위집 낸 모양을 안면에서 본 그림입니다. 이처럼 봉제선 끝까지 확실하게 가위집을 내주세요.

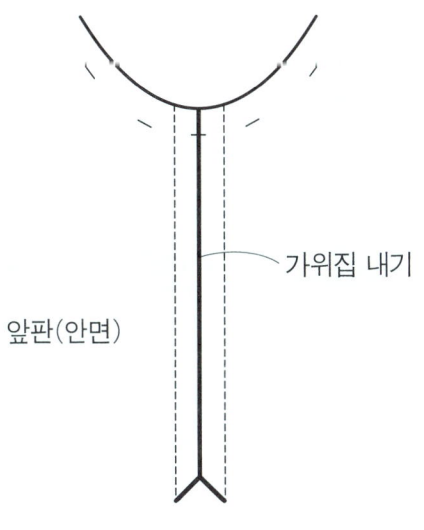

7. 아래 앞판 덧단 천의 모양 잡기

7-① 아래 앞판 덧단 천을 위 앞판 덧단 천 쪽으로 접습니다.
7-② 봉제선을 다림질합니다.

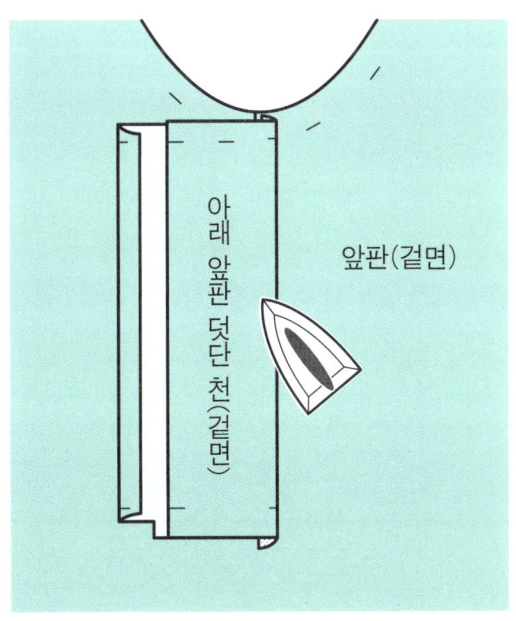

다음 페이지에 계속 ▶

7-③ 아래 앞판 덧단 천을 가위집 낸 구멍 안으로 보내고, 아래 삼각형 천을 앞쪽에 위치하게 합니다.

7-④ 상단을 그림과 같이 절반으로 접어 덧단 천 폭의 절반을 박고 가위집을 넣습니다.

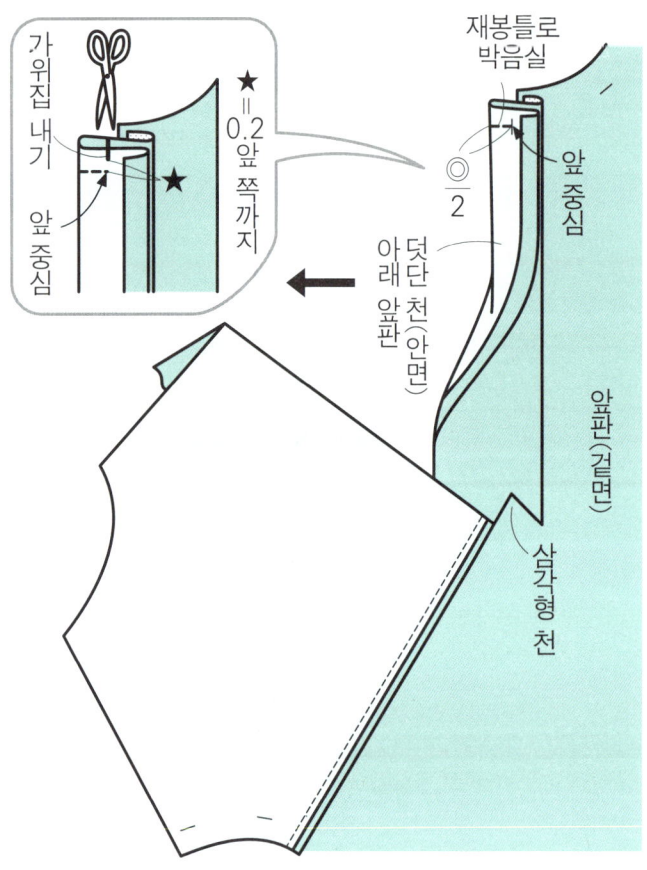

7-⑤ 겉으로 뒤집어 완성선을 다리미로 확실하게 접어줍니다.

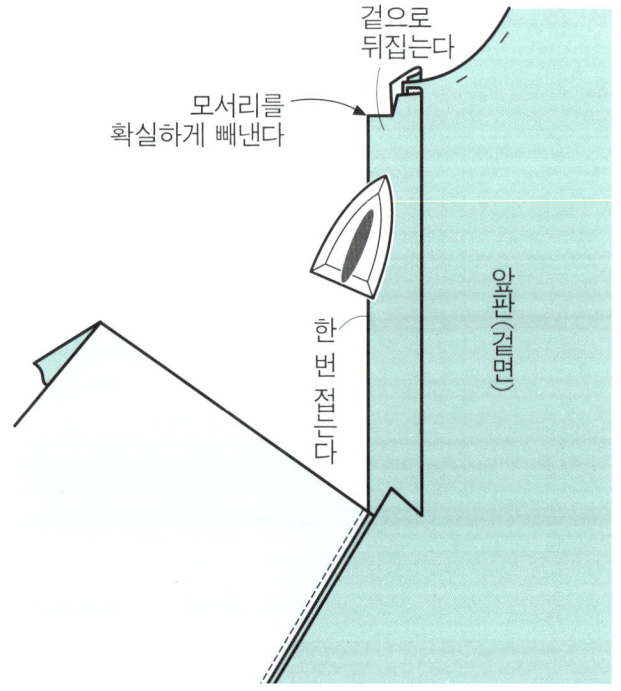

7-⑥ 아래 앞판 덧단 천 봉제선 바로 옆과 접은 선 바로 옆을 재봉틀로 박습니다.

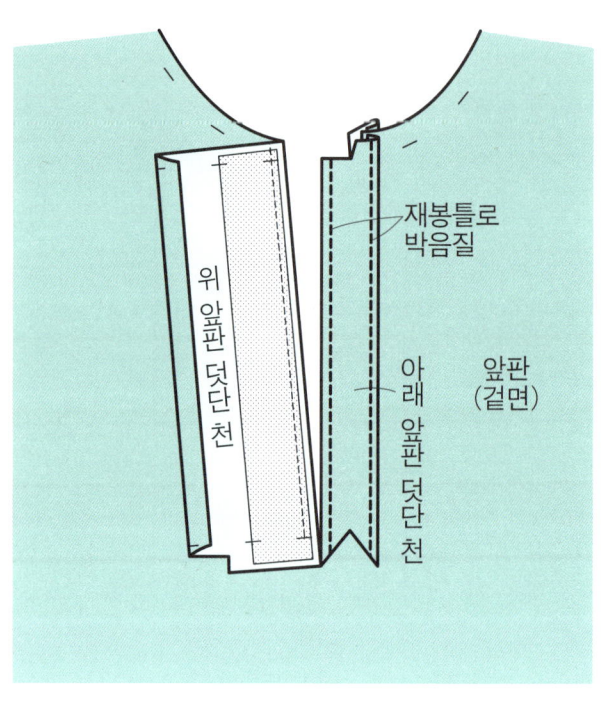

8. 위 앞판 덧단 천의 모양 잡기

8-① 위 앞판 덧단 천 아래 부분을 완성선에 맞춰 접습니다.

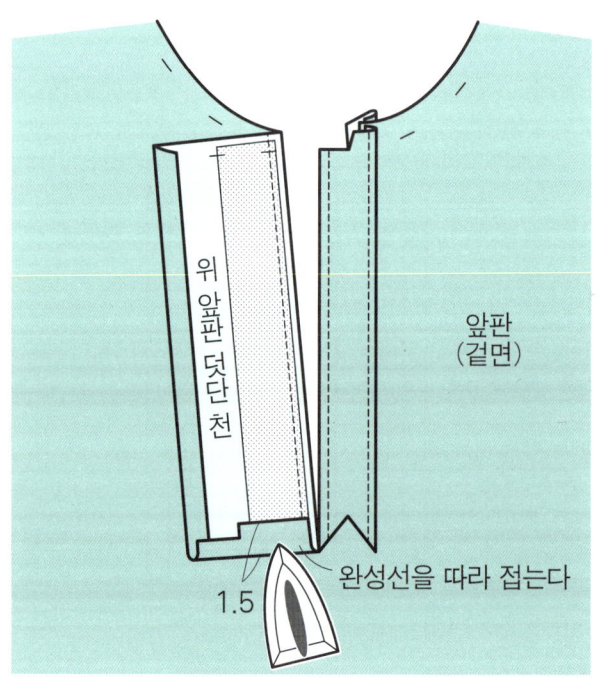

8-② 위 앞판 덧단 천도 아래 앞판과 마찬가지로 상단을 절반으로 접어
　　덧단 천 폭의 절반을 박은 후 가위집을 냅니다.

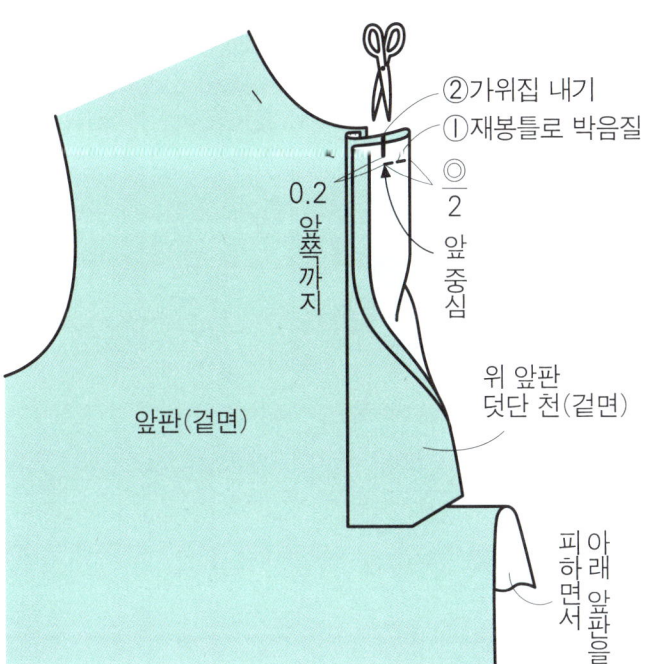

②가위집 내기
①재봉틀로 박음질
◎／2
0.2
앞쪽까지
앞중심
위 앞판 덧단 천(겉면)
앞판(겉면)
피하면서
아래 앞판을

9. 트임 끝점 위치를 박기

9-① 위 앞판 덧단 천과 아래 앞판 덧단 천을 겹쳐서 아래까지 쭉 박습
　　니다.

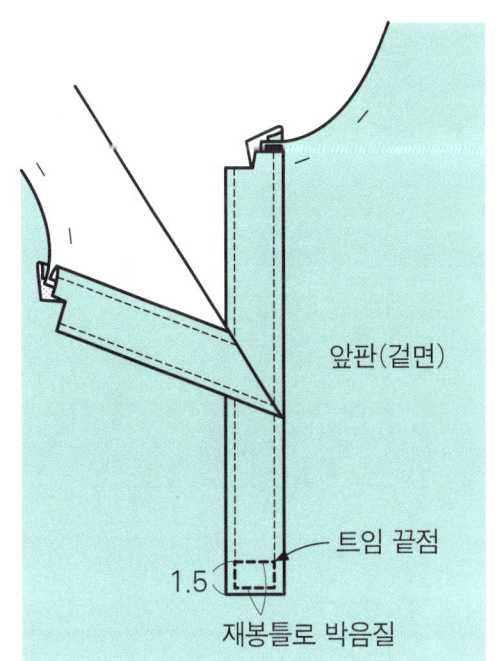

앞판(겉면)
트임 끝점
1.5
재봉틀로 박음질

8-③ 겉으로 뒤집어 완성선에 맞춰 접고 아래 앞판을 피하면서 봉제선 바
　　로 옆과 접은 선 바로 옆을 재봉틀로 박습니다. 이때 아래서 1.5cm
　　는 박지 않고 남겨둡니다.

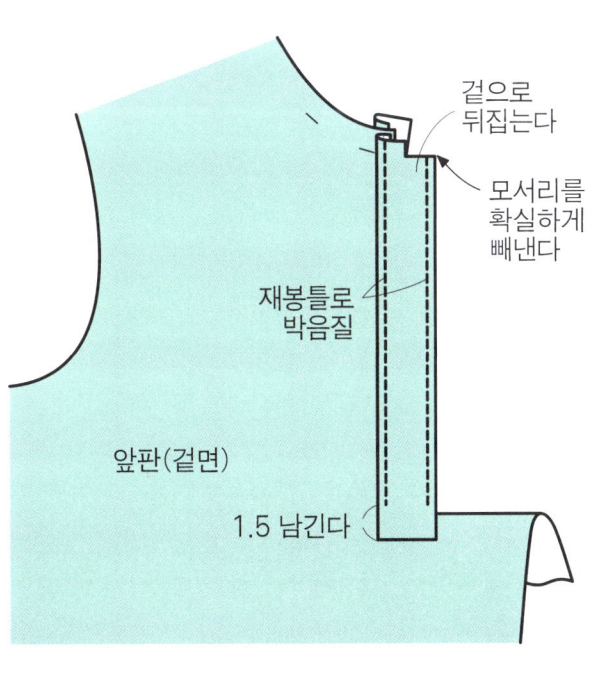

겉으로 뒤집는다
모서리를 확실하게 빼낸다
재봉틀로 박음질
앞판(겉면)
1.5 남긴다

9-② 완성선을 안면에서 본 그림입니다.
9-③ 아래 앞판 덧단 천의 아래 가장자리를 휘갑치기 하여 처리합니다.

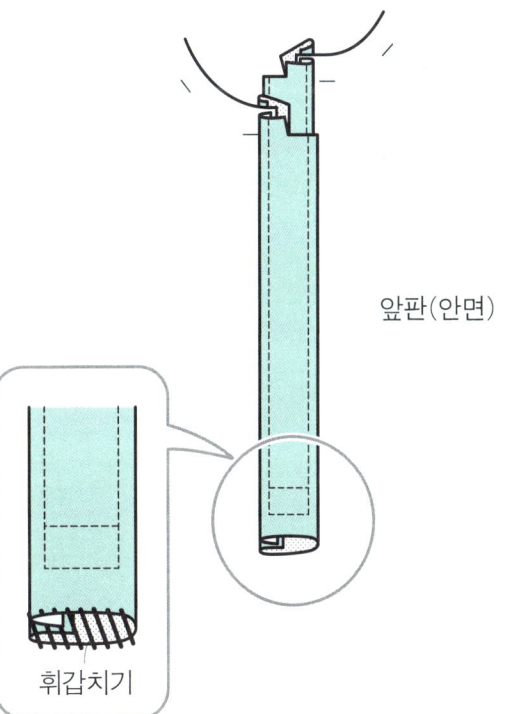

앞판(안면)
휘갑치기

덧단 트임 B

덧단의 끝을 몸판에서 띄워 포인트로 삼는 트임입니다. 트임 끝점 위치에서 길게 덧단이 붙게 되므로 그 점을 생각하면서 전체의 균형을 정하도록 하세요.

1. 덧단 천의 크기 정하기

덧단의 길이를 정합니다. 위 앞판 덧단 천과 아래 앞판 덧단 천의 길이가 서로 다르므로 주의하세요.

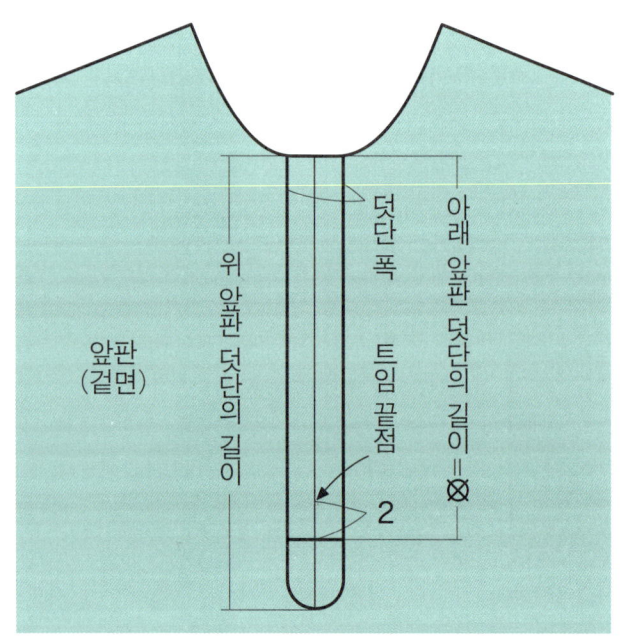

2. 덧단 천 재단하기

2-① 덧단 천을 재단합니다. 2배의 덧단 천의 폭을 2배로 하여 둘레에 1cm의 시접을 줍니다.

2-② 그림과 같이 다리미로 접착심지를 붙입니다.

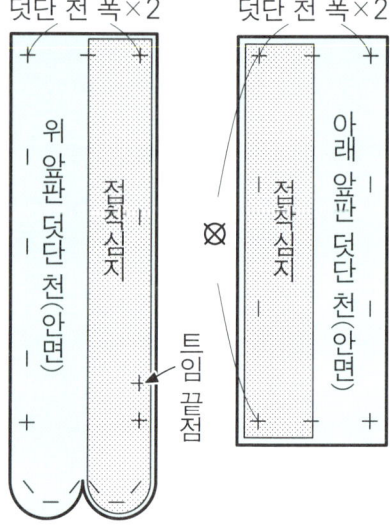

3. 위 앞판 덧단 천 만들기

3-① 위 앞판 덧단 천을 겉면끼리 맞대어 접고 몸판에서 띄울 부분에만 재봉틀을 박습니다.

3-② 겉으로 뒤집습니다.

3-③ 완성선을 따라 시접을 다리미로 접습니다.

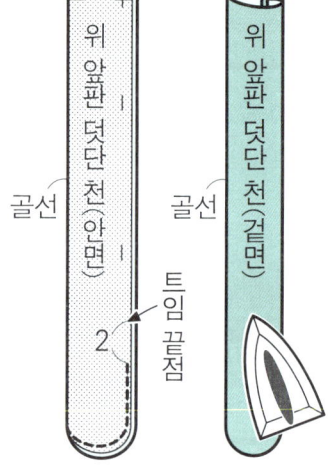

4. 덧단 천을 몸판과 꿰매 연결하기

몸판의 부착 위치에 덧단 천 겉면을 맞춰 재봉틀을 박습니다. 재봉틀을 박을 때는 트임 끝점보다 1cm 아래까지 박아주세요.

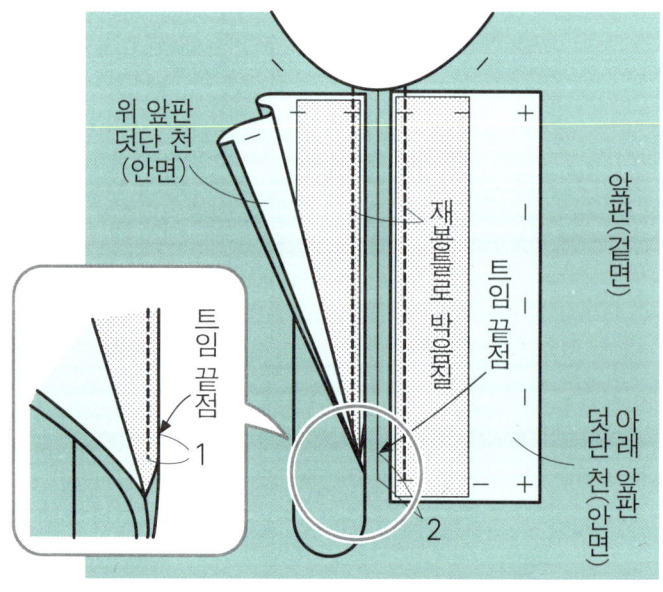

5. 몸판에 가위집 넣기

5-① 덧단 천의 시접을 피하면서 몸판에 역 Y자형으로 가위집을 넣습니다. 가위집은 봉제선 끝까지 넣어주세요.

5-② 아래 앞판 덧단 천을 완성선에 맞춰 접습니다.

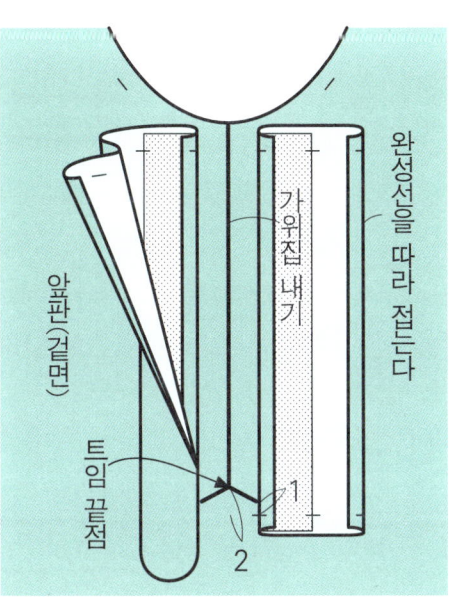

7. 위 앞판 덧단 천의 모양 잡기

7-① 아래 앞 몸판을 옆으로 제쳐 둡니다.

7-② 위 앞판 덧단 천으로 몸판 시접을 감싸 한 바퀴 쭉 박습니다.

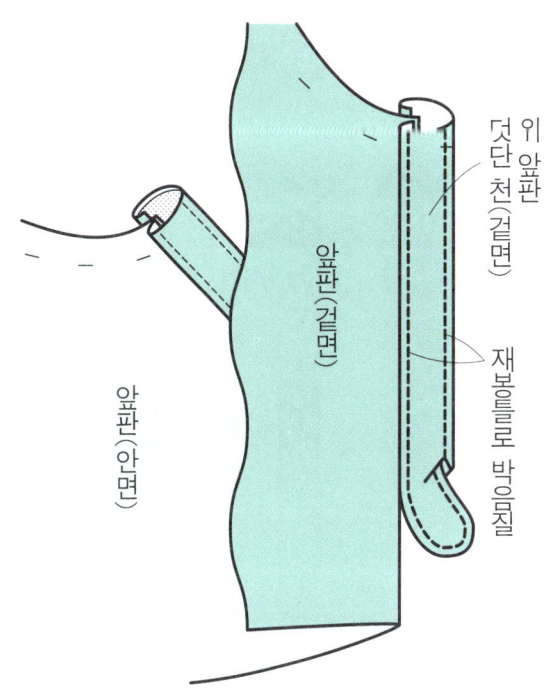

6. 아래 앞판 덧단 천의 모양 잡기

6-① 아래 앞판 덧단 천을 겉면으로 뒤집어 그림과 같이 한 번 접습니다.

6-② 양 가장자리를 재봉틀로 박습니다. 이때 삼각형 천은 옆으로 제쳐 둡니다.

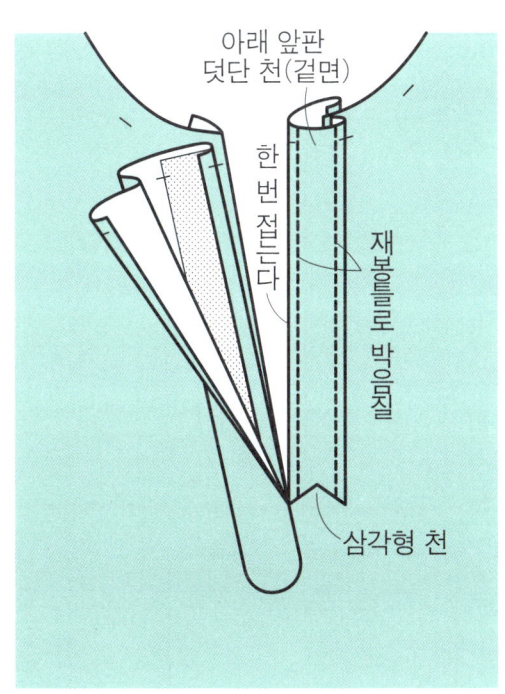

8. 트임 끝점 위치를 박기

8-① 위 앞판 덧단 천과 아래 앞판 덧단 천을 겹칩니다.

8-② 아랫부분에 가로로 두 줄을 박아줍니다. 위쪽 가로 봉제선이 트임 끝점 위치가 되며, 아래쪽 가로 봉제선에서 아래는 덧단 천이 몸판에서 뜨게 됩니다.

8-③ 안면에서 아래 앞판 덧단 천을 휘갑치기 합니다.

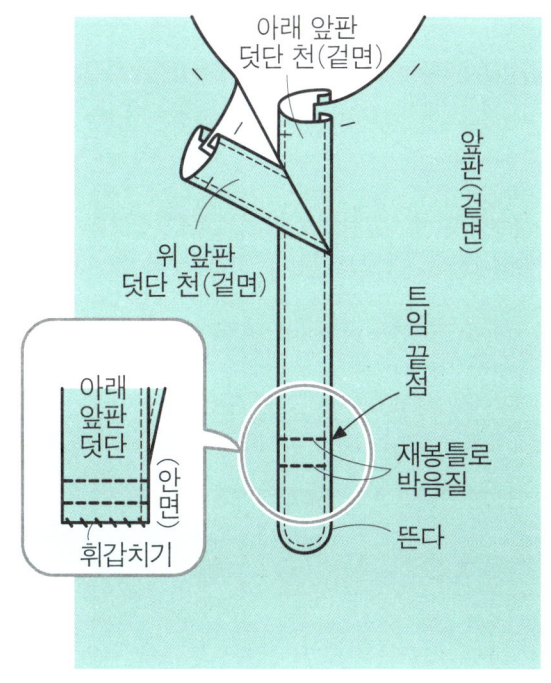

솔기선을 이용한 트임

앞판 솔기선을 이용해서 만든 트임입니다. 솔기선이 위에서 아래까지 일직선으로 보이는 것이 특징입니다. 안단이 움직여 불편하다면 트임 위치에 겉에서 가로로 재봉틀을 박아주세요.

1. 위 앞판 재단하기

위 앞판을 재단합니다. 트임 끝점에서 위쪽은 앞단선에 안단 폭을 추가해 재단하고, 트임 끝점에서 아래쪽은 앞단선에 1cm의 시접을 줍니다.
* 위 앞판＝오른쪽 몸판
* 아래 앞판＝왼쪽 몸판

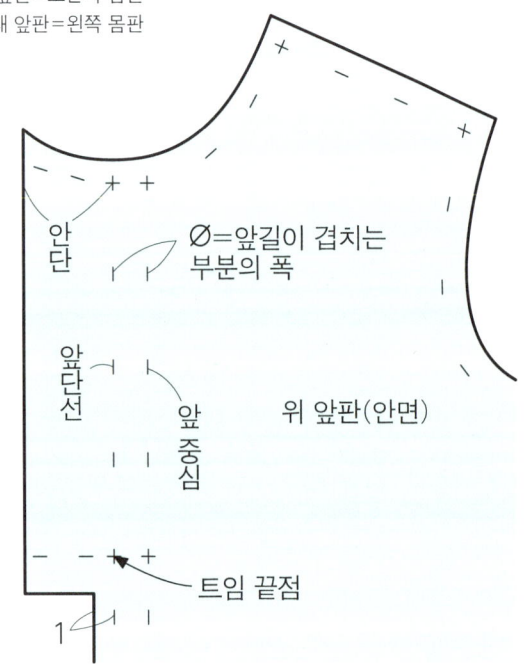

2. 아래 앞판 재단하기

아래 앞판은 앞 중심선에서 앞길이 겹치는 부분의 폭만큼 몸판 쪽으로 들어간 위치를 박게 됩니다. 트임 끝점에서 위쪽은 중심선에서 겹치는 부분의 폭과 안단의 치수만큼을 더해서 재단하고, 트임 끝점에서 아래쪽은 중심선에서 겹치는 부분의 폭만큼 들어간 위치에서 1cm의 시접을 줍니다.

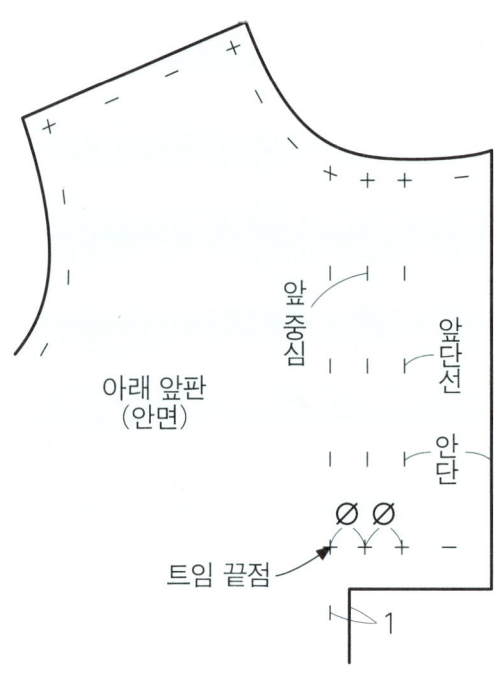

3. 안단에 접착심지 붙이기

3-① 위 앞판과 아래 앞판의 안단 안면에 안단 크기로 재단한 접착심지를 각각 다리미로 붙입니다.

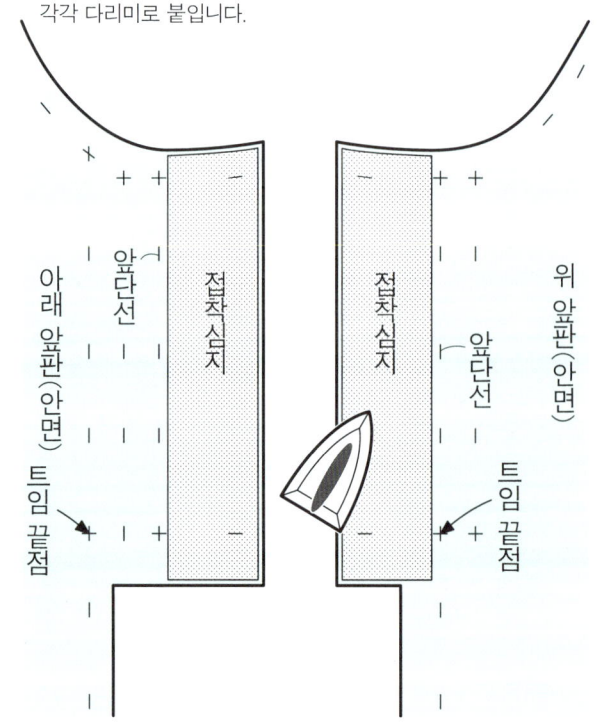

3-② 안단 가장자리와 시접을 오버로크 박음질 또는 지그재그 박음질
　　하여 처리합니다.

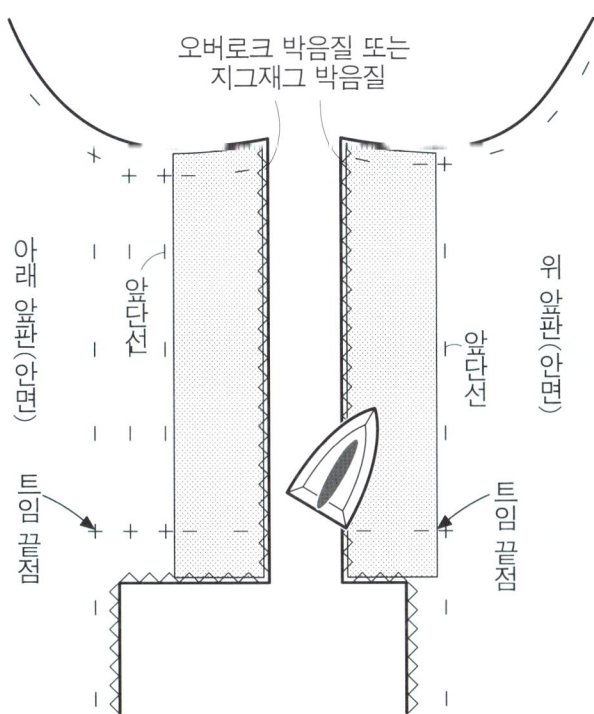

오버로크 박음질 또는
지그재그 박음질

아래 앞판(안면)

앞단선

위 앞판(안면)

앞단선

트임 끝점

트임 끝점

4. 몸판을 박기

4-① 몸판을 겉면끼리 맞대어 밑단에서부터 트임 끝점 위치까지 박습
　　니다.

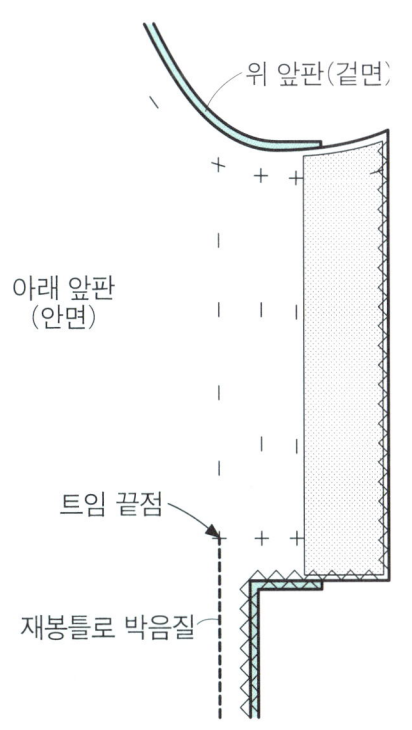

위 앞판(겉면)

아래 앞판
(안면)

트임 끝점

재봉틀로 박음질

4-② 시접을 다리미로 가름솔 처리합니다. 앞단선까지 이어서 다림질
　　하세요.
4-③ 아래 앞판 시접에 그림과 같이 어슷하게 가위집을 넣습니다.

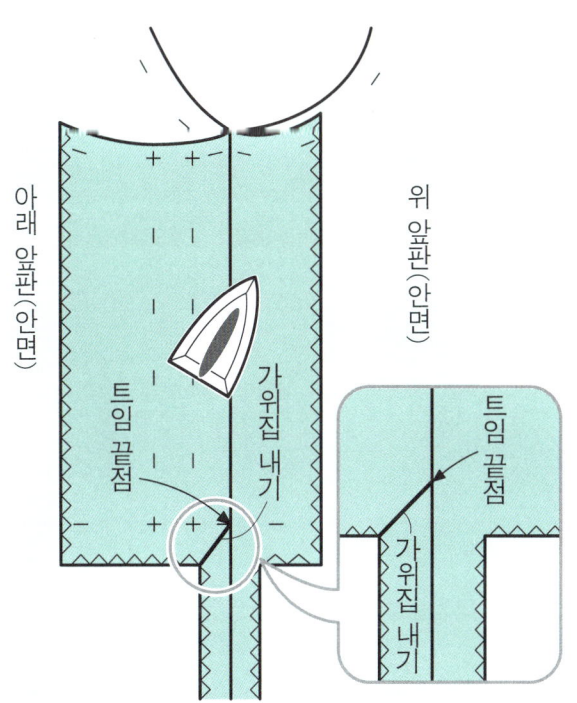

아래 앞판(안면)

위 앞판(안면)

트임 끝점

가위집 내기

트임 끝점

가위집 내기

5. 트임 끝점을 박기

5-① 아래 앞판의 안단을 앞단선에서 접습니다.
5-② 그림과 같이 트임 끝점 위치를 가로 방향으로 박아줍니다. 몸판까지
　　박지 않도록 주의하세요.

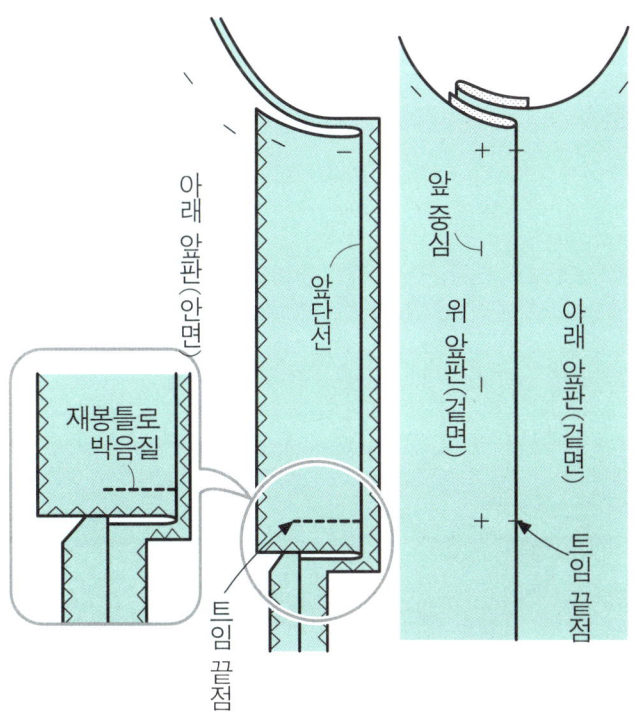

아래 앞판(안면)

앞단선

앞중심

위 앞판(겉면)

아래 앞판(겉면)

재봉틀로
박음질

트임 끝점

트임 끝점

갈고리 모양 트임

솔기선을 이용한 트임의 일종입니다. 트임과 솔기선이 일직선으로 이루어지는 게 아니라 갈고리 모양으로 나와 있습니다. 앞 중심뿐 아니라 다양한 위치에 응용해서 만들 수 있습니다.

1. 안단의 크기 정하기

안단의 길이는 트임 끝점 위치보다 2cm 이상 길게 합니다.

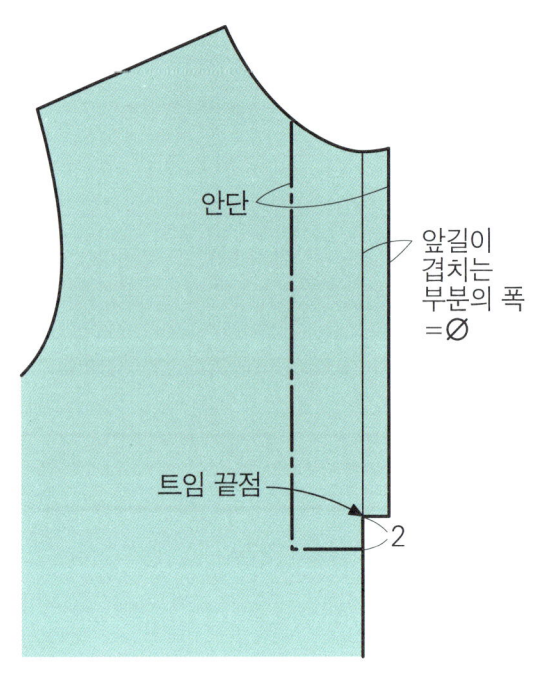

안단

앞길이 겹치는 부분의 폭 =∅

트임 끝점

2

2. 몸판 재단하기

위 앞판도 아래 앞판도 마찬가지 형태로 재단합니다. 앞단선에서 안단을 이어서 재단하고, 트임 끝점에서 아래는 1~1.5cm의 시접을 줍니다.

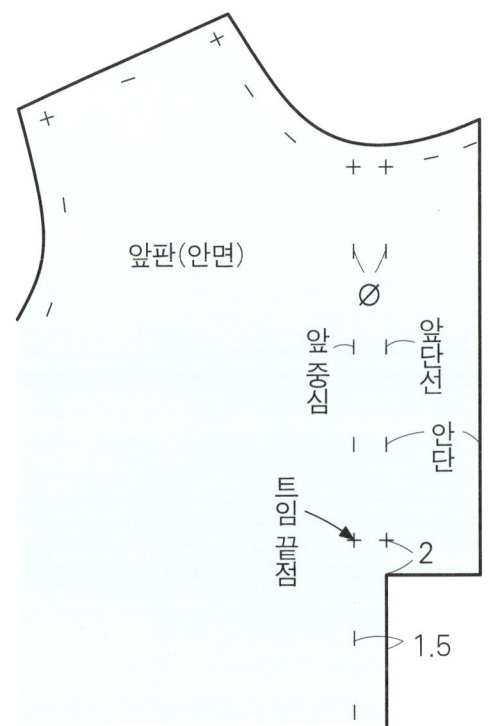

앞판(안면)

∅

앞중심

앞단선

안단

트임 끝점

2

1.5

3. 안단에 접착심지 붙이기

안단 부분의 안면에 안단의 크기로 재단한 접착심지를 각각 다리미로 붙입니다.

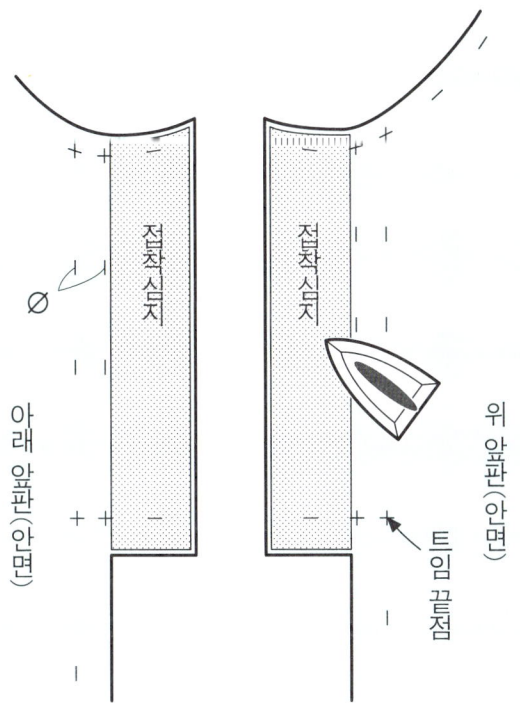

4. 시접 가장자리 처리하기

트임에서 아래쪽의 시접과 안단 가장자리에 오버로크 박음질 또는 지그재그 박음질을 하여 처리합니다.

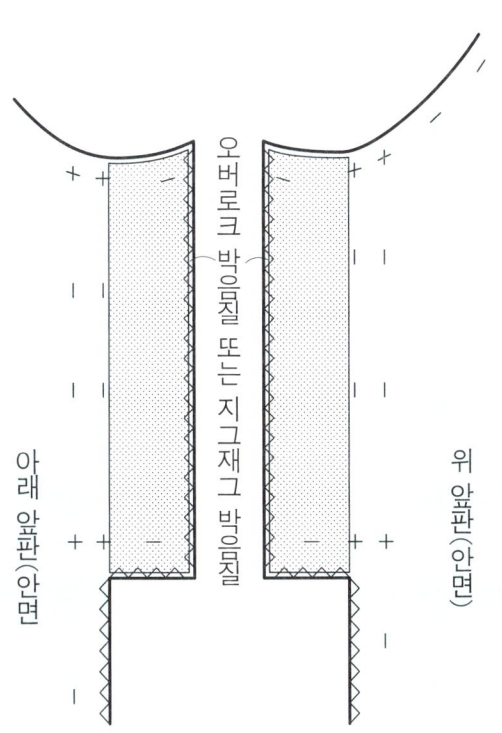

5. 위 앞판 만들기

5-① 위 앞판 안단을 그림과 같이 앞단선에서 접습니다.
5-② 트임 끝점 위치에 앞단선에서 중심선까지 재봉틀을 박습니다.

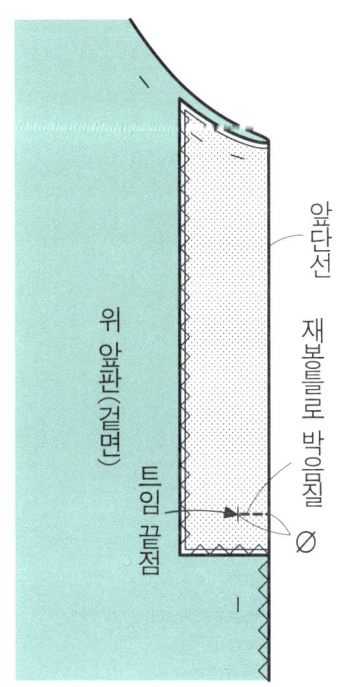

5-③ 그림과 같이 몸판도 함께 2곳에 가위집을 넣습니다. 모서리까지 확실하게 가위집을 넣지 않으면 깔끔하게 뒤집어지지 않으므로 주의하세요.

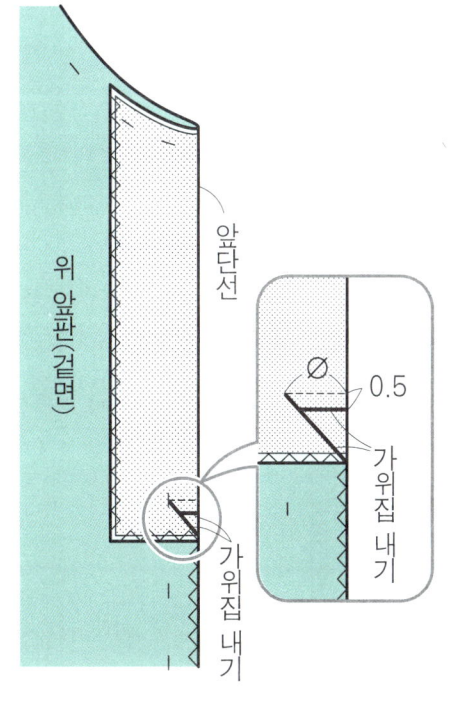

5-④ 안단을 겉면으로 뒤집습니다.

5-⑤ 중심에서 나와 있는 안단의 삼각형 천을 잘라냅니다.

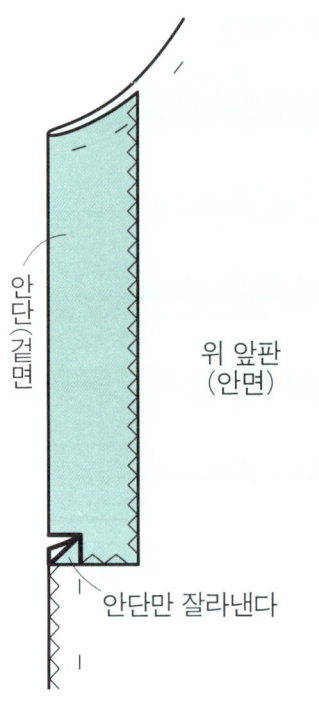

5-⑥ 앞단선(접은 선 부분)을 재봉틀로 박습니다.

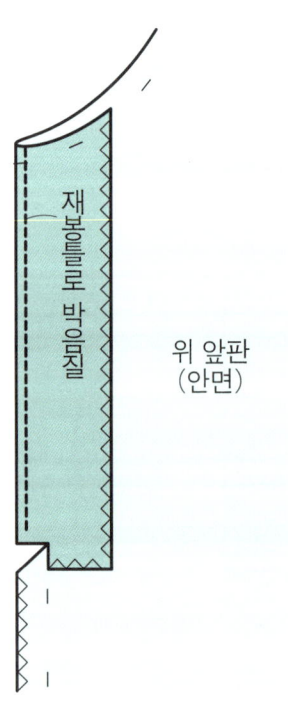

6. 몸판을 맞춰 트임 끝점까지 박기

6-① 위 앞판과 아래 앞판을 겉면끼리 맞대어 밑단에서부터 트임 끝점까지 박습니다.

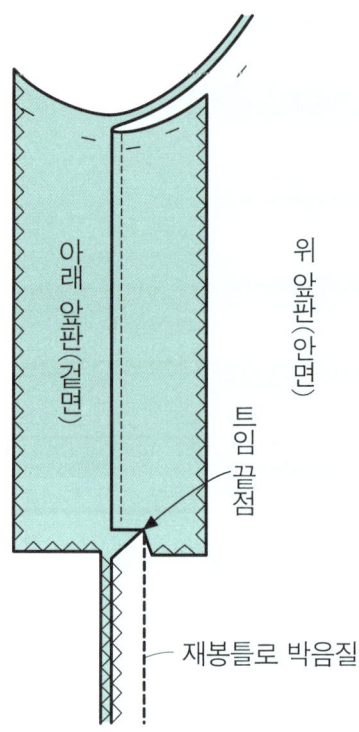

6-② 아래 앞판의 시접에 가위집을 넣습니다. 트임 끝점 위치까지 확실하게 넣어주세요.

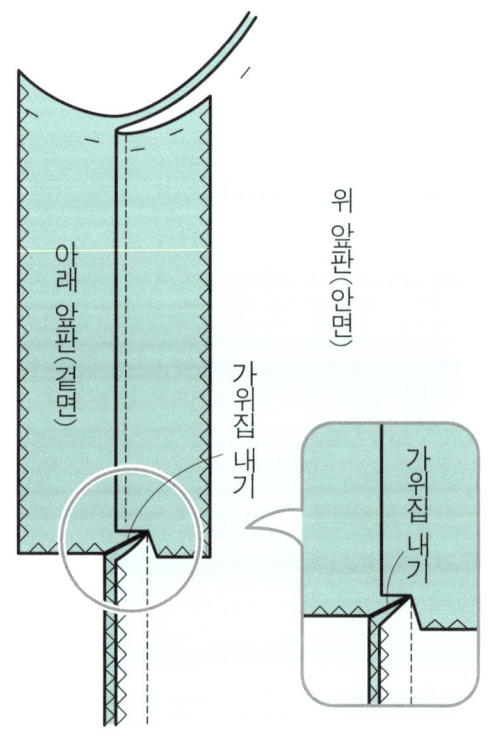

7. 아래 앞판 만들기

7-① 트임 끝점까지의 시접을 다리미로 가름솔 처리합니다.

7-② 아래 앞판 안단은 그림과 같이 해둡니다.

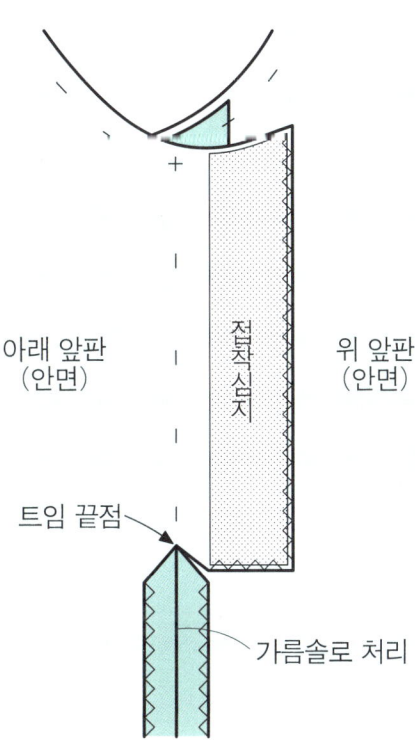

7-③ 아래 앞판 안단을 앞단선에서 그림과 같이 다리미로 접습니다.

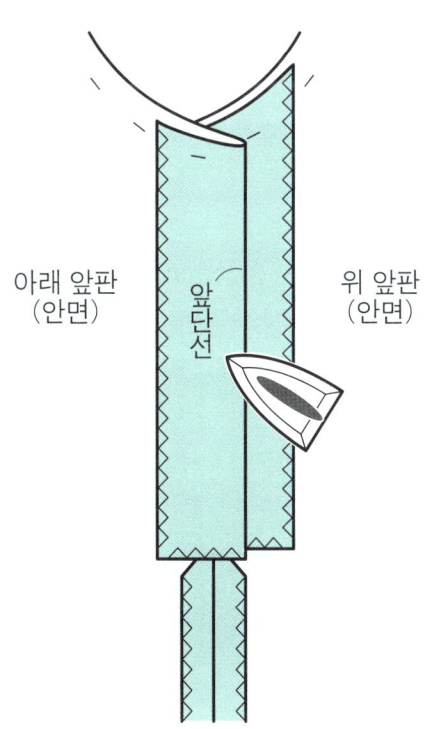

7-④ 아래 앞판의 접은 선 바로 옆을 박아 위쪽을 그림과 같이 감쳐줍니다.

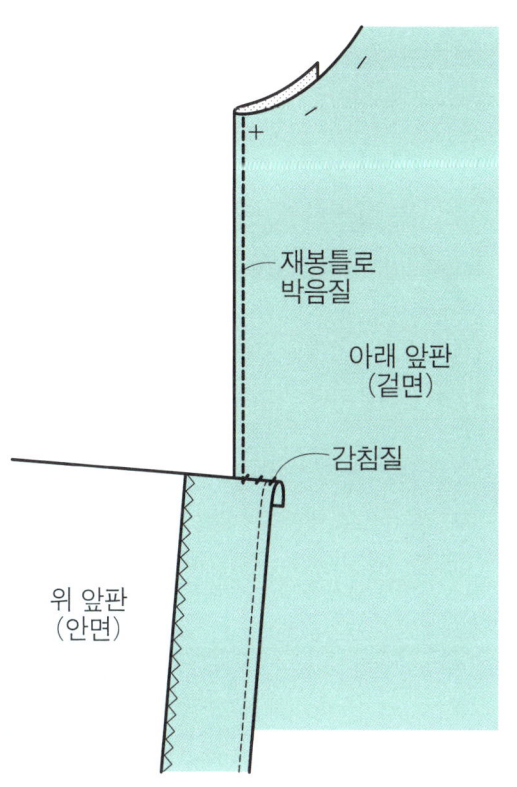

8. 트임 끝점 위치를 박기

8-① 겉으로 뒤집어 '갈고리 모양' 아래쪽(트임 끝점 위치)에서 밑단까지 박습니다.

8-② 그림에 나타낸 위치를 감쳐줍니다.

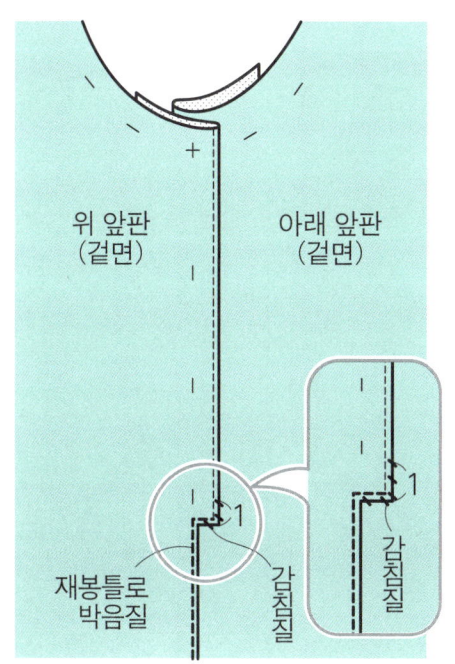

턱을 이용한 트임 A

앞 중심을 골선으로 재단하여 트임 아래에 턱(tuck)을 잡아 만드는 방법입니다. 턱이 디자인 포인트가 됩니다. 주름치마 등의 단추 트임도 이 방법을 응용해서 만듭니다.

1. 아래 앞 중심 정하기

1-① 턱 분량을 미리 정해둡니다.
1-② 그림과 같이 턱 가장자리에서 앞길이 겹치는 부분의 폭을 취해, 위 앞판 방향으로 들어간 곳을 아래 앞 중심으로 삼습니다.

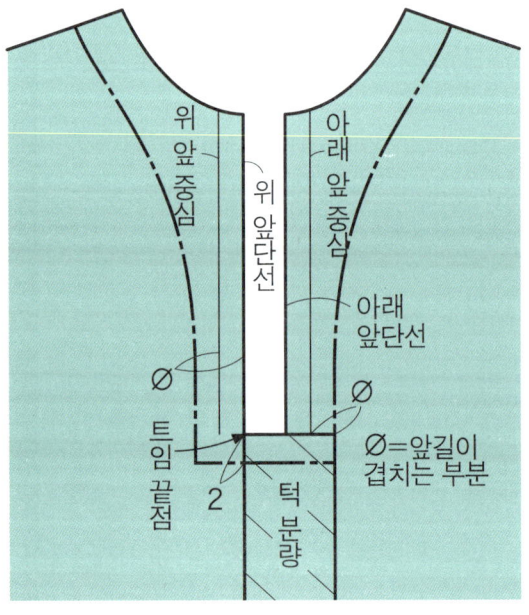

2. 몸판 재단하기

몸판을 재단한 그림입니다. 턱 분량은 잘라내지 않고 재단합니다.

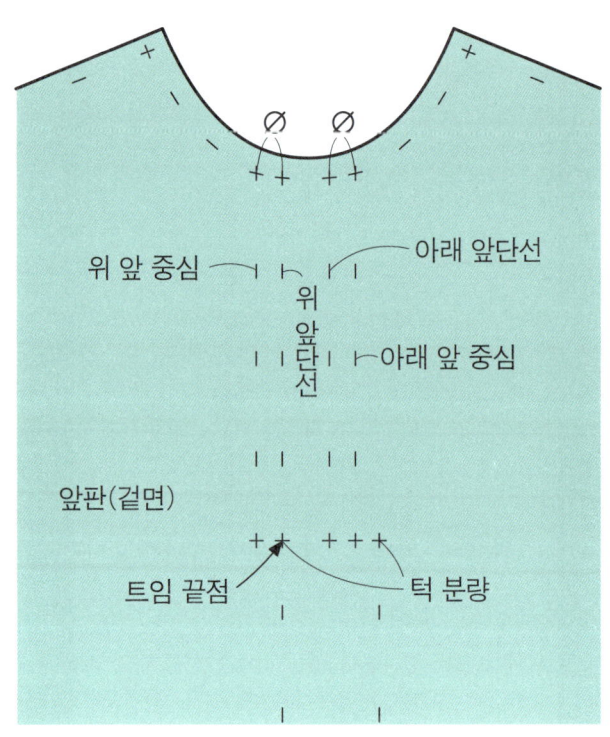

3. 안단 만들기

3-① 안단을 좌우 대칭으로 2장 재단합니다.
3-② 안단 안면에 접착심지를 다리미로 붙입니다.
3-③ 안단 가장자리를 오버로크 박음질 또는 지그재그 박음질 하여 처리합니다.

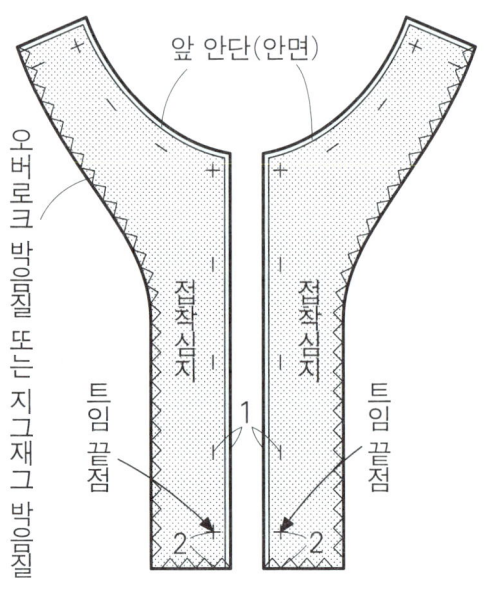

4. 몸판과 안단을 박아 연결하기

몸판과 안단을 겉면끼리 맞대어 앞단선에 그림과 같이 재봉틀을 박습니다. 재봉틀을 박을 때는 안단의 하단에서 1cm 남긴 부분까지 박아 주세요.

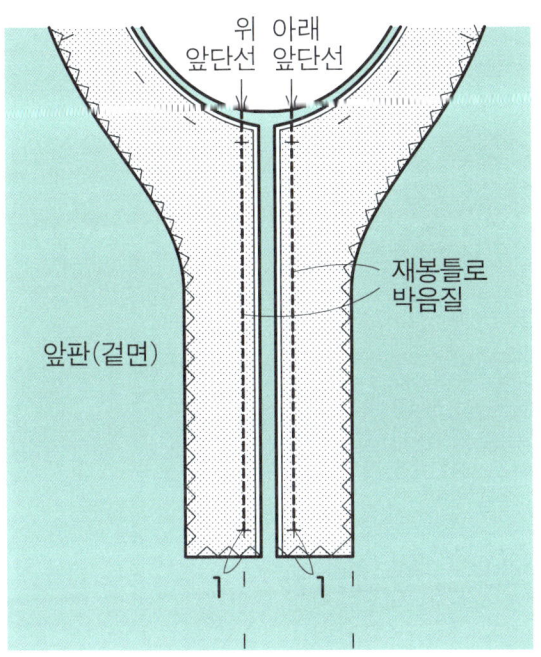

6. 안단 뒤집기

6-① 위 앞판, 아래 앞판의 안단을 몸판 안면으로 뒤집습니다.
6-② 앞단선을 박습니다.

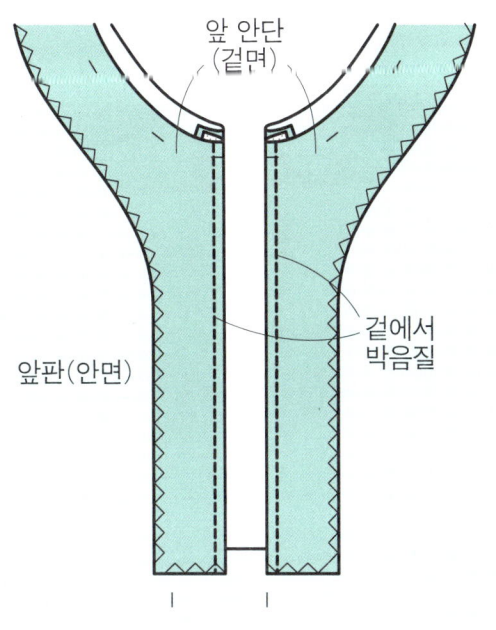

5. 몸판에 가위집 넣기

안단 시접을 피하면서 몸판에 가위집을 역 Y자 모양으로 넣습니다. 가위집 끝은 4에서 박아 고정한 부분에 맞춥니다.(턱 분량이 많은 경우는 안단 시접 폭에 맞춰 잘라냅니다.)

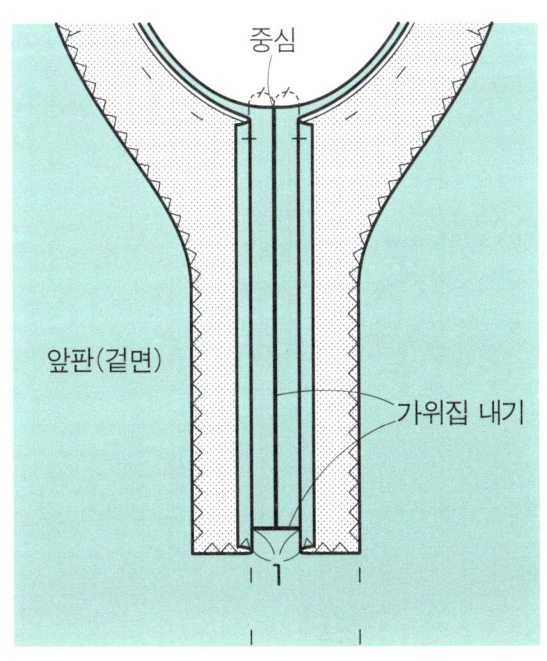

7. 트임 끝점 위치를 박기

7-① 위 앞 중심과 아래 앞 중심을 맞춰 턱을 잡습니다.
7-② 트임 끝점 위치에서 1.5cm 아래를 박습니다. 재봉틀을 박을 가로 폭은 위 앞단선에서 아래 앞단선까지입니다.

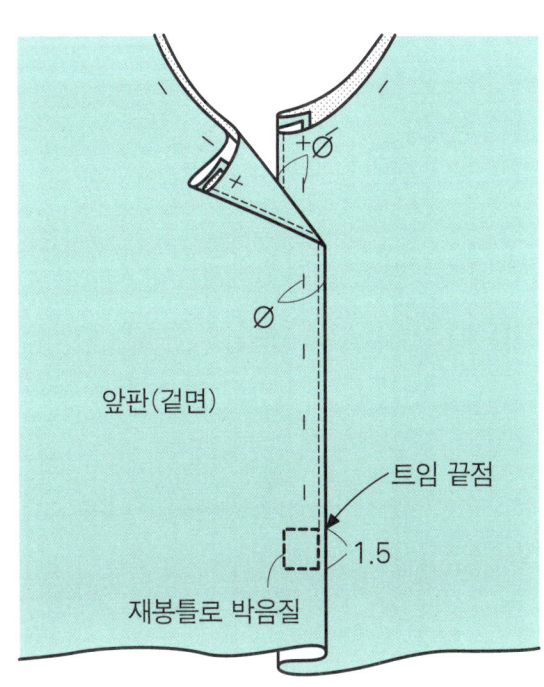

턱을 이용한 트임 B

392쪽의 턱을 이용한 트임 A와 마찬가지로 턱이 디자인 포인트입니다. 위 앞판에 덧단 천을 붙여줌으로써 A보다 샤프한 분위기가 납니다. 트임 끝점 위치에서 덧단 천이 길어지므로 재단할 때 주의하세요.

1. 덧단 천의 크기 정하기

치수를 정한 그림입니다. 덧단 천은 트임 끝점 위치에서 3cm 정도 길게 합니다.

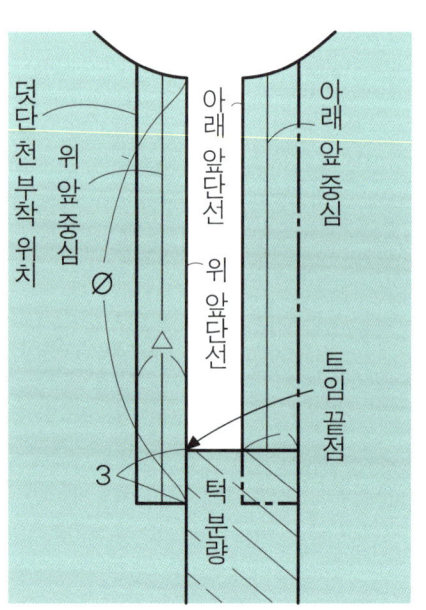

2. 몸판 재단하기

몸판을 재단한 그림입니다. 턱 위치, 앞단선 등 반드시 표시를 합니다.

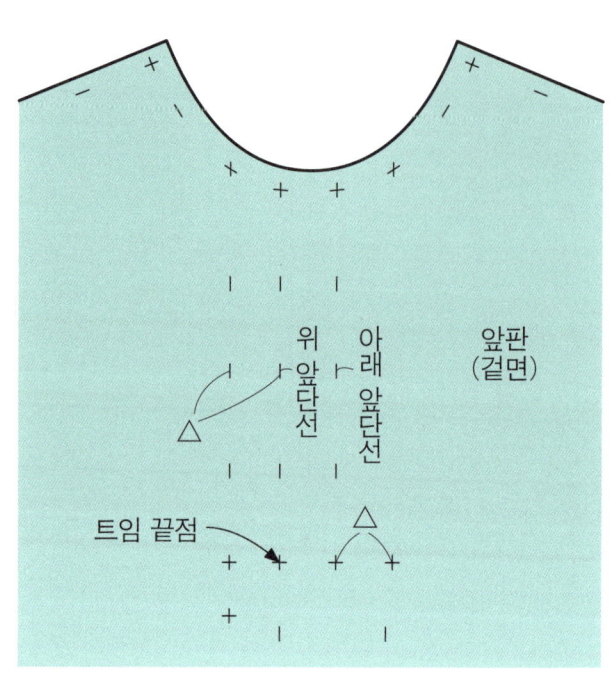

3. 덧단 천과 안단 재단하기

3-① 위 앞판의 덧단 천과 아래 앞판의 안단을 재단합니다. 위 앞판과 아래 앞판은 크기다 다르므로 주의하여 재단하세요.

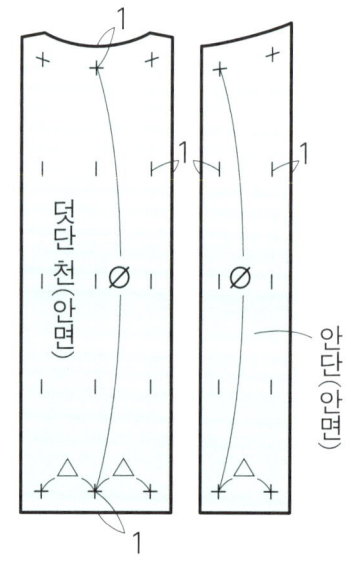

3-② 덧단 천과 안단 안면에 다리미로 접착심지를 붙입니다.

5. 몸판에 덧단 천과 안단을 각각 꿰매 붙이기

덧단 천은 위 앞판의 덧단 천 부착 위치, 안단은 몸판 아래 앞단선에 걸면 끼리 맞춰 두고, 각각 재봉틀로 박습니다. 재봉틀을 박을 때는 완성선에 서 1cm 위까지 박아주세요.

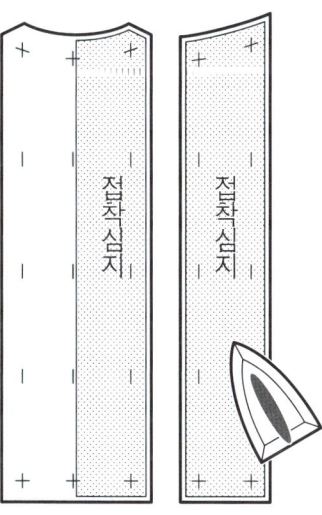

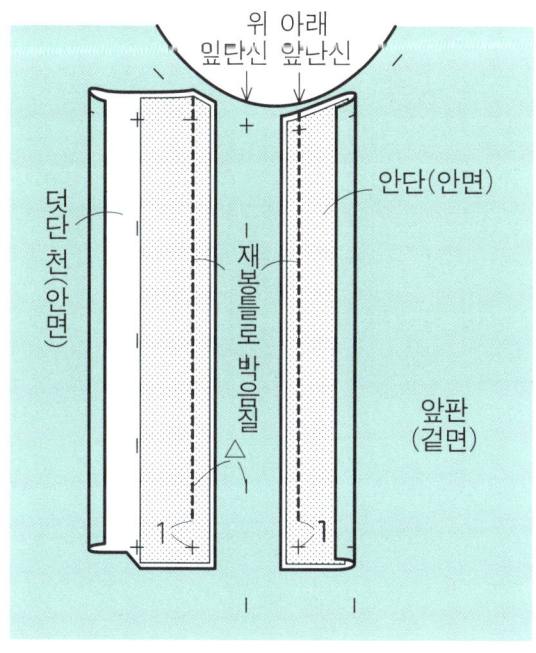

4. 덧단 천 접기

4-① 덧단 천과 안단 시접을 그림과 같이 완성선을 따라 접습니다.
4-② 덧단 천의 밑단은 중심에서 0.5cm 남기고 그림과 같이 어슷하게 잘라냅니다.

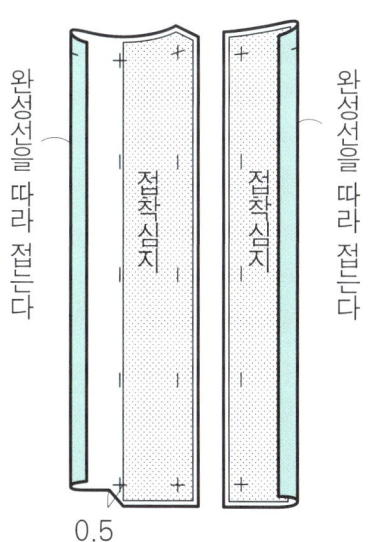

6. 몸판의 트임 부분을 잘라내기

6-① 덧단 천과 안단의 시접을 피하면서 몸판에 1cm의 시접을 주어 그 림과 같이 잘라냅니다.
6-② 그런 다음 봉제선 바로 옆까지 가위집을 넣어주세요.

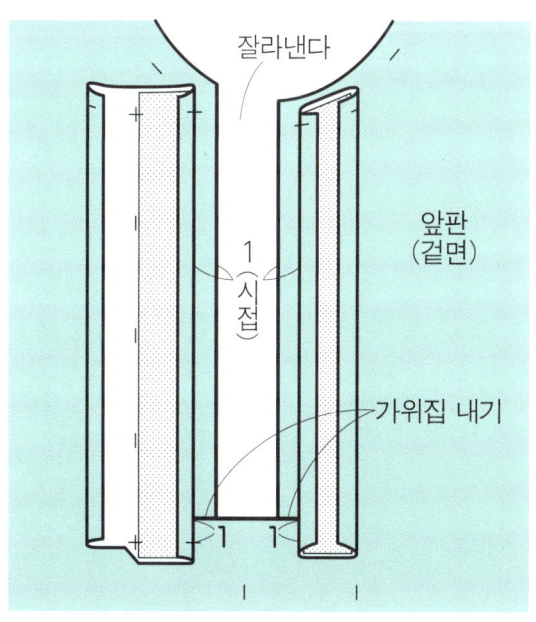

6-③ 덧단 천과 안단의 밑단을 완성선을 따라 접습니다.

7-③ 안단 가장자리를 재봉틀로 박아 안단을 고정합니다. 가위집 위치까지 박습니다.

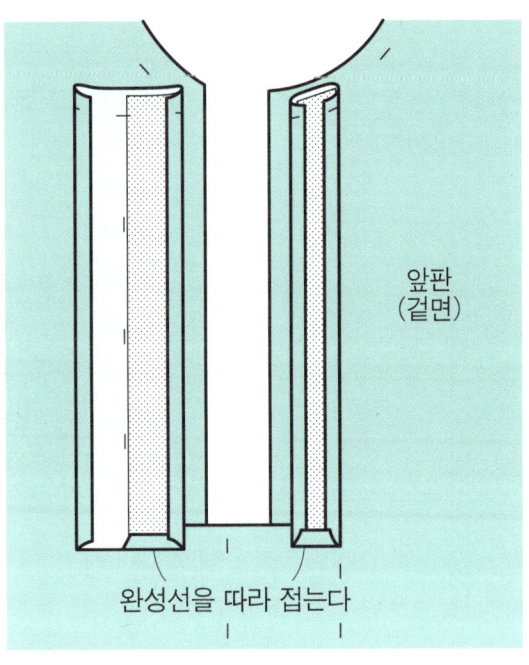

완성선을 따라 접는다

앞판
(겉면)

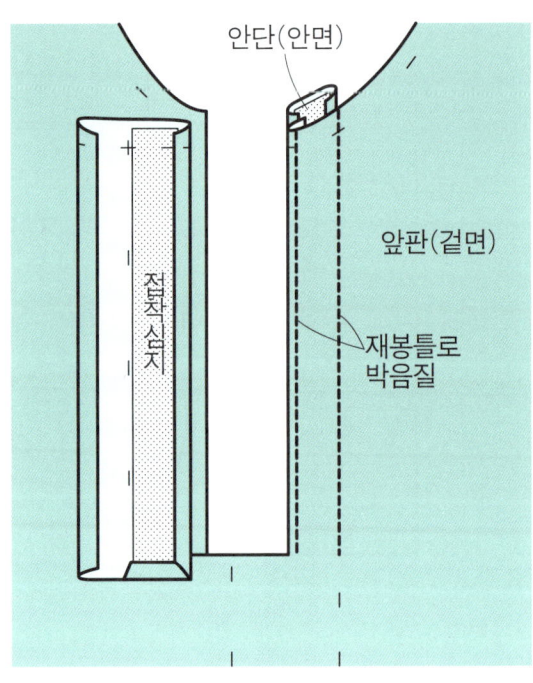

안단(안면)

접착 심지

앞판(겉면)

재봉틀로
박음질

7. 아래 앞판의 안단 만들기

7-① 안단을 몸판의 안면으로 뒤집습니다.
7-② 안단을 약간 줄여 다림질합니다.

8. 위 앞판의 덧단 천 만들기

8-① 덧단 천을 다리미를 사용해 두 겹으로 접습니다.

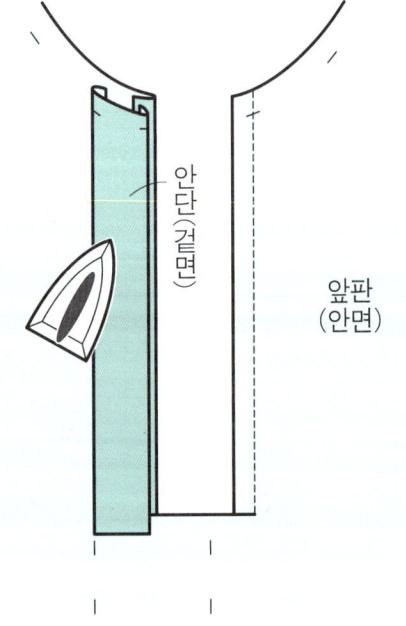

안단(겉면)

앞판
(안면)

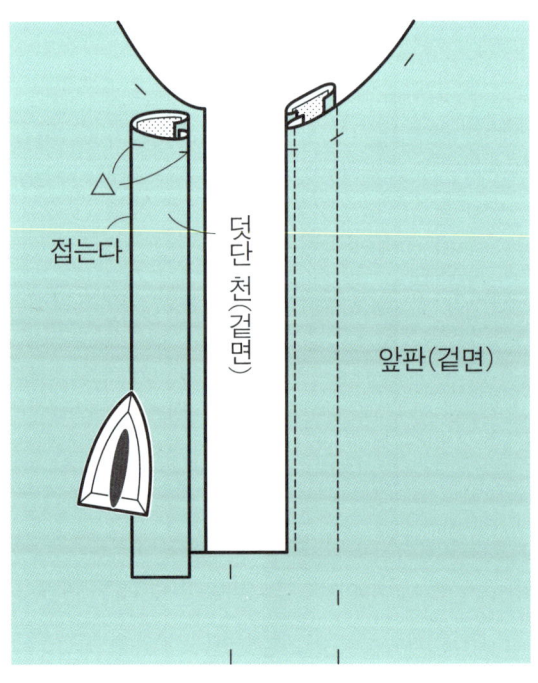

접는다

덧단 천(겉면)

앞판(겉면)

8-② 몸판 시접을 끼우듯이 덧단 천을 눕힙니다.

9. 턱 접기

턱을 접어 시침질하여 턱이 펴지지 않도록 고정합니다.

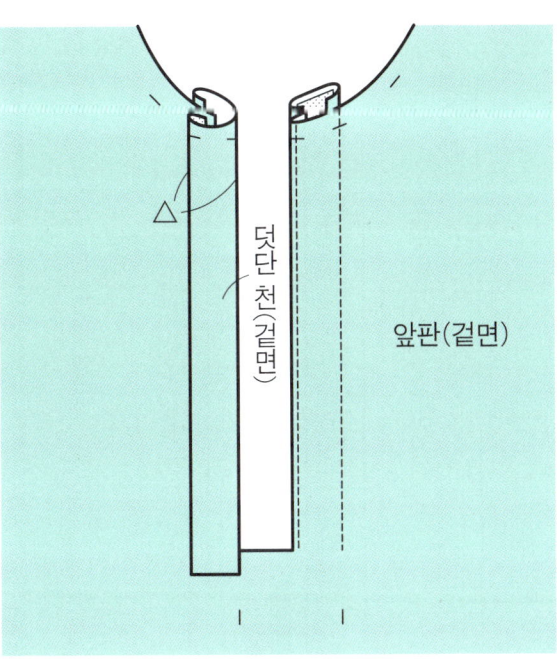

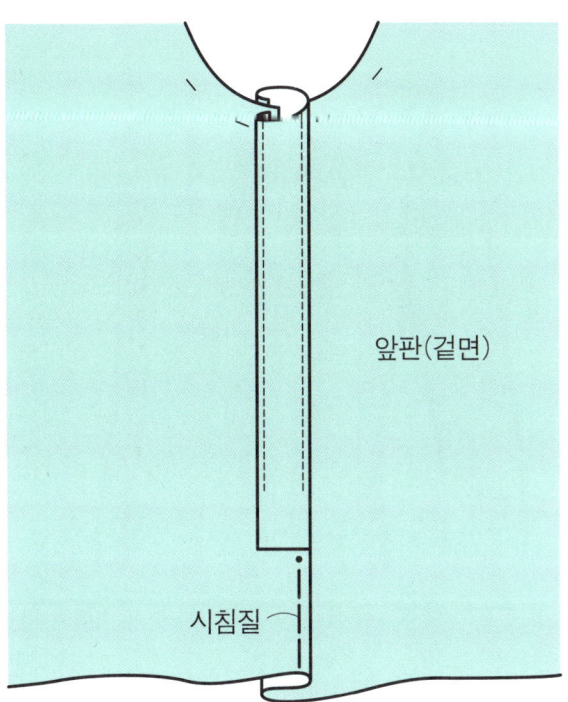

8-③ 그림과 같이 덧단 천 가장자리를 트임 끝점 위치까지 재봉틀로 박습니다. 이때 아래 3cm는 박지 않고 남겨둡니다.

10. 트임 끝점 위치를 박기

10-① 덧단 천을 박지 않고 남겨둔 부분에 재봉틀을 박습니다. 이때 8-③의 봉제선과 이어지도록 박아주세요.
10-② 시침한 실은 제거합니다.

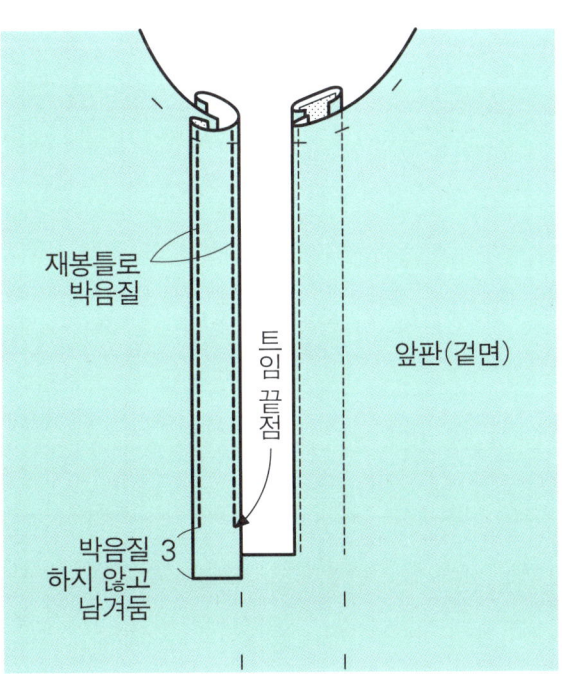

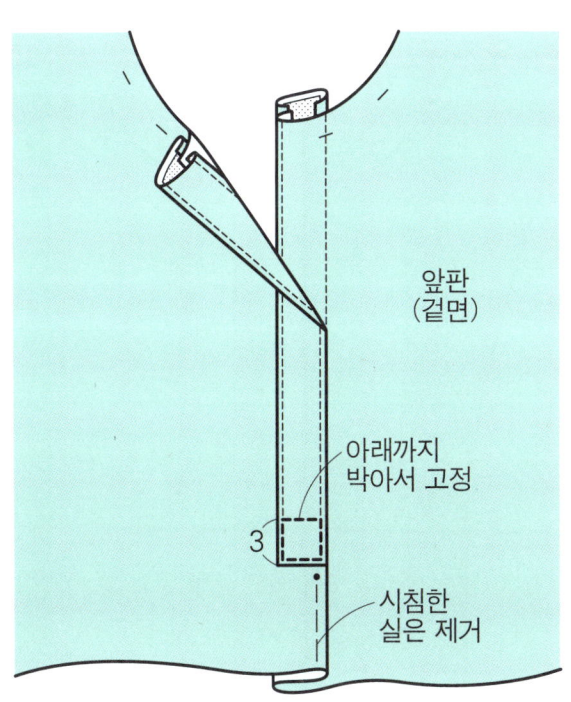

플라이 프런트 트임 A

플라이 프런트는 위 앞단선이 이중으로 되어 있어 겉에서 단추가 보이지 않는 트임을 말합니다. 이 항에서는 코트나 재킷에 사용되는 본격적인 방법을 설명합니다. 단추는 두께가 얇은 것을 사용합니다.

1. 위 앞 몸판과 위 앞 안단 재단하기

플라이 프런트 트임은 위 앞판만 조작하여 만듭니다. 아래 앞판은 360쪽의 일반적인 트임과 마찬가지로 만듭니다.

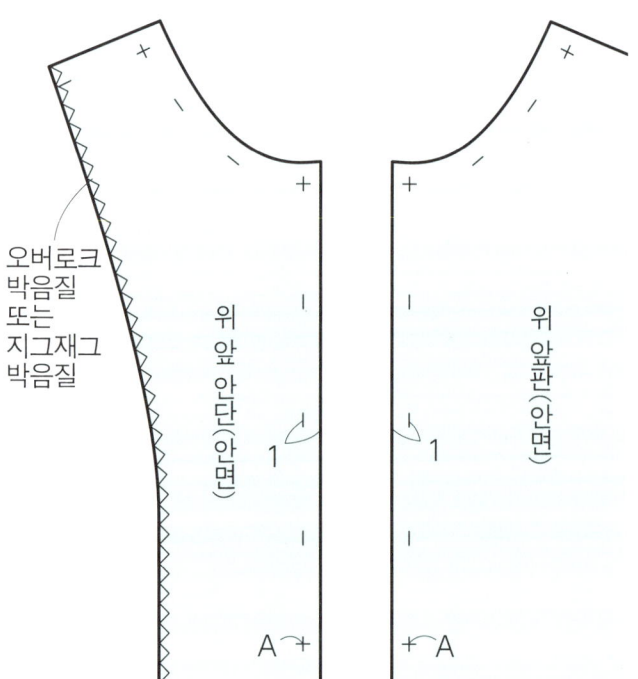

2. 플라이 프런트용 천을 재단하기

플라이 프런트용 천을 그림과 같이 재단합니다. 얇게 만들기 위해서 플라이 프런트용 천은 안감을 사용합니다. 굵은 선이 플라이 프런트용 천의 크기입니다.

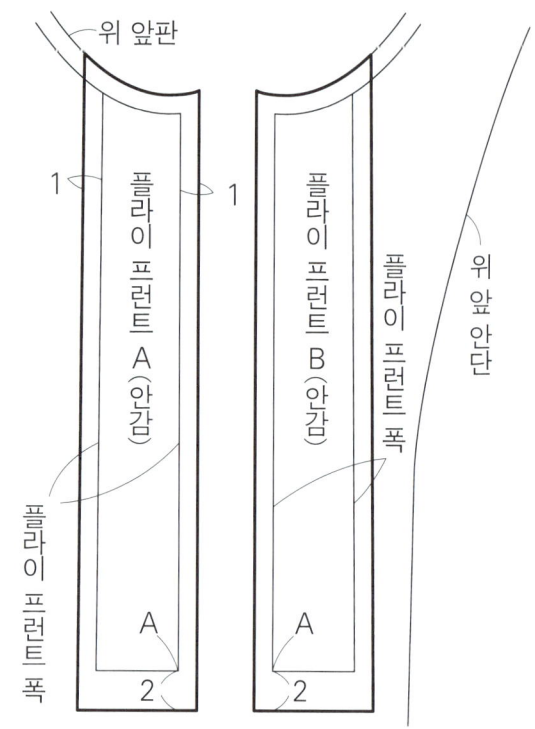

3. 위 앞 안단에 접착심지 붙이기

위 앞 안단 안면에 다리미로 접착심지를 붙입니다.

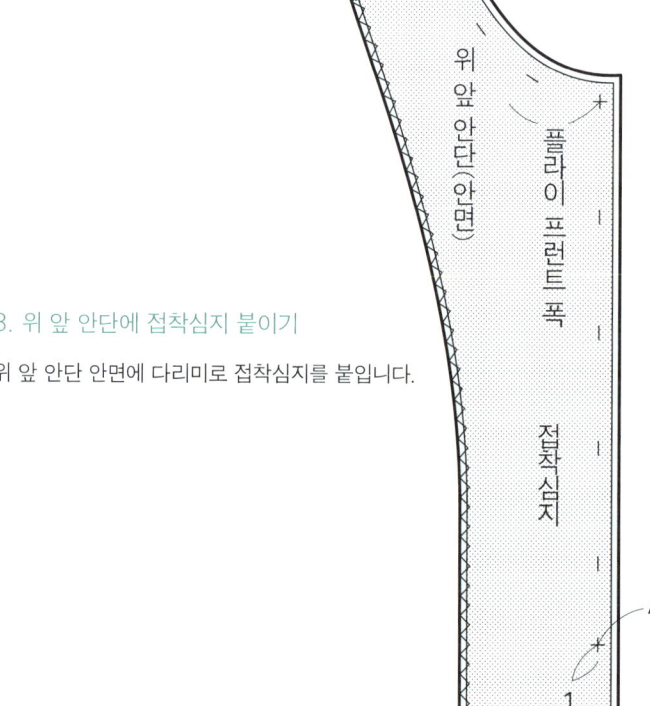

4. 플라이 프런트용 천 A와 몸판을 박아 연결하기

4-① 플라이 프런트용 천 A와 몸판을 겉면끼리 맞대어 목둘레 1cm 아래에서 A까지 박습니다.

4-② 바느질 시작 부분과 끝부분 시접에 가위집을 넣습니다.

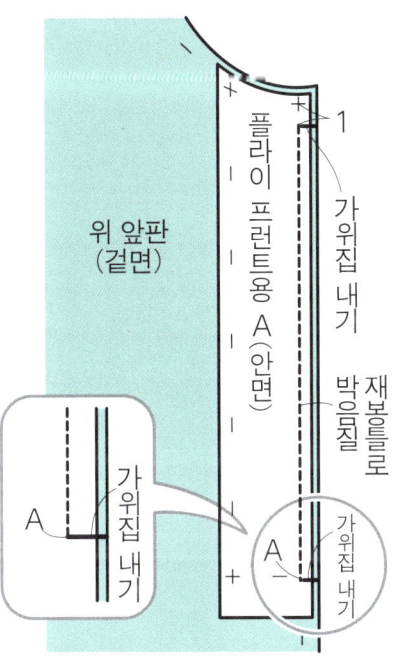

4-③ 플라이 프런트용 천 A를 위 앞판 안면으로 뒤집습니다.

4-④ 앞단선을 다림질합니다. 이때 플라이 프런트용 천을 위 앞판 앞단선에서 0.3cm 줄입니다.

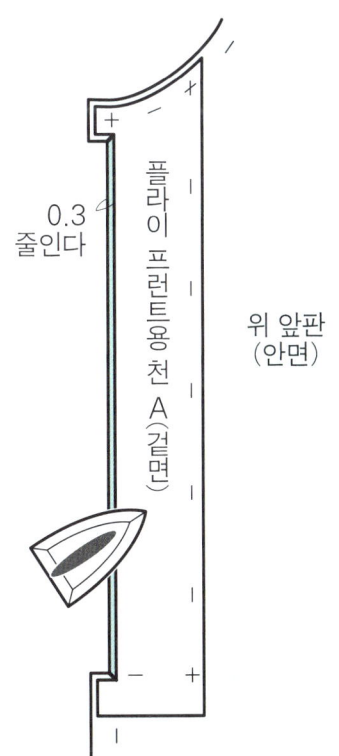

4-⑤ 몸판 겉면에서 시침질하여 플라이 프런트용 천 A를 고정합니다.

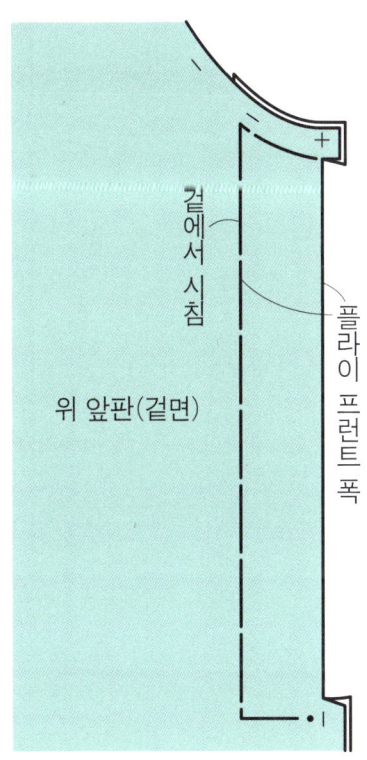

5. 안단과 플라이 프런트용 천 B를 박아 연결하기

5-① 안단과 플라이 프런트용 천 B를 겉면끼리 맞대어 4와 마찬가지로 목둘레 1cm 아래에서 A까지 박습니다.

5-② 바느질 시작 부분과 끝부분 시접에 가위집을 넣습니다.

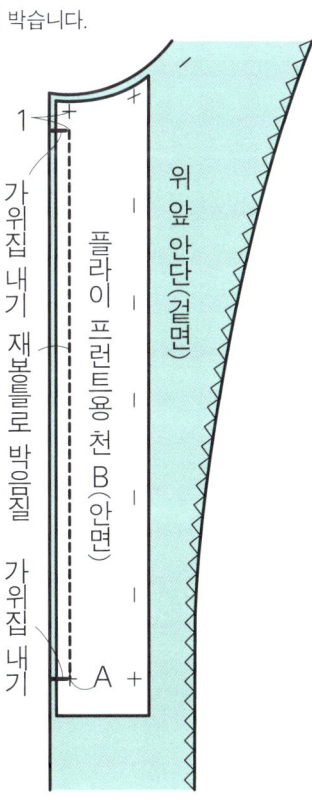

다음 페이지에 계속 ▶ **399**

5-③ 플라이 프런트용 천 B를 안단 안
　　면으로 뒤집습니다.

5-④ 앞단선을 다림질합니다. 이때도
　　플라이 프런트용 천 B는 안단에
　　서 0.3cm 줄입니다.

5-⑤ 그 후 겉면에서 플리이 프런트
　　용 천 B에 시침하여 고정합니다.

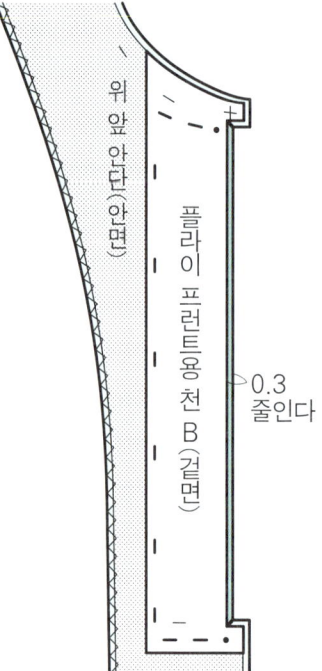

7. 안단과 몸판을 박아 연결하기

7-① 몸판과 안단을 겉면끼리
　　맞대어 깃 부착 끝점에서
　　박지 않고 남겨 놓은 1cm
　　부분과 A에서 아래를 재
　　봉틀로 박습니다.

7-② 깃 부착 끝점에 가위집을
　　넣습니다.

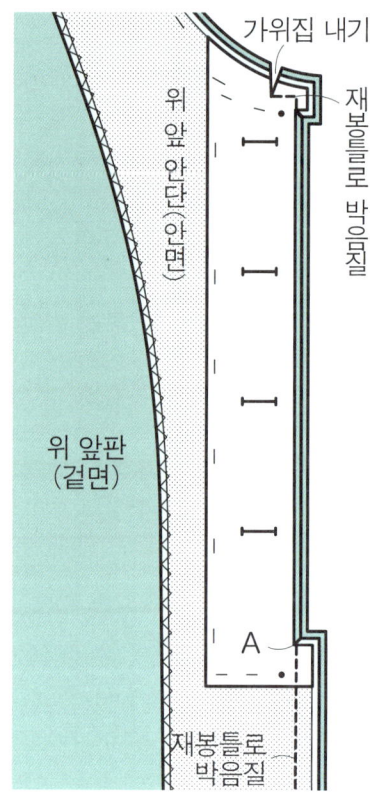

6. 단춧구멍 만들기

위 앞 안단에 단춧구멍을 만듭니다. 단춧구멍의 형태는 가로로 합니다.

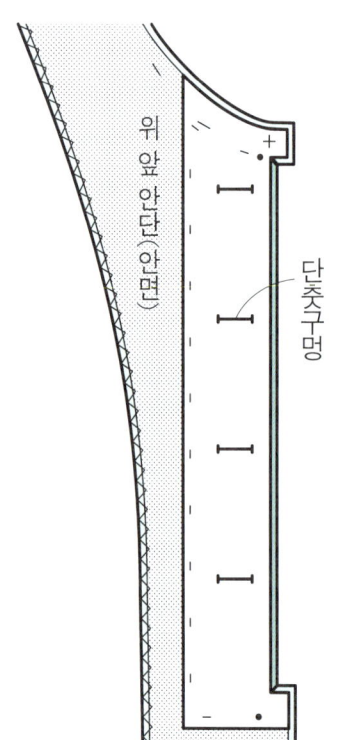

7-③ 앞단선 시접을 다리미로 가름솔 처리합니다.

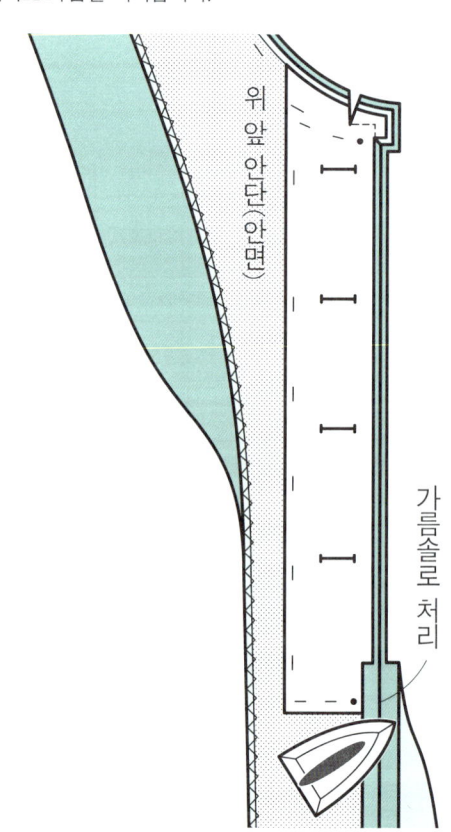

7-④ 안단을 몸판 안면으로 뒤집습니다.

7-⑤ 안단을 0.2cm 줄여 정돈합니다.

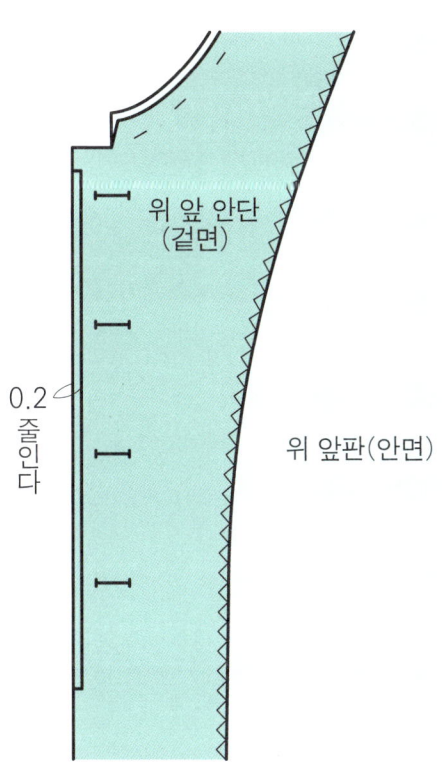

위 앞 안단
(겉면)

0.2
줄인다

위 앞판(안면)

8. 몸판을 박기

겉쪽에서 플라이 프런트의 폭으로 4장을 함께 박고 시침한 실을 제거합니다.

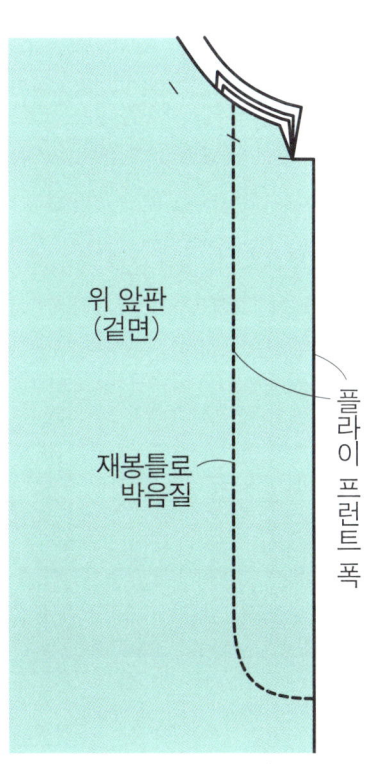

위 앞판
(겉면)

재봉틀로
박음질

플라이 프런트 폭

9. 실 루프 달기

9-① 단춧구멍과 단춧구멍 사이에 그림과 같이 실 루프를 답니다.

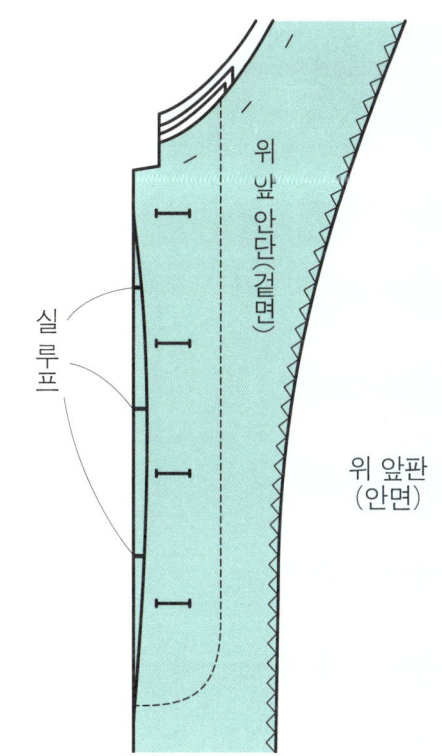

실
루프

위 앞 안단(겉면)

위 앞판
(안면)

9-② 실 루프 만드는 방법입니다. 이 경우의 실 루프 길이는 0.5cm 정도로 하고, 실은 구멍 사뜨기용 굵은 견사(9쪽 참조)를 사용합니다.

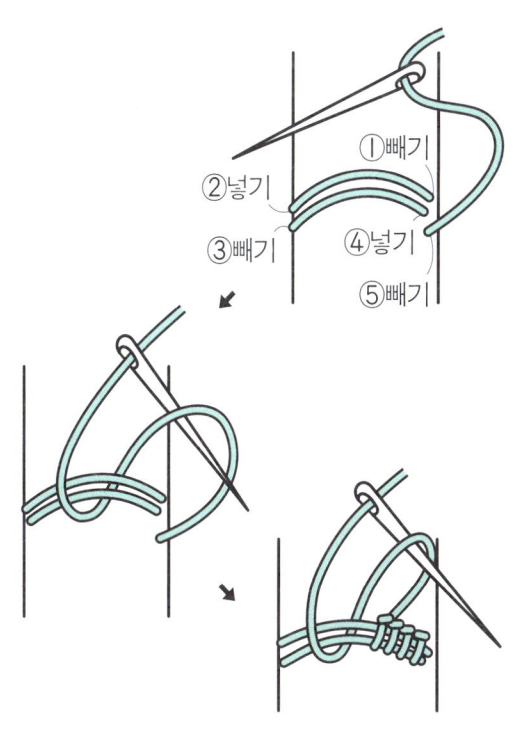

②넣기

①빼기

③빼기

④넣기

⑤빼기

플라이 프런트 트임 B

단추집덧단을 이용해서 만드는 플라이 프런트 트임입니다. 덧단을 접으면서 손쉽게 만들 수 있습니다. 캐주얼한 블라우스나 원피스 등의 트임에 매우 적합합니다.

아래 앞 몸판은 363쪽 6을 참조해서 만들어 보세요.

1. 위 앞 몸판 재단하기

위 앞판에 단추집덧단 폭의 3배를 추가해서 재단합니다.

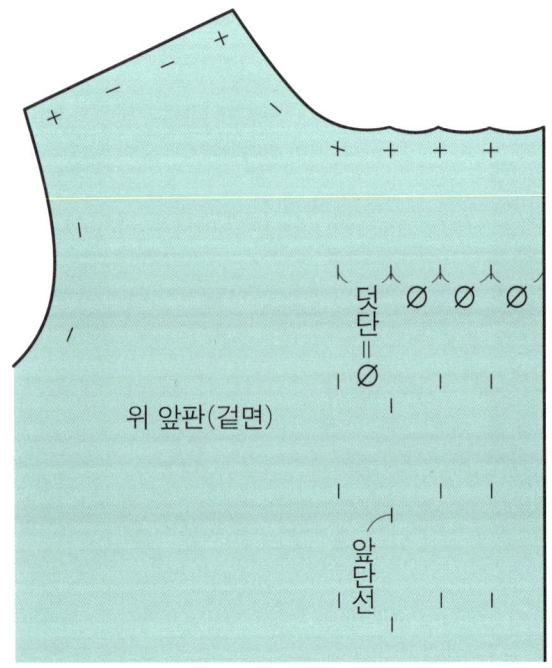

2. 접착심지 붙이기

2-① 덧단 가장자리 부분에 덧단 폭의 크기로 재단한 접착심지를 붙입니다.

2-② 덧단 가장자리를 오버로크 박음질 또는 지그재그 박음질 하여 처리합니다.

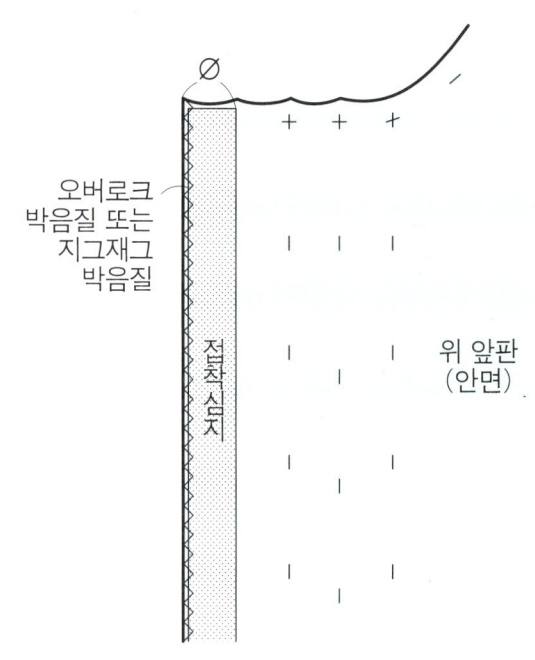

3. 단추집덧단 만들기

3-① 덧단 폭 2개 분량의 위치에서 몸판 안면 쪽으로 접습니다.

3-② 접은 가장자리를 재봉틀로 박습니다.

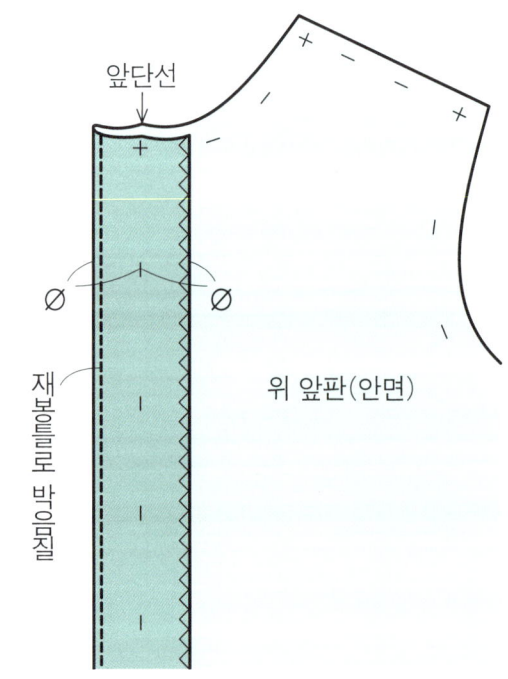

3-③ 겉면 쪽으로 한 번 접습니다.

3-④ 여유를 살피면서 단추집덧단 위치를 재봉틀로 박습니다. 한 번 접어서 시침하는 등 안정적인 위치를 찾아 가면서 박으면 좋겠지요.

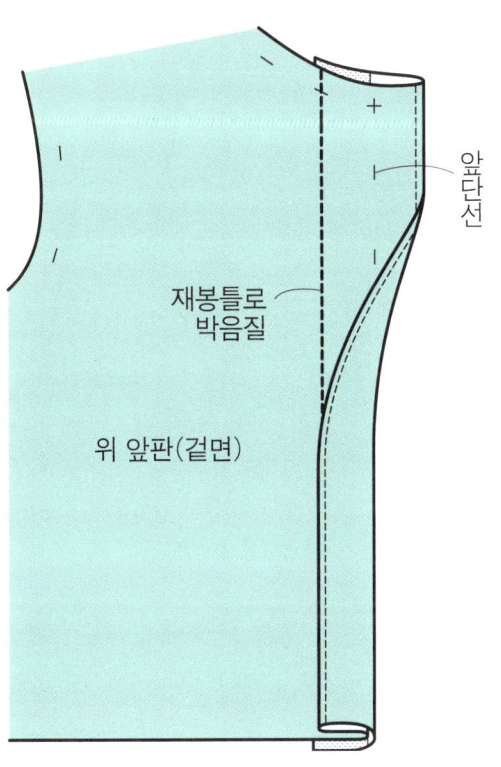

앞단선

재봉틀로
박음질

위 앞판(겉면)

5. 앞단선 박기

앞단선을 4장 함께 재봉틀로 박습니다.

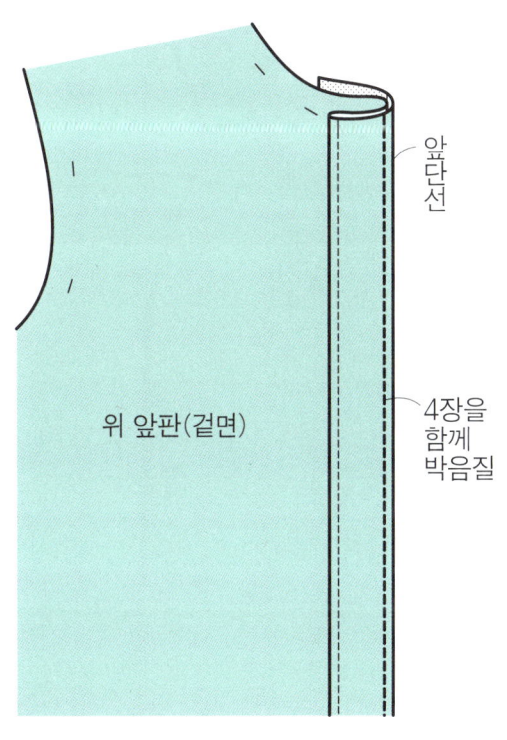

앞단선

위 앞판(겉면)

4장을
함께
박음질

4. 단춧구멍 만들기

단춧구멍을 만듭니다. 단춧구멍의 형태는 세로로 합니다.

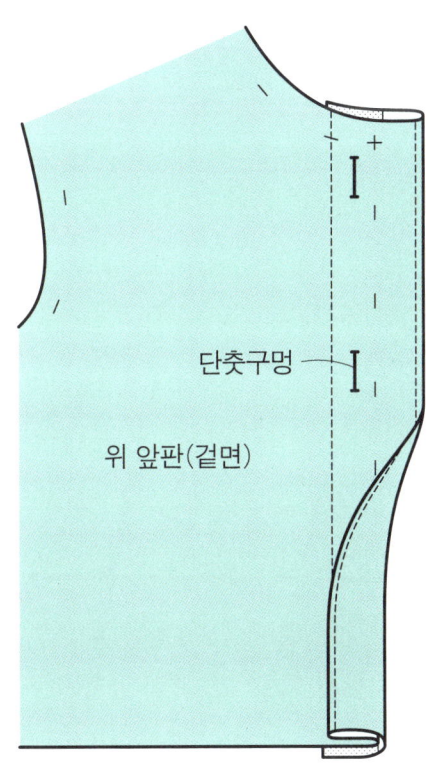

단춧구멍

위 앞판(겉면)

6. 단춧구멍 사이를 감치기

이 상태에서는 단추집덧단이 벌어지므로 단춧구멍과 단춧구멍 사이를 0.3cm씩 감쳐서 벌어지는 것을 방지합니다.

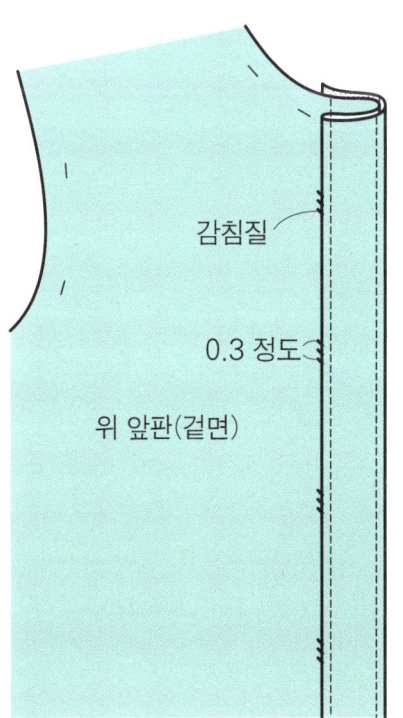

감침질

0.3 정도

위 앞판(겉면)

옆 단추 트임

치마 등의 옆선에 밑덧단을 달아 단추 트임을 만드는 방법입니다. 지퍼 트임과는 달리 트임이 디자인 포인트가 됩니다. 옆선은 곡선으로 되어 있으므로 다리미를 자주 사용해 깔끔하게 만들어 보세요.

* 안단은 앞 몸판, 밑덧단은 뒤 몸판에 부착.

1. 안단, 밑덧단 재단하기

1-① 안단을 1장 재단합니다.
1-② 밑덧단을 2장 재단합니다.

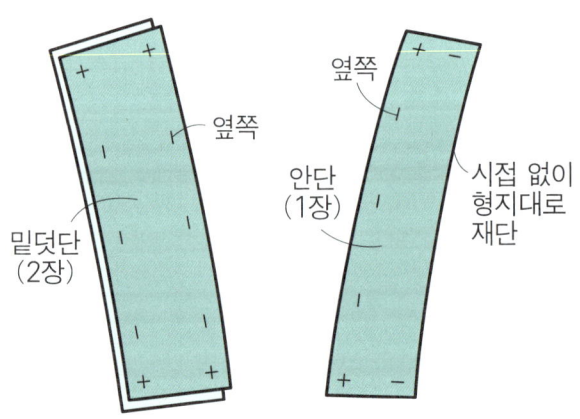

밑덧단
(2장)

옆쪽

옆쪽

안단
(1장)

시접 없이
형지대로
재단

2. 안단, 밑덧단에 접착심지 붙이기

안단 안면과 밑덧단 안감 안면에 접착심지를 그림과 같이 다리미로 붙입니다.

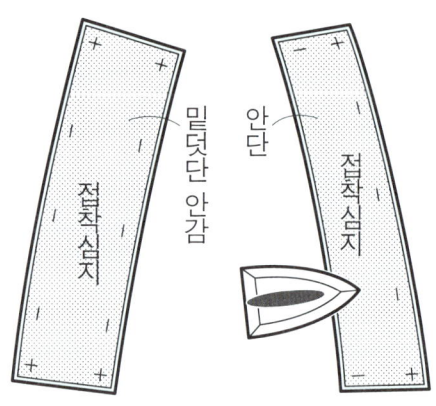

밑덧단 안감

안단

접착심지

접착심지

3. 밑덧단 만들기

3-① 밑덧단을 겉면끼리 맞대어 재봉틀로 박습니다.
3-② 시접을 다리미로 가름솔 처리합니다.
3-③ 겉으로 뒤집습니다.
3-④ 봉제선을 다림질합니다.

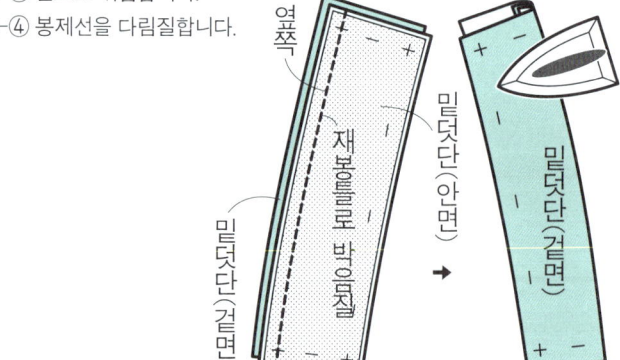

옆쪽

재봉틀로 박음질

밑덧단(안면)

밑덧단(겉면)

밑덧단(겉면)

4. 안단, 밑덧단 시접 처리하기

허리 시접을 제외하고 천 가장자리를 오버로크 박음질 또는 지그재그 박음질 하여 처리합니다. 밑덧단은 2장을 함께 처리합니다.

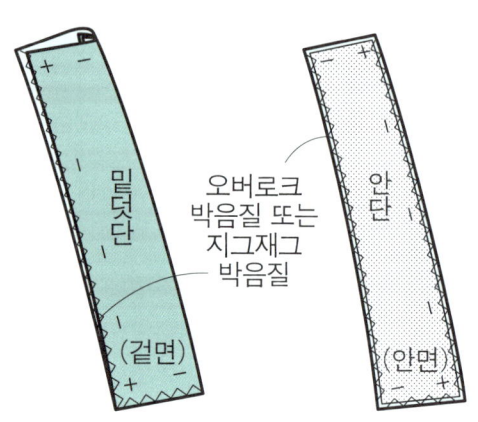

밑덧단

오버로크
박음질 또는
지그재그
박음질

안단

(겉면)

(안면)

5. 안단 달기

5-① 앞판과 안단을 겉면끼리 맞대어 허리둘레선에서 트임 끝점까지 재봉틀을 박습니다.

5-② 봉제선을 다림질합니다.

5-③ 안단을 앞판 안면으로 뒤집어 다림질합니다.

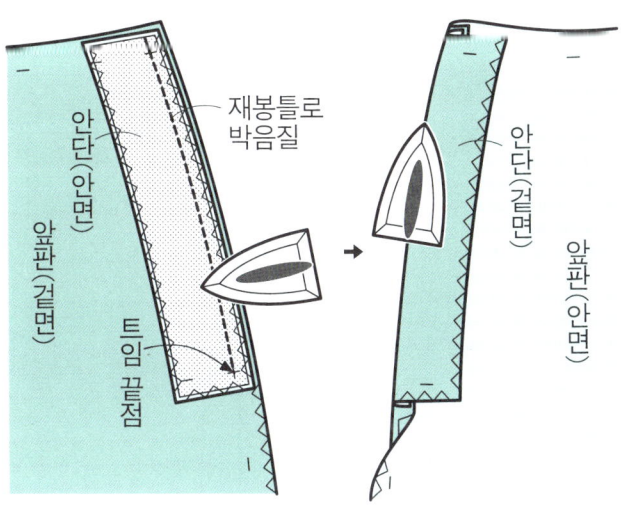

7. 옆솔기선 박기

7-① 앞판과 뒤판을 겉면끼리 맞댑니다.

7-② 안단과 밑덧단은 그림과 같이 옆으로 비켜둡니다.

7-③ 밑단에서 트임 끝점까지의 옆솔기선을 재봉틀로 박습니다.

7-④ 시접을 다리미로 가름솔 서리합니다.

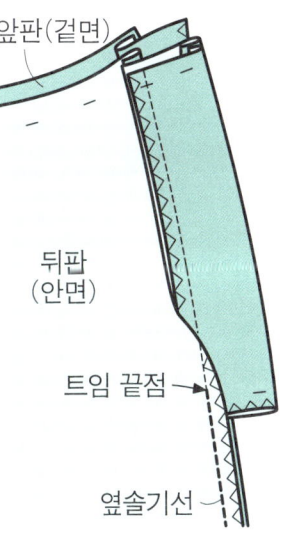

8. 트임 끝점 위치 박기

밑덧단과 안단을 겉면끼리 맞대어 트임 끝점 위치를 재봉틀로 박습니다.

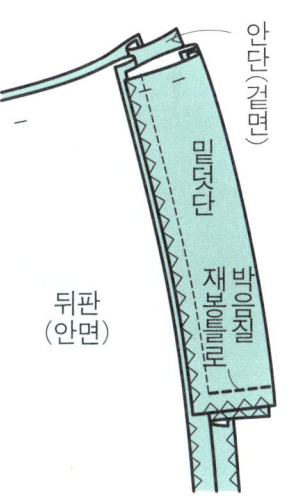

6. 밑덧단 달기

6-① 뒤판과 겉감 밑덧단을 겉면끼리 맞대어 허리둘레선에서 트임 끝점까지 재봉틀을 박습니다.

6-② 봉제선을 다림질합니다.

6-③ 밑덧단의 시접을 뒤쪽으로 눕힙니다.

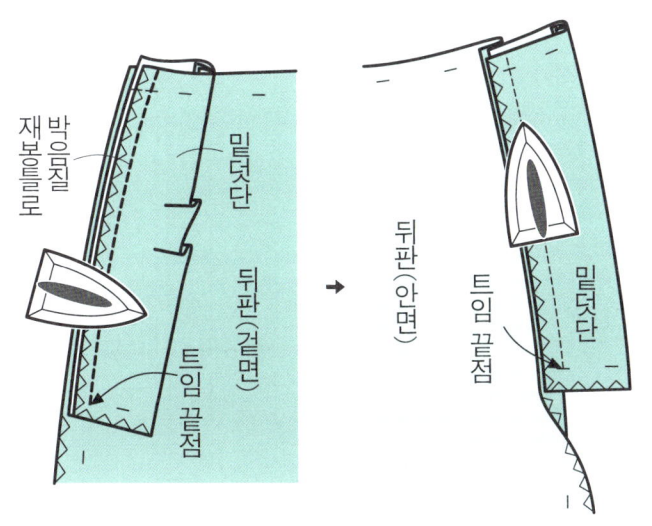

9. 단춧구멍 만들기, 단추 달기

앞판에 단춧구멍을 만들고, 밑덧단에 단추를 답니다.

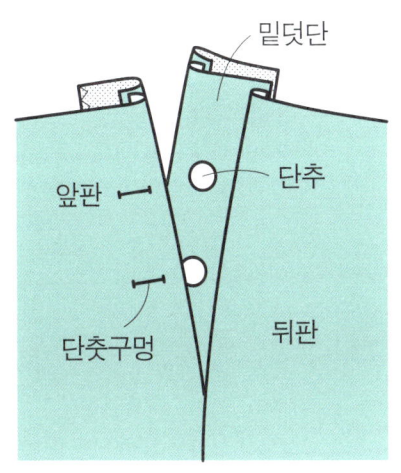

지퍼 트임

기본적인 지퍼 다는 방법입니다. 치마, 원피스 등 대부분의 트임에 적합합니다. 지퍼는 트임 치수보다 1cm 짧은 길이의 것을 준비하세요. 지퍼 노루발도 준비합니다.

1. 트임 부분의 시접에 접착심지를 붙여 트임 끝점에서 밑단까지 박기

1-① 트임 부분의 시접에 접착테이프심지 또는 가는 접착심지를 다리미로 붙입니다.

1-② 각각을 겉면끼리 맞대어 트임 끝점에서 아래는 보통의 바늘땀으로 박습니다.

1-③ 트임 부분은 성긴 땀으로 박아주세요.

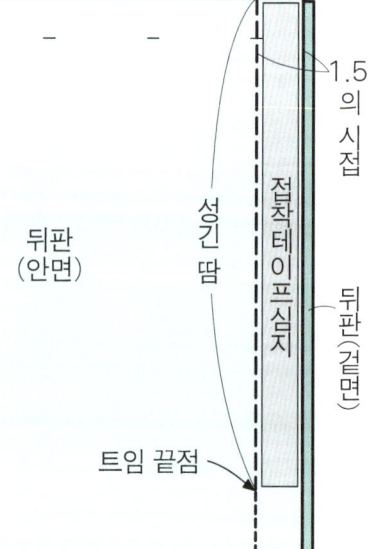

2. 시접을 다리미로 가르기

시접을 다리미로 가름솔 처리합니다. 트임 끝점에서 아래의 시접도 다리미로 갈라둡니다.

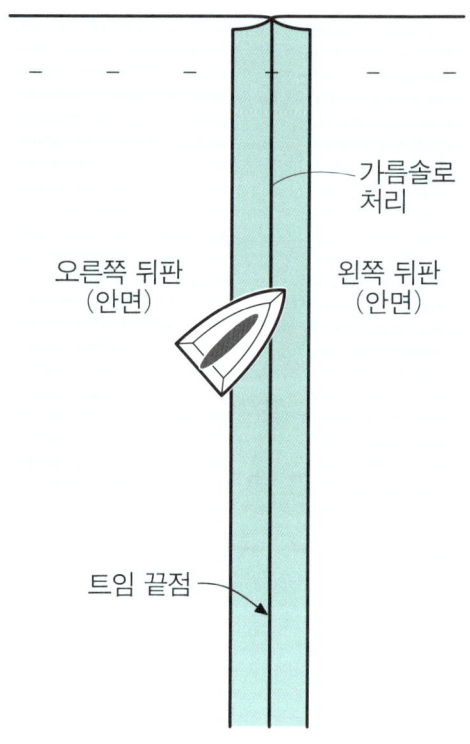

3. 아래 뒤판에 지퍼 달기

3-① 왼쪽 뒤판이 되는 쪽의 시접을 봉제선에서 0.3cm 내어 다리미로 확실하게 접어주세요.

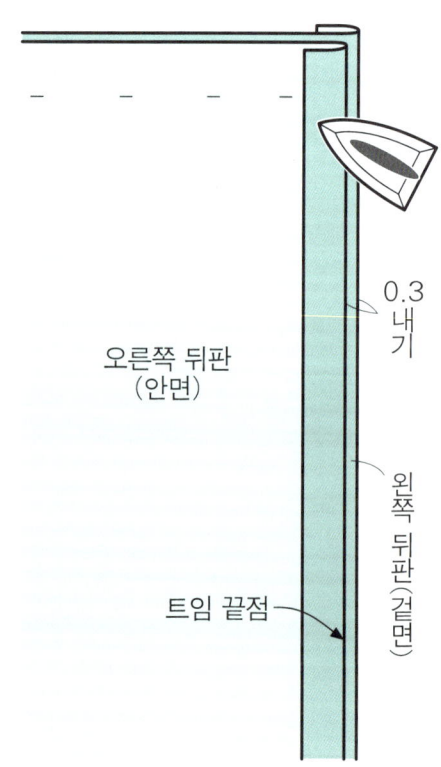

3-② 슬라이더(지퍼를 여닫는 손잡이)를 위까지 올린 상태에서 표시에서
0.7cm 아래에 맞춰 지퍼를 배치합니다.
3-③ 그림과 같이 재봉틀을 박습니다.(지퍼 노루발을 사용합니다.)

5. 성긴 바늘땀 풀기

1-③에서 박은 성긴 바늘땀을 풀어줍니다.

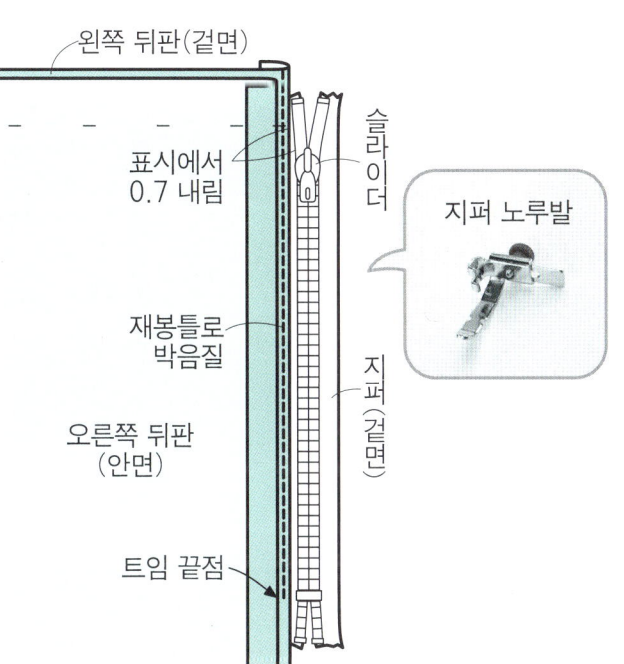

왼쪽 뒤판(겉면)
표시에서
0.7 내림
슬라이더
지퍼 노루발
재봉틀로
박음질
오른쪽 뒤판
(안면)
지퍼
(겉면)
트임 끝점

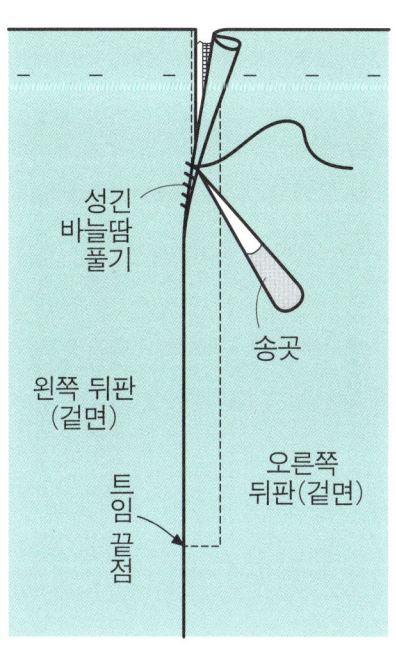

성긴
바늘땀
풀기
송곳
왼쪽 뒤판
(겉면)
오른쪽
뒤판(겉면)
트임
끝점

4. 오른쪽 뒤판에 지퍼 달기

오른쪽 뒤판을 그림과 같이 겉면으로 하여 지퍼와 꿰매 붙입니다. 이때
지퍼가 어긋나거나 봉제선이 휘지 않도록 시침한 후 박아주세요.(지퍼 노
루발을 사용합니다.)

6. 지퍼 가장자리를 시접에 박기

이 상태에서는 강도가 약하므로 지퍼 테이프 가장자리를 시접에만 재봉
틀로 박아서 붙여줍니다. 시접에만 재봉틀을 박으므로 겉에서 봉제선이
보이지 않습니다.

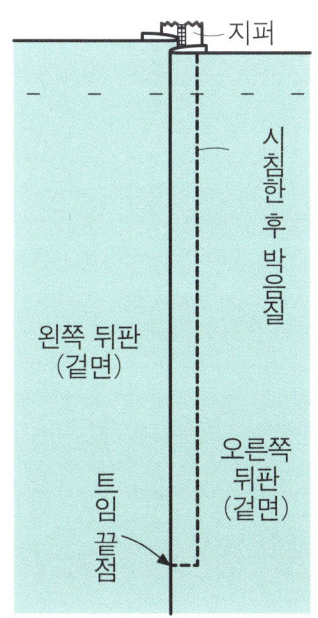

지퍼
시침한 후 박음질
왼쪽 뒤판
(겉면)
오른쪽
뒤판
(겉면)
트임
끝점

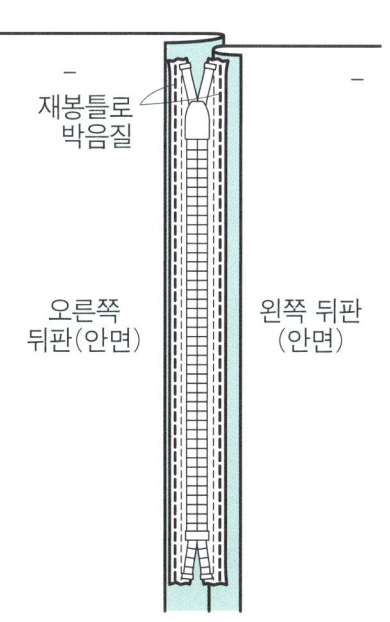

재봉틀로
박음질
오른쪽
뒤판(안면)
왼쪽 뒤판
(안면)

좌우를 맞붙여 다는 지퍼 트임

트임 위치의 천을 맞붙여서 지퍼를 다는 방법입니다. 406쪽의 지퍼 트임보다 손쉽게 달 수 있습니다. 지퍼의 길이는 트임 치수보다 1cm 짧은 것을 준비하세요. 지퍼 노루발도 준비합니다.

1. 지퍼의 길이 정하는 방법

지퍼는 트임 치수보다 1cm 짧은 것을 준비합니다. 지퍼의 길이는 슬라이더(지퍼를 여닫는 손잡이)를 맨 윗부분까지 올린 위치에서 아랫부분의 고정쇠 위치까지입니다.

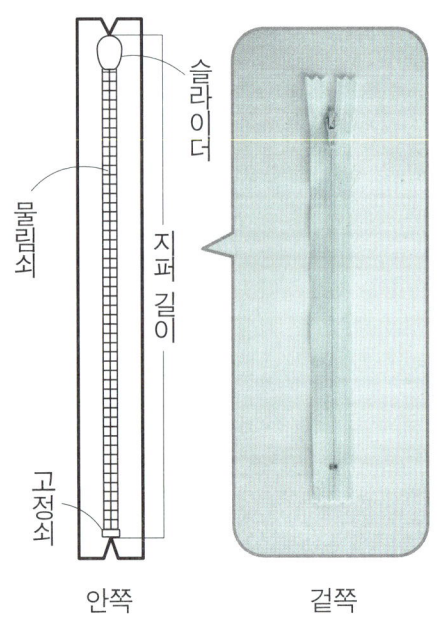

슬라이더

물림쇠

지퍼 길이

고정쇠

안쪽　　　　겉쪽

2. 트임 부분의 시접에 접착심지를 붙이고 트임 끝점에서 밑단까지 박기

2-① 트임 부분의 시접에 접착테이프심지 또는 가늘게 자른 접착심지를 다리미로 붙입니다.

2-② 각각을 겉면끼리 맞대어 트임 끝점에서 아래쪽은 보통의 바늘땀으로 박습니다.

2-③ 트임 무문은 성긴 바늘땀으로 박습니다.

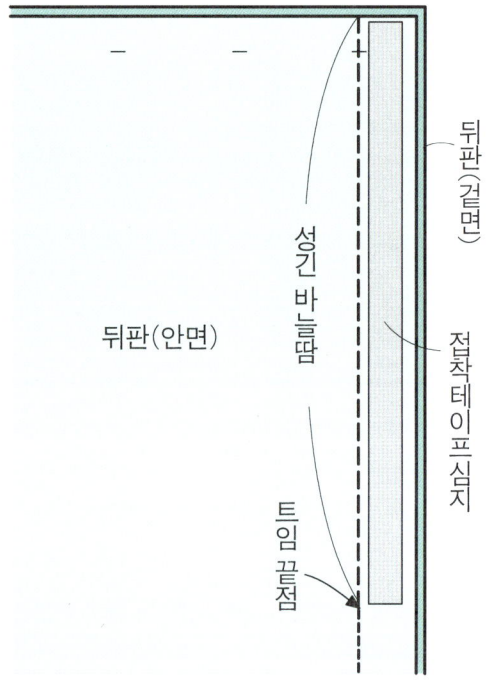

뒤판(겉면)

접착테이프심지

성긴 바늘땀

뒤판(안면)

트임 끝점

3. 시접을 다리미로 가르기

시접을 다리미로 가름솔 처리합니다. 트임 끝점에서 아래 시접도 다리미로 갈라둡니다.

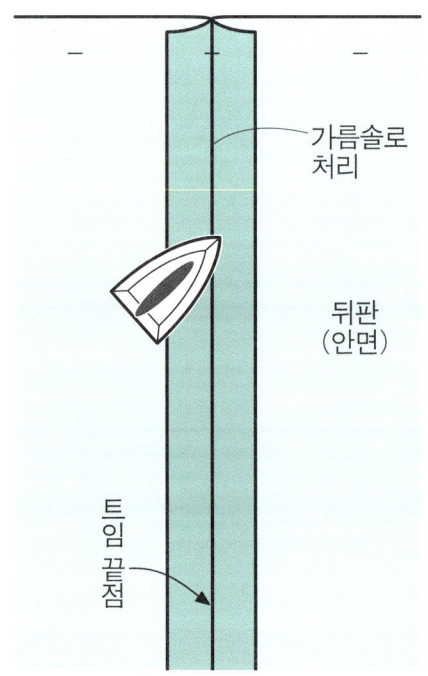

가름솔로 처리

뒤판(안면)

트임 끝점

4. 지퍼 달기

4-① 지퍼의 물림쇠 중심과 봉제선을 그림과 같이 맞춰 아래까지 쭉 시침질합니다.

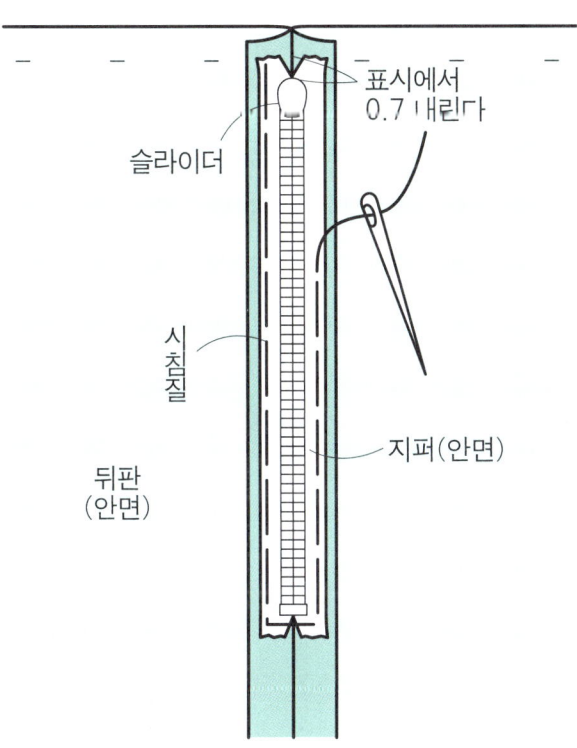

표시에서
0.7 내린다
슬라이더
시침질
지퍼(안면)
뒤판
(안면)

4-② 겉면에서 재봉틀을 박습니다. 지퍼 노루발(407쪽 참조)을 사용합니다. 이때 지퍼 쇠붙이에 바짝 붙여 박으면 여닫기가 원활하지 않으므로 주의하세요.

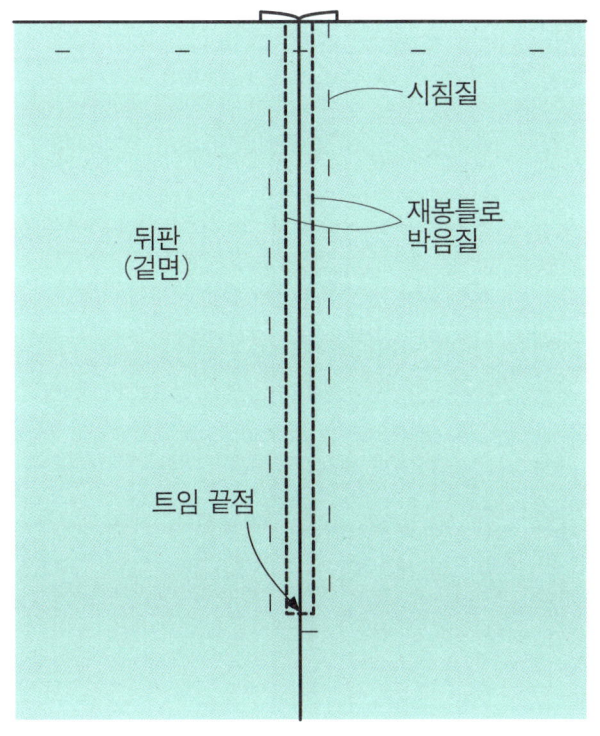

시침질
재봉틀로
박음질
뒤판
(겉면)
트임 끝점

5. 성긴 바늘땀 풀기

2-③에서 박은 성긴 바늘땀을 풀어줍니다.

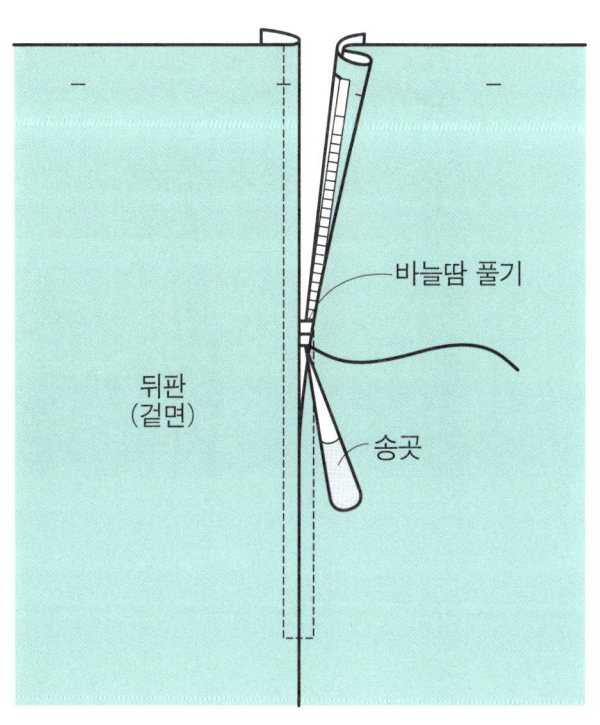

바늘땀 풀기
뒤판
(겉면)
송곳

6. 지퍼 가장자리를 시접에 박기

이 상태에서는 강도가 약하므로 지퍼 테이프 가장자리를 시접에만 재봉틀로 박아 붙입니다. 시접에만 박으므로 봉제선이 겉에서는 보이지 않습니다.

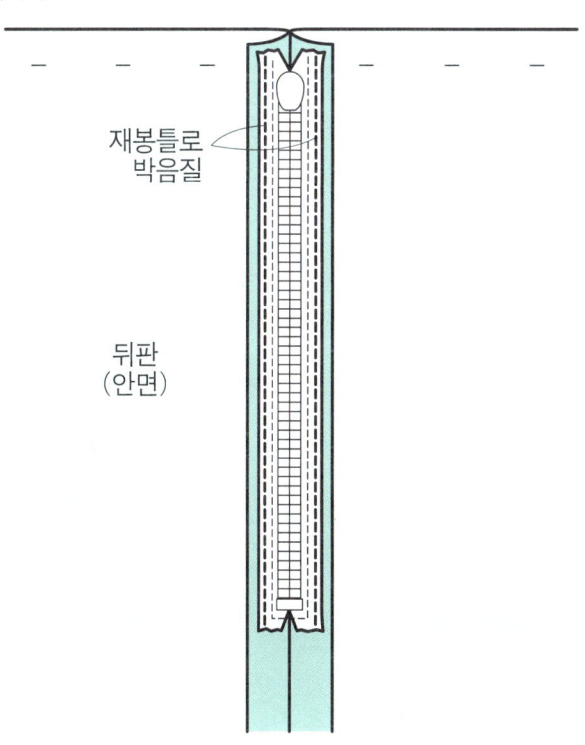

재봉틀로
박음질
뒤판
(안면)

숨은 지퍼 트임

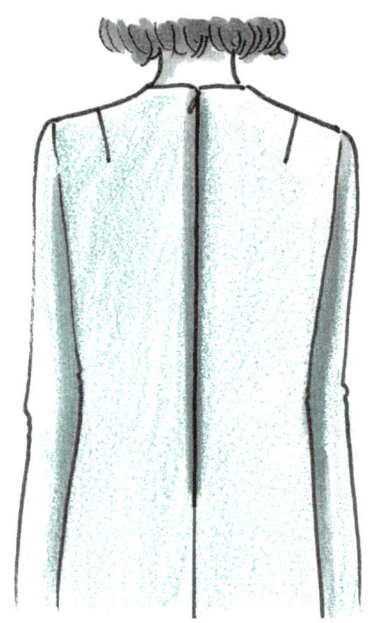

숨은 지퍼(컨실 지퍼)를 달으면 마치 봉제선처럼 보여 깔끔합니다. 원피스나 치마 등의 트임에 적합합니다. 숨은 지퍼와 숨은 지퍼 전용 노루발이 필요합니다.

1. 지퍼 길이 정하기

숨은 지퍼 길이는 트임 치수보다 3cm 정도 긴 것을 준비합니다. 3cm보다 더 긴 경우는 잘라서 사용할 수도 있습니다.

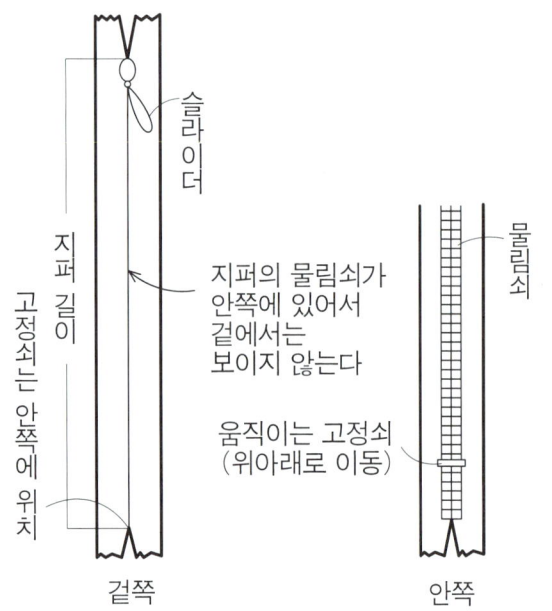

2. 트임 부분의 시접에 접착심지를 붙이고 트임 끝점에서 밑단까지 박기

2-① 트임 부분의 시접에 접착테이프심지 또는 가늘게 자른 접착심지를 다리미로 붙입니다.

2-② 각각의 겉면을 맞대어 트임 끝점에서 2cm 밑에서부터는 보통의 바늘땀으로 박습니다.

2-③ 위에서부터 트임 끝점에서 2cm 내려간 위치까지는 성긴 바늘땀으로 박습니다.

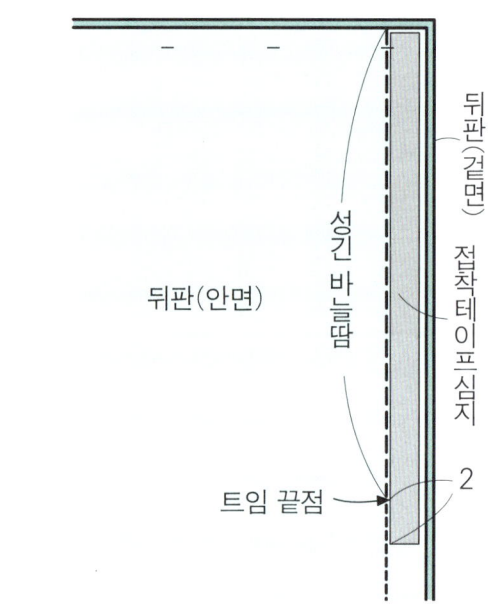

3. 시접을 다리미로 가르기

시접을 다리미로 가름솔 처리합니다. 트임 끝점에서 아래 시접도 다리미로 갈라둡니다.

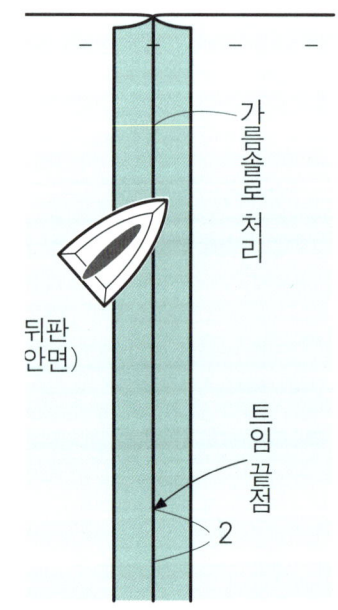

⊹ 재봉틀로 박을 때는 바느질 시작과 끝을 되돌아박기 합니다.

4. 숨은 지퍼를 시접에 박기

4-① 지퍼 물림쇠 중심과 봉제선을 그림과 같이 맞춰 시접 사이에 두꺼운 종이를 끼우고 시접에만 시침하여 고정합니다. 가능한 한 물림쇠 바로 옆에 시침질합니다.

4-② 2-③에서 박은 성긴 바늘땀을 풀어줍니다.

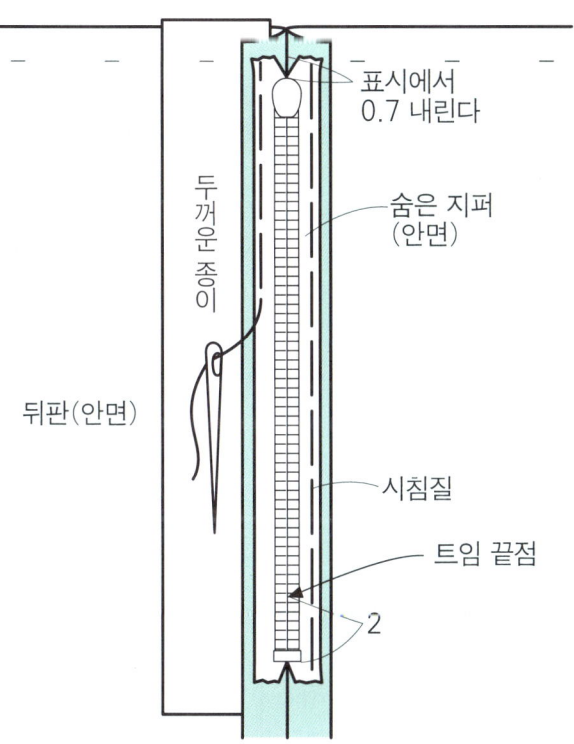

표시에서 0.7 내린다

숨은 지퍼 (안면)

두꺼운 종이

뒤판(안면)

시침질

트임 끝점

2

5. 숨은 지퍼 달기

숨은 지퍼 전용 노루발을 사용합니다. 지퍼 물림쇠를 송곳으로 세워 노루발 홈에 맞춘 후 트임 끝점 위치까지 재봉틀을 박습니다.

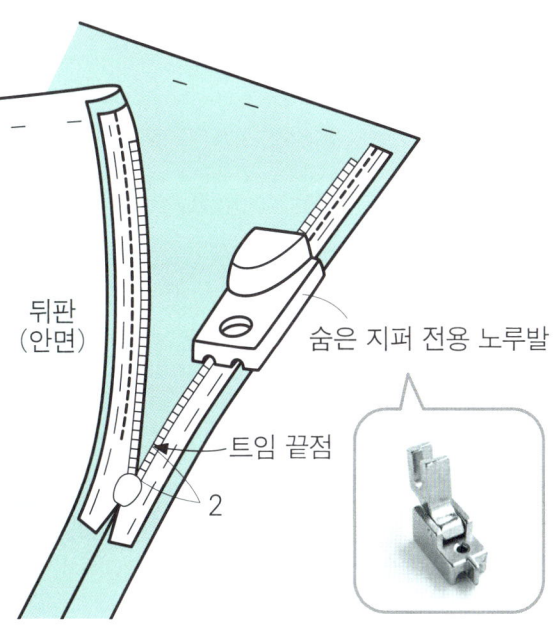

뒤판 (안면)

숨은 지퍼 전용 노루발

트임 끝점

2

6. 박지 않고 남겨 놓은 부분을 박기

지퍼를 닫고 시접 사이에서 지퍼 가장자리를 잡아 뺀 후 박지 않고 남겨둔 부분(트임 끝점에서 3cm 아래)을 2장 함께 재봉틀로 박거나 박음질합니다.

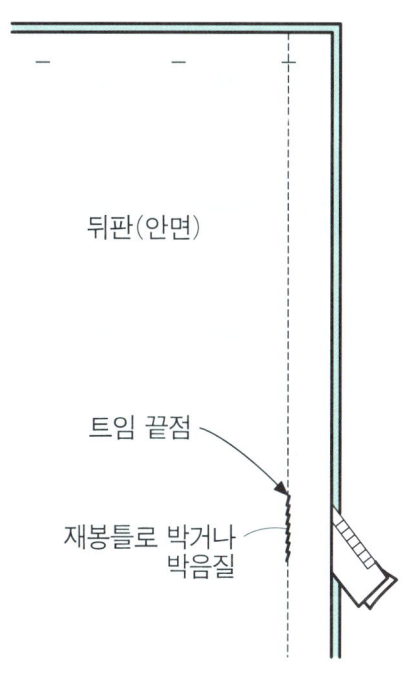

뒤판(안면)

트임 끝점

재봉틀로 박거나 박음질

7. 움직이는 고정쇠 고정하기

7-① 움직이는 고정쇠를 트임 끝점까지 이동하여 펜치로 눌러서 고정합니다.

7-② 지퍼 테이프 가장자리를 시접에 재봉틀로 박아서 붙입니다.

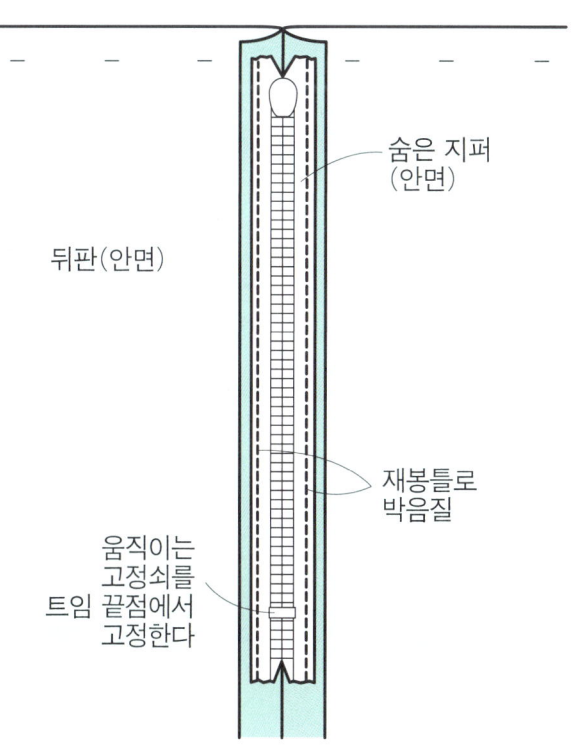

숨은 지퍼 (안면)

뒤판(안면)

재봉틀로 박음질

움직이는 고정쇠를 트임 끝점에서 고정한다

밑덧단을 단 지퍼 트임 A

일반적으로 볼 수 있는 밑덧단을 단 지퍼 트임입니다. 안단과 밑덧단을 본체 형지를 이용해서 재단하여 만듭니다.

* 안단은 오른쪽 앞판에, 밑덧단은 왼쪽 앞판에 작업합니다.

1. 안단 재단하기

1-① 그림과 같이 본체 형지를 이용해서 안단 형지를 만들어 시접을 준 후 재단합니다.

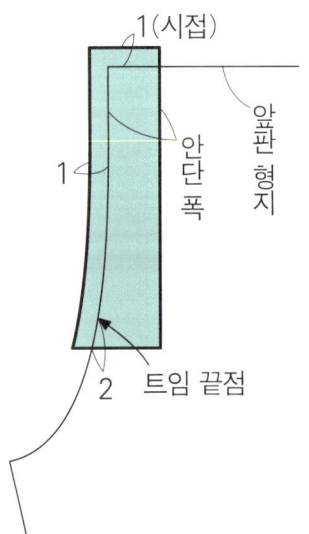

1-② 안단의 안면에 다리미로 접착심지를 붙입니다.

1-③ 안단 가장자리를 오버로크 박음질 또는 지그재그 박음질 하여 처리합니다.

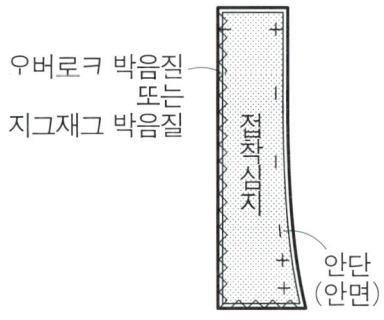

2. 밑덧단 재단하기

2-① 그림과 같이 2배의 밑덧단 폭으로 재단합니다.

2-② 밑덧단 안면에 다리미로 접착심지를 붙입니다.

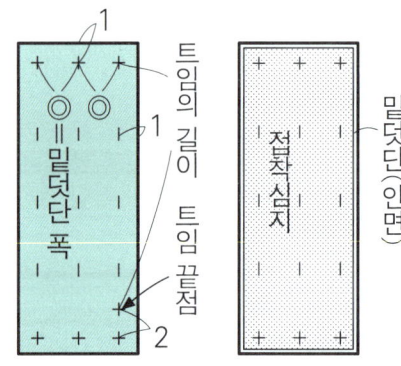

2-③ 밑덧단을 겉면끼리 맞대고 두 겹으로 접어서 박습니다.

2-④ 겉으로 뒤집어 재단선을 오버로크 박음질 또는 지그재그 박음질을 합니다.

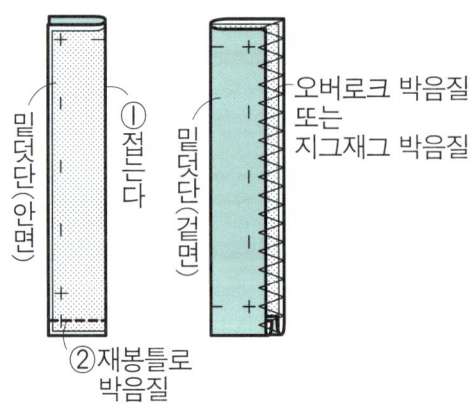

3. 안단 달기

안단과 오른쪽 앞판을 겉면끼리 맞대어 허리둘레선에서 트임 끝점까지 박습니다.

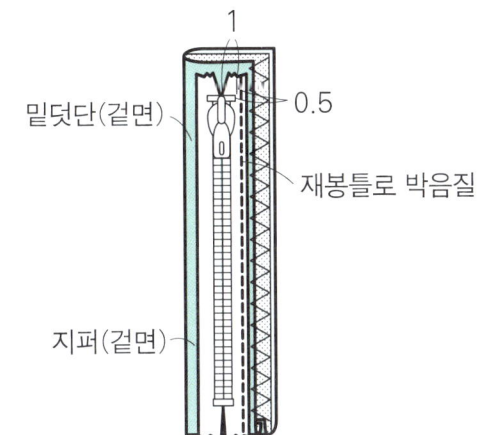

5. 밑덧단에 지퍼 달기

밑덧단에 지퍼를 놓고 지퍼 테이프 가장자리를 박습니다.

4. 가랑이선 박기

4-① 앞판을 겉면끼리 맞대어 밑아래에서 트임 끝점까지 박습니다. 이때 안단 아래를 치워 박지 않도록 주의하세요.

4-② 시접을 다리미로 가름솔 처리합니다.

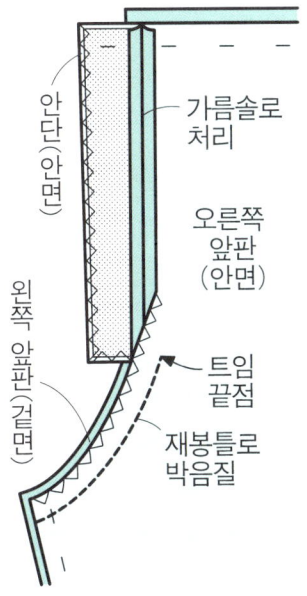

6. 왼쪽 앞판에 지퍼를 단 밑덧단을 박아 연결하기

6-① 왼쪽 앞판을 완성선에서 0.2~0.3cm 내어 접습니다.

6-② 5의 지퍼를 단 밑덧단 위에 왼쪽 앞판을 올려놓고 재봉틀로 박습니다. 지퍼 노루발(407쪽 참조)을 사용합니다.

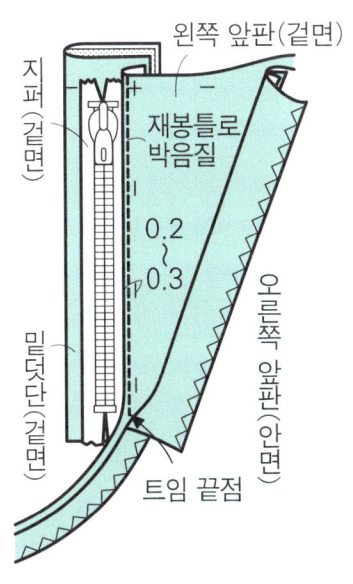

7. 완성선에 겹쳐서 박기

오른쪽 앞판과 왼쪽 앞판을 완성선에 겹쳐서 시침질하여 임시 고정합니다.

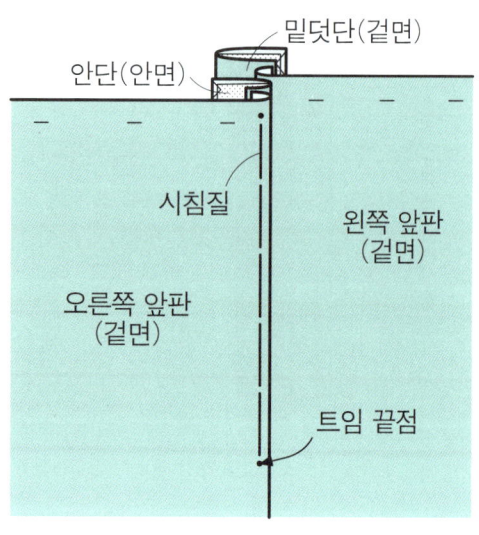

9. 오른쪽 앞판과 안단을 박기

9-① 시침한 실을 풀어 지퍼를 엽니다.

9-② 밑덧단을 피해 안단을 완성선을 따라 접습니다.

9-③ 오른쪽 앞판의 겉면에서 재봉틀을 박아 안단을 고정합니다.

트임 끝점에서 4~5cm는 박지 않고 남겨둡니다.

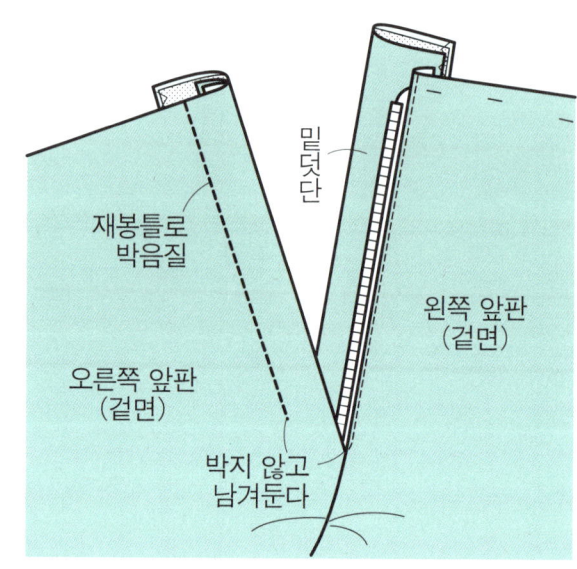

8. 안단에 지퍼 달기

8-① 밑덧단을 피해 지퍼를 그 상태의 위치에서 뒤집습니다.

8-② 지퍼의 다른 한 쪽을 안단에 맞춰 재봉틀로 박습니다.

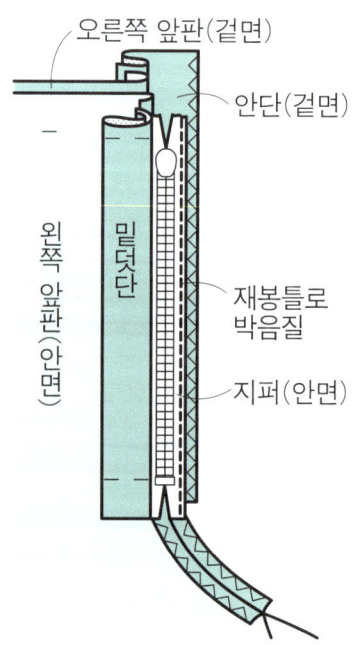

10. 트임 끝점까지 박기

지퍼를 닫고 9-③의 봉제선에 이어서 밑덧단까지 쭉 재봉틀을 박습니다.

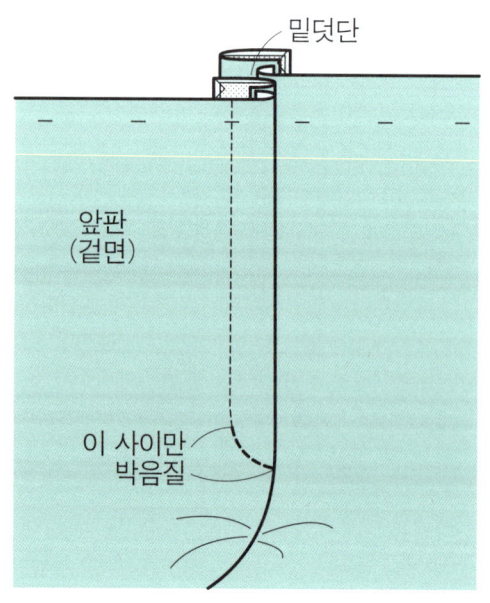

밑덧단을 단 지퍼 트임 B

일반적으로 볼 수 있는 밑덧단을 단 지퍼 트임입니다. 안단과 밑덧단을 본체 형지를 이용해서 재단하여 만듭니다.

1. 밑덧단 재단하기

그림과 같이 본체 형지를 이용해 밑덧단 형지를 만듭니다. 밑덧단은 같은 크기의 2장을 대칭 상태로 재단합니다.

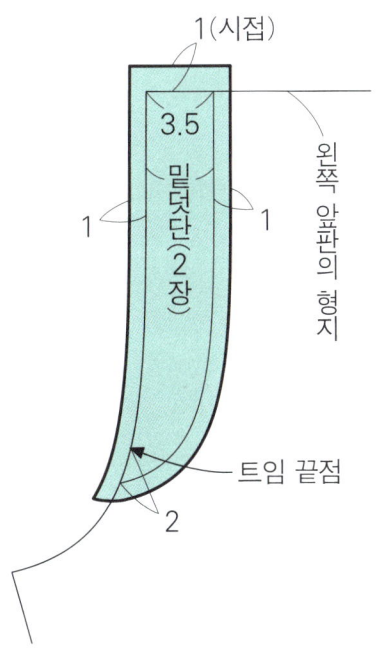

2. 밑덧단 만들기

2-① 밑덧단 안감 안면에 접착심지를 붙입니다.

2-② 밑덧단을 겉면끼리 맞대어 바깥쪽 곡선 부분을 재봉틀로 박습니다.

2-③ 겉으로 뒤집어 다리미로 정돈한 후 2장 함께 오버로크 박음질 또는 지그재그 박음질 합니다.

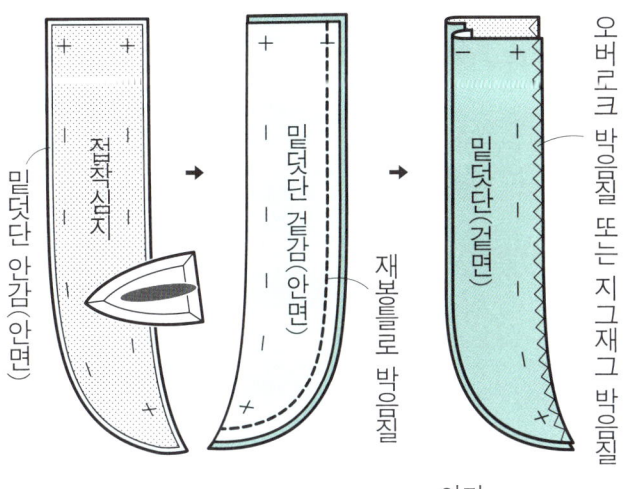

3. 안단 만들기

3-① 안단은 본체에서 이어서 재단합니다.

3-② 안단 부분의 안면에 접착심지를 붙입니다.

3-③ 재단선을 오버로크 박음질 또는 지그재그 박음질 하여 처리합니다.

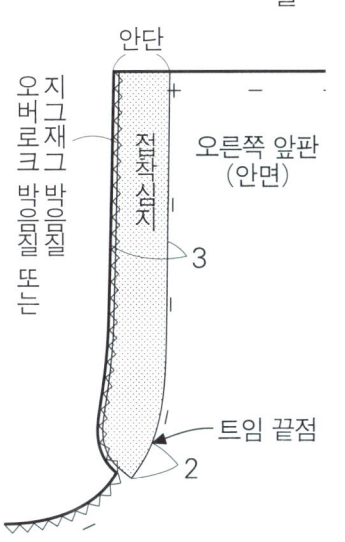

4. 가랑이선 박기

4-① 앞판을 겉면끼리 맞대어 트임 끝점까지 밑아래를 재봉틀로 박습니다.

4-② 안단 아래 시접에 그림과 같이 가위집을 넣습니다.

※ 지퍼 다는 방법은 밑덧단이 달린 지퍼 트임 A와 같습니다.

(412~414쪽 참조)

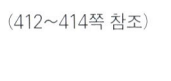
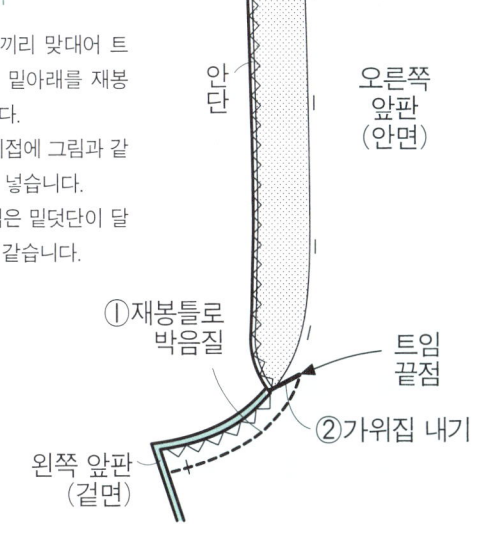

지퍼를 사용하는 슬래시 트임

지퍼를 디자인 포인트로 삼은 트임입니다. 원단의 무게를 견딜 수 있는 두꺼운 지퍼를 고르세요. 최근에는 다양한 디자인의 지퍼가 있으므로 원단에 맞춰 고르면 좋습니다.

1. 트임에 가위집 넣기

몸판 트임 위치의 중심에 역 Y자로 가위집을 넣습니다.

2. 시접 접기

안면으로 뒤집어 시접을 다리미로 완성선을 따라 접습니다.

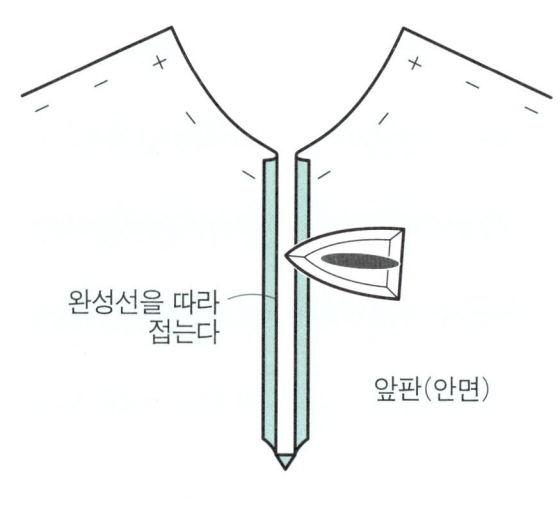

완성선을 따라
접는다

앞판(안면)

3. 지퍼 달기

3-① 겉면으로 뒤집습니다.
3-② 지퍼를 안쪽에서 대고 트임 위치를 재봉틀로 박아 지퍼를 답니다.

가위집 내기

지퍼 폭

앞판
(겉면)

앞 중심

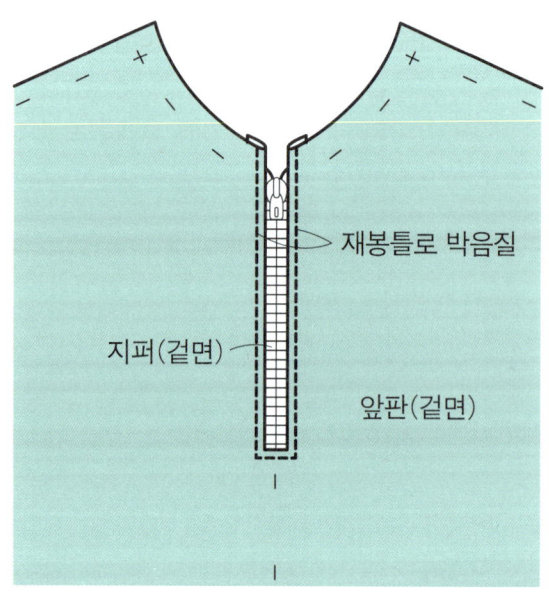

재봉틀로 박음질

지퍼(겉면)

앞판(겉면)

4. 안단 재단하기

안단은 트임의 길이보다 2cm 정도 길게 재단합니다.

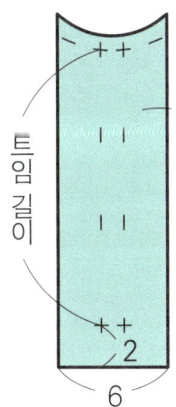

5. 안단 만들기

5-① 안단 안면에 다리미로 접착심지를 붙입니다.
5-② 재단선을 오버로크 박음질 또는 지그재그 박음질 하여 처리합니다.

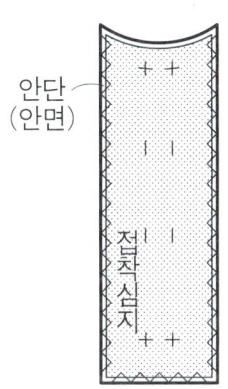

5-③ 트임 위치의 중심에 역 Y자로 가위집을 넣습니다.

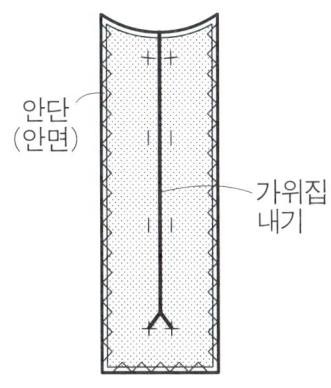

5-④ 완성선을 따라 시접을 접습니다.

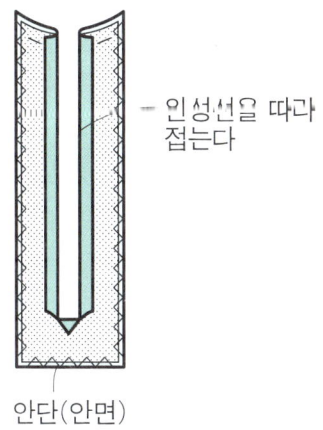

6. 몸판에 안단 달기

안단을 지퍼 안면에 그림과 같이 대고 둘레를 촘촘하게 감침질합니다.

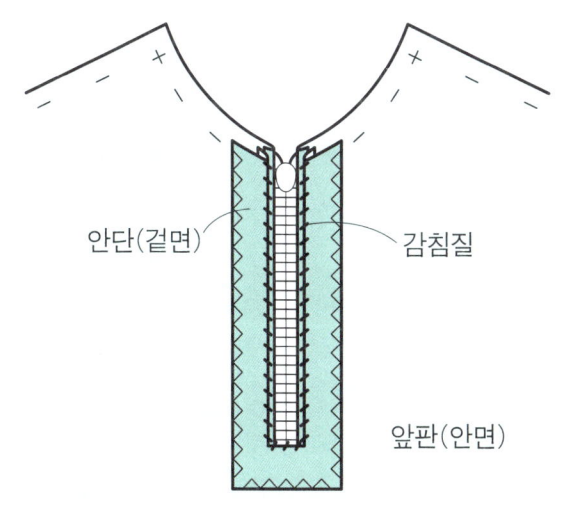

오픈 지퍼 트임 A

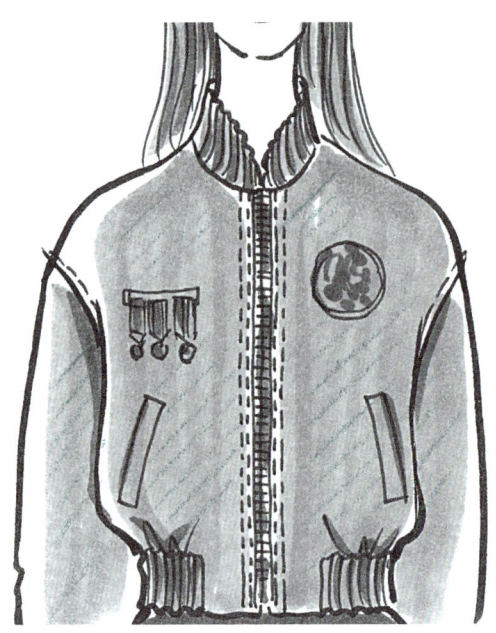

지퍼 아랫부분의 고정쇠가 분리되어 좌우로 벌어지는 구조로 된 지퍼를 말합니다. 지퍼는 트임 치수와 같은 길이의 것을 준비하세요. 같은 길이의 지퍼가 없는 경우 판매점에 가공 주문을 하는 방법이 있습니다.

1. 오픈 지퍼의 길이 정하기

지퍼의 길이는 슬라이더(지퍼를 여닫는 손잡이)를 맨 윗부분까지 올린 위치에서 아랫부분의 하지까지의 길이입니다.

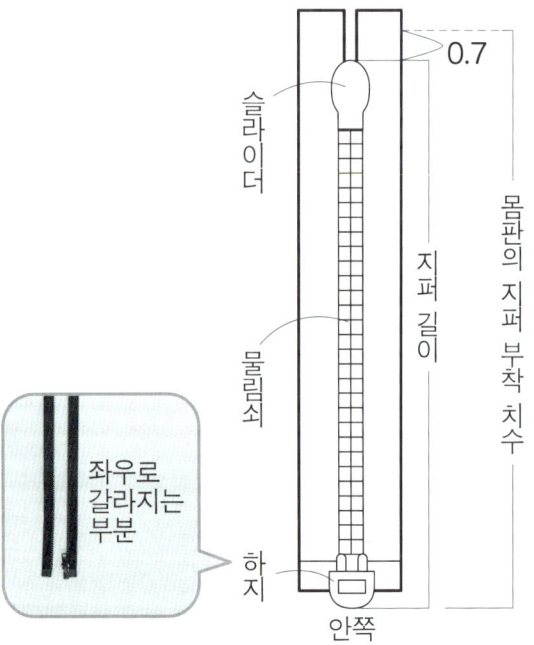

2. 몸판과 안단을 재단하기

몸판과 안단 사이에 지퍼를 끼우므로 안단은 몸판과는 별도로 재단합니다.

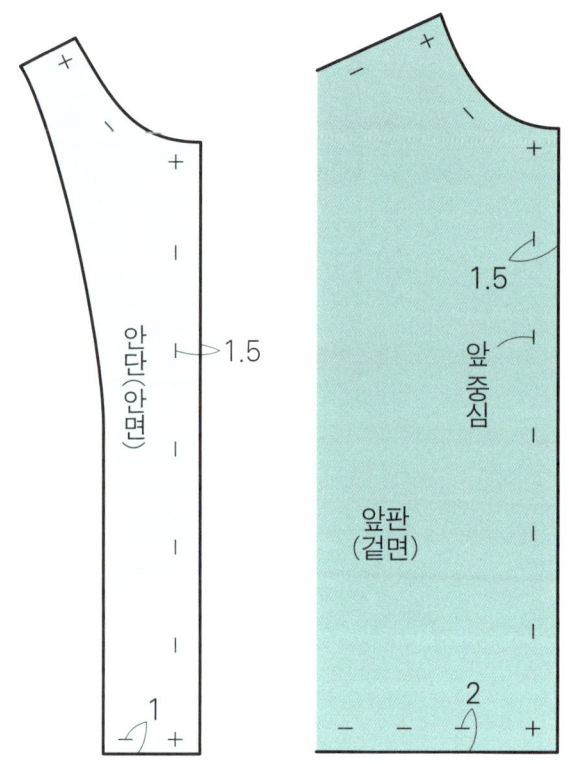

3. 안단에 접착심지 붙이기

3-① 안단 안면에 접착심지를 다리미로 붙입니다.

3-② 안단 가장자리를 오버로크 박음질 또는 지그재그 박음질 하여 처리합니다.

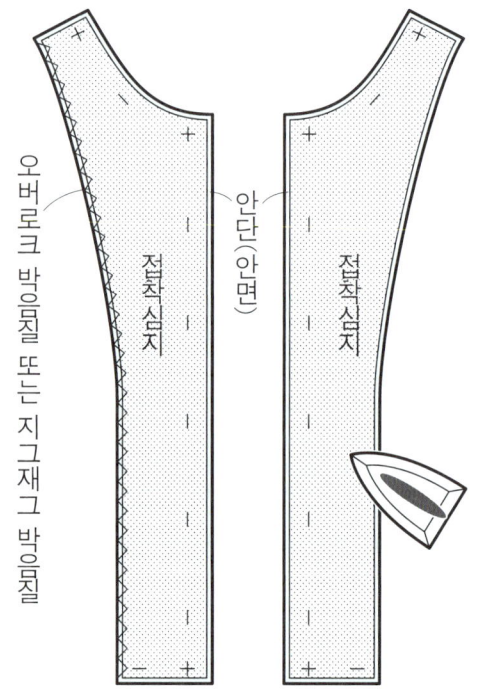

4. 지퍼 달기

몸판 겉면에 지퍼를 그림과 같이 맞춰 시침질합니다.

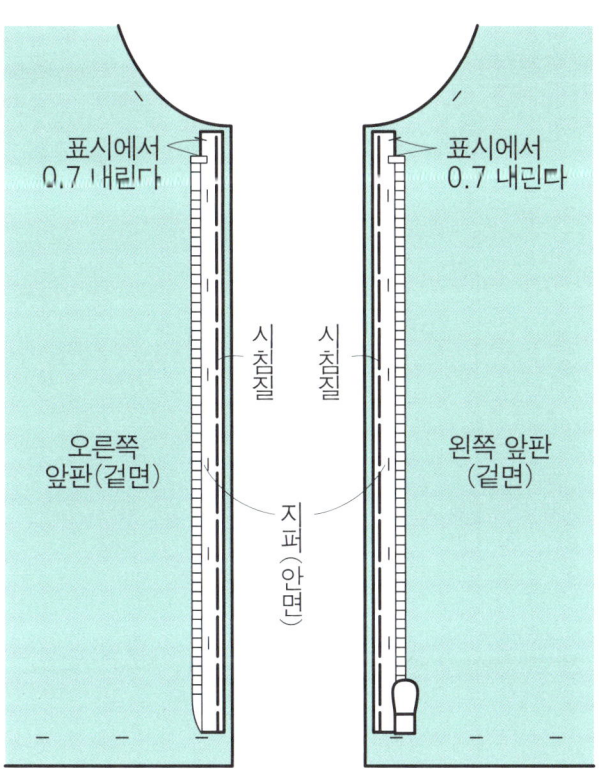

표시에서
0.7 내린다

표시에서
0.7 내린다

시침질

시침질

오른쪽
앞판(겉면)

왼쪽 앞판
(겉면)

지퍼
(안면)

5. 안단 달기

5-① 몸판과 안단을 겉면끼리 맞대어
앞단선을 재봉틀로 박습니다.

5-② 밑단선도 동시에 박습니다.

5-③ 밑단 시접을 그림과 같이 잘라
냅니다.

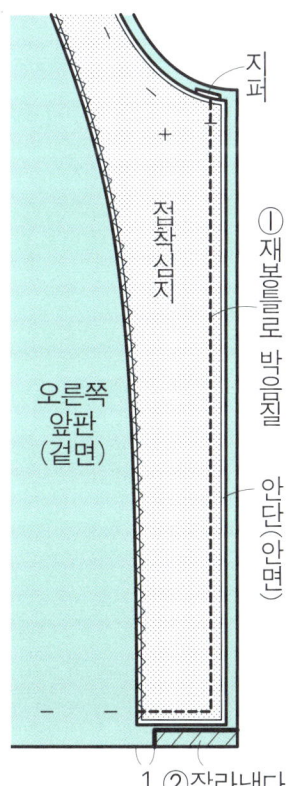

지퍼

접착심지

① 재봉틀로 박음질

오른쪽
앞판
(겉면)

안단(안면)

1 ②잘라낸다

5-④ 안단을 겉면으로 뒤집어 지퍼를 빼냅니다.

5-⑤ 앞단선을 시침질합니다.

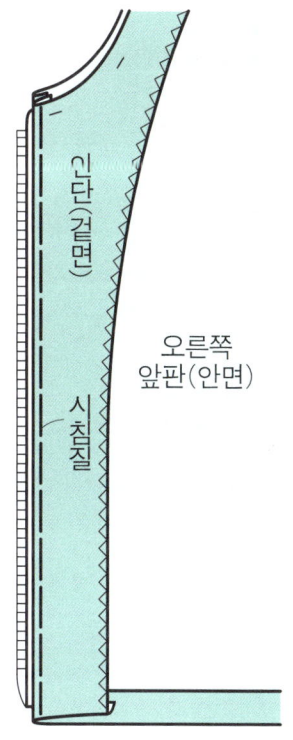

안단(겉면)

오른쪽
앞판(안면)

시침질

6. 재봉틀 박기

6-① 겉면에서 재봉틀을 박습니다. 이로써 안단이 움직이는 것을 막을
수 있습니다.

6-② 5-⑤에서 시침한 실을 제거합니다.

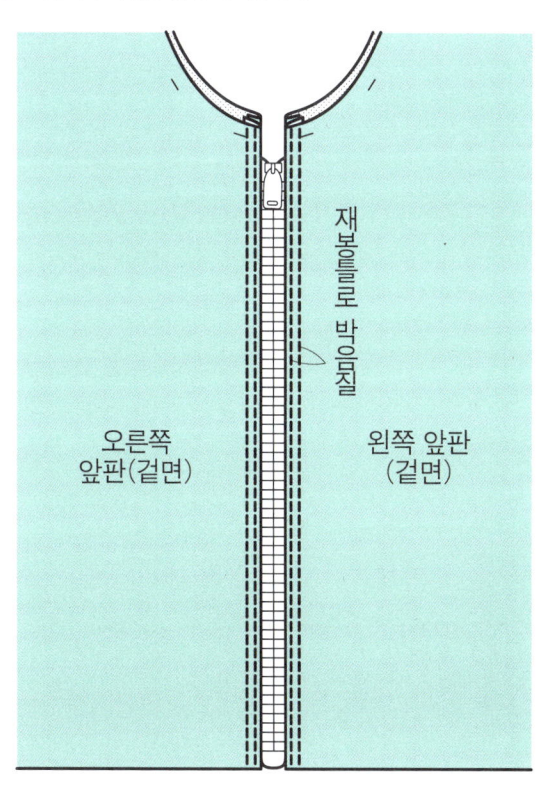

오른쪽
앞판(겉면)

왼쪽 앞판
(겉면)

재봉틀로 박음질

오픈 지퍼 트임 B

오픈 지퍼를 사용해 플라이 프런트 트임처럼 보이게 한 디자인입니다. 제법 두께가 있는 원단으로 점퍼나 코드 등을 만들면 멋있게 완성됩니다.

1. 오픈 지퍼의 길이 정하기

1 지퍼의 길이는 슬라이더(지퍼를 여닫는 손잡이)를 맨 윗부분까지 올린 위치에서 아랫부분의 하지까지의 길이입니다.

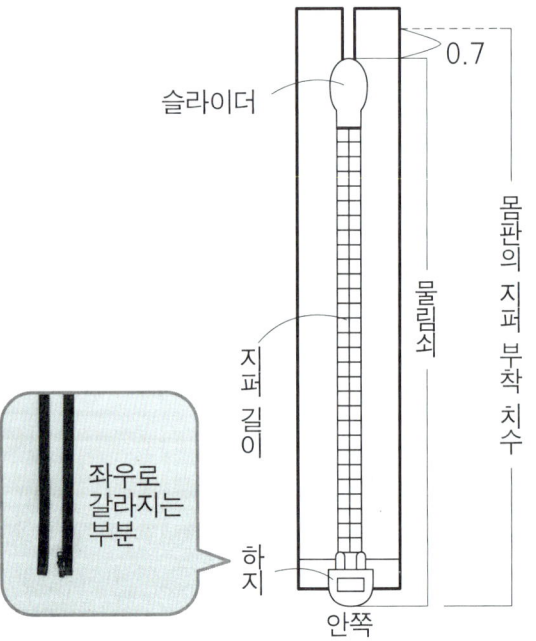

2. 위 앞판 재단하기

위 앞판은 그림과 같이 앞 중심에서 3배의 밑덧단 폭만큼을 추가해 재단합니다.

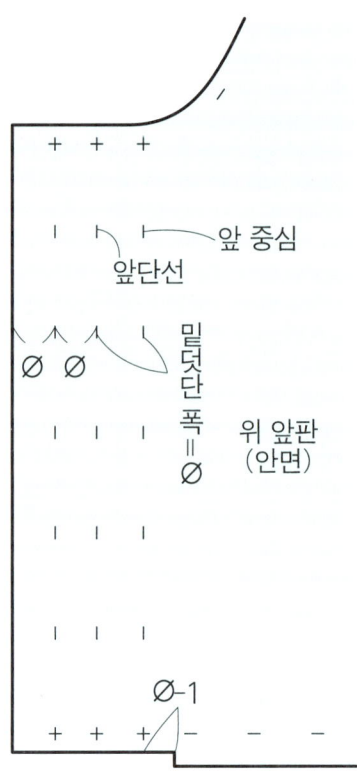

3. 아래 앞판 재단하기

앞 중심에 1cm의 시접을 주어 재단합니다.

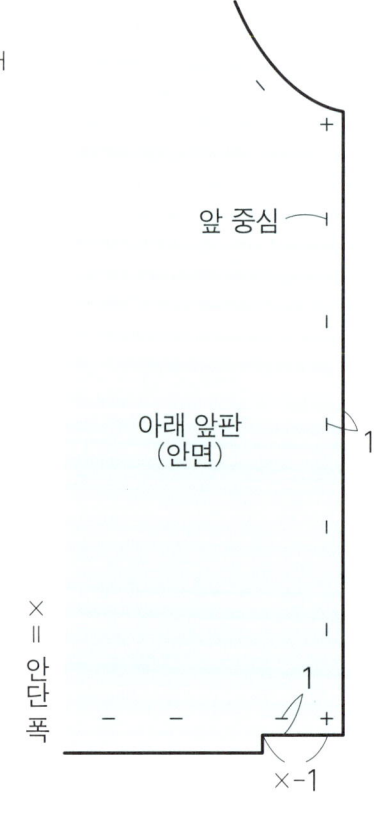

4. 안단 재단하기

위 앞판 안단, 아래 앞판 안단을 재단합니다. 둘레에 1cm의 시접을 주어 재단합니다.

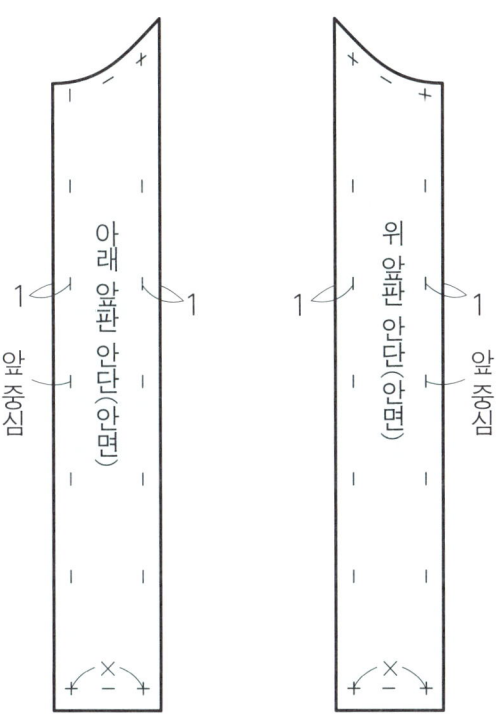

5. 안단 만들기

5-① 위 앞판 안단, 아래 앞판 안단의 안면에 다리미로 접착심지를 붙입니다.

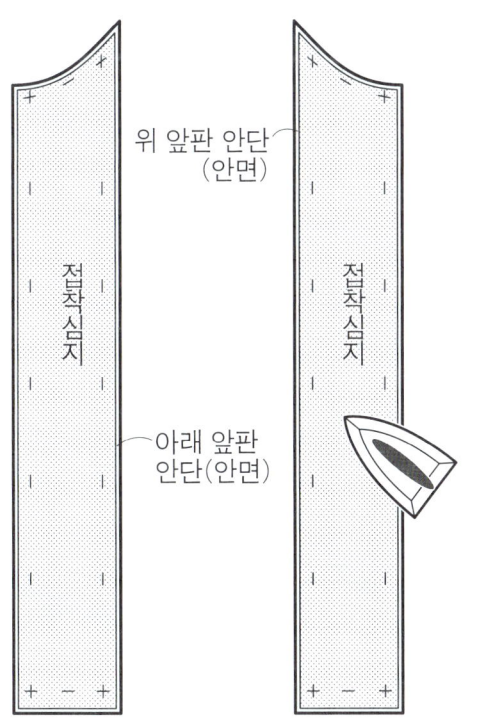

5-② 목둘레 시접을 제외하고 완성선을 따라 다리미로 접습니다.

5-③ 안단 가장자리를 재봉틀로 박습니다.

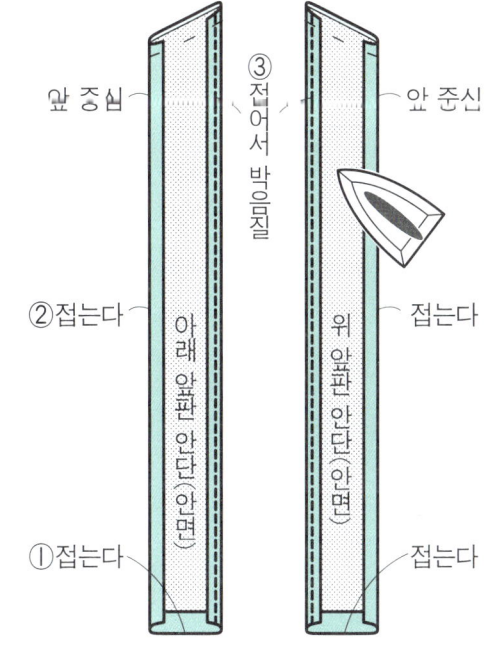

6. 아래 앞판의 시접 처리하기

6-① 아래 앞 중심을 완성선을 따라 안면으로 접습니다.

6-② 밑단을 두 번 접어서 재봉틀로 박습니다.

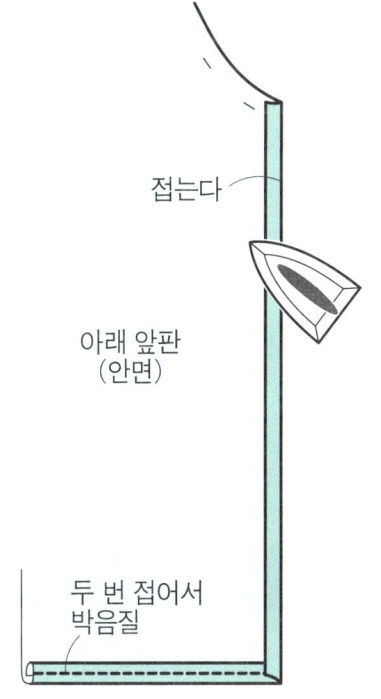

7. 위 앞판의 앞단선 처리

7-① 위 앞판의 밑덧단을 그림과 같이 앞단선에서 접습니다.

7-② 목둘레는 앞 중심까지, 밑단은 밑덧단 폭 끝까지 재봉틀로 박습니다.

7-③ 목둘레 앞 중심에 가위집을 넣습니다.

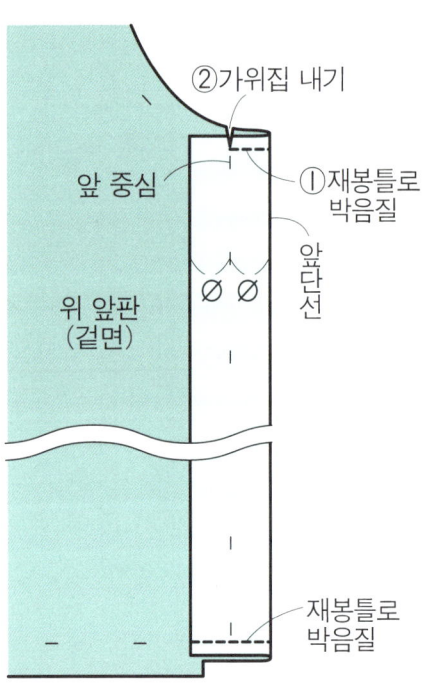

8. 지퍼 달기

8-① 몸판 안면에 지퍼를 그림과 같이 맞춥니다. 이때 아래 앞판은 지퍼의 물림쇠 부분을 앞단선에서 빼내고, 위 앞판은 앞 중심에서 물림쇠 분량의 치수를 줄여서 맞춥니다.

8-② 그림과 같이 시침질합니다.

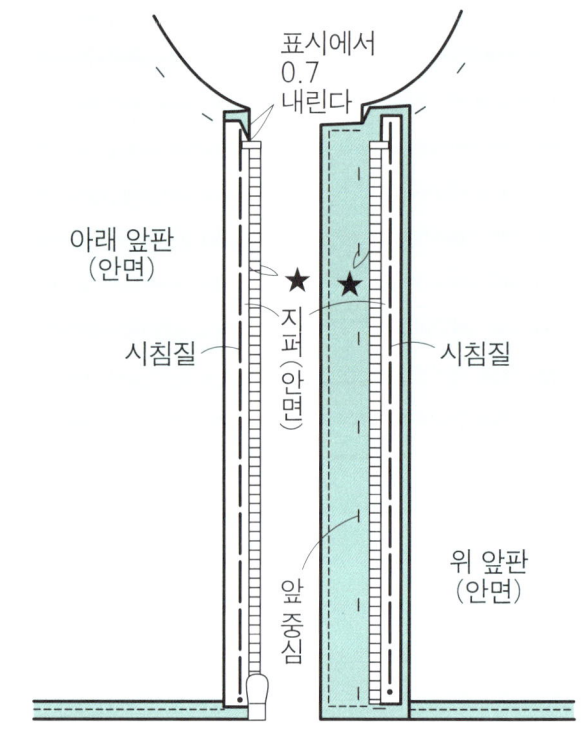

7-④ 밑덧단을 겉으로 뒤집습니다.

7-⑤ 밑단을 두 번 접어서 재봉틀로 박습니다.

7-⑥ 7-⑤의 봉제선에 이어서 앞단선을 박습니다.

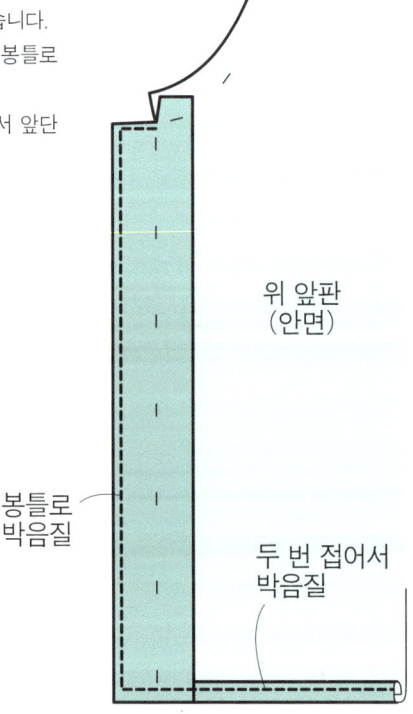

9. 안단 달기

안단을 그림과 같이 맞춰 재봉틀로 박습니다.

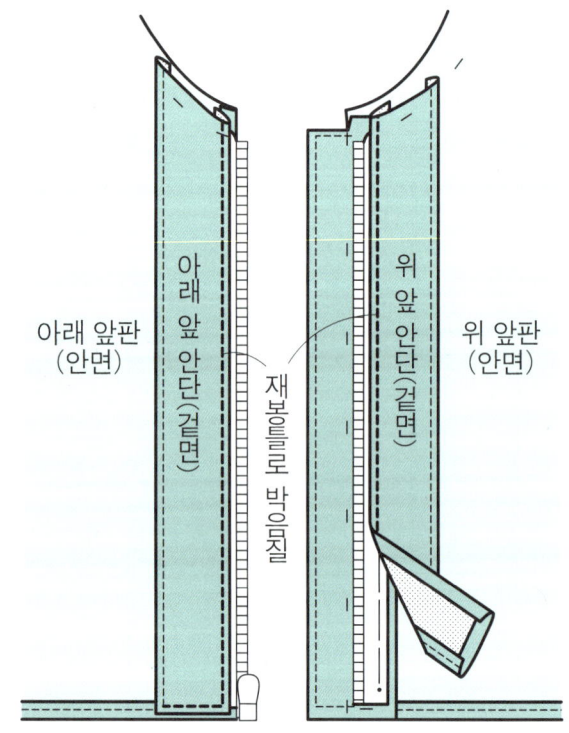

주름을 접은 선^{Pleat Top}에 맞춰 지퍼를 다는 트임

주름 안쪽(Pleat Bottom)에 지퍼를 달아 겉에서는 트임이 보이지 않도록 만듭니다. 주름 선을 이용해서 지퍼를 달므로 바늘땀의 폭과 실을 일치시킵니다.

1. 앞판과 뒤판을 박아 연결하기

1-① 앞판과 뒤판을 겉면끼리 맞대어 주름 속 밑단에서 트임 끝점 위치까지 재봉틀로 박습니다.

1-② 속주름에 그림과 같이 재봉틀을 박습니다.

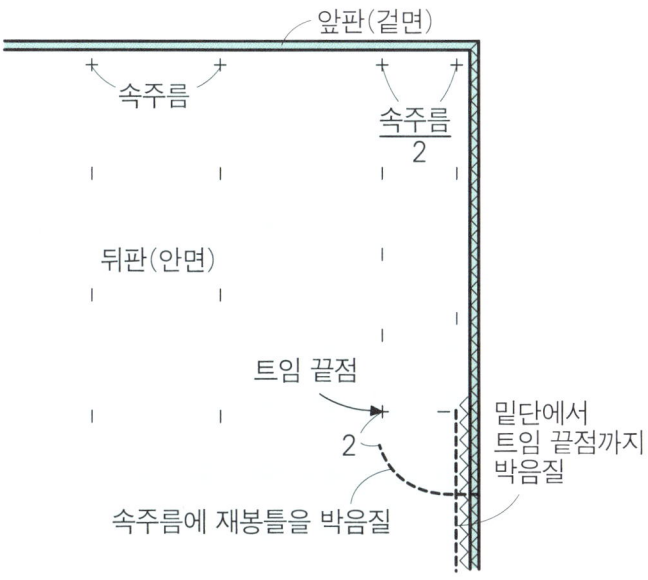

1-③ 뒤판의 트임 끝점에서 위쪽 속주름을 잘라냅니다. 이때 1cm의 시접 분량을 남기고 접착테이프심지를 붙여줍니다.

1-④ 뒤판의 트임 끝점 위치에만 수평으로 가위집을 넣습니다.

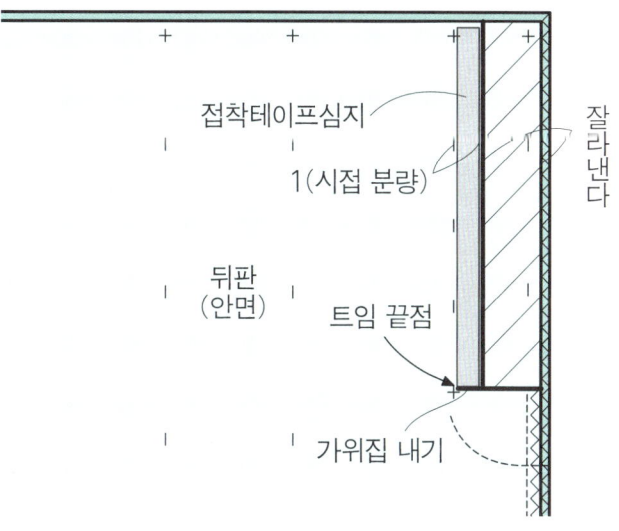

2. 뒤판에 지퍼 달기

2-① 뒤판을 완성선에서 0.2~0.3cm 내어 접습니다.

2-② 지퍼를 안에서 갖다 댑니다.

2-③ 재봉틀로 박습니다. 이때 지퍼 노루발(407쪽 참조)을 사용합니다.

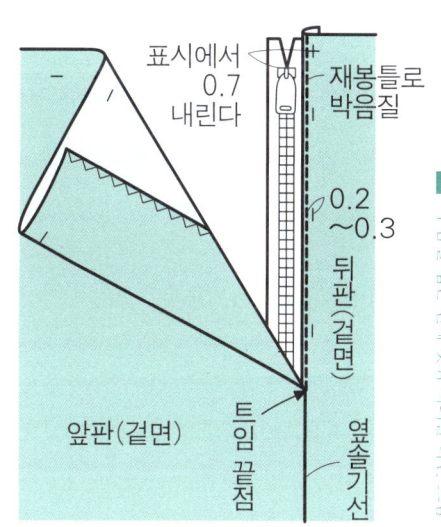

3. 앞판에 지퍼 달기

3-① 주름을 완성선에 맞춰 다리미로 접습니다.

3-② 주름을 접은 선(Pleat Top)을 박는 것과 같은 방법으로 지퍼를 답니다. 이때 지퍼가 어긋나지 않도록 시침질한 후에 재봉틀을 박습니다.

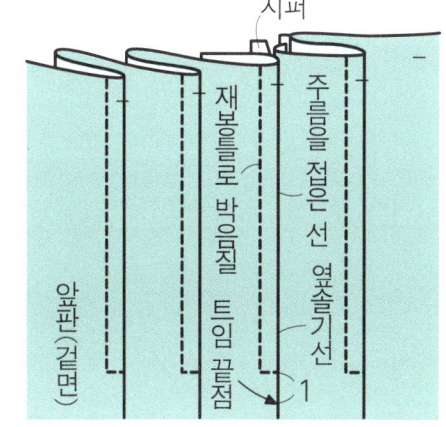

주름 안쪽 Pleat Bottom 에 지퍼를 다는 트임

주름이 있는 치마의 트임은 주름의 흐름을 바꾸지 않는 것이 중요합니다. 이 경우는 주름 안쪽에 지퍼를 달므로 주름의 흐름이 바뀌는 일은 없습니다.

1. 뒤판 재단하기

뒤판을 그림과 같이 시접을 주어 재단합니다.

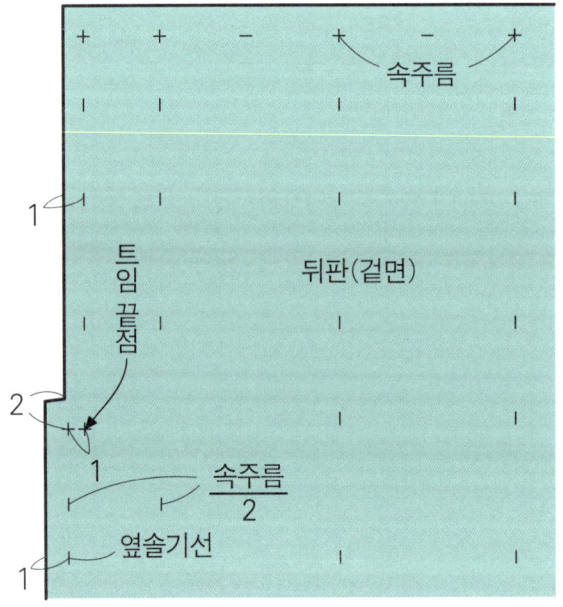

2. 뒤판의 트임 위치에 접착심지 붙이기

2-① 뒤판 안면에 그림의 크기로 재단한 접착심지를 다리미로 붙입니다.
2-② 오버로크 박음질 또는 지그재그 박음질을 하여 시접을 처리합니다.
2-③ 시접 모서리에 트임 끝점까지 가위집을 넣습니다.

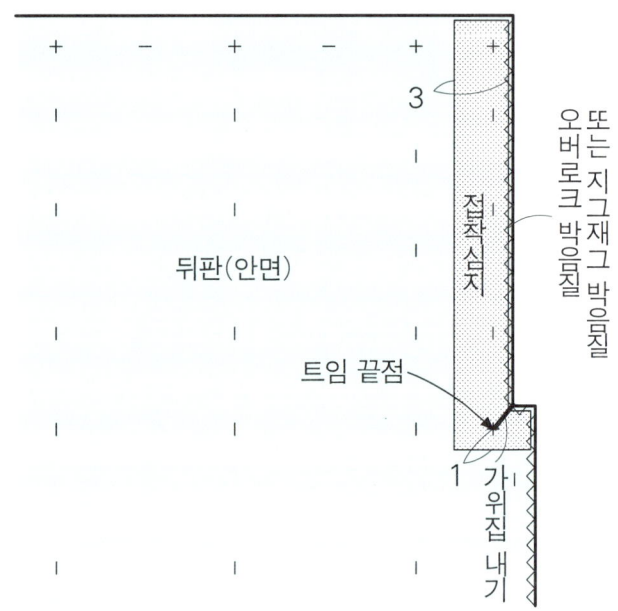

3. 지퍼 달기

3-① 시접을 완성선을 따라 다리미로 접습니다.

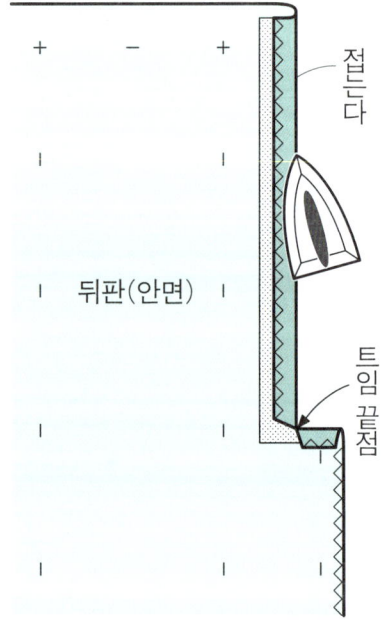

3-② 뒤판을 겉으로 뒤집어 지퍼를 안에서 갖다 댑니다.

3-③ 갈고리 모양으로 박습니다. 이때 지퍼 노루발(407쪽)을 사용합니다.

4-② 지퍼의 테이프 부분과 시접을 다시 한 번 재봉틀로 박습니다.

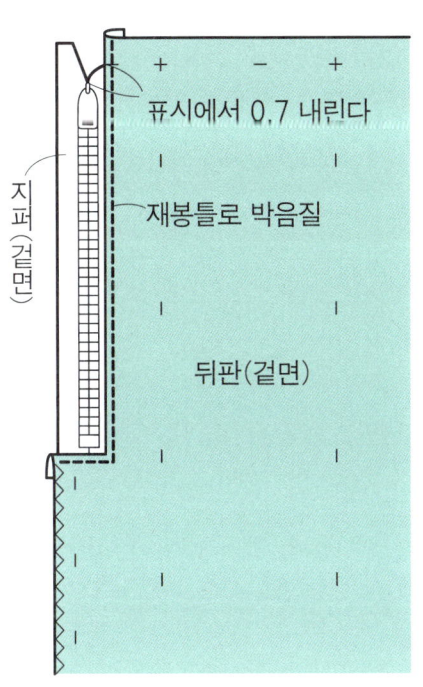

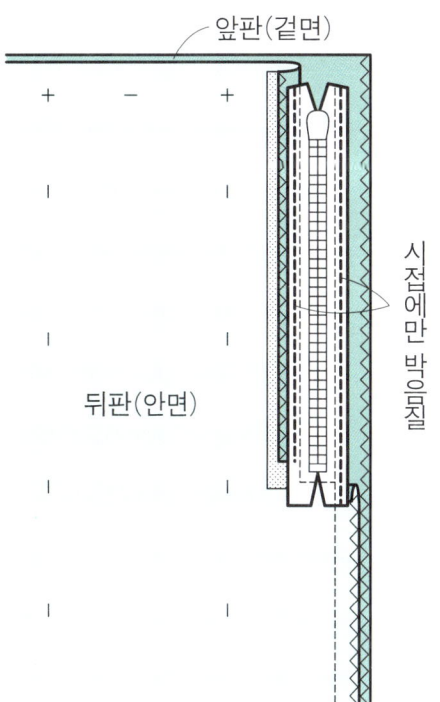

4. 앞판과 뒤판을 박아 연결하기

4-① 앞판과 뒤판을 겉면끼리 맞대어 허리에서 트임을 거쳐 밑단까지 쭉 이어서 재봉틀을 박습니다.

5. 주름 접기

주름을 완성선에 맞춰 다리미로 접습니다.

(나머지 주름을 잡고 허리벨트를 달아줍니다)

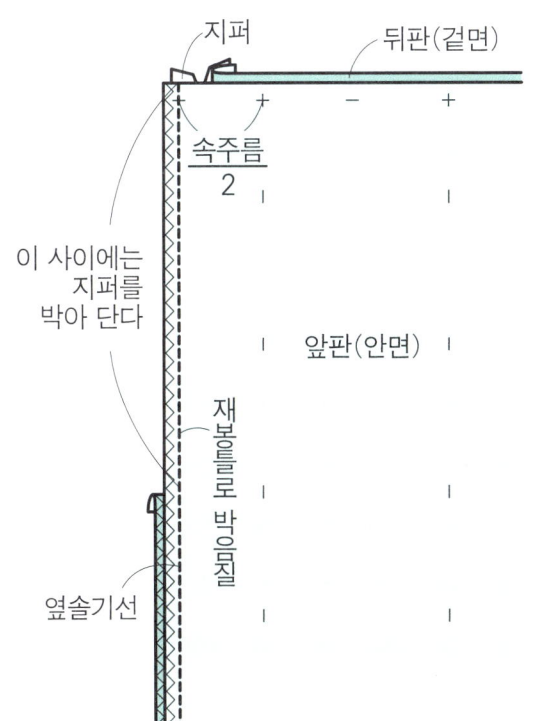

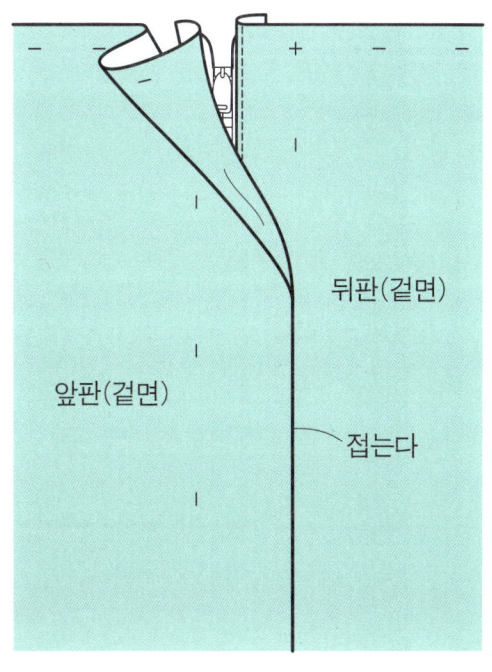

밑단 처리 방법

슬릿(각형)

슬릿은 윗옷이나 치마 밑단에 넣는 트임을 말합니다. 여기서는 각형 슬릿을 '액자식 단 처리'를 이용해 만드는 방법을 설명합니다. 모서리를 액자식으로 접어 박아주면 깔끔하게 완성됩니다.

1. 슬릿에 시접 주기

그림과 같이 시접을 줍니다. 시접을 오버로크 박음질 또는 지그재그 박음질 합니다.

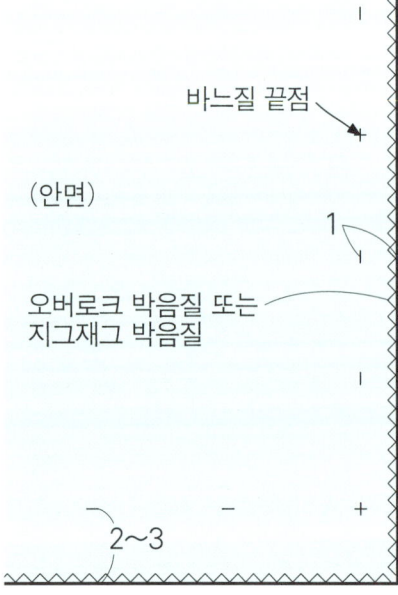

바느질 끝점

(안면)

1

오버로크 박음질 또는
지그재그 박음질

2~3

2. 본체 박기

본체 앞판과 뒤판을 겉면끼리 맞대어 바느질 끝점까지 재봉틀로 박습니다. 바느질 끝점 위치에서 되돌아박기 합니다.

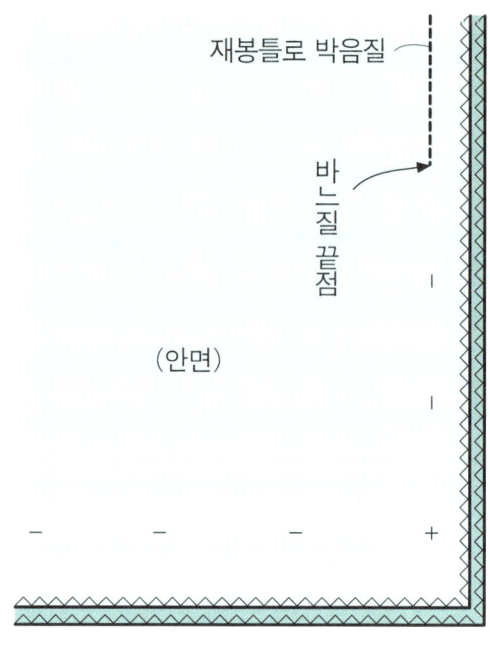

재봉틀로 박음질

바느질 끝점

(안면)

3. 바느질 위치 정하기

밑단 시접의 폭만큼을 옆선 시접에 표시하여 A점으로 삼고, 옆선 시접 폭만큼을 밑단 시접에 표시하여 B점으로 삼아, A와 B를 직선으로 연결합니다. 봉제선 옆에 원하는 시접 폭만 남기고 잘라냅니다.

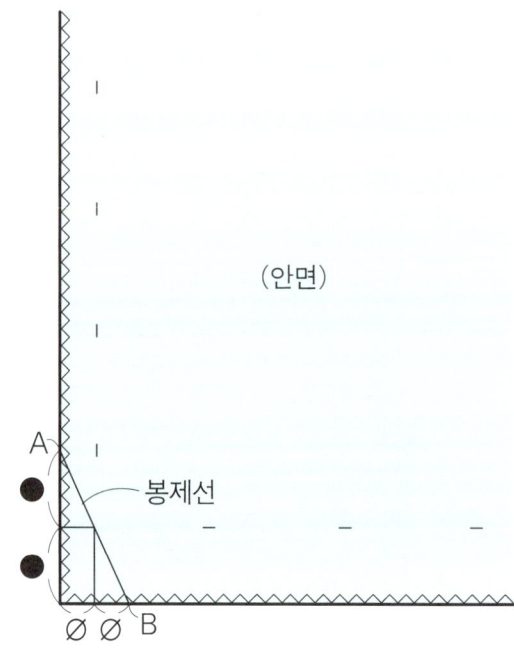

(안면)

A

봉제선

Ø Ø B

4. 모서리 박기

4-① 겉면의 A점과 B점을 맞춰 3에서 그은 선 위를 박습니다.

4-② 시접 폭을 0.5cm~1cm 남겨놓고 잘라냅니다.

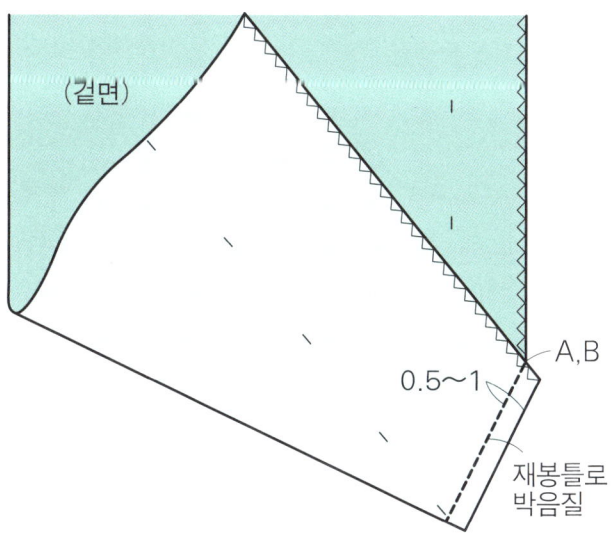

(겉면)

0.5~1
A,B
재봉틀로
박음질

5. 겉으로 뒤집어 모양 잡기

5-① 다리미로 시접을 가름솔 처리합니다.

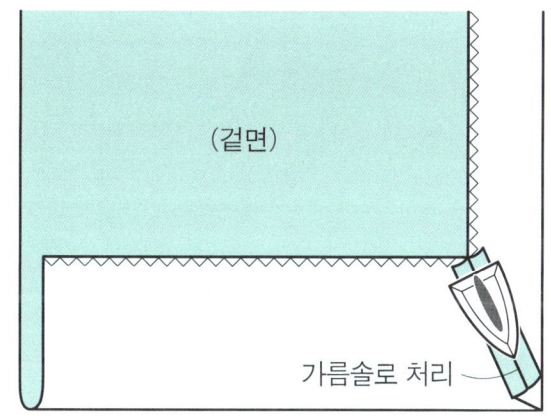

(겉면)

가름솔로 처리

5-② 시접을 본체 안면으로 뒤집어 다리미로 정돈합니다.

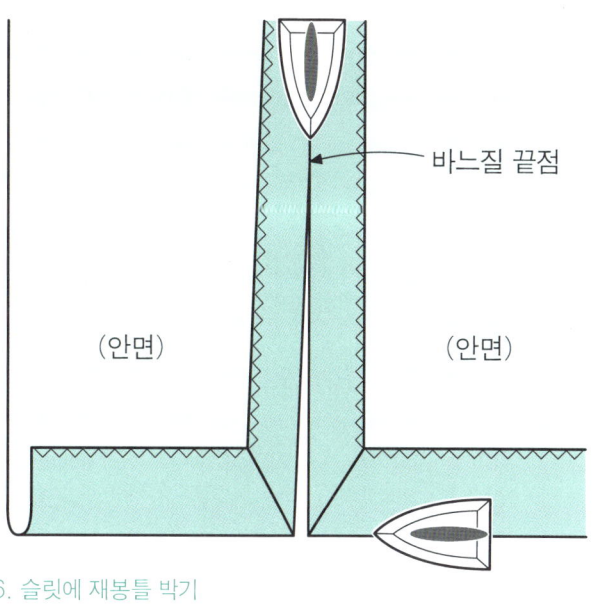

바느질 끝점

(안면)   (안면)

6. 슬릿에 재봉틀 박기

밑단에서 바느질 끝점 위치까지 재봉틀을 박습니다.

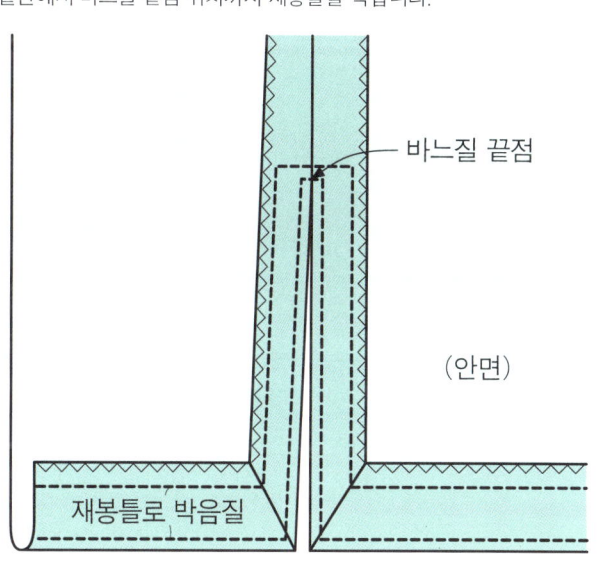

바느질 끝점

(안면)

재봉틀로 박음질

얇은 원단의 경우

① 얇은 원단의 경우는 접어서 모서리를 만듭니다. 바느질 끝점까지 박고 그림과 같이 시접을 사선으로 접습니다. 사선의 각도를 정하는 방법은 3과 같습니다.

② 위에서 밑단까지 모든 시접을 다리미로 가름솔 처리합니다.

③ 밑단 시접을 접어 올려 모서리를 마주 대어서 감침질합니다.

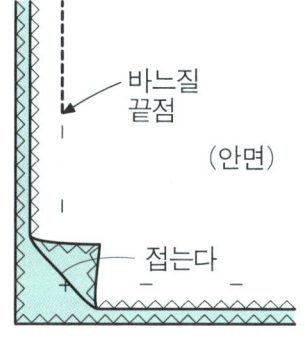

바느질
끝점

(안면)

접는다

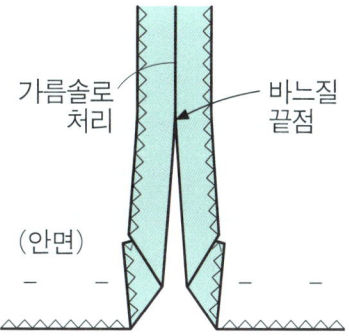

가름솔로
처리

바느질
끝점

(안면)

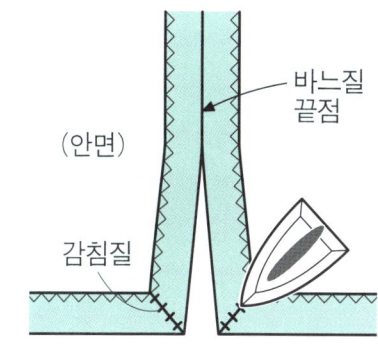

바느질
끝점

(안면)

감침질

슬릿(둥근형)

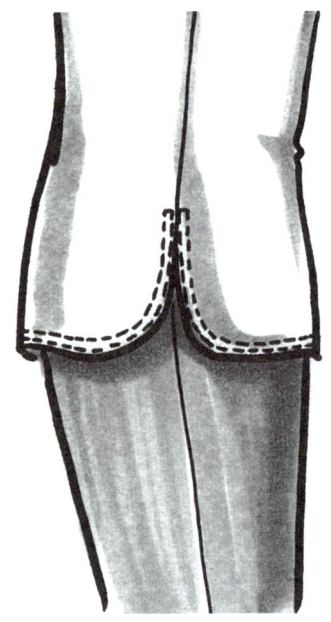

슬릿은 윗옷이나 치마 밑단에 넣는 트임을 말하는 것으로, 복식인 동시에 동작을 쉽게 하기 위한 목적도 있습니다. 여기서는 슬릿의 곡선을 깔끔하게 바느질하는 방법을 소개합니다.

1. 안단 재단하기

안단은 겉감과 같은 천을 사용해서 재단합니다. 원단이 두꺼운 경우는 안감을 사용합니다.

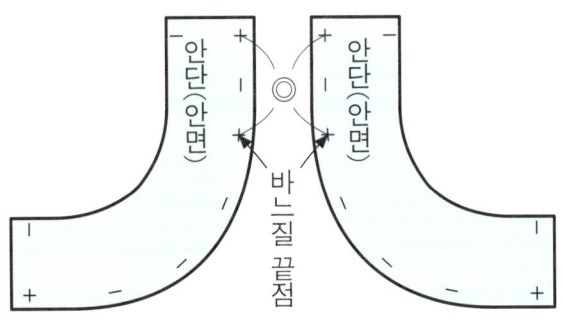

2. 안단 박기

2-① 안단 안면에 다리미로 접착심지를 붙입니다. 안쪽 곡선 부분에 오버로크 박음질 또는 지그재그 박음질을 하여 시접을 처리합니다.

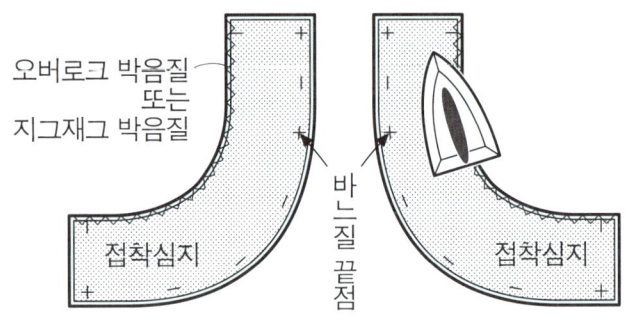

2-② 안단을 겉면끼리 맞대어 그림과 같이 바느질 끝점까지 재봉틀로 박습니다.

2-③ 시접을 다리미로 가름솔 처리합니다.

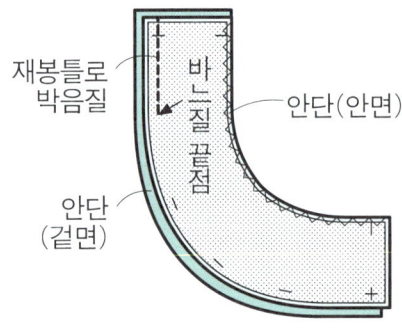

3. 몸판 박기

3-① 몸판을 겉면끼리 맞대어 바느질 끝점까지 재봉틀을 박습니다.

3-② 안단을 달 부분의 시접을 그림과 같이 잘라냅니다.

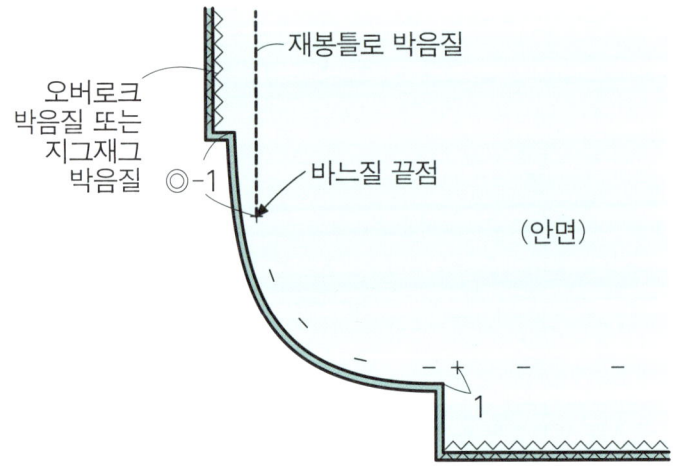

3-③ 본체 시접을 바느질 끝점 위치까지 다리미로 가름솔 처리합니다.

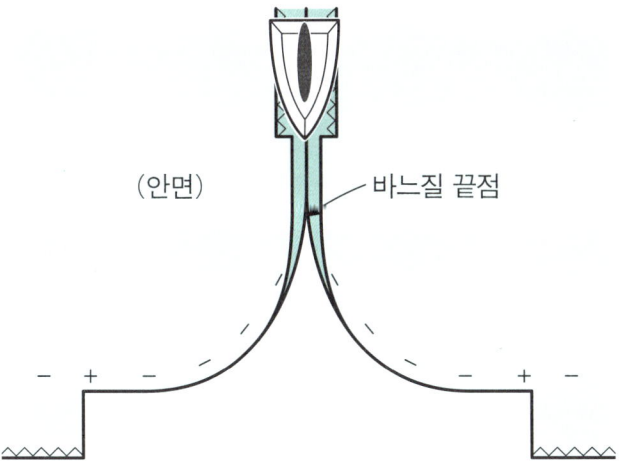

(안면)

바느질 끝점

－　＋　　　　　　　　　－　＋

4-③ 안단을 겉으로 뒤집습니다.

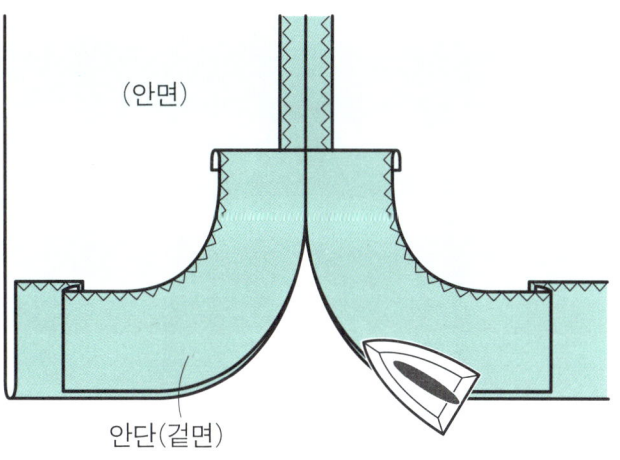

(안면)

안단(겉면)

4. 본체와 안단을 박아 연결하기

4-① 본체와 안단을 겉면끼리 맞대어 곡선을 박고 곡선 부분에 촘촘하게 가위집을 넣습니다.

4-② 안단 가장자리를 완성선에 맞춰 접습니다.

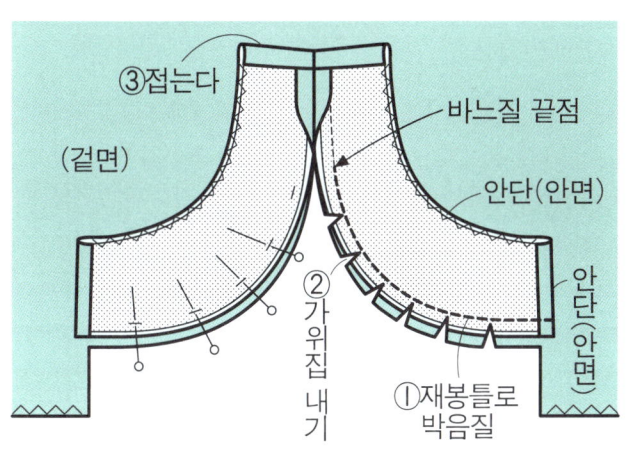

③접는다

(겉면)

바느질 끝점

안단(안면)

②가위집내기

①재봉틀로 박음질

안단(안면)

5. 안단을 감치기

안단 가장자리를 감침질하여 밑단에서 바느질 끝점 위치까지 재봉틀로 박습니다.

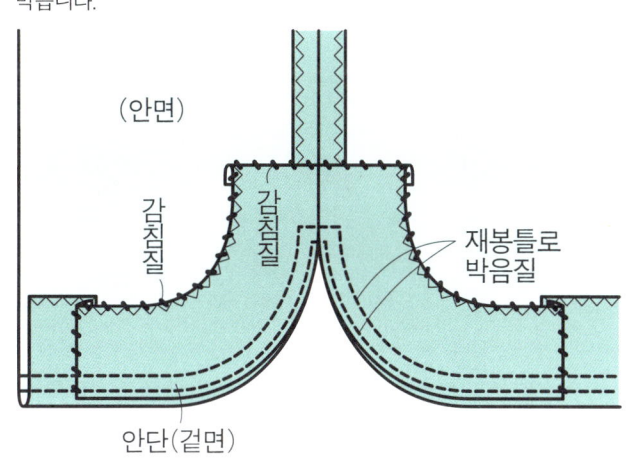

(안면)

감치질

감치질

재봉틀로 박음질

안단(겉면)

얇은 원단의 경우

① 본체를 겉면끼리 맞대어 바느질 끝점까지 재봉틀로 박고 곡선 부분의 시접을 홈질합니다.

② 본체 시접을 다리미로 가를 때 곡선 모양으로 자른 두꺼운 종이를 시접 사이에 끼웁니다. 홈질한 실을 잡아당겨 다리미로 곡선 모양에 맞춰주세요.

③ 밑단에서 바느질 끝점까지 재봉틀로 박습니다. 재봉틀로 박는 대신에 손바느질로 감쳐도 좋습니다.

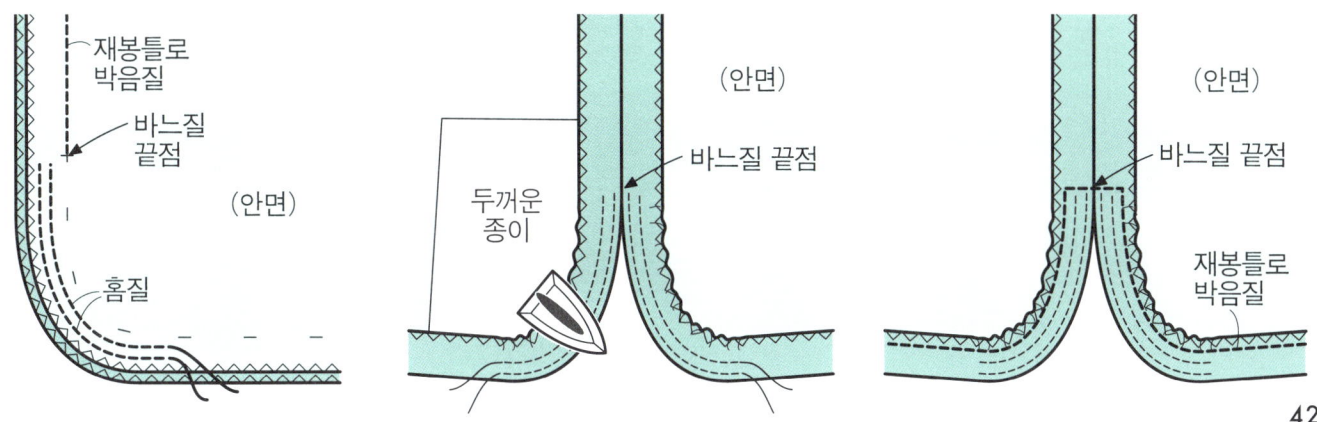

재봉틀로 박음질

바느질 끝점

(안면)

홈질

(안면)

두꺼운 종이

바느질 끝점

(안면)

바느질 끝점

재봉틀로 박음질

밑단을 접어서 처리

밑단이 직선인 경우의 바느질 방법입니다. 다리미로 밑단 시접을 접어 올려서 바늘땀이 겉에서 보이지 않도록 주의하면서 깔끔하게 만들어보세요.

1. 시접 처리하기

밑단 시접 가장자리를 오버로크 박음질 또는 지그재그 박음질 하여 처리합니다. 밑단을 접어 올릴 때 시접이 겹치는 부분은 그림과 같이 시접을 좁게 합니다.

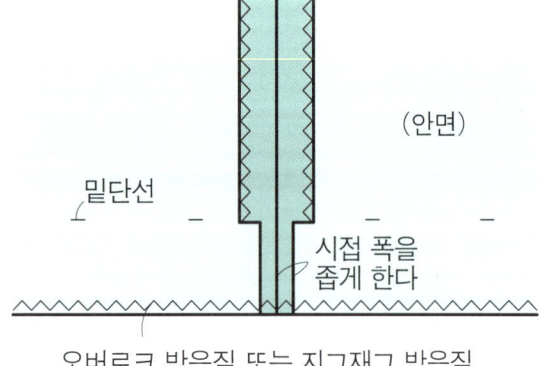

밑단선

시접 폭을
좁게 한다

오버로크 박음질 또는 지그재그 박음질

2. 시접 접기

다리미를 사용해 밑단 시접을 안면으로 접습니다. 시접 폭의 선을 그린 두꺼운 종이(다리미자)를 끼워 다림질하면 접어 올리는 기준이 됩니다.

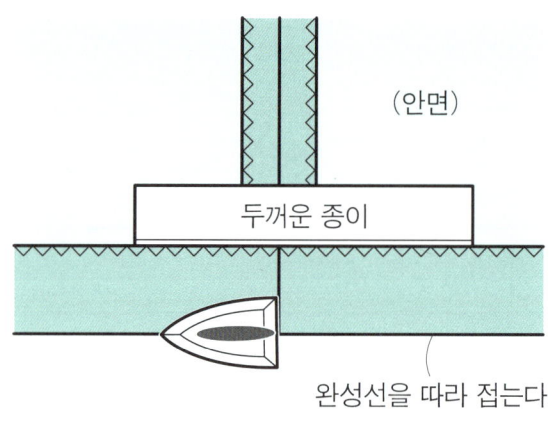

(안면)

두꺼운 종이

완성선을 따라 접는다

3. 시접 감치기

3-① 밑단선을 시침실로 시침합니다.

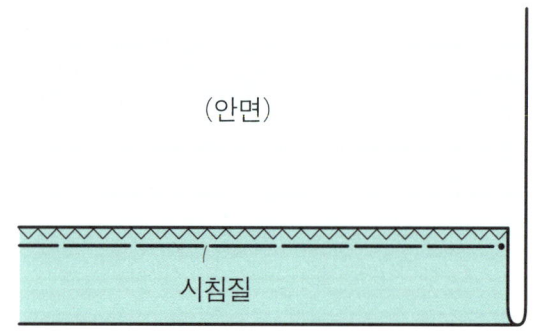

(안면)

시침질

3-② 겉감에 시접을 속감침(222쪽 참조) 합니다. 겉감의 올을 바늘로 살짝 뜨는 느낌으로 너무 당기지 않도록 주의하면서 감침질합니다.

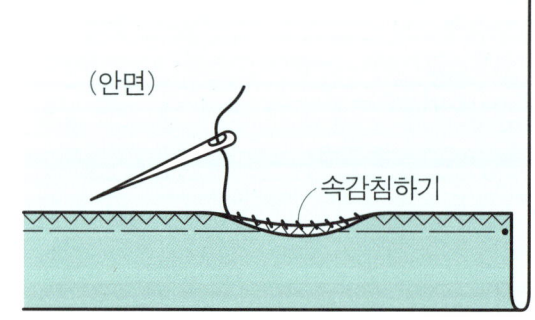

(안면)

속감침하기

다리미자

다리미자에는 5mm의 모눈선이 인쇄되어 있으므로 밑단 시접 폭에 맞춰 밑단선을 다리미로 접어 올릴 수 있습니다.

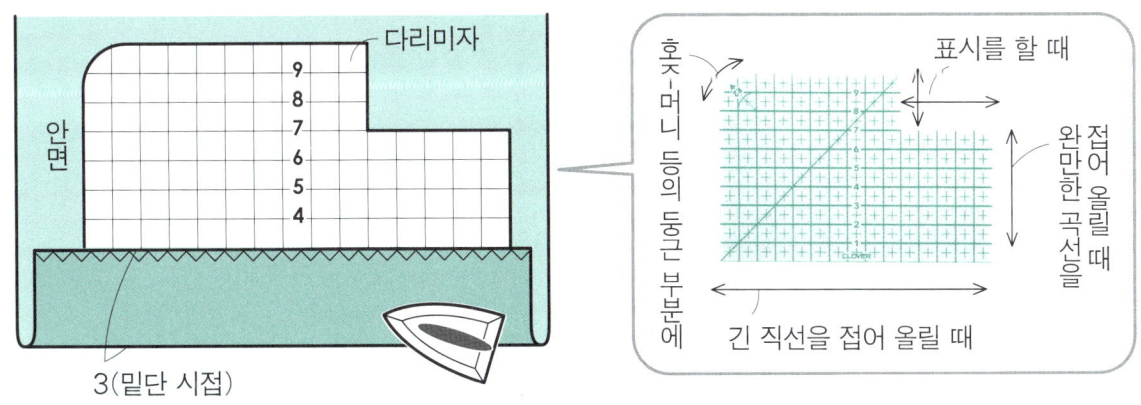

9
8
7
6
5
4

안면

다리미자

3(밑단 시접)

혹~머니 등의 둥근 부분에

표시를 할 때

접어 올릴 때 완만한 곡선을

긴 직선을 접어 올릴 때

시접(헴) 처리

끝단 접어박기로 처리

끝단 접어박기(216쪽 참조)를 한 후 안쪽을 감치는 방법입니다. 재봉틀이 오버로크 박음질 또는 지그재그 박음질 기능이 없는 경우 대신 이용합니다.

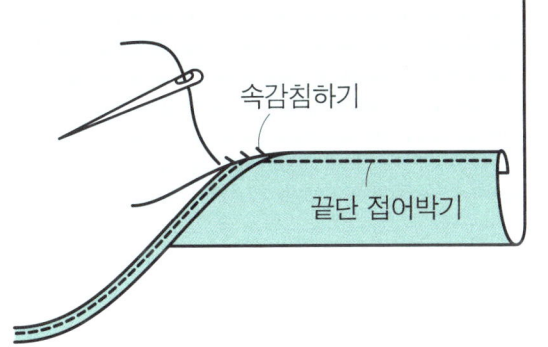

속감침하기

끝단 접어박기

새발뜨기로 처리

남성 바지 밑단 등에서 흔히 볼 수 있는 방법입니다. 끝단 접어박기(216쪽 참조)를 한 후 새발뜨기하는 방법입니다.

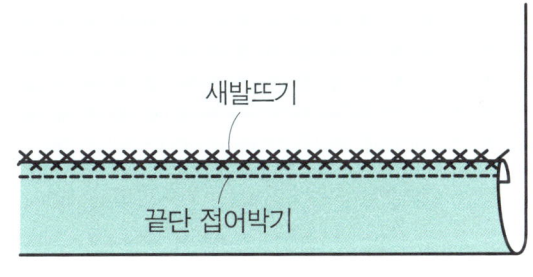

새발뜨기

끝단 접어박기

겉에서 박아서 처리

원단 가장자리는 오버로크박기 또는 지그재그박기로 처리합니다. 시접을 접어 올린 후 겉에서 재봉틀을 박습니다. 아이 옷이나 캐주얼한 옷에 적합합니다.

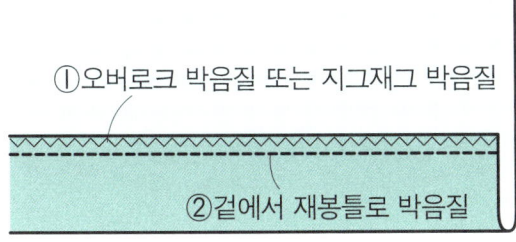

①오버로크 박음질 또는 지그재그 박음질

②겉에서 재봉틀로 박음질

바이어스 테이프를 사용해서 처리

원단이 중간 두께인 경우 바이어스 테이프를 시접에 붙이고, 그 바이어스 테이프를 감침질하여 얇게 마무리합니다.

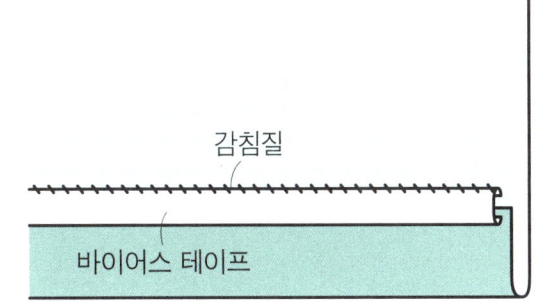

감침질

바이어스 테이프

플레어 스커트의 밑단 처리

플레어 스커트는 바이어스 방향으로 되어 있으므로 깔끔하게 밑단을 처리하려면 바닥에서 치마 밑단까지의 직선 치수를 측정해 밑단선을 수정하거나 시접 가장자리를 홈질한 후 시접을 접어 올리는 2가지 포인트가 있습니다.

1. 밑단선의 표시 수정하기

처음에 표시한 밑단선보다 늘어나 있는 경우가 많으므로, 바닥에서 치마 밑단까지의 치수 재기를 다른 사람에게 부탁하여 표시를 수정하도록 합니다.

바닥에서 밑단까지의 직선 치수…
바닥에서 치마 밑단선까지의 길이

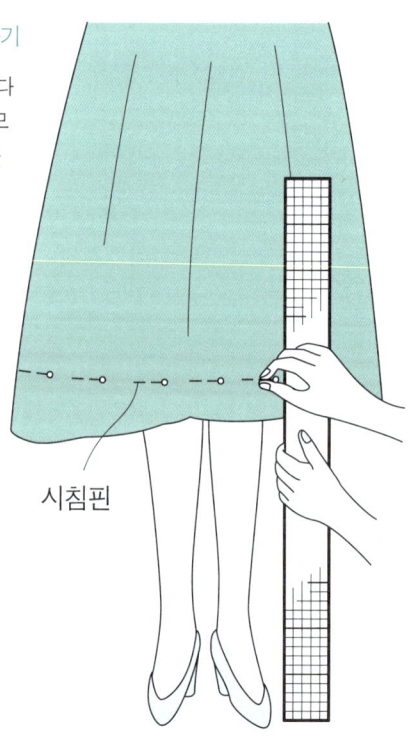

시침핀

2. 시접 폭 맞추기

표시를 수정하면 밑단 시접이 고르지 않을 수 있습니다. 일정한 폭으로 맞춘 후 여분의 시접을 잘라냅니다.

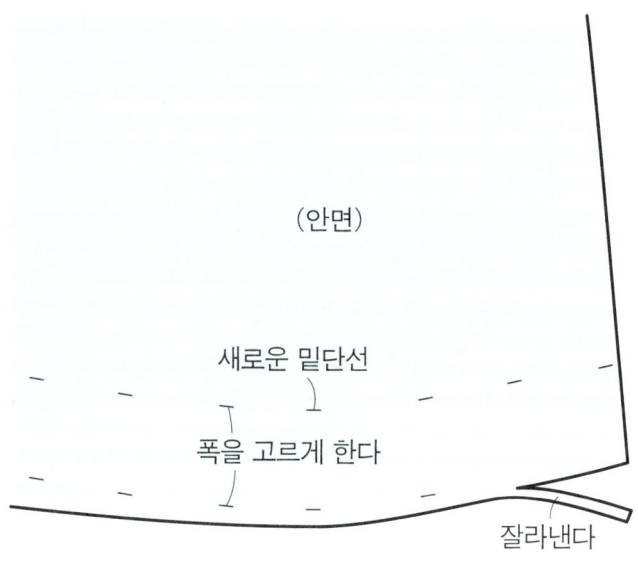

(안면)

새로운 밑단선

폭을 고르게 한다

잘라낸다

3. 시접 처리하기

시접 가장자리를 오버로크 박음질 또는 지그재그 박음질 하여 처리합니다. 만일 보유한 재봉틀이 오버로크 박음질이나 지그재그 박음질 기능이 없는 경우는 바이어스 테이프를 사용한 처리(431쪽)를 추천합니다.

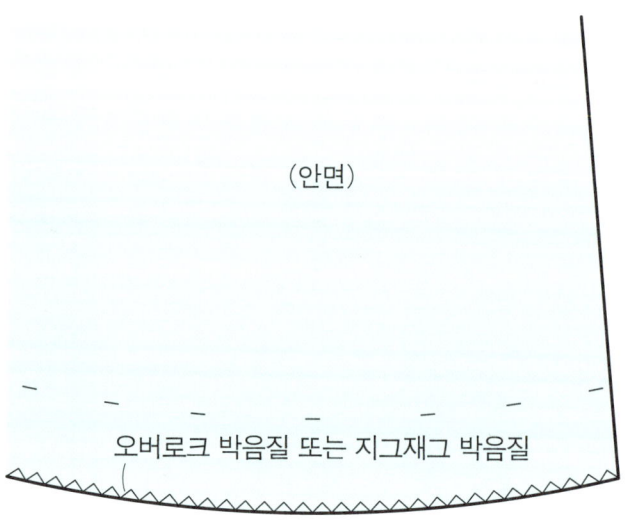

(안면)

오버로크 박음질 또는 지그재그 박음질

4. 시접에 홈질하기

시접 가장자리를 시침실로 홈질합니다.

5. 시접 접기

홈질한 실을 당기면서 밑단선 곡선에 맞춥니다. 사이에 두꺼운 종이를 끼우고 원단을 줄이면서 다리미로 눌러주는 느낌으로 다림질합니다.(197쪽 참조)

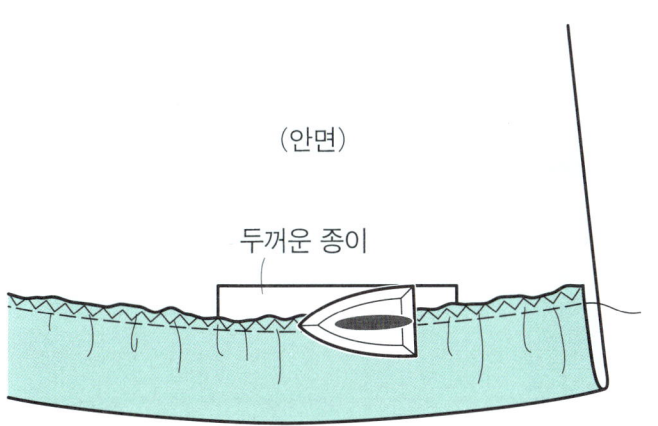

6. 시접 감치기

6-① 시침질하여 시접을 고정합니다. 바이어스 테이프를 사용하는 경우는 이 과정에서 바이어스 테이프를 시접에 붙입니다.(431쪽 참조)

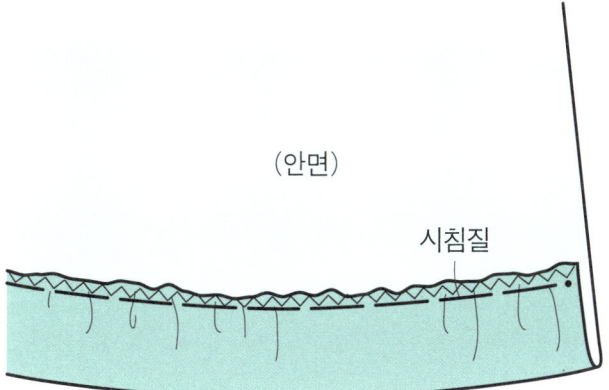

6-② 홈질줄임 해준 부분이 늘어나지 않도록 주의하면서 속감침합니다.

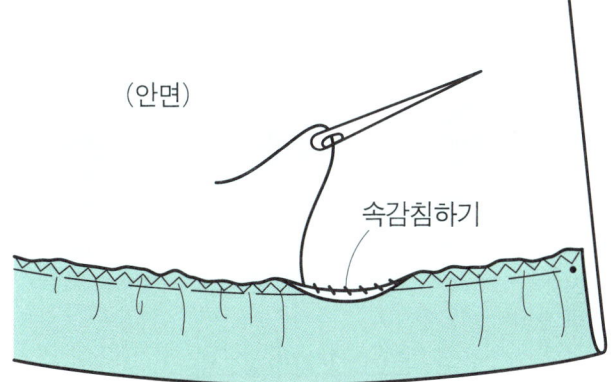

벤트 트임

동작을 쉽게 하기 위한 목적으로 윗옷 뒷부분 밑단을 벌려주는 트임을 말합니다. 슬릿과 다른 점은 벤트에는 밑덧단을 붙여 겹치는 부분이 있다는 점입니다.

1. 안단과 밑덧단을 붙여서 재단하기

그림과 같이 재단합니다. 남성복은 좌우 반대가 됩니다.

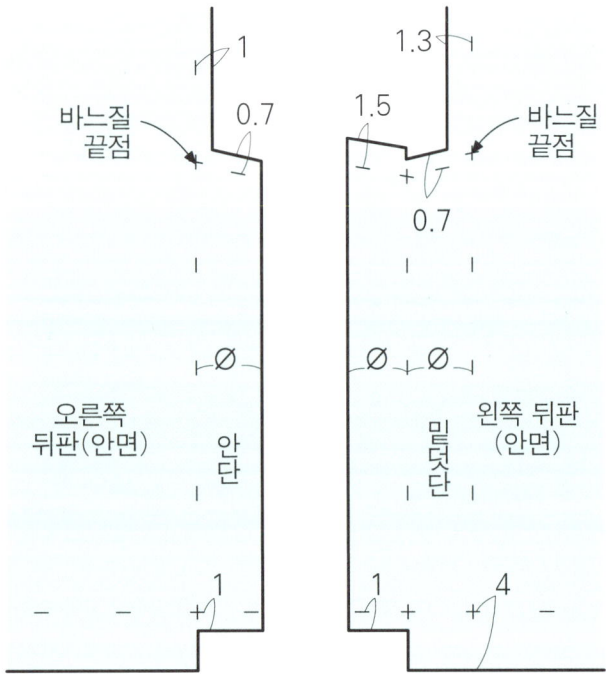

2. 접착심지 붙이기

안단의 안면, 밑덧단의 안면 및 밑단 시접 부분에 다리미로 접착심지를 붙입니다.

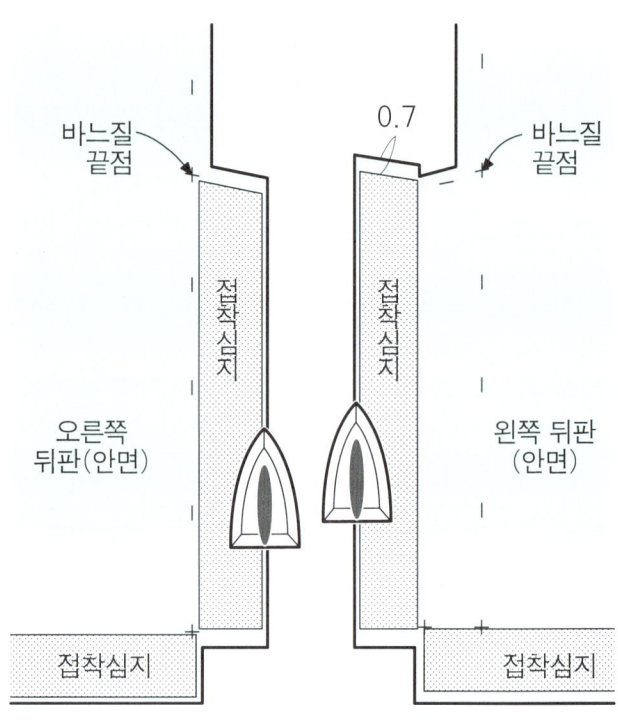

3. 시접 처리하기

그림 위치에 오버로크 박음질 또는 지그재그 박음질을 하여 시접을 처리합니다.

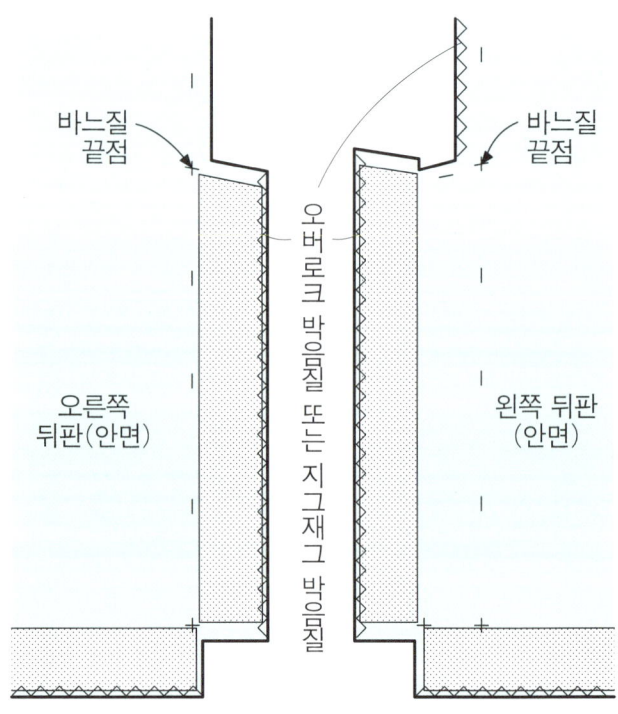

4. 밑단 접기

완성선을 따라 밑단 시접을 다리미로 접습니다. 밑덧단 가장자리 상부를 접착심지 부분까지 접습니다.

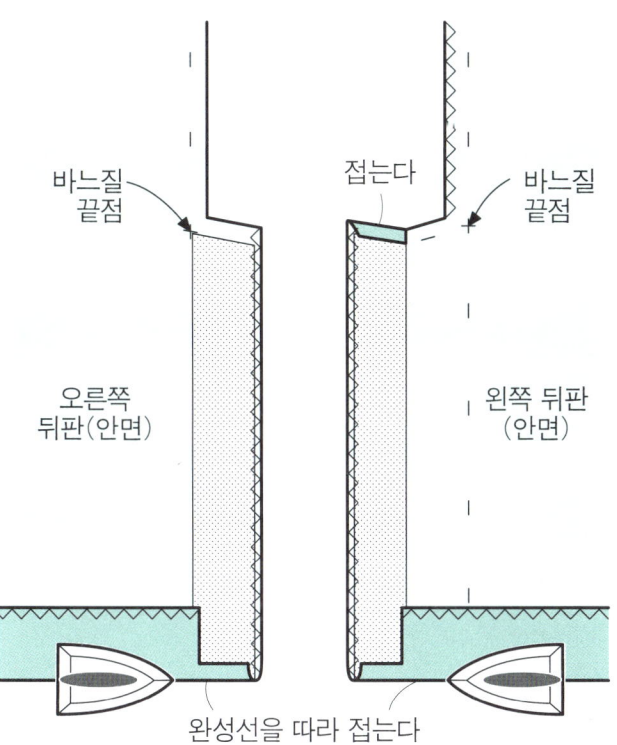

바느질 끝점

접는다

바느질 끝점

오른쪽 뒤판(안면)

왼쪽 뒤판 (안면)

완성선을 따라 접는다

5. 몸판 박기

5-① 뒤판을 겉면끼리 맞대어 뒤 중심을 바느질 끝점의 0.5cm 앞쪽까지 재봉틀로 박습니다.

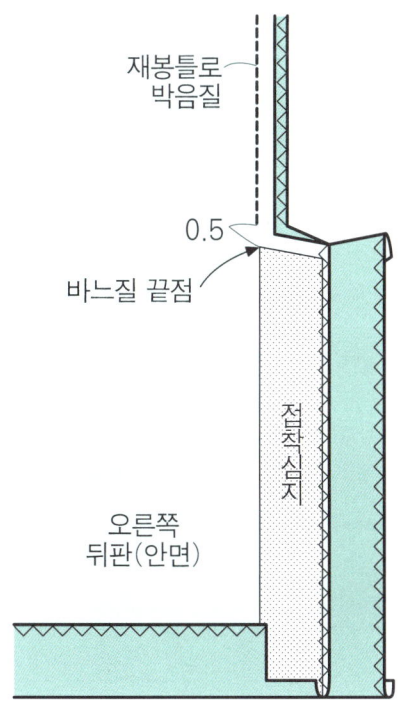

재봉틀로 박음질

0.5

바느질 끝점

접착심지

오른쪽 뒤판(안면)

5-② 박은 상태에서 봉제선을 다림질한 후 시접을 오른쪽 뒤판 쪽으로 접습니다. 안단을 완성선에 맞춰 접어서 다림질합니다.

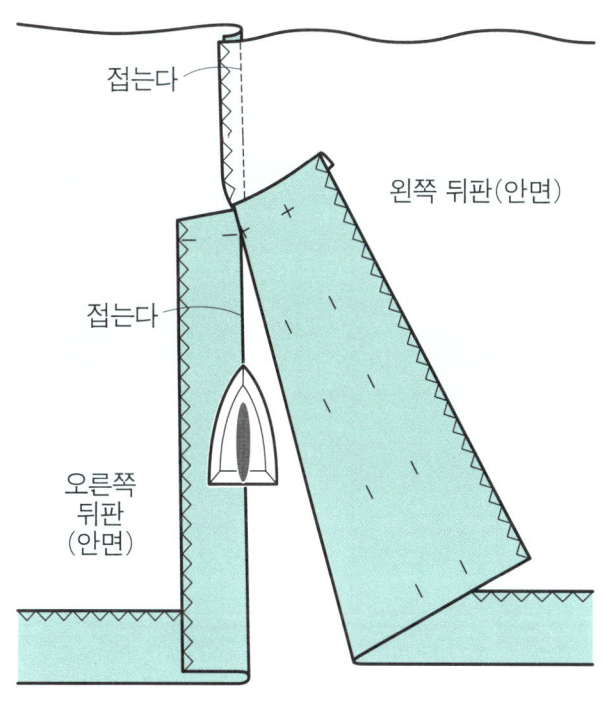

접는다

왼쪽 뒤판(안면)

접는다

오른쪽 뒤판 (안면)

6. 바느질 끝점에서 아래를 재봉틀로 박기

왼쪽 뒤판을 피해 오른쪽 뒤판의 바느질 끝점에서 아래를 겉면에서 재봉틀로 박습니다.

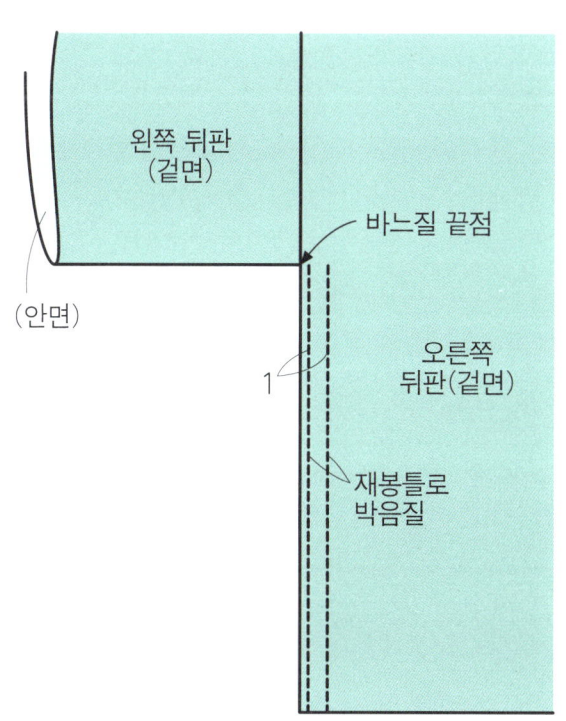

왼쪽 뒤판 (겉면)

바느질 끝점

(안면)

오른쪽 뒤판(겉면)

1

재봉틀로 박음질

7. 밑덧단 접기

안면으로 뒤집어 밑덧단을 완성선에 맞춰 다리미로 접습니다.

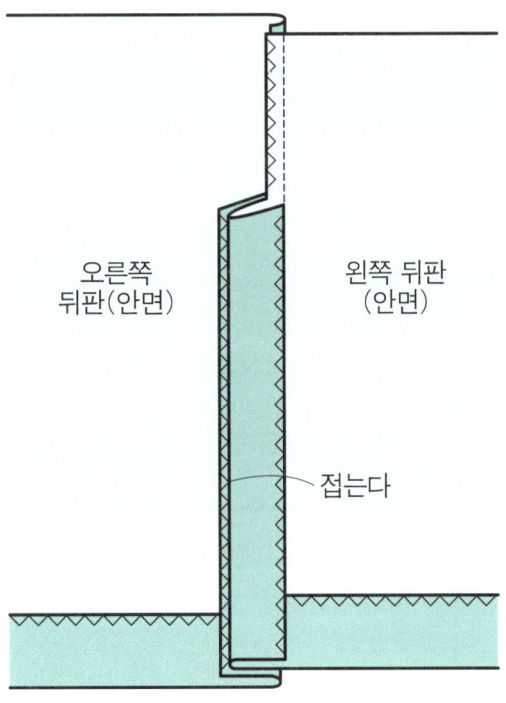

오른쪽
뒤판(안면)

왼쪽 뒤판
(안면)

접는다

8. 중심을 다림질하기

겉면에서 6의 과정에서 박은 봉제선에 이어서 재봉틀을 박습니다.
그림에 나타낸 차례로 안단과 밑덧단도 박아서 고정합니다.

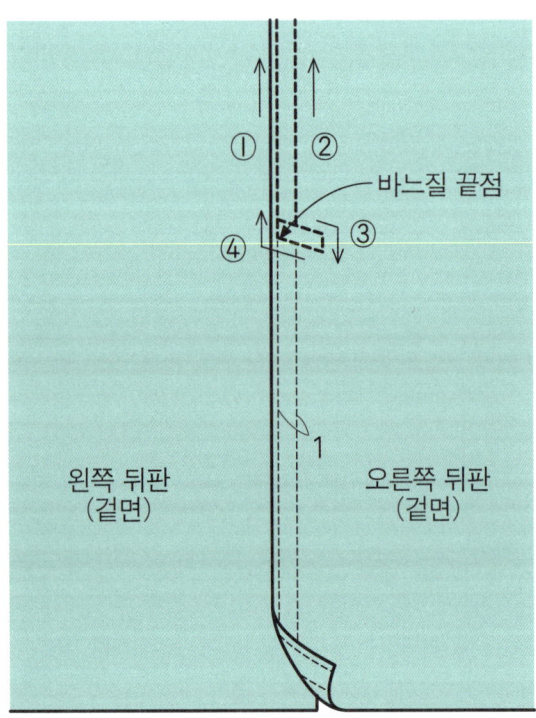

① ②

바느질 끝점

④ ③

1

왼쪽 뒤판
(겉면)

오른쪽 뒤판
(겉면)

9. 밑단 감치기

밑단을 감침질하고, 벤트 시접과 겹치는 부분은 말아감침(203쪽 참조)을
합니다.

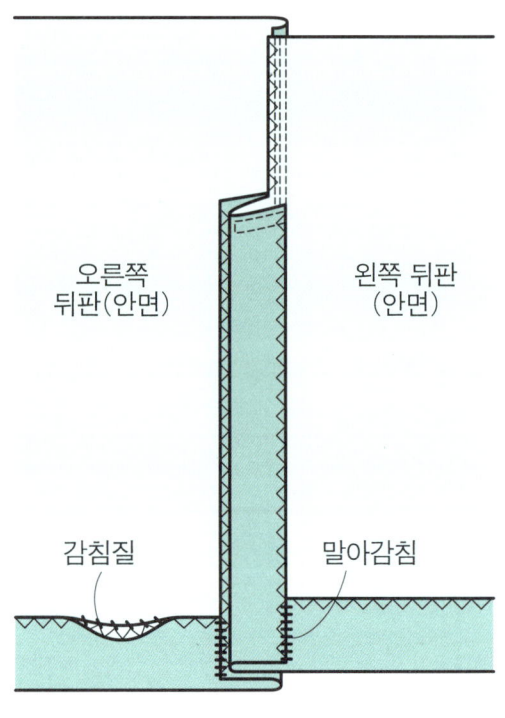

오른쪽
뒤판(안면)

왼쪽 뒤판
(안면)

감침질

말아감침

10. 밑덧단 감치기

밑덧단 부분은 속감침 하여 안단과 밑덧단이 벌어지지 않도록 합니다.

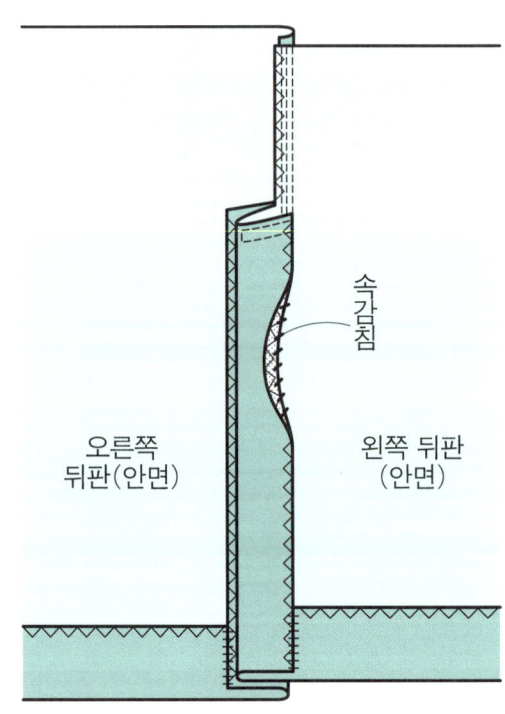

오른쪽
뒤판(안면)

왼쪽 뒤판
(안면)

속
감
침

벤트 트임(안감을 다는 경우)

1. 안단과 밑덧단을 붙여서 재단하기

1-① 안감을 다는 경우는 좌우 몸판 모두 마찬가지로 재단합니다. 한쪽이 안단, 다른 한쪽이 밑덧단이 됩니다.

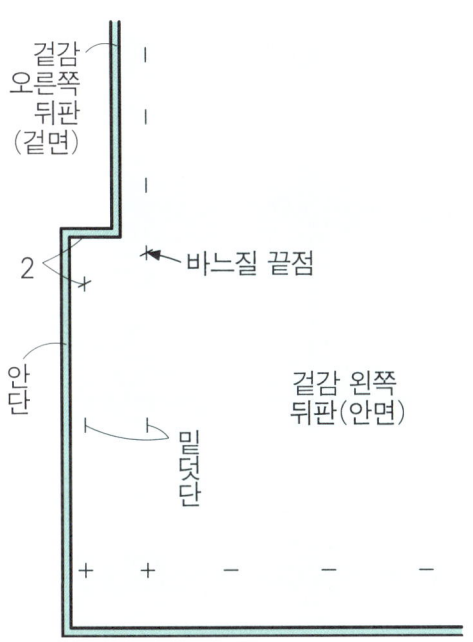

2. 몸판 박기

2-① 뒤판을 겉면끼리 맞대어 뒤 중심선을 바느질 끝점까지 박고, 그림과 같이 밑덧단 부분도 박습니다.

2-② 왼쪽 뒤 몸판의 시접에만 가위집을 넣습니다.

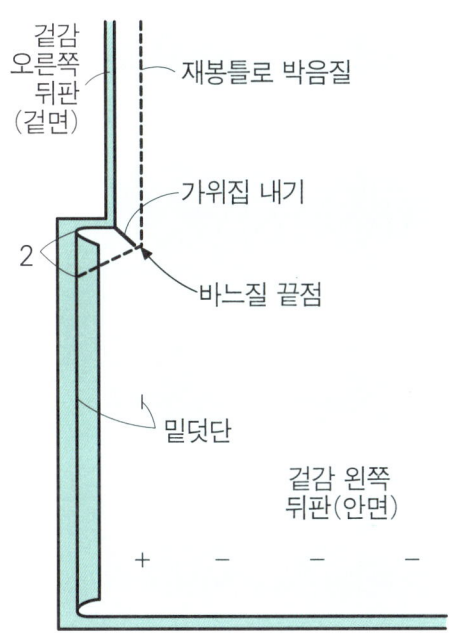

1-② 왼쪽 뒤 몸판의 밑덧단이 되는 쪽의 시접을 접습니다.

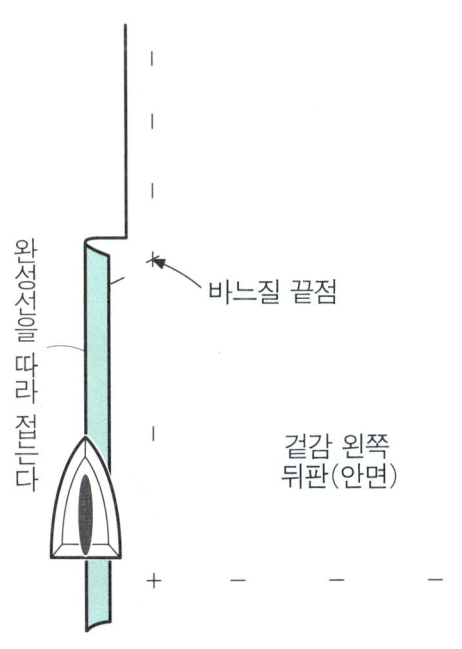

3. 벤트 접기

중심선 시접을 다리미로 가른 후 안단을 완성선에 맞춰 접고 밑덧단을 오른쪽 뒤 몸판 쪽으로 접습니다.

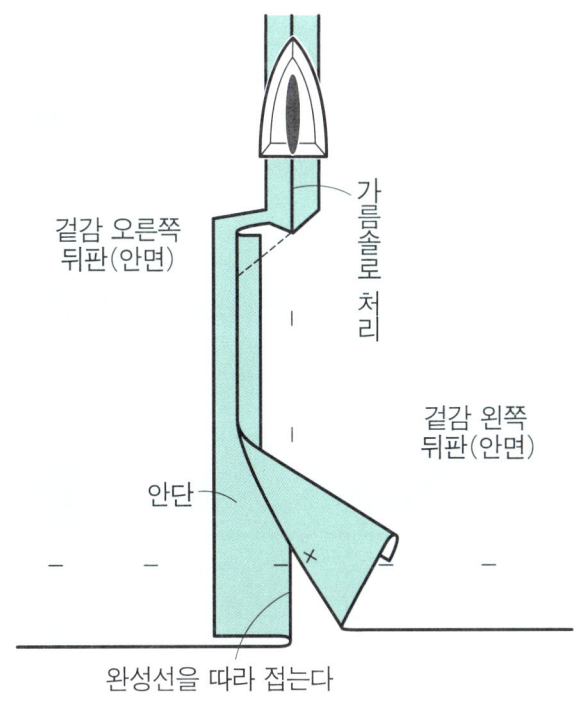

완성선을 따라 접는다

4. 밑단 감치기

4-① 밑단 시접을 완성선에 맞춰 접어서 감침질합니다.

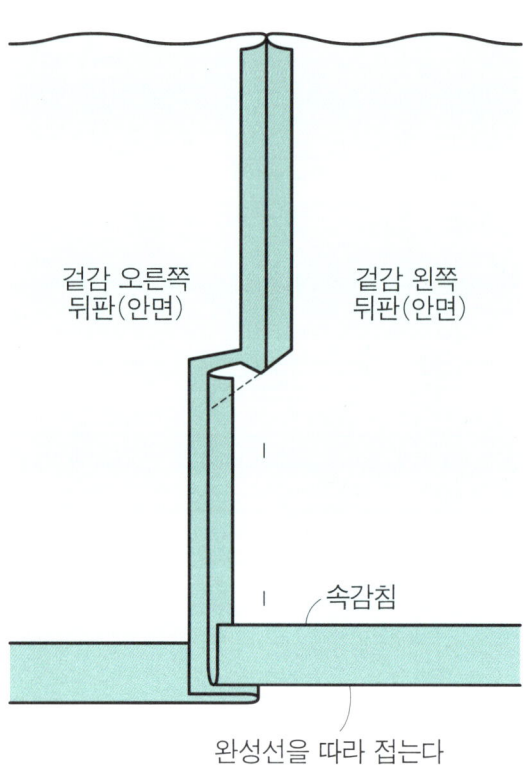

겉감 오른쪽
뒤판(안면)

겉감 왼쪽
뒤판(안면)

속감침

완성선을 따라 접는다

4-② 안단 시접은 새발뜨기(204쪽 참조)로 밑단 시접만큼만 고정하고, 밑덧
단은 그림과 같이 감침질합니다.

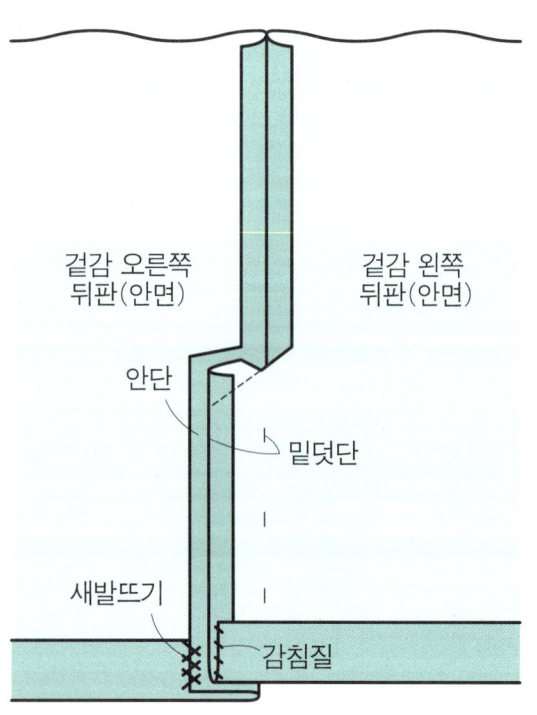

겉감 오른쪽
뒤판(안면)

겉감 왼쪽
뒤판(안면)

안단

밑덧단

새발뜨기

감침질

5. 안감 재단하기

안감을 그림과 같이 재단합니다.

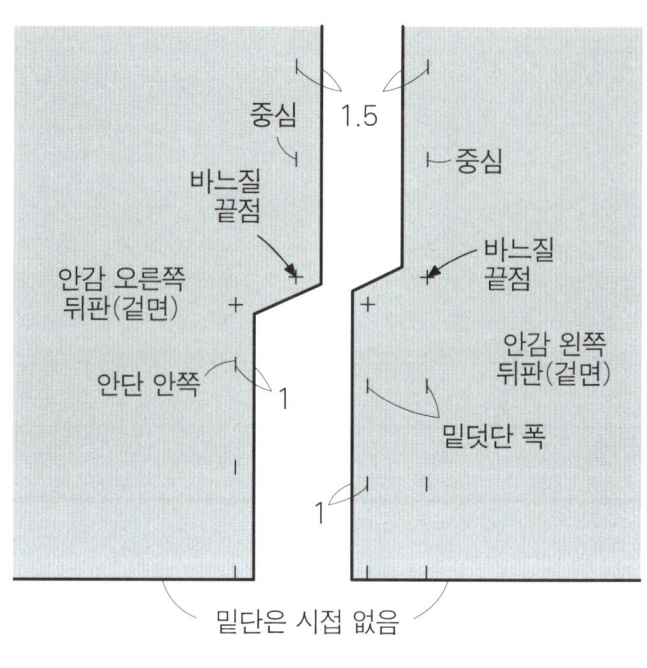

중심   1.5   중심

바느질
끝점

바느질
끝점

안감 오른쪽
뒤판(겉면)

안감 왼쪽
뒤판(겉면)

안단 안쪽   1

밑덧단 폭

1

밑단은 시접 없음

6. 안감 중심 박기

6-① 뒤 중심의 완성선을 시침실로 꿰맨 후 그 봉제선에서 0.5cm 시접 쪽
을 재봉틀로 박습니다. 활동량을 생각해서 뒤 중심에 여유분을 넣어
주세요. 실은 제거하지 않습니다.

6-② 안감 뒤쪽에 가위집을 넣습니다.

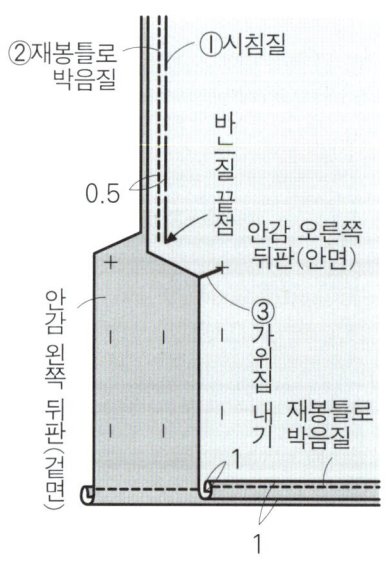

②재봉틀로
박음질

①시침질

바
느
질
끝
점

0.5

안감 오른쪽
뒤판(안면)

안
감
왼
쪽
뒤
판
(겉면)

③가위집

내
기

재봉틀로
박음질

1

7. 겉감 몸판에 안감 몸판을 박아 연결하기

7-① 겉감 몸판과 안감 몸판의 안면을 맞춰 놓고, 밑덧단 부분에 안감을 감쳐 붙입니다.

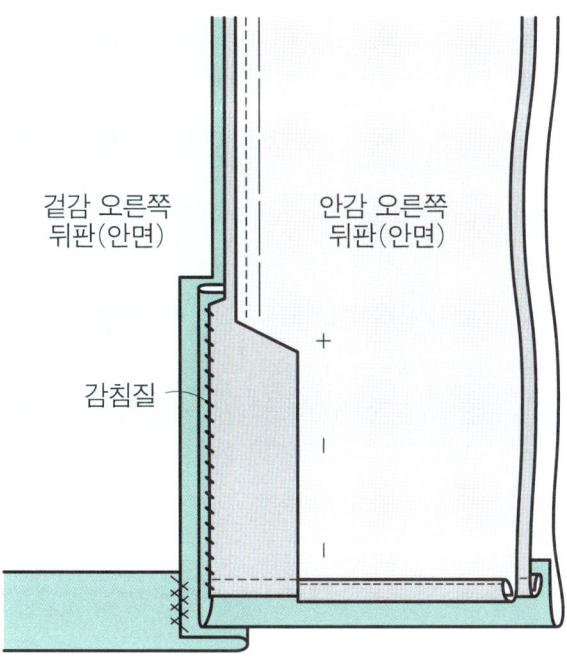

겉감 오른쪽 뒤판(안면)

안감 오른쪽 뒤판(안면)

감침질

7-② 안감 오른쪽 뒤 몸판의 시접을 완성선을 따라 다리미로 접습니다.

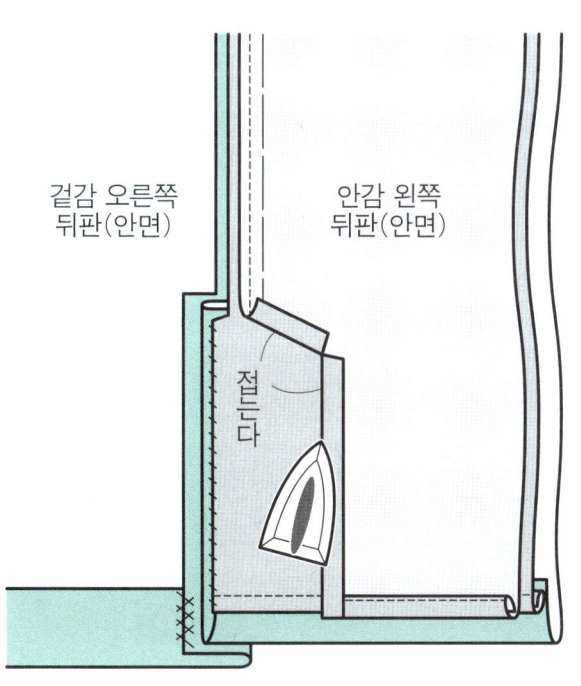

겉감 오른쪽 뒤판(안면)

안감 왼쪽 뒤판(안면)

접는다

7-③ 안감 오른쪽 뒤 몸판을 겉감 오른쪽 뒤 몸판 쪽으로 접어 안단에 촘 촘하게 감쳐줍니다.

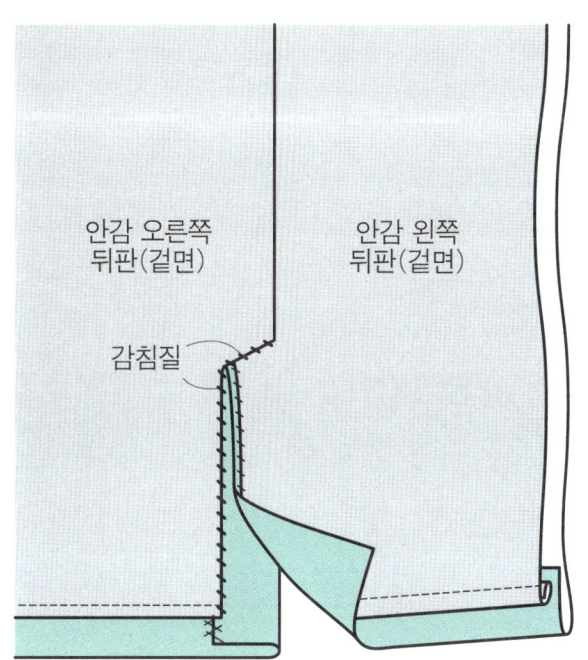

안감 오른쪽 뒤판(겉면)

안감 왼쪽 뒤판(겉면)

감침질

겉에서 본 모습

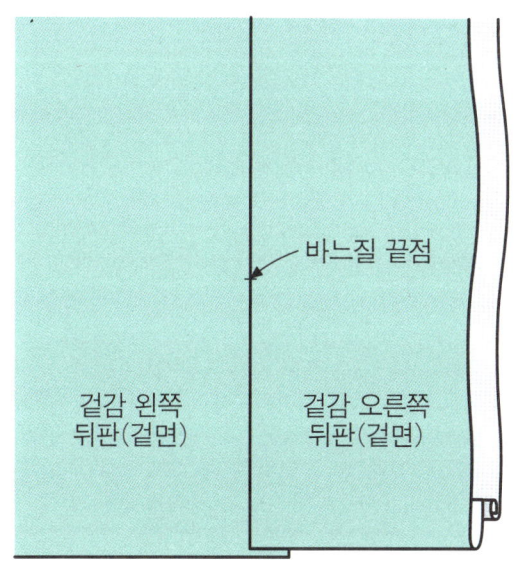

바느질 끝점

겉감 왼쪽 뒤판(겉면)

겉감 오른쪽 뒤판(겉면)

프렌치 슬리브

소매달선이 없고 몸판 어깨 끝에서 이어서 나온 소매입니다. 일반적으로 길이가 짧은 것을 이렇게 부릅니다. 중간 두께의 원단까지에 적합하며 소매 아래의 곡선이 심하므로 꿰맬 때는 주의하세요.

1. 몸판 재단하기

소맷부리에 그림과 같이 시접을 주어 재단합니다.

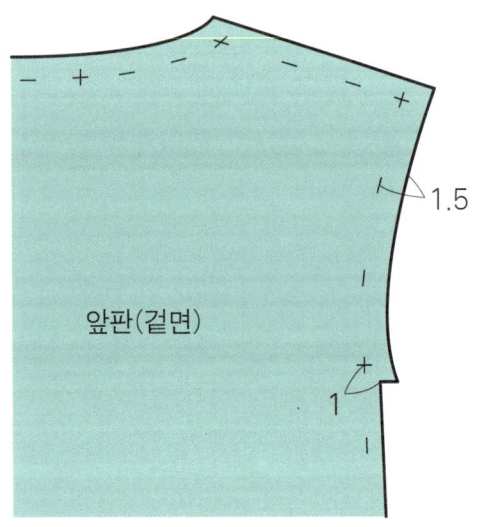

2. 시접 처리하기

어깨선 시접과 옆솔기선 시접을 오버로크 박음질 또는 지그재그 박음질하여 처리합니다.

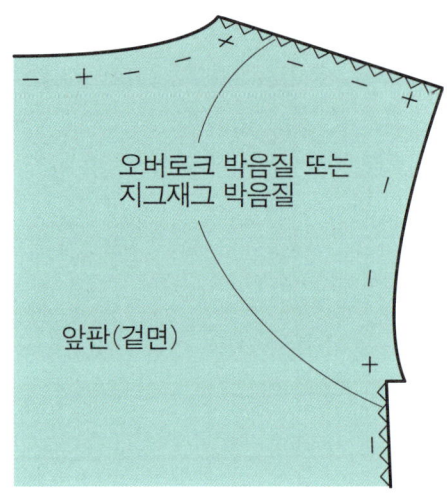

3. 어깨선 박기

뒤 몸판과 앞 몸판을 겉면끼리 맞대어 어깨선을 재봉틀로 박습니다.

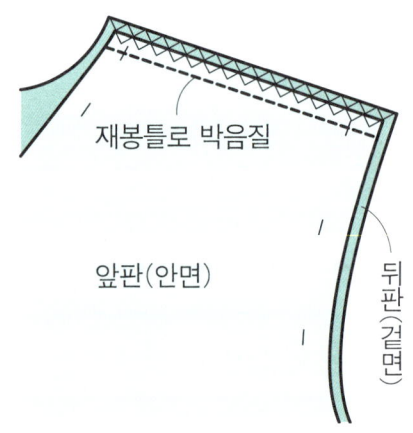

4. 시접 가르기

어깨선 시접을 다리미로 가름솔 처리합니다.

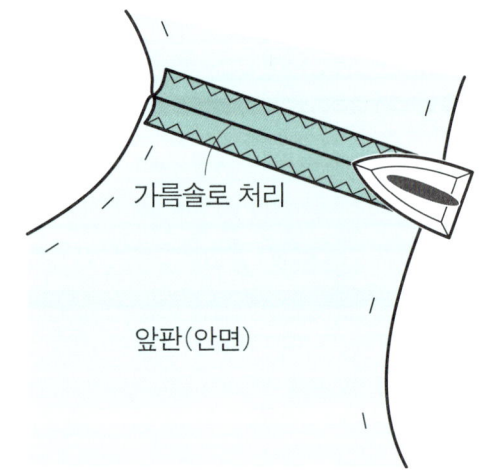

5. 소맷부리 접기

시접을 0.5cm 폭으로 안면으로 접습니다.

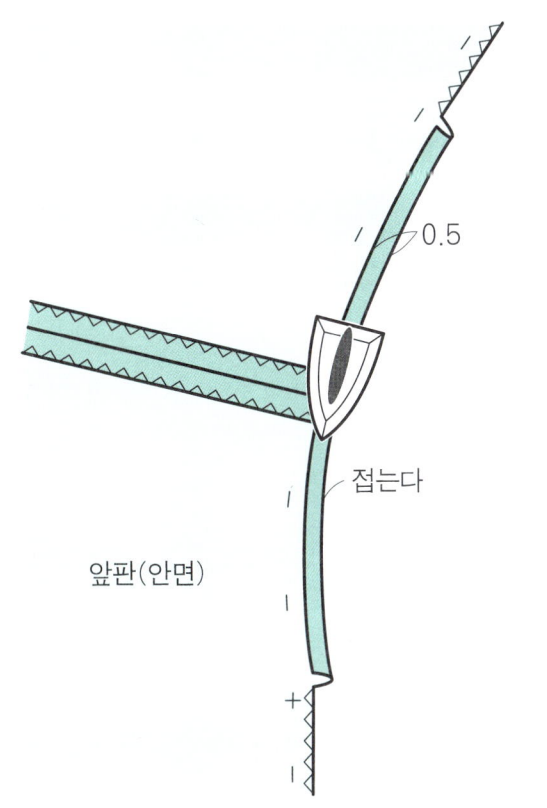

0.5

접는다

앞판(안면)

6. 소맷부리를 완성선에 맞춰 접기

시접을 완성선에 맞춰 다리미로 접습니다.

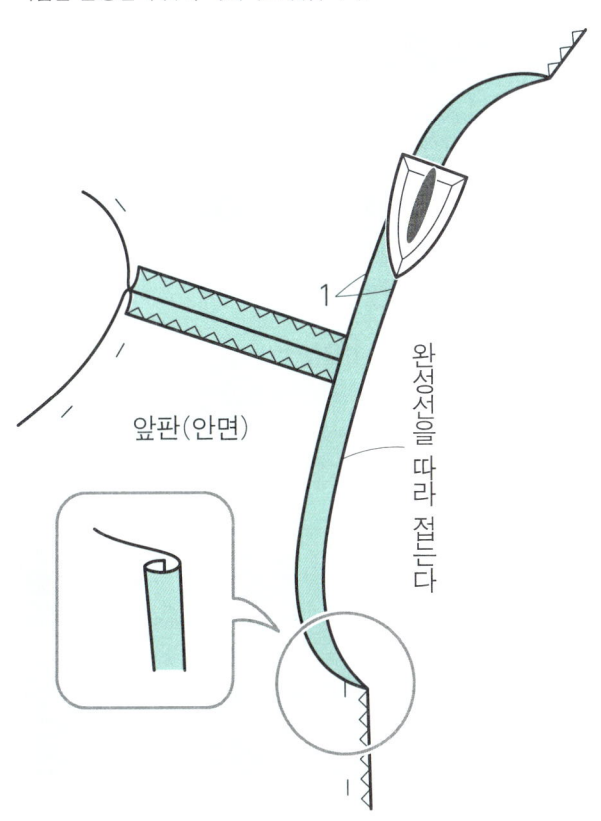

1

앞판(안면)

완성선을 따라 접는다

7. 옆선 박기

7-① 소맷부리의 시접을 원래 상태로 합니다.

7-② 뒤 몸판과 앞 몸판을 겉면끼리 맞대어 옆솔기선을 재봉틀로 박습니다.

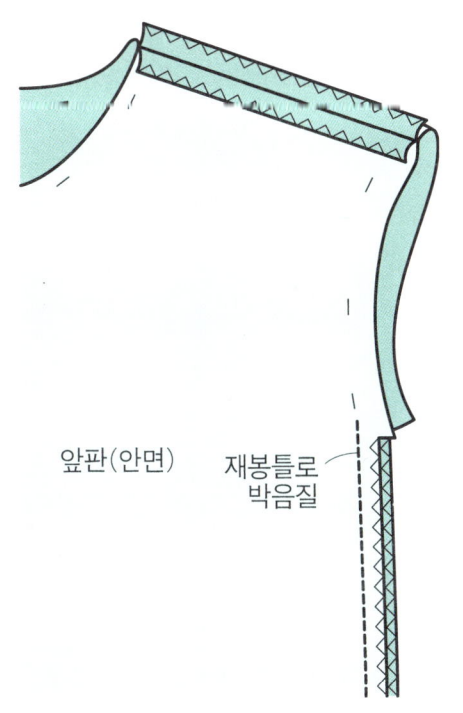

앞판(안면)

재봉틀로 박음질

8. 소맷부리를 재봉틀로 박기

8-① 옆선 시접을 다리미로 가름솔 처리합니다.

8-② 접어서 생긴 선을 따라 소맷부리 시접을 접습니다.

8-③ 소맷부리의 시접 가장자리를 겉면에서 재봉틀로 박습니다.

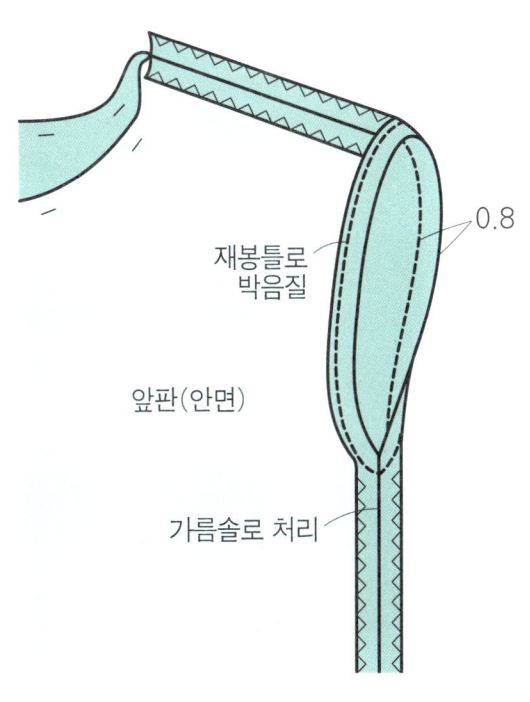

0.8

재봉틀로 박음질

앞판(안면)

가름솔로 처리

셔츠 슬리브

소매산이 낮고 진동둘레도 낙낙한 소매입니다. 소매달선이 어깨보다 내려와 있는 것도 포인트입니다. 활동적인 소매이므로 캐주얼한 옷에 폭넓게 이용됩니다. 만드는 방법도 비교적 간단합니다.

1. 소매 재단하기

소맷부리의 시접을 소맷부리 치수 그대로 재단하게 되면 꺾었을 때 치수가 부족하게 되므로 재단할 때 주의합니다.(116쪽 참조)

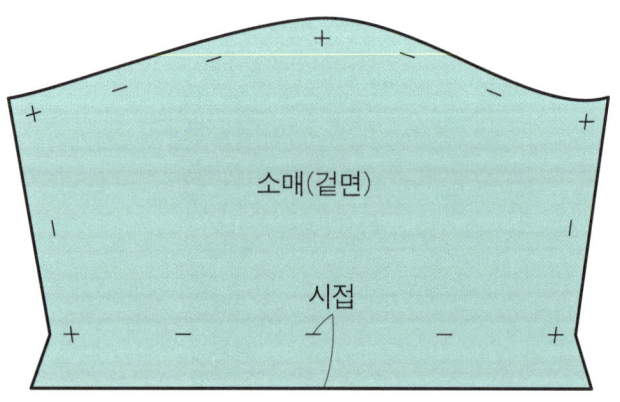

2. 소매 아래와 소맷부리의 시접 처리하기

소매 아래와 소맷부리의 시접에 오버로크 박음질 또는 지그재그 박음질을 하여 처리합니다.

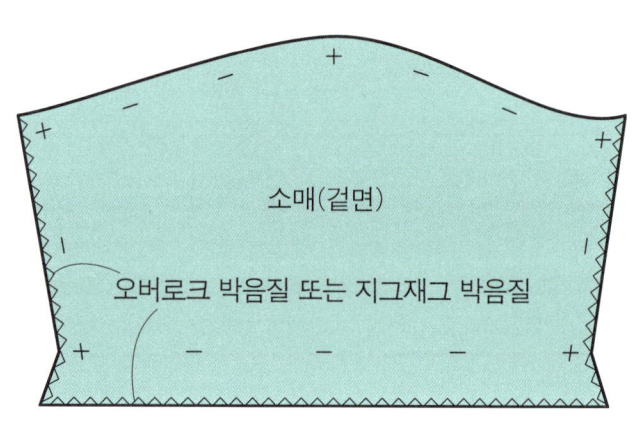

3. 소매산 박기

3-① 몸판의 어깨선을 박습니다.
3-② 시접을 다리미로 갈라둡니다.
3-③ 몸판의 진동둘레와 소매를 겉면끼리 맞대어 재봉틀로 박습니다.

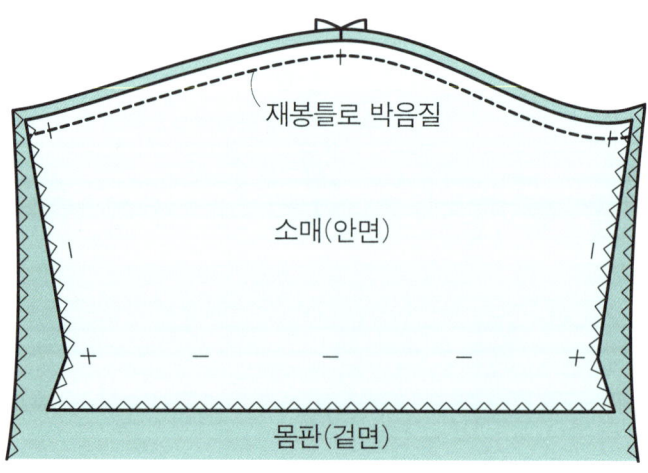

4. 소매산 시접 처리하기

4-① 소매산 시접을 2장 함께 오버로크 박음질 또는 지그재그 박음질 하여 처리합니다.

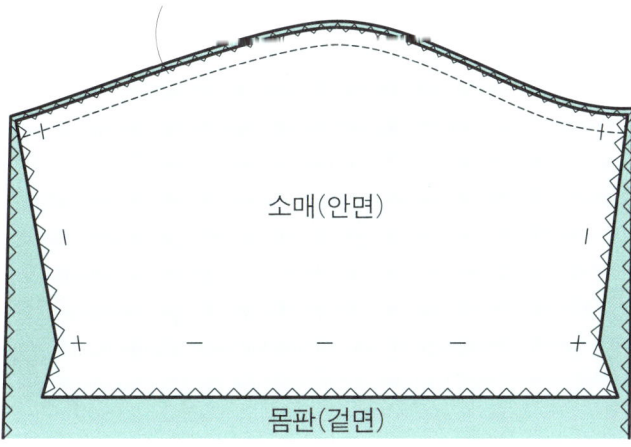

2장 함께 오버로크 박음질 또는 지그재그 박음질

소매(안면)

몸판(겉면)

4-② 시접을 다리미로 몸판 쪽으로 접습니다.

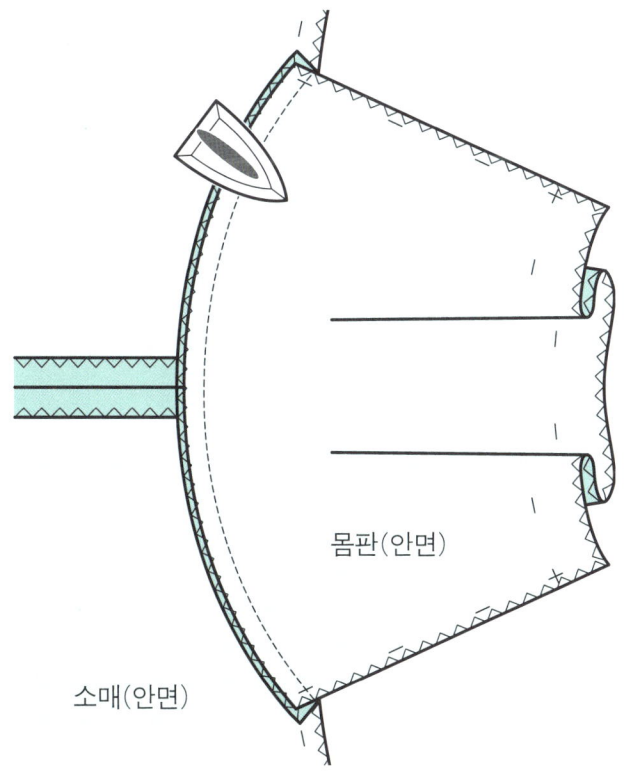

몸판(안면)

소매(안면)

5. 소매 아래에서 옆솔기선을 박기

5-① 소매 겉면끼리, 몸판 겉면끼리 맞대어 몸판 옆솔기선에서부터 소매 아래까지를 이어서 박습니다.

5-② 시접을 다리미로 가름솔 처리합니다.

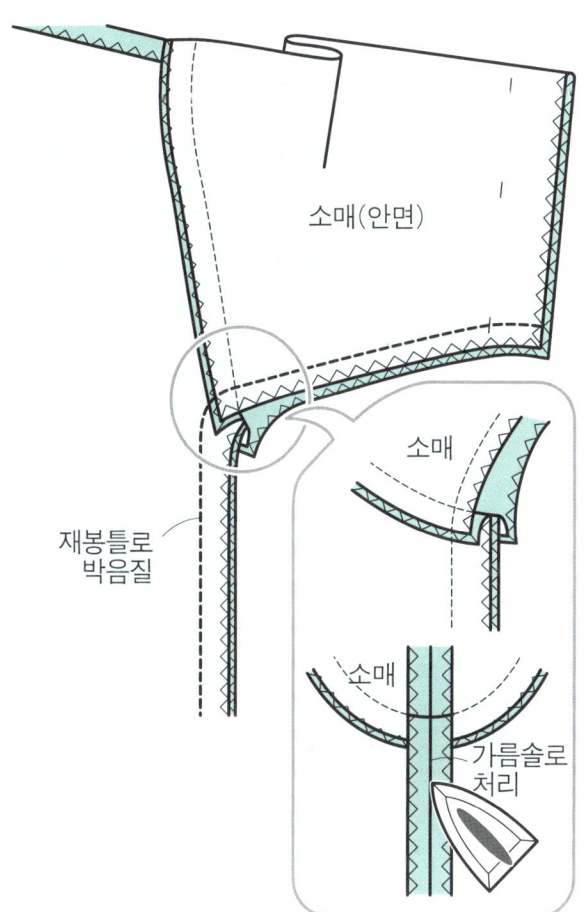

소매(안면)

재봉틀로 박음질

소매

소매

가름솔로 처리

6. 소맷부리 박기

6-① 완성선을 따라 다리미로 시접을 안면으로 접습니다.

6-② 촘촘하게 시접을 감침질합니다.

소매(안면)

감침질

개더 슬리브

소매산에 개더를 잡아 봉긋하게 볼륨을 준 소매입니다. 여성스러운 블라우스나 원피스에 이용됩니다. 또한, 반소매에서 소매산과 소맷부리에 개더를 잡은 소매를 가리켜 '하프 슬리브'라고도 하며, 아이 옷에서 많이 볼 수 있습니다. 그 경우도 만드는 방법은 같습니다.

1. 소매를 재단하여 소매 아래 시접을 처리하기

1-① 소매를 재단하여 소매 아래에서 개더 끝점까지의 치수를 잰 후 맞춤
     표시를 해둡니다.
1-② 소매 아래 시접을 오버로크 박음질 또는 지그재그 박음질 합니다.

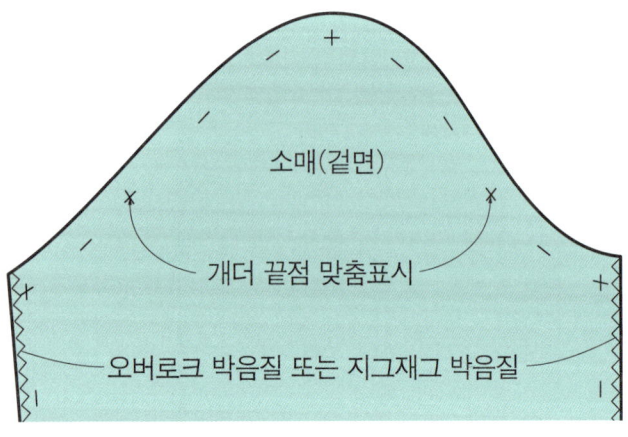

2. 소매산에 홈질하기

소매산 시접을 맞춤표시에서 맞춤표시까지 시침실 2가닥을 사용해 두 줄로 홈질(2가닥)합니다.

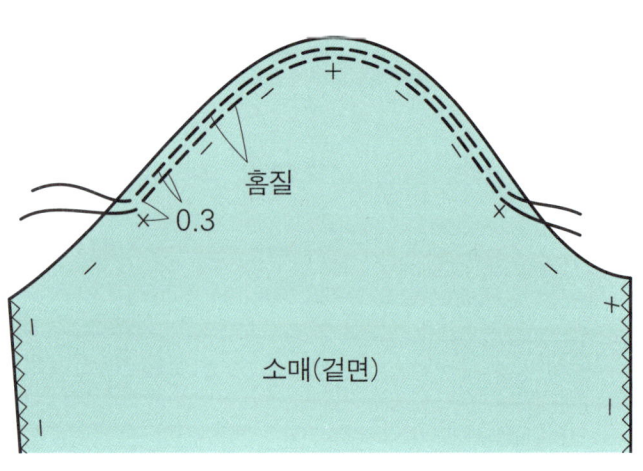

3. 소매 아래 박기

소매를 겉면끼리 맞대어 소매 아래를 박습니다.

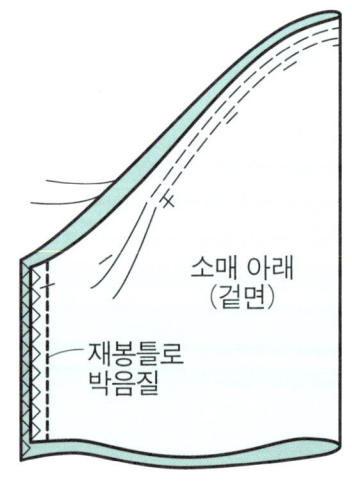

4. 소매 아래 시접 가르기

4-① 3의 봉제선을 다림질합니다.
4-② 시접을 다리미로 가름솔 처리합니다. 소매용 다리미판을 소매 안에
　　집어넣으면 편리합니다.

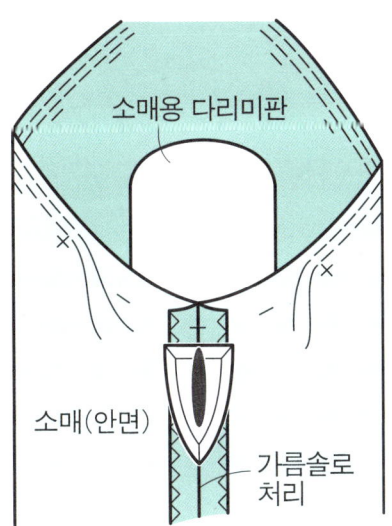

소매용 다리미판

소매(안면)

가름솔로
처리

5. 소매산 줄이기

5-① 소매를 달 치수까지 홈질한 실을 당겨 소매산을 줄입니다.

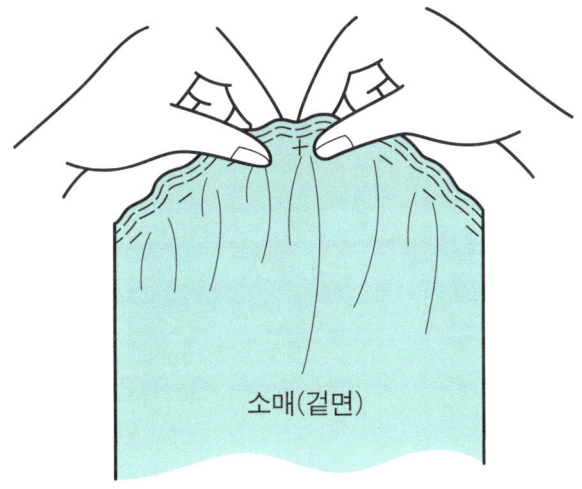

소매(겉면)

5-② 소매산 시접을 다리미
끝을 사용해 다린 후 개더를
안정시켜줍니다.

소매(겉면)

6. 소매 달기

6-① 소매와 몸판을 겉면끼리 맞대어 소매를 몸판 안에 넣고 소매와 몸판
　　의 맞춤표시를 맞춰 재봉틀로 박습니다. 겨드랑이는 2회 박습니다.
6-② 시접은 2장 함께 오버로크 박음질 또는 지그재그 박음질을 하여
　　처리합니다.

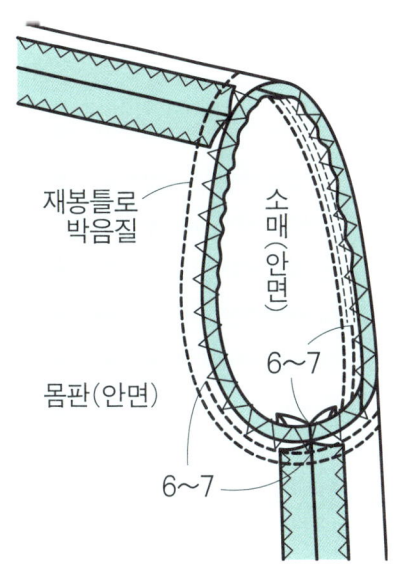

재봉틀로
박음질

소매
(안면)

몸판(안면)

6~7

6~7

6-③ 소매 시접은 소매 쪽으로 접습니다. 소매산의 볼륨을 억제하고자 할
　　때는 몸판 쪽으로 접습니다.

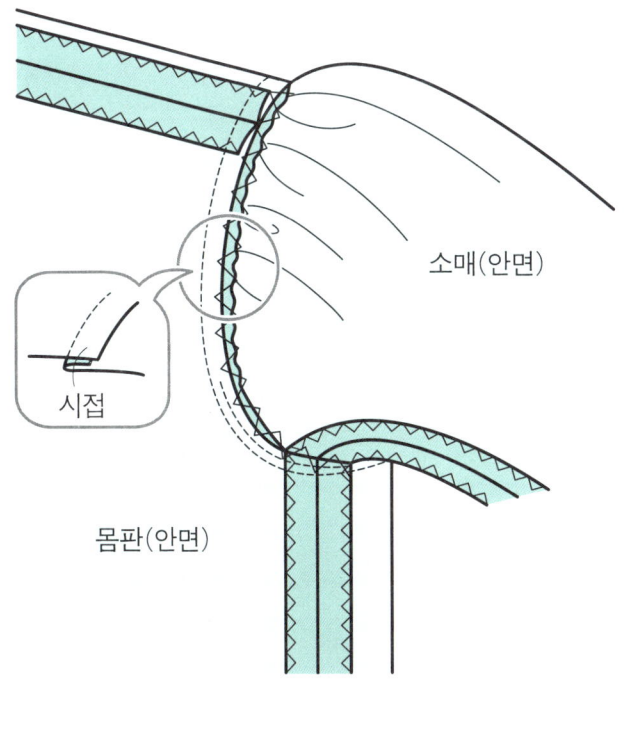

소매(안면)

시접

몸판(안면)

턱 슬리브

소매산에 턱을 잡아준 소매입니다. 개더 슬리브와 같이 풍성한 볼륨은 없고 진동둘레 라인이 직선적입니다. 턱을 넣을 위치와 분량, 원단 두께에 따라 이미지가 달라집니다.

1. 소매를 재단하여 소매 아래 시접을 처리하기

1-① 소매를 재단하여 소매 아래에서 개더 끝점까지의 치수를 잰 후 맞춤 표시를 해둡니다.

1-② 소매 아래 시접을 오버로크 박음질 또는 지그재그 박음질 합니다.

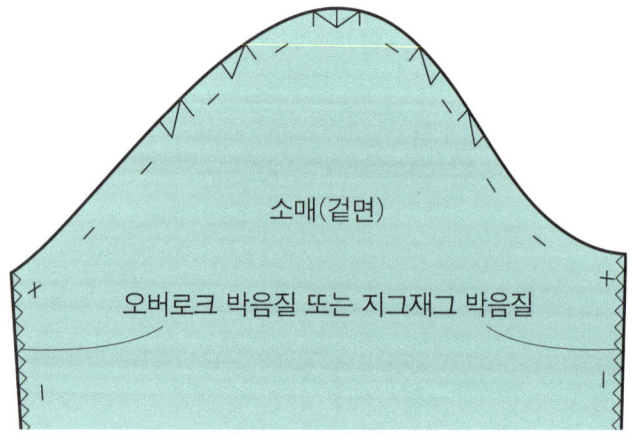

소매(겉면)

오버로크 박음질 또는 지그재그 박음질

2. 소매산의 모양 잡기

2-① 턱을 표시대로 접습니다.
2-② 시접을 시침질해서 고정합니다.

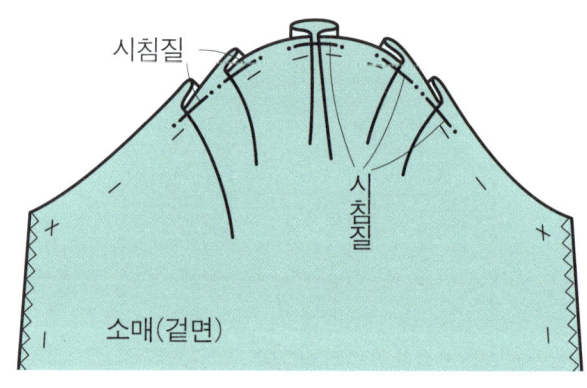

시침질

시침질

소매(겉면)

2-③ 소매산 시접을 두 줄로 홈질(201쪽 참조)합니다.

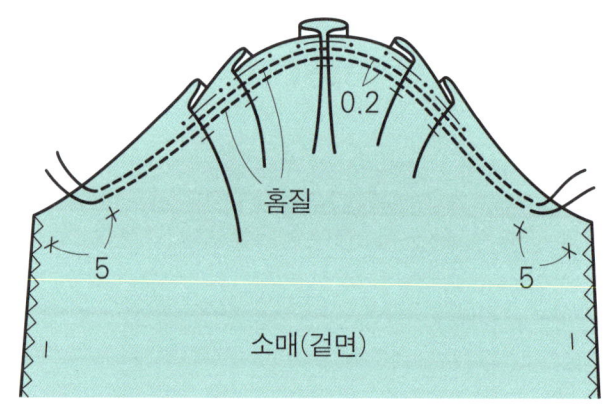

0.2

홈질

5

5

소매(겉면)

3. 소매 아래 박기

소매를 겉면끼리 맞대어 소매 아래를 재봉틀로 박습니다.

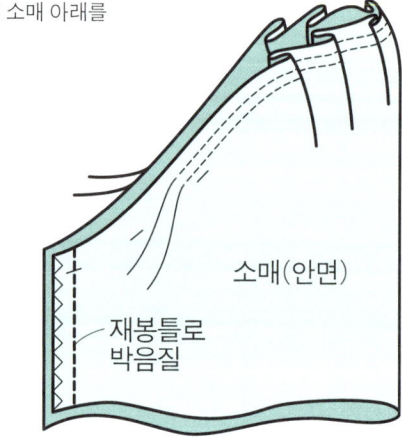

소매(안면)

재봉틀로 박음질

4. 소매 아래 시접 가르기

4-① 3의 봉제선을 다림질합니다.

4-② 시접을 다리미로 가름솔 처리합니다. 소매용 다리미판을 소매 안에 집어넣으면 편리합니다.

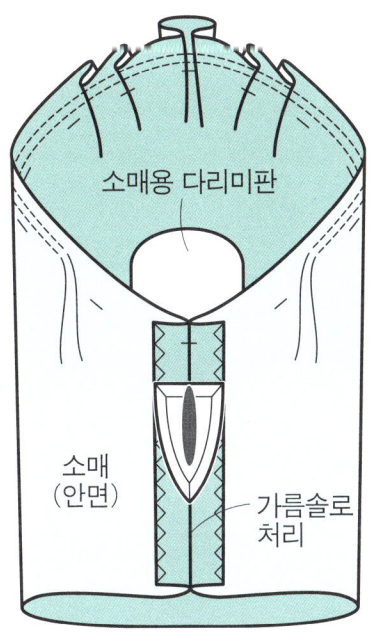

소매용 다리미판

소매
(안면)

가름솔로
처리

5. 소매산의 모양 잡기

홈질한 실을 잡아당겨 소매를 달 치수에 맞게 줄입니다.

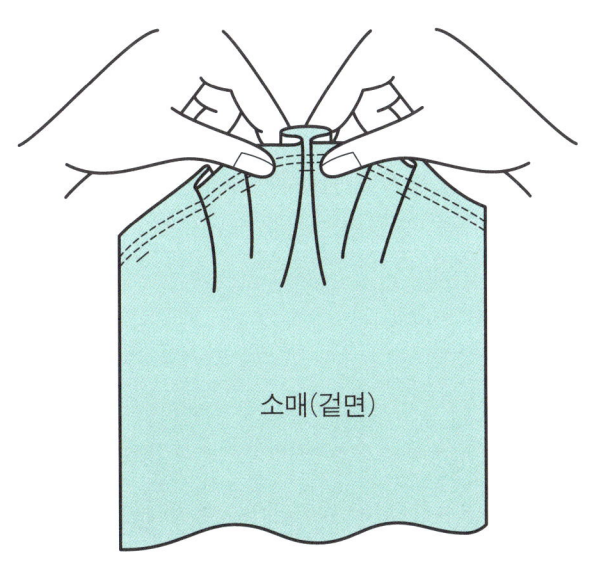

소매(겉면)

6. 소매 달기

6-① 몸판과 소매를 겉면끼리 맞추면서 소매를 몸판 안에 넣어 시침질 합니다.

6-② 시침질이 끝나면 겉으로 뒤집어 소매가 깔끔하게 붙었는지 확인 합니다.

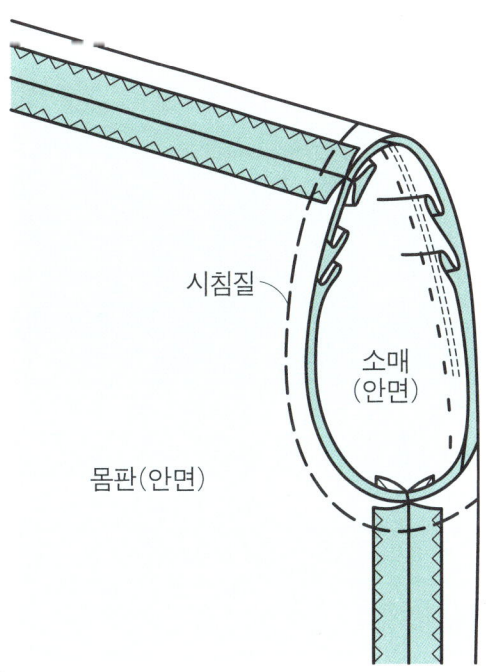

시침질

소매
(안면)

몸판(안면)

6-③ 시침한 선을 따라 재봉틀을 박습니다. 겨드랑이는 2회 박습니다.

6-④ 시접은 2장 함께 오버로크 박음질 또는 지그재그 박음질을 하여 처리합니다.

6-⑤ 시접은 소매 쪽으로 접습니다.

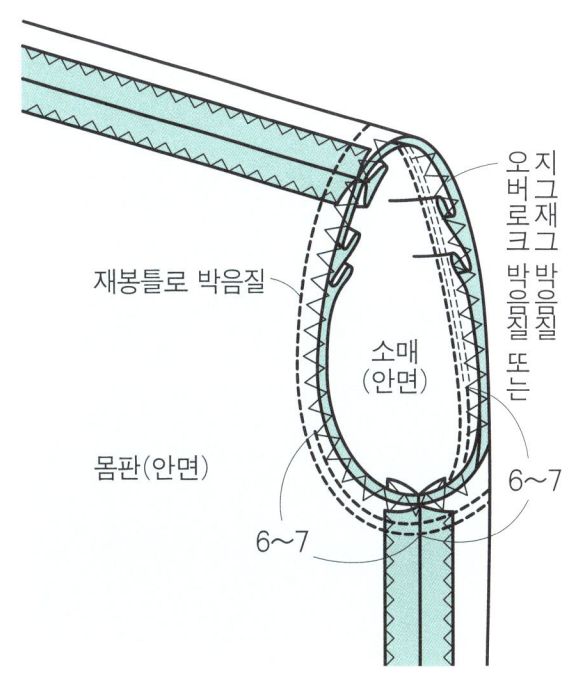

재봉틀로 박음질

지그재그 박음질 또는 오버로크 박음질

소매
(안면)

몸판(안면)

6~7

6~7

세트인 슬리브

가장 일반적인 소매로, 소매를 만들 때의 기본형입니다. 블라우스에서 재킷, 코트에 이르기까지 다양한 옷에 이용됩니다. 이 소매가 기본이 되어 다양한 소매로 응용되고 있습니다.

1. 소매 재단하기

소매 중앙에 올 방향을 맞춰 재단합니다.

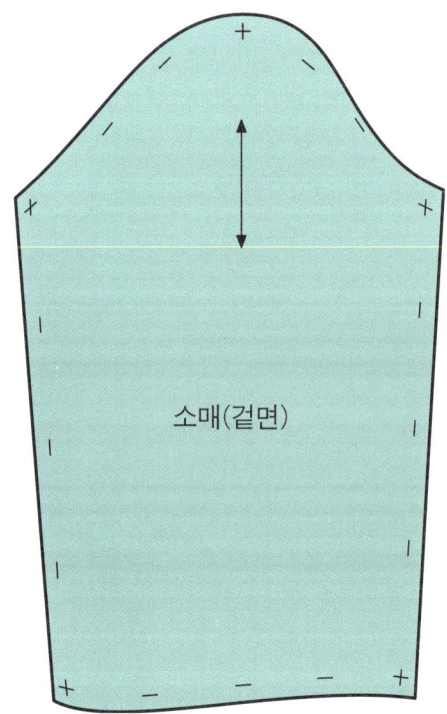

2. 소매 박기

2-① 소매산을 제외하고 오버로크 박음질 또는 지그재그 박음질을 하여 시접을 처리합니다.

2-② 소매산에 시침실 2가닥을 사용해 두 줄로 홈질(201쪽 참조)합니다.

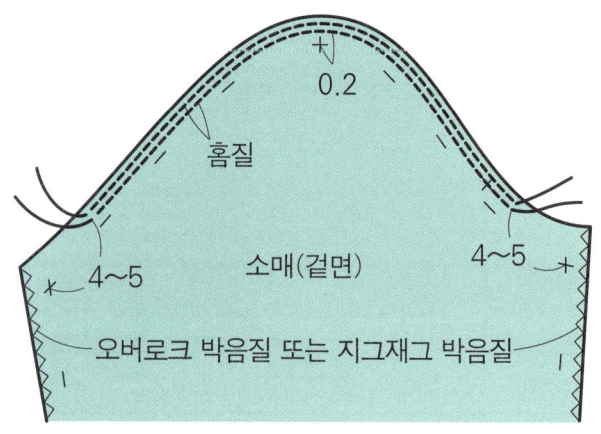

2-③ 소매를 겉면끼리 맞대어 소매 아래를 재봉틀로 박습니다.

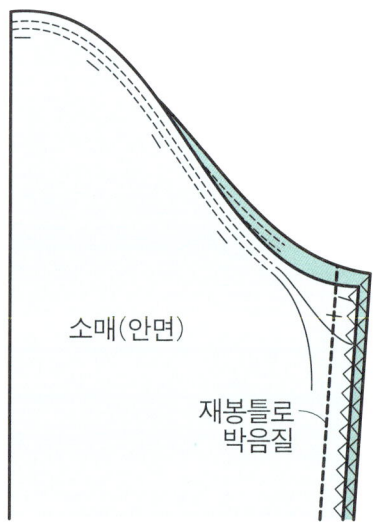

2-④ 2-③의 봉제선을 다림질합니다.

2-⑤ 시접을 다리미로 가름솔 처리합니다. 소매용 다리미판을 소매 안에 집어넣으면 편리합니다.

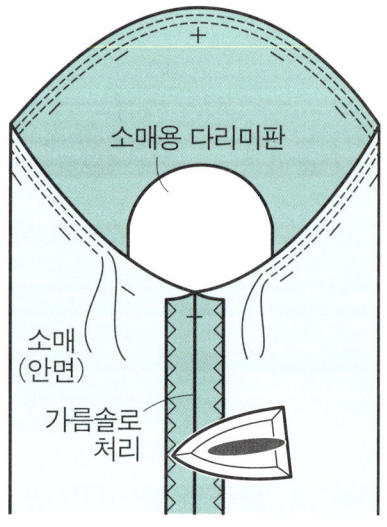

3. 소매산의 모양 잡기

3-① 홈질한 실을 당기면서 소매산 모양을 만들어 갑니다. 그림과 같이 소매를 잡고 작업하면 쉽습니다. 소매를 달 치수까지 줄여주세요.

3-② 소매 안에 소매용 다리미판을 집어넣습니다.

3-③ 소매산 시접의 물결치는 부분을 다리미로 눌러줍니다. 그러면 소매산에 자연스러운 모양이 나타납니다. 이 작업을 '홈질줄임'이라고 합니다.

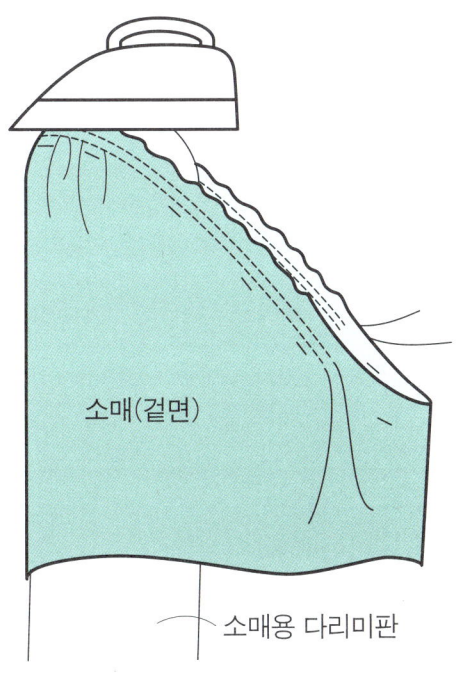

4. 소매 박기

4-① 몸판과 소매를 겉면끼리 맞대어 몸판 안에 소매를 넣고 소매 쪽에서 시침핀을 꽂아 고정합니다.

4-② 손가락으로 홈질줄임 분량을 배분하면서 소매 쪽에서 시침질합니다.

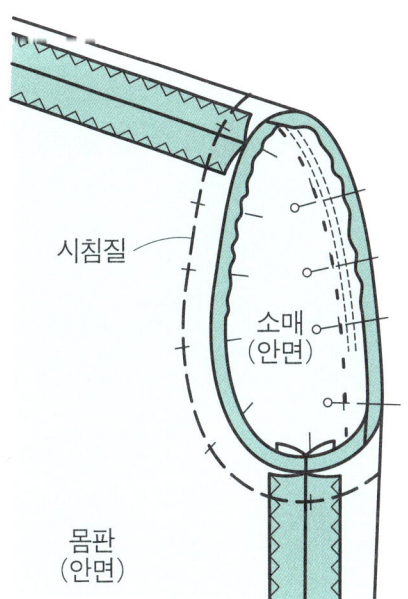

4-③ 시침한 선을 따라 소매 쪽에서 재봉틀을 박습니다. 재봉틀을 박을 때는 소매 아래 봉제선의 5~6cm 앞에서 시작하고, 겨드랑이는 2회 재봉틀로 박아주세요.

4-④ 시접을 오버로크 박음질 또는 지그재그 박음질 하여 처리합니다.

4-⑤ 시접은 소매 쪽으로 눕힙니다.

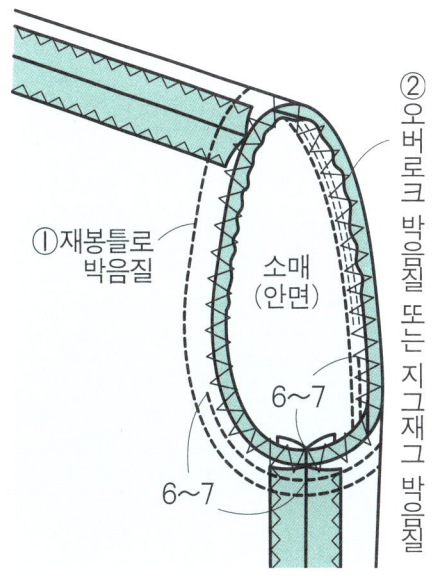

한 장 반 소매

뒤판 쪽 소맷부리에 다트를 잡아 팔 형태에 맞춘 소매입니다. 다트 선 위에 비교적 손쉽게 장식 트임을 할 수 있습니다. 여기서는 안감이 달린 옷 만드는 방법을 소개합니다.

1. 소매 재단하기

소매를 재단합니다. 소맷부리의 시접을 완성선에 맞춰 접은 후 소매 아래를 재단하면 소맷부리 시접 치수가 부족하지 않게 됩니다.

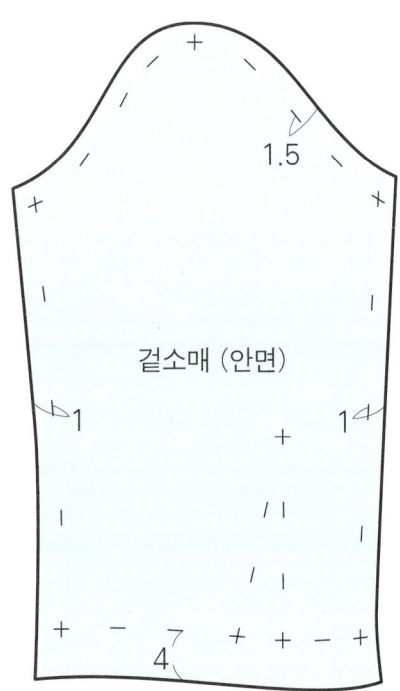

2. 안소매 재단하기

안소매를 재단합니다. 그림과 같이 시접을 주어 재단합니다.

3. 소맷부리에 접착심지 붙이기

겉소매의 소맷부리 시접 안면에 다트 위치를 제외하고 다리미로 접착심지를 붙입니다.

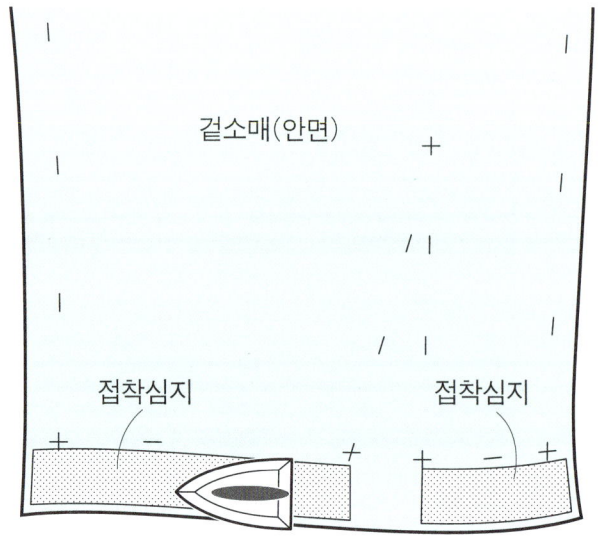

✽ 재봉틀로 박을 때는 바느질 시작과 끝을 되돌아박기 합니다.

4. 소매 아래 박기

4-① 겉소매를 겉면끼리 맞대어 소매 아래를 재봉틀로 박습니다.

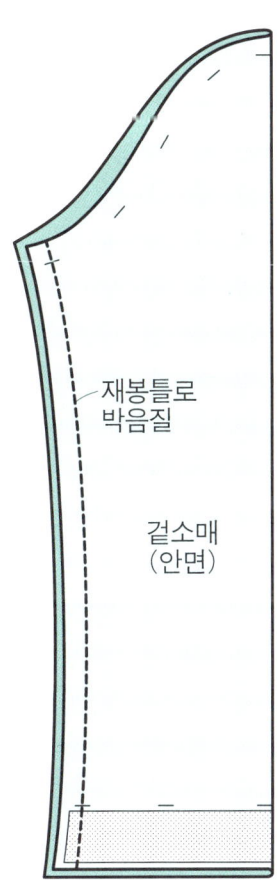

재봉틀로
박음질

겉소매
(안면)

4-② 4-①의 상태에서 봉제선을 다림질합니다.
4-③ 시접을 다리미로 가름솔 처리합니다.

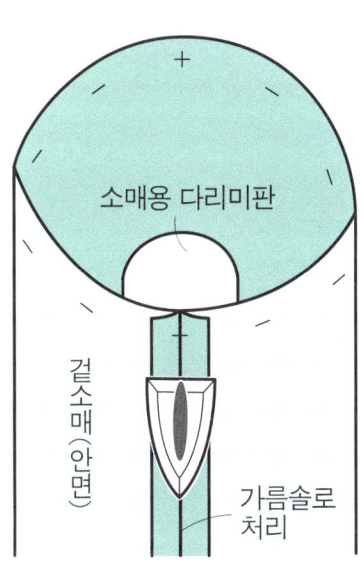

소매용 다리미판

겉소매
(안면)

가름솔로
처리

5. 소맷부리 만들기

5-① 소맷부리를 완성선에 맞춰 안면으로 접습니다.
5-② 소맷부리를 감침질합니다. 감침질은 보통감침을 이용합니다.

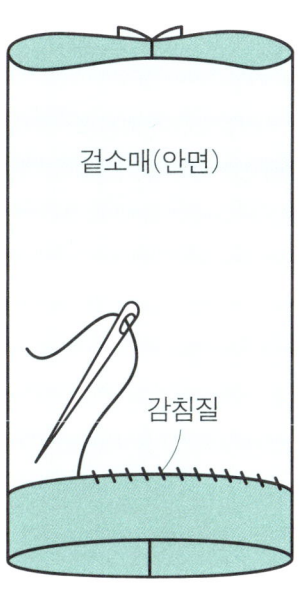

겉소매(안면)

감침질

6. 다트 박기

6-① 다트를 표시에 맞춰 시침핀으로 고정합니다.
6-② 소맷부리에서 장식 트임 끝점 위치까지는 표시에서 1.2cm 다트 안에 들어간 위치를, 그보다 앞부분은 표시 위치 그대로 박습니다.

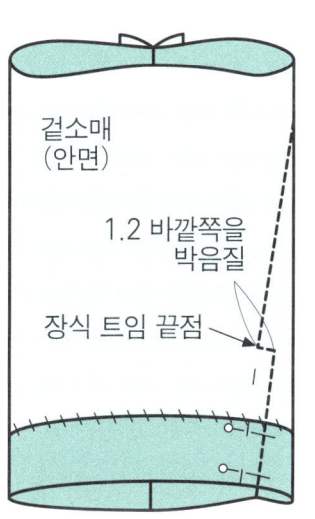

겉소매
(안면)

1.2 바깥쪽을
박음질

장식 트임 끝점

6-③ 소맷부리 다트를 소매 중심 쪽으로 다리미를 사용해 완성선대로 접습니다.
6-④ 소맷부리 시접 부분만 다트를 감침질합니다.

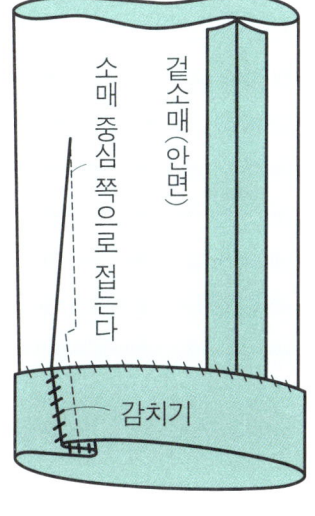

겉소매
(안면)

소매 중심 쪽으로 접는다

감치기

7. 소매 안감 재단하기

7-① 소매 안감은 완성선에서 0.2cm 시접 쪽
　　을 박습니다.

7-② 완성선을 따라 다리미로 소매 아래
　　는 소매 앞판 쪽으로, 다트는 소
　　매 옆선 쪽으로 접습니다.

7-③ 소매산도 그림과 같이 접어둡
　　니다.

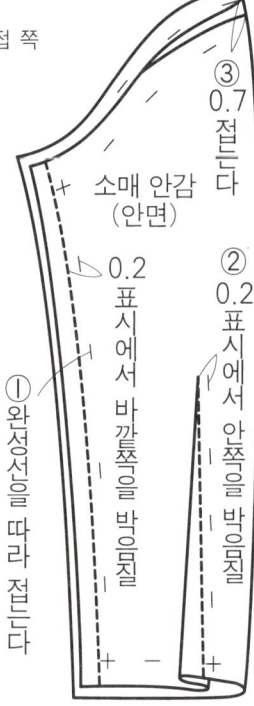

③
0.7
접
는
다

소매 안감
(안면)

②
0.2
표
시
에
서
안
쪽
을
박
음
질

0.2
표
시
에
서
바
깥
쪽
을
박
음
질

①
완
성
선
을
따
라
접
는
다

8. 겉소매와 소매 안감을 맞추기

8-① 겉소매와 소매 안감을 안면끼리 그림과 같이 맞춥니다.

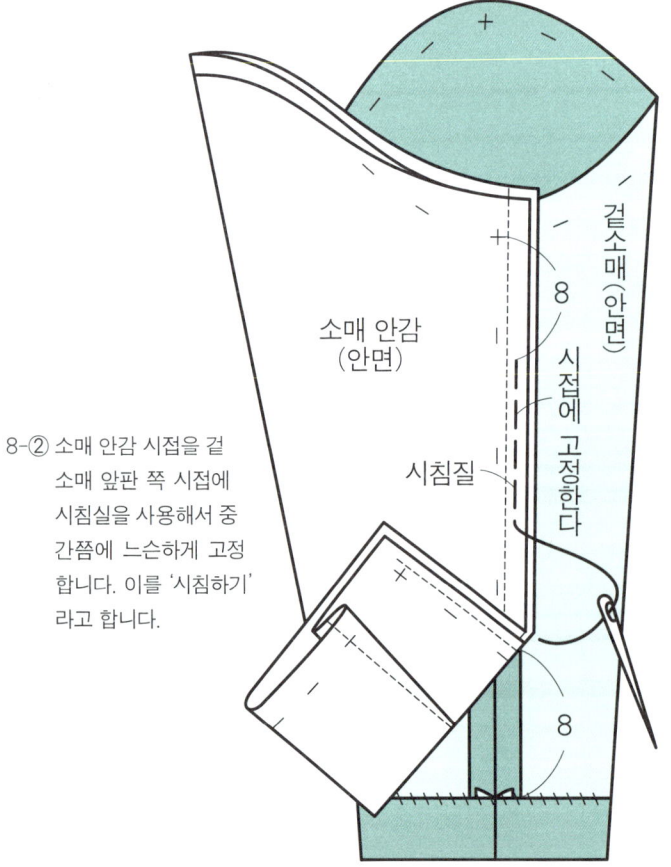

소매 안감
(안면)

8-② 소매 안감 시접을 겉
　　소매 앞판 쪽 시접에
　　시침실을 사용해서 중
　　간쯤에 느슨하게 고정
　　합니다. 이를 '시침하기'
　　라고 합니다.

시침질

겉
소
매
(안면)

8
시
접
에
고
정
한
다

8

8-③ 겉으로 뒤집습니다.

8-④ 겉소매와 소매 안감을 잘 맞춰 시침질합니다.

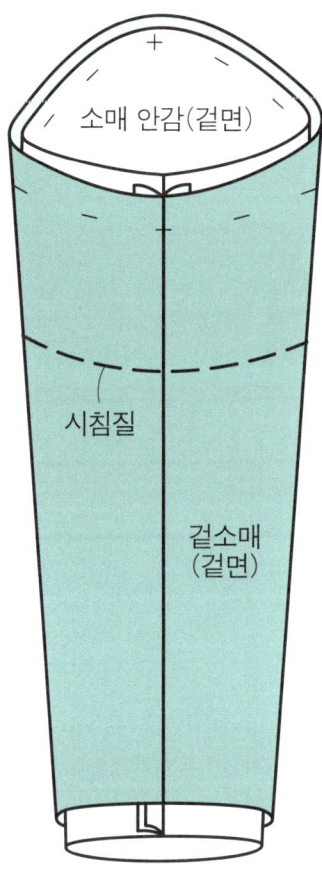

소매 안감(겉면)

시침질

겉소매
(겉면)

9. 소매 안감의 소맷부리 감치기

9-① 소매 안감의 소맷부리 시접을 완성선에 맞춰 접습니다.

9-② 소맷부리에서 2cm 위치를 감침질합니다. 안감이 2cm 길어지게 되
　　는데, 겉감의 신축성에 비해 안감의 신축성이 없으므로 여유분량으
　　로 삼습니다.

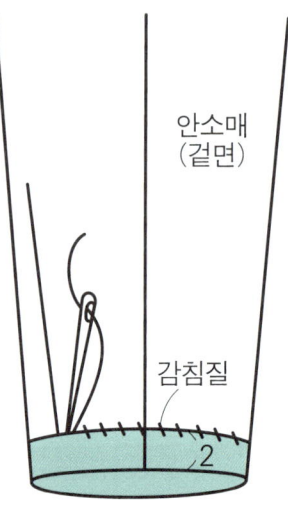

안소매
(겉면)

감침질

2

10. 소매산의 모양 잡기

10-① 겉소매의 소매산을 두 줄로 홈질(201쪽 참조)합니다.

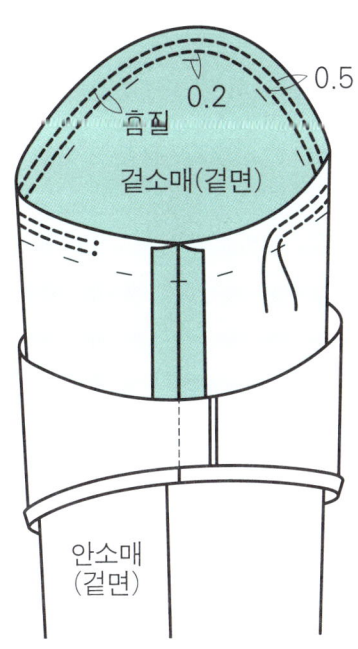

홈질
0.2
0.5
겉소매(겉면)

안소매
(겉면)

10-② 홈질한 실을 잡아당겨 소매를 달 치수에 맞춰 줄입니다.

10-③ 이 상태로는 소매산이 개더가 되므로 소매용 다리미판을 사용해 다리미 끝으로 소매산 시접의 물결치는 부분을 눌러줍니다. 그러면 소매산이 자연스러운 모양이 됩니다. 이를 '홈질줄임'이라고 합니다.

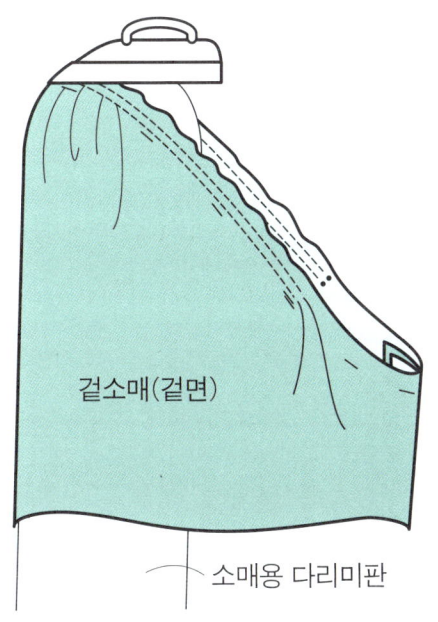

겉소매(겉면)

소매용 다리미판

11. 소매 달기

11-① 몸판에 소매를 통과시킵니다. 몸판과 소매의 안감은 옆으로 살짝 비켜두고 몸판과 소매를 겉면끼리 맞댑니다.

11-② 소매달선을 박습니다. 겨드랑이는 재봉틀로 두 번 박아주세요.

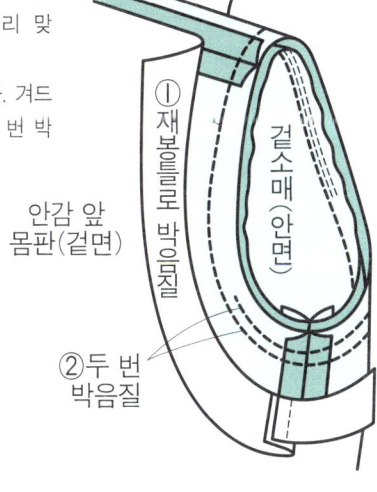

① 재봉틀로 박음질

안감 앞 몸판(겉면)

겉소매(안면)

② 두 번 박음질

11-③ 안감 몸판의 어깨선을 감침질합니다.

11-④ 소매달선 시접에 아래까지 쭉 이어서 시침질합니다.

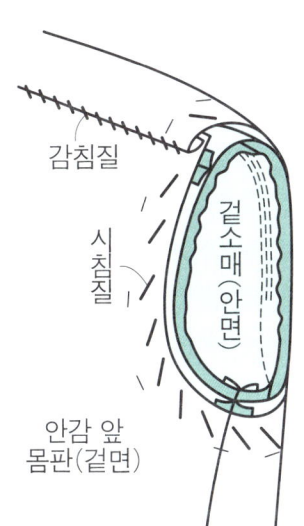

감침질

시침질

겉소매(안면)

안감 앞 몸판(겉면)

11-⑤ 안감 몸판의 완성선에 뒤집어씌우듯이 소매 안감을 감쳐주세요.

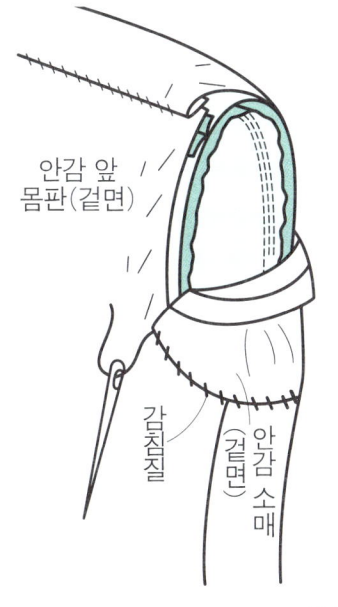

안감 앞 몸판(겉면)

감침질

겉소매(겉면)

안감 소매

두 장 소매

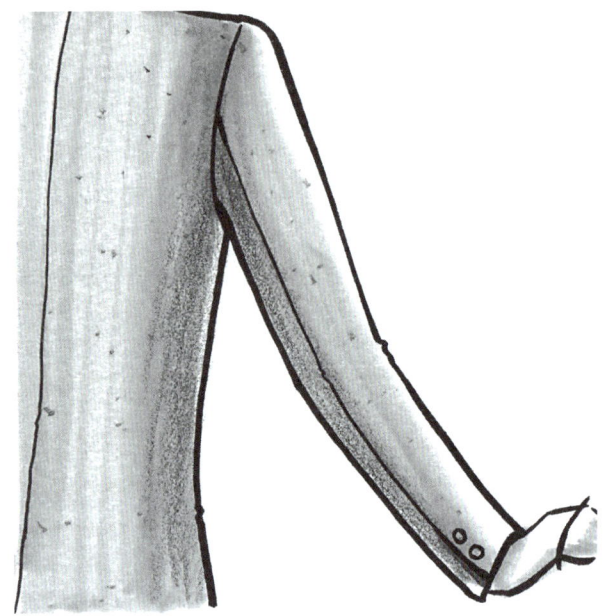

겉소매와 안소매 두 장으로 이루어진 소매입니다. 팔 안쪽이 되는 소매를 안소매, 바깥쪽이 되는 소매를 겉소매라고 부릅니다. 팔의 흐름을 따른 자연스러운 형태로 만들어진 소매로, 재킷이나 코트 등에 이용됩니다. 여기서는 안감을 달아 만드는 방법을 소개합니다.

2. 소매 안감 재단하기

이 소매는 안감을 다는 경우가 많으므로 안감을 달아서 박는 방법을 소개합니다. 안감은 재단한 겉감의 형지를 토대로 재단합니다. 굵은 선이 안감을 재단한 크기입니다.

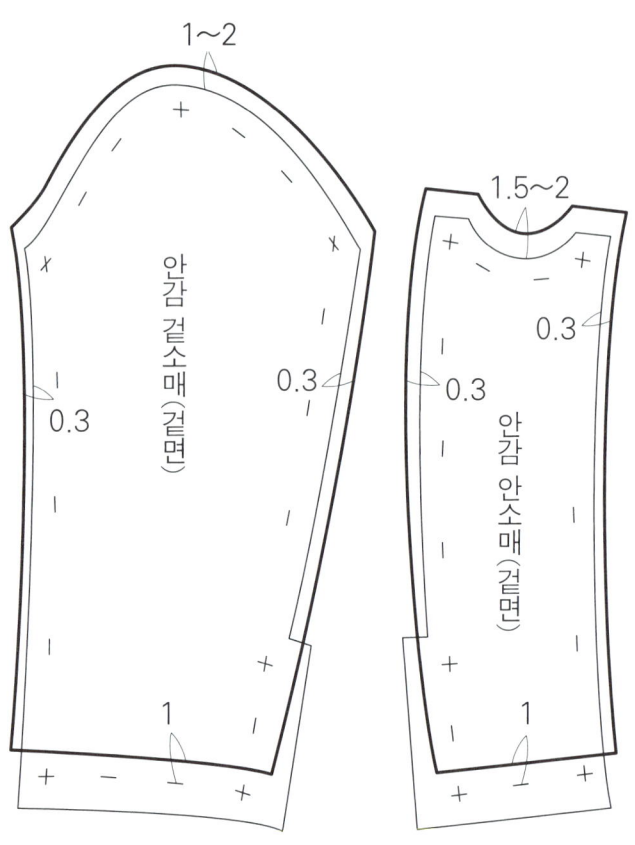

1. 소매 재단하기

그림과 같이 재단합니다.

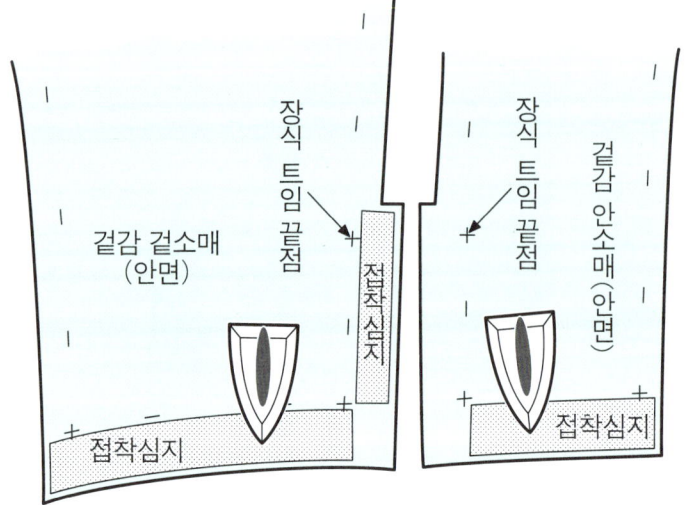

3. 소맷부리에 접착심지 붙이기

겉감 겉소매, 겉감 안소매의 안면, 소맷부리 시접에 다리미로 접착심지를 붙입니다. 겉감 겉소매의 안면, 장식 트임 위치에도 같은 접착심지를 붙입니다.

 ☀ 재봉틀로 박을 때는 바느질 시작과 끝을 되돌아박기 합니다.

4. 소맷부리 접기

소맷부리를 완성선을 따라 다리미로 접습니다. 나중의 작업 과정이 쉬워지고 완성도가 높아지므로 생략하지 마세요.

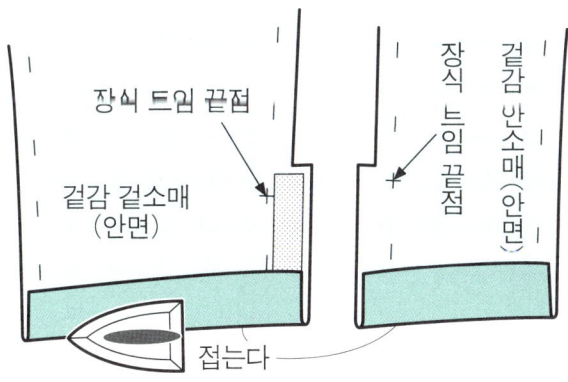

5. 장식 트임 만들기

5-① 겉감 겉소매와 겉감 안소매를 겉면끼리 맞대어 장식 트임이 있는 쪽을 재봉틀로 박습니다. 장식 트임 끝점 위치까지 완성선을 박고, 장식 트임 끝점 위치에서 그림과 같이 1.5cm 바깥쪽을 박아줍니다. 소맷부리 부분에서는 완성선을 박습니다.

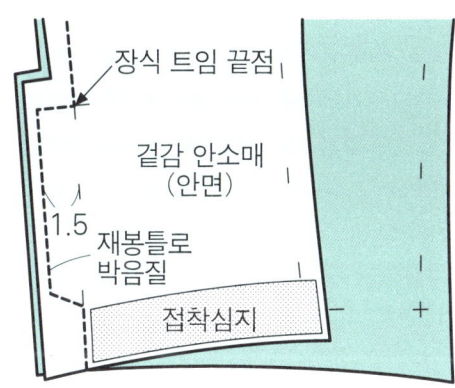

5-② 겉감 안소매에 가위집을 넣고, 겉감 안소매의 소맷부리 부분은 그림과 같이 시접을 잘라냅니다.

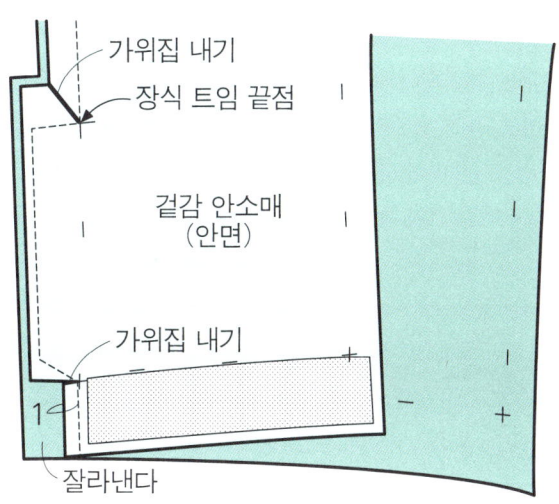

5-③ 5-①의 봉제선을 다림질합니다.

5-④ 시접을 다리미로 가름솔 처리합니다.

5-⑤ 장식 트임 부분은 완성선대로 겉감 겉소매 쪽으로 접습니다.

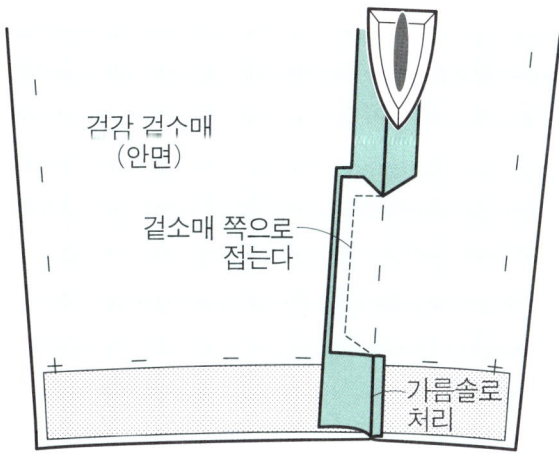

5-⑥ 장식용 구멍(251쪽 참조)을 만들어 단추를 답니다.

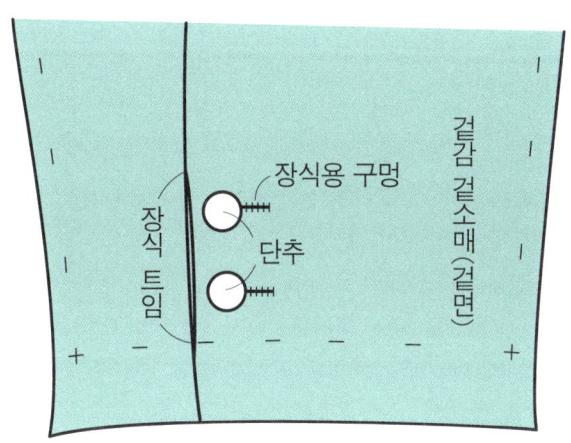

6. 소매산에 홈질하기

겉감 소매의 소매산에 시침실로 홈질합니다.

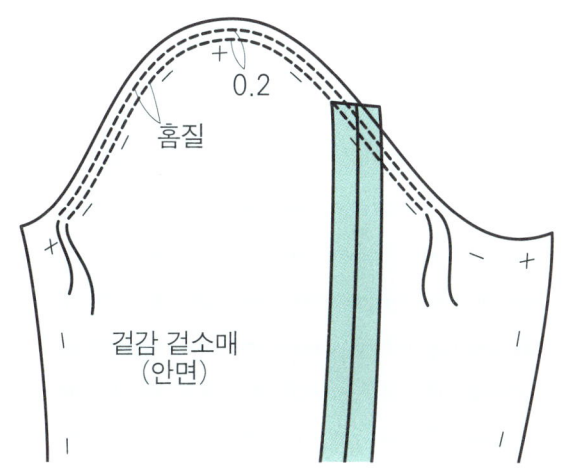

7. 안감 소매 박기

7-① 안감 겉소매와 안감 안소매를 겉면끼리 맞대어 뒤쪽을 재봉틀로 박습니다. 이때 완성선의 0.3cm 시접 쪽을 박아주세요.

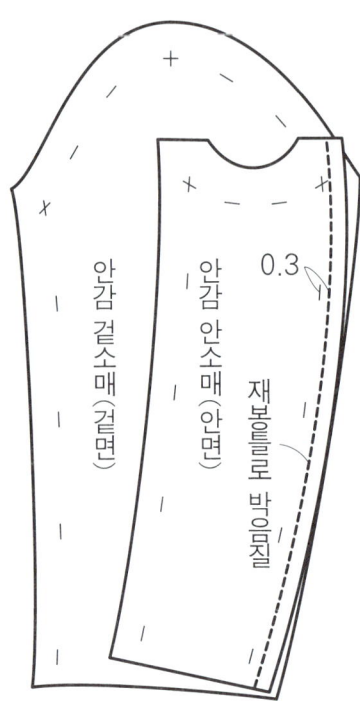

7-② 완성선을 따라 다리미로 시접을 겉소매 쪽으로 접습니다.

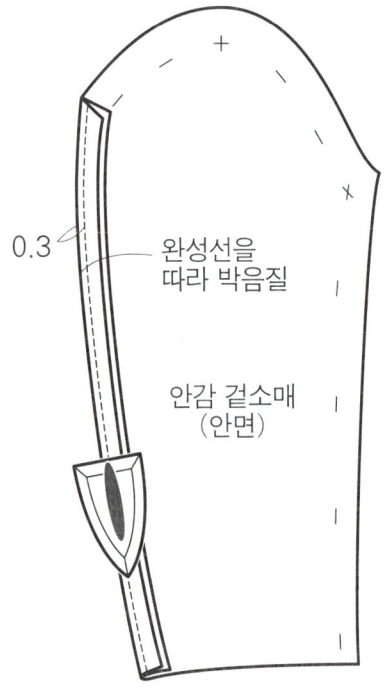

8. 겉감 소매와 안감 소매의 소맷부리를 박아 연결하기

8-① 겉감 소매와 안감 소매를 겉면끼리 맞대어 소맷부리 재단선을 딱 맞춘 후 재단선에서 1cm 부분을 표시에서 표시까지 박습니다.

8-② 시접은 안감 소매 쪽으로 접습니다.

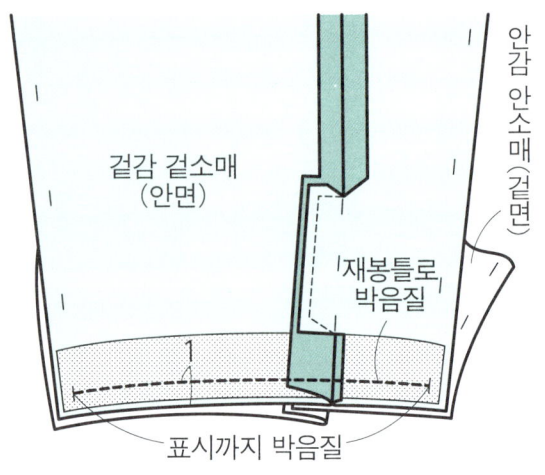

9. 겉감 소매와 안감 소매의 소매 아래를 박아 연결하기

겉감 소매, 안감 소매 각각을 겉면끼리 맞대어 겉감 소매에서 안감 소매까지 쭉 이어서 앞쪽을 박습니다.
겉감 소매는 완성선대로 박고, 안감 소매는 완성선에서 0.3cm 시접 쪽을 박습니다.

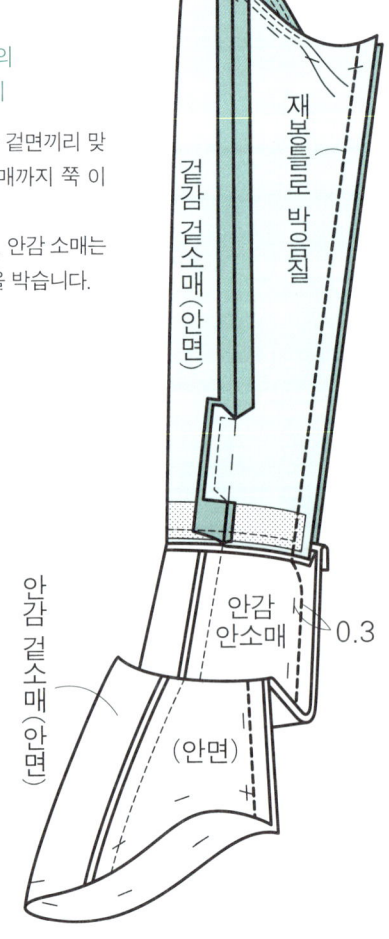

10. 소매 아래 시접을 처리하기

10-① 겉감 소매의 시접은 다리미로 가름솔 처리합니다.
10-② 안감 소매의 시접은 완성선을 따라 겉소매 쪽으로 접습니다.

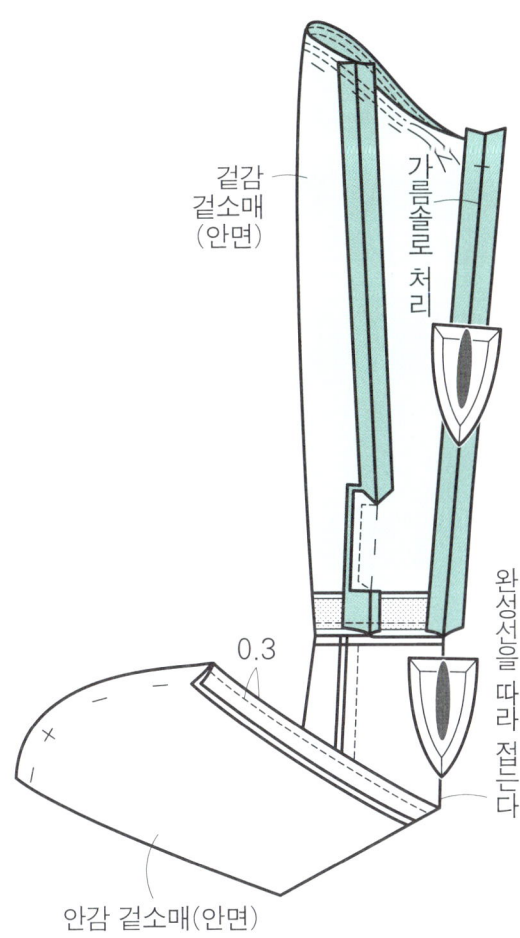

겉감
겉소매
(안면)

가름솔로 처리

완성선을 따라 접는다

0.3

안감 겉소매(안면)

11. 안감 소매의 소매산을 홈질하기

안감 소매의 소매산 시접을 안면으로 1cm 접어 2장 함께 홈질합니다. 소매 아래 곡선에 가위집을 넣습니다.

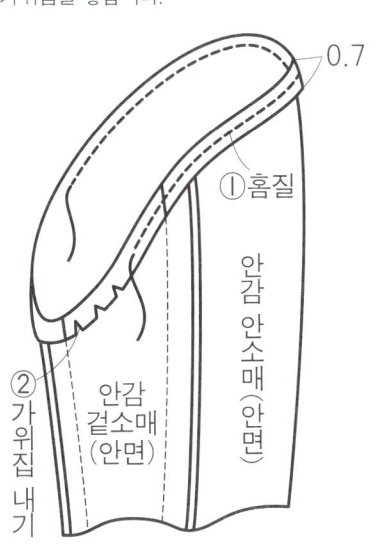

0.7

①홈질

안감 안소매
(안면)

②가위집 내기

안감
겉소매
(안면)

12. 실고리 만들기

겉감 소매와 안감 소매를 그림과 같이 맞춰 안감 소매 시접을 겉감 소매 시접 쪽으로 시침실을 사용해 느슨하게 고정합니다. 이를 가리켜 '시침하기'라고 합니다.

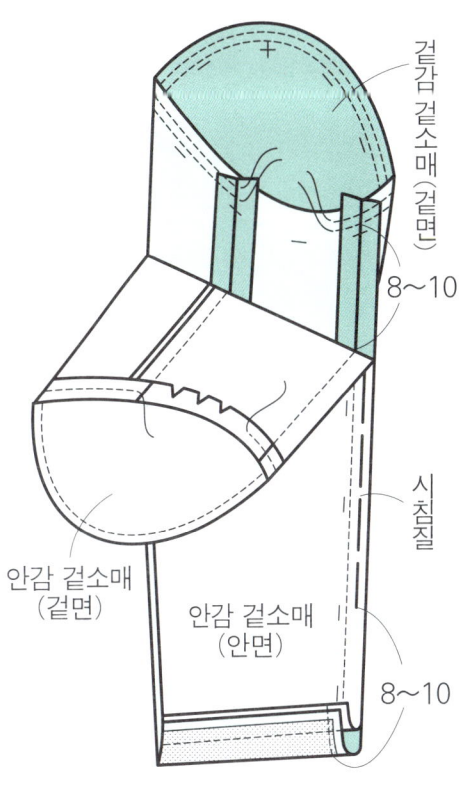

겉감 겉소매
(겉면)

8~10

시침질

안감 겉소매
(겉면)

안감 겉소매
(안면)

8~10

13. 소매 뒤집기

13-① 소매를 겉면으로 뒤집습니다.
13-② 겉감 소매와 안감 소매를 잘 맞춰 겉면에서 어슷시침(202쪽 참조)을 하여 고정합니다. 소매를 다는 방법은 453쪽을 참조합니다.

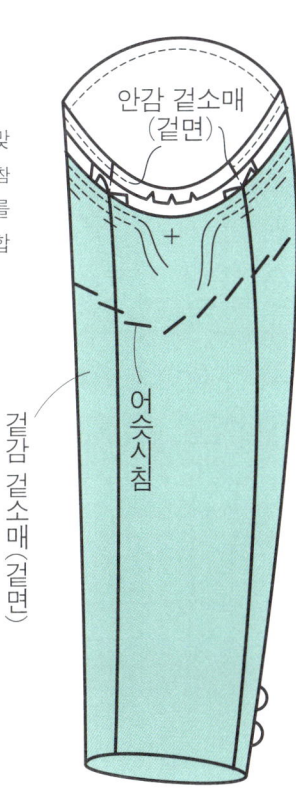

안감 겉소매
(겉면)

어슷시침

겉감 겉소매 (겉면)

어깨 패드 다는 방법

각이 잡힌 양복에 어깨 패드의 존재는 빼놓을 수 없는 것입니다. 양복은 어깨로 입는다는 말이 있을 정도지요. 그래서 어깨를 널찍하게 함과 동시에 어깨 패드를 사용함으로써 체형을 보정합니다.

어깨 패드의 좌우 구별법

시중에 판매되는 어깨 패드를 기준으로 설명합니다. 좌우 구별이 어렵다면 곡선이 심한 쪽이 앞이 되므로 좌우를 알 수 있습니다. 그래도 구별이 어려우면 가장 두꺼운 부분에서 반으로 접었을 때 치수가 긴 쪽이 뒤가 됩니다.

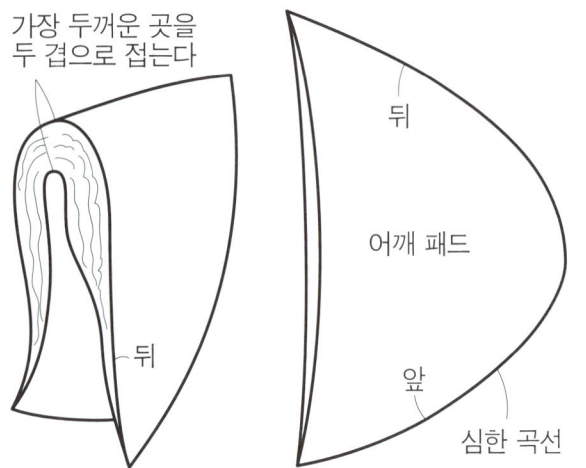

어깨 패드를 달 위치

① 어깨 패드를 달 위치는 제도에서 보면 다음과 같이 나타나 있습니다. 어깨선 부분에서 약간 밖으로 내어 달았음을 알 수 있지요.

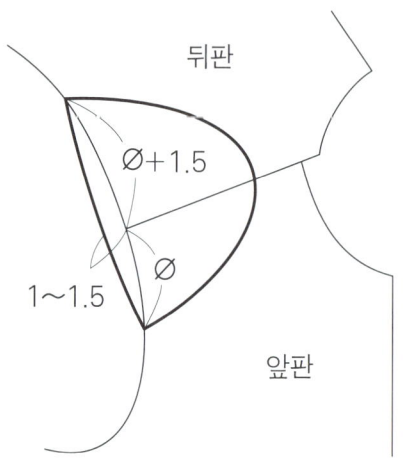

② 사람에 따라서 어깨 위치가 약간씩 다르므로 입어보고 어깨 패드가 어깨에 잘 맞아 떨어지는 위치를 찾아 겉에서 시침핀으로 고정합니다.

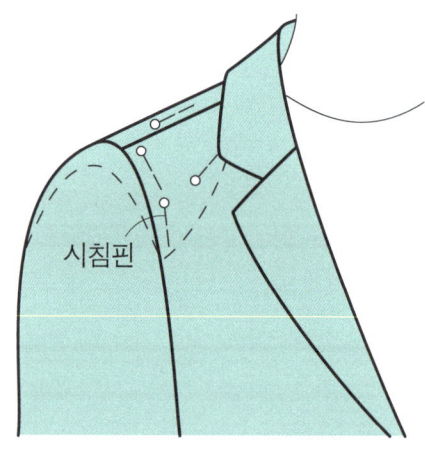

어깨 패드 달기

어깨 패드 가장자리를 소매 시접에 시침실로 느슨하게 꿰매 붙입니다. 어깨 솔기선 위에 겉에서 숨은상침(203쪽 참조)을 이용해 답니다.

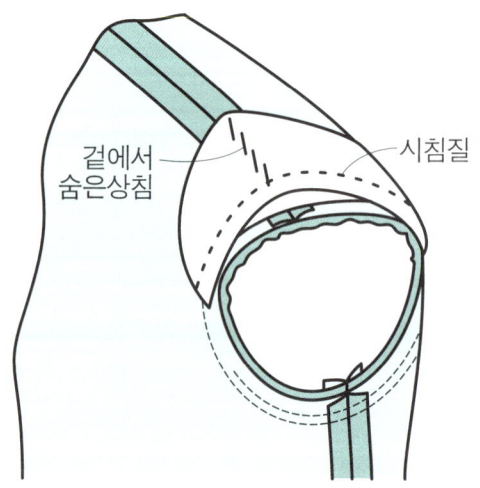

어깨 패드의 두께를 조절하고자 할 때

① 시중에 판매되는 어깨 패드를 분해하여 만듭니다. 어깨 패드를 분해
   합니다.
② 두께에 따라 솜을 사이에 더 넣거나 빼서 조절합니다.

③ 왼손으로 어깨의 둥근 부분에 맞춰 모양을 잡아주면서 팔자뜨기(204
   쪽 참조)를 합니다.

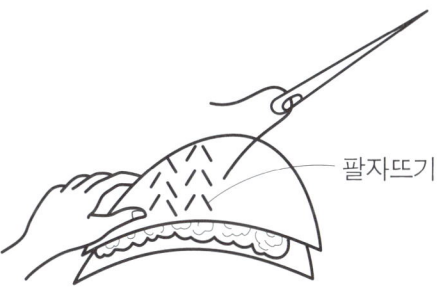

④ 소매용 다리미판의 둥근 부분을 이용해 다림질하여 모양을 잡아줍
   니다.

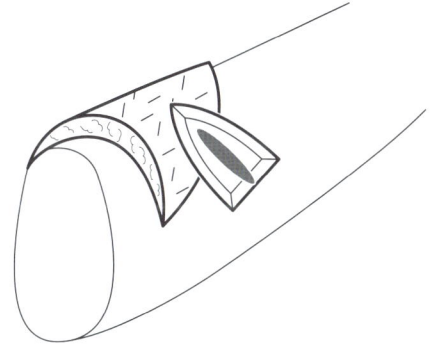

어깨 패드를 천으로 감싸기

안감을 달지 않는 경우는 바이어스 방향으로 재단한 겉감(얇은 원단) 또
는 같은 색상의 안감으로 어깨 패드를 감쌉니다. 원단으로 싸서 시판하
는 것도 있습니다.

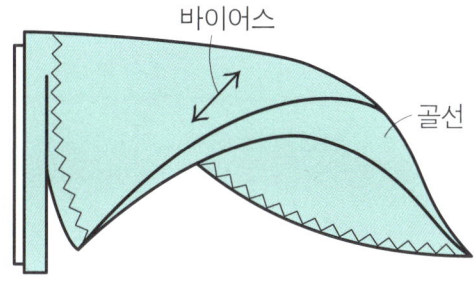

스냅단추로 다는 경우

세탁이 어려운 옷 등은 어깨 패드의 모양이 망가지지 않도록 스냅단추를
사용해서 붙였다 뗐다 할 수 있도록 합니다.

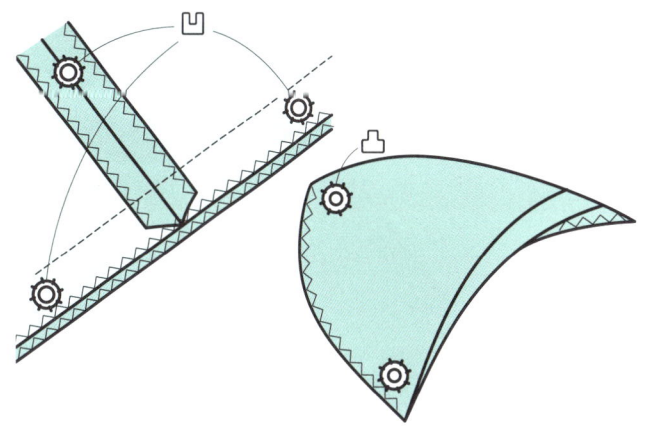

실 루프로 다는 경우

안감을 달지 않는 경우의 어깨 패드를 붙이는 방법입니다. 세 방향에 실
루프를 달아 시접에 고정합니다.

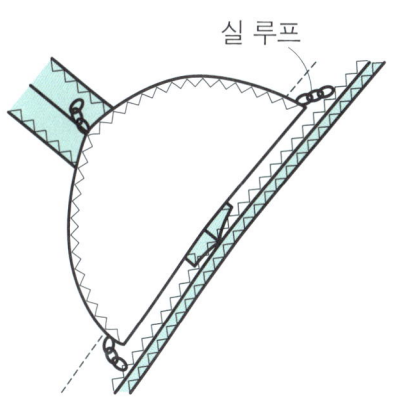

민소매의 경우

소매 시접에 꿰매 붙일 수 없으므로 어깨선 시접 2곳 정도에 감침질하
여 달아줍니다.

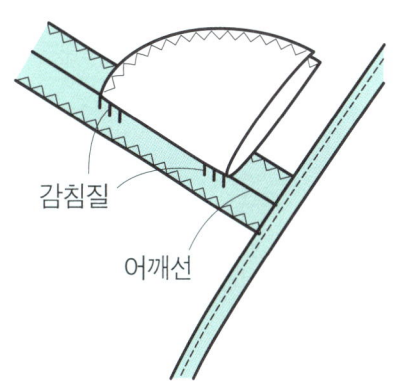

돌먼 슬리브 A

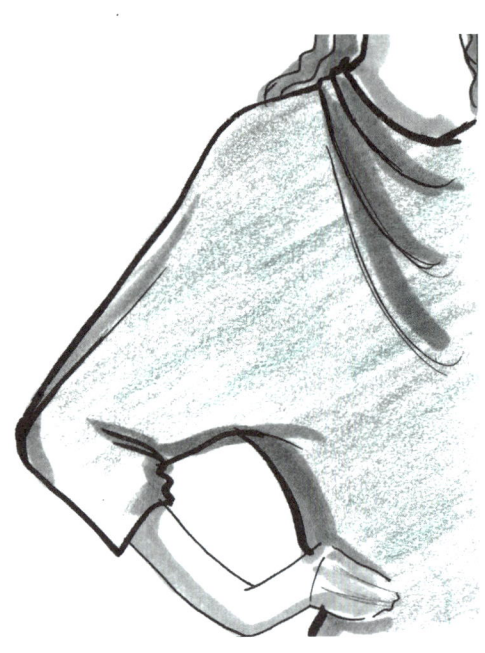

터키인이 입는 돌먼이라는 긴 외투의 소매를 모방해서 이런 명칭이 붙었습니다. 진동둘레는 넓고 손목 부분은 딱 들어맞습니다. 일반적으로는 몸판에 이어서 소매를 재단하는데, 소매달선이 있는 것도 있습니다.

1. 소매 재단하기

몸판 및 소매를 이어서 재단합니다. 소매 아래 곡선 시접은 울기 쉬우므로 가늘게 합니다. 여기서는 곡선 부분만을 통솔(217쪽 참조)로 처리하는 방법을 소개합니다.

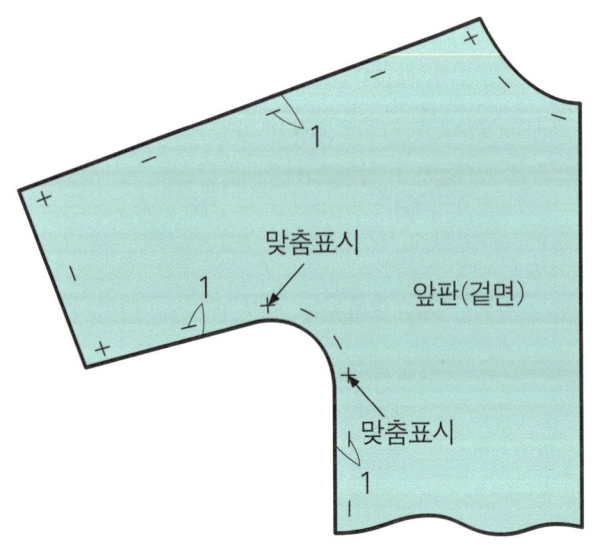

2. 옆솔기선 및 소매 아랫선을 박기

2-① 앞 몸판 및 소매와 뒤 몸판 및 소매를 안면끼리 맞대어 맞춤표시에서 맞춤표시까지를 재단선에서 0.4cm의 폭으로 박습니다.

2-② 겉면끼리 맞추면서 뒤집습니다.

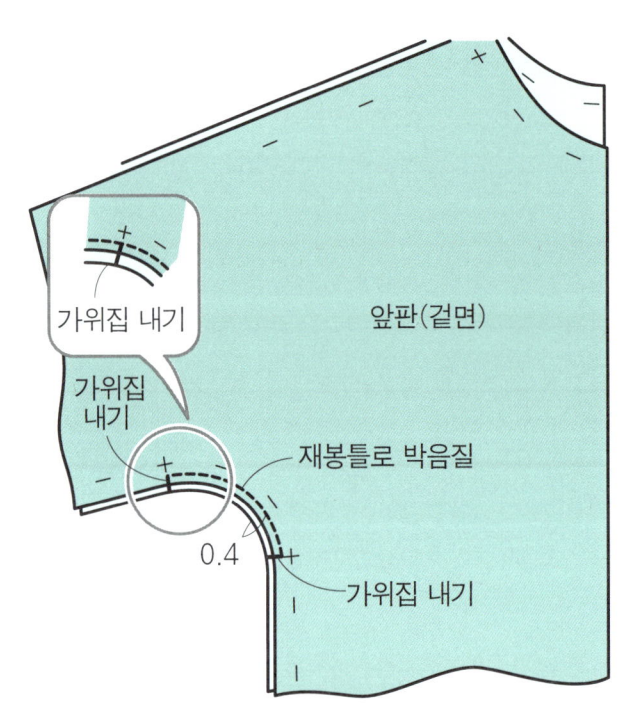

2-③ 옆솔기선에서 소매 아랫선을 이어서 재봉틀로 박습니다.

2-④ 맞춤표시 부분에 가위집을 넣습니다.

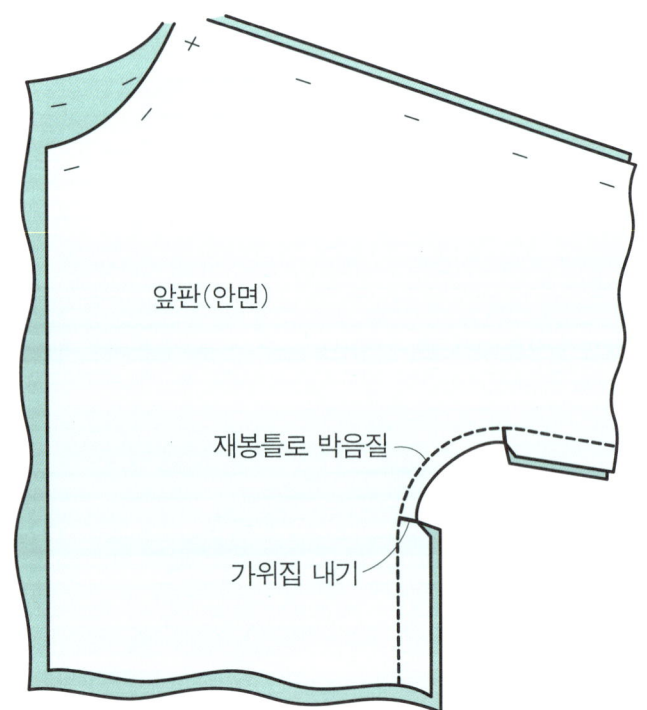

3. 시접 처리하기

3-① 다리미로 시접을 가름솔 처리합니다.

3-② 곡선의 시접은 앞 몸판 쪽으로 접습니다.

3-③ 옆선 및 소매 아랫선의 시접을 오버로크 박음질 또는 지그재그 박음질 하여 처리합니다.

앞판(안면)

앞 방향으로 접는다

가름솔로 처리

오버로크 박음질
또는
지그재그 박음질

4. 어깨선을 박기

4-① 어깨 시접을 오버로크 박음질 또는 지그재그 박음질 하여 처리합니다.

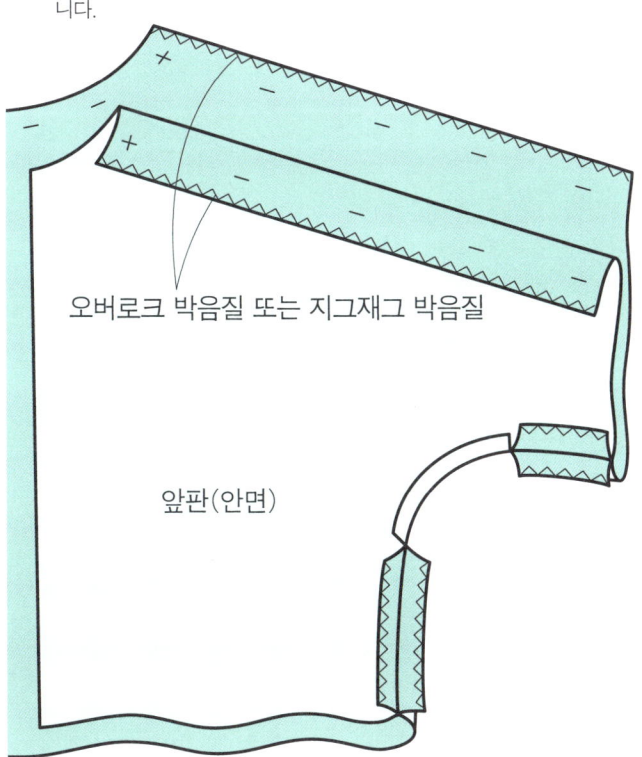

오버로크 박음질 또는 지그재그 박음질

앞판(안면)

4-② 앞판과 뒤판을 겉면끼리 맞대어 어깨선을 재봉틀로 박습니다. 이 부분은 바이어스 방향이 되므로 늘어나지 않도록 주의합니다.

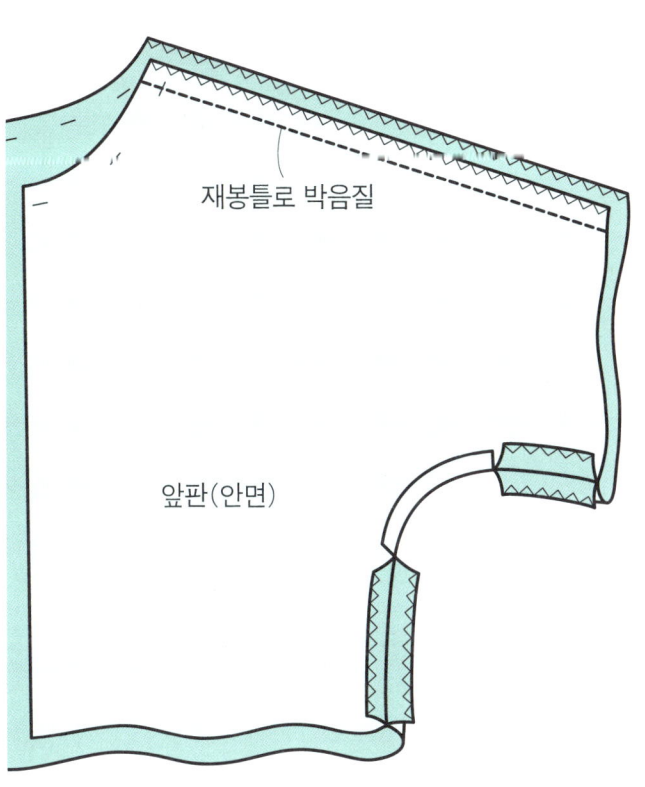

재봉틀로 박음질

앞판(안면)

4-③ 4-②의 봉제선을 다림질합니다.

4-④ 시접을 다리미로 가름솔 처리합니다.

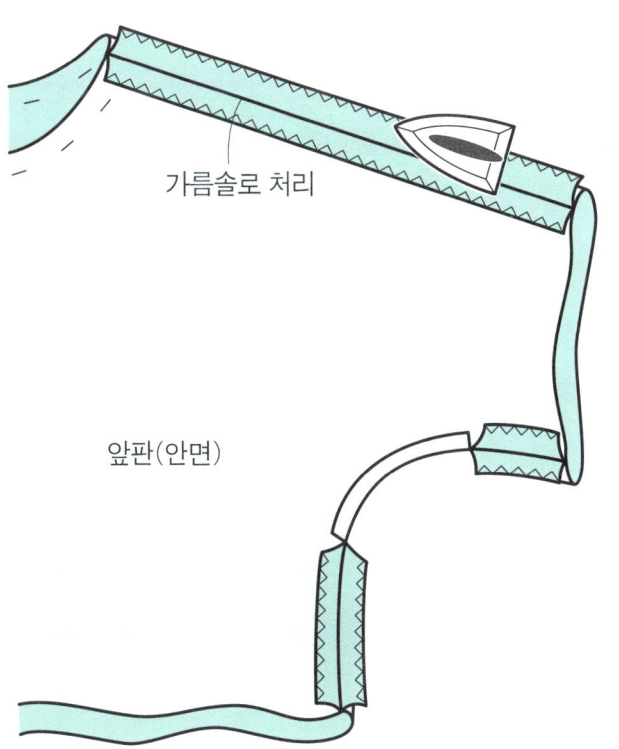

가름솔로 처리

앞판(안면)

돌먼 슬리브 B 삼각형 덧댐 천을 다는 경우

어깨선에서 소맷부리까지의 경사가 심하면 진동둘레의 운동량
이 부족해서 팔을 움직이기 어려우므로 운동량을 보충하기 위해
소매 아래에 삼각형 덧댐 천을 달아줍니다.

1. 몸판 및 소매 재단하기

1-① 몸판 및 소매를 이어서 재단합니다.
1-② 시접을 오버로크 박음질 또는 지그재그 박음질 하여 처리합니다.

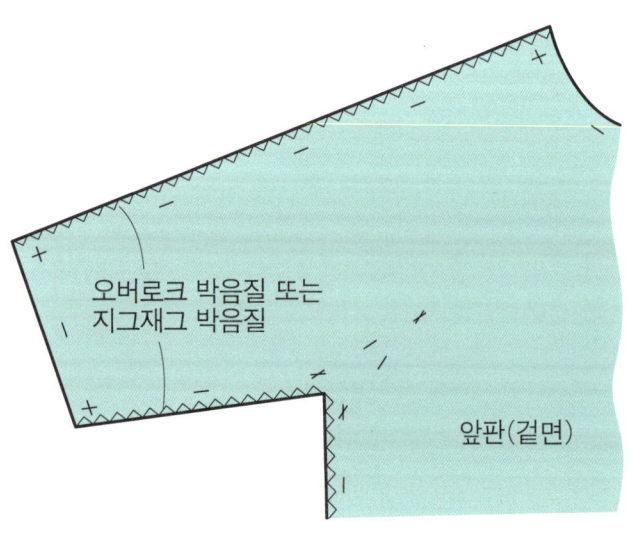

오버로크 박음질 또는
지그재그 박음질

앞판(겉면)

2. 보강 원단 붙이기

2-① 삼각형 덧댐 천을 달므로 덧댐 천 부착 끝점 위치의 겉면에 보강 원
　　단을 붙입니다. 보강 원단은 바이어스 방향으로 재단한 안감을 사용
　　합니다.
2-② 삼각형 덧댐 천 부착 끝점 위치에 보강 원단을 놓고 완성선에서
　　0.3cm 시접 쪽을 꼭짓점을 향해 그림과 같이 재봉틀로 박습니다.

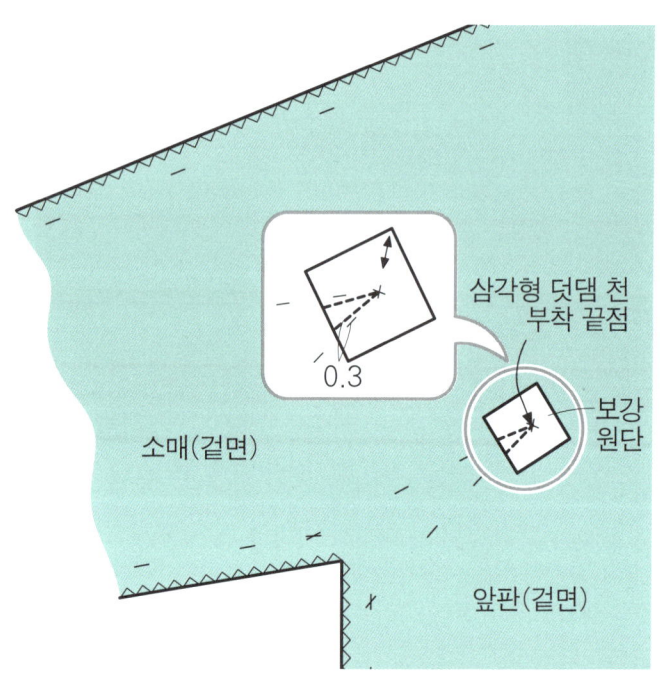

소매(겉면)

0.3

삼각형 덧댐 천
부착 끝점

보강
원단

앞판(겉면)

3. 삼각형 덧댐 천을 달 준비하기

3-① 삼각형 덧댐 천을 달 위치를 그림과 같이 잘라냅니다. 소매 아래나
　　옆솔기선에서는 1cm 정도의 시접을 남겨 삼각형으로 잘라냅니다.

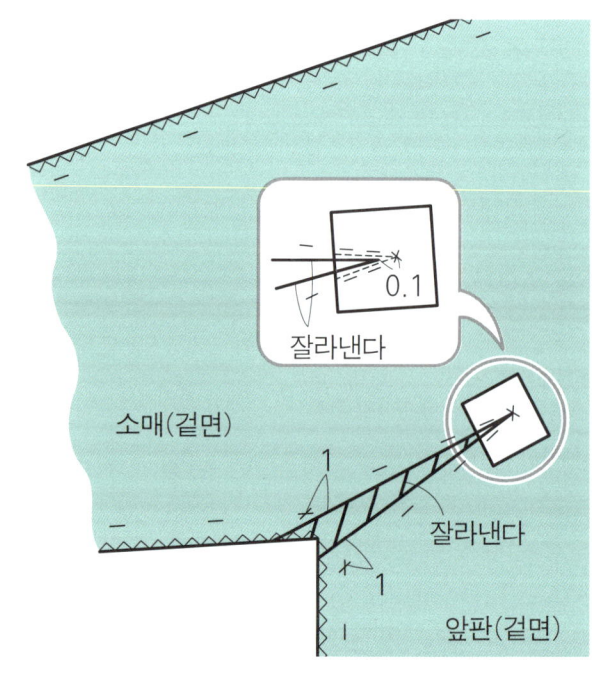

0.1

잘라낸다

소매(겉면)

1

잘라낸다

1

앞판(겉면)

3-② 보강 원단을 안면으로 꺾습니다. 시접을 완성선에 맞춰 다리미를 사용해 안면으로 접습니다.

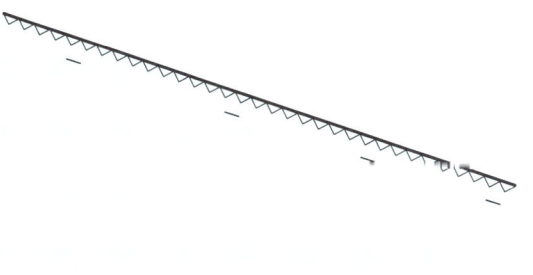

소매(안면)

보강 원단

접는다

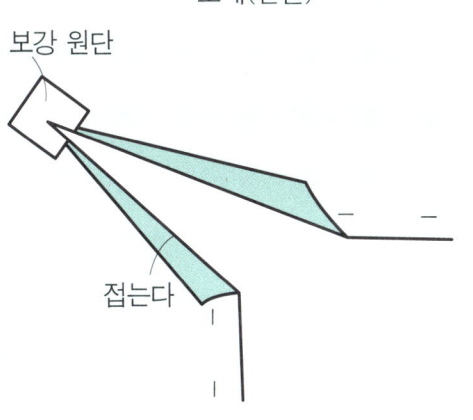

4. 옆솔기선 및 소매 아랫선을 박기

4-① 앞 몸판 및 소매와 뒤 몸판 및 소매를 겉면끼리 맞대어 완성선까지 재봉틀로 박습니다.

4-② 시접을 다리미로 가름솔 처리합니다.

앞판(겉면)

뒤판(안면)

완성선까지
재봉틀로 박음질

재봉틀로 박음질

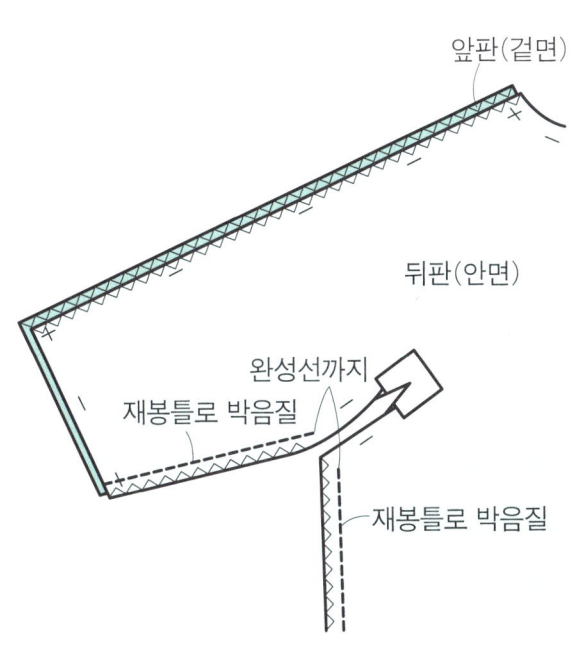

5. 삼각형 덧댐 천 붙이기

5-① 삼각형 덧댐 천은 앞쪽에서 뒤쪽으로 이어서 그림과 같이 박습니다. 박을 때는 시침질한 후 박으면 작업이 훨씬 쉽습니다.

5-② 시접은 몸판 쪽으로 접습니다.

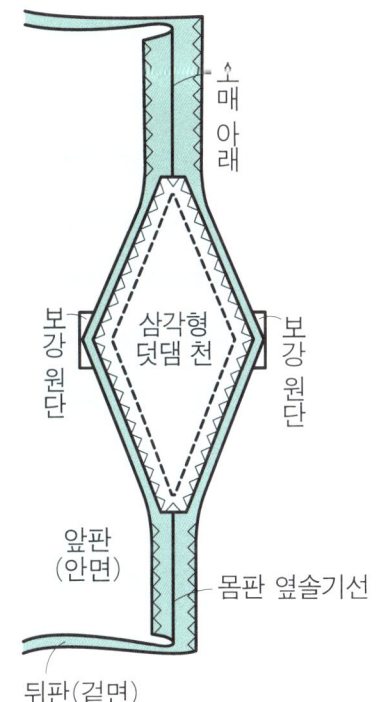

소매 아래

보강 원단

삼각형 덧댐 천

보강 원단

앞판(안면)

몸판 옆솔기선

뒤판(겉면)

5-③ 이 상태로도 좋지만, 삼각형 덧댐 천의 솔기선 바로 옆으로 재봉틀로 박습니다. 어깨선을 박는 방법은 461쪽의 돌먼 슬리브와 같습니다.

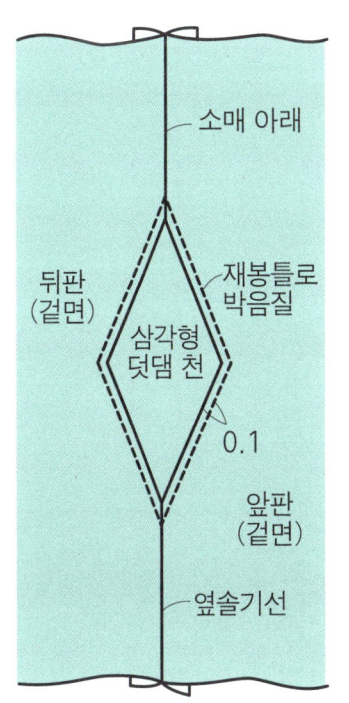

소매 아래

뒤판
(겉면)

재봉틀로
박음질

삼각형
덧댐 천

0.1

앞판
(겉면)

옆솔기선

래글런 슬리브 A

목둘레에서 겨드랑이 방향으로 어슷하게 이음선을 넣은 소매를 말합니다. 19세기 영국의 래글런 백작이 고안했다고 합니다. 진동둘레의 여유가 많아 팔을 움직이기 쉬운 디자인입니다. 여기서는 소매 중심에 솔기선이 있는 타입을 예로 설명합니다.

1. 소매 재단하기

소매 중심을 식서에 맞춰 재단합니다. 앞판 소매도 마찬가지로 재단합니다.

소매 중심

뒤판 소매
(안면)

2. 소매 아래 시접 처리하기

소매 아래 시접을 오버로크 박음질 또는 지그재그 박음질 하여 처리합니다.

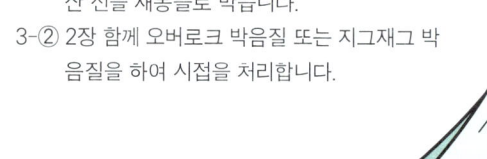

오버로크 박음질 또는 지그재그 박음질

뒤판 소매
(겉면)

소매 중심

3. 앞판 소매와 뒤판 소매를 박아 연결하기

3-① 앞판 소매와 뒤판 소매를 겉면끼리 맞대어 소매 산 선을 재봉틀로 박습니다.

3-② 2장 함께 오버로크 박음질 또는 지그재그 박음질을 하여 시접을 처리합니다.

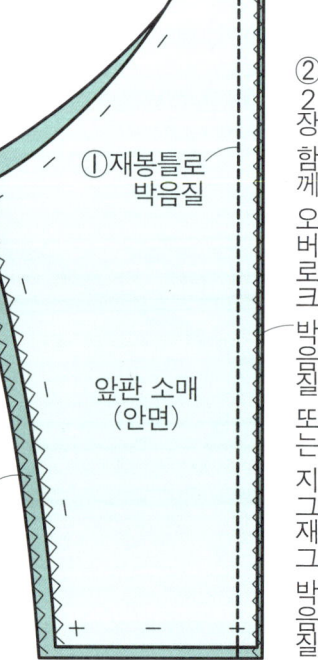

① 재봉틀로 박음질

② 2장 함께 오버로크 박음질 또는 지그재그 박음질

앞판 소매
(안면)

뒤판 소매
(겉면)

4. 겉에서 재봉틀 박기

4-① 시접을 뒤판 소매 쪽으로 접습니다.

4-② 겉에서 재봉틀을 박습니다.

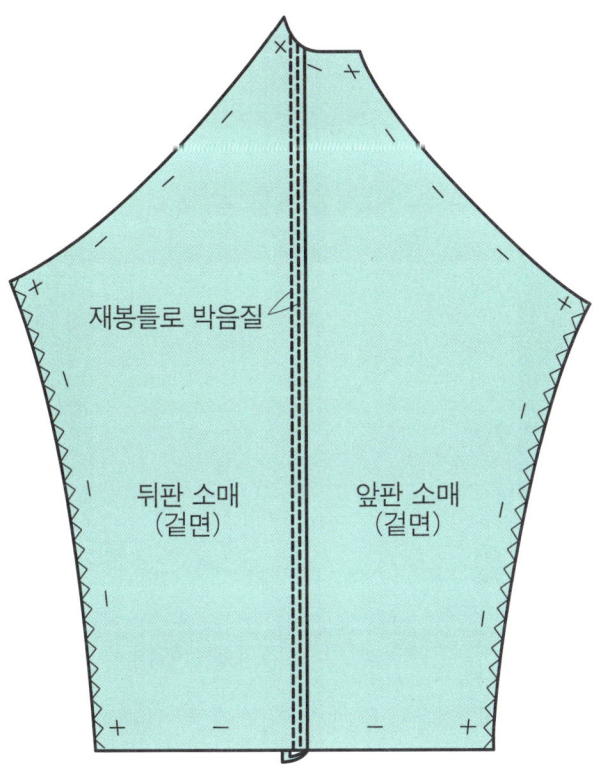

재봉틀로 박음질

뒤판 소매
(겉면)

앞판 소매
(겉면)

5. 소매를 몸판에 달기

5-① 몸판과 소매를 겉면끼리 맞대어 래글런 선(소매달선)을 재봉틀로 박습니다.

5-② 시접은 2장 함께 오버로크 박음질 또는 지그재그 박음질을 하여 처리합니다.

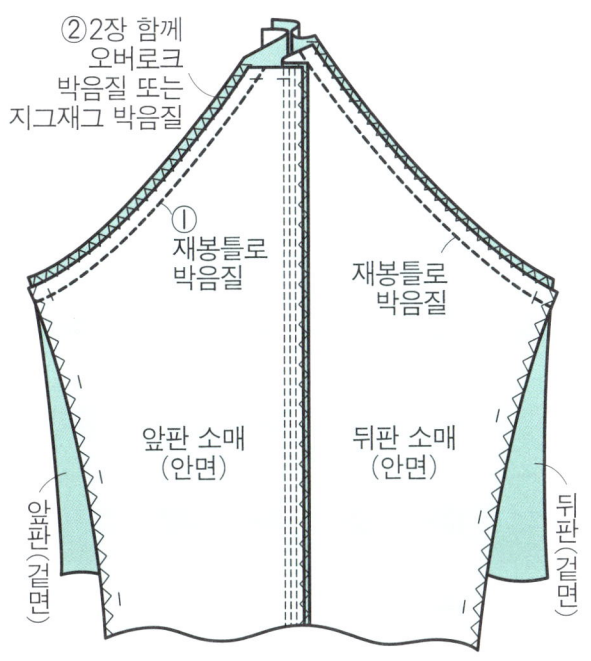

②2장 함께
오버로크
박음질 또는
지그재그 박음질

①
재봉틀로
박음질

재봉틀로
박음질

앞판 소매
(안면)

뒤판 소매
(안면)

앞판(겉면)

뒤판(겉면)

6. 겉에서 재봉틀 박기

6-① 시접을 다리미로 소매 쪽으로 접습니다.

6-② 겉면에서 재봉틀을 박습니다.

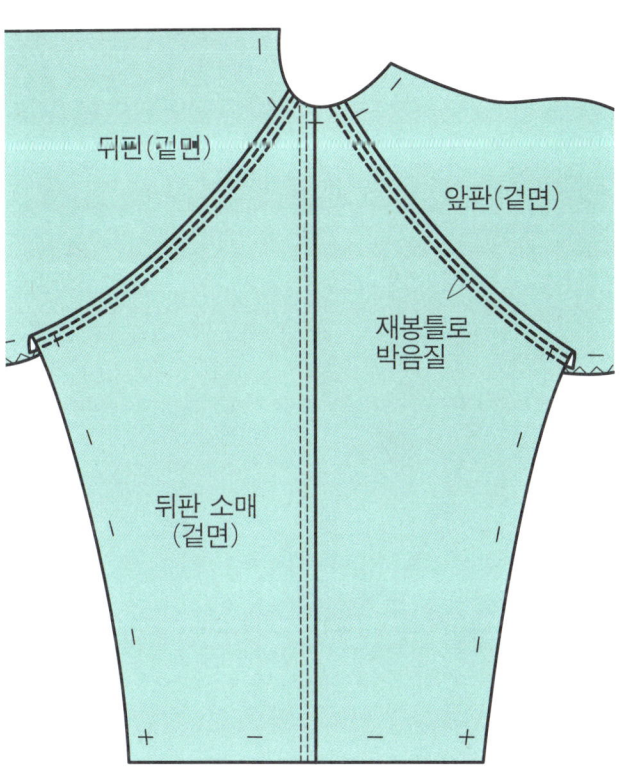

뒤편(겉면)

앞판(겉면)

재봉틀로
박음질

뒤판 소매
(겉면)

7. 소매 아래 및 옆솔기선을 박기

7-① 몸판과 몸판, 소매와 소매를 각각 겉면끼리 맞대어 옆솔기선에서 소매 아래까지 이어서 재봉틀로 박습니다.

7-② 시접은 다리미로 가름솔 처리합니다.

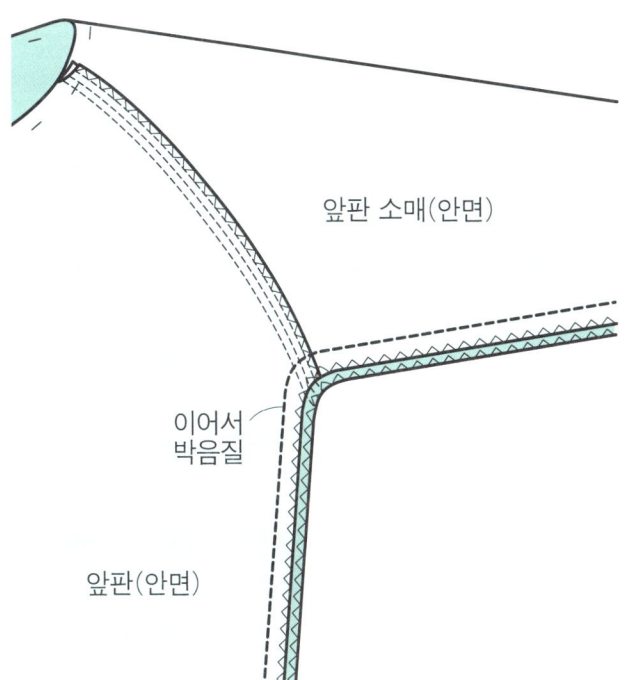

앞판 소매(안면)

이어서
박음질

앞판(안면)

래글런 슬리브 B

목둘레에서 소매 아래에 걸쳐 어슷하게 이음선을 넣은 소매를 말합니다. 여기서는 소매의 어깨쪽에 다트를 박고 1장으로 만드는 타입을 설명합니다. 소매산의 다트를 깔끔하게 박는 것이 포인트가 됩니다.

1. 소매 재단하기

소매의 중심에 올 방향을 맞춰 소매를 재단합니다.

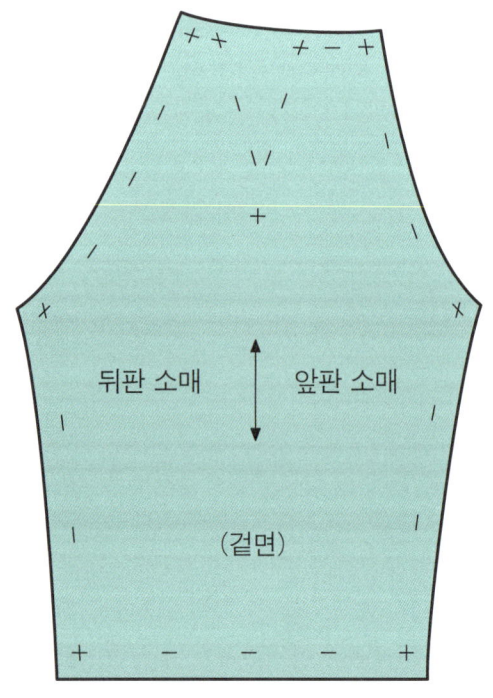

뒤판 소매   앞판 소매

(겉면)

2. 어깨 다트 박기

2-① 소매를 겉면끼리 맞대어 다트를 박습니다. 다트 끝을 향해 재봉틀로 박고, 다 박은 후에 실은 매듭지어 둡니다.

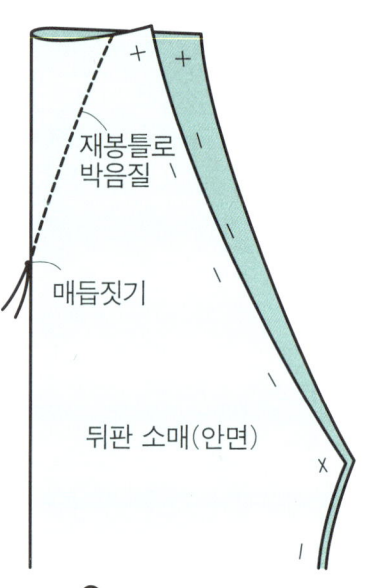

재봉틀로 박음질

매듭짓기

뒤판 소매(안면)

2-② 다트 시접을 그림과 같이 잘라냅니다.(안감을 달지 않는 경우는 2장 함께 오버로크 박음질 또는 지그재그 박음질을 하여 뒤판 소매 쪽으로 접습니다.)

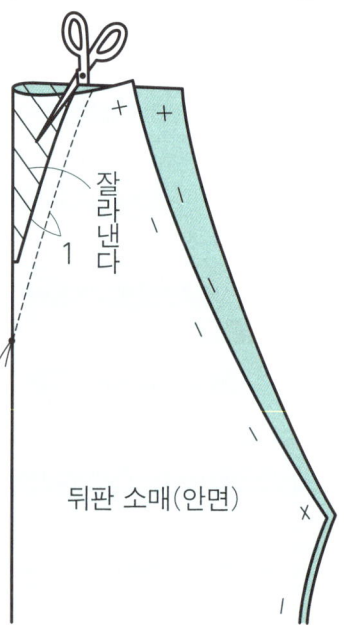

잘라낸다

1

뒤판 소매(안면)

2-③ 다트 시접을 다리미로 가름솔 처리합니다. 다트 끝 가장자리는 골선으로 되어 있으므로 솔기선을 중심으로 해서 접습니다.

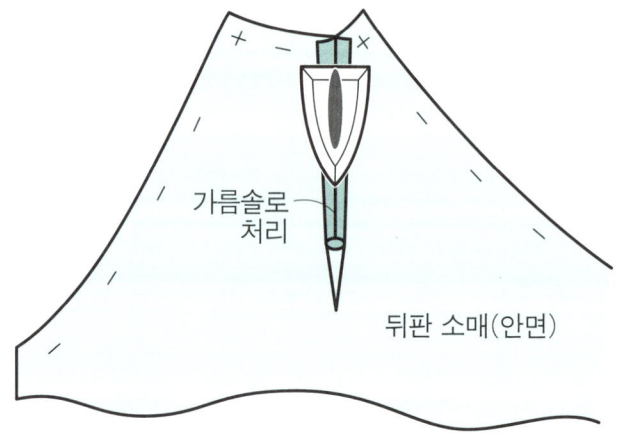

가름솔로 처리

뒤판 소매(안면)

3. 소매 아랫선 박기

3-① 소매를 겉면끼리 맞대어 소매 아래를 재봉틀로 박습니다.

3-② 소매 안감도 마찬가지로 박아둡니다.

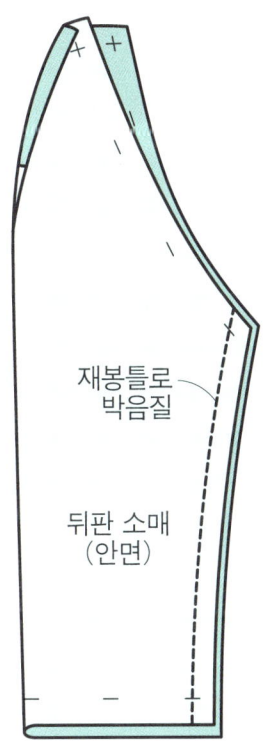

재봉틀로
박음질

뒤판 소매
(안면)

4. 래글런 선에 접착테이프심지 붙이기

몸판의 래글런 선이 늘어나지 않도록 접착테이프심지 또는 접착심지를
길게 자른 것을 그림과 같이 다리미로 붙입니다. 앞 몸판도 마찬가지로
붙입니다.

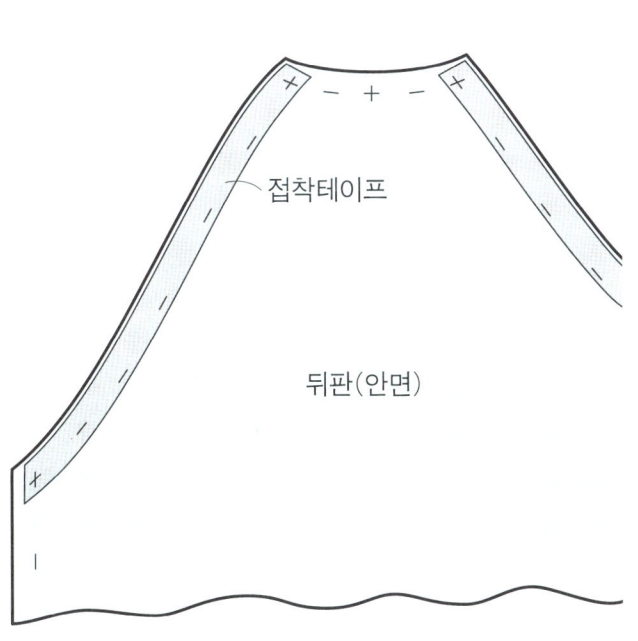

접착테이프

뒤판(안면)

5. 옆솔기선 박기

5-① 앞 몸판과 뒤 몸판을 겉면끼리 맞대어 옆선을 재봉틀로 박습니다.

5-② 시접을 다리미로 가름솔 처리합니다.

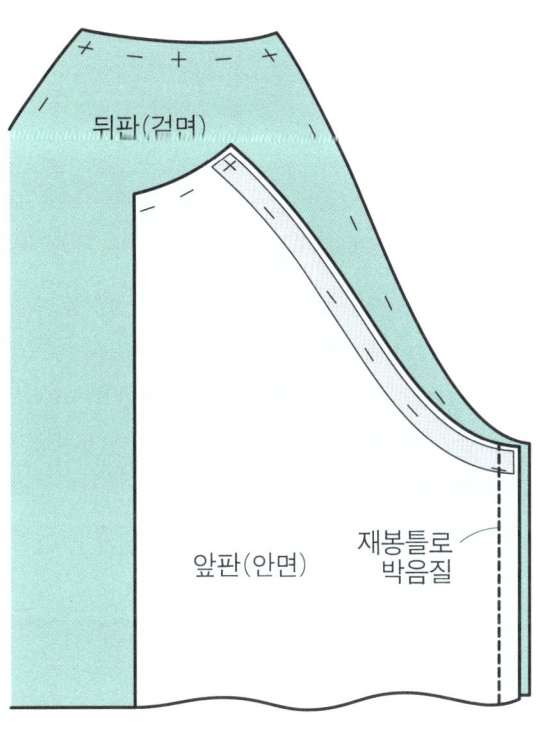

뒤판(걷면)

앞판(안면)

재봉틀로
박음질

6. 소매 달기

6-① 안감은 옆으로 비켜두고 앞 몸판과 앞판 소매를 겉면끼리 맞대어 래
글런 선을 가장자리에서 가장자리까지 박습니다. 겨드랑이는 재봉
틀로 두 번 박습니다.

6-② 시접은 다리미를 사용해 소매 쪽으로 접습니다.

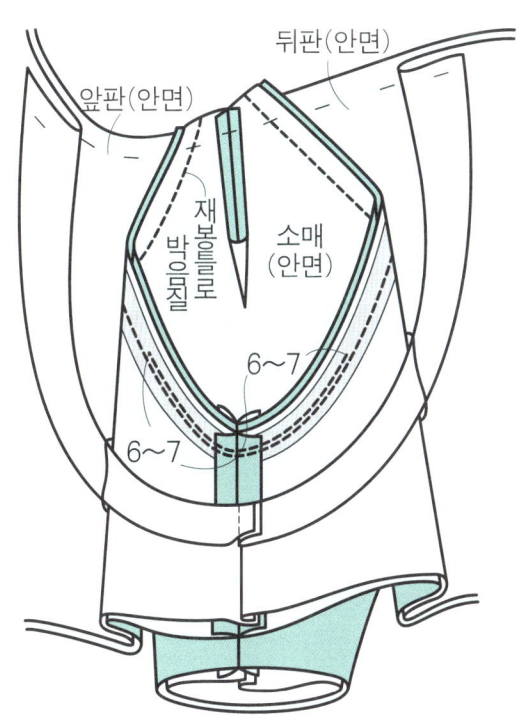

앞판(안면)

뒤판(안면)

재
봉
틀
로
박
음
질

소매
(안면)

6~7

6~7

에폴렛 슬리브

'에폴렛(Epaulette)'은 제복의 견장, 어깨 장식을 말하는 것으로 견장과 같이 보이는 별도 원단이 소매와 이어져 있어서 이런 명칭이 붙었습니다. 주로 재킷이나 코트에 이용됩니다.

1. 소매 재단하기

소매를 재단합니다. 어깨 부분이 튀어나와 있으므로 올 방향이 어긋나지 않도록 주의하세요.

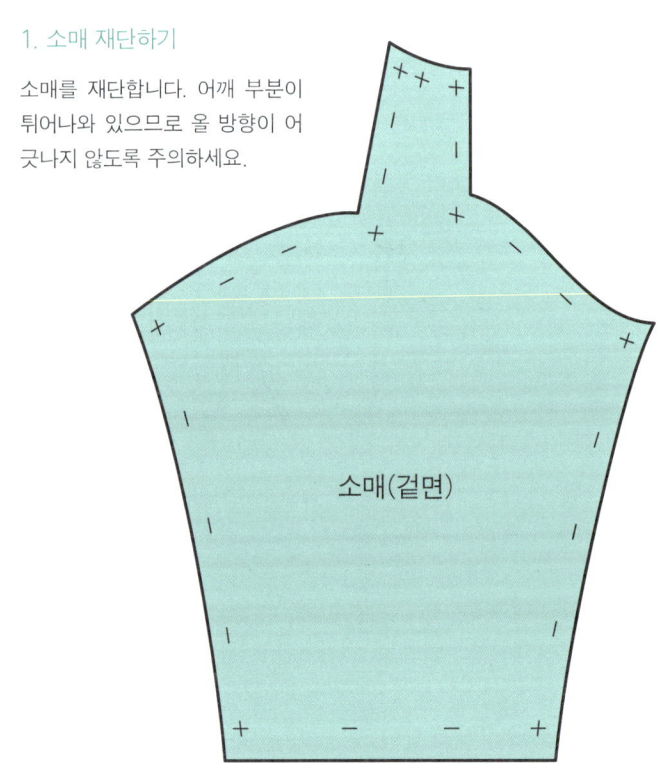

2. 소매에 보강 원단 붙이기

2-① 이 소매는 각을 얼마나 깔끔하게 마무리하느냐가 포인트입니다. 소매 겉면의 각이 되는 부분에 보강 원단(바이어스 방향으로 재단한 안감)을 놓고 표시에서 0.2cm의 폭으로 V자로 박습니다.

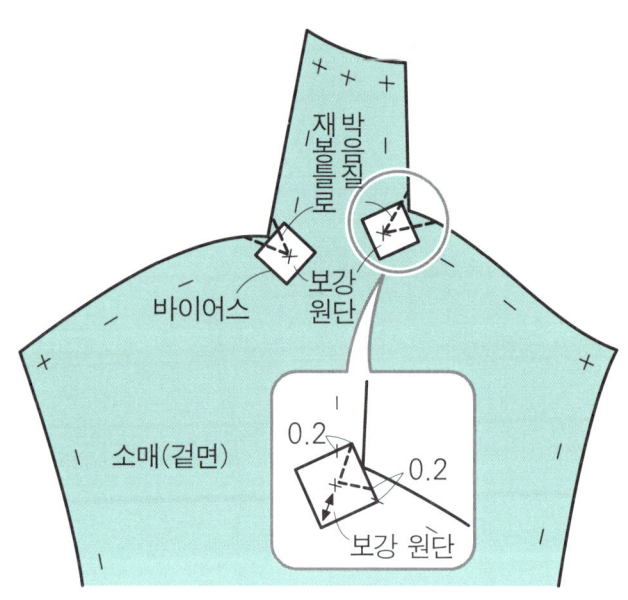

2-② 봉제선 중심에 가위집을 넣습니다. 가위집은 표시보다도 0.2cm 앞쪽까지로 합니다.

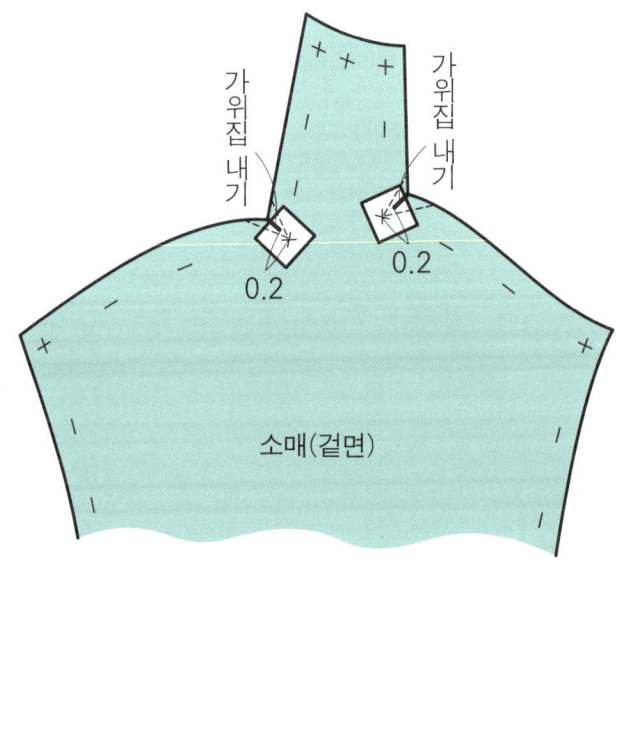

3. 보강 원단 뒤집기

3-① 보강 원단을 소매 안면으로 뒤집습니다.

3-② 다리미로 각의 형태를 만듭니다. 보강 원단을 살짝 잡아당기는 느낌
으로 작업하면 좋겠지요.

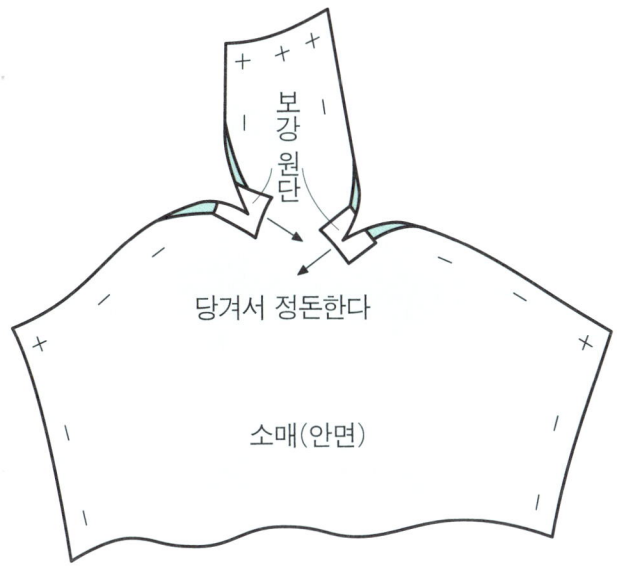

4. 몸판에 소매 달기

4-① 소매와 몸판을 겉면끼리 맞대어 소매 쪽에서 재봉틀로 소매 아래 표
시 부분까지 박습니다. 각은 재봉틀 바늘을 꽂은 상태에서 원단의
방향을 바꾸면 박기 쉽습니다.

4-② 봉제된 시접은 오버로크 박음질 또는 지그재그 박음질을 하여 처
리합니다.

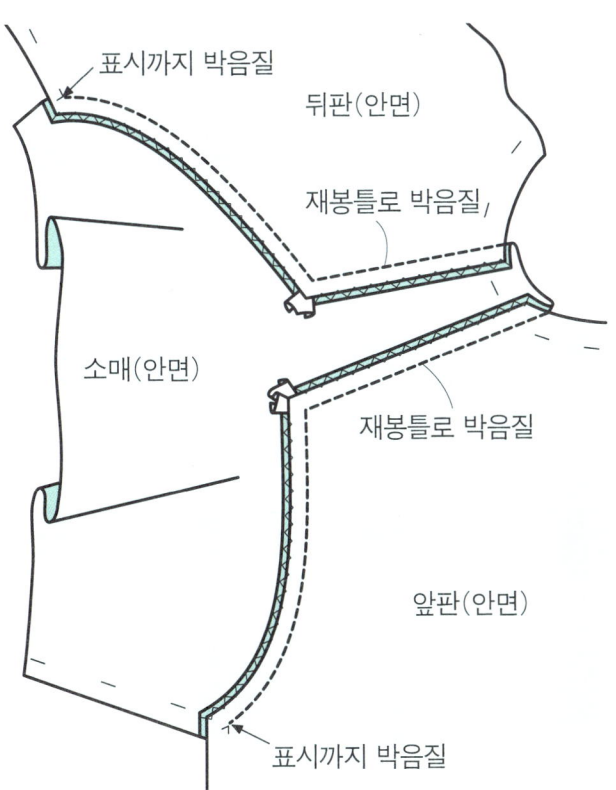

4-③ 겉면 쪽에서 봉제선을 다림질합니다.

4-④ 시접을 소매 쪽으로 접습니다.

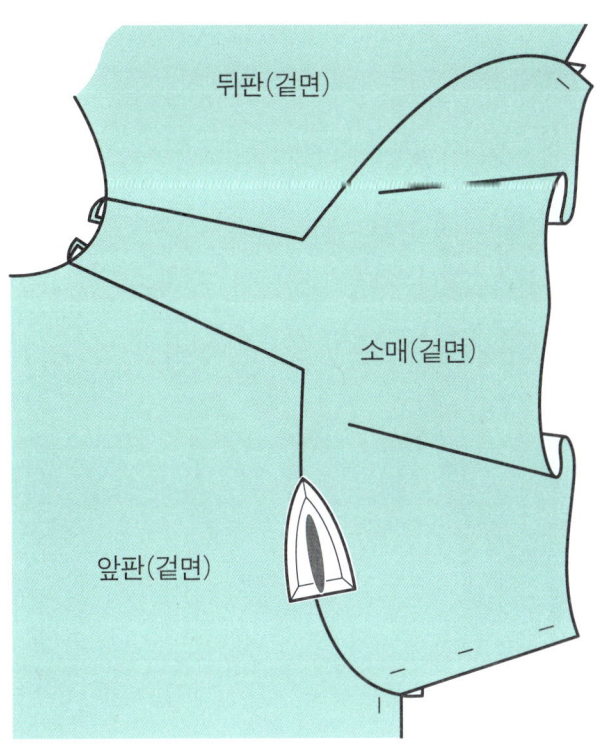

5. 옆선 및 소매 아랫선 박기

5-① 옆선과 소매 아랫선 시접을 오버로크 박음질 또는 지그재그 박음
질 하여 처리합니다.

5-② 몸판의 겉면끼리, 소매의 겉면끼리 각각 맞춰 옆솔기선에서 소매 아
랫선까지 쭉 이어 박습니다.

5-③ 시접을 다리미로 가름솔 처리합니다.

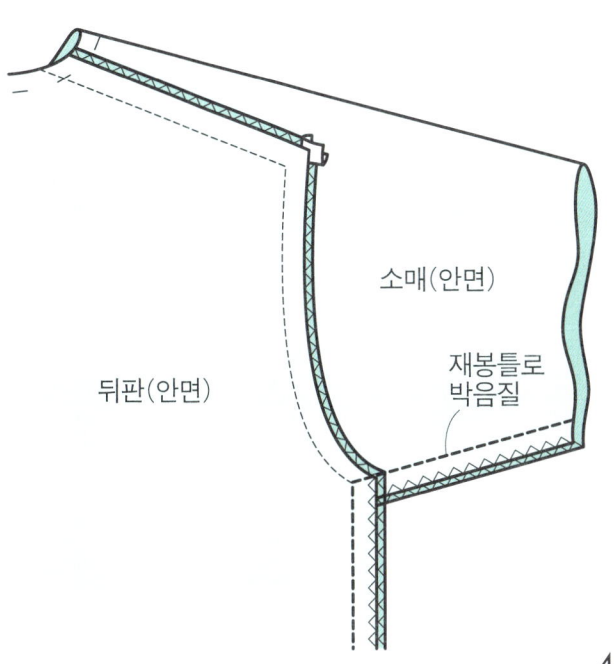

솔기선을 이용한 소맷부리 트임

소매 아래 솔기선을 이용해서 만든 슬래시 트임입니다. 트임을 눈에 띄게 하고 싶지 않을 때, 또는 간단히 소맷부리 트임을 만들고자 할 때 이용합니다.
커프스를 단 후에 소매 아래를 박는 방법으로 소개하겠습니다.

1. 소매 재단하기

소매를 재단합니다. 트임 끝점 위치에 표시를 합니다.

소매(안면)

트임 끝점

2. 시접 처리하기

소매 아래 시접을 오버로크 박음질 또는 지그재그 박음질 하여 처리합니다.

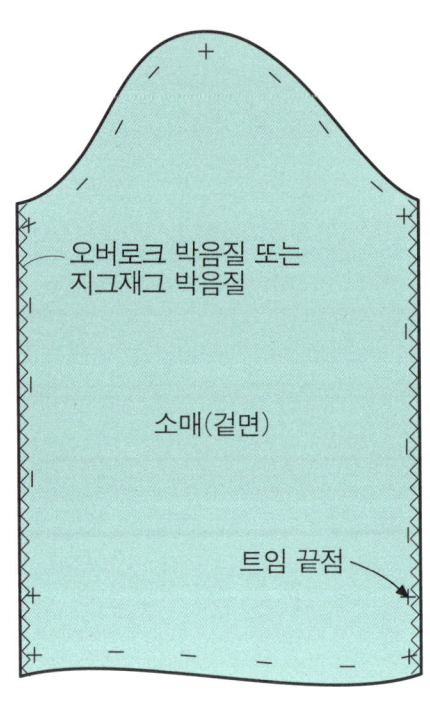

오버로크 박음질 또는 지그재그 박음질

소매(겉면)

트임 끝점

3. 소맷부리에 홈질하기

3-① 소매 아래 시접을 트임 끝점 위치까지 그림과 같이 다리미로 접습니다.
3-② 소맷부리 시접에 홈질(201쪽 참조)합니다.

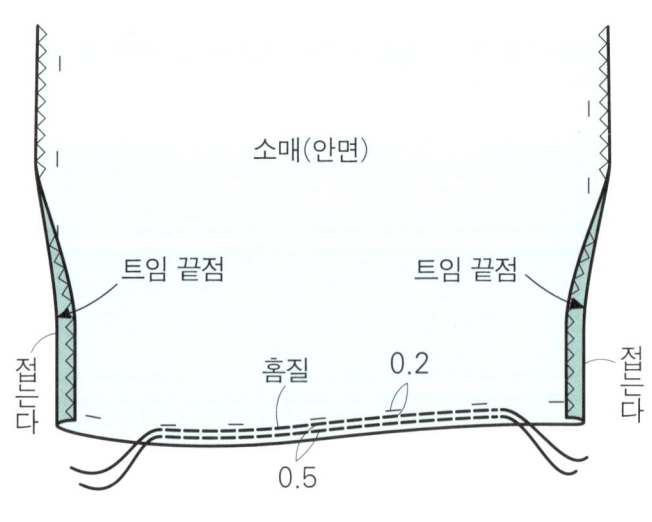

소매(안면)

트임 끝점   트임 끝점

접는다   홈질   0.2   접는다

0.5

4. 소맷부리에 커프스 달기

4-① 홈질한 실을 잡아당겨 소맷부리를 커프스 치수로 줄입니다.

4-② 커프스를 답니다. 커프스 다는 방법은 478~481쪽을 참조하세요.

5-② 5-①의 상태에서 봉제선을 다림질합니다.

5-③ 다리미로 시접을 가름솔 처리합니다.

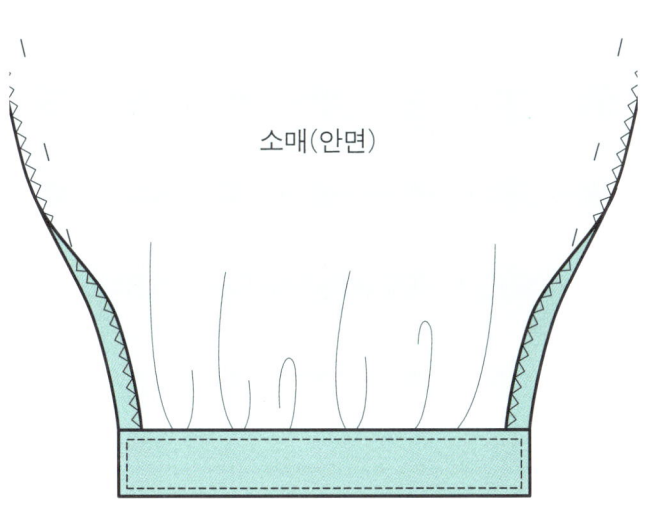

소매(안면)

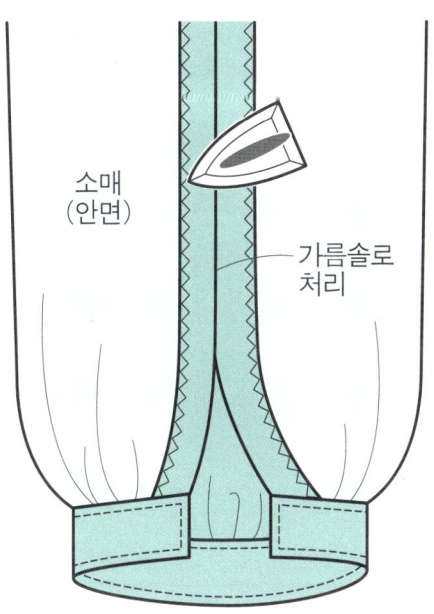

소매
(안면)

가름솔로
처리

5. 소매 아래 박기

5-① 소매를 겉면끼리 맞대어 소매 아래 트임 끝점 위치까지 박습니다.

5-④ 시접이 움직이지 않도록 트임 주변을 재봉틀로 박습니다.

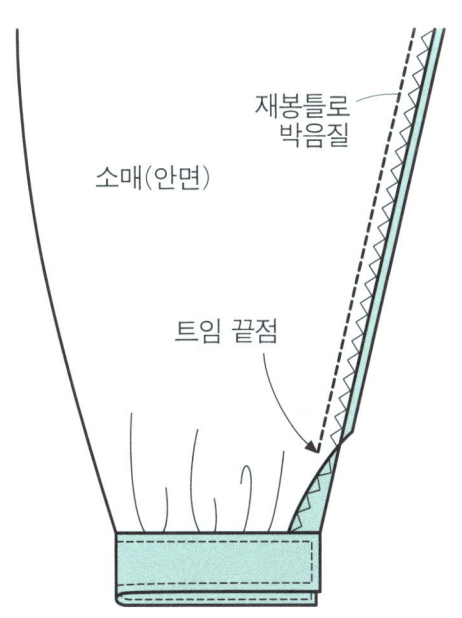

소매(안면)

재봉틀로
박음질

트임 끝점

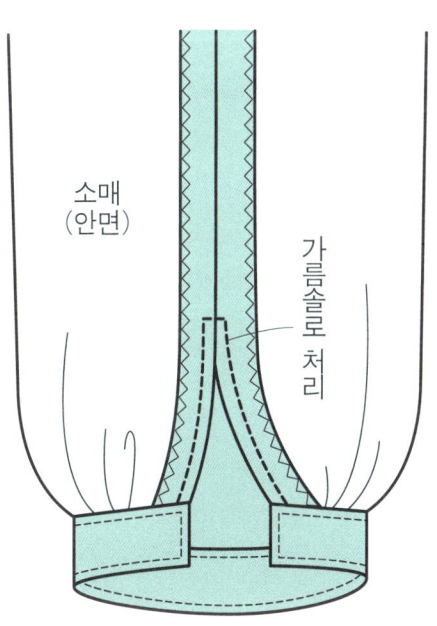

소매
(안면)

가름솔로
처리

슬래시 트임 소맷부리

목둘레의 슬래시 트임과 만드는 방법이 같습니다. 트임을 만들 위치는 중심선에서 뒤쪽으로 합니다. 깔끔하게 완성하는 포인트는 트임 슬릿 끝에 가위집을 바짝 내어 다리미로 모양을 잡아주는 것입니다.

2. 안단 천 재단하기

2-① 안단 천을 재단합니다.
2-② 재단선은 오버로크박기 또는 지그재그박기를 하여 처리합니다.

3. 안단을 소맷부리에 겹쳐 놓기

3-① 슬래시 위치에서 소매와 안단 천을 겉면끼리 맞춥니다.
3-② 시침핀 또는 시침실로 고정해둡니다.

1. 소매 재단하기

소매를 재단하여 슬래시 위치를 표시합니다.

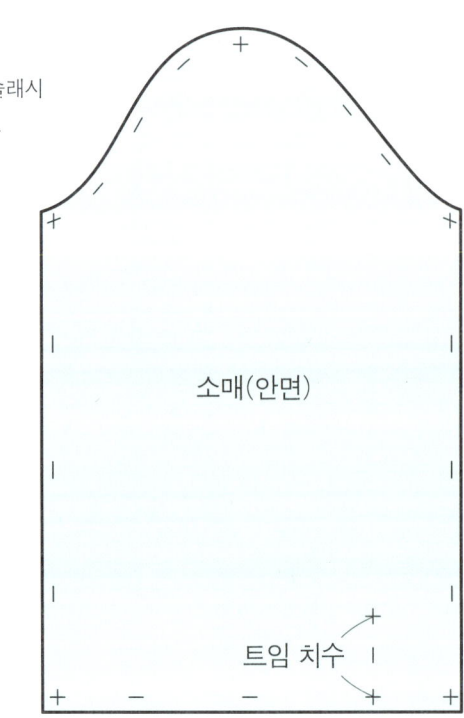

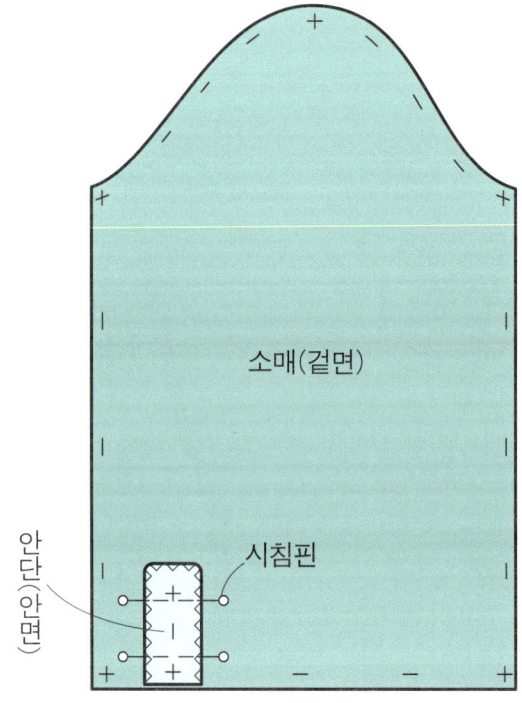

4. 슬래시 위치에 재봉틀 박기

4-① 슬래시 위치를 중심으로 하여 0.2cm의 폭으로 표시한 주변을 재봉틀로 박습니다.

4-② 그 상태에서 봉제선을 다림질합니다.

5. 안단을 안면으로 뒤집기

5-① 안단 천을 소매 안면으로 뒤집습니다.

5-② 다림질합니다.

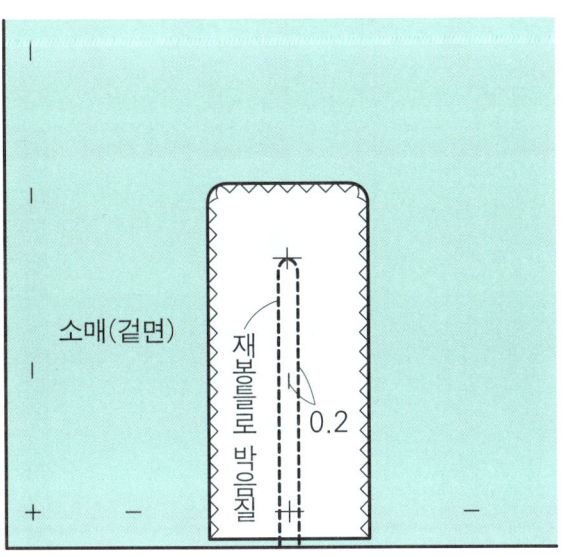

소매(겉면)

재봉틀로 박음질

0.2

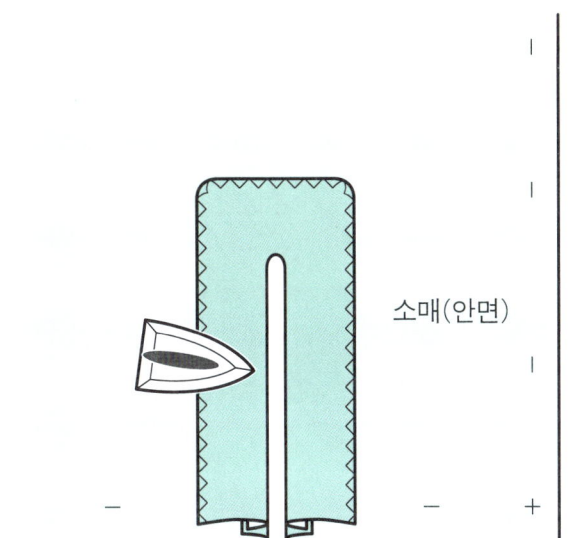

소매(안면)

4-③ 슬래시 표시의 0.1~0.2cm 앞쪽까지 가위집을 넣습니다.

5-③ 슬래시 둘레를 봉제선에서 0.2cm 정도의 폭으로 재봉틀로 박습니다.

* 소매 아랫선을 박고 커프스를 달아줍니다.

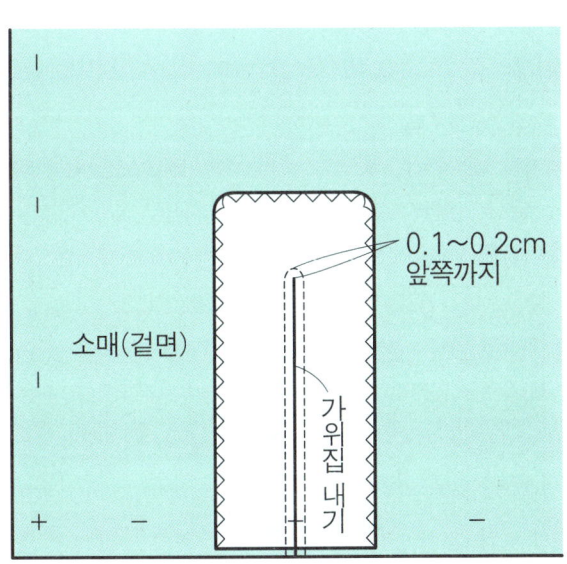

소매(겉면)

0.1~0.2cm
앞쪽까지

가위집 내기

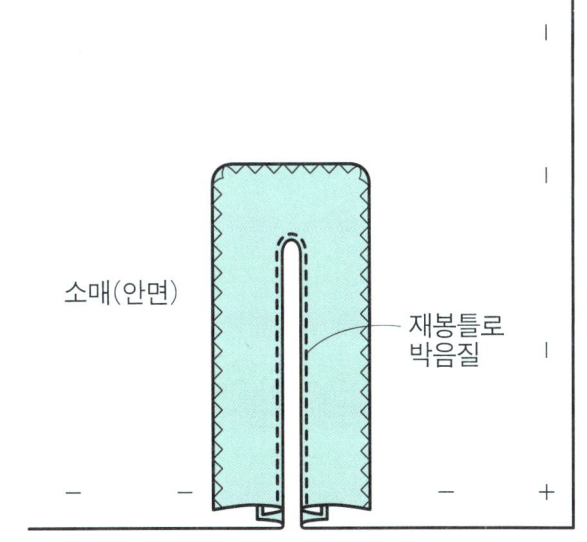

소매(안면)

재봉틀로
박음질

밑덧단을 단 소맷부리 트임

밑덧단과 안단을 1장의 원단으로 만드는 방법입니다. 깔끔하게 완성해 보세요. 가위집을 넣은 후 꿰매 붙이므로 올이 풀리기 쉬운 원단이나 두꺼운 원단에는 적합하지 않습니다.

1. 소매 재단하기

소매를 재단합니다. 트임 위치에 표시를 합니다.

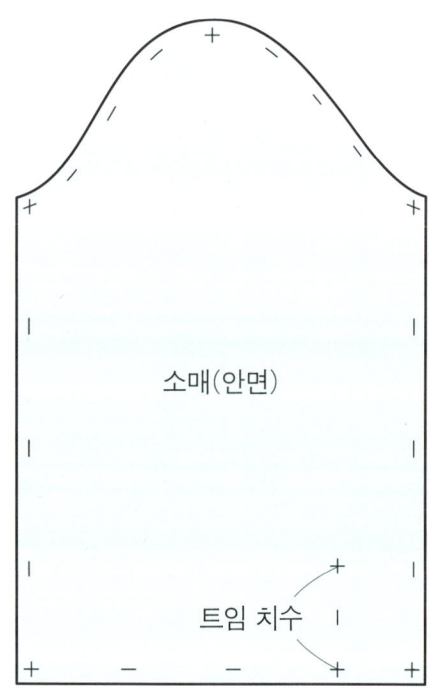

2. 밑덧단 안단 천을 재단하기

2-① 트임 치수의 2배로 시접을 주어 밑덧단 안단 천을 재단합니다.

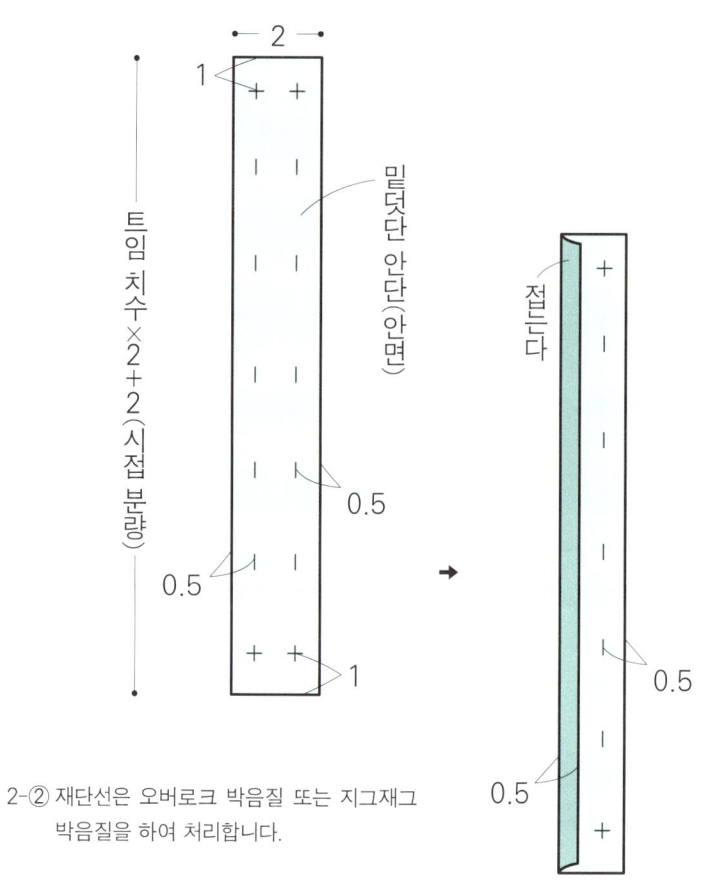

2-② 재단선은 오버로크 박음질 또는 지그재그 박음질을 하여 처리합니다.

3. 트임 위치에 재봉틀 박기

원단의 올이 풀리지 않도록 재봉틀을 박습니다. 소맷부리 트임 위치는 0.3cm 폭으로 삼각형 모양으로 재봉틀을 박습니다.

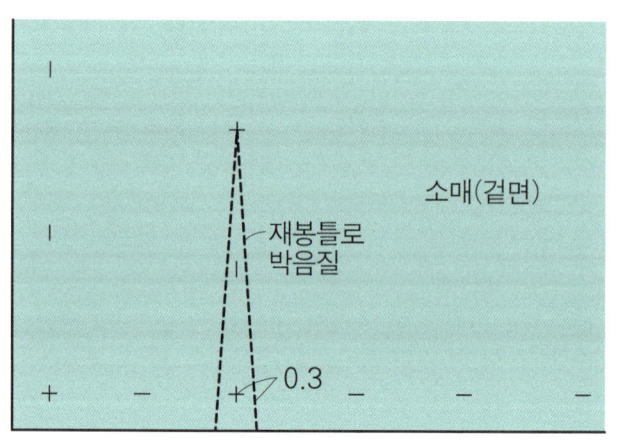

✧ 재봉틀로 박을 때는 바느질 시작과 끝을 되돌아박기 합니다.

4. 트임 위치에 가위집 넣기

트임 치수의 위치까지 가위집을 넣습니다. 봉제선을 자르지 않도록 주의하세요.

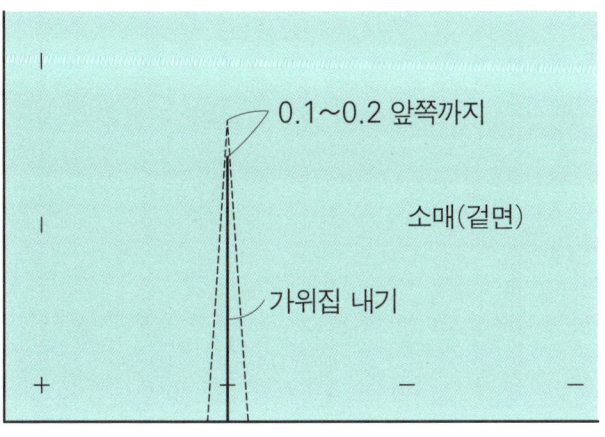

5-④ 밑덧단 안단 천을 소맷부리 쪽으로 접습니다.

5-⑤ 밑덧단 안단 천을 봉제선이 가려지도록 소매 겉면 쪽으로 다리미로 접어줍니다.

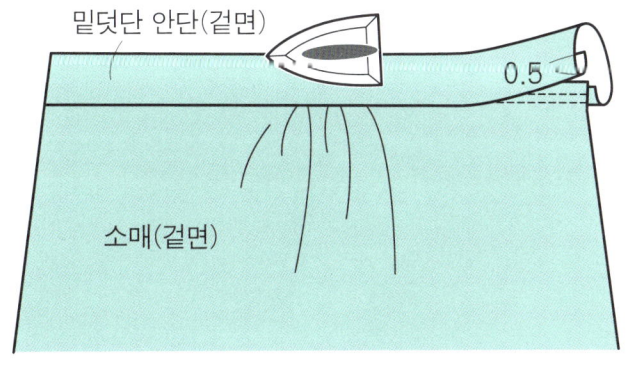

5-⑥ 소매 겉면에서 밑덧단 안단 천 바로 옆을 재봉틀로 박습니다.

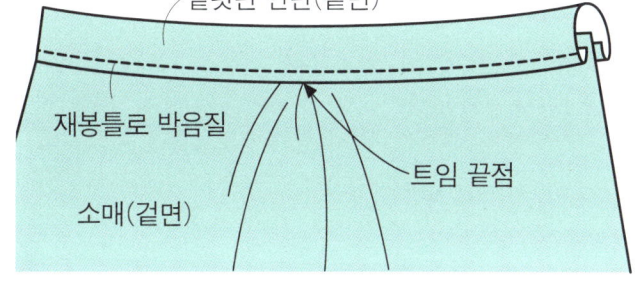

5. 밑덧단 안단 천을 달기

5-① 가위집 위치를 일직선이 되도록 가름솔 처리합니다.

5-② 밑덧단 안단 천의 겉면과 소매 안면을 맞춰 시침핀으로 고정합니다.

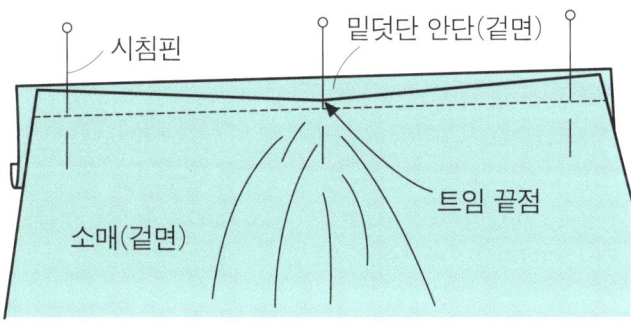

5-③ 겉면에서 0.5cm의 폭에 재봉틀로 박아줍니다.

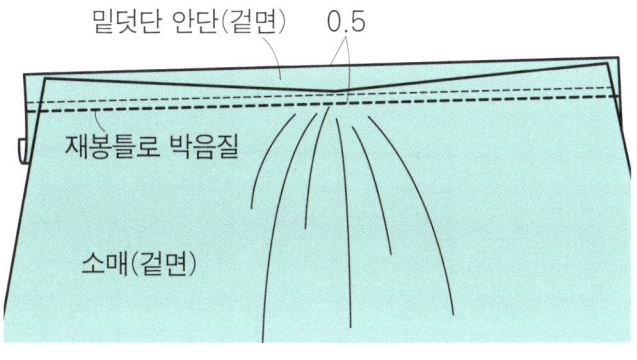

6. 밑덧단 안단 천의 안쪽을 박기

6-① 소매를 겉면끼리 맞대어 밑덧단 안단 천을 접어서 어슷하게 재봉틀로 박습니다.

6-② 밑덧단 안단 천을 앞판 소매 쪽으로 접습니다.

* 소매 아랫선을 봉제하고 커프스를 달아줍니다.

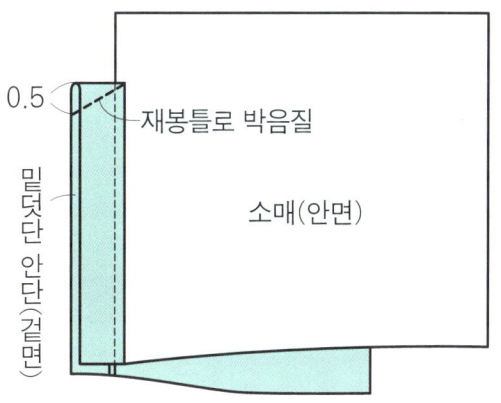

덧단 트임 소맷부리

남성복 Y셔츠에서 반드시 볼 수 있는 소맷부리의 트임입니다. 여성복 셔츠블라우스에서도 흔히 볼 수 있습니다. 수고스럽기는 해도 튼튼하게 완성됩니다.

1. 덧단 천과 밑덧단, 소매를 재단하기

덧단 천과 밑덧단은 소맷부리 부분에 1cm, 그 이외는 0.7cm의 시접을 주어 각각 재단하여 표시를 해둡니다.

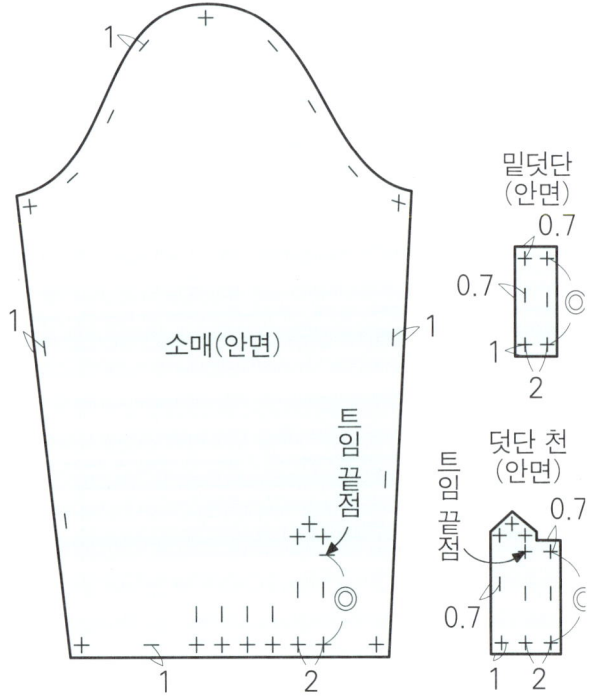

2. 덧단 천과 밑덧단에 접착심지 붙이기

덧단 천과 밑덧단 각각에 얇은 접착심지를 붙입니다.

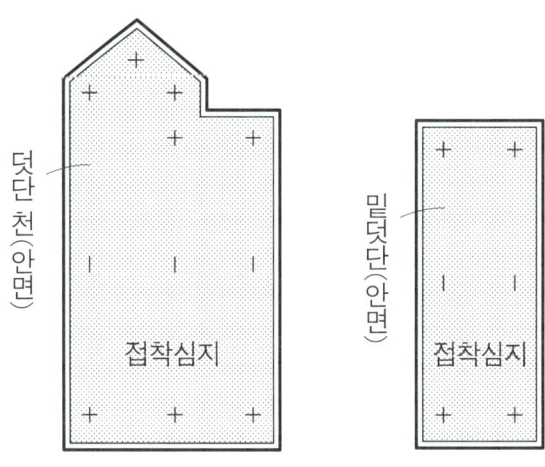

3. 덧단 천과 밑덧단을 각각 완성선에 맞춰 접기

3-① 덧단 천 시접을 다리미로 접어 중심에서 접습니다.

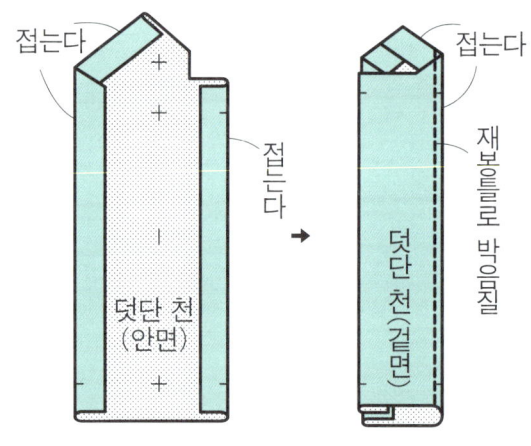

3-② 밑덧단 시접을 다리미로 접어 중심에서 접습니다.

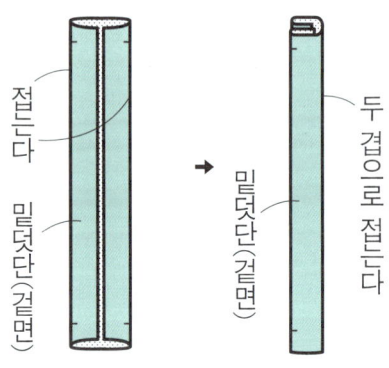

4. 트임 위치에 가위집 넣기

덧단을 달 위치의 중심에 가위집을 넣습니다. 길이는 밑덧단의 길이와 같은 치수가 됩니다.

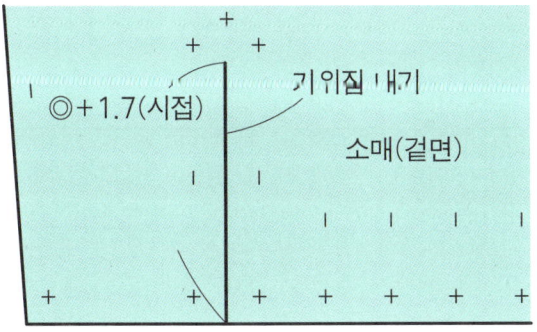

5. 밑덧단 달기

덧단을 달 위치의 표시에 맞춰 소매를 밑덧단으로 끼워 재봉틀을 박습니다.

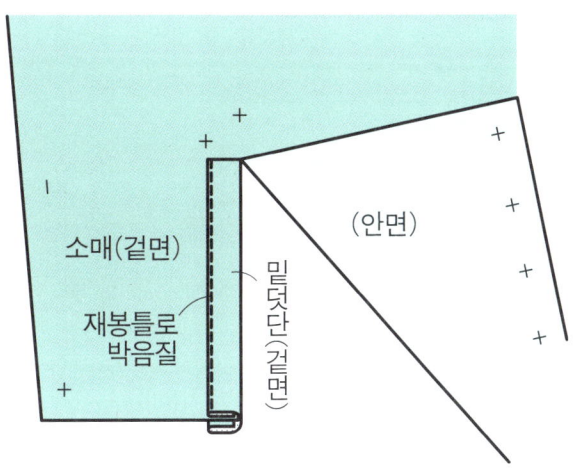

6. 덧단 천 달기

덧단을 달 위치의 표시에 맞춰 소매를 덧단 천으로 끼워 재봉틀로 박습니다.

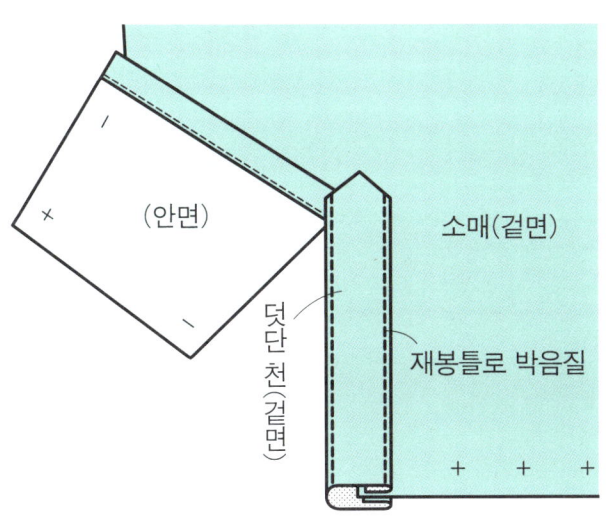

7. 밑덧단과 덧단 천을 완성선처럼 겹쳐서 박기

밑덧단과 덧단 천을 완성선처럼 겹쳐서 재봉틀로 박아 고정합니다.

* 손목 둘레의 주름을 잡고, 소매 아랫선을 봉제한 후 커프스를 달아줍니다.

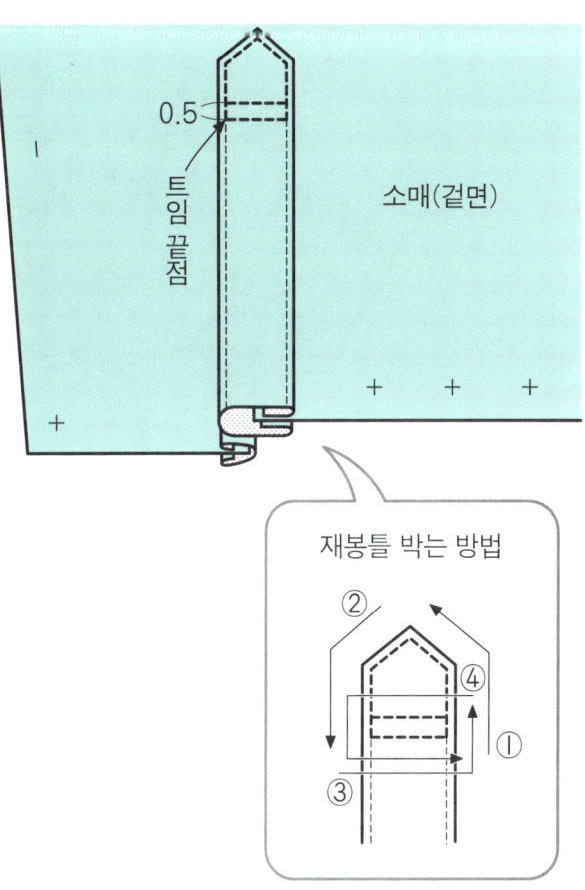

안쪽에서 본 그림

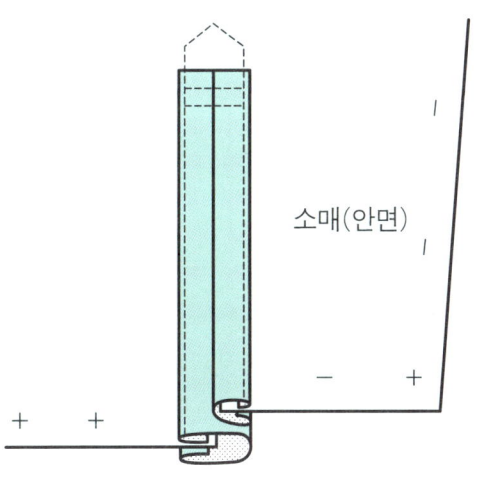

셔츠 커프스

일반적인 커프스입니다. 여기서는 밑덧단을 달지 않았지만, 밑덧단을 다는 경우 소매 뒤쪽에 달아주세요. 또한, 겉 커프스와 안 커프스를 따로 재단해도 상관없습니다.

1. 키프스 재단하기

겉 커프스, 안 커프스를 이어서 재단합니다.

2. 접착심지 붙이기

2-① 커프스 안면에 완성선 크기로 재단한 접착심지를 다리미로 붙입니다.

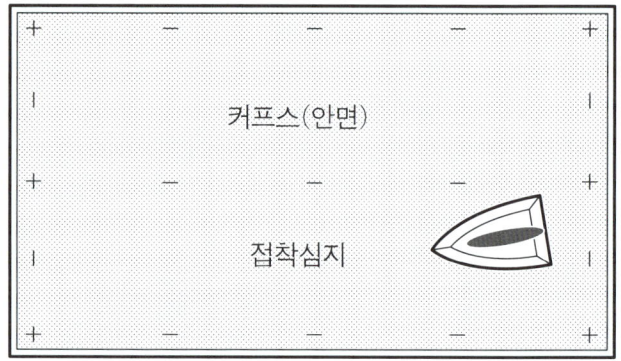

2-② 안 커프스 시접을 완성선을 따라 다리미로 접습니다.

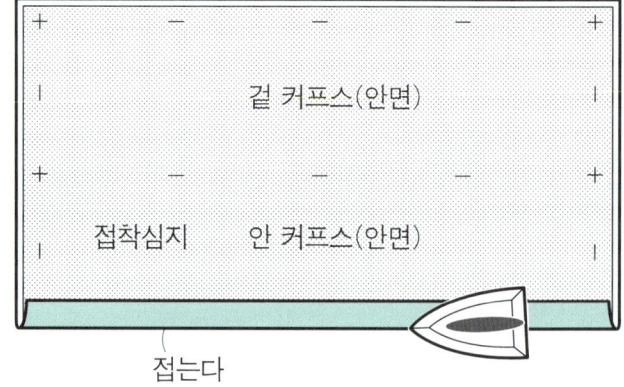

3. 커프스 양 가장자리 박기

3-① 겉 커프스와 안 커프스를 겉면끼리 맞대어 시침핀으로 고정합니다.

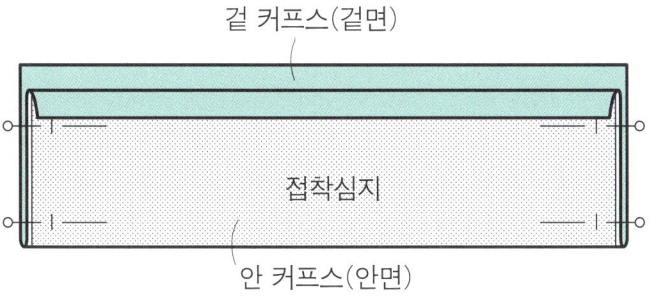

겉 커프스(겉면)

접착심지

안 커프스(안면)

3-② 커프스 양 가장자리를 박습니다. 박을 때는 완성선 표시 위치까지 박아주세요.

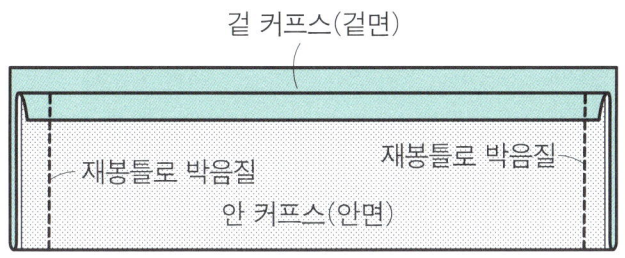

겉 커프스(겉면)

재봉틀로 박음질　　　　　재봉틀로 박음질

안 커프스(안면)

3-③ 모서리의 겹치는 시접은 잘라냅니다.
3-④ 시접은 다리미로 가름솔 처리합니다.

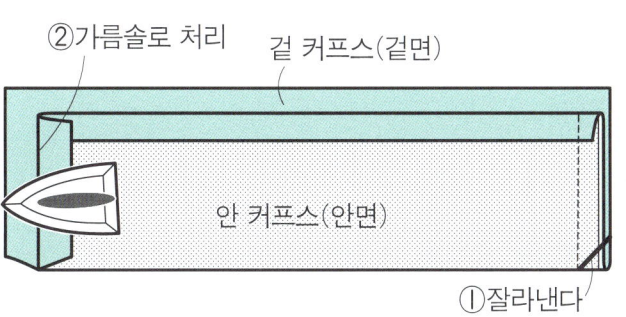

②가름솔로 처리　　겉 커프스(겉면)

안 커프스(안면)

①잘라낸다

4. 커프스를 겉으로 뒤집기

4-① 커프스를 겉으로 뒤집습니다.
4-② 다림질합니다.

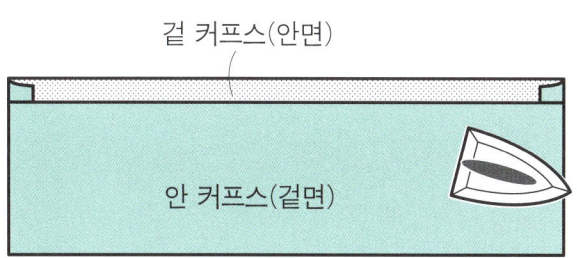

겉 커프스(안면)

안 커프스(겉면)

5. 소맷부리를 홈질하기

소맷부리 시접에 흰색 시침실 1가닥으로 홈질(201쪽 참조)합니다.

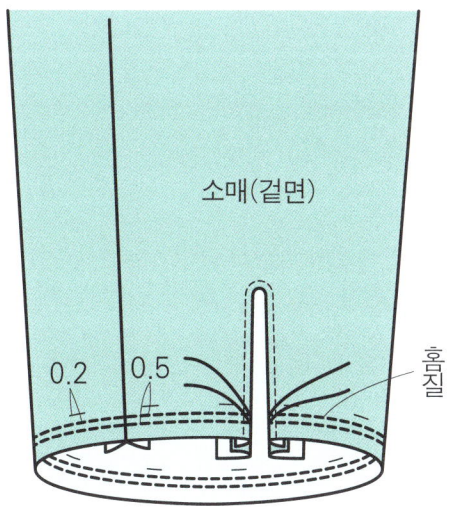

소매(겉면)

0.2　0.5

홈질

6. 소맷부리를 완성선에서 맞춰 줄이기

홈질한 실을 잡아당겨 커프스를 달 치수로 줄입니다.

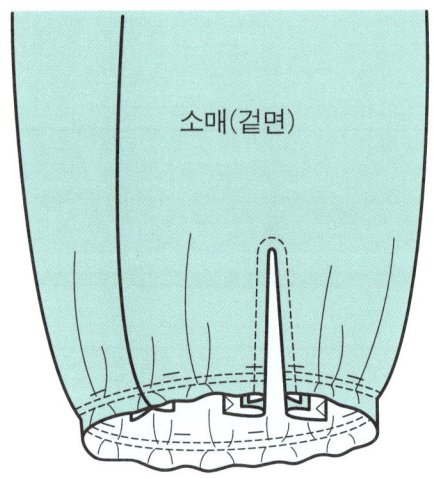

7. 커프스 달기

7-① 겉 커프스와 소매를 겉면끼리 맞대어 시침핀으로 고정한 후 개더의 균
　　 형을 살핍니다. 시침핀만으로는 안심이 안 되는 경우는 시침실을 사
　　 용해 시침해도 좋습니다.

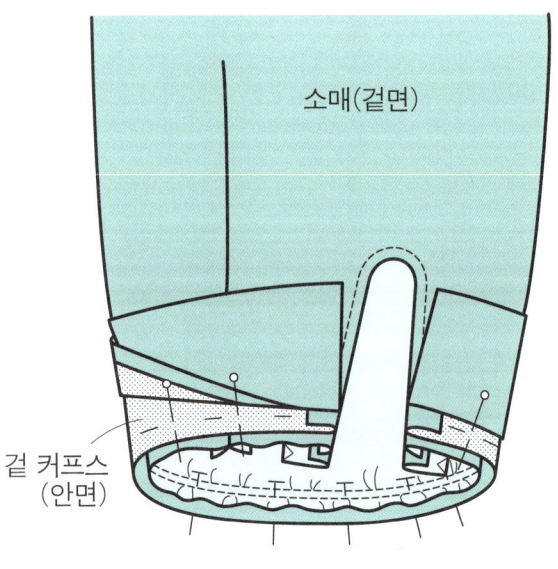

7-② 안 커프스를 피하면서 소맷부리를 한 바퀴 쭉 재봉틀로 박아줍니다.

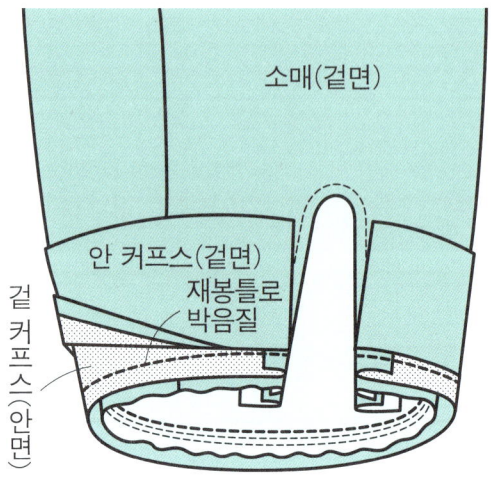

7-③ 겉 커프스를 겉으로 하여 시접을 모두 커프스 안쪽에 넣습니다.

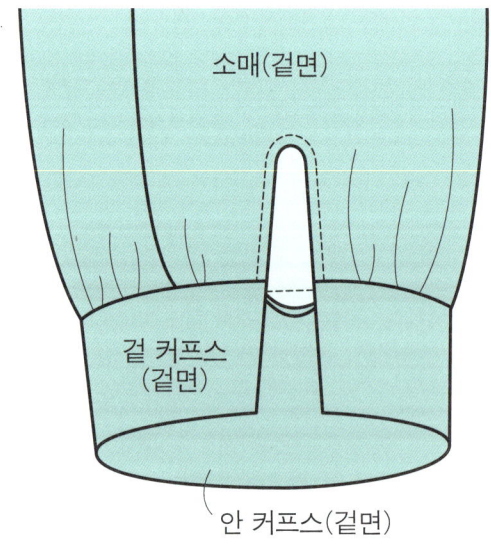

8. 커프스 감치기

8-① 소매를 안면으로 뒤집습니다.

8-② 안 커프스를 소맷부리 봉제선 바로 옆에 촘촘히 감쳐줍니다. 커프스는 재봉틀로 박지 않을 때는 이대로 10의 과정으로 진행합니다.

9-② 겉면에서 9-①의 봉제선에 이어 커프스 둘레를 재봉틀로 박습니다.

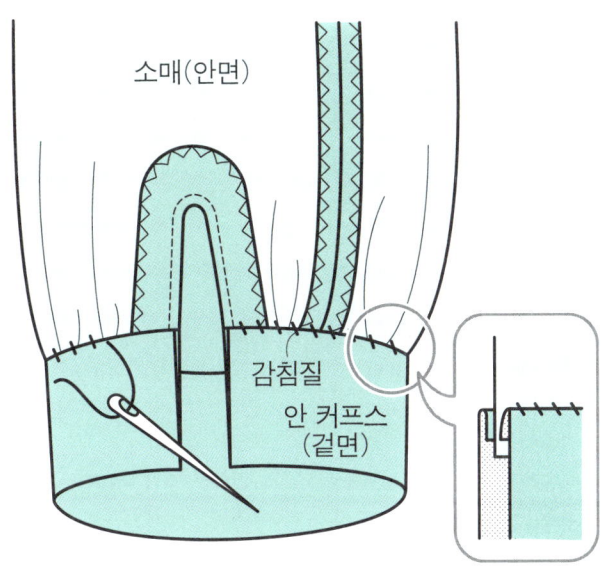

소매(안면)

감침질

안 커프스
(겉면)

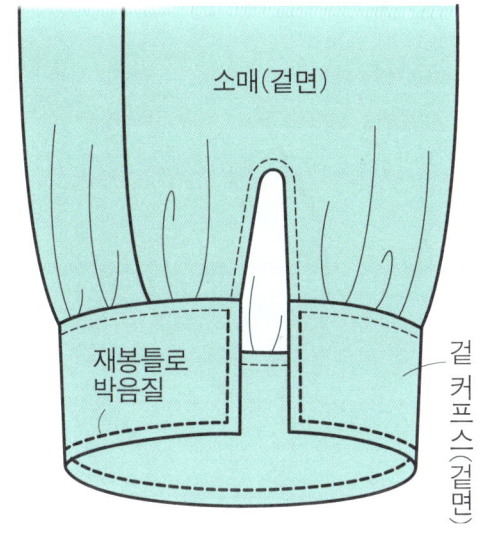

소매(겉면)

재봉틀로
박음질

겉
커프스(겉면)

9. 커프스 박기

9-① 안 커프스 쪽에서 재봉틀을 박습니다.

10. 단춧구멍을 만들고, 단추 달기

커프스 앞판 소매 쪽에 단춧구멍을 만들고 뒤판 소매 쪽에 단추를 답니다.

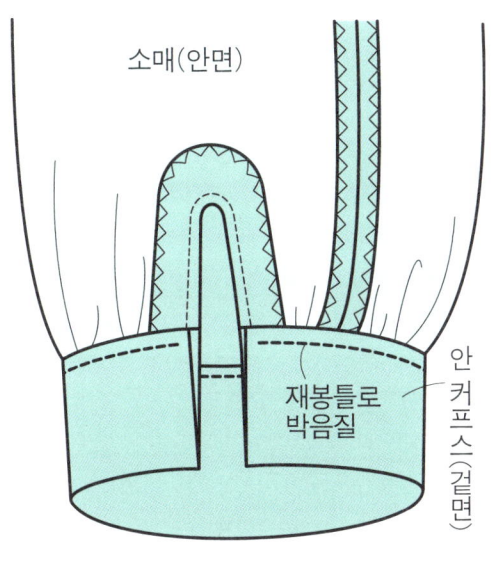

소매(안면)

재봉틀로
박음질

안
커프스(겉면)

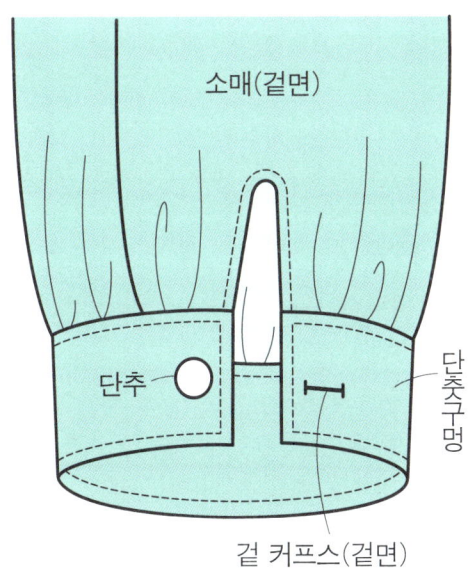

소매(겉면)

단추

단춧구멍

겉 커프스(겉면)

바이어스 바인딩 커프스

바이어스 방향으로 재단한 커프스를 답니다. 개더가 풍성하게 들어가는 디자인이나 두꺼운 원단인 경우에는 커프스의 폭을 넓게 하지 않으면 시접을 다 감싸지 못해 바느질하기 어려워지므로 주의하세요.

1. 커프스 재단하기

바이어스 방향으로 커프스 폭의 4배 크기로 재단합니다.

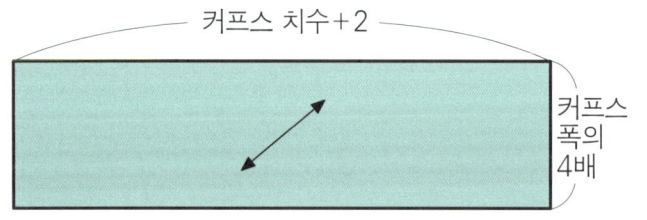

2. 커프스 접기

커프스를 그림과 같이 접습니다.

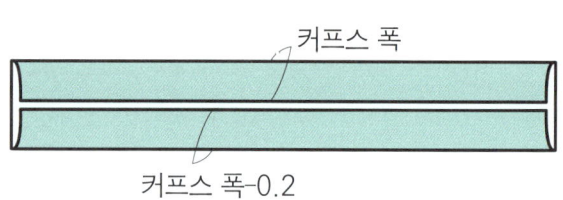

3. 소맷부리에 개더 잡기

3-① 소매 아래 시접에 오버로크 박음질 또는 지그재그 박음질을 하여 처리합니다.

3-② 소맷부리 시접에 두 줄로 홈질(201쪽 참조)합니다.

3-③ 홈질한 실을 잡아당겨 개더를 잡고 지정 치수로 줄입니다.

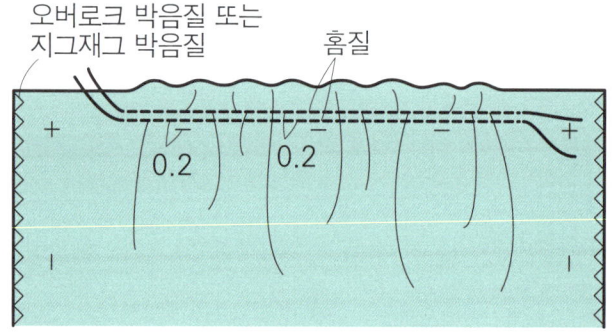

4. 소맷부리에 커프스 달기

커프스 폭의 접은 선과 소매의 표시를 맞춰 재봉틀로 박습니다.

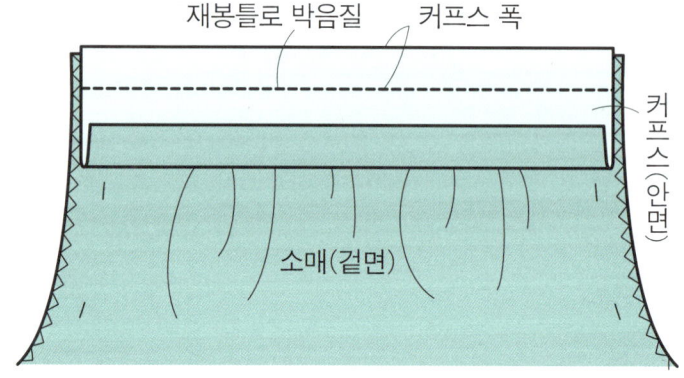

※ 재봉틀로 박을 때는 바느질 시작과 끝을 되돌아박기 합니다.

5. 커프스 접기

커프스를 완성선 상태로 접어보고 안쪽 커프스가 0.2cm 정도 긴지를 확인합니다.

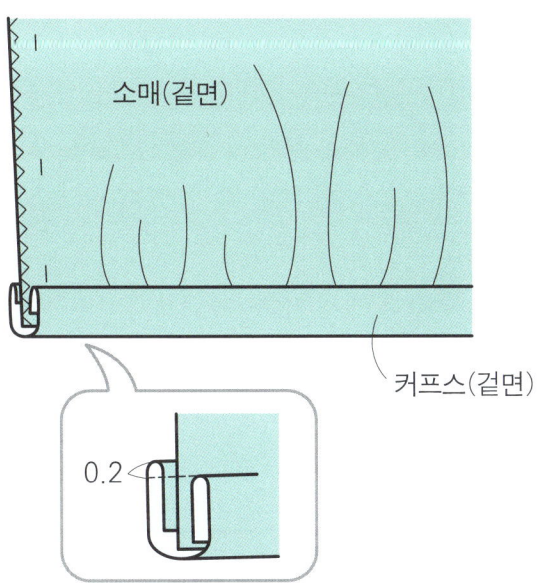

7. 커프스 접기

7-① 소매 아래 시접을 다리미로 가름솔 처리합니다.
7-② 커프스를 완성선 치수로 접습니다.

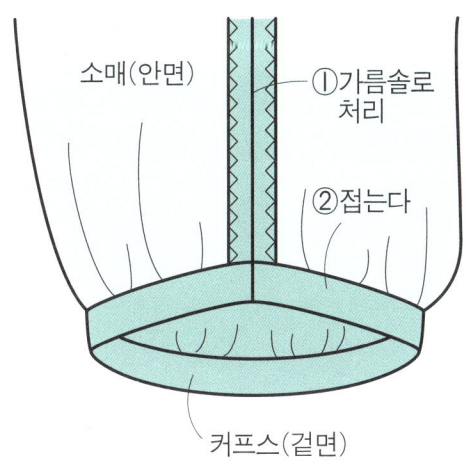

6. 소매아래 박기

6-① 커프스를 펴서 시접을 커프스 쪽으로 접습니다.
6-② 소매를 겉면끼리 맞춰 소매 아래를 박습니다.

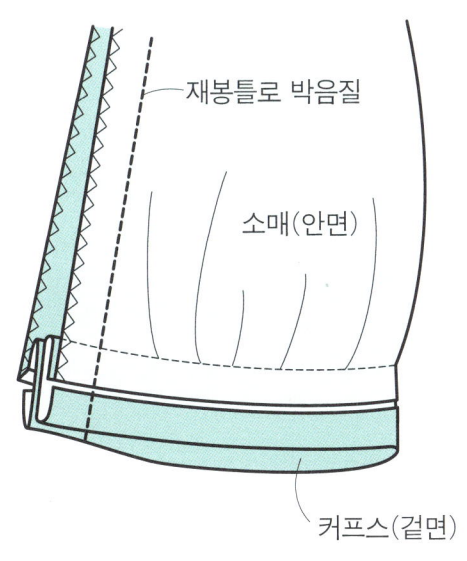

8. 가장자리 박기

소매 겉면에서 커프스 바로 옆을 재봉틀로 박습니다. 박을 때는 안 커프스가 어긋나지 않도록 주의하여 박습니다.

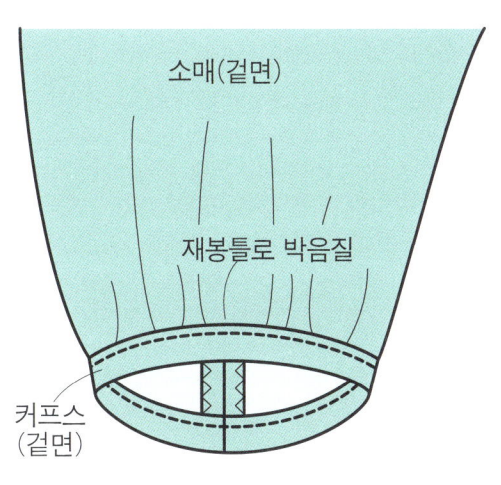

이어서 재단한 커프스

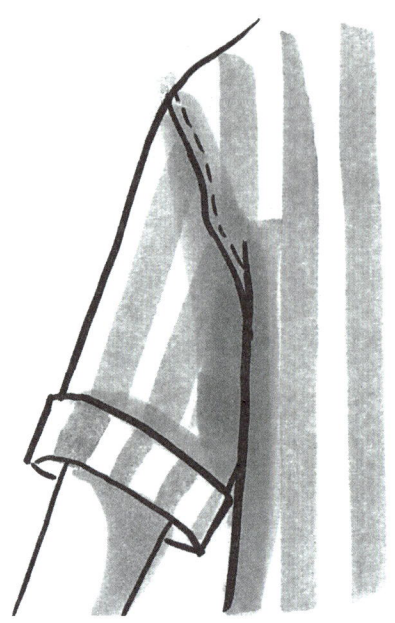

소매에 이어서 재단하여 접어 올려 만드는 커프스입니다. 소맷부리뿐 아니라 바지나 퀼롯(치마바지) 밑단을 처리할 때도 마찬가지로 만듭니다. 커프스를 만들 때는 3배의 커프스 폭을 이어서 재단합니다.

1. 소매와 커프스를 이어서 재단하기

커프스를 완성선으로 접은 상태에서 소매 아래 시접을 줍니다. 시접의 치수가 부족하지 않도록 그림과 같이 재단합니다.

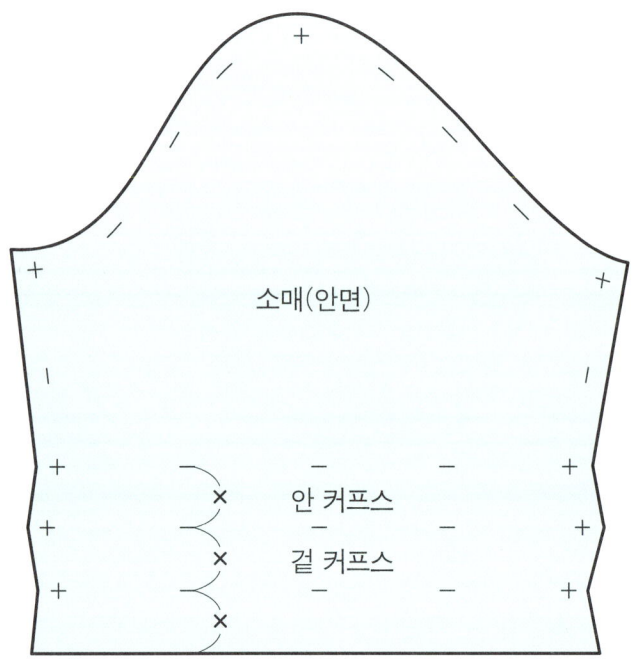

소매(안면)

안 커프스

겉 커프스

2. 소매 시접 처리하기

2-① 소매 아래 시접 및 커프스 재단선을 오버로크 박음질 또는 지그재그 박음질 하여 처리합니다.

2-② 소매 아래는 안 커프스 앞쪽까지 시접을 처리합니다.

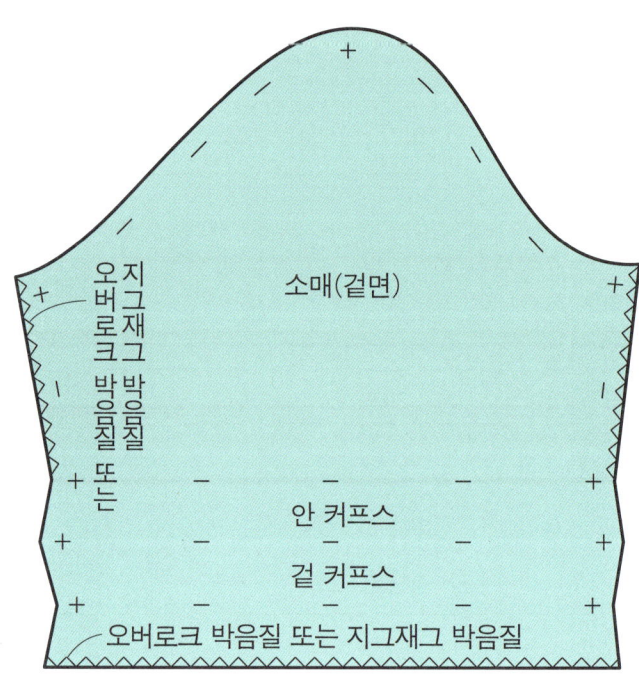

지그재그 박음질 또는 오버로크 박음질

소매(겉면)

안 커프스

겉 커프스

오버로크 박음질 또는 지그재그 박음질

3. 소매 아래 박기

3-① 소매를 겉면끼리 맞대어 두 겹으로 접습니다.

3-② 소매 아래의 표시를 맞춥니다.

3-③ 재봉틀로 박습니다.

재봉틀로 박음질

소매(안면)

4. 소매 아래 시접 가르기

4-① 그 상태에서 봉제선을 다림질합니다.

4-② 시접에 가위집을 넣어 다리미로 가름솔 처리합니다.

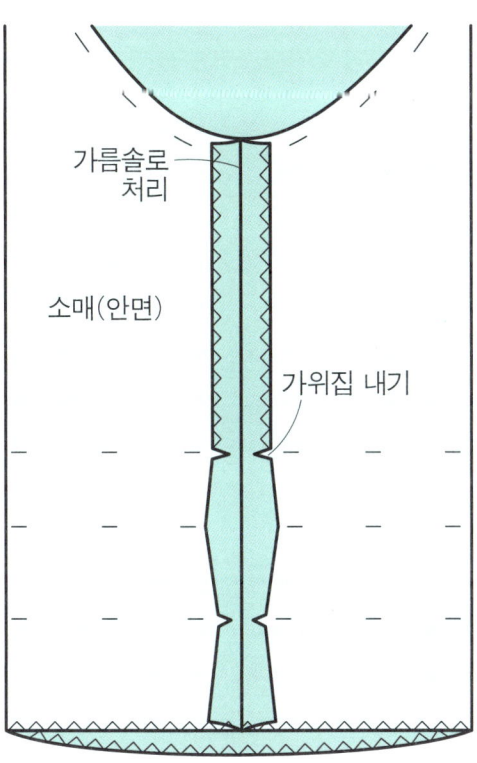

가름솔로 처리

소매(안면)

가위집 내기

5. 커프스 접기

소맷부리 재단선에서 두 번째 줄 표시 위치의 소매를 안면 쪽으로 접고 다리미로 확실하게 선이 생기도록 접어줍니다.

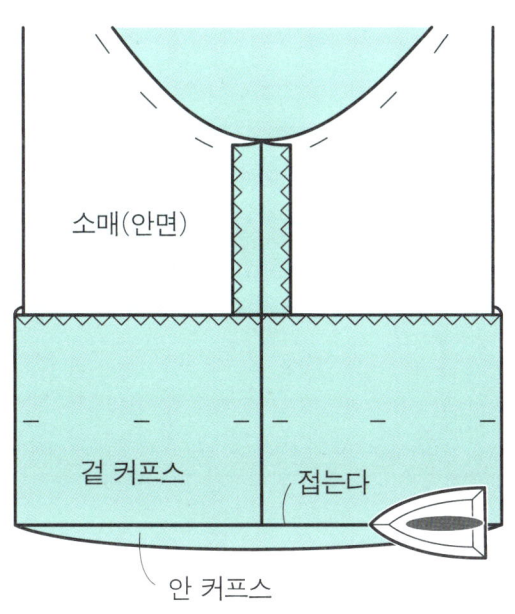

소매(안면)

겉 커프스

접는다

안 커프스

6. 커프스 감치기

시접 가장자리를 소매에 촘촘하게 감침질합니다.

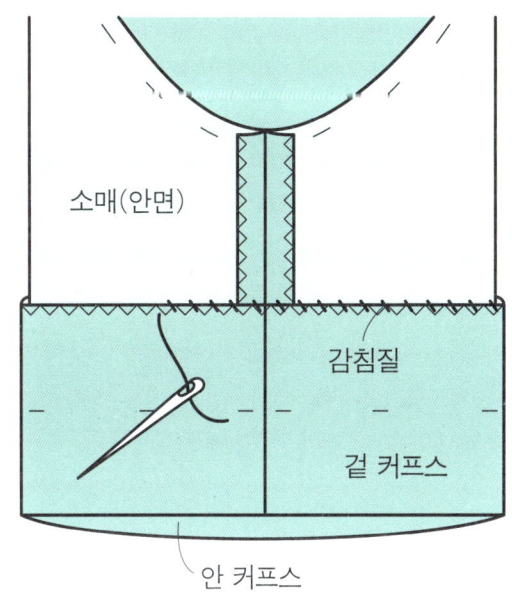

소매(안면)

감침질

겉 커프스

안 커프스

7. 커프스를 완성선으로 접기

7-① 소매를 겉으로 뒤집습니다.

7-② 완성선을 따라 겉쪽으로 접어 다리미로 확실하게 선이 생기도록 접어줍니다.

7-③ 이 상태로는 커프스가 접은 선에서 벌어지게 되므로 소매 옆선과 안 커프스를 2~3cm 감칩니다.(스티치를 하는 경우는 5, 6의 과정에서 합니다.)

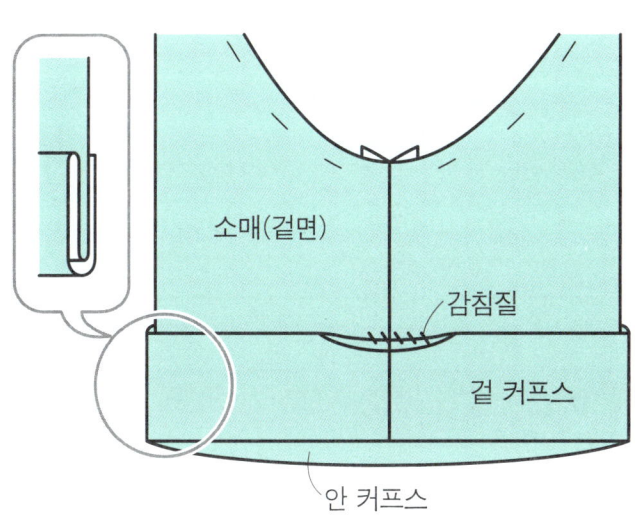

소매(겉면)

감침질

겉 커프스

안 커프스

따로 재단한 커프스

다른 천으로 커프스를 만들 때나 원단이 두꺼워 이어서 재단하기 어려운 경우에 이용합니다. 소맷부리에 커프스가 없어지게 하는 것이 아니라, 별도의 천이 달린 것처럼 만드는 방법입니다.

1. 소매와 커프스를 재단하기

소매와 커프스를 재단합니다. 소맷부리에는 시접을 2cm 줍니다.

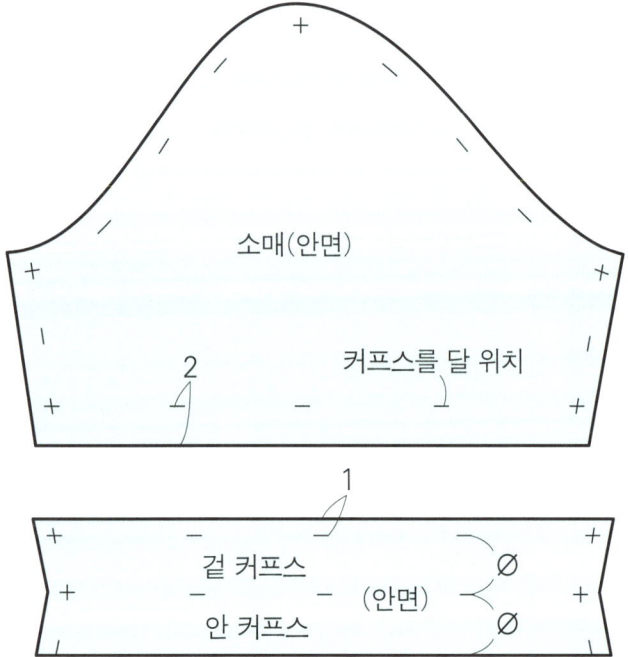

2. 커프스에 접착심지 붙이기

겉 커프스의 안면에 다리미로 접착심지를 붙입니다.

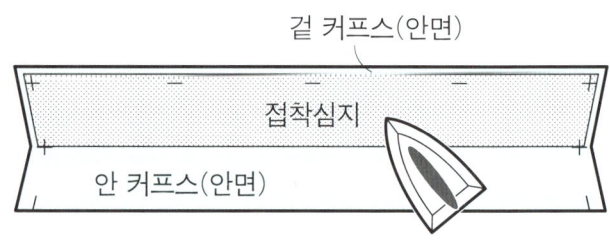

3. 소매에 커프스 달기

3-① 소매와 겉 커프스를 겉면끼리 맞대어 재봉틀로 박습니다.

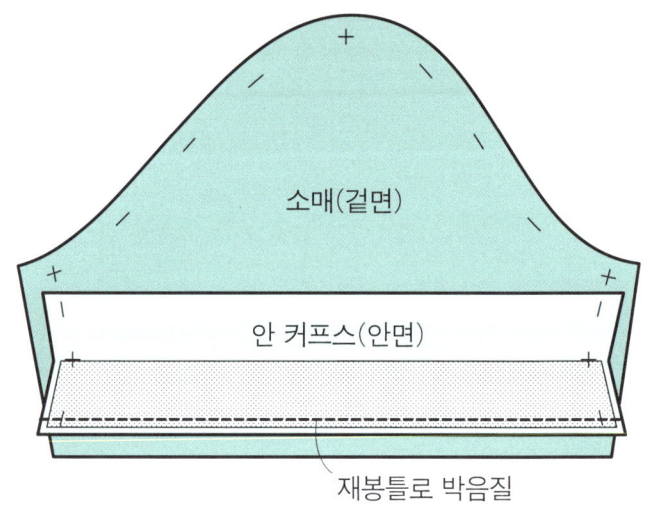

재봉틀로 박음질

3-② 그 상태에서 봉제선을 다림질합니다.
3-③ 커프스를 소맷부리 방향으로 뒤집어 다리미로 접습니다.
3-④ 시접은 커프스 쪽으로 접습니다.

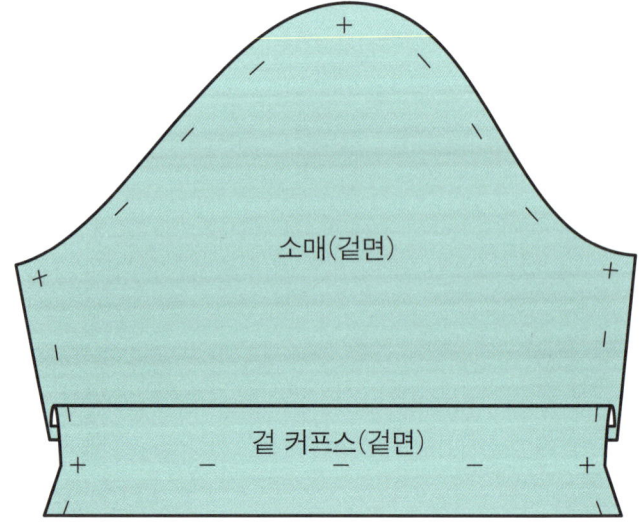

4. 소매 아래 시접 처리하기

4-① 소매 아래 시접에 오버로크 박음질 또는 지그재그 박음질을 합니다.
4-② 겉 커프스 가장자리를 재봉틀로 박습니다.

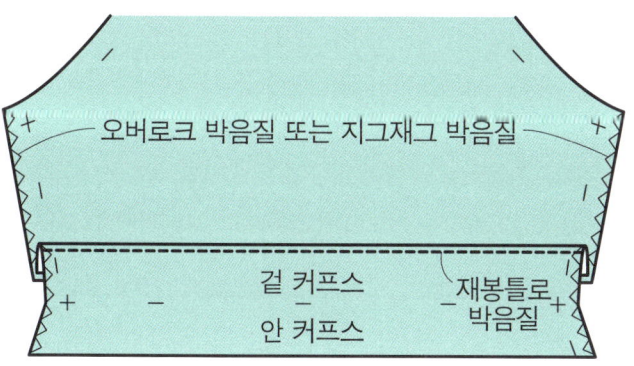

오버로크 박음질 또는 지그재그 박음질

겉 커프스
안 커프스
재봉틀로 박음질

5. 소매 아래 박기

5-① 소매를 겉면끼리 맞대어 두 겹으로 접습니다.
5-② 소매 아래를 재봉틀로 박습니다.

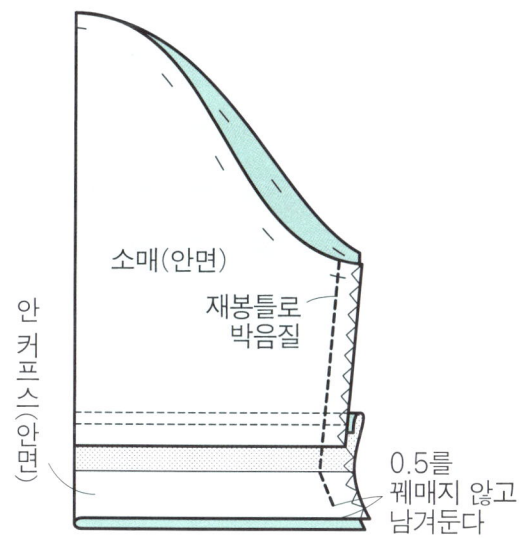

소매(안면)
재봉틀로 박음질
안 커프스(안면)
0.5를 꿰매지 않고 남겨둔다

6. 커프스 만들기

6-① 안 커프스를 안면 쪽으로 0.5cm 접습니다. 시접 분량이 됩니다.

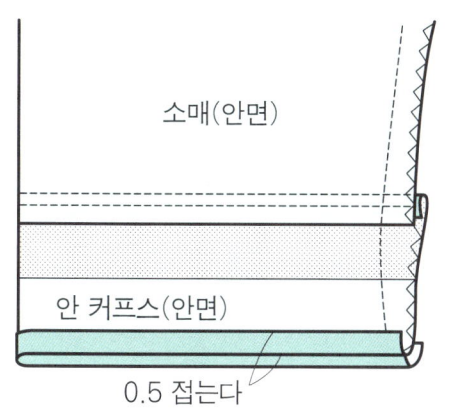

소매(안면)
안 커프스(안면)
0.5 접는다

6-② 소매 아래 시접을 다리미로 가름솔 처리합니다.

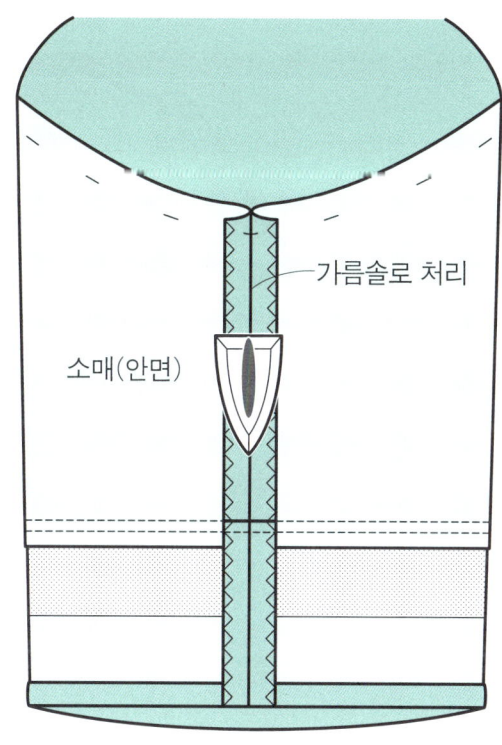

가름솔로 처리
소매(안면)

6-③ 안 커프스를 완성선을 따라 접습니다.
6-④ 소매 시접에 촘촘하게 감칩니다.

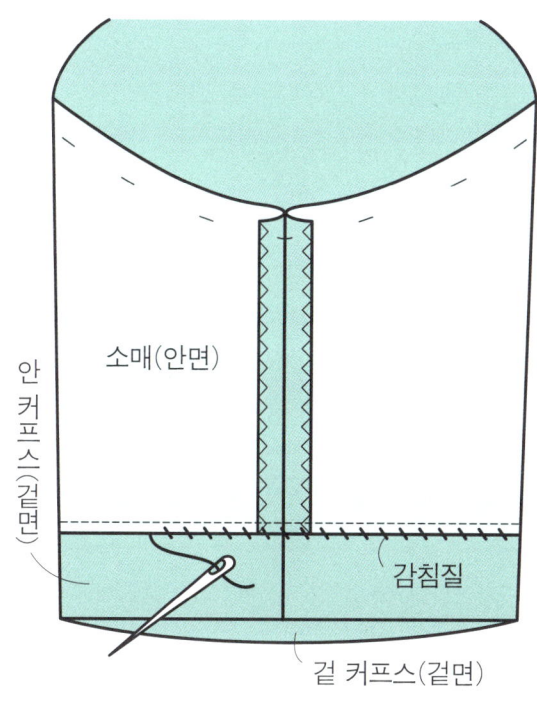

소매(안면)
안 커프스(겉면)
감침질
겉 커프스(겉면)

스페어 커프스

별도로 만든 커프스를 스페어 커프스라고 합니다. 완성한 후에 소맷부리에 답니다. 또한, 스페어 칼라(358쪽 참조)와 함께 만들어 두면 활용 폭이 넓어집니다.

1. 스페어 커프스 재단하기

스페어 커프스를 좌우로 각각 2장씩 재단합니다. 원단이 두꺼운 경우 안 스페어 커프스는 안감을 사용합니다.

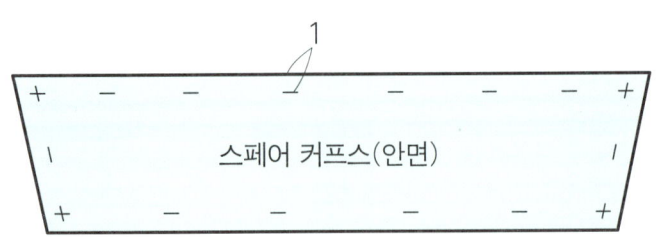

2. 접착심지 붙이기

안 스페어 커프스의 안면에 다리미로 접착심지를 붙입니다.

3. 겉 스페어 커프스와 안 스페어 박기

겉 스페어 커프스와 안 스페어 커프스를 겉면끼리 맞대어 스페어 커프스의 위아래를 박습니다. 스페어 커프스 가장자리에서 3cm는 박지 않고 남겨둡니다.

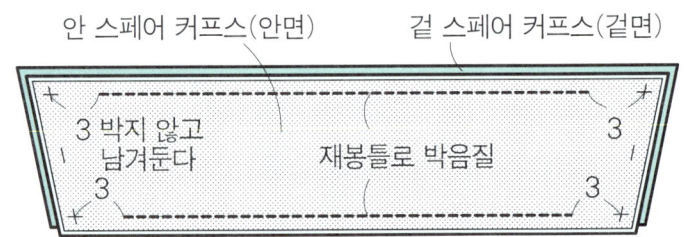

4. 스페어 커프스 뒤집기

스페어 커프스를 겉면으로 뒤집습니다.

※ 재봉틀로 박을 때는 바느질 시작과 끝을 되돌아박기 합니다.

5. 겉 스페어 커프스 박기

겉 스페어 커프스를 겉면끼리 맞대어 재봉틀로 박아 골선 상태로 만듭니다.

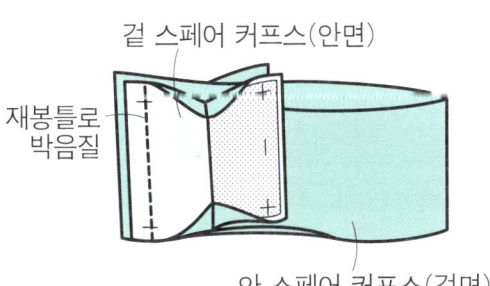

겉 스페어 커프스(안면)
재봉틀로 박음질
안 스페어 커프스(겉면)

8. 박지 않고 남겨놓은 부분을 감치기

3에서 박지 않고 남겨놓은 부분을 안 스페어 커프스 쪽에서 감칩니다.

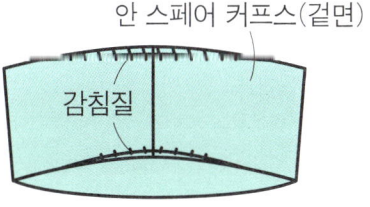

안 스페어 커프스(겉면)
감침질

6. 시접 가르기

다리미로 시접을 가름솔 처리합니다.

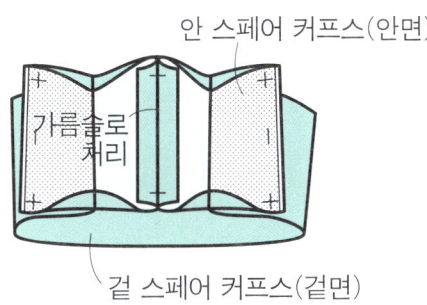

안 스페어 커프스(안면)
가름솔로 처리
겉 스페어 커프스(겉면)

9. 커프스를 완성선으로 접기

스페어 커프스 위아래에 겉 스페어 커프스 쪽에서 재봉틀을 박습니다.

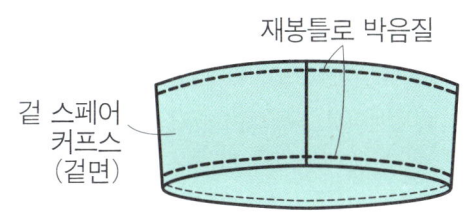

재봉틀로 박음질
겉 스페어 커프스(겉면)

7. 안 스페어 커프스 감치기

안 스페어 커프스 시접을 그림과 같이 접어 겉면에서 감침질합니다.

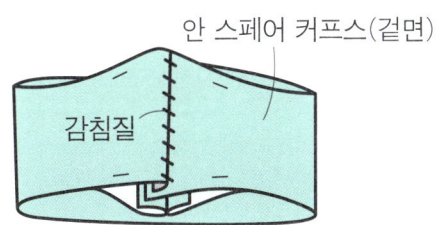

안 스페어 커프스(겉면)
감침질

10. 소맷부리에 박아 붙이기

스페어 커프스를 소맷부리에 통과시켜 겉 스페어 커프스에서 소맷부리가 보이지 않도록 감침질합니다.

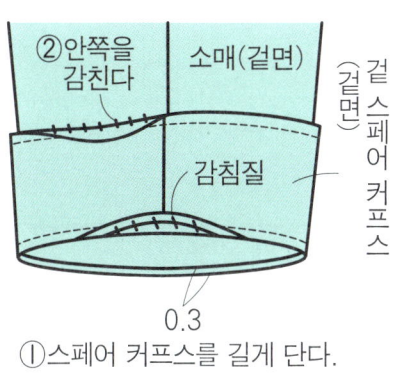

②안쪽을 감친다
소매(겉면)
겉 스페어 커프스(겉면)
감침질
0.3
①스페어 커프스를 길게 단다.

허리선 처리하기

고무줄 허리 A

가장 간단한 허리선 처리 방법입니다. 아이 옷이나 개더를 넣은 옷에서 흔히 볼 수 있습니다. 고무테이프의 신축성이 있으므로 허리치수에 상관없이 입을 수 있어 매우 편리합니다.

1. 겉감 재단하기

고무줄이 들어가는 치마나 바지의 허리선은 안단 분량을 이어서 재단합니다. 안단의 폭은 고무테이프의 폭이나 고무테이프를 끼우는 개수에 따라 다릅니다.

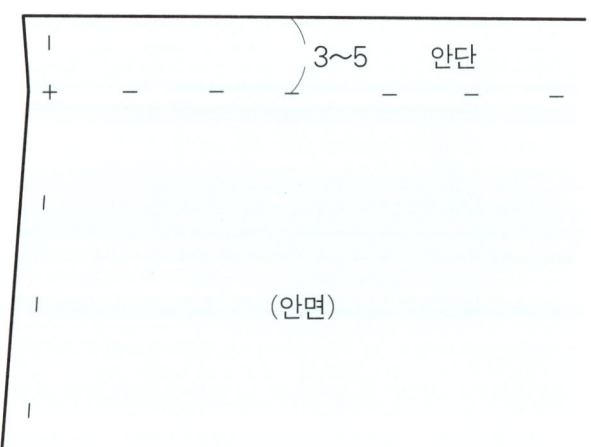

2. 시접 처리하기

시접을 오버로크 박음질 또는 지그재그 박음질 하여 처리합니다.

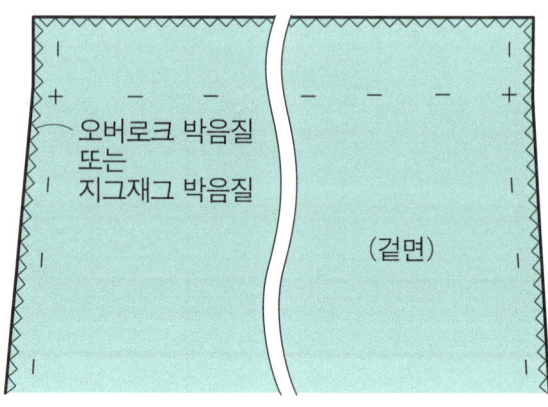

3. 고무테이프를 끼울 창구멍을 남겨 놓고 재봉틀 박기

3-① 본체를 겉면끼리 맞대어 오른쪽 옆 밑단선에서 안단 가장자리까지를 이어서 박아둡니다.
3-② 왼쪽 옆선은 고무테이프를 끼우기 위해 고무테이프가 들어갈 폭 만큼 그림과 같이 박지 않고 남겨둡니다.

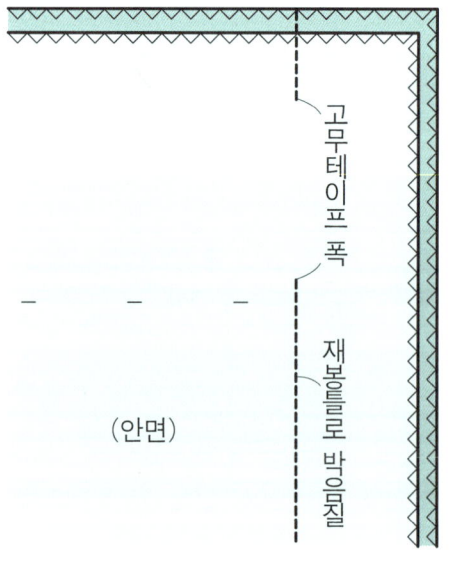

4. 안단을 완성선으로 접기

4-① 시접을 다리미로 가름솔 처리합니다.

4-② 안단 완성선을 따라 다리미로 본체 안면 쪽으로 접습니다.

5. 고무테이프 끼우기

5-① 고무테이프를 끼우는 창구멍을 통해 고무테이프를 끼웁니다.

5-② 고무테이프의 가장자리 2cm 정도를 겹쳐서 재봉틀로 박습니다.

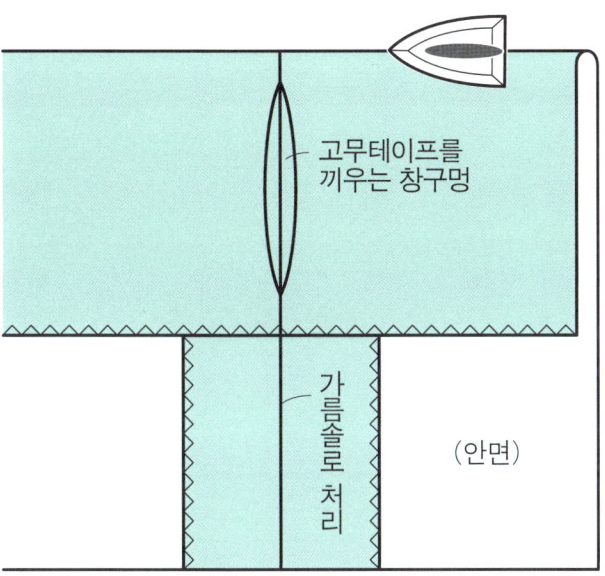

고무테이프를 끼우는 창구멍

가름솔로 처리

(안면)

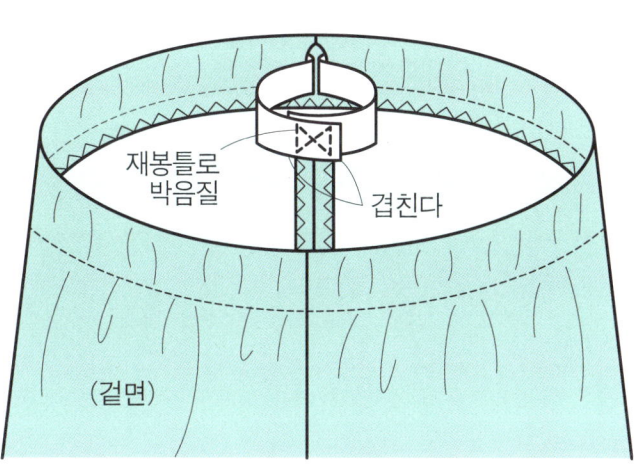

재봉틀로 박음질

겹친다

(겉면)

4-③ 안단 가장자리를 재봉틀로 박습니다.

5-③ 고무테이프를 안단 안에 넣습니다.

5-④ 고무테이프를 끼우는 창구멍을 감침질합니다.

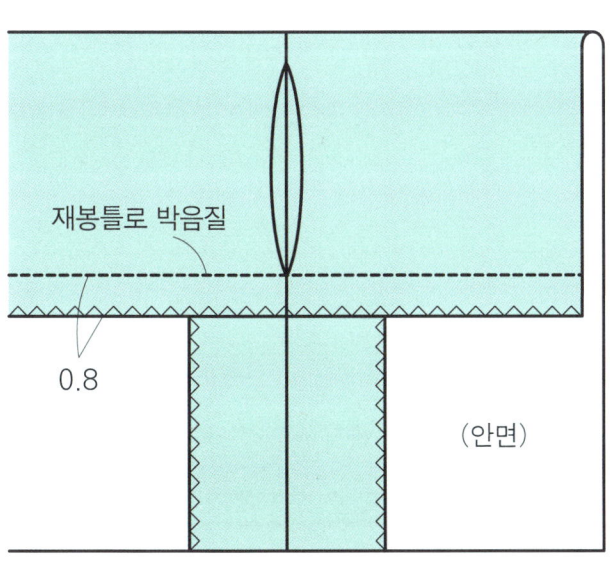

재봉틀로 박음질

0.8

(안면)

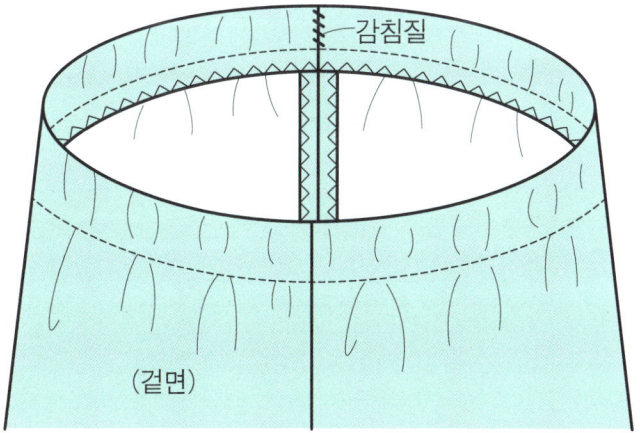

감침질

(겉면)

고무줄 허리 B

디자인에 상관없이 허리선에 고무테이프를 사용하여 처리할 수 있습니다. 여기서는 허리선에 개더를 잡고 있지만, 다트나 턱을 접은 디자인에도 응용할 수 있습니다. 벨트감을 따로 재단해서 만들므로 제대로 된 느낌으로 완성됩니다.

1. 벨트감 재단하기

벨트감은 고무테이프가 들어갔을 때를 생각해서 허리치수보다 10% 길게 재단합니다.

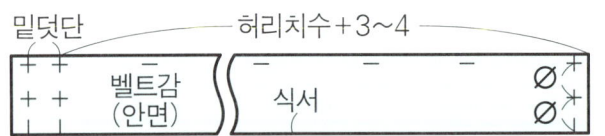

2. 고무테이프와 심지를 박기

고무테이프와 밑덧단용 벨트 심지(벨트심지 또는 두꺼운 원단의 접착심지)를 재봉틀로 박아줍니다.

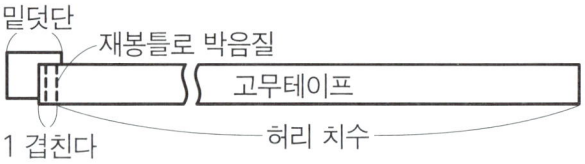

3. 벨트감과 몸판을 박아 연결하기

3-① 몸판 허리 부분을 홈질(201쪽 참조)하여 벨트감 치수까지 줄여서 개더를 잡습니다.

3-② 벨트감과 몸판을 겉면끼리 맞대어 허리선을 재봉틀로 박습니다.

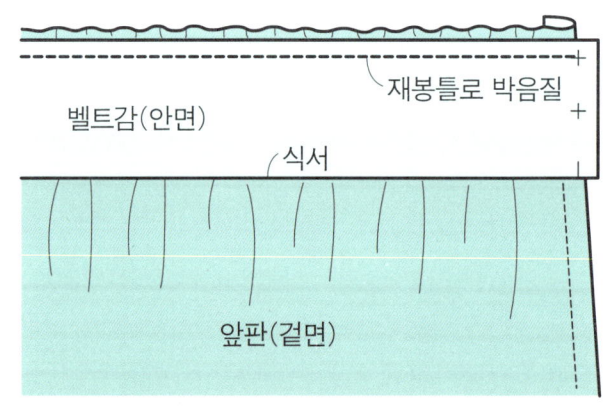

4. 고무테이프 달기

4-① 뒤쪽(겹쳤을 때 아래가 되는 부분)의 겉 벨트감 안면에 밑덧단을 꿰매 붙입니다.

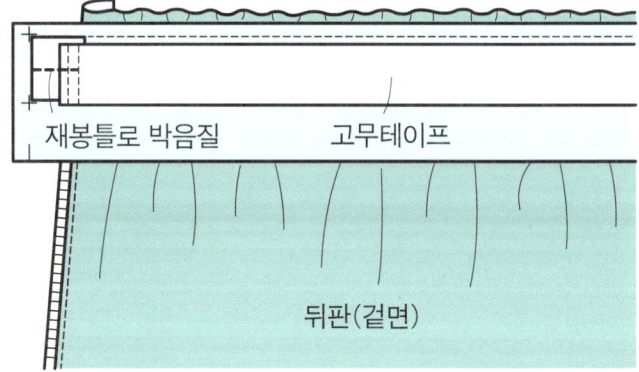

4-② 벨트감을 겉면끼리 맞대어 두 겹으로 접습니다.

4-③ 고무테이프를 벨트감과 허리 시접 사이에 배치합니다.

4-④ 뒤쪽 벨트감의 가장자리를 재봉틀로 박습니다.

4-⑥ 4-⑤의 봉제선 위치에서 시접을 다리미로 접습니다. 4-④의 뒤쪽 가장자리도 마찬가지로 다리미로 접습니다.

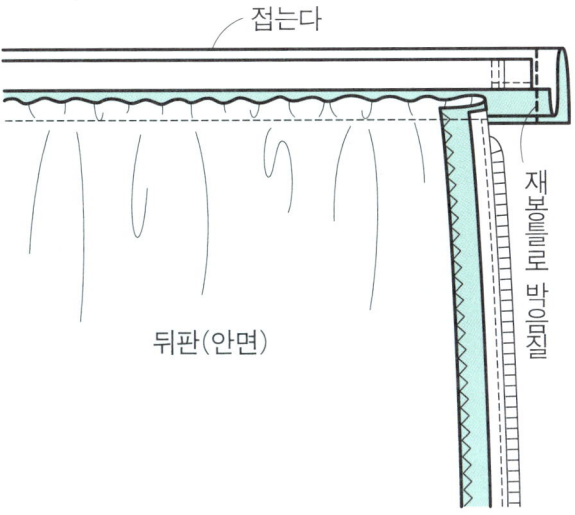

접는다

뒤판(안면)

재봉틀로 박음질

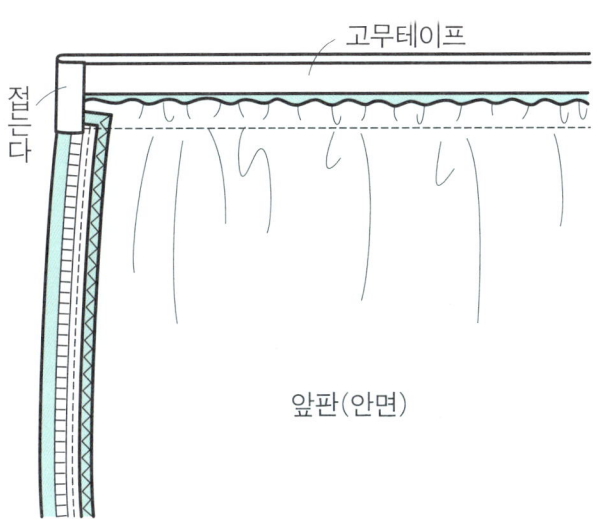

고무테이프

접는다

앞판(안면)

4-⑤ 앞쪽 벨트감 가장자리를 고무테이프도 함께 재봉틀로 박습니다.

5. 벨트감 감치기

5-① 벨트감을 겉으로 뒤집습니다.

5-② 벨트감을 늘리면서 본체 봉제선 바로 옆에 감칩니다.

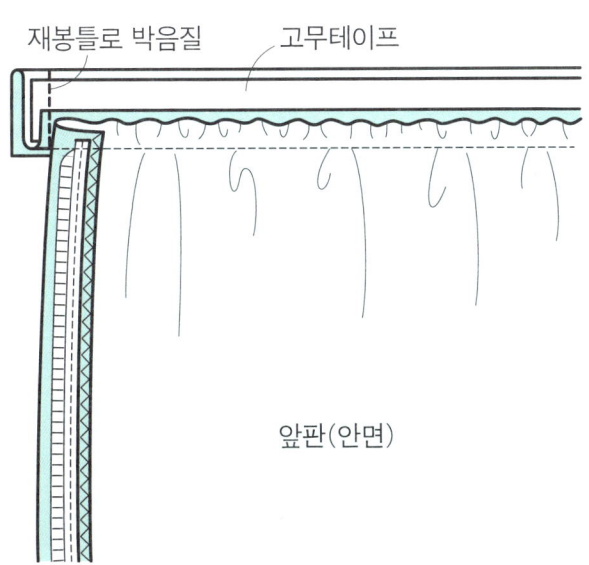

재봉틀로 박음질　고무테이프

앞판(안면)

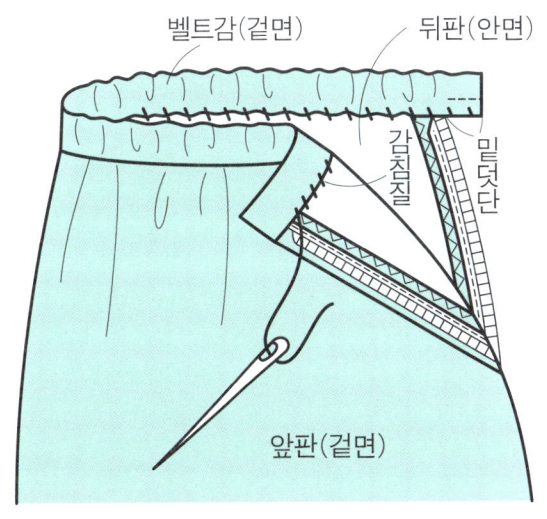

벨트감(겉면)　　　뒤판(안면)

감침질

밑덧단

앞판(겉면)

고무줄 허리 C

1-③ 시접을 다리미로 가름솔 처리합니다.

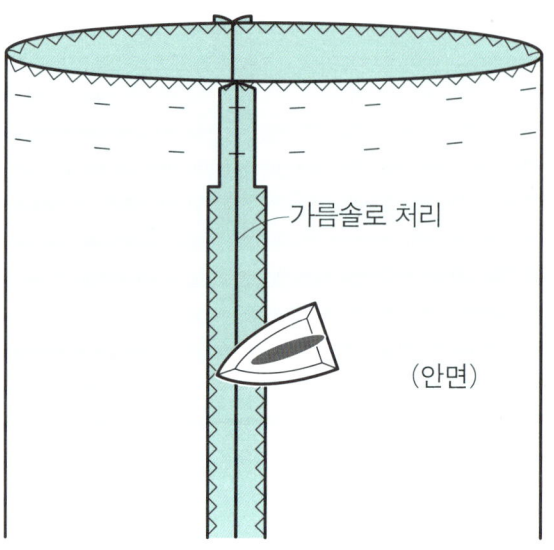

겉감에 직접 고무테이프를 박아 붙여서 처리합니다. 넓은 고무테이프를 사용하면 손쉽게 완성됩니다. 고무줄의 신축률보다 많게 원단을 박을 수 없으므로 주의하세요.

가름솔로 처리

(안면)

2. 고무테이프를 골선으로 하기

고무테이프 가장자리를 겹쳐서 재봉틀로 박습니다. 고무테이프가 겹쳐진 부분과 본체 봉제선이 겹치지 않도록 4등분 하여 맞춤표시를 합니다.

1. 옆솔기선 박기

1-① 본체 옆솔기선과 뒤 중심선을 박습니다.
1-② 그림과 같이 시접을 잘라냅니다.

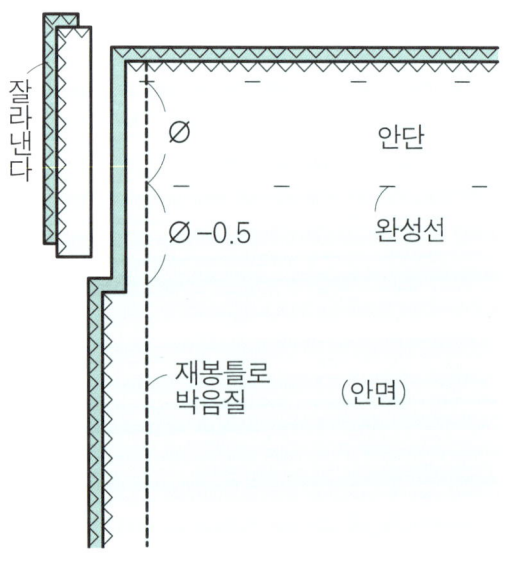

잘라낸다

∅

안단

∅ −0.5

완성선

재봉틀로 박음질

(안면)

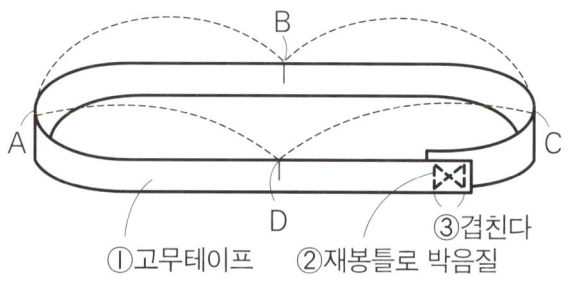

①고무테이프 ②재봉틀로 박음질 ③겹친다

3. 본체에 맞춤표시 하기

본체를 그림과 같이 등분하여 맞춤표시 합니다. 반드시 4곳 정도는 표시해 주세요.

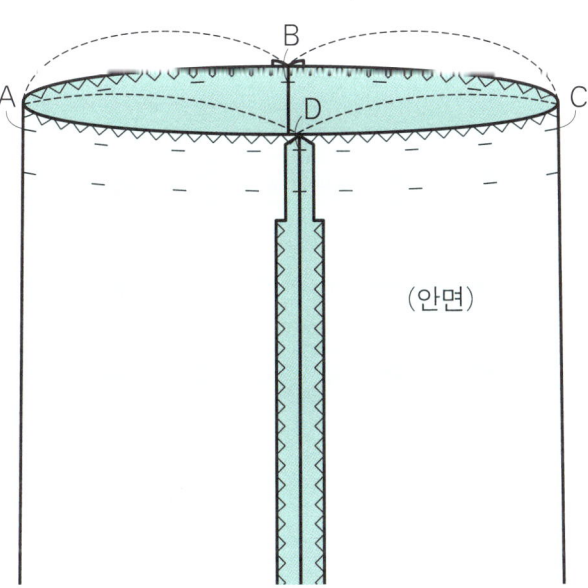

(안면)

4. 고무테이프 달기

4-① 고무테이프를 안단 안면에 얹고 맞춤표시를 맞춰 시침핀으로 고정합니다. 고무테이프를 늘려서 맞춤표시와 맞춤표시 사이도 시침핀으로 고정합니다.

4-② 그림과 같이 고무테이프를 늘리면서 재봉틀로 박습니다. 양손으로 고무테이프를 본체 원단과 같은 길이로 늘리면서 박아주세요.

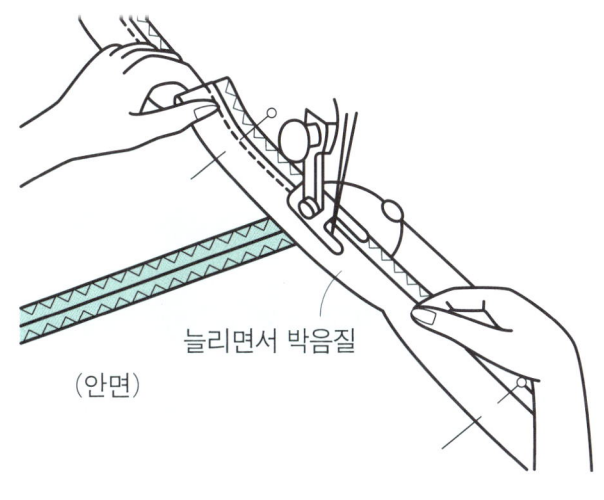

늘리면서 박음질

(안면)

5. 안단을 본체 안면 쪽으로 접기

5-① 안단을 완성선으로 접습니다.
5-② 고무테이프를 늘리면서 안단 가장자리를 재봉틀로 박습니다.
5-③ 고무테이프를 늘리면서 한가운데를 재봉틀로 박습니다.

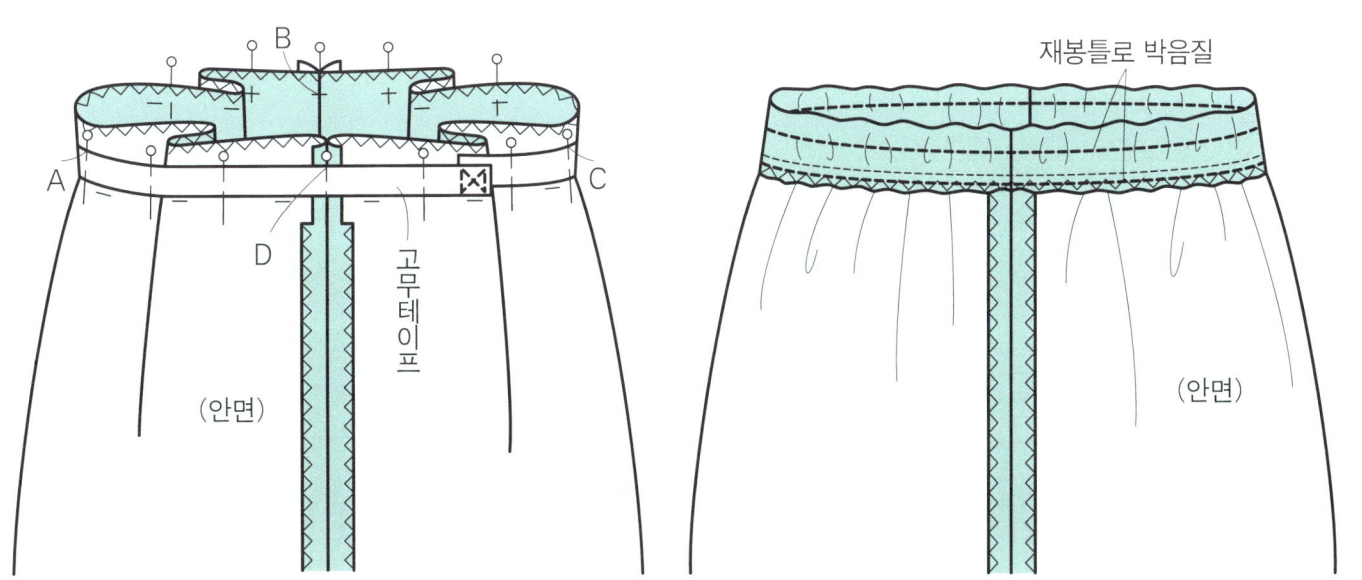

고무테이프

(안면)

재봉틀로 박음질

(안면)

벨트심지로 처리하기 A

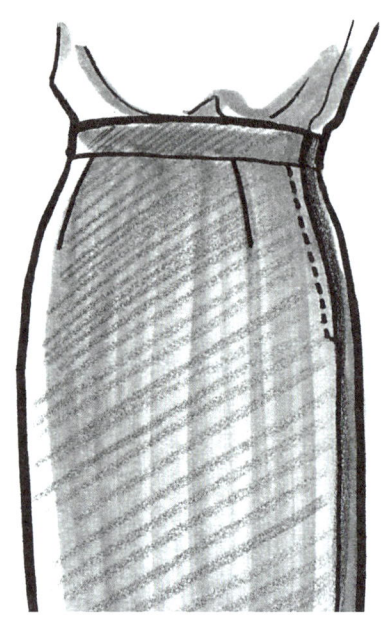

허리 벨트에 단단한 심지를 넣어 만들고자 할 때 가장 흔히 볼 수 있는 방법입니다. 허리를 확실하게 고정하므로 치마나 바지의 라인이 예쁘게 나옵니다. 벨트심지를 사용합니다.

1. 벨트감 재단하기

벨트감을 재단합니다. 안 벨트 가장자리에 원단의 식서(117쪽 참조)를 사용하면 시접 처리가 필요 없습니다. 원단의 식서 사용을 추천합니다.

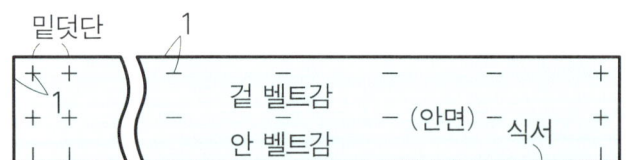

2. 벨트심지 달기

2-① 안 벨트 쪽 안면에 벨트심지를 놓습니다.

2-② 벨트심지를 재봉틀로 박아 고정합니다.

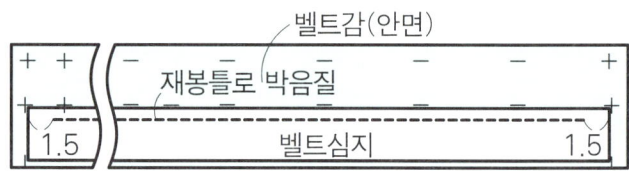

3. 본체와 벨트감을 박아 연결하기

3-① 본체와 벨트감을 겉면끼리 맞대어 시침핀을 꽂아 고정합니다.

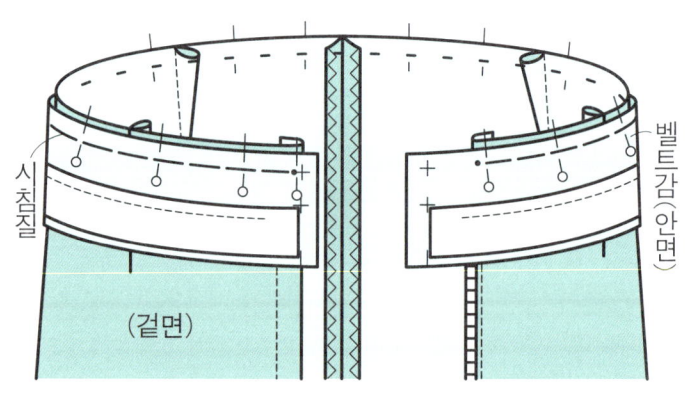

3-② 3-①의 시침한 부분을 따라 재봉틀로 박습니다. 다 박은 후에는 시침한 실을 제거합니다.

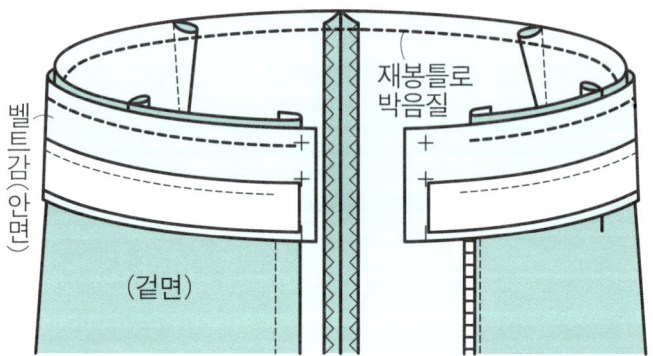

4. 벨트감 가장자리 박기

4-① 벨트감을 위 방향으로 접습니다.
4-② 벨트감을 겉면끼리 맞대어 반으로 접습니다.
4-③ 벨트감의 양 가장자리를 재봉틀로 박습니다.

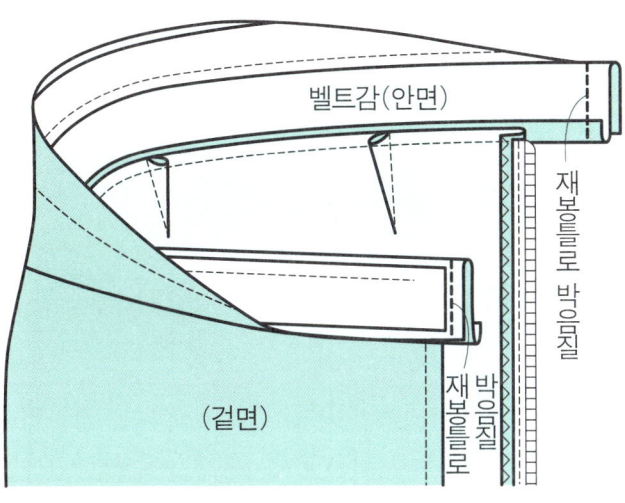

벨트감(안면)

재봉틀로 박음질

재봉틀로 박음질

(겉면)

6. 벨트감 감치기

안 벨트감을 본체 봉제선 바로 옆에 촘촘하게 감칩니다.

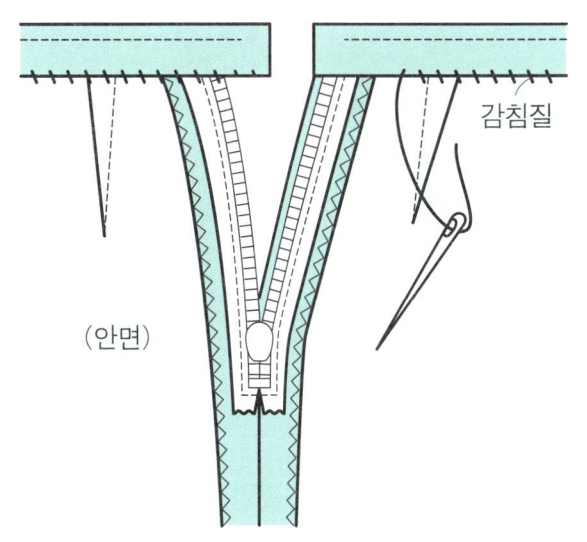

감침질

(안면)

5. 벨트감을 겉으로 뒤집기

5-① 벨트감을 겉으로 뒤집어 모서리의 모양을 잡아줍니다.
5-② 시접은 그림과 같이 벨트심지와 안 벨트감 사이에 넣습니다.

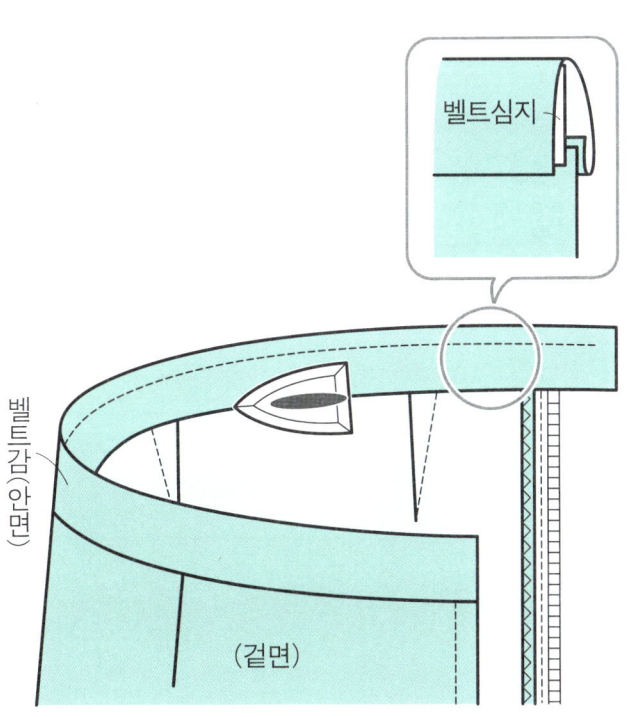

벨트심지

벨트감(안면)

(겉면)

7. 걸고리단추 달기

걸고리단추를 답니다. 이 경우 '훅엔아이'라고 불리는 커다란 걸고리단추를 사용합니다.

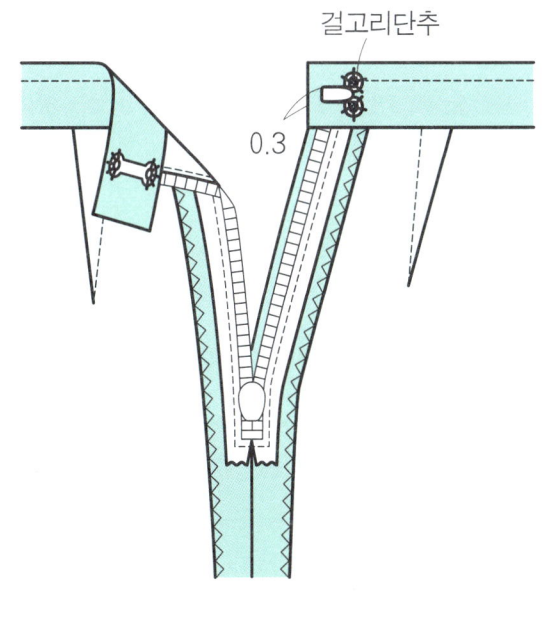

걸고리단추

0.3

벨트심지로 처리하기 B

벨트감 둘레 전체에 시접을 주어 재단할 때 이용하는 방법입니다. 벨트심지를 활용한 A와 완성선은 거의 같지만, 손으로 꿰매는 곳이 적으므로 빠르게 완성할 수 있습니다.

1. 벨트감 재단하기

1-① 벨트감을 재단합니다. 이 바느질 방법에서는 안 벨트감 쪽에도 시접을 줍니다.

1-② 안 벨트감 쪽 시접을 오버로크 박음질 또는 지그재그 박음질 하여 처리합니다.

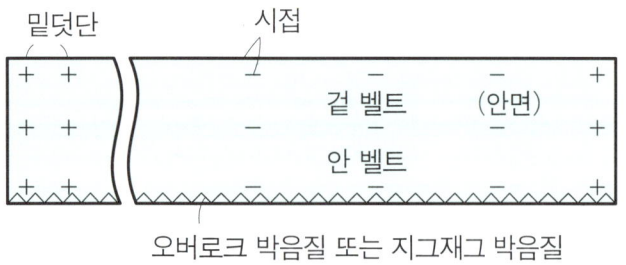

2. 본체에 벨트감 달기

2-① 본체와 벨트감을 겉면끼리 맞대어 시침핀으로 고정합니다.

2-② 시침질합니다.

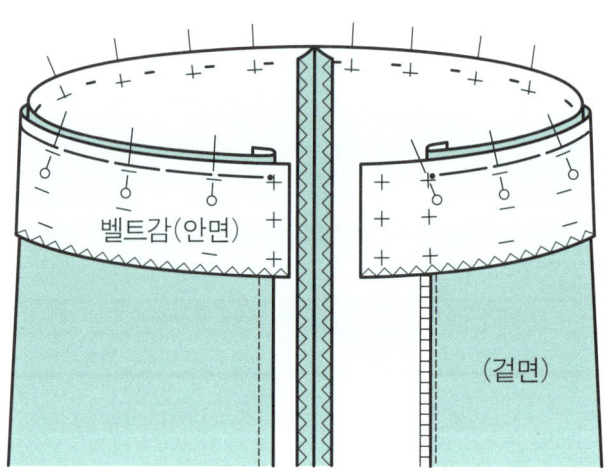

2-③ 2-②의 시침한 선을 따라 재봉틀을 박습니다. 다 박은 후에는 시침한 실을 제거합니다.

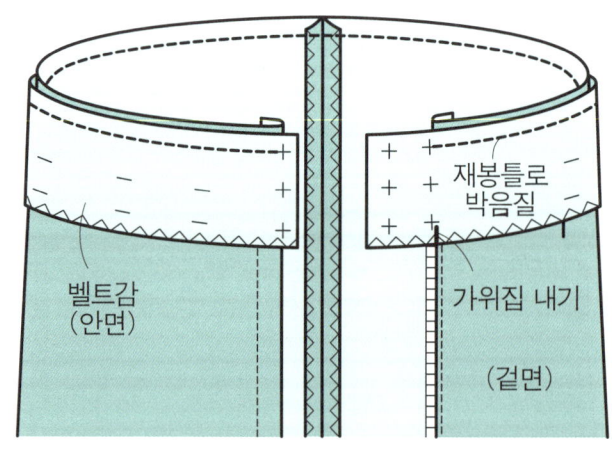

3. 벨트심지 달기

3-① 벨트심지를 그림과 같이 놓고 시접에 박아 붙입니다.

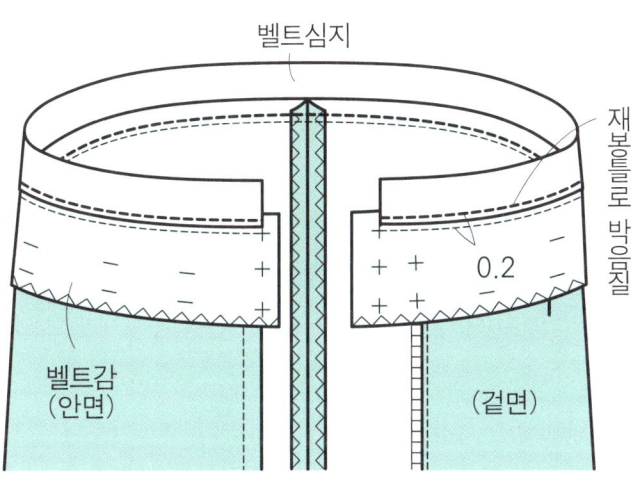

3-② 본체를 뒤집어 안면 쪽으로 합니다.
3-③ 벨트감을 위 방향으로 들어 올려 봉제선을 다림질합니다.
3-④ 그 후 벨트감 가장자리의 시접을 접습니다. 밑덧단 아래 부분도 완성선으로 접습니다.

4. 벨트감을 완성선으로 접기

4-① 벨트감을 본체 안면 쪽으로 접어 두 겹이 되게 합니다.
4-② 허리둘레선의 봉제선을 겉에서 숨겨박기 하여 벨트감을 고정합니다.
4-③ 벨트감의 가장자리는 촘촘하게 감침질합니다.

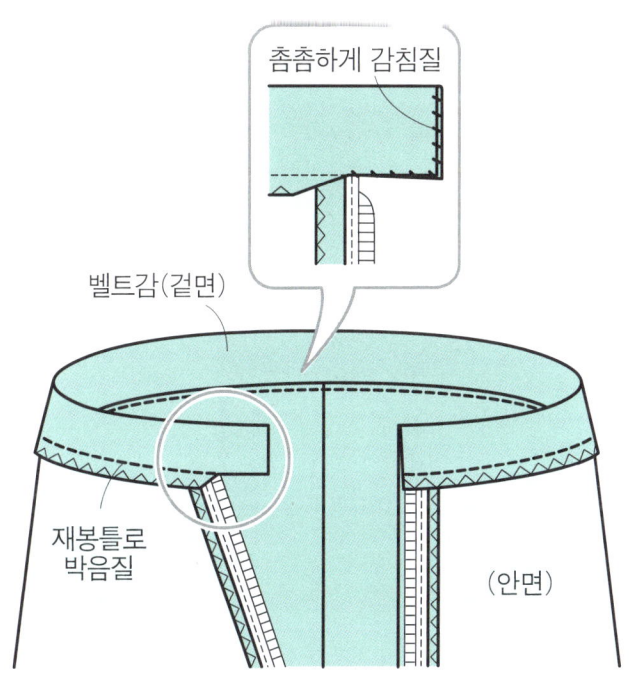

4-④ 벨트감 둘레를 재봉틀로 박으면 완성입니다.

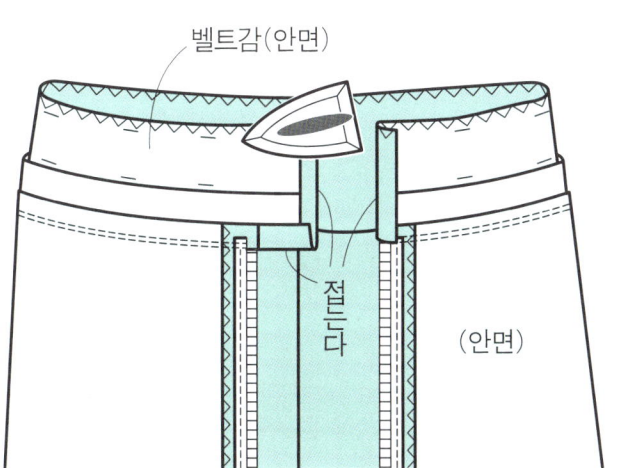

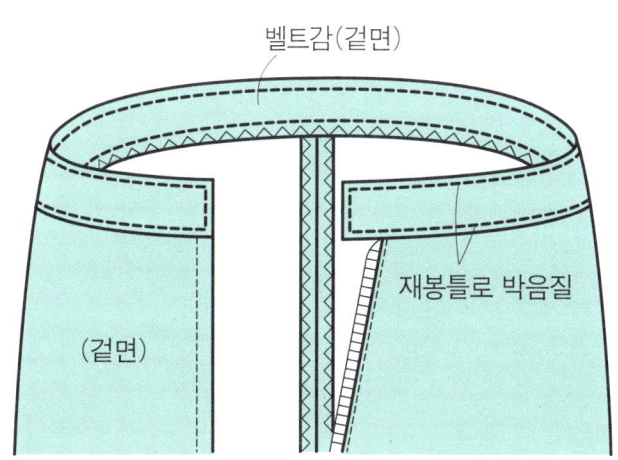

뒤쪽만 고무줄 허리

앞쪽에는 심지를 넣고 뒤쪽에는 고무테이프를 넣은 허리선 처리 방법입니다. 뒤쪽에 고무테이프가 들어가 있으므로 몸에 잘 맞습니다. 또한, 허리에 곡선이 없는 아이 옷에도 잘 어울립니다.

1. 벨트감 재단하기

벨트감을 재단합니다. 안 벨트 가장자리는 식서 방향으로 재단합니다.

2. 고무테이프와 벨트심지를 박아 연결하기

앞 허리와 밑덧단에 벨트심지를 사용합니다. 고무테이프를 벨트심지 위에 얹고 재봉틀로 튼튼하게 박아 붙입니다.

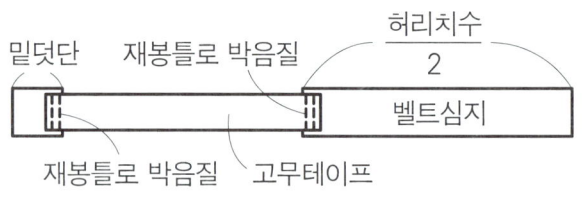

3. 벨트감에 고무테이프 달기

3-① 안 벨트 쪽 안면에 2에서 박은 고무테이프와 벨트심지를 얹습니다.
3-② 벨트심지 부분에만 재봉틀을 박아 벨트감에 꿰매 붙입니다.

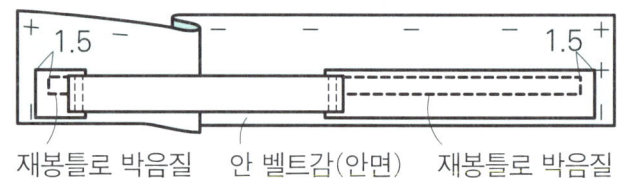

4. 본체와 벨트감을 박아 연결하기

4-① 본체와 벨트감을 겉면끼리 맞대어 시침핀으로 고정합니다.

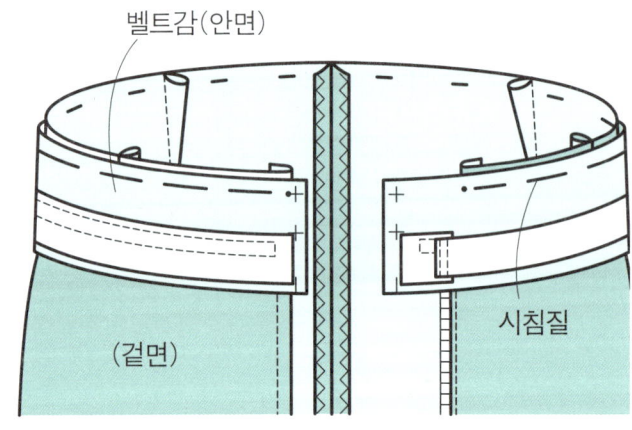

4-② 4-①에서 시침한 선을 따라 재봉틀로 박습니다. 다 박은 후에는 시
   침한 실을 제거합니다.

5. 벨트감을 뒤집기

5-① 벨트감을 겉면으로 뒤집습니다.
5-② 시침질합니다.
5-③ 안 벨트를 봉제선 바로 옆에 감칩니다.

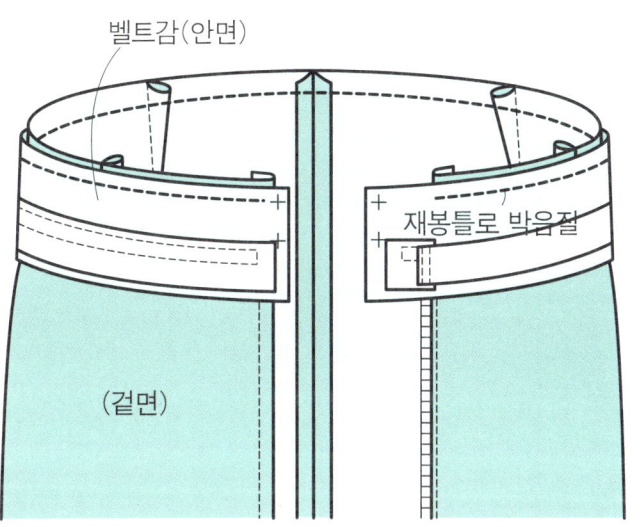

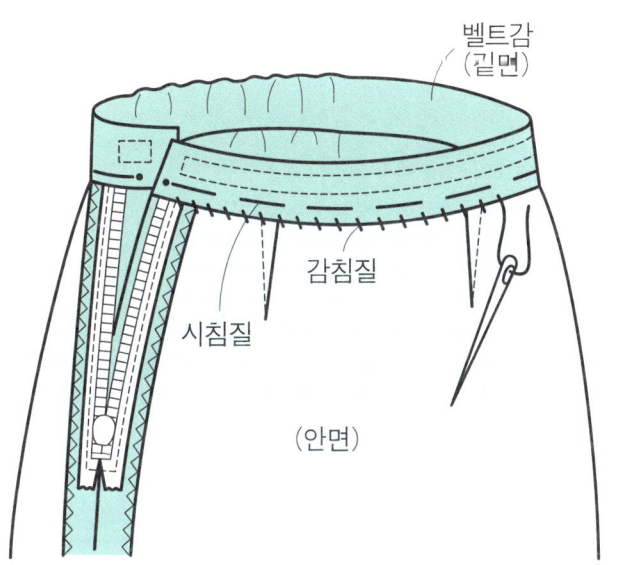

4-③ 허리 시접을 벨트 쪽으로 접습니다.
4-④ 벨트감을 겉면끼리 맞대어 한 번 접어서 두 겹이 되게 합니다.
4-⑤ 벨트감 가장자리를 박습니다.

6. 겉에서 재봉틀로 박기

벨트감 둘레를 재봉틀로 박습니다. 고무테이프를 늘리면서 박아주세요.

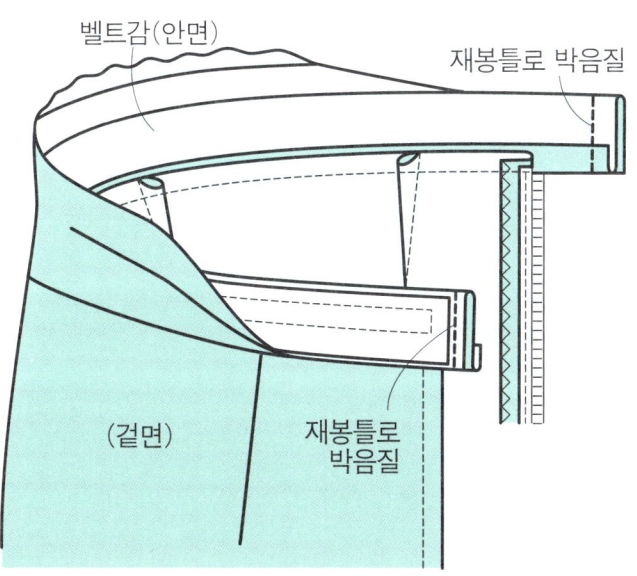

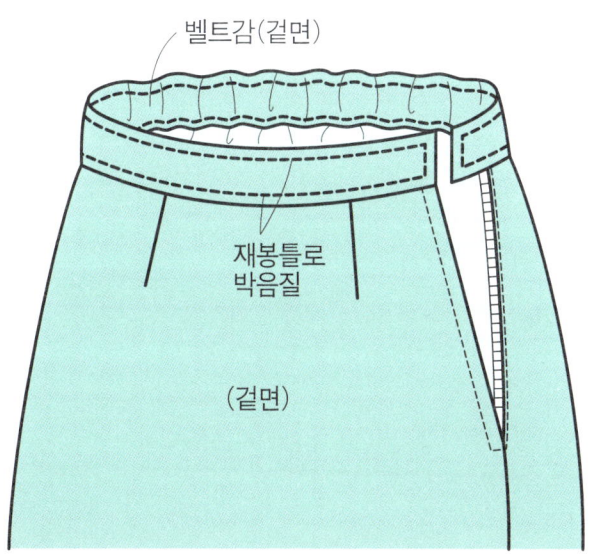

부분적인 고무줄 허리

1-③ 허리를 재봉틀로 박습니다. 봉제선과 봉제선 사이를 고무테이프가 통과할 수 있도록 고무테이프의 폭보다 약간 넓게 만들어줍니다.

부분적으로 심지를 넣고, 그 이외에는 고무테이프를 사용한 허리선 처리 방법입니다. 이 방법을 응용해 원하는 위치에 고무테이프를 넣을 수 있습니다. 고무테이프의 굵기는 취향에 따라 선택하세요.

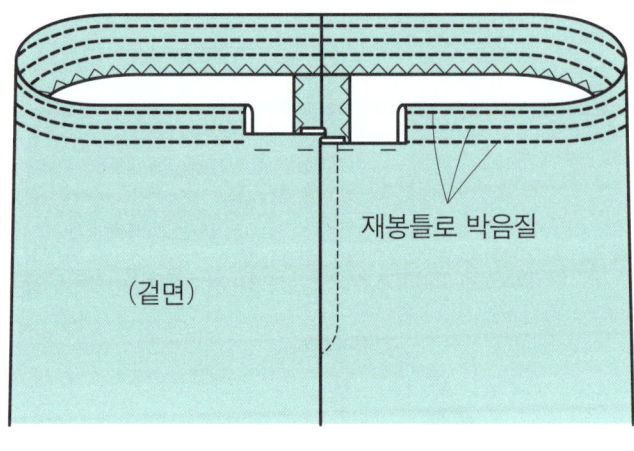

재봉틀로 박음질

(겉면)

1. 본체 허리 부분 만들기

1-① 지퍼 부착이 끝난 몸판 안단 가장자리를 오버로크 박음질 또는 지그재그 박음질로 처리합니다.

1-② 안단을 몸판 안면으로 완성선을 따라 접습니다.

2. 고무테이프 끼우기

2-① 고무테이프를 끼웁니다.

2-② 고무테이프 가장자리를 본체에 시침하여 고정합니다. 고무테이프의 길이는 허리치수에서 벨트 길이를 빼고 거기서 한층 3~5cm 짧게 합니다.

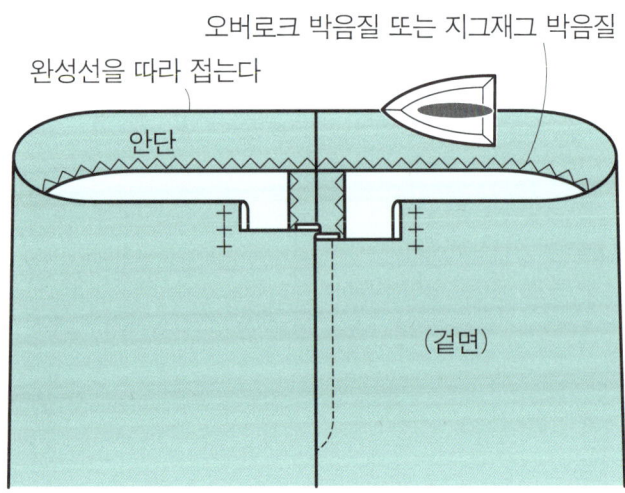

오버로크 박음질 또는 지그재그 박음질

완성선을 따라 접는다

안단

(겉면)

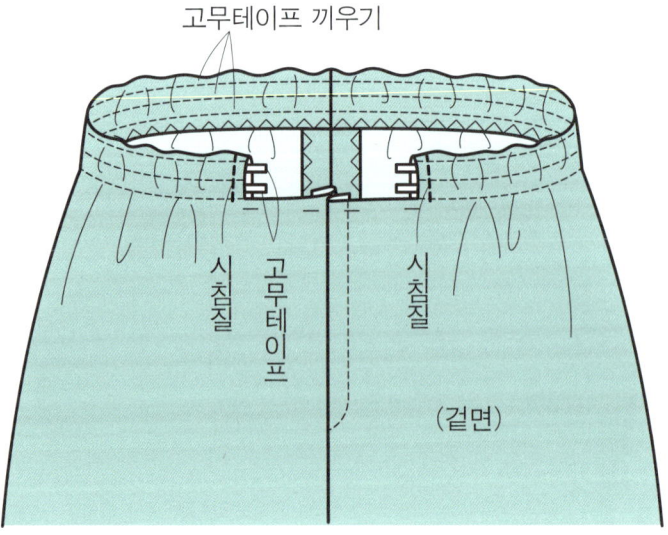

고무테이프 끼우기

시침질 / 고무테이프 / 시침질

(겉면)

3. 벨트 만들기

3-① 벨트감을 재단합니다.
3-② 안 벨트에 양면 열 접착테이프를 배치합니다.

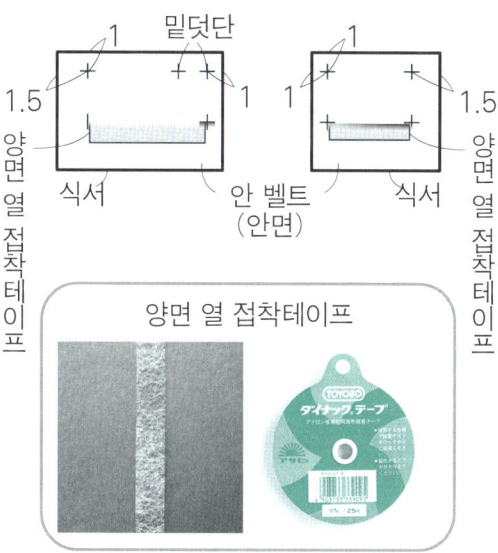

3-③ 그 위에 벨트심지를 배치합니다.
3-④ 다리미로 붙입니다.

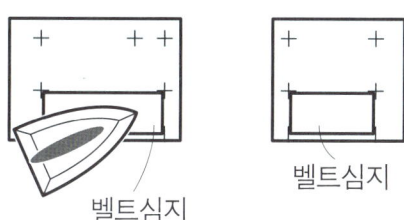

3-⑤ 벨트감을 겉면끼리 맞대어 두 겹이 되게 접습니다.
3-⑥ 중심 쪽 원단 가장자리에만 재봉틀로 박음질 해줍니다.

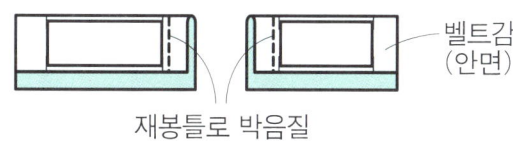

3-⑦ 벨트감을 겉으로 뒤집습니다.
3-⑧ 박지 않고 남겨둔 다른 한쪽 가장자리의 시접을 완성선에 맞춰 안 쪽으로 접습니다.

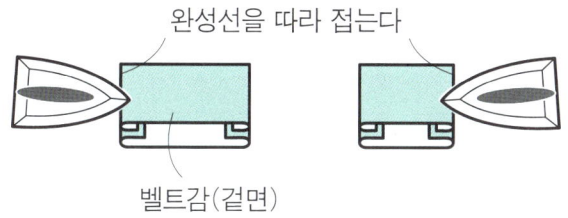

완성선을 따라 접는다

벨트감(겉면)

4. 벨트감을 박아 붙이기

4-① 벨트감과 본체를 겉면끼리 맞대어 그림 위치를 재봉틀로 박습니다.

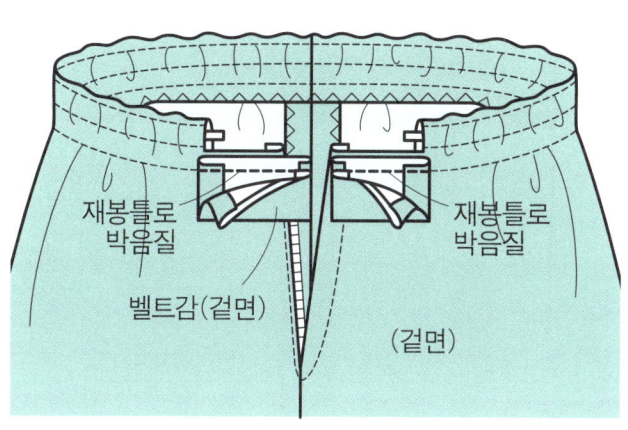

4-② 벨트감을 세웁니다.
4-③ 벨트감으로 고무테이프를 끼우는 창구멍의 시접을 끼우듯이 하여 재봉틀로 박습니다.

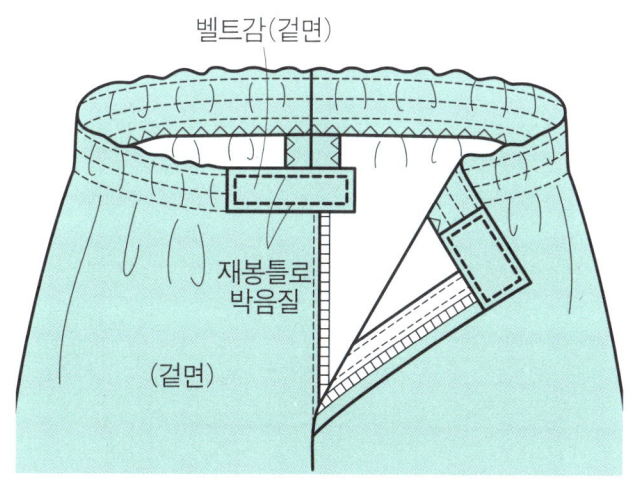

하이 웨이스트

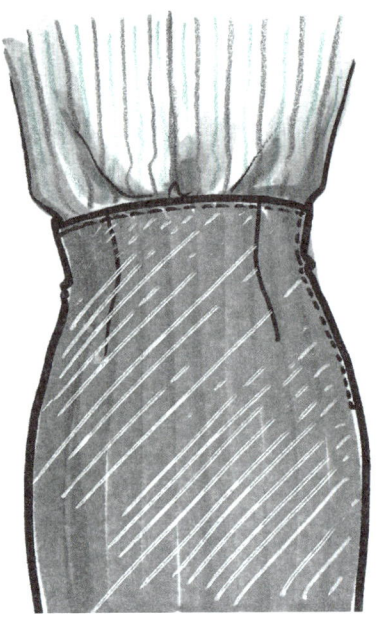

벨트감을 사용하지 않고 처리하는 방법입니다. 여기서는 하이 웨이스트(high waist)의 경우를 설명합니다. 안단에는 다트를 넣지 않으므로 안단을 위해 별도로 형지를 만듭니다.

1. 안단 형지 만들기

본체 형지에 다트나 턱이 있어도 깔끔하게 완성하기 위해 안단에는 다트나 턱을 넣지 않으므로 연결된 형태로 형지를 다시 만듭니다. 각진 부분이 없도록 라인을 깨끗하게 그려주세요.

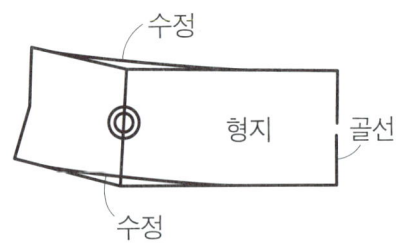

2. 안단 재단하기

1에서 만든 형지를 이용해 안단을 재단합니다. 안단 가장자리(허리선에 꿰매 붙이지 않는 쪽)는 시접을 주지 않습니다.

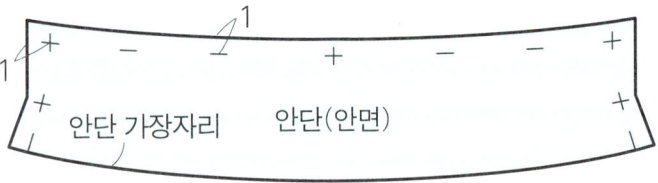

3. 안단에 접착심지를 붙이고 천 가장자리 처리하기

3-① 안단 안면에 다리미로 접착심지를 붙입니다.
3-② 상부 가장자리에 늘어남 방지를 위한 접착테이프심지를 붙입니다.

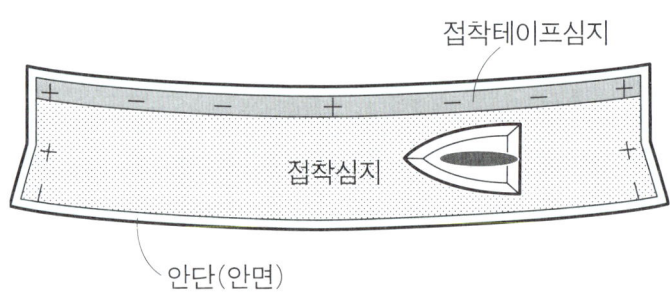

3-③ 안단 가장자리를 오버로크 박음질 또는 지그재그 박음질로 처리합니다.

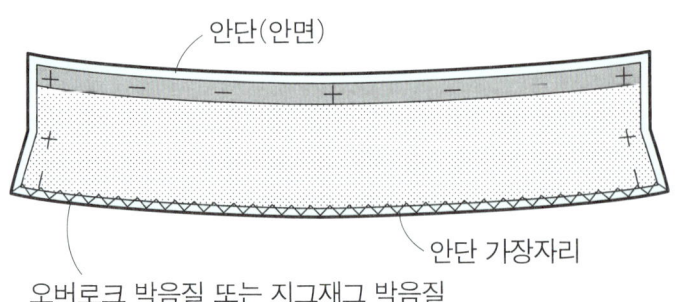

4. 안단 박기

4-① 뒤 안단과 앞 안단을 겉면끼리 맞대어 오른쪽 옆선을 박습니다.

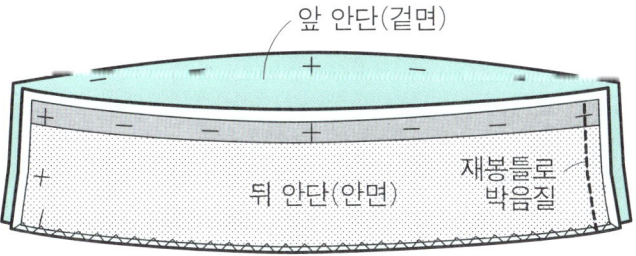

앞 안단(겉면)

뒤 안단(안면)

재봉틀로
박음질

4-② 그 상태에서 봉제선을 다림질합니다.
4-③ 시접을 다리미로 가름솔 처리합니다.

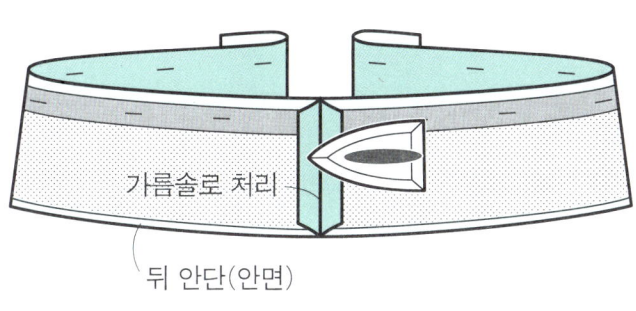

가름솔로 처리

뒤 안단(안면)

5. 본체와 안단을 박아 연결하기

5-① 본체와 안단을 겉면끼리 맞대어 허리선을 박습니다.

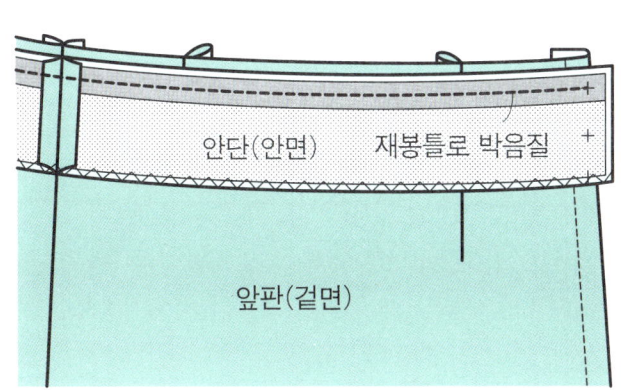

안단(안면)   재봉틀로 박음질

앞판(겉면)

5-② 안단을 본체 안쪽으로 뒤집습니다.
5-③ 허리선을 다림질합니다. 안단은 약간 줄입니다.

줄이다   안단(겉면)

앞판(안면)

5-④ 안단을 접어 지퍼 천에 감쳐 붙입니다.
5-⑤ 허리선을 재봉틀로 박습니다.

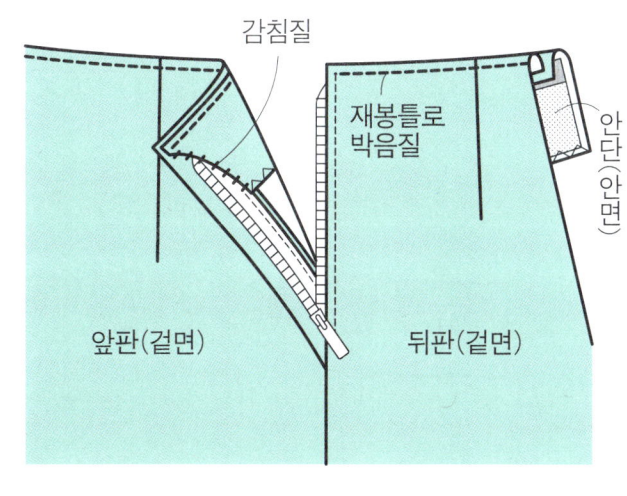

감침질

재봉틀로
박음질

안단(안면)

앞판(겉면)   뒤판(겉면)

로 웨이스트

여기서는 로 웨이스트(low waist)의 경우를 설명합니다. 허리선이 늘어나지 않도록 하는 것이 중요합니다. 안단은 A와 마찬가지로 다트를 박지 않는 형태로 해서 만듭니다.

1. 안단 형지 만들기

본체 형지에 다트나 턱이 있어도 깔끔하게 완성하기 위해 안단에는 다트나 턱을 넣지 않으므로 연결된 형태로 형지를 다시 만듭니다. 각진 부분이 없도록 라인을 깨끗하게 그려주세요.

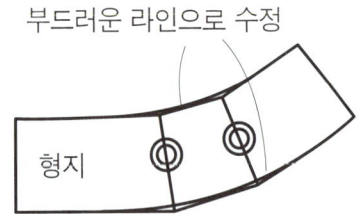

부드러운 라인으로 수정

형지

2. 안단 재단하기

2-① 1에서 만든 형지를 이용해 안단을 재단합니다. 안단 가장자리(허리선에 꿰매 붙이지 않는 쪽)에는 시접을 주지 않습니다.

2-② 안단 안면에 다리미로 접착심지를 붙입니다.

2-③ 상부 가장자리에 늘어남 방지를 위한 접착테이프심지를 붙입니다.

2-④ 안단 가장자리를 오버로크 박음질 또는 지그재그 박음질로 처리합니다.

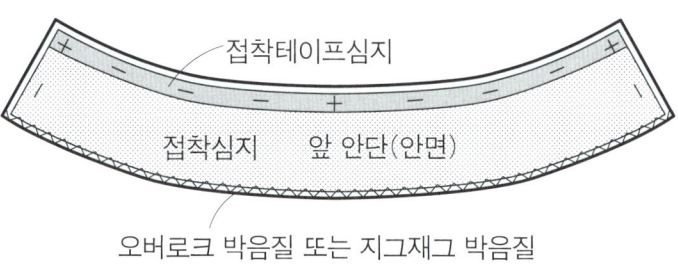

접착테이프심지

접착심지   앞 안단(안면)

오버로크 박음질 또는 지그재그 박음질

3. 안단 박기

3-① 앞 안단과 뒤 안단을 겉면끼리 맞대어 옆솔기선을 박습니다.

3-② 시접을 다리미로 가름솔 처리합니다.

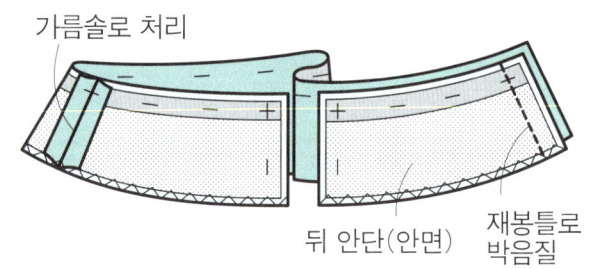

가름솔로 처리

뒤 안단(안면)   재봉틀로 박음질

4. 치마 박기

4-① 다트를 박아 중심 쪽으로 접습니다.

4-② 옆솔기선을 박고 시접을 가름솔 처리합니다.

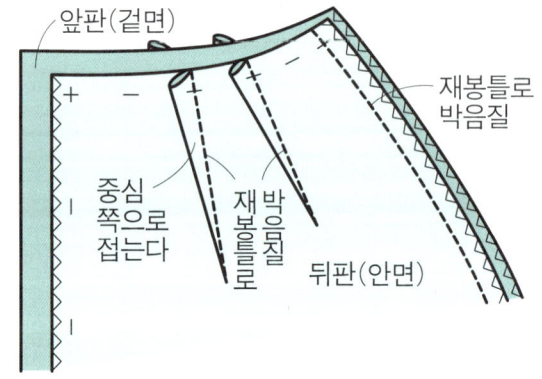

앞판(겉면)

재봉틀로 박음질

중심 쪽으로 접는다

재 박 봉 음 틀 질 로

뒤판(안면)

5. 트임에 지퍼 달기

트임 위치에 지퍼를 답니다.(지퍼 다는 방법은 406쪽 참조)

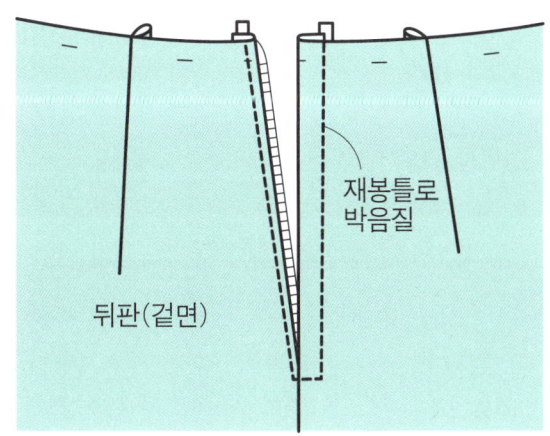

재봉틀로 박음질

뒤판(겉면)

6. 치마와 안단을 박아 연결하기

6-① 치마와 안단을 겉면끼리 맞댑니다.
6-② 허리선을 재봉틀로 박습니다.

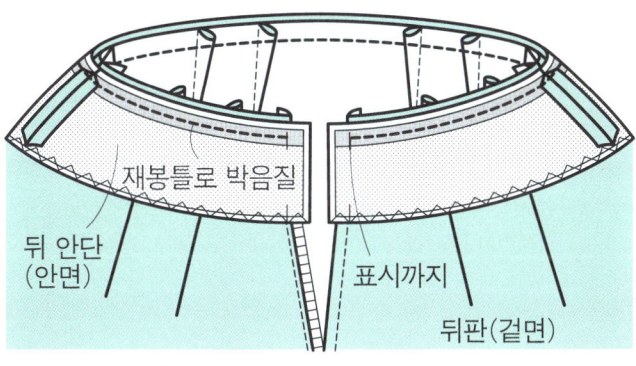

재봉틀로 박음질

뒤 안단
(안면)

표시까지

뒤판(겉면)

6-③ 시접에 가위집을 넣습니다.

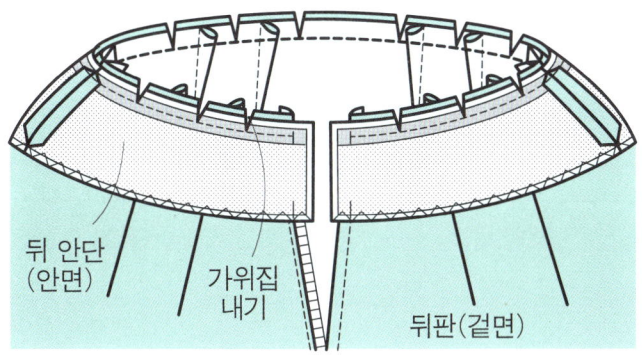

뒤 안단
(안면)

가위집
내기

뒤판(겉면)

7. 안단 뒤집기

안단을 겉면으로 뒤집습니다.

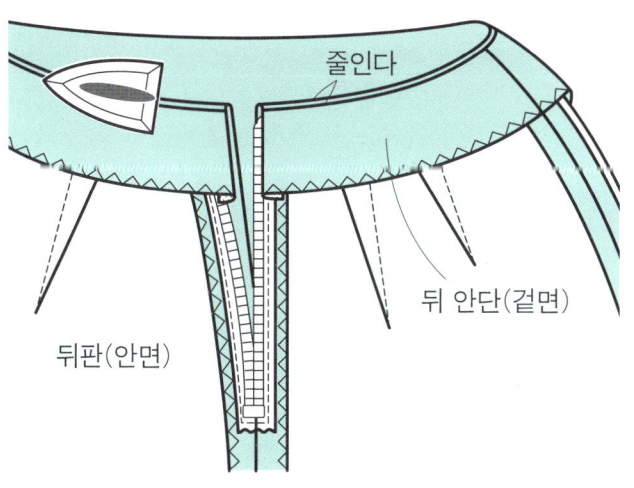

줄인다

뒤 안단(겉면)

뒤판(안면)

8. 안단을 재봉틀로 박기

8-① 안단을 그림과 같이 위로 들어 올립니다.
8-② 시접을 전부 안단 쪽으로 접습니다.
8-③ 봉제선 바로 옆을 재봉틀로 박습니다.

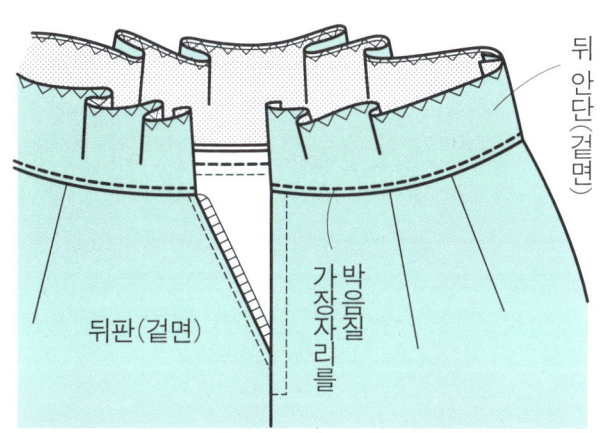

뒤 안단(겉면)

박음질 가장자리를

뒤판(겉면)

9. 안단 감치기

9-① 안단을 원래 위치로 되돌려 뒤 중심 시접을 지퍼 바로 옆에 감칩니다.
9-② 걸고리를 답니다.

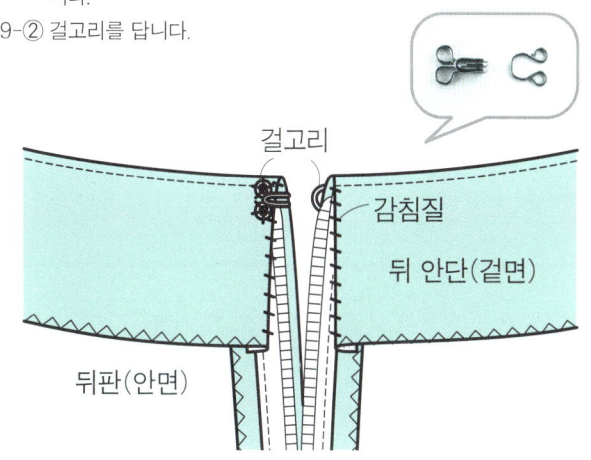

걸고리

감침질

뒤 안단(겉면)

뒤판(안면)

드로스트링 벨트 A

박스 핏으로 만든 허리선에 덧댐 천을 붙여 끈을 끼운 후 그것을 묶어 볼륨감을 살려주는 방법입니다. 바깥쪽에 덧댐 천을 맞대어 박아 끈 통로를 만들면 되므로 리폼 기법으로도 사용할 수 있습니다. 끈 만드는 방법도 설명합니다.

1. 끈 만들기

1-① 끝을 재단합니다.

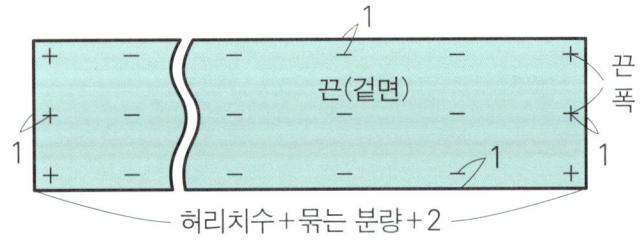

허리치수＋묶는 분량＋2

1-② 끈의 시접을 완성선을 따라 접고 중심에서 두 겹이 되게 접습니다.

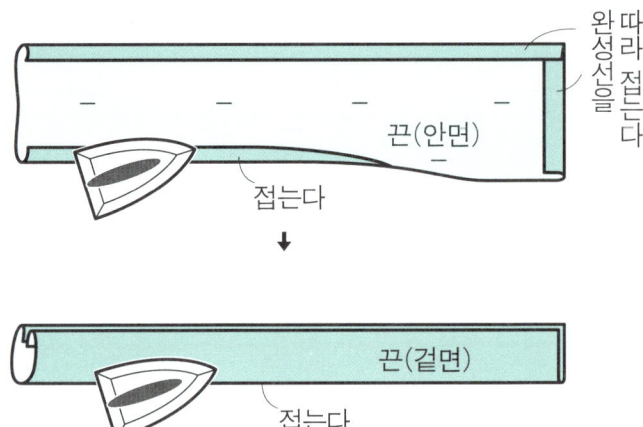

1-③ 끝의 둘레를 재봉틀로 박습니다.

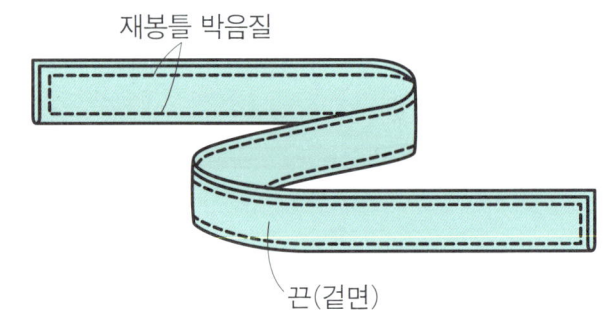

2. 끈을 끼울 부분의 덧댐 천 만들기

2-① 덧댐 천을 재단합니다. 덧댐 천의 폭은 끈의 폭에 1cm 전후를 더합니다.

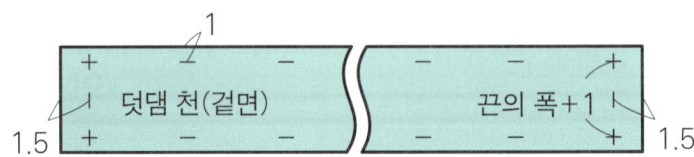

2-② 덧댐 천의 시접을 완성선을 따라 다리미로 접습니다. 끈을 끼울 창
 구멍은 두 번 접어서 세 겹이 되도록 합니다.

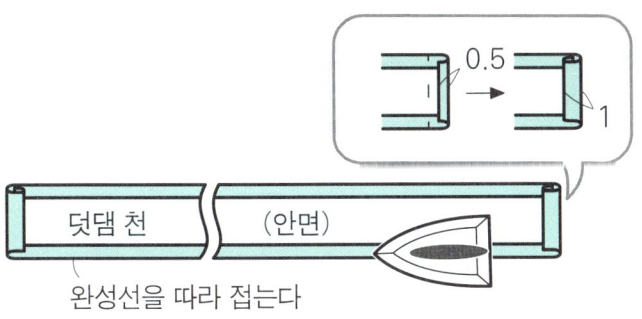

완성선을 따라 접는다

2-③ 덧댐 천의 끈을 끼울 창구멍을 재봉틀로 박습니다.

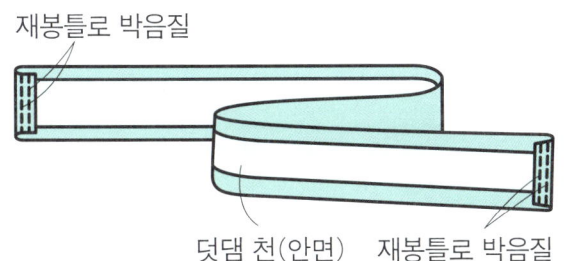

재봉틀로 박음질

덧댐 천(안면)   재봉틀로 박음질

3. 끈을 끼울 위치에 덧댐 천 붙이기

3-① 덧댐 천을 허리선의 부착 위치에 그림과 같이 배치하여 시침질로
 고정합니다.

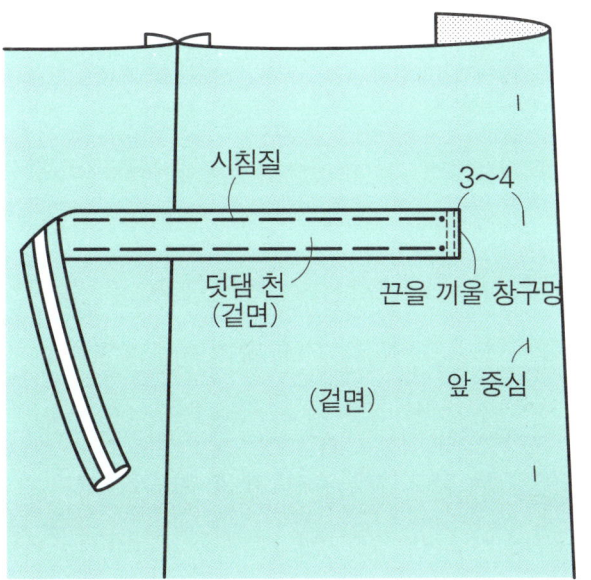

시침질

3~4

덧댐 천
(겉면)

끈을 끼울 창구멍

앞 중심

(겉면)

3-② 덧댐 천 가장자리를 재봉틀로 박고, 본체에 꿰매 붙입니다. 끈을 끼
 울 창구멍을 박지 않도록 주의하세요.

0.2   재봉틀로 박음질

0.2

끈을 끼울 창구멍

(겉면)

3-③ 끈을 끼우면 완성입니다.

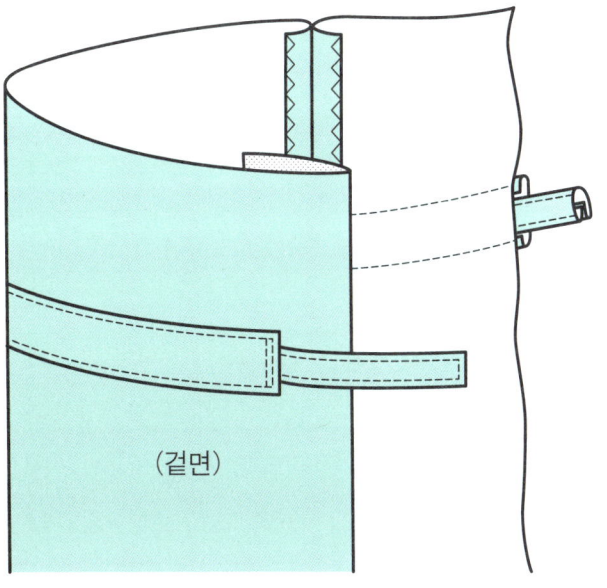

(겉면)

드로스트링 벨트 B

통 모양으로 만든 허리선에 덧댐 천을 달아 끈을 통과시키고 그
것을 묶어 볼륨감을 살리는 방법입니다. A와 다른 점은 덧댐 천
을 안면에 달기 때문에 겉면에서는 봉제선만 보인다는 점입니다.
덧댄 천은 같은 원단을 사용해도 되고 안감을 사용해도 상관없
습니다.

1. 끈을 끼울 창구멍 만들기

1-① 몸판의 끈을 끼울 창구멍 위치에 몸판과 덧댐 천을 겉면끼리 맞춰 둡
니다.

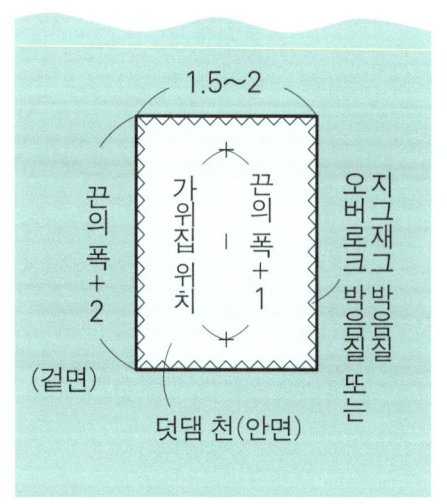

1-② 덧댐 천 위에서 끈을 끼울 창구멍 둘레를 그림과 같이 재봉틀로 박
습니다.

1-③ 끈을 끼울 창구멍 위치에 아래까지 쭉 가위집을 넣습니다.

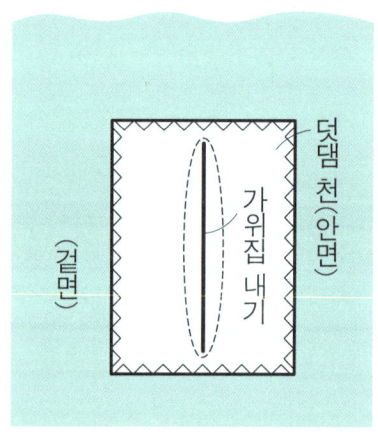

1-④ 덧댐 천을 가위집을 낸 구멍을 통해 몸판 안면으로 뒤집습니다.
1-⑤ 다림질합니다.

※ 재봉틀로 박을 때는 바느질 시작과 끝을 되돌아박기 합니다.

1-⑥ 끈을 끼울 창구멍 둘레를 재봉틀로 박습니다.

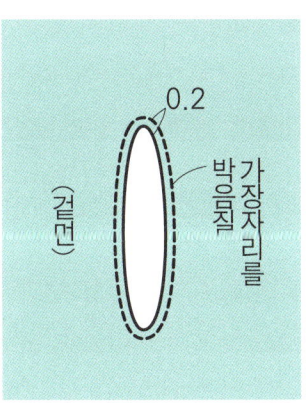

2. 끈을 끼우는 부분의 덧댐 천 만들기

2-① 끈을 끼울 덧댐 천을 재단합니다.

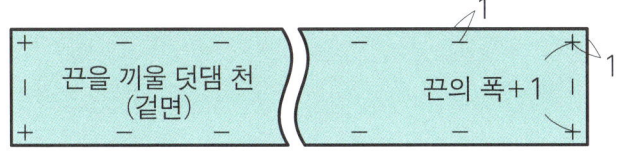

2-② 끝을 끼울 덧댐 천의 시접을 완성선에 맞춰 다리미로 안면으로 접습니다.

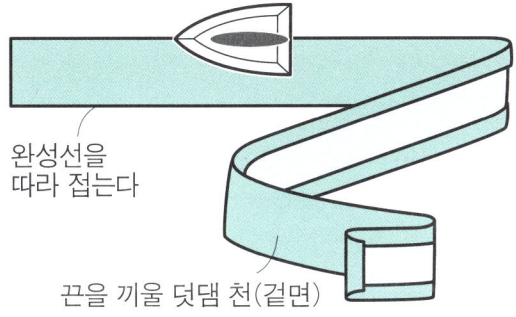

완성선을
따라 접는다

끈을 끼울 덧댐 천(겉면)

3. 끈을 끼울 위치에 덧댐 천 달기

3-① 몸판의 끈을 끼울 위치에 본체와 끈을 끼울 덧댐 천을 안면끼리 맞춰 놓고 끈을 끼울 덧댐 천 둘레를 시침하여 고정합니다.

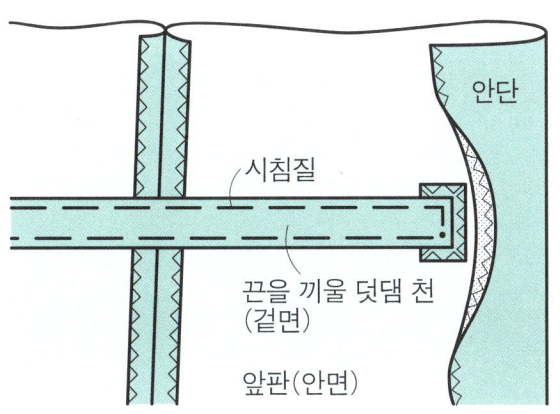

3-② 끈을 끼울 덧댐 천 가장자리를 재봉틀로 박습니다. 시침선을 참고하여 겉면에서 재봉틀을 박으면 한층 완성도가 높아집니다.

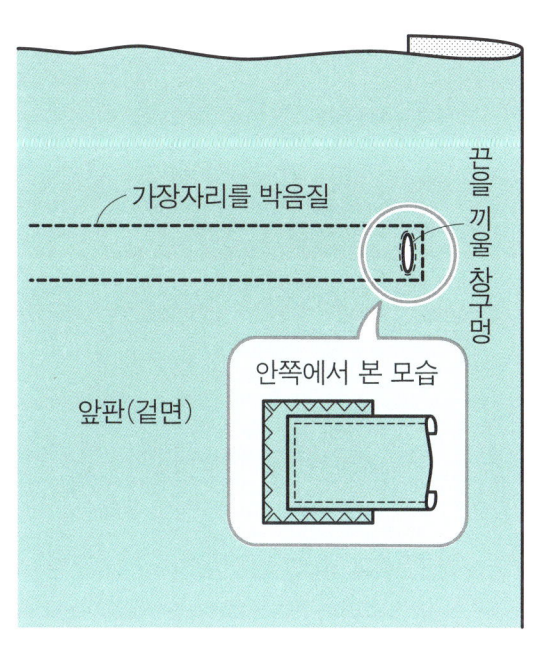

4. 끈 끼우기

끈을 끼우면 완성입니다.(끈 만드는 방법은 508쪽을 참조합니다.)

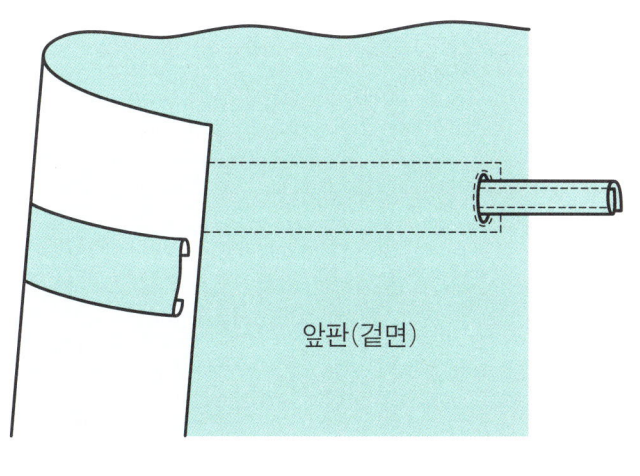

허리선에 고무테이프 끼우기 A

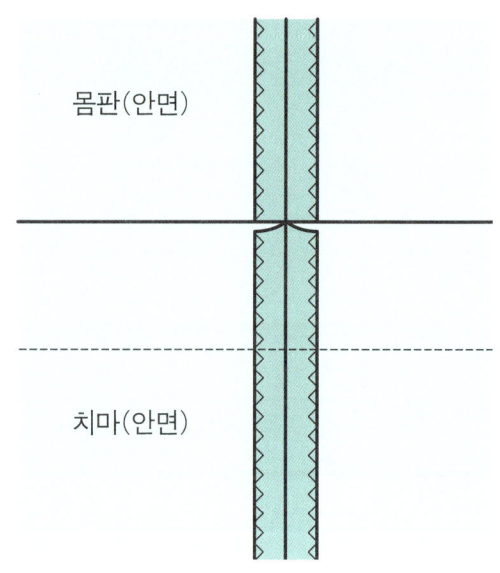

허리 부분에 이음선이 있는 옷의 허리선을 박을 때 그 시접을 이용해 고무테이프를 끼우는 방법입니다. 원단이 4장 겹치게 되므로 두꺼운 원단에는 적합하지 않습니다.

2. 고무테이프 끼울 부분 만들기

2-① 시접을 몸판 쪽으로 접습니다.

몸판(안면)

치마(안면)

2-② 치마 시접을 몸판 시접을 감싸면서 접어줍니다.

1. 허리선 박기

몸판과 치마를 겉면끼리 맞대어 재봉틀로 박습니다. 몸판의 시접은 고무테이프의 폭, 치마의 시접은 고무테이프의 폭에 2cm를 더합니다.

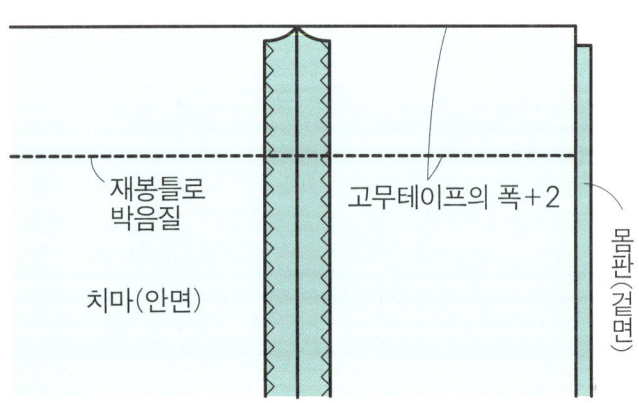

재봉틀로 박음질

치마(안면)

고무테이프의 폭+2

몸판(겉면)

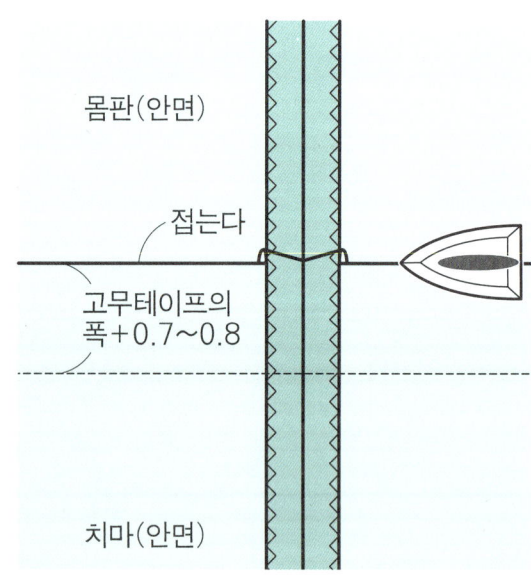

몸판(안면)

접는다

고무테이프의 폭+0.7~0.8

치마(안면)

※ 재봉틀로 박을 때는 바느질 시작과 끝을 되돌아박기 합니다.

2-③ 고무테이프를 끼우기 위한 창구멍을 남겨 놓고 시접 가장자리를 재
   봉틀로 박습니다.

3-① 창구멍을 통해 고무테이프를 끼웁니다.
3-② 다 끼운 고무테이프는 1.5cm 겹쳐서 재봉틀로 박아 고정합니다.

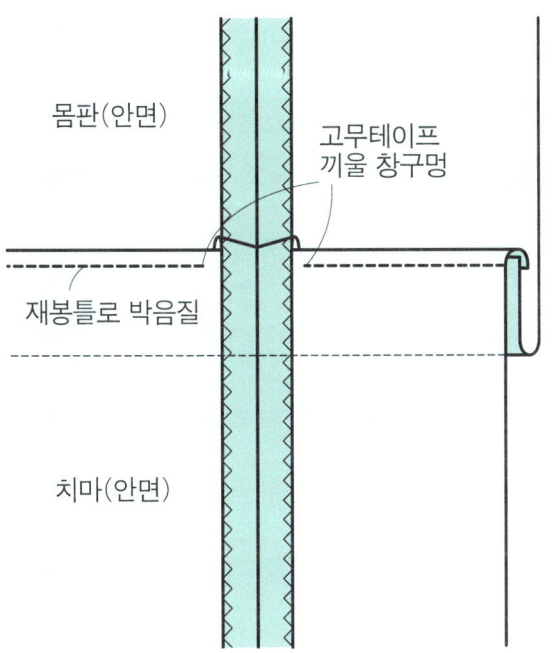

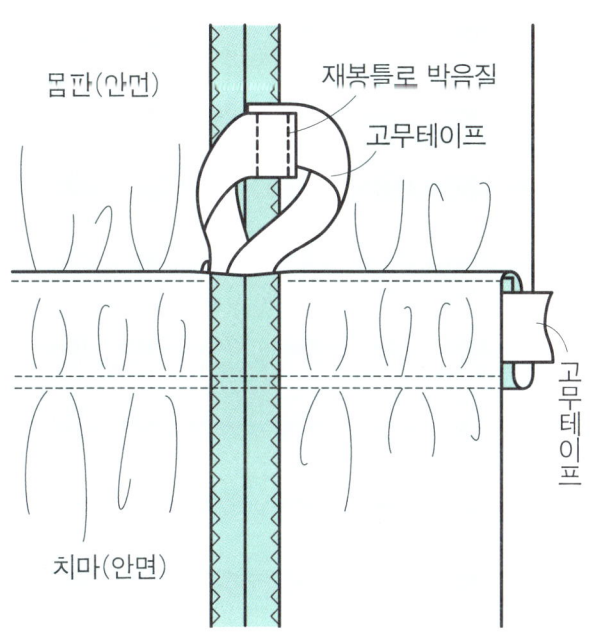

2-④ 몸판과 치마 봉제선의 몸판 쪽 옆을 재봉틀로 박습니다.

3-③ 고무테이프를 창구멍을 통해 안으로 집어넣은 후 박지 않고 남겨두
   었던 창구멍을 재봉틀로 박습니다.

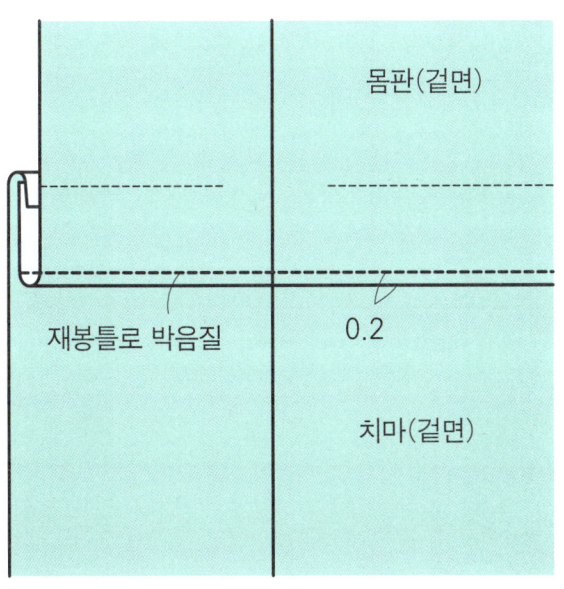

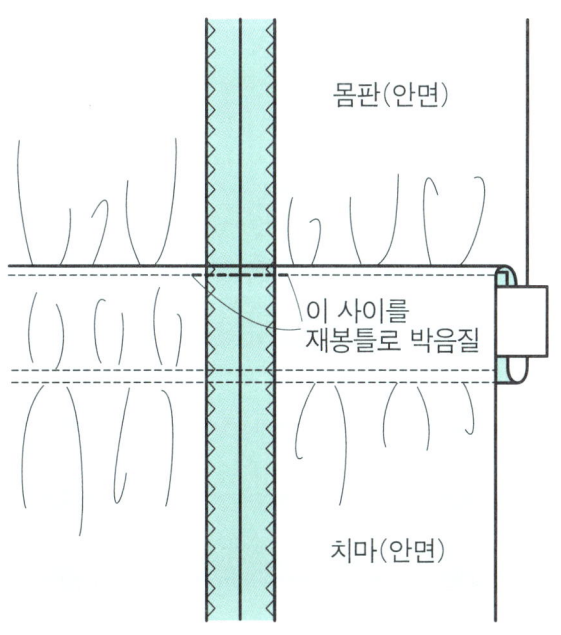

513

허리선에 고무테이프 끼우기 B

1-② 덧댐 천의 시접을 완성선에 맞춰 안면으로 접습니다.

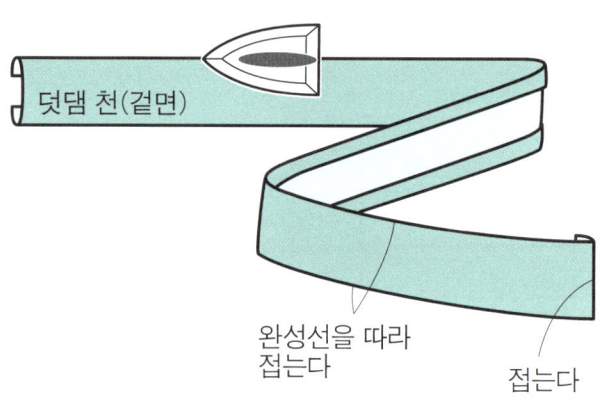

완성선을 따라
접는다

접는다

허리에 이음선은 없지만, 허리 전체에 고무테이프를 사용하고자
할 때 사용하는 방법입니다. 덧댐 천을 안면에 달아서 만듭니다.
리폼에도 활용할 수 있습니다.

2. 덧댐 천을 몸판에 달기

2-① 허리의 덧댐 천 부착 위치에 몸판과 덧댐 천을 안면끼리 맞대어 배치
합니다. 덧댐 천은 그림과 같이 겹칩니다.

2-② 덧댐 천 둘레를 시침질합니다.

1. 덧댐 천 만들기

1-① 덧댐 천을 재단합니다. 겉감이 얇은 경우는 겉감과 같은 천을 사용하
고 겉감이 두꺼운 경우는 안감 또는 별도 원단이나 중간 두께의 천
을 사용합니다.

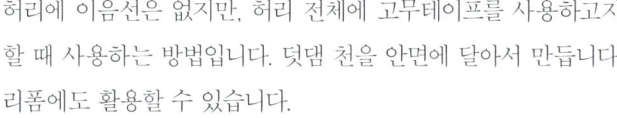

고무테이프의 폭+1

덧댐 천
(겉면)

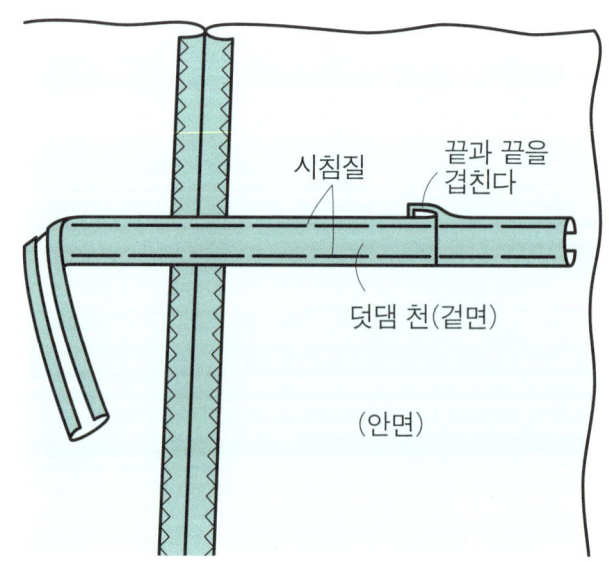

시침질

끝과 끝을
겹친다

덧댐 천(겉면)

(안면)

2-③ 덧댐 천의 위아래 가장자리를 재봉틀로 박습니다. 그리고 어느 한 곳을 3cm 정도 그림과 같이 박지 않고 남겨둡니다.

2-④ 덧댐 천이 겹치는 부분을 덧댐 천만 떠서 감침질합니다.

3-② 고무테이프 가장자리를 1.5cm 겹쳐서 재봉틀로 박습니다.

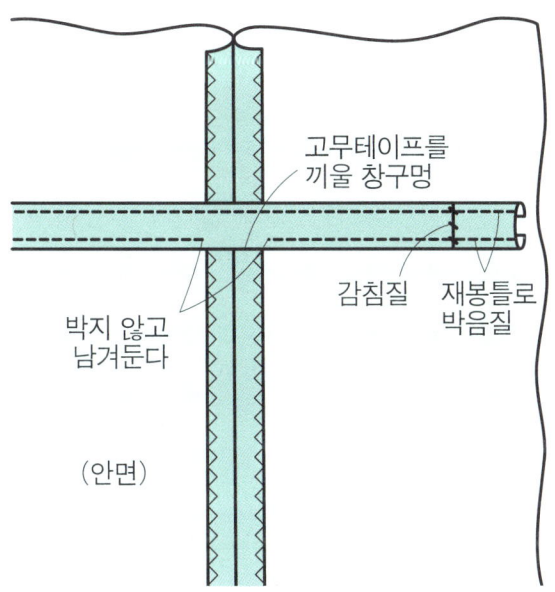

고무테이프를 끼울 창구멍

박지 않고 남겨둔다

감침질

재봉틀로 박음질

(안면)

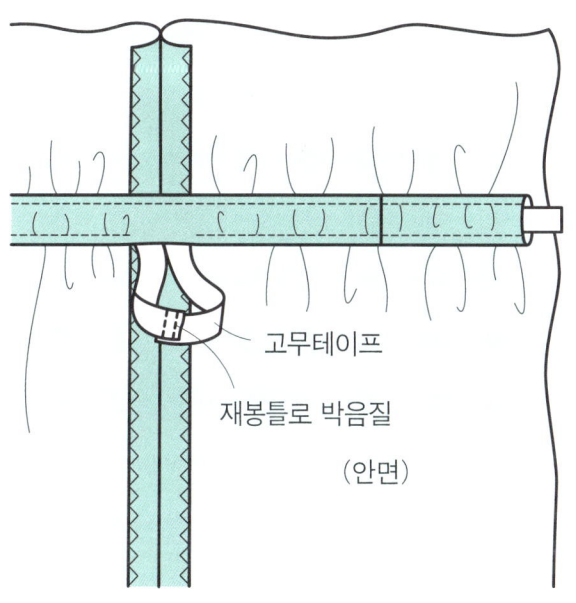

고무테이프

재봉틀로 박음질

(안면)

3. 고무테이프 끼우기

3-① 도중에 고무테이프 가장자리가 안으로 쏙 들어가 버리지 않도록 가장자리를 시침핀으로 본체에 고정해둔 후 고무테이프를 끼웁니다.

3-③ 고무테이프를 덧댐 천 안으로 집어넣습니다.

3-④ 박지 않고 남겨두었던 부분을 박아주세요.

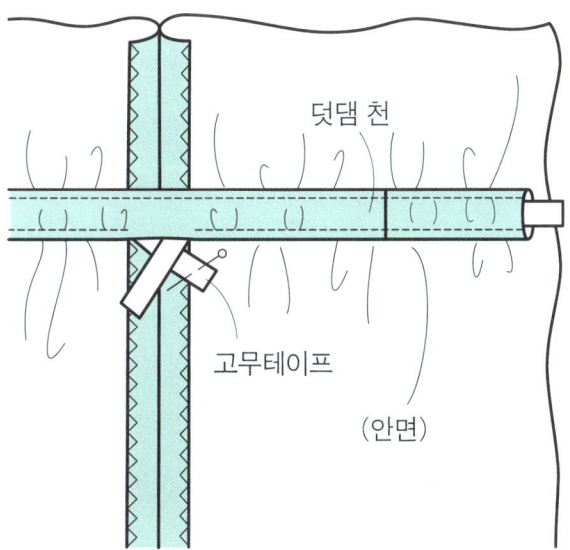

덧댐 천

고무테이프

(안면)

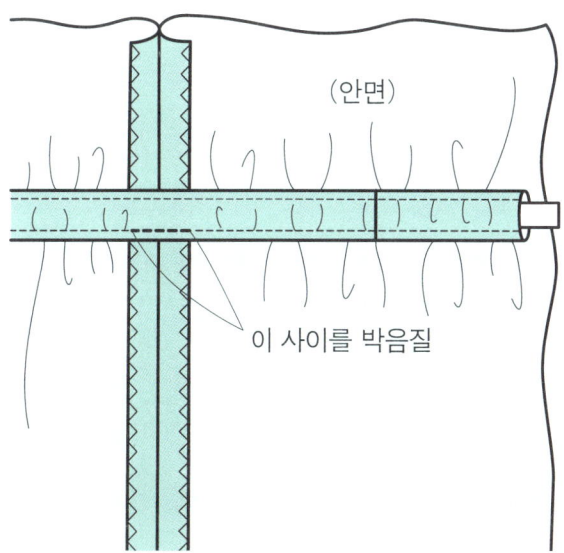

(안면)

이 사이를 박음질

트임이 있는 경우나 부분적으로 고무테이프를 넣고자 할 때 만드는 방법입니다. B와 같은 방법으로 만듭니다. 이것을 응용하면 원하는 위치에 부분적으로 고무테이프를 끼울 수 있습니다.

1. 덧댐 천 만들기

1-① 덧댐 천을 재단합니다. 이 경우는 앞트임 원피스의 뒤 몸판에서 앞 몸판 도중까지 고무테이프를 넣습니다.

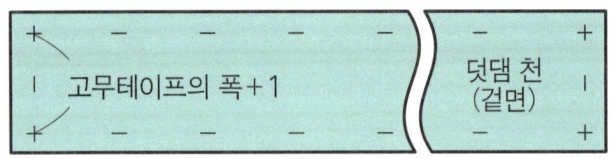

고무테이프의 폭+1

덧댐 천
(겉면)

1-② 덧댐 천의 시접을 완성선에 맞춰 안쪽으로 다리미로 접습니다.

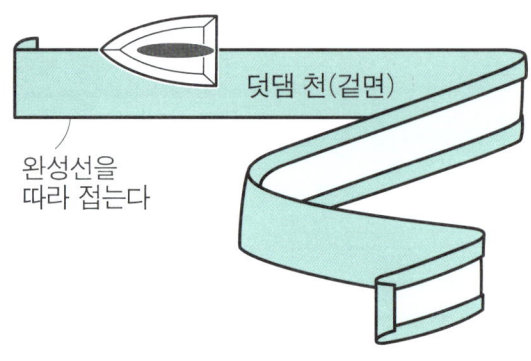

덧댐 천(겉면)

완성선을
따라 접는다

2. 덧댐 천 달기

2-① 몸판과 덧댐 천을 안면끼리 맞대어 덧댐 천을 시침하여 고정합니다.

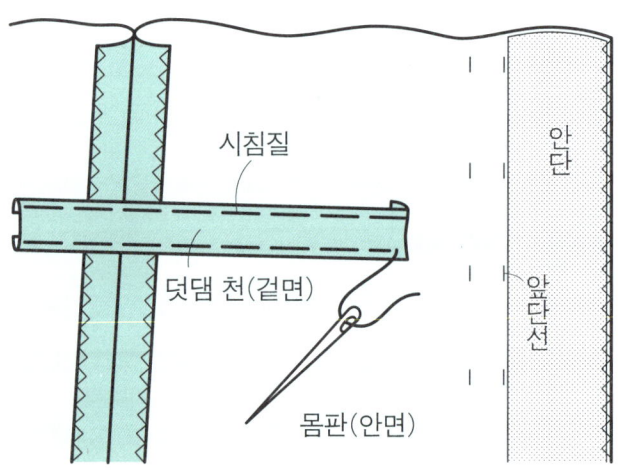

시침질

덧댐 천(겉면)

몸판(안면)

안단

앞단선

2-② 2-①에서 시침한 곳과 같은 위치를, 고무테이프 끼울 창구멍을 남겨 놓고 재봉틀로 박습니다.

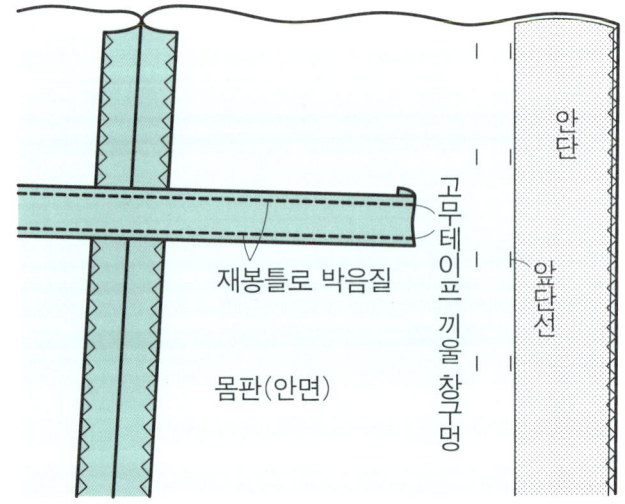

재봉틀로 박음질

고무테이프 끼울 창구멍

몸판(안면)

안단

앞단선

3. 고무테이프 끼우기

창구멍을 통해 고무테이프를 끼웁니다. 고무테이프 가장자리를 몸판에
시침핀으로 고정해두면 빠질 위험이 없습니다.

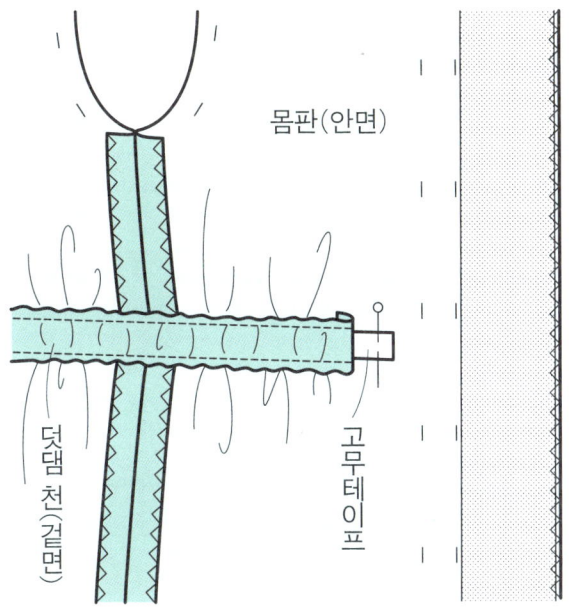

4. 고무테이프 박기

한쪽의 창구멍을 재봉틀로 박아 고무테이프를 고정합니다.

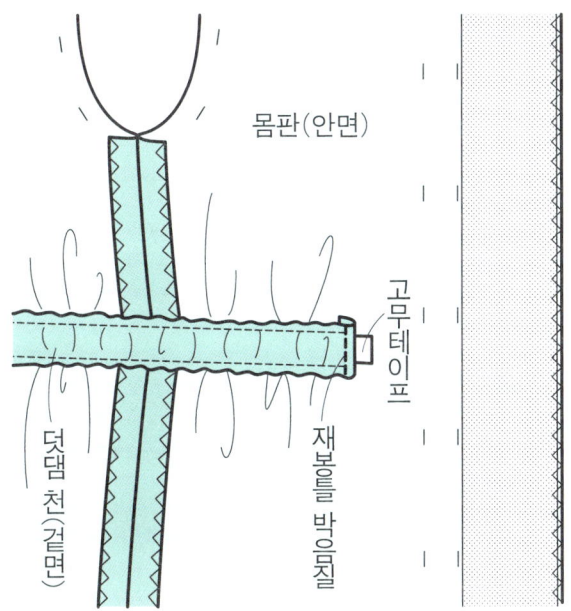

5. 다른 한쪽의 고무테이프 박아 붙이기

5-① 적당한 길이까지 고무테이프를 당겨 다른 한쪽의 창구멍을 재봉틀
　　로 박습니다.

5-② 밖으로 나와 있는 고무테이프는 잘라냅니다.

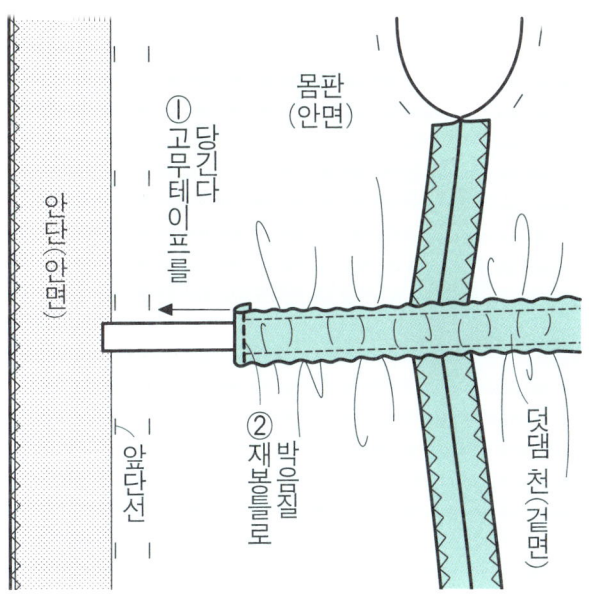

6. 안단 감치기

안단을 덧댐 천에 감칩니다.

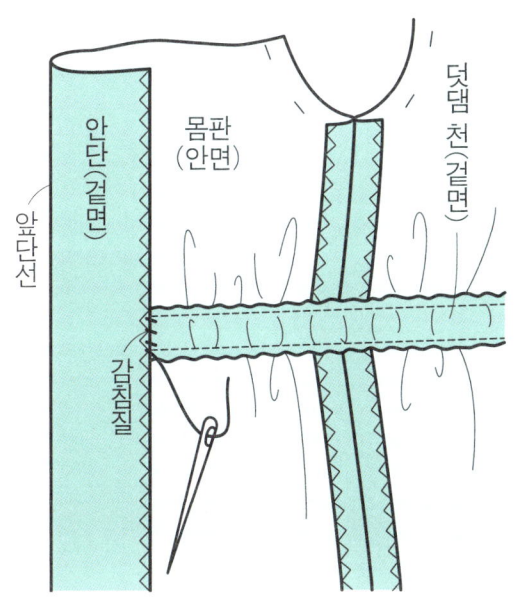

벨트와 벨트 고리

겉감과 같은 천으로 만드는 벨트입니다. 같은 천으로 만들어두면 시판 벨트와는 다른 코디를 연출할 수 있습니다. 여기서는 벨트 고리를 만드는 방법도 함께 설명합니다.

벨트 만드는 방법 A

① 벨트 폭 3배의 폭으로 벨트감을 재단합니다.

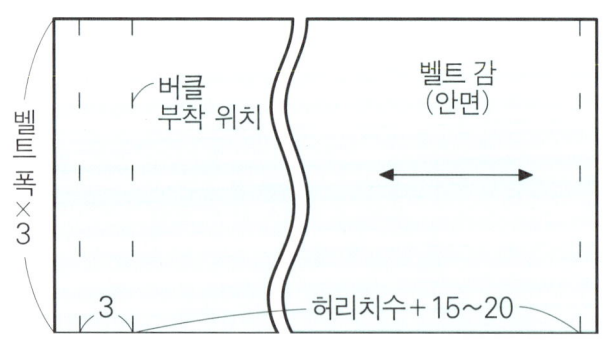

② 벨트 감을 겉면끼리 맞대어 접어서 두 겹으로 만든 후 재봉틀로 박습니다.

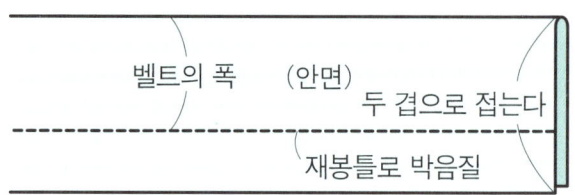

③ 시접을 그림과 같이 다리미로 가름솔 처리합니다.

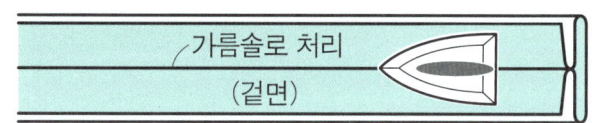

④ 벨트감 한쪽의 가장자리 3장을 함께 재봉틀로 박습니다.

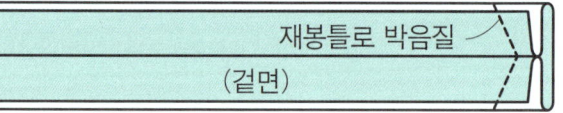

⑤ 벨트 감 가장자리의 시접을 잘라냅니다.

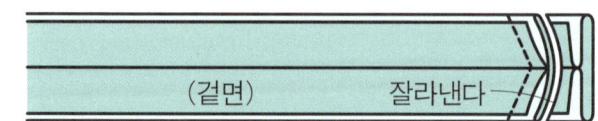

⑥ 벨트 심지를 벨트감 위에 놓고 시접 부분만을 떠서 시침질합니다. 벨트 심지의 길이는 버클 부착 위치까지입니다.

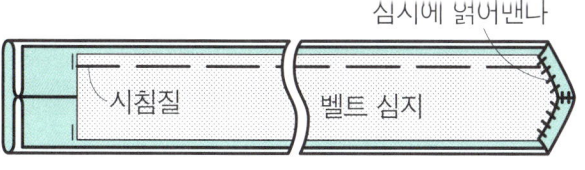

심시에 얽어맨다

시침질   벨트 심지

⑦ 겉으로 뒤집어 다림질하여 모양을 잡아줍니다. 핀이 달린 버클일 경우에는 버클 부착 위치와 그림의 위치에 아일렛을 뚫어 구멍 사뜨기를 합니다. (251쪽 참조)

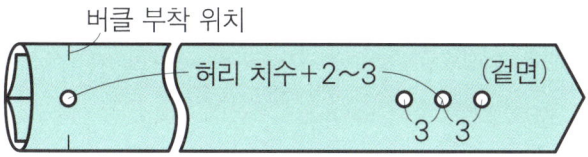

버클 부착 위치

허리 치수 +2~3   (겉면)

3   3

⑧ 가장자리에 재봉틀을 박으면 벨트 부분은 완성입니다.

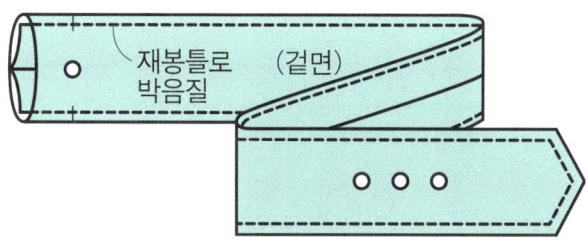

재봉틀로 박음질   (겉면)

버클 부착 방법

트렌치 버클(Trench Buckle)

네모반듯한 모양이나 둥근형 등의 틀 한가운데에 벨트의 한끝을 고정하는 바(Bar)가 있는 버클입니다. 벨트 끝을 바에 끼워 안쪽에 감쳐 붙입니다.

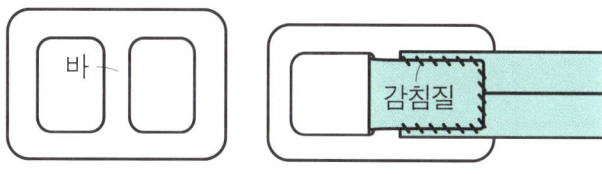

바   감침질

핀 달린 버클

틀에 붙어 있는 바에 부착한 핀을 벨트 구멍에 통과시켜 사용하는 버클을 말합니다. 이 버클을 벨트에 장착할 때는 벨트 쪽에도 핀을 통과시키는 구멍을 만들어야 합니다. 벨트 중심에 아일렛(251쪽 참조)을 만들어 그 구멍에 핀을 끼운 후 감침질합니다.

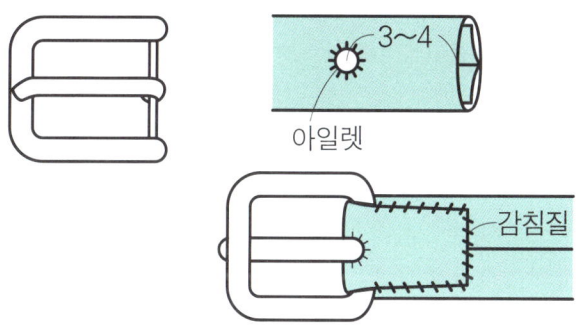

3~4

아일렛

감침질

클래스프 버클(Clasp Buckle: 맞걸고리 장식 버클)

좌우 2개의 버클을 마주 끼워 사용하는 버클입니다. 버클 뒷면에 있는 쇠붙이에 그림과 같이 벨트를 끼워 단단히 감쳐 고정합니다.

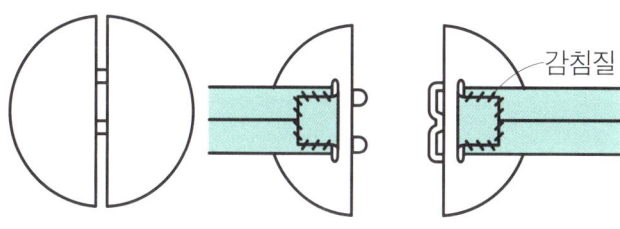

감침질

벨트 고리 만드는 방법

① 3배의 벨트 고리 폭으로 재단합니다.

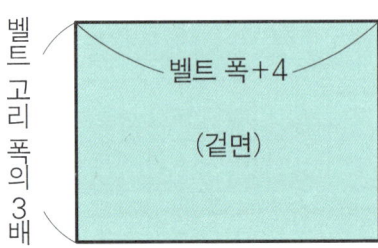

② 겉면끼리 맞대어 두 겹으로 접은 후 재봉틀로 박습니다.

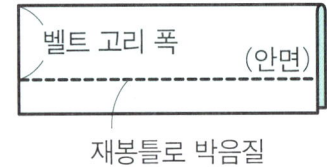

③ 봉제선이 중심이 되도록 시접을 가름솔 처리합니다.

④ 겉으로 뒤집습니다.

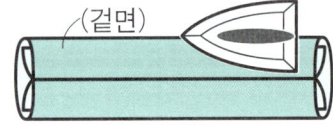

⑤ 본체 겉면에 벨트 고리 겉면을 향하도록 배치하여 벨트 고리 부착 위치에서 1cm 내려간 곳을 박습니다.

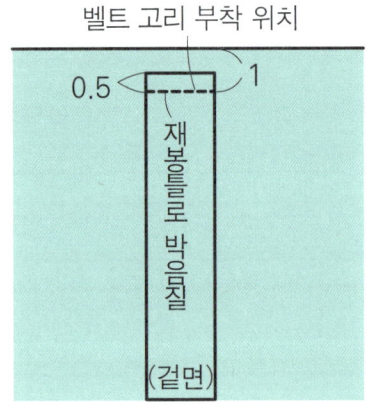

⑥ 벨트 고리를 위로 접어 올려 ⑤의 시접이 가려지는 위치를 다시 한 번 재봉틀로 박습니다.

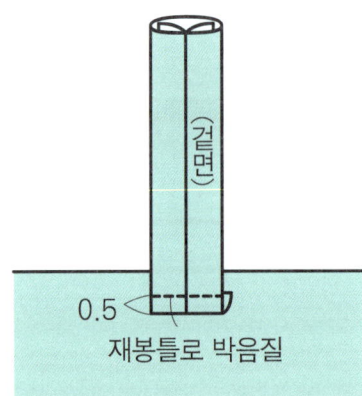

⑦ 벨트 고리를 내려 벨트 폭으로 가장자리를 접고 그 접은 선 바로 옆을 재봉틀로 두 번 박습니다.

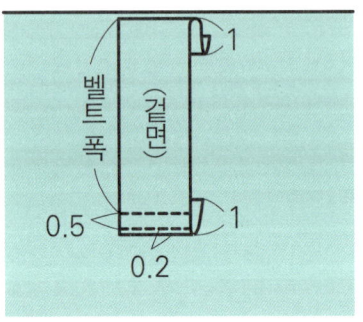

벨트 만드는 방법 B

봉제선을 가장자리로 삼은 벨트 만드는 방법입니다.
① 벨트 폭 2배의 시접을 주어 벨트 감을 재단합니다.

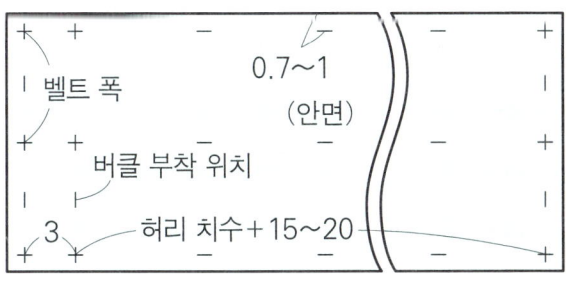

② 벨트 폭 크기로 재단한 접착심지를 다리미로 붙입니다.

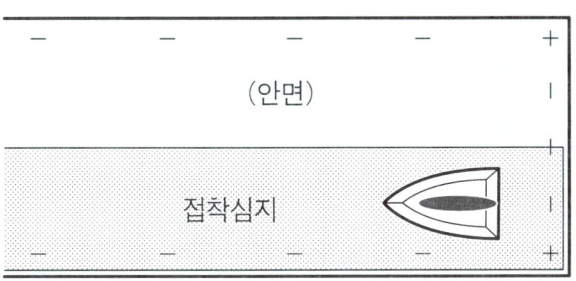

③ 벨트 감을 겉면끼리 맞대어 한 번 접어서 두 겹으로 한 후 둘레를 재봉틀로 박습니다. 한쪽은 뒤집기 위해 창구멍을 남겨둡니다.

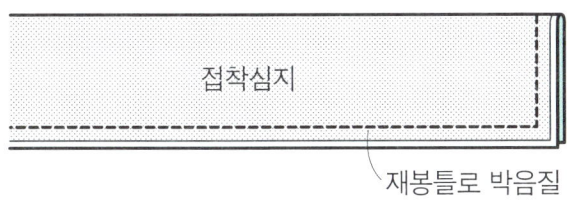

④ 창구멍을 통해 겉으로 뒤집습니다.
⑤ 가장자리를 재봉틀로 박습니다.

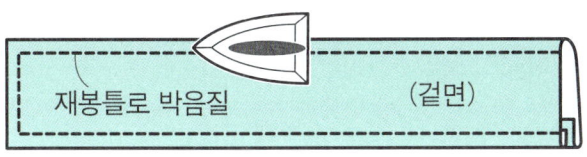

끈 만드는 방법

원단의 식서를 이용한, 끈이나 벨트로도 사용할 수 있는 간단한 방법입니다.
① 한쪽은 반드시 원단의 식서를 이용해서 재단합니다.

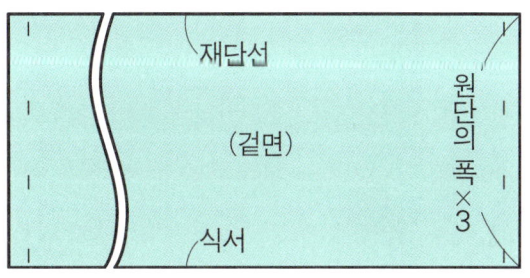

② 끈 안면에 끈의 폭으로 재단한 접착심지를 다리미로 붙입니다.

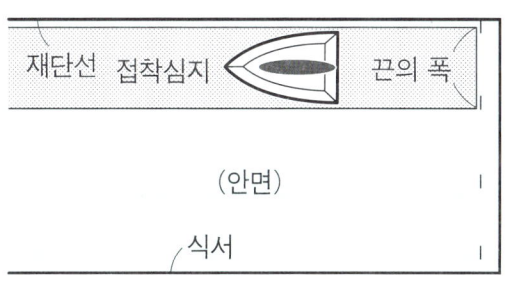

③ 양 가장자리 시접을 완성선을 따라 다리미로 안면에 붙입니다.

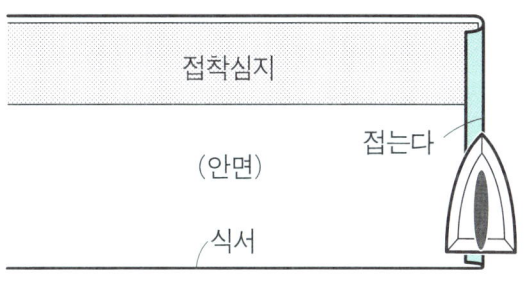

④ 그림과 같이 세 겹으로 접습니다. 식서가 가장 바깥쪽이 되도록 합니다.

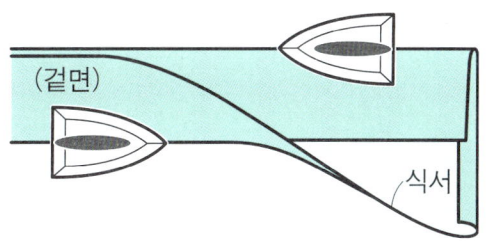

⑤ 둘레를 재봉틀로 박으면 완성입니다.

호주머니 만드는 방법

패치 포켓 A <small>안감 없음, 둥근형</small>

원단에 꿰매 붙이는 유형의 포켓입니다. 어떤 디자인에도 어울리므로 크기를 바꿔줌으로써 다양한 옷, 위치에 사용할 수 있습니다. 가장 손쉽게 만들 수 있는 포켓입니다.

1. 포켓 재단하기

포켓 입구에 안단 분량 3cm, 둘레에 0.7cm의 시접을 주어 재단합니다.

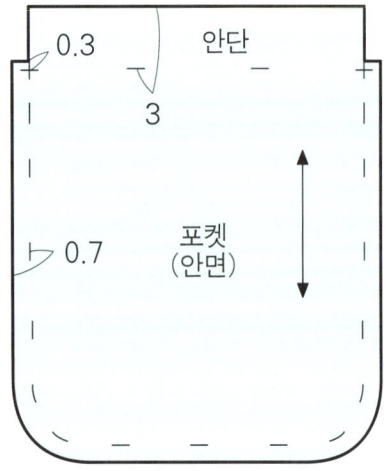

2. 접착심지 붙이기

2-① 안단 안면에 안단 크기로 재단한 접착심지를 다리미로 붙입니다.

2-② 포켓 둘레를 오버로크 박음질 또는 지그재그 박음질 하여 처리합니다.

3. 포켓 입구 박기

3-① 안단을 완성선을 따라 안면으로 접습니다.

3-② 포켓 입구와 안단 가장자리를 재봉틀로 박습니다.

3-③ 곡선 부분을 홈질(201쪽 참고)합니다.

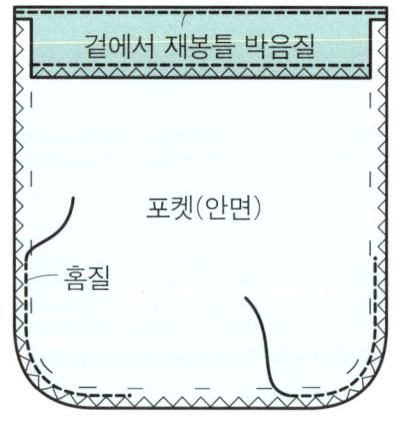

4. 포켓을 완성선으로 접기

4-① 포켓을 완성선을 따라 다리미로 접습니다. 선이 생기도록 확실하게 접어주세요.

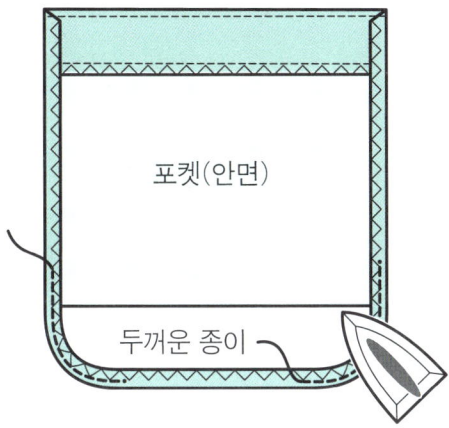

5. 보강 원단 붙이기

몸판의 안면, 포켓 부착 끝점 위치에 1~1.5cm의 원으로 재단한 접착심지를 보강 원단으로 사용하여 다리미로 붙입니다. 이렇게 보강을 해줍니다.

6. 포켓을 부착 위치에 배치하기

6-① 몸판의 겉면, 포켓 달 위치에 포켓의 겉면을 위로 가게 하여 시침핀으로 고정합니다.

6-② 포켓 입구에 약간의 여유(0.2~0.3cm)를 주어 시침질합니다.

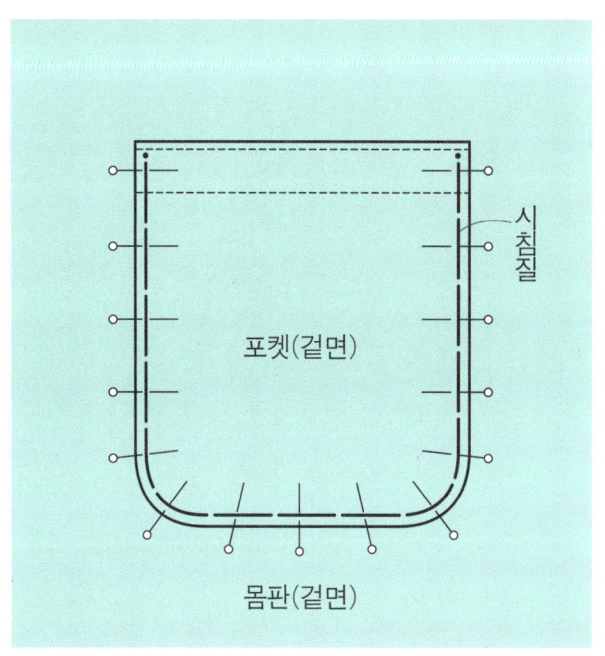

7. 포켓을 박기

7-① 포켓 둘레를 재봉틀로 박습니다. 접은 선 바로 옆을 박아주세요.

7-② 시침핀을 제거합니다.

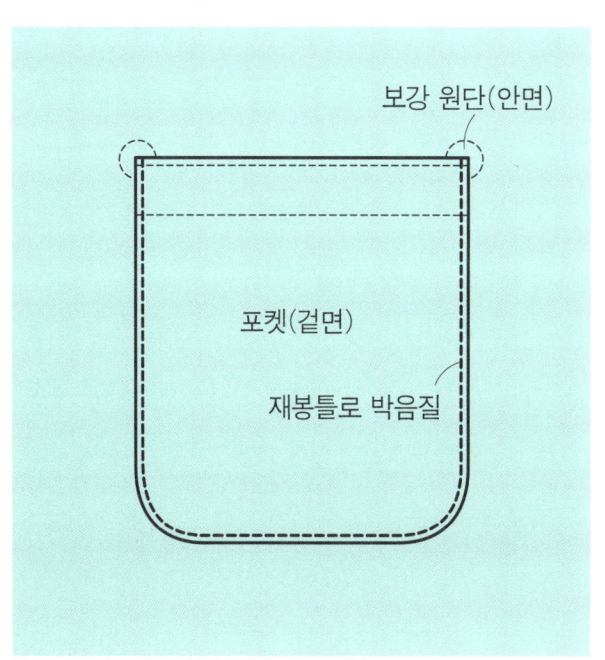

패치 포켓 B 안감 없음, 각형

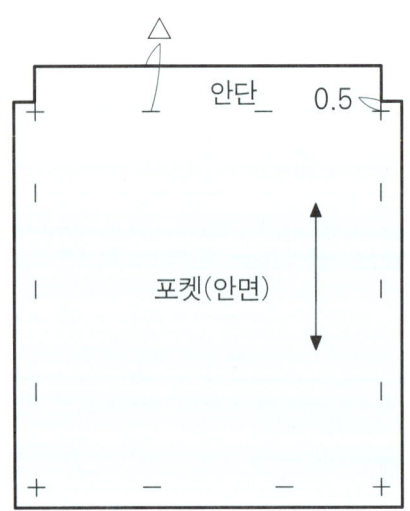

각형(각이 진 모양)은 모서리를 깔끔하게 만드는 것이 포인트입니다. 여기서는 '액자식 단 처리' 방법을 예로 들어 만드는 방법을 설명합니다. 용도, 만드는 방법은 522쪽의 둥근형과 같습니다.

1. 포켓 재단하기

그림과 같이 포켓용 천을 재단합니다.

2. 접착심지 재단하기

포켓 입구의 크기에 맞춰 접착심지를 재단합니다.

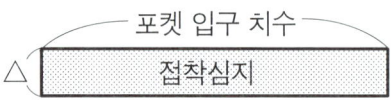

3. 접착심지 붙이기

3-① 안단 부분에 2에서 재단한 접착심지를 다리미로 붙입니다.
3-② 시접을 오버로크 박음질 또는 지그재그 박음질로 처리합니다.

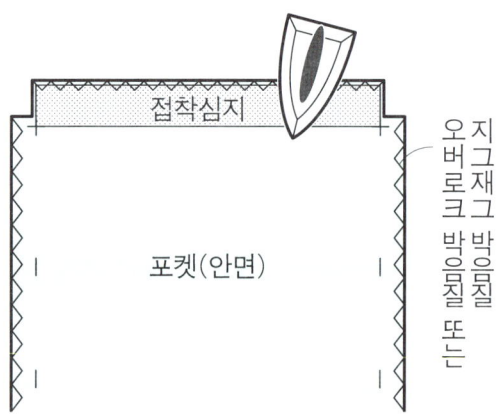

4. 포켓 입구 박기

안단을 포켓 입구에서 안면으로 접어 안단 가장자리를 재봉틀로 박습니다.

5. 선이 생기도록 접기

포켓 모서리의 시접을 그림과 같이 접어 다리미로 선이 생기도록 접어 줍니다.

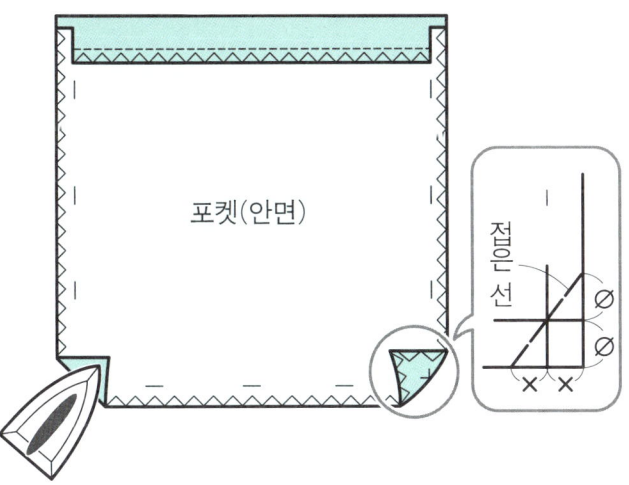

6. 모서리 박기

6-① 모서리 위치에서 겉면끼리 맞대어 접은 선을 맞춥니다.
   6-② 접은 선 위를 재봉틀로 박습니다.
      6-③ 여분의 시접을 잘라냅니다.

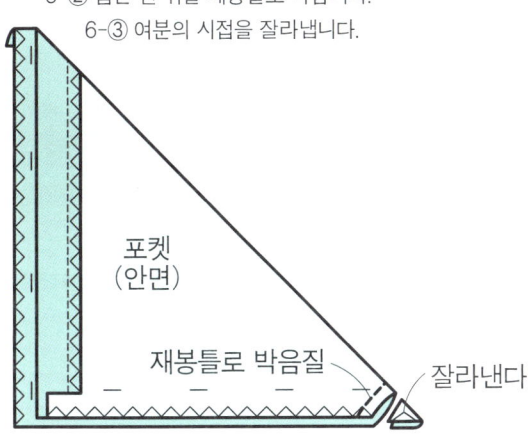

7. 시접 가르기

6의 모서리 시접을 다리미로 가름솔 처리합니다. 모서리가 깔끔한 사각형이 됩니다.

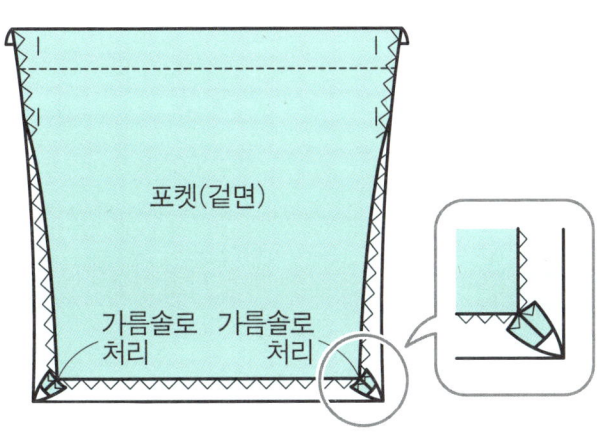

8. 시접 접기

시접을 완성선에 맞춰 안쪽으로 다리미로 접습니다.

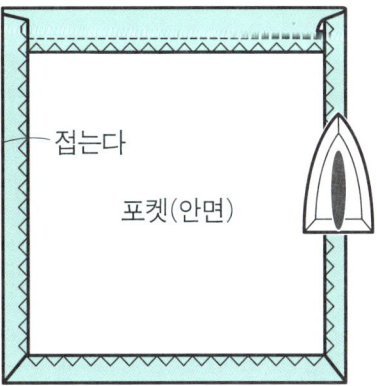

9. 포켓 달기

9-① 포켓을 포켓 달 위치에 놓고 시침질합니다.
9-② 포켓 바로 옆을 재봉틀로 박습니다.
9-③ 시침한 실을 제거합니다.

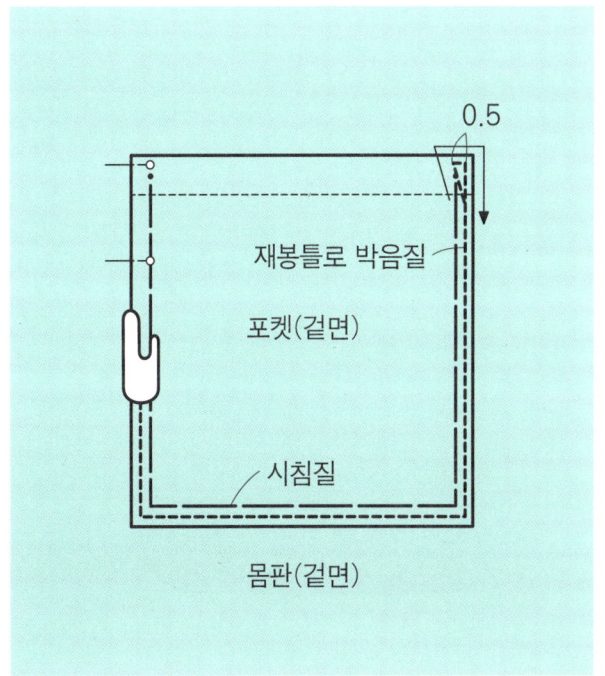

패치 포켓 C 안감 있음, 둥근형

겉감과 안감 2장으로 만듭니다. 두꺼운 원단으로 만드는 재킷이나 코트 등에 적합합니다. 안감이 보이지 않도록 완성하는 것이 포인트입니다.

1. 겉 포켓 재단하기

안단 분량 3cm, 둘레에 0.7cm의 시접을 주어 재단합니다. 올 방향은 무늬를 살리고자 할 때 이외는 몸판의 올 방향에 맞춥니다.

2. 포켓 입구 심지 재단하기

포켓 입구 치수와 같게 재단합니다. 그런데 한쪽 가장자리를 그림과 같이 어슷하게 해주세요.

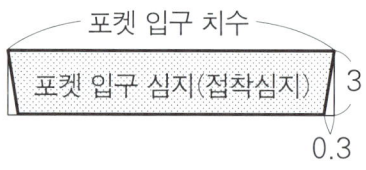

3. 안단에 포켓 입구 심지 붙이기

겉 포켓 안면 안단 부분에 그림과 같은 방향으로 심지를 다리미로 붙입니다.

4. 안 포켓 재단하기

안 포켓은 겉 포켓보다 포켓 입구를 1cm 적게 재단합니다. 원단은 안감이나 슬리크(평직이나 능직으로 짠 면직물의 하나)를 사용합니다.

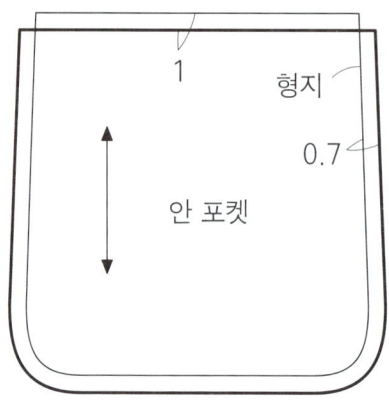

✿ 재봉틀로 박을 때는 바느질 시작과 끝을 되돌아박기 합니다.

5. 겉 포켓과 안 포켓을 박아 연결하기

5-① 겉 포켓과 안 포켓을 겉면끼리 맞대어 포켓 입구를 박습니다.

5-② 시접은 안 포켓 쪽으로 눕힙니다.

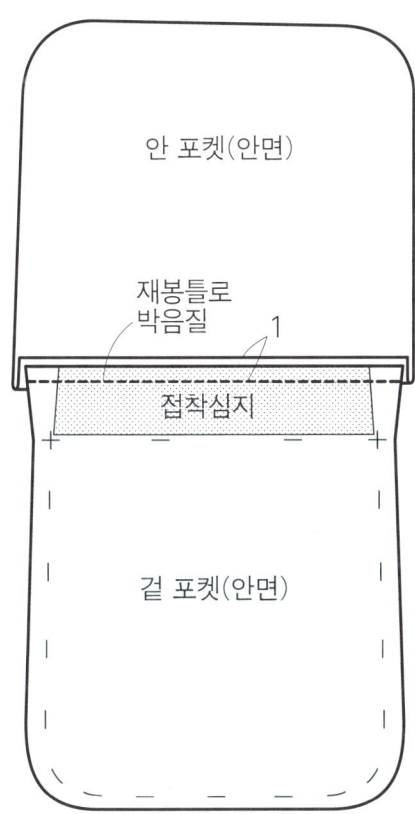

5-③ 겉 포켓과 안 포켓을 겉면끼리 맞대어 둘레를 박습니다. 이때 중간
　　4~5cm 정도는 창구멍으로 남겨둡니다.

5-④ 창구멍으로 포켓을 겉
　　으로 뒤집은 후 안 포
　　켓을 0.2cm 줄여 다
　　리미로 정돈합니다.

5-⑤ 창구멍으로 감침질합
　　니다.

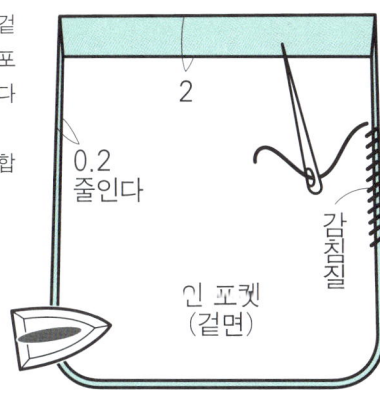

6. 포켓 달기

6-① 프레스 볼(190쪽 참조) 위에 몸판을 놓고 그 위에 포켓 겉면이 위로
　　가도록 올려놓습니다.

6-② 시침질하여 포켓을 임시 고정합니다.

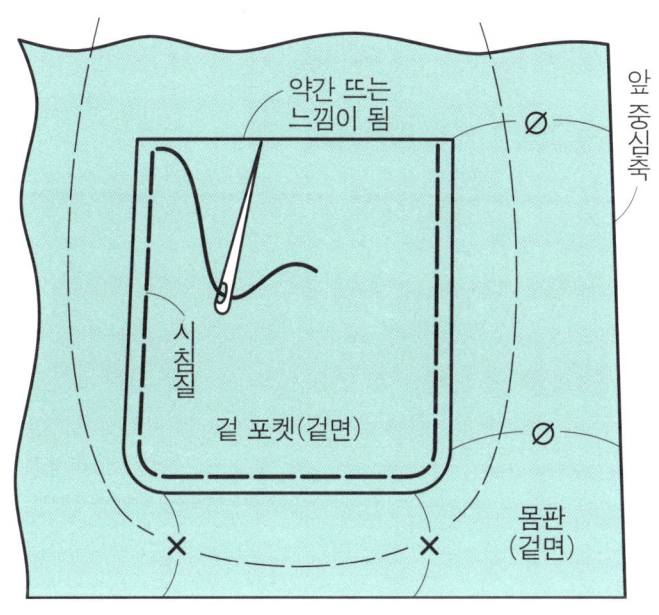

6-③ 몸판 안면에 접착심지를 보강 원단으로써 붙입니다. 이것은 보강
　　을 위함입니다.

6-④ 포켓 가장자리를 재봉틀로 박습니다.

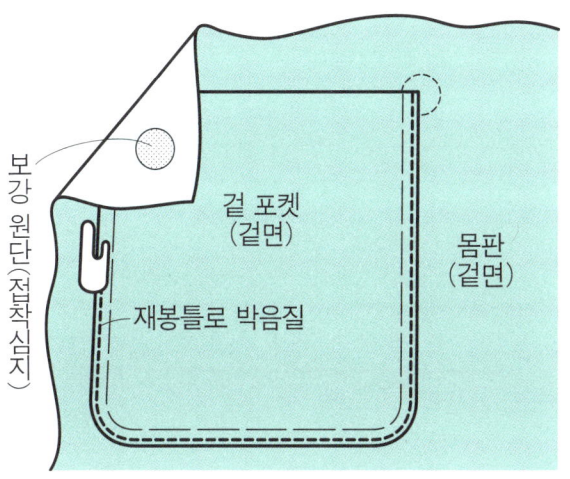

패치 포켓 D 안감 있음. 각형

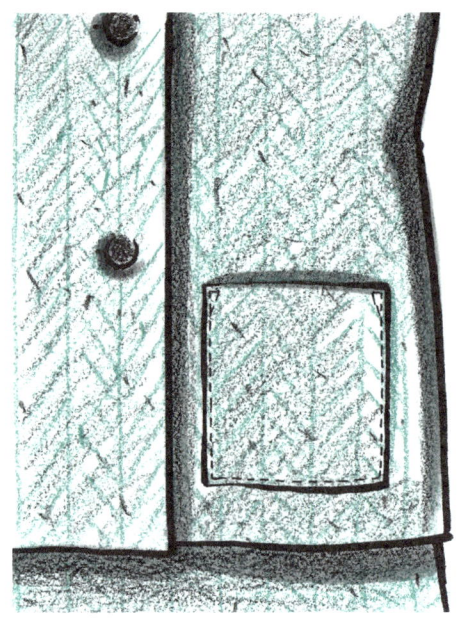

모서리를 깔끔하게 완성하는 것이 중요합니다. 만드는 요령은 526쪽의 둥근형과 같지만, 완성은 둥근형보다 샤프한 느낌을 줍니다.

1. 겉 포켓 재단하기

겉 포켓은 안단을 이어서 재단합니다.

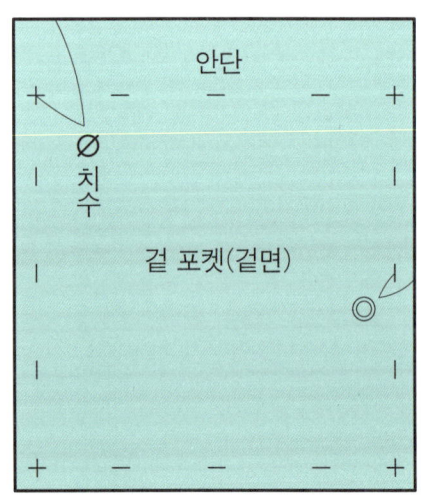

2. 포켓 입구 심지 재단하기

포켓 입구 치수와 마찬가지로 재단하는데 한쪽의 가장자리를 그림과 같이 어슷하게 합니다.

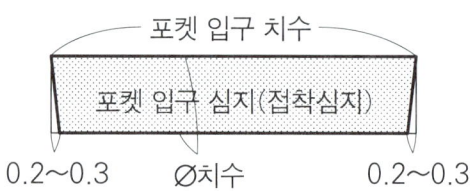

3. 안단에 포켓 입구 심지 붙이기

겉 포켓의 안면, 안단 부분에 0.2~0.3cm 적게 재단한 쪽을 안단 가장자리에 맞춰 다리미로 붙입니다.

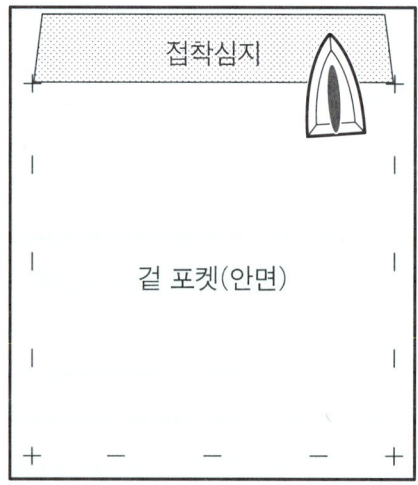

4. 안 포켓 재단하기

형지를 이용해서 재단합니다. 지정 이외의 시접 폭은 겉 포켓과 같은 치수로 합니다.

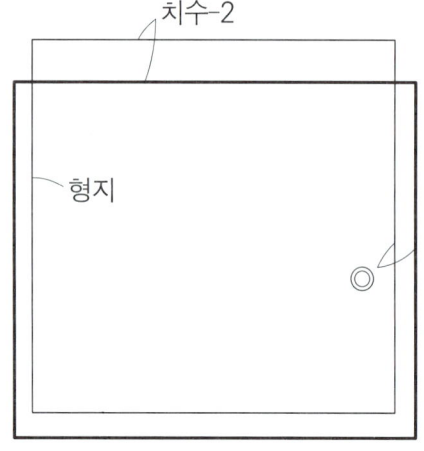

5. 겉 포켓과 안 포켓을 박아 연결하기

5-① 겉 포켓과 안 포켓을 겉면끼리 맞대어 1cm의 폭으로 박습니다.
　　1cm 폭으로 박지 않으면 치수가 달라지므로 주의하세요.

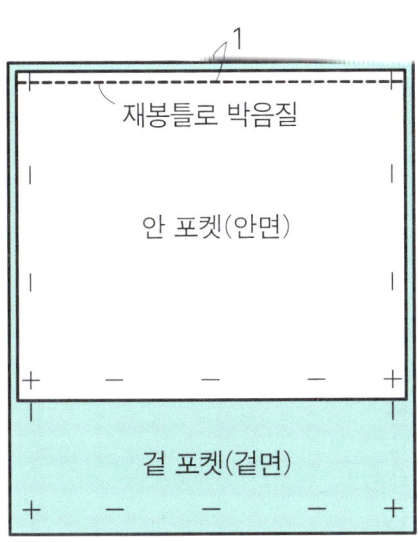

5-② 봉제선을 다림질하여 시접을 안 포켓 쪽으로 눕힙니다.
5-③ 겉 포켓을 완성선에서 겉면이 안쪽으로 가게 접습니다.
5-④ 겉 포켓과 안 포켓을 겉면끼리 맞대어 둘레를 재봉틀로 박습니다.
　　이때 중간에 5~6cm는 박지 않고 남겨둡니다.

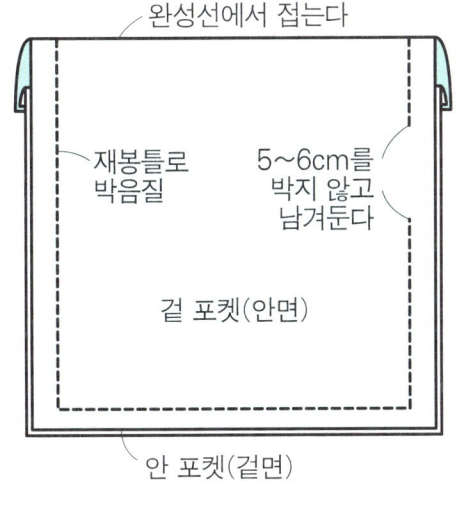

6. 모서리 시접을 잘라내기

모서리 시접을 어슷하게 잘라냅니다. 겹쳐지게 되면 깔끔한 사각형으로 완성할 수 없습니다.

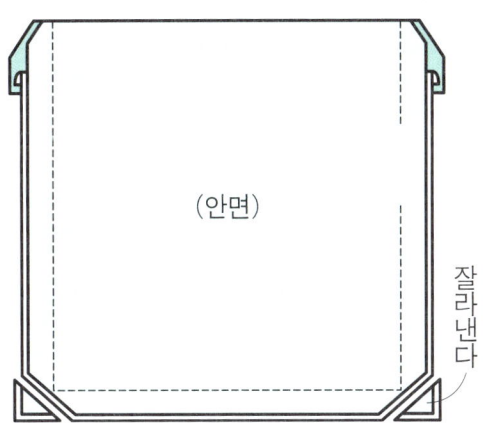

7. 포켓 뒤집기

7-① 둘레 시접을 봉제선에 맞춰 다리미로 안 포켓 쪽으로 접습니다.
7-② 박지 않고 남겨두었던 곳에서 포켓을 겉으로 뒤집습니다.
7-③ 다리미로 모양을 잡아주고, 박지 않고 남겨두었던 곳을 감침질합니다.

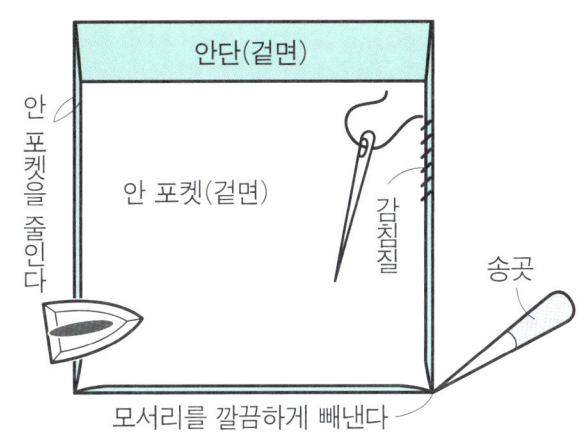

8. 포켓 달기

몸판의 포켓 달 위치에 포켓을 놓고 시침질한 후 재봉틀로 박습니다.

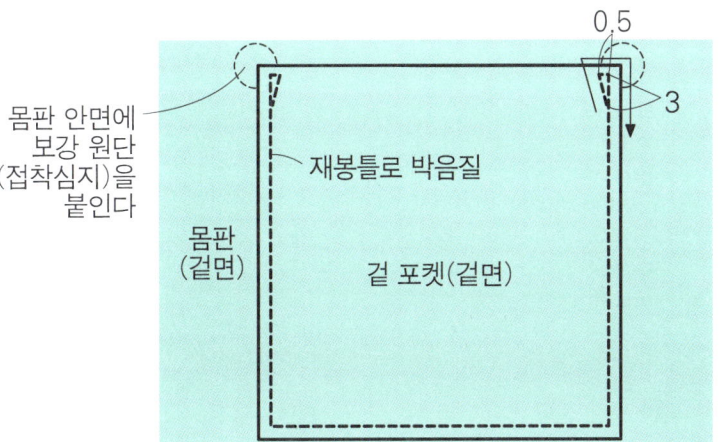

플랩 패치 포켓 A

패치 포켓 위에 플랩(덮개)을 다는 포켓입니다. 포켓 위치와 플랩 위치는 1cm 정도 떨어뜨립니다. 만드는 방법도 간단하고 고급스러운 느낌으로 완성됩니다.

1. 플랩 재단하기

1개의 플랩에 대해 겉 플랩과 안 플랩을 각 1장씩 재단합니다. 겉 플랩은 몸판 겉감과 같은 천을 사용하고, 안 플랩은 원단 두께에 따라 겉감을 사용해도 되고 안감을 사용해도 됩니다. 여기서는 안감을 사용해서 만드는 방법을 설명합니다.

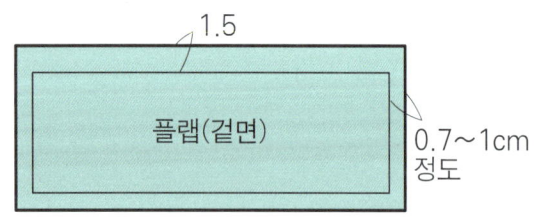

2. 플랩에 접착심지 붙이기

플랩과 같은 크기로 접착심지를 재단하여 겉 플랩 안면에 다리미로 접착심지를 붙입니다.

3. 플랩 만들기

겉 플랩과 안 플랩을 겉면끼리 맞대어 둘레를 재봉틀로 박습니다.(위쪽 가장자리 시접은 제외). 이때 그림과 같이 원단 가장자리를 0.2cm 이동하여 표시에서 0.2cm 바깥쪽을 박습니다.

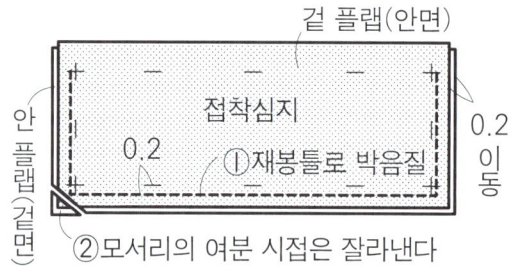

4. 플랩 뒤집기

4-① 플랩을 겉으로 뒤집습니다.
4-② 안 플랩 쪽을 0.2cm 줄여 다리미로 정돈합니다.

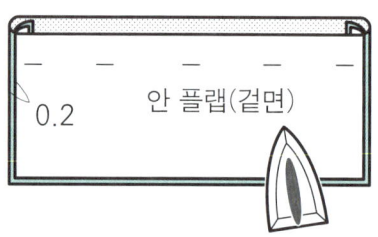

5. 플랩 둘레를 재봉틀로 박기

겉 플랩 쪽에서 재봉틀로 박습니다. 시접 쪽으로는 0.2cm 정도 나오도록 합니다.

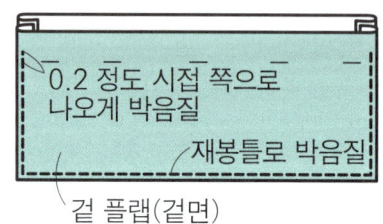

6. 포켓을 만들어 붙이기

528~529쪽을 참조하여 포켓을 만들어 붙입니다.

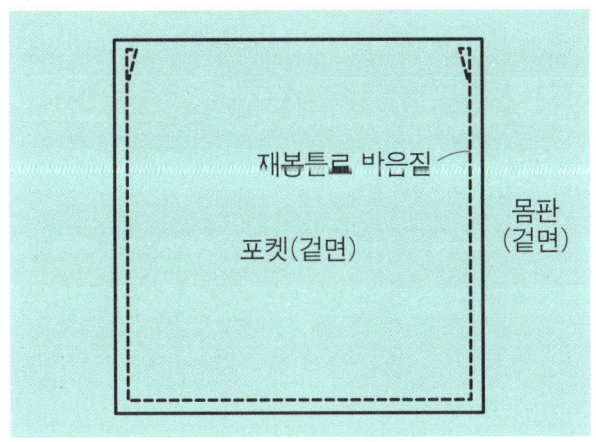

7. 플랩 달기

그림과 같이 플랩을 부착 위치에 놓고 재봉틀로 박습니다.

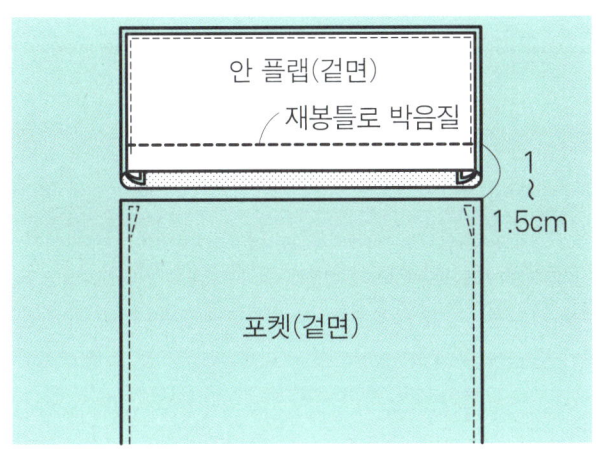

8. 플랩 시접 처리하기

8-① 겉 플랩의 시접을 0.5cm 정도 남기고 잘라냅니다. 안 플랩의 시접
은 살짝 비켜둡니다.

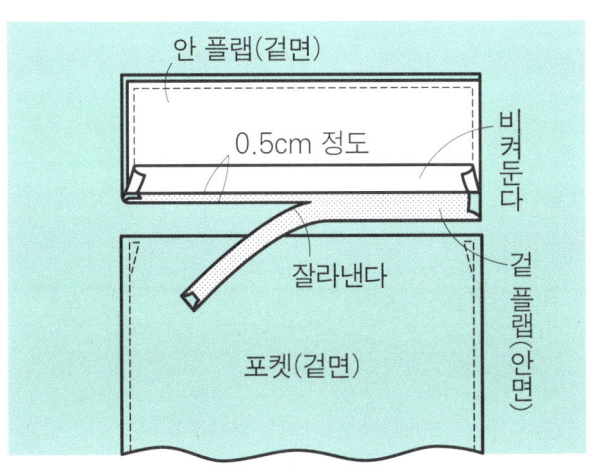

8-② 살짝 비켜 둔 안 플랩 시접을 한 번 접어서 두 겹이 되게 합니다.

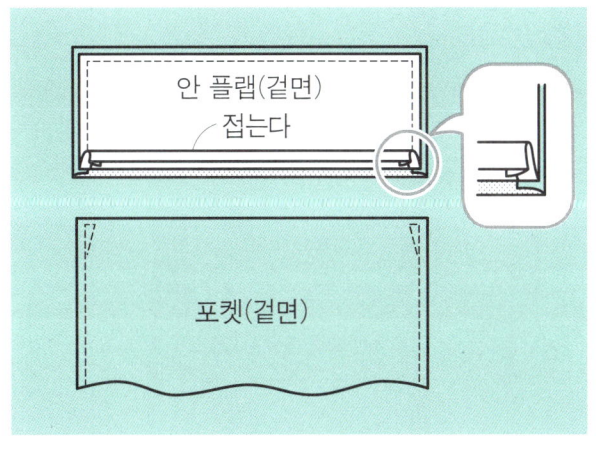

8-③ 8-②의 시접을 아래로 눕혀 겉 플랩의 시접을 가리고 접은 선 가장
자리를 재봉틀로 박습니다.

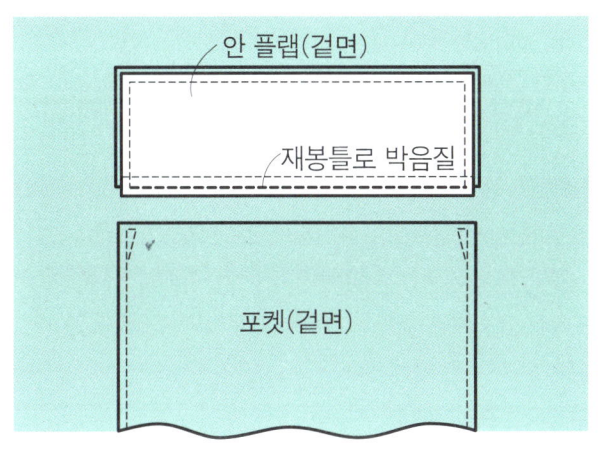

9. 플랩을 다림질하기

겉 플랩이 겉으로 오도록 접어서 접은 선을 다림질합니다.

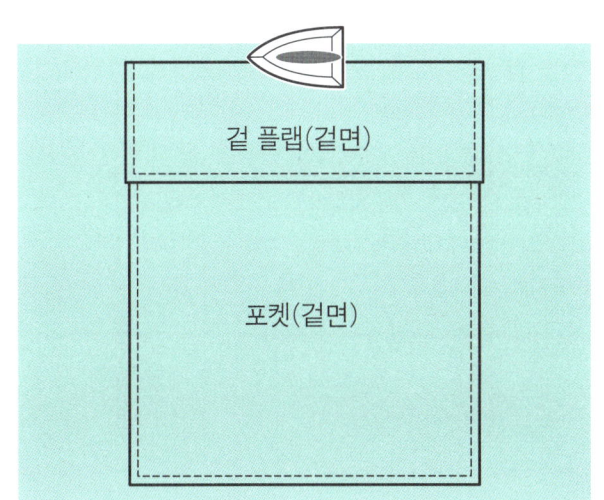

플랩 패치 포켓 B

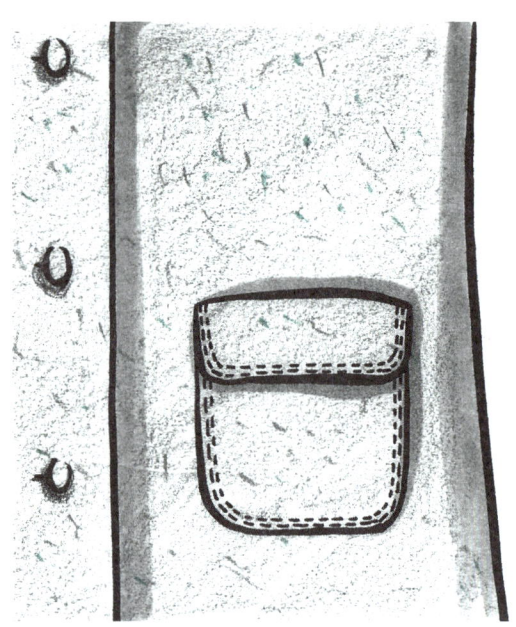

포켓 입구에 플랩을 단 형태의 패치 포켓입니다. 플랩 부분에 별도 원단을 사용해 포인트로 살려주어도 좋습니다. 안감을 달지 않는 경우는 포켓 안감을 생략해서 만들어주세요.

1. 겉 포켓 재단하기

겉 포켓에 안 플랩을 이어서 재단합니다.

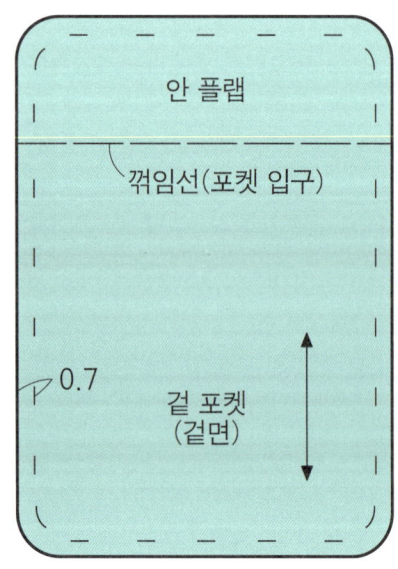

2. 겉 플랩 재단하기

겉 플랩은 안단 분량 3cm를 잇는 형태로 재단합니다.

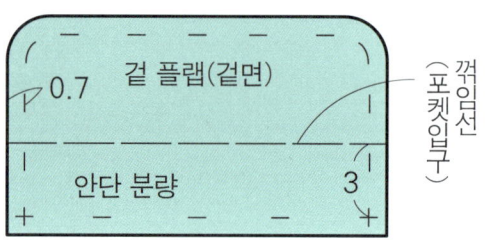

3. 안 포켓 재단하기

안 포켓은 겉 포켓의 형지를 이용해서 재단합니다.

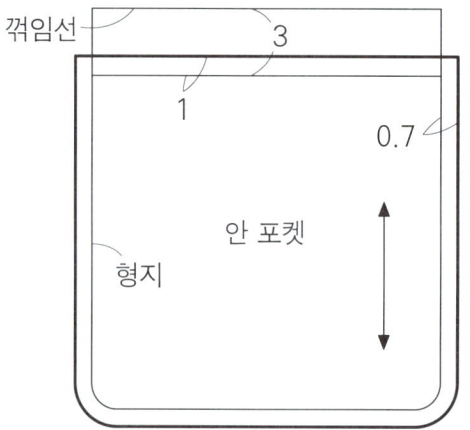

4. 겉 플랩에 접착심지 붙이기

겉 플랩과 같은 크기로 접착심지를 재단해 겉 플랩 안면에 다리미로 붙입니다.

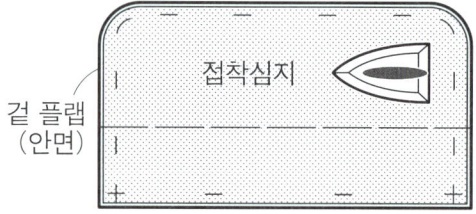

5. 겉 플랩과 안 포켓을 박아 연결하기

5-① 겉 플랩과 안 포켓을 겉면끼리 맞대어 그림의 위치를 재봉틀로 박습니다.

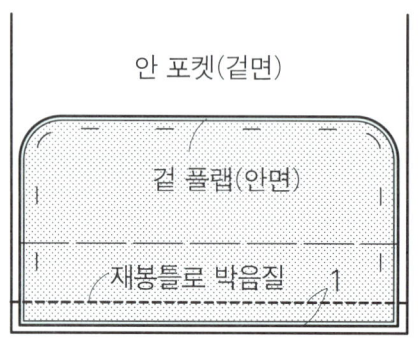

5-② 5-①의 시접을 안 포켓 쪽으로 눕힙니다.
5-③ 접은 선 가장자리를 재봉틀로 박습니다.

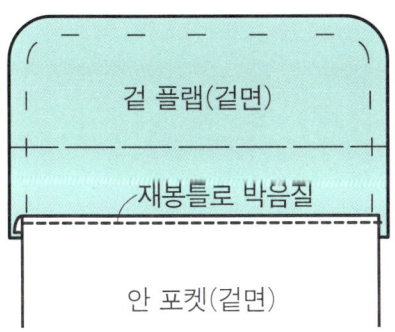

6. 포켓 입구에 접착심지 붙이기

겉 포켓의 포켓 입구 안면에 2cm 폭의 접착심지를 붙입니다.

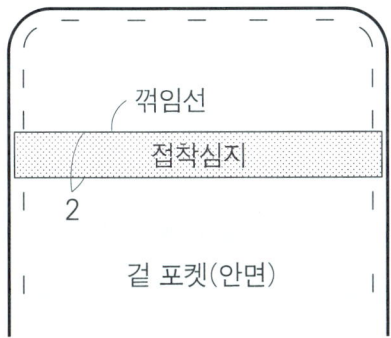

7. 겉 포켓과 안 포켓을 박아 연결하기

겉 포켓과 안 포켓을 겉면끼리 맞댑니다. 이때 꺾임선에서 플랩 쪽은 겉 플랩 완성선에서 0.1cm 바깥쪽과 안 플랩 완성선에서 0.1cm 안쪽을 맞춥니다. 꺾임선에서 포켓 쪽은 겉 포켓의 0.1cm 바깥쪽과 안 포켓의 0.1cm 안쪽을 맞춰 전체를 박습니다. 창구멍으로 4~5cm를 박지 않고 남겨둡니다.

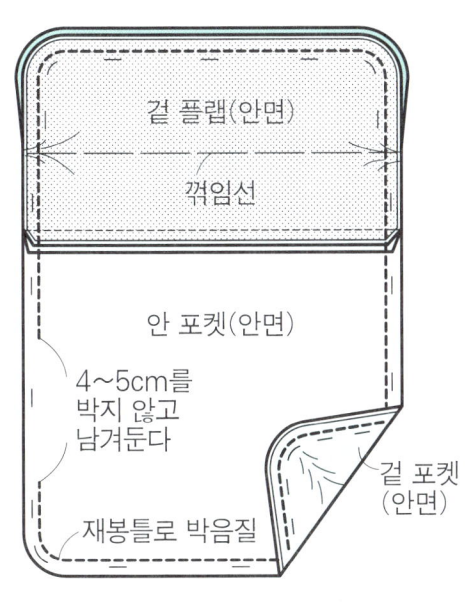

8. 포켓을 겉으로 뒤집기

8-① 창구멍으로 포켓을 겉으로 뒤집어 다리미로 정돈합니다.
8-② 꺾임선에 시침질합니다.
8-③ 꺾임선에서 위쪽, 겉 플랩 쪽에서 재봉틀을 박습니다.
8-④ 박지 않고 남겨두었던 부분을 감침질합니다.

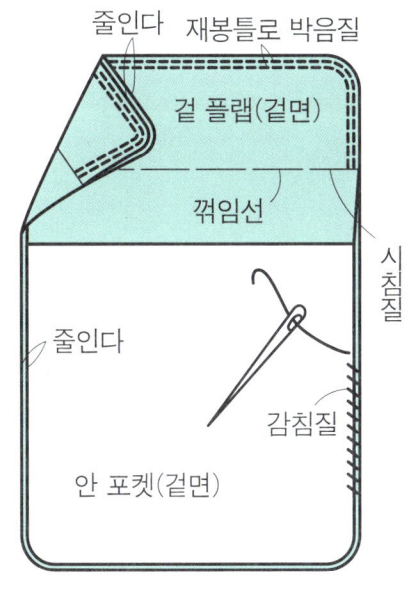

9. 포켓 달기

9-① 몸판의 포켓 달 위치에 겉 포켓 겉면을 위로 가게 하여 배치합니다.
9-② 꺾임선에서 아랫부분에 재봉틀을 박습니다.
9-③ 그 후 포켓 입구 양옆은 가로 방향으로 재봉틀을 박습니다

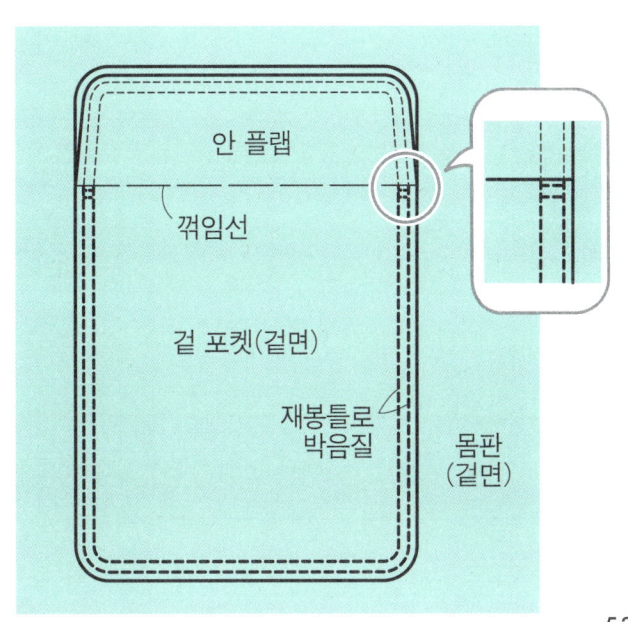

박스 포켓 A

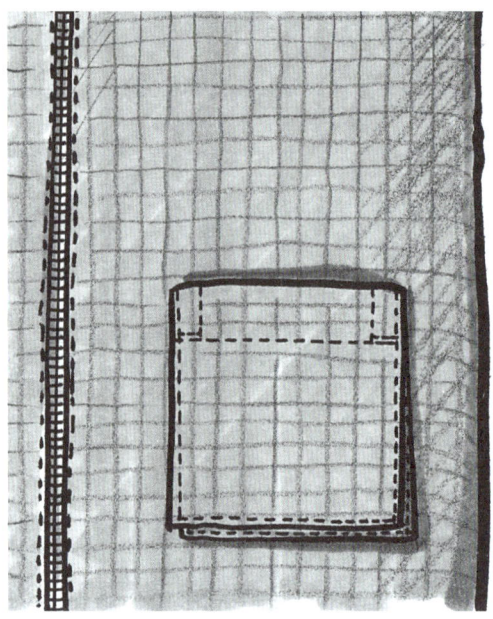

박스 형태로 입체적으로 만든 기능성이 있는 포켓입니다. 카고바지나 낚시 조끼 등의 포켓이 대표적입니다. 포켓 입구에 단추를 달아 여닫을 수 있도록 해도 좋습니다.

1. 포켓 입구 처리하기

1-① 포켓 천을 재단합니다.
1-② 포켓 입구를 완성선을 따라 안면으로 그림과 같이 접습니다.
1-③ 접은 선 바로 옆을 재봉틀로 박습니다.

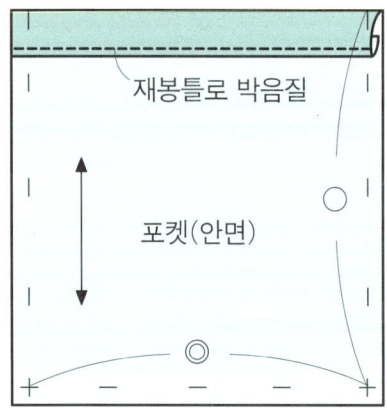

2. 옆감 만들기

2-① 옆감을 재단합니다. 길이는 포켓의 바닥 치수(◎)에 포켓 깊이(○)의 2배를 더한 길이입니다. 옆감 폭은 취향에 따라 정합니다.

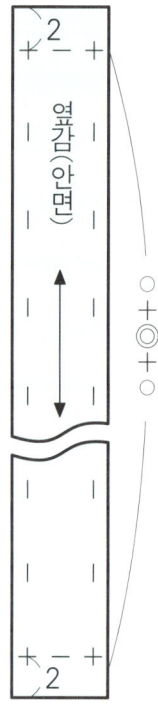

2-② 위아래에 오버로크 박음질 또는 지그재그 박음질을 합니다.
2-③ 완성선을 따라 시접을 접습니다.
2-④ 재봉틀로 박습니다.

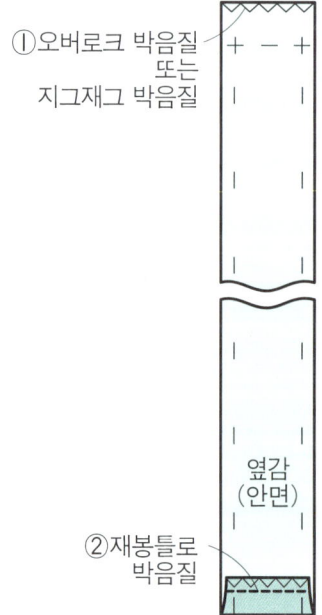

3. 포켓과 옆감을 박아 연결하기

3-① 포켓과 옆감을 겉면끼리 맞대어 재봉틀을 박습니다. 이때 옆감이 모서리 위치에 오면 시접에 가위집을 넣어 재봉틀 바늘을 내린 상태에서 노루발을 올려 원단의 방향을 바꿉니다.

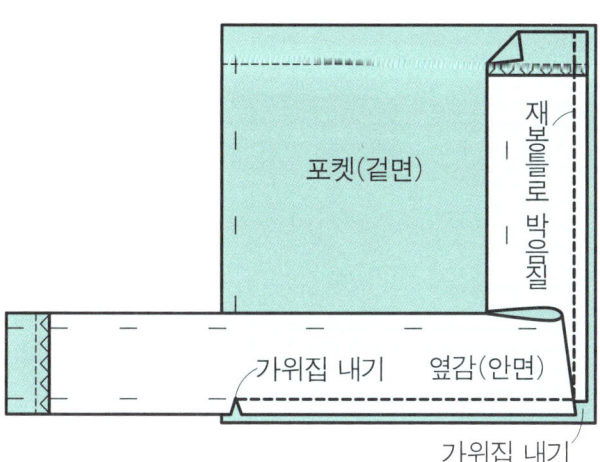

3-② 옆감을 포켓 안면으로 뒤집습니다.
3-③ 봉제선을 다림질합니다.

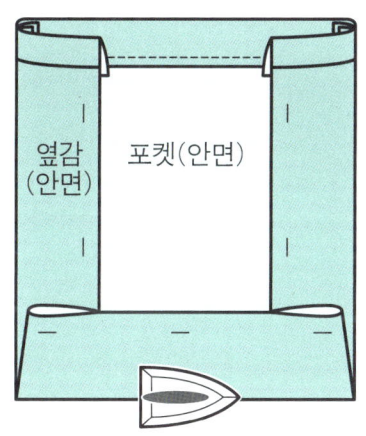

3-④ 포켓에서 옆감까지를 쭉 끝단 접어박기 합니다.

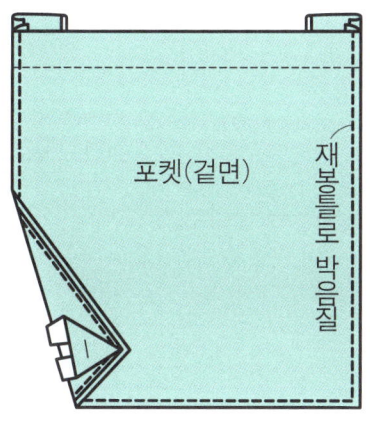

4. 포켓 만들기

4-① 옆감을 완성선을 따라 접습니다.
4-② 몸판의 포켓 달 위치에 포켓을 배치합니다.
4-③ 옆감 가장자리를 재봉틀로 박습니다.

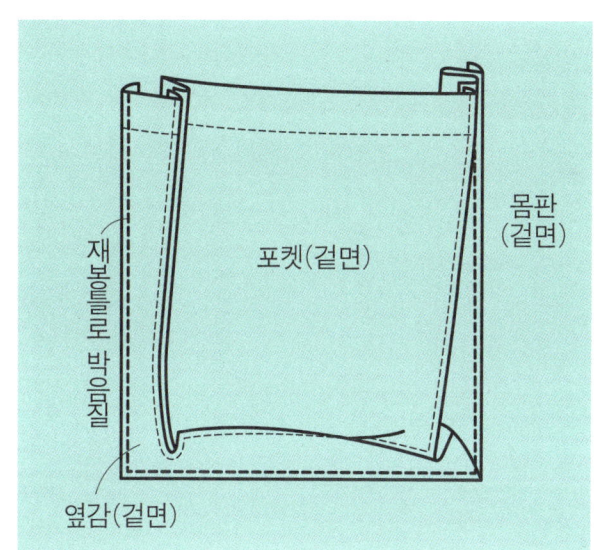

4-④ 옆감 양쪽 상단을 그림과 같이 접어 몸판까지 쭉 재봉틀을 박습니다. 단추를 달아 포인트로 삼으면 좋습니다.

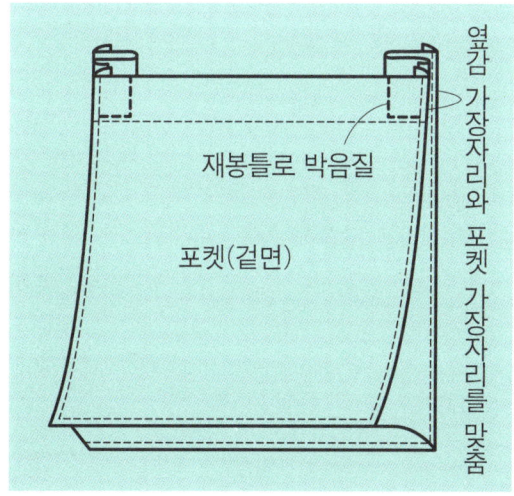

박스 포켓 B

1장의 원단으로 박스 모양의 포켓을 만드는 방법입니다. 모서리
부분을 깔끔하게 완성하는 것이 포인트입니다. 캐주얼한 분위기
의 디자인에 맞습니다.

1. 포켓 천 재단하기

그림과 같이 입체적 박스 분량을 이어서 재단합니다.

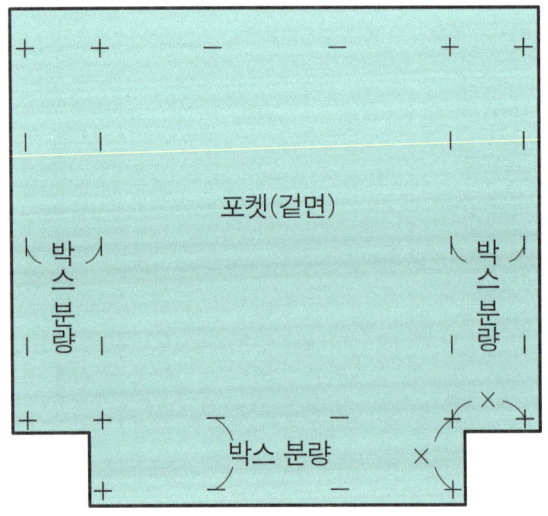

포켓(겉면)

박스 분량

박스 분량

박스 분량

2. 포켓 입구 처리하기

2-① 시접을 오버로크 박음질 또는 지그재그 박음질 합니다.

2-② 포켓 입구의 시접을 두 번 접어서 세 겹으로 한 후 재봉틀을 박습니다.

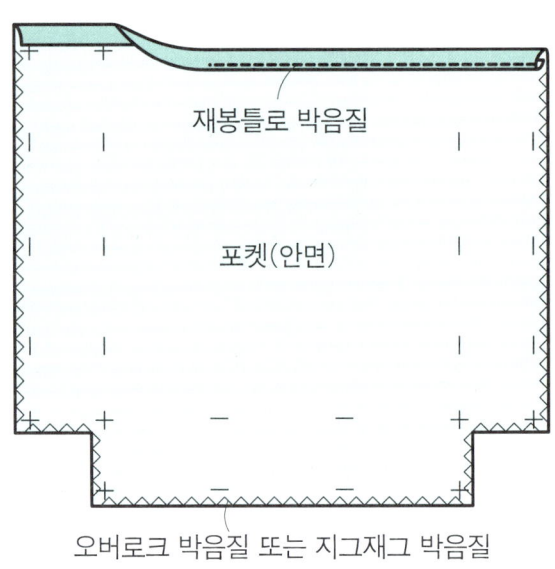

재봉틀로 박음질

포켓(안면)

오버로크 박음질 또는 지그재그 박음질

3. 옆감 박기

3-① 모서리의 옆감 분량을 겉면끼리 맞춰 표시위치까지 재봉틀을 박습
니다.

3-② 옆감의 시접을 다리미로 가름솔 처리합니다.

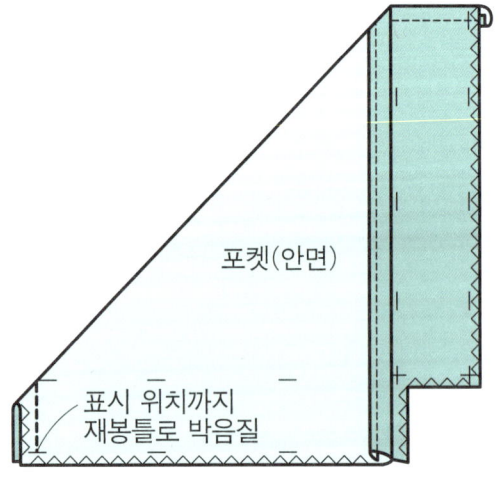

포켓(안면)

표시 위치까지
재봉틀로 박음질

4. 접은 선을 박기

옆감 부분을 안쪽으로 접고 접은 선의 가장자리를 겉면에서 재봉틀로 박습니다.

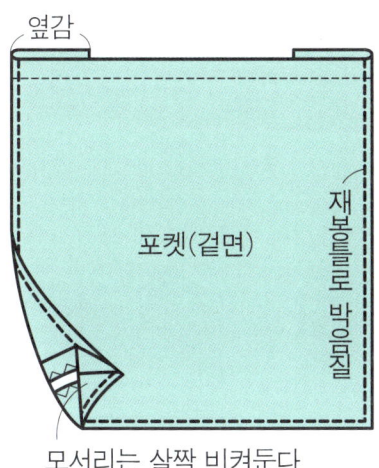

옆감

포켓(겉면)

재봉틀로 박음질

모서리는 살짝 비켜둔다

6. 포켓 달기

몸판의 포켓 부착 위치에 포켓을 올려놓고 옆감 가장자리를 재봉틀로 박습니다.

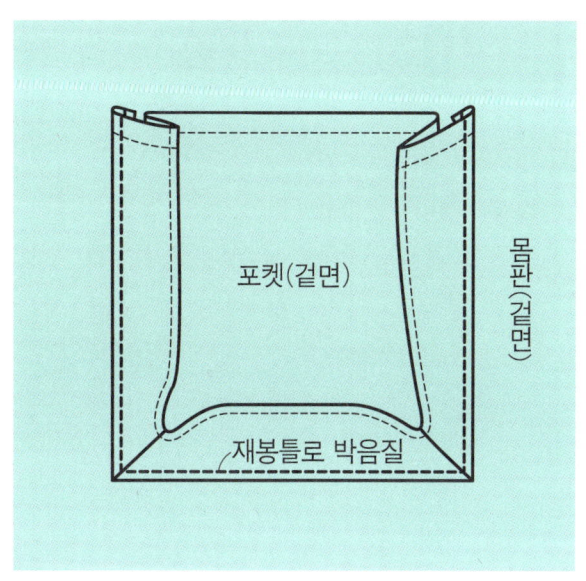

포켓(겉면)

몸판(겉면)

재봉틀로 박음질

5. 시접 접기

옆감의 시접을 완성선에 맞춰 안쪽으로 접습니다.

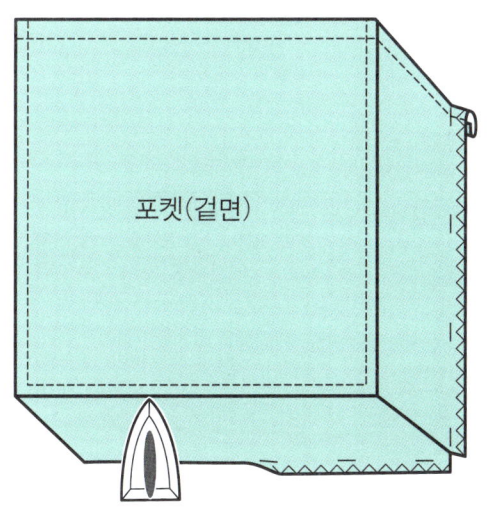

포켓(겉면)

7. 포켓 입구의 양 가장자리 박기

옆감 부분을 그림과 같이 접고 포켓 입구를 재봉틀로 박아 포켓 입구가 너무 벌어지지 않도록 합니다.

옆감을 접어서
재봉틀로 박음질

포켓(겉면)

플리티드 패치 포켓 plaited patch pocket

포켓에 주름을 만들어 디자인적인 요소를 더했습니다. 플랩을 달면 더욱 멋집니다. 아웃도어 계열 디자인에 잘 어울립니다.

1. 포켓 천 재단하기

주름 분량을 넣어 포켓 천을 재단합니다.
주름 부분의 안단은 원단이 겹쳐서 두꺼워질 수 있으므로 시접 분량만을 답니다.

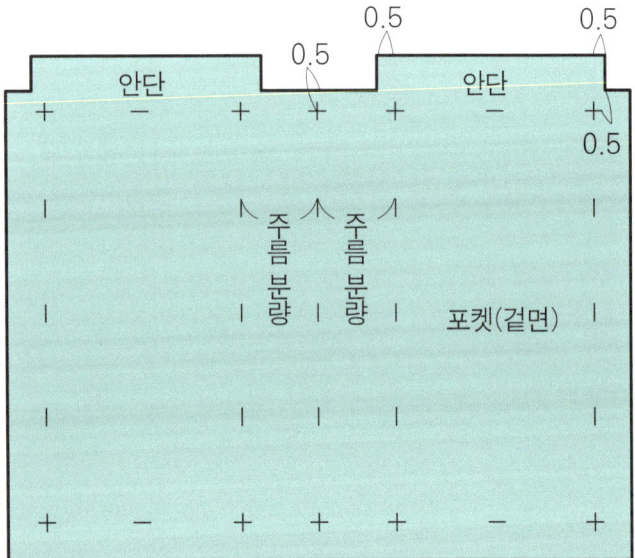

2. 안단에 접착심지 붙이기

안단 부분에 다리미로 접착심지를 붙입니다.

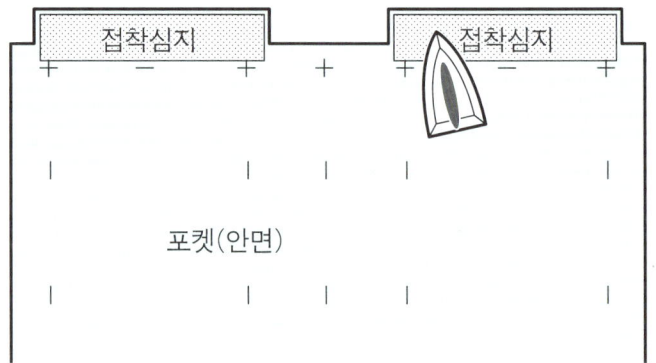

3. 주름 접기

그림과 같이 주름을 중심 쪽으로 접고 위에서 다림질하여 확실하게 접어 줍니다.

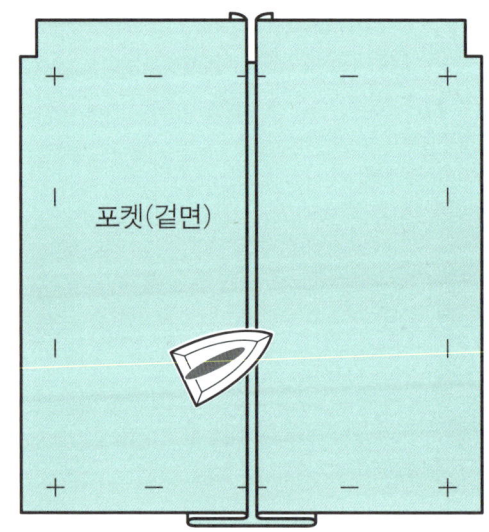

4. 시접 처리하기

안단의 가장자리도 포함해서 시접에 오버로크 박음질 또는 지그재그 박음질을 합니다.

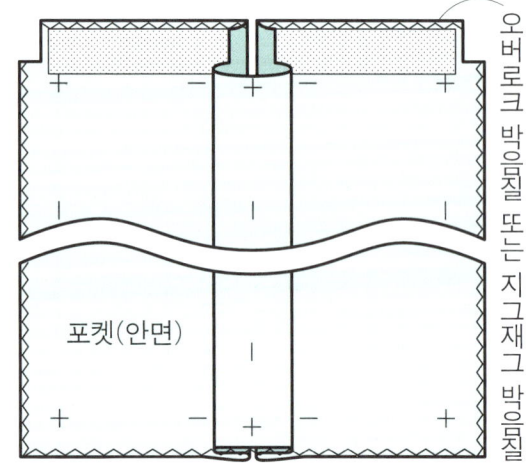

5. 포켓 입구 박기

안단을 완성선을 따라 안면으로 접고, 접은 선 부분 옆과 안단 가장자리를 재봉틀로 박습니다.

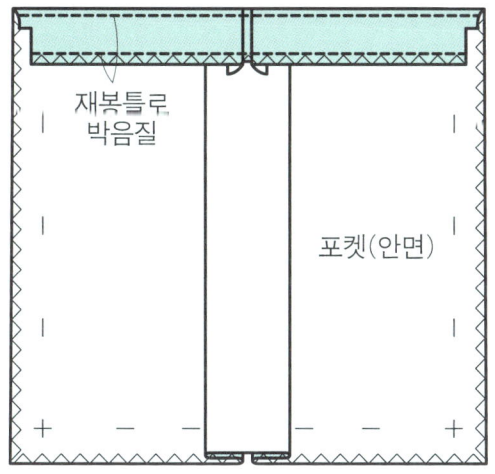

재봉틀로 박음질

포켓(안면)

6. 포켓 접기

포켓 둘레 시접을 완성선을 따라 안면으로 접습니다.

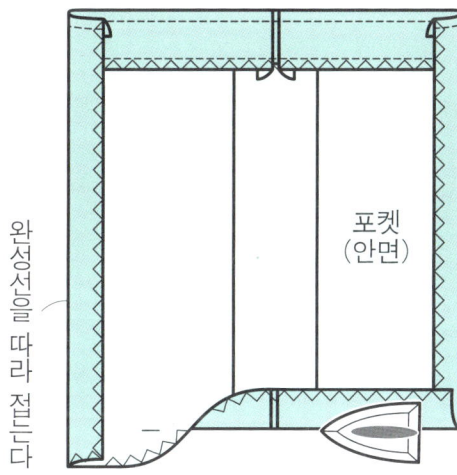

완성선을 따라 접는다

포켓 (안면)

7. 포켓 달기

몸판 안면에 보강 원단으로써 접착심지를 붙입니다. 몸판의 포켓 위치에 포켓을 놓고 둘레를 재봉틀로 박습니다.

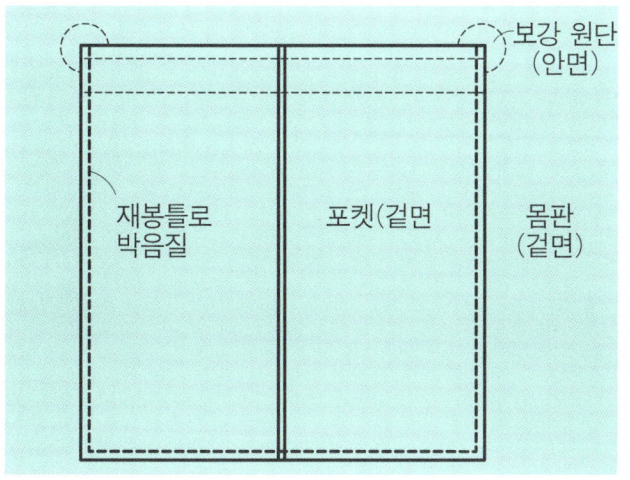

보강 원단 (안면)

재봉틀로 박음질

포켓(겉면)

몸판 (겉면)

8. 플랩 만들기

8-① 겉 플랩과 안 플랩을 겉면끼리 맞대어 둘레를 재봉틀로 박습니다.

안 플랩(겉면)

재봉틀로 박음질

안 플랩 (안면)

8-② 플랩을 겉으로 뒤집습니다.

8-③ 겉 플랩 쪽에서 재봉틀을 박습니다.

8-④ 단추를 달 경우는 단춧구멍을 만듭니다.

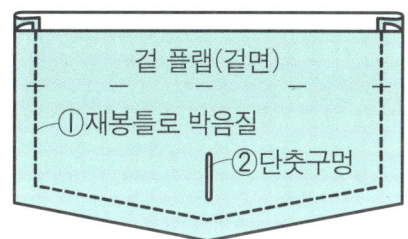

겉 플랩(겉면)

①재봉틀로 박음질

②단춧구멍

9. 플랩 달기

9-① 안 플랩을 겉으로 하여 부착 위치에 그림과 같이 놓고 재봉틀을 박습니다.

9-② 플랩 시접을 0.5cm 폭으로 자릅니다.

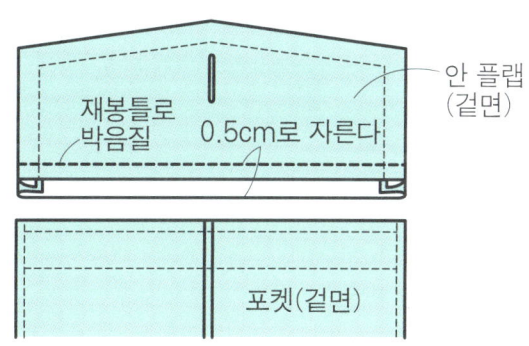

재봉틀로 박음질

0.5cm로 자른다

안 플랩 (겉면)

포켓(겉면)

10. 플랩의 접은 선 박기

10-① 겉 플랩이 겉으로 오도록 아래로 눕힙니다.

10-② 플랩 시접이 가려지는 위치에 재봉틀을 박습니다.(플랩 다는 방법은 531쪽에도 있으므로 어느 방법으로 하든 상관없습니다.)

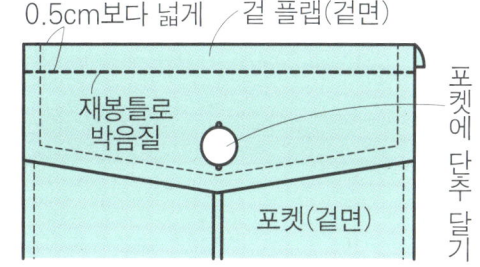

0.5cm보다 넓게

겉 플랩(겉면)

재봉틀로 박음질

포켓에 단추 달기

포켓(겉면)

캥거루 포켓

캥거루의 배주머니와 같은 커다란 포켓을 앞 몸판 한가운데 답니다. 1개의 포켓에 양손을 집어넣을 수 있는 것이 특징입니다. 앞치마, 후드점퍼, 아이 옷 등에 흔히 이용됩니다.

1. 포켓 천 재단하기

1-① 포켓 천을 재단합니다. 포켓 입구는 이 그림에서는 곡선 부분이 됩니다.
1-② 포켓 입구를 제외하고 시접을 오버로크 박음질 또는 지그재그 박음질 하여 처리합니다.

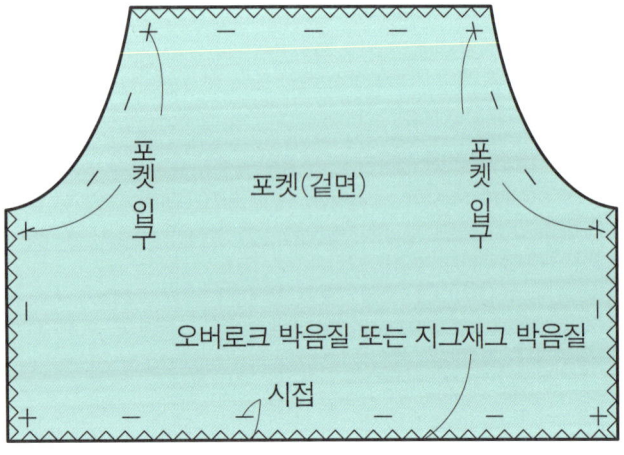

포켓 입구

포켓(겉면)

포켓 입구

오버로크 박음질 또는 지그재그 박음질

시접

2. 포켓 입구의 안단을 재단하기

좌우 대칭으로 1장씩(합계 2장) 안단을 재단합니다.

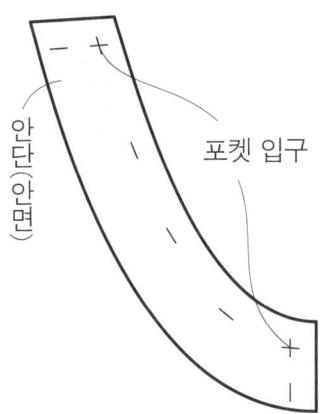

안단(안면)

포켓 입구

3. 안단 가장자리 처리하기

3-① 안단과 같은 크기의 접착심지를 다리미로 붙입니다.
3-② 안단 가장자리를 오버로크 박음질 또는 지그재그 박음질 하여 처리합니다.

(반대쪽도 마찬가지로 처리)

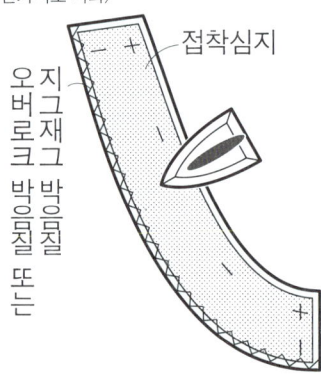

접착심지

오버로크 박음질 또는 지그재그 박음질

4. 포켓 입구 박기

4-① 안단과 포켓 천을 겉면끼리 맞대어 포켓 입구를 재봉틀로 박습니다.
4-② 곡선 형태이므로 시접에 가위집을 넣습니다.

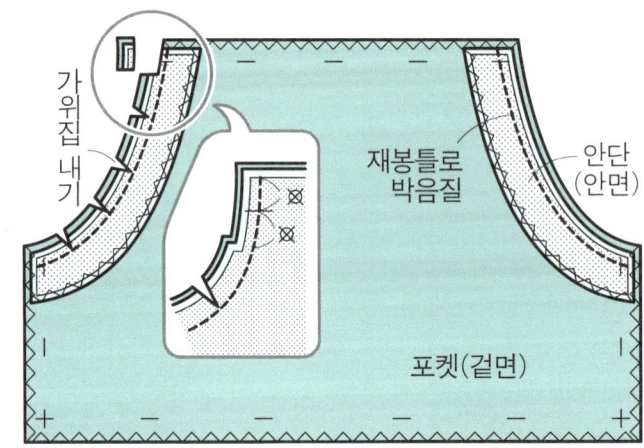

가위집 내기

재봉틀로 박음질

안단(안면)

포켓(겉면)

5. 안단을 겉으로 뒤집기

5-① 안단을 포켓 천 안면으로 뒤집습니다.
5-② 다리미로 포켓 입구의 모양을 잡아줍니다.
5-③ 포켓을 재봉틀로 박아 안단을 고정합니다.

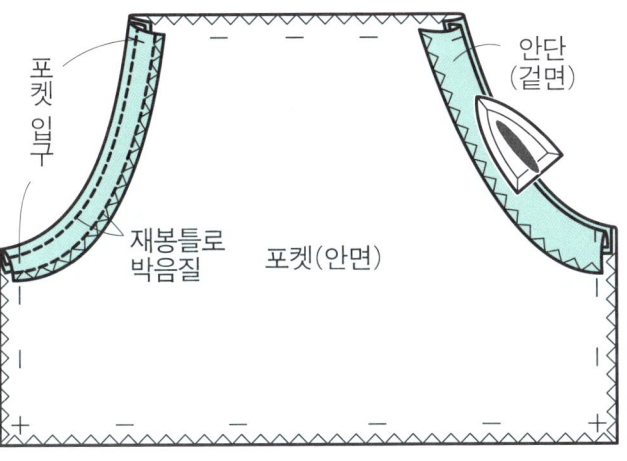

7. 보강 원단 붙이기

몸판 포켓 달 위치의 포켓 입구 안면에 보강 원단(접착심지)을 다리미로 붙입니다.

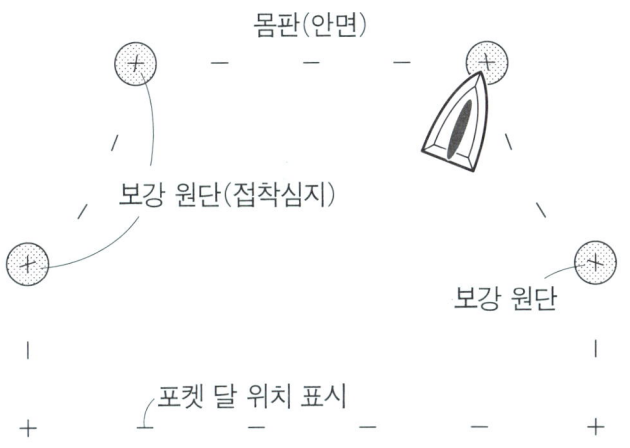

6. 포켓 천 접기

포켓 천의 시접을 완성선을 따라 안면으로 접습니다.

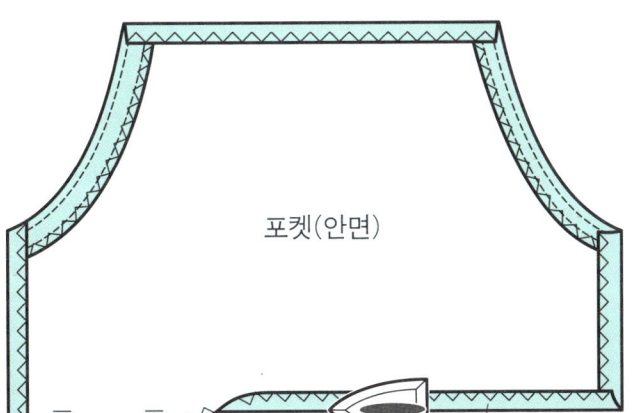

8. 포켓 달기

포켓 천을 달 위치에 놓고 포켓 입구를 제외한 나머지 둘레를 재봉틀로 박습니다.

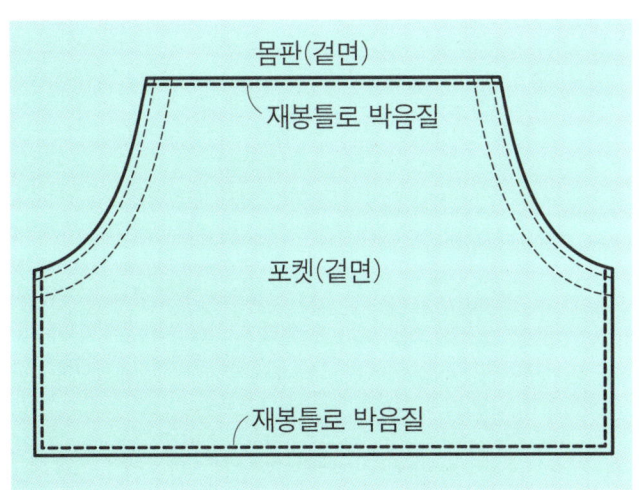

지퍼 패치 포켓

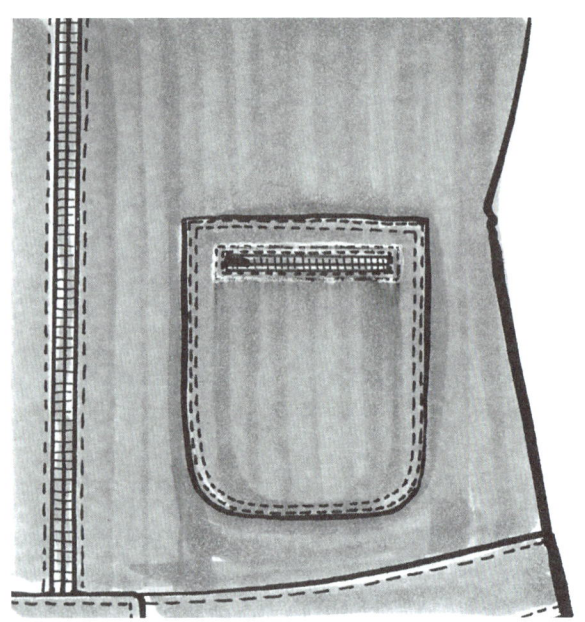

포켓 입구에 지퍼를 사용한 패치 포켓입니다. 포켓 입구를 여닫을 수 있어 포켓 안에 넣은 물건이 밖으로 빠져나오지 않으므로 움직임이 심한 작업복이나 아웃도어 계통의 옷에 적합한 디자인입니다.

1. 포켓 천 재단하기

1-① 포켓 천을 재단합니다. 디자인적인 측면의 특별한 경우를 제외하고 올 방향은 몸판과 같게 합니다.

1-② 시접을 오버로크 박음질 또는 지그재그 박음질 하여 처리합니다.

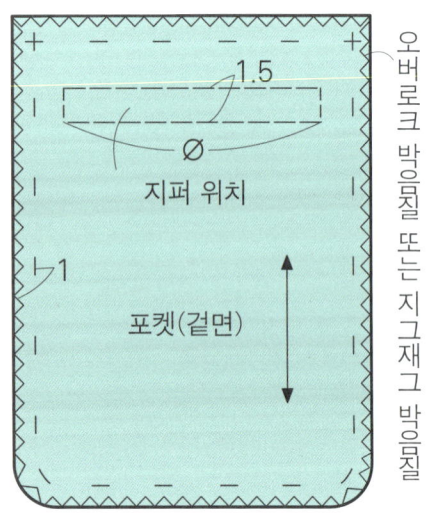

2. 안단 재단하기

안단을 포켓 천과 같은 천으로 재단합니다. 이것은 포켓 입구를 튼튼하게 하기 위함입니다.

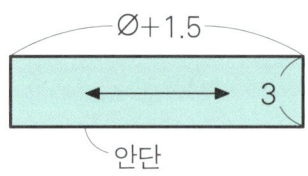

3. 포켓 입구에 안단 달기

3-① 포켓과 안단을 겉면끼리 맞대 놓고 포켓 입구 둘레를 재봉틀로 박습니다.

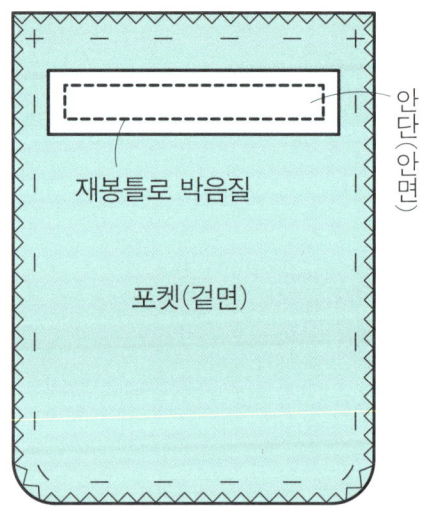

3-② 봉제선 안쪽에 아래까지 쭉 그림과 같이 가위집을 넣습니다.

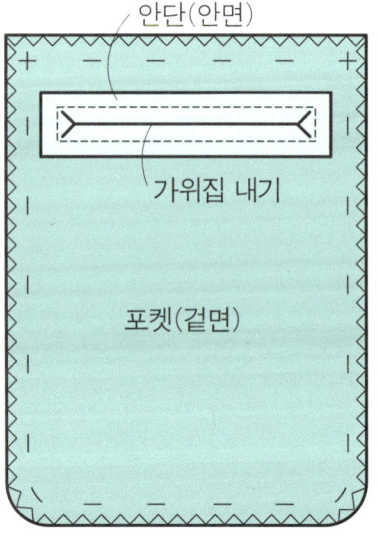

3-③ 가위집 위치에서 안단을 겉으로 뒤집습니다.
3-④ 안단이 겉면에서 보이지 않도록 다리미로 정돈합니다.

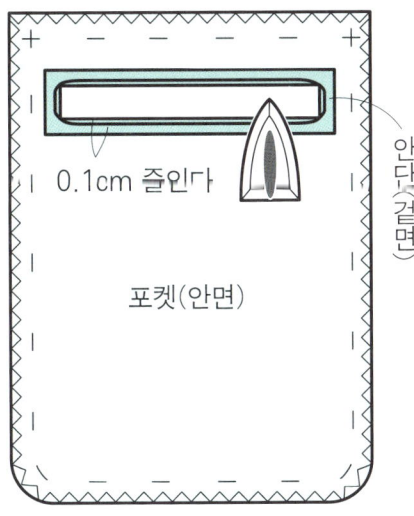

4. 지퍼 달기

4-① 지퍼 겉면을 겉을 향해 포켓 안면에서 포켓 입구에 댑니다.
4-② 포켓 입구 둘레를 시침하여 고정합니다.

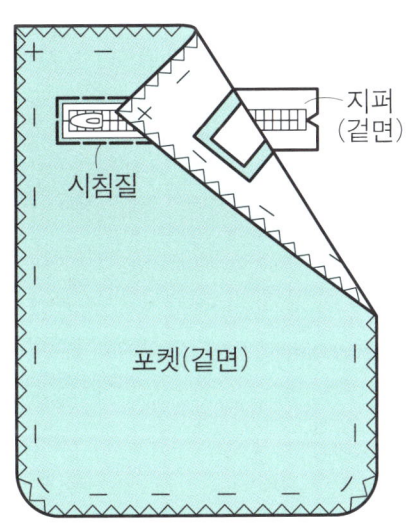

4-③ 포켓 입구 둘레를 겉면에서 재봉틀로 박습니다. 시침한 실은 제거
　　합니다.

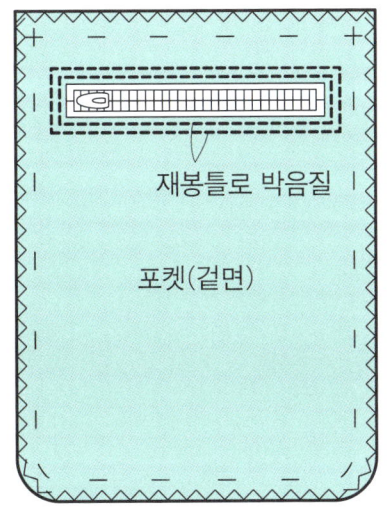

5. 포켓 접기

5-① 포켓의 시접을 완성선을 따라 안면으로 다리미로 접습니다.
5-② 곡선 부분은 시접에 홈질(194쪽 참조)하여 커브 모양으로 자른 두꺼
　　운 종이를 사이에 끼워 다림질합니다.

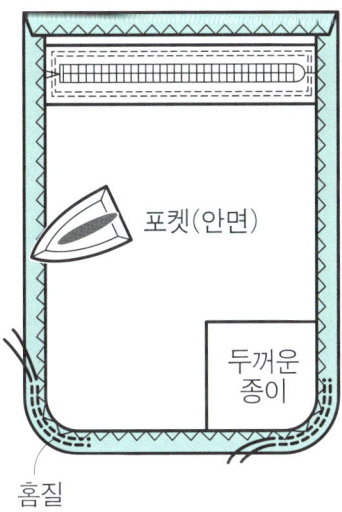

6. 포켓 달기

6-① 몸판의 포켓 달 위치에 포켓 겉면을 겉으로 향하게 해서 놓습니다.
6-② 포켓 둘레를 재봉틀로 박습니다.

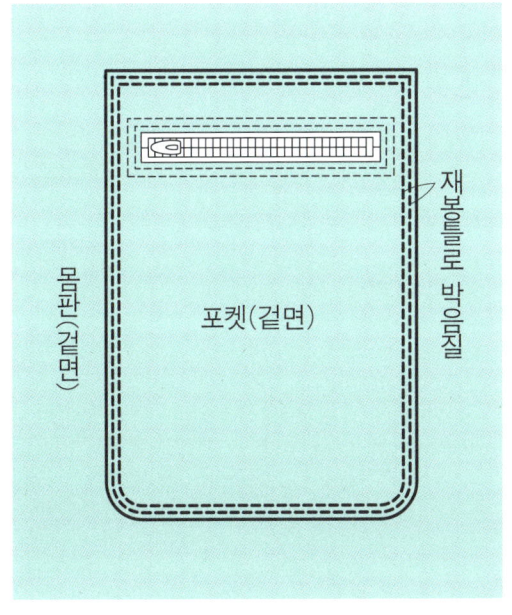

심 포켓 A

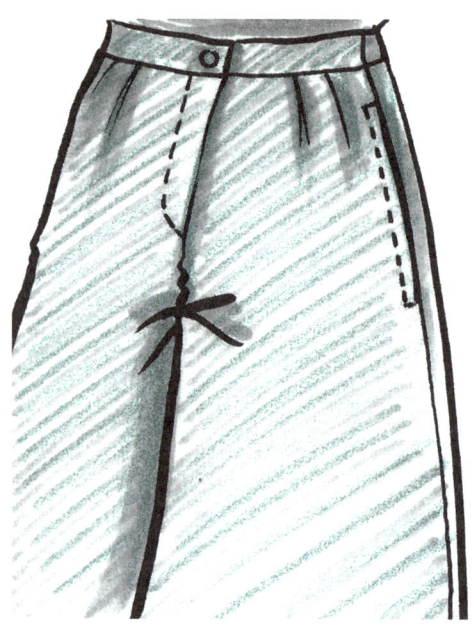

'심(seam)'은 솔기선을 의미하는 것으로 몸판이나 치마 등의 이음선이나 옆솔기선을 이용해서 만드는 것을 말합니다. 겉에서는 포켓이 보이지 않으므로 전체적인 디자인에 영향을 주지 않습니다. 주머니감은 각이 지지 않도록 둥글게 재단합니다.

1. 주머니감, 주머니감 안단을 재단하기

주머니감 A, B를 안감 또는 주머니 전용 감을 사용해 재단합니다. 주머니감 안단은 겉감과 같은 천으로 재단합니다.

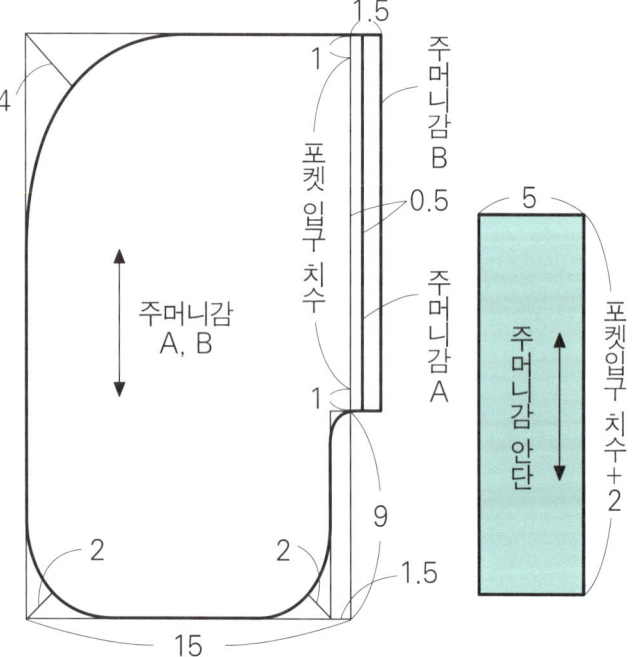

2. 주머니감 안단 달기

주머니감 B의 겉면에 안단을 놓고 지그재그 박음질 하여 붙입니다.

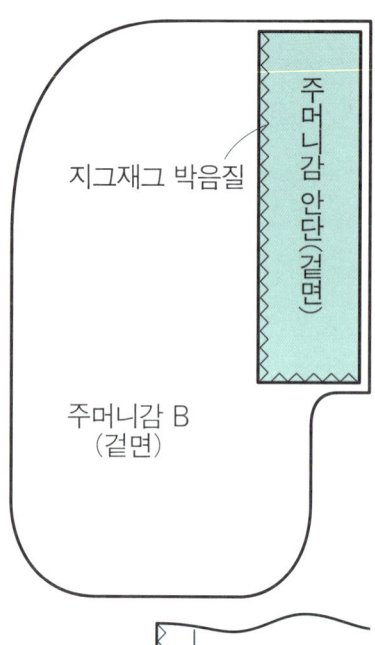

3. 포켓 입구의 시접에 접착테이프심지 붙이기

3-① 치마 앞판의 포켓 달 위치에 접착테이프심지 (접착심지를 테이프 상태로 자른 것) 를 붙입니다.
3-② 시접에 오버로크 박음질 또는 지그재그 박음질을 합니다.(뒤판 시접도 마찬가지로 처리)

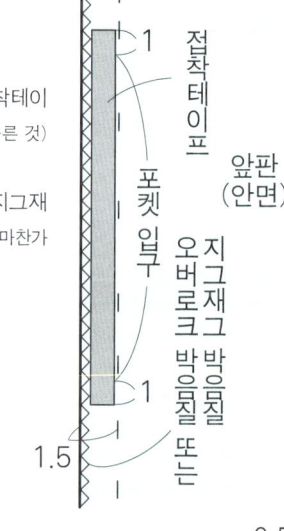

4. 주머니감 A를 박기

주머니감 A와 앞판의 포켓 입구를 겉면끼리 맞대어 그림과 같이 재봉틀을 박습니다.

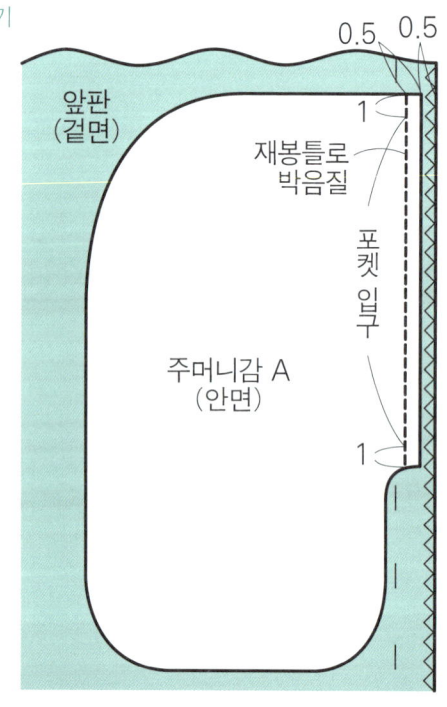

5. 포켓 입구 만들기

5-① 주머니감 A를 시접 쪽으로 접습니다.

5-② 토대인 앞판과 뒤판을 겉면끼리 맞대어 포켓 입구를 남기고 옆솔기 선을 박습니다. 이때 주머니감 A를 함께 박지 않도록 주의합니다.

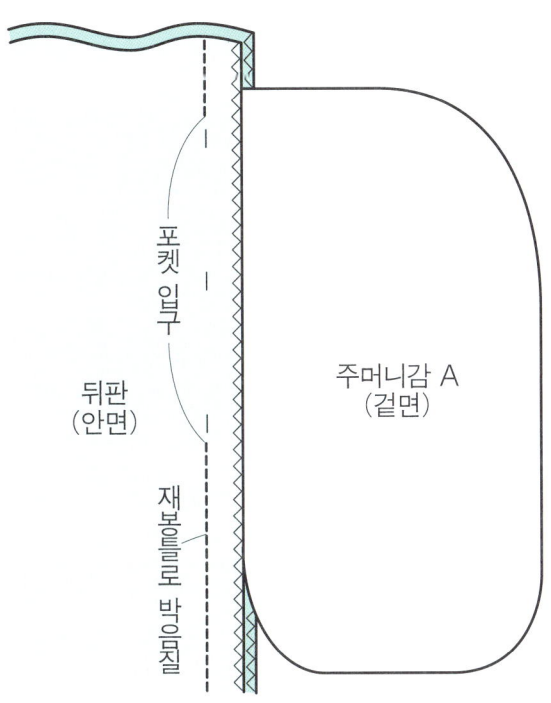

5-③ 시접을 다리미로 가름솔 처리합니다.

5-④ 주머니감 A를 앞쪽으로 눕힙니다.

5-⑤ 겉에서 포켓 입구를 재봉틀로 박습니다.

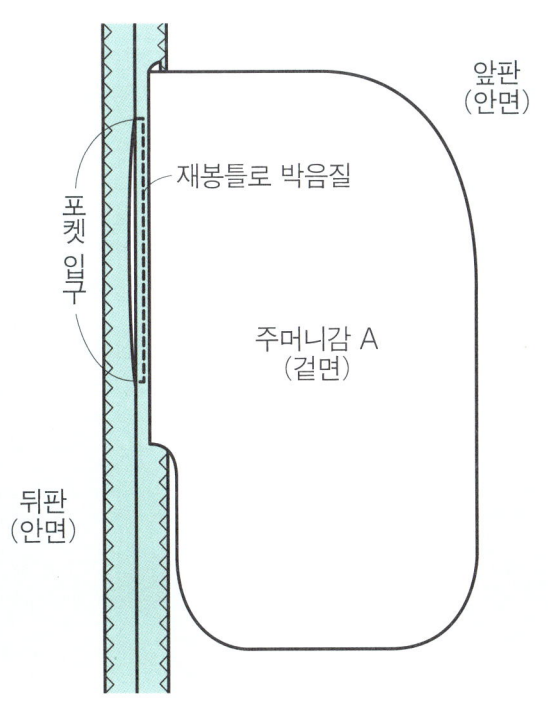

6. 주머니감 B를 박기

주머니감 A와 주머니감 B를 겉면끼리 맞대어 주머니감 B를 뒤판 시접에 답니다. 시접에만 재봉틀로 박습니다.

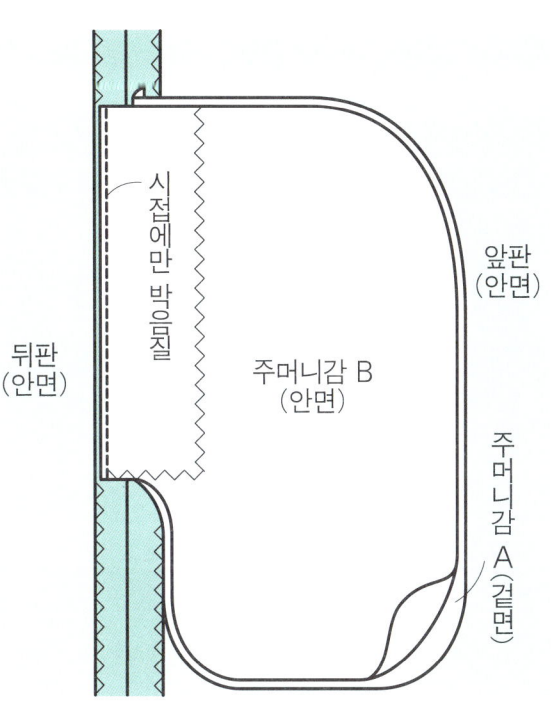

7. 주머니감 A와 주머니감 B를 박아 연결하기

7-① 주머니감 A와 주머니감 B를 맞춰 둘레를 두 번 재봉틀로 박습니다.

7-② 둘레를 오버로크 박음질 또는 지그재그 박음질로 처리합니다. 안감 을 다는 경우는 필요 없습니다.

7-③ 겉쪽에 주머니 입구 위와 아래를 고정하는 봉제를 합니다.

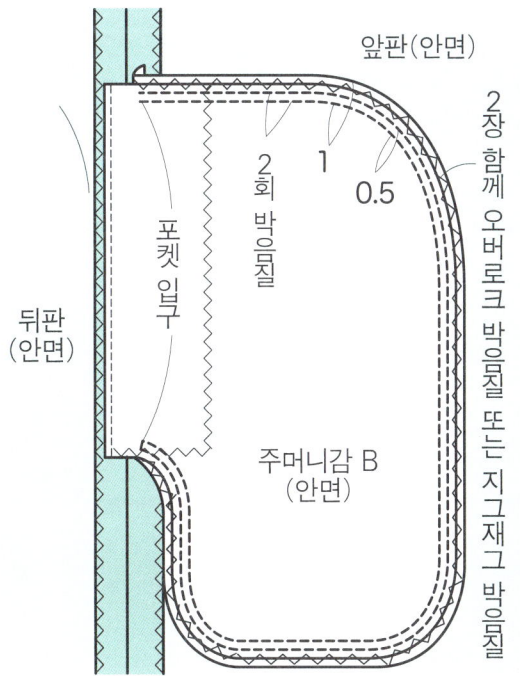

심 포켓 B

주머니감을 안면에 직접 붙인 포켓입니다. 손쉽게 깔끔히 만들 수 있으며 캐주얼한 분위기가 풍깁니다. 봉제선이 겉에 나타나므로 스티치용 실이나 유색 실을 사용해서 포인트를 주어도 좋습니다.

1. 주머니감 재단하기

주머니감은 겉감과 같은 천을 사용해서 재단합니다. 포켓 입구는 시접을 많이 주세요.

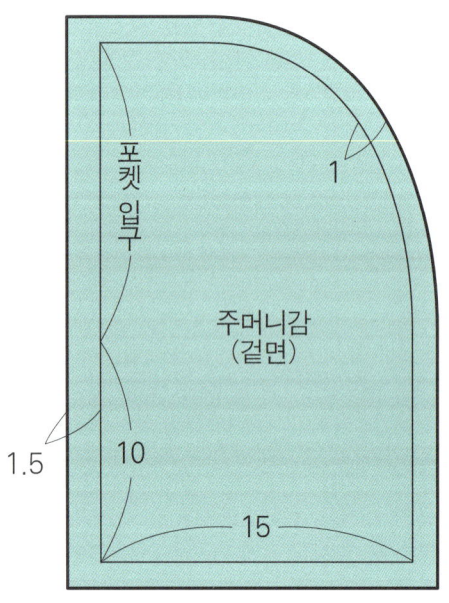

2. 시접 처리하기

주머니감 둘레를 오버로크 박음질 또는 지그재그 박음질 하여 시접을 처리합니다.

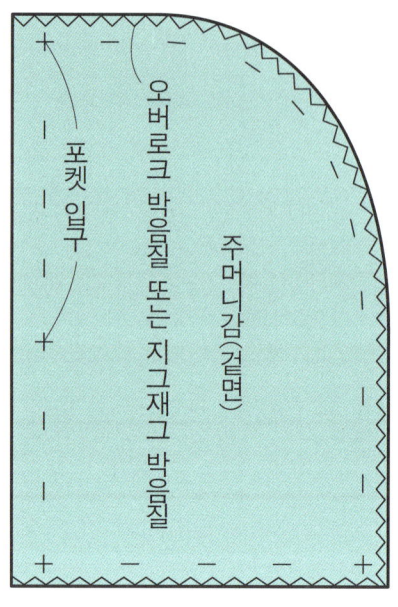

3. 시접 처리하기

3-① 토대가 되는 앞판 포켓 입구 시접에 접착테이프심지(접착심지를 테이프 상태로 자른 것)를 다리미로 붙입니다.

3-② 시접을 오버로크 박음질 또는 지그재그 박음질 합니다.

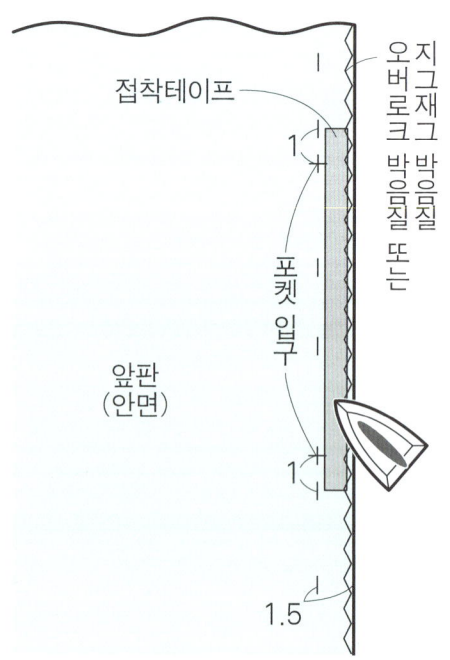

3-③ 앞판과 뒤판을 겉면끼리 맞대어 포켓 입구를 남기고 옆솔기선을 재봉틀로 박습니다.

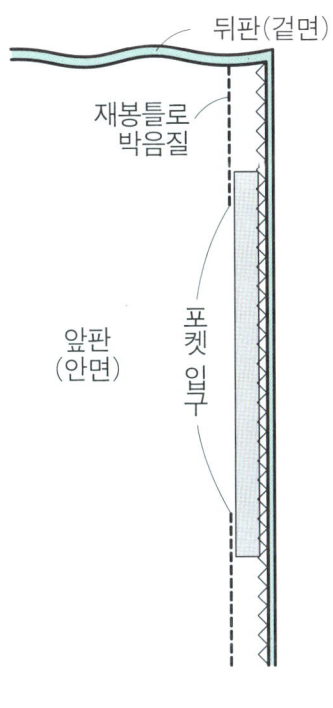

3-④ 시접을 다리미로 가름솔 처리합니다.
3-⑤ 포켓 입구를 겉면에서 재봉틀로 박습니다.

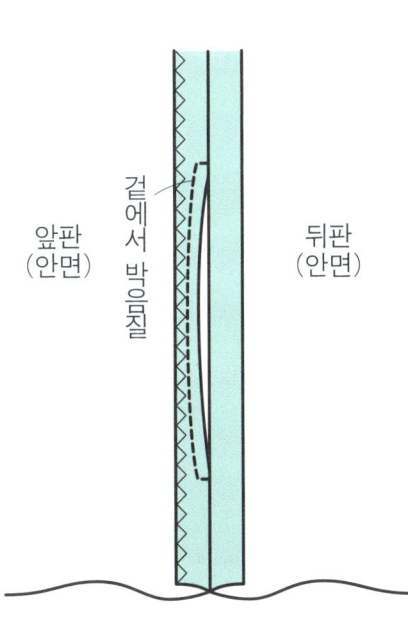

4. 고무테이프 끼우기

4-① 주머니감과 뒤판 시접을 겉면끼리 맞대어 재봉틀로 박습니다.
4-② 시접을 오버로크 박음질 또는 지그재그 박음질 하여 처리합니다.
4-③ 주머니감을 시침질합니다.

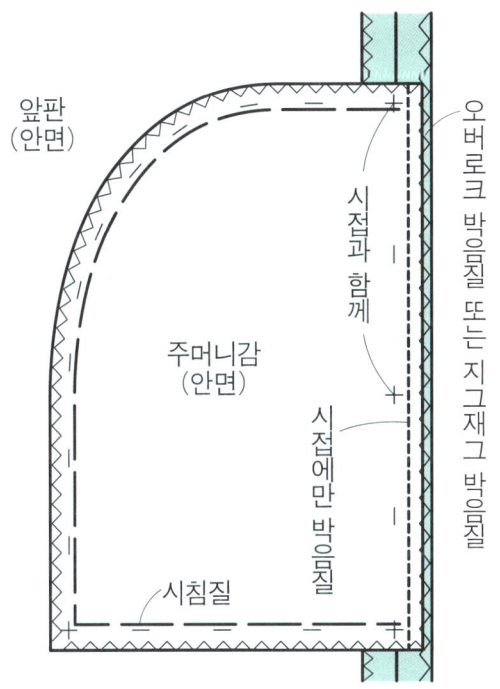

4-④ 겉면에서 시침한 자리 바로 옆을 재봉틀로 박습니다.

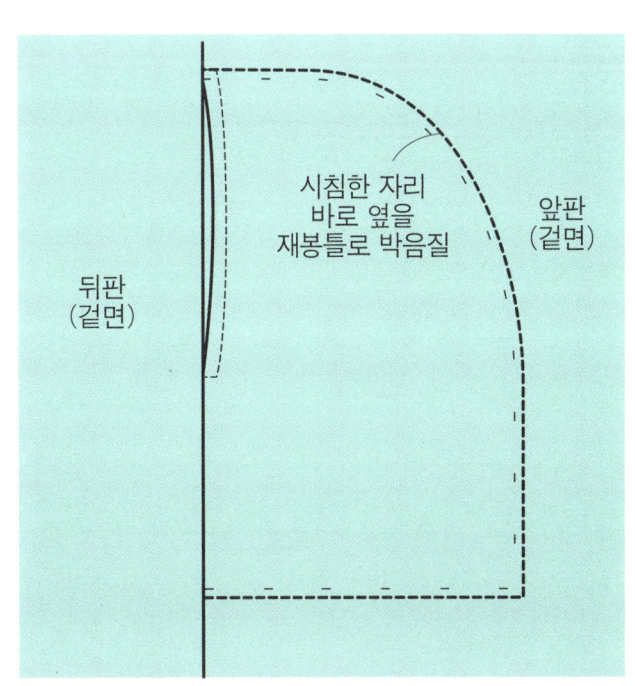

이음선을 이용한 포켓 A

치마나 바지 등에서 흔히 볼 수 있는 호주머니입니다. 겉감이 두 겹으로 겹쳐지므로 다림질을 제대로 하면서 꼼꼼하게 마무리하는 것이 포인트입니다.

1. 옆면 천, 안단 재단하기

옆면 천, 안단을 겉감과 같은 천으로 재단합니다. 올 방향도 겉감과 같게 합니다. 옆면 천은 주머니감을 겸합니다.

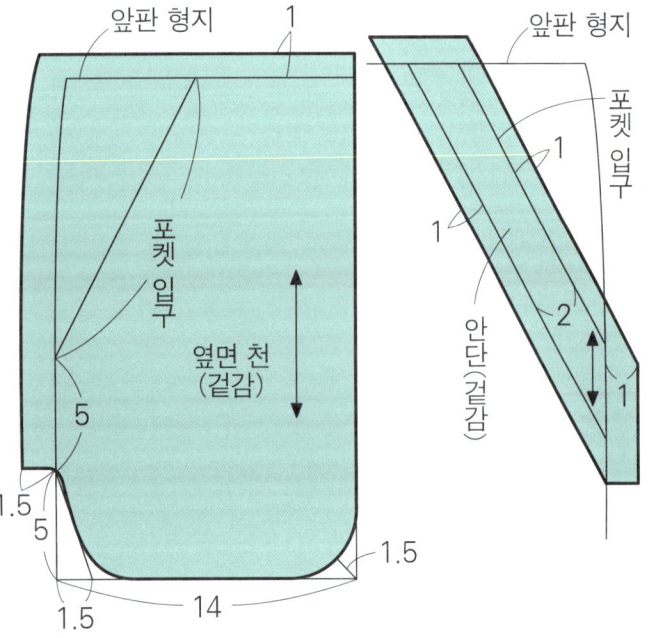

2. 주머니감 재단하기

옆면 천의 형지를 이용해 주머니감을 재단합니다.
원단은 안감이나 주머니 전용감을 사용합니다.

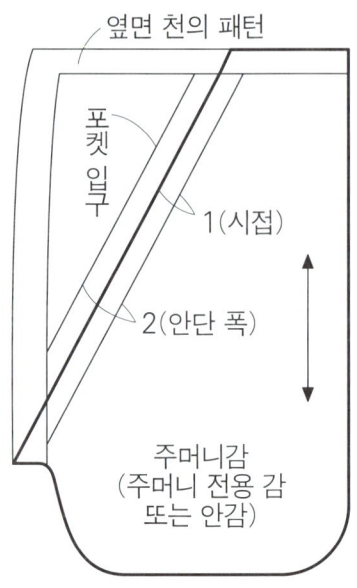

3. 주머니감에 안단 달기

3-① 안단 안면에 다리미로 접착심지를 붙입니다.
3-② 안단과 주머니감을 겉면끼리 맞대어 재봉틀로 박습니다.

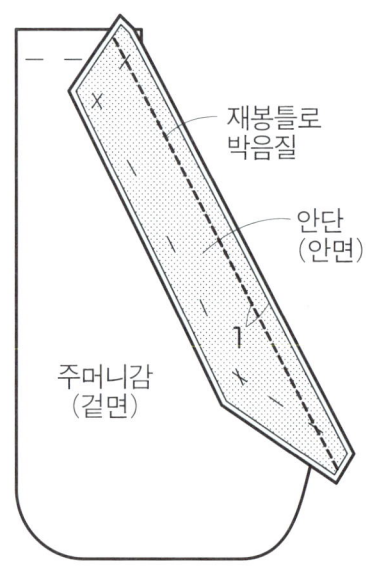

3-③ 시접을 주머니감 쪽으로 눕힙니다.
3-④ 봉제선을 다림질합니다.

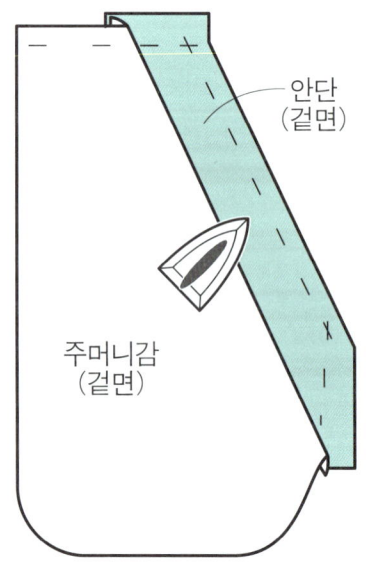

4. 주머니감을 포켓 입구에 달기

4-① 토대가 되는 앞 포켓 입구와 주머니감을 겉면끼리 맞대어 재봉틀로 박습니다.

4-② 시접을 다리미로 가름솔 처리합니다.

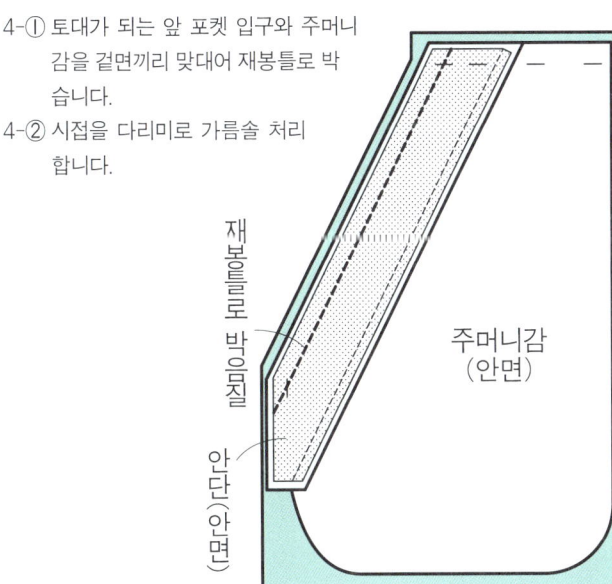

재봉틀로 박음질

주머니감
(안면)

안단(안면)

4-③ 안단을 앞판 안면으로 뒤집어 다리미로 정돈합니다.

4-④ 포켓 입구를 겉면에서 재봉틀로 박습니다.

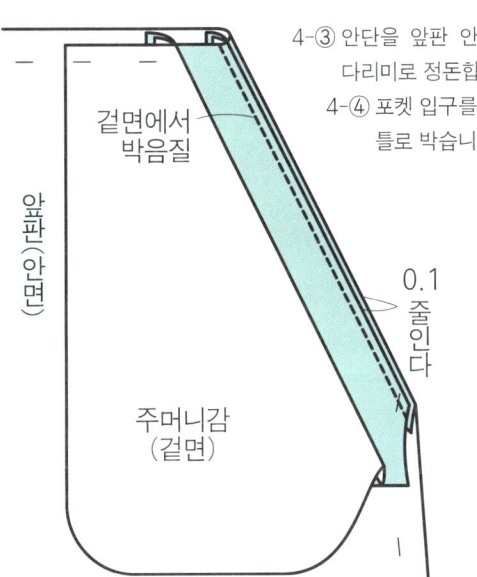

앞판(안면)

겉면에서 박음질

0.1 줄인다

주머니감
(겉면)

5. 앞판에 옆면 천 달기

5-① 옆면 천을 토대인 앞판 아래쪽에 겉면을 위로 가게 해서 놓습니다.

5-② 포켓 입구를 맞춰 시침질합니다.

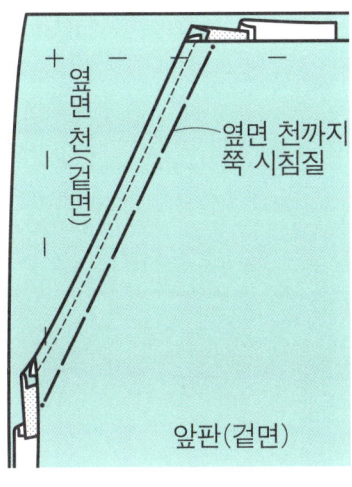

옆면 천(겉면)

옆면 천까지 쭉 시침질

앞판(겉면)

6. 옆판 천과 주머니감을 박아 연결하기

6-① 앞판은 피하면서 주머니감 둘레를 두 번 재봉틀로 박습니다.

6-② 2장을 함께 오버로크 박음질 또는 지그재그 박음질을 하여 처리합니다.

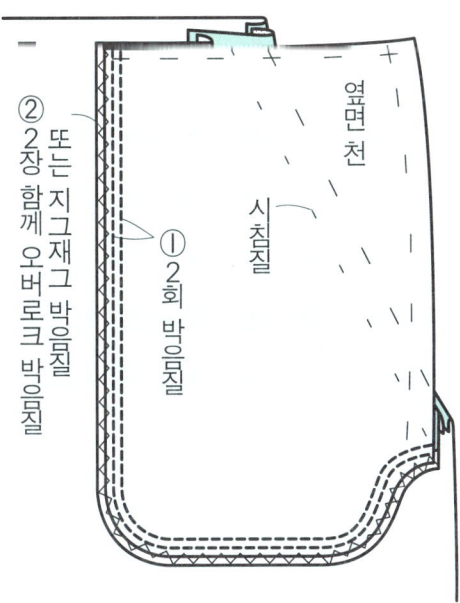

② 2장 또는 함께 지그재그 오버로크 박음질 박음질

① 2회 박음질

옆면 천

시침질

7. 옆솔기선 박기

7-① 옆면 천, 앞판과 뒤판의 겉면끼리 맞대어 옆솔기선을 재봉틀로 박습니다.

7-② 시접을 다리미로 가름솔 처리합니다.

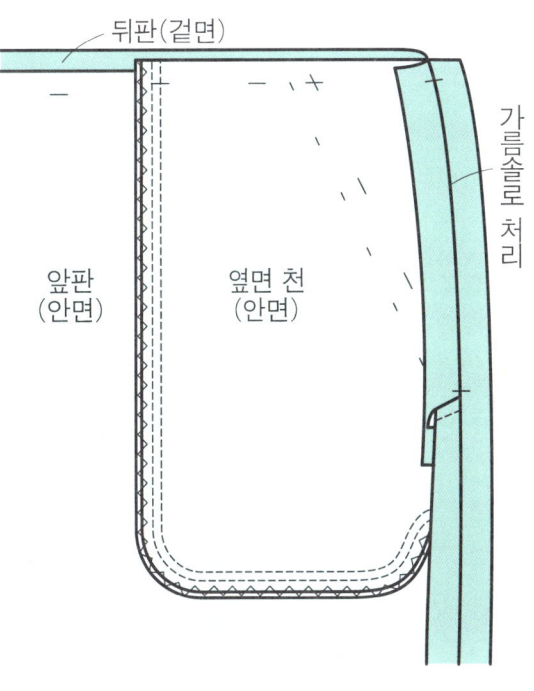

뒤판(겉면)

앞판(안면)

옆면 천(안면)

가름솔로 처리

주머니감에 같은 천을 사용하는 경우

1. 주머니감 재단하기

옆면 천의 형지를 이용해서 주머니감을 겉감으로 재단합니다.

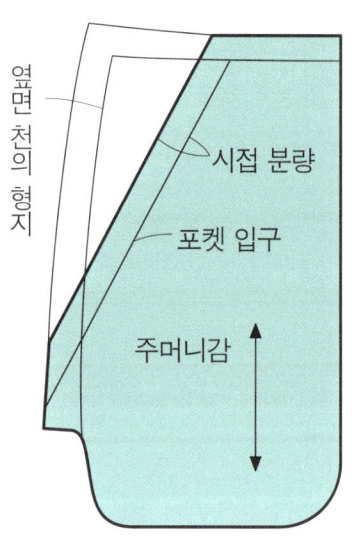

2. 접착테이프심지 붙이기

토대인 앞판 포켓 입구에 접착테이프심지를 그림과 같이 다리미로 붙입니다.

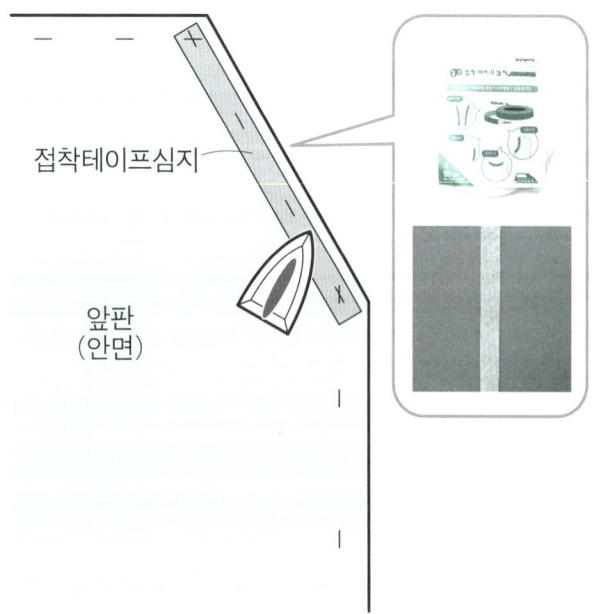

3. 주머니감 달기

토대인 앞판과 주머니감을 겉면끼리 맞대어 포켓 입구에 재봉틀을 박습니다.

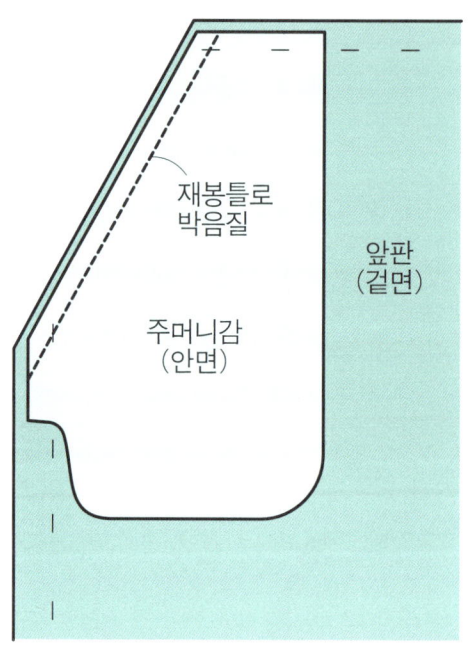

4. 주머니감 뒤집기

4-① 주머니감을 앞판의 안면으로 뒤집어 다리미로 정돈합니다.
4-② 포켓 입구에 겉면에서 재봉틀을 박습니다.

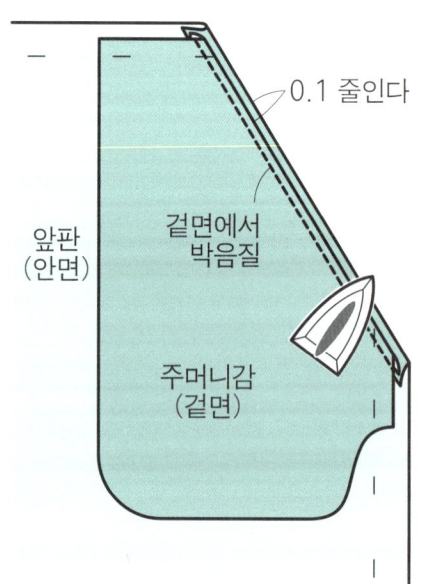

포켓 입구가 곡선인 경우

1. 안단 재단하기

안단을 그림과 같이
재단합니다.

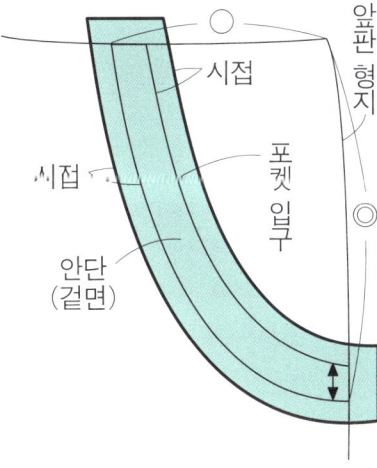

2. 주머니감 재단하기

포켓 입구에서 안단 분량을
빼고 주머니감을 재단합니다.

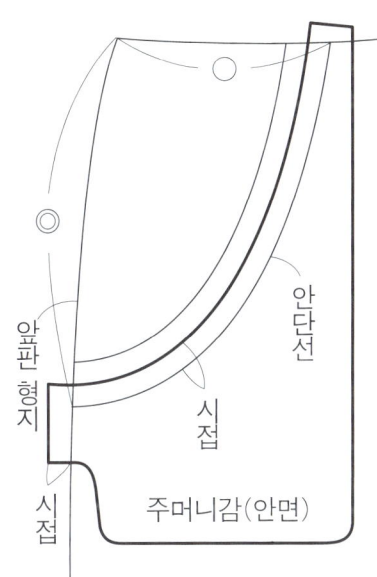

3. 안단과 주머니감 박기

3-① 안단의 안면에 다리미로 접
　　착심지를 붙입니다.
3-② 주머니감과 안단을 겉면끼리
　　맞대어 재봉틀로 박습니다.
3-③ 시접을 주머니감 쪽으로 눕
　　힙니다.

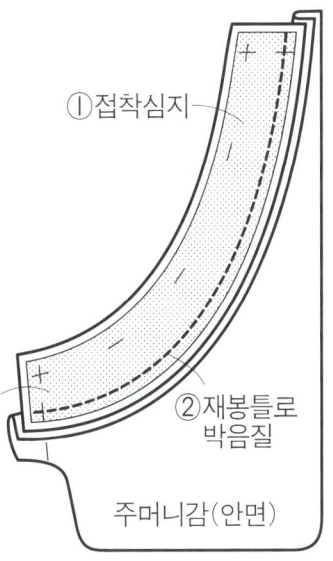

4. 포켓 입구 박기

앞판과 안단을 겉면끼리 맞대어 포켓 입구
를 재봉틀로 박습니다.

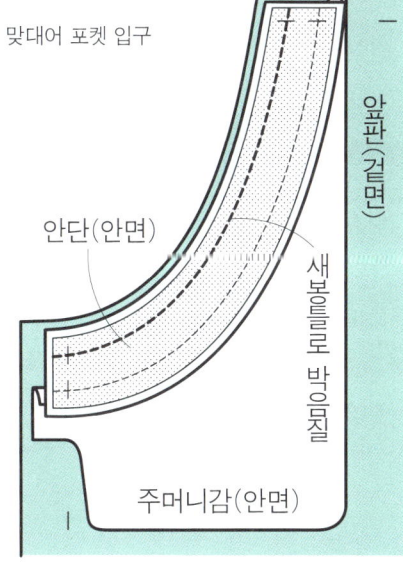

5. 가위집 내기

곡선 부분이 울지 않도록 시접에
가위집을 넣습니다.

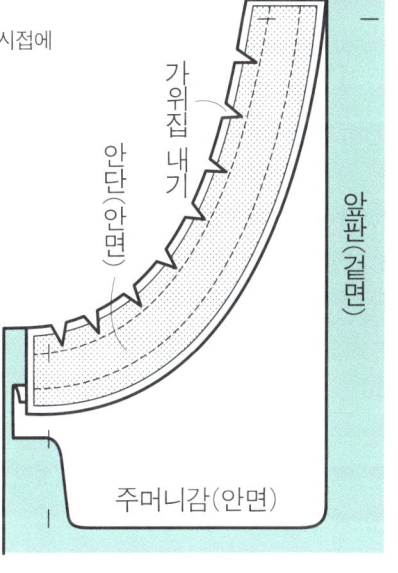

6. 주머니감 뒤집기

6-① 주머니감을 앞판 안면
　　으로 뒤집어 다리미로
　　정돈합니다.
6-② 포켓 입구를 겉면에서
　　재봉틀로 박습니다.

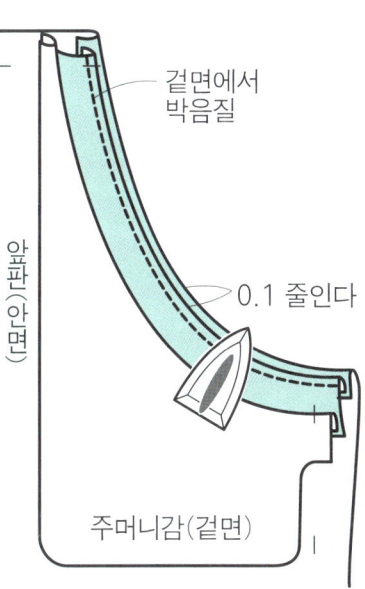

이음선을 이용한 포켓 B

디자인의 이음선을 이용해서 만드는 포켓입니다. 얇은 원단인 경우는 주머니감도 같은 천을 사용하면 좋겠지요. 포켓 입구를 곡선으로 하거나 변화를 주어도 좋습니다.

1. 옆면 천 재단하기

옆면 천은 주머니감을 겸합니다. 겉감과 같은 천으로 재단합니다.

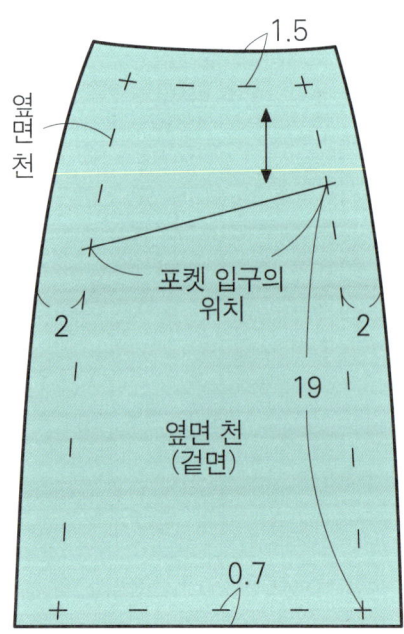

2. 주머니감 재단하기

옆면 천의 형지를 이용해 주머니감을 재단합니다. 원단은 안감이나 주머니 전용 감을 사용합니다.

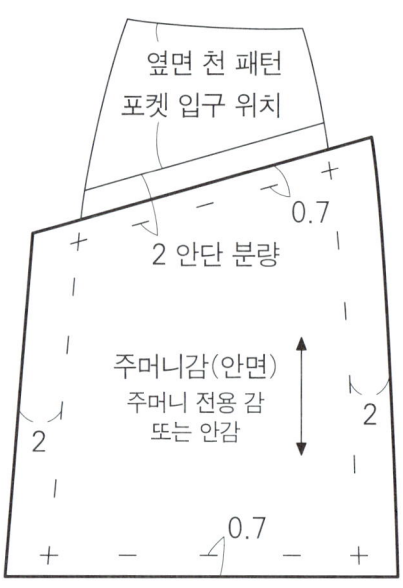

3. 앞판 재단하기

토대가 되는 앞판은 포켓 입구에 안단 분량을 이어서 재단합니다.

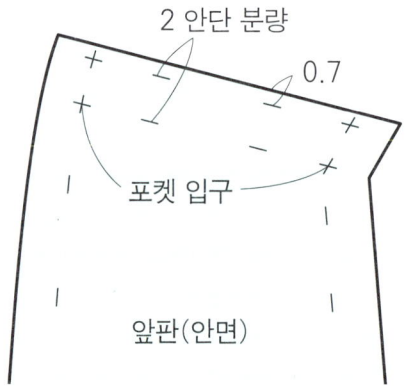

4. 잎판에 주머니감 달기

4-① 앞판 안단 부분 안면에 다리미로 접착심지를 붙입니다.

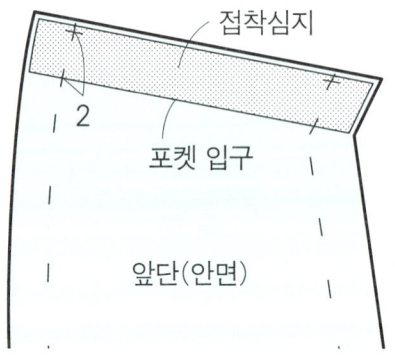

4-② 주머니감과 앞판을 겉면끼리 맞대어 재봉틀로 박습니다.

4-③ 시접은 안단 쪽으로 눕힙니다.

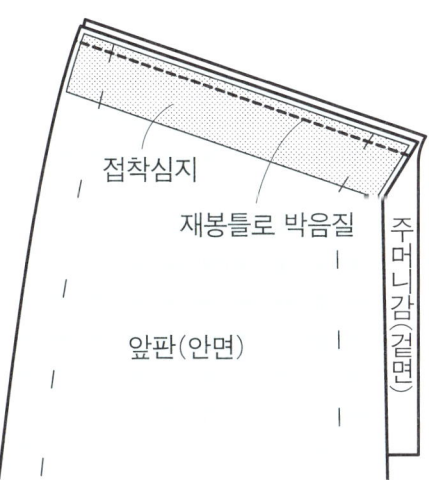

접착심지

재봉틀로 박음질

주머니감(겉면)

앞판(안면)

4-④ 주머니감을 앞판 안면으로 뒤집습니다.

4-⑤ 포켓 입구에서 접어 정돈한 후 겉면에서 재봉틀을 박습니다.

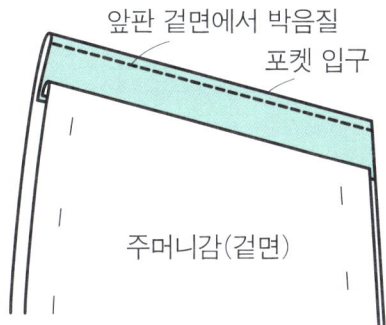

앞판 겉면에서 박음질

포켓 입구

주머니감(겉면)

5. 옆면 천을 앞판에 달기

5-① 프레스 볼 위에 옆면 천의 겉면을 위로 가게 해서 배치합니다.

5-② 그 위에 앞판 겉면을 위로 가게 해서 포켓 입구 위치를 맞춥니다.

5-③ 아래까지 쭉 시침질합니다.

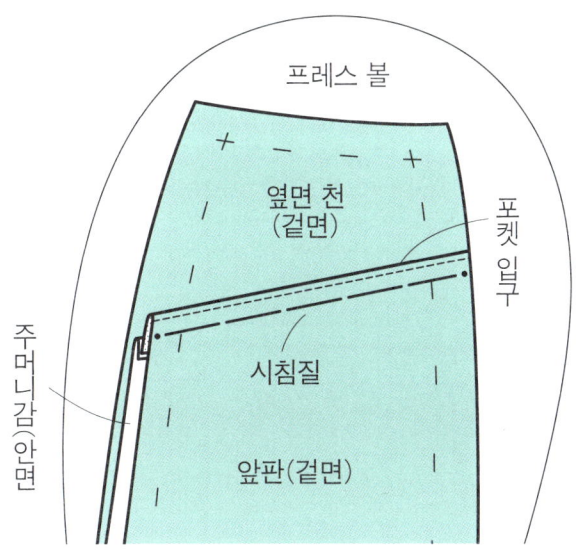

프레스 볼

옆면 천(겉면)

포켓 입구

주머니감(안면)

시침질

앞판(겉면)

6. 옆면 천과 주머니감을 박아 연결하기

앞판을 피하면서 주머니감과 옆면 천을 겉면끼리 맞대어 바닥을 박습니다.

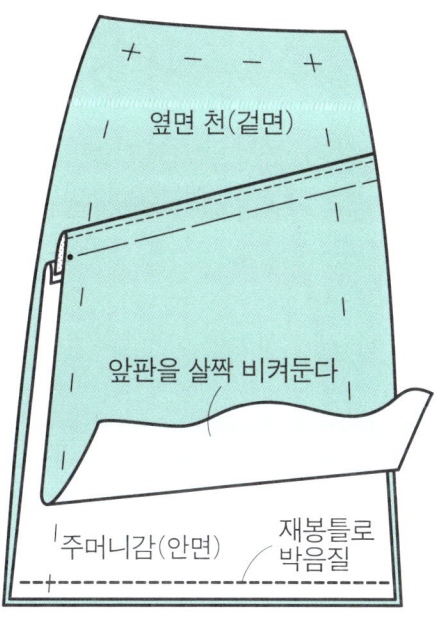

옆면 천(겉면)

앞판을 살짝 비켜둔다

주머니감(안면)

재봉틀로 박음질

7. 앞 중심 천과 옆면 천을 박기

7-① 앞판 옆 시접에 옆면 천까지 함께 쭉 시침질합니다.

7-② 앞 중심 천과 옆면 천, 앞판의 겉면끼리 맞대어 재봉틀을 박습니다.

7-③ 시접은 앞 중심 쪽으로 눕힙니다.

7-④ 옆솔기선도 마찬가지로 박습니다.

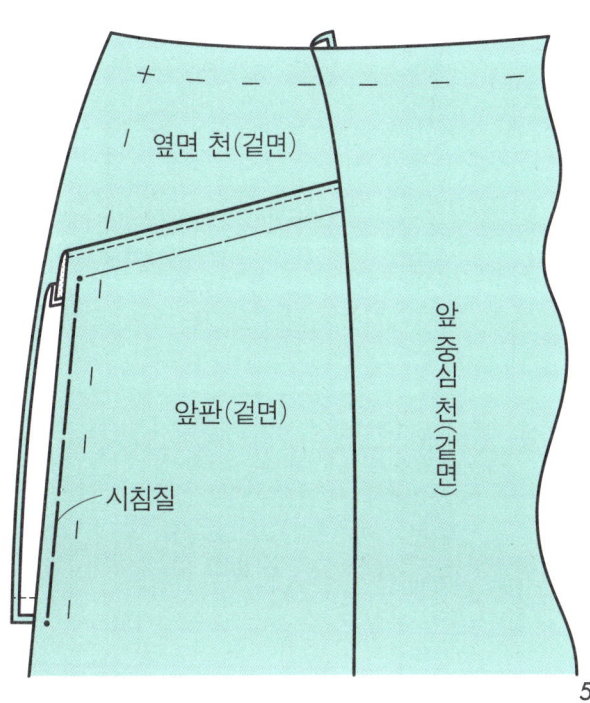

옆면 천(겉면)

앞 중심 천(겉면)

앞판(겉면)

시침질

이음선을 이용한 포켓 C

가로의 이음선을 이용해 만드는 포켓입니다. 또한, 주머니감을 몸판과 이어서 재단하므로 손쉽게 만들 수 있습니다. 원단이 두꺼워 신경 쓰이는 경우는 주머니감으로 안감을 따로 재단해서 사용해도 좋습니다. 단추를 달아주면 포인트가 되어 더욱 멋스럽습니다.

1. 포켓 재단하기

요크, 몸판 모두 주머니감을 연결해서 그림과 같이 재단합니다.

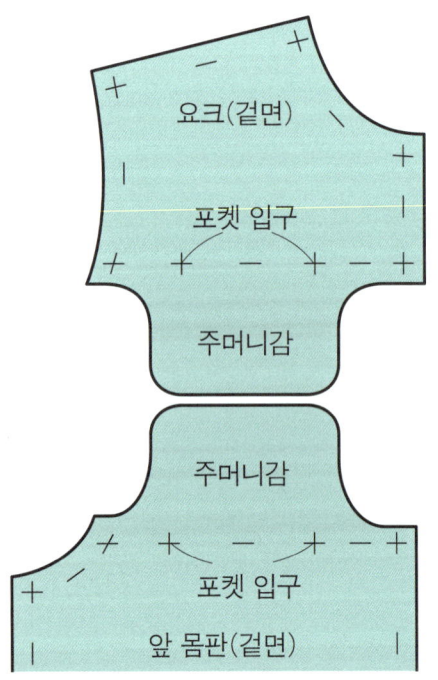

2. 몸판과 요크를 박기

2-① 요크와 몸판을 겉면끼리 맞댑니다.
2-② 포켓 입구를 남겨 놓고 이음선에 재봉틀을 박습니다.

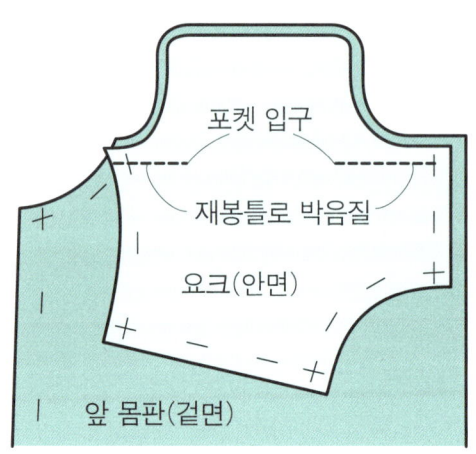

3. 시접 가르기

다리미로 시접을 가릅니다. 포켓 입구도 다리미로 꼭 접습니다.

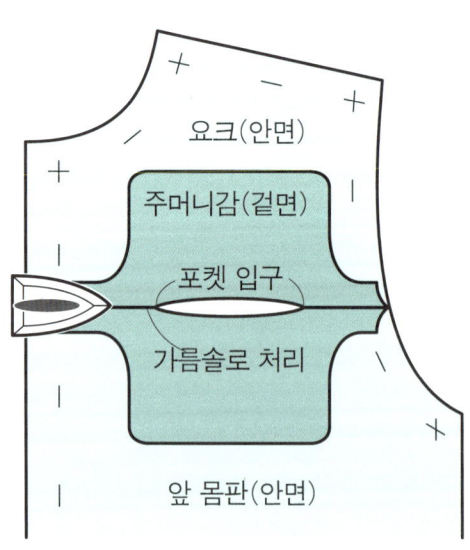

4. 포켓 입구 만들기

4-① 포켓 입구를 재봉틀로 박습니다.

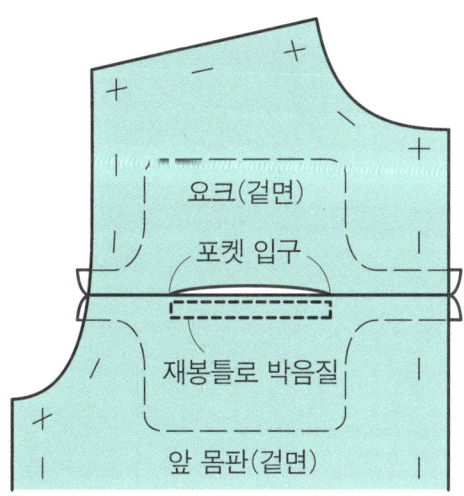

4-② 포켓 입구가 벌어지지 않도록 세로구멍의 단춧구멍을 만듭니다.

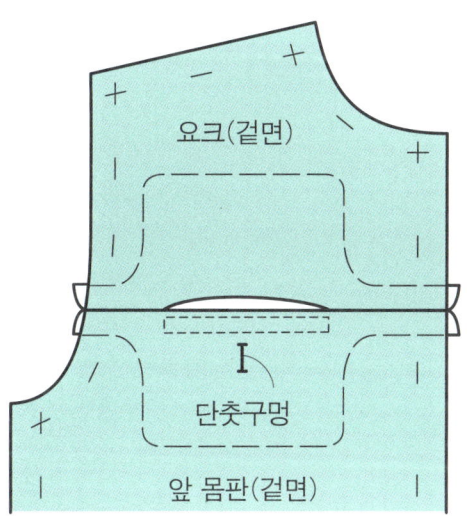

4-③ 이음선의 시접을 앞 몸판 쪽으로 다리미로 눕힙니다.

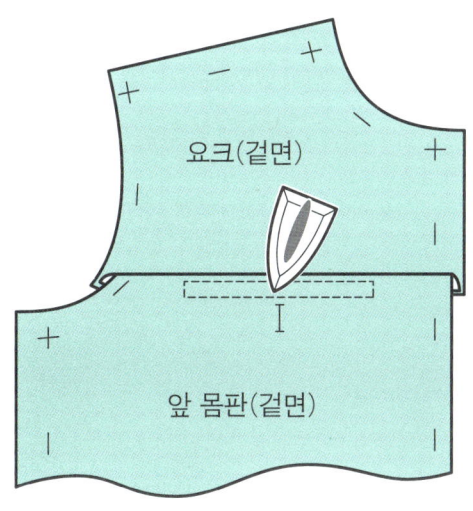

5. 주머니감 둘레를 박기

5-① 주머니감을 겉면끼리 맞대어 3의 봉제선에 이어서 주머니감 둘레를 두 번 박습니다.

5-② 주머니감 둘레에 2장 함께 오버로크 박음질 또는 지그재그 박음질을 합니다.

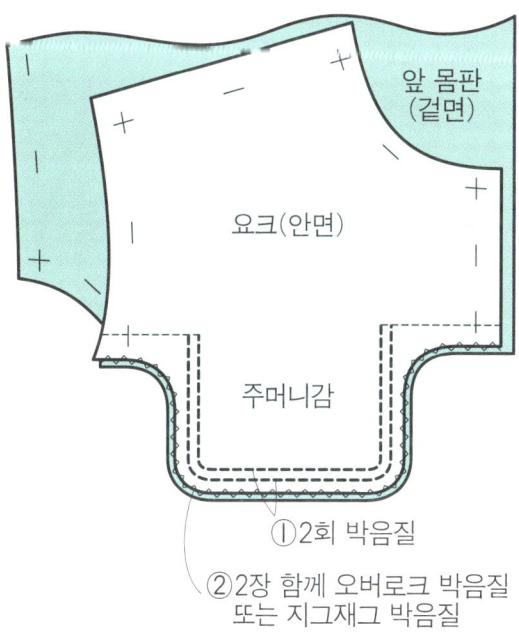

6. 이음선 박기

6-① 요크와 몸판을 다시 4-③의 상태로 합니다.

6-② 그림과 같이 이음선에 재봉틀을 박습니다.

6-③ 요크 쪽 주머니감에 단추를 달고 단춧구멍에 끼웁니다.

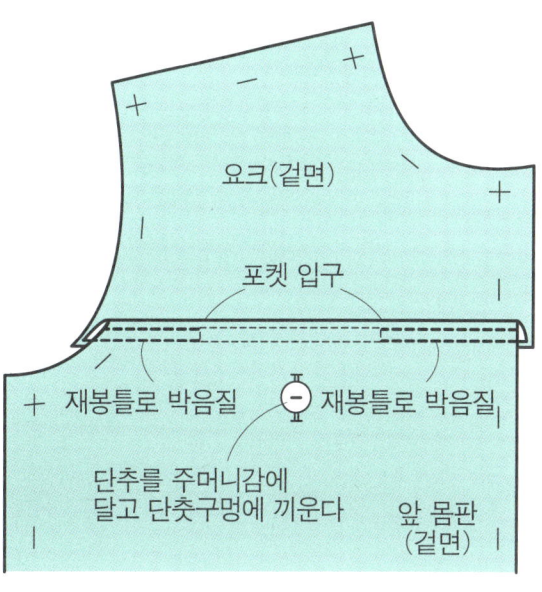

이음선을 이용한 포켓 D

세로의 이음선을 옆으로 구부러지게 한 디자인의 포켓입니다. 자잘한 작업은 꼼꼼히 해주세요. 지금 소개하는 방법을 응용한, 포켓 입구에 웰트감을 다는 디자인 등도 있습니다.

1. 주머니감 재단하기

옆면 천이 주머니감 A를 겸합니다. 옆면 천에 이어서 재단합니다.

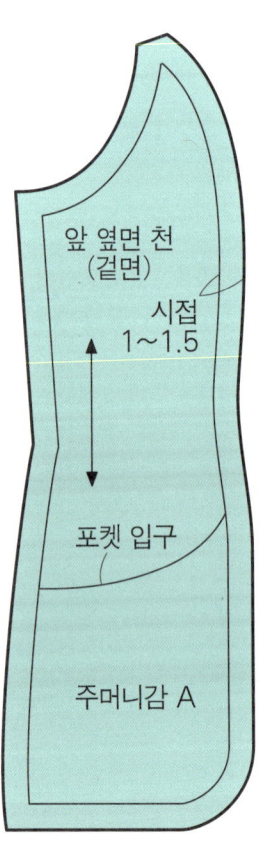

2. 주머니감 B 재단하기

주머니감 A의 형지를 이용해 주머니감 B를 재단합니다.

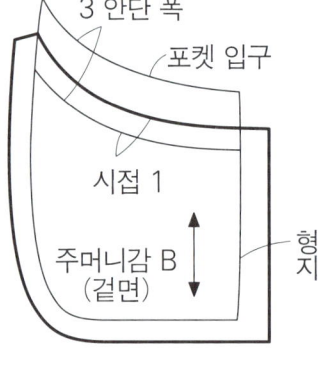

3. 안단 재단하기

주머니감 A의 형지를 이용해 안단을 재단합니다.

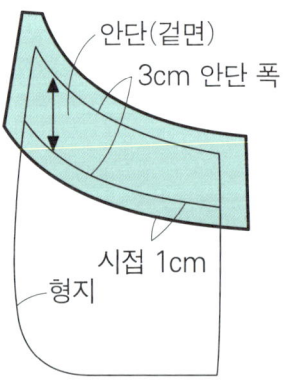

4. 포켓 입구에 보강 원단 붙이기

앞 몸판과 앞 옆면 천의 안면 포켓 입구에 보강을 위한 보강 원단(접착심지)을 다리미로 붙입니다.

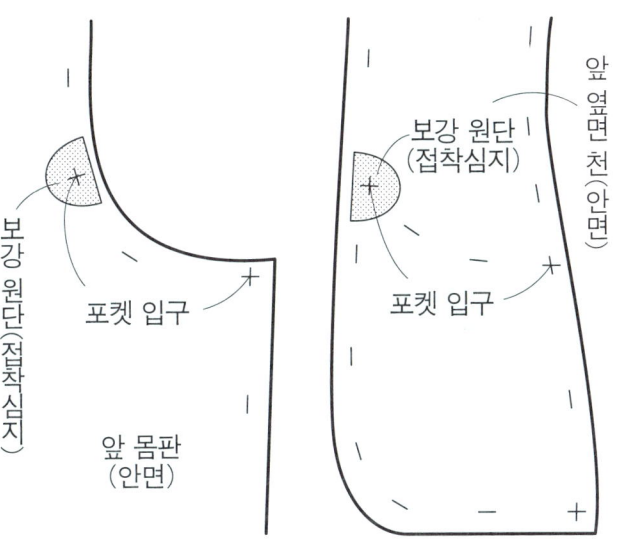

6. 안단과 주머니감 B를 박아 연결하기

6-① 안단과 주머니감 B를 겉면끼리 맞대어 재봉틀을 박습니다. (이하 주머니감 B로 표기)

6-② 주머니감 B의 시접에 가위집을 넣습니다.

6-③ 시접을 주머니감 B 쪽으로 눕힙니다.

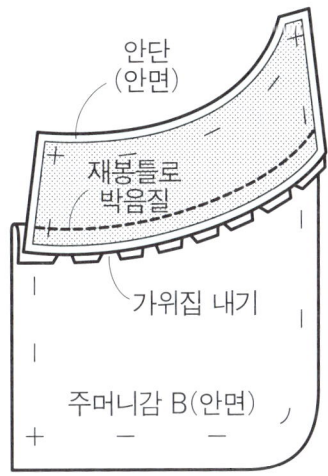

5. 안단에 접착심지 붙이기

안단 안면에 다리미로 접착심지를 붙입니다.

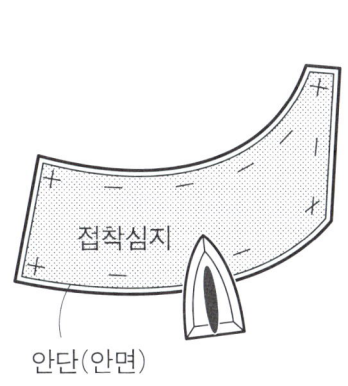

7. 앞 몸판에 주머니감 B를 달기

7-① 앞 몸판과 주머니감 B를 겉면끼리 맞대어 재봉틀로 박습니다. 중심 쪽은 표시까지 박아서 고정합니다.

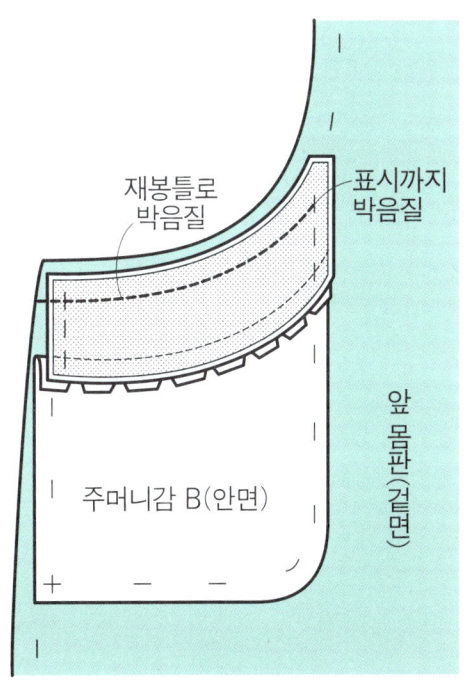

다음 페이지에 계속 ▶557

7-② 시접에 가위집을 넣습니다. 반드시 1곳은 7-①에서 박아 고정한 위
　　치에 넣습니다.

9. 앞 몸판과 앞 옆면 천을 박아 연결하기

9-① 앞 몸판과 앞 옆면 천을 겉면끼리 맞대어 이음선을 박습니다.

9-② 이어서 주머니감에도 재봉틀을 박습니다. 주머니감 둘레는 보강을 위
　　해 두 번 재봉틀을 박습니다.

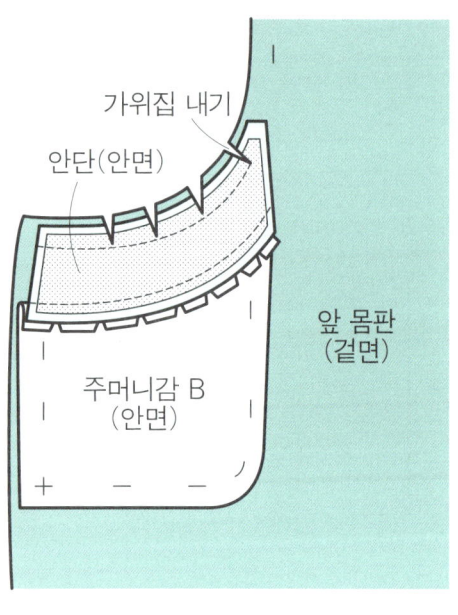

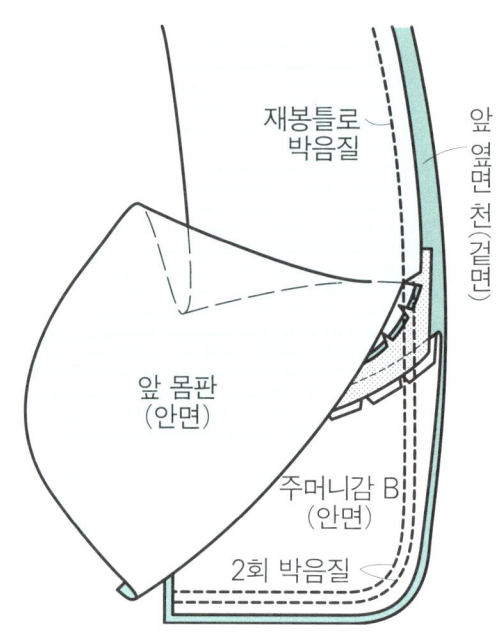

8. 주머니감 B를 뒤집기

주머니감 B를 앞판 안면으로 뒤집어 포켓 입구를 다리미로 정돈합니다.

10. 시접 가르기

10-① 앞 옆면 천 포켓 입구 위치의 시접에 가위집을 넣습니다.

10-② 이음신 시접을 다리미로 가름솔 처리합니다.

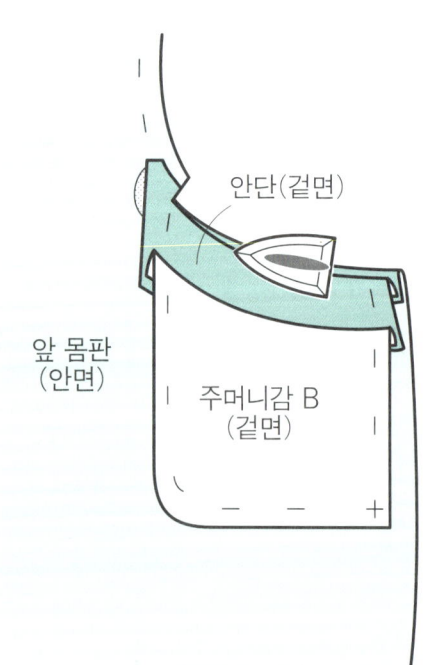

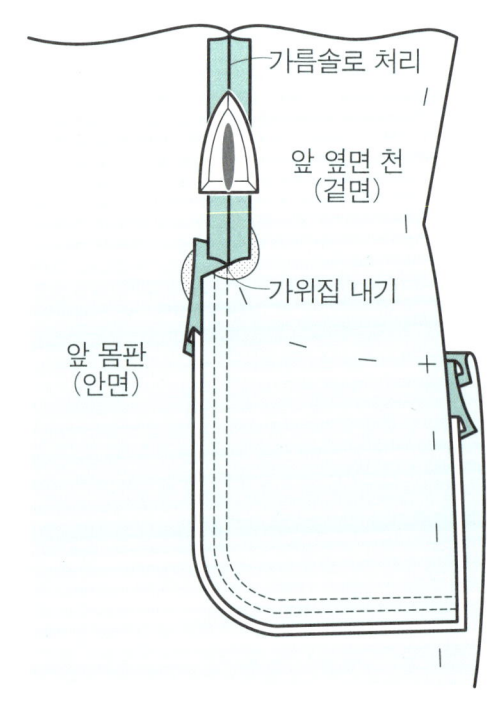

11. 몸판의 옆솔기선 박기

앞판과 뒤판의 겉면을 안쪽에 맞춰 옆솔기선을 박습니다.

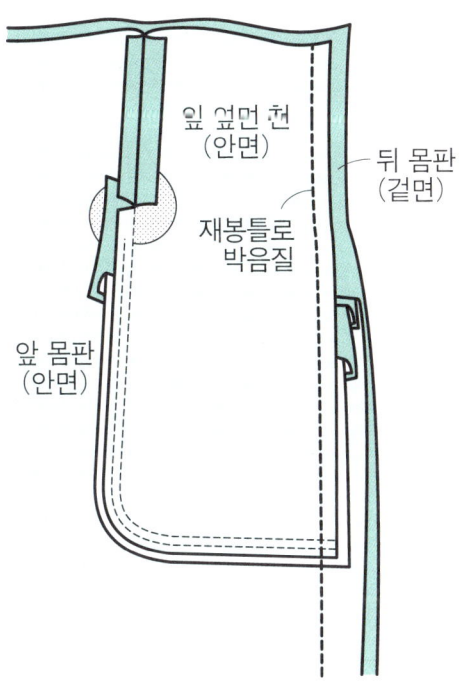

잎 옆면 천
(안면)

뒤 몸판
(겉면)

재봉틀로
박음질

앞 몸판
(안면)

2. 앞 몸판과 앞 옆면 천을 박아 연결하기

2-① 9를 참조하여 앞 몸판과 앞 옆면 천을 겉면끼리 맞대어 이음선을
　　 박습니다.

2-② 9를 참조하여 주머니감도 연결해서 재봉틀을 박습니다. 주머니감은
　　 두 번 재봉틀로 박아주세요.

2-③ 시접은 앞 몸판 쪽으로 눕힙니다.

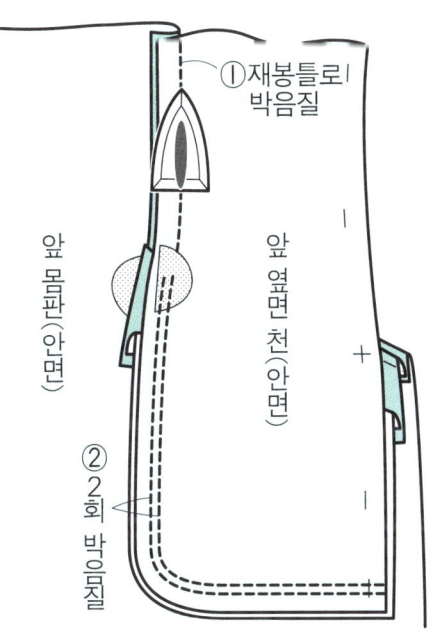

① 재봉틀로
박음질

앞
몸판
(안면)

앞 옆면
천(안면)

② 2회 박음질

장식박기를 하는 경우

1. 장식박기

1~8까지는 마찬가지 방법으로 만듭니다. 포켓 입구의 1cm 앞쪽까지
재봉틀을 박습니다.

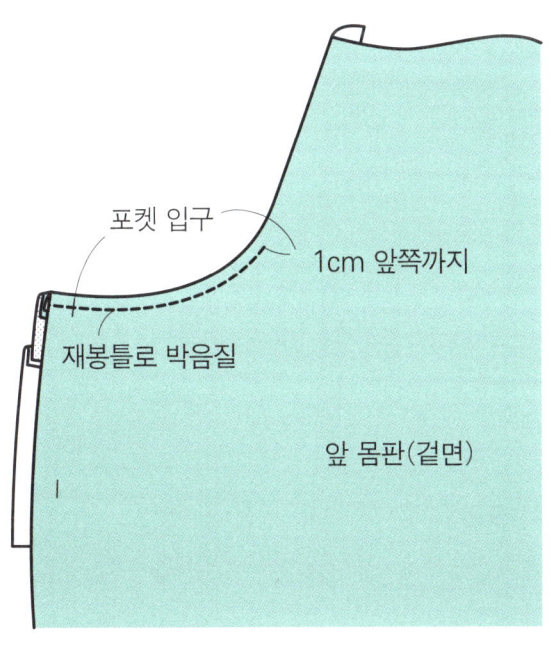

포켓 입구

1cm 앞쪽까지

재봉틀로 박음질

앞 몸판(겉면)

3. 재차 장식박기

1의 작업에 이어서 아래까지 쭉 포켓 입구에 재봉틀을 박습니다.

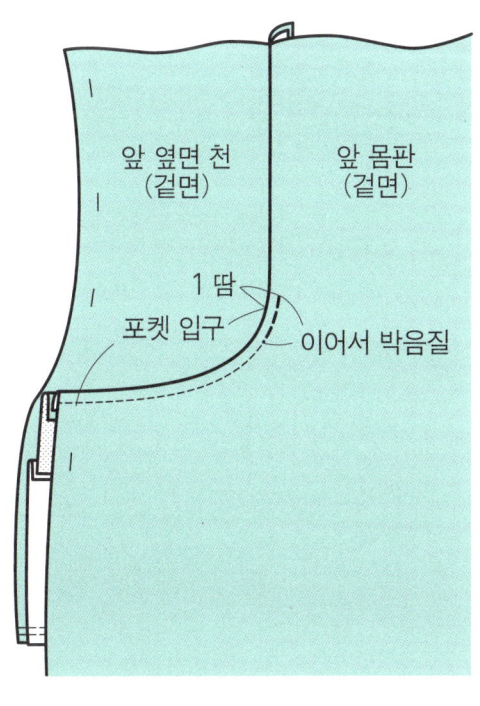

앞 옆면 천
(겉면)

앞 몸판
(겉면)

1 땀

포켓 입구

이어서 박음질

트임을 겸한 이음선을 이용한 포켓

주머니감 안쪽에 붙었다 뗐다 하기 위한 트임을 만든 편리한 포켓입니다. 허리 트임을 따로 만들지 않아도 되므로 수고도 줄이고 멋스러운 느낌도 살려줍니다. 이음선 외에 옆솔기선에 만드는 경우도 있습니다.

1. 옆면 천 재단하기

1-① 옆면 천이 주머니감 A를 겸합니다. 옆면 천에 연결한 형태로 재단합니다. (이하 옆면 천으로 표기). 좌우 대칭으로 1장씩 재단하세요.
1-② 옆 시접에 오버로크 박음질 또는 지그재그 박음질을 합니다.

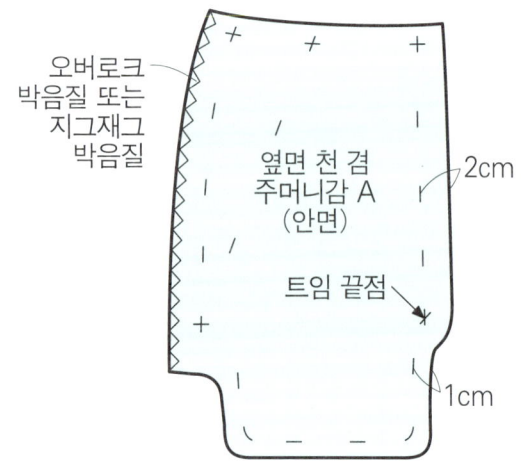

2. 주머니감 B를 재단하기

좌우 대칭으로 1장씩 재단합니다.

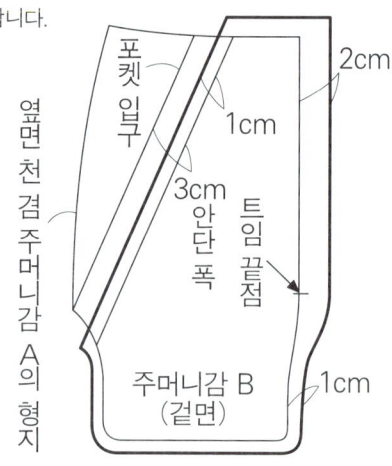

3. 안단에 접착심지 붙이기

치마 앞판 안단의 안면에 접착심지를 다리미로 붙입니다.

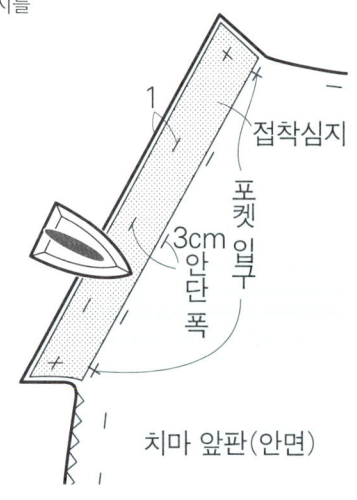

4. 트임 끝점까지 박기

4-① 옆면 천, 주머니감 B의 트임 끝점 위치까지의 안쪽을 완성선을 따라 안면으로 세 겹 접기를 합니다.
4-② 접은 선 바로 옆을 재봉틀로 박습니다.

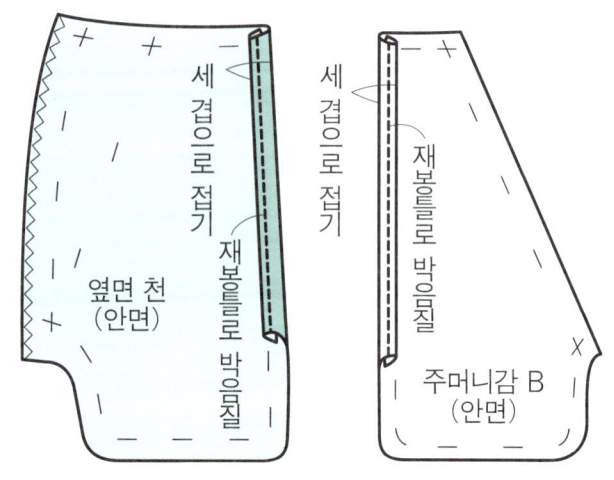

5. 치마 앞판에 주머니감 B를 달기

치마 앞판 안단과 주머니감 B를 겉면끼리 맞대어 재봉틀을 박습니다.

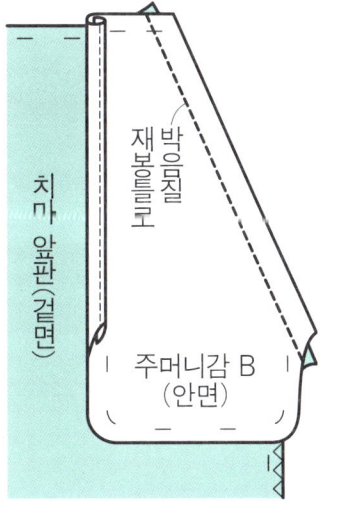

치마 앞판(겉면)

재봉틀로 박음질

주머니감 B (안면)

6. 포켓 입구에 재봉틀 박기

6-① 5의 봉제선을 다림질합니다.
6-② 시접을 안단 쪽으로 눕히고 포켓 입구에서 주머니감 B를 뒤집어 완성선에 맞춰 정돈합니다.
6-③ 포켓 입구를 재봉틀로 박습니다.

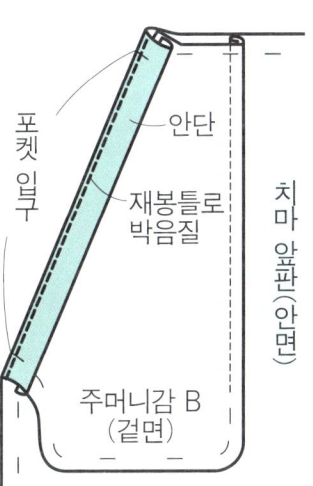

포켓 입구

안단

재봉틀로 박음질

치마 앞판(안면)

주머니감 B (겉면)

7. 옆면 천과 주머니감을 박기

7-① 치마 앞판을 피하면서 옆면 천과 주머니감 B를 겉면끼리 맞댑니다.
7-② 주머니감의 바닥을 트임 끝점 위치까지 재봉틀로 박습니다.
7-③ 주머니감 바닥에 2장 함께 오버로크 박음질 또는 지그재그 박음질을 합니다.

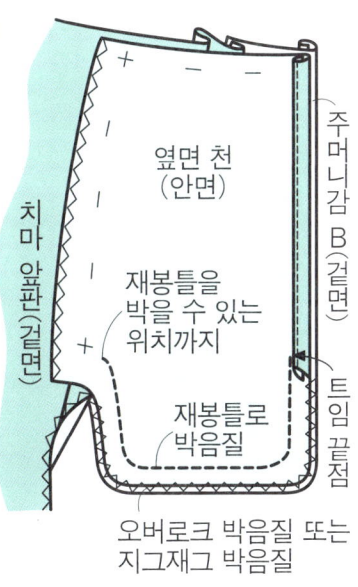

치마 앞판(겉면)

옆면 천 (안면)

주머니감 B(겉면)

재봉틀을 박을 수 있는 위치까지

재봉틀로 박음질

트임 끝점

오버로크 박음질 또는 지그재그 박음질

8. 고정박기

그림과 같이 옆면 천을 치마 앞판 아래로 뒤집어 포켓 입구 아래에 고정박기를 합니다.

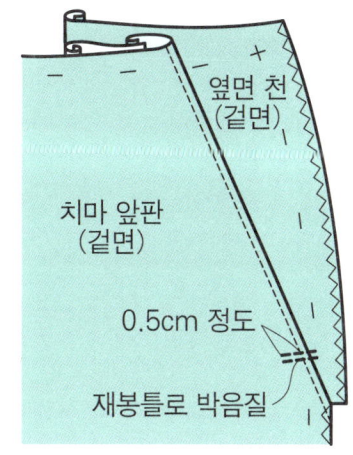

옆면 천 (겉면)

치마 앞판 (겉면)

0.5cm 정도

재봉틀로 박음질

9. 옆선 박기

9-① 치마 앞판과 치마 뒤판을 겉면끼리 맞대어 옆솔기선을 재봉틀로 박습니다.
9-② 시접을 다리미로 가름솔 처리합니다.

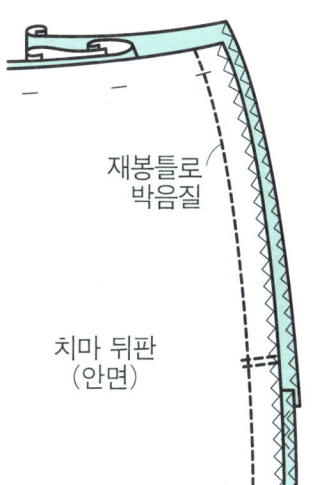

재봉틀로 박음질

치마 뒤판 (안면)

10. 완성

허리 벨트를 달고 단춧구멍을 만들어 단추를 달면 완성입니다.

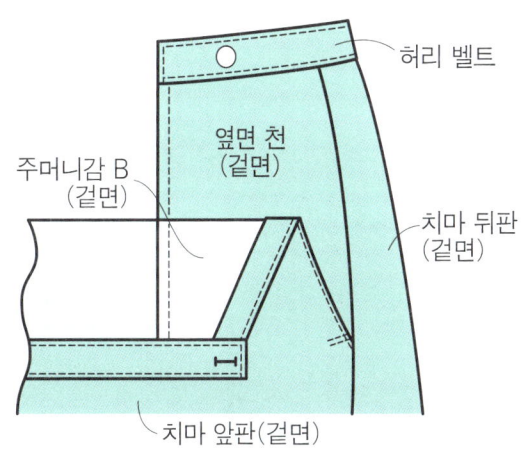

허리 벨트

옆면 천 (겉면)

주머니감 B (겉면)

치마 뒤판 (겉면)

치마 앞판(겉면)

이음선상의 박스 포켓

이음선을 활용해서 만드는 상자 모양의 호주머니로, 상자 주머니 또는 웰트 포켓(welt pocket)이라고도 합니다. 가장자리를 장식하는 천인 '웰트감'을 붙이는데, 포켓 자체는 544쪽의 심 포켓을 만드는 요령과 같습니다. 재킷이나 코트 등에 흔히 이용됩니다.

1. 주머니감 A, 주머니감 B를 재단하기

주머니감 A와 주머니감 B는 차이를 두어 재단합니다. 원단은 겉감 또는 안감을 사용합니다.

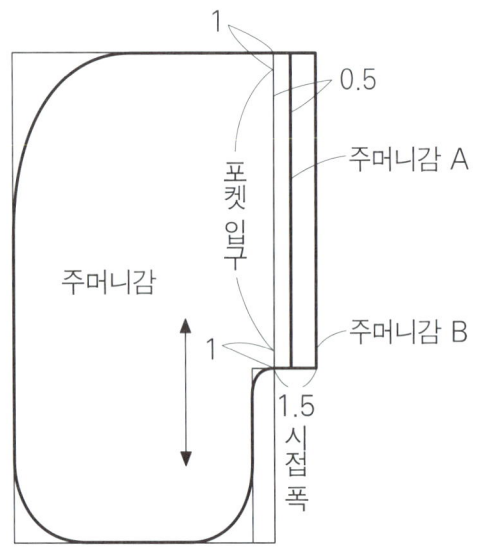

2. 웰트감 재단하기

그림과 같이 겉 웰트감과 안 웰트감을 이어서 한 장으로 재단합니다.

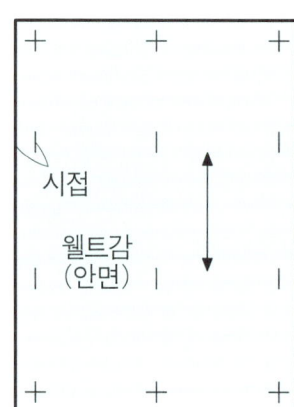

3. 접착심지 붙이기

웰트감 안면에 다리미로 접착심지를 붙입니다.

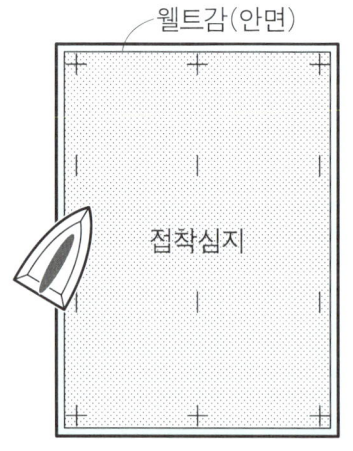

4. 웰트감 만들기

4-① 웰트감을 겉면끼리 맞대어 위아래를 박습니다.

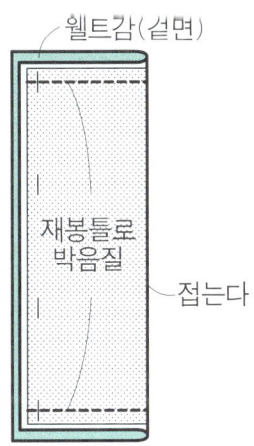

웰트감(겉면)

재봉틀로
박음질

접는다

4-③ 재봉틀을 박습니다.

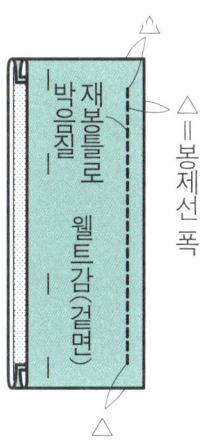

△ = 봉제선 폭

재봉틀로
박음질

웰트감(겉면)

② 웰트감을 겉면으로 뒤집습니다.

웰트감
(겉면)

5. 포켓 입구에 접착테이프심지 붙이기

옆면 천 포켓 입구 시접에 접착심지를 다리미로 붙입니다.(접착테이프심지가
없는 경우는 접착심지를 가는 테이프 모양으로 자른 것을 대신 사용합니다.)

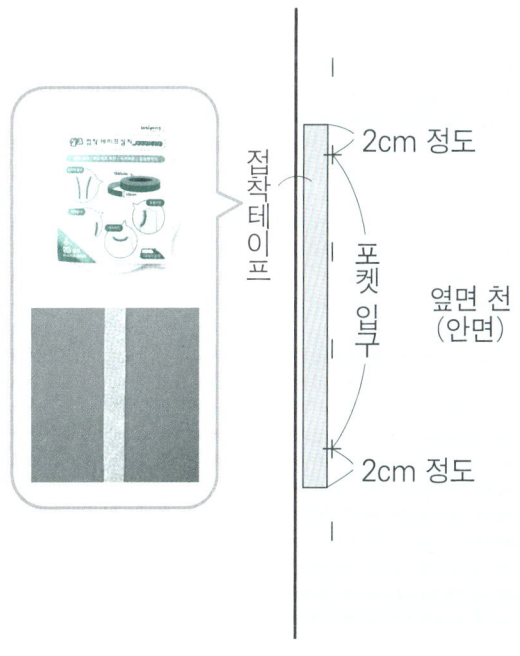

접착테이프

포켓 입구

옆면 천
(안면)

2cm 정도

2cm 정도

6. 주머니 위치에 웰트감 배치하기

앞 몸판 위에 웰트감을 놓고 시침질합니다.

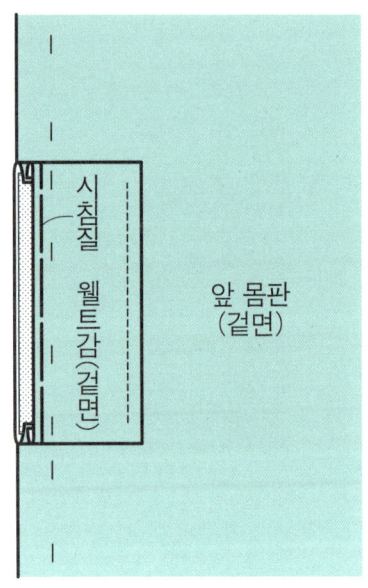

7. 주머니감 A 만들기

7-① 그림과 같이 6 위에 주머니감 A를 겹칩니다.
7-② 완성선에서 0.5cm 시접 쪽에 재봉틀을 박습니다.

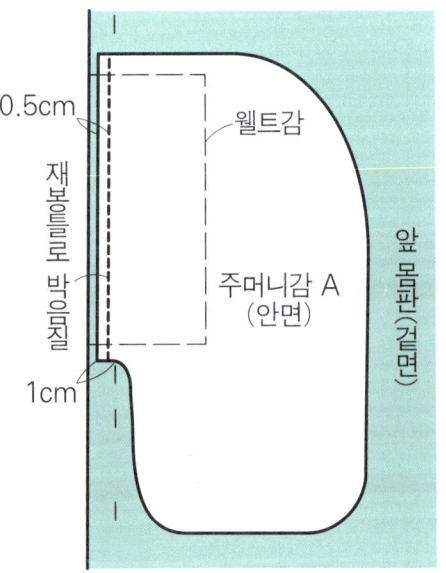

7-③ 주머니감 A를 시접 쪽으로 다리미를 사용해 눕힙니다.

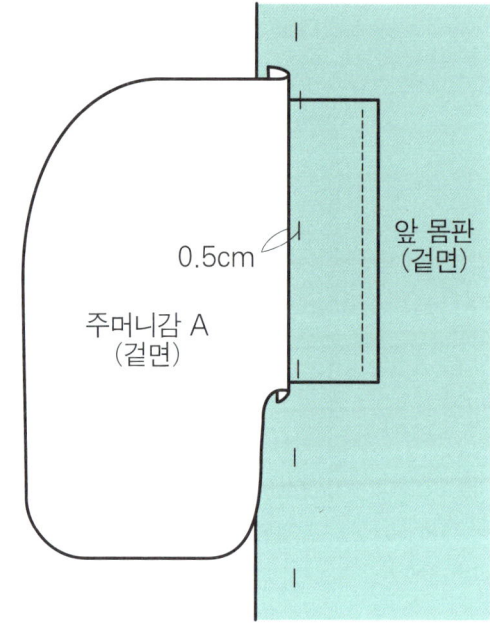

8. 앞 몸판과 옆면 천을 박아 연결하기

8-① 앞 몸판과 앞 옆면 천을 겉면끼리 맞대어 포켓 입구를 남기고 이음선을 박습니다.

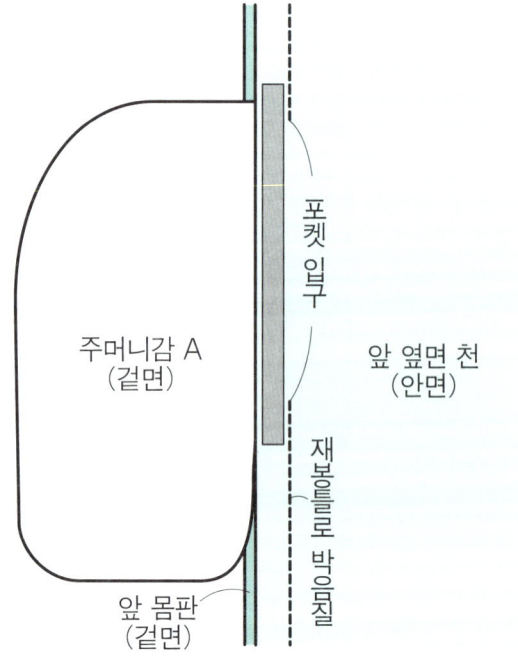

8-② 이음선의 시접을 다리미로 가름솔 처리합니다. 이때 웰트감을 앞 옆
   면 천 쪽으로 눕힙니다.

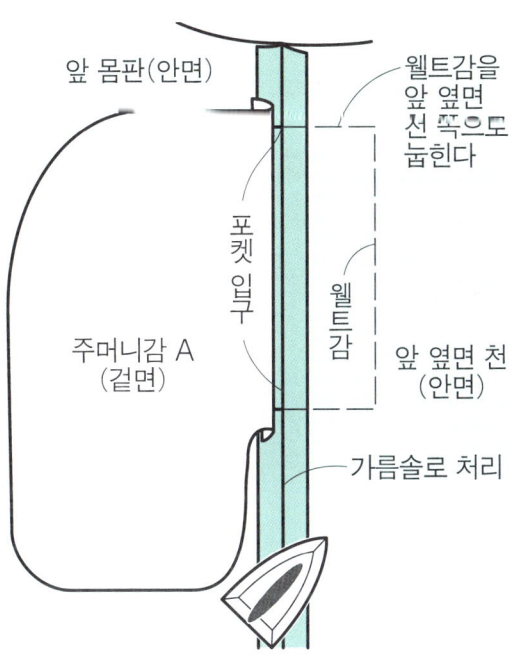

앞 몸판(안면)

웰트감을
앞 옆면
천 쪽으로
눕힌다

포켓
입구

주머니감 A
(겉면)

웰트감

앞 옆면 천
(안면)

가름솔로 처리

9. 주머니감 B를 달기

9-① 주머니감 A와 주머니감 B를 겉면끼리 맞댑니다.
9-② 앞 옆면 천의 시접에만 주머니감 B를 재봉틀로 박아 고정합니다.

앞 옆면 천(겉면)

재봉틀로
박음질

앞
몸판
(안면)

주머니감 B
(안면)

주머니감 A(겉면)

10. 주머니감 둘레를 박기

주머니감 둘레를 두 번 재봉틀로 박습니다.

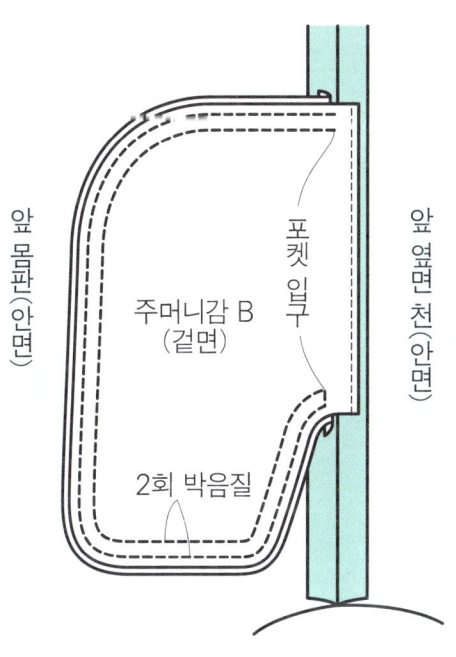

앞
몸판
(안면)

포켓
입구

앞 옆면
천(안면)

주머니감 B
(겉면)

2회 박음질

11. 웰트감 고정하기

웰트감 양옆을 4의 봉제선에 이어서 재봉틀로 박고, 웰트감을 앞 옆면 천
에 고정합니다.

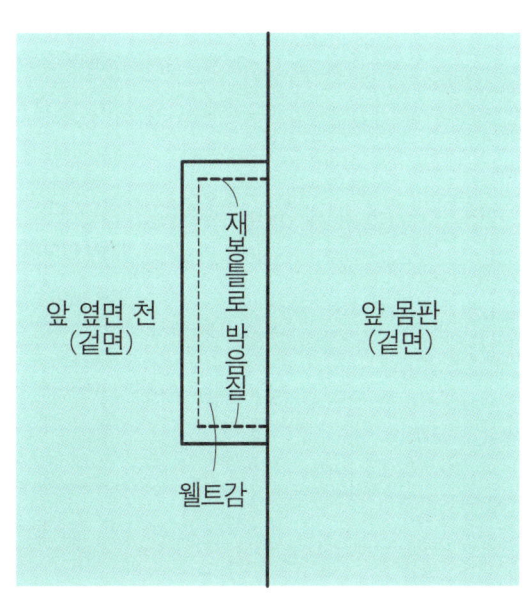

앞 옆면 천
(겉면)

재봉틀로 박음질

앞 몸판
(겉면)

웰트감

박스 포켓

포켓 입구에 가장자리 장식 천(웰트감)을 붙이는 호주머니입니다. 안감이 달린 재킷이나 코트에 많이 이용됩니다. 웰트감의 크기나 방향(가로, 세로, 사선)을 디자인에 따라 변화시켜도 좋습니다.

2. 웰트감 재단하기

2-① 웰트감은 겉감을 사용해 재단합니다. 이 경우는 상자 부분을 박으면서 만들어 가는 방법입니다.

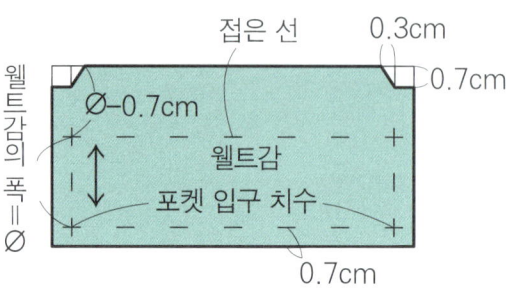

2-② 트감 안면에, 웰트감과 같은 크기로 재단한 접착심지를 다리미로 붙입니다.

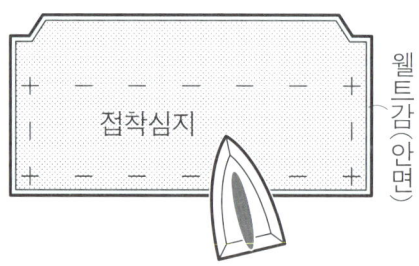

1. 웰트감 재단하기

안감 또는 슬리크를 사용해 주머니감 A, 주머니감 B를 재단합니다.

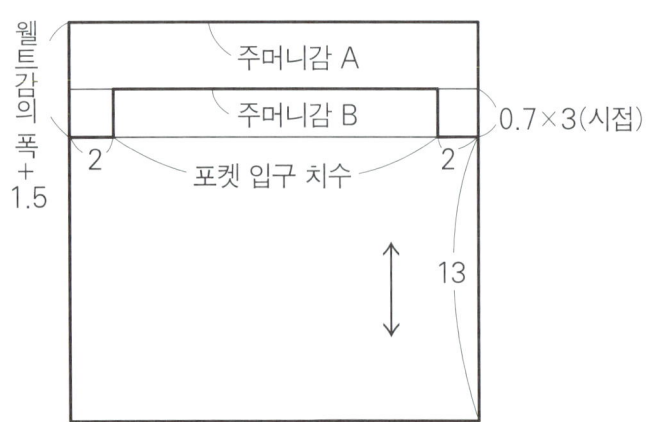

3. 웰트감에 주머니감 B를 달기

3-① 웰트감과 주머니감 B를 겉면끼리 맞대어 재봉틀로 박습니다.
3-② 시접을 주머니감 B쪽으로 눕힙니다.

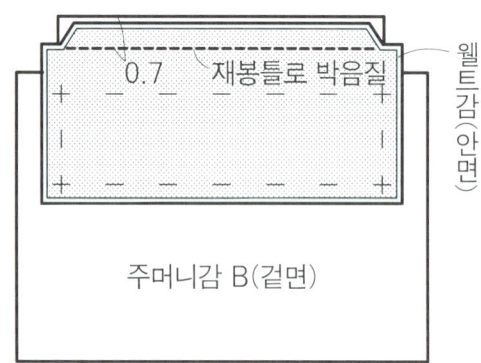

4. 웰트감 달기

앞 몸판과 웰트감을 겉면끼리 그림과 같이 맞대어 재봉틀을 박습니다. 표시에서 표시까지 박아주세요.

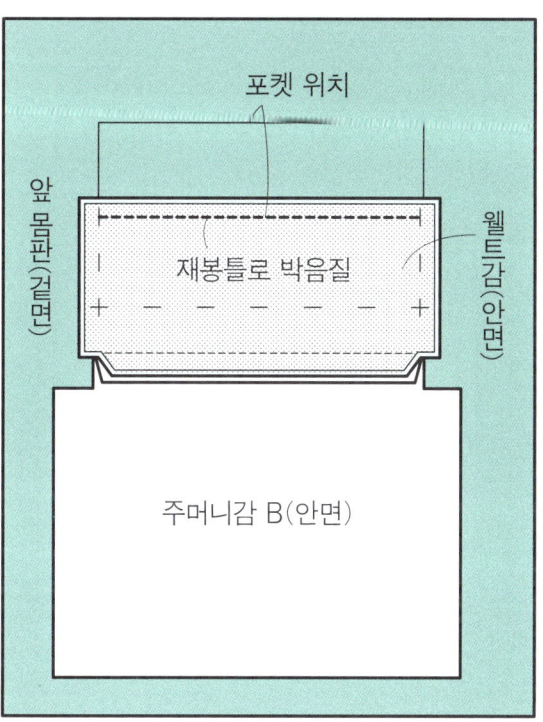

5. 웰트감 만들기

5-① 4의 웰트감 시접을 꺾어서 피하면서 그림과 같이 가위집을 넣습니다.

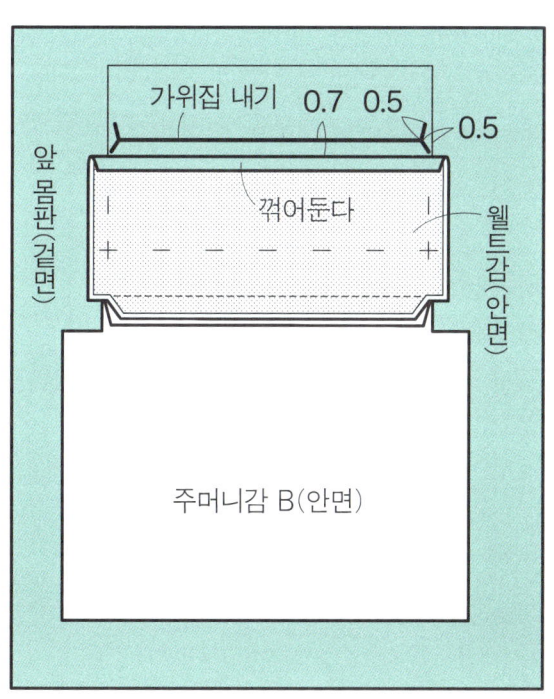

5-② 가위집 낸 구멍을 통해 웰트감, 주머니감 B를 앞 몸판 안면으로 빼내어 정돈합니다.

5-③ 웰트감 시접을 다리미로 가름솔 처리합니다.

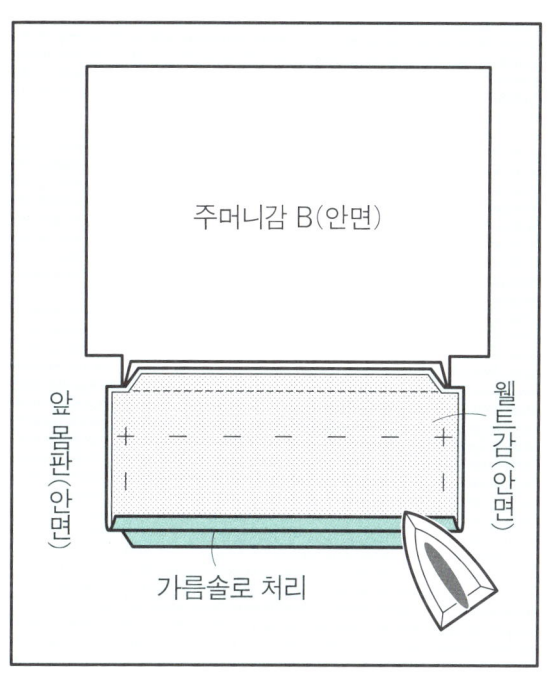

5-④ 웰트감의 양옆을 완성선을 따라 다리미로 접습니다.

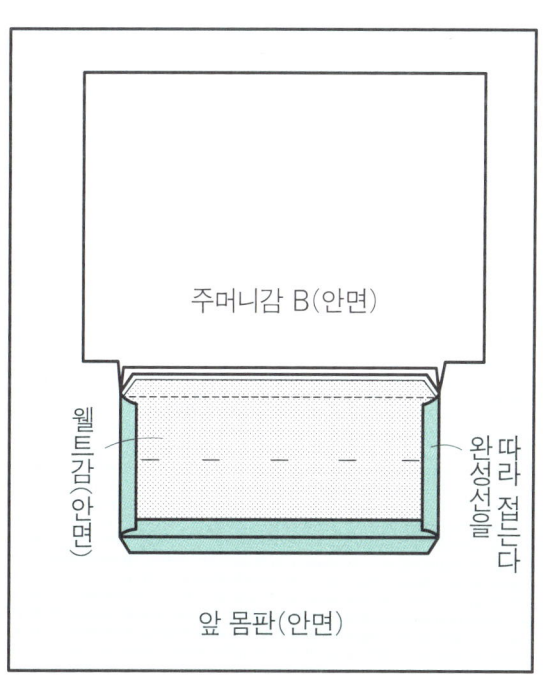

5-⑤ 주머니감 B의 시접을 그림과 같이 이동시켜 웰트감 시접과 맞대어
　　 휘갑치기 합니다.

5-⑧ 웰트감을 아래쪽으로 접고 5-①에서 넣은 가위집 위쪽을 접습니다.

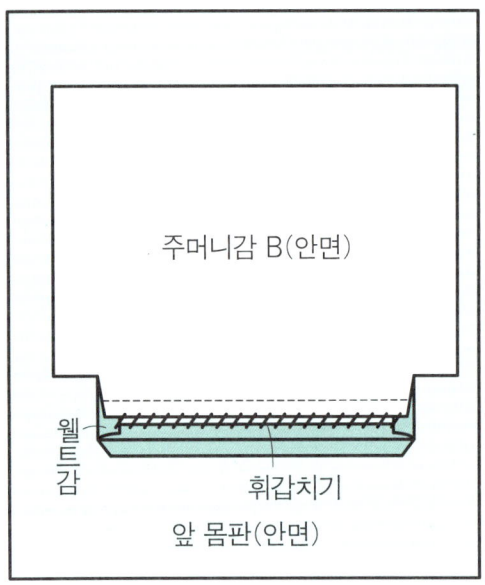

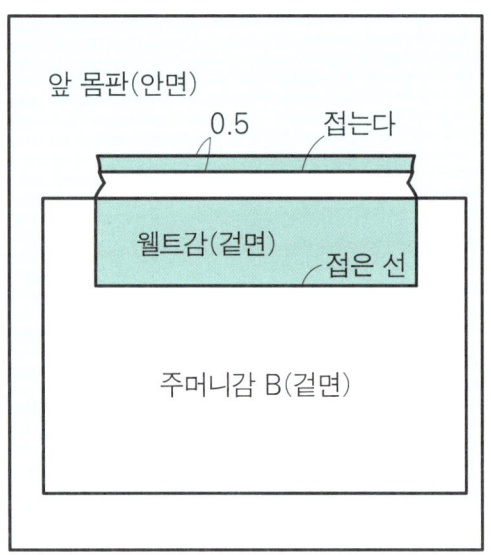

5-⑥ 웰트감을 접은 선 위치에서 접어 주머니감 B가 겉면이 되도록 합니다.
5-⑦ 웰트감의 양옆을 촘촘히 감칩니다.

5-⑨ 가위집 낸 구멍을 통해 웰트감을 앞 몸판 겉면으로 빼냅니다.
5-⑩ 웰트감 상단을 재봉틀로 박습니다.
5-⑪ 웰트감의 봉제선을 한 땀 시침(203쪽 참조)으로 시침하여 주머니감 B
　　 를 고정합니다.

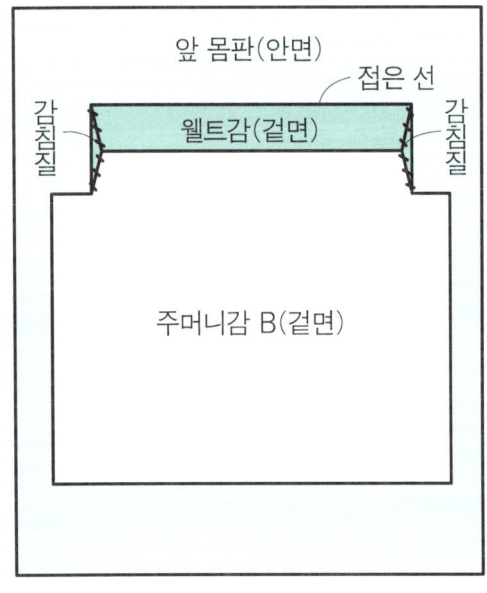

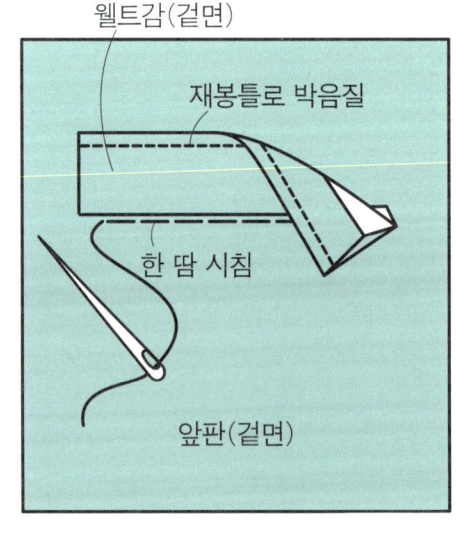

6. 주머니감 A와 주머니감 B를 박아 연결하기

6-① 그림과 같이 앞 몸판을 피하면서 4의 봉제선 바로 옆을 재봉틀로 박습니다. 한 땀 시침으로 시침한 실을 제거합니다.

앞 몸판(안면)

봉제선 가장자리를 박음질

주머니감 B(안면)

6-④ 웰트감을 올바른 위치로 되돌려 놓고 양옆을 아래까지 쭉 재봉틀로 박습니다.

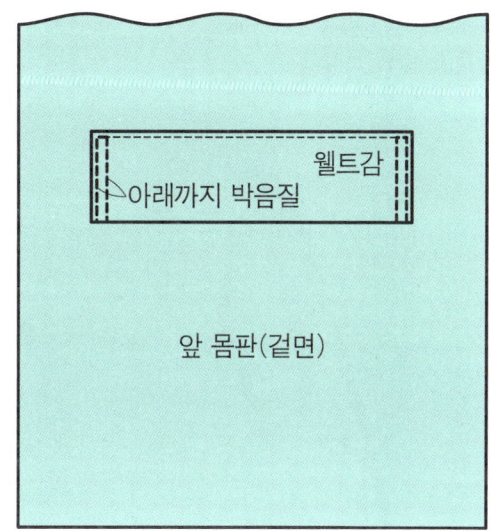

웰트감

아래까지 박음질

앞 몸판(겉면)

6-② 앞 몸판을 원래대로 하여 주머니감 A와 주머니감 B를 겉면끼리 맞댑니다.

6-③ 웰트감을 피하면서 그림과 같이 겉면에서 재봉틀을 박습니다.

7. 주머니감 둘레를 박기

주머니감 둘레를 두 번 재봉틀로 박습니다. 주머니감 아래쪽은 둥글게 박아주세요.

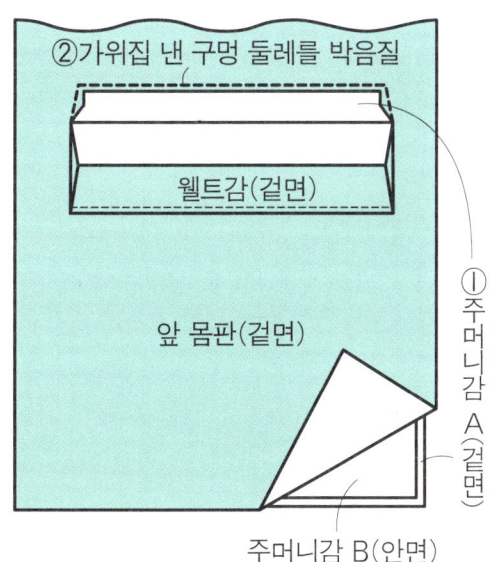

②가위집 낸 구멍 둘레를 박음질

웰트감(겉면)

앞 몸판(겉면)

①주머니감 A(겉면)

주머니감 B(안면)

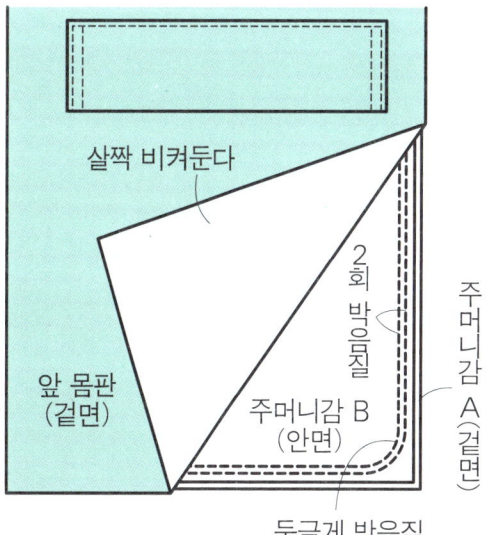

살짝 비켜둔다

2회 박음질

주머니감 A(겉면)

앞 몸판(겉면)

주머니감 B(안면)

둥글게 박음질

플랩 박스 포켓

안감이 달린 코트나 재킷에 어울리는 포켓입니다. 아래 그림1을 참조하여 포켓 입구와 웰트감 부착 위치의 차이를 이해한 후 재봉을 시작하세요. 수고스럽기는 해도 꼼꼼하게 만들면 고급스러운 느낌이 드는 포켓으로 완성됩니다.

2. 주머니감 재단하기

주머니감은 안감이나 주머니 전용 감을 사용해서 재단합니다.

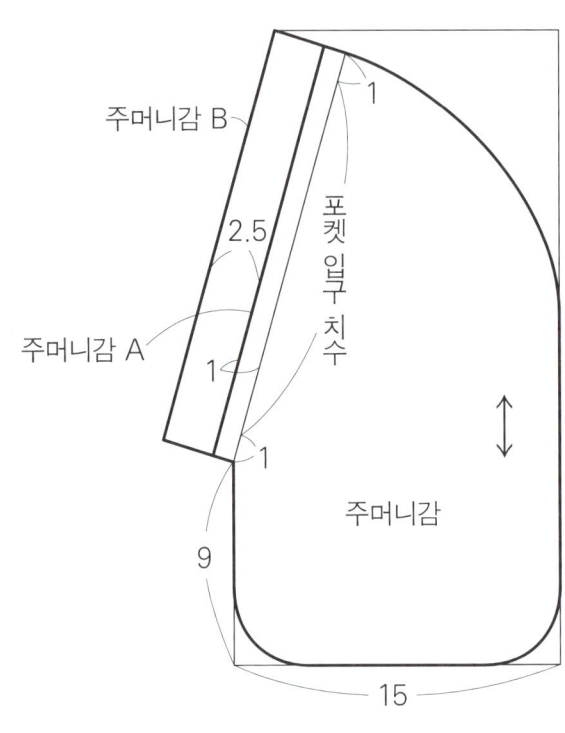

1. 포켓 위치 정하기

포켓 입구 위치와 웰트감 부착 위치를 정합니다. 포켓 입구와 부착 위치의 차이를 기억해 두세요.

3. 플랩, 웰트감 재단하기

겉감과 같은 천을 사용해 플랩에 웰트감 분량을 이어서 재단합니다.

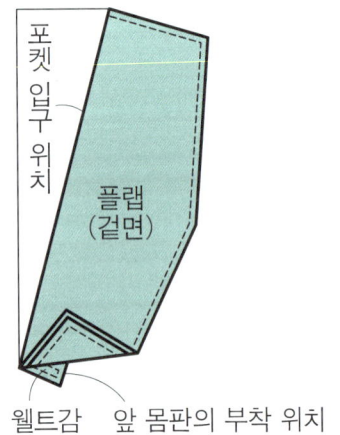

웰트감   앞 몸판의 부착 위치

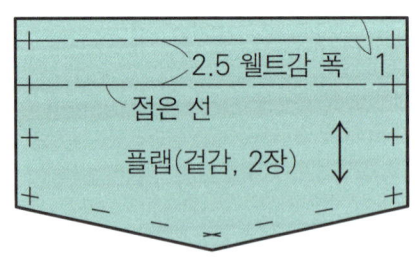

4. 플랩 만들기

4-① 겉 플랩 안면 전체에 접착심지를 다리미로 붙입니다.

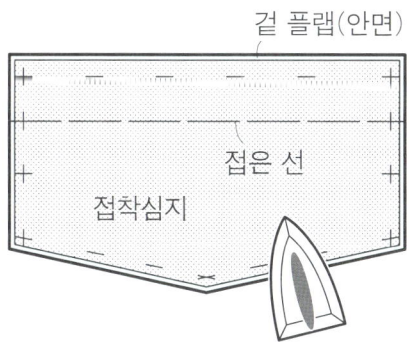

겉 플랩(안면)
접은 선
접착심지

4-② 겉 플랩 완성선에서 0.1cm 바깥쪽과 겉 플랩 완성선에서 0.1cm 안쪽을 맞춰 겉 플랩의 표시에서 0.1cm 바깥쪽을 박습니다.

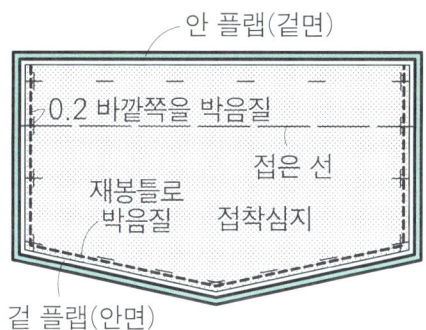

안 플랩(겉면)
0.2 바깥쪽을 박음질
접은 선
재봉틀로 박음질
접착심지
겉 플랩(안면)

4-③ 플랩을 겉으로 뒤집습니다.
4-④ 안 플랩을 0.2cm 줄여 다리미로 정돈합니다.

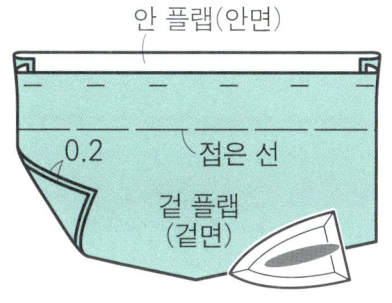

안 플랩(안면)
0.2
접은 선
겉 플랩
(겉면)

4-⑤ 겉 플랩 쪽에서 그림과 같이 재봉틀로 박습니다. 이때 접은 선에서 0.5cm 위까지 박습니다.

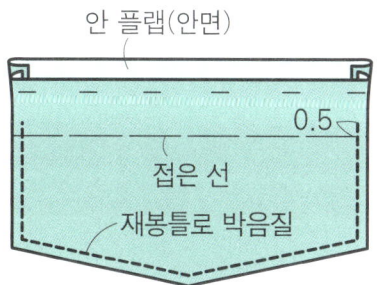

안 플랩(안면)
0.5
접은 선
재봉틀로 박음질

5. 플랩, 주머니감 A를 달기

5-① 앞 몸판의 부착 위치에 겉 플랩 겉면을 위로 가게 하여 배치합니다.
5-② 그 위에 겉감 A를 그림과 같이 배치합니다.
5-③ 부착 위치의 포켓 입구 치수만 재봉틀을 박습니다.

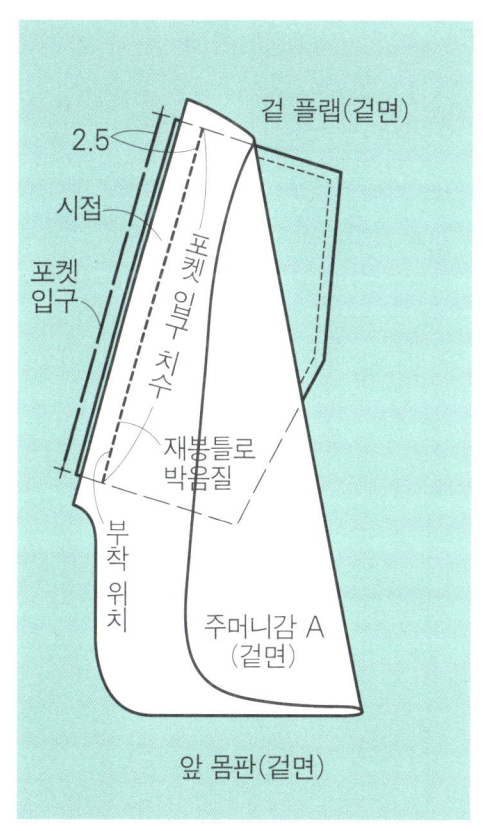

2.5
시접
포켓 입구
겉 플랩(겉면)
포켓 입구 치수
재봉틀로 박음질
부착 위치
주머니감 A (겉면)
앞 몸판(겉면)

5-④ 시접을 피해 앞 몸판에 그림과 같이 가위집을 넣습니다.

6-③ 주머니감 A와 주머니감 B를 겉면끼리 맞댑니다.

6-④ 시접 옆을 그림과 같이 재봉틀로 박습니다.

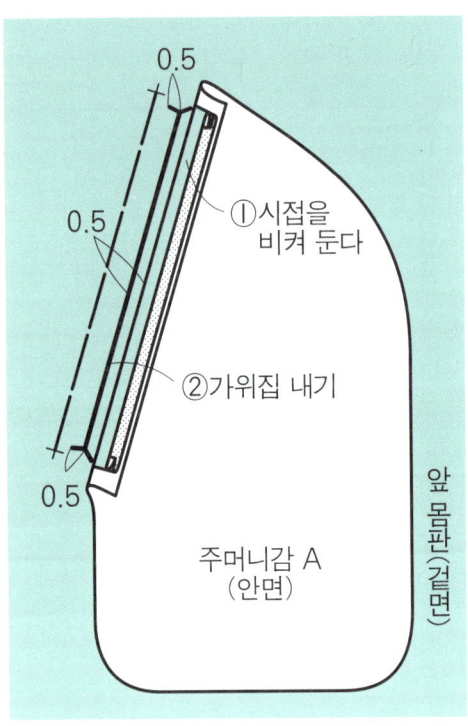

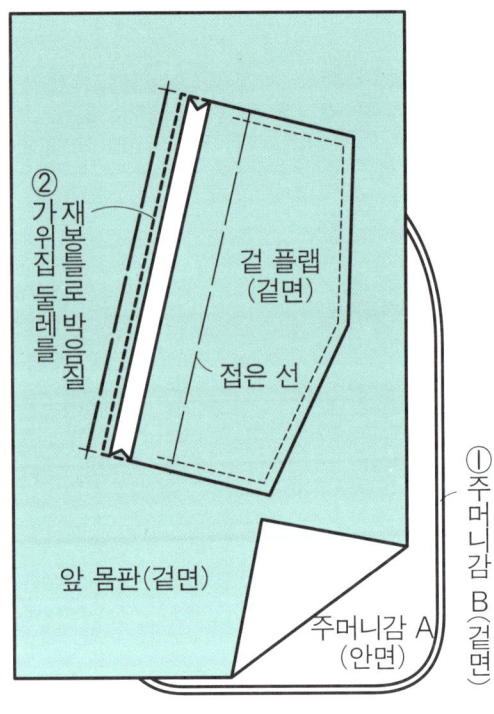

6. 주머니감 B를 달기

6-① 가위집 낸 구멍을 통해 주머니감 A를 안면으로 빼냅니다.

6-② 가위집 낸 시접을 그림과 같이 다리미로 접습니다.

7. 플랩 양옆을 박기

7-① 플랩을 반대쪽(안 플랩이 위쪽)이 되도록 뒤집습니다.

7-② 플랩 양옆을 접은 선 부분까지 재봉틀을 박습니다. 이때 주머니감까지 쭉 박아주세요.

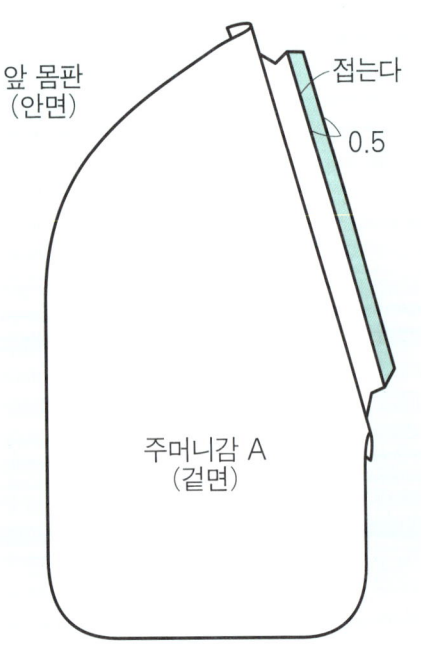

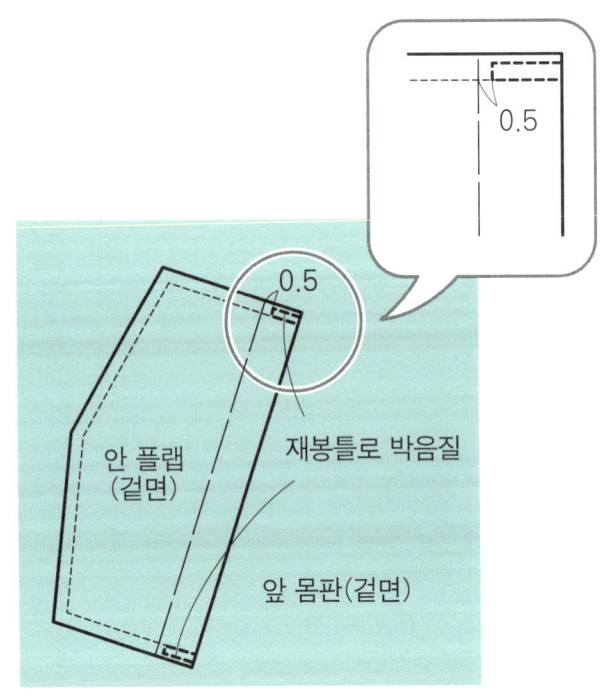

8. 주머니감을 박아 연결하기

주머니감 둘레를 두 번 재봉틀로 박습니다.

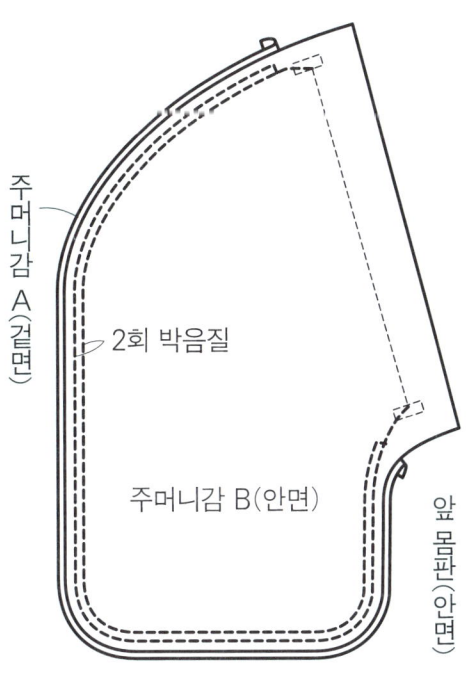

주머니감 A(겉면)

2회 박음질

주머니감 B(안면)

앞 몸판(안면)

9. 플랩 완성하기

플랩의 접은 선 위치를 다림질하여 양 가장자리를 감쳐서 고정합니다.

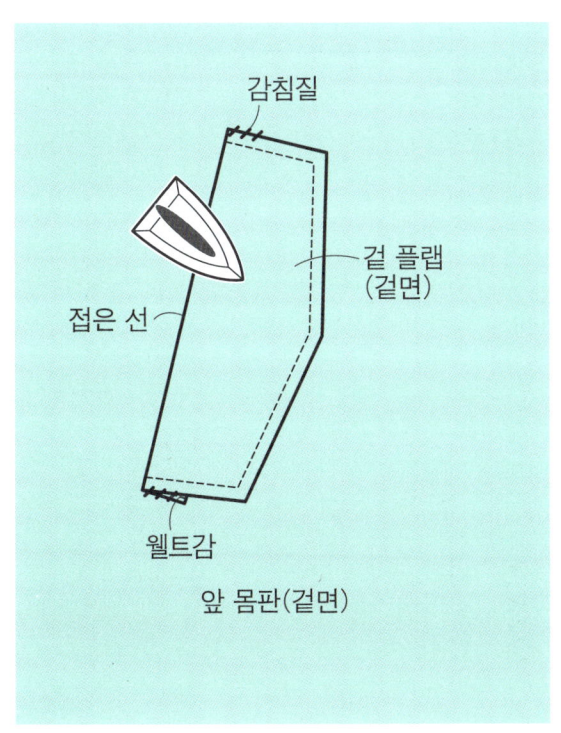

감침질

겉 플랩
(겉면)

접은 선

웰트감

앞 몸판(겉면)

세트인 포켓 보강 방법

접착심지를 붙이는 방법

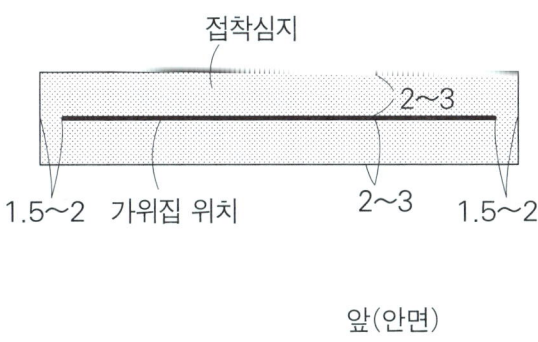

접착심지

2~3

1.5~2   가위집 위치   2~3   1.5~2

앞(안면)

가위집 둘레를 재봉틀로 박는 방법

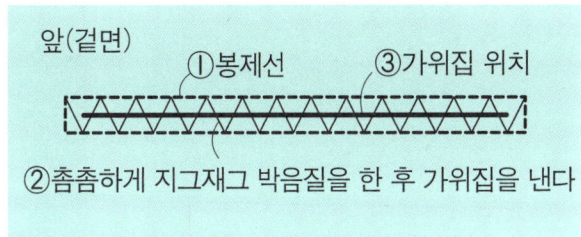

앞(겉면)   ①봉제선   ③가위집 위치

②촘촘하게 지그재그 박음질을 한 후 가위집을 낸다

풀(수예용)을 바르는 방법

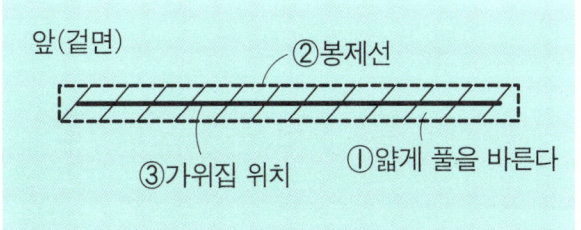

앞(겉면)   ②봉제선

③가위집 위치   ①얇게 풀을 바른다

더블 파이핑 포켓 양쪽 입술 주머니

포켓 입구에 파이핑(piping, 입술감)을 붙여 만든 주머니입니다. 입술감은 바이어스 방향으로 재단합니다. 두꺼운 원단인 경우는 입술감의 폭을 넓게 하면 좋습니다.

1. 입술감 재단하기

입술감은 겉감과 같은 천을 사용해 바이어스 방향으로 재단합니다.

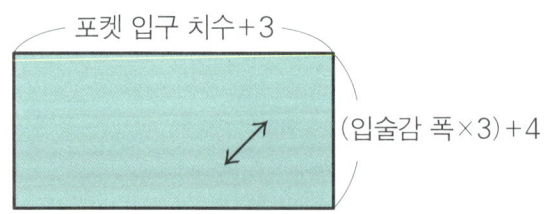

포켓 입구 치수+3

(입술감 폭×3)+4

2. 주머니감 재단하기

주머니감은 안감 또는 주머니 전용감을 사용하여 재단합니다. 주머니감 바닥을 이어 붙이지 않는 방법입니다. 주머니감의 깊이는 만들 옷의 디자인에 따라 다릅니다.

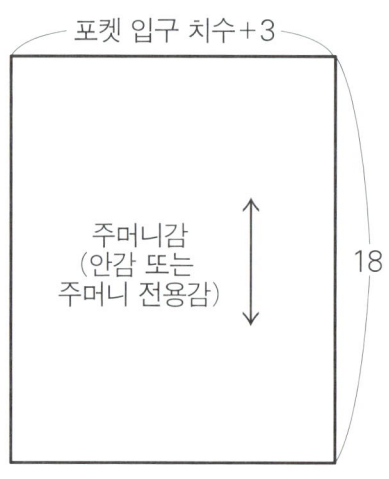

포켓 입구 치수+3

주머니감
(안감 또는
주머니 전용감)

18

3. 호주머니 안단 재단하기

주머니감에 붙이는 안단 천은 겉감과 같은 천을 사용하여 재단합니다.

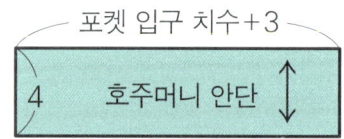

포켓 입구 치수+3

4

호주머니 안단

4. 입술감에 접착심지 붙이기

입술감 안면 전체에 다리미로 접착심지를 붙입니다.
* 접착심지는 바이어스로 재단

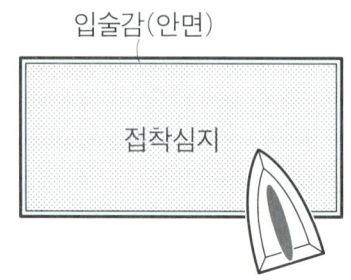

입술감(안면)

접착심지

5. 주머니감에 입술감과 호주머니 안단을 달기

5-① 주머니감과 입술감을 겉면끼리 맞댑니다.

5-② 주머니감과 호주머니 안단을 겉면끼리 맞댑니다.

5-③ 각각을 재봉틀로 박습니다.

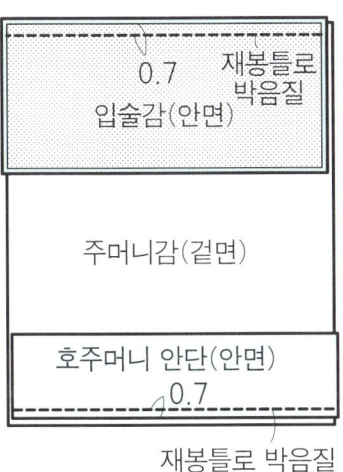

5-④ 봉제선을 다림질합니다.

5-⑤ 입술감, 호주머니 안단의 시접을 주머니감 쪽으로 눕힙니다.

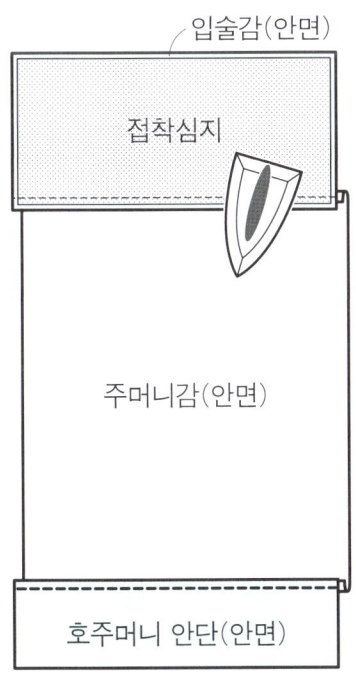

6. 앞 몸판에 입술감을 달기

6-① 앞 몸판 포켓 입구에 입술감을 그림과 같이 맞춥니다.

6-② 포켓 입구를 재봉틀로 박습니다.

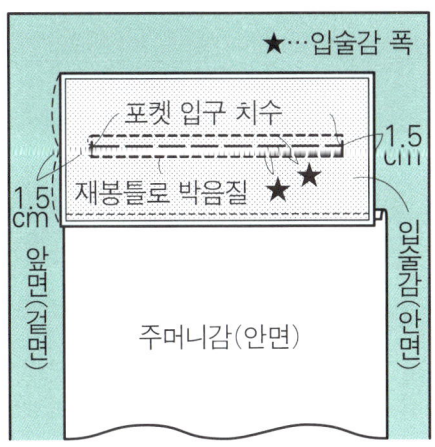

6-③ 포켓 입구에 그림과 같이 앞 몸판까지 쭉 가위집을 넣습니다.

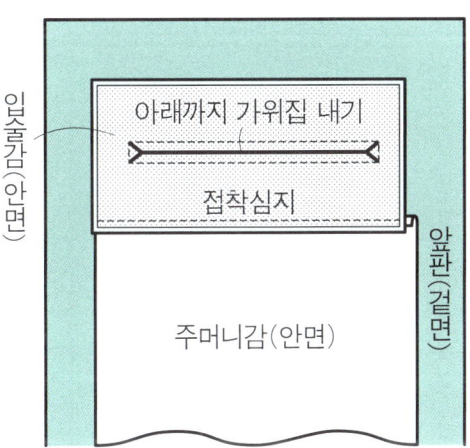

6-④ 입술감, 주머니감을 가위집 낸 구멍을 통해 앞 몸판 안쪽으로 빼냅니다.

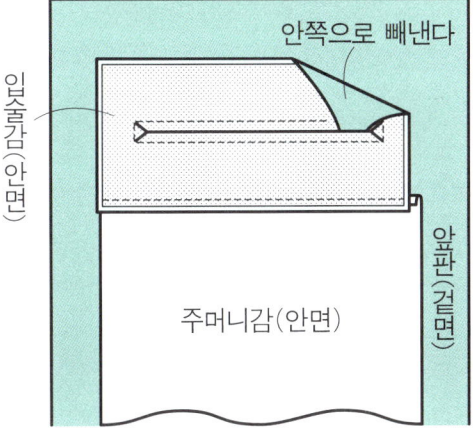

7. 입술감의 모양 만들기

7-① 입술감을 잡아당기면서 다리미 끝을 사용해 봉제선 대로 깔끔한 장
　　방형이 되게 합니다.

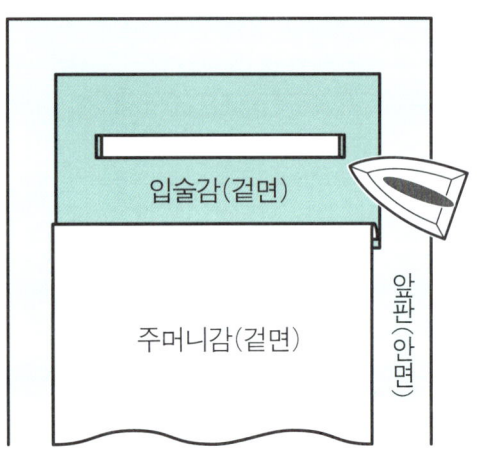

7-② 입술감과 앞 몸판의 시접을 다리미로 가름솔 처리합니다.(위아래 모두)

7-③ 시접을 심지 삼아 입술감을 접습니다. 입술감의 폭이 균일해지도록
　　다림질합니다.

7-④ 겉에서 입술감이 벌어지지 않도록 새발뜨기(204쪽 참조)를 합니다.

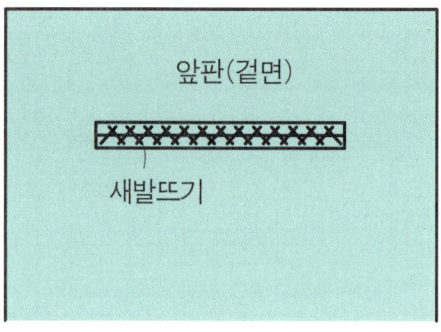

7-⑤ 봉제선 옆을 한 땀 시침(203쪽 참조)으로 시침질합니다.

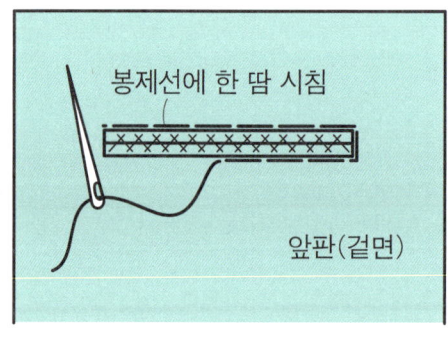

8. 입술감 박기

8-① 앞 몸판을 피해 앞 몸판 시접과 입술감을 재봉틀로 박습니다. 이때 시
　　침선 위아래 모두 박아주세요.

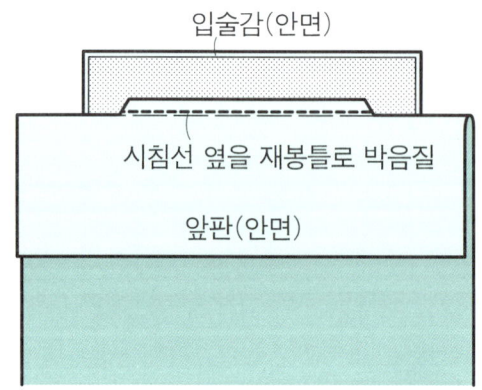

8-② 양옆의 삼각형 천도 두 번 재봉틀로 박습니다.

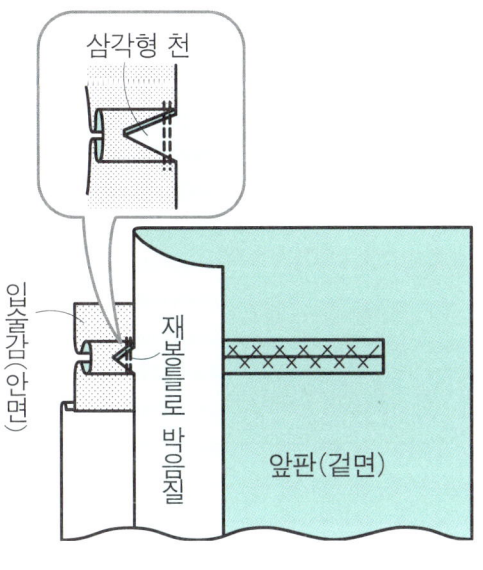

삼각형 천

입술감(안면)

재봉틀로 박음질

앞판(겉면)

9-② 앞 몸판을 피해 안단과 입술감을 박습니다.

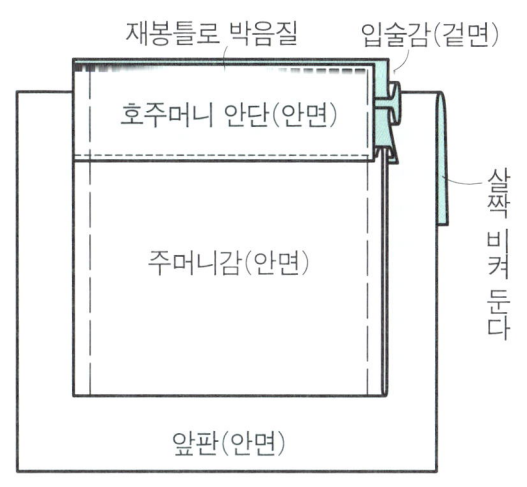

재봉틀로 박음질　　입술감(겉면)

호주머니 안단(안면)

주머니감(안면)

살짝 비켜 둔다

앞판(안면)

9. 주머니감 만들기

9-① 호주머니 안단과 입술감 상단을 맞춰 시침질합니다. 이때 앞 몸판에는 시침하지 않습니다.

9-③ 주머니감 둘레를 두 번 재봉틀로 박아 시침한 실을 제거합니다.

9-④ 주머니감 양 가장자리를 오버로크 박음질 또는 지그재그 박음질합니다.

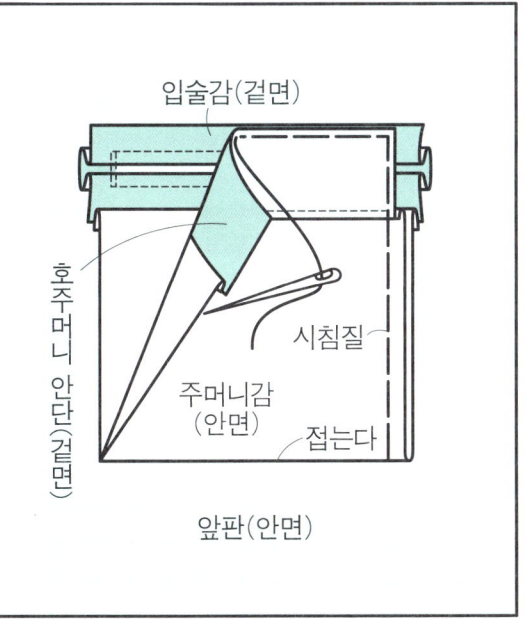

입술감(겉면)

호주머니 안단(겉면)

주머니감(안면)

시침질

접는다

앞판(안면)

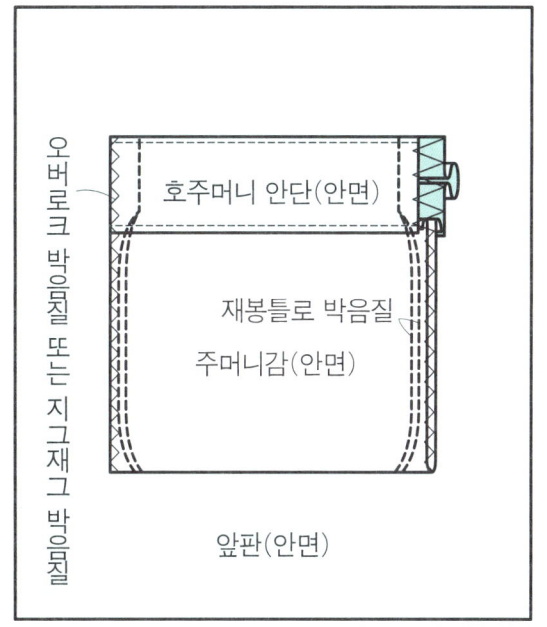

오버로크 박음질 또는 지그재그 박음질

호주머니 안단(안면)

재봉틀로 박음질
주머니감(안면)

앞판(안면)

더블 파이핑 지퍼 포켓

양쪽 입술감을 단 후 지퍼를 다는 멋스러운 포켓입니다. 재킷이나 코드 등 전체가 지퍼 트임인 디자인에는 조화를 이뤄 멋진 분위기로 완성됩니다.

1. 입술감 재단하기

입술감을 그림의 크기로 2장 재단합니다.

입술감 폭의 4배

포켓 입구 치수 +2

2. 주머니감 재단하기

주머니감 A는 안감을 사용하고, 주머니감 B는 겉감을 사용해 그림과 같은 크기로 재단합니다.

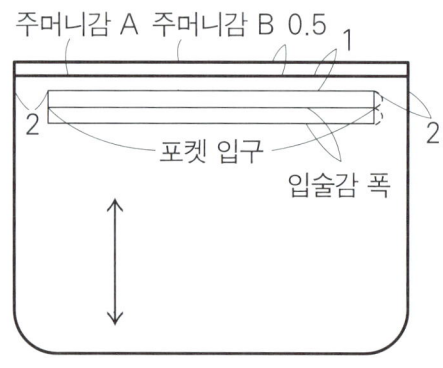

주머니감 A 주머니감 B 0.5 1

2

포켓 입구

입술감 폭

2

3. 입술감에 접착심지 붙이기

입술감 안면에 다리미로 접착심지를 붙입니다.

입술감(안면)

접착심지

4. 입술감 만들기

4-① 입술감 겉면이 바깥쪽이 되도록 가늘고 길게 반으로 접습니다.

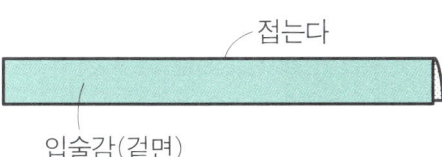

접는다

입술감(겉면)

5. 주머니감 A를 달기

앞 몸판 안면에 주머니감 A를 그림과 같이 배치하여 시침질합니다.

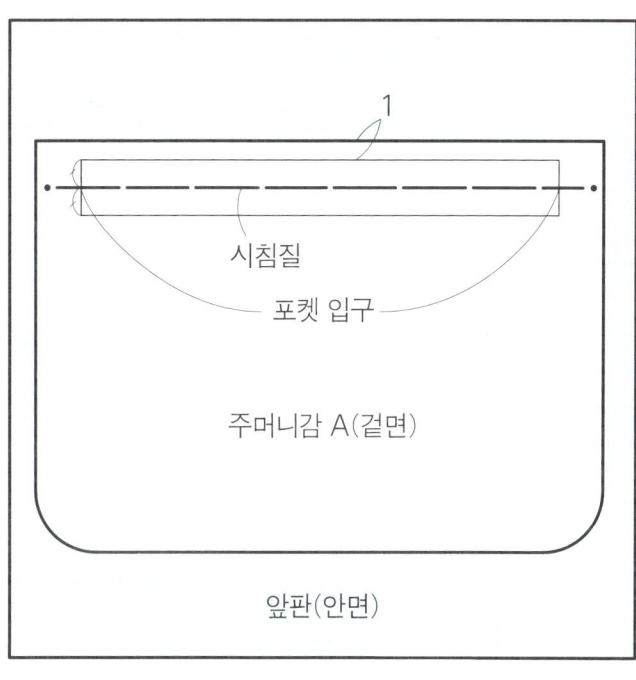

1

시침질

포켓 입구

주머니감 A(겉면)

앞판(안면)

4-② 입술감 가장자리를 재봉틀로 박습니다. 다른 한 장도 마찬가지로 만듭니다.

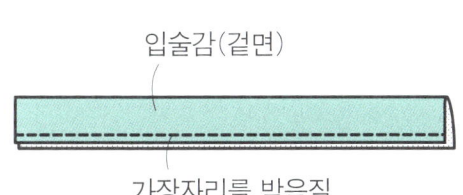

입술감(겉면)

가장자리를 박음질

6. 입술감 달기

입술감을 앞 몸판 부착 위치에 그림과 같이 배치하여 위아래를 재봉틀로 박습니다. 5의 시침한 실은 제거합니다.

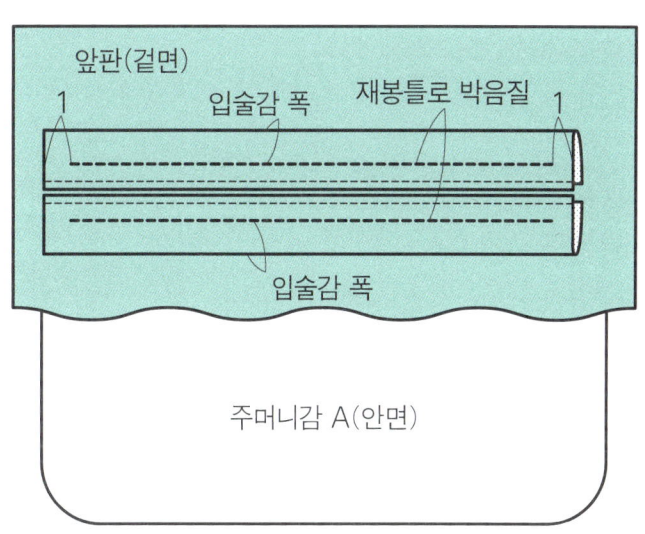

앞판(겉면)

입술감 폭   재봉틀로 박음질   1

1

입술감 폭

주머니감 A(안면)

7. 포켓 위치에 가위집 내기

위아래 입술감을 피해 포켓 위치 중앙에 그림과 같이 가위집을 넣습니다.

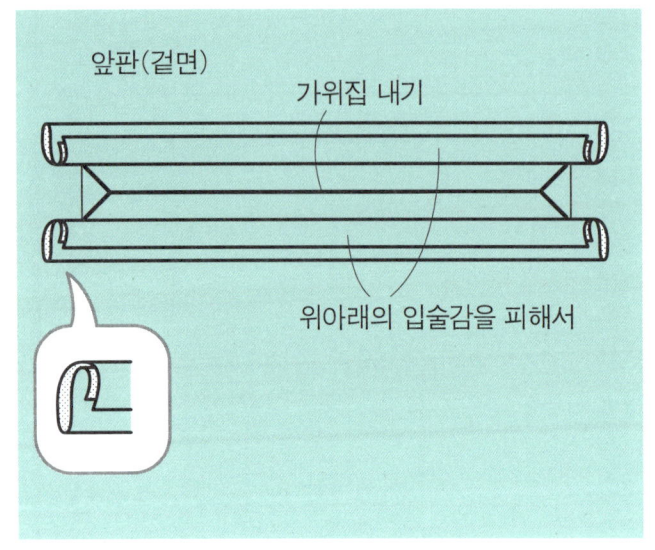

9. 지퍼를 시침하여 고정하기

입술감 아래에 지퍼를 놓고 시침하여 고정합니다.

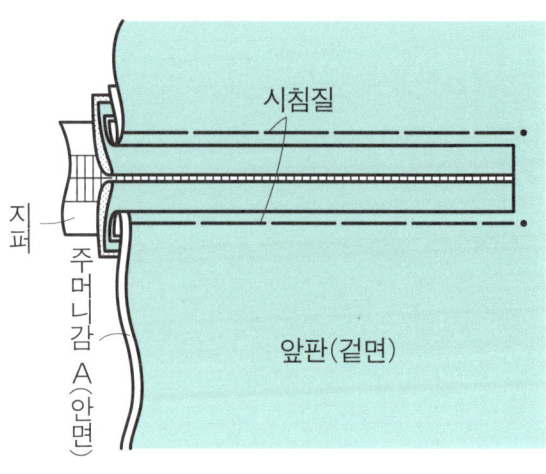

8. 입술감 뒤집기

입술감을 가위집 낸 구멍을 통해 뒤집어서 다리미로 모양을 잡아줍니다.

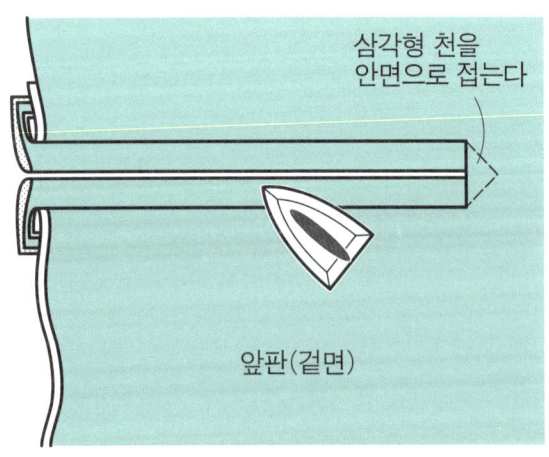

10. 입술감 아래쪽을 박기

10-① 겉면에서 아래쪽 입술감 옆을 재봉틀로 박아 지퍼를 고정합니다.
10-② 앞 몸판을 피해 양옆의 삼각형 천을 2~3회 재봉틀로 박습니다.

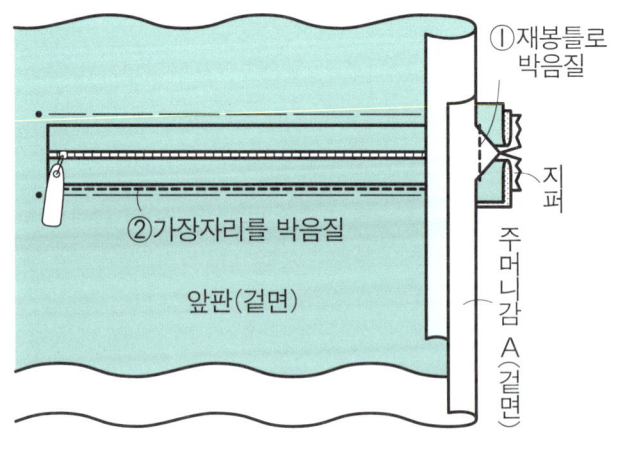

11. 주머니감 B를 배치하기

주머니감 A와 주머니감 B를 겉면끼리 맞대어 겉면에서 시침질합니다.

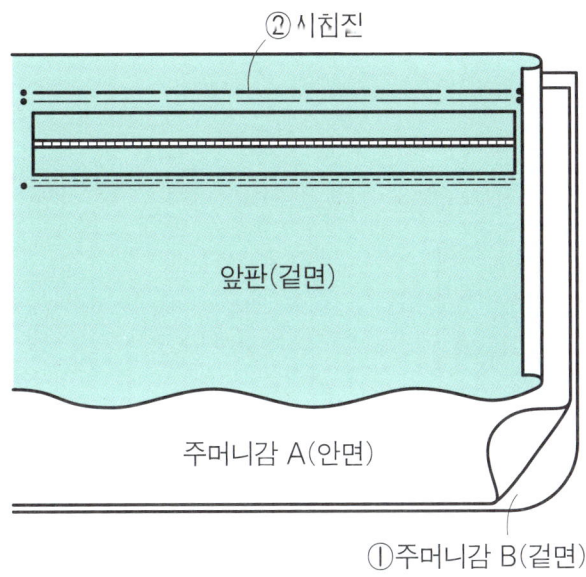

②시침질

앞판(겉면)

주머니감 A(안면)

①주머니감 B(겉면)

13. 주머니감 둘레를 박기

주머니감 둘레를 두 번 재봉틀로 박습니다.

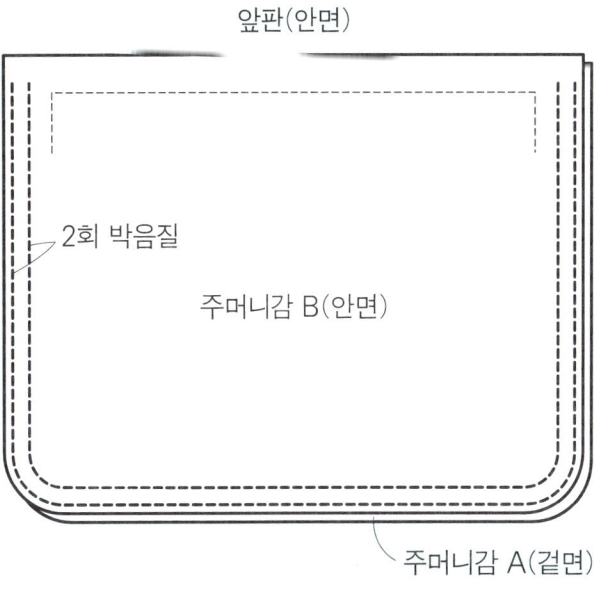

앞판(안면)

2회 박음질

주머니감 B(안면)

주머니감 A(겉면)

12. 입술감 위쪽을 박기

12-① 10-①에 이어서 아래까지 쭉 입술감 둘레를 재봉틀로 박습니다.
12-② 시침한 실을 제거합니다.

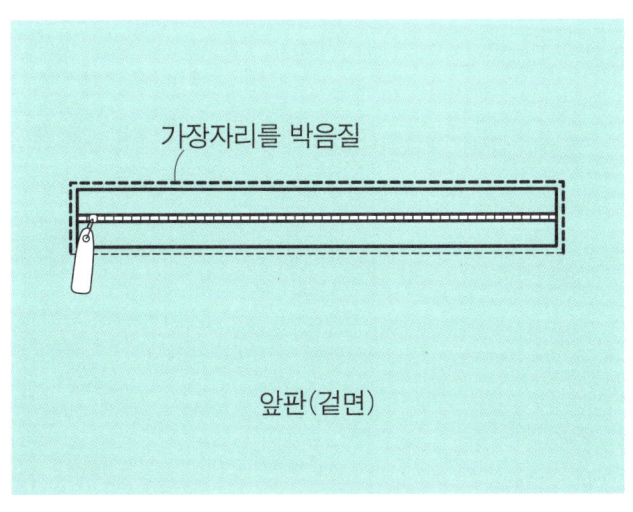

가장자리를 박음질

앞판(겉면)

안감을 달지 않는 경우

안감을 달지 않는 경우는 주머니감 둘레를 오버로크 박음질 또는 지그재그 박음질 합니다.

주머니감 B(안면)

오버로크 박음질 또는 지그재그 박음질

파이핑 포켓 한쪽 입술 주머니

한쪽에만 입술감을 달아 만드는 포켓입니다. 이 방법에서는 입술감은 반드시 세로 방향 원단을 사용합니다. 박스 포켓과 비슷한 디자인이지만, 더욱 간단히 만들 수 있습니다.

1. 주머니감 재단하기

주머니감은 안감 또는 주머니 전용 감을 사용하여 재단합니다. 주머니감 A와 주머니감 B는 크기가 다르므로 주의하세요.

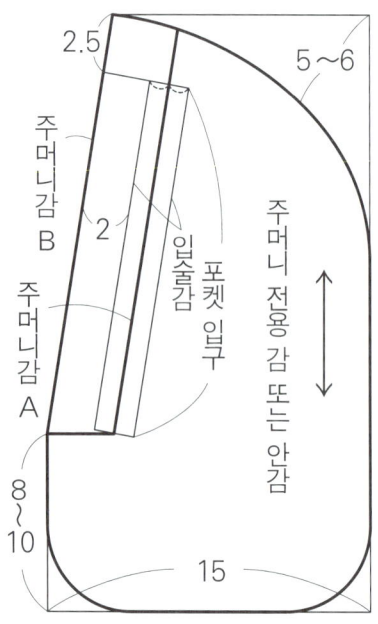

2. 입술감 재단하기

입술감을 그림과 같이 시접을 주어 재단합니다.

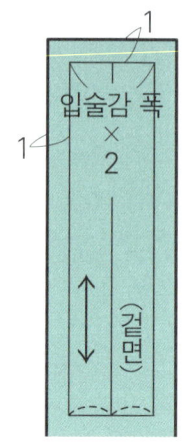

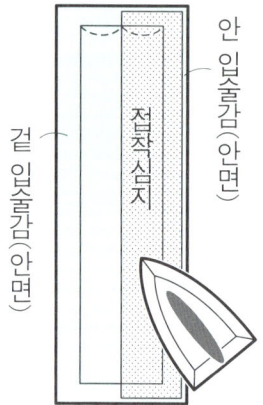

3. 입술감 만들기

3-① 입술감 안면에 다리미로 접착심지를 붙입니다.

3-② 입술감 겉면을 바깥쪽으로 하여 다리미를 사용해 두 겹으로 접습니다.

4. 앞 몸판에 입술감과 주머니감 A를 달기

4-① 앞 몸판 포켓 입구에 겉 주머니감 쪽을 맞춰 둡니다.

4-② 주머니감 A를 그림과 같이 겹쳐서 놓습니다.

4-③ 포켓 입구 치수로 재봉틀을 박습니다.

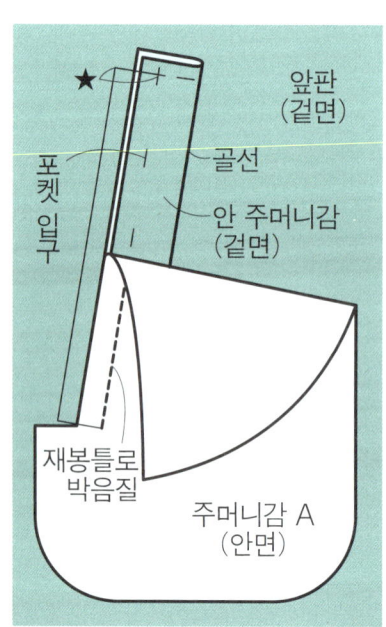

4-④ 시접을 피해 앞 몸판에만 그림과 같이 가위집을 넣습니다.

4-⑥ 입술감과 주머니감 A를 가위집 낸 구멍을 통해 안면으로 빼냅니다.

4-⑦ 겉면에서 입술감 가장자리를 재봉틀로 박습니다.

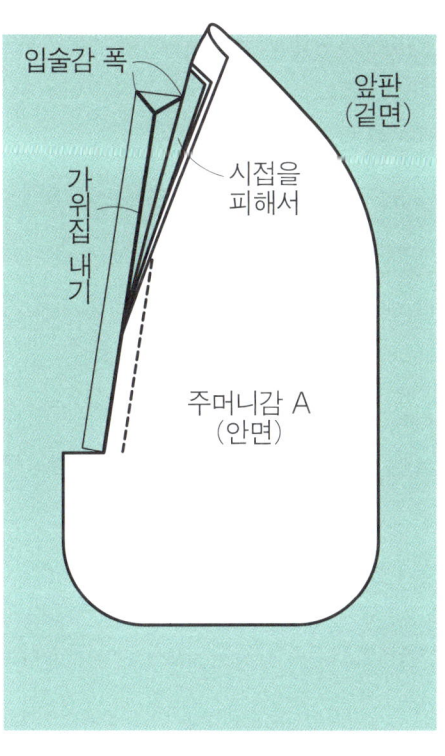

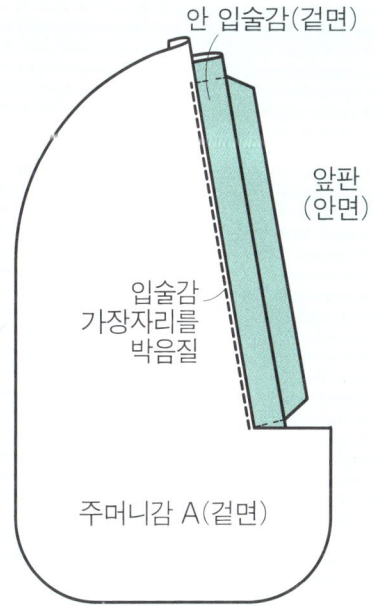

4-⑤ 시접을 완성선에 맞춰 안쪽으로 다리미로 접습니다.

5. 주머니감 B를 달기

5-① 주머니감 A와 주머니감 B를 겉면끼리 맞댑니다.

5-② 겉면에서 그림의 위치를 재봉틀로 박습니다.

5-③ 앞 몸판을 피해 삼각형 천과 주머니감 둘레를 두 번 재봉틀로 박습니다.

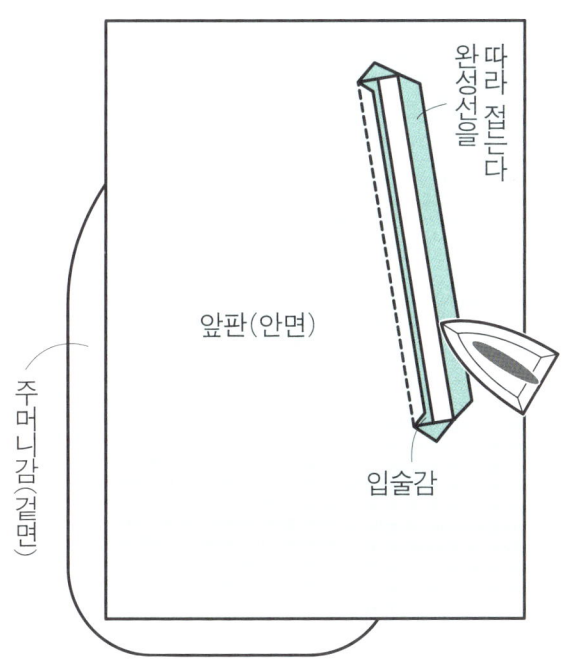

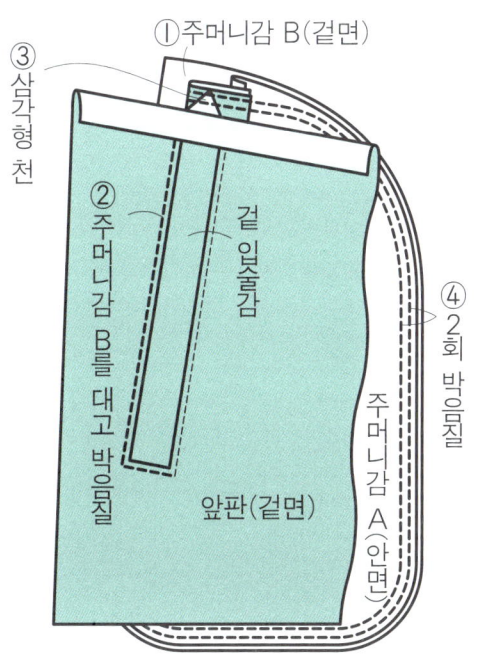

지퍼 포켓

포켓 입구를 지퍼 트임으로 하여 포인트를 준 포켓입니다. 주머니감이 안쪽으로 들어가므로 겉면이 깔끔하게 완성됩니다. 포켓입구를 잠글 수 있어 기능적입니다.

1. 주머니감 재단하기

주머니감은 안감 또는 슬리크 천을 사용해서 재단합니다. 그림과 같이 같은 것을 2장 재단하세요.

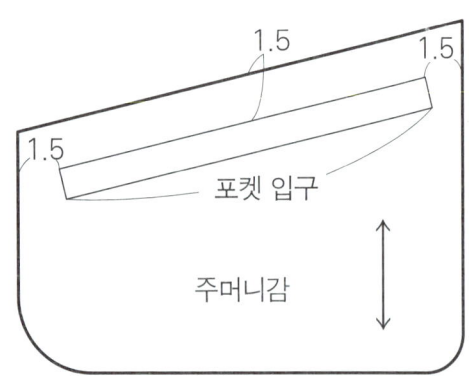

2. 주머니감 A를 달기

2-① 앞 몸판에 주머니감 A를 그림과 같이 배치합니다.
2-② 포켓 입구를 재봉틀로 박습니다.

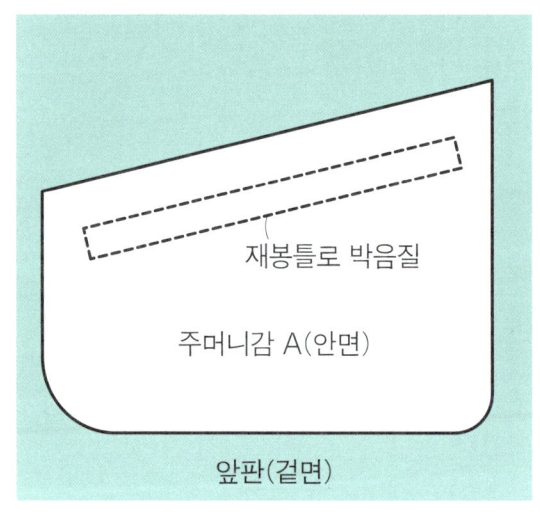

2-③ 봉제선 안쪽에 그림과 같이 아래까지 쭉 가위집을 넣습니다.

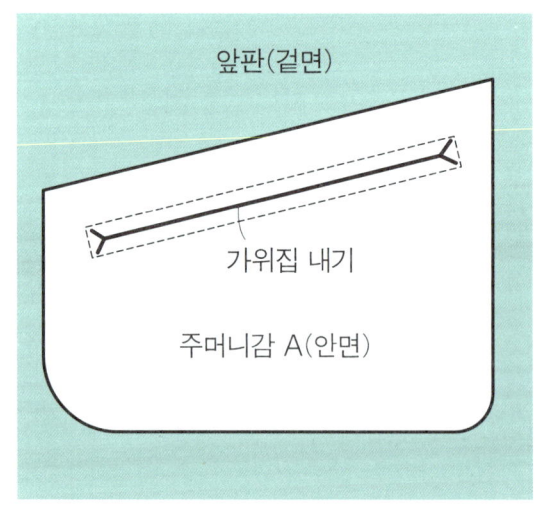

3. 주머니감 A를 뒤집기

3-① 가위집 낸 구멍을 통해 주머니감 A를 앞 몸판의 안면으로 빼냅니다.

3-② 지퍼 달 위치를 다리미로 깔끔한 장방형이 되도록 합니다.

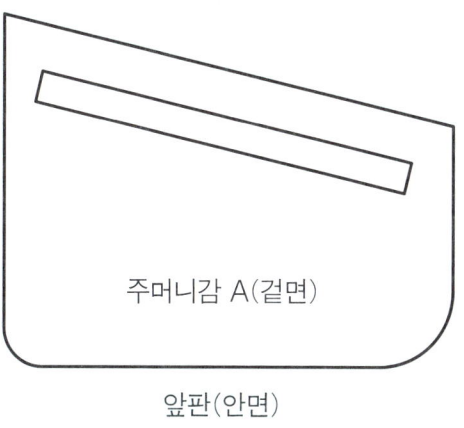

주머니감 A(겉면)

앞판(안면)

5. 주머니감 B를 달기

5-① 주머니감 A와 주머니감 B를 겉면끼리 맞대어 밑에 둡니다.

5-② 아래까지 쭉 포켓 입구 양 가장자리와 위쪽을 재봉틀로 박습니다.
양 가장자리는 4의 봉제선에 겹쳐서 박아주세요.

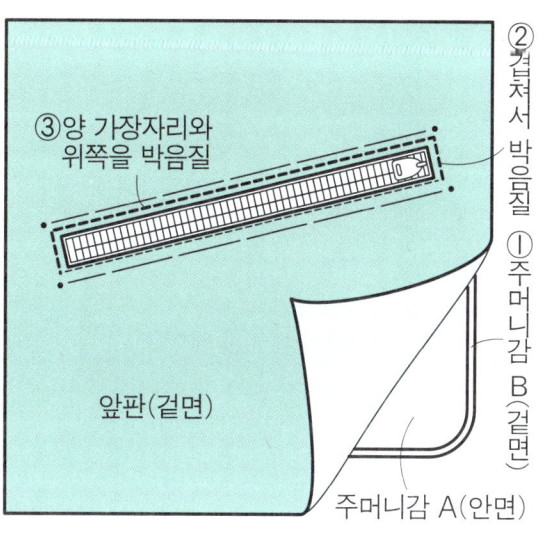

③양 가장자리와 위쪽을 박음질

②겹쳐서 박음질

①주머니감 B(겉면)

앞판(겉면)

주머니감 A(안면)

4. 지퍼 달기

4-① 포켓 입구 밑에 지퍼를 배치하여 시침질로 고정합니다.

4-② 포켓 입구 양 가장자리와 아래쪽을 재봉틀로 박습니다.

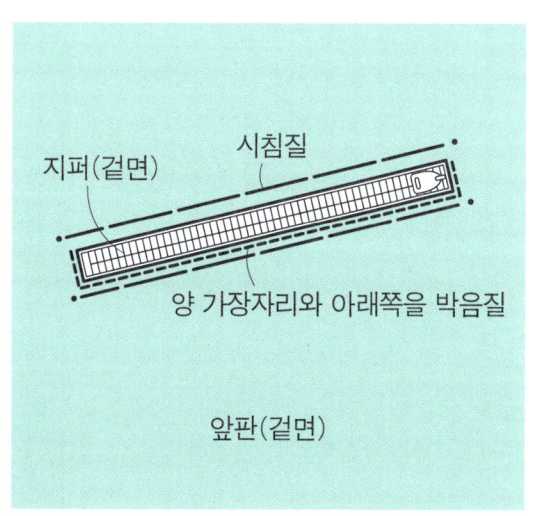

지퍼(겉면)

시침질

양 가장자리와 아래쪽을 박음질

앞판(겉면)

6. 주머니감 둘레를 박기

6-① 5-②의 봉제선에 이어서 주머니감 둘레를 재봉틀로 박습니다. 이때
앞 몸판은 박지 않도록 합니다.

6-② 주머니감 재단선을 2장 함께 오버로크 박음질 또는 지그재그 박음
질 하여 처리합니다.

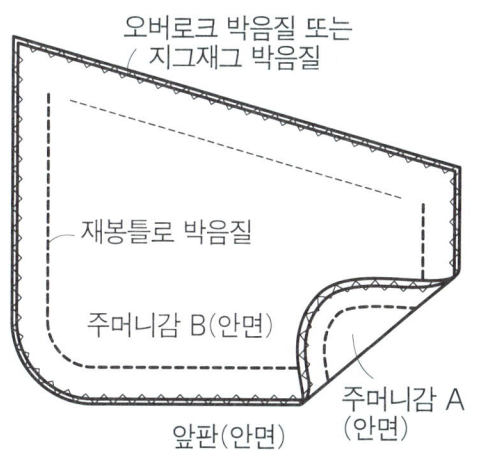

오버로크 박음질 또는 지그재그 박음질

재봉틀로 박음질

주머니감 B(안면)

앞판(안면)

주머니감 A (안면)

플랩 포켓

재킷이나 코드 등에 흔히 이용되는 포켓입니다. 포켓 입구에 입술감을 달아 만드는 과정이 많기는 하지만, 다리미를 잘 사용해서 꼼꼼하게 완성해보세요.

1. 플랩 재단하기

겉 플랩은 겉감을 사용하고, 안 플랩은 겉감이 두꺼운 경우는 안감을, 얇은 경우는 겉감을 사용해서 재단합니다.

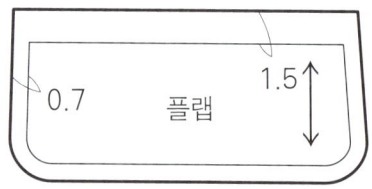

2. 입술감 재단하기

입술감은 겉감으로 재단합니다. 이 경우는 가로방향 원단을 사용합니다.

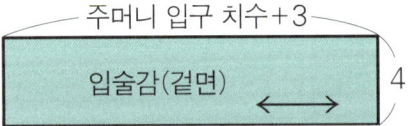

3. 주머니감에 다는 안단을 재단하기

주머니감에 다는 안단은 겉감을 사용해 세로 방향으로 재단합니다.

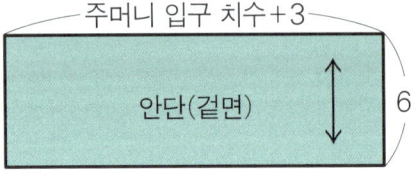

4. 주머니감 재단하기

주머니감은 안감 또는 슬리크를 사용해서 재단합니다. 바닥 솔기선을 생략하기 위해 이어서 재단합니다.

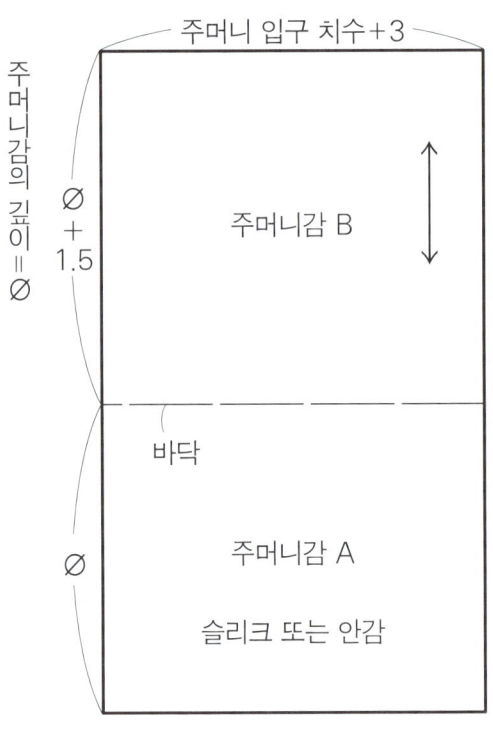

5. 플랩에 접착심지 붙이기

겉 플랩 안면에 접착심지를 다리미로 붙입니다.

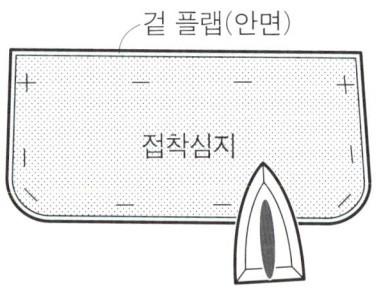

6. 입술감에 접착심지 붙이기

입술감 안면 절반에 접착심지를 붙입니다.

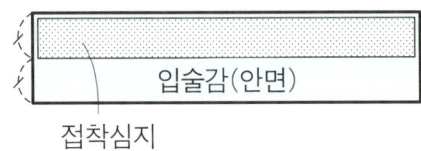

7. 플랩 만들기

7-① 겉 플랩과 안 플랩을 겉면끼리 맞대어 겉 플랩을 0.2cm 안쪽으로 이동해 표시에서 0.2cm 바깥쪽으로 재봉틀을 박습니다.

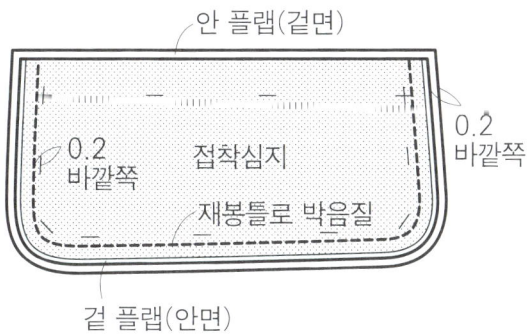

안 플랩(겉면)

0.2
바깥쪽   접착심지   0.2
바깥쪽

재봉틀로 박음질

겉 플랩(안면)

7-② 플랩을 겉으로 뒤집습니다.
7-③ 안 플랩을 0.2cm 줄여 다림질합니다.

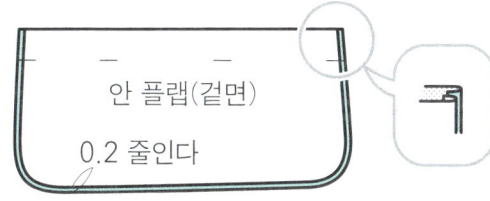

안 플랩(겉면)

0.2 줄인다

7-④ 겉 플랩 쪽에서 재봉틀을 박습니다.

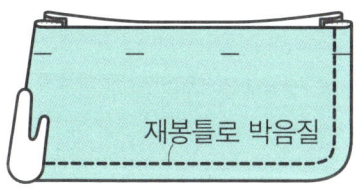

재봉틀로 박음질

8. 플랩, 입술감을 달기

8-① 앞 몸판의 부착 위치에 플랩 형지를 배치하여 시침실로 표시를 합니다.

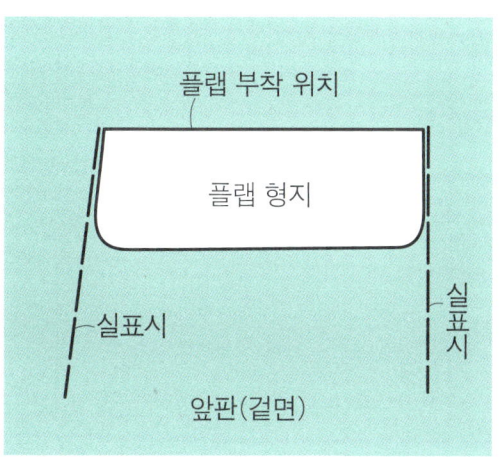

플랩 부착 위치

플랩 형지

실표시   실표시

앞판(겉면)

8-② 플랩 부착 위치에 입술감 가장자리를 맞춰 놓고 0.8cm 폭으로 재봉틀을 박습니다. 그림과 같이 포켓 입구에서 양 가장자리 0.3cm는 박지 않습니다.

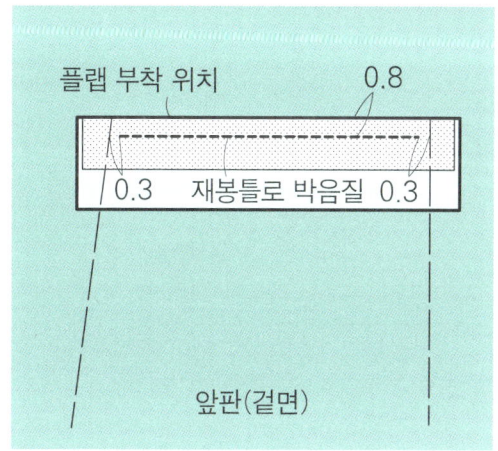

플랩 부착 위치   0.8

0.3   재봉틀로 박음질   0.3

앞판(겉면)

8-③ 부착 위치에 플랩을 놓고 재봉틀을 박습니다. 이때 입술감은 박지 않도록 주의하세요.

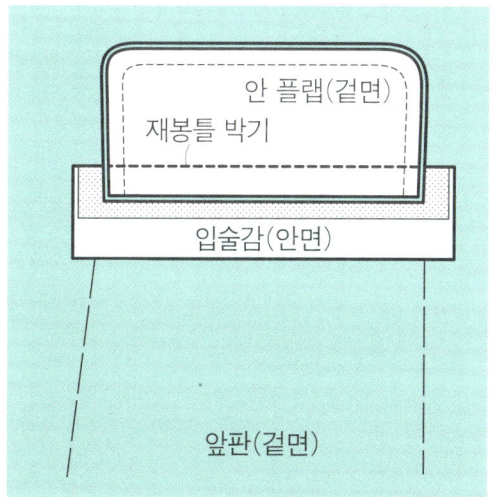

안 플랩(겉면)
재봉틀 박기

입술감(안면)

앞판(겉면)

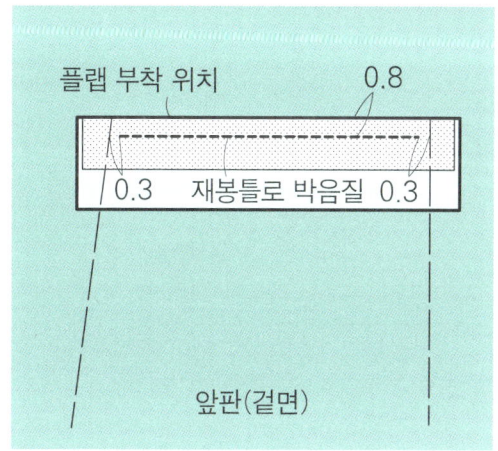

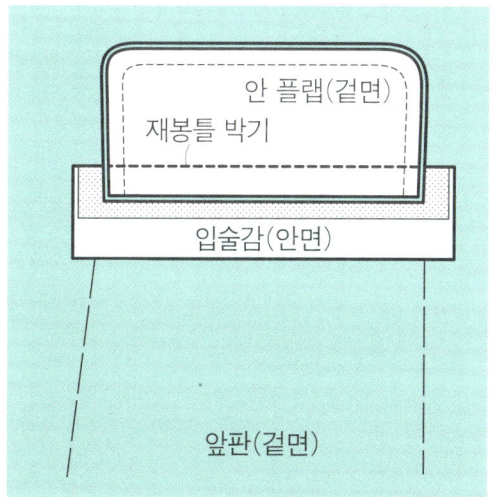

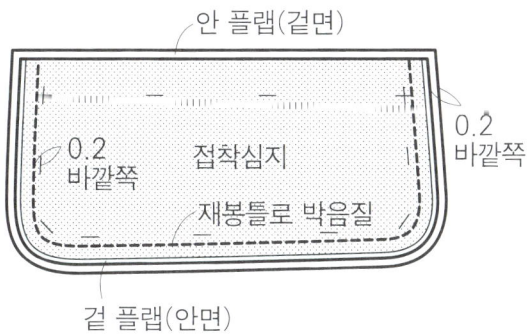

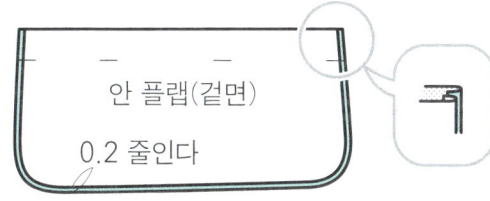

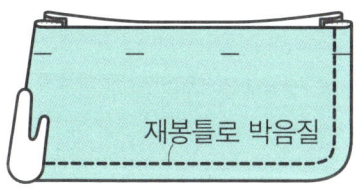

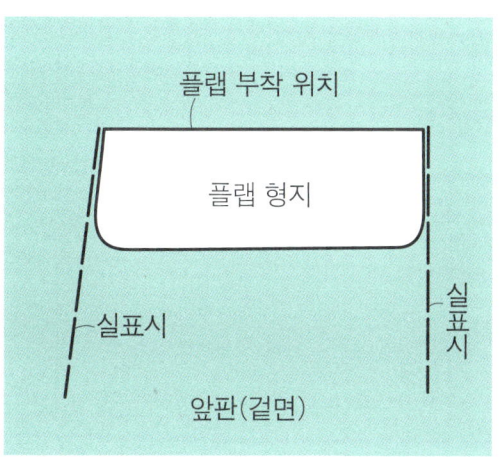

9. 입술감 만들기

9-① 시접을 피해 앞 몸판 중앙에 그림과 같이 가위집을 넣습니다.

9-⑤ 시접을 심지 삼아 입술감을 0.8cm로 맞춰 접습니다.
9-⑥ 입술감 봉제선에 한 땀 시침(203쪽 참조)을 합니다.

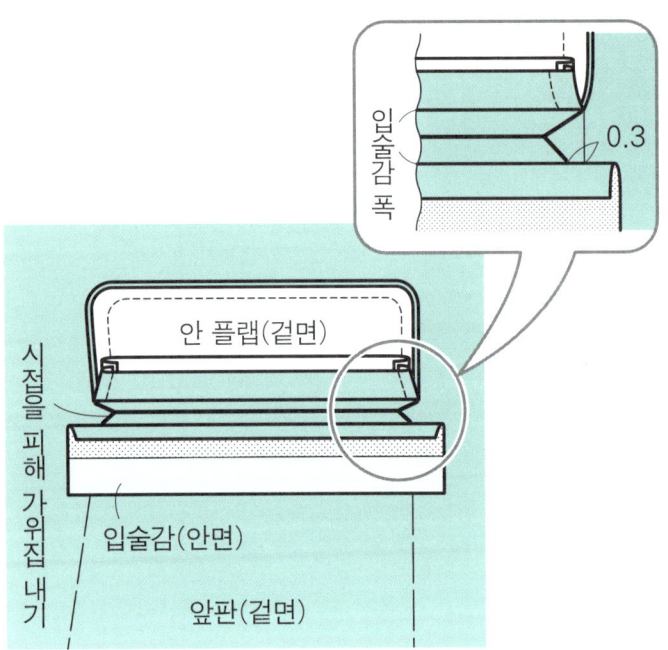

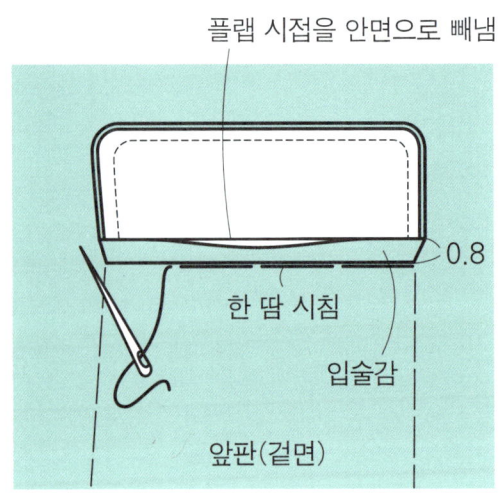

9-② 가위집 낸 구멍을 통해 입술감을 안면으로 빼냅니다.
9-③ 가위집 낸 상태로 다림질합니다.

10. 주머니감 만들기

10-① 주머니감에 다는 안단의 아래쪽을 오버로크 박음질 또는 지그재그 박음질 하여 처리합니다.
10-② 주머니감 B쪽의 겉면에 안단을 놓고 아래 가장자리를 재봉틀로 박습니다.

9-④ 입술감과 앞 몸판의 시접을 다리미로 가름솔 처리합니다.

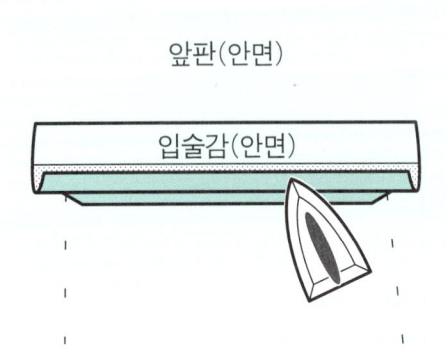

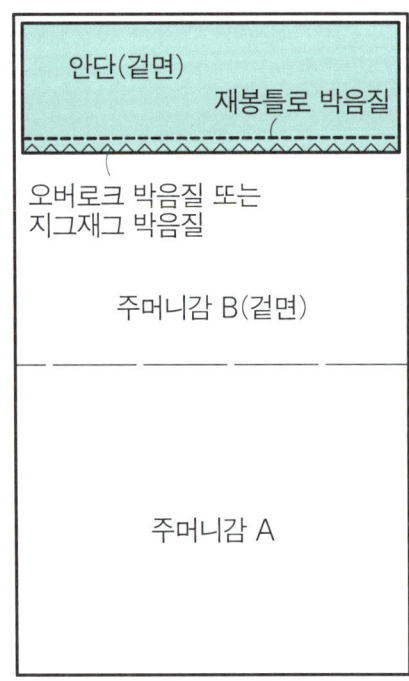

11. 주머니감을 달기

11-① 주머니감 A를 그림과 같이 입술감 아래에 놓습니다.
11-② 3장을 함께 재봉틀로 박습니다.

11-④ 앞 몸판을 피해 플랩을 단 봉제선 가장자리에 주머니감 B를 고정하기 위해 재봉틀을 박습니다.

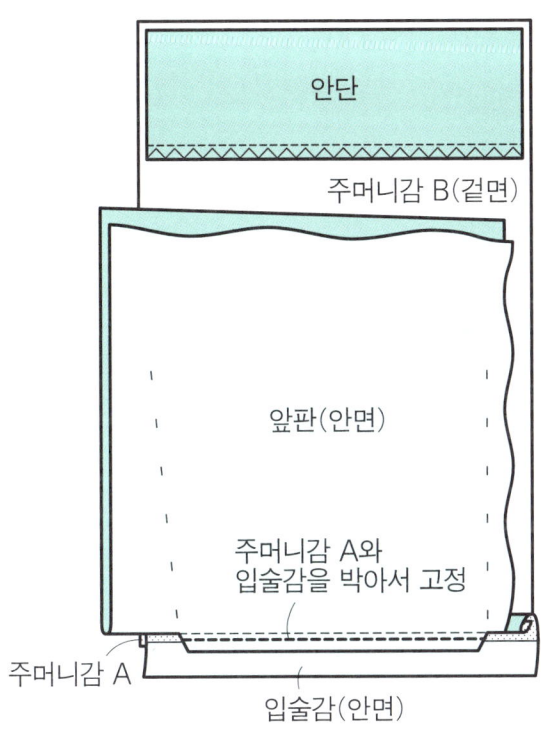

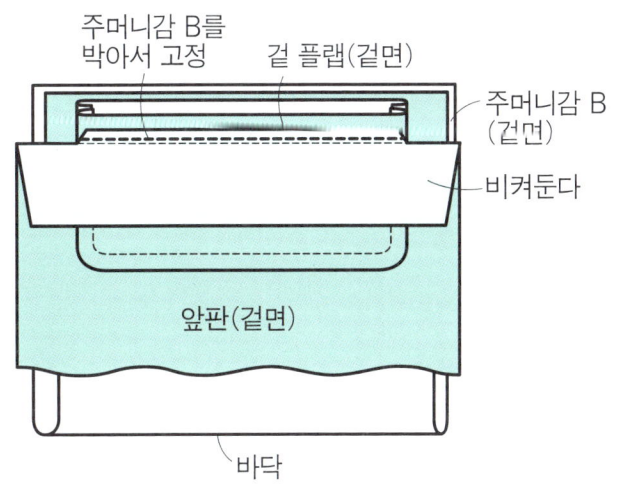

11-③ 주머니감 A와 주머니감 B를 겉면끼리 맞대어 두 겹으로 접습니다.

12. 주머니감 양 가장자리 박기

12-① 그림과 같이 삼각형 천에 재봉틀을 세 번 박습니다.
12-② 주머니감 양 가장자리에 재봉틀을 두 번 박습니다.

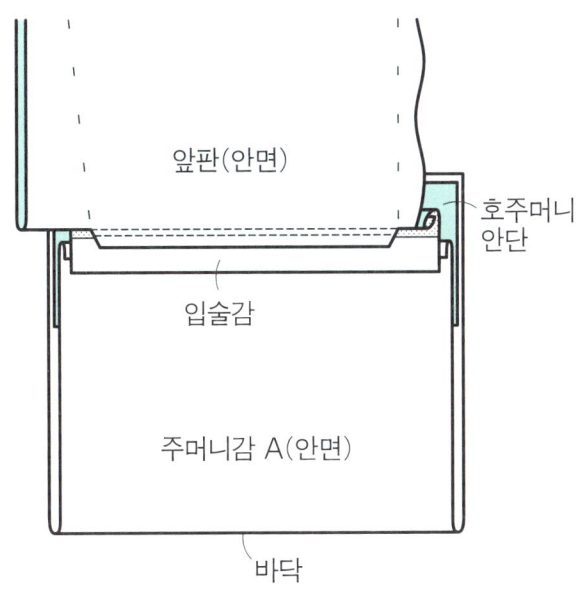

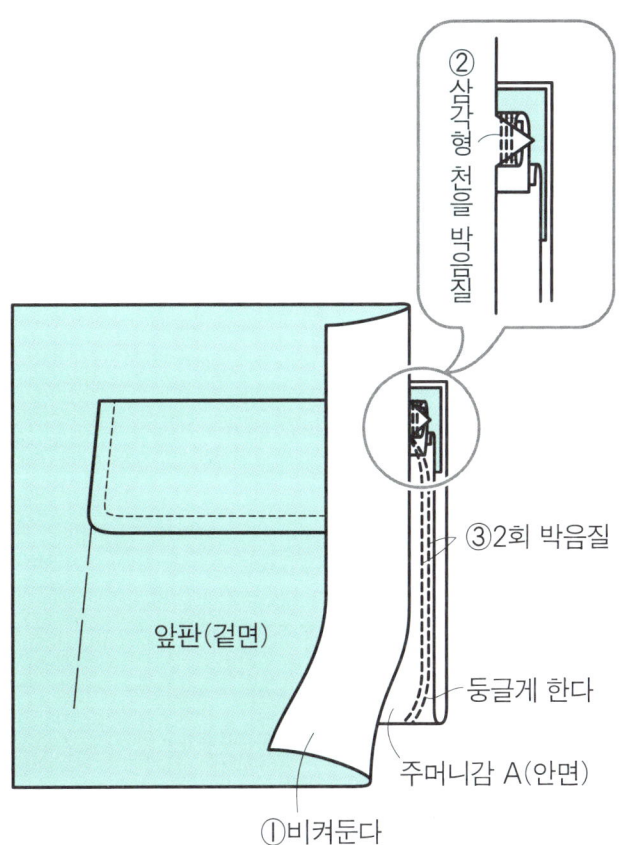

파이핑 플랩 포켓

플랩 위에 입술감을 다는 디자인의 호주머니입니다. 남성복 상의
포켓에서 흔히 볼 수 있습니다. 입술감을 달면 포멀한 느낌이 있
고 포켓 입구가 튼튼하게 완성됩니다.

1. 플랩 재단하기

겉 플랩은 겉감을 사용하고, 식서 방향은 특별한 경우를 제외하고 몸판과
같게 합니다.

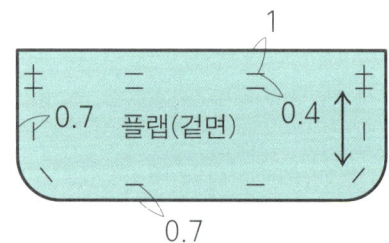

2. 입술감 재단하기

입술감은 1곳의 포켓에 2장을 사용합니다. 양쪽에 주머니가 있는 경우는
4장을 재단합니다. 올 방향은 가로 방향 또는 바이어스 방향으로 합니다.

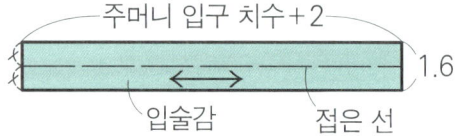

3. 호주머니 안단 재단하기

3-① 호주머니 안단은 겉감을 사용하여 재단합니다.

3-② 호주머니 안단의 아래쪽을 오버로크 박음질 또는 지그재그 박음질
　　하여 처리합니다.

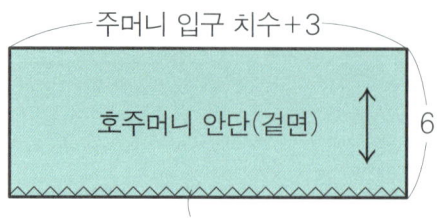

4. 주머니감 재단하기

주머니감은 안감 또는 주머니 전용 감을 사용하여 재단합니다.

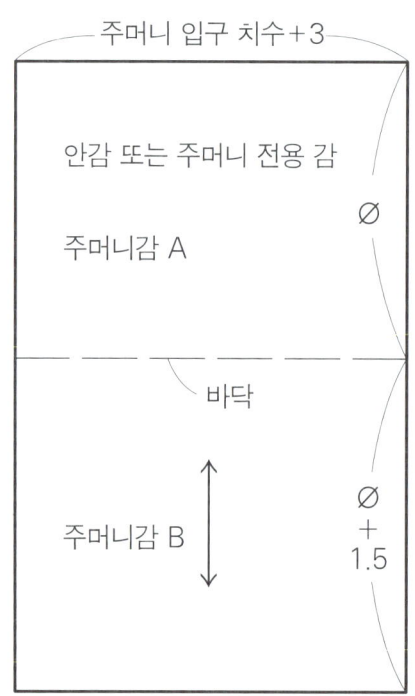

5. 플랩 만들기

5-① 플랩 만드는 방법은 587쪽의 7을 참조합니다.

5-② 그림과 같이 시침질합니다.

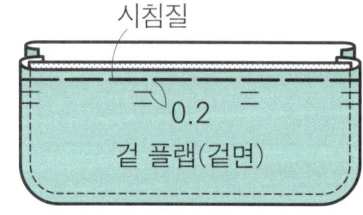

: 재봉틀로 박을 때는 바느질 시작과 끝을 되돌아박기 합니다.

6. 위쪽 입술감 달기

6-① 앞 몸판의 입술 부착 위치에 그림과 같이 접착심지를 다리미로 붙
입니다.

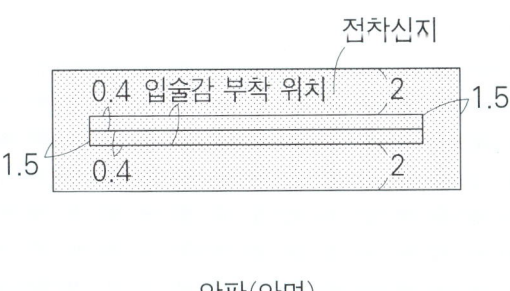

7. 주머니감에 입술감과 안단을 달기

7-① 주머니감 A 쪽에도 다른 한 장의 입술감을 그림과 같이 놓고 시침
질합니다.

7-② 주머니감 B 쪽에 안단을 그림과 같이 놓고 재봉틀로 박습니다.

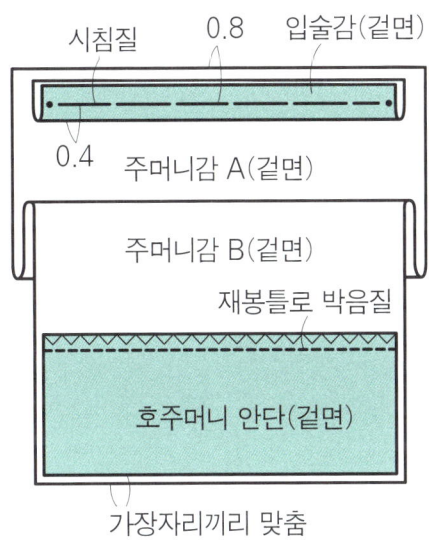

6-② 입술감 안면 절반에 접착심지를 다리미로 붙입니다. 다른 한 장도
마찬가지로 붙입니다.

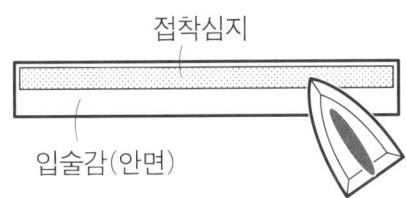

8. 주머니감 달기

8-① 7에서 만든 주머니감과 몸판을 겉면끼리 그림과 같이 맞춥니다. 이
때 아래쪽 입술감 부착 위치에 맞춰주세요.

8-② 그림과 같이 재봉틀로 박습니다.

6-③ 입술감을 두 겹으로 접습니다.

6-④ 위쪽 입술 부착 위치에 입술감을 그림과 같이 놓고 재봉틀로 박습
니다.

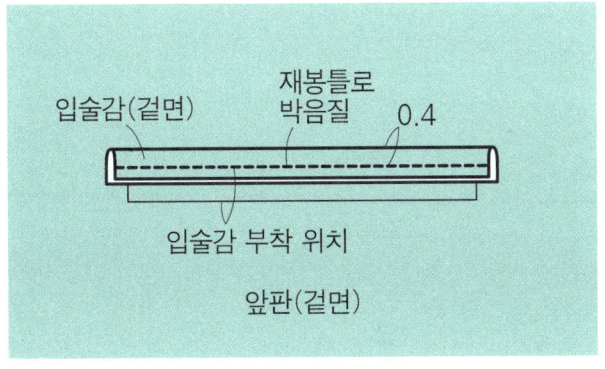

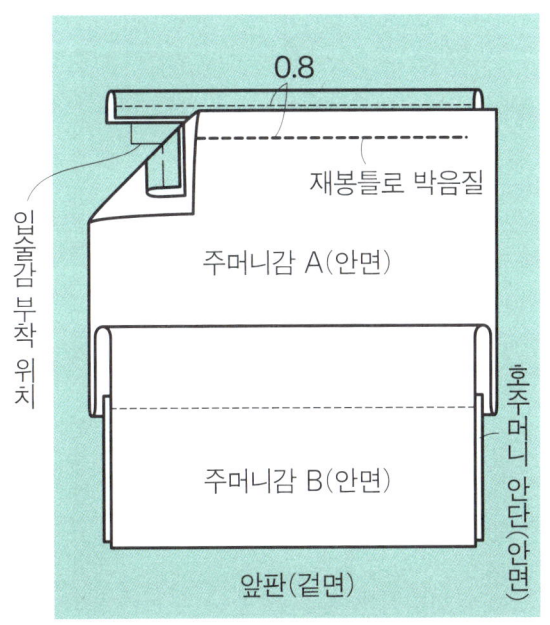

9. 입술감 완성하기

9-① 위아래 입술감의 시접을 피해 앞 몸판의 입술감 폭 중심에 그림과 같이 가위집을 넣습니다.

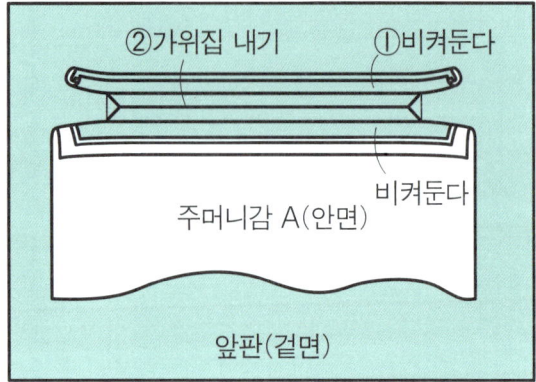

9-② 가위집 낸 구멍을 통해 입술감과 주머니감을 앞 몸판 쪽으로 빼냅니다.

9-③ 양옆의 삼각형 천에 재봉틀을 두 번 박습니다.

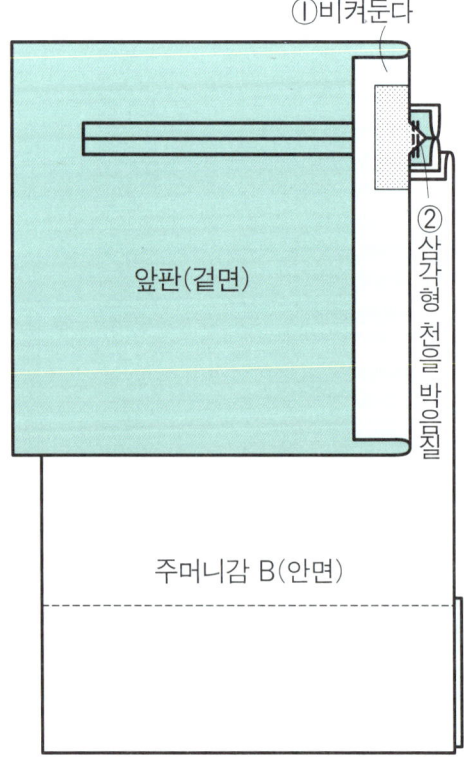

10. 플랩 달기

10-① 플랩을 포켓 입구(입술감과 입술감 사이)에 삽입합니다.

10-② 주머니감의 바닥을 그림과 같이 접습니다.

10-③ 앞 몸판을 앞쪽으로 접습니다.

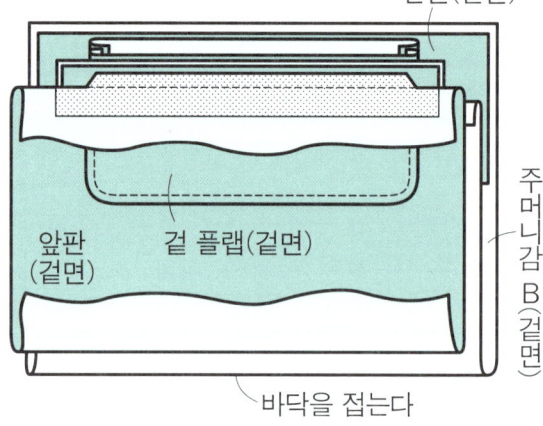

10-④ 위쪽 입술감 봉제선 가장자리를 주머니감 B까지 쭉 재봉틀로 박습니다.

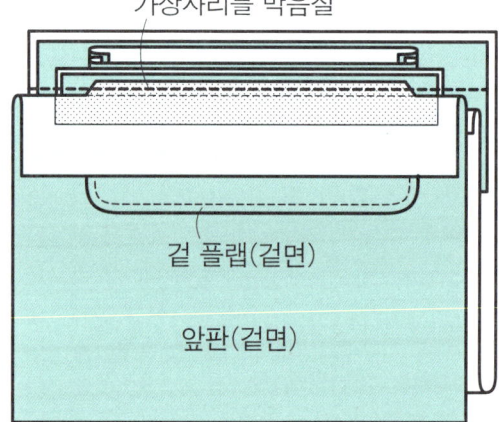

11. 주머니감 박기

주머니감 양 가장자리를 재봉틀로 두 번 박습니다.

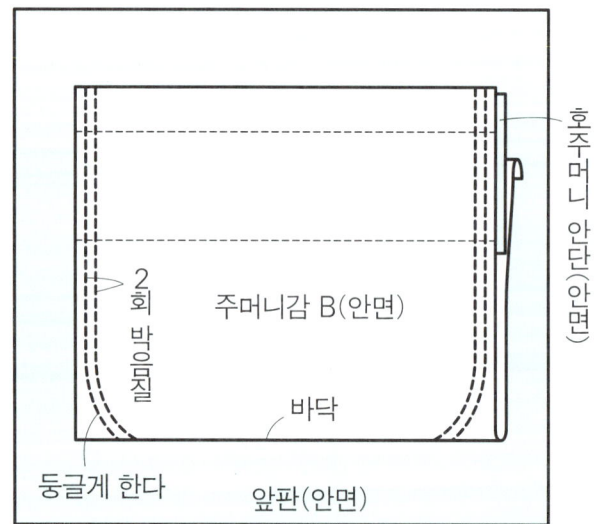

여러 가지 포켓

포켓 모양 바꾸기

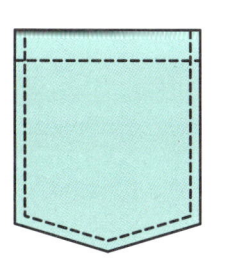

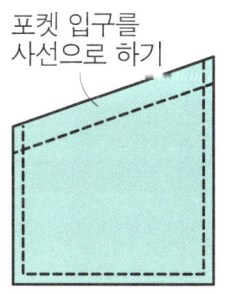

포켓 입구를
사선으로 하기

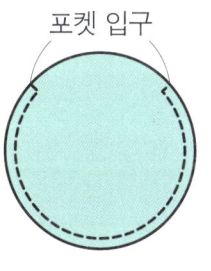

포켓 입구

포켓 입구

포켓 각도 바꾸기

포켓 입구

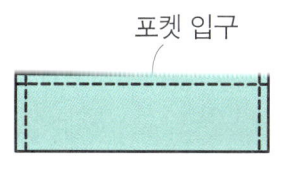

포켓 입구

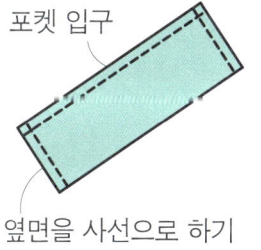

옆면을 사선으로 하기

포켓 입구

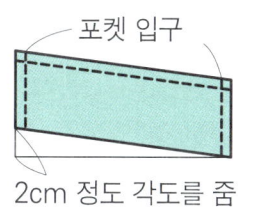

포켓 입구

2cm 정도 각도를 줌

플랩 모양 바꾸기

옆면을 사선으로 하기

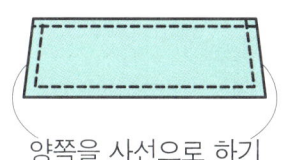

양쪽을 사선으로 하기

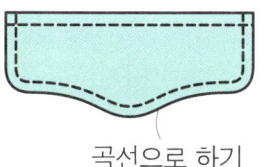

곡선으로 하기

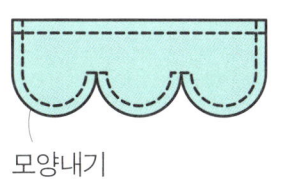

모양내기

주머니감의 모양 바꾸기

1장으로 재단하기

포켓 입구

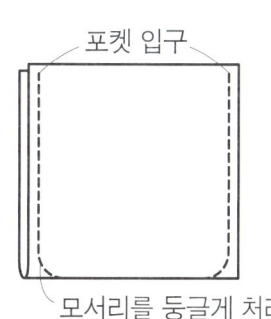

포켓 입구

모서리를 둥글게 처리

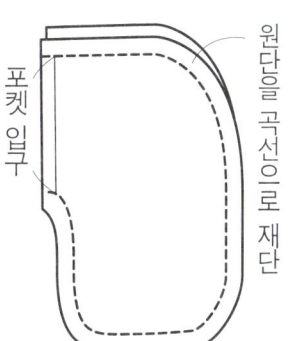

포켓 입구

원단을 곡선으로 재단

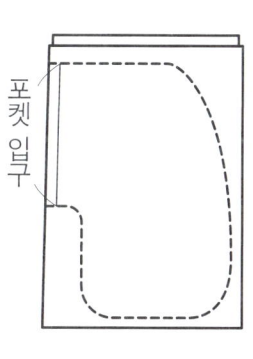

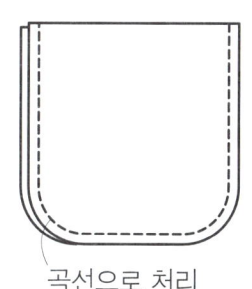

곡선으로 처리

시보리 칼라 다는 방법

시보리를 이용한 깃

시보리 칼라를 사용해 스탠드 칼라 느낌으로 만들었습니다. 시보리에 사용되는 리브 니트의 늘어나는 성질을 이용해 목선을 따라 달아줍니다. 실은 니트용으로 신축성이 있는 것을 사용합니다.

1. 형지 준비하기

뒤 중심에서 좌우 대칭으로 트인 형지를 준비합니다.

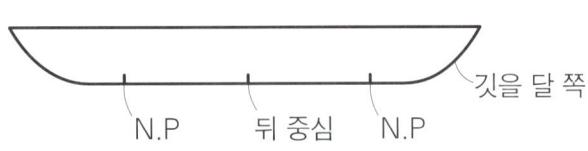

N.P···넥 포인트. 깃둘레선과 어깨선이 마주치는 점을 말합니다.

2. 원단 접기

안면끼리 맞대어 두 겹이 되도록 반으로 접습니다.

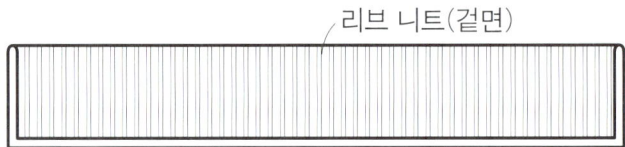

3. 완성선 표시하기

원단에 형지를 올려놓고 완성선과 맞춤표시에 실로 표시합니다.

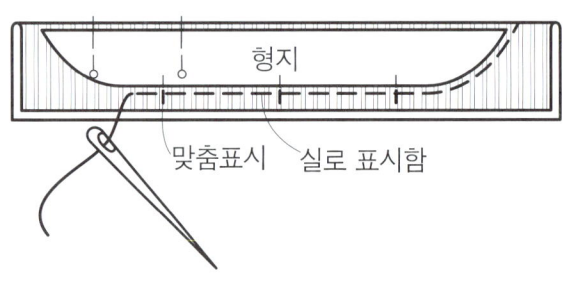

4. 깃 재단하기

3의 표시를 따라 시접을 주어 재단합니다.

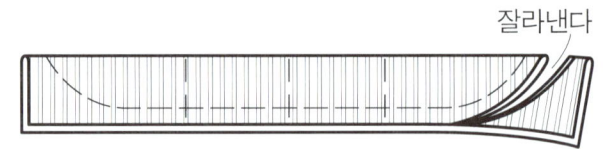

5. 깃에 홈질하기

깃의 곡선 부분을 2장 함께 홈질(201쪽 참조)합니다.

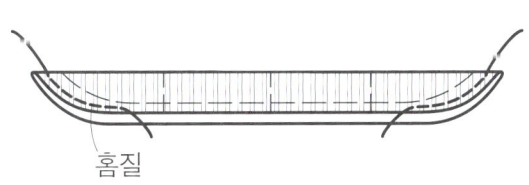

홈질

6. 깃 모양 잡기

홈질한 실을 잡아당겨 깃 달 쪽 곡진 시접을 똑바르게 합니다.

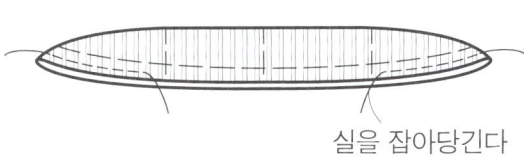

실을 잡아당긴다

7. 몸판과 깃을 고정하기

깃과 몸판을 겉면끼리 맞대는 형태로 뒤 중심과 N.P의 맞춤표시에 각각 맞춰서 시침질하여 고정합니다.

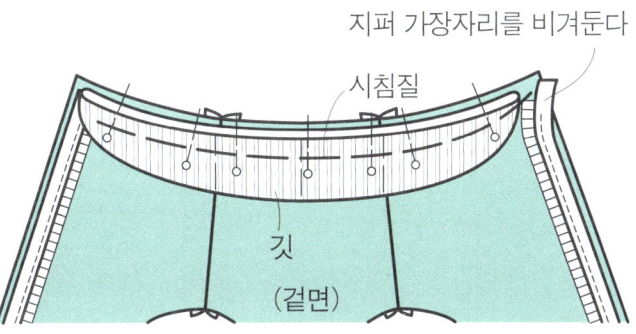

지퍼 가장자리를 비겨둔다

시침질

깃

(겉면)

8. 재봉틀 박기

8-① 몸판과 안단을 겉면끼리 맞대고, 깃 위에 안단을 얹습니다.
8-② 앞 중심선에서 목둘레선, 반대쪽의 앞 중심선까지를 쭉 박습니다.

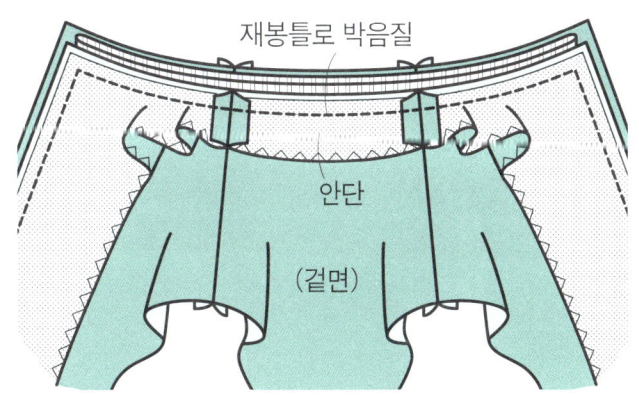

재봉틀로 박음질

안단

(겉면)

8-③ 그 상태에서 봉제선을 다림질합니다.
8-④ 모서리의 시접은 잘라냅니다.
8-⑤ 시접에 가위집을 넣습니다.

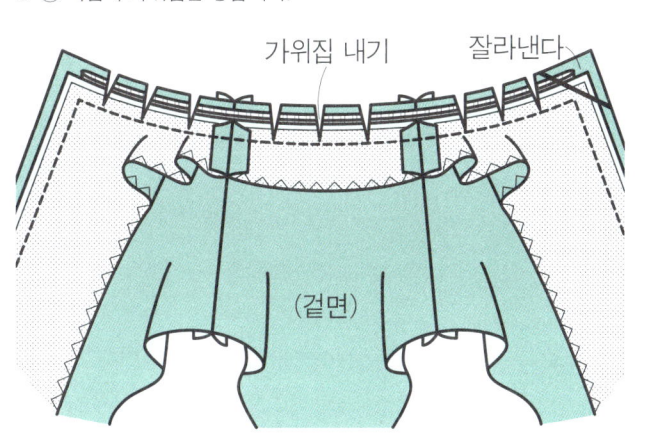

가위집 내기

잘라낸다

(겉면)

9. 마무리

9-① 안단을 겉면으로 뒤집습니다.
9-② 안단과 깃의 모양을 잡아줍니다.
9-③ 앞 중심, 깃둘레를 재봉틀로 박습니다.

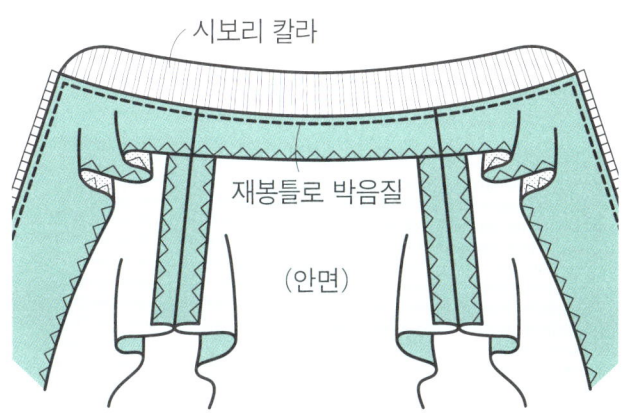

시보리 칼라

재봉틀로 박음질

(안면)

시보리를 이용한 커프스

소맷부리에 시보리를 커프스처럼 사용했습니다. 니트는 신축성이 있어 알맞은 핏으로 착용감이 좋습니다. 맞춤표시를 하여 박아주는 것이 포인트입니다.

1. 커프스 재단하기

늘어나는 방향이 있으므로 형지를 배치할 때 주의하여 겉 커프스와 안 커프스를 이어서 그림과 같이 재단합니다.

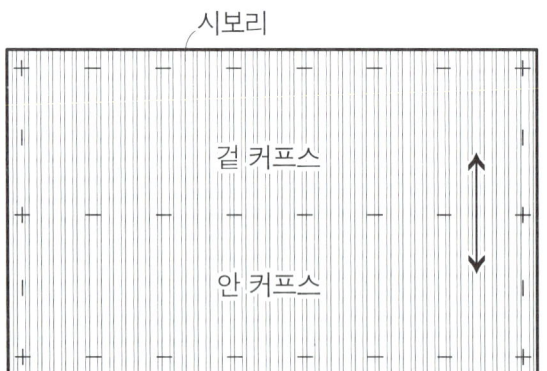

2. 맞춤표시하기

커프스 쪽, 소매 쪽을 각각 등분하여 맞춤표시를 합니다. 이것이 가장 큰 포인트입니다.

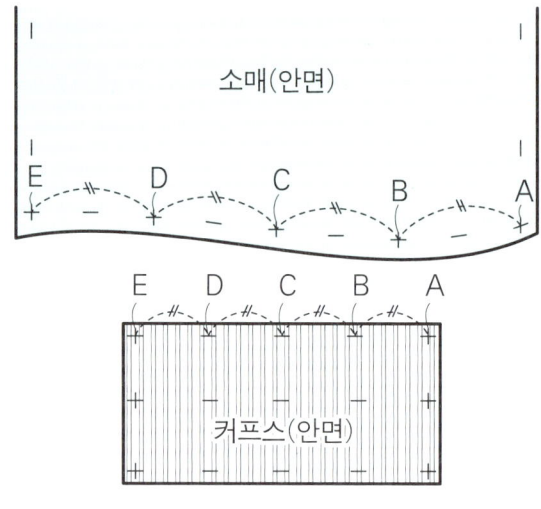

3. 커프스 박기

3-① 커프스를 겉면끼리 맞대어 커프스 가장자리를 박아 골선 상태로 만듭니다. 재봉틀 실은 니트용으로 신축성이 있는 실을 사용합니다.

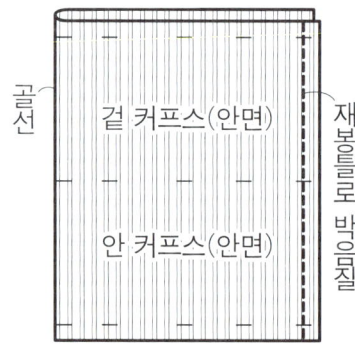

3-② 시접을 다리미로 가름솔 처리합니다.
3-③ 커프스를 안면끼리 맞대어 그림과 같이 두 겹이 되도록 접습니다.

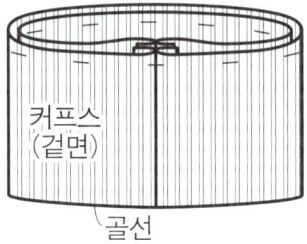

4. 커프스 달기

4-① 겉 커프스의 맞춤표시와 소매의 맞춤표시를 겉면끼리 맞대어 커프스를 늘려가면서 박습니다. 실은 니트용 실을 사용합니다.

4-② 시접은 3장 함께 오버로크 박음질 또는 지그재그 박음질을 하여 처리합니다.

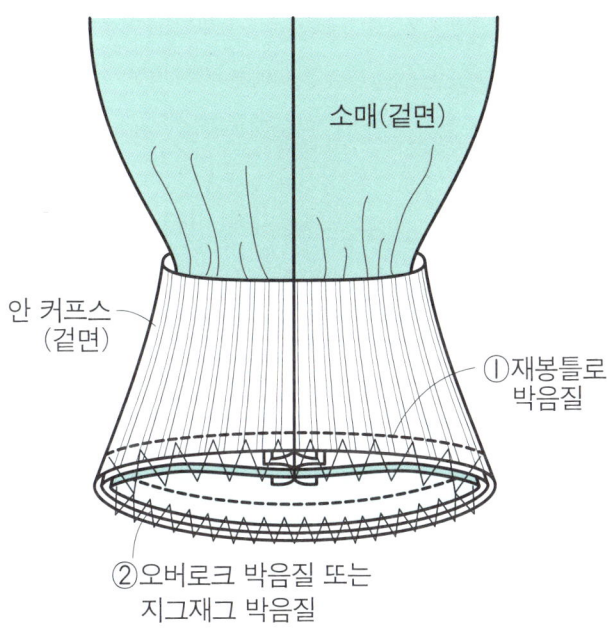

소매(겉면)

안 커프스
(겉면)

①재봉틀로 박음질

②오버로크 박음질 또는 지그재그 박음질

4-③ 시접은 소매 쪽으로 눕힙니다.

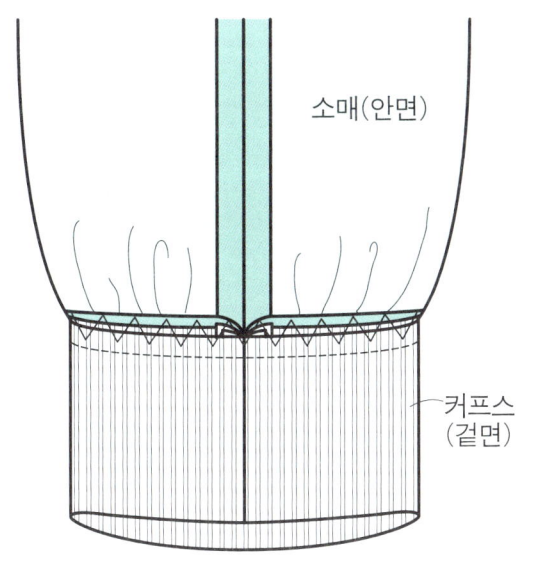

소매(안면)

커프스
(겉면)

안감을 다는 경우

1~3까지는 같은 방법으로 만듭니다.

4. 커프스 달기

4-① 미리 꿰매 두었던 겉소매와 겉 커프스의 맞춤표시를 맞춰 커프스를 늘려가면서 박습니다. 실은 니트용 실을 사용합니다.

4-② 안 커프스의 맞춤표시와 안소매의 맞춤표시를 겉면끼리 맞대어 커프스를 늘려가면서 박습니다.

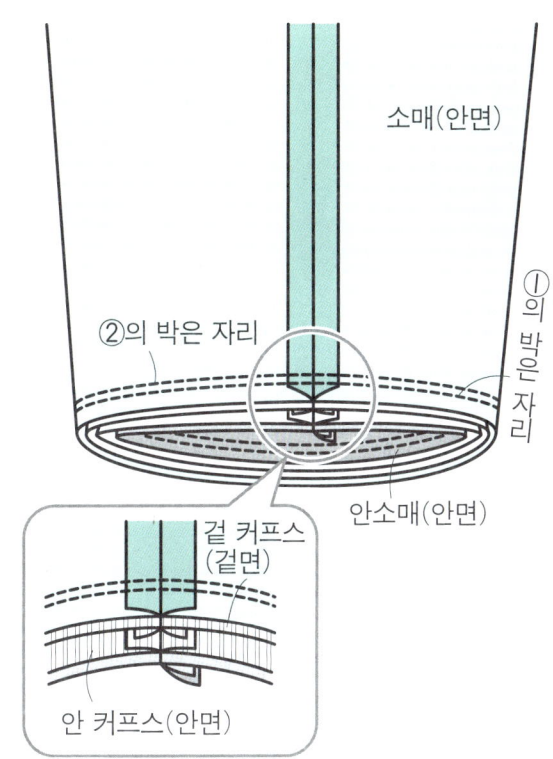

소매(안면)

②의 박은 자리

①의 박은 자리

겉 커프스
(겉면)

안소매(안면)

안 커프스(안면)

4-③ 겉면으로 뒤집으면 커프스가 완성됩니다.

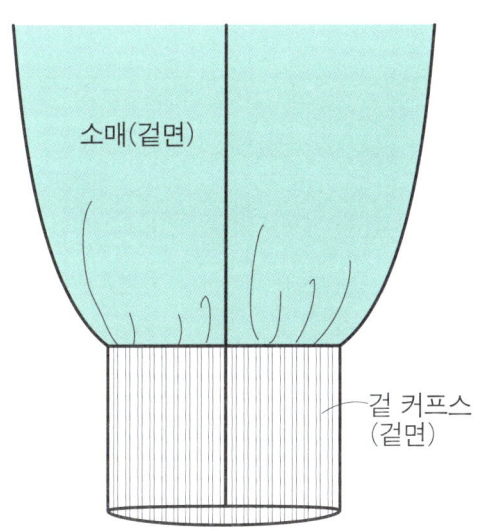

소매(겉면)

겉 커프스
(겉면)

시보리를 이용한 밑단

밑단에 시보리를 다는 방법입니다. 여기서는 밑단 부분 전체에 시보리 칼라를 사용하지 않았지만, 밑단 전체에 시보리 칼라를 사용해도 됩니다.

1. 시보리 칼라 재단하기

형지 치수대로 늘어나지 않도록 주의하면서 재단합니다. 시보리 칼라 1장 으로는 얇으므로 2장으로 완성되도록 이어서 재단합니다.

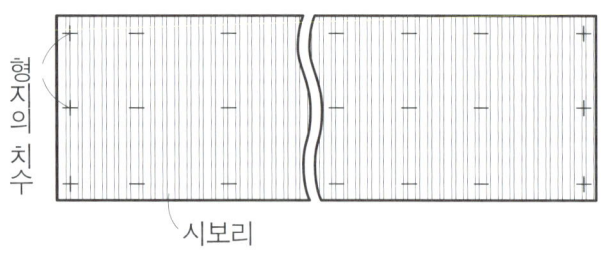

2. 몸판을 박아 두기

겉감과 안감은 각각 박아 두고, 안단의 밑단 부분만 겉감과 안감을 맞춰 박습니다.

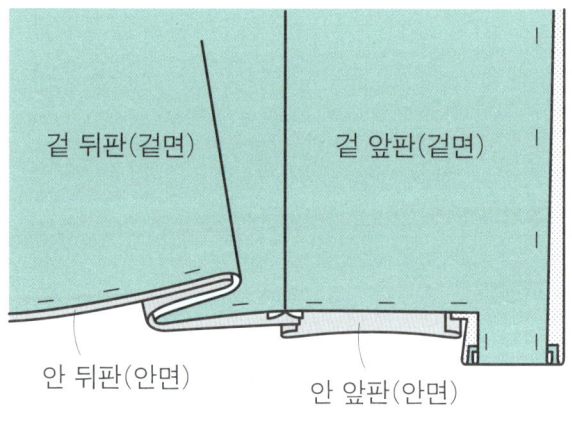

3. 맞춤표시하기

몸판과 시보리 칼라를 3등분 하여 각각 맞춤표시를 합니다. 적어도 세 군 데는 표시해 주세요.

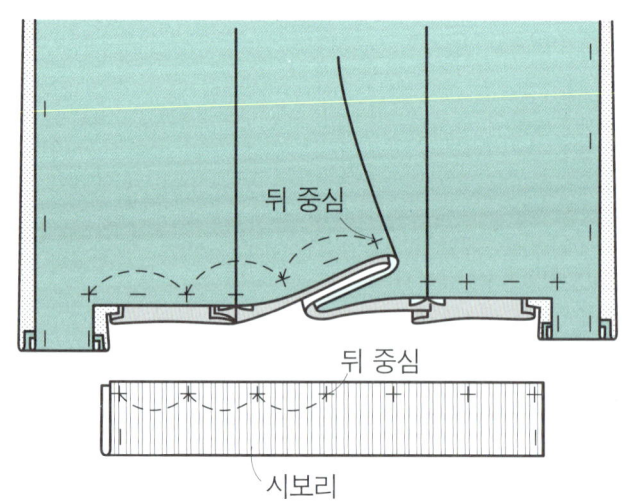

4. 겉감에 시보리 칼라를 달기

4-① 몸판을 그림과 같이 펼쳐서 시보리 칼라의 양 가장자리와 몸판을 맞대어 박습니다. 재봉틀을 박을 때는 완성선을 따라 박아주고, 몸판의 시접에는 가위집을 넣습니다. 실은 니트용을 사용합니다.

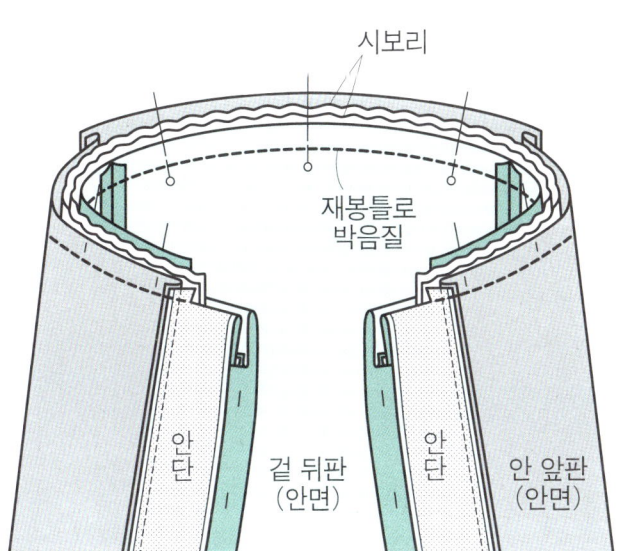

4-③ 시보리 칼라를 늘려가면서 4장을 함께 재봉틀로 박습니다.(앞단선이 단추 트임일 때 등은 이 과정에서 앞단선도 이어서 재봉틀로 박습니다.) 다 박은 후에는 시침한 실을 제거합니다.

4-② 겉 몸판과 안 몸판 사이에 시보리 칼라를 끼워 맞춤표시를 맞춘 후 시보리 칼라를 늘려가면서 시침질합니다.

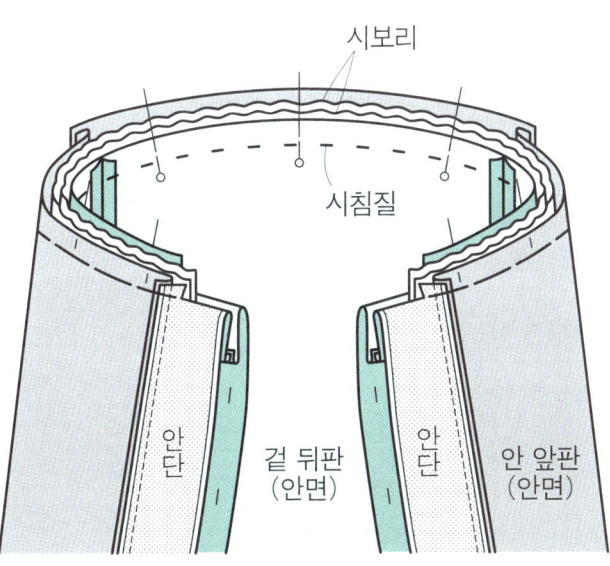

5. 겉으로 뒤집기

시보리 칼라를 아래로 잡아당기면서 겉면으로 뒤집습니다. 시접은 모두 몸판 쪽으로 접고 겉면에서 몸판 쪽을 박습니다.

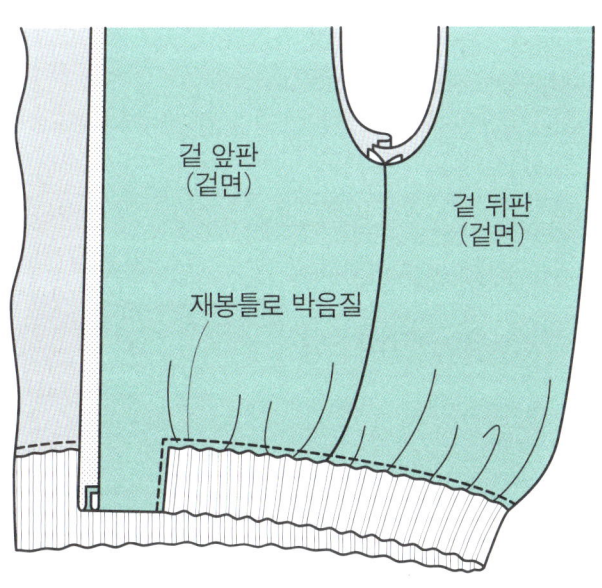

아이 옷
만드는 방법

진동둘레 아래를 고무테이프로 처리

진동둘레 아래가 뜨지 않도록 고무테이프를 붙여 핏을 잡는 방법입니다. 유아복에서 흔히 볼 수 있는 디자인입니다.

1. 바이어스 테이프 만들기

1-① 겉감으로 바이어스 천을 재단합니다.(223쪽 참조)
1-② 양쪽 가장자리를 중심에 맞춰 다리미로 접습니다. 이때 시중에 판매하는 테이프메이커를 사용하면 편리합니다.

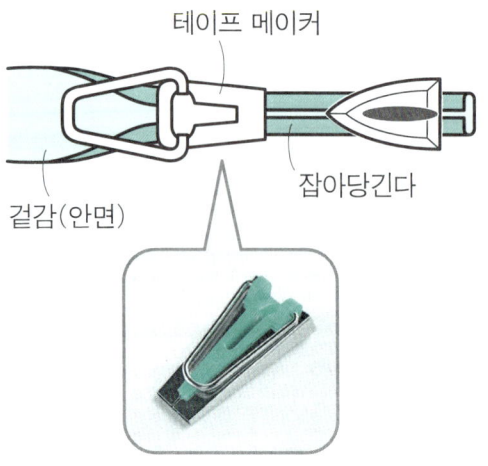

테이프 메이커

잡아당긴다

겉감(안면)

2. 몸판의 진동둘레에 바이어스 테이프를 달기

2-① 몸판과 바이어스 테이프를 겉면끼리 맞대어 진동둘레를 박습니다.
2-② 곡선 부분은 시접에 가위집을 넣습니다.

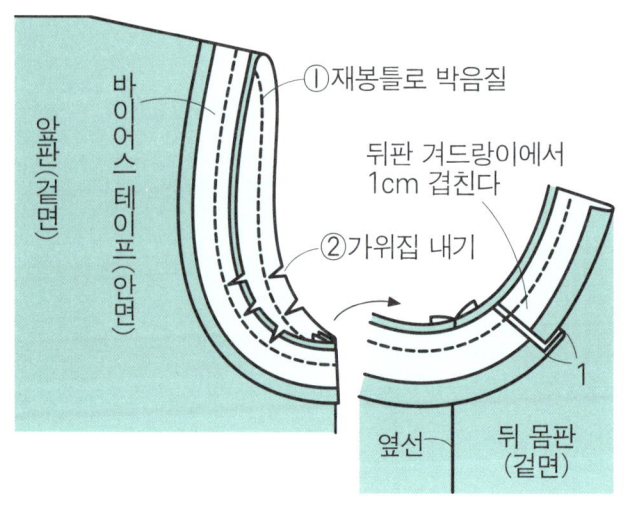

앞판(겉면)

바이어스 테이프(안면)

①재봉틀로 박음질

뒤판 겨드랑이에서 1cm 겹친다

②가위집 내기

옆선

뒤 몸판 (겉면)

3. 고무테이프 달기

3-① 지정 치수로 자른 고무테이프를 늘려가면서 부착 끝점 위치에 놓고 시침질합니다.
3-② 고무테이프의 양 가장자리를 그림과 같이 재봉틀로 박아 고정합니다.

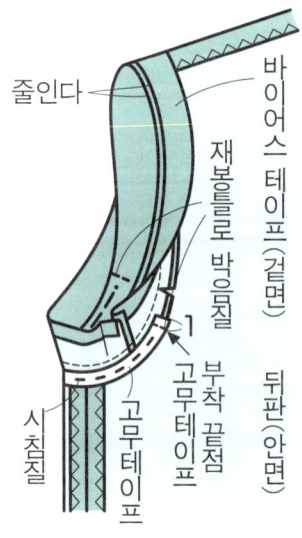

줄인다

바이어스 테이프(겉면)

재봉틀로 박음질

부착 끝점

뒤판(안면)

시침질

고무테이프

고무테이프

4. 바이어스 테이프 고정하기

바이어스 테이프를 완성하여 재봉틀을 박습니다. 이때 고무테이프를 함께 박지 않도록 주의합니다.

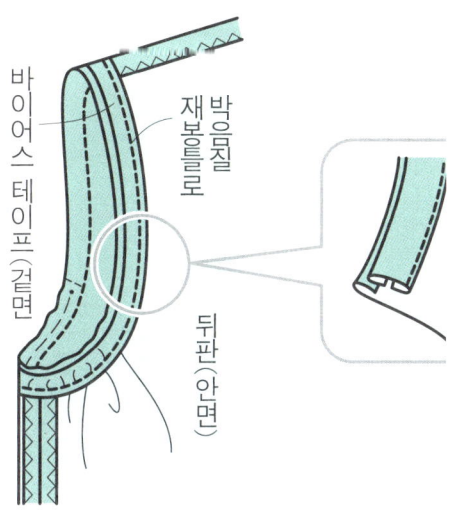

바이어스 테이프(겉면)

박음질 재봉틀로

뒤판(안면)

5. 완성

시침한 실을 제거합니다.

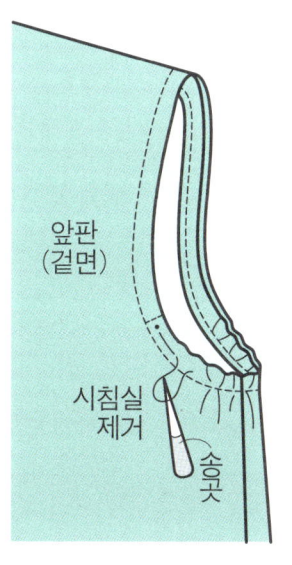

앞판 (겉면)

시침실 제거

송곳

양쪽 가장자리를 접는 바이어스 테이프 만드는 방법

정 바이어스로 재단한 원단을 이어 붙여 필요한 길이를 준비합니다. 바이어스 테이프의 폭은 완성 폭의 2배로 합니다.

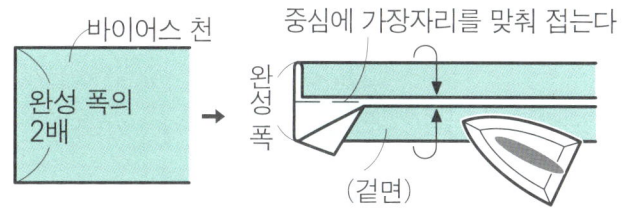

바이어스 천

완성 폭의 2배

중심에 가장자리를 맞춰 접는다

완성 폭

(겉면)

* 바이어스 테이프를 이어 붙일 때는 올 방향에 주의하세요. 그림과 같이 재단선 끼리 맞대어 박습니다. 박은 후에는 시접을 가르고 돌출 부분을 잘라냅니다.

◯ 이어 붙이는 방법이 바른 예

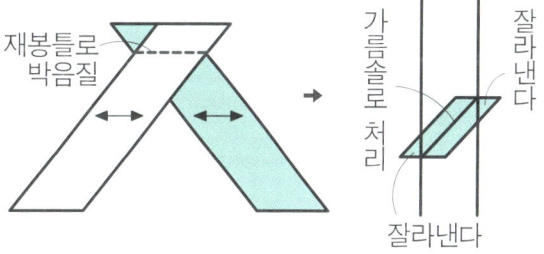

재봉틀로 박음질

가름솔로 처리

잘라낸다

잘라낸다

✕ 이어 붙이는 방법이 잘못된 예

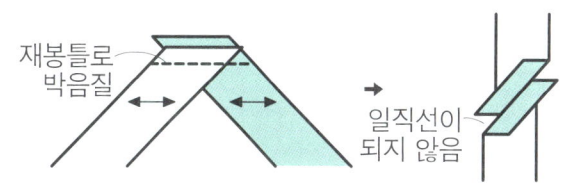

재봉틀로 박음질

일직선이 되지 않음

소맷부리에 고무테이프 달기

소맷부리에 직접 고무테이프를 늘려가면서 달아주면 개더가 잡혀 프릴을 단 것 같은 형태로 완성됩니다.

1. 소매에 고무테이프 달기

1-① 소매 아래는 오버로크 박음질 또는 지그재그 박음질을 하여 처리합니다.

1-② 소매의 고무테이프 부착 위치에 고무테이프를 맞춰 시침핀으로 고정합니다.

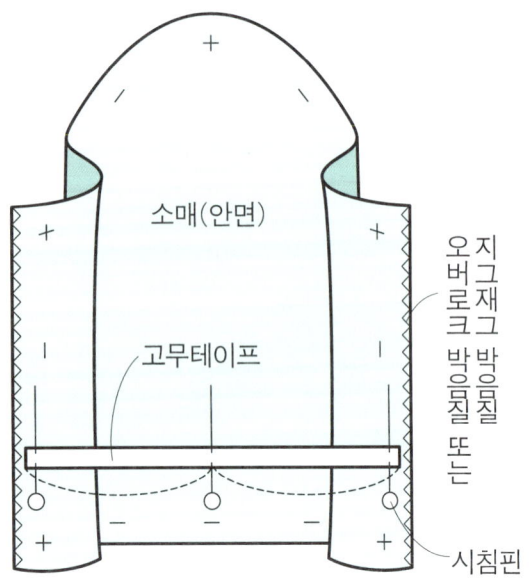

2. 고무테이프 박기

고무테이프를 늘려가면서 고무테이프의 중심을 박습니다.
재봉틀 실이 끊어지지 않도록 바늘땀은 촘촘하게 합니다.

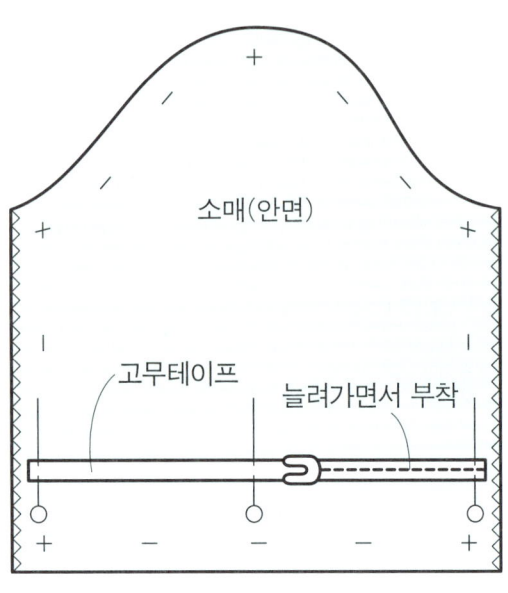

3. 소매 아래 박기

소매를 겉면끼리 맞대어 소매 아래를 박습니다. 원단 가장자리에서 가장자리까지 박아주세요.

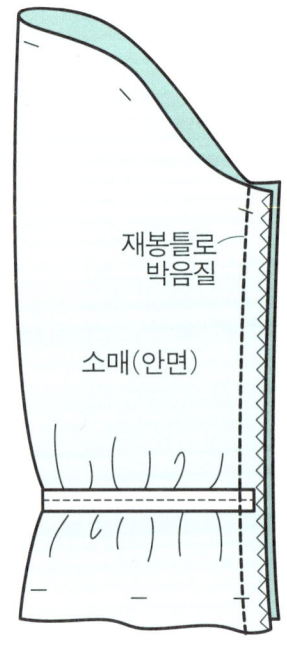

✿ 재봉틀로 박을 때는 바느질 시작과 끝을 되돌아박기 합니다.

4. 시접 가르기

3의 봉제선을 다림질하여 정돈한 후 시접을 가름솔 처리합니다.

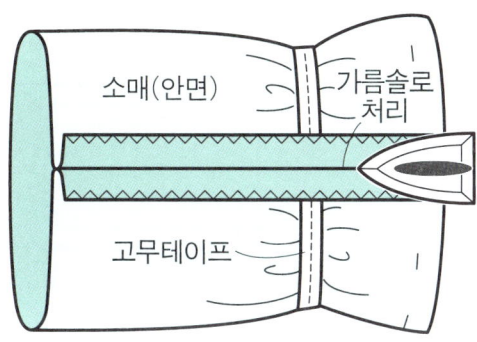

소매(안면)
가름솔로 처리
고무테이프

5. 소맷부리 처리하기

소맷부리를 세 겹으로 접어 재봉틀을 박습니다. 봉제선이 차분해지도록 다림질합니다.

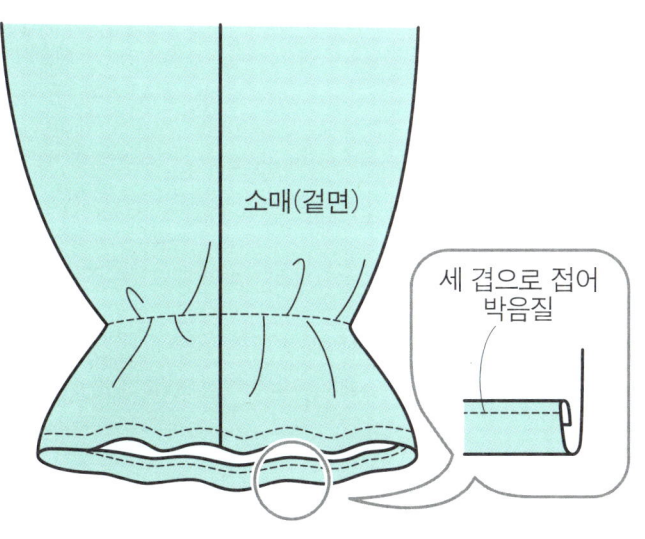

소매(겉면)

세 겹으로 접어 박음질

재봉틀용 고무실을 사용하는 경우

1. 밑실로 고무실을 사용

재봉틀용 고무실을 보빈에 감습니다. 살짝 잡아 당기면서 손으로 감아주세요.

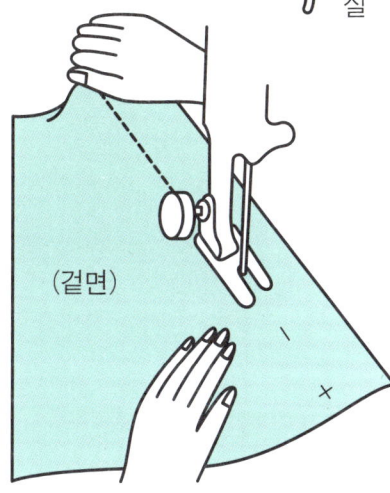

재봉틀용 고무실

2. 겉에서 박기

바느질 시작과 끝은 되돌아박기를 하시 않고, 겉 에서 재봉틀을 박아줍니다.

(겉면)

3. 실 처리하기

완성 치수까지 밑실인 고무실 을 잡아당겨 개더를 잡습니 다. 그 후 윗실과 밑실을 함께 단단히 매듭지어줍니다.

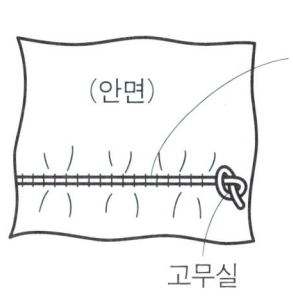

(안면)

고무실을 잡아당긴다 완성 치수가 될 때까지

고무실

셔링용 테이프를 사용하는 경우

시중에서 판매하는 셔링용 테이프 를 사용합니다. 테이프 모양의 고무 를 잡아당기면서 박습니다.

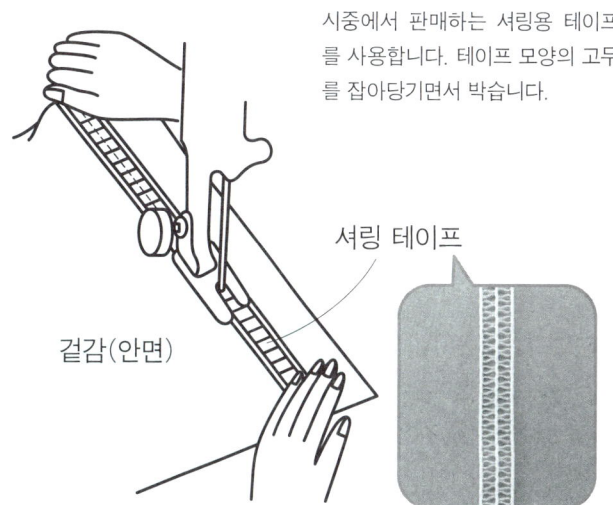

겉감(안면)

셔링 테이프

소맷부리에 고무테이프 끼우기

안쪽에서 바이어스 테이프를 대고 고무테이프를 끼우는 방법입니다. 여기서는 같은 천을 사용했는데, 시판의 바이어스 테이프나 면 테이프를 사용해도 좋습니다.

1. 바이어스 테이프 만들기

1-① 겉감으로 바이어스 천을 재단합니다.(223쪽 참조)
1-② 양쪽 가장자리를 다리미로 접어 바이어스 테이프를 만듭니다.(601쪽 참조) 이때 시중에 판매하는 테이프 메이커를 사용하면 편리합니다.

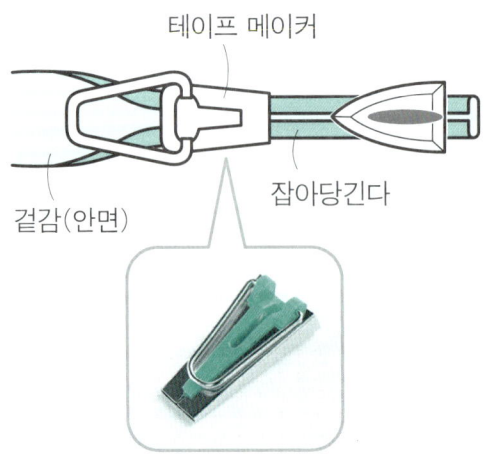

테이프 메이커

잡아당긴다

겉감(안면)

2. 소매 재단하기

2-① 소매 중심에 올 방향을 맞춥니다. 고무테이프 부착 위치에는 반드시 표시를 해주세요.
2-② 소매 아래 시접을 오버로크 박음질 또는 지그재그 박음질 하여 처리합니다.

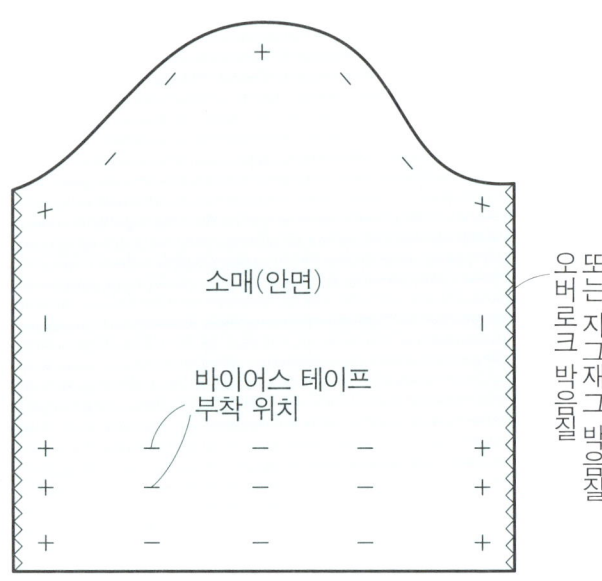

소매(안면)

바이어스 테이프
부착 위치

오버로크 박음질 또는 지그재그 박음질

3. 소매에 바이어스 테이프 달기

소매 안면에 바이어스 테이프를 놓고 바이어스 테이프의 위아래를 박습니다.

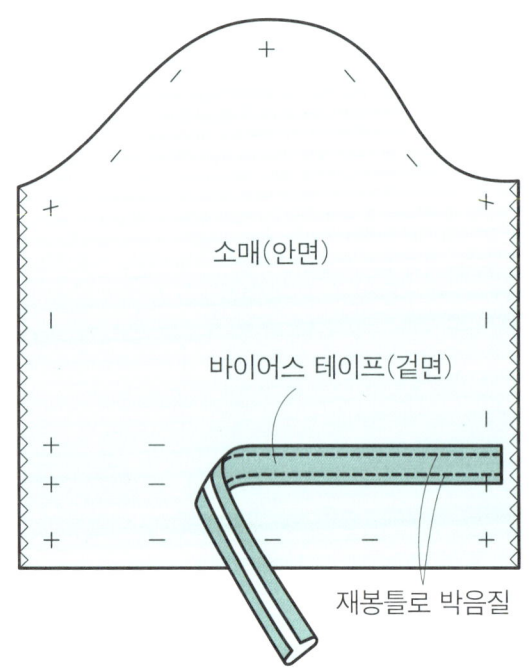

소매(안면)

바이어스 테이프(겉면)

재봉틀로 박음질

© 재봉틀로 박을 때는 바느질 시작과 끝을 되돌아박기 합니다.

4. 고무테이프 끼우기

4-① 바이어스 테이프 안에 고무테이프를 끼워 넣고 한쪽의 고무테이프를 박아 고정합니다.

4-② 고무테이프를 잡아당겨 지정 길이로 줄인 후 다른 한쪽의 고무테이프를 박아 고정합니다.

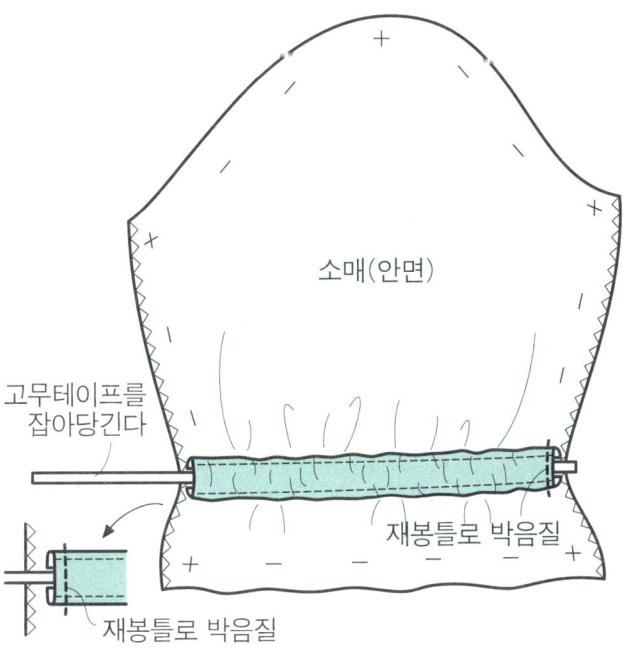

소매(안면)

고무테이프를 잡아당긴다

재봉틀로 박음질

재봉틀로 박음질

5. 소매 아래 박기

소매를 겉면끼리 맞대어 소매 아래를 박습니다. 고무테이프 위치는 개더가 잡혀 박기 어려우므로 천천히 박아주세요.

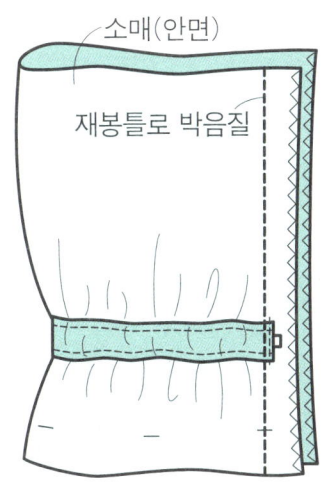

소매(안면)

재봉틀로 박음질

6. 시접 가르기

5의 봉제선을 다림질하여 정돈한 후 시접을 다리미로 가름솔 처리합니다.

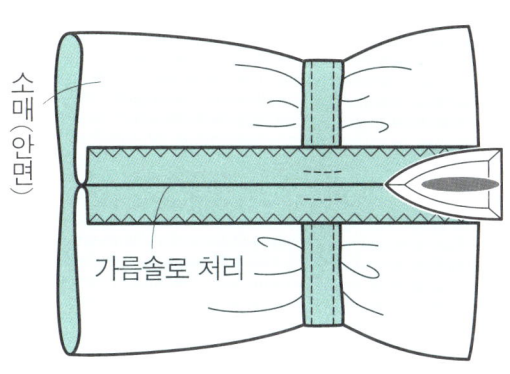

소매(안면)

가름솔로 처리

7. 소맷부리 처리하기

7-① 소맷부리는 세 겹으로 접어서 박습니다.

7-② 봉제선이 차분해지도록 다림질합니다.

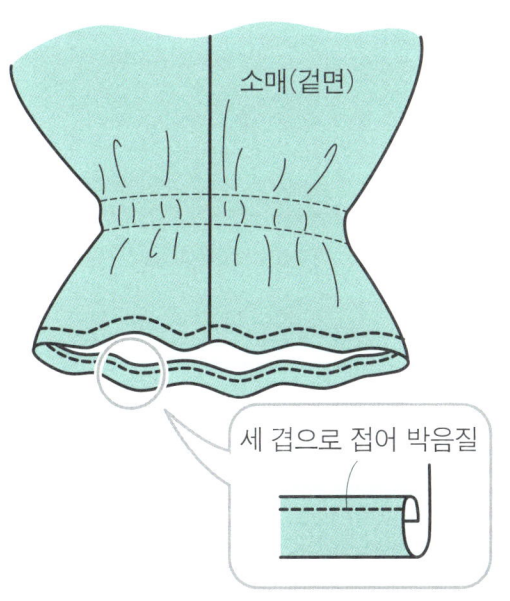

소매(겉면)

세 겹으로 접어 박음질

밑아래 트임

옷을 벗기지 않아도 기저귀를 재빠르게 교환할 수 있어 대개의 유아복에서 볼 수 있는 밑아래 트임입니다. 똑딱이 단추를 달 때 凹凸를 틀리지 않도록 주의합니다.

2. 밑단 처리하기

몸판의 밑단을 완성선으로 접어 박습니다.

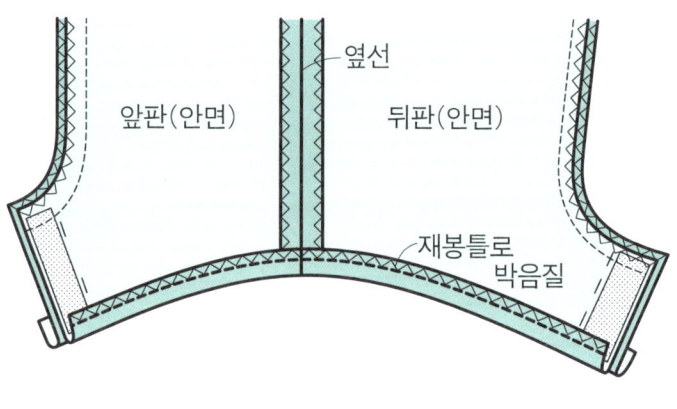

1. 옆솔기선, 밑위선 박기

1-① 안단과 밑덧단 부분의 안면에 다리미로 접착심지를 붙입니다.
1-② 옆솔기선과 밑위선을 각각 박습니다.

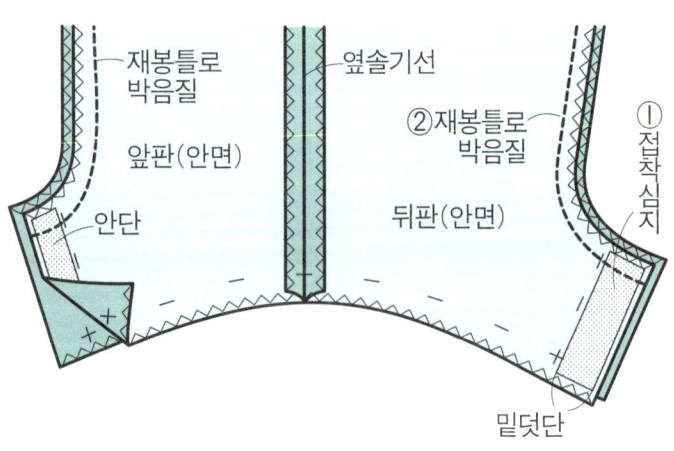

3. 밑단에 고무테이프 끼우기

밑단 시접에 고무테이프를 끼워 양 가장자리를 박아 고정합니다.

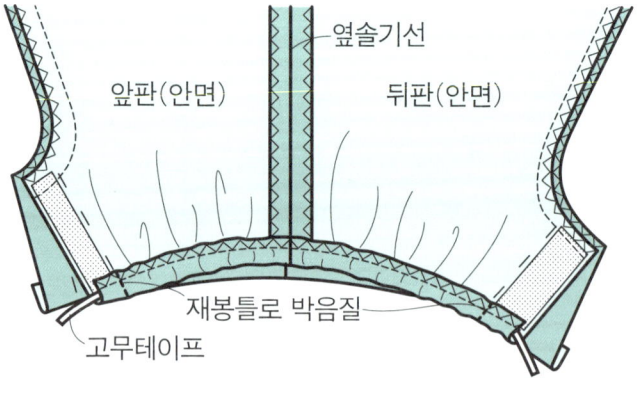

4. 밑아래 박기

그림과 같이 접는 방법을 바꿔 앞 몸판과 뒤 몸판의 밑아래를 각각 세 겹으로 접어 박습니다.

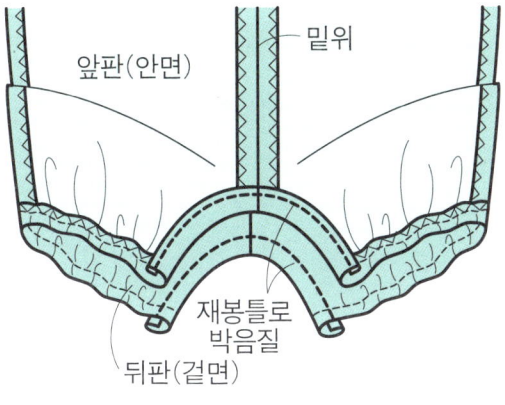

1~3까지는 606쪽과 같은 방법으로 만듭니다.

4. 밑아래 박기

중심에서 집어서 박은 후 몸판과 테이프를 겉면끼리 맞대어 박고, 안면으로 뒤집어 테이프 가장자리를 박습니다. 테이프는 바이어스 테이프를 사용하는 것이 아니라, 면 테이프와 같이 늘어나지 않는 튼튼한 테이프를 사용합니다.

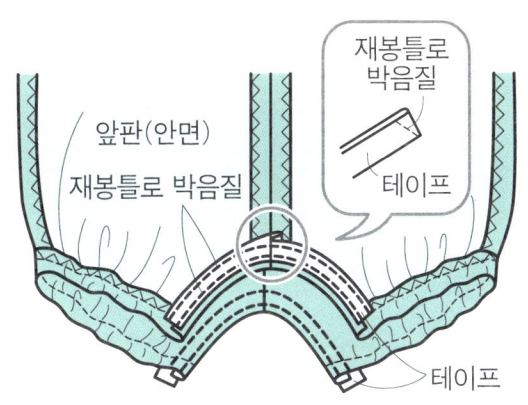

5. 똑딱이 단추 달기

앞 안단에 凹, 뒤 밑덧단에 凸의 똑딱이 단추를 답니다.

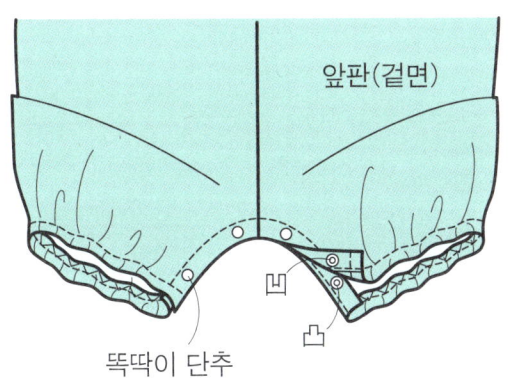

5. 똑딱이 단추 달기

앞에 凹, 뒤에 凸의 똑딱이 단추를 답니다.

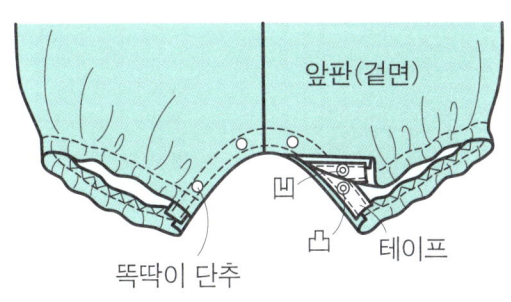

어린아이 바지의 앞트임

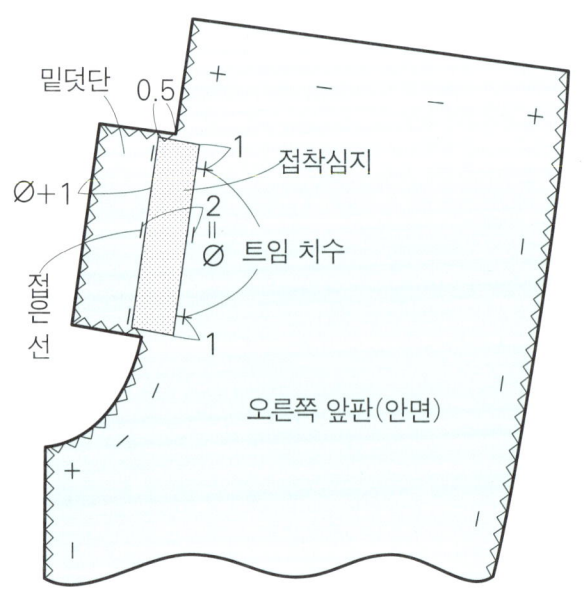

남자아이의 바지나 오버올(Overall)에서 볼 수 있는 트임입니다. 바지를 벗지 않아도 볼일을 볼 수 있고, 허리를 고무테이프로 만들어서 어린아이에게는 매우 편리합니다.

2. 바지 왼쪽 앞판 재단하기

안단을 바지에 이어서 재단합니다. 안단 부분에 접착심지를 붙입니다. 좌우 같은 방향으로 재단하지 않도록 주의하세요.

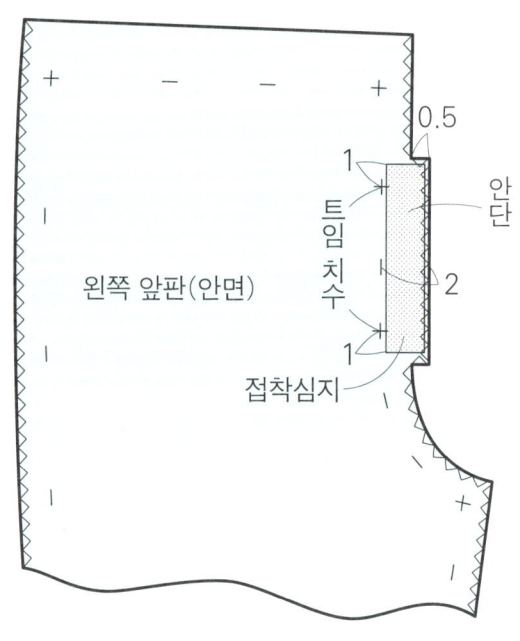

1. 바지 오른쪽 앞판 재단하기

밑덧단을 바지에 이어서 재단합니다. 밑덧단 부분에 접착심지를 붙입니다.

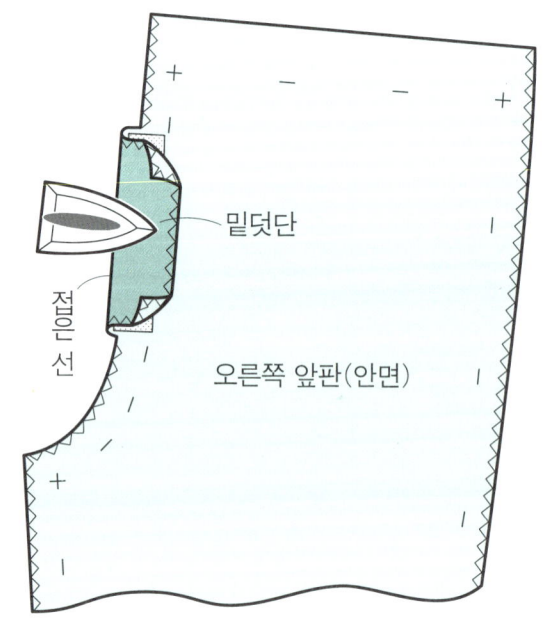

3. 밑덧단 접기

바지 오른쪽 앞판의 밑덧단을 그림과 같이 접습니다.

4. 앞 중심선, 가랑이둘레 박기

4-① 오른쪽 앞판과 왼쪽 앞판을 겉면끼리 맞댑니다.

4-② 트임 끝점 위치까지 박고, 가랑이둘레 쪽은 보강을 위해 두 번 박습니다.

4-③ 안단과 밑덧단을 맞대어 시침질합니다.

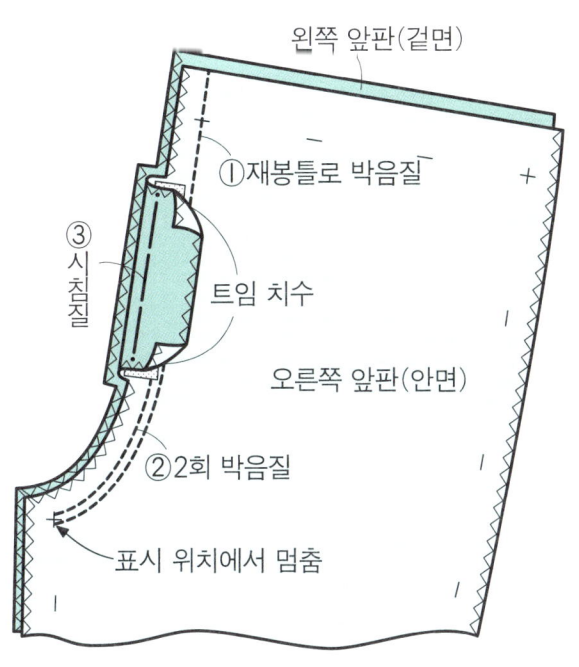

6. 시접 눕히기

6-① 안단, 밑덧단을 바지 왼쪽 앞판 쪽으로 접어 다리미로 봉제선을 눌러줍니다.

6-② 시침한 실을 제거합니다.

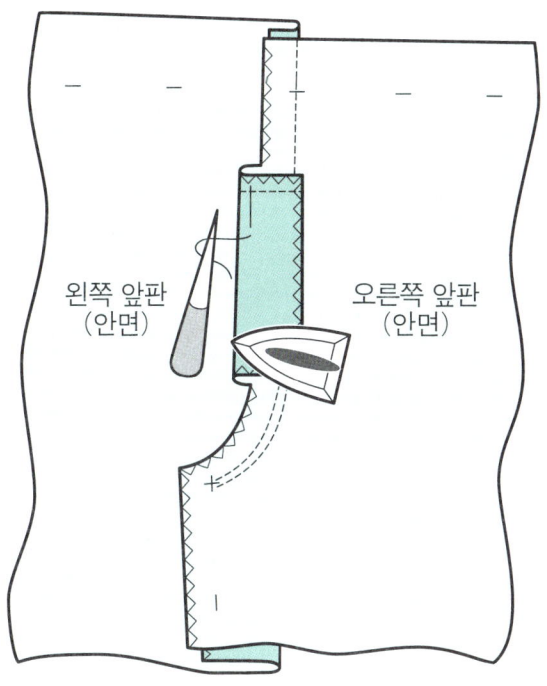

5. 밑덧단 고정박기

밑덧단과 안단 위아래의 겹침 부분을 박아 고정합니다.

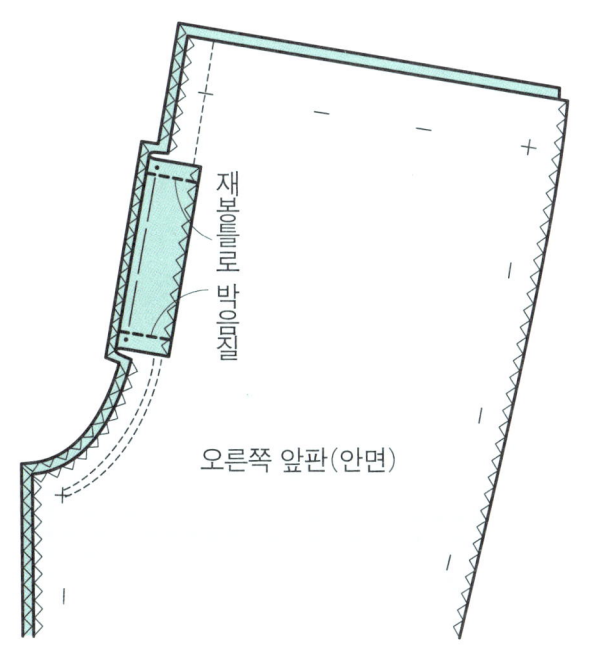

7. 스냅단추 달기

트임에 스냅단추를 답니다. 밑덧단에 凹를, 안단에 凸를 달아주세요.

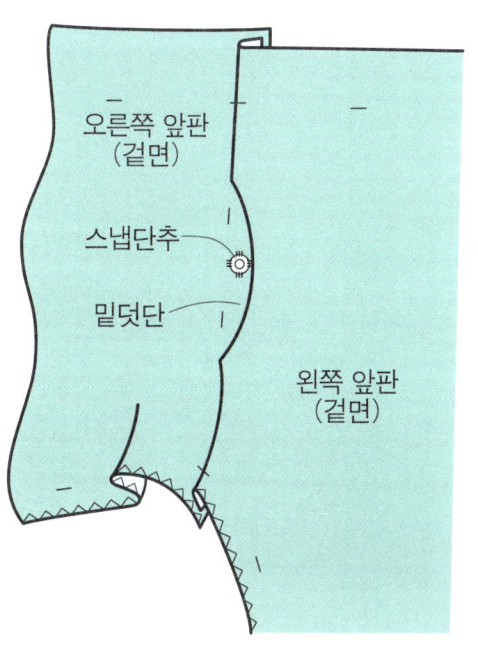

H형 멜빵

앞쪽 가슴 부분에 네모난 천을 달고 뒤쪽은 H형 멜빵을 단 디자인입니다. 어깨끈이 어깨에서 잘 흘러내리지 않아 놀이용 옷으로 적합합니다.

1. 두 개의 끈을 연결하는 천을 재단하기

형지대로 연결 천을 재단합니다. 시접은 1cm로 합니다.

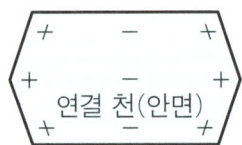

연결 천(안면)

2. 어깨끈 재단하기

어깨끈을 2장 재단합니다. 시접은 연결 천과 같은 1cm입니다.

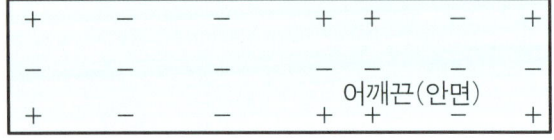

어깨끈(안면)

3. 가슴에 대는 천 재단하기

3-① 가슴에 대는 천을 2장 재단합니다. 한 장은 겉 가슴 천이 되고 다른 한 장은 안 가슴 천이 됩니다.

3-② 안 가슴 천 안면에 다리미로 접착심지를 붙입니다.

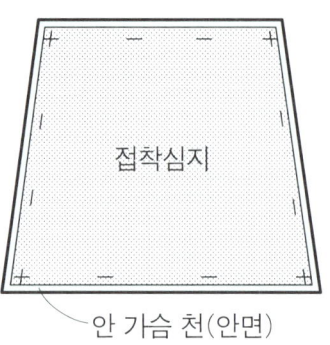

접착심지

안 가슴 천(안면)

4. 어깨끈 만들기

4-① 어깨끈을 겉면끼리 맞대어 반으로 접어서 두 겹으로 만듭니다.

4-② 연결 천을 끼울 위치를 남기고 완성선을 따라 박습니다. 시접은 다리미로 가름솔 처리합니다..

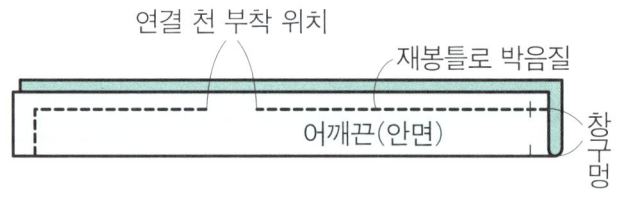

연결 천 부착 위치

재봉틀로 박음질

어깨끈(안면)

창구멍

4-③ 겉으로 뒤집어 다리미로 모양을 잡아줍니다. 연결 천 부착 위치도 겉과 안을 마주대어 다림질합니다.

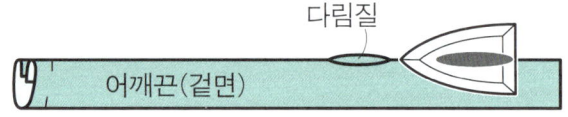

다림질

어깨끈(겉면)

5. 연결 천 만들기

5-① 연결 천을 겉면끼리 맞대어 반으로 접어서 두 겹으로 만든 후 완성선을 박습니다.

5-② 겉으로 뒤집어 다리미로 모양을 잡아주고, 그림과 같이 박습니다.

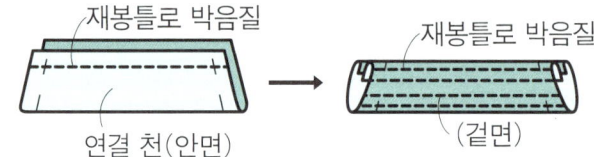

재봉틀로 박음질

재봉틀로 박음질

연결 천(안면)

(겉면)

→ 재봉틀로 박을 때는 바느질 시작과 끝을 되돌아박기 합니다.

6. 어깨끈에 연결 천을 달기

6-① 어깨끈의 연결 천 부착 위치에 연결 천을 끼워 시침질합니다.

6-② 그림과 같이 재봉틀을 박습니다. 휘지 않도록 주의하세요.

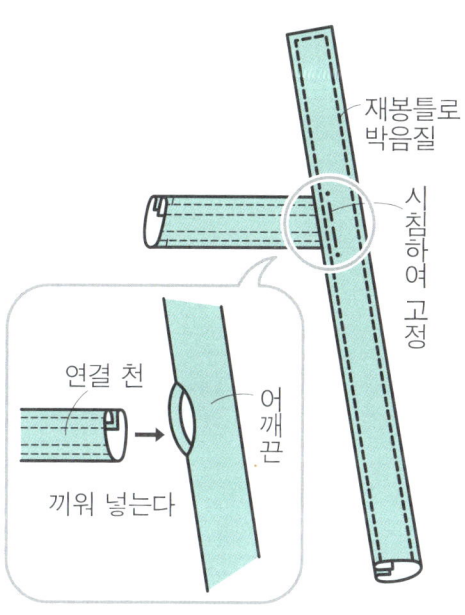

6-③ 다른 한쪽의 어깨끈에 연결 천을 끼워 박습니다. 위아래를 틀리지 않도록 주의하여 답니다. 연결 천을 끼운 위치는 원단이 두꺼워져서 재봉틀을 박기가 어려우므로 천천히 진행해 주세요.

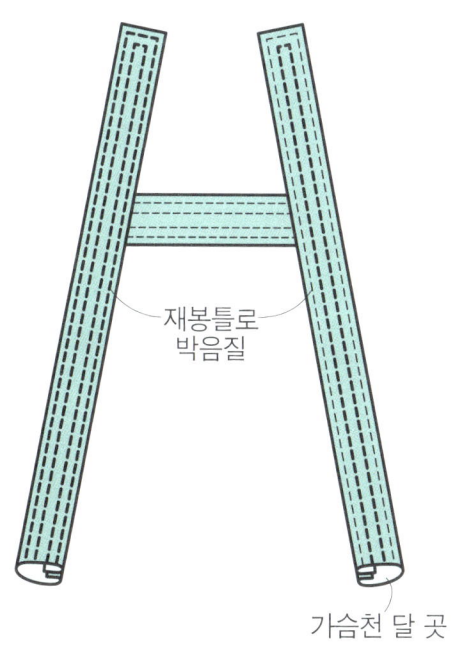

7. 가슴에 대는 천에 어깨끈을 달기

7-① 가슴에 대는 천 모서리에 어깨끈 가장자리를 맞추고, 가슴에 대는 천을 겉면끼리 그림과 같이 맞댑니다.

7-② 허리둘레선을 남기고 바깥 둘레를 재봉틀로 박습니다.

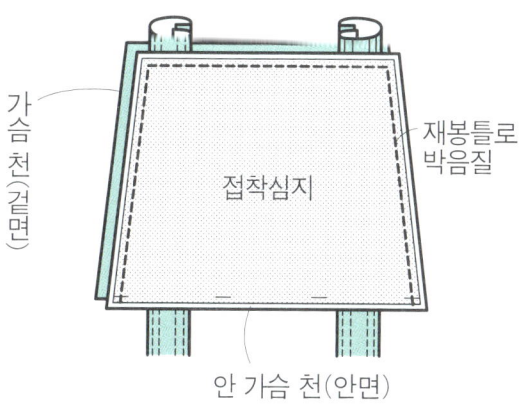

7-③ 겉으로 뒤집어 다리미로 모양을 잡아줍니다. 모서리는 송곳으로 깔끔하게 빼냅니다. 이때 바느질한 실이나 원단의 올을 자르지 않도록 주의하세요.

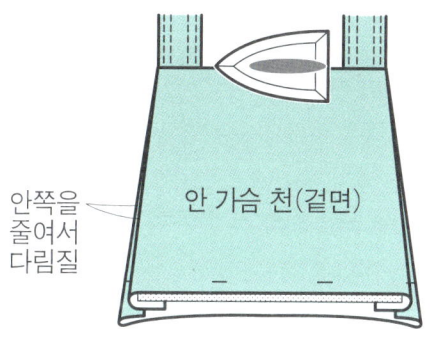

7-④ 가슴 천 바깥 둘레를 박고, 어깨끈 뒤쪽에 단추를 답니다.

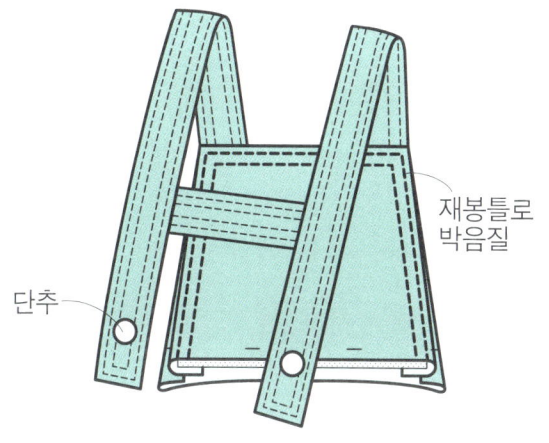

왼쪽 어깨 트임

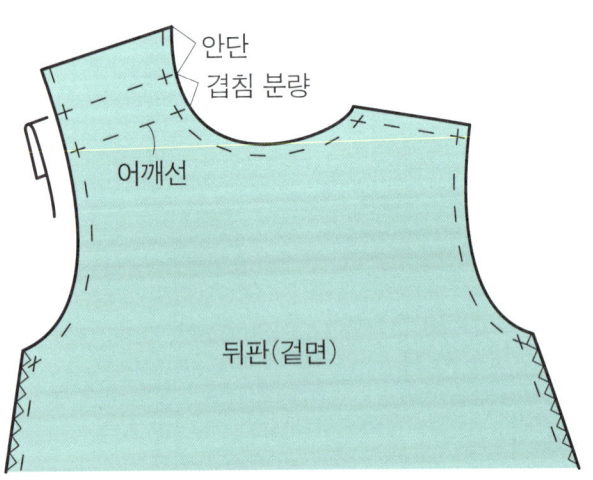

앞뒤에 트임을 만들고 싶지 않은 디자인일 때는 어깨에 트임을 만들어 입고 벗기 편하게 합니다. 주로 민소매 블라우스나 점퍼 스커트 등에 이용됩니다.

1. 뒤 몸판 재단하기

뒤판 왼쪽 어깨에 겹침 분량과 안단을 이어서 재단합니다. 좌우를 틀리지 않도록 주의하세요.

안단
겹침 분량
어깨선
뒤판(겉면)

2. 앞 몸판 재단하기

앞판 왼쪽 어깨에 안단을 이어서 재단합니다.

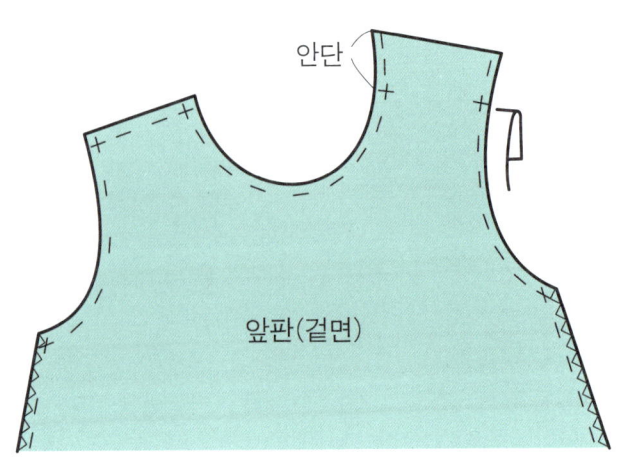

안단
앞판(겉면)

3. 안단 재단하기

3-① 진동둘레 안단, 깃둘레 안단을 재단합니다. 좌우의 모양을 틀리지 않도록 주의하세요.

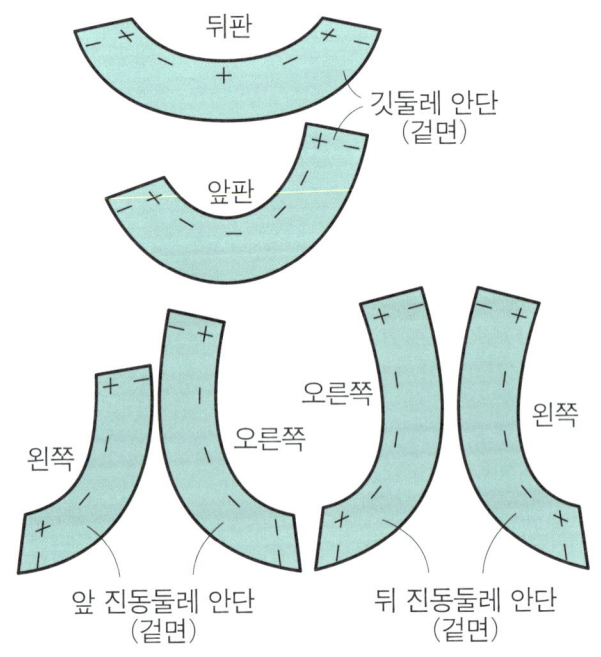

뒤판
깃둘레 안단
(겉면)
앞판
왼쪽
오른쪽
오른쪽
왼쪽
앞 진동둘레 안단
(겉면)
뒤 진동둘레 안단
(겉면)

3-② 안단의 안면에 접착심지를 붙입니다.

5. 시접 처리하기

5-① 오른쪽 어깨선 시접을 다리미로 가름솔 처리합니다.
5-② 재단선을 오버로크 박음질 또는 지그재그 박음질 하여 처리합니다.

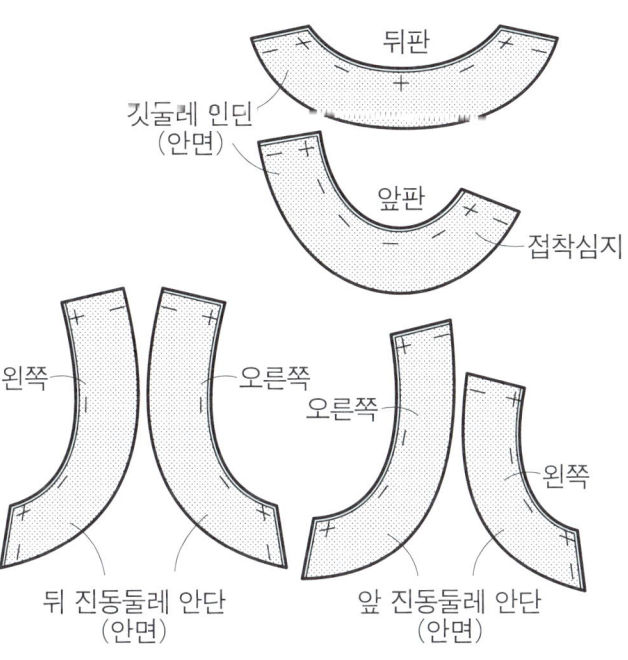

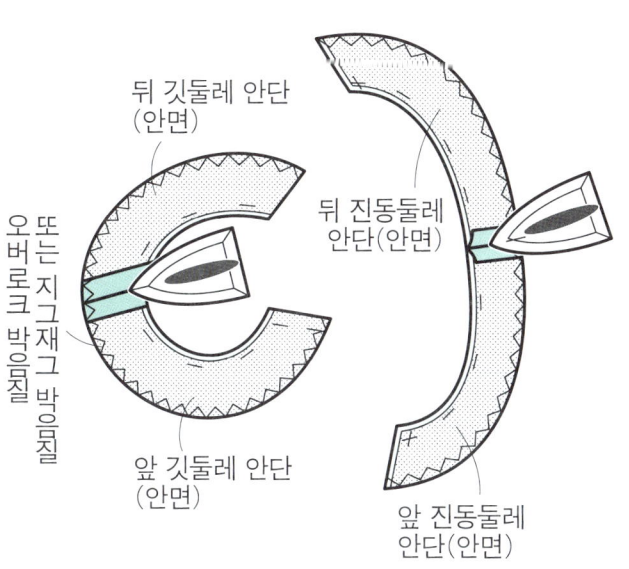

4. 안단의 오른쪽 어깨선 박기

4-① 뒤판 깃둘레 안단과 앞판 진동둘레 안단을 겉면끼리 맞대어 오른쪽 어깨선을 박습니다.
4-② 진동둘레 안단도 마찬가지로 오른쪽 어깨선에만 박습니다.

6. 몸판의 왼쪽 어깨 안단에 접착심지 붙이기

몸판의 왼쪽 어깨 안단 안면에 접착심지를 붙입니다. 그림과 같이 오버로크 박음질 또는 지그재그 박음질을 합니다.

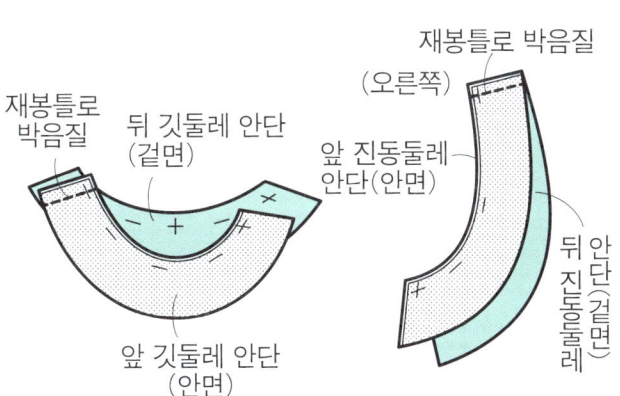

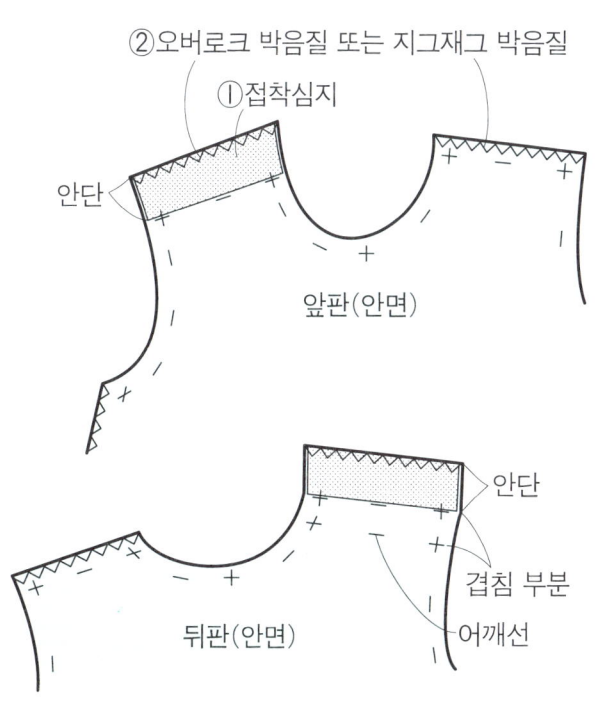

다음 페이지에 계속 ▶ 613

7. 몸판 오른쪽 어깨선 박기

7-① 앞판과 뒤판을 겉면끼리 맞대어 오른쪽 어깨선을 박습니다.

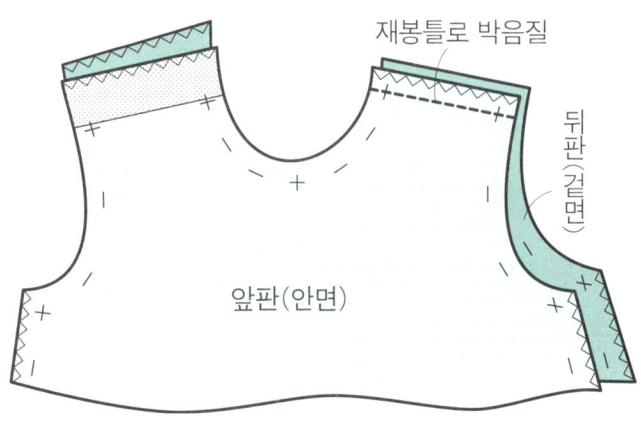

7-② ①의 봉제선을 다리미로 눌러준 후 시접을 가름솔 처리합니다.

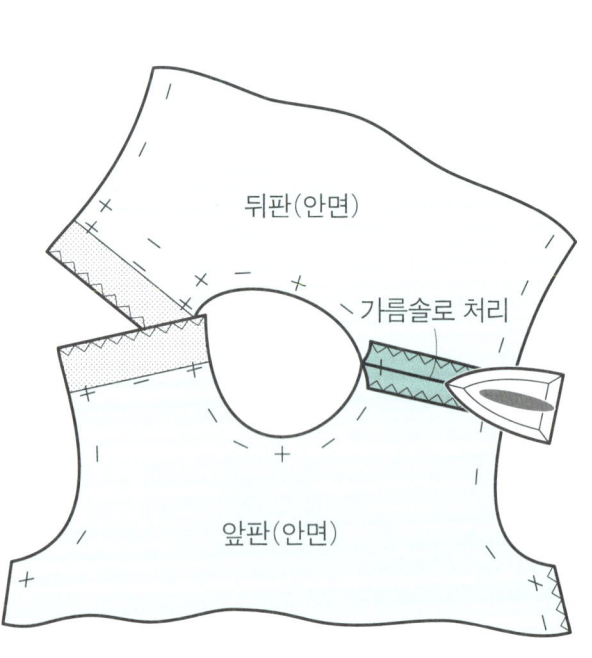

8. 깃둘레 안단을 달기

8-① 왼쪽 어깨의 앞판 밑덧단과 뒤판 겹침 부분의 안단을 그림과 같이 각 각 접습니다.

8-② 몸판과 깃둘레 안단을 겉면끼리 맞대어 깃둘레를 박습니다.

8-③ 시접에 가위집을 넣습니다.

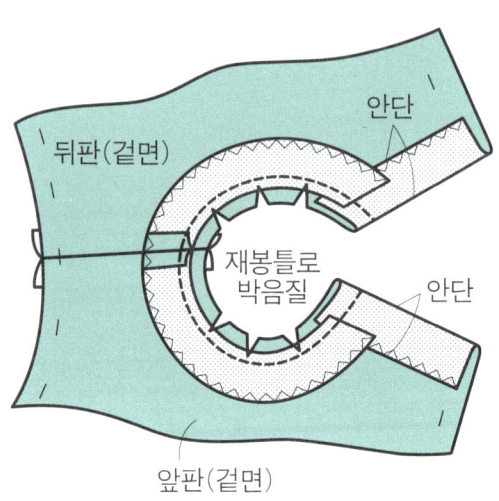

9. 진동둘레 안단을 달기

9-① 몸판과 진동둘레 안단을 겉면끼리 맞대어 진동둘레를 박습니다.

9-② 곡선 부분은 시접이 울게 되므로 시접에 가위집을 넣습니다.

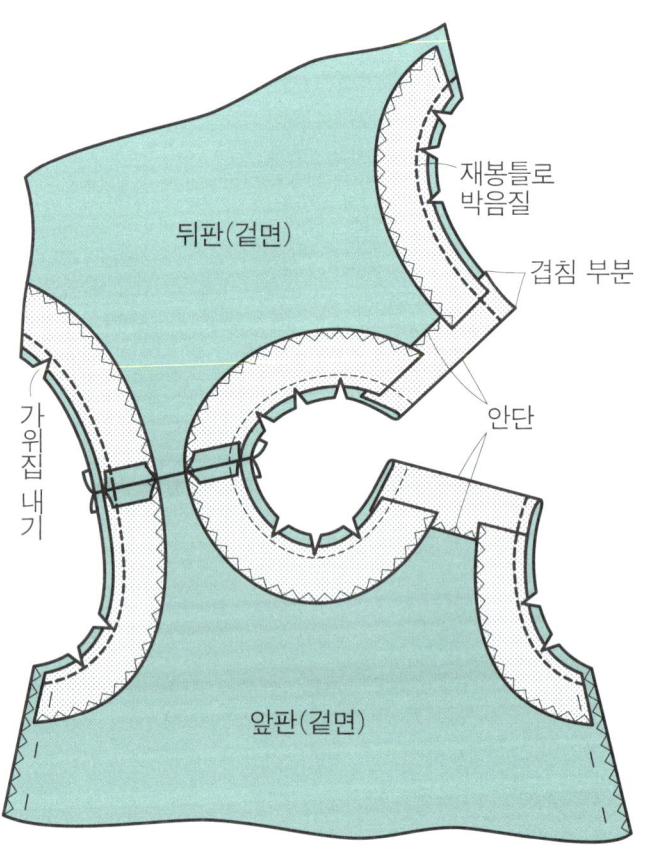

10. 겉으로 뒤집기

안단을 몸판 안면으로 뒤집습니다. 깃둘레, 진동둘레의 모양을 다리미로
잡아줍니다. 이때 안단을 약간 줄이도록 합니다.

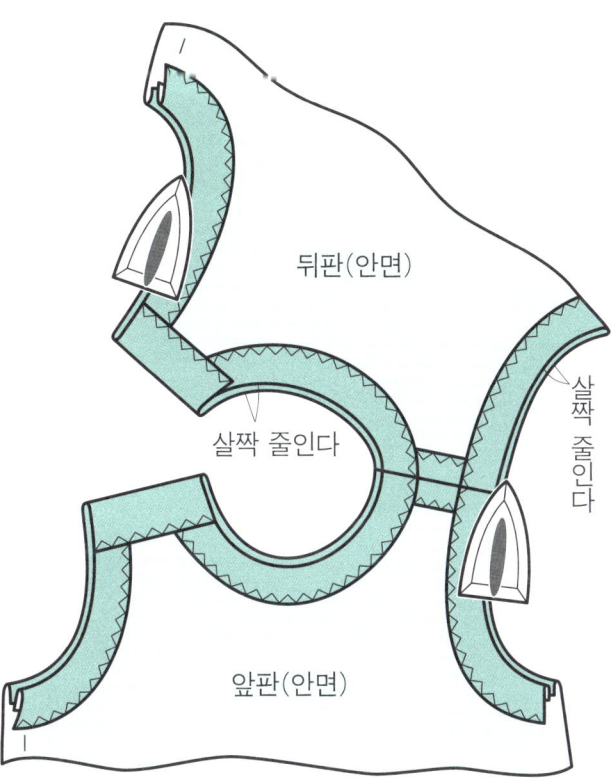

뒤판(안면)

살짝 줄인다

살짝 줄인다

앞판(안면)

11. 옆솔기선 박기

11-① 몸판을 겉면끼리 맞대어 옆솔기선에서 안단까지를 이어서 박습니
다. 진동둘레 시접은 갈라서 박습니다.

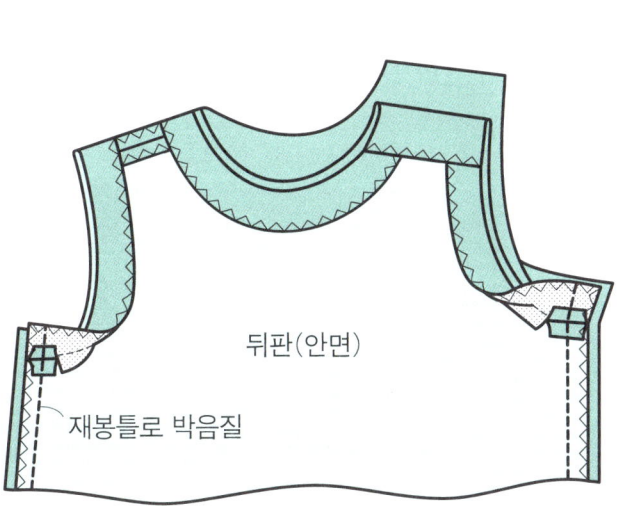

뒤판(안면)

재봉틀로 박음질

11-② 시접을 다리미로 가름솔 처리합니다. 안단 부분도 확실하게 다리
미로 눌러줍니다.

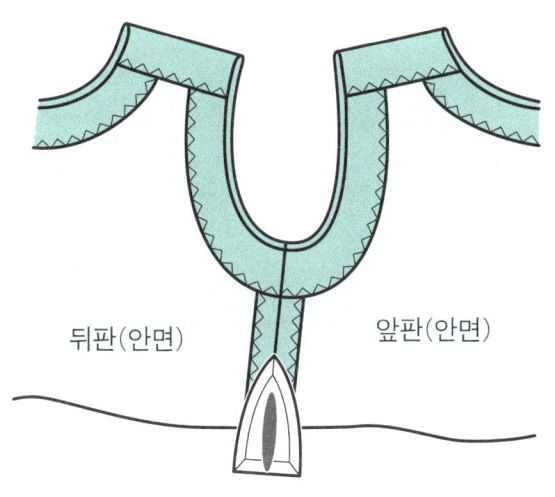

뒤판(안면)

앞판(안면)

12. 단춧구멍을 만들고 단추를 달기

12-① 진동둘레, 깃둘레를 박습니다.
12-② 안단은 어깨와 옆솔기 시접 부분에 감칩니다.
12-③ 뒤판 겹침 부분에 단춧구멍을 만들고 앞 몸판에 단추를 답니다.

②단춧구멍

①재봉틀로
박음질

단추

앞판(겉면)

소매 달린 어깨 트임

어깨선을 이용해서 만드는 트임입니다. 어느 한쪽 어깨에만 만드는 경우는 왼쪽 어깨가 일반적입니다. 블라우스나 원피스 등의 디자인에 이용됩니다.

1. 몸판 재단하기

1-① 뒤 몸판 어깨 트임 부분에 2배의 밑덧단 폭과 시접을 이어서 재단합니다.

1-② 앞 몸판은 어깨 트임 부분에 안단 폭 분량을 이어서 재단합니다.

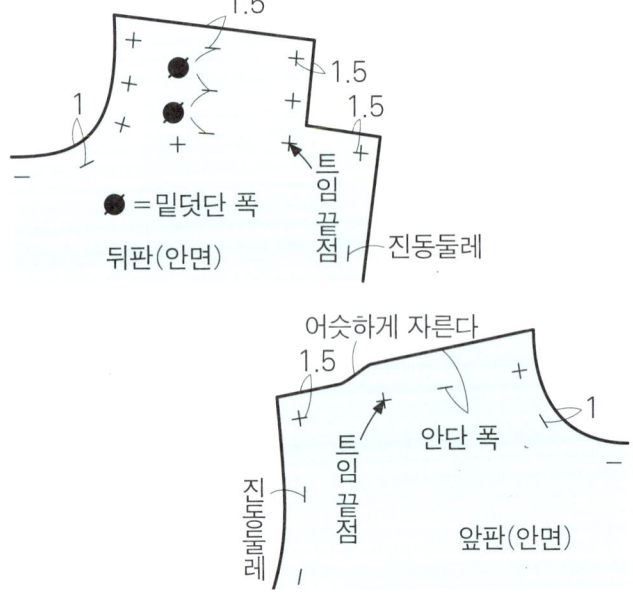

2. 트임에 접착심지 붙이기

2-① 트임 부분의 밑덧단, 안단 안면에 그림과 같이 접착심지를 다리미로 붙입니다.

2-② 시접 가장자리를 오버로크 박음질 또는 지그재그 박음질 하여 처리합니다.

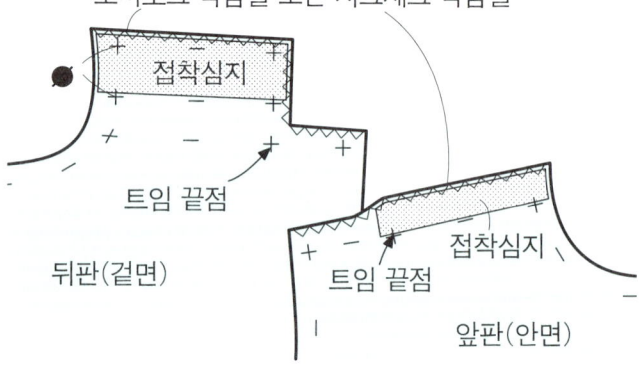

3. 안단 재단하기

3-① 앞 안단, 뒤 안단을 재단합니다.

3-② 안단의 안면에 다리미로 접착심지를 붙입니다.

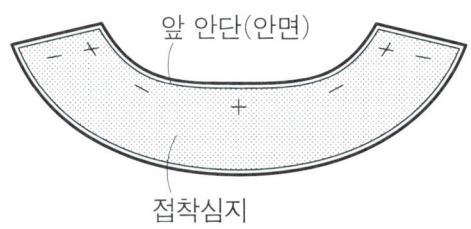

4. 안단의 오른쪽 어깨선 박기

4-① 앞, 뒤 안단을 겉면끼리 맞대어 오른쪽 어깨선(트임이 없는 쪽)을 박습니다.

4-② 시접을 다리미로 가름솔 처리합니다.

4-③ 안단 가장자리를 오버로크 박음질 또는 지그재그 박음질 하여 처리합니다.

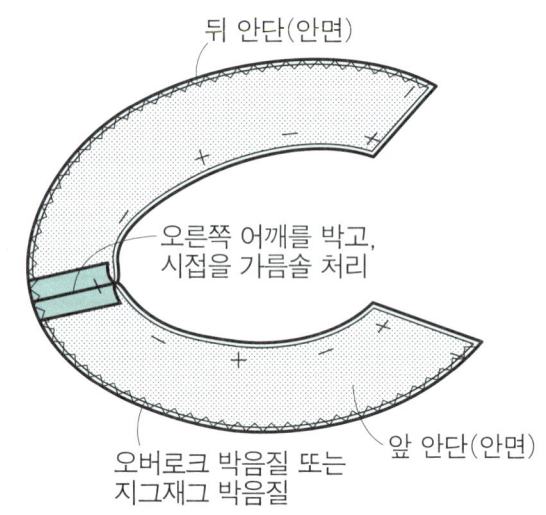

5. 몸판의 어깨선 박기

5-① 앞과 뒤를 겉면끼리 맞대어 트임 끝점까지 박습니다.(오른쪽 어깨선은 일반적인 방법으로 박아 시접을 가름솔 처리합니다.)

5-② 뒤판 트임 끝점 위치에만 가위집을 넣습니다.

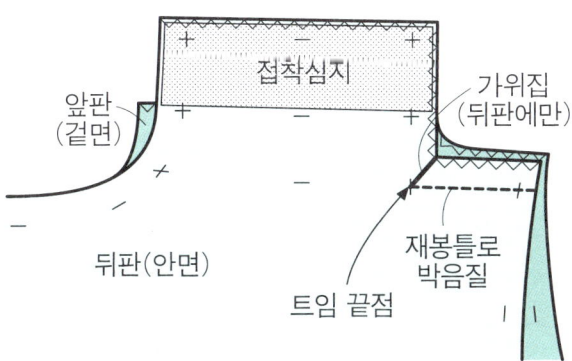

접착심지

앞판 (겉면)

가위집 (뒤판에만)

뒤판 (안면)

재봉틀로 박음질

트임 끝점

5-③ 트임 끝점까지의 어깨선 시접을 다리미로 가름솔 처리합니다.

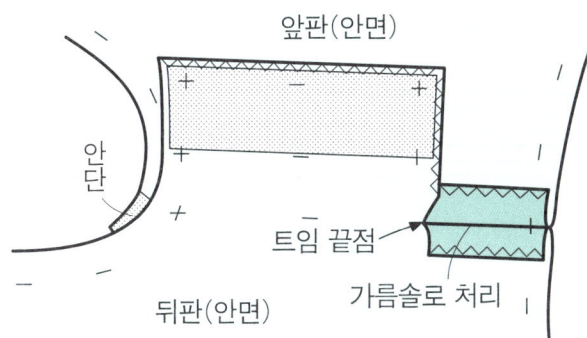

앞판(안면)

안단

트임 끝점

가름솔로 처리

뒤판(안면)

6. 깃둘레 박기

6-① 앞판 안단 부분, 뒤판 밑덧단을 그림과 같이 완성선을 따라 접습니다.

6-② 몸판과 안단을 겉면끼리 맞댑니다.

6-③ 깃둘레를 박습니다.

6-④ 시접에 가위집을 넣어 곡선 부분이 울지 않도록 합니다.

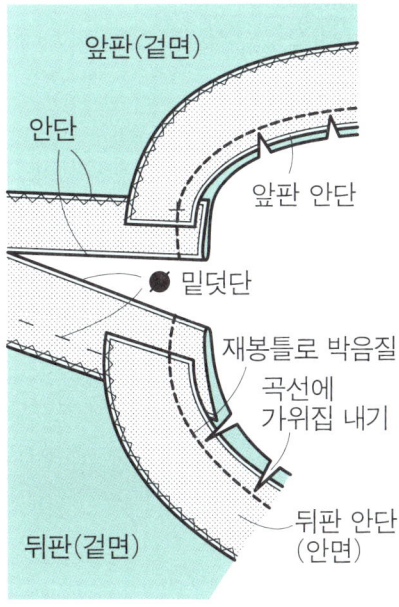

앞판(겉면)

안단

앞판 안단

밑덧단

재봉틀로 박음질

곡선에 가위집 내기

뒤판(겉면)

뒤판 안단 (안면)

7. 안단 뒤집기

7-① 안단을 안면 쪽으로 뒤집습니다.

7-② 깃둘레, 안단, 밑덧단을 완성선을 따라 접어 정돈합니다.

7-③ 안단, 밑덧단의 가장자리를 깃둘레 안단에 감칩니다.

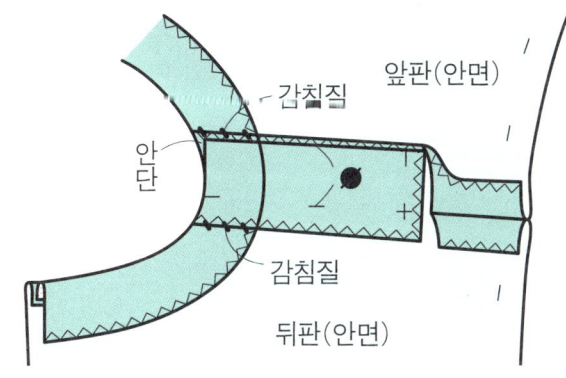

감칠질

앞판(안면)

안단

감칠질

뒤판(안면)

8. 겉에서 박기

8-① 뒤판의 밑덧단, 깃둘레 주변, 앞판 어깨 트임선을 박습니다. 앞판 어깨선을 박을 때는 밑덧단을 살짝 비켜둡니다.

8-② 단추 부착 위치에 단춧구멍을 만듭니다.

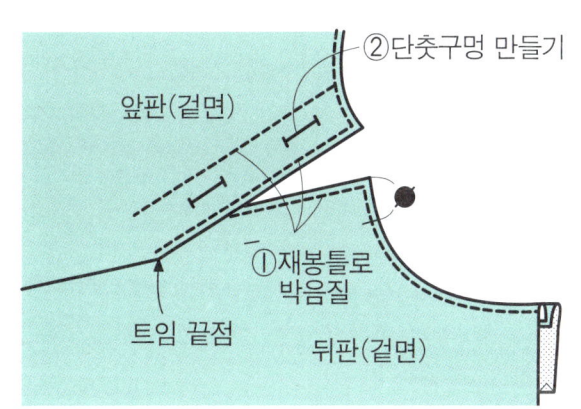

②단춧구멍 만들기

앞판(겉면)

①재봉틀로 박음질

트임 끝점

뒤판(겉면)

9. 트임 끝점 박기

9-① 어깨 트임의 안단과 밑덧단을 겹쳐서 트임 끝점 위치를 박습니다.

9-② 뒤판에 단추를 답니다.

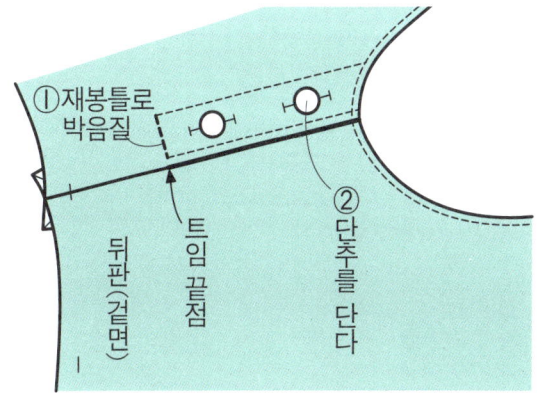

①재봉틀로 박음질

뒤판(겉면)

트임 끝점

②단추를 단다

STAFF

일러스트 와타나베 치카코
트레이스 · 레이아웃 카야마 아키코
트레이스 타나카 아야노, 카게야마 아츠코
표지 일러스트 타치바나 미요코
표지 레이아웃 하시모토 유코
촬영 코시즈카 요시히코
편집 협력 아미타 요코, 츠바키 치즈코
편집 담당 나카무라 유리

친절한 DIY교과서 030

옷 만들기의 모든 궁금증을 풀어주는 **친절한 양재백과**

2017년 8월 20일 초판 1쇄 발행
2023년 7월 20일 초판 3쇄 발행

지은이 부띠끄사
옮긴이 고정아
감수 정용효

펴낸이 정상석
기획 · 편집 터닝포인트
북디자인 이지선
펴낸 곳 터닝포인트(www.diytp.com)
등록번호 제2005-000285호
주소 (03991) 서울시 마포구 동교로27길 53 지남빌딩 308호
대표 전화 (02)332-7646
팩스 (02)3142-7646
ISBN 979-11-6134-006-7 13630

정가 35,000원

내용 및 집필 문의 diamat@naver.com
터닝포인트는 삶에 긍정적 변화를 가져오는 좋은 원고를 환영합니다.

* 이 책에 수록된 내용이나 사진, 일러스트 등을 출판권자의 허락 없이 복제 배포하는 행위는 저작권법에 위반됩니다.
* 이 도서의 국립중앙도서관 출판예정도서목록(CIP)은 서지정보유통지원시스템 홈페이지(http://seoji.nl.go.kr)와 국가자료공동목록시스템(http://www.nl.go.kr/kolisnet)에서 이용하실 수 있습니다.
 (CIP제어번호: CIP2017017425)

Fashion Start

Clothes D.I.Y Shop

패션스타트는 원단, 부자재, 패턴/서적 그리고 미싱 등
19,000여종의 의상 및 소잉 DIY 상품을 갖추고 있으며,
소잉을 처음 시작하는분부터 고급 수준의 고객님까지
DIY를 사랑하는 모든분들과 함께 하고 있습니다.
행복한 소잉의 모든것, 여기는 패션스타트입니다.

패션스타트의 다양한 상품과 스타일을
직접 확인해 보실수 있답니다.
그 밖에 특별혜택, 재미, 정보를 드리는
고객 행복파트너입니다.

www.fashionstart.net   T. 1644-8957

▲ 사이트 바로가기

대한민국 NCC 미싱 "전국대리점"
바느질 교육, 원단, 부재료, 서적, 패턴, NCC미싱을 한번에!

심플소잉 NCC미싱

국내최초!
소잉 DIY
전문 멀티숍

패션스타트 NCC미싱

베이비/ 아동/ 성인
의상
소잉 DIY
전문 멀티숍

기본에 충실한 소잉 생활필수품

오버록 & 인터록에 관하여 최상의 봉제 퀄리티를 보여주며 뛰어난 내구성과 편의기능을 구현한 오버록 미싱입니다.

CC-5506 "쏘우쿨"

컨버터

컨버터를 장착하여 실을 2개만 장착하여도 재봉이 가능합니다.

땀 길이 조절 다이얼

1~4mm까지 자유롭게 조절 가능하며 인터록 재봉시에는 "R" 로 설정하면 됩니다.

톱니 차동 이송 조절 레버

차동 이송 조절 레버는 고무줄과 셔링 잡기 작업을 도와주는 역할을 하며, 얇은 소재의 원단이나 다이마루, 기타 스판성이 있는 원단들을 오버록 처리할 때 발생하는 시임퍼커링 현상을 줄여줍니다.

Korea Sewing Leading Brand
대한민국 소잉 대표 브랜드

검색창에 [NCC미싱 ▼] 을 쳐보세요.

문의전화 1644-5662
홈페이지 www.nccmising.com

NCC미싱 국내 독점 라이센스!!

앤 미싱과 함께 소녀감성으로 더욱 풍성해지는
행복한 소잉 생활!

CC-8808 "빨강머리 앤"

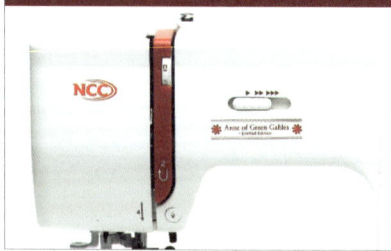
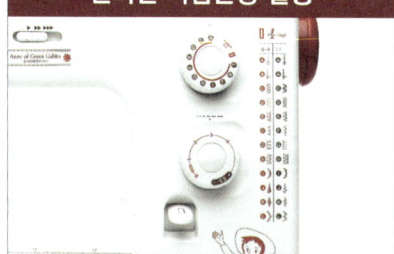
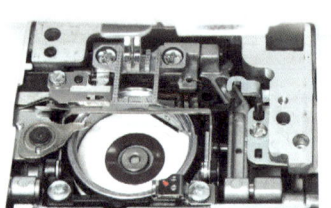